빅데이터
활용사전
419

빅데이터
활용사전
419

초판 1쇄 발행 2018년 10월 26일

발행인 윤종식
기획 장창현
저자 윤종식
편집디자인 오지희, 트인글터 (김정숙) | **인쇄제본** 정민피앤피
펴낸곳 제이에스데이타
출판등록번호 제330-2015-000002호
주소 부산시 남구 용소로 14번길 10, 7층
대표전화 051-523-4566 | **팩스** 0303-0955-4566
이메일 books@dataedu.co.kr | **홈페이지** www.dataedu.co.kr

- 잘못된 책은 구입한 서점에서 바꿔 드립니다.
- 이 책은 저작권법에 의해 보호를 받는 저작물로 저작권자나 제이에스데이타의 사전 승인 없이 본문의 일부 또는 전부를 무단으로 복제하거나 다른 매체에 기록할 수 없습니다.

ISBN 979-11-954801-5-9
가격 48,500원

빅데이터
활용사전
419

서문

**빅데이터를 활용하고 싶은 기업·기관의 길잡이에서
기존 활용 분석보완과 발전적 인사이트를 제공하는 조력자의 역할까지…**

"다른 회사는 빅데이터를 어떻게 업무에 적용하고 있나요?"
빅데이터 분석 전문가로 기업 교육과 컨설팅을 다니면서 가장 많이 듣는 질문입니다.
"이번에 저희 팀장님이 우리 팀도 빅데이터 한번 해보자고 하는데 무엇을 기획해야 할지 고민입니다."
"경쟁사에서 시도하지 못하고 있는 새로운 서비스를 빅데이터를 활용해 보고자 하는데 사례를 찾기가 어렵습니다."
"누군가 빅데이터 사례를 업종이나 업무별로 정리해 주면 좋겠습니다."

 최근 우리 사회는 IT 기술과 네트워크 그리고 클라우드 컴퓨팅 기술의 빠른 발전과 스마트폰 등 다양한 IoT 기기들과의 연결을 통해 엄청난 데이터들을 생성하고 있습니다. 이런 빅데이터들은 기존 기업들의 내부 고객 데이터를 활용해서 진행해 오고 있던 고객 유지 및 이탈 관리와 같은 CRM 활동에 접목해서 보다 정확하고 새로운 인사이트를 얻고 있습니다. 그리고 이러한 시도들은 유통업계를 필두로 IT, 금융, 제조, 공공 등 다양한 업계로 확대되고 있습니다.
 구글, 아마존, IBM, 넷플릭스, 자라 등 다양한 분야의 많은 해외 민간 기업들이 실제로 빅데이터를 활용하여 기업의 중요한 서비스를 개선하는 사례들을 접할 수 있고, 서비스뿐만 아니라 비즈니스 모델 수립과 중요한 의사결정에도 빅데이터를 활용하고 있습니다.
 정부를 포함한 해외 공공기관에서도 빅데이터를 활용하기 위해 다양한 노력을 하고 있습니다. 예를 들자면, 싱가포르는 국가 위험 관리 시스템을 통해 재난을 방지하고, 테러를 감지하며, 전염병 확산을 예방하고, 미국 FBI의 DNA 색인 시스템은 보다 빠르게 범인을 검거할 수 있도록 해주며, 그 외에도 의약품 정보 서비스를 제공하는 Pillbox 프로젝트, 의료 관련 최적화 정보를 제공하는 미시간주 21개 정부 기관 데이터 통합, 미납 세금을 관리하기 위한 오하이오주와 오클라호마주의 IRS 데이터 및 고용 데이터 공유 등이 있습니다.

국내 수많은 민간기업과 공공기관에서도 빅데이터를 활용한 분석들을 진행하고는 있지만, 그 수준은 아직 시작 단계에 불과 합니다. 저희 사례집이 빅데이터를 활용하고 싶어도 어떤 때에 사용할지 모르던 기업·기관들에게 어떻게 진행하면 되는지 방향을 잡아주는 길잡이 역할이 될 수 있고, 더불어 이미 빅데이터를 활용하는 기업·기관들에게는 타 기업·기관의 사용 사례를 알려주어 데이터 분석 활용의 보완 및 발전과 관련한 인사이트를 줄 수 있기를 바랍니다.

이 책은 저희 제이에스데이타 연구원들이 8개월간 웹 페이지와 블로그, 인터넷 신문기사 등을 크롤링하고 보고서와 논문을 통해 입수한 다양한 기업·기관들의 빅데이터 활용 사례 419개를 분석하여 빅데이터 활용 배경, 환경, 적용 범위, 적용 데이터, 분석 방법론, 효과 등을 'JS's Data Insight Matrix'로 정리하였습니다.

이 책은 크게 업종별 리포트, 활용사례 개요와 상세분석, 그리고 빅데이터 활용정보의 4가지의 파트로 나누어져 있습니다. 업종별 리포트는 총 9가지의 업종(공공, 의료, IT, 금융, 제조, 에너지, 문화관광, 유통, 농축수산) 각각에 대해, 업종별로 빅데이터가 어떻게 활용되고 있는지에 관한 시사점을 제시하고 있습니다.

활용사례 상세분석 리포트는 활용사례들을 제이에스데이타의 Data Insight Matrix에 맞게 자세히 제시하는 리포트이며, 빅데이터 분석을 진행하게 된 배경, 전반적인 내용, 활용 데이터 및 분석 과정, 분석 결과, 그 결과를 바탕으로 활용한 방안을 소개하는 내용으로 구성되어 있습니다.

활용사례 개요는 좀 더 간결한 형태로, 짧게는 간단한 설명부터 길게는 배경 및 목적, 활용 방안을 소개하는 내용으로 구성되어 있습니다.

그리고 마지막 빅데이터 활용정보에서는 국내 빅데이터 관련 솔루션업체 소개, 오픈 DB에 대한 소개, 정부의 지원 과제 및 다양한 공모전에 대한 소개들을 정리하였습니다.

빅데이터를 활용하고 싶어도 어떻게 사용하는지 모르던 기업·기관들에게 길잡이 역할을 할 뿐만 아니라, 기존에 빅데이터를 활용하고 있는 기업·기관들에게는 기존 분석의 보완과 발전에 관련된 인사이트를 줄 수 있는 조력자 역할이 될 수 있기를 기대합니다.

이 책의 기획과 출판을 위해 힘써주신 장창현 부사장과 자료 수집에서 보고서 분석까지 꼼꼼하게 연구해준 제이에스데이타 연구소의 오현민, 이주경, 권도훈, 김아영, 안준한의 고뇌와 노고에 감사드립니다.

저자 윤종식

목차

1부. 활용사례

01 / 공공 (case# 001~101)

공공 활용사례 Issue Report 014
주요 사례분석
  빅데이터를 통한 고용취약자 파악 020
  공간 빅데이터를 활용한 도시 양극화 분석 024
  빅데이터 기반 지능형 전기화재 예방 플랫폼 구축 028
  미세먼지 대응 표준 빅데이터 모델 개발 032
  빅데이터 기반 지능형 도시가스 배관 위험 예측 036
  동물 및 인간 감염병 확산 대응 지원 체계 구축 040
  교통사고 감소를 위한 빅데이터 예보 서비스 046
  경기 모니터링 시스템 050
  미세먼지 이슈와 빅데이터 활용방안 054
  골든 타임 확보로 응급환자 생존률 향상 058
  공동주택 부조리 분석시스템 개발 062
  사회취약계층 선제적 발견을 통해 지원 066
  의료이용지도연구를 통한 의료 정책 질 향상 070
  빅데이터로 산불 피해 최소화 074
  질병도 이젠 빅데이터로 예측하고 예방 078
  빅데이터로 위험한 도로를 피하자 082
  체납액 회수도 과학적인 방법으로 086
  개인 맞춤형 인공지능 질환예측 서비스 090
  빅데이터를 활용한 보다 안전한 도로관리 094
  빅데이터를 통한 병역면탈범죄 의심자 포착 098
  근로감독 사업장 선정 과학화 102
  빅데이터로 갈등 발생 전 예방까지 108
  국민참여형 어린이 안전 및 교통사고 원인분석 112
  실업급여 부정 수급 악용 빅데이터로 뿌리 뽑기 116
  상수도 누수지역 탐지모델 120
  빅데이터로 전기차 충전 인프라 설치 입지 선정 124
  사고 행동을 분석하여 적극적인 예방을 계획 128
기타 사례분석 132

02 / 금융 (case# 102~148)

금융업 활용사례 Issue Report   162
주요 사례분석
   빅데이터 기반 대내외 경제기획 수립   168
   빅데이터 활용 공동주택 시세 산정 시스템   172
   빅데이터가 가져올 금융 산업계 파급 효과   178
   고객의 발자취와 목소리   182
   데이터의 융합을 통한 시의적절한 마케팅   186
   빅데이터 기반 회계 관리 시스템   190
   온라인 사기 예방도 빅데이터와 함께   194
   빅데이터 기반 자금 세탁 방지 시스템   198
기타 사례분석   202

03 / 농축수산 (case# 149~161)

농축수산업 활용사례 Issue Report   218
기타 사례분석   222

04 / 문화관광 (case# 162~218)

문화관광업 활용사례 Issue Report   230
주요 사례분석
   고객들의 소리가 된 빅데이터   234
   연예인 마케팅에도 필요한 빅데이터   238
   고객이 원하는 기사와 정보는?   242
   제주, 스마트아일랜드를 꿈꾸다   246
   전시 컨벤션의 스마트화   250
   빅데이터로 빠르게 진화한 MLB   254
   빅데이터와 함께 안전한 여행   258
   전주 한옥마을 관광분석을 통한 경제활성화   262
   관광 상품 개발도 빅데이터와 함께   266
   빅데이터로 비영어권 관광객의 마음도 얻자   270
   빅데이터 분석을 통한 음악 서비스 사례   274
   중국인의 마음을 사로잡을 빅데이터   278
   빅데이터 기반 효과적인 마케팅 전략 수립   282

안심하고 자녀를 맡길 수 있는 어린이집을 찾아서　286
  빅데이터로 개발하는 신규 교육 서비스　290
  과학적인 근거를 통한 사업의 맥 짚기　294
기타 사례분석　298

05 / 에너지 (case# 219~237)

에너지업 활용사례 Issue Report　318
주요 사례분석
  에너지 절감을 빅데이터와 함께　322
  에너지 최적화를 통한 매출 증가　326
  유동인구 분석을 통한 에너지 절감　330
  발전소 고장 예방 및 구동 시간 단축　334
기타 사례분석　338

06 / 유통 (case# 238~266)

유통업 활용사례 Issue Report　346
주요 사례분석
  빅데이터를 활용한 종합식품업체의 성장　350
  빅데이터로 성공적인 브랜드 확보　354
  빅데이터를 통한 매장 고객의 분석　358
  고객의 요구 사항을 빅데이터로 빠르게 대처　362
  빅데이터로 고객 관리 전략 개선　366
  프로세스 체질 개선을 위한 빅데이터의 활용　372
  빅데이터로 매장 운영효율화의 방향을 잡다　376
  지속가능한 데이터 생태계　380
  고객별 추천 시스템을 통하여 매출 증가로　384
  데이터 기반 수출 올인원 서비스　388
  빅데이터를 이용한 가구별 특화 상품 노출 시스템　392
  빅데이터로 세우는 새로운 마케팅 전략　396
기타 사례분석　400

07 / 의료 (case# 267~300)

의료업 활용사례 Issue Report   410
주요 사례분석
    빅데이터가 처방한 고객 관리방안   414
    심사조정도 이젠 빅데이터로 미리 예측한다   418
    빅데이터로 예측하는 학생 키의 성장   422
기타 사례분석   426

08 / 제조 (case# 301~358)

제조업 활용사례 Issue Report   440
주요 사례분석
    데이터를 활용한 효율적인 마케팅 전략 수립   444
    빅데이터로 국내시장 장악   448
    남성 수제구두의 고객별 선호를 재다   452
    빅데이터로 되찾는 고급스로운 브랜드 이미지   456
    빅데이터를 통한 대중고객 확보   460
    제품기획과 마케팅 두 마리 토끼를 잡다   464
    최적의 마케팅을 찾아준 빅데이터   468
    빅데이터로 고객의 믿음과 마음을 잡아라   472
    데이터를 활용한 생산체계 혁신   476
    빅데이터가 찾아준 효과적인 마케팅   480
    나를 알고 고객을 알면 백전백승   484
    새로운 B2C시장의 효과적인 진입의 열쇠   490
    빅데이터를 통한 남성 화장품 인사이트 도출   494
    빅데이터 분석 결과를 통한 마케팅 전략 수립   498
    빅데이터 분석 기반 공장운영   502
    기존 고객관리부터 신규고객 유치까지   506
    빅데이터를 통한 해외 현지 맞춤화 전략 시행   510
    데이터를 활용한 마케팅 컨셉 수립   514
    빅데이터를 통한 시장 별 마케팅 전략   518
    빅데이터를 통한 온라인 마케팅의 해법   522
    매출 반등 기회를 위한 빅데이터의 활용   526
    빅데이터를 통한 차별화된 신제품 출시   530
    건강식품 인지도 제고 방안 빅데이터로 찾자   534
    생산 저해 요인도 빅데이터로 개선하자   538

빅데이터를 이용한 공정의 최적화   542
딥러닝 기술기반 대용량 제조 데이터 분석 서비스 플랫폼   546
작업시간의 효율적 분배로 생산성 향상   550
선박제품 신수요 창출과 MRO 서비스 개발   554
이제는 아웃도어도 스마트하게 사자   558
SNS를 하며 편하게 쇼핑도 할 수 있는 서비스   562
생산 라인 개선 방향도 빅데이터로 선정   566
기타 사례분석   570

09 / IT (case:# 359~419)

IT업 활용사례 Issue Report   582
주요 사례분석
어플리케이션 하나로 1석 3조 효과   586
농업을 위한 빅데이터 유통거래 플랫폼   590
데이터 정보 거래 플랫폼   594
직원들 스트레스는 줄이고 자원은 아끼고   598
당신의 화장법에 대한 점수는?   602
말만 듣고 내 건강을 확인해 주는 작은 의사   606
게임 내 사기 탐지도 빅데이터의 도움으로   610
기타 사례분석   614

10 / 기타

기타 사례분석   630

2부. 활용정보

빅데이터 솔루션   638
오픈 DB Guide   664
빅데이터 정부지원   680
빅데이터 공모전   686
인용   690
색인
  활용목적별   692
  기업기관별   700

1부 활용사례

Point1. 업종 리포트

총 9가지 업종별 빅데이터
사용 현황 파악 및 시사점 제시

Point2. 활용사례

빅데이터 분석 진행하게 된 배경,
전반적인 내용, 활용 데이터 및 분석,
분석 결과, 결과 활용 방안 등을 안내

빅데이터 활용사례

공공 금융 농축수산 문화관광 에너지 유통 의료 제조 IT 기타

01 / 공공

경제, 교육, 교통, 도시, 병역, 보건, 복지
안전, 일자리, 정책, 정치, 행정, 환경

	시민편의	운영효율화	위험요소	정책
경제	· 경기 모니터링 시스템(50p)			· 공간 빅데이터를 활용한 도시 양극화 분석(24p)
교통		· 교통사고 감소를 위한 빅데이터 예보 서비스(46p) · 빅데이터로 전기차 충전 인프라 설치 입지 선정(124p)	· 빅데이터를 활용한 보다 안전한 도로관리(94p) · 국민참여형 어린이 안전 및 교통사고 원인 분석(112p) · 사고 행동을 분석하여 적극적인예방을 계획(128p)	
도시		· 공간 빅데이터를 활용한 도시 양극화 분석(24p)	· 상수도 누수지역 탐지모델(120p)	
병역		· 빅데이터를 통한 병역면탈범죄 의심자 포착(98p)		
복지		· 동물 및 인간 감염병 확산 대응 지원체계 구축(40p)		· 의료이용지도연구를 통한 의료정책의 질 향상(70p)
안전		· 골든 타임 확보로 응급환자 생존률 향상(58p) · 빅데이터로 위험한 도로를 피하자(82p)	· 빅데이터 기반 지능형 전기화재 예방플랫폼 구축(28p) · 빅데이터 기반 지능형 도시가스 배관 위험 예측(36p) · 빅데이터로 산불 피해 최소화(74p) · 동물 및 인간 감염병 확산 대응 지원 체계 구축(40p)	· 질병도 이젠 빅데이터로 예측하고 예방(78p)
일자리				· 빅데이터를 통한 고용취약자 파악(20p) · 사회취약계층 선제적 발견을 통해 지원(66p)
행정	· 개인 맞춤형 인공지능 질환서비스(90p) · 빅데이터로 갈등 전 예방까지(108p)	· 공동주택 부조리 분석 시스템 개발(62p) · 체납액 회수도 과학적인 방법으로(86p) · 근로감독 사업장 선정 과학화(102p)	· 실업급여 부정 수급 악용 빅데이터로 뿌리 뽑기(116p)	
환경	· 미세먼지 대응 표준 빅데이터 모델 개발(32p)		· 미세먼지 이슈와 빅데이터 활용방안(54p)	

공공

경제, 교육, 교통, 도시, 병역, 보건, 복지, 안전, 일자리, 정책, 정치, 행정, 환경

1. 공공 빅데이터 현황

4차 산업혁명 시대를 맞아 데이터가 중요해진 만큼, 데이터의 보유와 이를 활용하는 방법이 매우 중요하다. 세계의 빅데이터 시장은 2027년 약 1,030억 달러 규모로 성장할 것으로 보고 있으며 국내 빅데이터 시장 규모는 약 9억 달러에 다다를 것으로 보인다.

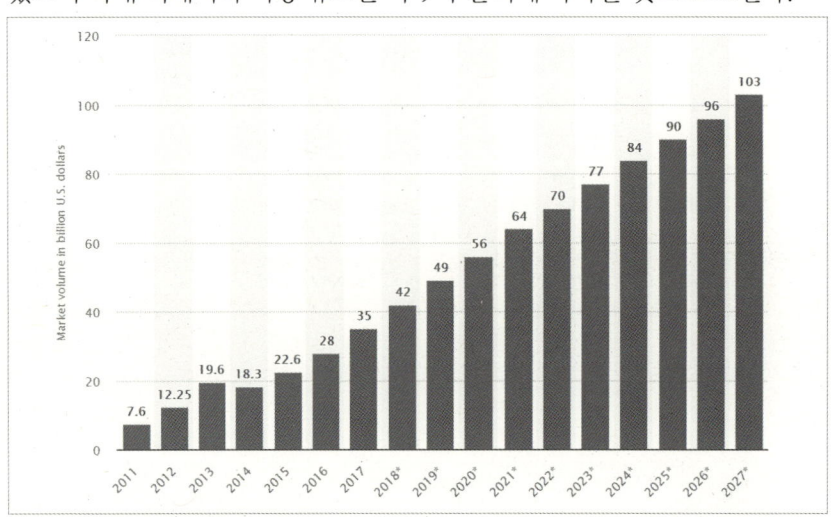

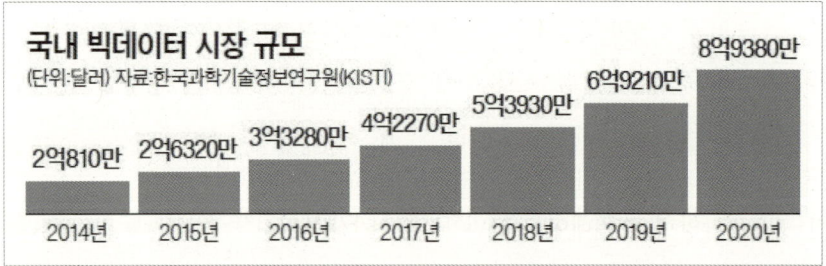

이러한 빅데이터의 시장 발전에도 불구하고 우리 정부의 데이터 공개 및 활용은 세계 선진국에 비교하면 뒤처지는 것이 현실이다. 미래창조과학부의 기술 수준 평가에 따르면 미국과의 격차는 3.3년, 일본과의 격차는 1.9년, 유럽과의 격차는 1.3년으로 나타났다.
이에 빅데이터를 통해 가치 창출을 하기 위한 공공분야의 정책 수립이 필요하다.

공공기관의 경우 현재까지 각 부처 간 보유하고 있는 데이터의 수는 기존 어느 산업과 비교해 보아도 가장 큰 데이터의 규모와 가치를 지니고 있을 것이다. 공공 빅데이터를 이용하여 어떤 가치를 창출할 수 있는지에 대한 상대적 논의가 부족했으나, 해외 선진국 중심으로 빅데이터 분석을 통해 향후 국가 경쟁력을 강화하고자 하는 수단으로 나타나고 있다. 공공데이터가 어떻게 활용이 되느냐에 따라 국민에게 직결되는 결과가 나타날 수 있기 때문이다. 이에 해외에서는 공공데이터 활용을 정부의 정책으로 적극적으로 추진하고 있다. 공공빅데이터가 정책 전반에 어떻게 활용이 가능한지와 함께 활용 가능한 방향을 제시하고자 한다.

2. 해외/국내 공공 빅데이터 현황 및 활용

해외의 경우 미국, 영국, 일본에서 활발한 빅데이터 활용이 나타나고 있다. 빅데이터 부문의 선진국으로 분류되는 미국, 영국, 일본과 우리나라의 공공빅데이터 정책 내용을 살펴보도록 하자.

1. 미국
미국의 경우 범정부 차원에서의 오픈데이터 정책을 시행하여 지속적인 방향성을 가지고 빅데이터 정책이 진행되고 있다. 정책을 통해 각 정부 부처들 간 데이터 표준화를 이끌어 불필요한 통계조사 비용 감소, 업무 효율성 향상을 꾀하고 있다. 오바마 취임 후 2009년부터 DATA.GOV를 오픈하여 공공빅데이터를 활용할 수 있도록 하였다. 또한 다양한 분야에서 정책적 의사결정에 빅데이터를 활용하며, 부처/공공기관/대학/민간 부분의 산/학/연/관의 협업을 통해 데이터를 기반으로 둔 정책적 의사결정에 활용하고 있다.

2. 영국
영국은 공공빅데이터 개방에 있어 약 10여 년간 정책을 수립하였다. 이를 통해 데이터 공개 및 활용에 관련된 부분에 있어 사회적 합의를 이끌어 낼 수 있었으며 지속적인 오픈데이터 강화전략과 개선을 통해 일관된 오픈데이터 전략을 수립할 수 있었다. 또한 공공데이터 활용 모델을 민간과 함께 협의하여 다양한 오픈데이터 기반 모델이 탄생하였다.

3. 일본
일본의 경우 빅데이터 활용 자체는 타 나라에 비해 느렸으나 '전자 행정 오픈데이터 전략'을 통해 공공데이터 활용과 오픈데이터 인프라 환경을 구축하였다. 이 정책을 통해 공공데이터의 활용이 증가하였고 다양한 정책 사업을 제시할 수 있었다. 또한 개인정보보호법을 개정한 '익명 가공 정보 제도'를 시행 개인정보 때문에 이용하지 못했던 데이터들의 자유로운 활용을 가능하게 하였다. 이는 개인정보 자체를 제거하여 고객정보를 본인 동의 없이 2차, 3차적으로 이용할 수 있고 판매도 가능한 개념을 도입, 공공빅데이터 및 오픈데이터 사용의 증가로 자연스럽게 연결되었다. 이는 개인은 파악할 수 없으나 특성은 파악할 수 있어 식품회사 및 통신판매업체들의 신상품 개발과 판촉에 활용할 수 있었다.

4. 한국

우리나라는 선진국 대비 데이터 활용 및 개방에 있어 부진한 결과를 보이고 있다. 영국의 경우 18년 7월 기준 약 43,000여 건의 데이터를 공개하고 있다. 하지만 우리나라의 경우 25,051건으로 영국과 많은 차이를 보이고 있다. 우리나라의 범정부 차원의 빅데이터 관련 정책은 행정안전부와 과학기술정보통신부 주관으로 진행되고 있으며 2011년 11월 '빅데이터를 활용한 정부 구현'을 시작으로 빅데이터 마스터플랜(2012년), 공공데이터법 제정(2013년), 공공빅데이터 활성화 추진 계획(2015년), 공공데이터 혁신전략 수립(2017) 등 여러 번의 정부 주도 데이터 개방 정책이 수립되었다. 하지만 중앙 정부의 일방적인 탑-다운 형식의 정책은 다른 부처 간의 내용상 동의를 얻을 수 없으며 각기 다른 데이터의 특성이 있기 때문에 규제 또는 정책에 따라 데이터의 형태를 맞추기 힘든 것이 현실이다. 더불어 우리나라의 개인정보 보호 규제는 데이터 개방의 제한이 되고 있으며 선택적 개방이라는 소극적인 개방을 하고 있다.

해외와 국내의 경우 빅데이터 개방을 통한 시민 편의, 운영 효율화, 위험요소발굴, 정책발굴 등의 분야에 공공빅데이터를 주로 활용하고 있다.

- **시민 편의** : 공공기관의 데이터를 통해 노후시설파악, 버스노선, 행정 서비스 등 시민 편의와 관련된 데이터를 발굴하여 시민편의를 위한 개선사항에 반영한다.
- **운영 효율화** : SNS 데이터와 공공빅데이터를 연계, 도로 현황, 시설물 관리 등 기타 공공재와 관련된 관리와 운영에 드는 비용 절감 등 공공 운영에 있어 빅데이터를 활용한다.
- **위험요소발굴** : 강력범죄, 테러, 전염병 등과 같은 각종 시민 안전부분과 치안강화 부분에 빅데이터를 활용한다.
- **정책발굴** : 빅데이터 활용을 통한 신규 고용정책 일자리 창출 등 정책 관련 부분과 지원관련 부분에 빅데이터를 활용한다.

공공기관에서 빅데이터를 활용하는 주된 4가지 목적에 대해 빅데이터 활용사례를 살펴보고 활용 현황과 시사점을 살펴보고자 한다.

공공빅데이터 활용 사례

	시민편의	운영효율화	위험요소발굴	정책발굴
해외	· 위성신호와 센서정보를 기반으로 버스운영관리시스템을 구축하여 버스에 GPS와 센서를 부착시켜현 버스위치, 승차인원 정보, 버스정류장 별 승차인원 등을 파악하여 버스의운행 효율을 높이고 시민요구사항을 반영한다. (일본) · 차량 주행속도 등 GPS를 기반으로 (Ubiqlind Traffic information system, UTIS)를 구축하여 자동차 운행 속도를 계산해 교통 체증 등 도로 정보를 실시간에 스마트 폰에 전송하는 서비스를 개발, 네비게이션과 연동시켜 최적경로를 찾을 수 있는 시스템을 개발하였다. (일본) · 미국 국립보건원은 Pillbox 프로젝트를 통해 환자, 의료기관, 의약품 등과 관련된 데이터를 수집, 약을 먹고 있는 사람이 약에 대한 정보가 불분명할 때 Pillbox를 통해 약에 대한 정확한 정보 확인과 효능 확인이 가능했다. (미국)	· 교통혼잡을 발생시키는 요인을 파악하여 개선과 동시에 최적의 교통정보를 제공하고 교통정체를 완화하기 위한 분석 툴을 개발하여 도로현황을 실시간 모니터링하고 문제 영역을 탐지하여 안내한다. 혼잡구간에 대한 지도를 만들 수 있을 뿐더러 최적 경로 예측이 가능하여 교통상황을 예측하고 도로 시스템 개선에 활용한다. (미국, 교통국) · 납세자 과거 행동 정보를 분석해 사기 패턴을 검출, SNS나 기타 메신저를 통한 범죄 관련 계좌와 납세자 간의 연관 관계를 분석하여 세금 체납자를 발굴한다. 이 탈세방지시스템을 통해 연간 3,450억 달러에 육박하는 세금 누락 및 불필요한 세금 환급에 대한 절감효과가 발생하였고 사기, 부당지출 등 다양한 정부 사업에 응용이 가능해졌다. (미국, 국세청)	· 기상정보와 GIS 데이터를 이용하여 홍수 취약지역 도출 및 디지털화하고 범람 확장 범위와 침수 수위에 대한 정보를 실시간 제공하여 재해대비 및 즉각적 대응과 동시에 피해복구에 관한 정보를 제공한다. (미국, www.usgs.gov) · 범죄감시 시스템을 통해 CCTV, 방사선 탐지 등 실시간 모니터링 데이터와 범죄 기록을 바탕으로 범죄 발생지역을 예측하고 범죄를 예방하는 시스템을 개발하였다. 실 도입 후 1993년 범죄 건수 43만 건에서 실도입후 1,950건으로 감소하였다. (미국, 뉴욕)	· 미국에서 문화예술 단체 정보와 관련된 데이터를 활용하여 12개 주, 14,000여 개의 문화예술단체의 모든 데이터를 통합 관리하고 이를 바탕으로 국립 및 지역 예술 지수를 제공한다. 또한 데이터를 통해 합리적인 문화 예술 정책 수립을 지원하는 데이터로 활용한다. (미국)

	시민편의	운영효율화	위험요소발굴	정책발굴
국내	· 지하철, 버스의 운행정보 및 교통민원, 교통취약지역 데이터, 거주 및 유동인구 파악을 통해 대중교통 사각지대와 환승정류장, 노선별 이용 승객 특징 등을 분석하여 대중교통 취약지역의 교통 시스템을 개선하여 시설을 추가로 확충, 버스 정류 편의시설의 확장을 통해 효율적인 버스 운영 시스템을 통해 시민의 편의를 제고하였다. 이와 함께 사회적비용이 감소하는 효과가 나타났다. (광주광역시) · 배기가스배출도가 낮은 전기차의 보급 확산과 함께 전기차 충전 인프라 증설과 효율적 충전기 운영을 및 설치지역 선정을 하기 위해 관련 데이터를 수집하여 회귀분석을 통해 최적의 입지 후보지를 도출하였다. (대구광역시) · 과거 민원담당자의 개인적 경험을 토대로 민원발생 시 문제점에 대해 해결방안을 마련하였고 콜센터 민원에 대한 상시 모니터링 중 생성된 데이터의 통합을 통해 생활민원 특성에 따른 분석 체계를 구축하였다. (포항시)	· 축적된 고장 관련 데이터를 통해 세계최초 원전 고장 예측 진단 빅데이터 시스템을 개발, 고장을 사전에 예측할 수 있는 시스템을 구축하였다. (한국수력원자력) · 납세/체납/개인신용정보/신상정보/카드정보/대출정보 등에 관련된 데이터를 수집하여 체납자 프로파일링을 통해 자발적 납부 가능성 모형과 악의/고의적 체납자의 적발 규칙을 개발하여 체납자 특성을 고려한 차별화 회수 전략을 통해 불필요한 민원을 줄이고 체납환수율을 높이고자 하였다. (수원시) · 서울시는 약 1만 건의 수도계량기 동파접수 건에 대하여 위치와 거주유형에 따른 데이터를 수집, 공간정보기술과 융합하여 수도 계량기 동파 정책지도를 제작하여 영하 5도 이하 한파 지속기간 동안 동파 현황을 제공하여 동파에 대해 대비할 수 있도록 하고 동파 관련 수리 인력의 비용을 줄이고 한정된 인력을 최적 배치하는 시스템을 운영한다. (서울시)	· 범죄자가 저지르는 유사한 유형의 사건을 정리하는 임장일지를 기존 수작업으로 찾아 확인하는 방법의 번거로움을 줄이고 미제사건 비율이 높고 동일범 여죄판단이 어려운 범죄를 분석하고 인공지능 기술 작업을 통해 유사도 측정 알고리즘을 개발 부산지방경찰청에서 검거한 절도 범죄자의 추가 여죄 사건 입증에 성공, 임장일지 기반 빅데이터 여죄 추적 기능을 구현하는 데 성공하였다. (경찰청, 국가정보자원관리원) · 공동주택, 관리비, 전기/수도 및 공사실적 내역에 대한 데이터를 수집/분석하여 공동주택 관리비 및 공사 입찰, 원하도급 부조리 발생 징후를 도출하여 문제 예방에 활용하였다. 이를 통해 건설업체 원하도급 비리의 근절에 계기가 되었다. (경기도) · 버스노선, CCTV 유동인구에 관련된 데이터를 확보하여 서울 성북구의 범죄취약지역을 진단하고 범죄 발생을 예방한다. (성북구)	· 세대구성과 경제수입에 대해 소득월액, 부부 수, 경제인원수, 자녀 수, 과세표준금액 등의 정보를 파악하여 이를 바탕으로 취약계층을 발굴하고 취업 활동을 지원하는 정책을 수립하였다. (남양주) · 도봉구에서는 전국 최초로 주민참여형 빅데이터 서비스를 진행하여 의료, 문화 환경, 지역경제, 교통환경 4개 분야에 GIS 정책지도를 구축, 주민 의견을 반영한 맞춤형 정책을 제공하고자 했다. 예를 들면 어린이들을 키우고 있는 학부모의 요청으로 통학로 안전지도를 개발하여 학부모들의 만족도를 높였다. (도봉구)

3. 공공 빅데이터 활용 시사점

1. 우리나라와는 달리 미국 등 선진국에서는 각종 국가와 사회적 이슈에 대한 해결책으로 공공 빅데이터 활용이 키가 될 것으로 보고 공공데이터를 개방을 정부 차원에서 적극 추진하였다. 미국에서는 가장 먼저 추진한 것이 정부와 공공에서 발생된 65만여 개의 데이터 오픈을 시행할 정도로 공공 부문 데이터 개방을 중요하게 인식하였다. 하지만 우리나라는 개인정보보호법처럼 제도적 장애 요인에 대한 부분에 있어 빅데이터 수집, 활용이 제한되는 것이 사실이다. 개인 맞춤형 서비스 활용이 빅데이터 활용에 가장 중요한 핵심이지만 개인정보보호법으로 인해 제지되어 사용할 수 없는 점을 공통적으로 인식하고 활용과 보호의 적절한 중간 지점 선택을 통해 하고자 하는 정책을 여러 방면에서 고민해야 할 것이다.

2. 많은 빅데이터를 보유하고 있더라도 기술 개발과 함께 고급 전문인력이 부족하다면 쓸모없는 데이터에 불과할 것이다. 전 세계 빅데이터 분야에서 경쟁할 수 있으려면 빅데이터 관련 우월적인 기술과 인력을 확보하는 것이 국가경쟁력에 핵심이 될 것이다. 이를 위해 전문 인력양성 분야에 투자함으로써 새로운 서비스 모델 개발에 주력할 필요가 있을 것이다.

3. 우리나라에서도 국가경쟁력 강화를 위해 공공 빅데이터를 개방하고 있으나 현황은 미국, 영국 등에 비해 양적으로 미흡한 것이 사실이다. 더불어 데이터의 다양성이 부족하다는 지적이 있다. 우리의 공공 빅데이터는 양, 다양성 등 질적 측면에서 부족한 것이 사실이다. 이를 개선해 나가는 방법으로는 빅데이터의 체계적 발굴, 개방확대로 공공데이터의 양적·질적 강화가 필요할 것이다. 또한 각 부처 간에 데이터가 각기 다른 기준으로 수집, 관리되고 있어 이에 대한 표준화가 필요하다.

4. 공공빅데이터는 앞에 공공이라는 말이 들어가지만, 공공영역에서만 활용하기에는 한계가 발생한다. 이를 해결하기 위해선 민간 부분에서의 활성화 사례가 풍부하게 나타나야 하고 공공빅데이터 및 민간기업의 빅데이터를 융합 분석하는 방법과 함께 이를 지원하는 정책 수립이 필요하다. (미국과 영국에서는 오픈데이터 정책을 통해 민-관 부분의 활성화가 진행되고 있다.) BIG

001 빅데이터를 통한 고용 취약자 파악

국민연금공단

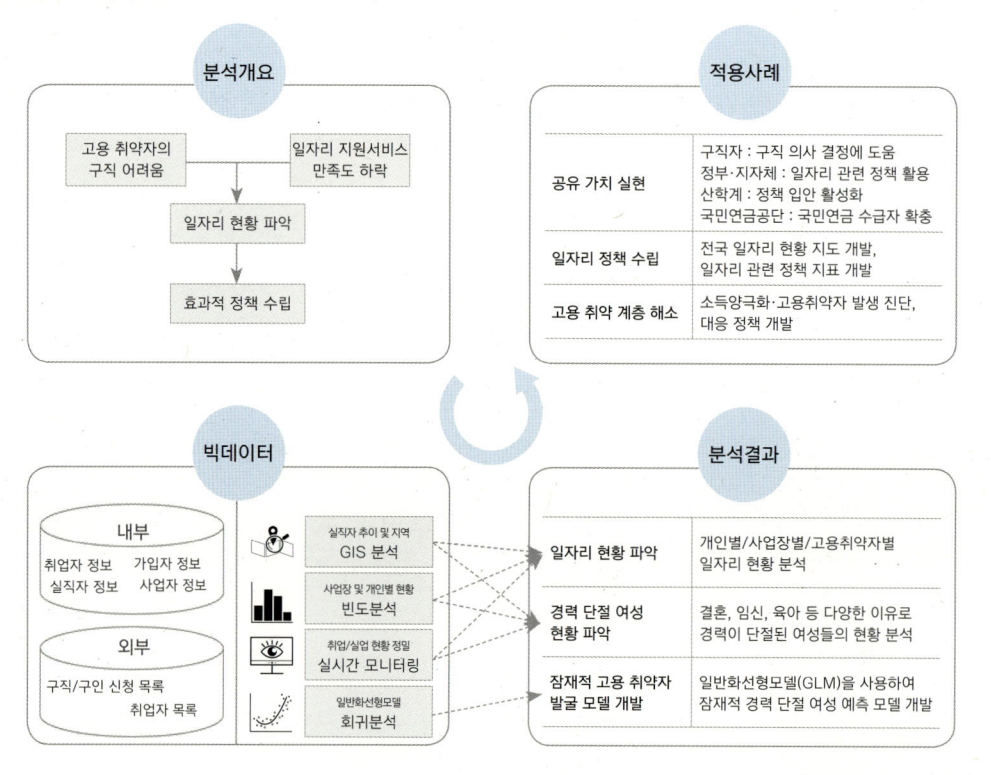

DATA INSIGHT MATRIX 일자리 창출, 자립 지원, 맞춤형 서비스, 역량 강화, 사회 취약 계층 추적

2016년을 기준으로 실업자의 수는 453만명의 수준에 이르고, 장기 실업자의 비율은 2년 만에 2배에 가까운 수치인 13%로 늘었다. 하지만 구직자들, 그 중에서도 고용 취약계층을 위해 제공되었던 '취약 계층 일자리 지원 서비스'는 사실상 교육 내용이 매우 단순하여 취업 능력 향상에 많은 도움이 되지 않고, 훈련 기관 수도 부족하다는 등의 문제로 인해 그 만족도가 매우 낮은 실정이었다. 국민연금공단에서는 이러한 사회적 문제를 해결하기 위해 전 국민이 가입 대상인 국민연금 데이터를 활용하여 먼저 정확한 현황을 파악하는 것이 가장 중요하다고 판단했다. 따라서 국민 연금 데이터를 분석하여 일자리 현황에 대한 정보를 얻고, 이를 통해 고용 사각지대에 놓일 수 있는 사람들에게 기회를 주고자 했다.

수집데이터	국민연금 전수데이터
참여기업	㈜크레딧데이터(참여기관), 국민연금공단 (주관기관), 한성대학교 교수 등 자문위원 4인

1. Big Point!

국민연금공단은 국민연금 데이터를 기반으로 개인별/사업장별/고용취약자별로 다양한 일자리 현황 정보를 파악했고, 그것을 활용하여 고용 취약 계층의 취업을 돕고자 했다. 이번 분석에서는 고용 취약자들 중에서도, 특히 경력 단절 여성들을 예측하는 모델을 개발하여 사전 대응 체계를 마련할 수 있도록 했다. 또한 사업장에 관한 다양한 정보를 제공하여, 구직자의 입장에서도 취업 과정에서 원활한 의사결정을 할 수 있도록 도움을 주었다.

• **일반화선형모델**
독립변수와 종속변수 사이의 선형성, 오차항의 정규성, 독립성과 등분산성 4가지를 만족해야하는 기본적인 회귀모형과는 달리 오차의 정규성과 등분산성이 만족되지 않아서 사용할 수 있는 모델. 특히 count data를 사용할 경우에 사용.

2. 활용 데이터와 분석

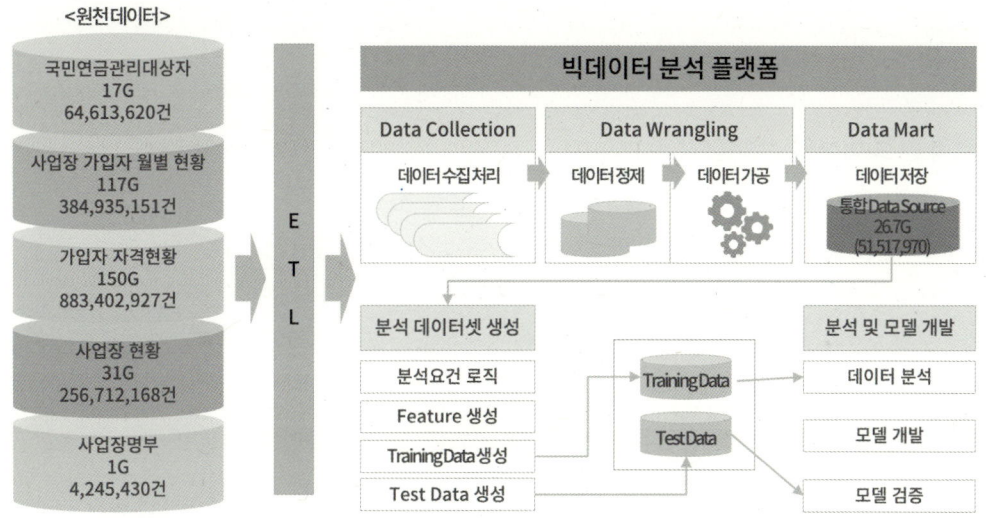

국민연금공단은 위와 같은 과정으로 구축된 데이터셋을 통해 분석을 진행했다. 고용 취약 계층에는 다양한 부류가 있지만, 해당 분석에서는 향후 취업에 어려움을 겪을 가능성이 높은 '경력 단절 여성'을 주요 고용 취약 계층으로 정의하여, 그들을 사전에 발굴하여 도움을 주고자 했다. 이를 위해 일반화선형모델(GLM)을 활용하여 경력 단절 여성을 사전에 예측할 수 있는 '잠재적 고용 취약자 발굴 모델'을 개발했다.

3. 분석결과

가. 여성의 일자리 현황 파악

사회과학적인 측면에서 '경제 활동 인구'는 15세 이상으로 정의되고 있지만, 실질적인 경제 활동은 평균적으로 대학을 졸업한 이후에 이뤄지고 있다는 점을 감안하여, 25세 미만의 인구는 제외하고 분석을 진행했다. 성별에 따른 경제 활동 인구를 비교한 결과, 모든 연령층에서 남성의 경제 활동 인구가 훨씬 더 많은 것으로 나타났다. 하지만 남·여 모두에 대해서 경제 활동 인구는 매년 꾸준히 증가해왔고, 여성 경제 활동 인구의 증가율이 조금 더 높으므로 남·여 간 경제 활동 인구 비율의 차이는 2015년 18.1%에서 2017년 17.3%로 약간 줄어들었다. 그럼에도 불구하고, 여전히 근무 기간이나 소득 등 많은 부분에서 남·여간의 격차가 확연히 나타남을 알 수 있었다. 여성 실업률이 남성 실업률보다 평균 3%p 높게 나타나며, 여성의 월평균 소득은 남성에 비해 약 100만원 낮게 나타났다. 여성의 최종 일자리 근무 기간은 남성보다 1.1년, 총 근무 기간은 3.5년 더 짧다고 나타났다. 뿐만 아니라, 여성의 실업 기간이 1.3년 더 길었고, 첫 일자리 평균 소득은 약 44만원 정도 더 적었으며, 최초 일자리 근무 기간 역시 0.4년 더 짧게 나타났다.

나. 경력 단절 여성의 현황 파악

754만 명의 여성 경제 활동 인구 중 72%가 경력 단절 경험이 있는 것으로 나타났다. 그중 '경력 단절 경험이 있으나 현재 취업 상태'인 경우가 55%, '경력 단절 경험이 있고 현재 비취업 상태' 인 경우가 17%로 나타났다. (특히, 경력 단절 경험이 있고 현재 비취업 상태인 경우는 배우자 소득 및 가구 소득 모두가 낮게 나타났다.)

추가적으로, 경력 단절 경험이 있는 여성의 경우, 평균 생애 일자리 개수는 5개로 나타났으며, 평균 단절 기간은 3년이었다. 단절되기 이전의 평균 근무 기간은 4.4년이었으며, 평균적인 실업 기간은 7.2년으로 나타났다. 하지만 경력 단절 경험이 있고 현재 비취업 상태인 여성의 경우, 실업 기간의 평균이 11년까지 늘어난 것으로 확인되었다.

다. 잠재적 고용 취약자 발굴 모델 개발

연령, 소득, 근무 기간, 사업장 규모 등 다양한 변수들을 기준으로 분석을 수행하여 경력 단절이 될 확률을 파악한 후, 확률이 70% 이상일 경우, '경력단

절여성'으로 분류하기로 했다.

4. 빅데이터 분석결과의 활용

가. 공유 가치 실현

구직자의 입장에서는 일자리 현황에 대해 자세한 정보를 얻을 수 있게 되므로 구직 의사 결정에 도움을 받을 수 있다. 정부 및 지자체의 입장에서는 고용 및 실업 관련 현황 데이터를 파악하여 일자리 관련 개선 정책 등에 활용할 수 있으며, 산학계의 입장에서도 고용 관련 연구 활성화를 통한 정책 입안 활성화가 가능하다. 또한 국민연금공단의 입장에서는 일자리 현황이 나아지면 근로자가 늘어나게 되고, 그것은 국민연금 가입자가 늘어나게 되는 것이므로 국민연금 수급자 확충에 직접적으로 긍정적 영향을 받을 수 있게 된다. 결국, 민·관·산·학계 모두가 긍정적 효과를 기대할 수 있으며, 동시에 사회적 문제 해결에도 도움이 되어서 공유 가치를 실현할 수 있게 된다.

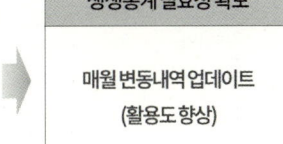

나. 일자리 정책 수립

국민연금 가입자의 사업장 입·퇴사, 소득 활동, 실직 기간과 관련한 현황 데이터를 분석하여 단위별 일자리에 대한 생성, 소멸, 이동 등에 관한 정밀 모니터링을 시스템을 구축하여 보다 효과적인 일자리 정책 수립의 근거로 삼도록 할 수 있다. 또한 경력 단절 여성과 같은 고용 취약자 발굴을 위한 프로토타입 모델을 개발한 뒤, 그들을 위해 경력 단절 확률에 영향을 미치는 주요한 변수들을 효과적으로 조정하고자, 사회 복지 자원 배분을 조정하는 등의 지원 정책을 마련할 수 있다. BIG

• 프로토타입
본격적인 상품화 전 성능을 검증하고 문제점을 개선하기 위해 핵심기능만 넣어 제작한 기본 모델

유사사례
- 66p, 국민연금공단, 사회취약계층 선제적 발견을 통해 지원
- 50p, 한국환경경제학회, 경기 모니터링 시스템
- 62p, 국토교통부, 공동주택 부조리 분석시스템 개발
- 86p, 수원시, 체납액 회수도 과학적인 방법으로
- 32p, 온케이웨더, 미세먼지 대응 표준 빅데이터 모델 개발
- 94p, 청주시, 빅데이터를 활용한 보다 안전한 도로관리

002 공간 빅데이터를 활용한 도시 양극화 분석

국토연구원, 부산광역시

DATA INSIGHT MATRIX 낙후 지역 분석, 정책 수립, 소득 파악

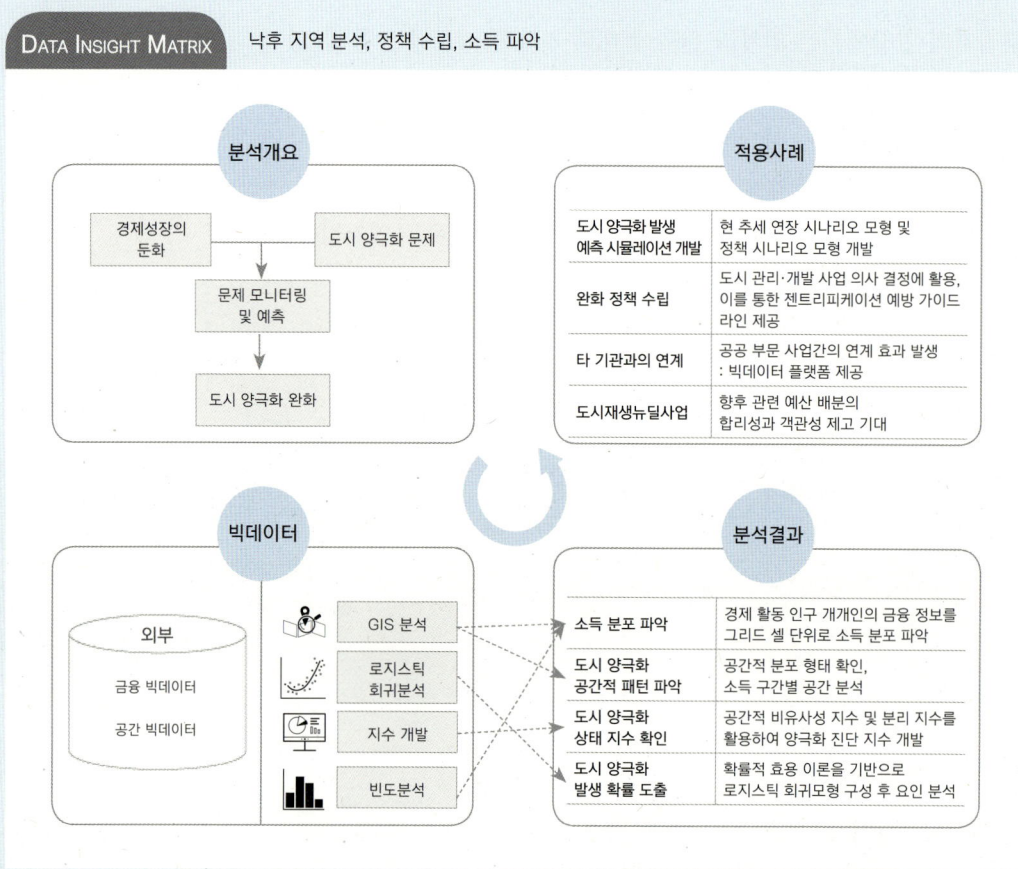

우리나라의 경제성장이 저성장 시대에 들어서면서 경제 성장이 둔화되고 고착화됨에 따라, 사회경제적 계층 간 이동의 기회도 함께 감소하고 그에 따른 도시 양극화 문제가 새로운 사회 문제로 대두되고 있는 상황에 놓였다. 도시 양극화 문제를 해결하기 위한 방안에 있어 주로 정성적 측면의 해결방안에 대해 논의가 되고 있으며, 사회통계적 자료나 지표를 대체하고 보완하기 위한 분석방법에 대한 개발은 이루어지지 않고 있다. 문제의 심각성을 인지한 국토연구원에서는 빅데이터 분석을 통해 발생한 문제를 정확히 진단하고 체계적인 분석을 통해 도시 정책의 수립과 집행을 위한 자료로 제공하기로 했다.

수집데이터	금융 빅데이터, 공간 빅데이터
참여기업	국토연구원, 부산광역시, 코리아크레딧뷰로

공공
도시/행정/경제
활용분야
시민 편의 개선
시민 편의 실시간 파악
운영 비용 절감
관리 운영 효율화
시민 안전
시정 운영
신규 정책 발굴
정책 지원

1. Big Point!

국토연구원은 도시 양극화 문제의 사회적 관심이 늘어나고 있지만 뚜렷한 실태 파악이 어려웠음을 인지하고 이를 해결하고자 하였다. 개별경제 활동 인구에 대한 금융 빅데이터와 공간 정보 데이터를 융합하여 구체적이고 동태적인 도시 양극화 분석 단위와 분석 지표를 각각 마련하여 현 실태를 분석하는 것을 목표로 삼았다. 공간분석 방법과 행위자 기반 모형을 개발하여 도시 양극화의 패턴을 찾아내고 영향 요인을 파악하고자 했다. 또한 행위자 기반 모형적으로 접근하여 도시 양극화 추세를 파악하고 대응 시나리오 시뮬레이션을 개발하기로 하였다.

2. 활용 데이터와 분석

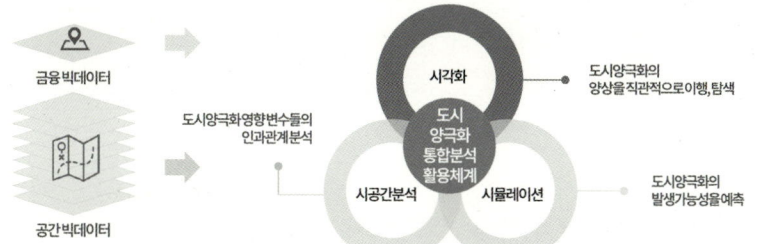

• 행위자 기반 모형 (Agent-based model, ABM)
행위자와 환경을 설정하고, 시뮬레이션을 통해 어떤 결과가 나타나는지를 분석하는 것이다. 미시적 행위자를 토대로 발생하는 거시적 패턴을 분석하기 위한 시뮬레이션 기반의 상향식 (Bottom-Up 방식) 계산 모델.

위와 같은 형식으로 분석을 진행하기로 한 국토연구원은 우선적으로 도시 양극화 분석을 위해 금융 빅데이터와 공간 빅데이터를 융합하여 분석 및 시뮬레이션 모형을 개발하는 과정을 시행하였으며, 부산광역시 내부 데이터를 활용하여 도시 양극화 분석을 진행하기로 했다. 최종적으로 부산광역시는 분석결과를 기반으로 빅데이터 플랫폼을 연계·활용한 서비스 구축을 진행하고자 하였다.

3. 분석결과

가. 소득 분포 파악

부산시의 소득 분포의 일반적인 현황을 금융·공간 빅데이터를 통해 살펴보았다. 그리드 셀 별로 특성을 파악한 결과, 개인 소득이 평균보다 낮다고 나타난 공간이 절대다수의 비율로 나타났다. 또 넓게 봤을 때는 개인 소득의 평균치인 2,500만원 전후의 공간이 다수인 것으로 나타났고, 그 이상의 소득 구간 개수는 급감하는 것으로 나타났다. 행정 구역별로 살펴본 결과, 하위 소득 공간의 비율은 강서구, 기장군 등이 상대적으로 높게 나타났으며, 상위 소득 공간의 비율은 해운대구, 기장군, 강서구에서 높게 나타났다. 특히 동래구, 해운대구, 수영구의 경우에는 상위 소득과 하위 소득의 공간 격차가 심한 것으로 나타났다.

나. 도시 양극화 공간적 패턴 파악

도시 양극화의 공간적 패턴의 모양은 개발 방식이나 장소에 따라 원도심·구도심형, 부분정비형, 전면개발형 등 다양한 형태로 뚜렷하게 나타났다. 소득 구간별로 분석한 결과 상위 20%의 소득 계층은 대부분 해운대구 우동 마린시티, 남구 대연동 대연혁신지구, 강서구 명지동 명지국제신도시, 기장군 정관읍 정관신도시 등 2000년대 이후에 개발된 초고층 주상복합건물이나 대규모 고층 아파트 단지를 중심으로 밀집되어 있었다. 하위 20%의 소득 계층은 영도구, 동구 등 아파트가 비교적 적고, 소규모 가구와 다세대 주택의 비중이 높은 노후 불량 주택 지역이나, 도로 공간이 협소한 개선이 요구되는 지역 등에 광범위하게 밀집되어 있었다.

다. 도시 양극화 상태 지수 확인

도시 양극화 정도를 계량적으로 진단하기 위해 공간성 비유사성 지수와 공간적 분리지수를 이용하여 양극화 진단지수를 개발, 이를 통해 도시 양극화를 진단해 본 결과, 공간적 비유사성 지수는 해운대구에서 높게 나타났으며, 공간적 분리 지수는 상위 소득 계층의 경우에는 사하구와 중구가 높게 나타났다.

4. 빅데이터 분석결과의 활용

가. 도시 양극화 발생 예측 시뮬레이션 모형 개발

이 연구에서는 행위자기반 모형을 활용하여 도시 공간변화에 대한 시뮬레이션을 진행하였다. 첫 번째 시나리오는 '현 추세 연장 시나리오'이며, 이것은 이제까지와 같은 패턴의 도시 개발 사업이 진행되고, 그에 따른 젠트리피케이션(부유화)이 발생할 경우에 공간 구조가 어떻게 나타날지 알려주는 것이다. 즉, 노후불량 주거지역 중 재개발 확률이 높고 매력도가 높은 지역을 중심으로 대규모 고층 아파트가 건설이 지속된다면, 상위 소득 계층은 어떤 지역에 활성화될지를 예측하는 시나리오이다.

두 번째 시나리오는 '정책 시나리오'이며, 지금과 같은 도시 양극화 및 젠트리피케이션을 완화하기 위한 정책을 시행할 경우에 공간 구조가 어떻게 나타날지 알려주는 것이다. 즉, 노후불량 주거지역에 고층 아파트가 대규모로 건설되는 것을 억제하고 소규모 주택 정비를 활성화한다면, 하위 소득 계층은 어떤 지역에 활성화될지를 예측하는 시나리오이다.

• **젠트리피케이션**
낙후된 구(舊)도심 지역이 재활성화면서, 중산층 이상의 계층이 유입됨으로써 기존의 저소득층 원주민이 높아지는 주거비용을 감당하지 못하면서 이 자리가 중산층 계층으로 대체되는 현상.

나. 도시 양극화 완화 정책 수립

도시 양극화 분석결과는 도시계획위원회 등 주기적인 도시 관리·개발 사업 관련 의사결정에 중요한 참고 자료임과 동시에, 도시 양극화를 완화하고 사회 통합을 제고할 수 있는 정책 의사결정에 활용할 수 있게 되었다. 또한 새로운 젠트리피케이션이 발생하는 것을 사전 예방할 수 있는 가이드라인을 마련할 수 있게 되었다. 부산시는 분석 결과를 통해 2017년 '도시재생사업 다복동(다함께 행복한 동네만들기) 정책'에 활용하였다.

다. 타 기관과의 연계

관련 정보를 부산시 빅데이터 플랫폼을 통해 제공하여, '젠트리피케이션 없는 상생 공동체 아카데미'를 추진하는 서울시 성동구나, '상생으로 가는 길'을 추진하는 전국 지자체 협의회 등과 함께 공공부문 사업 간에 연계 효과를 발생시킬 수 있으며, 표준화를 통한 예산 절감의 효과까지 동시에 기대할 수 있었다. BIG

유사사례
- 120p, 광주광역시, 상수도 누수지역 탐지모델
- 128p, 교통안전공단, 사고 행동을 분석하여 적극적인 예방을 계획
- 36p, 메타라이즈, 빅데이터 기반 지능형 도시가스 배관 위험 예측
- 58p, 전라북도, 골든 타임 확보로 응급환자 생존률 향상

빅데이터 기반 지능형 전기화재 예방 플랫폼 구축

한국전기안전공사, 선도소프트

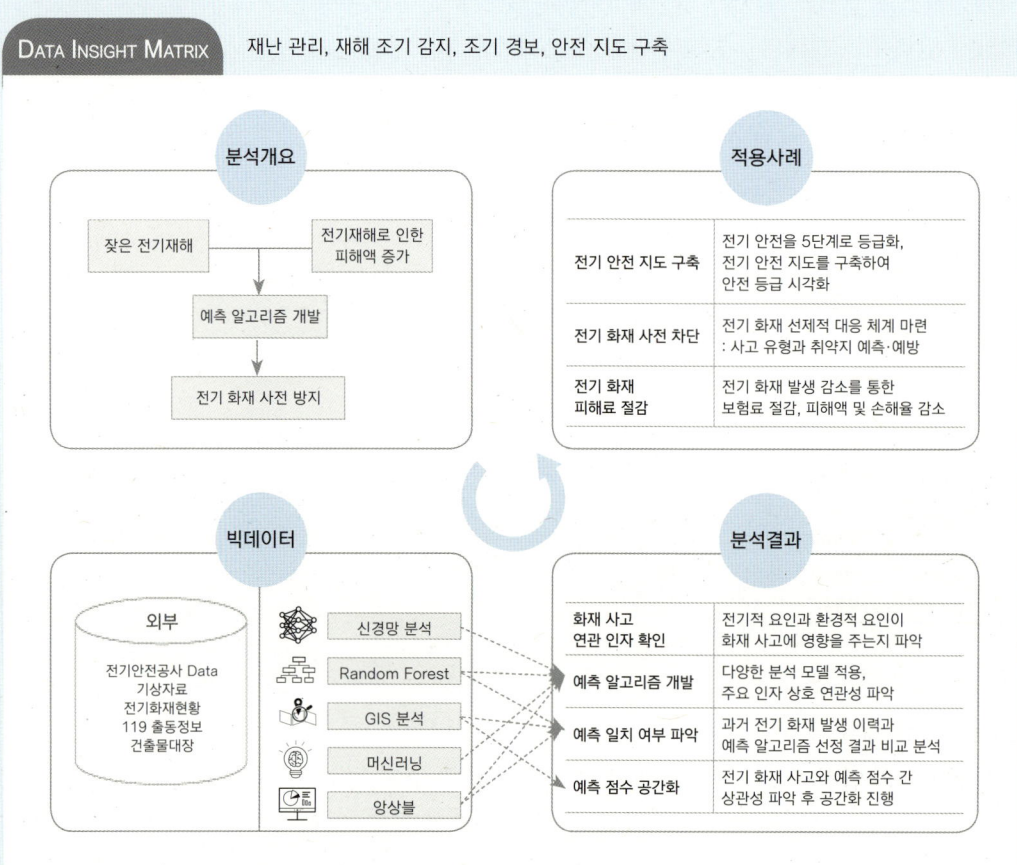

2017년 3월까지 소래포구의 약 200여 곳에서 전기재해가 발생했으며, 그로 인해 약 6억5천만 규모의 재산 피해를 입었다. 2016년 11월에 일어난 서문시장 전기재해에서는 피해 규모가 약 1,500억 원에 달했으며, 3명이 부상을 당했다. 선도소프트는 이처럼 피해가 큰 전기재해에 대한 대책의 필요성을 느끼고, 과거부터 축적되어온 화재 관련 데이터를 활용해 빅데이터 분석을 진행하기로 했다. 분석 과정에서 기계학습을 통해 전기 화재 예측 알고리즘을 개발하고, 해당 알고리즘을 전기 안전 전문가와 함께 검증하여 신뢰도를 확보했다. 이를 통해 전기화재 사고를 사전에 예측하여 사고를 예방하고자 했다.

수집데이터	전기안전공사 (수용기정보, 전기안전점검정보, 대용량수용기정보, 전기안전사고정보, 고객민원) 전기화재현황, 119 출동정보 , 기상자료세움터 (건축물대장)
참여기업	NIA 한국정보화진흥원(주관기관), KESCO 한국전기안전공사(사업자), SUNDOSOFT(사업자)

1. Big Point!

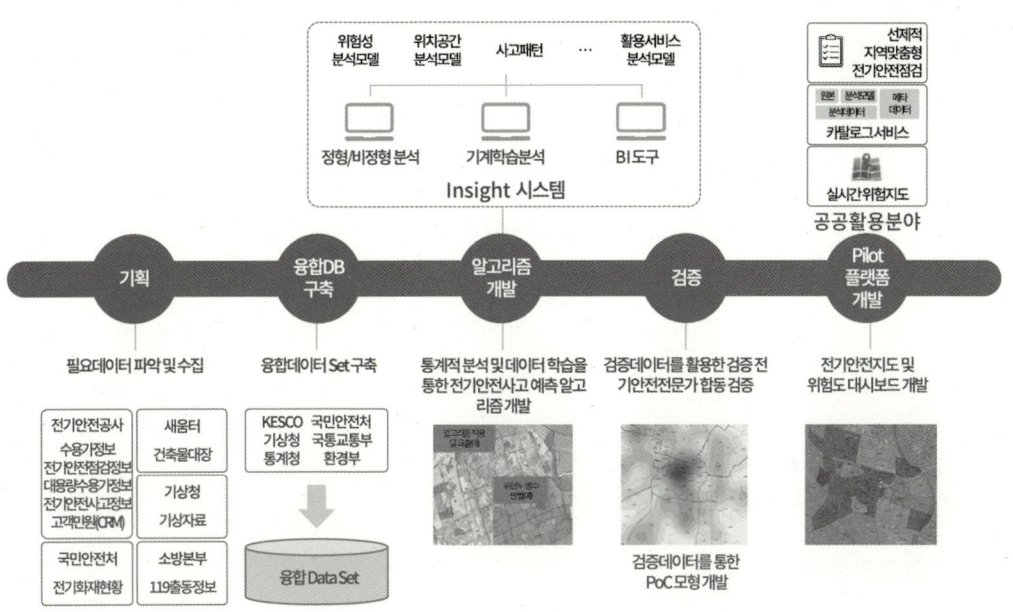

선도소프트는 위 그림과 같은 과정으로 데이터 수집, 알고리즘 개발 및 검증, pilot 플랫폼 개발 등을 진행했으며, 최종적으로 전기 안전 상태를 시각화하여 보여주는 전기 안전 지도를 구축하고, 위험도 대시보드를 개발했다.

2. 활용 데이터와 분석

선도소프트는 한국전기안전공사, 기상청, 국토교통부를 통해 필요한 데이터를 수집했다. 전기 안전 점검을 진행한 결과 중에서 부적합으로 판명난 데이터 약 380만 레코드를 추출하고, 이를 외부데이터와 융합하여 전기화재 핵심요인 데이터를 확보하였다. 추가적으로 파일 단위로 분리된 데이터의 통합과 전처리를 시행하였으며, 어떠한 화재 발생 요인들이 각각 얼마나 존재하는지 그 분포를 확인한 뒤, 기계학습 등을 활용하여 분석을 진행했다.

유사사례
- 74p, 산림청, 빅데이터로 산불 피해 최소화
- 98p, 병무청, 빅데이터를 통한 병역면탈범죄 의심자 포착
- 54p, KIST, 미세먼지 이슈와 빅데이터 활용방안

3. 분석결과

가. 화재사고 연관인자 확인

먼저 전기화재사고 관련 인자 중 전기적 요인에 해당하는 '절연저항' 측정치에 따른 화재사고 여부를 파악한 결과, '무사고'일 경우에는 절연저항의 평균이 169.5, 중앙값은 65.3이었지만, '사고'일 경우에는 절연저항의 평균이 84.5, 중앙값이 21.8로 나타났다. 즉, 절연저항의 값이 낮을수록 사고 발생률이 높은 것으로 판단되었다. 또 다른 전기적 요인인 '발화기기'의 경우에는 대부분의 기기에서 사고 발생률이 5% 미만으로 낮게 나왔지만 '조명 및 간판'이 12.13%, '전기 설비'가 12.44%로 나타났고, '배선/배선 기구'의 경우 가장 높은 수치인 21.52%로 나타나는 등 기기 종류에 따라 사고 발생률의 차이를 보였다.

또한 환경적 요인에 해당하는 '습도'와 사고 발생 여부간의 연관성을 파악한 결과, 화재 사고가 발생한 경우에는 습도가 '35% 내외'일 때 20.79%의 사고율을 보였고, 습도가 '90% 내외'일 때 15.05%의 사고율을 보였다. 즉, 습도가 아주 낮거나 높을 때 사고 발생률이 높은 것으로 나타났다.

나. 예측 알고리즘 개발

한국전기안전공사의 점검데이터(약 1억건)내에 전기안전사고 발생 위치와 정보, 사고 유형별 패턴 등 다양한 요소들을 이용하여 전기안전사고 예방·대응 알고리즘 개발하고자 하였다. 이를 위해 SVM, 신경망, 앙상블 등의 예측 모형의 결과를 비교하여 예측력이 가장 높은 모형을 최종적으로 선택했다. 예측 모형들을 비교한 결과, SVM은 화재사고 예측에 있어서 접지저항, 조사 연월, 개폐기 종류 등의 순으로 중요 요소들이 도출되었으며, 실제 전기화재 발생 수와 사고 발생 예측 수 간의 선형상관관계는 0.914로, 신뢰성이 매우 높다고 나타났다. 신경망의 경우, 누전차단기 분야, 접지저항 값, 개폐기 차단 등의 순으로 예측에 중요한 요소들이 나타났으며, 선형상관관계가 0.757로 나타났다. 앙상블과 Random Forest의 경우, 월별 검사 시점이 화재사고 예측에 가장 중요한 요소로 나타났으며, 앙상블은 선형상관관계가 0.804, Random Forest는 상대오차 0.861로 높은 분석 결과를 보였다. 한국전기안전공사는 대구광역시 데이터를 이용하여 신경망, CART, 앙상블 등의 다양한 방법으로 구축한 전기 화재 예측 모형들에 대한 비교 및 검토를 진행하였다. 앞서 언급한 모델로 화재 예측 변수의 중요도를 파악한 결

• **SVM(Support Vector Machine)**
분류, 회귀, 특이점 판별에 쓰이는 지도학습 머신러닝 방법 중 하나

• **앙상블**
주어진 자료로부터 여러 개의 예측모형들을 만든 후 예측모형들을 조합하여 하나의 최종 예측모형을 만드는 방법

• **Random Forest**
앙상블 학습 방법의 일종으로 다수의 의사결정나무를 생성한 후 이들을 선형 결합하여 최종 모델을 만드는 방법

• **신경망**
인간이 뇌를 통해 문제를 처리하는 방법가 비슷한 방법으로 문제를 해결하기 위해 컴퓨터에 구성한 구조, 인공지능 분야의 문제 해결에 사용되고 있으며, 문자 인식, 화상처리, 자연 언어 처리, 음성 인식 등에서 활용되고 있음.

과, 절연저항 변수가 사고 유무에 가장 큰 영향을 미친다고 분석되었다. 선형상관관계는 신경망 모델의 경우 0.888, CART 모델의 경우 0.76, 앙상블의 경우 0.911로 모두 높은 예측 결과를 보였고, 그중에서도 가장 상관관계가 높은 앙상블 분석 모델을 사용하기로 했다.

또한 환경적 요인을 통한 사고 예측 모델을 개발하기 위해서 사고/무사고의 빈도수 차이를 극복하고 환경 변수를 검출할 수 있는 Random Forest 알고리즘을 사용했으며, 선형 상관관계 값은 0.488로 나타났다. 또한 전기적 요인 예측 모델과 환경적 요인 예측모델에 대한 공통 요인을 탐색하여 약 70~80%의 상관관계 안정성을 가지도록 모델 고도화를 진행하고자 했다.

- **CART (회귀나무기법)**
종속변수에 영향을 줄 수 있는 여러 설명변수들이 있을 경우, 이들을 계층적 관계로 분류하여 종속변수에 대한 영향을 추정하되, 직관적으로 이해할 수 있는 형태의 수식으로 나타내기 어려운 관계를 반복학습을 통해 찾아 설명변수의 중요성을 추정하는 기계학습 기법.

4. 빅데이터 분석결과의 활용

가. 전기안전지도 구축

단순히 적합/부적합으로만 판단하던 전기안전 등급을 1~5의 5단계(1등급이 가장 안전도가 높은 등급이고, 5등급이 가장 안전도가 낮은 등급)로 나누었다. 또한 지역별로 전기안전 등급을 측정하여 등급에 따라 지도에 색깔을 다르게 표시한 '전기안전지도' 대국민 시범 서비스를 구축했다. 국민들은 '전기안전지도'를 통해 읍면동 단위의 전기안전 등급을 파악할 수 있으며, 국가는 '전기안전지도'를 활용해 화재 발생 가능성이 높은 건물 단위를 파악하고, 사고가 발생하기 이전에 미리 점검을 실시하여 사고를 예방할 수 있다.

나. 전기 화재 피해료 절감

전기 화재 발생 횟수가 줄어들게 되면 화재로 인한 발생 손해액 및 피해액을 크게 낮출 수 있으며, 그에 따라 보험료도 함께 절감할 수 있다. 또한 선제적으로 전기화재를 예측 및 관리하는 것이 가능하게 됨에 따라 한국전기안전공사의 긴급출동으로 인한 비용도 절감할 수 있다.

다. 전기 화재 사전 차단

해당 분석 결과를 바탕으로 전기화재 예방 지원체계를 도입하여 전기화재를 약 5% 감소시키고, 재산 피해액을 약 30억 원을 감소시키는 것을 목표로 하였다. 또, 화재 위험의 주요 요인에 많이 노출된 지역을 집중적으로 점검함과 동시에, 사고 유형과 발생 취약지를 예측함으로써 전기 화재 발생을 최대한 예방할 수 있는 선제적 대응체계를 마련하기로 했다.

004 미세먼지 대응 표준 빅데이터 모델 개발

온케이웨더

DATA INSIGHT MATRIX 실시간 모니터링, 체계 구축, 정책 수립, 플랫폼 개발, 환경 오염 예측

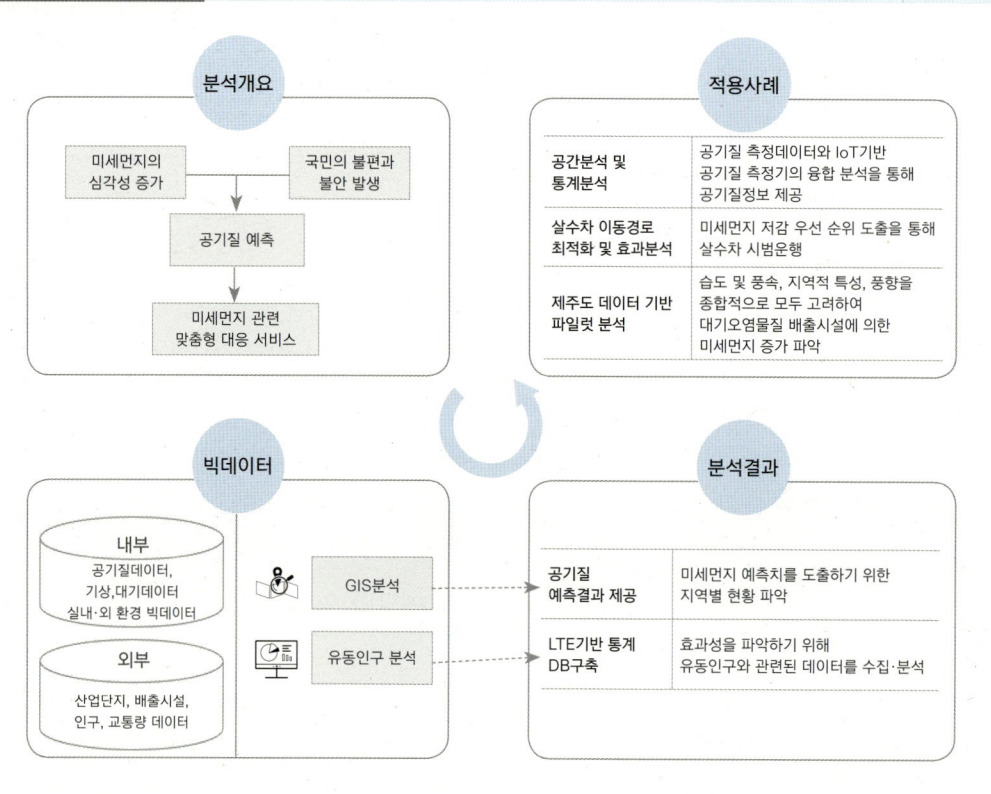

1급 발암물질을 포함한 미세먼지는 건강에 치명적인 위험을 내포하고 있어 그 심각성이 날로 증가하고 있다. 이로 인해 국민의 불안은 점차 증가하고 있지만, 미세먼지에 관련된 대응책은 미흡한 실정이었다. 미세먼지 문제를 해결하기 위한 맞춤형 대응방안 및 행동요령 관련 서비스가 부족하였고 당시에는 전국 320여 개의 지점에서 관측되는 미세먼지 측정값만을 국민에게 제공하고 있었고, 전반적인 공기질 오염 데이터의 축적, 활용 및 대응방안과 관련해서는 준비가 되어있지 못하였다. 이를 해결하기 위해 온케이웨더와 KT는 미세먼지 관련 맞춤형 대응 서비스를 개발하고자 하였다.

수집데이터	공기질 데이터, 기상, 대기 관련 데이터, 실내외 환경 데이터, 산업단지, 배출시설 데이터 인구 데이터, 교통량 데이터
참여기업	Onkweather(주관기관), KT(참여기관), HIMPEL(참여기관)

공공
환경
활용분야
시민 편의 개선
시민 편의
실시간 파악
운영 비용 절감
관리 운영 효율화
시민안전
시정 운영
신규 정책 발굴
정책 지원

1. Big Point!

온케이웨더는 미세먼지 관련 문제들을 해결하고자 공기질 정보를 통해 대국민 대응방안 제시와 더불어 지자체의 정책 마련을 지원할 시스템을 개발하고자 하였다. 본 사업을 통해 일반 국민에게 미세먼지 가이드를 제공하고 공공기관에는 대응 정책 가이드를 제공하여 미세먼지로 인한 피해를 최소화 하고자 하였다. 또한 본 사업을 통해 미세먼지 절감을 위한 살수차의 최적 이동 경로를 파악하고자 하였으며, 제주도의 미세먼지 데이터를 기반으로 파일럿 분석을 실시, 미세먼지 공간 분석에 활용할 주요 변수의 적합성을 판단하여 미세먼지 대응체계를 고도화하고자 하였다.

2. 활용 데이터와 분석

온케이웨더는 미세먼지 대응 공기 질 산업 표준 빅데이터 모델 개발을 위해 환경부와 기상청, 온케이웨더가 가지고 있던 실내·외 환경과 관련된 빅데이터와 산업단지, 매연 배출시설, 인구, 교통량 데이터를 수집하여 플랫폼 구축에 활용하고자 하였다. 위 데이터를 활용하여 시민이 위치한 곳의 정확한 공기질의 정보를 제공하기 위해 국가측정망 및 IoT 기반 공기 질 측정기의 공기질 측정 데이터를 이용해 공간분석을 수행하여 300m 간격으로 공기질의 예측 결과를 제공할 수 있게 되었다. 또한 유동인구 분석을 통해 미세먼지의 취약지구, 계층에게 맞춤형 서비스를 제공할 수 있는 시스템을 구축하였다.

• IoT
사물인터넷(Internet of Things)은 인터넷을 기반으로 여러 사물이 정보통신기술(ex: 센서 등)을 기반으로 연결되어 상호 소통하는 기술이나 환경

3. 분석결과

가. 공기질 예측결과 제공

시민이 위치한 곳의 공기질 정보 제공을 위해 국가측정망 및 공기질 측정기의 측정 데이터를 통해 공간 분석을 시행하였다. 미세먼지 농도 예측을 통해 지도상에 일자/시간대별로 달라지는 미세먼지 측정결과를 음영 표시를 달리하여 현황을 제공하였다. 위 적용 방법을 통해 지도에서 미세먼지 취약지역과 미세먼지 농도가 짙은 지역을 판단하여 취약지역으로 구분하고 미세먼지 발생 시 우선적으로 알림을 보내는 등의 서비스를 시행할 수 있게 되었다.

나. LTE기반 통계 DB구축

KT가 보유하고 있는 LTE 분석서버에서 개인정보를 익명화한 후 통신 시그널을 지형, 도로, 위치, 성, 연령으로 데이터를 수집하여 유동인구 분석에 활용하였다. 기지국 신호 출력의 시간으로 위치를 계산하였다. 지리적 특성을 반영한 가중치를 산정하여 유동인구 파악하고자 하였으며, 50m×50m의 그리드 셀 기반으로 유동인구를 산정하였다.

- **그리드 셀**
단일 GIS(RS 이미지) 값이나 속성을 가진 단위 격자.

4. 빅데이터 분석결과의 활용

가. 살수차 이동경로 최적화 및 효과 분석
미세먼지 농도, 도로 재비산 기여도 및 피해 영향도를 고려하여 저감 우선 순위를 도출하였다. 측정기를 통한 위치별 미세먼지 저감이 필요한 곳을 Score로 산출하여 Score 기준 저감 우선순위를 도출한 후 살수차 시범 운행 및 시뮬레이션을 통해 저감 필요 Score 산출 모델을 개발하였다.

나. 제주도 데이터 기반 파일럿 분석
상관관계 분석과 군집 분석을 사용하여 제주도 미세먼지 측정기를 분석한 결과, 습도와 풍속에 상관성이 존재한다는 점을 파악했다. 이를 토대로 지역적 특성 및 풍향에 대한 종합적 고려가 필요하며, 이를 위해 빅데이터 분석 및 딥러닝 알고리즘이 필요하다고 판단하여 추후 적용할 예정이다.

• 파일럿 분석
최적 개선안을 실제 프로세스에 소규모로 적용하여 목표가 달성 되는지 실제 적용에서 발생할 수 있는 문제를 파악 대응하고자 실시하는 분석

유사사례
- 124p, 대구광역시, 빅데이터로 전기차 충전 인프라 설치 입지 선정
- 50p, 한국환경경제학회, 경기 모니터링 시스템
- 108p, 행정자치부, 빅데이터로 갈등 발생 전 예방까지
- 120p, 광주광역시, 상수도 누수지역 탐지모델
- 94p, 청주시, 빅데이터를 활용한 보다 안전한 도로관리
- 112p, 경기도, 국민참여형 어린이 안전 및 교통사고 원인분석
- 24p, 국토연구원, 공간 빅데이터를 활용한 도시 양극화 분석
- 86p, 수원시, 체납액 회수도 과학적인 방법으로
- 102p, 행정자치부, 근로감독 사업장 선정 과학화
- 90p, 국민건강보험공단, 개인 맞춤형 인공지능 질환예측 서비스

빅데이터 기반 지능형 도시가스 배관 위험 예측

메타라이츠

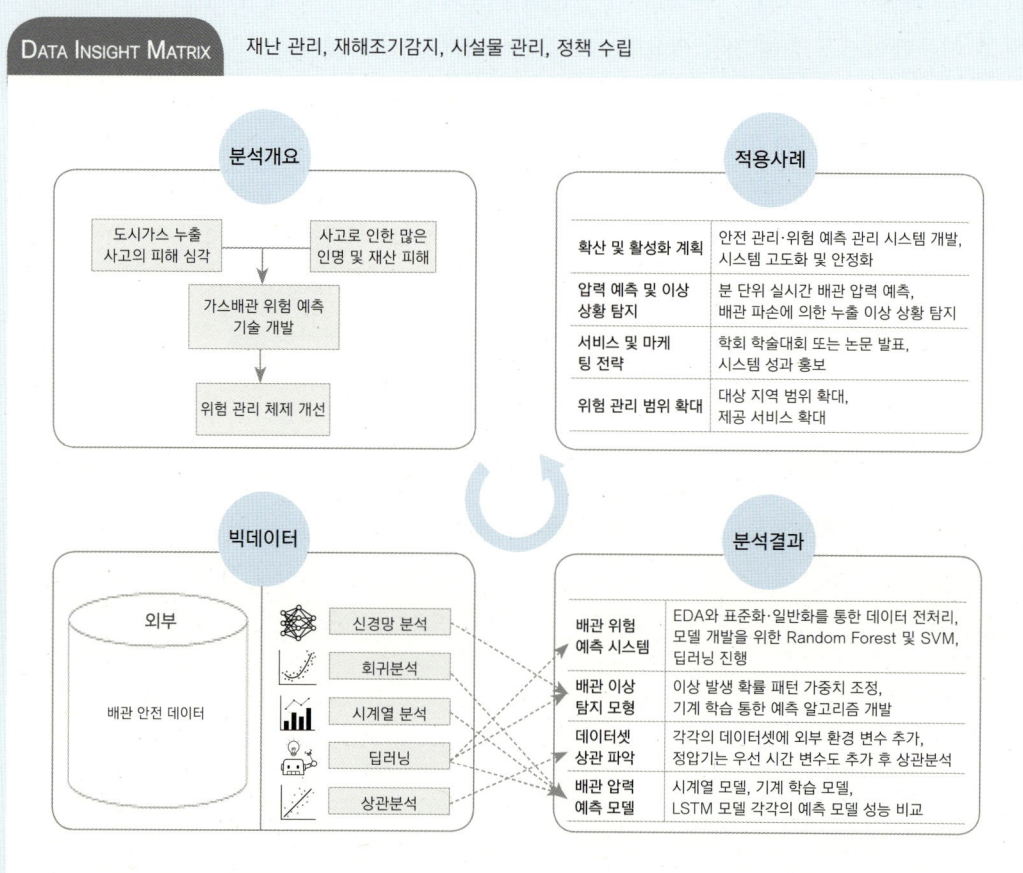

도시가스 폭발은 그 위험성이 매우 높다. 실제로 대구에서 1995년 일어난 도시가스 폭발사고로 101명의 사망자와 202명의 부상자, 540억의 재산피해를 일으켰다. 대만과 미국에서도 폭발로 인해 많은 인명피해가 발생하였다. 이에 도시가스 배관에 대한 상시 감시체계가 필요하다 생각이 되어, 빅데이터를 기반으로 가스 배관의 위험 예측 기술 개발을 통해 배관 안전에 대한 사전조치를 취할 수 있는 기술을 개발하고자 했다.

수집데이터	배관안전 데이터
참여기업	메타라이츠 (수행기관)

1. Big Point!

기존 도시가스 배관 위험 예측 시스템에서는 가스 배관의 문제가 생길 경우 기존 시스템에서는 직접 점검을 실시해야 문제 파악이 가능했으며 이도 일부 위험요소(정압기 상태)만 파악이 가능했다. 또한 수동으로 자료를 수집하기 때문에 그에 따른 시간과 인력 소모가 많았으며, 객관적 데이터가 아닌 점검자의 경험적 판단에 의해 원인을 분석하여 실질적으로 원인 해결을 위한 방안이 되지 못하였다. 이를 빅데이터 분석을 통한 시스템 개발로 빠른 의사결정 지원과 통계적 기법을 활용한 분석을 실시하여 예측 정확도를 향상시키고자 하였다.

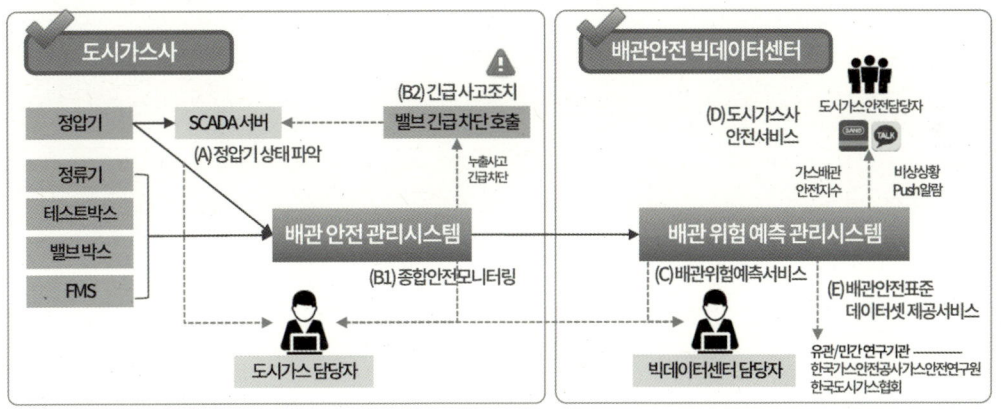

2. 활용 데이터와 분석

계량 설비와 정압기 등의 데이터를 통신 서버를 통해 실시간 수집하여 분석에 활용하였으며 데이터 전처리 과정을 거쳐 Test데이터와 Training데이터로 구분하였다. Training데이터에 이상탐지모형예측 알고리즘을 적용하여 Random forest, SVM, 신경망분석을 통한 기계학습을 한 후 배관상태의 위험 여부 탐지 결과를 제시하였고 이를 test 데이터를 통해 성능을 평가하였다. 이를 통해 배관 압력과 관련된 위험 예측 시스템을 개발할 수 있었다.

• Random Forest
앙상블 학습 방법의 일종으로 다수의 의사결정나무를 생성한 후 이들을 선형 결합하여 최종 모델을 만드는 방법

• SVM(Support Vector Machine)
분류, 회귀, 특이점 판별에 쓰이는 지도학습 머신 러닝 방법 중 하나

3. 분석결과

가. 데이터 셋의 상관관계 파악

정류기, 테스트박스, 정압기 데이터에 외부환경변수인 기온, 강수량 풍속 등의 변수를 추가하여 상관관계 분석을 실시하였다. 그 결과 다른 부분에서는 큰 상관관계가 보이지 않았으나 정압기의 압력과 시간 변수가 시간에 따른 높은 상관관계를 보이고 있었다.

나. 배관 압력 예측 모델 선정

배관 압력 예측 모델의 성능 비교를 위해 RMSE(Root Mean Square Error)를 이용해 성능 비교를 실시하였다. 데이터 셋에 따른 예측 모델의 성능을 비교한 결과 외부환경 변수와 시계열적 속성을 가진 데이터를 모두 활용한 데이터에서 성능이 가장 우수하게 나왔으며 SVM보다 Random forest에서 우수한 성능이 나타났다.

• RMSE
평균 제곱근 오차(Root Mean Square Error)로 잔차(관측에서 나타나는 오차)의 제곱합을 산술평균한 값의 제곱근으로서 관측값들간의 편차를 의미함. 표준편차를 일반화시킨 척도로서 실제값과 추정값과의 차이가 얼마인가를 파악하는데 사용되는 척도

유사사례
- 94p, 청주시, 빅데이터를 활용한 보다 안전한 도로관리
- 120p, 광주광역시, 상수도 누수지역 탐지모델
- 78p, 건강보험심사평가원, 질병도 이젠 빅데이터로 예측하고 예방
- 124p, 대구광역시, 빅데이터로 전기차 충전 인프라 설치 입지 선정
- 32p, 온케이웨더, 미세먼지 대응 표준 빅데이터 모델 개발
- 58p, 전라북도, 골든 타임 확보로 응급환자 생존률 향상

4. 빅데이터 분석결과의 활용

가. 확산 및 활성화 계획

1단계	2단계	3단계
시스템 구축 센터 운영	안정화 / 고도화	확산
· 1개 도시가스사 시범 적용 · 배관 안전 관리 시스템 개발 · 배관 위험 예측 관리 시스템 개발 · 빅데이터 센터 운영 · 표준 데이터 운영 · 홍보 및 전시	· 시스템 고도화 및 안정화 · 빅데이터 기반 위험 예측 학습 모델 보완 · (외부) 수집된 데이터 비식별화를 통한 배관 안전 표준 데이터셋 제공 서비스	· 적용 기관 확대 기반 마련 · 배관 안전 관련 실시간 수집 데이터 확대 방안 수립 · 관련 법·제도 보완 방안 수립

나. 압력 예측 및 이상 상황 탐지

가스 사용량이나 도시가스 배관 정압기의 압력 등에 영향을 줄 수 있는 외부 환경요인들을 통합적으로 분석하여, 분 단위로 배관 압력을 예측함과 동시에 배관 파손 시 이상 상황을 탐지할 수 있는 모델을 개발했다.

다. 서비스 및 마케팅 전략

시연/전시회 참가, 학회와 학술대회 또는 논문발표를 통해 이상 상황 탐지와 관련된 성과를 제시하였다. 또, 시스템 성과에 대한 언론 홍보와 한국 도시가스협회 및 권역별 도시가스사 성과 홍보를 진행하였다.

라. 위험 관리 범위 확대

한국가스공사의 배관 및 수용가의 저압 배관 안전 관리를 적용하고, 지역적으로는 현재 충남권역의 한 개의 도시가스사와 한국가스안전공사(안전 관리 감독 기관)가 참여하고 있지만, 한국가스협의회의 전국 33개의 도시가스사가 시스템을 모두 활용할 수 있도록 대상 지역들을 확대할 예정이다. 또한 굴착 공사 정보 지원 시스템과 연계하여 도시가스 매설 배관의 안전 관리 서비스도 확대할 예정이다. BIG

006 동물 및 인간 감염병 확산 대응 지원체계 구축

KT

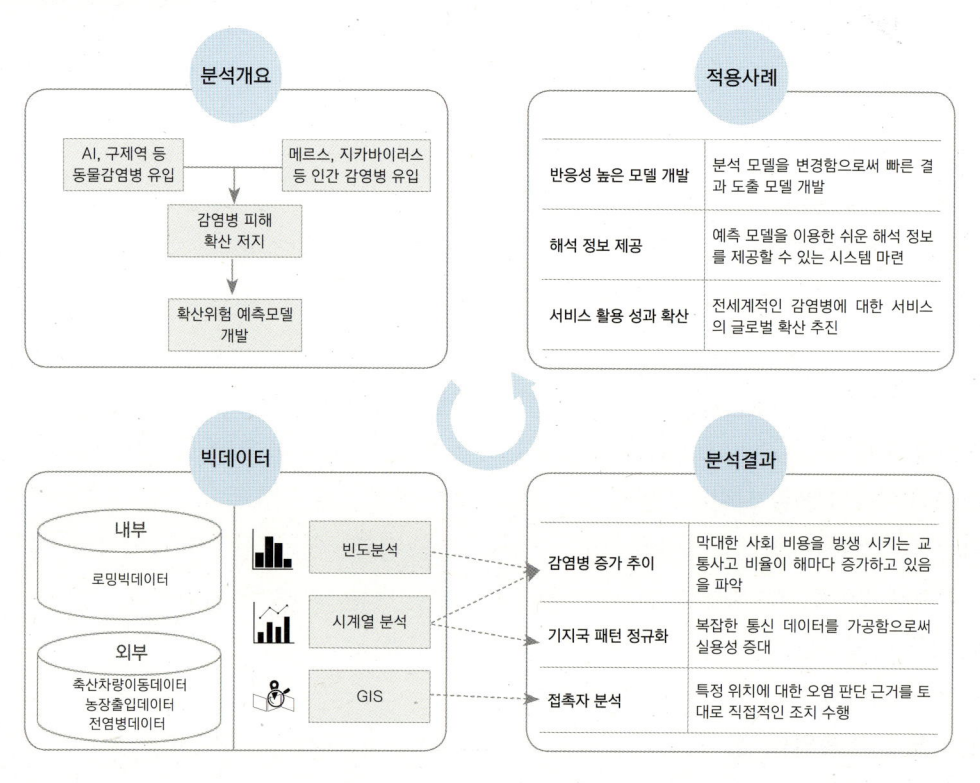

최근 AI, 구제역 등의 다양한 동물/인간 감염병이 지속적으로 발생하고 있으며, 갈수록 더 많은 종류의 감염병들이 국내외로 유입되고 있다. 감염병의 여파로 특정 소비 품목의 가격이 폭등하는 상황이 발생하는 등 생활에 밀접한 영향을 미치게 되었다. 이에 따라 KT에서는 전염병을 감지하여 확산을 방지하고 추가적인 피해를 최소화하기 위한 대책을 강구하고자 빅데이터 분석을 활용하여, 전염병 확산 대응 지원체계를 구축하고자 했다.

수집데이터	로밍 데이터, 축산차량 이동 데이터
참여기업	KT, 농림축산검역본부, 질병관리본부, BC카드

공공
의료/안전
활용분야
시민 편의 개선
시민 편의 실시간 파악
운영 비용 절감
관리 운영 효율화
시민안전
시정 운영
신규 정책 발굴
정책 지원

1. Big Point!

빅데이터를 기반으로 동물과 인간의 감염병 방역 실시에 대한 의사결정을 지원하는 체계를 개발하고자 하였다. 또한, 감염병 확진자의 통신 데이터와 카드 이용내역을 활용하여 동선을 재구성하여, 감염병 확진자의 역학조사와 추적조사가 가능한 틀을 마련하고자 하였다.

이를 통해 최종적으로 인간 및 동물 감염병 발생시 추가 피해를 최소화하기 위해 민·관의 빅데이터를 활용하여 감염병 확산에 대응을 지원하는 체계를 마련하고자 하였다.

2. 활용 데이터와 분석

감염병 발병시 신속한 방역과 후속대책을 지원하기 위한 체계를 마련하기 위해 빅데이터를 활용하여 감염병 발병예측모델을 개선하고자 했다. 먼저, 기존 서비스에는 제공되지 않던 확산위험예측 결과를 시계열 분석을 통해 시각적으로 확인할 수 있는 모니터링 시스템을 구축하고자 했다. 또, 통신 및 카드 데이터를 활용하여 감염병 확진자의 동선 및 접촉자 추출을 하고자 했다. 통신사와 카드사로부터 필요 데이터를 확보 후, 데이터 정제를 통해 분석 방법 매뉴얼을 작성하였다. 정제된 데이터를 시각화하여 질병관리본부의 역학조사관이 활용할 수 있도록 시스템을 구축하였다. 감염병 확진자의 동선 및 접촉자 정보를 확인이 가능하도록 하여, 정밀한 역학조사를 통해 감염병 확산 방지를 하고자 하였다.

• **역학조사**
감영병과 같은 부분에 있어 인과 관계를 역학적으로 해석하기 위해 행하는 조사

3. 분석결과

가. '농장 전자 방명록 시스템' 개발

기존에는 차량 이동 정보 및 농장 정보 등의 데이터를 수기로 기록하고 그 내용을 검토하여, 농장 간 감염병 확산 예측 모형을 만들기 위한 데이터 분석 마트를 생성했었다. 예를 들어 조류 독감이 발생한 경우, 그 시기에 조류 독감

이 발생한 농장을 방문한 차량 데이터들을 확인하여, 방문 차량들의 추가 이동 경로를 파악했다. 해당 차량들이 이동하는 곳에서는 조류 독감이 발생할 가능성이 높다는 전제하에, 예상 확산지를 예측하는 방식이었다. 하지만 수기로 작성된 만큼 데이터의 누락이나 오류도 많아서, 농장 출입자를 관리하는데 어려움이 많았다. 이러한 관리의 어려움을 해소하고, 예측 모형의 예측력을 높이기 위해, 정보를 체계적으로 수집하고 관리할 수 있는 '농장 전자 방명록 시스템'을 개발하기로 했다. 해당 시스템은 IoT방식과 QR코드 방식을 이용한 '농장 출입 기록 장치'와, 해당 데이터들을 앱과 사이트로 관리하고, API로 연동할 수 있는 '농장 전자 방명록 플랫폼'으로 구성하고자 했다. 해당 시스템은 아래 이미지와 같은 형태로 진행하고자 했으며, 피드백 과정을 거쳐 최적의 시행 방안을 도출하고자 했다.

• **데이터 마트**
데이터의 한 부분으로 사용자가 관심을 갖는 데이터를 담고 있는 비교적 작은 규모의 데이터 웨어하우스를 의미

• **IoT**
사물인터넷(Internet of Things)은 인터넷을 기반으로 여러 사물이 정보통신 기술(ex: 센서 등)을 기반으로 연결되어 상호 소통하는 기술이나 환경

• **API**
프로그램 개발자가 애플리케이션을 생성할 때 운영체제에서 동작하는 프로그램을 쉽게 만들 수 있도록 화면 구성이나 프로그램 동작에 필요한 각종 함수를 모아 놓은 것

나. 확산 예측 모델 개선

기존에 개발된 '동물 감염병 확산 예측 모델'은 딥러닝 기법을 적용하여 확산 위험을 예측했다. 하지만 이 모델은 두 가지의 한계가 있었다. 첫 번째는, 1차 감염인 '농장 간의 전파'만을 예측하였고, 2차 감염인 '축산 시설을 경유한 간접 전파'는 예측에서 완전히 배제하고 있었다는 것이다. 두 번째는, 감염 이력

이 없는 축종들은 감염 예측 축종에서 제외되어 있다는 것이다. 이러한 한계를 극복하기 위해 인공 신경망에서 사용하는 다양한 파라미터들에 대한 그리드 검색 기법을 사용하기로 했다. Sigmoid, Hyper-Tangent, ReLu의 세 가지 활성 함수를 사용하여 '위험 농장 위험도'를 산출하였다. 또한, 정형 데이터만을 분석할 수 있었던 기존 예측 모델의 개선을 통해, 비정형 데이터 분석이 가능하게 만들고자 하였다. 이러한 과정을 거쳐 개선한 예측 모델은 축산 시설을 경유한 2차 감염도 예측할 수 있을 뿐만 아니라 기존에 감염병이 발생하지 않았던 축종들에 대해서도 위험도를 예측이 가능하도록 하고자 했다.

• **Sigmoid**
그래프의 모형이 S자로 생긴 함수를 의미하며 값이 커질수록 1에, 작아질수록 0에 수렴하는 함수이다. 신경망분석에서 활성화 함수로 사용되며 신호를 변환하고 변환된 신호를 다음 노드에 전달하는 함수

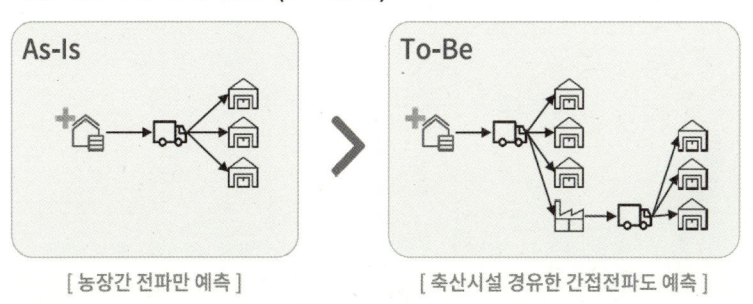

☀ 축산시설 경유 유형 반영 (2차 감염)

[농장간 전파만 예측]   [축산시설 경유한 간접전파도 예측]

• **Hyper-Tangent**
지수함수를 활용한 함수중 탄젠트 함수

• **ReLu**
음수에 대해 0으로 처리하는 함수로 0보다 작을 경우 0으로 처리하지만 양수에 대해서는 값을 바꾸지 않고 반환하는 방법

☀ 위험도 예측 대상 확대

다. 인간 감염병 확진자 역학 조사

뒤 페이지의 그림과 같이 기존에는 질병 감염 확진자 발생 시, 통신사와 카드사로 공문을 각각 발송하여 감염자와 관련된 정보를 얻었다. 하지만 해당 과정은 최소 3일 이상의 시간이 소요되었고, 빠른 대처를 해야 하는 상황에서 즉각 대처가 불가능하다는 문제가 있었다. 이러한 한계를 극복하고자, 통신사와 카드사로부터 필요 데이터를 확보 후, 데이터 정제를 통해 분석 방법 매뉴얼을 작성하여 '역학 분석 지원 시스템'을 개발하기로 했다. 해당 시스템은 확진자가 발생하면, 공문을 발송함과 동시에 확진자를 지원 시스템에 등록하여 통신사 및 카드사의 데이터를 자동으로 요청할 수 있게 된다. 해당 시스템이 분

석하는 데이터가 통신사로부터 오는 경우, 시계열 분석을 활용하여 전파 특성상 발생하는 기지국들의 고유 패턴을 반복적으로 보정하는 작업을 거쳐 정규화하여 해석할 수 있다. 카드사로부터 오는 경우에는 온라인 구매나 타인이 사용한 경우를 제외하기 위해 동일 시간에 근처의 통신 기록과 비교하여, 실제 감염자가 사용했을 것이라 판단되는 데이터만을 사용하도록 했다. 이러한 과정을 통해 감염자의 이동 경로를 파악하여, 감염 위험이 높은 특정 위치들을 오염 위치로 판단하고, 특정 시간대에 오염 위치에 접촉한 사람들을 추출하여 감염 위험자를 찾아낼 수 있게 하고자 했다.

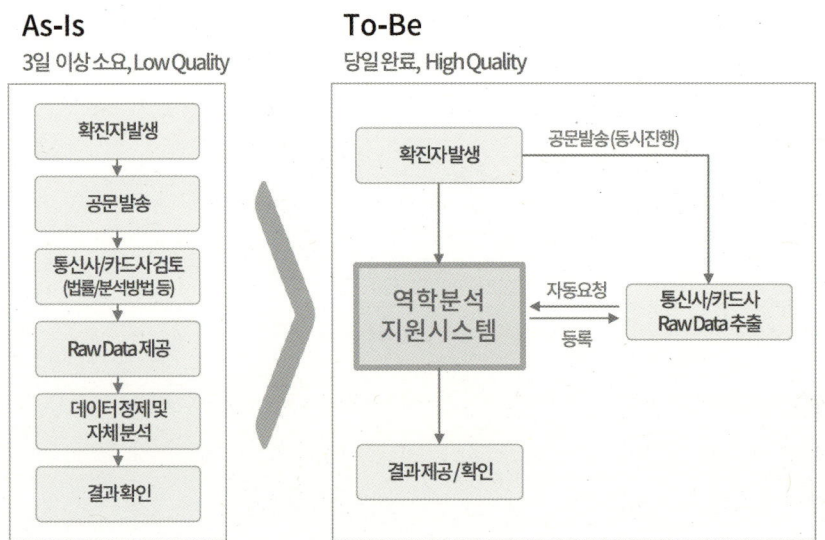

4. 빅데이터 분석결과의 활용

가. 데이터 플랫폼 UI 고도화

기존 시스템은 지도에 감염의심지역을 표시하는 데에서 그쳤기 때문에, 확산 위험과 관련된 정보는 제공하지 못했다. 따라서, 지역별 위험도만 표시하던 지도 서비스에 농장별 위험도를 지도상에 표시하여 방역 작업에 쉽게 활용할 수 있도록 했다. 또한, 확산위험예측 결과를 해석할 수 있는 정보를 추가하여, 이를 MAP 화면(지도상 화면)에서 바로 이용이 가능하도록 했다. 이를 통해 사용자의 접근성을 더 높이고자 했다.

• UI
휴대폰 컴퓨터 등 디지털 기기를 작동시키는 명령어나 기법을 포함하는 사용자 환경, 주로 컴퓨터에서는 아이콘, 스마트폰은 애플리케이션 형태의 화면 구성을 의미

나. 관련 기관과의 협업 - 농림축산검역본부

농림축산검역본부의 동물 감염병 방역 의사결정을 지원하는 체계 구축에 도

움을 주기 위해 '방역 지원 시스템'을 제공하고자 했다. 해당 시스템을 사용하여 확산 예측 모델을 수립하게 될 경우, 다양한 ICT 기반의 스마트 축산 기술과 결합한 스마트 농장 실현이 가능해질 것으로 보았다. 농장 IoT 데이터, 차량 및 영상 관제 데이터, 가축 질병 데이터를 실시간으로 받아, 다양한 분석에 활용할 수 있게 되므로 보다 실질적인 효과를 창출하게 될 것이다. 실질적인 활용 방안을 하나 살펴보면, 조류인플루엔자가 발생했을 경우, 농림축산검역본부 내의 방역 관련 부서에 해당 감염병과 관련한 분석의 결과를 전달한다. 이후, 검역본부에서는 감염병이 발병한 농장뿐만 아니라, 해당 지역에서 확산 가능성이 높은 지역 범위까지 예측하여 방역 작업을 진행할 수 있게 된다.

• ICT
Information and Communication Technology의 약자로 통신기술과 정보기기 하드웨어의 기술의 융합을 통해 정보를 수집하고 생산, 가공, 보존, 전달, 활용하는 모든 방법

공공
의료/안전
활용분야
시민 편의 개선
시민 편의 실시간 파악
운영 비용 절감
관리 운영 효율화
시민안전
시정 운영
신규 정책 발굴
정책 지원

다. 신속한 방역 활동
감염 발생 이력이 있는 축종과 발생 이력이 없는 축종을 통합하고 이를, 개선한 '확산 위험 예측 모델'을 활용하여 동물 감염병의 확산을 미리 예측할 수 있게 되었다. 위험 지역으로 예측되는 곳에 미리 방역 활동을 진행하게 되면, 감염 발생 이전 조기 차단이 가능해진다.

라. 관련 기관과의 협업 - 카드사 및 질병관리본부
BC카드 등의 카드사와 카드사 내부의 데이터를 연계하여 질병관리본부에 제공함으로써, 인간 감염병 확진자에 대한 역학 조사가 이뤄질 수 있게 된다. 더 나아가 국내 통신사와 카드사가 모두 협업하게 될 경우, 글로벌 성과 확산이 가능하게 된다. 이렇게 된다면 국제보건기구와 연계하여 감염병 확산 방지 업무를 진행할 수 있게 될 뿐만 아니라, 정부와 민간 기업이 협력하여 사회문제를 해결했다는 'Korea Case'로 세계적인 홍보도 가능하게 된다.

마. 국민 안심 서비스
국민들은 감염자의 방문으로 이미 위험 지역으로 분류된 곳에 접촉했을 경우, SMS로 감염병 정보를 제공받을 수 있게 된다. 이렇게 되면 2차 감염의 발생 비율도 매우 낮출 수 있으며, 관련 의료 진행의 횟수도 감소하여, 경제적으로도 많은 이득을 얻게 된다. 또한 감염병이 유행하는 것에 대한 국민들의 공포감도 제거할 수 있게 되어, 사회적으로도 안정을 찾을 수 있다. BIG

유사사례
- 74p, 산림청, 빅데이터로 산불 피해 최소화
- 28p, 선도소프트, 빅데이터 기반 지능형 전기화재 예방 플랫폼 구축
- 108p, 행정자치부, 빅데이터로 갈등 발생 전 예방까지
- 70p, 국민건강보험공단, 의료이용지도연구를 통한 의료 정책 질 향상
- 124p, 대구광역시, 빅데이터로 전기차 충전 인프라 설치 입지 선정
- 78p, 건강보험심사평가원, 질병도 이젠 빅데이터로 예측하고 예방
- 58p, 전라북도, 골든 타임 확보로 응급환자 생존률 향상

007 교통사고 감소를 위한 예보 서비스

더아이엠씨, 도로교통공단

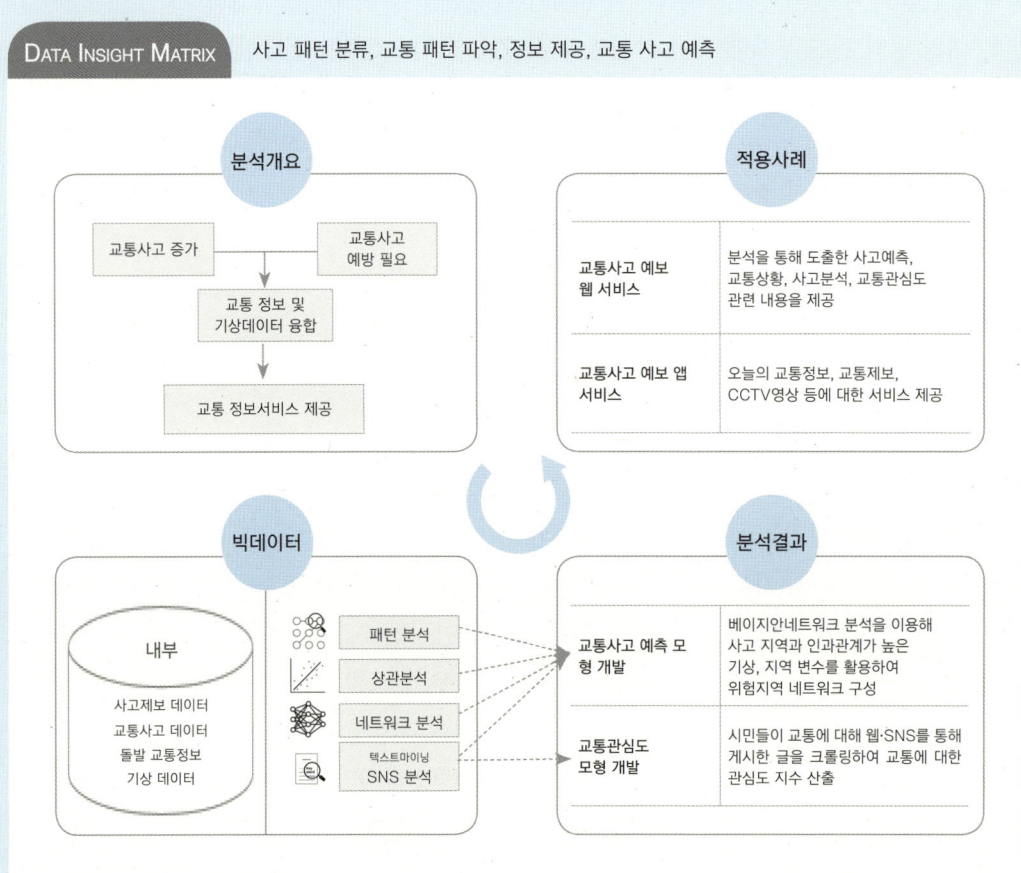

DATA INSIGHT MATRIX — 사고 패턴 분류, 교통 패턴 파악, 정보 제공, 교통 사고 예측

사회 주요 현안 중 하나인 교통사고에 대한 문제를 해결하고자 교통정보 빅데이터와 기상 등 기타 데이터를 융합하여 다양한 교통환경에 대한 교통안전 분석과 교통사고 위험도 예측을 실시했다. 이를 바탕으로 운전자에게 위험정보를 전달하고 교통 환경개선을 이끌어 내고자 했다. 또한 반복 정체 및 돌발상황에 대한 대응이 가능하도록 하여 교통사고 피해 규모 절감 및 2, 3차 사고에 대한 예방이 가능할 것으로 예상했다. 따라서 더아이엠씨와 도로교통공단에서는 사고위험요소에 대한 사전 경고가 가능한 시스템을 개발하고자 하였다.

수집데이터	한국교통방송: 사고제보 데이터(2010~2016) 도로교통공단: 교통사고 데이터(2010~2015), 돌발교통정보(2010~2015), 기상데이터
참여기업	㈜더아이엠씨, 도로교통공단 대구교통방송

공공
교통
활용분야
시민 편의 개선
시민 편의 실시간 파악
운영 비용 절감
관리 운영 효율화
시민 안전
시정 운영
신규 정책 발굴
정책 지원

1. Big Point!

경찰청 집계에 따르면 우리나라의 교통사고는 연간 23만여 건으로 교통사고로 인한 사회 경제적 비용이 연간 42조 원으로 나타났다. 교통사고는 인명·재산 피해를 야기할 뿐만 아니라 사회비용을 유발시키는 중요한 사회 현안이다. 이를 해결하고자 다수의 교통기관이 교통 인프라를 증설하고, 안전시설을 설치하는 등 지속적인 노력을 기울이고 있으나 교통사고가 해마다 3~4% 증가하고 있다. 이를 해결하기 위해 도로교통공단에서는 교통사고 예측 모형을 개발한 후 결과를 교통상황 정보로 제공함과 동시에 교통 정책 담당자 및 시민에게 웹/앱/라디오/방송 등 다양한 방식을 통해 정보를 제공하는 서비스를 개발하고자 하였다.

2. 활용 데이터와 분석

사업 추진을 위해 기상데이터, 과거 사고 발생 건수 등의 데이터만을 이용하기에는 사고 관련 예측이 힘들어 SNS, 실시간 교통정보, 사고 제보 데이터 등을 융합하여 분석에 활용하였다. 이를 통해 과거 시기별, 지역별 교통사고 패턴을 파악할 수 있었으며 교통사고 현황 도출이 가능했다. 이를 통해 빅데이터 기반 분석 기법 중 하나인 네트워크 분석, 텍스트마이닝 및 다양한 분석 방법을 통해 교통사고 위험도를 예측하였다.

• **텍스트 마이닝**
자연어 처리 기술을 활용하여 데이터를 정형화하고, 추출한 특징으로부터 의미 있는 정보를 발견하는 기법

3. 분석결과

가. 교통사고 예측 모형 개발

베이지안 네트워크 분석을 이용해 수집되어 있는 데이터로부터 상관관계가 높은 구군, 동, 월, 요일, 시간, 기후, 강우량, 지역의 변수를 활용하여, 인과 관계 또는 연관 관계를 기반으로 네트워크를 구성했다. 또한 상관성이 높은 변수의 추가적인 영향을 반영하기 위해 가중치를 도출하여 위험지역 예측 모형을 개발하였다. 예측 모형을 생성해 추가적으로 시간, 위치, 기상 조건을 대입하여 지점별 사고 발생 위험 즉 교통사고 발생 확률을 추정할 수 있게 되었다.

나. 교통관심도 모형 개발

시민들의 교통에 대한 의견을 웹, SNS에 게시한 글의 크롤링을 통해 수집하여 교통에 대한 관심을 수치로 산출하고 교통사고와의 연관성을 연구하기 위해 지수를 개발하였다. 텍스트 내 핵심어 선별 및 빈도를 파악한 후, 가중치를 부여하여 시민의 의견 동향을 파악하였으며, 교통사고와 관련된 키워드에 대해 TF-IDF 기법을 통해 관심지수를 계산하였다.

• **TF-IDF**
정보검색과 텍스트 마이닝에서 이용하는 가중치로, 여러 문서로 이루어진 문서에서 특정 단어가 문서내에서 얼마나 중요한 의미를 가지는지 나타내는 통계적 수치, 검색 엔진에서 검색 결과의 순위를 결정하거나, 문서 사이의 유사도를 구하는 용도로 사용

유사사례
- 82p, 도로교통공단, 빅데이터로 위험한 도로를 피하자
- 54p, KIST, 미세먼지 이슈와 빅데이터 활용방안
- 78p, 건강보험심사평가원, 질병도 이젠 빅데이터로 예측하고 예방
- 20p, 국민연금공단, 빅데이터를 통한 고용취약자 파악
- 66p, 국민연금공단, 사회취약계층 선제적 발견을 통해 지원
- 36p, 메타라이츠, 빅데이터 기반 지능형 도시가스 배관 위험 예측
- 128p, 교통안전공단, 사고 행동을 분석하여 적극적인 예방을 계획
- 70p, 국민건강보험공단, 의료이용지도연구를 통한 의료 정책 질 향상
- 112p, 이천시, 국민참여형 어린이 안전 및 교통사고 원인분석
- 94p, 청주시, 빅데이터를 활용한 보다 안전한 도로관리

4. 빅데이터 분석결과의 활용

가. 교통사고예보 웹 서비스 개발

웹사이트에서 사고 관련 데이터를 쉽게 알 수 있도록 하기 위해 GIS를 이용하여 일일 위험지수, 오늘의 위험지역의 Top 10 결과를 제공하며, 실시간 교통상황 등을 쉽게 지도로 확인할 수 있는 서비스를 오픈하였다. 추가로 실시간 교통상황 제보, 사고유형 분석 등의 서비스도 함께 제공하였다. 또한 시민들의 교통 관심을 알아보기 위해 웹과 SNS데이터를 이용하여 상세정보를 파악할 수 있는 페이지를 개설하였다.

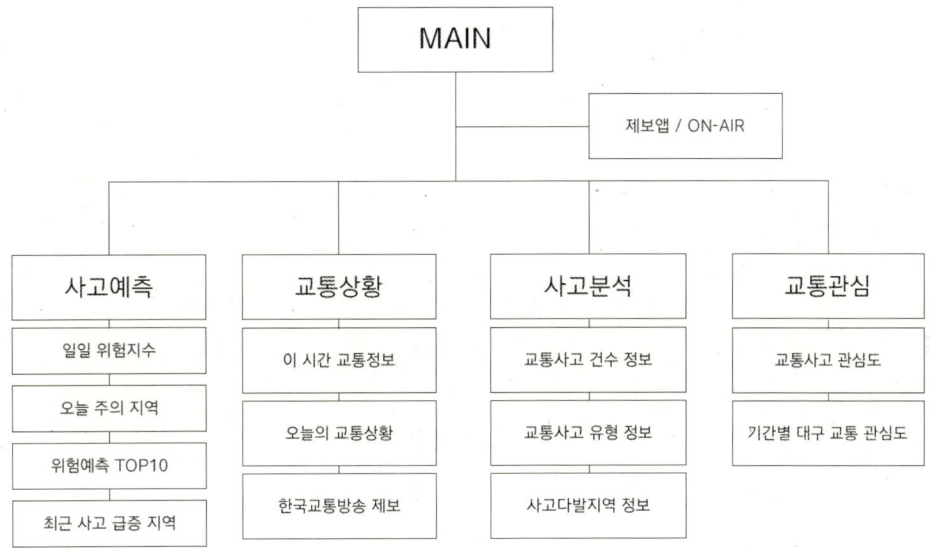

나. 교통사고예보 앱 서비스 개발

앱 서비스와 웹을 통해 위험지수, 위험도, 위험지역 Top10 등을 제공하며 앱의 가장 중요한 기능으로 교통제보 관련 탭을 제작하였다. 이에 따라 교통제보의 원문을 실시간으로 파악할 수 있게 되었으며 사용자가 앱을 통해 교통상황의 실시간 제보가 가능하게 되었다. BIG

경기 동향 지수 모니터링 시스템

(대구) 한국환경경제학회

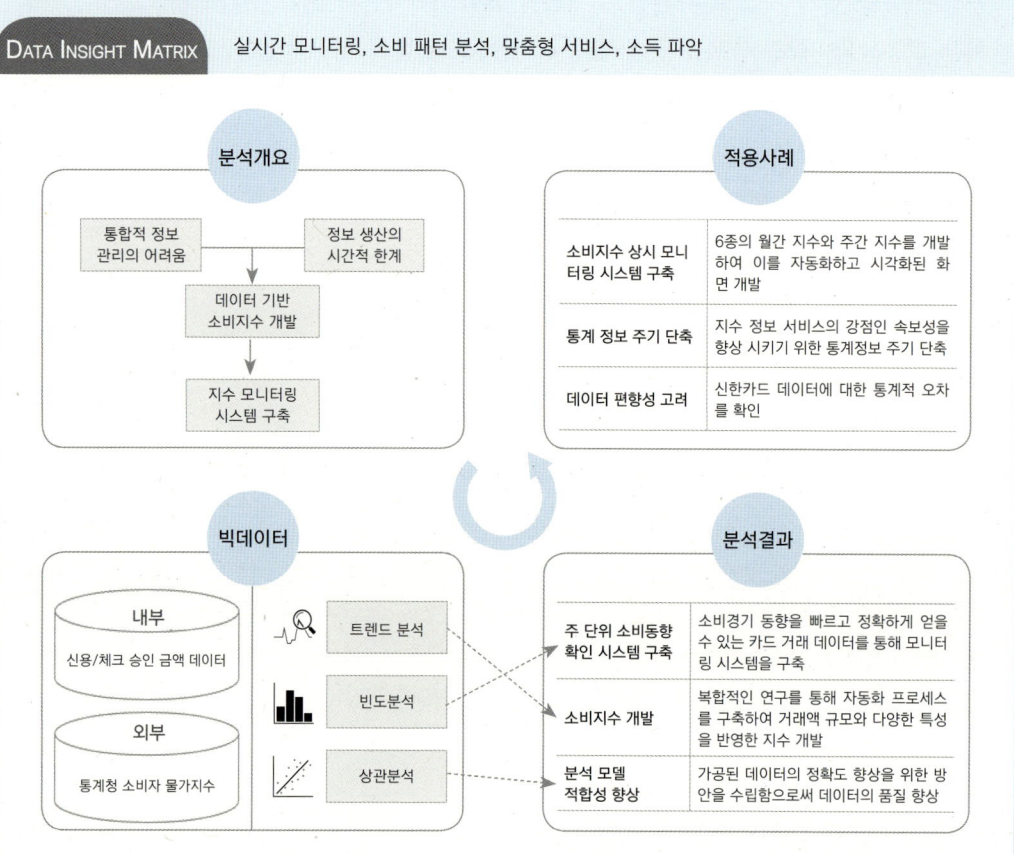

통계청에서는 주기적으로 이루어지는 우리나라의 물가, 소비 동향에 대한 정보들을 생산하고 있다. 하지만 한 달 이상이라는 시간 동안 정보를 생산하는 중에 갑자기 생겨나는 국가적 이슈들이나 재난, 공휴일 등을 모두 포괄하여 데이터를 관리하는 데에는 어려움이 따랐다. 그리하여 정보를 만들어내는 시간적 단위를 최소화하고, 다양한 이슈 및 변화상황 등을 즉각적이고 신속하게 반영할 수 있는 모니터링 시스템을 개발하고자 했다.

수집데이터	신한카드 신용/체크 카드 승인금액 주/월간 데이터, 통계청 소비자 물가지수 등
참여기업	신한카드, (사)한국환경경제학회, 통계청, ㈜가이온

공공
경제
활용분야
시민 편의 개선
시민 편의 실시간 파악
운영 비용 절감
관리 운영 효율화
시민 안전
시정 운영
신규 정책 발굴
정책 지원

1. Big Point!

경기 동향 파악을 위한 다양한 지표(소매판매액지수, 설비투자지수, 제조업 생산지수)들은 속보성을 가지지 못하는 문제점이 있다. 이를 개선하고 보완하기 위한 방안을 모색하던 중 각종 경기 동향들을 즉각적으로 확인하기 위한 '지수 모니터링 시스템' 구축에 착안하게 되었다. 이 시스템을 통해 정책기관에서는 이를 활용하여 국가 재난이나 특정 사건들에 대해 신속한 대응을 수행할 수 있다. 뿐만 아니라 기존의 조사기반 방식에서 발전하여 소비 동향 지수를 모니터링하게 됨에 따라 국가통계의 효율성, 객관성, 정확성을 높일 수 있을 것이다.

2. 활용 데이터와 분석

미국에서 이전에 시행한 MasterCard 사의 카드 거래 데이터를 이용한 'Spending Pulse'라는 지표를 개발, 주요 산업과 지역별 소비 동향 정보를 제공하고 있다. 이는 정부가 발표하는 기존 지표보다 빠른 속보성과 지표의 정확성을 보였다. 이를 참고하여 우리나라에서도 소비 동향에 대해 모니터링이 가능한 시스템 구축에 힘쓰게 되었다. 기존에는 한 달 이상의 시간에 대한 경기 동향을 파악했다면, 시간적 간격을 주 단위로 줄여서 실질적으로 국민들이 체감하고 있는, 동향 파악이 용이한 모델을 생성하기로 하였다. 한국환경경제학회와 신한카드가 공동으로 참여하여 개발하게 된 이 모니터링 시스템은 지수 산출이 자동으로 이루어지며, 가시적으로 바로 확인 가능한 시각화 화면을 개발하였다.

• **트렌드분석**
현재와 과거의 역사적 자료 또는 추세에 근거해 다가올 미래사회 변화의 모습을 예측하는 방법, 일련의 데이터에 연장선을 긋는 방법으로 추세를 예측할 수 있으며 경제 성장, 인구 증감, 에너지 소비량, 주가 등 가격변수를 예측하는 데 사용

3. 분석결과

가. 주 단위 소비 동향 확인 시스템 구축
주 단위 소비 경기 동향을 빠르고 정확하게 확인할 수 있는 카드거래데이터를 토대로 국내 시장점유율 1위인 신한카드사의 데이터를 분석하여 월/주간의 소비 지수를 개발하게 된다. 주 단위 소비 동향 파악을 통해 국가적 사건·사고에 따른 경제 여파를 즉시 확인할 수 있게 되어 각종 경제적 문제에 대해 신속한 정책 대응이 가능해졌다.

나. 소비지수 개발
신한카드사의 카드 소비 데이터 특징들을 고려하여 전문가들의 분석과 데이터 연구를 통하여 소비지수 개발에 돌입하게 된다. 월, 주간 지수와 트렌드 분석을 통한 각 지수의 세부 부문별 트렌드 분석을 실시하였고, 작용을 하게 되는 여러 변수들을 고려한 모델을 만들어 모니터링 시스템에 적용 시켰다. 소비지수 개발을 통해 기존 소비정보에서 볼 수 없었던 소득 분위별 지수를 포함시켜 국가 통계 지수 산출 시 활용할 계획이다.

다. 분석 모델 적합성 향상
신한카드사가 진행한 이번 프로젝트는 신용거래 데이터의 신뢰도는 우수하나 국가적으로 통일된 업종 분류체계가 적용되지 않아 개선이 필요하게 되었다. 한국은행의 업종분류 체계를 도입하여 오류를 정정하여 데이터의 품질을 확보하고자 하였으며 모델 성능을 최적화하기 위해 데이터 특성에 따른 최적화된 통계방법을 선택하여 분석하는 방식을 취하였다.

4. 빅데이터 분석결과의 활용

가. 소비지수 상시 모니터링 시스템 구축

'Economy Scanner'라는 소비지수 상시모니터링시스템 구축을 하게 된다. 이를 위해 (지역, 업종 등의) 6가지의 월간지수와 주간지수를 개발하여 시스템을 구축하였다. 이를 통해 시스템에서 산출된 월간지수와 주간지수를 직관적으로 확인할 수 있는 35개의 시각화 화면을 개발하였다.

나. 통계 정보 주기 단축

해당 프로젝트를 통해서 개발된 소비지수 모니터링 시스템을 통해 기존의 한 달 이상이었던 통계정보 생성주기를 주 단위로 단축시킬 수 있었다. 이로 인해 현실에 대한 통계정보의 적중력이 더욱 높아졌으며, 재난이나 공휴일 등의 상황에 대해서도 즉각적으로 인지하고 반응할 수 있게 되어 경기흐름 대처에 적시성을 가질 수 있게 되었다.

다. 데이터 편향성 고려

신한카드사의 데이터를 이용하여 개발한 모니터링 시스템은 신용카드 거래 데이터만을 이용하여 소비동향을 파악해 데이터가 빈약하다는 다수의 비판을 받았다. 하지만 관계 기관과의 검토를 통해 통계적으로 오차가 크지 않다는 결론이 나타났다. 또한 신한카드사에 대한 데이터가 다른 카드사의 상관관계가 높다는 것을 파악, 대표성을 띄는 데이터임을 확인하였고, 이는 데이터의 신뢰성에 대한 문제에서 큰 영향을 끼치지 않는다는 것을 알 수 있다. BIG

유사사례
- 108p, 행정자치부, 빅데이터로 갈등 발생 전 예방까지
- 32p, 온케이웨더, 미세먼지 대응 표준 빅데이터 모델 개발
- 124p, 대구광역시, 빅데이터로 전기차 충전 인프라 설치 입지 선정
- 90p, 국민건강보험공단, 개인 맞춤형 인공지능 질환예측 서비스
- 40p, 케이티, 동물 및 인간 감염병 확산 대응 지원 체계 구축
- 20p, 국민연금공단, 빅데이터를 통한 고용취약자 파악
- 66p, 국민연금공단, 사회취약계층 선제적 발견을 통해 지원
- 120p, 광주광역시, 상수도 누수지역 탐지모델
- 70p, 국민건강보험공단, 의료이용지도연구를 통한 의료 정책 질 향상
- 112p, 이천시, 국민참여형 어린이 안전 및 교통사고 원인분석

009 미세먼지 이슈에 대한 빅데이터 활용 방안

환경복지공단

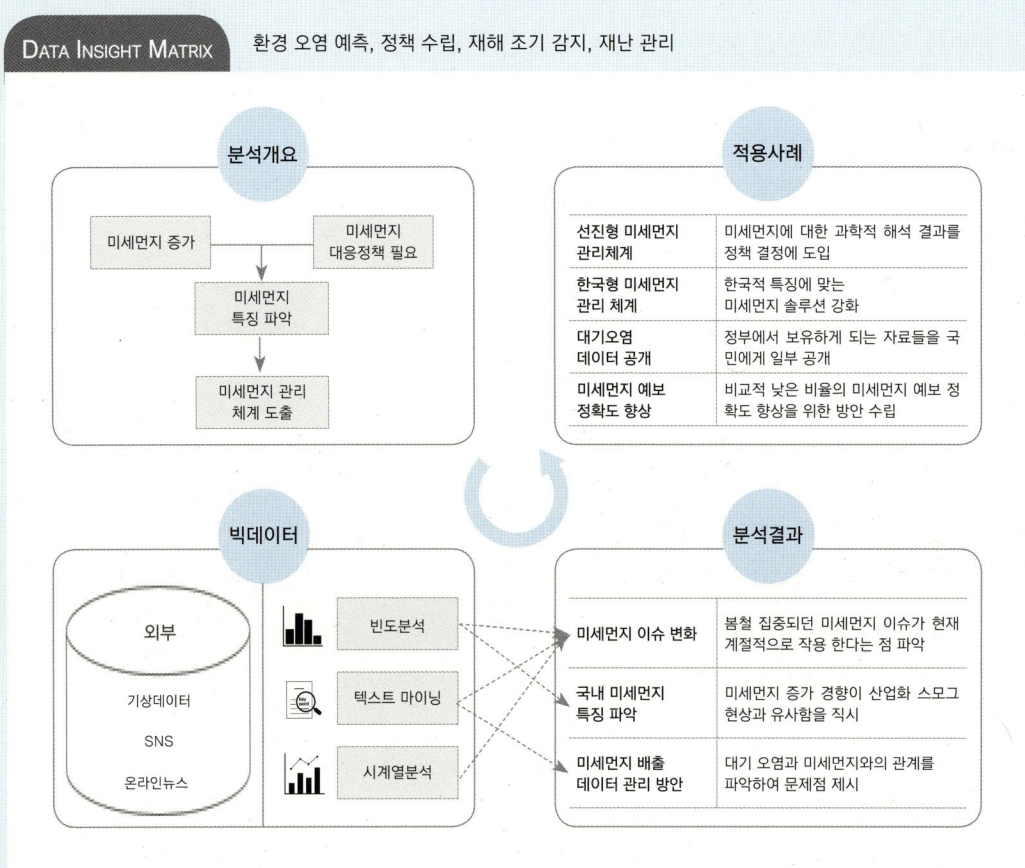

봄철에 일시적으로 발생하는 대기오염 현상으로 인식되었던 미세먼지는 최근 10년 동안 계절에 국한되지 않고, 사계절 내내 발생하여 최근 생명 위험 요소로 인식이 되고 있다. 우리나라는 현재 국민건강 피해를 최소화하기 위해 2014년도부터 미세먼지 농도에 따라 4등급(좋음, 보통, 나쁨, 매우 나쁨)으로 구분하여 경보를 발령하고 있다. 우리나라의 미세먼지는 계절에 따라 그 발생 원인이 다르고 공간적·시간적으로도 발생 원인이 다양하게 나타나고 있어 정부와 기업 주도의 관리가 필요한 실정이다. 따라서 환경복지공단에서는 미세먼지 대응을 위해 빅데이터를 활용하여 현재 선진국에서 실시하고 있는 미세먼지 전략을 토대로 한국의 특징을 반영한 미세먼지 정책을 수립하여 실시하고자 하였다.

수집데이터	SNS, 온라인뉴스, 기상데이터
참여기업	한국과학기술연구원(KIST)

공공
환경
활용분야
시민 편의 개선
시민 편의 실시간 파악
운영 비용 절감
관리 운영 효율화
시민안전
시정 운영
신규 정책 발굴
정책 지원

1. Big Point!

미세먼지는 사업장, 자동차 등 많은 곳에서 배출되는 다양한 오염원이 대기 중에서 물리 화학적 반응을 통해 생겨난다. 최근 중국의 급격한 산업화로 심각한 미세먼지 오염 현상이 우리나라에 발생하고 있으며 환경부는 대기 오염으로 인한 피해를 최소화하기 위해 2015년 1월부터 미세먼지 농도에 따른 예보를 시행하고 있었다. 하지만 미세먼지 발생과 관련되어 농도와 단계만을 제시할 뿐 정확한 오염 현상에 대해 설명하기에는 부족함이 따랐다. 이에 북미에서는 선진형 미세먼지 관리 체계를 개발, 미세먼지의 과학적 지식을 정리하였고, 배출원 관리뿐만 아니라 미세먼지 저감을 위해 연간 기준을 마련하는 등 실질적인 미세먼지 저감 추진 계획을 시행하고 있었다. 우리나라 또한 미세먼지 이슈에 대응하고자 한국형 미세먼지 솔루션 개발이 필요함을 인지하고 6가지 미세먼지(이산화황, 일산화탄소, 오존, 이산화질소, 부유먼지, 미세먼지) 데이터를 약 320개의 측정소에서 측정한 데이터와 가전제품 센서데이터에서 발생하는 실내 공기데이터를 통해 미세먼지 절감 솔루션을 개발하고자 하였다.

2. 활용 데이터와 분석

미세먼지 솔루션에 전 세계 나라들의 이목이 집중되면서 북미 지역 등 선진형 미세먼지 추진 계획이 수립되었다. 한국 또한 특정 기간 동안의 미세먼지뿐만 아니라, 계절적 미세먼지 이슈에 대응하고자 한국형 미세먼지 솔루션 방안에 착안하게 된다. 다양한 대기 환경과 이에 따른 영향을 분석하고 해석하여 정책에 적극적으로 활용하고자 한다. 또한 전 세계 대도시들에선 이미 다양한 추가적인 정책을 통해 이를 관리하고 있는 실정이다. 과학 기술을 기반으로 미세먼지 대응방안 추진은 주어진 과제로서 시급하게 해결하여야 할 문제이다.

3. 분석결과

가. 미세먼지 이슈 변화

2017년 봄 미세먼지 이슈에 대한 연간 버즈량 추이를 분석해 본 결과 미세먼지에 대한 문제점이 심화되어 일시적인 대기오염 현상으로 인식하고 있던 국민들이 생명 위협 요소로 인식하는 변화가 나타났다. 또한 과거 건강 취약층에게만 주요시되던 미세먼지 범위가 증가하였음을 확인할 수 있다.

• 버즈량
온라인에서 언급된 횟수를 의미, 어떤 이슈의 여론이 형성되어 어디로 흘러가는지 확인할 때 사용

나. 국내 미세먼지 특징 파악

최근 서울시의 부유 먼지와 미세먼지 발생 빈도를 파악한 결과, 고농도의 미세먼지가 증가하여 그 심각성은 더욱더 커지고 있었다. 한국 미세먼지의 특징으로는 바람의 영향을 많이 받는 한국의 지형으로 인해 시간적/공간적 요인의 영향을 많이 받는다는 것을 파악하였다.

다. 미세먼지 배출 데이터 관리 방안

분석 결과 대기오염물질의 증가 또한 미세먼지에 영향을 미치는 것을 파악하게 된다. 대기오염물질의 일부는 황사가 일어나는 기간에 미세먼지로 바뀌게 되어 대기오염 농도에 영향을 준다는 것을 알게 되었으며, 이를 통해 미세먼지 문제를 해결하는데 있어, 대기오염 문제 또한 놓쳐서는 안 됨을 인지하게 되었다.

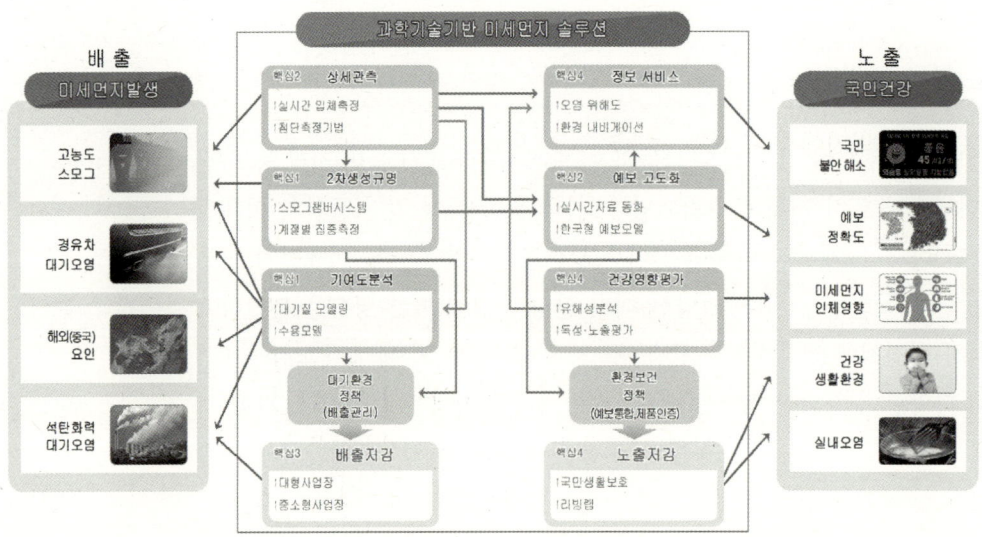

4. 빅데이터 분석결과의 활용

가. 선진형 미세먼지 관리 체계
선진형 미세먼지 관리 체계의 큰 특징은 과학기술을 통한 미세먼지 해석 결과로 이를 정책 결정에 체계적으로 반영시킨다는 것이다. 또한 기본적인 자동차 배출 허용 기준을 강화하는 등 여러 정책적 방안을 마련하여 미세먼지에 대한 대응체계를 마련하였다.

나. 한국형 미세먼지 관리 체계
정부의 부처 합동으로 미세먼지 관리 특별대책을 발표하였다. 우선적으로 해결해야 할 현안 이슈들을 토대로 대기 질 개선과 국민건강 보호의 관리를 세분화하여 이를 실시 중이다. 해외의 선진형 미세먼지 전략을 도입하여 보이는 미세먼지 배출에 대한 관리를 넘어서 국민들의 미세먼지 노출에 대한 관리를 통합함으로써 발전된 관리 방안이라는 호평을 얻고 있다.

다. 대기오염 데이터 공개
정부에서 대기오염 실태를 실시간으로 파악하기 위하여 전국 11개 지소에 대기오염 측정망을 운영중이다. 이곳에서 수집되는 자료들을 웹사이트를 통하여 국민에게 공개하여 문제를 직시할 수 있는 시스템을 운영중이다. 1시간 간격으로 갱신되는 이 데이터는 애플리케이션을 통해서도 국민에게 제공되도록 시스템을 마련하였다.

라. 미세먼지 예보 정확도 향상
고농도 미세먼지에 대한 예보 정확도는 아직 60%대로 그리 높지 않은 편이다. 이를 개선하기 위하여 한국의 대기오염 측정망이 취득하는 데이터들을 수정 보완하여 공간적, 지역적 한계를 토대로 관리하는 계획들을 수립하였다. BIG

유사사례
- 70p, 국민건강보험공단, 의료이용지도연구를 통한 의료 정책 질 향상
- 82p, 도로교통공단, 빅데이터로 위험한 도로를 피하자
- 46p, 도로교통공단, 교통사고 감소를 위한 빅데이터 예보 서비스
- 78p, 건강보험심사평가원, 질병도 이젠 빅데이터로 예측하고 예방
- 40p, 케이티, 동물 및 인간 감염병 확산 대응 지원 체계 구축
- 90p, 국민건강보험공단, 개인 맞춤형 인공지능 질환예측 서비스

010 골든 타임 확보로 응급환자 생존률 향상

전라북도 소방본부

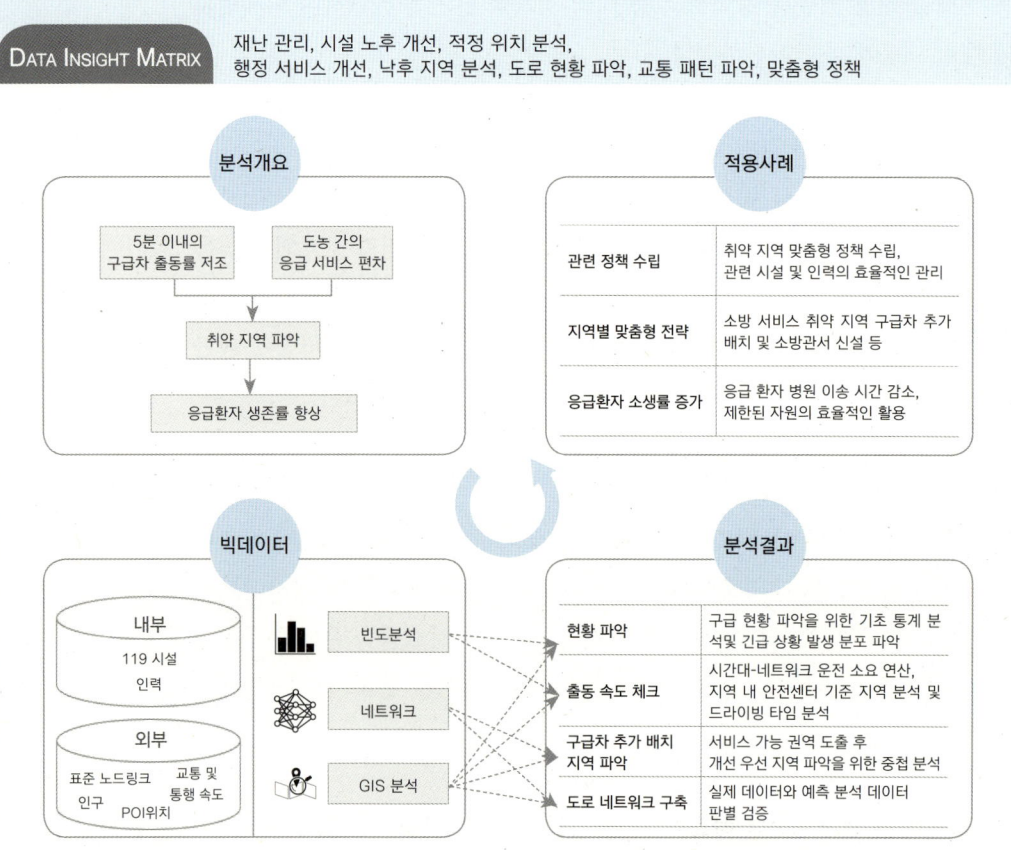

전라북도는 도심 지역과 농촌 지역이 혼합되어 있는 지역 특성 때문에, 응급 상황 발생 직후 5분 이내 출동률이 전국 평균보다 훨씬 낮은 수치인 54%로 나타났다. 또한, 농촌이 특히 밀집되어 있는 지역은 응급 의료 이용 접근성이 도심보다 더욱 떨어지게 되어, 도농 간 응급 서비스의 편차가 더욱 크게 나타났다. 결국 전라북도에서는 도민의 생활 안전을 위해, 이와 같이 지역별 응급 의료 관련 전문성 및 접근성 등의 편차가 심하게 나타나는 문제를 종합적으로 극복하기로 했다. 충청남도에서 구급차를 추가로 배치하여 심정지 환자 소생률이 향상되었다는 것을 알고, 구급차 추가 배치를 핵심 문제 해결 방법으로 지정했다. 그와 동시에 효율적인 응급 의료 체계를 확립하기로 했으며, 최종적으로 응급 환자의 소중한 골든 타임을 확보하는 것을 목표로 삼았다.

수집데이터	구급 활동 일지, 119 센터 관련(위치, 현황 등), 센터별 구급차 배치, 응급 의료 기관, 구조 구급 등록 병원, 전국 표준 노드 링크, 도로 교통소, 인구 센서스, 주민등록 인구통계, T-map 도로별 차량 수 및 통행 속도,
분석솔루션	OpenRefine, ETL프로그램
참여기업	전라북도, 광주광역시, 전북 소방 119 등

공공
안전
활용분야
시민 편의 개선
시민 편의
실시간 파악
운영 비용 절감
관리 운영 효율화
시민안전
시정 운영
신규 정책 발굴
정책 지원

1. Big Point!

전라북도는 도시 면적에 비해 비도시 지역의 면적이 타 지역 대비 높다는 지형적 특징을 가지고 있다. 그리고 도심 지역의 경우, 5분 이내에 소방 출동을 하는 것이 가능하더라도 교통체증과 불법 주정차로 인한 시간 지연이 발생하여, 대부분의 출동은 5분 이후에 이뤄지고 있었다. 또한 농촌 지역의 경우에는, 소방 시설 등 응급 관련 시설·서비스 부족 문제로 5분 이내 출동이 거의 불가능한 상황이었다. 전라북도에서는 도민의 안전과 건강을 위해서는 도농 모두 응급 출동이 5분 이내에 이뤄지지 않는 문제를 해결해야만 한다고 판단했다. 따라서 빅데이터를 활용하여 구조 구급 취약지역을 분석한 뒤, 구급차 거점 운영, 소방시설 재배치 및 신설, 오토바이 구급대 신설 등에 관한 해답을 얻고자 했다. 동시에, 표준 분석 모델 정립으로 전국으로 확대 가능한 시스템을 마련하고자 했다.

• **POI**
Point of interest, 차량운전자가 쉽게 목표 지점을 찾을 수 있게 위치정보를 제공해 주는 시스템

2. 활용 데이터와 분석

전라북도는 우선적으로 구조구급 데이터, 119센터 위치 및 시설 인력 현황, 응급의료센터 위치 현황, 소방서 관할 지역 관련 데이터를 통합하여 데이터 정제를 시행했다. 이후, 해당 데이터들을 내부 GIS데이터(기존에 보유하고 있던 데이터를 공간 데이터로 변환한 것)와 통합하여, 구급 구조 기초통계현황과 발생 분포를 분석하였다. 그 때문에 모든 분석 과정은 GIS 분석을 기반으로 이루어졌다. GIS 데이터들의 분석을 위해 지오 코딩을 사용하여 지도상에 표현 가능할 수 있도록 X, Y 좌표 데이터로 변환하는 작업을 먼저 시행했다. 그 과정에서 도로 소통 정보 데이터와 노드 링크 데이터를 통합한 후, 해당 데이터를 다시 GIS 데이터와 통합하여 공간 분석용 데이터셋을 구축했다. 추가적으로, 구급대별 현장 도착 가능 시간과 서비스 영역을 구분했

• **GIS**
지도상의 지형정보와 지하시설물 등 지도상 표현되지 않은 관련 정보를 인공위성으로 수집하고 컴퓨터로 작성하여 검색, 분석할 수 있도록 한 지리정보시스템

• **노드**
네트워크 상 연결 포인트 또는 데이터 전송의 종점이나 분배점

다. 이를 통해 소방서 배치 효율성 분석과 서비스 범위 파악을 통해 서비스망 재조정 시나리오를 도출할 수 있었다.

3. 분석결과

가. 시간대별 출동 속도

도심 지역의 경우, 통상적인 러시아워(출/퇴근 시간)인 오전 8~9시경, 오후 6~8시경에서의 평균 속도는 최저 19.8km/h, 최고 68.2km/h로 나타났다. 같은 거리를 훨씬 느린 속도로 이동하게 되기 때문에, 평상시의 원활한 교통 상황보다 이동 소요 시간이 적게는 1.3분에서 많게는 4.5분 정도의 차이를 보이고 있었다. 교통량 분석을 통해 차량 정체 지역 및 사고 다발지역에 구급차를 거점 배치하여 출/퇴근 시간 취약지역을 해소하고자 하였다.

나. 구급차 추가 배치 지역 파악

농촌 지역(순창군)의 경우 팔덕면과 금과면이 구급서비스 취약지역으로 나타났으며 구림지역대에는 구급차 배치가 미흡한 것으로 나타났다. 따라서 해당지역에 구급차 추가 배치 및 소방관서를 신설하고자 하였다. 또한, 유동인구가 많은 내장산의 경우 단풍철 관광객이 급격히 증가하여 구급 수요가 증가하는 것으로 나타났다. 내장산 지역은 5분 이내 출동이 불가한 지역인데다가, 헬기로 구조활동을 하기에도 힘든 지역이라서, 임시구급대 운영이 필요하다는 개선방안이 나타났다.

그 외 환자의 유형별(심정지, 중증외상, 심혈관질환) 다발지역을 도출하고, 맞춤형 구급서비스를 제공하기 위해 응급의료센터와 연계하고 환자 다발지역에 오토바이 구급대를 신설할 수 있다.

4. 빅데이터 분석결과의 활용

가. 관련 정책 수립
지역이나 시기별 사고 발생을 예방하기 위해 예측 자료들을 확보할 수 있게 되었다. 해당 자료들을 토대로 각 특성별 취약 항목을 분석하면 소방력 배치 실행과 관련한 구체화된 계획을 짤 수 있고, 소방 및 화재 관련 시설이나 장비 및 소방 인력 등에 관한 사항도 효율적으로 관리할 수 있게 된다.

나. 지역별 맞춤형 전략
도심 속 차량 정체 구간 및 사고 다발 지역에 구급차를 전진 배치하거나, 농촌 지역의 최적의 위치에 소방서를 신설할 수도 있으며, 구급차를 추가 배치하는 등 다양한 지역별 맞춤형 소방 안전 전략을 세울 수 있다.

다. 응급 환자 소생률 증가
시간대별·지역별 취약 분석을 통해 응급환자에 대한 선제적 대응 체계를 구축할 수 있다. 제한된 자원 등을 보다 효율적으로 관리하고 사용할 수 있게 되어, 자재의 부재 및 미비 상황도 대비할 수 있게 된다.
결정적으로, 응급 환자의 이송 시간이 감소되어 골든 타임을 확보할 가능성이 매우 높아지므로 높아질 소생률도 기대할 수 있다.

라. 표준 분석 모델 정립으로 전국적인 확대
도출된 데이터 및 분석 프로세스의 표준화가 가능하여 타 지자체로의 확산도 가능하다. 필요시 실습교육 수행 및 매뉴얼 배포 또한 가능하기 때문에 전국적으로 그 범위를 확대할 수도 있다. BIG

유사사례
- 120p, 광주광역시, 상수도 누수지역 탐지모델
- 112p, 이천시, 국민참여형 어린이 안전 및 교통사고 원인분석
- 94p, 청주시, 빅데이터를 활용한 보다 안전한 도로관리
- 24p, 국토연구원, 공간 빅데이터를 활용한 도시 양극화 분석
- 128p, 교통안전공단, 사고 행동을 분석하여 적극적인 예방을 계획
- 36p, 메타라이츠, 빅데이터 기반 지능형 도시가스 배관 위험 예측
- 124p, 대구광역시, 빅데이터로 전기차 충전 인프라 설치 입지 선정
- 32p, 온케이웨더, 미세먼지 대응 표준 빅데이터 모델 개발

011 공동주택 부조리 분석시스템 개발

국토부, 경기도

DATA INSIGHT MATRIX 실시간 모니터링, 역량강화, 비리감시

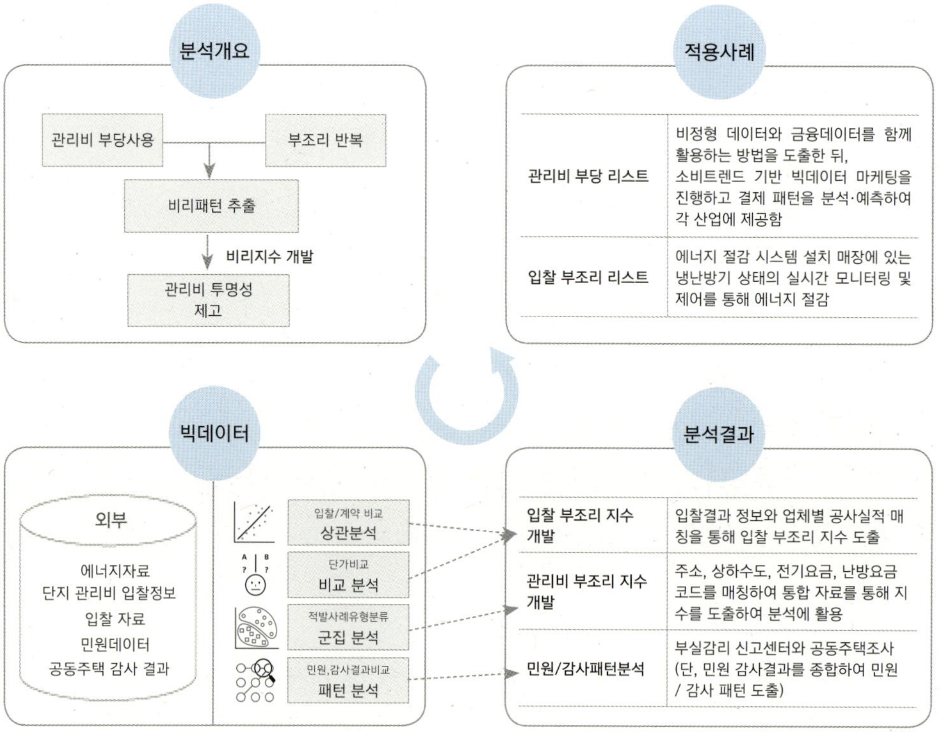

분석개요
- 관리비 부당사용
- 부조리 반복
- 비리패턴 추출
- 비리지수 개발
- 관리비 투명성 제고

적용사례
관리비 부당 리스트	비정형 데이터와 금융데이터를 함께 활용하는 방법을 도출한 뒤, 소비트렌드 기반 빅데이터 마케팅을 진행하고 결제 패턴을 분석·예측하여 각 산업에 제공함
입찰 부조리 리스트	에너지 절감 시스템 설치 매장에 있는 냉난방기 상태의 실시간 모니터링 및 제어를 통해 에너지 절감

빅데이터
- 외부
  - 에너지자료
  - 단지 관리비 입찰정보
  - 입찰 자료
  - 민원데이터
  - 공동주택 감사 결과
- 입찰/계약 비교 — 상관분석
- 단가비교 — 비교 분석
- 적발사례유형분류 — 군집 분석
- 민원,감사결과비교 — 패턴 분석

분석결과
입찰 부조리 지수 개발	입찰결과 정보와 업체별 공사실적 매칭을 통해 입찰 부조리 지수 도출
관리비 부조리 지수 개발	주소, 상하수도, 전기요금, 난방요금 코드를 매칭하여 통합 자료를 통해 지수를 도출하여 분석에 활용
민원/감사패턴분석	부실감리 신고센터와 공동주택조사 (단, 민원 감사결과를 종합하여 민원 / 감사 패턴 도출)

최근 아파트 부조리 관련 사회 이슈가 증가하면서 아파트 단지에 대한 감사 민원 요청이 늘어나고 있다. 지자체가 공동주택 관리 실태를 감사하기 위해서는 1개 단지당 약 2~3주가 소요되며 1년으로 계산할 시 15개 단지가 감사가 가능한 것으로 나타나고 있다. 전국의 약 22,000개의 아파트 단지를 조사한다고 가정하였을 경우 비효율적 시스템이라고 판단되었다. 따라서 국토부에서는 공동주택 부조리 표준 분석 모델을 개발하여 공동주택 관리비 및 입찰 비리 등에 대한 조사의 효율성을 추구하고자 하였다.

수집데이터	전기, 수도, 난방 데이터, 입찰 관련 문건, 민원데이터, 공동주택감사 결과데이터
분석솔루션	㈜리비 미디어렌즈
참여기업	국토교통부, 경기도

1. Big Point!

이번 사업에서는 빅데이터 분석을 이용하여 관내 아파트 단지 부조리를 한 눈에 파악할 수 있는 표준분석모델을 개발하고자 하였다. 입찰 부조리 패턴을 분석하고, 아파트 규모별 관리비가 적절한지 파악하여 감사민원 대응과 함께 감사단지 선정에 활용하고자 하였다. 공공데이터의 분석을 통해 보다 효율적으로 관리비 과다 부과와 입찰 비리 등을 포착하여 지속적인 감시 활동을 벌이고자 하였다.

• 표준분석모델
중앙부처 및 지자체가 다양한 분야에서 빅데이터 분석 과제를 실시하면서 동일 주제에 사용되는 데이터, 분석방법, 결과 등의 기관별 차이를 없애기 위해 추진하는 분석 모델

2. 활용 데이터와 분석

아파트 단지별 공동주택 관리비에 대한 투명성 제고를 위해 전기, 수도, 난방 관련 자료와 입찰 공고문 등의 데이터를 수집하여 관리비 비리분석, 입찰비리분석, 민원자료 분석을 통해 각각의 부조리 지수와 패턴을 파악하고자 하였다. 관리비 비리 관련 분석과 입찰비리, 민원자료를 융합 분석하여 입찰 부조리 지수와 관리비 부당지수, 민원/감사패턴을 파악하기 위해 상관 분석, 군집 분석, 비교 분석, 패턴 분석을 진행하였다.

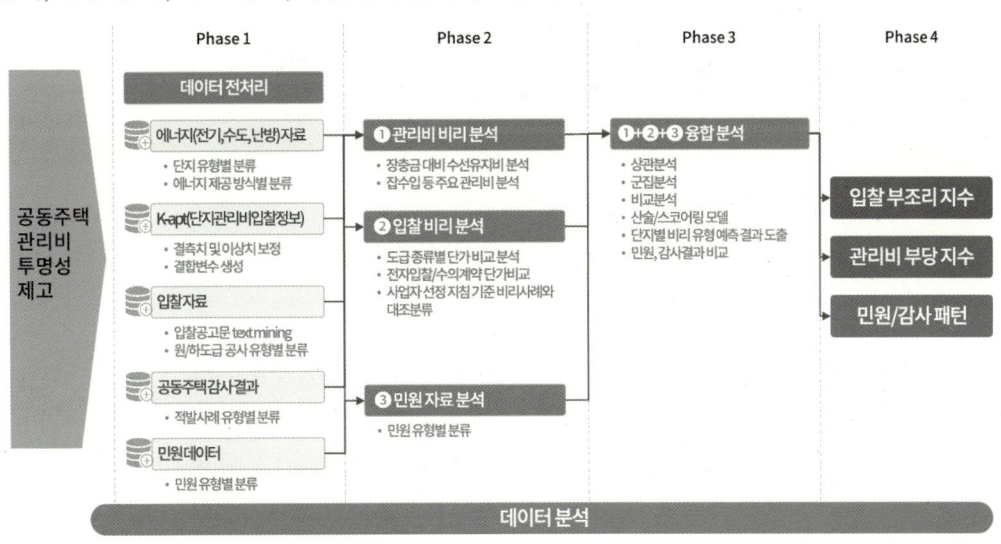

3. 분석결과

가. 입찰 부조리 지수 개발

한국감정원의 공동주택 입찰결과 정보와 공동주택 단지정보 데이터를 활용하여 원/하도급 단지정보 데이터를 생성했다. 추가적으로 공사 업체별 공동주택 공사실적 관련 데이터와 한국감정원 데이터를 매칭하여 업체명 기준으로 데이터를 생성한 뒤, 두 데이터를 통해 입찰 부조리 지수를 개발하였다.

나. 관리비 부조리 지수 개발

공동주택 관리비 데이터와 상하수도, 전기, 난방요금 등의 데이터를 주소와 코드정보를 기준으로 매칭하여 관리비 부조리 지수를 도출하였다. 이를 통해 전기료, 수도료, 난방료, 수선/장기수선충당금, 인건비 관련 부당지수를 개발하여 관리비 비리근절에 활용하고자 하였다.

다. 민원/감사패턴 분석

신고센터에 신고된 관리비리와 관련된 내용과 경기도 공동주택조사단의 실사와 안양시의 민원 감사(조사)를 종합하여 분석 틀을 기준으로 민원/감사 관련 패턴을 도출할 수 있었다.

4. 빅데이터 분석결과의 활용

가. 관리비 부당 리스트 도출

분석결과의 정확도를 검증하기 위해 분석결과를 활용하여 현장 감사를 실시해 보았다. 2개의 아파트 단지를 선정하여 비리지수를 확인해 본 결과, A단지의 경우 수도료를 B단지 대비 817원 과다 징수하는 것으로 나타났다. 난방비 역시 동절기 급탕을 계속 진행하였으나, 관리비가 부과되지 않은 미부과 세대가 15세대 있는 것으로 확인되어 약 세대당 월 11,269원이 잘못 부과되고 있는 것으로 나타났다. 이는 총 3년 동안 14억 원에 이르는 금액으로 나타났다. 앞으로는 개발한 관리비 부당 지수를 활용하여 관리비 과다 징수 의심 단지 도출이 가능할 것이라 판단했다.

나. 입찰 부조리 리스트 도출

입찰 참가자격 과다제한으로 사업체끼리 담합이 가능한 여건이 조성되어 기존 업체들의 입찰 부조리가 나타나는 것으로 파악되었다. 원/하도급 격차를 파악하여 적정 공사비와 원/하도급 액의 차이를 책정한 결과, 공공 공사 대비 평균 22.75% 높게 공사비가 과다 책정되는 것으로 파악되었다. 이를 통해 단기적으로는 입찰 비리 적발을 통해 자정효과를 유도하고 장기적으로는 원할한 실사를 통해 적발을 강화시키고자 했다. BIG

유사사례
- 86p, 수원시, 체납액 회수도 과학적인 방법으로
- 116p, 고용노동부, 실업급여 부정 수급 악용 빅데이터로 뿌리 뽑기
- 102p, 행정자치부, 근로감독 사업장 선정 과학화
- 20p, 국민연금공단, 빅데이터를 통한 고용취약자 파악
- 94p, 청주시, 빅데이터를 활용한 보다 안전한 도로관리

012 빅데이터로 사회취약계층 선제적 발견

남양주, 국민연금공단

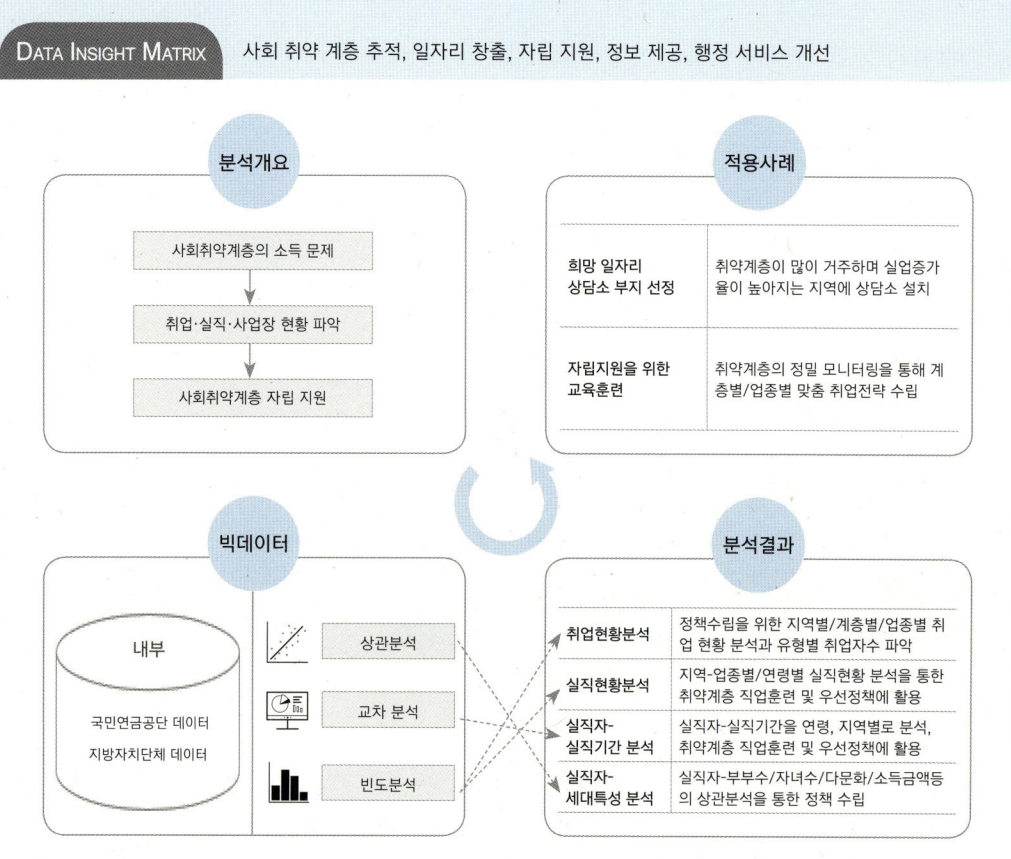

DATA INSIGHT MATRIX 사회 취약 계층 추적, 일자리 창출, 자립 지원, 정보 제공, 행정 서비스 개선

사회취약계층이란 보건복지부가 지정한 최저생계비용보다 더 적은 비용으로 살아가고 있는 사람들을 의미한다. 이들은 국가와 자치단체들이 구축한 사회보장체계의 도움조차 제대로 받지 못하고 있기 때문에 자립할 기회조차 생기지 못하고 있는 현실이다. 2014년 2월에 발생하여 이슈가 되었던 '송파 세 모녀 사건'과 같이 사회의 도움을 받지 못하고 있는 사회취약계층들을 효과적으로 찾아낼 수 있도록 국민연금공단과 남양주시는 공공데이터를 연계한 빅데이터 분석을 진행하기로 했다. 또한 분석을 통해 긴급 지원 복지제도를 쉽게 활용할 수 있는 방안을 마련하고, 사회취약계층을 위한 신규 정책 등을 개발하고자 했다.

수집데이터	국민연금공단 (기본정보, 월별현황, 사업장 정보, 가입자 정보, 사업자 정보) 남양주시데이터 (구직신청목록, 구인신청목록, 취업자 목록, 버스정류소 정보)
분석솔루션	OpenRefine, ETL프로그램
참여기업	남양주시, 국민연금공단

공공
- 행정/정책

활용분야
- 시민 편의 개선
- 시민 편의 실시간 파악
- 운영 비용 절감
- 관리 운영 효율화
- 시민 안전
- 시정 운영
- 신규 정책 발굴
- 정책 지원

1. Big Point!

국민연금공단은 남양주시의 데이터를 이용하여 사회취약계층을 추출한 후 공공데이터의 연계를 통해 사회취약계층의 취업을 선제적으로 지원하고자 하였다. 이를 위해 실직자에 대한 세대의 특성을 분석하고 취약 계층에 대한 실직위험도를 측정하였다. 국민연금공단은 최종적으로 측정된 데이터를 이용해 고용복지센터의 교육 훈련계획 수립과 일자리 상담소 설치 등과 관련된 정책기획에 활용하고자 하였다.

• **OpenReFine**
데이터 클린징, 변환, 포맷팅 등 다양한 작업을 할 수 있는 툴로 분석과 탐색에 더 적합한 데이터로 변환할 수 있는 프로그램

2. 활용 데이터와 분석

국민연금공단이 보유한 고객 기본정보, 보험가입자, 사업장 정보와 함께 남양주시가 보유한 구인/구직신청정보, 취업자 목록 등을 생활지역 단위로 집계하여 분석에 활용하였다.

연계된 데이터를 활용해 세대구성과 경제수입간(소득금액-최저생계비용)의 상관성을 분석하였으며 7가지의 가설을 설정, 검증하기 위한 영향변수(소득월액, 부부수, 경제 인원 수, 자녀수, 과세표준금액, 자동차세 근거등급)를 도출하였다. 이를 통해 실직자 중 소득월액이 보건복지부 기준 가족수에 따른 최저생계비용보다 소득이 적은 세대에 대해 '취약계층'이라고 정의하고 실직자에 대한 취업 지원을 실시하고자 하였다.

3. 분석결과

가. 취업 현황 분석
사회 취약계층의 취업 현황을 분석한 결과, 도소매업 관련 업종과 제조업 관련 업종에 집중되어 있으며 41~45세의 취업비중이 가장 높았다. 평균임금이 가장 높은 곳은 월급이 약 200만 원 인 것으로 나타났다.

나. 실직 현황 분석
실직자의 경우 전체 125,942명 중 21~25세가 22,613명, 약 17%의 비율로 가장 많은 실직자 현황을 보이고 있으며, 41~45세의 경우 21~25세 다음으로 높은 실직 현황을 보이는 것으로 나타났다.

다. 사업장 현황 분석
사업장의 수는 대부분의 업종이 증가하는 것으로 파악할 수 있었다. 가장 증감폭이 심한 장소는 조안면이며 약 7% 정도 감소하였다. 업종별로는 광업과 운수업에서 각각 약 7%, 10%의 사업장이 감소하였다.

4. 빅데이터 분석결과의 활용

가. 지자체 일자리센터 업무 연계
실직자 현황 파악을 통한 구인/구직 및 상담, 취업 알선, 직업 훈련 등의 내용과 관련하여 지자체 일자리 센터와의 업무연계가 가능해졌다.

나. 희망 일자리 상담소 설치
유동 인구가 많은 곳 중 취약계층이 가장 많이 거주하는 지역과 실업 증가율이 높아지는 곳을 파악하여 집중적으로 취업을 지원할 수 있게 되었다. 해당 지역들 중에서 일자리 상담소를 개설할 곳을 선정하고, 취업 활동 지원을 정밀하게 할 수 있도록 할 예정이다.

다. 자립 지원을 위한 교육 훈련
일자리가 미스매칭 되는 경우를 대비해 업종에 맞는 직업 훈련 계획을 정밀하게 세워 취업/실업 현황에 대한 지속적 모니터링을 실시한다. 또한 계층별/업종별에 맞는 취업 전략을 수립하여 직업훈련 정책에 반영할 수 있게 되었다. BIG

유사사례
- 20p, 국민연금공단, 빅데이터를 통한 고용취약자 파악
- 82p, 도로교통공단, 빅데이터로 위험한 도로를 피하자
- 50p, 한국환경경제학회, 경기 모니터링 시스템
- 46p, 도로교통공단, 교통사고 감소를 위한 빅데이터 예보 서비스
- 120p, 광주광역시, 상수도 누수지역 탐지모델
- 70p, 국민건강보험공단, 의료이용지도연구를 통한 의료 정책 질 향상
- 32p, 온케이웨더, 미세먼지 대응 표준 빅데이터 모델 개발
- 124p, 대구광역시, 빅데이터로 전기차 충전 인프라 설치 입지 선정

013 의료이용지도 연구를 통한 의료 정책 질 향상

국민건강보험공단

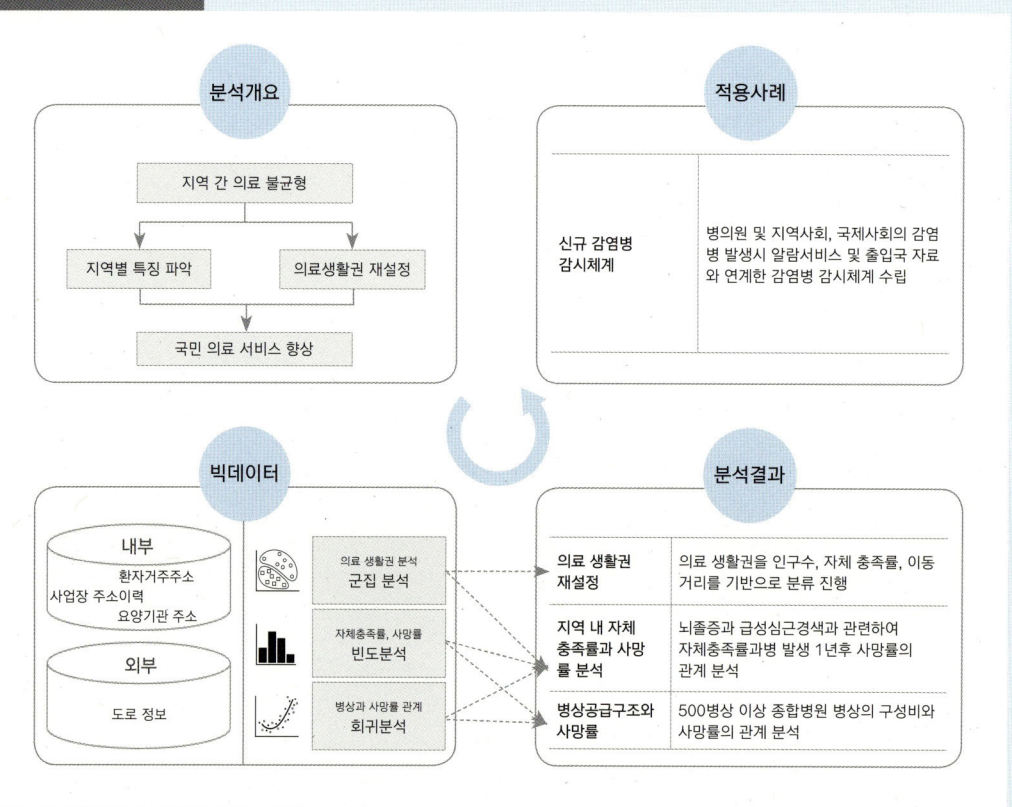

선진국에서는 환자 의료이용지도를 개발하여, 국가보건의료체계의 개혁에 방향을 제시할 뿐만 아니라, 정책 방안 도출에 활용하고 있다. 우리나라에서는 의료이용지도 구축을 위한 제도적 환경 및 정보화 기반을 갖추고 있어 구축에 어려움이 없었다. 따라서, 우리나라에서도 질환 유형별 의료생활 진료권과 환자 의료이용지도를 구축하고 중장기 연구방향과 활용방안 제시에 활용하고자 한다.

수집데이터	구 건강보험공단 의료서비스 데이터, 환자특성데이터, 공간DB 의료자원인력/시설/장비, 지역지표
분석솔루션	OpenRefine, ETL프로그램
참여기업	서울대학교 산학협력단, 국민건강보험공단

공공
의료

활용분야
시민 편의 개선
시민 편의 실시간 파악
운영 비용 절감
관리 운영 효율화
시민 안전
시정 운영
신규 정책 발굴
정책 지원

1. Big Point!

국민건강보험공단은 환자 거주 주소와 환자 데이터 등의 융합을 통해 입원의료, 심뇌혈관질환 심근경색 등의 실제 환자 의료이용을 기반으로 진료권을 설정하여 의료자원의 불균등 분포를 파악하였으며, 의료 자원 분배의 정책적 근거로 활용하고자 하였다. 또한 질병의 중증도와 특성에 맞는 의료생활 진료권을 안내하는 서비스를 개발하고자 하였다. 위의 데이터를 이용하여 건강보험 의료이용지도 서비스를 구축하여 환자의 의료 이용 행태를 파악할 수 있는 의료이용지도를 구축하고 이를 기반으로 한 의료자원의 원활한 공급과 효과적인 의료전달체계를 구축할 수 있는 정책적 근거를 마련하는 데에 목적을 두고 연구를 시행하였다.

• **OpenReFine**
데이터 클린징, 변환, 포맷팅 등 다양한 작업을 할 수 있는 툴로 분석과 탐색에 더 적합한 데이터로 변환할 수 있는 프로그램

2. 활용 데이터와 분석

의료이용지도 구축을 위해 의료이용자료와 환자 특성 데이터, 공간DB, 의료지원자료, 지역지표를 개인 및 지역별로 데이터를 연결하였다. 이를 기반으로 의료 생활권을 설정하였으며, 환자의 의료이용에 영향을 미칠 수 있는 개인 의료요구, 지역 특성(인구수)의 경우 보정을 실시하였다.
그 결과 18개 '대 진료권', 57개 '중 진료권', 1,278개 '소 진료권'으로 분류가 가능하였고, 질병 자체 충족률과 발생 1년 후 사망률을 분석, 정책적 개입이 필요한 영역에 대한 분석을 실시 하였다.

3. 분석결과

가. 의료생활권 재설정

각 지역의 의료 생활권 현황을 파악하기 위해 인구수, 자체충족률, 최대 거리를 종합하였다. 이를 토대로 대, 중, 소 진료권으로 분류를 실시하였다.
대 진료권의 경우 배경 인구수 50만 이상, 자체충족률 40% 이상 최대거리 180분으로 나타났으며 중 진료권은 배경 인구수 15만 이상, 자체충족률 40% 이상 최대거리 60분, 소 진료권은 배경 인구수 1만 이상, 자체충족률 4~50% 이상, 최대거리 30분으로 나타났다.

나. 지역 내 자체충족률과 사망률

뇌졸중의 경우 수도권 및 부산, 경북지방의 의료 자체 충족률이 높게 나타났으며 발병 1년 후 사망률은 전남지방과 충남지방에서 가장 높게 나타났다. 급성 심근경색의 경우에는 수도권 및 부산, 경북권에서 높게 나타났으며 발생 1년 후 사망률은 전라지방에서 가장 크게 나타났다. 위의 결과를 통해 의료취약지역을 선정하여 효과적 의료 전달체계를 구축할 수 있는 정책적 근거를 마련할 수 있었다.

• **자체 충족률**
지역주민의 의료 필요를 자체적으로 해결할 수 있는 비율

다. 병상공급구조와 사망률

병상 공급 구조의 수에 따른 사망률의 변화를 살펴보기 위해 회귀분석을 실시하였다. 병상의 수가 500병상 이상일 경우 사망률의 감소하는 것으로 나타났다. 이를 통해 권역 내 500병상 이상 종합병원 구성비를 살펴보았고, 그 결과 충남지방과 경북, 강원 일부 지방이 입원의료 취약지로 파악되었다.

4. 빅데이터 분석결과의 활용

가. 정책적개입이 필요한 영역 파악
지역 간 의료이용 실태를 파악하고, 실태를 기본으로 각 지역별 의료 생활권, 자체충족률, 병상 공급 구조 등을 통해 의료 취약지역을 파악하였다. 분석결과를 토대로 높은 의료서비스를 받을 수 있게 하기 위해서는 일차치료를 강화하는 것이 중요하다고 판단되어 일차치료 강화를 목표로 하는 정책 결정에 데이터를 활용할 수 있었다.

나. 보건의료정책 결정
국민들이 적절한 의료서비스를 제공받을 수 있도록 의료서비스 선택에 대한 정보제공과 함께 의료이용지도를 통해 의료비 지출 효율화 등 보건의료정책 결정의 지원에 데이터를 활용할 수 있게 되었다.

다. 감염병 모니터링체계
신규 감염병 발생 시 병의원 내원 환자의 적절한 관리와 함께 지역사회, 국제사회의 전염병 실시간 감시와 함께 대책을 수립할 수 있는 컨트롤타워 역할을 할 수 있는 모니터링 체계를 구축하였다. BIG

유사사례
- 54p, KIST, 미세먼지 이슈와 빅데이터 활용방안
- 40p, 케이티, 동물 및 인간 감염병 확산 대응 지원 체계 구축
- 90p, 국민건강보험공단, 개인 맞춤형 인공지능 질환예측 서비스
- 108p, 행정자치부, 빅데이터로 갈등 발생 전 예방까지
- 82p, 도로교통공단, 빅데이터로 위험한 도로를 피하자
- 50p, 한국환경경제학회, 경기 모니터링 시스템
- 78p, 건강보험심사평가원, 질병도 이젠 빅데이터로 예측하고 예방
- 46p, 도로교통공단, 교통사고 감소를 위한 빅데이터 예보 서비스
- 66p, 국민연금공단, 사회취약계층 선제적 발견을 통해 지원
- 20p, 국민연금공단, 빅데이터를 통한 고용취약자 파악

014 빅데이터로 산불 피해 최소화

산림청

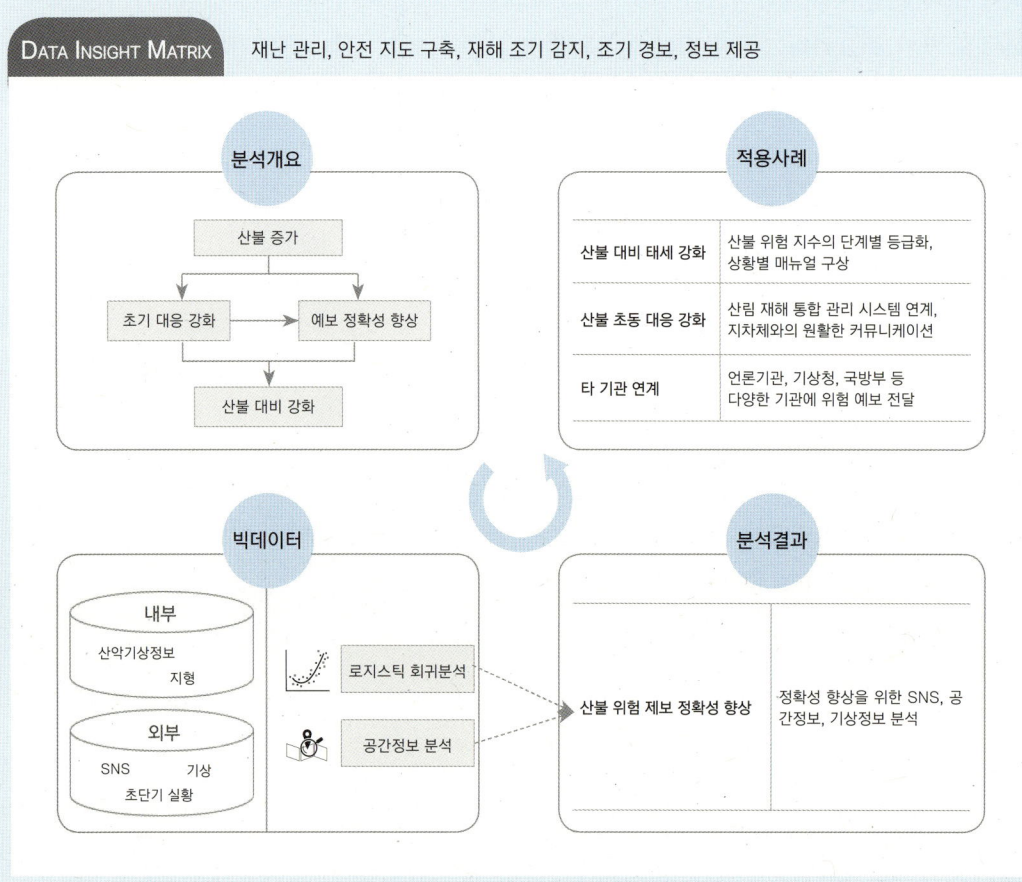

DATA INSIGHT MATRIX 재난 관리, 안전 지도 구축, 재해 조기 감지, 조기 경보, 정보 제공

산불이 발생하면 기상조건 등의 영향을 받아 산불이 빠르게 확산되는 것에 비해 대응 속도가 너무 늦어 더 큰 피해를 입는 사태들이 존재해왔다. 산림청에서는 이를 막고자, 빅데이터를 활용해 산불 위험지역을 미리 예측하고, 초기 대응을 확실히 하고자 했다. SNS 등의 비정형 데이터, 공간 정보 등을 활용하여 정확한 산불 발생 위치를 예측하고자 하였고, 기상에 따른 산불 징후를 분석하기 위해 기상 관련 패턴 분석도 진행하였다. 이러한 분석 결과들을 이용해 산림청은 산불 위험 예측의 정확도를 향상시키고, 그에 따른 신속한 대응전략 및 과학적 정책을 수립하고자 하였다.

수집데이터	산악 기상 정보, 지형, SNS, 기본 기상 정보, 표고 지수, 방위 지수, 임상 정보(수종 등)
분석솔루션	OpenRefine, ETL프로그램
참여기업	산림청, 기상청, 행정자치부

1. Big Point!

산림청은 선제적인 산불예측 대응체계를 마련하기 위한 산불위험 예보 시스템을 개발하고자 실시간 기상·지형 상태 및 SNS 정보 등을 활용하기로 했다. 그러기 위해서 산림재해가 빈번한 곳에 구축된 산악 자동 기상관측 타워로부터 습도, 강수량, 지면 온도, 기온, 기압 등의 정보를 실시간으로 관측해 악기상이 산불 징후에 미치는 영향을 분석했다. 또한 행정자치부의 SNS 데이터와 산불 발생지의 산사태, 병해충 등의 산림 생태나 임산물 재배 적지 정보 등의 비정형 데이터를 적극 활용했다. 산불 위험지 예측의 정확도를 향상 시키기 위해 지도 상의 축척을 1:25,000에서 1:50,000으로 적용해 공간 면적을 25배 확대하거나, 고도에 따른 기온감률 등의 분석 인자를 확대 적용하는 등의 대축척 공간 정보도 활용했다. 이러한 여러 분석 과정을 거쳐 완성된 산불위험 예보시스템은 '산림청-GIS 산림공간 정보서비스'에서 제공 중이다.

2. 활용 데이터와 분석

기존의 산불위험 예보시스템은 로지스틱 회귀분석을 사용하여 구축되었으나, 이번 분석을 통해 새롭게 개발된 시스템에는 데이터셋을 분할하여 분석을 수행하는 방식의 병렬화된 로지스틱 회귀분석 알고리즘이 활용되었다. 주요 입력 정보수는 기존 10개에서 15개 이상으로 늘어났으며, 구체적으로 고도, 경사 등의 지형자료, 산악기상관측 자료, 연료 자료 등이 해당된다. 또한 기존에는 사용하지 않았던 SNS 데이터도 활용했으며, 산림청 및 기상청 관측소에서 700개 이상의 AWS(Amazon Web Service)를 사용했다. 이를 바탕으로 실시간 데이터를 분석하여 기존의 3시간 내외로 걸리던 분석 및 처리시간을 1시간 내외로 단축시킬 수 있었다. 이 시스템은 위에서 언급한 비정형 데이터들과 실시간 데이터를 수집한 후 분석을 통해 기상지수, 방위지

• **로지스틱 회귀분석**
독립변수들 간의 선형 결합을 통해 종속변수를 설명하는 통계 기법으로 종속변수는 범주형 데이터를 대상으로 함.

• **AWS**
Amazon Web Service의 약자로 클라우드 서비스를 제공해주는 플랫폼

수, 표고지수, 임상지수, 지형지수 등의 다양한 지수를 산출한 뒤, 이를 기반으로 산불위험지수를 최종적으로 도출할 수 있다.

3. 분석결과

가. 산불위험지수 등급화

산불위험지수를 자체적인 판단기준에 맞게 4단계로 등급화했다. 산불위험지수가 51 미만인 경우에는 '관심', 51 이상 66 미만인 경우에는 '주의', 66 이상 86 미만인 경우에는 '경계', 86 이상인 경우에는 '심각'으로 단계를 구분하였다.

나. 산불 위험 제보 정확성 향상

2015년과 2016년 두 해에 걸친 산불 위험 예보의 정확성을 검정을 수행했다. 정확성은 '주의단계 이상 발효건수'/'산불 발행건수'×100의 식으로 계산되었다. 분석 결과로 2015년은 주의단계 이상 발효 293건, 산불 발생 362건으로 정확도는 약 80.9%였고, 2016년은 주의단계 이상 발효 216건, 산불 발생 272건으로, 정확도는 약 79.4%였다.

이는 산불위험예보시스템을 구축하기 전인 2014년 74.2%의 예측 정확성보다 약 10% 이상을 향상시킨 결과이다.

4. 빅데이터 분석결과의 활용

가. 산불 대비 태세 강화

산불위험지수등급에 맞는 행동요령 등을 배포할 수 있다. 단계별 주요 행동요령 등을 매뉴얼화하여, 긴급상황 전파시 중요 기초자료로 사용할 수 있다. 또한, 위험지역 인근 주민들에게는 산불 예방 및 대처와 관련된 교육을 사전에 실시하여 더 큰 피해를 막을 수 있다.

나. 산불 초동 대응력 강화

산림청 기관 내부의 산하재해 통합관리시스템과 같은 프로그램과 연계하여 기관 자체적으로 초동 대응력을 강화시킬 수 있다. 위험 상황이 발생하였을 경우, 보다 신속하게 예측 정보를 제공할 수 있다.

산불 발생 위험 지역에 현황 파악 및 점검 관련 담당자를 지정·배치해, 주기적인 보고 및 모니터링 등을 실시할 수 있다. 이렇게 되면, 산불이 발생했을 경우에도 담당자가 신속하게 접수를 받거나 즉각적인 대응을 하는 등의 빠른 초동 대처가 가능하다.

다. 타 기관과의 연계
국민안전처, 기상청, 국방부, 한국전력공사, 한국석유공사, 언론사 등에 산불 위험 관련 정보 전송 및 지자체 담당자들에게 실시간 정보를 전달할 수 있다. BIG

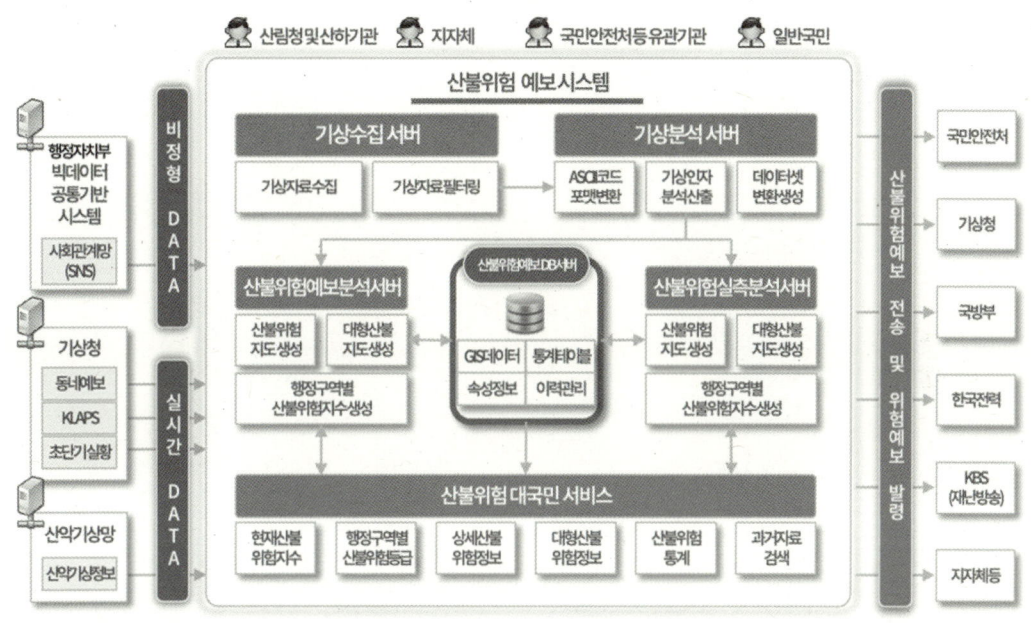

유사사례
- 28p, 선도소프트, 빅데이터 기반 지능형 전기화재 예방 플랫폼 구축
- 40p, 케이티, 동물 및 인간 감염병 확산 대응 지원 체계 구축
- 78p, 건강보험심사평가원, 질병도 이젠 빅데이터로 예측하고 예방
- 54p, KIST, 미세먼지 이슈와 빅데이터 활용방안
- 36p, 메타라이츠, 빅데이터 기반 지능형 도시가스 배관 위험 예측
- 70p, 국민건강보험공단, 의료이용지도연구를 통한 의료 정책 질 향상
- 58p, 전라북도, 골든 타임 확보로 응급환자 생존률 향상
- 94p, 청주시, 빅데이터를 활용한 보다 안전한 도로관리

015 질병도 이젠 빅데이터로 예측하고 예방

건강 보험 심사 평가원

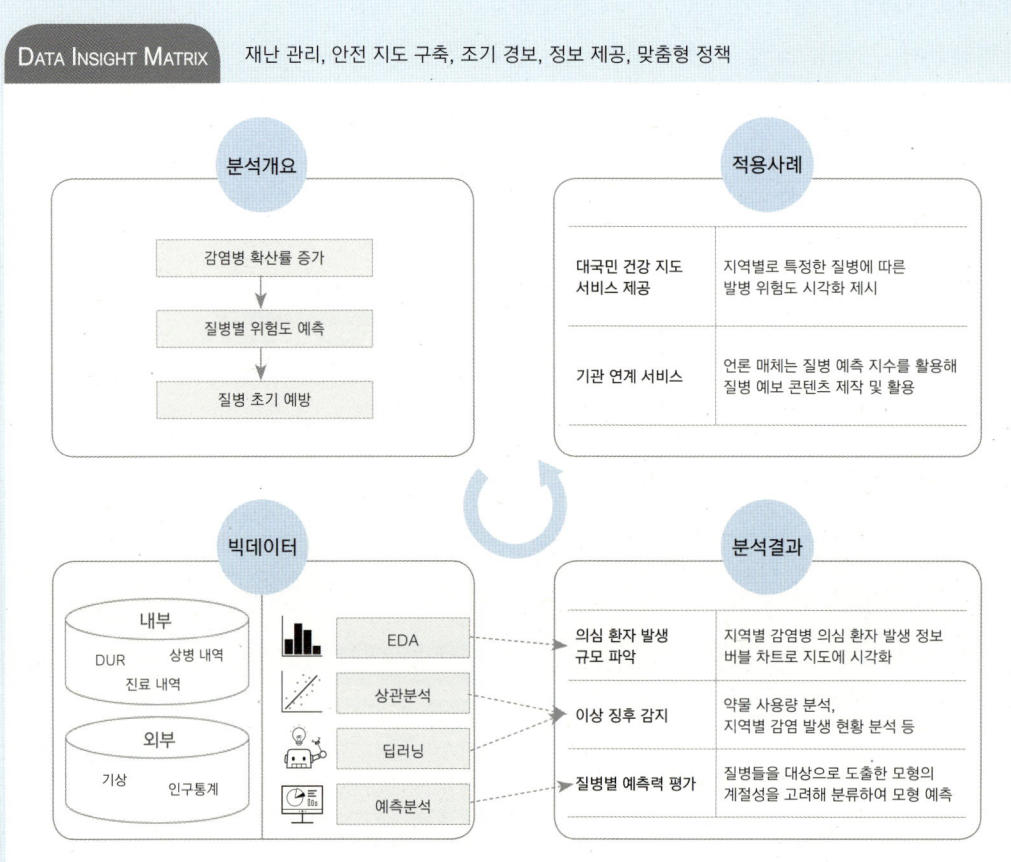

현대 사회에서 국제 교류가 활발해지고 교통이 발달하여 다른 나라에 있는 사람들과의 접촉 기회가 더 많아진 만큼 감염병 발생률이 높아지고 확산 가능성도 점점 커지고 있다.

2015년 메르스의 경우, 국내 186명이 감염되고 38명이 사망했으며 손실보상금만 총 1,781억 원을 지급했고, 메르스의 확산이 3개월 동안 지속될 경우 국가 경제적 손실은 약 20조 원까지 늘어나는 것으로 추정되었다. 이와 같은 전염병의 확산은 개인과 국가 경제적으로 큰 손실을 가져오기 때문에, 건강보험심사평가원에서는 전국민 진료정보 및 의약품 처방, 기상데이터 등을 연계하여 전염병 특성을 파악하고 더불어 전염병 의심 환자가 발생하는 것을 조기에 파악하고 전염병 확산 방지를 위해 빅데이터를 통한 질병 예측·감시 서비스를 개발하고자 했다.

수집데이터	국민 의료 정보(명세, 상병 내역, 진료 내역), DUR, 인구 통계, 기상 관측 정보
분석솔루션	통계패키지 R, SAS, GIS
참여기업	건강보험심사평가원(수요기업), 펜타시스템즈(빅데이터 솔루션사)

1. Big Point!

행정자치부의 인구 통계, 기상청의 기상 데이터를 연계했다. 메르스, 신종인 플루엔자 등 감염 가능성이 있는 의심 질병을 도출하고, 감염병 확산 이전에 의심 환자를 조기에 파악하고 이동 경로를 파악해 확산 위험에 대해 신속히 조치하여 감염병 확산으로부터 국민을 보호하려고 했다. 또한, 기상 등의 환경 변화에 따른 질병 발생 위험도를 예측함으로써, 잠재적으로 발생할 수 있는 질병 예방으로 초기 진압을 통해 국민 건강증진에 기여하고자 했다.

• DUR
의약품 정보를 실시간으로 제공해, 잘못된 약물 사용을 사전에 점검·예방하는 서비스

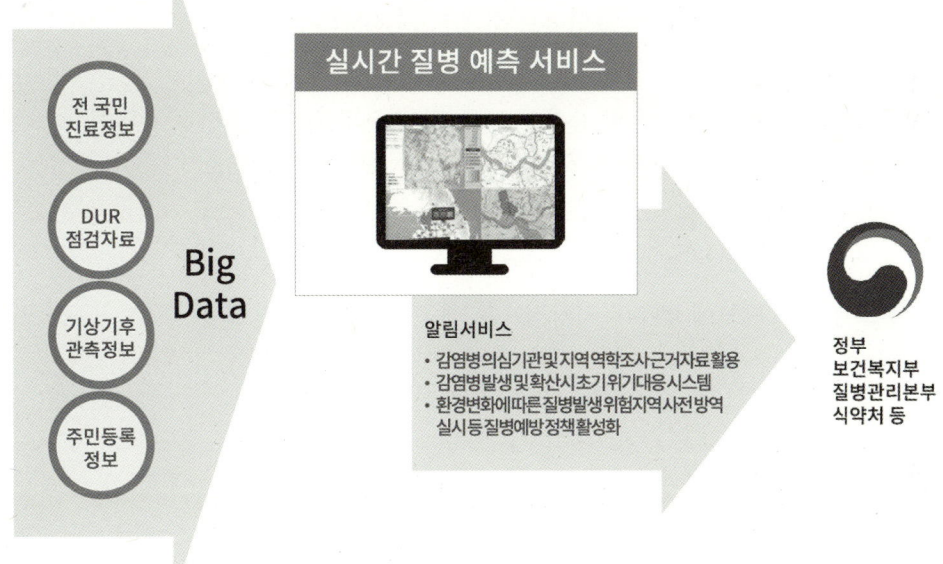

2. 활용 데이터와 분석

건강보험심사평가원의 환자 기본 정보, 의약품 처방, 진료내역, 상병 내역, 요양기관 데이터와 함께 DUR의 환자별 투약 정보 데이터를 분석에 이용하였고, 기상관측, 지역 인구 데이터도 결합하여 분석에 활용하였다. 또, 의약품 처방 데이터와 기상 데이터의 융합 활용을 통해 기상 요인이 매개체 및 숙

주 번식 및 사람 저항력 저하에 미치는 영향을 판단하여 질병 예측 모형에 활용하였다. 마지막으로 GIS를 활용하여 공간 시각화를 통해 지도에서 직관적으로 내용을 파악할 수 있도록 했다.

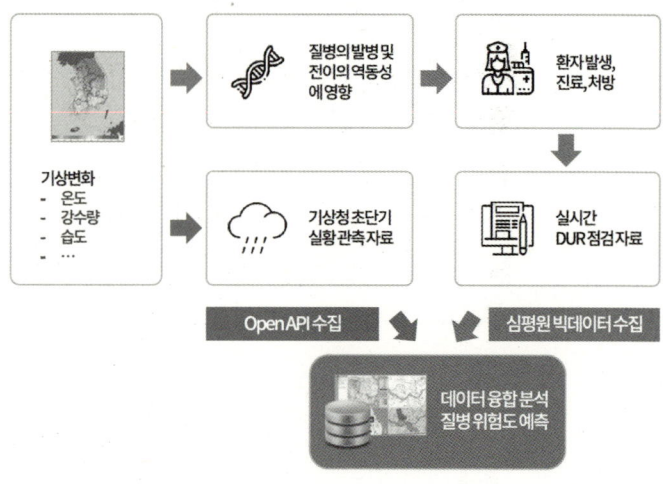

3. 분석결과

가. 기상 요인 상관분석

먼저 질병이 기상 요인의 변화에 즉각 반응하지 않고 지연되는 효과를 가지고 있는 것을 알아냈다. 이에 각 기상 요인별로 최대 5일의 시간 지연효과를 주었으며 이를 통해 비염은 5일 전 평균 습도, 당일 최저기온이 증가할수록, 기관지염과 중이염은 당일 최저기온이 증가할 경우, 장 질환의 경우 4일 전 풍속, 2일 전 평균 습도, 1일 전 최저기온이 증가할 경우, 아토피 피부염은 계절적으로 기온과 습도가 낮을 경우, 중이염의 경우 당일 최저기온이 증가할 경우 진료 건수가 증가하는 것으로 나타났다. 위의 결과를 통해 특정 질환의 발병 정도를 기후 예보에 맞추어 시각적으로 제공하는 서비스를 개발하고자 했다.

나. 질병별 예측력 평가

분석 대상 질병들을 대상으로 상관분석을 통해 도출한 모형의 예측력을 상관계수, 일치 상관계수, 평균 제곱근 오차(RMSE)를 활용한 평가 지표에 따라 분류한 뒤, 계절성을 고려해 주요 질병들에 대한 예측력 평가를 우선 진행했다. 분석 대상 질병 중 하나인 기타 장 질환의 모형은 약 92%의 예측력을 보이고 있으며, 4일 전 최대 풍속, 2일 전 평균 습도, 1일 전 최저기온이 증가할수록 진료 내역의 건수가 증가하고 있고, 실제 내역 건수와 예측 건수의 차이는 약 188건으로 나타났다. 또, 광역시도별로 분석 대상 질병들의 위험도를 진료내역건수로 확인하고 시각화를 통해 국민들에게 특정 질병과 지역을 결합해 정보를 제공하여 예방할 수 있는 서비스를 개발했다.

• 평균제곱근 오차 (RMSE)
잔차(관측에서 나타나는 오차)의 제곱합을 산술평균한 값의 제곱근으로서 관측값들간의 편차를 의미, 표준편차를 일반화시킨 척도로서 실제값과 추정값과의 차이가 얼마인가를 파악하는데 사용되는 척도

다. 이상 징후 감지

분석 결과를 통해 신종 인플루엔자, 결핵, 메르스 등의 법정 감염병의 지역별 발생 현황을 주기적으로 체크하여 실시간 감염 위험을 인지할 수 있고 계절별이나 사회 이슈별 관심 질병 모니터링이 가능하다.

또한, 기상이나 기후 등의 변화에 따른 질병 발생 변화를 감지할 수 있고 DUR 시스템을 통해 항정신성의약품, 노인 우울제 사용량 등의 의약품 오남용도 꾸준히 체크가 가능하다. 이상 징후를 감지하고 실시간 모니터링을 통해 감염병 확산이나 비상상황 발생 시 신속한 대응이 가능해졌다.

4. 빅데이터 분석결과의 활용

가. 대국민 건강 지도 서비스 제공

건강보험심사평가원의 보건의료 빅데이터 개방 시스템인 '의료이용 지도 (Health map)' 서비스를 통해 GIS 기반의 질병 통계 시각화 서비스를 제공할 수 있게 되었다. 또한, 앞으로 국민들이 관심이 높은 질병 항목에 대한 정보를 포함한 다양한 콘텐츠 등을 확대 제공할 수 있게 되었다.

나. 기관 연계 서비스

방송사나 신문사, 인터넷 포털 등의 언론 매체는 질병 예측 지수를 활용하여 질병 예방이나 안내와 관련한 콘텐츠를 제작해 활용할 수 있게 되었다. BIG

> **유사사례**
> - 54p, KIST, 미세먼지 이슈와 빅데이터 활용방안
> - 46p, 도로교통공단, 교통사고 감소를 위한 빅데이터 예보 서비스
> - 82p, 도로교통공단, 빅데이터로 위험한 도로를 피하자
> - 36p, 메타라이츠, 빅데이터 기반 지능형 도시가스 배관 위험 예측
> - 128p, 교통안전공단, 사고 행동을 분석하여 적극적인 예방을 계획

016 빅데이터로 위험한 도로를 피하자

도로교통공단

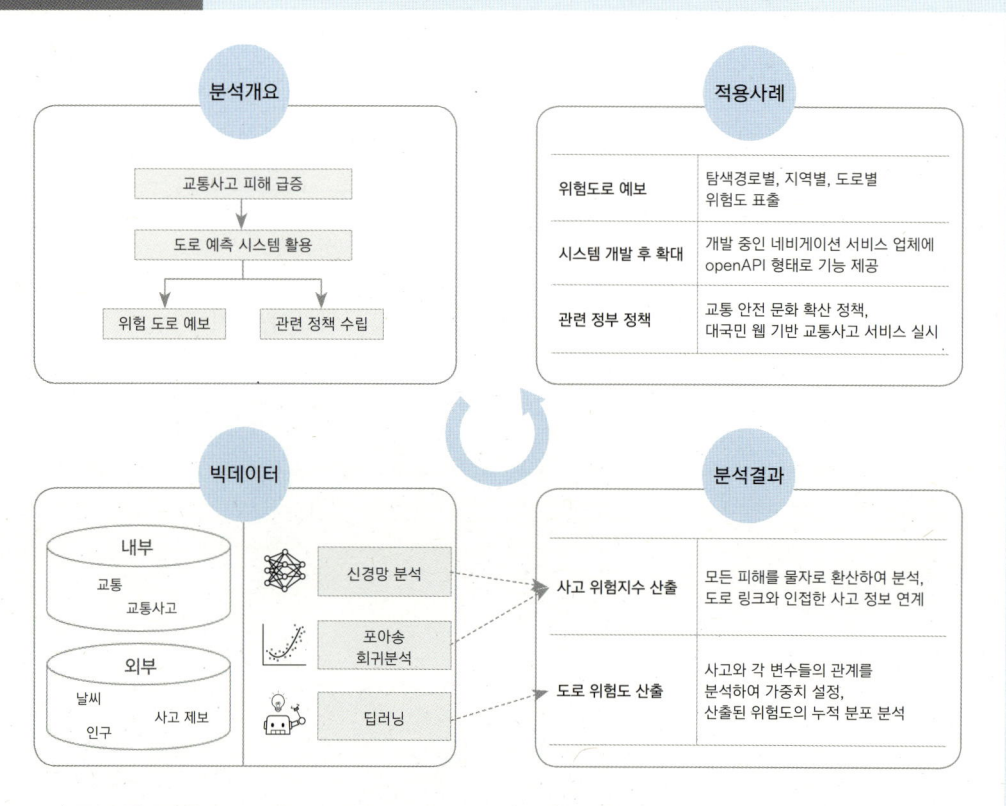

국내 교통사고의 피해는 매년 평균 사망자 4,600여 명, 부상자 180만 명으로 경제적 손실로 따지면 무려 26.5조에 달하는 매우 심각한 수준이다. 이 수치를 1만 대당 사망자 비율로 봤을 때, OECD 34개국 중 32위에 해당하는 수치이다. 이러한 교통사고들은 전방 주시 태만이나 방심, 전화통화 등의 인적 요인이 가장 큰 이유를 차지하고 있다. 하지만 장애물이나 도로 구조 등의 환경적 요인이나 제동 장치 및 타이어 불량 등의 차량 적 요인도 복합적 원인으로 발생되고 있어, 사전에 사고의 위험성을 인식하는 것 또한 중요한 사고 예방 방법 중 하나로 제시되었다. 도로교통공단에서는 교통사고 예방을 위한 안전 운전을 유도하기 위해 빅데이터를 활용하여 위험 도로 예측 시스템을 개발하기로 했다. 이를 활용하여 국민들에게 사전에 교통사고의 위험성을 인식시켜, 안전 운전을 유도하여 사고 발생 자체를 줄이고자 했다.

수집데이터	교통사고, 실시간 사고 제보, 교통량, 교통 시설물, 기상, 인구, 차량 통계, 교통문화지수, SNS, 교통 소통 정보
참여기업	도로교통공단, 경찰청, 기상청, 손해보험협회 등

공공
안전

활용분야
시민 편의 개선
시민 편의 실시간 파악
운영 비용 절감
관리 운영 효율화
시민 안전
사정 운영
신규 정책 발굴
정책 지원

1. Big Point!

도로교통공단에서는 '위험도로 예보 시스템'이라는 웹 기반 프레임 워크에 알맞게 수집된 여러 정보들을 융합하여 위험도로를 분석하였다. 과거의 교통사고 정보와 기상, 돌발정보 및 환경적 요인을 융합하여 도로 위험도를 산출했다. 이에 더해, 행정 공통망과의 연계를 통해 빅데이터 연계 환경을 구축했다. 해당 위험도를 운전자가 인지하는 대국민 서비스로 확대하여 주의 운전 및 안전 운전을 유도하는 것을 목표로 했다. 산출한 도로 위험도를 토대로, 운전자가 인지할 수 있도록 위험 예보 서비스를 도입하여 주의 운전 및 안전 운전을 유도하는 것을 목표로 했다.

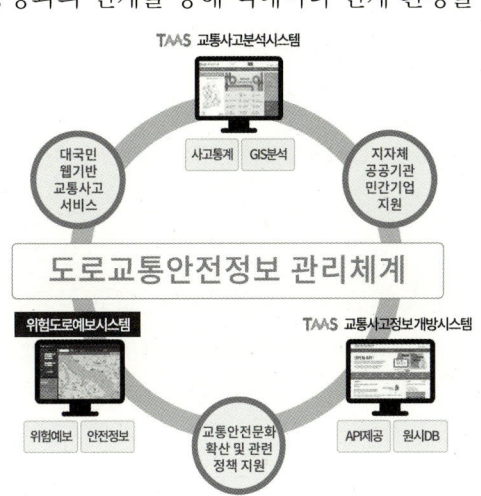

2. 활용 데이터와 분석

• **포아송 회귀분석**
종속변수가 포아송 분포를 따른다고 가정한 후 일반화선형모형의 회귀분석을 시행하는 분석 모듈, 주로 종속변수가 가산자료(Count Data)일 때 활용

도로교통공단 내부의 과거 사고 정보 데이터나 외부의 기상 정보, 돌발 사고 제보 등의 데이터를 수집한 뒤, 관련 분석을 진행하기 위한 DB 환경(아래 이미지 참고)을 구축했다. 이후 분석 서버 내에서 포아송 회귀분석 과정을 거쳐 위험도 매트릭스를 도출하고, 기본 위험도 결과값을 산출하는 과정으로 분석을 진행했다.

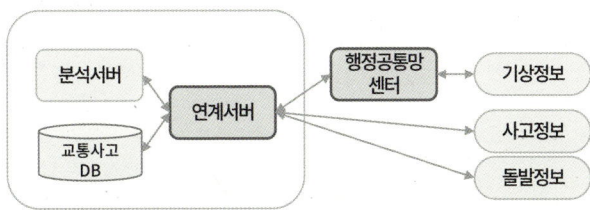

3. 분석결과

가. 사고 위험지수 산출

통계 분석을 통해 얻은 교통사고 결과값을 활용하여 모든 피해들을 금액으로 환산한 뒤, 도로 링크와 인접한 교통사고 정보들을 연계해 EPDO(대물피해환산법, Equivalent Property Damage Only) 값을 도출했다.

인적 피해에 대한 1인당 사고 비용을 물피사고 1건당 평균 비용으로 나누어 사고 비용 추정값 가중치를 계산, '사망' 273, '중상' 32, '경상' 2, '부상 신고' 1의 가중치를 얻었다.

• EPDO
(사망사고 건수)X12
+ (부상사고건수)X3
+ (물적피해 건수)X1

나. 도로 위험도 산출

위험도 평가는 교통사고와 각 매개변수간의 연관성을 분석하여 가중치를 두고, 도로 노드링크별로 산출된 위험도의 누적 분포를 분석한 후, Green(안전), Yellow(주의), Orange(위험), Red(심각)의 4단계로 등급화하는 방식으로 수행되었다.

도로 위험도 산출 값은 링크별 EPOD값, 지역 단위 기상 정보, 5분 단위 갱신 돌발 정보, 현재 시간, 도로 노드 링크 차선을 모두 곱하여 계산되며, 40 미만인 경우 Green, 40~100인 경우 Yellow, 100~275인 경우 Orange, 275이상인 경우 Red로 구분된다. 이러한 위험도 평가 단계를 이용해 이동 경로 탐색시 실시간 기상, 돌발 시간대를 결합하여 지도에 위험도를 표출할 수 있게 되었다.

유사사례
- 46p, 도로교통공단, 교통사고 감소를 위한 빅데이터 예보 서비스
- 54p, KIST, 미세먼지 이슈와 빅데이터 활용방안
- 78p, 건강보험심사평가원, 질병도 이젠 빅데이터로 예측하고 예방
- 20p, 국민연금공단, 빅데이터를 통한 고용취약자 파악
- 66p, 국민연금공단, 사회취약계층 선제적 발견을 통해 지원
- 36p, 메타라이즈, 빅데이터 기반 지능형 도시가스 배관 위험 예측
- 128p, 교통안전공단, 사고 행동을 분석하여 적극적인 예방을 계획
- 70p, 국민건강보험공단, 의료이용지도연구를 통한 의료 정책 질 향상
- 112p, 이천시, 국민참여형 어린이 안전 및 교통사고 원인분석
- 94p, 청주시, 빅데이터를 활용한 보다 안전한 도로관리

4. 빅데이터 분석결과의 활용

가. 위험 도로 예보

SKT의 T-Map 알고리즘을 이용하여 경로를 검색한 뒤, 탐색 된 경로에 주의 운전 및 안전운전을 유도하기 위해 기본 도로 위험도, 실시간 기상, 돌발 상황 등을 이용하여 위험도를 예측했다. 또한 시군구 단위의 특정 행정구역을 선택하여 지역별 도로의 위험도를 예측할 수도 있어 지자체 공무원이나 교통경찰 등에서 집중 관리 및 사고 예방의 구역으로 활용할 수도 있다. 이 외에도 고속도로나 지방도로 같은 특정 도로 링크에 대한 도로별 위험도를 예측할 수도 있으므로 이를 관리하는 도로관리청, 고속도로 관리 기관 등에서 활용할 수도 있다.

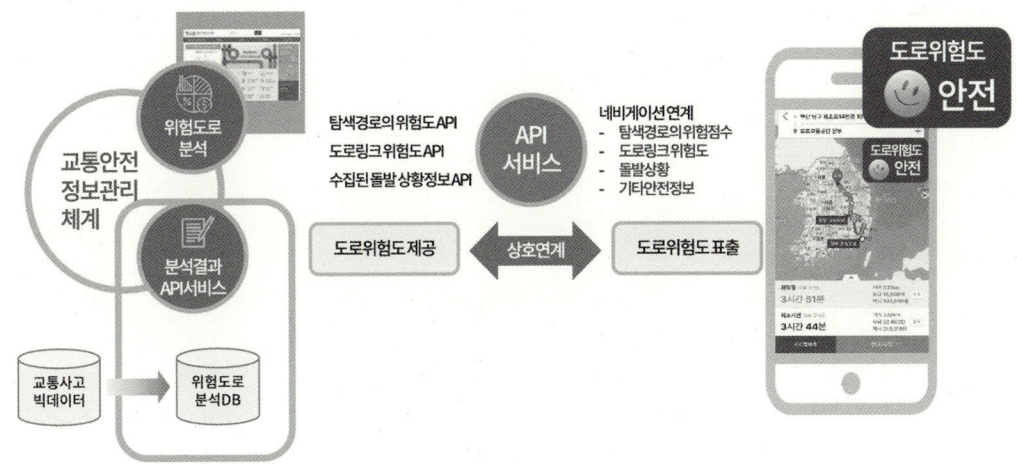

나. 시스템 개발 후 확대

내비게이션 서비스 업체에 open API 형태로 특정 도로의 노드 링크 단위 위험도를 포함한 여러 기능 등을 제공하여 교통안전 정보 관리 체계를 구축할 뿐만 아니라, 내비게이션을 통해 전 국민이 도로 위험도 서비스(위험도나 위험 점수를 포함한 여러 안전 정보)를 쉽게 받을 수도 있다. 또한 주행 중 기타 ICT기기를 활용하여 현재 운행 중인 교통안전정보를 표출할 수 있게 할 계획이다. BIG

• ICT
Information and Communication Technology의 약자로 통신기술와 정보기기 하드웨어의 기술의 융합을 통해 정보를 수집하고 생산, 가공, 보존, 전달 , 활용하는 모든 방법

017 빅데이터로 체납액 회수

수원시

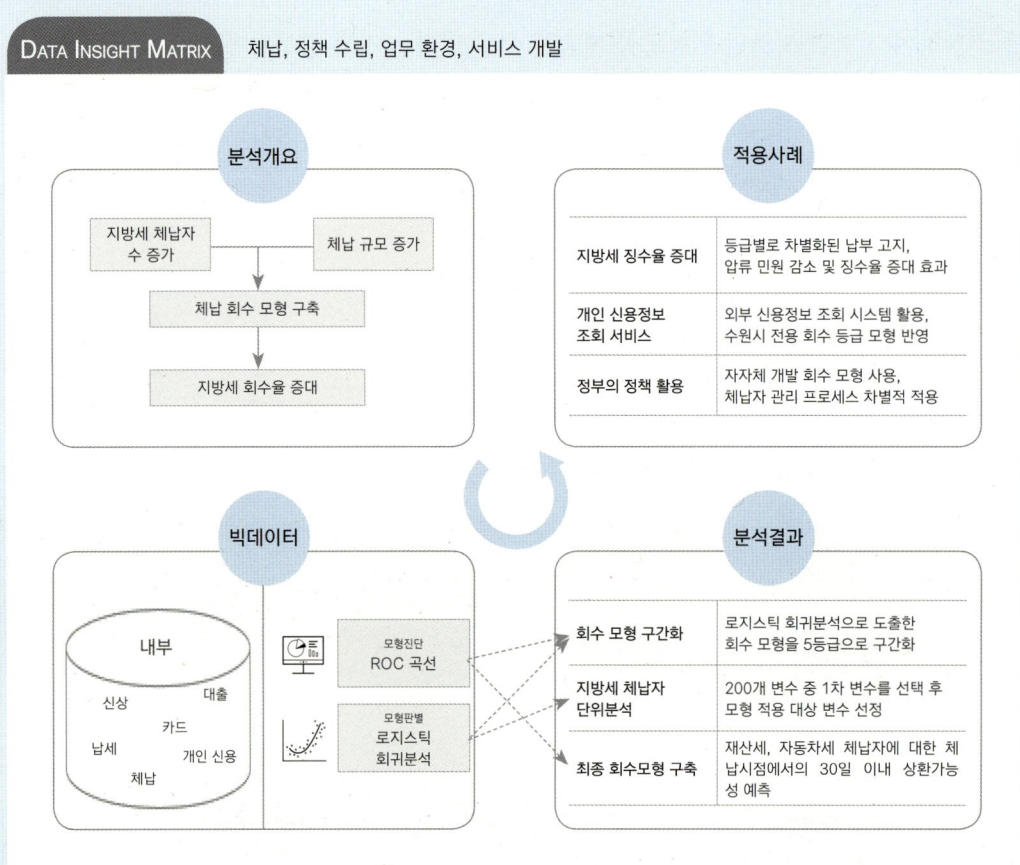

수원시는 경기도 내에서 세금 징수율이 제일 높은 도시로, 최고의 납세 효율을 달성하고 있었다. 하지만 지방세 체납자 수와 그 체납 규모는 계속 늘어나고 있어 지방세 징수 방안의 혁신이 필요한 상황이었다. 이에 수원시에서는 정부 3.0의 '공공 정보를 적극적으로 개방 및 공유한다'라는 새로운 패러다임에 맞춰 빅데이터를 통해 시정 현안을 해결하고자 했다. 그러기 위해서 데이터를 기반으로 한 체납 회수 모형을 구축하고, 체납자들의 체납 의지에 따라 관리 프로세스를 차별적으로 적용하고자 했다. 이로 인한 기대 효과로는 납부 의지가 높은 체납자에게도 압류 등의 강한 조치를 취하고 있다는 기존의 민원을 해결할 수 있으며, 수원시 내부에서도 불필요한 독촉 관련 비용이나 인력 낭비를 줄일 수 있다는 것 등이 예상되었다.

수집데이터	납세, 체납 및 수납, 개인 신용정보, 개인 신상, 카드 및 대출 정보
참여기업	수원시

1. Big Point!

수원시는 체납자의 납부 의지는 높으나, 납부 일정을 잊어서 세금을 내지 않은 경우에도 예금이나 부동산 등을 압류하는 강력한 조치를 취하고 있어 받지 않을 수도 있던 민원들도 접수받고 있었다. 시의 입장에서 체납자의 납부 의지가 높다는 것을 미리 인지할 수 있다면 강압 징수가 필요하지 않은 곳에서의 불필요한 인력이나 예산, 행정력 등의 낭비를 막을 수 있을 것이다. 또 납세 의지가 높은 납세자의 입장에서는 납부 일정에 대한 SMS 알림 서비스를 받을 수 있다면, 납부일을 잊어서 부득이하게 체납을 저지르는 일 없이 원활한 자발적 납부가 가능하게 될 것으로 예상되었다.

2. 활용 데이터와 분석

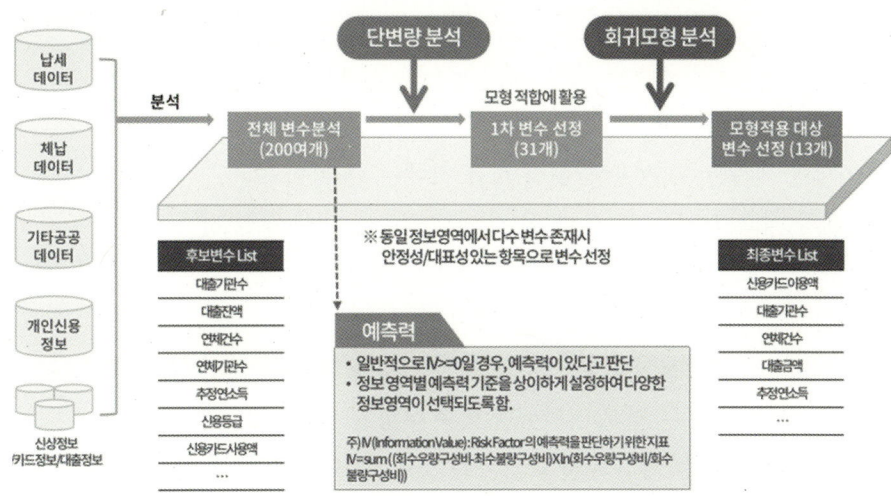

수원시는 기존의 지방세 체납 회수 프로세스의 한계점을 빅데이터 분석 프로젝트를 통해 극복함으로써 불필요한 민원을 줄이고, 대민만족도를 제고하고자 했다. 납세, 체납, 개인신용정보, 기타 공공데이터와 신상정보를 융합하여 제작한 데이터셋을 분석에 활용하였다. 먼저 분석 대상자를 선정하고, 보유 데이터와 이 분석 대상자에 대한 데이터를 결합하여 체납자 데이터를 생성했다. 이 데이터를 다시 신용정보 데이터와 연계하고, 대상자들의

체납액 회수 가능성을 로지스틱 회귀분석을 통해 예측했다. 회수모형을 생성하기 위해서는 먼저 데이터에서 회수 우량 및 불량을 정의하였다. 체납 발생 후 30일 이내에 자발적인 완납이 이루어진 경우를 '우량', 6개월 이내에 미납인 경우를 '불량', 그리고 그 외의 경우를 '판단 미정'으로 정의했다. 이에 대해 Odds(오즈비)를 기준으로 6개의 세목(재산세, 자동차세, 지방 소득세, 등록면허세, 주민세, 취득세)을 세분화하여 회수 우량 및 불량자의 차별적 특징을 통계적 모형으로 도출했다. 구체적으로 이 통계모형은 체납이 발생한 시점과 그 이전의 체납자에 대한 데이터를 기반으로 체납이 발생한 시점 이후의 일정 기간 내 회수 가능성을 예측하는 것이다. 또한 해당 모형을 만드는 과정에서 데이터로부터 추출된 최초 변수는 약 200여 개였으나 단변량 분석을 통해 모형 적합에 활용할 1차 변수 31개를 선정하고, 다시 회귀 모형 분석을 통해 13개의 모형적용 대상 최종변수를 선정했다. 이후 예측량 검정 지표에 해당하는 ROC 곡선 분석, K-S 통계량을 이용해 예측모델의 성능을 검증했다. 해당 모형을 통해 수원시는 체납자에 대한 과학적 접근 기준을 마련하고자 했으며, 징수업무 담당자의 효율적이고 합리적인 의사결정을 지원하고자 했다.

- **Odds**
대응 위험도를 나타내는 것으로 독립변수와 목표변수간의 인과관계를 파악하기 위한 것, 1을 넘으면 인과관계가 높고, 낮으면 인과관계가 낮은 것으로 수식을 폐기함..

- **ROC 곡선**
특정 진단 방법의 민감도와 특이도가 어느 관계를 가지고 있는지를 표현한 곡선.

- **K-S 통계량**
우량집단과 불량집단의 누적분포의 차이를 나타내는 지표로 변별력 평가시 주요 통계량으로 활용.

3. 분석결과

가. 회수 모형 등급화 및 단위분석

위에서 언급한 6개의 세목별 회수 우량/불량 비율 값에는 큰 차이가 존재해서 세목을 두 개의 세그먼트로 세분화한 뒤 각 세그먼트에 대해 상환 가능성을 예측할 수 있는 모형을 생성했다. 첫 번째 모형은 재산세, 자동차세 항목의 체납자에 대해 체납 시점부터 30일 이내에 자발적 상환의 가능성을 예측한다. 이 모형은 회수 가능성이 낮은 경우와 높은 경우를 분류할 수 있었고, 회수 가능성이 낮은 경우는 앞서 정의했던 회수 우량률 역시 낮은 형태를 보여 회수 가능성을 적절하게 구분하고 있다는 것을 알 수 있었다. 또한 모델의 성능 측정 지표값인 AUROC는 약 77.09%가 도출되었다. 두 번째 모형은 지방소득세, 등록면허세, 주민세, 취득세 항목의 체납자에 대해 체납 시점부터 30일 이내에 자발적 상환 가능성을 예측하며, AUROC는 약 76.62%였다. 이 두 모형을 통해 체납자들을 상환 가능성에 따라 1에서 5등급으로 등급화할 수 있었고, 이를 바탕으로 각 체납 상황에 맞는 회수전략을 효과적으로 수립할 수 있었다.

- **AUROC**
ROC곡선의 밑 면적을 구한 값으로 1에 가까울수록 성능이 좋음을 의미,

4. 빅데이터 분석결과의 활용

가. 지방세 징수율 증대

먼저 독촉 납입기간 이전인 경우, 분석 결과를 바탕으로 납부 고지일로부터 30일 이내를 '최초 납입기한', 최초 납입기한으로 부터 60일 이내를 '독촉 납입기한'으로 정의한 후 기간별/체납자 등급별로 다른 징수 전략을 수행할 수 있다. 자발적 상환 가능성이 높은 1, 2등급에게는 문자 등 가벼운 안내를 통해 체납액 상환을 촉진시킬 수 있다. 반면, 빠른 법적 조치가 필요한 5등급에게는 독촉 전화를 통해 납세 의무를 제고시킬 수 있다. 또한, 독촉납 입기간 이후의 경우 1, 2등급 체납자들에게는 압류 이전에 미리 문자를 발송하거나 독촉 전화를 하여 체납상황을 인식시킴으로써 압류와 관련된 민원과 비용을 줄일 수 있다. 5등급 체납자들에게는 직접방문, 압류 등의 보다 강하고 빠른 조치를 통해 지방세 징수율을 증대시킬 수 있다.

나. 개인 신용정보 조회 서비스 프로그램 개발

수원시는 이용 중이던 지방세 정보시스템과 지자체 최초로 개발한 회수 가능성 예측 모형을 사용하여 신용정보 조회 서비스를 개발할 수 있다. 해당 프로그램은 시청 세정과를 비롯하여, 구청 세무과, 체납 징수단 등에서 활용이 가능할 것이다.

다. 정부의 정책 활용

체납자 등급에 따라 관리 프로세스를 차별적으로 적용하여, 불필요한 민원이 감소되는 것과 체납액 회수율이 증가하는 것을 동시에 기대할 수 있다. 또한, 그 과정에서 불필요한 압류 비용및 인건 낭비 감소 효과도 함께 기대할 수 있다. BIG

유사사례
- 62p, 국토교통부, 공동주택 부조리 분석시스템 개발
- 102p, 행정자치부, 근로감독 사업장 선정 과학화
- 94p, 청주시, 빅데이터를 활용한 보다 안전한 도로관리
- 116p, 고용노동부, 실업급여 부정 수급 악용 빅데이터로 뿌리 뽑기
- 112p, 이천시, 국민참여형 어린이 안전 및 교통사고 원인분석
- 120p, 광주광역시, 상수도 누수지역 탐지모델
- 20p, 국민연금공단, 빅데이터를 통한 고용취약자 파악
- 124p, 대구광역시, 빅데이터로 전기차 충전 인프라 설치 입지 선정
- 32p, 온케이웨더, 미세먼지 대응 표준 빅데이터 모델 개발
- 58p, 전라북도, 골든 타임 확보로 응급환자 생존률 향상

018 개인 맞춤형 인공 지능 질환 예측 서비스

국민건강보험공단

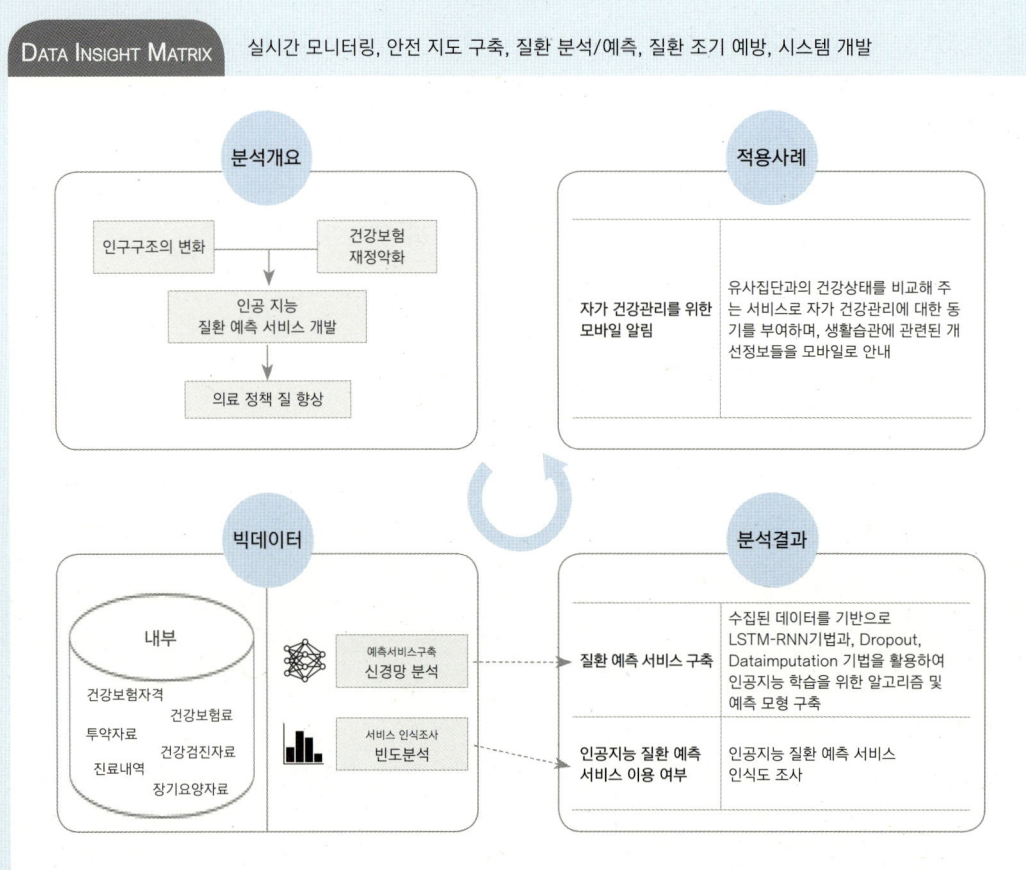

DATA INSIGHT MATRIX — 실시간 모니터링, 안전 지도 구축, 질환 분석/예측, 질환 조기 예방, 시스템 개발

현재 우리나라는 저출산, 고령화에 따른 인구구조의 급격한 변화로 노인 인구가 증가하면서 만성 질환 진료비가 증가하고 있다. 이에 따른 노인 진료비 증가로 건강보험료 및 의료비의 부담이 증가하는 현상이 나타나고 있다. 이로 인해 치료 중심의 의료 패러다임에서 더 아프기 전에 미리 예방하고 조기에 질병을 판단하는 '자가 건강관리'가 중요해지고 있다. 이러한 중요성을 파악한 국민건강보험공단은 빅데이터와와 ICT를 통해 질환 발생을 미리 예측할 수 있는 인공지능 시스템을 개발·활용하고자 한다.

수집데이터	건강보험자료, 건강보험료, 투약자료, 건강검진자료, 진료내역, 장기요양자료
분석솔루션	OpenRefine, ETL프로그램
참여기업	국민건강보험공단

1. Big Point!

현재 우리나라의 출산율은 2016년 기준 1.17명으로 OECD 평균인 1.68명 보다 낮게 나타났다. 하지만 노인 인구의 비중은 09년도 526만 명에서 16년 699만 명으로 꾸준히 증가하는 추세를 보이고 있다. 노인 인구의 증가로 인해 노인들이 대부분 고질적으로 가지고 있는 만성 질환에 대한 진료비와 더불어 진료비 자체의 증가로 인해, 건강보험료와 의료비 지출에 대한 국민의 부담이 증가하고 있는 현실이다. 따라서 빅데이터와 인공지능을 융합하여, 해당 인공지능을 질병 및 질환을 조기 발견을 하는데 사용할 수 있도록 개발하고자 했다.

2. 활용 데이터와 분석

건강보험공단에서 보유하고 있는 건강검진 자료, 병원 진료자료, 투약자료, 노인 장기요양 자료 등을 이용하여 인공지능 시스템 구축에 주로 사용되는 신경망 분석을 이용하여 반복 학습 및 검증을 통해 예측 알고리즘을 생성했다. 이를 통해 개인별 이력을 통한 질환 발생 위험도를 산출하였으며, 그중 질병 부담이 큰 주요 만성질환(당뇨, 치매)와 4대 암(위암, 간암, 대장암, 유방암)을 1차적으로 예측해 보았다.

• 신경망 분석
인간이 뇌를 통해 문제를 처리하는 방법과 비슷한 방법으로 문제를 해결하기 위해 컴퓨터에 구성한 구조, 인공지능 분야의 문제 해결에 사용되고 있으며, 문자 인식, 화상처리, 자연 언어 처리, 음성 인식 등에서 활용..

공공
일자리
활용분야
시민 편의 개선
시민 편의
실시간 파악
운영 비용 절감
관리 운영 효율화
시민 안전
시정 운영
신규 정책 발굴
정책 지원

3. 분석결과

가. 인공지능 질환 예측 서비스 인식 조사

개인별 맞춤형 인공지능 질환 예측 서비스에 대해 시민들이 어떤 인식을 가지고 있는지 조사하였다. 약 500여 명의 참여자를 대상으로 개발하고자 하는 시스템에 대한 인식도를 조사한 결과 이용을 고려해 보겠다는 의견은 약 16%, 이용하겠다는 의견은 약 83%로 나타났으며, 이용 의사가 전혀 없다는 의견은 0.2%로 나타나 참여자들 대다수가 질환 예측 서비스가 필요하다고 느끼고 있는 것으로 볼 수 있었다.

• **인공지능(AI)**
컴퓨터가 인간의 지능으로만 할 수 있는 사고·학습·모방 등 논리적인 방식을 사용하는 고급 컴퓨터프로그램

나. 질환 예측서비스 구축

인공지능 질환 예측시스템 구축을 위해 내부의 다양한 데이터에 대해 인공지능 학습 프레임워크를 구성하여 신경망 분석과 반복 학습 및 검증을 수행하여 최적의 은닉 수를 찾아내고 이에 따른 질환별 예측 모형을 개발하였다. 주로 질병 부담이 큰 만성질환(당뇨, 치매)과 4대 암(위암, 간암, 대장암, 유방암)을 먼저 예측해 보았으며, 그 결과 당뇨와 간암의 경우 90% 이상의 예측 정확도를 보였다. 기존 데이터 통계를 통한 방식보다 대부분의 질병에서 약 15~20% 더 높은 예측 정확도를 나타냈다.

4. 빅데이터 분석결과의 활용

가. 질환 예측서비스 제공

질환 예측서비스 제공을 위해 본인이 직접 입력한 정보와 유사한 집단(성/연령)과의 건강상태를 비교 후 그 결과를 제공하여 자신이 스스로 건강관리에 대한 동기를 부여할 수 있도록 하였다. 또한 모바일 알림을 통해 지속적으로 건강관리 정보를 제공함으로써 스스로 자기 관리를 실천할 수 있도록 유도하여 질병 이환을 방지하는 서비스를 제공하고자 했다. 이를 통해 매년 0.01%씩 만성질환자의 발생을 예방하고 있으며 의료비 감소에 효과를 보이고 있다. BIG

유사사례
- 40p, 케이티, 동물 및 인간 감염병 확산 대응 지원 체계 구축
- 108p, 행정자치부, 빅데이터로 갈등 발생 전 예방까지
- 70p, 국민건강보험공단, 의료이용지도연구를 통한 의료 정책 질 향상
- 54p, KIST, 미세먼지 이슈와 빅데이터 활용방안
- 50p, 한국환경경제학회, 경기 모니터링 시스템
- 124p, 대구광역시, 빅데이터로 전기차 충전 인프라 설치 입지 선정
- 32p, 온케이웨더, 미세먼지 대응 표준 빅데이터 모델 개발
- 94p, 청주시, 빅데이터를 활용한 보다 안전한 도로관리
- 112p, 이천시, 국민참여형 어린이 안전 및 교통사고 원인분석
- 58p, 전라북도, 골든 타임 확보로 응급환자 생존률 향상

공공
일자리
활용분야
시민 편의 개선
시민 편의
실시간 파악
운영 비용 절감
관리 운영 효율화
시민 안전
시정 운영
신규 정책 발굴
정책 지원

MEMO

019 빅데이터를 활용한 보다 안전한 도로관리

청주시

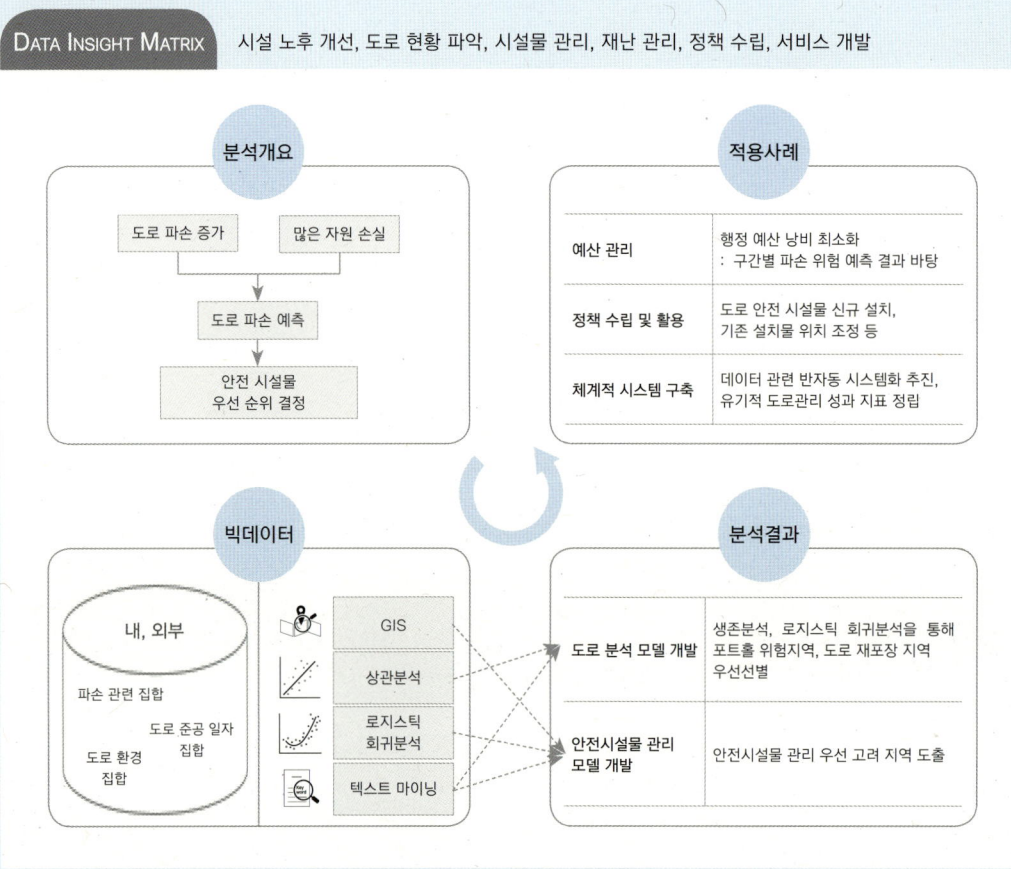

국내 도로포장 시스템 관련 기술은 선진국에 비해 약 60~70%의 수준이며, 아스팔트 도로포장의 경우는 설계 수명 대비 50~60% 수준밖에 되지 않았다. 특히 한국도로공사에서 발표한 지난 5년간 포트홀 관련 사고 발생 보상금 지급액이 약 8억 4천만 원이었으며 청주시는 포트홀 등 도로 보수작업에 하루 40명의 인력이 보수 작업으로 투입되는 등 많은 물·인적 자원 손실이 있었다. 청주시에서는 이러한 손실을 줄이고 효율적으로 관내 도로 환경을 관리하고자 빅데이터 분석을 진행하고 관련 모델을 구축했다.

수집데이터	민원, 도로 안전시설물 작업 지시서, 소파 보수·구간 보수·상하수도 누수 수리 내역, 도로 현황, 상수관로 공간, 버스 노선 정보, 교통량, 강우관측, 인구 집계, 사업체 집계
분석솔루션	통계패키지R, 오픈소스QGIS
참여기업	고용노동부, 행정자치부(수요기업), 오픈 SNS, 데이터 솔루션(빅데이터 솔루션사)

공공
교통/안전
활용분야
시민 편의 개선
시민 편의
실시간 파악
운영 비용 절감
관리 운영 효율화
시민 안전
시정 운영
신규 정책 발굴
정책 지원

1. Big Point!

청주시에서는 교통흐름의 특성을 반영할 수 있는 기법이 필요하다고 판단하여 국가 표준인 ITS에서 제공하는 노드-링크 지도를 활용하여 노드-링크의 형태로 모델 개발을 진행했다. 도로 고장에 주요 영향을 미치는 강우량, 교통량, 누수, 노후도 등의 관련 데이터를 수집, 분석하여 표준화를 통해 1. '도로관리모델' / 2. '안전시설물 관리모델'을 수립하여 지자체에서 경제적으로 적용할 수 있었다. 또, 효율적인 포장 관리 및 정비 계획을 수립할 수 있도록 도로포장 이력 관리 등의 작업도 이루어졌다.

2. 활용 데이터와 분석

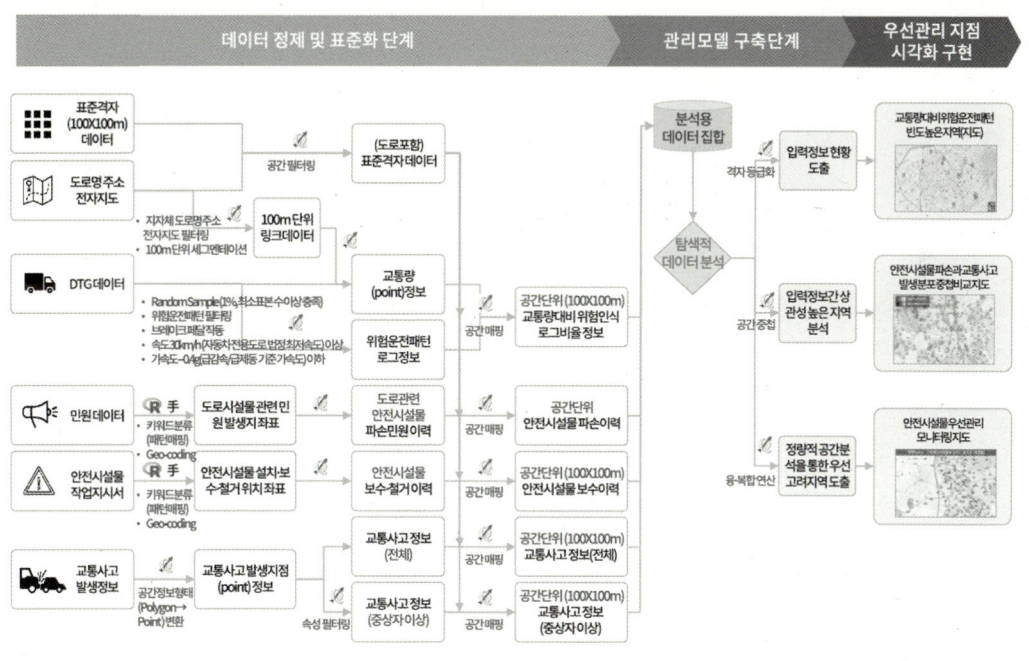

청주시는 현실적으로 적용할 수 있으며, 경제성도 갖춘 표준 모델을 개발하고자 2가지 목적으로 분석을 진행하였다.

첫째, '도로 분석 모델' 개발을 위해 강우량이나 교통량 등의 도로 고장 유발 주요 환경 데이터를 통해 위험률을 산출하고 생존 분석, 로지스틱 회귀분석을 통해 파손위험 예측결과를 도출하여 포트홀 위험 예측지도를 제작했다. 또, 서울시의 사례를 참조하여 청주도로포장지 수를 산출하여 도로 재포장 위험지도를 제작했다. 둘째, '안전시설물 관리모델' 개발을 위해 교통사고, 교통량 등의 데이터를 활용해 각각의 공간 매핑을 하여 안전시설물 관리 우선 고려 지역을 도출하였다.

• 로지스틱 회귀분석
독립변수들 간의 선형결합을 통해 종속변수를 설명하는 통계 기법, 종속변수는 범주형 데이터를 대상

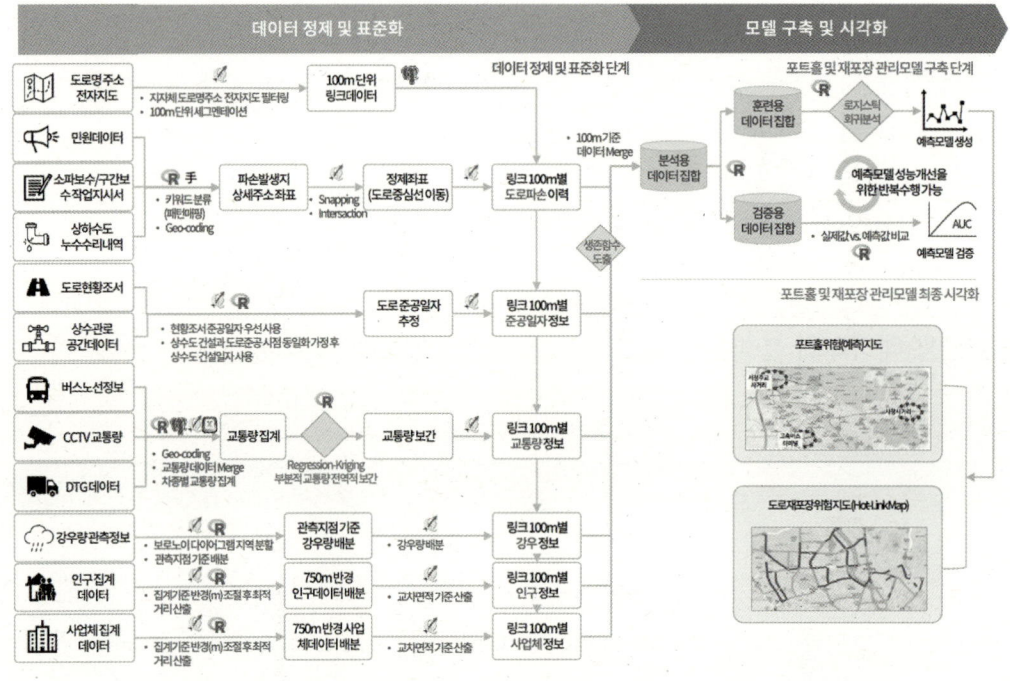

3. 분석결과

가. 도로 분석 모델 개발

생존 분석을 진행하여 도로 생존주기를 기반으로 도로 종류별 생존 함수를 추출하고 100m 단위의 링크 데이터 및 링크별 파손 위험률(1-생존율)을 추정하여, 교통량이 도로 파손의 주요 요인이라는 것을 파악하였다. 링크별 도로 파손 발생 여부를 예측변수, 도로환경요인을 설명변수로 로지스틱 회귀모형으로 예측모델을 개발했고 포트홀 위험 예측지도를 시각화를 통해 제작하여 위험지역 식별이 가능했다. 또, 청주도로포장지수(CPI)를 활용해 시각화하여

• 생존분석
어떠한 현상이 발생하기 까지 걸리는 시간에 대한 부분을 분석하는 기법

도로 재포장 위험지도를 제작해 유지 보수 우선 대상을 선정할 수 있었다.

나. 안전시설물 관리모델 개발

안전시설물 파손 민원, 안전시설물 보수 이력, 교통사고 등의 정보를 100X100 격자에 입력하여 공간 매핑을 시행한 후, 각각의 격자값을 요소별로 Heat Map 형태로 공간 시각화를 진행했다. HeatMap을 기반으로 안전시설물 영향요인인 교통사고, 위험 운전패턴, 시설물 파손 및 보수 이력을 융·복합 분석하여 안전시설물 관리 우선 고려 지역을 도출하였다.

• Heat Map
색상 코딩 시스템을 사용해 다양한 값을 나타내는 데이터의 그래픽 표현으로 다양한 형태의 분석에 사용되나 특정 웹페이지 및 웹 템플릿에서 사용자 행동을 표시하는 데 가장 일반적으로 사용됨.

4. 빅데이터 분석결과의 활용

가. 예산 관리

도로 분석 모델을 적용하게 되면 관리 인원이 480명에서 96명으로 최대 5배 가까이 절감이 가능하게 되므로 인건비가 13억 원까지 절감되게 된다. 또는 동일 인력 투입 시에는 시간이 최대 1/5로 단축되거나, 최대 5배의 시설물의 설치가 가능하게 되어 인건비와 관련하여 효율적으로 예산을 관리할 수 있게 된다.

나. 정책 수립 및 활용

안전시설물 관리모델을 활용하여 선별적 안전시설물 신규 설치 및 기존 시설물 위치 조정을 진행하는 등의 효율적인 행정적 판단이 가능하다. 도로 재포장과 관련하여 선별적 작업이 진행될 경우에도 행정 효율화 및 자원 관리가 이루어지게 된다.

다. 체계적 시스템 구축

데이터 표준화 분석이 공간 분석이 용이한 형태로 진행됐을 경우, 최적화된 자동 연계 시스템화 및 유기적 도로 관리가 가능한 성과지표 성립이 가능하게 되므로 과학적인 관리 체계가 구축될 수 있다. 이후 도로 구간 특성별 유형화 과정을 거쳐 맞춤형 안전시설물 발굴이나 적용이 가능하게 된다. BIG

유사사례
- 58p, 전라북도, 골든 타임 확보로 응급환자 생존률 향상
- 36p, 메타라이츠, 빅데이터 기반 지능형 도시가스 배관 위험 예측
- 112p, 이천시, 국민참여형 어린이 안전 및 교통사고 원인분석
- 120p, 광주광역시, 상수도 누수지역 탐지모델
- 86p, 수원시, 체납액 회수도 과학적인 방법으로

020 빅데이터를 통한 병역면탈범죄 의심자 포착

병무청

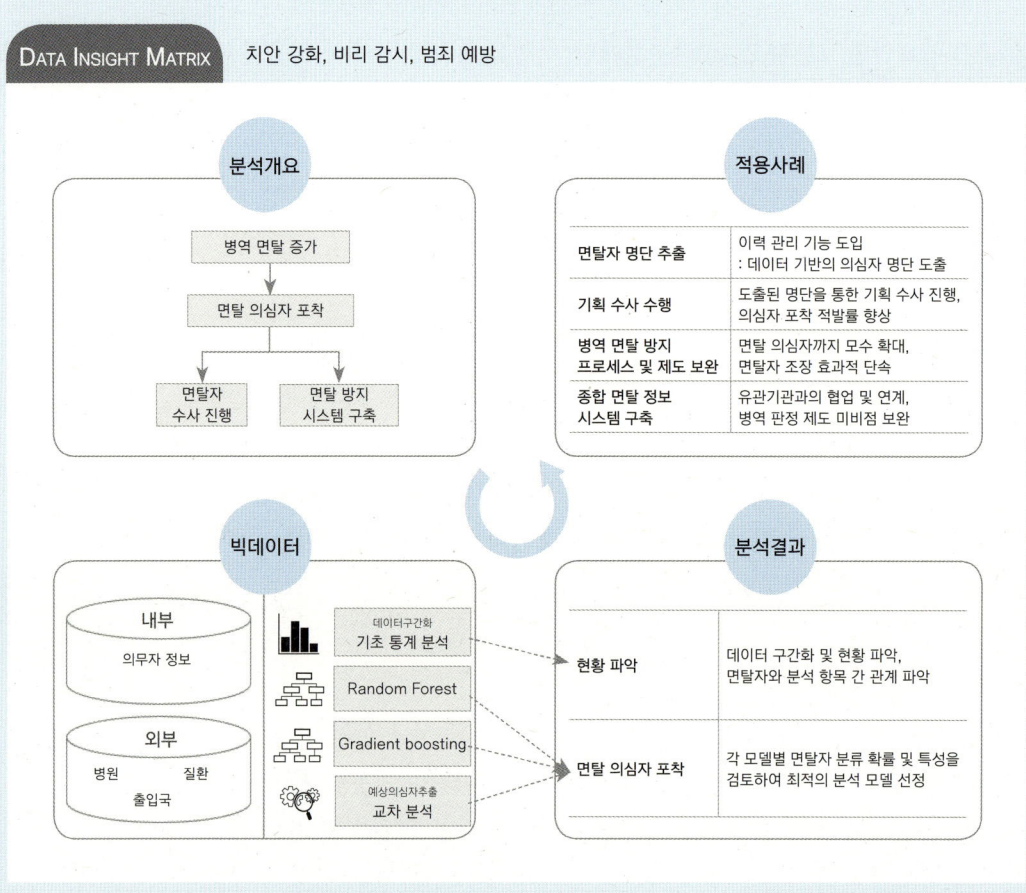

대한민국 헌법 제39조에 따르면 모든 국민은 법률이 정하는 바에 의하여 국방의 의무를 질 뿐만 아니라 누구든지 병역의무를 불이행했을 경우 불리한 처우를 받게 된다. 하지만 법률에도 불구하고 병역 면탈 수법은 고의 신체 손상, 정신병 위장, 전신 문신, 대리 수검 등 점점 다양해지고 지능화, 고도화되고 있다. 하지만 이전의 수사 방법은 인력이 매우 부족하고 수사 명단을 수기로 추출하는 등 지원 시스템 자체도 미비한 상태라서 대부분이 제보에만 의존하여 수사를 하고 있는 실정이었다. 이를 해결하기 위해 병무청은 빅데이터를 활용하여 명단 추출 자동화 등의 효율 개선과 함께 과학적 기획 수사를 통한 업무 혁신으로 공정 병역 이행을 늘리고자 한다.

수집데이터	병역 판정 검사자 결과 명단, 출입국 정보, 질환 정보 및 병원 데이터,
분석솔루션	통계패키지 R, 타블루 소프트웨어
참여기업	국방부, 법무부, 국민연금공단 등

공공
병역
활용분야
시민 편의 개선
시민 편의 실시간 파악
운영 비용 절감
관리 운영 효율화
시민안전
시정 운영
신규 정책 발굴
정책 지원

1. Big Point!

병무청은 30만 이상의 병역 의무자를 대상으로 병역 면탈에 대해 전부 조사하기엔 인력이 턱없이 부족하고 수사 지원 시스템의 부재로 현 수사 방법의 많은 한계를 느끼고 공공 빅데이터 분석 모델의 필요성을 느끼게 되었다.

병무청은 체계적이고 효율적으로 병역 면탈자를 추출하기 위해 빅데이터 분석을 실시하여 분석결과를 통한 과학적 수사를 목표로 삼았다. 데이터를 분석하여 병역 면탈 의심자 포착 모델을 개발하고 특사경의 업무 노하우를 반영한 시나리오를 도출했다. 이를 통해 병역 면탈 의심자 명단을 자동으로 추출하는 과정을 통해 업무의 효율성도 증진시켰다.

• Random Forest
앙상블 학습 방법의 일종으로 다수의 의사결정나무를 생성한 후 이들을 선형 결합하여 최종 모델을 만드는 방법.

2. 활용 데이터와 분석

병무청은 병역 판정 검사자 결과 명단과 더불어 법무부나 국민연금공단 등 유관 기관의 정보를 통합해 53개의 분석 항목과 약 31만 명의 4~6급 병역 의무자 정보 데이터를 추출했다. 해당 정보를 활용해 기초 통계 분석으로 군집을 나누고 면탈자와 분석 항목 간의 상관관계를 확인해 변수를 추출하고 의사결정나무, Random Forest, Gradient Boosting 분석을 통해 병역 면탈 의심자 포착 모델을 개발했다. 또, 업무 노하우를 반영한 병역 면탈 의심자에 관한 시나리오를 생성해서 병역 면탈 의심자 명단의 추출했다. 그리고 앞의 통계 분석 모델에서의 면탈 의심자와 시나리오 검증을 통해 나타난 면탈 의심자를 교차분석 및 검증하여 면탈 의심자 포착 정확도를 향상하는 방향으로 분석을 진행했다.

• Gradient Boosting
회귀 및 분류 문제에 대한 기계학습 기술로, 의사결정나무를 통해 학습을 시켜(연속되는 트리가 이전 트리에서 예측한 오류 수정) 예측 모델을 생성하는 방법.

유사사례
- 74p, 산림청, 빅데이터로 산불 피해 최소화
- 28p, 선도소프트, 빅데이터 기반 지능형 전기화재 예방 플랫폼 구축
- 116p, 고용노동부, 실업급여 부정 수급 악용 빅데이터로 뿌리 뽑기
- 62p, 국토교통부, 공동주택 부조리 분석시스템 개발
- 54p, KIST, 미세먼지 이슈와 빅데이터 활용방안
- 102p, 행정자치부, 근로감독 사업장 선정 과학화
- 86p, 수원시, 체납액 회수도 과학적인 방법으로
- 78p, 건강보험심사평가원, 질병도 이젠 빅데이터로 예측하고 예방
- 46p, 도로교통공단, 교통사고 감소를 위한 빅데이터 예보 서비스

3. 분석결과

가. 병역 면탈 군집 및 변수 도출

효과적인 병역 면탈 의심자 포착을 위해 연령대를 기준으로 군집을 나눠 군집 분석을 시행한 결과, 면탈 조사 대상자를 '17세~21세', '22세~25세', '26세~39세' 총 세 구간으로 나누었다. 또한, 분석 항목과 면탈자 간의 관계를 파악하고자 카이제곱 검증과 T-test를 진행하여 'BMI 지수', '등급 판정건수', '출국 건수' 등 총 31개의 유의미한 변수를 도출했다.

나. 병역 면탈 의심자 포착

의사결정나무, Random Forest, Gradient Boosting의 세 가지 분석 방법을 사용해 각 분석 모델별로 특성을 검토하기 위한 통계 분석을 실시하였다.
R 프로그램을 기반으로 분석을 진행한 결과, 의사결정나무 분석에서는 '출국 건수', '내과/치과' 등을 유의미한 변수로 판단하여 약 7.3%의 면탈자를 분류하였다. Random Forest 분석에서는 '민원 건수', '검사과 구분' 등을 유의미한 변수로 판단하여 약 53.72%의 면탈자를 분류하였다. 마지막으로 Gradient Boosting 분석에서는 '출국 건수', 'BMI 지수' 등을 유의미한 변수로 판단하여 약 13.07%의 면탈자를 분류하였다.

• 의사결정나무
분류함수를 의사결정 규칙으로 이루어진 나무 모양의 그림으로 시각화하여 표현하는 분석 기법.

• BMI 지수
체질량 지수로 인간의 비만도를 나타내는 지수, 체중과 키의 관계를 통해 계산.

다. 시나리오 기반 분석

다년간 축적된 업무 노하우를 반영하여 병역 면탈 항목을 제작해 점수를 체크해 점수가 높은 사람을 병역 면탈 의심자로 추측하는 시나리오를 구성했다. 또 병역 면탈 의심자를 추출한 결과를 시각화를 통해 사이버수사에서 수집한 데이터를 병역 면탈과 관계있는 단어 추출 등에 활용할 수 있었다. 마지막으로 시나리오 분석과 통계 모델 분석결과에서 나타난 의심자를 교차분석/검증하여 모델과 시나리오를 보완했고, 병역 면탈 의심자 포착의 정확도를 향상시켰다.

4. 빅데이터 분석결과의 활용

가. 과학적 기획 수사 수행
이번 시스템 개발을 통해, 기존에 수일 소요되던 기획수사 명단 추출 시간을 24시간 이내로 줄이게 되었다. 또, 기존 엑셀을 통해 이루어지는 이력 관리는 행정력 낭비와 업무 비효율적인 측면이 있었다. 수사 종료 명단에 대한 이력 관리가 가능하게 되어, 수사 종료자의 명단이 재추출 되지 않기 때문에 시간을 단축했다.

나. 종합 면탈 정보 시스템 구축
유관기관과의 협업/연계를 통해 기존에 정신질환 등으로 위장하여 병역을 면탈한 사람을 포착하여 기소할 시 부정 수급한 입원료 치료비 등을 환수하는 협업/연계 시스템 구축을 하려고 했으며, 지속적으로 데이터를 축적하여 병역판정 검사의 기준을 보완하려 했다. 또한 데이터베이스 공동으로 구축하면 조직과 시스템 간에 유기적 협업체계가 구성하고자 했다.

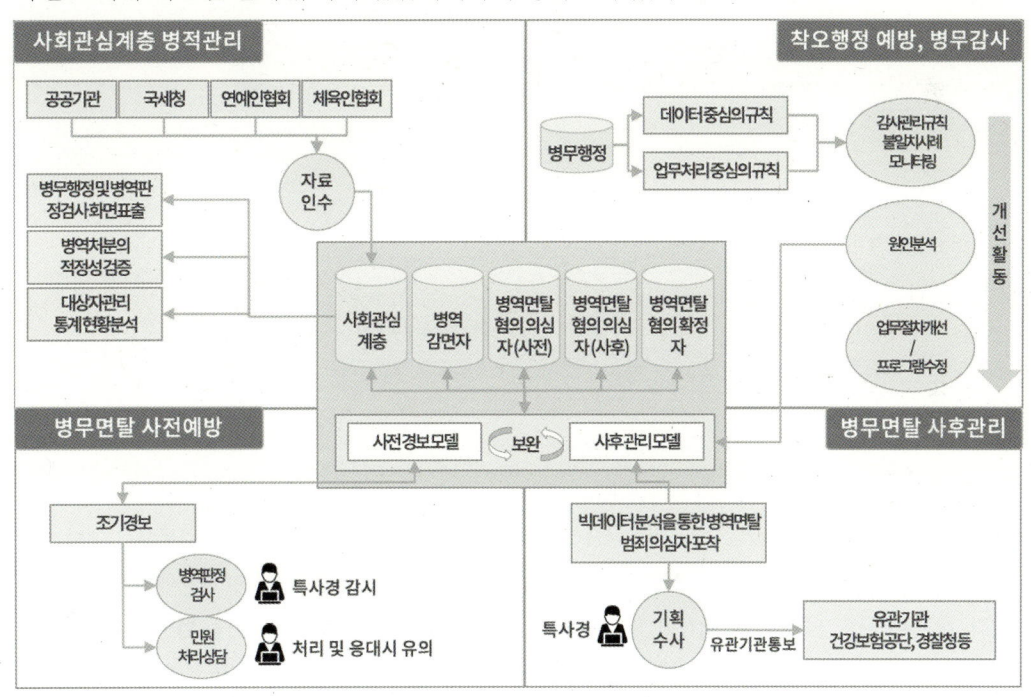

021 근로감독 사업장 선정 과학화

고용 노동부

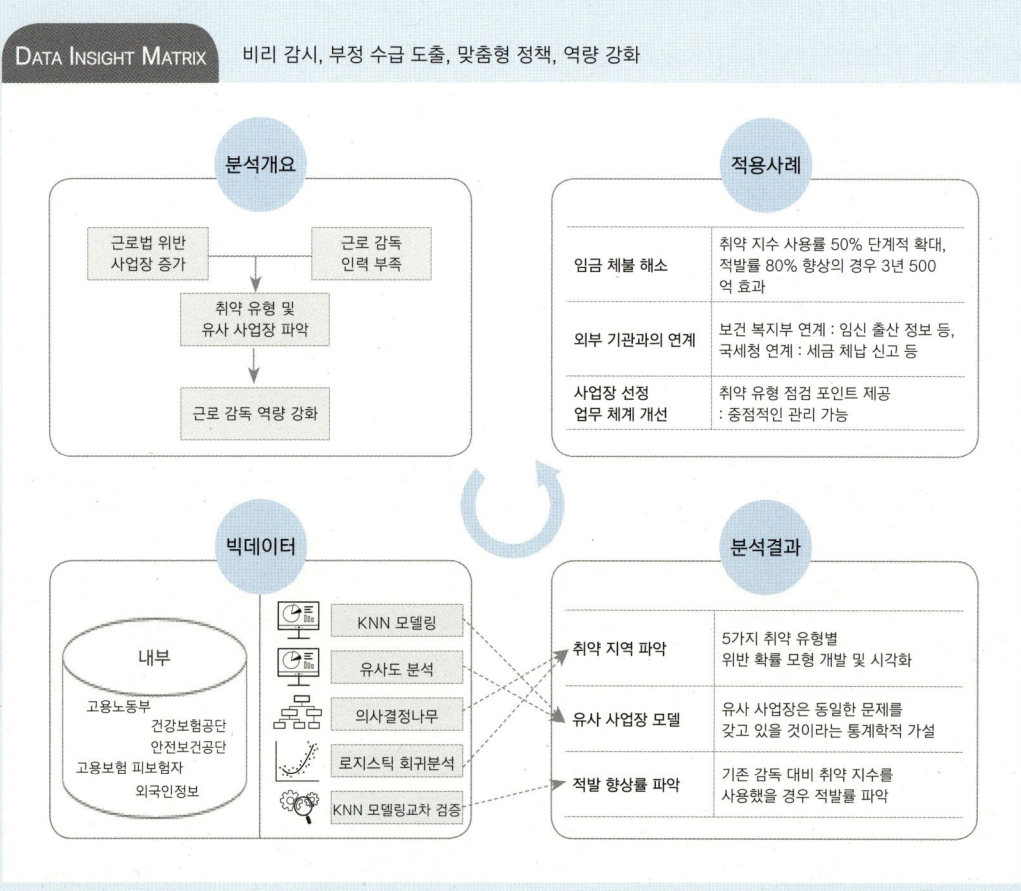

근로기준법을 위반하는 사업장은 매년 급증하는 추세이기 때문에 감시 행정 대상과 업무량은 계속 증가하고 있지만, 고용노동부의 감독관의 수는 거의 증가하지 않아 아래와 같은 다양한 문제에 직면하게 되었다. 첫째로, 근로기준법 적용 대상인 1인 이상 사업장은 170만을 훨씬 넘지만, 감독관의 수는 약 1,074명이기 때문에, 감독관 1인당 담당하는 사업장의 수는 약 1,571개가 되어 버리는 극심한 인력 부족 문제이다. 둘째로는, 근로 감독을 위한 정립된 체계의 부재로 인해 제보나 경험, 과거의 기록에 의존할 수 밖에 없다는 문제이며, 셋째는, 경력이 낮은 신규 감독관의 높은 비율로 인한 감독 결과의 편차가 크다는 문제였다. 이러한 문제들을 해결하기 위해서 고용 노동부는 빅데이터 분석을 통해 근로 감독 역량을 강화하기로 했다.

수집데이터	고용노동부 고용관련 데이터, 고용보험 피보험자 가입 데이터
참여기업	고용노동부, 행정자치부(수요기업), 오픈 SNS, 데이터 솔루션(빅데이터 솔루션사)

공공
일자리/행정
활용분야
시민 편의 개선
시민 편의
실시간 파악
운영 비용 절감
관리 운영 효율화
시민 안전
시정 운영
신규 정책 발굴
정책 지원

1. Big Point!

고용노동부에서는 업무의 효율성을 높이기 위해 근로기준법 위반 대상 사업장 선정을 과학화하고자 했고, 이를 위해 '취약 지수 모델'과 '유사 사업장 모델'이라는 2가지 모형을 개발하기로 했다. 자세한 분석 프로세스는 아래 그림과 같다.

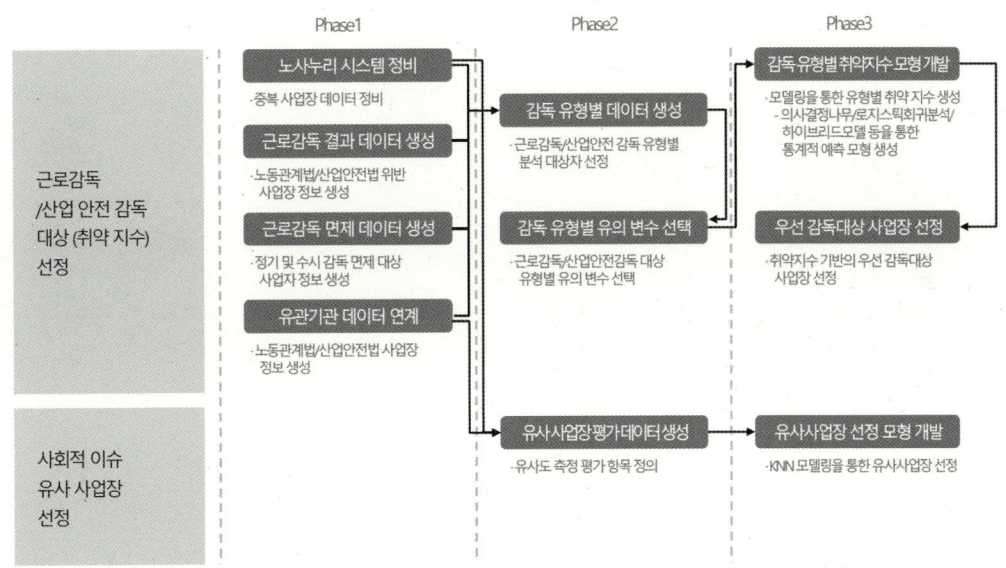

이렇게 개발된 모델을 통해 이루어지는 사업장 선정이 1. 감독관들의 업무 효율성 증가 및 성과 상승 2. 사업장의 재해 및 안전사고 건수의 감소 3. 노사 분쟁 감소 4. 근로 환경 개선 5. 기초 정책 마련과 같은 긍정적인 효과를 가져올 것이라 기대했다. 또한 특별·기획 감독 추진과 같은 선제적인 대응 또한 가능하게 만들고자 했다.

• KNN 모델링
K Nearest Neighbor 알고리즘의 약자로 개체 간의 유사도에 따라 예측하고자 하는 데이터에서 가장 가까운 K개의 이웃을 찾은 뒤 이들 이웃으로부터 예측하고자 하는 데이터의 분류를 결정하는 기법

2. 활용 데이터와 분석

고용노동부는 수집된 데이터를 통해 두 가지 분석 모델을 개발했다. 첫째로는, 근로기준법 위반 사업장과 정상 사업장을 일정한 비율로 나누어 위반 사업장을 잘 설명할 수 있는 요인을 도출했고, 이를 통해 각각 5가지의 취약유형에 따른 위반 확률 모형인 취약지수 모형을 개발했다. 두 번째로는, 근로 감독 취약 사업장과 유사한 사업장은 대부분 근로기준법을 위반할 가능성이 높아, 감독 취약 사업장이 될 수 있다고 가정한 뒤, 개별 사회적 문제가 발생했을 때 문제가 있는 사업장을 추출하여 분석할 수 있는 유사 사업장 모형을 개발했다.

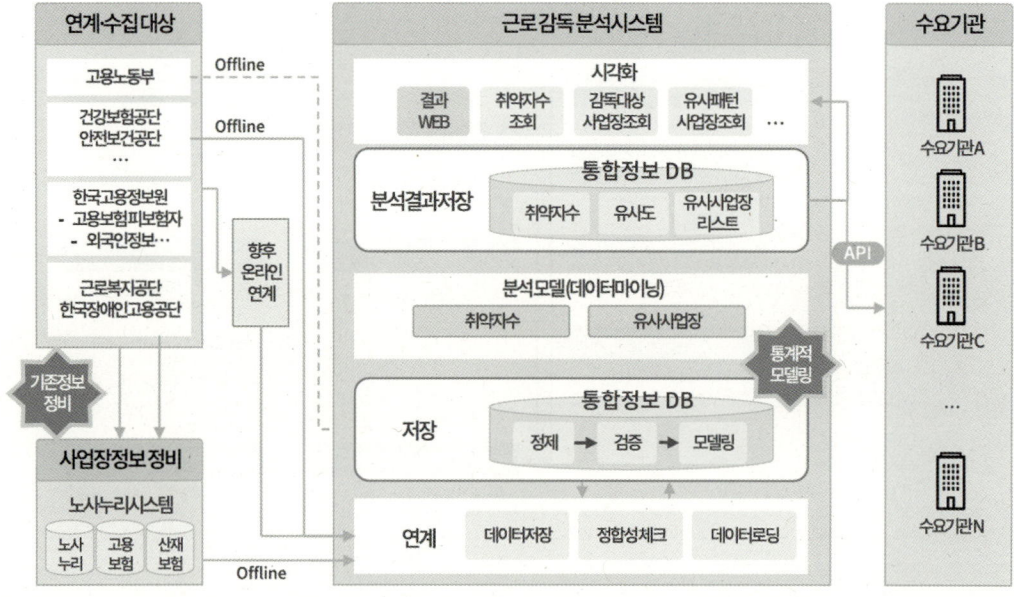

3. 분석결과

가. 근로 감독 취약 유형별 위반 확률 모형 개발

기존에 보유하고 있던 근로기준법 위반 사업장과 정상 사업장의 데이터를 활용하여 두 분류의 데이터를 잘 설명할 수 있는 요인들을 도출하였다. 이후 도출된 요인을 분석하여 5가지 취약 유형인 서면계약, 임금체불, 최저임금, 근로시간, 약자보호별 위반모형을 개발하였다.

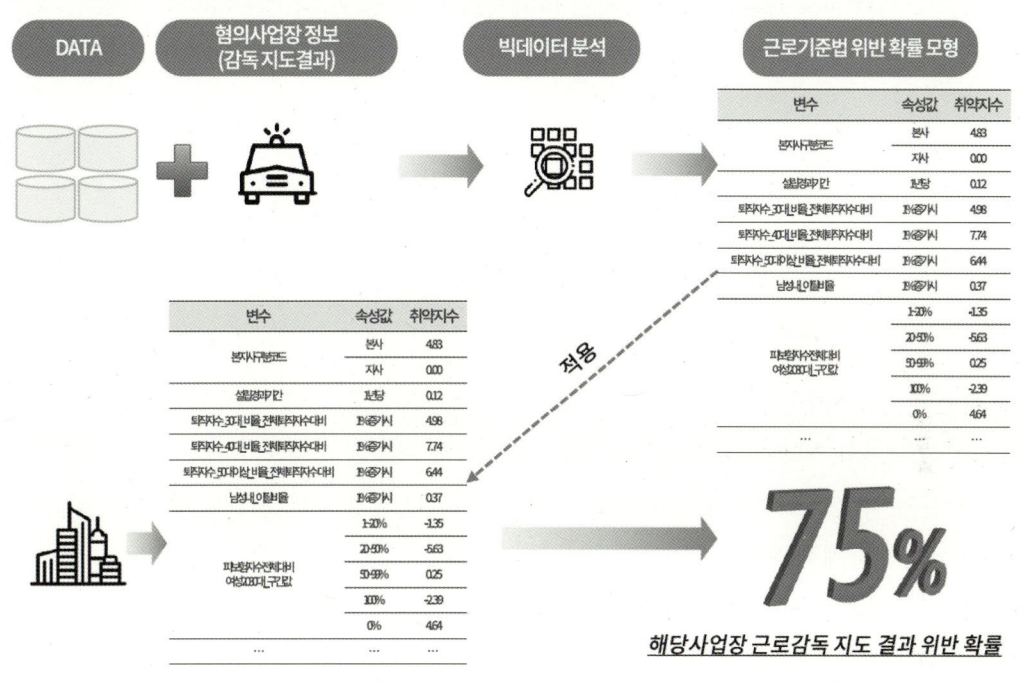

나. 취약 사업장과 유사한 사업장 발굴 모델 개발

사회적 이슈가 발생한 사업장과 유사한 사업장은 동일한 문제를 갖고 있을 가능성이 높다는 가설을 바탕으로, 특정 사회적 문제가 발생한 기업과 동일한 문제를 안고 있는 사업장을 추출할 수 있는 예측 모형을 개발했다. 예를 들어, 사회적 문제가 '열정페이'인 경우의 결과는 아래 이미지와 같다.

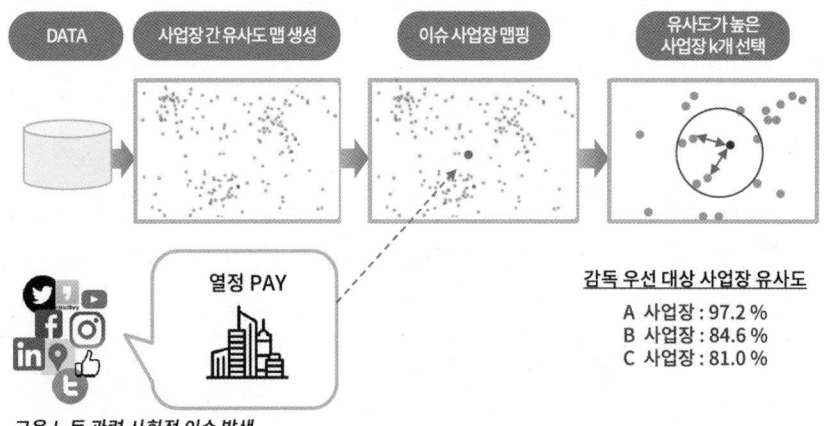

다. 적발 향상률 파악

기존 감독 결과와 취약 지수를 비교할 경우, 기존 감독 결과에 비해 1차 검증 적발률이 약 18%에서부터 최대 40%까지 향상된다는 결과가 나타났다. 예를 들어, 임금 체불 모형의 경우 2010년부터 2014년까지 전체 데이터의 70%를 학습데이터로 설정하여 분석한 결과 근로감독 결과 적발 향상률은 약 47.8%였으며, 30%의 검증용 데이터를 이용하여 1차적으로 검증한 결과 40.4%였다. 이후, 2015년 근로감독 결과를 테스트데이터로 2차 검증을 시행한 결과 이용한 검증 시 적발 향상률은 56.3%까지 향상되었다.

4. 빅데이터 분석결과의 활용

가. 임금 체불 문제 해소

2018년까지 취약지수 사용률을 50%까지 단계적으로 확대 적용하고, 적발률이 80%까지 증가된다고 가정했을 때, 임금체불 문제에 대한 효과는 2016년 14억 원, 2017년 259억 원, 2018년 1,188억 원으로 총 3년간 1,461억 원 감소 효과를 기대할 수 있다.

나. 외부 기관과의 연계

사업장의 육아 휴직 등 관련 내용을 감독하며 파악하는 과정에서 얻을 수 있는 임신 및 출산 정보 등은 보건복지부와의 업무적 연계가 가능하다. 또한, 사업장 내 세금 체납 및 사업자 신고 정보 등의 내용은 국세청과의 연계가 가능하게 된다.

다. 사업장 선정 업무 체계 개선

본부에서는 근로감독 계획 수립을 통해 취약 지수 및 유사 사업장 관리가 가능하게 된다. 근로감독 계획의 내용으로는 모형별 취약 지수가 높은 업종 중점 관리, 사업장 비율에 따른 감독 규모 배분, 우선순위를 정하는 가이드라인 제공 등이 있다. `BIG`

유사사례
- 86p, 수원시, 체납액 회수도 과학적인 방법으로
- 116p, 고용노동부, 실업급여 부정 수급 악용 빅데이터로 뿌리 뽑기
- 62p, 국토교통부, 공동주택 부조리 분석시스템 개발
- 120p, 광주광역시, 상수도 누수지역 탐지모델
- 124p, 대구광역시, 빅데이터로 전기차 충전 인프라 설치 입지 선정
- 58p, 전라북도, 골든 타임 확보로 응급환자 생존률 향상
- 94p, 청주시, 빅데이터를 활용한 보다 안전한 도로관리

022 빅데이터로 사전 갈등 발생 예방

행정자치부

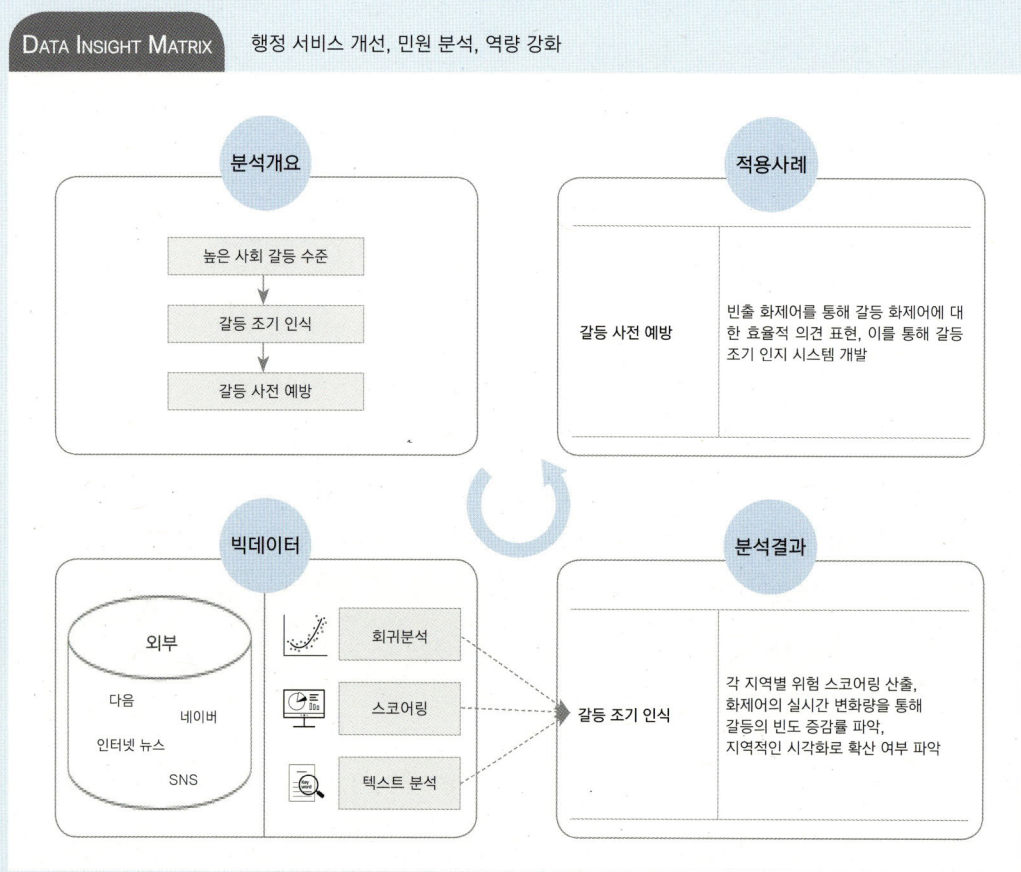

과거에는 민원 수집을 통한 재래식 방법으로 개개인과 사업자 등의 의견을 수렴하여 대중교통 노선을 결정했었다. 하지만, 이제는 통신 데이터 등을 활용하여 유동 인구 분석 결과를 토대로 과학적인 노선 결정이 가능하다. 최근 이슈가 되고 있는 정책 관련 갈등 유발 문제들을 빅데이터를 통해 과학적인 분석으로 해결책을 찾게 된 행정자치부의 경우를 살펴보자.

수집데이터	다음, 네이버, 구글 연계 뉴스, SNS (트위터, 블로그 등)
참여기업	행정자치부

공공
일자리
활용분야
시민 편의 개선
시민 편의 실시간 파악
운영 비용 절감
관리 운영 효율화
시민 안전
시정 운영
신규 정책 발굴
정책 지원

1. Big Point!

행정자치부는 여러 포털사이트 및 SNS 자료들을 분석한 후, 지자체 관련 자체적 상황 관리와 모니터링을 진행하였다. 공공 갈등이 예상되는 정책을 미리 인지하여 갈등 발생 이전 적극적인 갈등 관리가 이루어지는 것을 목표로 삼았다.

2. 활용 데이터와 분석

뉴스나 SNS 등의 문서에 대한 정확도 및 위험도를 파악하기 위해 회귀분석을 실시하였다. 첫째로 갈등 어휘의 심각도 및 위험도 점수의 질적 가중치를 산출했다. 둘째, 문서에 출현한 갈등 어휘들의 실제 갈등 여부 비율 값의 양적 가중치를 얻어 이들을 조합하여 위험스코어를 산출해냈다. 셋째, 이 값들을 관심/주의/심각의 3단계로 구분하여, 빈출 화제어는 전일 날짜 기준, 실시간 화제어는 당일 날짜를 기준으로 분석하였다.

• **회귀분석**
하나나 그 이상의 독립변수들이 종속변수에 미치는 영향을 추정할 수 있는 통계기법으로 변수들 사이의 모형을 적합하여 관심 있는 변수를 예측하거나 추론하기 위해 사용되는 분석방법

• **가중치**
비중이 다른 여러 품목에 대해 하나의 평균치를 산출할 경우 비중에 따라 알맞은 중요도를 결정하는 방식

3. 분석결과

가. 갈등 조기 인식

2015년 4월 말 강원도의 경우 27일에는 2.9점으로 관심 단계였으나, 이틀 뒤 29일에는 4.4점으로 주의 단계에 진입했다. 전일 빈출 화제어는 교육청이었으며, 실시간 화제어는 정부였다. 연관 분석 결과 강력, 누리과정, 미편성 등의 단어가 교육청과 연관이 있었으며 실제로 이때는 강원도 누리과정 예산 지원이 중단되어 강원 교육청이 강원도민의 반발을 크게 샀던 시기였다. 시각화 결과, 이 화제어는 서울과 충북, 울산 등 다른 지역으로도 퍼져나가 화제가 되기도 했다.

4. 빅데이터 분석결과의 활용

가. 갈등 사전 예방

빈출 화제어와 관련하여 1차(담당자) 확인, 2차(책임자) 확인, 행자부의 보고의 기능 등을 활용하여 갈등 화제어와 관련해 지역 또는 행정상 의견을 효율적으로 주고받을 수 있게 되었다. 이전 갈등이 발생하면 사후에 해결하던 시스템과는 달리, '갈등 조기 인지 시스템'을 개발하여 적극적으로 갈등이 발생하기 이전, 갈등 자체를 관리할 예정이다. BIG

유사사례
- 40p, 케이티, 동물 및 인간 감염병 확산 대응 지원 체계 구축
- 124p, 대구광역시, 빅데이터로 전기차 충전 인프라 설치 입지 선정
- 116p, 고용노동부, 실업급여 부정 수급 악용 빅데이터로 뿌리 뽑기
- 50p, 한국환경경제학회, 경기 모니터링 시스템
- 90p, 국민건강보험공단, 개인 맞춤형 인공지능 질환예측 서비스
- 62p, 국토교통부, 공동주택 부조리 분석시스템 개발
- 66p, 국민연금공단, 사회취약계층 선제적 발견을 통해 지원
- 102p, 행정자치부, 근로감독 사업장 선정 과학화
- 70p, 국민건강보험공단, 의료이용지도연구를 통한 의료 정책 질 향상
- 120p, 광주광역시, 상수도 누수지역 탐지모델

공공
일자리
활용분야
시민 편의 개선
시민 편의
실시간 파악
운영 비용 절감
관리 운영 효율화
시민 안전
시정 운영
신규 정책 발굴
정책 지원

MEMO

023 어린이 안전 및 교통사고 원인 분석

경기도 이천시

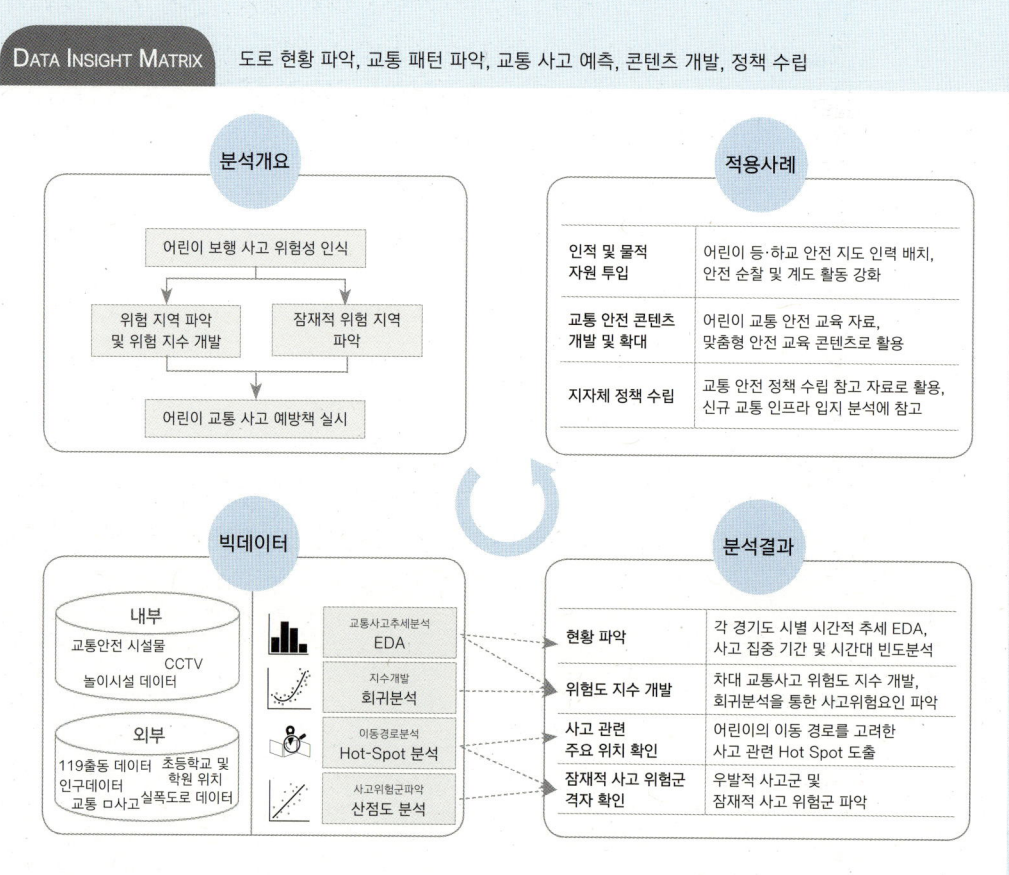

도로교통공단과 국민권익위원회의 분석에 따르면 2013~2015년 동안 발생한 어린이 보행 사고의 사상자들 중 91%에 해당하는 피해자가 어린이 보호구역 외부지역에서 사고를 당했다. 특히 오후 2시~8시 사이의 시간대에 사고가 가장 많았던 것으로 볼 때, 하교 후 귀가하거나 학원으로 이동하는 도중 사고를 당했을 것으로 예상됐다. 이처럼 어린이 보호구역 외부에서 발생하는 많은 안전사고를 막기 위해서는 사고 발생 지점을 정확하게 파악하여 횡단보도 등의 시설 개선과 주기적인 보행자 및 운전자의 주의 촉구가 필요한 실정이었다. 이를 위해 경기도 이천시에서는 어린이 안전과 관련된 빅데이터를 수집하여 다양한 사고 현황을 분석하고 위험 지역을 시각화 하는 등, 앞으로의 사고 예방을 위한 유용한 정보 도출에 힘쓰고자 했다.

수집데이터	교통 안전 시설물, CCTV, 놀이 시설, 119 구급 차량 출동 시스템, 교통사고, 초등학교/학원 위치 시스템, 인구, 실폭 도로, 어린이 등하교 경로, 준경험 지점, 위험인식 지점, 행동 패턴
분석솔루션	OpenRefine, ETL프로그램
참여기업	경기도, 이천시, 경기콘텐츠진흥원, 도로교통공단, 경기 교육청, 통계청, 국가공간정보포털

공공
 일자리
활용분야
 시민 편의 개선
 시민 편의 실시간 파악
 운영 비용 절감
 관리 운영 효율화
 시민안전
 시정 운영
 신규 정책 발굴
 정책 지원

1. Big Point!

경기도는 교통과 관련된 의견을 상시로 수렴하고, 개선책을 도출하고자 외부 기관으로부터 교통안전시설물, 학교 및 학원, 안전사고 등에 대한 데이터를 수집했다. 그뿐만 아니라 경기도는 실제로 사고가 일어난 곳, 사고 준경험 지점, 사고 유무와 관계없이 위험 지역으로 인식되는 지점 등에서도 언제든 사고가 일어날 가능성이 있기 때문에, 이러한 곳도 위험 지역으로 분류하고 보호해야 한다고 판단했다. 따라서 이와 관련된 국민 참여형 데이터를 수집하여 잠재적인 사고 위험에 대한 데이터 셋을 구축하고 분석에 활용했다. 또한 어린이 입장에서의 위험을 정밀하게 파악하고자 등·하교 시 행동 패턴 및 활동 경로도 중요 참고 사항으로 두고 분석을 진행했다. 최종적으로 본 분석을 통해 얻은 정보를 학교, 경찰서, 지자체 등의 다양한 기관에서 기초자료로 제공하여 어린이 안전사고를 예방하고 줄이는 데 힘쓰고자 했다.

• **사고 준경험**
직접적으로 사고가 일어나지는 않았지만, 위험했던 경우

2. 활용 데이터와 분석

경기도는 교통 및 어린이 안전과 관련된 다양한 공공데이터와 국민 참여형 데이터를 수집했다. 특히 국민 참여형 데이터는 이천시 내 초등학생과 교사, 학부모, 경찰관 등으로부터 웹 기반 설문, 가정통신문을 통한 설문, 근무지에서의 조사 등을 통해 추출되었다. 이후 사고 유형별 위치 분포 파악, 사고집중 기간과 시간대 파악 등의 과정을 통해 어린이 교통/안전사고 현황을 분석하고, 이를 시각화했다. 또한 초등학생 이동 경로 분석을 통해 특정 지역에 사고 밀도가 높다는 것을 알게 되어, 공간별 특성을 좀 더 세부적으로 알아보고자 했다. 이를 위해 안전사고 발생, 교통/안전사고 준 경험, 교통/안전사고 위험 인식 등이 발생한 공간에 대해서 각각 핫스팟 분석을 수행했다. 해당 분석 결과는 어린이 통학 안전지도 개선과 새로운 교통 인프라 구축 시 입지 분석 등에 활용하고자 했다. 또한 교통사고의 위험도가 높은 환경에 인적 및 물적 자원을 효율적으로 투입하기 위해 교통사고 위험도를 측정할 수 있는 지수를 개발했다.

• **핫스팟 분석**
공간적 현상을 이해하고 통계적으로 의미있는 패턴을 가진 지점이 어디인지를 파악하고자 하는 분석방법론

3. 분석결과

가. 현황 파악

2010~2015년에 발생한 경기도의 어린이 교통사고에 대한 EDA를 수행한 결과, 고양시, 남양주시, 부천시, 성남시, 수원시, 안산시, 용인시에서 등·하교 시간대의 어린이 교통사고 수가 증가하는 형태를 보였다. 반면 이천시는 사고가 매년 감소하는 추세를 보이고 있었다. 또한 사고 집중 기간 및 시간대에 대한 분석을 수행한 결과, 매월 교통사고 빈도가 고르게 나타나는 성인과는 달리 어린이 보행자의 교통사고는 개학을 하는 3월, 9월과 방학 기간인 7월, 8월에 높은 것으로 나타났다. 이를 통해 어린이들의 활동량이 많은 달에 사고 또한 많이 발생하는 것을 알 수 있었다.

나. 위험도 지수 개발

교통사고 유형을 피해 기준으로 비교할 수 있는 지표를 정의하기 위해 '차 대 사람 교통사고 위험도 지수'를 개발했다. 그 후 '차 대 사람 교통사고 위험도 지수'를 종속변수로 두고 다양한 사고 요인들과의 상관관계를 알아보기 위해 회귀분석을 적용했다. 여기에 국민 참여형 데이터를 추가로 반영하여 모델을 검토하였고, 교통사고 위험도와의 유의성이 높은 변수를 추출하여 그 특성을 검토했다. 이러한 과정을 통해 높은 교통사고 위험도를 유발하는 원인을 파악하고, 사고 예방에 도움이 되는 실행방안을 도출하고자 했다.

다. 사고의 주요 위치 확인

교통사고가 발생하는 주요 위치 확인을 위해 핫스팟 분석을 수행한 결과, 이천 초등학교 근방의 전체 교통사고는 보호구역 외부의 교차로에 밀집되어있는 것을 파악할 수 있었다. 이에 어린이 등·하교 경로와 놀이시설의 위치도 함께 고려하여 어린이 교통사고가 발생하는 핫스팟(Hot Spot)을 도출했다. 이 외에도 위험 인식 지점 핫스팟을 파악하고, 이것과 기존에 파악했던 사고 발생 핫스팟이 중첩되지 않는 곳을 관심 위험 인식 지점이라고 정의하였다. 또한 위험 인식 지역을 사유별로 분석한 결과, '보행자 신호 부재'가 가장 주요한 원인으로 판별되어 관련된 환경의 개선이 필요함을 알 수 있었다. 이러한 과정들을 통해 실제로 어린이와 학부모 등으로부터 얻은 참여형 데이터를 기반으로 준 경험 지역, 위험 인식 지역 등을 도출할 수 있었다. 또한 이 정보들을 이용해 지점별 잠재위험도를 산출하여 사고 발생 가능성이 높은 잠재위험 지역을 파악했다.

4. 빅데이터 분석결과의 활용

가. 인적 및 물적 자원 투입

해당 분석을 통해 얻게 된 위험 인식 지역을 중점적으로 하여, 교통시설담당자는 보행 구분선을 만들거나 자동차가 오는 것을 보기 힘든 골목길 등에 거울과 같은 안전 인프라를 설치할 수 있다. 학부모 및 교사들은 녹색 어머니회 등의 제도를 통해 사고 발생 위험이 높은 곳을 위주로 안전 지도를 실시하여 아이들의 교통사고를 예방할 수 있다. 또한 지자체에서는 보행자 안전 정책이나 사고 현황 파악 및 안전시설 개선 등에 해당 분석 결과를 참고 자료로 활용할 수 있다. 그뿐만 아니라 이천시는 본 과제를 통해 산출한 교통사고 위험도와 잠재 위험도에 대한 산점도 분석을 수행하여 잠재적 사고 위험군을 파악했다. 이를 통해 어떤 지점에 교통과 관련된 인적 및 물적 자원을 투입해야 할지에 대한 의사 결정을 효율적으로 진행할 수 있을 것이라 기대했다.

나. 교통안전 콘텐츠 개발 및 확대

실제 사고 데이터와 참여형 데이터의 결합으로 파악된 잠재 위험 지역 및 사고 사각 지역을 기초자료로 활용하여 학교에서는 지역 맞춤형 어린이 교통안전 교육을 실시할 수 있다. 또한 매년 실제 사고 상황을 반영한 데이터를 바탕으로 분석 과정을 확대한다면, 지속적으로 교통안전 교육 및 교통안전 콘텐츠 개발에 과학적 근거를 제공할 수 있을 것이라 기대했다. BIG

• 잠재위험도
잠재위험도는 '(준경험지역 X 5) + (위험인식지역(성인) X 5) + (위험인식지역(초등학생) X 경로위험도)/데이터 건수'의 식을 통해 산출하였음

공공
일자리
활용분야
시민 편의 개선
시민 편의 실시간 파악
운영 비용 절감
관리 운영 효율화
시민안전
시정 운영
신규 정책 발굴
정책 지원

유사사례
- 128p, 교통안전공단, 사고 행동을 분석하여 적극적인 예방을 계획
- 94p, 청주시, 빅데이터를 활용한 보다 안전한 도로관리
- 46p, 도로교통공단, 교통사고 감소를 위한 빅데이터 예보 서비스
- 82p, 도로교통공단, 빅데이터로 위험한 도로를 피하자
- 86p, 수원시, 체납액 회수도 과학적인 방법으로
- 32p, 온케이웨더, 미세먼지 대응 표준 빅데이터 모델 개발
- 58p, 전라북도, 골든 타임 확보로 응급환자 생존률 향상

24. 실업급여 부정수급 악용 빅데이터로 뿌리 뽑기

고용노동부

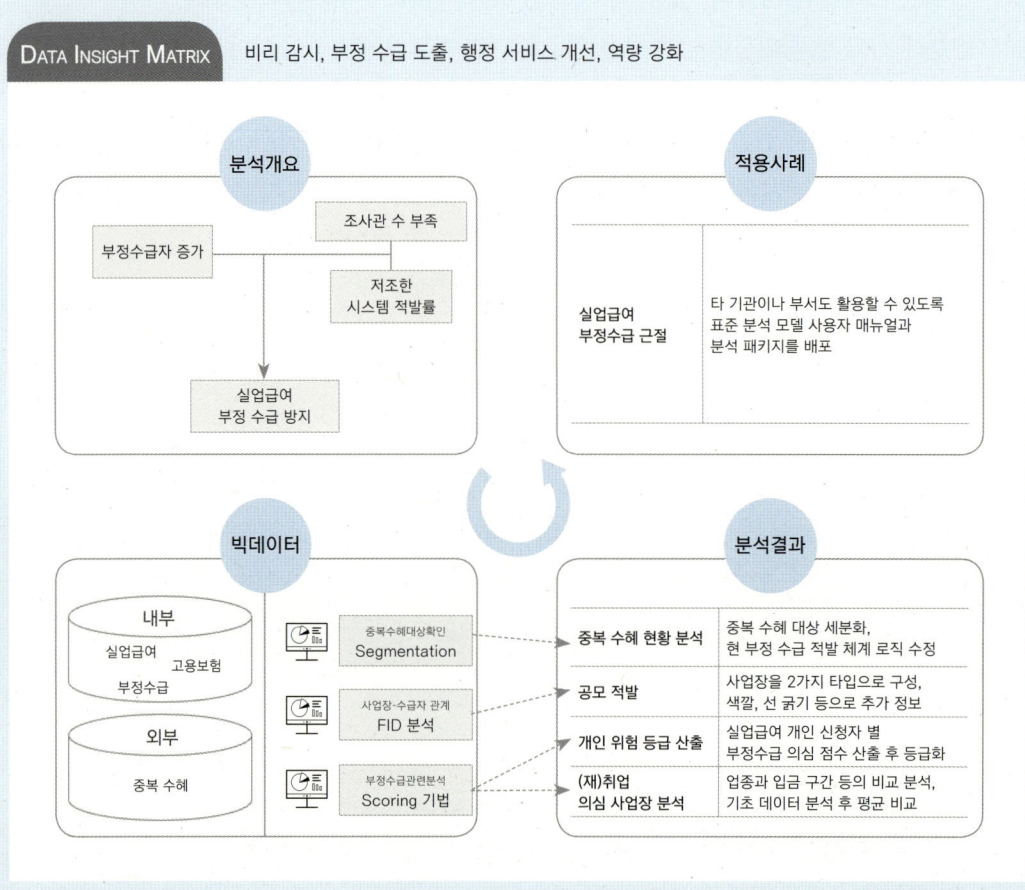

실업급여는 실직자들의 생계 안정과 재취업 활동을 돕기 위해 도입한 제도이지만 해가 지날수록 이를 악용하는 사례가 늘어나고 있었다. 실제로 2015년 기준으로 부정 수급자 수는 21,497명으로 전체 실업급여 수급자의 1.7%를 차지하고 있었고, 그 금액은 무려 148억 원이나 되었다. 이러한 부정 수급을 막기 위해서 신고나 제보 및 자동 경보 시스템의 사용, 조사관들의 조사로 부정수급에 관련된 조사를 진행했지만, 조사관 수는 100여 명 밖에 되지 않는 극심한 인력 부족 상태이고, 시스템을 통한 적발률은 겨우 17%밖에 되지 않았다. 이에, 고용노동부와 한국고용정보원은 실업급여 부정 수급 방지 대책을 세워야 할 필요성을 느끼게 되어, 빅데이터 분석을 활용하여 문제를 해결하고자 하였다.

수집데이터	실업급여, 사업장 및 고용보험, 민원, 중복 수혜 등 부정수급
참여기업	고용노동부, 한국고용정보원, 근로복지공단, 국세청, 국민연금공단, 건강보험공단, 한국고용정보원

1. Big Point!

고용노동부에서는 부정수급의 적발률을 높이고, 업무 효율성을 향상시키기 위해 정성적인 측면(조사관 인터뷰)과 정량적인 측면(데이터 분석, 프로파일 분석 등)을 고려하고, 빅데이터 분석만의 차별성을 위해 공간 정보의 활용, 네트워크 분석 및 시각화 등을 진행하는 다각적인 분석을 실시하였다. 이를 통해 최종적으로 실업 급여 부정수급을 방지하고자 하였다.

• Segmentation
소비자의 타깃을 연령별로 나눌때 장소 혹은 상황으로 세분화 시키는 것

2. 활용 데이터와 분석

정성적 분석으로 조사관 심층 인터뷰를 수행하였고, 정량적 분석으로 1. 중복 수혜 효율화 분석(Segmentation 적용) 2. 공모 적발 FID 분석(Network/Graph Diagram 적용) 3. 개인 위험등급 산출(Scoring 기법 적용) 4. (재)취업 사업장정보기반 의심 사업장 분석의 방법으로 진행되었다.

• FID
부정수급처럼 적발이 쉽지 않은 어려운 것들을 직관적으로 탐지할 수 있도록 시각화 하는 기법으로 Network/Graph Diagram을 적용하는 방법. 주로 거래량이 많고 패턴이 일정하지 않은 신용카드, 게임회사 보험회사에 활용.

• Scoring 기법
다양한 기준들에게 점수를 주고 대안들의 만족도 점수를 줘서 합산하는 기법

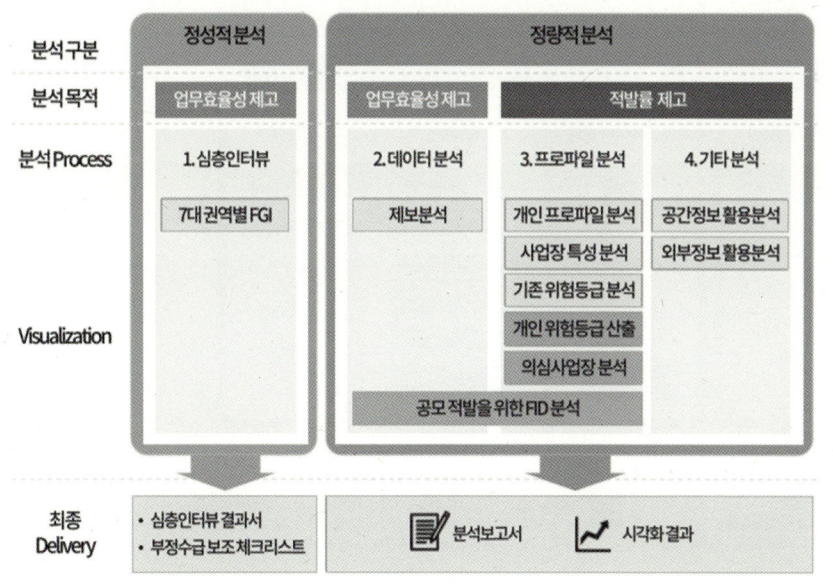

3. 분석결과

가. 중복 수혜 현황 효율화 분석

중복 수혜 운영 기준을 고려하여 각기 다른 분석 기준들을 바탕으로 8개 그룹으로 세분화한 뒤, 기존 부정 수급 적발률이 비교적 높은 집단을 우선 분석하여, 순위를 높일 수 있도록 구별을 진행했다. 그 결과, 조사 대상자의 비율은 35.4%가 줄어들었지만, 적발률은 4.8%p 개선되었다. 위와 같은 적발률 개선을 통해 부정 수급을 예방할 수 있었다.

나. 공모 적발

FID를 수급자가 퇴사한 사업장(Type 1)/수급자가 입사한 사업장(Type 2)로 나누고 분석을 진행했다. Type 1의 의심 사업장 유형1은 해당 사업장을 퇴사한 후, 실업급여를 수급받고 이후 다시 해당 사업장으로의 재입사가 반복되었으며, 유형2는 단체로 사업장을 이동하면서 고의적으로 실업급여를 받았을 확률이 높다고 판단하였다.

다. 개인 위험 등급 산출

부정수급자들의 개인별 프로파일을 분석하여, 기존 개인 스코어 모형의 성능을 검증했다. 이후, 예측력이 더 높아질 수 있도록 모형을 개선하여, 적발률을 향상시키고자 했다. 위험등급 산출 과정은 다음과 같다.

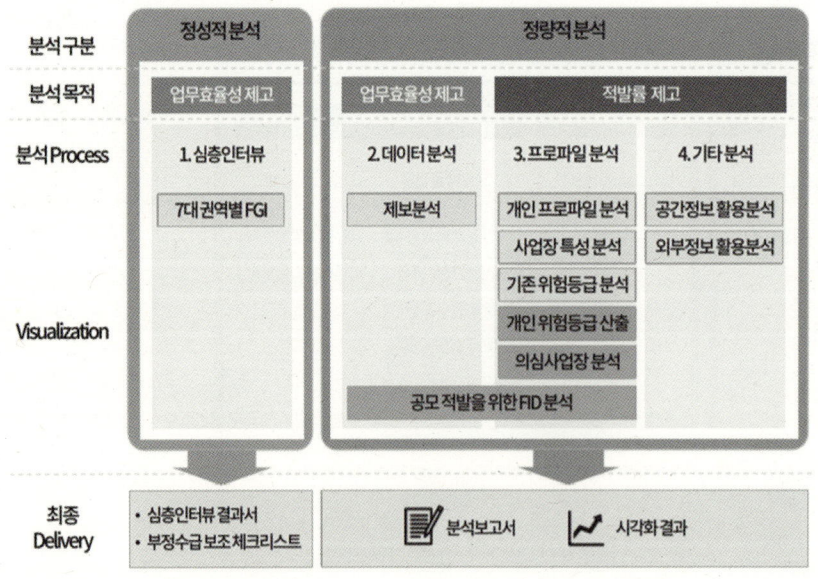

라. 부정수급 도움 의심 사업장 분석

수급대상자가 기존에 다니던 사업장을 퇴사할 때 근로 내역이나 이직 사유를 허위로 신고하거나, 재취업할 사업장에서 근로 관련 내역이나 취업 일자 등을 허위로 신고하는 경우, 해당 사실을 허위로 신고한 사업장은 부정수급을 도운 사업장이 된다. 이제까지는 이직·취업 사업장 중 어떤 사업장이 허위 신고 사업장인지를 명확하게 판단하지 못했지만, 이번 중복 수혜 적발 분석으로 어떤 사업장이 의심 사업장인지를 구분할 수 있게 되었다. 고의심 사업장으로 분류하는 기준은 '동일 사업장에 재취업하여 근무하는 사람이 2명 이상인 사업장', '취업 경과일수가 0~10일인 사람이 1명이상 있는 사업장' 등 다양하며, 해당 기준 유형들을 케이스별로 정리해서 적발을 진행한다. 한가지 결과를 살펴보자면, '취업경과기관이 0년'인 경우의 부정 1 수급자 비율은 일반 사업장은 7.1% 였지만, 고의심 사업장은 26.6%로 나타났다.

4. 빅데이터 분석결과의 활용

가. 실업급여 부정수급 근절

기존 시스템이 갖춰져 있는 중복 수혜 및 위험 등급 관련 결과들은 검증 과정을 거쳐 시스템 등재 건 우선순위 적용, 고위험 대상 SNS발송, 위험 등급에 따른 FID 및 의심 사업장 발굴에 적용 등의 여러 방도로 활용할 수 있게 되었다. FID 및 사업장 분석 결과는 추가 예산을 확보하여 신규 패턴을 시범 적용해 검증하고, 전국적으로 활용할 수 있도록 추가적인 시스템 개발이 진행되어야 한다. 해당 자료는 이후, 타 기관이나 부서에서도 활용할 수 있도록 표준 분석 모델 사용자 매뉴얼과 분석 패키지로 배포될 것이다. BIG

유사사례
- 62p, 국토교통부, 공동주택 부조리 분석시스템 개발
- 102p, 행정자치부, 근로감독 사업장 선정 과학화
- 86p, 수원시, 체납액 회수도 과학적인 방법으로
- 98p, 병무청, 빅데이터를 통한 병역면탈범죄 의심자 포착
- 108p, 행정자치부, 빅데이터로 갈등 발생 전 예방까지
- 66p, 국민연금공단, 사회취약계층 선제적 발견을 통해 지원
- 40p, 케이티, 동물 및 인간 감염병 확산 대응 지원 체계 구축
- 120p, 광주광역시, 상수도 누수지역 탐지모델
- 20p, 국민연금공단, 빅데이터를 통한 고용취약자 파악
- 124p, 대구광역시, 빅데이터로 전기차 충전 인프라 설치 입지 선정

025 상수도 누수 지역 탐지 모델 개발

광주 광역시

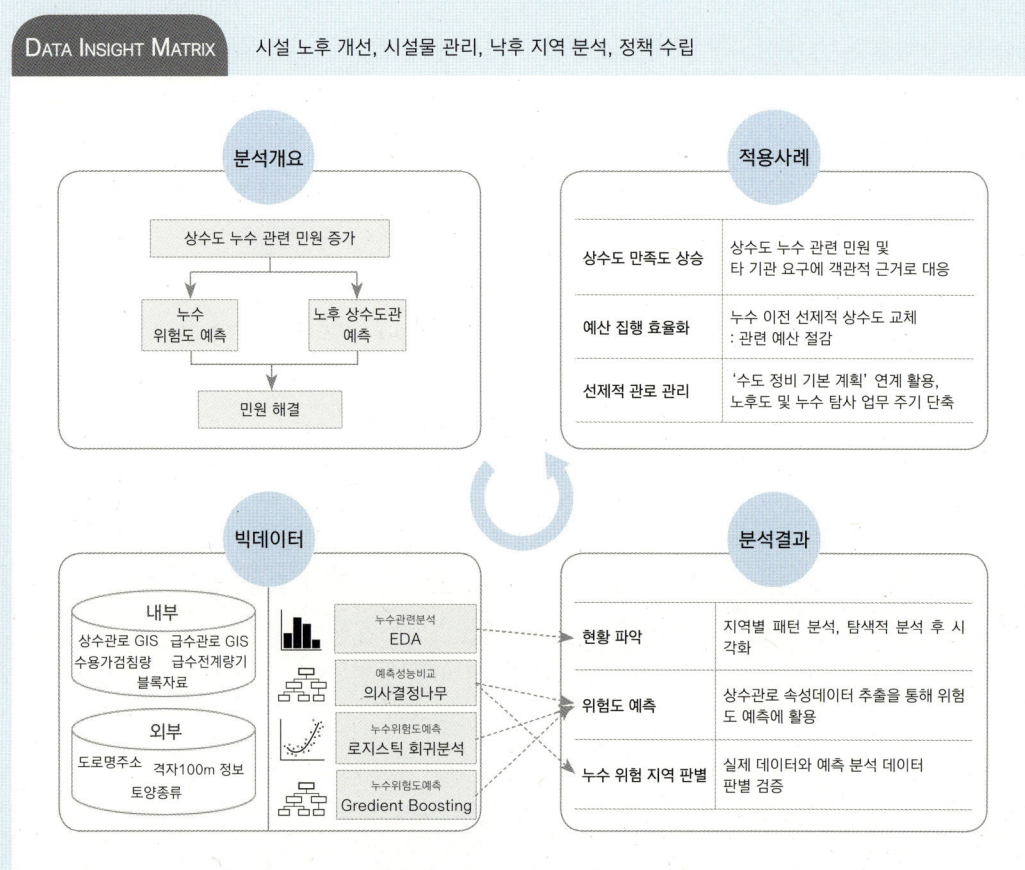

상수도 누수 문제는 주민 생활의 불편함과 함께 교통 마비, 포트홀 등 심각한 문제가 발생하게 된다. 실례로 경남 창원의 대형 상수관 노후, 파열로 인해 아스팔트 도로가 내려앉는 사고와 시흥에서는 노후 상수도관 교체 작업 중 파열이 발생하여 단수가 발생, 주민들의 생업 등 불편함을 겪은 사례가 발생하였다. 광주광역시도 마찬가지로 월계동 상가 밀집 지역에서 상수도관 노후로 인해 물이 새는 사고가 발생하여 주민들이 불편함을 겪었다. 이런 상수도 누수는 전반적인 주민 불편과 더불어 예산 낭비로 이어지고 있다. 광주광역시는 이를 해결하기 위해 빅데이터를 이용, 누수 위험 현황 파악과 상수도관 교체 우선순위 대상을 파악하여 문제를 해결하고자 하였다

수집데이터	상수관로 GIS, 급수관로 GIS, 누수민원지점 복구내역, 수용가 검침량, 급수전 계량기, 블록, 도로명주소, 토양종류, 격자100m
분석솔루션	통계패키지 R, 오픈소스 GIS
참여기업	광주광역시, 시흥시

공공
도시/행정
활용분야
시민 편의 개선
시민 편의 실시간 파악
운영 비용 절감
관리 운영 효율화
시민안전
시정 운영
신규 정책 발굴
정책 지원

1. Big Point!

광주광역시는 도시안전 취약지역 분석사업의 일환으로 상수도 누수의 위험 현황을 파악하고 노후 점검대상 관로에 대해 우선순위 도출이 가능한 상수도 누수 위험도 예측모델을 개발하기로 했다. 기존 타지역 및 광주광역시의 상수관로 누수 패턴을 분석하여 관내 누수 위험도를 예측, 교체 우선 지역을 판단한다. 또한 이를 통해 효율적인 누수 관리와 개선방안 도출을 위해 표준 분석 모델을 정립하고자 했다.

2. 활용 데이터와 분석

상수관로 누수와 관련하여 더 체계적으로 분석하고 관리하기 위해 QGIS의 공간 분석 방법과 R 패키지의 예측 분석 방법을 함께 사용했다.
누수 위험도 예측 모델링 과정에서 로지스틱 회귀분석, Gredient Boosting, Random Forest의 세 가지 방법으로 분석하여 예측 성능을 정확도, 민감도, 특이도, ROC곡선을 통해 Random Forest 방법이 채택되었다. 해당 분석 결과로 산출 된 누수 위험도 상위 (10~15%)의 관로들은 QGIS 프로그램 상에서 영상 지도를 배경으로 상수관로별로 구분되어 현장 실사 등의 작업이 보다 편하도록 시각화되었다. 이를 통해 관로 교체 우선 지역에 대한 판단과 동시에 보수 작업을 실시 할 수 있었다.

• **Gradient Boosting**
회귀 및 분류 문제에 대한 기계학습 기술로, 의사결정나무를 통해 학습을 시켜(연속되는 트리가 이전 트리에서 예측한 오류 수정) 예측 모델을 생성하는 방법

• **Random Forest**
앙상블 학습 방법의 일종으로 다수의 의사결정나무를 생성한 후 이들을 선형 결합하여 최종 모델을 만드는 방법

• **ROC 곡선**
특정 진단 방법의 민감도와 특이도가 어느 관계를 가지고 있는지를 표현한 곡선

• **QGIS**
데이터 뷰와 편집, 지리정보체계 등의 분석을 제공하는 오픈소스 프로그램

3. 분석결과

가. 상수관로 및 급수관로 관련 현황 파악

누수 발생 지역이나 상수관로 속성 등에 관한 현황과 함께 패턴을 분석하고자 EDA를 실시한 결과, 매년 누수 발생률이 증가하고 있는 추세로 나타났다. 특히 2015년에는 누수 발생 및 복구 건수가 총 1171건으로 최근 10년 중 가장 많은 누수 발생이 있었다. 또한 광주 중심가 주변으로 수용가 및 상수관로가 밀집되어 있으며, 해당 위치가 누수 다발 지역으로 확인되었다. EDA를 이용하여 현황 분석으로 차후 상수관로 점검 및 점검 우선순위 대상에 대한 파악이 가능해졌다.

• EDA
데이터의 특징과 내재되어 있는 관계 등을 알아내기 위하여 다양한 차원과 값을 조합하며 데이터를 탐색하는 분석 기법으로 탐색적 자료분석이라고도 한다.

나. 누수 위험 지역 판별

예측 모델링 과정에서 가장 뛰어난 성능을 보인 Random Forest의 방법으로 광주광역시의 상수관로 누수 위험도를 분석해 본 결과, 민감도는 89%, 특이도는 61%, AUC는 0.856으로 산출되었다.

이후 상수도 누수 위험도 상위 10%~15% 관로의 상세 정보와 함께 누수 위험이 있는 상위 관로 264개를 대상으로 실제 누수 일치 여부와 판별한 결과 13개의 자연 누수 발생 중 11개의 관로가 서로 일치하여 약 84%의 판별 정확도를 나타내고 있었다. 실제 누수 지역 판별이 가능해져, 수도 정비와 연내 계획에 반영할 수 있게 되었다.

• AUC
Area under the curve의 약자. 그려진 그래프의 곡선과 가로축에 둘러쌓은 부분의 면적을 의미함

4. 빅데이터 분석결과의 활용

가. 지자체 상수도 관련 업무 활용
상수관로의 누수 위험도에 관련한 분석 결과를 바탕으로 차후 교체 및 점검 우선순위 대상을 효율적으로 선정할 수 있으며, 관련 민원이나 타 기관의 요구 시, 객관적인 자료로 대응할 수 있는 체계가 마련되었다.
예산 측면에서도 민원이 들어오거나 실제 누수가 발생하기 이전에 선제적인 교체가 이루어질 수 있으므로 상수도 교체 관련 비용 절감이 가능하다.

나. 수도 정비 기본 계획 연계 추진
5년마다 진행되는 '수도 정비 기본 계획' 의무 사업과 연계해 수도관 노후 관련 평가 및 누수 탐사 업무에 소요되는 시간이 절약될 수 있다. 또한 매년 수도관 관련 분석 수행이 가능해지므로 상시적인 현업 반영이 이루어지게 되어, 상수도 유수율도 향상될 것이다. BIG

• **유수율**
유수수량을 배수량으로 나눈 것. 정수장에서 생산하여 공급된 총 송수량 중 요금수입으로 받아들여진 수량의 비율이다.

공공
도시/행정
활용분야
시민 편의 개선
시민 편의 실시간 파악
운영 비용 절감
관리 운영 효율화
시민 안전
시정 운영
신규 정책 발굴
정책 지원

유사사례
- 124p, 대구광역시, 빅데이터로 전기차 충전 인프라 설치 입지 선정
- 58p, 전라북도, 골든 타임 확보로 응급환자 생존률 향상
- 94p, 청주시, 빅데이터를 활용한 보다 안전한 도로관리
- 24p, 국토연구원, 공간 빅데이터를 활용한 도시 양극화 분석
- 36p, 메타라이츠, 빅데이터 기반 지능형 도시가스 배관 위험 예측
- 102p, 행정자치부, 근로감독 사업장 선정 과학화
- 86p, 수원시, 체납액 회수도 과학적인 방법으로
- 32p, 온케이웨더, 미세먼지 대응 표준 빅데이터 모델 개발

026 빅데이터로 전기차 충전 인프라 설치 입지 선정

대구 광역시

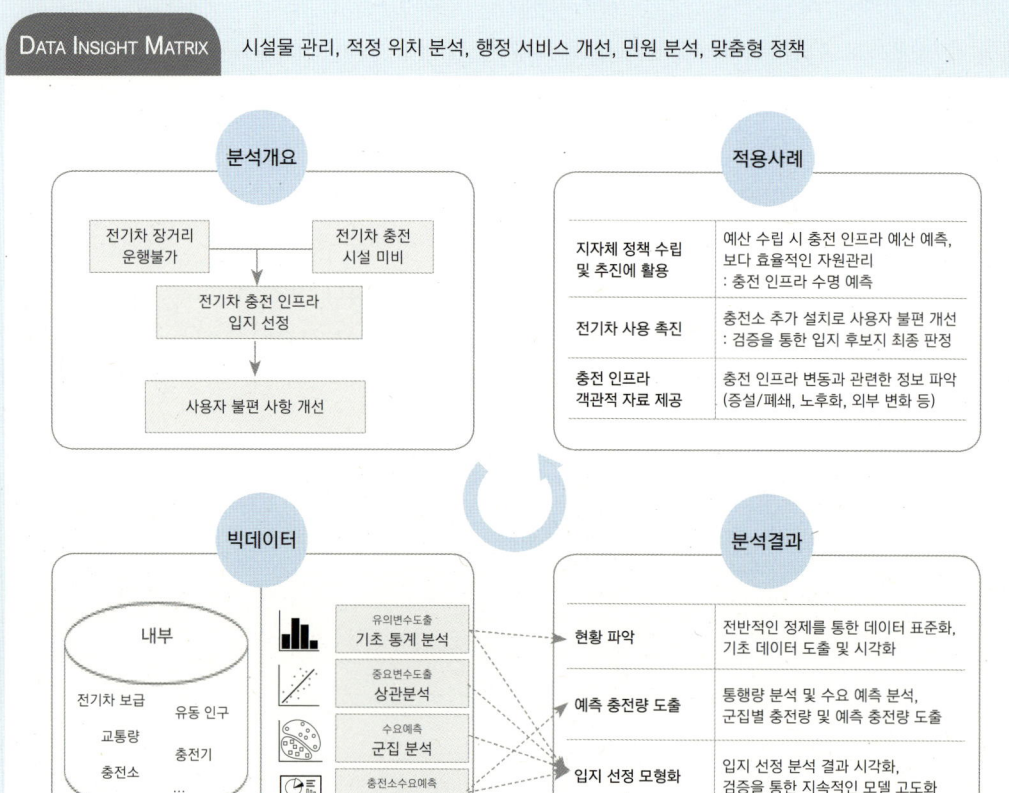

DATA INSIGHT MATRIX 시설물 관리, 적정 위치 분석, 행정 서비스 개선, 민원 분석, 맞춤형 정책

최근 정부에서는 친환경적이고 에너지 효율성이 높은 전기차의 보급량을 늘리기 위해 각종 혜택과 보조금을 지원하고 전용 요금제를 도입하는 등 많은 노력을 하고 있다. 하지만 정부의 노력에 비해 주기적으로 충전해줘야 하는 전기차의 충전소가 너무 적고 부실한 것이 문제가 되어 실상 많은 소비가 이루어지지는 않고 있다. 대구광역시에서는 데이터를 기반으로 한 합리적인 전기차 충전 인프라 입지 선정을 통해 전기차 충전과 관련된 사용자 불편 사항 개선을 시도하였다.

수집데이터	대중 집합 시설, 대정 집합 시설 가점(5점 척도), 전기차 정보, 충전소 정보, 충전기 정보, 변압기 용량 정보, 도로별 교통량 정보, 유동인구 정보, 충전시설 운영상태 전기 사용량, 전기 안전관리자 정보, 국유지 및 사유지 정보, 공동주택 재개발 및 재건축 계획, 대구광역시 연속 지적도 2017년, 대구광역시 50X50셀 정보
참여기업	대구광역시, 한국자산관리공사, 한국재정정보원, 한국전력공사, 한국정보화진흥원, KT, 전기안전기술인협회

공공
교통
활용분야
시민 편의 개선
시민 편의 실시간 파악
운영 비용 절감
관리 운영 효율화
시민 안전
시정 운영
신규 정책 발굴
정책 지원

1. Big Point!

대구광역시는 최근 활성화되고 있는 전기차가 충전시설 부족으로 사용자의 불편이 증가함에 따라 충전소를 추가 배치하려고 하였다. 이를 위해 전기차 보급량, 교통량 대중 집합시설 자료 등 다양하게 수집된 데이터의 정제 작업을 통해, 데이터 표준화 작업을 시행했다. 표준화된 데이터를 활용해 다양한 기초 데이터를 산출했고 해당 현황 정보를 GIS에 시각화하고자 하였다. 표준화된 데이터로 도출한 주요 변수들과 교통량 등의 데이터를 분석하여 전기차 충전소 입지를 선정하고자 하였다.

• **GIS**
지도상의 지형정보와 지하시설물 등 지도상 표현되지 않은 관련 정보를 인공위성으로 수집하고 컴퓨터로 작성하여 검색, 분석할 수 있도록 한 지리정보시스템

2. 활용 데이터와 분석

기초 현황 파악 및 분석에 사용할 중요 변수를 도출하기 위해 '전기차 정보', '충전기 정보', '유동 인구 정보' 등의 데이터를 표준화시켜, 기초 통계 분석을 실시하였으며, 변수들 간의 상관관계를 분석해 중요 변수를 도출했다. 또한 '국유지 및 사유지 정보', '대중 집합 시설 정보', '도로별 교통량' 등의 블록단위 공간정보를 활용하여 구간별로 군집화 작업을 실시했다. 이후, 입지선정 분석결과를 시각화한 뒤 가중치를 부여하는 등의 다양한 검증을 통해 지속적으로 고도화시키는 작업을 거쳐 최종 적합 여부를 판정했다.
추가적으로 회귀분석을 통해 전기차 사용량을 예측하여 입지선정모델 개발에 활용하였다.

3. 분석결과

가. 충전소 사용 현황 파악

군집별 전기 충전량을 비교한 결과, 대구 시청 충전소의 1일 전기 사용량이 증가 추세를 보였으며, 통상적 출근시간(9시~10시)/점심시간(13시~15시)/퇴근시간(20시~22시)에 평균보다 더 높은 수치의 전기 사용량이 확인됐다.

위 분석을 통해 각 충전소의 충전량을 분석하여 수요에 따른 추가 충전소 선정에 활용할 수 있었다.

나. 예측 충전량 도출

기존 충전소 설치 지역인 대구 시청의 경우의 충전과 관련된 데이터를 확인해 본 결과, 1일 충전 횟수는 급속 6.62회, 완속 0.90회의 평균 7.52회를 기록하고 있었다. 이에 따른 1일 충전량은 각각 급속 114.28kWh, 완속 8.69kWh로 총 122.97kWh가 사용되고 있었다.

전기차 충전량 예측을 위해 차량 통행량 및 수요예측 분석을 통하여 예측 충전량을 도출한 결과 급속 충전기의 경우 1일 충전 사용량은 이전과 거의 같다고 분석되었고, 완속 충전량만 10.41kWh로 증가한 124.69kWh가 1일 예측 충전량으로 계산하였다.

다. 입지 후보지 최종 선정

충전소 설치 예정지인 경북 광유 중앙 주요소의 경우, 1km 이내의 전기차 수가 36대, 1km 이내의 대중 집합 시설의 수가 3,604개, 인근 1일 유동 인구 수가 약 29,000명으로 나타났기 때문에, 입지 최종 판정 결과 우수(61.05%)로 판정되었다.

4. 빅데이터 분석결과의 활용

가. 충전 인프라 객관적 자료 제공

기본 충전소 관련 데이터를 보유하게 되어 1일 충전 횟수나 충전량 또는 충전기 수명 주기 등의 수치적 자료를 지속적으로 관리하기에 용이해졌다. 대중집합시설이나 행정구역의 변동 등 도시계획에 변동사항이 발생하는 경우, 입지선정 조건기준이 정해져 있다면 기준 적합판정을 쉽게 진행할 수 있게 되었다.

나. 지자체 정책 수립 및 추진에 활용

지자체에서 예산을 수립할 때, 예측 사용량을 계산해 사용하면 충전 인프라 예산이 예측 가능해졌다. 또한 충전 인프라 수명 예측을 통해 증설 및 폐쇄, 교체 등의 변동이 필요한 사항에도 관리가 용이하므로 향후 정책 수립에 중요 참고 사항으로 활용할 수 있다. BIG

• 인프라
정보기술이나 인터넷에서 컴퓨터와 사용자를 연결하는데 필요한 하드웨어와 소프트웨어

공공
교통
활용분야
시민 편의 개선
시민 편의 실시간 파악
운영 비용 절감
관리 운영 효율화
시민 안전
시정 운영
신규 정책 발굴
정책 지원

유사사례
- 32p, 온케이웨더, 미세먼지 대응 표준 빅데이터 모델 개발
- 50p, 한국환경경제학회, 경기 모니터링 시스템
- 108p, 행정자치부, 빅데이터로 갈등 발생 전 예방까지
- 120p, 광주광역시, 상수도 누수지역 탐지모델
- 94p, 청주시, 빅데이터를 활용한 보다 안전한 도로관리
- 112p, 이천시, 국민참여형 어린이 안전 및 교통사고 원인분석
- 24p, 국토연구원, 공간 빅데이터를 활용한 도시 양극화 분석
- 86p, 수원시, 체납액 회수도 과학적인 방법으로
- 102p, 행정자치부, 근로감독 사업장 선정 과학화
- 90p, 국민건강보험공단, 개인 맞춤형 인공지능 질환예측 서비스

027 사고 행동을 분석하여 적극적인 예방을 계획

교통안전공단

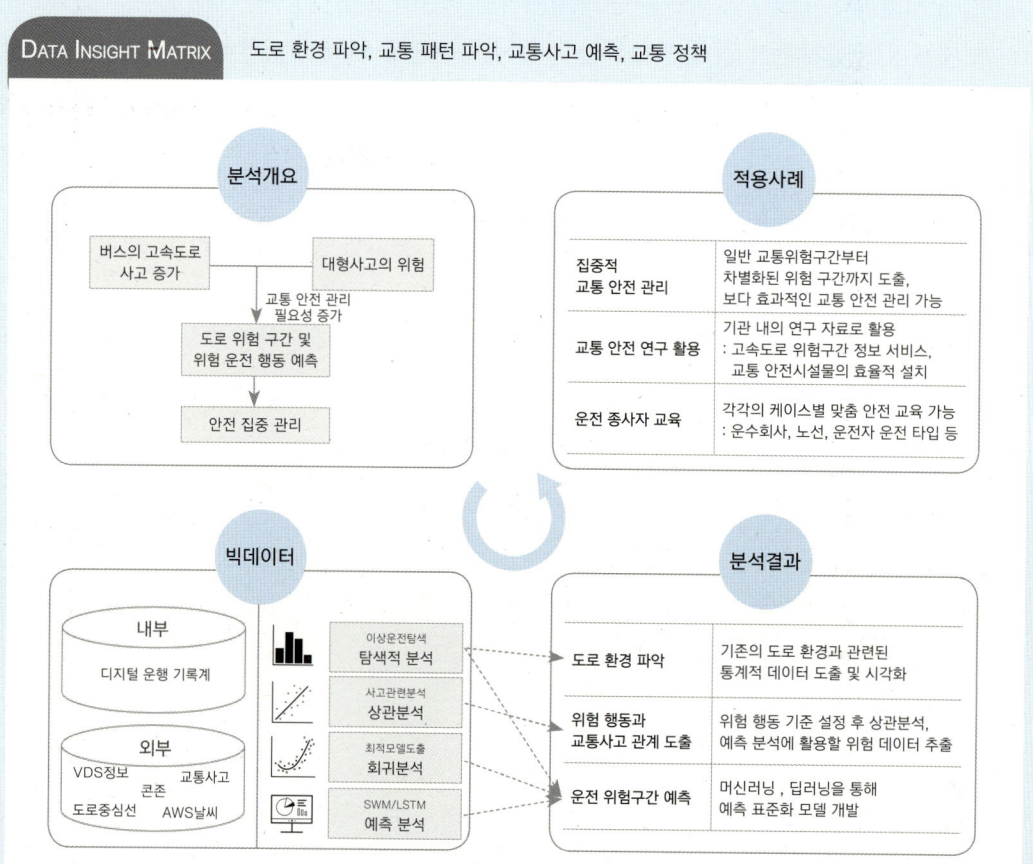

고속도로에서 버스사고가 발생하면, 대부분의 경우 대형사고로 이어지고 있다. 2017년의 경우에도 9월에 있었던 8중 연쇄 추돌 사고를 비롯하여 많은 대형사고가 버스사고로부터 발생하고 있어, 그에 대한 안전 문제의 심각성이 대두되고 있는 실정이다. 해당 문제의 적극적인 해결을 위해 교통안전공단에서는 전국적으로 교통사고 수치를 감소시키고자, 고속도로 내에서 발생할 수 있는 위험 운전 행동을 예측하기로 했다. 예측값을 기준으로 삼고, 교통사고와의 관계를 분석하여 운전 위험 구간을 도출하기로 했다. 이를 통해 보다 효과적으로 교통안전 관리를 하고자, 광역버스 DTG를 빅데이터로 활용했다.

수집데이터	디지털 운행 기록계, VDS 설치 정보, VDS 지점 교통량, VDS 지점 통행 속도, 교통사고 데이터, 도로 중심선, AWS 날씨 데이터, 콘존
참여기업	교통안전공단

1. Big Point!

11대 위험 운전 행동(급정지, 급진로변경, 급가속 등)을 기준으로 위험 운전 행동이 많이 발생하는 경부고속도로 구간을 예측했다. 먼저, 수집된 데이터를 활용하여 교통사고와 위험 운전 행동 간 상관관계를 도출했다. 이를 통해, 교통사고와 상관성이 높은 위험운전행동을 기준으로 보다 정교한 사고 위험 구간을 예측했다.

• **상관관계**
두 변수 간에 어떤 관계가 있고, 그 상관성의 정도는 어느 정도 인지를 수치적으로 분석하는 것

2. 활용 데이터와 분석

보다 정교한 결론을 도출하기 위해 수집된 데이터로 탐색적 분석을 실시하여 통계적 데이터 분석이 가능하도록 활용했다. 또한 데이터 간의 상관분석을 통해 실제 위험 운전 행동뿐만 아니라 예측위험운전행동도 추출했다. 각각의 분석용 데이터들로 회귀분석 및 SVM을 시도하여 최적의 예측 운전 패턴을 도출하였고, LSTM으로 기존 패턴과의 비교 분석을 진행했다. 큰 차이가 보이는 구간을 이상 운전 패턴이 발생하는 구간으로 보고 모델별 가중치를 부여해 최종 운전위험구간 예측 산출식을 도출하여, 집중 교통안전 관리 구간으로 활용하고자 했다.

• **SVM (Support Vector Machine)**
분류, 회귀, 특이점 판별에 쓰이는 지도학습 머신 러닝 방법 중 하나

• **LSTM (Long Short-Term Memory)**
RNN이 가지고 있는 장기 의존성 문제를 해결할 수 있는 모듈

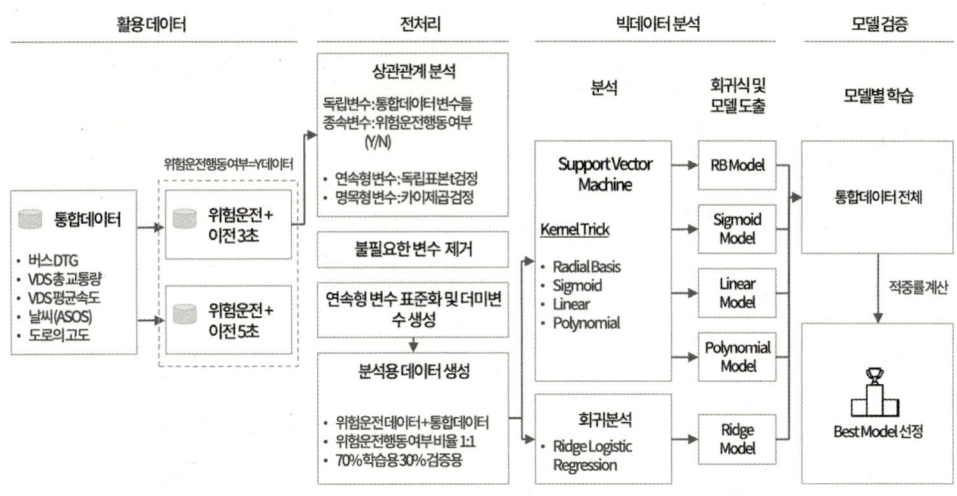

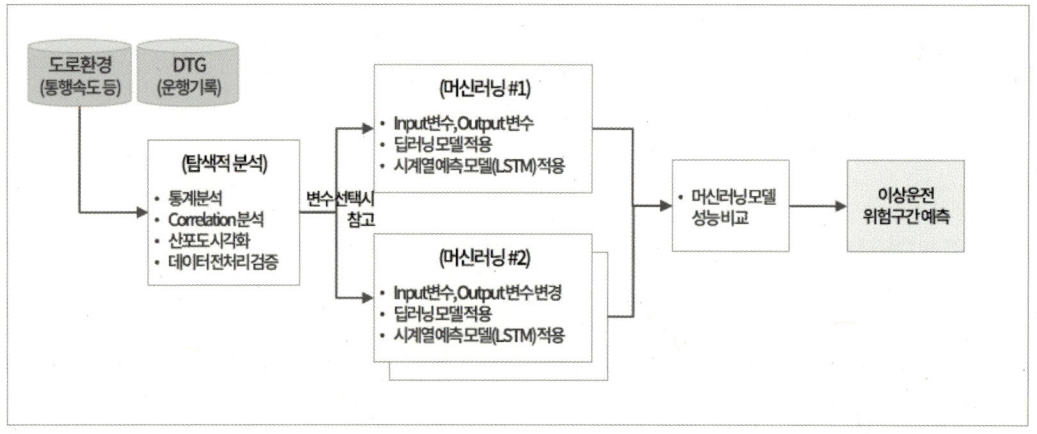

3. 분석결과

가. 위험 운전 행동별 위험 구간 예측

교통안전공단에서 제공하는 11대 위험 운전(급감속, 급가속, 급진로변경 등) 행동기준이 발생하는 구간은 교통사고 발생율이 높은 구간이라는 가정하에 분석을 진행했다. 교통사고와 위험 운전 행동간 상관관계를 도출하여 사고 가능성이 높은 구간을 예측하고자 하였다. DTG 데이터에 대해서 SVM 분석을 수행하여, 실제 위험운전 행동데이터와 잠재적 위험운전 행동데이터를 추출했다. 그 후 각 구역별 실제 위험운전행동 및 잠재적 위험운전행동의 빈도를 각각 도출했다.

• DTG (Digital Tachograph) 차량 속도와 RPM, 브레이크 사용 기록 등 각종 다양한 차량 운행 데이터를 기록, 저장하는 기계를 의미

나. 고속도로 이상 운전 위험 구간 예측

머신러닝을 통해 도출한 예측 운전패턴과 기존 운전 패턴을 비교하여 두 차이 값을 계산하고, 차이가 클수록 평소의 운전패턴을 벗어난 것이라는 가설을 설정하여 이상 운전 위험 구간을 예측하였다. DTG의 시계열적 성격과 LSTM 머신러닝을 활용하여 분석해 본 결과, 속도예측은 오차율이 적었으나 RPM관련 예측이 차이가 큰 나타났다.

다. 예측 알고리즘을 통한 운전 위험 구간 파악

위험지수 산출을 위해 급가속 위험지수, 급감속 위험지수, 급차로변경 위험지수를 이용하였으며, 세 위험 요소를 가중치가 1이 되도록 조정한 후, 운선 위험 구간 예측 산출식을 도출하였다. 실제 교통사고와 비교한 결과 지난 5

년간 교통사고가 가장 많이 발생한 서울요금소 부근과 수원IC 직후 구간을 충분히 예측하는 것으로 나타났다. 예측된 결과들은 시각화를 통해 웹상에서 안내될 것이다.

4. 빅데이터 분석결과의 활용

가. 집중적 교통안전 관리
위험 운전구간 예측의 확대를 통해 실시간/전국적 교통사고 예방이 가능한 시스템 구축이 가능해져 보다 효과적인 교통안전 관리가 가능해졌다.

나. 교통안전 연구 활용
기관 내부의 교통안전 연구를 통해 고속도로 위험 구간 정보 서비스 및 교통 안전 시설물의 최적배치 관련 연구를 시행할 수 있다.

다. 운전 종사자 교육
운송업에 종사하는 종사자들의 위험 운전구간이 다르게 나타나는바 이에 따른 노선별, 운전자별, 요일별 다양한 케이스의 사고 사례 및 안전운행 관련 교육을 통해 효과적인 교육이 가능해졌다. BIG

유사사례
- 112p, 이천시, 국민참여형 어린이 안전 및 교통사고 원인분석
- 46p, 도로교통공단, 교통사고 감소를 위한 빅데이터 예보 서비스
- 82p, 도로교통공단, 빅데이터로 위험한 도로를 피하자
- 58p, 전라북도, 골든 타임 확보로 응급환자 생존률 향상
- 94p, 청주시, 빅데이터를 활용한 보다 안전한 도로관리

경제　　　　　　　　　　　　　　　　　　　　　#실시간모니터링

카드 매출 분석해 '서울소비경기지수'를 개발　　　서울시, 서울연구원

서울시와 서울연구원은 매월 1억 건의 신한카드 매출 빅데이터를 이용해 '서울소비경기지수'를 개발하고 발표한다. 소매업, 숙박업, 외식업으로 구성되는 이 지수는 서울 전체와 5대 권역별로 산출된다. 이 지수는 서울 시민들의 민간 소비 행태를 업종별, 권역별, 월별로 파악할 수 있기 때문에, 서울시의 기초 경제 현황을 이해하는 자료로 활용할 수 있을 것이다.

해외

 공공, 행정, 교육, 안전, 보건　　　　　　　　　　　#위험요소파악

빅데이터를 활용한 국가 혁신　　　미국 연방정부

가. 배경 및 목적

2012년, 오바마 미국 전 대통령은 미국 내 빅데이터 활용이 늘어남에 따라, 2억이라는 예산을 투자하여 빅데이터 기술을 개발하는 '빅데이터 연구개발 이니셔티브'를 진행하기로 했다. 해당 사업은 방대한 양의 데이터의 수집 및 분석에 대한 기술을 개발하여 행정, 과학, 안보, 교육 등의 다양한 분야에 있어서 혁신을 촉진하는 것을 목표로 한다.

나. 빅데이터 활용

빅데이터 연구개발 이니셔티브는 미국의 주요 6개 연방정부기관이 협력하여 과학, 보건, 교육, 에너지 등 다양한 분야에서 기술 개발을 진행했다. 질병관리본부(CDC)에서는 소셜 미디어 분석을 활용하여 전염병과 공중 보건에 있어서 위협적인 요소를 파악했다. 농무부는 농장으로부터 오는 빅데이터를 분석하여 식량 생산에 관한 다양한 연구를 진행했다. 그중 한 예로, 우유 생산량을 증가시키기 위해 유전자 분석을 진행하여 더 많은 우유를 생산할 수 있는 소를 번식시키는 데 성공했다. 중앙정보국(CIA)에서는 금융 사기와 테러를 방지하기 위해, 팔란티어와 함께 금융 관련 예측 알고리즘을 활용했다. 또한 오바마 행정부는 2009년부터 'data.gov'라는 공공 데이터 포털을 만들어, 약 14개 분야의 다양한 데이터와 그것을 활용할 수 있는 소프트웨어 애플리케이션을 함께 제공하였다. 이로써 연구원 및 시민들은 누구나 방대한 양의 데이터에 접근하여 연구 수행 및 기술 개발이 가능하게 되었다.

다. 적용 사례

2014년에 미국 보건복지부에서는 사기 방지 예측 시스템을 사용하여 약 8억 2천만 달러의 부정 지불을 방지했다. 또한 미시간주 정부는 21개 기관의 데이터를 하나로 통합하고 의료보장 부정수급 탐지, 개인 범죄 관리 등의 분석 업무를 수행하여 1일에 약 1백만 달러의 예산을 절감하였다.

 교육　　　　　　　　　　　　　　　　　　　　　　#적정위치분석

국·공립어린이집 불균형 해소　　　　　　　서울시

서울시에서는 행정상 정보와 통계청 데이터를 확보한 뒤, GIS를 이용한 공간데이터를 활용하여 서울시내 보육소외지역을 진단했다. 그 결과 저소득층이 많은 곳 일수록 보육 소외가 심하다는 것을 알게 되어, 소외지역에 우선적으로 국·공립 어린이집을 공급하는 정책을 실시하고, 지역별 불균형을 해소하고자 했다.

 교육　　　　　　　　　　　　　　　　　　　　　　#교육지원

산학이 만나 공공서비스 사업을 이루다　　　신한카드/서울대

신한카드는 2014년, 서울대학교와 금융서비스 관련 빅데이터 활용 상호협력을 위한 MOU를 체결했다. 함께 공공 서비스 사업을 전개하며, 주로 교육기관을 대상으로 학교가 접하기 어려운 실제 사례분석을 빅데이터 솔루션을 통해 체험할 수 있는 기회를 마련하고자 했다. 우선적으로 빅데이터 관련 이론과 실무 활용이 접목된 대학생 교육 프로그램을 공동으로 계발할 예정이며, 더 나아가 최신 빅데이터 사례 분석을 공동으로 진행하여, 학생들이 빅데이터 솔루션을 체험할 수 있도록 할 것이다.

[관련정보] 신한카드 서울대와 금융서비스 빅데이터 공동연구개발, 이데일리, 2014.10.22

 교통　　　　　　　　　　　#적정위치분석　#유동인구분석　#상권분석

빅데이터 기반 택시 매치메이킹　　　　　서울시/SK텔레콤

SKT에서는 서울시와 함께 지역 상권 발전을 위해 빅데이터 분석을 활용하여 공공서비스 및 지역 상권에 대해 파악하고자 했다. SKT는 유동인구, 카드매출, 교통 데이터 등을 수집한 뒤, 빅데이터와 ICT 기술을 융합하여 다양한 분석을 진행했다. 한 예로, 공공정보와 기상데이터 그리고 유동인구를 분석하여 택시가 잘 잡히는 곳을 파악하여, 관련 서비스를 제공하기도 했다. 최근에는 서울 지역 내 축제의 비용과 파급 효과 등을 분석하여, 서울시에 관련 결과를 전달하기도 했다.

[관련정보] 빅데이터 활용 택시 잘 잡히는 곳 찾아낸다, 아시아경제, 2014.10.16

| 해외 |

 교통   #교통패턴파악 #교통정보제공 #도로현황파악 #이동경로최적화

교통패턴 파악으로 교통혼잡 해소 — Inrix사

미국의 교통 분석업체인 인릭스(Inrix)는 세계에서 교통 체증이 심각한 도시들을 분석하던 도중, 가장 심한 4개의 도시 중 3곳이 미국의 도시라는 것을 알게 되었다. 그러한 교통체증으로 도로에 묶여 있는 동안, 연간 평균 1,400~3,000 USD에 달하는 비용과 함께 많은 시간이 낭비되고 있다는 것 또한 알게 되었다. 인릭스에서는 이러한 문제를 해결하기 위해 LA교통국과 협력하여 교통 혼잡을 발생시키는 요인을 식별한 뒤, 상황을 개선하고 최적의 교통정보를 제공하고, 교통정체를 완화할 수 있는 분석툴을 개발하였다. 새롭게 개발된 해당 분석도구를 통해 GPS를 추적하면 트래픽 데이터 흐름을 수집할 수 있고, 도로 현황을 모니터링하고, 문제 영역을 탐지하여 교통지도를 작성하고 비교 분석을 수행할 수 있게 되었다. 뿐만 아니라, 클라우드 서비스를 이용해 혼잡한 도로를 순위별로 매기고 안내지도를 만들어낸다. 이러한 결과들을 최적 경로 예측에 활용하여 교통상황을 예측하고 개선에 활용할 수 있다.

| 관련정보 | 홈페이지: http://inrix.com/

| 해외 |

교통   #도로현황파악 #교통정보제공 #이동경로최적화

최적화된 이동경로 제공 — 일본 노무라종합연구소

일본의 노무라연구소에서는 GPS 데이터를 기반으로 UTIS(Ubiqlind Traffic Information System)라는 시스템을 자체적으로 구축하여, 주행 속도 등의 교통정보 서비스를 제공한다. UTIS는 '전력안내! 내비' 서비스를 제공하면서, 개인데이터 제공 약관에 합의한 사용자들의 GPS 데이터와 함께, 회사와 계약한 택시들의 GPS 데이터를 수집하여 각각의 주행 스피드 등을 계산했다. 계산한 주행 스피드를 이용하여 교통 체증 등의 실시간 도로 교통 정보를 파악할 수 있게 된다. 노무라연구소에서는 실시간으로 파악한 도로 교통 정보를 사용자들에게 제공할 수 있게 되기 때문에, 서비스를 이용하는 사용자들은 체증이 발생하더라도 빠른 길을 찾아 출발지에서 목적지까지의 최적 경로를 안내 받을 수 있게 되었다.

 교통   #불법주정차단속 #교통패턴파악

불법주정차 다발지역 지도개발 — 남양주시

남양주시는 도로 주정차 단속을 효율적으로 시행하기 위해, 2017년 도로 주정차 단속 자료를 분석하여, 혼잡한 교통지역에 대한 정보를 제공할 수 있는 불법주정차 다발지역지도를 작성했다. 이

지도를 활용한다면 지역, 계절, 시간대별 불법 주정차 위치를 지도에 표시해 고정형 주정차 단속 CCTV 설치 등 도로주행 환경을 다방면으로 개선할 수 있을 것이다.

`관련정보` 남양주시 '불법 주정차 다발지역 빅데이터 분석을 통한 주차질서 확립, 중소기업경제TV, 2017.08.08

교통

교통 빅데이터를 통한 버스노선 조정

#이동경로최적화

남양주시

남양주시는 교통과 관련한 빅데이터를 수집하여, 서울과 남양주시를 오가는 버스들에 대한 분석을 진행했다. 그 결과로 총 6개의 버스 노선 중에서 4개의 버스에 대해 노선이 변경될 필요가 있다는 걸 알게 되었고, 해당 4개의 버스 노선을 최적으로 변경하여 버스 운행의 효율성을 높이고자 했다. 이후, 남양주시의 대중교통 빅데이터 시스템은 정류소별 승하차 인원, 버스 이용 패턴, 노선별 운행거리 및 시간 등을 분석하여, 지속적으로 시민 편의를 높일 예정이다.

`관련정보` 남양주시 교통 빅데이터 활용해 4개 버스노선 조정, 연합뉴스, 2017.05.11

교통

지능형 교통체제 구축

#교통패턴파악 #교통정보제공 #교통사고예측

인천시

인천시에서는 빅데이터를 활용한 지능형 교통체계인 '빅데이터 교통 정보 시스템'을 구축했다. 이는 교통수단 및 교통시설에 정보 통신 기술을 접목시킨 뒤, 다양한 교통 정보를 수집한다. 이를 통해 교통의 효율적인 운영이 가능하게 되며, 구체적으로는 교통사고를 사전에 예방하는데 큰 도움을 줄 수 있어, 시민들이 보다 안전하고 편리하게 교통 서비스를 이용할 수 있게 된다.

`관련정보` 인천시, '빅데이터 교통정보 시스템' 전국 최초 구축, 뉴시스, 2014.11.24

교통

교통정보 표출

#교통패턴파악 #도로현황파악 #유동인구파악 #실시간모니터링

현대엠엔소프트

현대엠엔소프트에서는 빅데이터를 활용한 'mappy(맵피)'라는 이름의 내비게이션 서비스를 제공한다. 해당 서비스는 교통정보 품질평가(Q-STA)와 교통혼잡도 분석(C-STA)을 중심으로 데이터를 분석한 뒤, 내비게이션 사용자들에게 보다 정확한 교통정보를 실시간으로 제공해줄 수 있다.

`관련정보` 참고사이트: http://www.hyundai-mnsoft.com/NMproduct/intro/
참고: 현대엠엔소프트 빅데이터로 교통정보 안내 품질 향상, 전자신문 2015.02.02

교통   #교통패턴파악

교통예측   다음카카오

다음 카카오에서는 최근 3년간 명절 연휴 기간 동안 국민들이 내비게이션을 이용한 데이터 등을 수집했다. 해당 데이터로 빅데이터 분석을 사용하여, 2017년 설 연휴 기간 동안의 고속도로 상황을 예측했다. 이후 해당 자료를 공개하여 모든 사람들이 설 연휴 기간 동안 고속도로를 이동하는 동안 참고할 수 있도록 했다.

관련정보   카카오내비 빅데이터 통한 설 연휴 고속도로 교통상황 예측, 헤럴드, 2017.01.25

 교통   #민원분석 #교통패턴파악 #도로현황파악 #적정위치분석

대중교통 활성화 및 사회적 비용 최소화   광주광역시

가. 배경 및 목적

광주광역시에서는 최근 10년간 신도시 개발 사업이 진행되고 있지만, 그에 맞는 대중교통 개선이 이뤄지지 않고 있다는 것을 알게 되었다. 이와 같은 대중교통시스템 부족 현상을 해결하기 위해서는 대중교통의 효율적 운영 및 교통 시설 확충이 시급하다고 판단하게 되었다. 따라서 광주광역시에서는 교통정보에 관한 빅데이터 분석을 진행하여, 시민의 대중교통의 편의성을 제공하고자 하였다.

나. 활용데이터

지하철역, 버스정류장, 이동 및 운행 정보 등 버스/교통 데이터와 버스 관련 민원, 교통 취약정보 데이터 시설, 거주 및 유동인구, 도로정보 등 인구/도시 민원 데이터 등을 수집했다. 해당 데이터들 활용하여 대중교통 사각지대와 환승 정류장, 노선별 요일 및 시간대 이용 승객의 특징, 노선별 노인 주거 및 유동인구 등을 분석했다.

다. 적용결과

분석 결과를 활용하여, 시내 대중교통 취약지역들의 교통시스템을 개선할 수 있었다. 뿐만 아니라 유연한 대중교통 운영을 실시하고, 추가적인 교통시설을 확충함으로써 시민 편의를 한층 더 높일 수 있었다. 구체적으로는 환승버스 정류편의시설을 확장, 33개의 간선 경로 중 15개 경로에 유연한 운영 체제를 적용하는 등의 효율적인 버스운영시스템 개편을 진행한 것이다. 이러한 조치를 통해 시민 편의도 개선됐을 뿐만 아니라, 광주 시내 사회적 비용 낭비도 줄일 수 있었다.

교통　　　　　　　　　　　　#정보제공　#교통패턴파악　#교통정책

런던의 교통체계 개선　　　　　　　　　　　런던교통국

가. 배경 및 목적

인구 870만 이상의 거대 도시 런던은, 많은 시민들의 편의를 위해 교통 서비스를 개선하고자 했다. 그러기 위해서 도시의 대중교통, 도로, 택시, 페리 등 모든 교통에 관한 정보를 얻고, 다양한 방면으로 분석을 진행하기로 했으며, 해당 결과를 교통 서비스 기획에 활용하고자 했다.

나. 빅데이터 활용

런던 교통국에서는 주로 시민들이 교통과 관련한 다양한 정보를 얻을 수 있게 될 뿐만 아니라, 혹시나의 사고에 유연하게 대처할 수 있도록, 그들의 이동에 대한 정보를 얻고 분석하는 과정에서 빅데이터를 활용했다. 런던에서는 비접촉식 결제 카드를 도입하여 충전식이 아닌 후지급 방식으로 고객에게 편리함을 주고자 했었는데, 이 카드의 터치를 통해 축적되는 방대한 데이터로 시민들의 이동 패턴을 파악할 수 있었다. 뿐만 아니라 런던 교통국의 서비스는 자체 서비스에 오류가 발생했을 경우, 과거 고객들의 이동 패턴을 통해 고객의 행선지를 예측하고, 그들을 위한 대체 운행 계획을 실시할 수도 있었다. 즉, 정보 제공에 있어서 런던 교통국은 특정 노선을 자주 이용하는 고객을 파악하고, 맞춤형 운행 정보를 제공하는 것이다. 예를 들어 어떤 고객이 특정 정류장을 빈번하게 이용한다면, 그 정류장에 변화가 생겼을 때 관련된 여러 편리한 정보들을 제공할 수 있는 것이다.

다. 적용 결과

매주 11만 회 이상의 버스들이 운행되는 퍼트니 다리를 수리하기 위해 임시 폐쇄했을 때, 퍼트니 다리를 건너던 버스들의 노선을 분석한 뒤, 해당 노선을 이용하던 고객들의 불편을 최소화하고자 빅데이터 분석을 진행했었다. 그러한 결과로 적정한 위치에 고객들을 위한 환승역을 설치하고, 대체 노선 운행 버스를 추가하여 시민들의 불편함을 최소한으로 줄여주었다. 이러한 고객 맞춤형 정보 제공 및 사고 대처에 대해서 승객 중 83%가 '유용하다' 혹은 '매우 유용하다'라는 답변을 주며 만족감을 표시했다.

 교통　　　　　　　　　　　#민원분석　#실시간모니터링　#교통패턴파악　#도로현황파악

교통 빅데이터로 불법 주정차단속　　　　　　　충주시

충북 충주시에서는 주정차 등의 교통 데이터와 민원상담 등의 비정형 데이터를 수집하고 분석하여 맞춤형 행정서비스를 제공하고자 했다. 해당 분석 결과를 바탕으로 주정차와 관련된 단속 시스템을 개발하여, 효율적인 불법 주정차 단속을 진행하게 될 수 있었을 뿐만 아니라, 민원 서비스에도 시민 만족과 신뢰도를 높일 수 있었다.

관련정보　충주시 빅데이터 활용 불법 주정차 단속 시행, 뉴시스, 2015.01.02

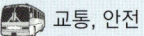 교통, 안전　　　　　　　　#교통사고예측　#교통패턴파악　#도로현황파악　#정책수립

교통사고 줄이기　　　　　　　　서울시 교통정보센터

서울시 교통정보센터에서는 버스 종합사령실(BMS)과 교통카드시스템·무인단속시스템, 그리고 교통방송, 경찰청, 한국도로공사, 기상청, 경기도 교통정보센터 등 교통 관련 기관으로부터 다양한 교통 정보를 제공받았다. 이후, 수집된 데이터를 활용하여 서울의 교통 상황을 총괄 운영·관리하며, 과학적 교통정책 수립에 기초 자료로 활용하고자 했다.

[관련정보]　홈페이지: http://topis.seoul.go.kr (서울시 교통정보센터)　참고사이트: http://taas.koroad.or.kr (교통사고분석시스템)

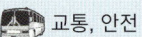 교통, 안전　　　　　　　　#도로현황파악　#교통정보제공　#교통사고예측

도로위험 상황 예보서비스　　　　　　　　경찰청, 행정안전부

경찰청은 과거의 사고 및 기상정보, 그리고 실시간으로 발생하는 교통사고와 도로공사 현황 등 각종 도로 관련 데이터를 수집하고 융합/분석했다. 이를 통해 돌발상황과 결빙도로 등 도로 위 위험요인을 운전자에게 예보하고, 위험도를 수치화하여 시민에게 제공했다.

[관련정보]　참고사이트: www.utis.go.kr　참고: '도로 위험상황 예보서비스' 시행, 환경일보, 2014.12.16

 도시　　　　　　　　해외
　　　　　　　　　　　　스마트시티

스마트 시티 구축　　　　　　　　밀턴 케인스

가. 배경 및 목적

밀턴 케인스는 원격 통신을 지향하며 1960년대에 개발된 신도시로 영국 중부에 위치해 있다. 시의회, 영국 정부, 영국 텔레콤(BT) 등은 밀턴 케인스를 '스마트 시티'로 만들기 위해 상호 협조하고 정보기술 및 빅데이터를 활용했다.

나. 빅데이터 활용

밀턴 케인스의 데이터 허브에는 중앙과 지방의 공개 데이터, 에너지 관련 데이터, 인공위성 및 센서 데이터, 매체 데이터 등과 같은 도시와 연관된 다양한 데이터들이 저장되어 있었다. 스마트시티는 이러한 데이터들을 활용하여 시민들에게 쓰레기 처리부터 교통 시스템에 이르기까지 시민 생활에 편리함을 주고자, 시 전역에 무선 베이스 스테이션을 설치하고 센서를 연결했다. 이러한 네트워크를 통해 얻는 데이터들 덕에 시민들은 주차 가능 공간과 쓰레기통을 비워야 할 때를 알 수 있게 되었다.

도시　　　　　　　　　　　　　　　　#시설물관리　#정책지도개발　#효율적예산활용

수도계량기 동파 정책지도 제작　　　　　　　　　　　서울시

2014년 서울시에서는 수도계량기 동파 접수 건에 대하여 약 1만 건의 위치 데이터와 주택 유형의 데이터를 수집했다. 이후, 해당 데이터들을 공간정보(GIS)의 기술과 융합하여 '수도계량기 동파 정책지도'를 제작하였다. 해당 지도는 동파가 급증하는 영하 5도 이하 한파 지속기간 동안 지역별, 주택유형별로 분석하여 지도 위에 음영 표시를 하는 방법으로 제작되었다. 이렇게 쉽게 시각화된 지도를 통해 시민들에게 동파 현황을 제공하여 각자 유연하게 대응할 수 있도록 했다. 또한 서울시의 입장에서도 동파정책지도를 통해 불필요한 난방 비용 등을 줄이고, 한정된 인력을 최적화하는 등의 효율적인 예산 관리가 가능하게 되었다.

| 관련정보 | 참고사이트: gis.seoul.go.kr/ 및 map.seoul.go.kr:9978/spm/gly/main.do#
 참고: 서울시내 수도계량기 동파상황 한눈에 본다, 환경미디어, 2014.12.02 |

 도시　　　　　　　　　　　　　　　　　　　　　　　#시설물관리

건물 평가지수 개발　　　　　　　　　　　　　　　한국에너지공단

한국에너지공단에서는 건물에 대한 평가 및 관리를 위해 '빌딩 품질 빅데이터'를 개발했다. 해당 시스템은 IoT를 통해 데이터를 수집하여, 여러 가지 지수를 통해 빌딩 품질에 대해 측정하여 평가한 뒤, 자동으로 건물별 등급을 부여하는 방식이다. 이를 통해 건물별로 어떻게 관리 및 처리가 이루어져야 되는지에 대한 빠른 판단이 가능해졌다.

 병역　　　　　　　　　　　　　　　　　　　　　　　#실시간모니터링

센서를 이용한 모니터링 자동화　　　　　　　　　　국방부

국방부에서는 효율적인 업무 처리를 위해 휴전선에서의 모니터링 자동화를 계획했다. 우선 시각, 청각, 냄새, 온도 등 다양한 센서를 통해 지속적인 데이터를 수집, 분석하고 정상상태와 이상상태를 구분했다. 이후 정교화 작업을 시행하여, 미처 대응하지 못했던 사례의 경우를 보완한 뒤, 군 자체의 훈련 과정을 거쳐 자동화 모니터링 시스템을 개발할 수 있었다.

보건　　　　　　　　　　　　　　　　　#재해조기감지　#조기경보

식중독 환자 30% 감소　　　　　　　　　식품의약안전처

식품의약품안전처와 행정자치부는 식중독 환자 수 감소를 위해 빅데이터 분석을 함께 진행하기로 했다. 과거의 식중독 관련 데이터들을 수집하고 분석하여 '식중독 조기경보 시스템'을 개발하게 됐다. 식중독의 위험성을 사전에 알리는 방법을 통해 식중독 환자의 수를 약 30%가량 감소시킬 수 있었다.

`관련정보` 빅데이터 분석으로 식중독 환자 30% 감소, 충청일보, 2015.12.08

해외

 안전　　　　　　#인구통계　#통화분석　#소셜분석　#전염병확산방지

에볼라 바이러스 대응　　　플로우마인더/오렌지텔레콤/
　　　　　　　　　　　　　　국제적십자사 TERA/헬스맵

치명적인 에볼라 바이러스에 대항하기 위해, 국제적십자사를 비롯한 다양한 국가의 기업·기구들이 협업을 진행했다. 우선, 미국의 온라인 매체인 '글로벌 포스트'에서 휴대전화 통화 내역, 항공기 예약 건수, 트위터의 글, 에볼라 관련 기사와 정부의 발표, 인구 통계 등의 다양한 정보가 에볼라 퇴치에 유용하게 사용될 수 있음을 밝혀냈다. 이후 스웨덴의 비영리단체인 '플로우마인더'에서 '오렌지텔레콤' 등의 서아프리카(에볼라 주 발생 지역) 이동 통신 사업자의 도움을 받아 휴대전화 데이터를 수집한 뒤, 예상 인구 이동정보 및 예상 에볼라 발생지역 정보를 보건 당국에 제공했다. 해당 정보들을 활용하여 '국제적십자사'는 '3단계 응급 구호 적용(TERA)'이라는 SMS 서비스를 제공했다. 해당 서비스는 위험 지역에 있는 사람들을 추려낸 뒤, SMS로 에볼라 대처 요령 및 감염 예방법 등을 알려주는 서비스이다. 또한 미국 보스턴 아동병원이 구축한 '헬스맵'은 다양한 온라인 데이터들을 수집하여 에볼라와 관련된 정보들을 일반 사람들도 쉽게 알아볼 수 있도록 지도와 그래프로 제시하기도 했다. WHO에서는 이와 같은 다양한 국가의 기업·기구들이 협업을 진행한 결과를 바탕으로 적극적인 에볼라 예방 국제 정책을 진행할 수 있었다.

`관련정보` 에볼라 퇴치에 큰 도움 주는 휴대전화·빅데이터, 연합뉴스, 2014.10.25

 안전　　　　　　#전염병확산방지　#전염병이동경로　#전염병지역예측

살처분 대상에 대한 정확한 파악　　　KT, 농림축산검역본부

가. 활용데이터

축산차량 데이터, 통화 데이터

나. 상세내용

전남 00 군에서 오리를 사육하는 A 씨는 최근 유행한 AI으로 인한 살처분 농가 대상에서 제외되고는 가슴을 쓸어내렸다. 1년 전만 해도 AI가 의심되는 모든 지역의 농가에 살처분 조치가 내려졌으나, 최근 정부에서는 전염 의심 특정 지역에만 살처분을 진행하도록 했다. 빅데이터 분석을 통해 전염 지역을 예측하여 해당되는 특정 지역만 살처분토록 한 결과, 불필요한 살처분 조치에서 벗어날 수 있어 농가 주민의 피해를 최소화할 수 있었다.

`관련정보` 빅데이터 동향과 이슈 제3호, 한국정보화진흥원, 2014.10.13

 안전   #재난관리
IoT를 통한 재난대비   과학기술정보통신부, 행정안전부

과학기술정보통신부와 행정안전부에서는 재난에 대비할 수 있는 다양한 프로그램을 계획하기 위해 빅데이터를 활용하기로 했다. IoT 등을 활용하여 재난 전조를 사전에 감지하고 예측할 수 있는 시스템을 개발한 뒤, 재난 안전 실시간 감시를 진행할 수 있게 되었다. 뿐만 아니라, 대처 능력을 키우기 위해 가상·증강현실 기반의 재난대비 실증형 교육·훈련을 진행했으며, 인공지능 기반의 실질적인 재난 현장 의사결정 지원, 지능형 로봇 등을 활용한 인명 탐지, 정보 탐색 등 복구지원, 무인기·위성을 활용한 현장대응 지원 및 사고조사 등의 계획도 진행할 예정이다.

 안전   #피해예측
가뭄피해 예측 시스템구축을 통한 정책수립   경기도

경기도는 화성, 안성, 평택, 이천, 여주의 5개 시(市)를 대상으로 빅데이터 기반 가뭄 피해 예측 시스템을 시범 구축했다. 경기도의 '농업용수 공급분석 및 가뭄 위험 예측 시스템'은 GIS 데이터를 기반으로, 관정, 저수지, 양수장 등 각종 수자원 정보와 기상정보를 연결한 뒤, 가뭄 예측모형을 통해 가뭄취약지역을 분석해 주는 시스템이다. 이 시스템을 통해 가뭄 대응 능력 향상은 물론 농정분야 정책 수립과 현황 파악, 개선사항 발굴에 도움이 될 것으로 기대되고 있다.

 안전　　　　　　　　　　　　　　　　　#적정위치분석　#범죄예방

CCTV 최적화 지역설치 및 방범예방의 효율성 제고　　경기도

가. 배경 및 목적

객관적인 데이터를 활용하여 최적화된 위치에 CCTV를 설치하여 방범 효율성을 높이고자 하였다.

나. 활용방안

경기도는 공공기관 및 민간업체로부터 CCTV 설치현황 및 각종 시설 및 인프라 상황, 인구 및 지역정보 등에 관한 데이터들을 전달받았다. 해당 데이터들을 평가하여 분류한 뒤, 지역의 안전성에 대해 6등급으로 구분했다. 위험 지역 중에서도 특히 범죄가 일어날 가능성이 높거나, CCTV 감시가 취약한 곳은 CCTV 우선 설치지역으로 선정했다. 이후, 도민의 CCTV 설치요청 민원데이터를 분석하고, CCTV 우선 설치지역과의 타당성을 검토한 뒤, 실질적으로 설치가 필요한 지역을 구분하여 효율적 CCTV 설치가 가능하도록 하였다.

다. 적용 결과

CCTV 운영 관리 효율성이 증대하였다. 또한, 도민의 안전과 관련하여 추가적인 사항을 고려할 때, 참고 자료로 활용할 수 있다.

 안전　　　　　　　　#적정위치분석　#취약요소분석　#치안강화

빅데이터 활용으로 안전하게 버스로 귀가한다　　성북구

버스노선, CCTV, 유동인구 등에 관한 데이터를 확보하여 성북구 지역의 '안심 귀가 마을버스 운영 서비스'를 구축한다. 이를 바탕으로 안심 귀가하기에 보안이 취약한 지역을 파악할 수 있었고, 취약 지역 및 시간대에 보완·경계를 강화함으로써 범죄 발생을 예방하고자 한다.

안전　　　　　#국방　#사건사고사전예방　#사건분석　#시스템개발

국방부 사건사고 사전예방　　국방부

국방부는 군내 사건·사고 예방을 위해 '국방 헬프콜'을 시행하기로 했다. 해당 서비스는 국군장병들의 상담 전화 서비스인데, 미리 사고를 예측하여 예방할 수 있도록 개선하고자, 빅데이터 분석을 진행하기로 했다. 그러기 위해서 '연대통합 행정 업무 시스템'의 데이터를 포함하여, 병무청 및 훈련소의 인성검사결과, 사이버 지식 정보망 PC 접속 기록, 헌병대의 수사 사건 및 사건의 유형/지역/시기

등의 여러 데이터를 수집한 뒤 종합하여 분석한다. 이를 통해 사건/사고 예보시스템을 구축하여 장병들의 애로사항을 최소화하고 사건을 사전에 예방하고자 한다.

`관련정보` 국방헬프콜, '빅데이터' 활용한다, 아시아경제, 2014.12.16

 안전　　　　　　　　　　　　　　　　　　　　　　　　　　　　#치안강화

민생치안을 강화　　　　경찰청/국가정보자원관리원

가. 배경 및 목적

피의자가 저지른 범죄와 유사한 유형의 사건을 기록하는 임장일지를 일일이 수작업으로 찾아서 확인해야 하는 번거로움을 줄이고, 미제 사건 비율이 높고 동일범 여죄판단이 어려운 범죄를 분석하고자 빅데이터 기반 인공지능 기술 작업을 진행하였다.

나. 활용데이터

경찰청 범죄분석시스템(SCAS)에 저장된 최근 2년(2016년~2017년)간 발생한 사건의 임장일지 데이터와 전국 미제사건 임장일지(학습데이터) 및 이미 해결된 임장일지(검증데이터)를 확보하여 기계학습 분석기법이 포함된 유사도 측정 알고리즘(TFIDF, Binary 벡터, 토픽모델링, Doc2Vec)를 통해 유사도 측정을 반복적으로 진행하였다.

다. 적용결과

부산지방경찰청의 절도 피의자의 추가 여죄(3건) 입증에 성공하였으며, 다른 지역의 침입/절도 사건 피의자(6명)의 유사 사건에 대한 수사가 진행 중이다. 그리고 경찰청이 운영하는 범죄분석시스템에 국가정보자원관리원이 제공한 '임장일지 기반의 빅데이터 여죄추적' 기능을 구현하여 과학적 범죄수사에 활용할 계획에 있다.

 안전　　　　　　　　　　　　　　　　　　　　　#치안강화　#범죄예방

범죄 감시시스템으로 범죄율 감소　　뉴욕 경찰청, 마이크로소프트

뉴욕시 범죄감시시스템(Domain Awareness System, DAS)은 CCTV, 방사선 탐지 등 실시간 모니터링 데이터와 범죄 기록 등을 바탕으로 범죄 발생 지역을 예측하고 범죄를 예방하는 시스템이다. 뉴욕 경찰청이 마이크로소프트와 공동 개발해 2012년부터 뉴욕시에 적용되어 실시간으로 범죄를 감시한다. 예를 들어 범죄나 테러 현장 주변의 CCTV 영상을 분석해 용의 차량 정보를 포착하면, DAS를 통해 해당 도시 전역의 실시간 CCTV 영상을 분석해 용의 차량 위치를 파악하고 추적할 수 있다. DAS를 활용하고 1993년 범죄 발생 건수 43만 건이 2014년 시스템 도입 후 1950건으로 감소하였고 발생 예보 10건 중 7건 비율로 실제 범죄가 발생하고 있어 범죄 예방에도 효과를 보이고 있다.

안전　　　　　　　　　　　　　　　　#재난관리　#재해조기감지　#사고예측

GIS와 통신데이터를 통한 위험지역예측　　대한지적공사, 한국건설기술연구원,
　　　　　　　　　　　　　　　　　　　　　모바일팩토리, SK텔레콤

가. 활용데이터

도로명, 절토사면 등 공간정보와 기상정보, 통신사 유동 인구 정보

나. 상세내용

강원도 ○○군에 거주하는 B 씨는 집 인근에 있는 산을 깎아 만든 비탈면 때문에 늘 노심초사 하였다. 보기에도 위험하고 비만오면 늘 아슬아슬했기 때문이다. 그러나 최근 정부가 보강공사를 튼튼하게 한 덕분에 시름을 덜게 되었는데, 그 이유로는 빅데이터 분석을 통한 결과 B 씨의 집 인근의 비탈면이 위험도가 높은 사면으로 판명되어 보강공사를 진행하였기 때문이다.

[관련정보] 빅데이터 동향과 이슈 제3호, 한국정보화진흥원, 2014.10.13

 안전　　　　　　　　　　　　　　　　#행정서비스개선　#경로최적화

소방차 골든타임 확보 계획 마련　　　　국가정보자원관리원-대전시

국가정보자원관리원은 구급차의 출동시간을 단축하기 위하여 빅데이터와 인공지능을 활용했다. 2016년 8월부터 2017년 7월의 기간 동안 발생한 대전 시내 긴급차량의 출동 위치 데이터 3,000만 건을 인공지능(AI)으로 분석하여 응급차가 5분 이내 출동하기 어려운 취약지역 7곳과 상습 지연 구간 8,000여 곳을 발굴했다. 또한 취약지역으로 보다 빠르게 출동하기 위하여 지연 구간을 통하지 않는 최적 경로 분석을 수행했다. 기존의 직선거리 기준으로 119안전센터를 배정하던 방식에서 벗어나 분석 결과 찾아낸 최적 경로를 이용해 재난 현장에 가장 빠르게 출동할 수 있는 119안전센터를 발견했다. 모의실험 결과 기존보다 5분 이내에 사고 현장으로 출동할 수 있는 비율이 2배 이상 상승했다. 분석 결과를 바탕으로 소방대응체계를 개선하여 골든타임을 확보하고 시민안전에 기여할 수 있을 것이다.

 안전　　　　　　　　　　　　　　　　#취약요소분석　#안전지도구축

어린이 안전지도 표준모델 구축　　　　　　　　　　　　　　성동구

성동구에서는 어린이 교통사고 및 안전사고의 수를 줄이고자 빅데이터를 활용하기로 했다. 서울시와 도로교통공단 등으로부터 교통사고 데이터 및 공공데이터 등을 확보하고, 학부모들을 대상으로 설문 조사를 진행한 결과(참여형 데이터)들을 통합하여, '어린이 안전 취약 요소 분석모델'을 개발했

다. 해당 위험 지역들에 안전시설물을 확충하고, 관련 정책을 수립하는 등 맞춤형 행정서비스를 제공할 예정이다.

`관련정보` 성동구, 어린이 안전지도 표준모델 구축으로 안전사고 선제적 대응, 아시아경제, 2017.08.29

안전   #재해조기감지 #조기경보
전기안전 강화   과기정통부, 전기안전공사

과학기술정보통신부와 한국전기안전공사는 전기화재에 대해 사전 예측을 통한 선제적 대응이 절실하다고 판단했다. 그렇기 때문에 이제까지 축적한 전기안전점검 결과 데이터 및 전기화재 현황 데이터, 기상정보, 건축물정보 등을 수집·정제한 뒤, 빅데이터를 기반으로 전기화재 직간접 요인을 분석하여 위험지역을 지도상에 나타내는 '빅데이터 기반 전기화재 위험예측 서비스'를 구축했다. 해당 서비스는 건물별 사고 위험도 등급을 산출할 수 있기 때문에, 등급별로 전기화재에 대한 선제적 대응이 가능하도록 한다.

`관련정보` 빅데이터 기반 전기화재 위험예측 서비스 구축으로 전기화재 막는다, HelloT 첨단뉴스, 2017.12.11

안전   #치안강화 #민원분석 #실시간모니터링
빅데이터로 사각지대 관리   전라남도

전라남도에서는 빅데이터를 활용하여 CCTV 사각지대를 찾아내는 분석을 진행했다. 가로세로 100m로 구역을 나눈 뒤, 인구와 범죄 민원 빈도, 유흥업소와 금융기관 등의 정보를 등급화해 점수를 매겼으며, 그 과정에서 여성이 많은 지역일 경우에는 가중치를 부여했다. 점수가 높은 지역일수록 위험한 구역이며, 전라남도는 해당 구역에 우선적으로 추가적인 CCTV 설치를 진행할 것이다.

`관련정보` 빅데이터 활용해 CCTV 사각지대 없앤다, YTN, 2017.007.01

안전   #재난관리 #재해조기감지 #사고예측 #시설물관리
피해 예방 및 복구 체제를 개선   지질조사국

지질조사국에서는 기상정보와 GIS를 기반으로 지역 홍수 범람 지도를 디지털화한 뒤, 범람이 확장될 가능성이 있는 범위와 침수 수위등에 대한 정보를 제공한다. 이러한 시스템 덕분에 재해를 사전에 대비하거나 즉각적으로 대응함으로써 피해 규모를 줄일 수 있을 것이다.

`관련정보` https://www.usgs.gov

안전　　　　　　　　　　　　　　　　　　　　#범죄예방　#치안강화　#체계구축

빅데이터 기반 범죄수사　　　　　　　　　　　　　　　　경찰청

경찰청에서는 빅데이터와 AI 기술을 융합하여 범죄를 예측하거나, 분석할 수 있는 시스템인 '클루(CLUE)'를 개발하고 있다. 해당 시스템은 형사사법포털(KICS)에 등록된 범죄와 관련된 많은 정보들을 일정 기준에 따라 범주화하여 수사에 필요한 정보를 추출하는 방식으로 이루어졌으며, 수사의 정확도를 높이기 위해 공공데이터도 함께 사용되었다. 클루가 완성된다면 사전에 범죄를 감지할 수 있게 되거나, 사건 범위를 최소화하여 수사 효율성을 높이는 등의 다양한 효과를 얻을 수 있을 것이다.

[관련정보] 경찰 범죄분석 예측 시스템 클루(CLUE)도입 빅데이터AI활용 수사시대 열린다, 경인일보, 2017.12.09

 안전　　　　　　　　　　　　　　　　#재해조기감지　#낙후지역분석　#유동인구분석

사고지역 알림 서비스 개발　　LX공사, 한국정보화진흥원, KT, SK텔레콤

LX 대한지적공사는 산사태와 도로의 낙석으로 인하여 민간인의 피해를 최소화하여 국민의 생명과 재산을 보호하고자 빅데이터를 활용하기로 했다. 그러기 위해서 국도 경사도와 지질도, 지형도 등 지역 정보와 기상정보, 유동인구 등을 종합하여 급경사 지역을 도출하고 위험 정도를 산정하는 모델을 개발했다.

[관련정보] LX공사, '급경사 알림 서비스로 사고예방', 아시아경제, 2014.10.05

해외

 안전　　　　　　　　　　　　　　　　　　　　　　　　　　#행동패턴분석

뉴욕시민의 행동분석　　　　　　　　　뉴욕대 도시과학진보센터

뉴욕대 도시과학진보센터는 마이크로소프트 등 IT 기업들과 뉴욕시의 지원을 바탕으로 적외선 카메라, 가로등과 건물 정면의 음향 센서로부터 데이터를 수집하고 분석하여 뉴욕시민의 행동 패턴을 파악했다.

안전　　　　　　　　#재난관리　#재해조기감지　#교통사고예측　#치안강화

스마트빅보드　　　　　　　　　　　　　　　　　　　부산시

부산시는 약 25억 원 투자로 빅데이터를 활용하여 재난 및 범죄에 대응하는 스마트빅보드(Smart Big Board) 시스템을 구축하여 다양한 사업을 펼쳤다. 스마트빅보드에서 주로 사용되는 데이터는 시민의

SNS 데이터, 교통정보원, 재난담당자로부터 얻는 현장 데이터, 교통정보센터/재난용/방범용 등 CCTV 데이터, 기상청, 소방재청, 국토부 등 관측시설과 유관기관으로부터 다양한 데이터를 수집했다. 해당 데이터들을 분석하여 스마트빅보드를 통해 상황을 표출시키고 13개 협업부서로 상황처리를 지시, 유관기관으로 해당 상황을 전파하며 재난안전대책본부로 재난현장 정보를 알리는 구조로 구성했다.

관련정보 부산시 빅데이터 재난 시스템 전국 첫 도입, 부산일보, 2014.10.23

해외

 안전   #탈세 #범죄예방

탈세 감시   IRS(미국 국세청), SAS

미국 국세청(IRS)은 SAS와 함께 탈세 및 사기범죄를 예방하는 시스템을 구축했다. 사기성 납세 신고 및 환급에 의한 탈세 유형을 적발하기 위해 운영하고 있던 RRP(Return Review Program)에 빅데이터 기반의 실시간 분석을 적용했고, 그 과정에서 데이터마이닝, 모델링, 예측 분석, 사기 구조 감지, 실시간 사기 스코어링 등의 기술들을 활용했다. IRS가 보유하고 있던 수많은 데이터들과 SAS 정부 기관 사기방지솔루션을 활용하여, 납세자들 중에서 이상 징후를 보이는 사람들을 추출할 수 있다. 이상징후가 감지되면 예측 모델링을 통해 과거 사기패턴과 유사한 행동이 있는지를 파악하여 탈세자를 찾는 시스템이다. 그 외에도 SNS 분석을 시행하여 범죄 네트워크를 발견할 수도 있다.

관련정보 [똑똑!빅데이터]탈세·세금 환급 사기도 잡아내는 빅데이터, 이데일리, 2017.04.01

 안전, 교통   #재난관리 #전염병지역예측 #교통패턴파악 #도로현황파악

KT, 빅데이터 프로젝트 확대   KT

KT는 빅데이터 프로젝트를 통해 통신망의 효율성을 높이고, 조직을 분석하여 내부과제를 도출하여 시행해왔다. 그리고 외부 기관과 협력하여 서울시 심야버스 노선개편과 AI 확산 경로 파악 등 위험관리와 재난분야에 사업을 확대해오고 있다. 이를 빅데이터 기반으로 수익 모델을 만들어, 신사업 관련 프로젝트의 박차를 가하고 있다.

관련정보 KT, 빅데이터에 힘 싣는다. 인력충원, 신사업 속도, 전자신문, 2014.09.15

 안전, 자원   #재난관리 #고장예측

원자력발전소 관리   한수원

한국수력원자력은 빅데이터를 활용하여 원자력발전소 핵심설비의 고장을 사전에 예측할 수 있는

예측진단용 시스템을 구축했다. 해당 시스템은 IoT를 활용해 실시간으로 터빈, 고정자 냉각수펌프 등의 원전 핵심 설비 정보를 받아온다. 이후, 설비의 상태를 고장 발생 전에 감시하고 비교 분석, 평가하여 가동중인 24기 원자력발전소 핵심 설비 1만6000대의 고장을 사전 예측할 수 있게 된다.

`관련정보` 한수원 세계 최초 원전 고장 예측진단용 빅데이터 시스템 구축, 이데일리, 2018.01.11

 안전, 기술

#범죄예방 #치안강화 #부정수급도출

아프가니스탄에서 폭탄을 찾다

팔란티어

`해외`

가. 배경 및 목적

팔란티어는 영화 '반지의 제왕'에 등장하는 시공간을 초월하여 사물을 볼 수 있는 돌이다. 이 이름에 맞게 팔란티어는 빅데이터를 이용하여 사기, 테러 등의 위험을 탐지하고 예방하는 등 보안 문제를 해결하고 있다. 초기에는 신용카드를 이용하여 사기 거래를 적발하였고, 현재는 정교한 빅데이터 분석 기술로 테러, 마약 등의 범죄 예방에 힘쓰고 있다.

나. 상세 내용

팔란티어는 빅데이터를 통합하고 관리할 수 있는 플랫폼을 생성했다. 그 후 '페이팔'의 분석 기술을 이용하여 데이터에서 특정 패턴이나 이상 징후를 발견해내는 그들의 알고리즘을 개발했다. 이를 이용해 아프가니스탄에 설치된 사제 폭발물 감지, 시리아와 파키스탄의 폭발물 위협 대처, 주택담보대출에 대한 금융사기 적발 등의 업적을 이루어냈다. 또한 팔란티어의 '팔란티어 포워드' 시스템은 미국 해병대에서 기지국과의 연결이 이루어질 때마다 데이터 자동 동기화를 제공하여 정보를 찾는 시간을 줄여주었다.

 안전, 기술, IOT

#치안강화 #조기경보 #범죄예방

테러 방지와 여행객들의 안전

미연방 출입국관리소와 세관

`해외`

가. 배경 및 목적

9·11테러 발생 이후 미국에서는 수많은 사람들이 오고 가는 국경에서 범죄 및 테러를 방지하고자 하는 경각심이 높아졌다. 보통 사람이 직접 여행객들과 일대일로 대면해서 입국 심사를 거치는데, 이러한 방식은 실수가 발생하는 일이 종종 있었다. 따라서 컴퓨터를 활용해 미국에 출입국하는 사람들을 심사하여 보안을 더욱 정확하고 효율적으로 유지하고자 한다.

나. 빅데이터 활용

미국 국토안보부는 애리조나 대학의 연구팀과 협조하여 실시간으로 진위를 판단할 수 있는 가상

국경 경비 요원인 '아바타(AVATAR) 시스템'을 개발했다. 아바타는 센서를 이용해서 사람의 표정과 몸짓을 인식하고, 수상한 움직임을 포착한다. 아바타는 여행객에게 출입국 심사 질문을 하고, 억양의 변화 확인 및 이상 탐지 소프트웨어를 이용해 의심스러운 심문을 인식한다. 그 정도가 심각할수록 대상자의 프로필은 적색이나 황색으로 코드화된다. 의심스럽다고 판단된 여행객은 인간 요원을 통해 추가 조사를 받게 된다. 이처럼 아바타를 통한 인터뷰를 먼저 거치고 후속 대면 인터뷰를 진행하기 때문에 훨씬 효율적이고 신속한 출입국 심사가 가능하다. 이 시스템은 적외선 카메라로 인간이 인식할 수도 없는 초당 250프레임 속도의 동공 팽창과 눈의 움직임을 파악한다. 또한 키오스크 기반 시스템에 포함된 오디오 및 비디오 캡처 장치로 의심스러운 행동을 감지한다. 아바타는 더 많은 사람을 심문할수록 학습을 통해 정확도와 성능이 향상될 수 있다.

 안전   #사고예측

소리를 통해 사고징후를 파악   국토교통과학기술진흥원

국토교통과학기술진흥원의 건설 안전 빅데이터는 사운드를 이용해 위험 정보 수집, 상황별 동적인 영상 모니터링을 통해 필요한 데이터를 수집한다. 이후, 여러 건설 현장에서 수집된 사고징후에 관한 정보들을 활용하여 작업 진척도를 파악하며, 적절하게 상황을 관리한다.

 일자리   #일자리창출 #자립지원

일자리 창출을 위한 맞춤형 복지지원   남양주시, 국민연금공단

가. 배경 및 목적

사회 취약계층이 지방자치단체에 일자리 지원을 신청하기 전까지는 도움이 필요한 상황을 선제적으로 알 수 없었으며, 이에 대한 요청이 들어올 경우에도 능동적으로 대응하기 힘들었다. 그래서 국민연금공단에서는 지원 대상을 미리 파악하고, 자립 지원 등의 도움을 주기 위해 빅데이터를 활용하기로 했다.

나. 활용데이터

국민연금공단, 남양주시의 워크넷과 경기 버스 정보로부터 고객, 지역가입자 및 사업장 현황, 구직신청 및 취업자 목록 그리고 버스정류소 정보 등 다양한 데이터를 확보하여 취업/실직/사업장 현황을 다방면으로 분석했다.

다. 적용결과

고용복지센터의 교육 훈련계획 수립, 희망 일자리 상담소 설치 및 홍보계획 수립, 그리고 출근 이동량과 취업자 및 실직자가 높은 사업장 리스트를 도출하여 기관 간 협력을 통해 필요한 복지 사항을 지원하는 등 시너지 효과를 낼 수 있도록 했다.

 행정을 스마트하게 바꾸다 빅데이터 활용 안내서, 행정안전부, 2018.02

일자리

일자리 문제를 스마트하게 해결하다

#고용정책 #정보제공

경기도

가. 배경 및 목적

경기도는 청년실업, 일자리 미스매치 등의 고용문제를 해결하기 위해 빅데이터에 근거한 정책을 실현했다. 이를 통해 도내 고용문제를 개선하고, 데이터에 근거한 과학적 행정 서비스를 제시해 도민들의 신뢰를 얻고자 했다.

나. 빅데이터 활용

경기도가 개발한 '맞춤형 일자리 빅데이터 분석 상시 서비스'는 경기지역 사업체의 최신 동향을 파악하고, 구인 구직 정보를 실시간으로 반영해 맞춤형 구인, 구직 추천을 제공한다. 또한 이 분석 모델에는 지역 및 업종별 구인, 구직 현황, 미스매치 원인, 미스매칭 맞춤형 해법 등 담겨있다. 이 서비스를 위해 고용노동부 워크넷의 구인 데이터 약 158만 건, 구직 데이터 약 532만 건, 국민연금 데이터 등을 함께 분석했다. 마지막으로, 맞춤형 구인, 구직 추천 서비스는 경력, 학력, 임금, 업종 등의 정보를 활용한 시뮬레이션 기능을 제공하여, 이를 통해 일선의 일자리 상담가는 최적의 구인, 구직 조건을 추천해 줄 수 있었다.

다. 적용 결과

실제로 A 시는 관내 대형 물류센터 입점에 따른 구인요청이 있었으나, 근로자의 현황 파악이 불가해 지원이 어려웠다. 하지만 맞춤형 일자리 분석 상시 서비스를 통해 실업 정보, 구직 현황, 기업 정보 등에 관련된 최신 데이터를 획득할 수 있었고, 이를 통해 일자리 정책을 수립하고 문제를 해결했다.

정책

지역경제 활성화

#지역경제활성화

경기도

경기도가 소비자의 결제현황, 이동 경로, 관광지역 등 상권분석을 위하여 KB카드, KT, 경기관광공사 등 5개 기관이 보유한 약 7억 개의 빅데이터를 활용하고 상권분석 지표를 개발했다. 전체 음식 업종을 주점, 중식, 분식, 치킨, 일식, 커피, 패스트푸드, 제과, 양식, 한식의 10개 업종으로 분류한 뒤, 일정한 기준에 맞게 5가지 항목(성장성, 안정성, 고객 선호도, 고객 구매력, 상권의 특성)으로 평가하여 등급을 표시한 것이다. 해당 지표는 해당 상권의 성장 가능성은 물론 고객들이 좋아하는 업종, 구매력 등을 한눈에 알 수 있어 음식업계에 종사하거나 창업을 준비중인 소상공인에 큰 도움이 될 것이다.

`관련정보` 경기도, 빅데이터 활용 소상공인 상권분석 지표 개발, 국제뉴스, 2017.04.04

정책　　　　　　　　　　　　　　　　　　　　　　　　　　　　　　　　#상권분석

상권분석 기술 수출　　　　　　　서울시, 부에노스아이레스시

서울시는 아르헨티나 수도 부에노스아이레스시에 서울시의 우리 마을가게 상권분석서비스 관련 정책 등 빅데이터 기반의 상권분석 기술을 수출한다. 해당 서비스는 공공과 민간영역에서 확보한 방대한 양의 상업 관련 데이터들을 분석하여 유동인구, 업종, 기대 매출 등에 관한 정보를 얻을 수 있다.

`관련정보` 서울시 아르헨티나에 빅데이터 상권분석 정책 수출, 연합뉴스, 2017.01.10

해외

정치　　　　　　　　　　　　　　　　　　　　　　　　　　　　　　　　#결과예측

선거 결과 예측　　　　　　　　　　　　　　야후재팬

야후재팬이 2014년 일본 중의원 선거에서 빅데이터 분석을 통해 95% 정확한 예측결과를 보였다. 검색량 변화, SNS 노출빈도 등 선거에 필요한 분석변수를 자체적인 기준에 적용하여 예측한 것이다. 이를 통해 향후 누적된 데이터와 수정된 알고리즘을 통해 오차를 계속 줄여가고 있다.

`관련정보` 빅데이터 분석, 선거 예측 정확도 95%, 디지털타임스, 2014.12.17

행정　　　　　　　　　　　　　　　　　　　　　　　　　　　　　　　　#업무환경개선

행정업무 고도화　　　　　　　　　　　　　　경기도

경기도는 데이터 분석결과의 상시 서비스화를 통해 도와 시·군 업무관계자가 실질적으로 행정현장에서 이용할 수 있도록 구축한 '빅데이터 분석결과 상시 서비스'를 시범운영했다. 해당 서비스는 CCTV 우선 설치지역 분석, 119구급차 배치 및 운영최적화 분석, 내·외국인 관광객 관광패턴 분석 등의 내용을 일반 업무환경에서 시스템에 접속한 뒤 상시 시각화된 분석결과를 확인하고 업무에 활용할 수 있게 되는 것이다.

`관련정보` 경기도, '빅데이터 분석결과 상시 서비스' 시범운영, 뉴시스, 2018.01.16

행정 #인구통계

과학적 행정구현   부산시

부산시는 모바일 빅데이터를 기반으로 인구통계서비스를 개발했다. 모바일을 통해 관련 데이터를 분석하여 행정수요를 유발하는 인구를 파악하여, 부산에서 관광, 쇼핑, 의료, 교육, 교통 등 이용하는 방문자와 거주자의 데이터를 수집했다. 이를 분석하기 위한 통계분석 툴을 만들고, 분석 결과를 바탕으로 과학적 행정을 구현한다.

행정 #데이터개방 #공유자원화

미국 상무부 보유 데이터 자료를 공유자원화로   미국 상무부

미국 상무부는 정부 기관에서 CDO(Chief data officer, 데이터 최고 임원)을 채용하여 상무부가 보유하고 있는 전체 데이터를 공공의 이익에 부합하도록 공개하기로 하였다. 미 상무부 CDO는 미국 해양개기국(NOAA), 경제분석국(Bureau of Economic Analysis), 인구조사국(Census Bureau), 미국특허청(Patent and Trademark Office) 등으로부터 데이터를 수집하고 가공하여, 공유 자원화 할 예정이다.

`관련정보` 데이터최고임원, 빅데이터 관리 삼위일체 중 하나 될 것, 2014.08.26, ITWORLD

행정 #부정수급도출

보조금 관리   기획재정부

기획재정부에서는 '보조금 통합관리시스템'은 빅데이터에 사용되는 알고리즘을 보조금 데이터베이스(DB)에 적용해 부정수급 의심 사례를 50가지로 유형화해 검증하는 과정을 거쳐 제작된 시스템이다. 그 과정에서 보조금 사업자와 거래처가 친·인척 등의 특수한 관계이거나, 보조금 사업 기간에 사업자가 폐업을 하는 등 합리적으로 의심되는 유형을 모두 포함하여 그 판단력을 높였다. 이렇게 개발한 시스템을 통해 집행된 보조금 내역을 분석하고 부정수급을 도출하여 재정 효과를 제고할 수 있다.

`관련정보` 빅데이터로 국고보조금 부정수급 관리, 매일경제, 2017.07.16

| 행정 | #체납 |

빅데이터로 미체납자 잡는다   대전시

대전시 대덕구에서는 재정 상태의 어려움을 극복하기 위해, 적극적인 체납액 징수 활동을 진행하기로 했다. 무려 79억 원에 달하는 체납액 중 30%만큼은 정리하기 위해, 전체 체납액의 37%(약 29억원)를 차지하는 자동차세 체납액을 일제정리하는 방안으로 전국 최초로 빅데이터를 활용하기로 했다. 그러기 위해서 자동차세 체납차량에 대한 데이터를 지도상에 구현해 점식 분포도에 따른 맞춤형 번호판 영치를 실시했다. 해당 분석을 내세워 집중 체납 징수 활동을 추진하면서 체납세금 자진납부를 유도하기위해, 체납자에게 독촉장 발송 및 체납처분 예고문을 발송했다. 그러면서 미 납부자에 대하여는 재산압류, 압류부동산 공매의뢰, 채권압류 및 추심, 관허사업 제한, 신용 정보 제한 등 강력한 체납처분을 전개했다. 또한 주소지 비 거주 등의 문제로 세금 징수가 힘들었던 체납자에게도 SMS 문자서비스를 통해 체납사실 및 독촉기한 등을 누락 없이 고지하여, 체납액 회수를 완벽하게 마무리하고자 했다. 대덕구에서는 이번 체납액 징수 활동을 계기로, 구내에서의 체납액 자진 납부 분위기 조성을 위한 노력을 끊임없이 지속할 계획이다.

[관련정보] 대전 대덕구, 지방세 체납액 일제정리 돌입, 아시아 뉴스 통신, 2016.08.30

  행정   #민원분석 #행동패턴분석 #행정서비스개선 #역량강화

46만건 민원분석   한국IBM, 경기도

한국 IBM은 경기도가 운영하는 전자민원 게시판을 포함하여, 경기도와 경기도 내 각 시·군 사이트를 통해 접수된 약 46만 건의 종합 민원을 분석했다. 해당 민원을 유형별로 분석하고 민원패턴을 파악하여 기존 처리 프로세스를 점검하고 개선하기 위해 IBM의 WCA 분석툴을 활용했다. 분석 결과를 활용해 민원 접수현황을 실시간으로 분석하고 선제적대응이 가능하도록 하여, 민원 불편사항을 최소화하고자 했다.

[관련정보] 한국IBM, 46만건 경기도 민원 빅데이터 분석 프로젝트 완료, 보안뉴스, 2014.08.20

행정   #민원분석 #체계구축

민원분석과 솔루션   포항시

가. 배경 및 목적

과거 담당자의 개인적경험을 근거로 문제점을 발견하여 해결방안을 마련하고자 했다. 콜센터 민원에 대한 상시 모니터링 과정 중 생성된 데이터통합에 관한 필요성이 대두되면서 생활민원의 특성에 따른 분석체계를 구축할 필요성이 제기되었다.

나. 활용데이터

포항시 콜센터를 통해 접수 된 민원데이터를 바탕으로 요소별빈도를 파악, 민원추세를 확인하고 핵심 키워드를 추출하여, 키워드 간 연관성을 도출하였다. 그리고 민원 중심의 상위 키워드를 빈도, SNA, TOPIC MODELING 기법을 통해 분석하였고, 시계열 분석을 통한 시기별 주요 키워드, 주요 키워드를 통해 문제가 도출된 행정구역을 분석하였다.

다. 적용결과

매월 접수 민원 1,300여 건을 대상으로 빅데이터 분석으로 예측 및 문제점 개선 자료로 활용하고 있다. 그리고 각 민원 분야별로 적정 민원 수를 상정 및 관리하여 민원 해결 및 결과의 만족성을 제고하였다.

 행정   #인구통계

'생활인구통계 지표' 개발   KT, 서울특별시

가. 배경 및 목적

서울의 주민등록인구는 2010년 이후로 계속해서 감소하고 있는 반면, 경제활동인구와 주간인구는 증가하는 추세이다. 이에 서울시와 KT는 서울 행정서비스의 대상을 '거주 인구'가 아닌 실제 '생활인구'로 전환해야 할 필요성이 대두되어 2017년 5월부터 10개월 동안 연구를 진행하였다. 이 연구를 통해 거시경제 분석과 다양한 행정정책수립에 필요한 기초 자료를 얻을 수 있다.

나. 빅데이터 활용

'서울 생활인구'의 추계는 서울시가 보유하고 있는 공공데이터와 KT의 통신 데이터를 활용하여 이루어졌다. 생활인구란 조사 시점 현재 서울에 머무르고 있는 '현주 인구'를 의미하는 것으로, 서울에 주소지가 있는 사람뿐만 아니라 교육, 관광, 의료, 직장 등의 이유로 잠시 서울을 방문해 행정적 수요를 만드는 모든 인구를 총칭한다. 해당 인구 집계는 행정동 단위보다 더욱 세밀한 집계구 단위의 인구이동 현황을 집계했다. '서울 생활인구 지표 개발'은 빅데이터를 활용하여 보다 실용적인 인구통계정보를 산출하였으며, 이 통계 정보는 지자체들의 스마트시티 구현에 긴요한 역할을 할 것이다.

다. 적용 결과

인구통계 지표개발 결과 주민등록상 인구가 가장 많은 상위 3개의 지역은 송파, 강서, 강남의 순이고, 생활인구 상위 3개 지역은 강남, 송파, 서초로 집계됐다. 또한 장기 체류 외국인 생활인구는 영등포구, 구로구 등에 많이 나타나며, 중구, 강남구, 마포구에는 관광 등의 목적으로 단기 체류 외국인이 집중되는 것을 확인할 수 있었다.

 행정 #정보제공

품목분류에 관한 데이터 개방 — 관세청

관세평가분류원은 '세계 HS 정보시스템'(HS : 국제통일상품분류제도(harmonized commodity description and coding system - HCDCS)의 약칭)에 등록되어있는 HS 관련 빅데이터를 민간업체에서 무료로 이용할 수 있도록 개방했다. 이러한 공공정보 개방을 통해 맞춤형 서비스를 제공하고, 이에 따른 일자리 창출과 국민 수요를 충족이 이뤄질 것을 기대하고 있다.

관련정보 참고: www.customs.go.kr 참고기사: 관세청, 품목분류 빅데이터 민간에 무료개방, 머니투데이, 2014.09.22

 행정 #정보제공 #소득파악

저출산 정책 지원 — 보건복지부/건강보험공단

보건복지부와 건강보험공단은 빅데이터를 활용하여 저출산 정책을 지원했다. 건강보험공단이 보유한 전국민 자격자료와 종합소득, 재산 등 보험료 부과자료를 이용해 모니터링을 실시하여 소득계층 대상을 분석했다.

관련정보 빅데이터로 저출산 맞춤지원 나선다, 매일경제, 2016.09.18

 행정 해외 #정책수립

예술 지수 제공 및 정책 수립 지원 — Cultural Data

미국에서 문화예술단체 정보 등 관련데이터를 활용하여 12개 주, 컬럼비아 특별구 14,000여 개 문화예술단체에 대한 문화예술분야 데이터를 관리하고 이를 바탕으로 국립 및 지역 예술 지수를 제공하고 합리적인 문화예술 정책 수립을 지원했다.

관련정보 홈페이지: http://culturaldata.org/about/

행정 #체계구축
자동분배를 통한 효율적 민원관리 — 연세대학교 정보대학원

연세대학교 정보대학원 학생들은 서울시 민원처리 행정업무의 효율성을 높이고자 관련 빅데이터 분석을 진행하기로 했다. 서울특별시 응답소에 올라오는 민원 내용을 RandomForest와 XGBoost로 텍스트 분석 및 추출하여, 이를 토대로 민원관련 담당부서를 할당하고 분배하는 과정을 자동화로 시행할 수 있다.

환경 #적정위치분석 #시설물관리 #인프라확대
전기차 인프라 확대 및 환경오염 방지 — 대구광역시

가. 배경 및 목적

화석연료에 의한 자동차 배기가스가 대기오염 및 미세먼지의 유발을 증가시키고 있어, 정부는 대기환경 개선과 신재생 에너지 사용 장려를 위한 전기차 보급 확산 정책을 펼치기로 했다. 이에 대구광역시는 전기차 충전 인프라 설치 입지선정을 통해 전기차 보급 확산을 위해 효율적인 충전기 운영이 필요하게 되었다.

나. 활용데이터

대구광역시, 한국자산관리공사, 한국재정정보원, 한국전력공사, 한국정보화진흥원, KT, 전기안전기술인협회 등으로부터 데이터를 제공받았다. 전기차 충전소, 충전기, 충전시설전기사용량 등 관련 데이터 197종을 수집·분류한 뒤, 케이스별로 나누어 회귀분석을 진행하여 전기차 충전소 입지 선정 후보지를 도출하였다.

다. 적용결과

단기적으로는 전기차 충전 인프라 입지선정모형을 활용해 지방 자치 예산을 효율적으로 사용하고자 했다. 그리고 중장기적으로는 전기차 충전 인프라 입지 선정 모형을 고도화하여 전기차 신청 수요를 보다 정확하게 예측하고, 전기차 보급 활성화에 앞장서고자 했다.

환경 #시설물관리 #환경오염예측
지하철 공기질 문제 잡는다 — UNIST

UNIST 기술경영대학원 석사과정 학생들은 '공공데이터를 활용한 불쾌도(오염 및 혼잡도) 정도의 시각화'라는 주제로, 지하철 공기 질 데이터를 쉽게 가공해 대중에게 전달하는 시스템을 개발했다.

기상청과 서울시를 통해 제공되는 온도, 습도, 혼잡도, 미세먼지 농도 등의 지하철 공기 질에 대한 공공오픈데이터를 수집한 뒤, 빅데이터 분석을 진행하여 지하철 공기 질을 대중에 쉽게 전달하는 시스템을 개발했다. 스마트폰 어플로 활용할 수 있는 이 지하철 공기 질 측정 시스템은 공기 질이 좋으면 녹색, 보통이면 노랑, 나쁠 때는 빨강으로 표시되어, 사용자가 쉽게 공기 질의 정도를 알 수 있다. 그렇게 표시되는 정보는 꾸준히 축적되어, 시민과 철도관리자, 정부차원에서 활용할 수 있다.

관련정보 빅데이터로 지하철 공기오염 측정, THESCIENCETIMES

환경   #시설물관리 #효율적예산운용

수도 운영 효율화 제고   수원시

수원시가 정수장에서 수도꼭지에 이르는 수돗물 공급의 전 과정을 빅데이터로 관리하는 '상수도 고도화시스템'을 구축했다. 해당 시스템은 ICT 기술을 활용하여 통합감시제어, 상수도 관망 감시·관리·진단, 수질 관리 등을 처리할 수 있기 때문에, 해당 시스템을 통한 상수도 시설운영이 가능하게 된다. 이러한 시설운영을 통해 시설물을 통합적으로 감시하고 제어할 수 있게 된다. 또유수율을 효율적으로 관리하고, 안정적으로 수돗물을 공급할 수 있게 되어, 수자원·에너지·운영비를 절감할 수 있게 된다.

관련정보 수원시, 수돗물 공급 전 과정 빅데이터로 관리·감시, 중부일보, 2017.05.17

해외

환경   #동물개체수파악

지구 온난화가 열대 우림 동물에 미치는 영향   국제보호협회&HP 버티카

4개 대륙의 16개 지역에서 동물의 움직임이 포착되면 이를 감지하는 모션센스가 탑재된 카메라인 카메라 트랩(camera traps)이 1,000여 개의 네트워크를 구축하여 각 지역을 조사한다. 2,000평방 킬로미터가 넘는 면적에 설치된 카메라들은 지나가는 동물들의 이미지를 캡쳐해, 지구 온난화와 토지 사용 변경이 열대우림 포유류와 조류 다양성에 어떠한 영향을 미치는지 이해하는 중요한 데이터로 사용하고 있다. 즉, 카메라 트랩들을 숲속 전역에 설치한 뒤, 특정 지역에 어떤 동물들이 살고 있으며, 그 동물들은 평상시 어떤 행동을 하는지를 파악하는 것이다.

효과 및 시사점

수집한 데이터를 기후 데이터(강수량, 기온, 습도, 일조량 등), 나무 데이터(성장, 생존, 벌목 등) 및 공공 데이터의 대지 사용 데이터와 혼합한 뒤, 해당 지역의 동물 개체 수 현황 모델을 만들고 시간에 따른 변화 경향을 도출할 수 있다.

관련정보 빅데이터 동향과 이슈 제3호, 한국정보화진흥원, 2014.10.13

환경	#재난관리 #재해조기감지
기상 및 SNS 기반의 산불 위험 예보	**산림청**

산림청은 기상 및 SNS 데이터 등을 통해 빅데이터 분석으로 산불위험 및 확산을 정확하게 예측하는 '산불위험 예보시스템'을 개발했다. 이 시스템을 통해 산불 예측에 대한 의사결정 정확도를 제고하고, 선제적 예방 활동을 진행할 수 있게 된다. 추가적으로, 관련 대응체계를 구축하여 산림청의 산불위험 예보의 효율성을 높일 수 있었다.

환경	#전염병확산방지 #전염병이동경로 #전염병지역예측 #실시간모니터링
빅데이터로 조류 이동 감시	**국립생물자원관**

환경부 국립생물자원관에서는 '철새정보시스템'을 공개해, 우리나라에 도래하는 주요 철새의 현황과 이동 경로 정보를 확인할 수 있도록 한다. 철새정보시스템은 국립생물자원관이 현재까지 약 20년간 확보한 겨울철 철새의 도래 현황 데이터와, 위치추적기를 통해 확인한 철새의 이동 경로 데이터들을 지리정보시스템 위에 시각화하여 보여주는 것이다. 이 시스템을 사용하면 종별, 지역별, 위치추적기별 검색을 통해 철새의 분포, 도래 시기, 이동 경로 정보를 확인할 수 있어, 조류독감(AI) 조사 및 대응을 강화할 수 있다.

 빅데이터 분석 서비스 '철새정보시스템'으로 AI 대응 국립생물자원관 서비스 공개, 전자신문, 2017.10.09

환경	#정책수립
데이터 기반의 환경오염 관리	**한국환경정책 평가연구원**

한국환경정책평가연구원에서는 한국데이터진흥원(이하 KDATA)의 데이터스토어를 통해 데이터를 수집, 평가하고, 나아가 환경정책 수립에 기여하는 서비스 사업을 구축하고자 했다.

가. 배경 및 목적

데이터 기반의 환경정책 연구 및 평가를 위한 외부데이터 수급의 한계를 느껴 적극적인 데이터 기반의 연구가 펼쳐지지 못하는 상황이었다.

나. 활용방법

KDATA로부터 여러 지역을 대상으로 환경정책 연구 관련된 데이터세트를 확보한 후, 목적에 맞게 편집하여 사용자가 자신이 필요한 정보를 손쉽게 접하고 이용할 수 있도록 하였다.

다. 적용결과

특수한 목적에 따라 여러 환경 관련 데이터를 확보하여 공공기관의 연구 정책 도출에 효과적으로 지원할 수 있게 되었다. 특히 오염원 조사에서 데이터 분석 기반의 연구로 신 오염물질 배출 사업장의 위치, 오염행위, 행정처분 데이터, 기업 신용정보를 결합한 시범 연구 진행하였으며, 해당 결과를 통해 경영상황 악화와 오염물질 배출은 서로 상관관계가 높다는 결과를 확인할 수 있었다.

> 관련정보
> 홈페이지: http://www.kei.re.kr/home/mislib/a002/list.kei (한국환경정책 평가연구원, 연구활동)
> 데이터소스: www.kdata.or.kr

해외

 환경　　　　　　　　　　　　　　　#동물보호　#동물개체수파악　#실시간모니터링

동물 보호에 사용되는 빅데이터 　　　　런던동물학회

가. 배경 및 목적

런던동물학회(ZSL)는 런던동물원을 운영함과 동시에 많은 동물의 멸종 위기와 맞서면서 세계의 환경 보존에 힘쓰고 있다. ZSL에서는 점점 발달하는 데이터 수집 및 분석 기술을 이용하여 멸종 위기 동물을 보호하고 야생동물을 모니터링하는 새로운 방법을 개발하고자 했다.

나. 활용 데이터

ZSL은 각 동물을 구분할 수 있을 정도로 발달한 초고화질(VHR)의 위성사진을 이용했다. 이 데이터는 어떤 위치에 어떤 동물 집단이 얼마큼 있는지를 파악할 수 있는 알고리즘에 입력되는 용도로 사용된다. 또한 이 데이터와 함께, 지상에 설치된 카메라와 현장 관찰자, 무인 항공기, 소셜미디어 등을 통해 수집된 데이터가 함께 활용된다. 그 외에도 생물학적 정보, 인구통계학적 데이터, 위성 데이터 등이 함께 사용된다.

다. 상세 내용

위성사진을 통해 동물 집단의 이동을 파악하여 향후 이동을 추적하며, 도시화, 숲의 파괴와 같은 생태계의 다양한 영향을 분석했으며, 예측 모델링을 이용해 미래의 변화를 예측했으며, 희귀동물 멸종 등으로 인해 사람의 개입이 필요한 지역을 알아냈다. 또한 동물의 이상과 행동을 파악함으로써 다른 생물종들에게 미치게 될 영향을 예측할 수 있다. 더 나아가서, 소셜 미디어에 올린 사진을 모니터링해 동물과 식물을 인식하고, 위치를 확인해서 새로운 참조 데이터베이스를 구축했다. 다양한 분석을 통해 지구 생명체의 멸종을 막기 위한 프레임워크를 개발했으며, 이를 통해 해결해야 할 일의 우선순위를 파악하여 효과적으로 집중할 수 있게 된다.

환경　　　　　　　　　　　　　　　#재난관리　#재해조기감지　#환경오염예측

환경재난 예측　　　　　　　　　　　　　계명대

2014년 계명대 녹색융합기술연구소는 정부로부터 10년 200억 원의 투자를 받아 환경재난에 관한 프로젝트를 진행했다. 녹조, 미세먼지, 환경오염과 관련된 여러 재난 및 재해 발생을 사전에 파악하기 위해 위성사진, SNS 등 정보를 수집하고 분석했으며, 공간 스캐닝 플랫폼 기술을 통해 빅데이터와 ICT 기술을 융합한 연구를 진행했다.

관련정보　빅데이터로 환경재난 미리 알고 대응, 매일신문, 2014.11.05

 해외

 기타　　　　　　　　　　　　　　　#적정위치분석　#업무효율제고

SNS 텍스트 마이닝을 통해 봉사지원 최적화　　일본 지자체

SNS 텍스트 기반 데이터를 활용하여 자연재해 등으로 피해를 입은 지역의 지원 요청을 텍스팅 마이닝으로 분석하는 체계를 구축했다. 이를 통해 피해 지역에 구호 물품들을 보급하는 작업의 효율을 높이고, 봉사자 배치를 최적화할 수 있게 되었다.

빅데이터 활용사례
공공 금융 농축수산 문화관광 에너지 유통 의료 제조 IT 기타

02 / 금융

금융, 대출, 보험, 부동산, 은행, 증권, 카드, 핀테크

	고객중심	시스템최적화	위험관리	신규비즈니스모델개발
금융			· 온라인 사기 예방도 빅데이터와 함께(194p)	
보험	· 빅데이터가 가져올 금융산업계 파급 효과(178p)			
부동산		· 빅데이터 활용 공동주택 시세 산정 시스템(172p)		· 빅데이터 활용 공동주택 시세 산정 시스템(172p)
은행			· 빅데이터 기반 자금세탁 방지 시스템(198p)	· 빅데이터 기반 자금세탁 방지 시스템(198p)
카드	· 빅데이터 기반 대내외 경제계획 수립(168p) · 고객의 발자취와 목소리(182p) · 데이터의 융합을 통한 시의적절한 마케팅(186p)			· 빅데이터 기반 대내외 경제계획 수립(168p) · 고객의 발자취와 목소리(182p)
혜택		· 빅데이터 기반 회계 관리 시스템(190p)		

금융

금융, 대출, 보험, 부동산, 은행, 증권, 카드, 핀테크

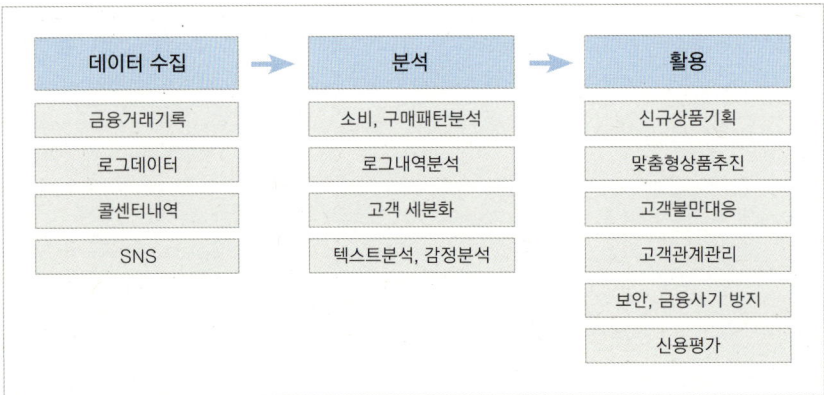

금융빅데이터의 활용 단계

1. 금융빅데이터 현황

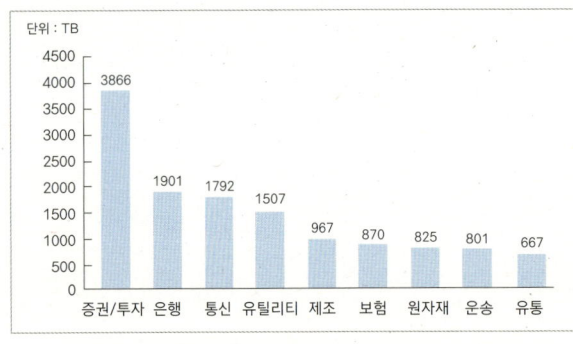

* 출처: 빅데이터의 이해와 금융업에 대한 시사점, KB금융 경영연구소

현재 정보기술 및 인터넷의 발달로 인해 정형/비정형 데이터의 양이 방대해지고 있으며 데이터를 분석하여 가치있는 정보를 추출하고 의사결정에 활용하여 경제적 가치를 창출하고자 하는 노력을 기울이고 있다. 금융기관의 경우 업무의 대부분이 온라인에서 이루어지기 때문에 데이터의 축적량과 증가속도가 타 분야에 비해 매우 높은 특징을 가지고 있다. 우리나라의 경우 금융관련 기술발달 보다 내수시장 강화에 주력하고 있었고 2014년 있었던 금융사의 개인정보 유출사태로 인해 강화된 법규제 등의 한계로 빅데이터의 활용이 활발하게 나타나지 않았으나 최근 개인정보 비식별 조치 가이드라인 제정과 빅데이터 활성화 정책 추진으로 인해 활용방안을 적극적으로 모색하고 있다. 최근 빅데이터를 활용한 핀테크, 인터넷 전문은행 등의 새로운 금융산업이 등장함에 따라 급격한 변화의 물살을 타고 있다. 이렇듯 새로운 환경에서 금융권의 빅데이터 활용과 동향을 살펴보고자 한다.

2. 금융업의 빅데이터 활용

금융기관은 고객에게 금융 상품 및 서비스를 제공함과 동시에 부가가치 창출을 목적으로 빅데이터를 활용하고 있다. 고객 및 시장환경을 분석하여 상품, 서비스 개발, 마케팅 등에 활용하여 부가가치를 제고하고 있으며 회사 내의 회계, 재무, 인적관리, 운영 효율화 등에 대한 운영 관리 활동에도 빅데이터를 활용하고 있다. 이 중 금융기관에서 직접적인 부가가치를 창출하고 있는 분야로 상품개발, 위험관리, 마케팅 영역으로 그룹화를 진행하였다. 신상품개발 및 마케팅 분야는 금융산업뿐만 아니라 타 산업에서도 활발히 사용되고 있는 분야이며, 활용폭이 유사한 반면 위험관리 부분에 있어서는 금융기관에 모두 공통적으로 활용되나 특히 신용위험 관련 부분은 은행, 카드, 시장위험 부분은 증권 업종에서 중요하게 사용되고 있다.

- **신상품개발 분야** : 자사 수집 데이터(고객 정보 등)와 SNS, 블로그, 뉴스 등을 통해 금융과 관련돼 수집된 데이터 등 다양한 데이터를 분석하여 기존 상품, 상품 개발, 서비스 개선 등에 활용한다.
- **리스크 관리 분야** : 빅데이터가 활용되기 전부터 수집된 데이터를 통해 신용평가 모형 등 모델 구축을 위해 데이터를 가장 활발하게 사용하였던 분야로 대부분의 금융기관이 위험관리 시스템을 구축하고 있다. 신용, 시장, 운영위험으로 분류할 수 있으며 모든 금융기관에 적용할 수 있으나 신용위험의 경우 은행, 시장위험의 경우 증권 등 세부 활용 분야로 나눌 수 있다.
- **마케팅 분야** : 신상품개발 분야와 마찬가지로 내부 축적 데이터와 외부 비정형 데이터를 이용하여 고객 성향을 분석하고 분석 내용을 바탕으로 신규 고객 유치, 타겟 마케팅, 고객 맞춤형 서비스, 고객 관리 등을 수행한다.

3. 금융 하위업종의 분야별 활용

금융업의 다양한 형태 중 본 도서에서는 금융업의 가장 높은 비중을 차지하는 은행, 보험, 증권, 카드로 분류하여 신상품개발 분야, 마케팅 분야, 리스크 관리 분야에 대한 활용 사례를 살펴보고 활용 현황과 시사점을 제시하고자 한다.

가. 신상품개발 분야
① 은행

신규 상품 개발과 서비스 개발, 은행업의 신규수익원 창출 등에 빅데이터를 활용하고 있다. 하지만 그 비중이 다른 업종에 비해 보고되고 있는 사례는 많지 않은 편이다. 주로 고객 데이터, 거래 내역 등을 통한 고객 맞춤형 마케팅과 전화 상담내용, 모바일채팅 상담내용의 키워드를 분석, 고객상담의 품질을 향상시키고 요구 사항을 파악할 수 있게 하는 시스템 개발 등에 빅데이터를 활용하고 있다.

② 카드

빅데이터 분석을 통한 개인별 맞춤형 카드 출시 및 신규 카드 서비스 개발에 활용되고 있다. 고객의 소비패턴과 선호 트렌드 분석을 통해 개인별 맞춤 카드가 개발되고 있으며 가맹점에는 상권정보, 경기변동 상황 등을 제공해주는 서비스를 개발, 활용하고 있다. 최근에는 국내 카드사들은 빅데이터 관련 조직 신설과 더불어 빅데이터 분석기법과 자사가 가지고 있는 카드 이용데이터를 통해 카드 이용패턴 등을 분석하고 이를 통한 가맹점 지원사업과 제휴사업, 공공기관을 대상으로 한 컨설팅 사업부분에서 수익 창출을 도모하고 있는 시점이다.

③ 보험

보험사는 고객의 생활패턴과 관련된 것과 함께 시장 환경 및 트렌드 분석에 빅데이터 분석을 활용하고 있으며, 이를 통해 주로 보험상품 신설, 보험료 할인, 타겟마케팅 등에 활용한다. AIG, AXA, progressive 등 운전자의 운전 행태(급가속, 급감속, 과속 등) 관련 데이터를 수집하여 분석, 활용해 안전운전을 하는 운전자에게 보험료를 할인해주는 UBI(Usage Based Insurance) 상품을 개발하여 활용하고 있는 것이 가장 대표적인 예이다. 국내 보험사도 최근 유사한 보험상품을 개발 판매하고 있다.

④ 증권

증권 업종에서는 빅데이터 활용이 두드러지지는 않으나 주로 SNS데이터를 활용한 분석 투자상품을 개발하고 있으며, 비정형 데이터에 대한 감성분석을 통해 다양한 투자상품을 개발하고 있다. 이를 통해 투자 포트폴리오를 구성, 제공하는 상품을 개발하여 활용하고 있다.

	은행	카드	보험	증권
신상품개발	・고객데이터 축적을 통한 고객 맞춤 서비스 제공과 AI 챗봇 '루보' 개발을 통한 간단한 고객의 질의를 처리할 수 있는 시스템을 개발했다. (Bank of America) ・상품개발에 대한 고객의 반응과 경쟁은행의 서비스 동향파악에 활용한다. (IBK 기업은행) ・고객상담 내용의 문자변환을 통해 축적된 데이터를 이용하여 빅데이터 분석을 실시, 고객상담의 품질향상과 마케팅에 활용한다. (신한은행) ・고객의 상담자료와 더불어 거래내역 등 데이터를 수집하여 고객에게 취업, 결혼, 은퇴와 같이 특별한 상황에 맞는 금융 포트폴리오를 제시하여 고품질 서비스와 금융 혜택을 제공한다 (농협)	・고객의 카드 사용실적 데이터를 토대로 소비패턴과 트렌드를 분석하여 9개 고객군으로 추출, 각 고객 유형에 최적화된 Code9 카드 시리즈를 출시하여 고객 본인의 유형에 맞는 카드 사용이 가능하게 하였다. (신한카드) ・최근 3개월의 데이터를 이용, 가맹점 방문고객 성별/연령/직업/재방문율 등에 대해 현대카드는 결제 정보를 활용해 각 가맹점이 쉽게 정보를 확인할 수 있는 현대카드X빅데이터 서비스를 제공, 자영업자들이 필요한 정보를 제공하고 있다. (현대카드) ・국내거주 외국인의 카드 이용형태를 분석하고 외국인 자문단의 설문조사 등 빅데이터 분석기술을 활용하여 외국인 특화 신용카드 출시 (KB국민카드)	・자동차에 기기를 부착, 전송된 데이터를 이용하여 고객의 운전패턴을 파악하고 행태를 비교·분석하여 미래 사고 가능성을 예측, 보험료를 산정하는데 활용한다.(미국 Progressive, AIG, AXA) ・미국을 2*2mile의 크기로 세분화한 후 각 섹터 당 2년, 10,000시간의 날씨 데이터를 수집하여 패턴을 파악해 농작물 보험개발을 진행하였다. (미국 Metromile) ・건강한 생활습관을 가진 보험가입자에게 포인트 적립을 통해 보험료를 할인해 주거나 보상을 제공하는 보험상품을 출시하였다. (남아프리카 Discovery)	・SNS데이터를 이용한 감정분석을 통해 투자자의 투자심리를 파악, 데이터를 제공하는 '트위터 펀드'를 개발해 운영한다. (업체 평균수익률 0.76%보다 높은 1.86%의 수익 달성) (영국 Derwent Capital Markets) ・트위터 등 SNS의 주가 변동과 관련된 정보를 이용 주식 매매 시 활용한다. (일본 카부닷컴) ・'빅데이터 기반 주가예측 시스템'을 개발하여 SNS 뉴스 등 각종 증권과 관련된 데이터를 추려 증권 IT서비스를 제공한다. (코스콤)

나. 리스크관리 분야

리스크 관리의 경우 은행, 카드, 보험, 증권 전 분야에서 기존 수집된 데이터를 바탕으로 신용평가 모델 구축 등에 활용되어 왔으나 최근 내부 데이터뿐만 아닌 외부 SNS 등 비금융정보를 활용하여 신용평가 모델을 구축하는 사례들이 나타나고 있다. 특히 은행, 카드, 보험 등 여신 상품을 취급하는 분야에 있어서 가장 중요한 것 중 하나인 신용위험도 관리 부분이 빅데이터가 등장하면서 가장 활발하게 이용되고 있는 분야 중 하나이기도 하다. 주로 SNS, 공공요금 납부 데이터, 통신요금 납부 데이터 등이 신용평가 모델에 사용되고 있다.

	은행	카드	보험	증권
리스크관리	· 신용 리스크 모델 고도화를 통해 조기 경보체계 강화, 채무불이행확률에 대한 분석과 처리시간 감소. (Bank of America) · 기계학습을 통한 신용평가 모형의 개선으로 대출 상환율 기존대비 90% 향상시켰다. (미국 Zestfinance) · 관리비(전기, 도시가스, 수도 등)의 공공요금과 통신비용, 국민연금, 건강보험료 등을 종합한 새로운 신용평가 시스템 개발. (국민/농협은행) · 대내외 다양한 기업과 관련된 중요정보를 수집 빅데이터 분석을 통해 부실 징후 정보를 파악하고 리스크 분석지표를 머신러닝으로 분석해 기업 부실 가능성을 4등급으로 안내하는 시스템을 개발하였다. (우리은행)	· 소비자 이용 패턴을 분석하여 동일 카드 사용지가 멀리 떨어진 지역에서 짧은 시간 내에 카드를 거래할 경우 카드 도용이나 분실을 의심하여 일시중지 시키는 리스크 관리 프로그램을 도입했다. (마스터카드)	· 보험금 지급 청구 시 사기 위험도를 담당자에게 전달하는 보험사기 여부를 판단할 수 있는 시스템을 개발하였다. 개발 후 보험사기의 25%를 적발하였다. (현대해상) · 일전 보험사기 케이스를 수집, 고위험군 사고를 분석하는 시스템을 개발하여 사고의 위험도를 측정한 후 일정 점수 이상일 경우 보험사기 의심 건으로 추정 조사한다. (삼성화재)	· 하둡, R 등의 빅데이터 분석이 가능한 엔진을 접목하여 데이터 분석에 활용하고, 금융감독원 지침에 따른 FDS 의무 설치에 함께 이용한다. 각종 사기 및 의심거래를 예방하고 로그 데이터를 통해 사기 패턴을 축적·분석하고 실시간 감지한다. (미래에셋 증권)

다. 마케팅 분야

① 은행

고객의 행동이나 거래 관련 데이터를 통해 고객 각각의 성향과 니즈를 판단하여 타겟층을 구성하여 마케팅을 진행한다. 또한 SNS, 기타 채널에서 고객이 남긴 콘텐츠를 이용하여 감성분석을 실시, 은행 평판 등을 판단하여 마케팅에 활용하며 이와 같이 고객정보, 거래정보, 구매정보, SNS 데이터 등의 여러 채널의 데이터를 통합 분석하여 맞춤형 상품추천 등의 서비스를 고도화시키는 데에 빅데이터를 활용하고 있다. 또한 콜센터 등 수집된 고객의 음성 정보를 VOC 분석을 통해 감성분석을 시행, 고객의 목소리를 파악하여 마케팅에 활용하고 있다.

② 카드

고객의 결제 시점, 구입 품목 등을 실시간으로 파악하여 고객에게 적절한 혜택을 미리 연결해

놓는 서비스를 진행, 해당 가맹점에서 결제를 할 경우 자동으로 할인이 되는 CLO(Card Linked Offer) 서비스를 통해 적극적인 마케팅 활동을 펼치고 있다.

③ 보험

축적된 고객정보를 이용한 고객의 보험 추가가입 권유, 신규가입, 고객 이탈 방지에 빅데이터 분석을 활용한다. 또한 고객 세분화를 통해 고객에게 맞는 적절한 보험상품이나 펀드 등을 고객 맞춤형 포트폴리오 제공을 통해 마케팅을 시행한다.

④ 증권

고객의 투자, 거래내역 패턴 등을 종합해 상품추천에 활용한다.

	은행	카드	보험	증권
마케팅 분야	· 신용리스크 모델 고도화를 고객의 카드 사용지점, 장소를 분석하여 고객에게 실시간 맞춤정보 제공. (미국 Citi) · 고객 행동분석을 통해 고객 니즈와 타겟층을 판단하여 SNS마케팅, 프라이빗 뱅킹 등 빅데이터 분석을 통해 부족했던 서비스의 개선과 정보 제공. (SC제일은행) · 지도와 고객 거래 내용을 결합하여 실시간 확인 가능한 시스템 개발하여 마케팅에 활용한다. (KB은행) · SNS와 인터넷상의 고객의 콘텐츠와 콜센터 등을 통해 수집된 데이터를 감성분석을 통해 은행 평판 파악을 통해 마케팅에 활용한다. (IBK기업/신한/국민은행)	· 타겟층의 고객의 결제시점, 구입 품목 등을 실시간 파악하여 결제를 진행할 경우 인근 가맹점의 할인쿠폰을 발행하는 Real Time messaging 서비스를 시행. (비자카드) · 카드사와 제휴되어 있는 SNS의 고객을 연동하여 고객이 상품을 구매할 경우 SNS 할인코드를 발송하거나 상품을 출시하여 고객 성향 파악과 더불어 위치정보를 취합, 고객 맞춤형 프로모션을 제공한다. (American Express) · 카드의 사용 실적을 토대로 자주 이용할 것 같은 가맹점 혜택을 미리 제공하는 Link 서비스를 개발, 별도의 쿠폰이나 할인권이 없어도 혜택을 받을 수 있는 서비스를 제공한다. (삼성카드)	· 축적된 고객 정보를 통해 빅데이터 기반 DW & CRM 시스템을 도입, 추가가입 권유, 신규가입, 고객이탈방지 등 3가지 예측모델을 개발, 타겟을 설정하여 마케팅을 진행한다. (미국 Alianz) · 고객정보 플랫폼을 개발, 소비자에 대한 구매 행동 정보를 생성하여 마케팅에 활용한다. 특히 해외시장을 개척하는 경우 전반적인 고객 분석을 통해 상응하는 상품군을 판매 제휴하는 방식의 마케팅을 진행한다. (미국 Metlife) · 빅데이터 분석을 통해 상품군을 세분화하고 이를 통해 고객의 현 상황에 적합한 펀드 및 고객 맞춤형 포트폴리오 제공을 통해 고객마케팅을 시행한다. (한화생명)	· 개인의 투자, 거래내역, 거래패턴과 함께 상품의 변화를 분석해 마케팅과 상품추천에 활용한다. (한국투자증권)

4. 금융 빅데이터 활용 시사점

최근 금융 분야에서는 고객의 성향, 니즈 분석과 맞춤형 서비스 제공, 신규고객발굴, 기존고객 이탈방지, 신규상품, 리스크관리 등과 같은 영역에 국한되어 사용되고 있는 것으로 볼 수 있었다. 빅데이터 활용과 관련하여 금융기관의 활용 측면과 데이터 조성 측면으로 분류하여 살펴보고자 한다.

가. 금융기관의 빅데이터 활용 측면

빅데이터의 활용영역은 매우 광범위하고 무궁무진하다. 하지만 빅데이터의 활용 효과가 검증

되지 않은 분야가 많은 것이 사실이므로 시장에서 논의되는 모든 빅데이터 활용 영역을 골고루 사용하여 사업화할 수 있는 금융사는 없을 것이다. 하지만 구체적 활용 목적을 설정하여 빅데이터를 활용하는 방안을 우선 모색한다면 효과적인 빅데이터 활용 방안이 나타날 것으로 예상된다. 구체적 활용 목적을 적절하게 설정하고자 한다면 당면한 문제에 대한 인식, 보유한 데이터의 특성에 대한 이해와 분석을 통해 도출되는 결과의 이해가 필요하다. 이를 위해서는 관련 지식을 가진 구성원이나 인력이 팀을 구성하여 진행할 필요가 있다.

또한 효과적인 빅데이터 활용을 위해서는 이를 통해 다양한 빅데이터 해외 사례나 국내 사례를 통해 벤치마킹하거나 자체적으로 필요한 부분을 검토하여 전반적 빅데이터 활용시스템이나 프로세스를 검토하여 기존 BI를 점검, 빅데이터 시스템화시키는 방안이 필요하다. 이는 운영 효율의 개선과 서비스 수준 향상이라는 기대효과를 가져올 것이다.

데이터 결합을 통해 일차원적인 분석이 아닌 고객 니즈, 기술, 환경 변화 등에 대한 분석을 통해 새로운 상품 서비스와 BI를 선점하는 것이 미래 금융사들의 핵심 경쟁력이라고 볼 수 있을 것이다.

나. 데이터 조성 방안

금융 분야에서의 다양한 빅데이터 분석 및 활용을 통해 가치를 극대화하기 위해서는 관련 데이터를 적절하게 수집하고 기존 보유한 데이터와의 통합이 가장 중요하다. 하지만 수집이 현실적으로 불가능하거나 수집 과정이 매우 어려워 기술적, 법률적인 문제가 따르게 된다. 이를 해결하기 위해서는 국가적 차원의 지원이나 노력이 필요하다. 대표적으로 2016년에 개원한 한국신용정보원의 경우 각각의 금융 협회에 나누어져 있던 신용정보 자료를 통합 관리함으로써 종합적인 신용정보를 통해 신용위험도를 파악할 수 있게 되었다. 이를 통해 각 금융기관은 다양한 양질의 데이터를 확보, 신용평가에 이용할 수 있게 되었다. (현재 개인신용, 기술신용, 보험, 상속 등에 관련된 내용을 서비스하고 있다.)

또한 양질의 데이터를 확보하기 위해 현행 개인정보보호법의 합리적 개선이 필요하다. 우리나라의 개인정보보호법은 매우 폭넓은 정의로 사전 동의가 없을 경우 수집 자체가 불가능하여, 해외와 비교하였을 때 엄격한 제한으로 활용이 제한되는 면이 있다. 금융당국이 빅데이터 활성 정책을 발표함에 따라 좀 더 적극적인 활용이 될 것이라고 기대하였지만 개인정보보호법에 제지를 받는 상황이다. 하지만 금융 데이터의 특징상 개인 정보를 가질 수밖에 없다. 최근 비식별 조치 방안 가이드라인 제정으로 이전 보다 활발하게 금융 빅데이터를 사용할 수 있지만 법률상 구체적으로 명시되지 않아 재식별이 이루어질 가능성이 있어 실질적으로 비식별 조치가 불가능한 것으로 보고 있다. 이에 개인 정보 범위에 대한 명확한 기준과 비식별 정보 활용에 대한 부분에 있어 법의 개선을 통해 활성화가 필요하다. BIG

102 빅데이터 기반 대내외 경제 기획 수립

신한카드

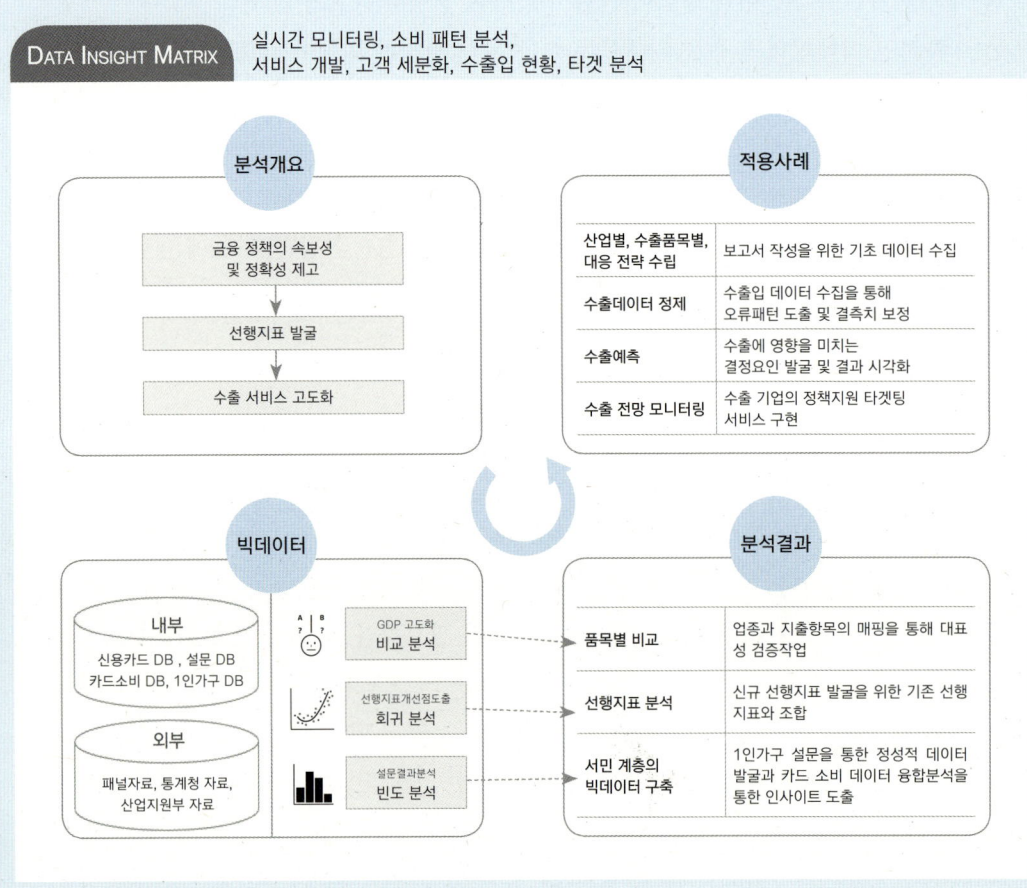

우리나라의 GDP 산출 방식은 기존 15개의 산업 군의 사업체 조사 및 기타 기초자료 활용의 전통적 방식을 통해 산출하였다. 기존 방식의 문제점은 자료 제공 주체의 제공 시기와 GDP 발표시기가 상이한 문제가 있어 선제적 정책 활용에 있어 최신의 자료를 활용하기에 무리가 있었다. 신한카드는 이러한 점을 개선하고자 해외의 빅데이터를 활용한 추계 방식과 구성항목을 확인하여 GDP 고도화, 선행지표 발굴 등의 작업을 진행하고 서민계층별 빅데이터를 확보하고자 하였다.

수집데이터	신용카드 DB, 패널자료, 산업지원부, 통계청 자료, 카드소비 DB, 설문 DB
참여기업	신한카드(주관기관), 엔코아(참여기관), 한국은행/KOTRA(수요기관 및 자문)

1. Big Point!

우리나라의 국가통계 생산방식은 대면 방식의 Survey 수준으로 GDP를 산출할 경우 15개 산업부문 사업체를 조사하여 GDP를 산출하고 있었다. 이는 자료 제공 주체의 자료제공 시기와 GDP 발표 시기가 상이하여 적기성의 문제가 발생하였고, GDP를 통한 금융·경제 정책의 선제적 집행이 불가능하다는 단점을 보유하고 있었다. 또한 무응답, 샘플 변경 등의 오류가 발생하는 등 국가통계의 신뢰도 확보에도 문제가 발생하였다. 이를 해결하기 위해 신한카드는 선진국의 빅데이터를 활용한 GDP 추계방식의 벤치마킹을 통해 문제들을 해결하고자 하였으며 새로운 조사 방법론을 제시하여 금융정책의 속보성 및 정확성을 제고할 수 있는 방안을 검토하고자 하였다.

2. 활용 데이터와 분석

기존 GDP 자료는 속보성 및 세부 부문별 다양성 면에서 보완이 필요하였으나, 카드 데이터를 활용할 경우 데이터의 실시간적 특징으로 가계 목적별 소비지출 항목과 매칭시 속보성 및 다양성에 대한 부분이 담보되었다. 이를 GDP 고도화를 목적으로 신한카드의 부문별 지출 DB와 가계 목적별 소비지출자료(COICOP)의 데이터에서 유사한 코드의 매칭을 통해 가계의 목적별 소비지출 자료와 신한카드상의 지출 자료를 비교하여 분석에 활용하고자 하였다.

추가적으로 기존 선행지표와 경기지표간 관계를 회귀분석을 통해 분석하였으며, 카드 소비데이터를 통해 신규 선행지표를 개발, 경기지표와의 관계분석을 통해 기존 선행지표 대비 개선점을 도출하였다. 이를 통해 경기를 예측하는 선행지표로서의 활용 가능성을 평가하고자 하였다.

• COICOP
Classification of individual consumption by purpose를 축약한 것으로, 가구 및 정부와 비영리 기관에서 발생한 개별 소비 지출을 분석하기 위해 UN 통계국에서 개발한 분류 방법.

3. 분석결과

가. 카드 업종 데이터와 가계소비지출의 품목별 비교

카드 업종 데이터와 GDP 항목인 가계소비지출의 품목별 비교 결과, 교통과 의료 및 보건 등 비교적 매핑이 잘 되는 품목의 경우 GDP 대체 항목으로 활용이 가능하고 식료품 및 주류음료 등 매핑이 어려운 항목은 제3의 데이터로 보완이 필요하였다. 그리고 임료 및 수도광열 등 카드결제보다 계좌이체 거래가 메인인 업종의 대안을 모색하기로 하였다.

나. 선행지표 발굴

기존 선행지표(소비자 심리지수)와 경기지표의 비교·분석 결과 소비자심리지수는 경기변동을 3개월 선행하며 경기관련지표의 설명력을 4.6% 개선하는 효과를 보였다. 위와 비교하기 위해 신규로 발굴한 선행지표(카드 소비데이터, 가맹점 규모, 개폐업정보 등 총 50가지)는 소비자심리 지수와 유사한 결과를 보여 1~3개월의 현행시차로 기존과 지표와 유사한 설명력을 나타내는 것으로 판단되었다.

다. 서민계층별 빅데이터 구축

경기관련 정부 정책과 연관성이 높은 서민계층 선정을 위해 1인 가구, 고령화, 청년층 등의 계층 후보군을 도출하여 최종 2개(1인가구, 고령화) 계층을 선정하였으며, 계층 선정의 정확성 제고를 위해 여러 기관의 데이터를 융복합 하여 활용하였다. 이를 통해 1인 가구 및 고령화 가구의 어려운 점, 경제적 부담 요소 등에 대한 정성적 데이터 확보를 통해 서민계층에 대한 다양한 빅데이터를 구축할 수 있었다.

4. 빅데이터 분석결과의 활용

가. 산업별, 수출품목별 대응전략 수립
기초 보고서 작성을 위한 데이터 수집 및 데이터 가공시간이 오래 걸리던 기존 모형을 수출 결정 모형 수립과 모니터링 서비스를 통해 타겟팅함으로써 최적의 대응전략을 수립할 수 있었다.

나. 수출 데이터 정제
전 세계 수출입 데이터 수집을 통해 현황을 파악하여 오류패턴을 분석한 결과 크게 3가지의 오류 패턴을 도출할 수 있었으며 보정을 통해 적용한 결과 약 80%이상의 결측치 및 오류를 보정할 수 있게 되었다. 이를 통해 신뢰성 있는 수출입 데이터 확보가 가능해졌다.

다. 수출예측
수출에 영향을 미치는 변수를 발굴하고 벡터자기회귀모형, 벡터오차수정모형 등의 분석모형을 이용한 시계열 분석을 통해 유가등락에 따른 국내 수출 기업의 반응에 대한 예측 분석이 가능해져 기업이 선제 대응할 수 있는 방안을 마련할 수 있게 되었다.

• **벡터자기회귀모형 (Vector AutoRession)**
경제정책과 여타 변수들이 일시적으로 변화할 때 경제에 어떤 영향을 미치는지를 분석하는 모형으로 경제변수들간의 관계를 설명하려는 통계적방법론의 하나.

라. 수출전망 모니터링
산업별, 주요 국가별, 수출품목별 수출 전망을 모니터링하고 국내 수출 기업의 정책지원 타겟팅을 위한 서비스를 구현한다. 이를 통해 수출 기반 정책 지원 서비스가 가능해졌다. BIG

유사사례
- 388p, KOTRA, 데이터 기반 수출 올인원 서비스
- 392p, K쇼핑, 빅데이터를 이용한 가구별 특화 상품 노출 시스템
- 464p, MANSOLE, 제품기획과 마케팅 두 마리 토끼를 잡다
- 494p, 존스킨화장품, 빅데이터를 통한 남성 화장품 인사이트 도출
- 468p, 블리언트앤컴퍼니, 최적의 마케팅을 찾아준 빅데이터
- 514p, 큐비엠, 데이터를 활용한 마케팅 컨셉 수립
- 186p, 비씨카드, 데이터의 융합을 통한 시의적절한 마케팅
- 558p, 노스페이스, 이제는 아웃도어도 스마트하게 사자
- 472p, 헬로네이처, 빅데이터로 고객의 믿음과 마음을 잡아라
- 510p, 티젠, 빅데이터를 통한 해외 현지 맞춤화 전략 시행
- 274p, 아펙시, 빅데이터 분석을 통한 음악 서비스 사례

103 빅데이터를 활용한 공동주택 시세 산정 시스템

케이앤컴퍼니

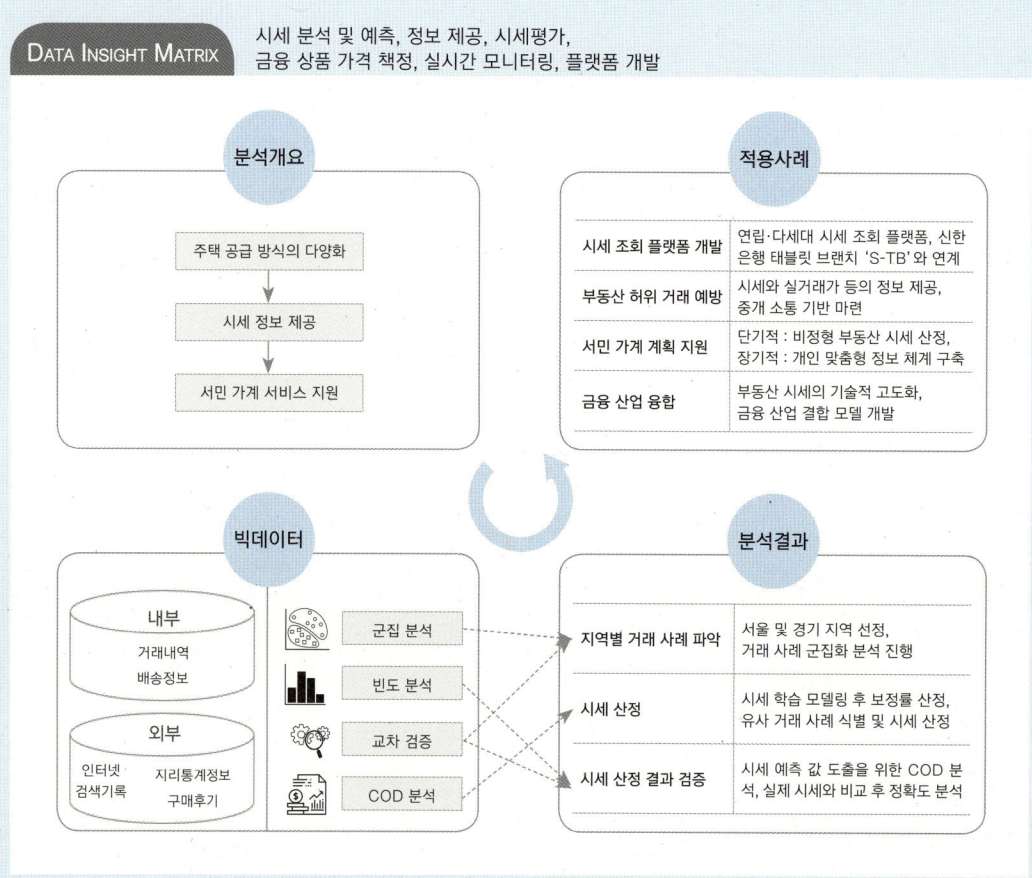

최근 시장의 부동산 플랫폼은 아파트에 대해서 시세 정보를 포함한 관련 정보를 다양하게 제공하고 있다. 하지만, 연립주택이나 다세대 주택의 경우에는 건물마다 그 특성이 다르다는 이유 등으로 시세 정보를 정확하게 제공하고 있지 않고, 매물 및 실거래가 등의 정보도 부실하다. 이로 인해 최근 1인 가구의 증가와 함께 소형가구주택(연립/다세대 주택)들이 빠르게 증가하고 있는 상황에서 관련 사용자들이 연립/다세대 주택의 부동산 정보 비교 판단에 어려움을 겪고 있었다. 이에 케이앤컴퍼니는 빅데이터를 활용하여 연립/다세대 주택에 대한 시세를 산정하고, 정보를 제공하는 플랫폼을 개발하기로 했다.

수집데이터	건축물(대지면적, 사용 승인일, 전용면적, 연면적, 용적률), 대지권 등록 정보(대지권 비율, 지번 주소, 건축물 명), 실거래 건물 데이터(실거래가, 사용 승인년도, 거래날짜, 전용 면적, 대지 지분), 개별 공시지가(개별 공시지가, 토지 면적), 토지 임야 정보(토지 면적, 토지 지목), 주소 데이터(지번 주소, 도로명 주소, 공동 주택 여부), 인구통계(인구 수, 세대 수), 인구 이동 통계(전입자 수, 전출자 수)
분석솔루션	통계패키지 R
참여기업	케이앤컴퍼니, 신한은행, 국토교통부, 행정자치부, 행정안전부, 통계청

1. Big Point!

케이앤컴퍼니에서는 정부의 다양한 공공 데이터와 함께 신한은행의 민간 데이터를 수집한 후 해당 데이터들을 통합적으로 활용하여 연립/다세대 주택의 시세를 산정했다. 그 후 산정한 시세 정보를 포함하여 건물의 다양한 정보를 제공하는 플랫폼을 구축하기로 했다. 이를 통해 그동안 시세 정보를 제공받지 못했던 서울, 경기 지역의 연립/다세대 주택 143만 세대의 정보 불편을 해소하고자 했다. 또한 지역 시세 산정을 통해 주택 구매자의 투자 과정에 효율성을 제공하고, 부동산 및 금융권에는 시세 관련 정보를 활용한 다양한 신서비스 구축에 이바지할 것을 목표로 삼았다.

2. 활용 데이터와 분석

케이앤컴퍼니는 해당 분석에 활용하기 위해 부동산과 관련된 공공데이터와 은행의 담보대출이력에 관한 데이터를 수집하고, 클렌징 프로세스를 도입하여 분석에 활용 가능하도록 이 데이터를 정제했다. 이후 시세 산정 빅데이터 시스템을 구축하기 위해 '감정 평가 세부 평가 기준' 중, 집합 건물과 토지 건물의 비교 방식인 '거래 사례 비교법(공시지가 기준법)'을 활용하기로 했다. 또한 거래 사례 중 속성 차이를 파악한 후 차이에 따라 가격을 보정하여 최종 가격을 산정하는 방식으로 예측 분석을 진행하기로 했다. 시세 산정의 정확성을 높이고자 K-Means Cluster 분석법을 활용하여 서울 경기의 연립/다세대 주택을 유사한 지역별로 군집화했다. 이후 시점 보정, 지역 요인, 개별 요인 등을 적용하여 시세 산정 학습 모델을 구현했다. 모델을 검증하기 위해 1년 이내의 서울시 거래 사례를 표본으로 추출하여 이를 여러 개의 그룹으로 분할한 뒤 교차 검증을 진행했다. 최종적으로 가장 우수한 학습모델을 선정하여 시세 산정 시스템을 구축했다.

• k-means cluster
주어진 데이터를 K개의 클러스터로 묶는 군집화 기법으로 각 클러스터와 거리 차이의 분산을 최소화하는 방식으로 동작함.

3. 분석결과

가. 지역별 거래 사례 파악을 위한 분류

시세 산정의 정확도를 높이기 위해 서울, 경기 지역의 연립/다세대 주택에 대한 군집화를 진행했다. 그 결과, 서울은 16개의 군집으로 구분되었으며, 경기도는 6개의 군집으로 분류되었다. 이후 해당 결과를 유사 사례 선정 및 시세 산정에 활용했다.

나. 시세 산정 결과 검증

시세 산정 결과를 검증하기 위해 거래 사례 데이터에 대한 COD 분석을 진행했다. 그 결과, 서울과 경기도의 전체 거래 사례 3,746건의 COD가 8.06%로 나타났다. COD는 수치가 낮을수록 더욱 균형성이 높으므로 해당 결과는 시세 산정이 큰 차이가 없음을 의미한다.

• COD (Coefficient of Dispersion)
평균편차를 이용하여 부동산 평가의 균일성을 측정하는 지표.
즉, 감정 평가 균일성 판단의 척도를 의미.

구분	외부 감정평가 법인 시세 산정 정확도
COD	8.06%
각 에러율의 중앙값	5.99%
가격비율(시세/감정) ±10% 포함	75.4%
가격비율(시세/감정) ±20% 포함	92.3%

서울, 경기도 통합

서울 거래 사례 데이터의 경우, 전체 2,298건의 COD가 8.90%로 나타났다. 이는 편차가 낮은 수준으로, 오차 범위 ±10% 수준에서는 시세 산정 정확도가 71.8%, ±20% 수준에서는 정확도가 90.8%로 예측 수준이 높은 것으로 나타났다.

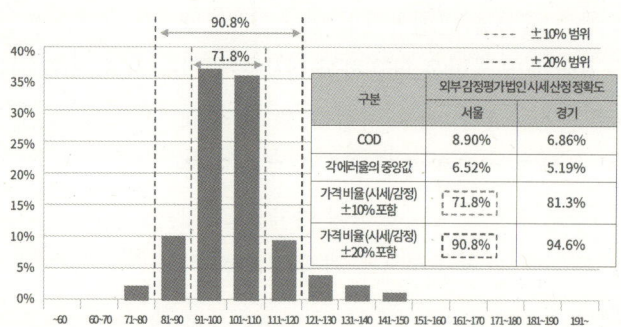

구분	외부 감정가 법인 시세 산정 정확도	
	서울	경기
COD	8.90%	6.86%
각 에러율의 중앙값	6.52%	5.19%
가격비율(시세/감정) ±10% 포함	71.8%	81.3%
가격비율(시세/감정) ±20% 포함	90.8%	94.6%

서울

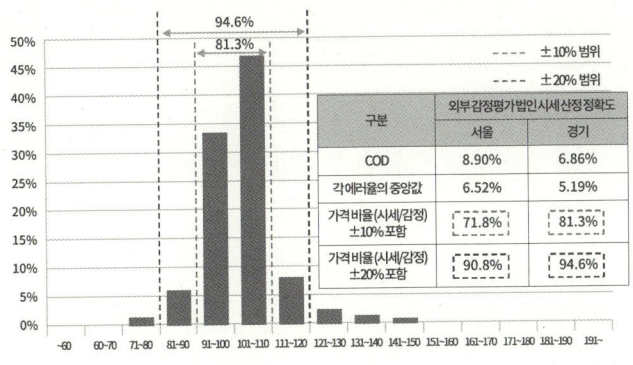

경기도

경기도 거래 사례 데이터의 경우, 전체 1,148건의 COD가 6.86%로 나타났다. 이는 서울에 비해서도 편차가 매우 낮은 수준으로, 오차 범위 ±10% 수준에서는 시세 산정 정확도가 81.3%, ±20% 수준에서는 정확도가 94.6%로 정확도가 서울보다도 예측 수준이 좋았다.

4. 빅데이터 분석결과의 활용

가. 시세 조회 플랫폼 개발

시세 산정 빅데이터 분석 시스템을 토대로 시세 조회 플랫폼을 개발했다. 이를 통해 소비자는 주소만 입력하면 연립 주택이나 다세대 주택의 시세를 한 번에 조회할 수 있고, 대지 면적, 용적률, 건축 면적, 사용 승인일 등의 기본 정보를 얻을 수 있게 되었다. 그뿐만 아니라 호별 시세 조회나 전용·공용·대지권 면적 정보 조회가 가능하며, 시세 산정의 근거도 확인할 수 있다. 또, 주변 유사 거래 사례 정보와 주요 특성을 비교할 수도 있으며, 역세권, 읍면동, 자치구 등의 지역별 평균 시세 정보도 얻을 수 있었다. 해당 서비스는 신한은행 태블릿 브랜치 'S-TB'와 연계되어 고객들에게 제공되었다.

나. 부동산 허위 거래 예방

시세 차이는 허위 매물로 인한 소비자의 피해를 유발해왔다. 시세 산정 시스템을 통해 시세 정보와 함께 실거래가 정보도 제공하여 소비자들이 허위 매물에 속지 않고, 매물 가격에 대한 올바른 의사결정을 하도록 도움을 줄 수 있었다.

다. 서민 가계 계획 지원

위치 기반 데이터를 융합하여 개별 세대 중심의 반경 형태 데이터 체계를 구축하여, 사용자들로 하여금 시세 관련 데이터에 반경 단위로 접근할 수 있도록 했다. 또한 서민들에게 부동산 정보를 통해 생활권에 대한 분석을 가능하도록 하여 효율적인 가계 계획을 지원했다.

라. 금융 산업 융합

아래의 도표와 같이 향후 금융산업과의 융합을 통해 서비스를 고도화할 수 있는 계획을 수립했다. BIG

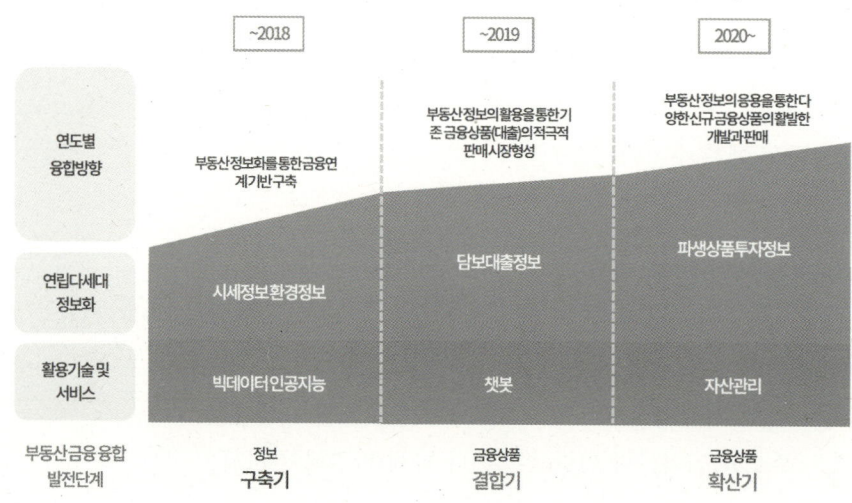

> **유사사례**
> - 254p, 스타캐스트, 빅데이터로 빠르게 진화한 MLB
> - 418p, 크레도웨이, 심사조정도 이젠 빅데이터로 미리 예측한다
> - 610p, NC소프트, 게임 내 사기 탐지도 빅데이터의 도움으로
> - 422p, 아우라, 빅데이터로 예측하는 학생 키의 성장
> - 358p, 서양네트웍스, 빅데이터를 통한 매장 고객의 분석
> - 238p, 미스틱엔터테인먼트, 연예인 마케팅에도 필요한 빅데이터
> - 506p, 불스원, 기존 고객관리부터 신규고객 유치까지
> - 396p, 롯데백화점, 빅데이터로 세우는 새로운 마케팅 전략
> - 546p, 유라, 딥러닝 기술기반 대용량 제조 데이터 분석 서비스 플랫폼
> - 550p, 현대중공업, 작업시간의 효율적 분배로 생산성 향상

MEMO

104 빅데이터가 가져올 금융 산업계 파급 효과

ING생명

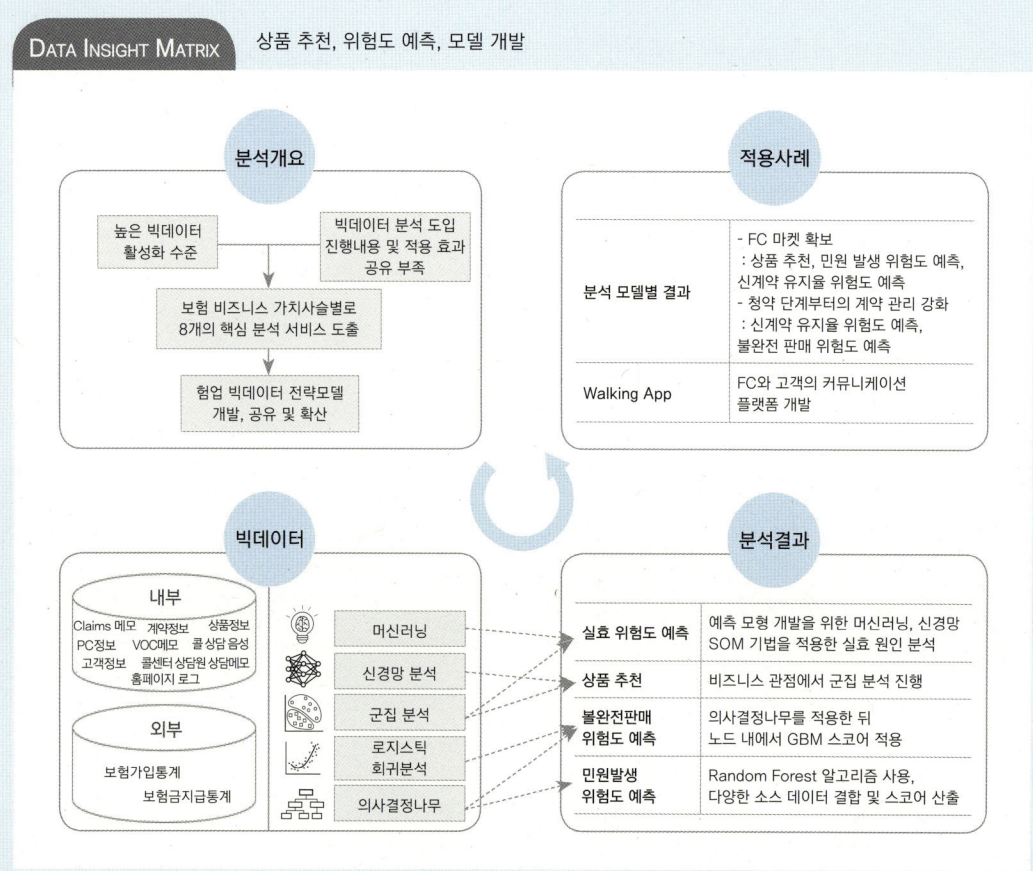

대부분의 업무 처리가 온라인 환경에서 이뤄지는 금융 분야에서는 타 산업 군에 비해 매우 방대한 데이터를 사용하고 있으므로, 데이터 분석을 통해 도출할 수 있는 다양한 잠재적 가치를 지니고 있다. 금융업종 중 하나인 보험 업종의 경우에는 삼성생명, 한화생명, 교보생명 등과 같은 대형 보험사들을 중심으로 빅데이터 분석이 도입되고는 있지만, 적용 효과와 진행 상황 등의 공유가 매우 부족하여 많은 보험 업계가 시행 착오를 겪고 있는 중이었다. 이런 상황에서 ING생명은 보험산업의 협업과 그로 인한 가치 창출을 위해 빅데이터 분석을 이용한 협업 전략 모델을 개발하기로 했다. 또한 개발한 모델을 공유 및 확산하여 다른 중견 보험사들이 자사의 현황에 맞게 분석을 적용할 수 있도록 돕고자 했다.

수집데이터	고객 정보, PC정보, 계약정보, 상품정보, 콜 상담 음성, 콜센터 상담원 상담메모, Claims 메모, VOC메모, 홈페이지 로그, 보험가입통계, 보험금지급통계
분석솔루션	통계패키지 R, Spark, Zeppelin
참여기업	ING생명(분석모델 구축, 분석 환경 구축), 생명보험협회(홍보 및 확산 활동)

1. Big Point!

ING생명은 보험 업종 간의 협업이 가능한 전략 모델을 단기간에 구축하여 보험사의 빅데이터 분석 사업 발전에 큰 밑거름이 될 수 있기를 기대했다. 실제로 해당 분석 프로젝트를 통해 ING생명 내부의 분석 역량이 크게 강화된 것은 물론이고, 외부적으로도 많은 보험사들이 해당 전략 모델을 당사에서 활용하고자 했다.

2. 활용 데이터와 분석

ING생명은 고객 정보, 콜센터 상담 내역, 홈페이지 로그, 상품정보 등의 내부 데이터와 보험 개발원에서 제공하는 보험 가입 통계, 보험금 지급 통계 등의 외부 데이터를 활용하여 '협업 빅데이터 전략 모델' 개발 프로젝트를 진행했다. 본 프로젝트는 Sandbox(보호된 영역 내에서 프로그램을 동작시키는 것으로, 외부 요소에 의해 악영향을 받는 것을 방지하는 보안 모델) 기반의 플랫폼을 구축하여, 분석가들에게 자유로운 분석이 가능한 업무 환경을 제공했다. 분석가들은 기본적으로 R언어로 분석을 수행되었으며, SparkR 혹은 SparklyR을 이용하여 클러스터 환경에서 분석 작업을 하고, R라이브러리 H2O를 추가로 활용해 선택할 수 있는 머신러닝 알고리즘의 폭을 넓힐 수 있었다. 이러한 방식으로 구동되는 오픈소스 기반의 환경에서 머신러닝, 딥러닝, 강화학습, 군집 분석 등의 다양한 방법론을 사용하여 보험업 가치사슬에서 사용할 수 있는 모형 8개를 개발했다. 구체적으로 보험업 가치사슬은 고객, 상품, 영업/마케팅, 신계약, 계약관리, 지급심사/지급, 고객서비스/사후관리의 7개의 프로세스로 구성되어 있다. 프로세스별로 개발된 모델에는 유지계약 실효 위험도 예측모델, 진단/적부 적출 예측모델, 보험사기 예측모델, 민원발생 위험도 예측모델 등이 있다. 이 외에도 협업 필터링, 고객 군집 분석 등을 활용하여 상품추천 모델을 개발하고, DNN(심층 신경망)을 활용한 신계약 유지율 위험도 예측모델, Random Forest 알고리즘이 사용된 재무

• DNN
심층신경망(Deep Neural Network:DNN), Deep Learning의 다른 표현으로 스스로 학습하는 인공지능.

• Random Forest
앙상블 학습 방법의 일종으로 다수의 의사결정나무를 생성한 후 이들을 선형 결합하여 최종 모델을 만드는 방법.

컨설턴트 조기정착 모델, GBM 알고리즘과 의사결정 나무를 사용한 불완전 판매 위험도 예측모델을 개발했다. 또한 보험사 콜센터 음성파일을 텍스트로 변환하여 텍스트마이닝을 수행하고, 상담 메모에 대해서 목적별 데이터 사전을 만드는 등 다양한 방법으로 비정형 데이터를 활용했다.

• GBM
점진적 부스팅 머신(Gradient Boosting Machines:GBM)은 회귀 및 분류 문제에 대한 기계학습 기술로, 의사결정나무를 통해 학습을 시켜(연속되는 트리가 이전 트리에서 예측한 오류 수정)예측 모델을 생성하는 방법.

3. 분석결과

가. 유지계약 실효 위험도 예측모델

ING 생명은 계약별로 실효(보험의 효력이 상실한 상태) 확률과 실효 원인을 파악하고자 특정 시점 X때에 연체된 계약들에 대해서 X+2지점까지 해당 계약들이 실효할 확률에 대한 예측분석을 실시했다. 이후 실효할 확률에 대한 영향력이 높은 변수들을 추출한 뒤, SOM 알고리즘을 활용하여 이 변수들을 10개의 실효 유형별로 매칭하여 계약별 실효 원인을 파악하는 작업을 진행했다. 예를 들어, 계약 A는 실효 확률이 82%로 나타났고, 실효에 가장 큰 영향을 미치는 요소는 'FC 해촉 계약 이관 경과일수'가 62개월 이상인 것으로 나타났다. 이 결과로 실효 원인을 매칭시킨 결과, '8. 리본 계약 관리 소홀'이 주요 원인인 것으로 판단되었다. ING생명은 이러한 방식으로 실효 유형별 그 원인을 파악하여 실효방어를 위한 전략 수립에 활용하고자 했다.

• SOM 알고리즘
자기조직화지도(Self-Organizing Map:SOM)이란 비지도 신경망으로 고차원의 데이터를 이해하기 쉬운 저차원의 뉴런으로 정렬하여 지도의 형태로 형상화하는것.

나. 상품 추천 모델

고객이 선호할 만한 보험상품을 추천하기 위해 먼저 105만 명의 고객에 대한 군집 분석을 수행하여 8개의 고객 군을 도출했다. 군집 간 특징을 도출하고, 보유한 상품/담보의 유사도 및 가입 액수에 대한 분석을 진행하여 군집별로 선호하는 담보 상품을 파악했다. 또한 각 군집별로 유효 담보가 3개 이상인 경우(CF 대상)에는 추천 담보에 의한 보험상품 상향 및 교차 판매를 진행했다. 유효 담보가 3개 미만인 경우(CF 제외)에는 보험상품 강화를 위한 타겟 마케팅을 진행했다. 추천상품을 선정할 때는 고객이 해약한 상품이나 실효 상태 상품 등은 추천 목록에서 제외하고, 유병자 고객의 경우에는 보장성 상품 대신 간편심사 상품으로 대체하여 추천할 상품을 필터링하는 등의 작업을 거쳐 고객의 추천 만족도를 높이고자 했다. 또한 고객이 보유하고 있는 타사 담보 정보까지 파악하여 고객에게 부족한 담보를 추천하고자 했다.

유사사례
• 414p, 휴병원, 빅데이터가 처방한 고객 관리방안
• 270p, 레드테이블, 빅데이터로 비영어권 관광객의 마음도 얻자
• 182p, 신한카드, 고객의 발자취와 목소리
• 384p, 더블유쇼핑, 고객별 추천 시스템을 통하여 매출 증가로

다. 불완전판매 위험도 예측 모델

보험업 가치사슬 중 '신계약' 프로세스를 지원하기 위해 '금융상품을 판매하는 과정에서 주요사항의 누락, 허위, 과장 등이 발생하는 경우를 통칭'하는 '불완전판매'를 조기에 탐지하는 불완전판매 위험도 예측 모델을 개발했다. 단기간 상품에 대한 조기 불완전판매 계약 건을 분석의 타겟으로 정의하고, GBM(Gradient Boosting Machines) 알고리즘을 이용하여 조기 불완전 판매 스코어를 산출했다. 하지만 GBM 알고리즘만을 적용하면 예측에 대한 해석이 어렵기 때문에 해석력을 높이기 위해 의사결정나무 분석법을 적용한 후 다시 GBM 스코어를 적용하는 방식으로 분석을 진행했다. 그 결과로 계약 건에 대해 위험 등급을 저, 중, 고의 3가지로 도출할 수 있었다. 이를 기반으로 위험 등급에 따라 상담원의 아웃바운드 콜 스크립트를 간소화하거나 강화하는 방식으로 조정하여 불완전판매를 방지하고, '신계약' 프로세스 운영의 효율성을 높이고자 했다. 또한 해당 분석을 통해 한 달에 발생하는 약 1만 5천 건의 신계약 중 약 1천 50건이 조기불판되지만, 불완전판매 위험도가 높은 상위 3%를 관리하면 전체 중 30%의 조기불판을 방어할 수 있다는 주요한 인사이트를 얻을 수 있었다.

4. 빅데이터 분석결과의 활용

가. 분석 모델별 결과 활용

본 프로젝트를 통해 개발한 8개의 분석모델로 각 프로세스에 대한 운영효율을 높일 수 있었다. 구체적으로, 상품추천 모델을 이용하여 가망 고객에게 추천 서비스를 제공하고 마케팅 전략 수립에 인사이트를 얻을 수 있으며, 민원 발생 위험도 예측모델로 리스크 관리를 강화하고, 신계약 유지율 위험도 예측모델로는 사전 고객 관리를 강화하는 등 FC 마켓 확보에 분석 결과들을 활용할 수 있다. 또한 신계약 유지율 위험도 예측모델을 이용하여 부실 유입을 사전에 방지하고, 불완전 판매 위험도 예측모델로 불완전 판매를 방어하는 등 청약 단계에서부터 부실 계약을 방지할 수 있다. 진단 적출 및 적부 적출 예측 모델 분석 결과를 신계약 심사 단계부터 계약 관리 강화에 활용할 수 있으며, FC 조기 장착 모델 분석 결과를 영업 본부 FC별 코칭에 활용할 수 있다. 보험 사기 예측모델 분석 결과를 보험 사기 의심 건 관리에 활용할 수도 있고, 유지 계약 실효 위험도 예측모델, 민원 발생 위험도 예측모델 분석 결과들을 유지 고객 계약 관리 강화에 활용할 수도 있다. BIG

105 빅데이터로 파악하는 고객의 발자취와 목소리

신한카드

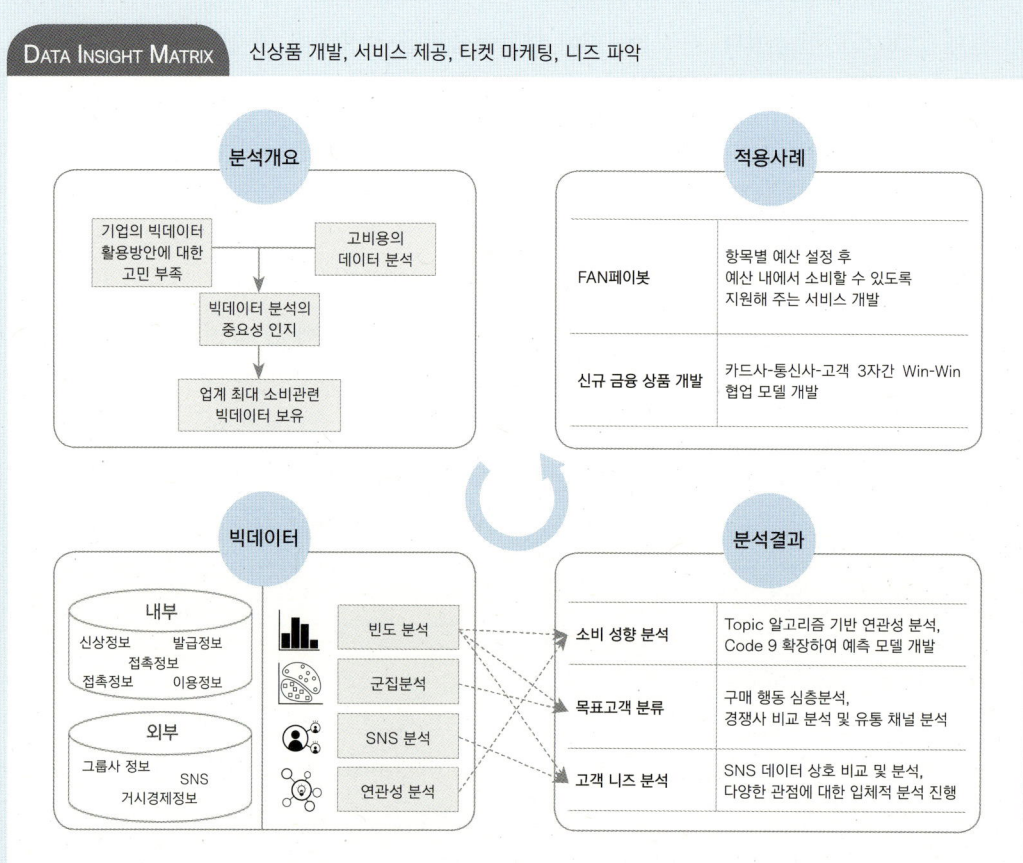

기업들의 빅데이터에 대한 관심은 높은 편이지만 빅데이터에 대한 정의가 모호하고 기업의 빅데이터 활용방안에 대한 고민 부족, 데이터 분석 비용 부담 등의 문제가 있었다. 또, 실제적인 성과 창출로 연계된 사례가 극히 드물어 빅데이터 분석 프로젝트 추진에 대한 확신을 갖지 못하고 있었다.

이로 인해 초기에는 빅데이터 수집/저장 기술에 집중하여 추진하였으나 시간이 지나며 빅데이터 분석의 중요성을 인지하게 되었다. 빅데이터 분석의 중요성을 일찍 깨닫고 업계 최대의 소비 관련 빅데이터를 보유한 신한카드는 빅데이터 분석을 통해 고객의 니즈를 파악하여 서비스를 제공하여 신규 금융 상품을 개발하고자 했다.

수집데이터	신상정보, 발급정보, 특성정보, 이용정보, 접촉정보, 그룹사 정보, 거시경제정보, SNS
참여기업	신한카드

1. Big Point!

신한카드는 축적되어있는 카드 사용 데이터를 통해 새로운 카드 및 시스템 개발에 몰두했다. 카드 사용 데이터와 소셜 데이터, 위치 데이터, 검색 키워드 등을 함께 이용하여 각 고객 특성에 맞는 새로운 맞춤 상품 개발을 실시하고자 하였다. 또, 구매행동에 대한 분석과 고객 니즈를 파악해 할인 등의 고객 맞춤형 서비스를 제공하고자 했다.

2. 활용 데이터와 분석

고객 소비패턴 분석을 기반으로 'Code9' 체계를 구축하고 이를 솔루션화하여 고객 소비 데이터 기반으로 서비스 개발 시스템을 구축하였다. 또, 소비 업종 간의 연관성을 보기 위해 Topic 알고리즘 기반으로 소비 업종 간 연관성 분석 알고리즘을 개발하여 타겟 마케팅의 대상을 확대하였다.

그리고 구매행동에 대한 심층 분석을 통해 목표 고객을 전략적으로 관리하고자 했으며 해외 직구와 관련된 당사 매출 자료와 SNS 상의 분석 자료를 상호 비교분석하여 고객의 니즈를 파악하여 새로운 관점의 구매 주체/채널/경로에 대한 입체적 분석이 가능하게 되었다.

3. 분석결과

가. 소비 성향 분석

고객의 소비패턴을 분석하여 'Code9'이라는 남/여 각각 9개씩 도출해 낸 고객 중심의 맞춤형 상품개발 체계를 구축하였다. 또한 검색어 간의 연관성을 분석하는 Topic 알고리즘을 기반으로 소비 업종들 간에 연관성 분석 알고리즘을 개발했다. 이를 통해 신한카드 미이용 고객 중 예상 소비 군으로 추정되는 고객 대상을 타켓 마케팅 대상으로 확대시키려고 했다.

• **연관성 분석**
거래내역 등의 데이터 내에 존재하는 항목 간의 규칙을 발견하여 IF-THEN의 구조로 분석 결과의 연관성을 파악하는 기법으로, 장바구니 분석이라고도 함.

나. 목표고객 관리과 타겟 마케팅

소비자의 구매행동을 바탕으로 경쟁사 비교 분석, 유통채널 분석 등 고객 행동에 대한 심층 분석을 통해 목표 고객을 전략적으로 관리하고자 했다. 또, 고객들의 상품, 제품 구매 이력에 대한 다른 업종 간의 데이터를 연계해 타겟 마케팅을 진행해 반응률을 높이고 나아가 다음 구매를 예측할 수 있는 모형으로 개발을 추진했다.

다. 고객 니즈 분석

소비자들의 해외 직구와 관련된 니즈가 증가하여 직구와 관련된 매출 자료 데이터와 SNS 데이터를 상호 비교분석했다. 이를 통해 새로운 관점의 구매 주체/채널/경로에 대한 분석을 실시하여 정교한 추측이 가능해졌다. 예를 들어 구매 사이트에 대해 SNS 언급량과 실제 이용건수 순위를 비교했을 때, SNS 언급량은 아마존이 가장 높았지만 이용 쇼핑몰은 아이허브가 1위였다. 이는 한국인의 취향에 맞춤으로써 아이허브가 이용 고객이 상대적으로 많다는 점을 파악할 수 있었다.

4. 빅데이터 분석결과의 활용

가. FAN페이봇

신한카드는 카드 사용 데이터를 분석해주는 소비 비서서비스인 FAN 페이봇을 개발하였다. FAN 페이봇은 고객이 원하는 비용관리 항목을 자동 합산해주고, 비용 관리 항목별로 예산을 설정하면 예산 내에서 소비할 수 있도록 도와주는 AI 소비 비서서비스이다.

예를 들어, '노후 준비' 항목에서의 관리를 원하는 경우, 결혼이나 보험료, 여행 및 항공 등 노후 준비와 관련이 있다고 여겨지는 항목들을 '노후 준비' 카테고리로 자동 분류한 뒤 예산 소비를 진단하는 것이다.

• AI
인공지능(Artificial Intelligence:AI)은, 컴퓨터가 인간의 지능으로만 할 수 있는 사고·학습·모방 등 논리적인 방식을 사용하는 고급 컴퓨터프로그램.

나. 신규 금융 상품 개발

금융-통신 부문 간의 데이터를 결합하여 신용도가 낮은 금융소외계층에게 중금리 대출 인프라를 구축하고 대출 금리의 인하 기회를 제공하여, 카드사와 통신사, 고객이 모두 Win-Win하는 금융 상품을 개발했다. 이를 통해 카드사에게는 중금리 대출 시장 진출의 교두보 역할을, 통신사는 우수고객을 대상으로 한 서비스 확대, 고객은 금리 인하 효과를 볼 수 있었다. BIG

유사사례
- 464p, MANSOLE, 제품기획과 마케팅 두 마리 토끼를 잡다
- 468p, 블리리언트앤컴퍼니, 최적의 마케팅을 찾아준 빅데이터
- 514p, 큐비엠, 데이터를 활용한 마케팅 컨셉 수립
- 186p, 비씨카드, 데이터의 융합을 통한 시의적절한 마케팅
- 522p, 지피트리, 빅데이터를 통한 온라인 마케팅의 해법
- 562p, 스타일켓, SNS를 하며 편하게 쇼핑도 할 수 있는 서비스
- 526p, 로코코소파, 매출 반등 기회를 위한 빅데이터의 활용
- 558p, 노스페이스, 이제는 아웃도어도 스마트하게 사자
- 472p, 헬로네이처, 빅데이터로 고객의 믿음과 마음을 잡아라
- 510p, 티젠, 빅데이터를 통한 해외 현지 맞춤화 전략 시행
- 274p, 아펙시, 빅데이터 분석을 통한 음악 서비스 사례

106 데이터의 융합을 통한 시의적절한 마케팅

비씨카드

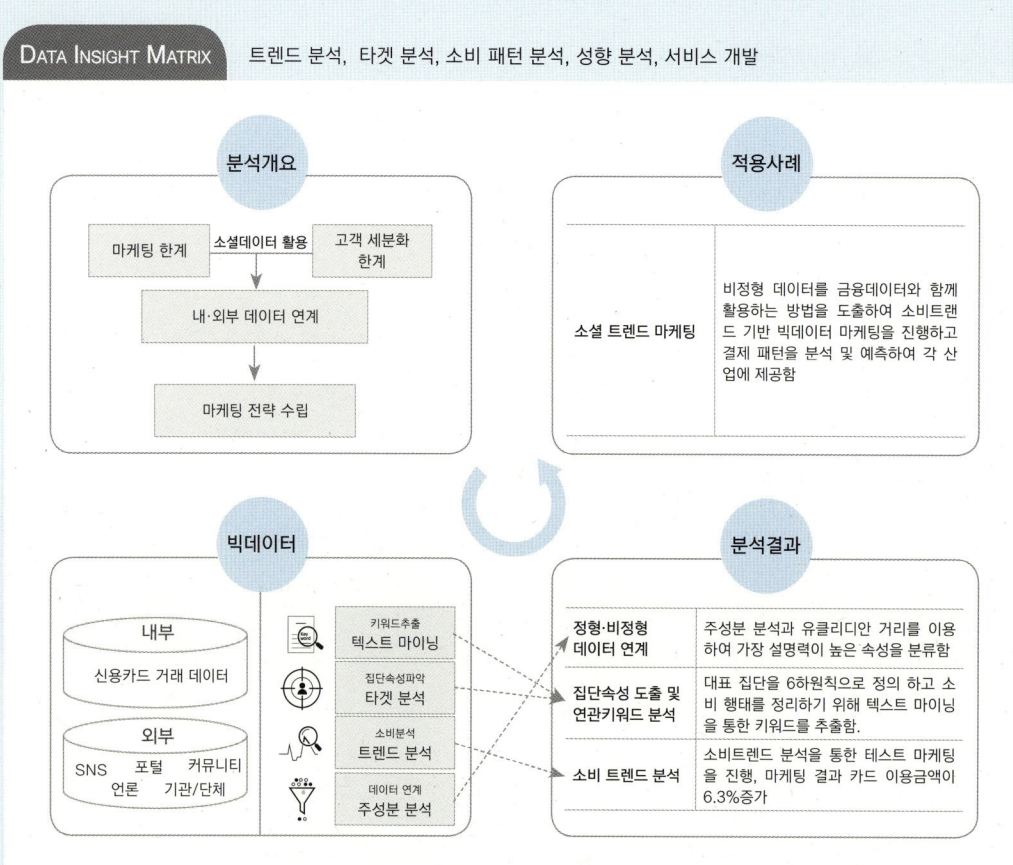

DATA INSIGHT MATRIX 트렌드 분석, 타겟 분석, 소비 패턴 분석, 성향 분석, 서비스 개발

카드사들은 내부의 카드 거래 데이터를 분석하여 고객 세분화를 진행하고 있었다. 하지만 최근의 카드 이용 고객은 한 명이 하나의 소비성향을 가지는 것을 넘어서서 다중 소비성향을 지니고 있는 경우가 많았다. 또한 사회 이슈가 발생함에 따라 소비의 변동성도 증가하는 상황이었다. 이로 인해 기존의 카드사 거래 데이터만으로 고객의 특성을 정의하기에는 한계가 존재했다. 따라서 비씨카드는 내부 거래 데이터뿐만 아니라 소셜 데이터(Social Data)를 함께 연계하여 빅데이터 분석을 진행하기로 했다. 이를 통해 변화가 잦은 트렌드를 올바르게 이해하고, 그 속에서 고객의 숨은 소비 패턴을 발굴하여 그에 맞는 고객 세분화 및 타깃 마케팅을 하고자 했다.

수집데이터	카드고객데이터, 소셜빅데이터
분석솔루션	Smart SMA, Odpia
참여기업	BC카드, LG NCS, ODPIA, 소상공인시장신흥공단

1. Big Point!

비씨카드는 급변하는 트렌드에 맞는 마케팅 전략을 수립할 수 있도록 외부 소셜 데이터와 내부 카드 데이터를 연계하여, 고객 유형별로 적절한 마케팅 방안을 찾고자 했다. 또한 국내 사회의 소비 트렌드를 분석 및 예측하여 비씨카드만의 사업 경쟁력을 강화시키고, 새로운 서비스를 발굴하고자 했다. 더 나아가 금융 산업뿐만 아니라 타 산업에도 빅데이터 활용 마케팅을 전파하고자 했다. 이를 위해 비씨카드는 LG CNS, 소상공인시장진흥공단과 함께 컨소시엄을 구성하고 프로젝트를 진행했다.

2. 활용 데이터와 분석

비씨카드는 연간 축적한 30억 건의 카드 데이터와 하루에 수집되는 약 9백만 건의 데이터를 분석에 활용했다. 또한 LG CNS가 포탈, 커뮤니티, SNS 등의 다양한 채널에서 수집한 일평균 80만 건 이상의 소셜 데이터도 함께 활용했다. 비씨카드 컨소시엄은 수집된 소셜 데이터를 분석하여 여러 소비 트렌드를 대표하는 집단의 속성을 육하원칙에 맞게 정의하고, 그 속성을 유형화하는 트렌드 프로파일링을 수행했다. 이러한 과정에서 '인공지능 마케팅 프로파일링 시스템(AIPS: Artificial Intelligence Profiling System)'을 개발할 수 있었다. 또한 비정형 데이터인 소셜 데이터와 정형 데이터인 카드 거래 데이터를 연계하기 위한 분석을 진행했다. 두 데이터의 연계 이후, 비씨카드는 소셜 데이터를 통해 도출된 고객의 구매 성향을 카드 데이터에 적용시켜 구매 성향별 타겟 마케팅을 수행할 수 있었다.

• AIPS
소셜 데이터 및 온라인에서 수집된 사회적 데이터로 소비 감성 및 태도를 분석하는 알고리즘.

유사사례
- 274p, 아펙시, 빅데이터 분석을 통한 음악 서비스 사례
- 464p, MANSOLE, 제품기획과 마케팅 두 마리 토끼를 잡다
- 468p, 블리리언트앤컴퍼니, 최적의 마케팅을 찾아준 빅데이터
- 514p, 큐비엠, 데이터를 활용한 마케팅 컨셉 수립
- 522p, 지피트리, 빅데이터를 통한 온라인 마케팅의 해법
- 362p, 에이치와이스타일, 고객의 요구 사항을 빅데이터로 빠르게 대처
- 558p, 노스페이스, 이제는 아웃도어도 스마트하게 사자
- 472p, 헬로네이처, 빅데이터로 고객의 믿음과 마음을 잡아라
- 510p, 티젠, 빅데이터를 통한 해외 현지 맞춤화 전략 시행
- 182p, 신한카드, 고객의 발자취와 목소리

3. 분석결과

가. 데이터 연계

카드 데이터(정형)와 소셜 데이터(비정형)의 연계가 어려운 것은 데이터의 형태가 다르기 때문이다. 이를 보완하기 위해 소셜 데이터를 육하원칙에 맞게 분류한 정보에서 '언제', '어디서' 등 중 어떤 값을 기준으로 두 데이터를 연결할 수 있을지 테스트를 진행하였다. 그 결과, '무엇을(What)'에 해당하는 업종 정보를 'key 값'으로 설정하여, 두 데이터를 연계할 수 있는 방법론을 개발했다. 하지만 소셜 데이터와 비씨카드 데이터의 업종 코드는 분류 체계가 달랐다. 따라서, BC카드가 기존에 활용하던 업종 코드를 조합하여 신업종 코드를 생성하고, 이를 두 데이터 간의 업종 코드 매핑에 활용했다. 이러한 연계 과정을 통해 소셜 데이터에서 파악한 소비 트렌드를 비씨카드 고객의 거래 데이터에 활용하여 더욱 고도화된 타겟 마케팅을 수행할 수 있었다.

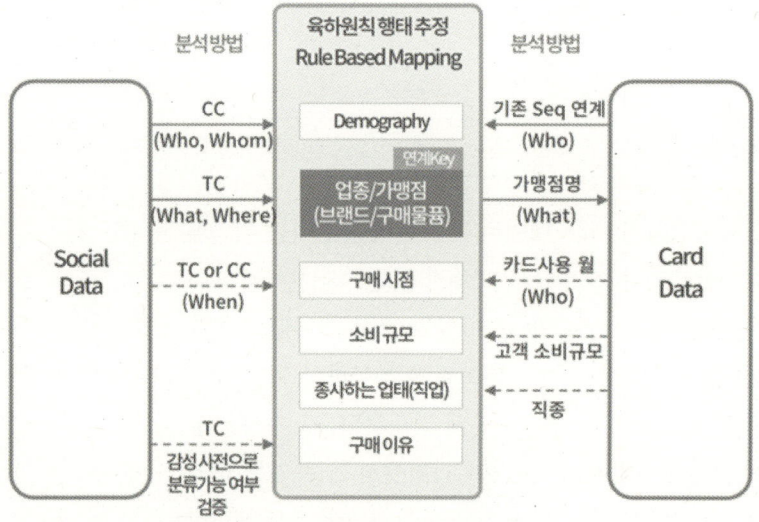

나. 테스트 마케팅 시행

비씨카드는 비씨카드는 기존의 고객 세그먼테이션 26개 중, 4개의 세그먼테이션에 해당하는 약 1만 명의 고객을 대상으로 테스트 마케팅을 시행했다. 총 3차례에 걸쳐서 진행한 테스트 마케팅의 성과 파악을 위해 기존에 시행하던 정기 마케팅과의 효과를 비교했다. 일반적으로 마케팅 결과를 파악할 때 가장 많이 사용하는 '마케팅 승수'를 계산하여 효과 비교를 수행했다.

• **마케팅 승수**
마케팅에 투자한 비용 1원당 매출증대 효과가 얼마만큼 발생했는지를 측정하는 지표로, 마케팅 기간에 고객의 카드 이용금액에서 전월 동기간 고객의 카드 이용금액을 뺀 금액을 마케팅에 투자한 비용으로 나누어서 산출함.

그 결과, 기존 6개 마케팅의 전월대비 평균 마케팅 승수는 15.86이었고, 테스트 마케팅 3차례의 전월대비 평균 마케팅 승수는 27.13으로 나타났다.

4. 빅데이터 분석결과의 활용

가. 고객 타겟팅

소셜 빅데이터 분석을 활용하여 타겟팅한 20~30대의 마케팅 효율이 2.8% 이상 상승한 것을 테스트 마케팅에서 확인할 수 있었다. 특히 체크카드 고객이 소셜 데이터와 연계된 마케팅에 더 높은 반응을 보이는 것으로 분석되었다. 따라서 비씨카드는 이에 연계된 상품을 추가로 생성할 필요가 있다는 시사점을 얻을 수 있었다.

나. 카드·소셜 데이터 연계 방법 개발

유사 속성 및 비슷한 성향을 가지는 데이터를 연계하기 위해 주성분 분석을 통해 설명력이 높은 일부의 속성을 파악하여 그룹화하기 위한 작업을 진행했다. 또, 유클리디안 거리 분석을 통해 카드와 소셜 데이터를 분석하여 매출 비중이 유사한 데이터를 추출하여 연계한다. `BIG`

	추진내용	일정, 주요작업	산출물
1. 트랜드 맵 구성	• 소셜 빅데이터 활용한 소비트랜드 대표집단 속성 육하원칙 정의	• 15.6~15.7월 • 소셜데이터(Social Media Data) 분석	#소비트랜드 분석 및 예측보고서 (profiling D.L.S.S)
2. 트랜드 프로파일	• 소비트랜드별 프로파일 도출 (Dynamic Life Style Segmentation)	• ~15.8월 • 소셜데이터의 정형화	
3. 알고리즘 개발(AIPS)	• 카드/소셜데이터 연계 매핑 Key값, 연관 소비패턴 도출(주성분분석 활용)	• ~15.9월 • 카드·소셜 데이터 연계 방법론 도출 및 테스트	#AIPS (Artificial Intelligence Profiling System)
4. 마케팅 세일	• 소셜데이터 활용한 타겟 마케팅 기획 및 테스트 적용, 마케팅 결과 분석	• 15.9~10월(완료) • 2개 회원사 테스트 마케팅 적용	#마케팅 결과 (1~3차 테스트 마케팅 결과지표)

107 DB 기반 회계 관리 시스템

더존비즈온

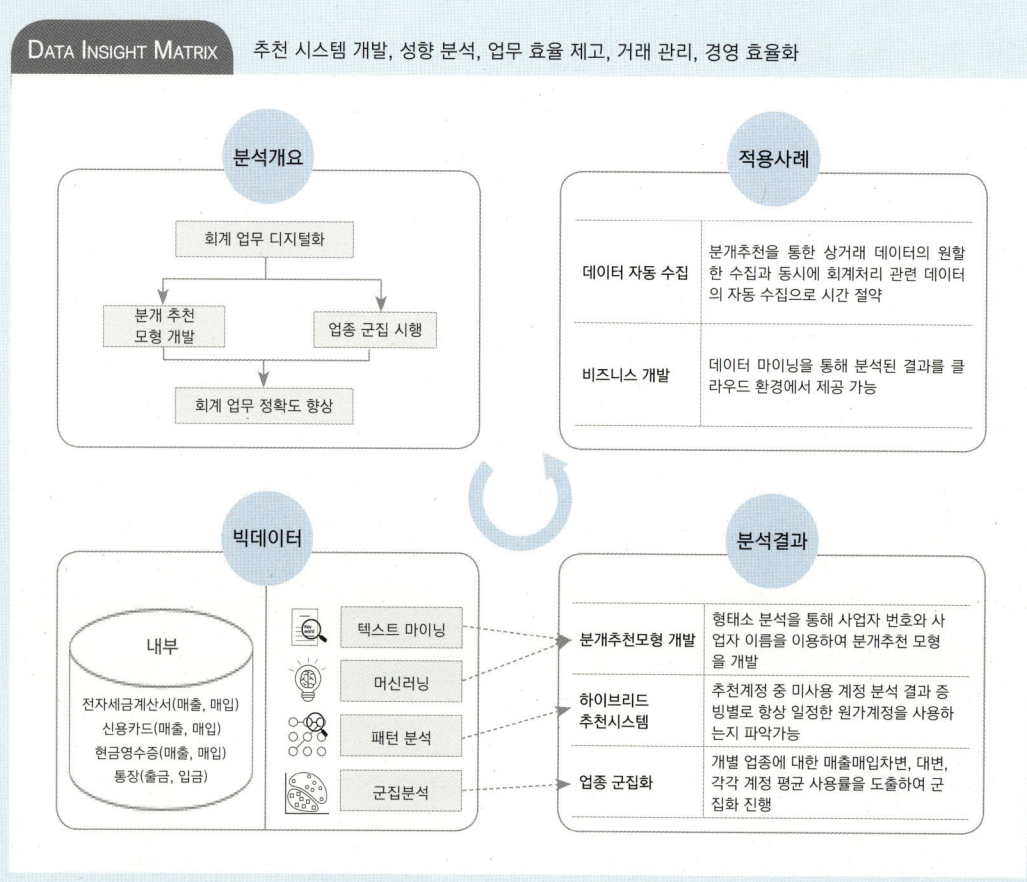

DATA INSIGHT MATRIX 추천 시스템 개발, 성향 분석, 업무 효율 제고, 거래 관리, 경영 효율화

과거 막대한 거래내역 장부를 수기로 기록하던 때와 달리 현재 대부분 기업이 상거래 내역을 디지털화하여 관리를 하고 있다. 따라서 디지털화된 회계 업무를 효과적으로 관리할 시스템이 필요했다. 시스템의 개발을 통해 간단한 회계에 대한 자료 수집, 영수증 정리, 입력 등의 업무 스트레스의 절감과 동시에 회계 외적인 업무의 시간 할당을 줄이고자 하였다.

수집데이터	전자세금계산서(매출, 매입), 신용카드(매출, 매입), 현금영수증(매출, 매입), 통장(출금, 입금)
참여기업	더존비즈온

1. Big Point!

더존비즈온은 개별 회사의 거래이력이 반복적으로 발생하는 것에 착안하여 업종별로 서로 유사한 회사들끼리 동일 거래처에 대한 유사패턴이 나타날 것으로 예상하고, 시스템 개발 시 유사패턴을 도출하여 정형화된 형태로 제공이 가능할 것으로 판단하여 자동 기장 회계 프로그램인 '슈퍼북'을 개발하고자 하였다.

2. 활용 데이터와 분석

전자세금계산서, 신용카드, 현금영수증의 매출, 매입 데이터와 통장 입출금 데이터를 토대로 세무 회계 업무 특성상 자료의 수집과 전표입력 등의 간단한 업무에 소요 시간이 오래 걸리는 것을 파악하였다. 이러한 상황에서 스마트한 회계 업무를 위해 빅데이터 기반 분석 작업을 실시하였다. 텍스트마이닝을 기반으로 머신러닝을 통한 분개추천시스템 개발과 회계 관련 사용자에 따른 업종 군집 분석 등을 시행하였다.

• **텍스트마이닝**
자연언어 처리 기술을 활용하여 데이터를 정형화하고, 추출한 특징으로부터 의미 있는 정보를 발견하는 기법.

• **머신러닝**
인간의 학습 능력과 같은 기능을 컴퓨터에서 실현하고자 하는 기술로 인공지능 연구 분야에 해당함.

3. 분석결과

가. 분개 추천 모델 개발
텍스트 마이닝을 통해 거래 정보를 자동으로 수집하고, 회계처리 패턴 분석을 통해 자동으로 데이터를 분류하고 수집하는 모델을 개발하였다. 이를 통해 개별 회사의 거래이력과 동일 거래처와의 거래패턴 파악을 통해 정형화하여 일관된 형태의 데이터가 제공이 가능해졌다.

• **분개추천시스템**
분개는 기업 회계에서 거래 내용을 차변과 대변에 나누어 적는 일을 말함.

나. 하이브리드 추천 시스템
기존 회사 내에 축적되어 있던 데이터의 패턴을 파악하여 더존비즈온이 설정한 기업 표준 패턴을 추천하고 이를 통해 업종별 계정 코드를 통합하여 최종 분개 방법 추천을 이용해 적절한 분개가 가능하도록 하였다.

다. 실시간 분석

개별 업종에 대한 매입 매출의 차변, 대변에 대해 각각 군집 분석을 수행하여 20여 개의 군집으로 조정하고, 세무사 및 회계사와의 협의를 통해 최종 군집을 조정하였다.

4. 빅데이터 분석결과의 활용

가. 데이터 자동 수집

기업의 거래패턴이나 전표의 자동 분개추천시스템 개발로 인해 자료 수집에 관련되어 시간이 절약되었으며, 매입카드 데이터의 자동 수집과 분개를 통해 전표 기입 시간이 단축되었다. 또한 회계업무와 관련된 데이터를 머신러닝을 통해 자동 수집함으로써 정확도가 향상되고 수집, 입력시간이 단축되는 효과를 볼 수 있었다.

나. 비즈니스 개발

세무 관련 다양한 정보 제공업체의 데이터를 수집하여 비정형 데이터 처리, 자연어 처리를 통해 클라우드 환경에서 빅데이터 활용 솔루션 제공과 더불어 유지보수, 보안 관리를 할 수 있는 시스템을 개발하였다. BIG

유사사례
- 490p, 헤세드조명, 새로운 B2C시장의 효과적인 진입의 열쇠
- 388p, KOTRA, 데이터 기반 수출 올인원 서비스
- 562p, 스타일켓, SNS를 하며 편하게 쇼핑도 할 수 있는 서비스
- 484p, 죠샌드위치, 나를 알고 고객을 알면 백전백승
- 274p, 아펙시, 빅데이터 분석을 통한 음악 서비스 사례
- 494p, 존스킨화장품, 빅데이터를 통한 남성 화장품 인사이트 도출
- 290p, 맨투맨, 빅데이터로 개발하는 신규 교육 서비스
- 602p, LG생활건강, 당신의 화장법에 대한 점수는?
- 606p, 마인즈랩, 말만 듣고 내 건강을 확인해 주는 작은 의사
- 448p, MRD, 빅데이터로 국내시장 장악

| 금융 |
| 회계 |
| 활용분야 |
| 상품 |
| 마케팅 |
| 실시간 예측 |
| 비용 절감 |
| 품질 관리 및 운영 |
| 위험 사전 예방 |
| 보안 및 관리 |
| 상품·서비스 개선 |
| 플랫폼 |

---- MEMO ----

108 온라인 사기 예방도 빅데이터와 함께

페이팔

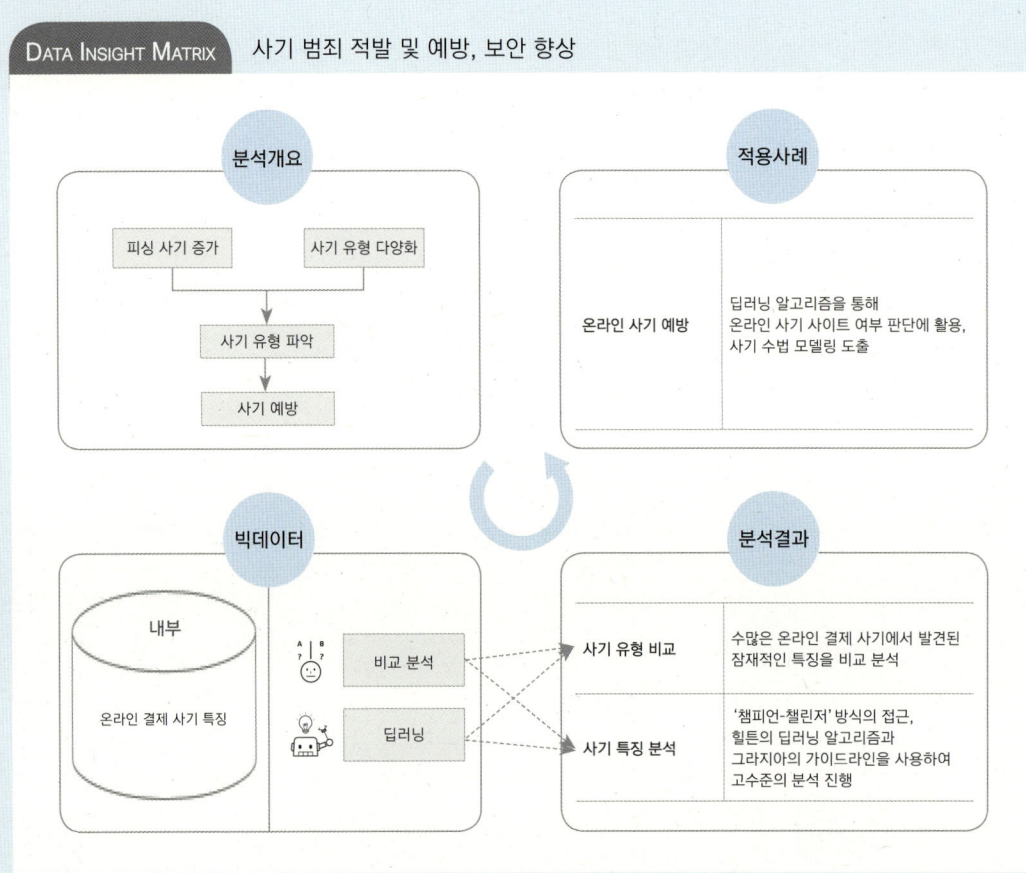

최근 전 세계적으로 다양한 형태의 온라인 사기가 증가하고 있다. 보이스 피싱 사기에서부터 스마트폰 해킹까지 그 수법까지 점점 지능적이고 다양화되고 있어, 피해 감소를 위한 사전 예방이 중요시되고 있다. 하지만, IT 전문가가 알려주는 사전 예방 방법들은 전문 용어가 너무 많고 실질적으로 소비자가 이해하기 어려웠다. 그리고 대부분은 피해를 입은 뒤에야 대책을 알게 되어 사전 예방마저도 잘 이루어지지 않고 있는 실정이었다. 페이팔은 지금과 같은 예방책은 전혀 도움이 되지 않고 온라인 사기 사이트 자체에 대한 접근을 차단하는 것이 최선의 예방법이라 판단하여, 빅데이터를 활용해 딥러닝 학습을 통해 온라인 사기 사이트를 찾고, 다양화된 사기 유형을 분석하기로 했다.

수집데이터	온라인 결제 사기 특징 정보
참여기업	페이팔

1. Big Point!

페이팔은 전통적인 '챔피언-챌린저 방식'의 접근법을 사용했으며, 이 접근법에서 새로운 전략(챌린저)이 기존의 전략(챔피언)보다 더 뛰어날 경우 새로운 챌린저를 선택하는 방식의 분석을 수행했다. 전 세계의 온라인 결제 사기의 수만 가지 특징을 특정 사기 유형과 비교하는 등의 과정을 거쳐 사기 방식을 탐지하고 다양한 유사 기법들을 파악했다. 또한, 딥러닝을 통해 사기 유형들을 패턴화시키고 그를 사전 예방할 수 있는 대응책을 구축하게 되었다.

• 딥러닝
딥러닝(Deep Learning)은 인공신경망의 한계를 극복하기 위해 제안된 기계학습 방법으로, 사물이나 데이터를 군집화하거나 분류하는 데 사용하는 기술.

2. 활용 데이터와 분석

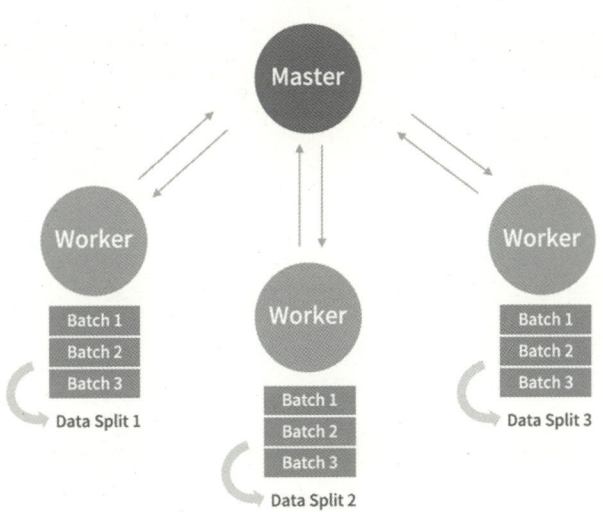

페이팔은 온라인 결제 사기의 특징에 관한 정보들을 수집하여 여러 시스템에서의 활용성을 높이기 위해 그라지아가 제시한 가이드라인을 따랐다. 또, 힌튼의 방법으로 딥러닝 알고리즘 분배를 진행하였으며, 다중 시스템 클러스터에서 이를 실행했다. 마스터 노드를 통해 RBM 가중치를 초기화한 뒤 재부여하고 작업자 노드를 쪼갠 후, 각각의 작업자 노드는 1개의 데이터세트 사건을 위해 1개의 RBM 가중치를 다룬다. 그리고 쪼개져있는 전체적인

작업자 노드의 완성 가중치는 다시 위로 전달된다. 그 후 마스터 노드가 전달된 모든 가중치를 받아 평균을 내는 작업을 정의된 사건의 집합에 대해 반복하여 1개의 RBM 계층을 완성하는 작업을 전체 계층에 걸쳐 반복하여 진행한다.

• RBM
RBM(Restricted Boltzmann machine)은 DBN(DBN, Deep Belief Network)이라고 하는 딥러닝의 일종인 심층신뢰신경망을 구성하는 기본적인 요소.

3. 분석결과

가. 사기 유형 비교 및 분석

사기 패턴의 유형과 정확성을 제고하기 위한 모의실험을 진행하기 위해 전체 데이터를 60,000개의 training 데이터와 10,000의 test 데이터로 구분했다. 그 후, 히든 유닛 수를 증가시키면서 분석을 시행한 결과 RBM 계층 당 히든 유닛이 많을수록 Error가 점점 낮아지는 것을 볼 수 있었다.
이를 통해 사기로 나타난 온라인 데이터를 딥러닝을 이용한 알고리즘 분석을 통해 사기 사이트 여부를 판단할 수 있게 되었다.

4. 빅데이터 분석결과의 활용

가. 온라인 사기 예방

딥러닝 알고리즘을 통해 온라인 사기 사이트의 유형과 패턴을 파악하여 사기 사이트인지 아닌지의 여부를 판단할 수 있었다. 온라인 사기 사이트로 판단되는 경우, 해당 사이트들의 목록 정보를 소비자들에게 알려줌으로써 온라인 범죄 사기를 예방할 수 있었다. 또한, 사기 수법에 대한 모델링을 완성한 뒤, 전문가의 조언을 얻어 현실에서 벌어질 수 있는 사기의 유형인지에 대한 것과 어떻게 변화할지를 미리 파악하고 예측에 활용할 수 있다. BIG

> **유사사례**
> - 258p, Travelbasys, 빅데이터와 함께 안전한 여행
> - 610p, NC소프트, 게임 내 사기 탐지도 빅데이터의 도움으로
> - 326p, 매일유업, 에너지 최적화를 통한 매출 증가
> - 502p, 영풍열처리, 빅데이터 분석 기반 공장운영
> - 538p, 태정, 생산 저해 요인도 빅데이터로 개선하자
> - 566p, 메타빌드, 생산 라인 개선 방향도 빅데이터로 선정
> - 546p, 유라, 딥러닝 기술기반 대용량 제조 데이터 분석 서비스 플랫폼
> - 550p, 현대중공업, 작업시간의 효율적 분배로 생산성 향상
> - 476p, 동서, 데이터를 활용한 효율적인 마케팅 전략 수립
> - 334p, 두산중공업, 발전소 고장 예방 및 구동 시간 단축

금융

금융

활용분야
상품
마케팅
실시간 예측
비용 절감
품질 관리 및 운영
위험 사전 예방
보안 및 관리
상품·서비스 개선
플랫폼

MEMO

109 빅데이터 기반 자금세탁 방지 시스템

바넷정보기술

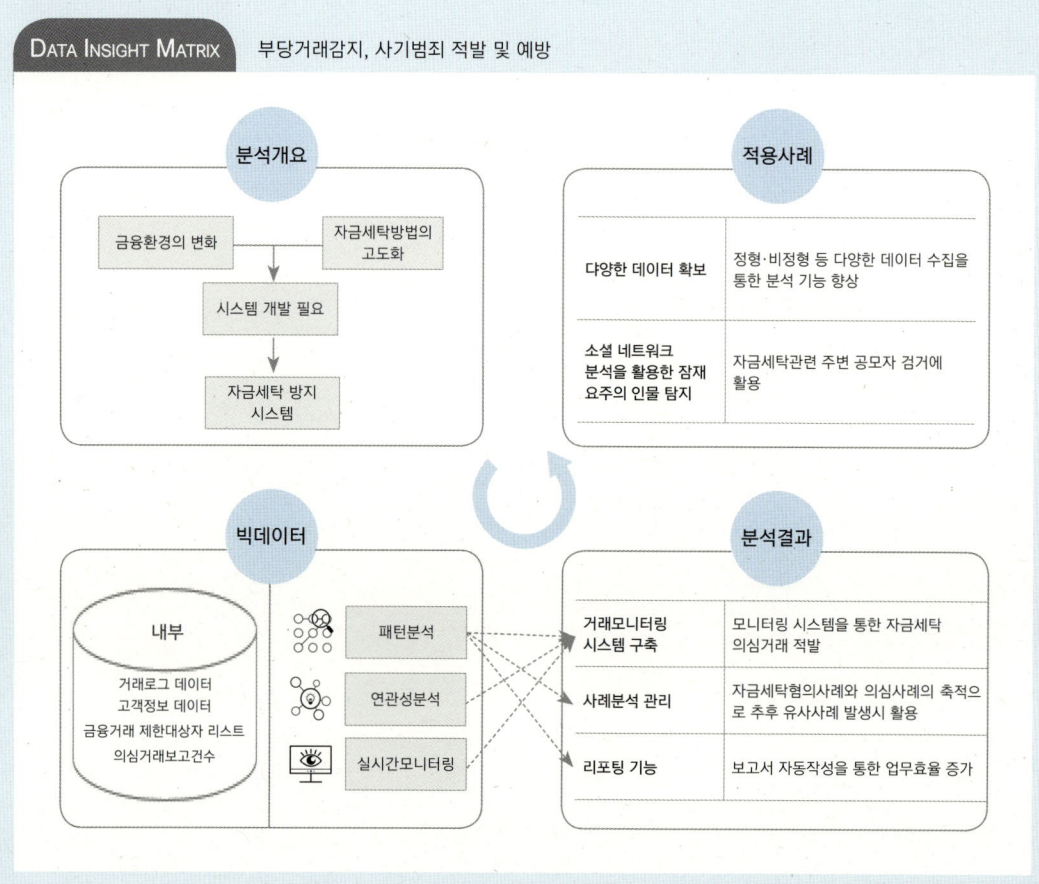

DATA INSIGHT MATRIX 부당거래감지, 사기범죄 적발 및 예방

관세청에서는 해가 갈수록 늘어나는 불법 외환 거래를 적발하기 위해 집중 단속 등 많은 노력을 취해오고 있다. 하지만 불법 외환 거래를 시행하는 조직에서는 갈수록 경제력이 높아지고, 그 덕에 첨단기술 및 전문가들을 활용한 고도의 자금세탁기술이 지속적으로 개발되고 있었다. 그 때문에 불법 외환 거래 적발은 발생률 대비 5%밖에 되지 않았다. 관세청에서는 이러한 문제를 해결하기 위해서는 과학적인 자금 세탁 방지 기술이 필요하다고 판단했고, 바넷정보기술과 협업하여 관련 시스템을 구현하기로 했다.

수집데이터	거래로그 데이터, 고객 정보데이터, 금융 거래 제한 대상자 리스트, 의심거래보고 건수
참여기업	바넷정보기술, 건국대학교

1. Big Point!

타 산업과 대비해 데이터가 쌓이는 양과 속도가 높은 금융권에서는 빠른 업무 처리를 위한 빅데이터 활용방안이 끊임없이 논의되고 있다. 관세청과 바넷정보기술에서는 불법 외환 거래 중 하나인 자금세탁을 방지하기 위해 빅데이터 기반의 시스템을 구현하고자 했다. 그러기 위해서 우선적으로 최근 은행들의 자금세탁 방지 업무 중에서 시스템 개발에 적용 가능한 부분이 있는지를 파악하였다. 그 결과, 기존 자금세탁방지시스템에 추가로 소셜 네트워크 서비스나 로그 파일 등의 다양한 데이터를 추가하여, 거래 모니터링과 잠재적 위험 탐지가 가능하다는 것을 알게 되었다. 이를 바탕으로 자금세탁 방지 시스템을 구현하게 되었다.

2. 활용 데이터와 분석

자금세탁 위험을 평가하기 위해 고객데이터 등을 가공하고 고객, 금융서비스, 금융상품, 국가로 구분하고 위험 등급에 따른 점수를 산정한 뒤, 고객 위험을 평가하였다. 이후, 위험등급이 높은 고객을 자금세탁 위험이 높은 요주의 인물로 판단하여 위험 인물 목록을 생성했다. 이러한 목록은 신규계좌 개설이나 의심스러운 고객과의 거래 거절 등의 기초 근거 자료로 활용되었다. 또, 자금세탁을 적발하는 과정에서 자금세탁혐의거래를 추출하기 위해 룰 베이스 모델과 스코어링 모델을 활용한 거래패턴 분석, 연계분석을 시행하여 거래 모니터링 시스템을 구축했다. 또, 기존의 사례 분석 결과를 관리하여 혐의가 의심되는 고객이나 거래가 보고되면 상세 분석을 수행하여 자금세탁을 방지하고자 했다. 마지막으로 대내외 리포팅 기능을 개발하여, 보고서를 자동으로 작성하고, 통계자료를 쉽게 찾아볼 수 있도록 구현하고자 했다.

3. 분석결과

가. 거래모니터링 시스템 구축

의심스러운 거래를 적발하기 위해 구축된 거래 모니터링 시스템은 혐의 거래 추출의 기초분석에 활용되는 거래패턴 분석 모델, 연계 분석 모델과 같은 룰 베이스 모델과 위험 스코어링 모델을 통해 구축되었다. '룰 베이스 모델'은 특정한 추출 기준을 선정, 부합하는 거래를 추출에 사용되었으며, '스코어링 모델'은 거래특성별 가중치를 부여하여 거래의 혐의 정도를 수치로 표현하는데 사용되었다. 이 두 모델을 통해 일정한 혐의 등급 이상을 부여받은 거래를 경고로 표시하여 심사분석 단계로 배당하였다.

나. 사례분석 관리

영업점이나 모니터링 시스템에서는 자금세탁 혐의가 의심되는 고객이 나타날 경우, 담당자 지정을 통해 상세 분석을 시행하는 등의 과정을 통해 혐의 여부를 분석하는 업무를 지원하는 기능이 수행된다. 분석 후 혐의도가 낮은 거래는 추후 활용될 가능성이 있으므로 보존 처리한다. 혐의도가 높은 거래는 자동 배당을 통해 분석자가 쉽고 상세하게 분석할 수 있게 하였으며, 위험도에 따른 차등 처리로 더 많은 거래분석이 가능해졌다.

다. 리포팅 기능

대내외 리포팅 기능을 통해 보고서 작성 자동화가 실현되었다. 즉, 감독기관이 요구하는 형식에 맞춘 보고서가 바로 작성되어, 문서 작성 및 보고 시간이 절약되었다는 것이다. 추가로, 여러 보고서들을 통해 내부의 자금세탁방지 업무의 성과관리를 위한 통계자료나 기존 혐의거래 데이터 등을 통합적으로 관리할 수 있게 된다.

• **룰 베이스 모델**
룰 베이스 모델(Rule base model)은 사람이 경험에 입각하여 생성한 추론모델이다. 사람이 직접 적당한 정밀도로 추론하는 룰을 생성함.

• **스코어링 모델**
스코어링 모델(Scoring Model)은 프로젝트 선택시 고려하는 기준을 말한다. 이를 활용해 시스템의 다양한 특징에 비중을 부여하고 가중합계를 계산함.

4. 빅데이터 분석결과의 활용

가. 다양한 데이터 확보
금융 거래 채널의 다양화로 지급 수단이 증가함에 따라, 비정형 형태의 로그 정보와 외부 기관의 데이터를 추가할 수 있었다. 기존 내부 거래 데이터 및 자체 고객 정보만을 이용한 거래 모니터링 분석에 더 방대한 비정형 데이터의 내용을 추가하여 위험요인 분석의 기능을 향상시킬 수 있다.

나. 소셜 네트워크 분석을 활용한 잠재 요주의 인물 탐지
최근 소셜네트워크 분석(SNA)가 활성화되면서 특정 인물과 관련한 인물들을 함께 분석하는 것이 가능해졌다. 즉, 자금세탁을 하고자 하는 인물이 발견되는 경우, 주변 인물을 함께 분석하여 그들 간의 관계를 분석할 수 있게 된다. 그렇게 되면 혐의자간의 공모 가능성을 확률적으로 추출할 수 있게 되기 때문에 자금세탁을 시도하는 거래를 사전에 예방할 수 있게 된다. BIG

유사사례
- 286p, 빅데이터아카데미, 안심하고 자녀를 맡길 수 있는 어린이집을 찾아서
- 182p, 신한카드, 고객의 발자취와 목소리
- 290p, 맨투맨, 빅데이터로 개발하는 신규 교육 서비스
- 498p, 자이크로, 빅데이터 분석 결과를 통한 마케팅 전략 수립
- 494p, 존스킨화장품, 빅데이터를 통한 남성 화장품 인사이트 도출
- 78p, 건강보험심사평가원, 질병도 이젠 빅데이터로 예측하고 예방
- 392p, K쇼핑, 빅데이터를 이용한 가구별 특화 상품 노출 시스템
- 460p, 블루엠갤러리, 빅데이터를 통한 대중고객 확보
- 464p, MANSOLE, 제품기획과 마케팅 두 마리 토끼를 잡다
- 242p, 패션서울, 고객이 원하는 기사와 정보는?

금융　　　　　　　　　　　　　　　　　　　　　　　#부당거래감지　#주가조작

건전한 금융거래 확립　　　　　　　　　　　　　　금감원

금융감독원은 각 금융회사의 보고 자료와 금감원 내부 문서, SNS 데이터, 민원 데이터 등의 빅데이터를 통해 민원 유발 요인을 미리 대비하고, 대부 업체 불법 영업을 감시하는 시스템을 개발하여 2020년까지 머신러닝 등 AI 시스템을 도입 공시·조사·감리 분야에 확대할 계획이다.

`관련정보` 금감원, 빅데이터·AI로 분식회계·주가조작 감시 추진, 연합뉴스, 2018.01.17

 해외

 대출　　　　　　　　　　　　　　　　　#리스크관리　#신용평가　#인성평가

신용평가　　　　　　　　　　　　　　　　　KB경영연구소

아프리카·남미 등 개발도상국에서는 금융거래 이력이 없거나 신용 정보가 부족한 고객을 대상으로 담보없이 대출을 제공하기 위하여 인성평가 대출을 시행하고 있다. 인성평가 대출이란 대출자에게 설문 형식의 문제들을 통해 인성 상의 특성을 측정하여 미래의 채무 상환 의지를 파악하는 것이다. 이는 빅데이터 분석을 활용한 새로운 신용평가 방법으로 신흥국, 저개발 국가에서 활용하고 있다.

`관련정보` 신흥국 인성평가 빅데이터로 대출상환 능력 평가 활발, 이코노믹리뷰, 2015.04.13

 대출　　　　　　　　　　　　　　　　　　　　　　　　　#신용평가

자동대출 서비스 제공　　　　　　　　　　　　웰컴저축은행

웰컴저축은행의 중금리 대출 '텐' 은 '스크래핑' 등 핀테크 기술과 빅데이터를 활용한 머신러닝을 통해 기존 고객의 거래 정보를 분석해 CSS를 최적화하여 대출 신청부터 입금까지 상담원 없는 자동 프로세스를 구축하였다.

`관련정보` 웰컴저축은행, 빅데이터로 중금리대출 '텐' 출시, 한국금융, 2016.06.26

 대출　　　　　　　　　　　　　　　　　　　　　　　　　#신용평가

대출심사　　　　　　　　　　　　KB캐피탈, NICE평가정보

KB캐피탈은 나이스평가정보와 함께 수집된 고객 금융 정보를 기반으로 빅데이터 기반 머신러닝을

통해 대출 심사시스템인 신청 평점 모델을 공동 개발하였다. 이를 통해 그동안 신용평가가 어려웠던 저신용 고객 및 소규모 기업고객의 정교한 여신심사가 가능해졌다.

관련정보 KB캐피탈, 빅데이터 기반 '머신러닝' 활용 신용평가, 연합뉴스, 2016.08.09

 대출

#신용평가 #신상품개발

중금리 대출자 신용평가 — 신한은행

신한은행은 빅데이터와 머신러닝(기계학습)을 활용하여 중금리 대출을 희망하는 잠재고객을 발굴할 수 있도록 신용평가모형을 개발하여 모바일 대출에 적용한다. 고객의 대출, 카드, 연체 등 신용정보뿐만 아니라 텍스트 데이터, 신용 패턴 등의 다양한 텍스트 정보(비금융정보)를 활용하여 신용평가에 활용한다.

관련정보 신한은행 빅데이터·머신러닝 적용한 신용평가모형 개발, 연합뉴스, 2016.06.28

 보험

#맞춤형상품개발 #신상품개발

최적의 자동차보험 상품을 개발 — AXA 다이렉트

2014년 AXA다이렉트는 빅데이터를 기반으로 맞춤형 자동차보험 상품을 만들었다. 기존 자동차보험이 자동차에 중심이었다면, 운전자에 초점을 두어 최적화된 상품을 개발한 것이다. 최적화된 상품개발을 위해 빅데이터를 이용한 소비자 조사를 실시, 기대 혜택을 파악하여 고객의 만족도를 충족시키고자 하였다. 출시 이후 방문자 수가 2배 그리고 모바일 방문 수는 4배 이상 증가하였고 매출에도 긍정적인 영향이 나타나고 있다.

관련정보 끊임없는 서비스_운전자 중심 빅데이터 분석_시스템 디지털화, AXA, 2014.08.26

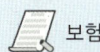 보험

#신상품개발

대중교통을 연계한 보험상품 출시 — KB손해보험

KB손해보험은 빅데이터를 활용하여 버스와 지하철 등 대중교통 이용에 관한 빅데이터를 분석하여 할인해주는 대중교통 이용 할인 자동차보험을 출시하였다. 보험 할인은 3개월간 15만 원 이상의 대중교통 이용자의 경우에 한하여 할인이 이루어진다.

관련정보 KB손해보험, 국내최초 빅데이터 활용한 자동차보험 출시, 뉴스토마토, 2016.03.08

보험업 가치사슬 개선

#고객이탈관리 #고객세분화 #맞춤형상품추천

ING생명, 미래창조과학부, 한국정보화진흥원

ING생명은 미래창조과학부와 한국정보화진흥원의 사업 일환으로 보험업 가치 사슬을 기준으로 빅데이터 분석 모델을 개발한다. 이를 통해 고객 이탈 예측분석, 고객 세분화 분석, 상품추천 분석, 설계사 영업활동 패턴 분석 등 고객 관련 사항부터 사후관리까지 보험업무 전반에 걸쳐 빅데이터 분석을 통해 업무 활용 및 개선방안을 도출할 계획이다. 특히 아웃바운드 모니터링 콜 차별화를 통해 고객 관련 사항에 힘을 쏟고자 하였다.

 ING생명, 보험업 빅데이터 분석 전략모델 개발, 디지털타임스, 2016.07.07

우선 영입대상자 채용

#신용평가 #고객세분화

교보생명

교보생명은 빅데이터 분석을 통해 우수한 보험설계사 리스트를 확보하여 영입에 활용하고, 보험범죄 방지 및 지급심사와 함께 보험계약 대출, 잠재고객 선별 그리고 언더라이팅(가입심사)에 빅데이터 분석을 적용하고 있다. 더불어 최근 대출 이력, 이용 건수, 이용 금액, 대출 가능 금액, 타사 신용대출 여부, 고객 프로파일 등의 데이터를 이용해 고객을 세분화하고 대출 수요 예측모델까지 생성하여 고객 영업에 활용할 수 있게 되었다.

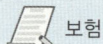 교보생명, 빅데이터로 보험설계사 채용, 한국금융, 2014.10.01

인슈어테크로 고객 맞춤형 보험 서비스 제공

#금융상품가격책정 #고객이탈관리

ING생명

가. 배경 및 목적

인슈어테크(InsurTech)란 '보험(insurance)'과 '기술(technology)'을 합친 신조어로 빅데이터 분석을 이용한 인공지능, 머신러닝 등을 이용해서 새로운 보험 서비스를 제공하는 것을 뜻한다. 인슈어테크에 미래가 있다고 보는 보험업계는 저마다 빅데이터를 기반으로 차별화된 서비스를 제공하기 위한 경쟁이 치열하다. ING생명 또한 발 빠르게 디지털 혁신을 실현하기 위해 2016년도를 시작으로 '보험업 가치 사슬을 기준으로 한 빅데이터 분석 전략모델'을 개발했다.

나. 빅데이터 활용

ING생명의 '보험업 가치 사슬을 기준으로 한 빅데이터 분석 전략 모델'은 머신러닝, 딥러닝 등의 최신 빅데이터 분석기술을 도입해 고객 분석부터 보험 서비스 사후 관리에 이르기까지 업무 전반에 개선점을 제공한다. 구체적으로 보험계약 실효 예측분석, 고객 마이크로 세그먼테이션, 상품추천 분석, 신계약 계약 이탈 예측분석, 보험사기 예측분석, 민원고객 예측분석 등이 포함된다. 또한 ING생명은 '음성인식 모델(STT엔진)'도 구축하여 콜센터 상담 음성파일 등의 비정형 데이터를 정형 데이터로 수집할 수 있게 되었다. 이를 통해 고객 상담 내용의 다양한 분석 결과를 바탕으로 고객의 이탈 패턴과 원인을 파악해 조기 대응체계를 마련할 수 있게 되었다. 이후, 모바일 환경에 익숙한 현대 세대를 위해서 '인공지능 챗봇 서비스' 개발에도 착수했다. 또한 초보 재정 컨설턴트의 속성을 분석해 고객들에게 좀 더 고도화된 보험서비스를 제공할 수 있도록 도움을 준다. 수많은 보험 서비스 제공을 통해 축적한 방대한 양의 빅데이터를 바탕으로 새로운 보험상품을 출시하고, 고객별로 가장 적합한 보험료를 산정하는데 활용한다.

 빅데이터·인공지능 호라용해 보험 고객 맞춤형 서비스, 중앙일보 2018.03.13

보험 — 운전자 습관 연계보험 출시 — #신상품개발 — DB손해보험

DB손해보험은 업계 최초로 빅데이터를 활용한 운전자 습관 연계보험(SmarT-UBI 안전운전특약)을 출시해 안전운전 점수 대비 기존 보험료의 10%의 할인을 제공했으며, 인공지능(AI)을 활용해 보험 상담 서비스를 제공하는 '프로미 챗봇 서비스' 도입, 생체 인증을 통한 보험가입 등 금융환경 변화에 적극 대응하였다.

 DB손해보험, 2018년 빅데이터 플래그쉽 선도사업자 선정, 2018.06.12

보험 — 인공지능 기반의 맞춤형 자산설계 서비스 — #고객관리 #서비스개발 — ABL생명

ABL생명은 2018년 2월에 인공지능 기반의 고객 맞춤형 자산설계 가이드 '백년자산' 프로그램을 보험설계사 영업용 태블릿 PC에 도입했다. '백년자산'이란 100년 동안 고객에게 발생할 수 있는 3대 위험인 사망, 건강, 노후로부터 가족 3대를 지켜줄 수 있는 자산을 뜻한다. ABL생명은 인공지능 기술을 활용해 고객 유형을 총 944종으로 분류하고, 각 유형에 맞는 백년자산 설계 가이드를 만들었다. 가이드는 고객이 쉽게 이해할 수 있도록 전문가가 설명해주는 동영상의 형태로 제공된다.

관련정보 ABL생명, 인공지능 기반 자산설계 프로그램 '백년자산' 도입, 2018.01.30

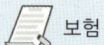 보험   #사기범죄적발및예방

보험 사기 여부 조사   현대해상

현대해상은 사고접수 시 자동으로 보험사기 위험도를 보험회사 직원에게 전달하여 사기 여부 판단을 처리를 지원하고 보험금 청구 지급 시 요주의 사고로 추정될 경우 보험사기 여부를 즉시 조사하게 하는 시스템을 개발하였다. 시스템 개발 후 전체 보험사기 사건의 25%를 분석을 통해 예방할 수 있었다.

[관련정보] K-ICT 빅데이터 센터, 금융 산업 빅데이터 도입방안(빅데이터 기획보고서 7호)

 은행   해외   #고객세분화 #수요조사 #맞춤형상품추천

맞춤형 고객서비스 실현   스코틀랜드왕립은행

가. 배경 및 목적

2008년의 금융위기 이후 스코틀랜드왕립은행(Royal Bank of Scotland)은 경쟁력을 높이기 위해 고객 서비스 개선을 전략으로 삼았다. 그리고 그 전략을 실현하기 위해 계좌 거래 내역 및 고객 개인정보에 대한 빅데이터 활용을 선택했다. 그들은 '인간학'의 개념을 전략에 적용하여 금융상품보다는 고객 지향적인 서비스를 제공했다.

나. 상세 내용

RBS는 고객이 돈을 쓰고 관리한 엄청난 양의 데이터를 통해 고객에 대해 상세하게 알 수 있다. 또한 언제 어디로 휴가를 가는지, 병원에 다니는지, 결혼했는지 등의 고객 개인 성향 자료를 수집하여 고객 맞춤 서비스를 제공할 수 있다. 그 예로 한 80대 고객이 주변에서 아무도 알아주지 못한 자신의 생일날 지점을 방문했는데 은행으로부터 축하를 받고 눈물을 흘린 감동적인 서비스 사례를 들 수 있다. 거래 운영 데이터를 이용해서는 고객의 실수를 방지할 수 있다. 이를 통해 고객이 보험 등에 두 번 돈을 지불했을 때 확실하게 알려줄 수 있으며, 은행계좌 개설시 서비스가 함께 제공된다. 또 RBS는 빅데이터 분석을 통해 전체 고객 중 30%가 모바일 앱에서 대출을 신청한다는 것을 발견하고 모바일 경험을 대대적으로 개선하였다. 그로 인해 고객 전환율이 이전보다 20%가 증가하는 성공을 거두었다. 추가로 RBS는 자연어 처리 기반의 AI 챗봇 '루보'를 개발했다. 루보는 은행 고객의 질문에 답을 해주고 이체 등의 간단한 업무를 수행하는데 적절한 대응 답변을 찾지 못했을 때 고객을 직원에게 넘긴다. 고객과의 온라인 대화를 통해 얻은 방대한 빅데이터는 또다시 고객 기반의 서비스 창출을 위한 고객 분석에 쓰일 수 있다.

 은행 #맞춤형상품추천

머신러닝을 활용한 고품질 금융서비스 제공   농협

농협은 빅데이터 플랫폼인 'NH 빅스퀘어'를 구축하였다. 'NH 빅스퀘어'는 데이터가 모여 있는 장소라는 의미로, 기존에 활용이 어려웠던 비정형·대용량 데이터를 저장·분석하고 머신러닝과 시각화 분석까지 가능한 빅데이터 플랫폼을 개발하였다. 농협은행은 이를 통해 고객에게 취업, 결혼, 은퇴와 같이 특별한 상황에 맞는 포트폴리오를 제시함으로써 고객별 특성과 상황에 맞는 고품질 서비스와 금융 혜택을 제공할 수 있는 기반을 마련하였다.

관련정보 농협은행, 빅데이터 플랫폼 구축…고객에 맞춤형 금융 제공, 연합뉴스, 2018.05.24

 은행 #리스크관리

기업진단시스템 도입으로 부실가능성 예측   우리은행

기업진단시스템 '빅아이' 도입 – 빅데이터 분석과 머신러닝 등을 활용해 은행 대내외 다양한 정보를 분석하여, 기업 관련 중요 정보와 부실 징후 정보를 파악. 리스크 분석지표를 머신러닝으로 분석해 기업의 부실 가능성을 4단계 등급으로 안내하는 시스템을 개발하였다. 또한 산업정보, 기업 재무제표, 기업 거래처, 계열사 등의 정보와 국민연금 등 정부 3.0 데이터를 쉽게 이용할 수 있게 제공하고 있다.

관련정보 우리은행, 빅데이터 활용한 기업진단 시스템 도입, 보안뉴스, 2018.03.28

 은행 #텍스트분석 #시스템개발

고객지원 서비스 질 개선   신한은행

신한은행은 고객 상담 내용을 문자로 변환하여 분석하는 빅데이터 시스템을 구축하였다. 고객 전화 상담, 채팅, 이메일 등 고객상담의 품질 향상과 마케팅 지원을 위하여 음성-문자 자동변환 시스템(STT)을 구축하고 텍스트 분석 시스템(TA)을 구축하였다. 이를 통해 하루 5만여건의 콜센터 상담내용뿐만 아니라 이메일 상담 내용까지 빅데이터 분석이 가능해졌으며, 잠재 민원 유발 키워드를 감지하고 선제적으로 예방할 수 있었다.

관련정보 신한은행, 빅데이터 분석 콜센터 상담 분석시스템 구축, 파이낸셜 뉴스, 2016.12.25

은행　　　　　　　　　　　　　　　　　　　　　　　#서비스품질개선

금융상담 분석　　　　　　　　　　　　　　NH농협은행

NH농협은행은 AI 빅데이터를 기반으로 금융상담 시스템 '상담품질 전수평가 장치'를 개발하여 금융 상담 서비스의 품질 향상을 이루고자 하였다. 이 시스템은 고객과 상담한 통화자료를 실시간 분석을 통해 성향을 분류하여 상담 업무의 지식수준을 진단할 수 있는 특화 시스템으로 상담서비스 품질 향상을 이루고자 하였다.

관련정보　NH농협은행, AI빅데이터 기반으로 금융상담서비스 품질 향상된다, 애플경제, 2018.02.20

 증권　　　　　　　　　　　　　　　　　#플랫폼개발　#상품비교정보제공

빅데이터로 양질의 주식시장 정보를 제공 받는다　　시스메틱

시스메틱은 주식 뉴스 빅데이터 분석을 통해 주식 종목 기사자료의 SNA 분석과 머신러닝 기반의 예측분석 엔진 등을 통해 투자자들에게 양질의 정보를 제공한다. 시스메틱은 플랫폼 개방을 통해 증권사의 PB와 일반 투자자의 매칭을 통해 증권사를 직접 방문하지 않아도 온라인 상담이 가능한 플랫폼 서비스를 제공하여 편리성을 높이고자 하였다.

관련정보　시스메틱, 주식 투자 상담 빅데이터 분석 시스템 개발, 중앙일보, 2017.08.24

 증권　　　　　　　　　　　　　#서비스개발　#트렌드분석　#니즈분석

검색이력 데이터로 미래의 수요를 파악한다　　㈜젊은상인

데이터 분석 스타트업인 '젊은상인'은 포털 검색 이력 데이터를 통해 구글 트렌드와 같이 특정 키워드의 검색 트렌드를 알아볼 수 있는 서비스를 주식 가격 데이터와 결합하여 제공하고자 하였다. 한국데이터진흥원의 데이터 스토어에서 포탈 검색 이력 데이터와 상장 주식 거래 데이터를 제공받아 두 데이터의 결합을 통해 상호 관련이 높은 결과를 도출하여, 향후 검색 이력 데이터 분석에 기반한 투자모델을 개발하고자 하였다.

증권	#서비스개발
증권정보 분석	**줌닷컴**

줌닷컴의 인터넷 관심도 서비스는 하루 약 3억 건 이상의 증권 관련 인터넷 활동량을 분석하여 사용자에게 객관적인 투자 판단의 근거자료를 제공한다. 최근 주식시장의 핀테크 열풍에 빅데이터 활용으로 유익한 정보를 제공하고자 하였으며, 무료 서비스로 특정 종목을 검색하면 일일에서 3년까지 기간별 그래프를 확인할 수 있다.

 줌닷컴 증권 인터넷관심도 기존 예측 프레임 바꾸며 호평, 아시아경제, 2015.01.29

증권	#서비스개발 #트랜드분석
증권 종목 분석	**네이버**

네이버는 언론사 및 증권사로부터 종목 관련 데이터를 수집하고 반영해 랭킹과 차트 형태로 보여주는 서비스를 제공한다. 일별로 네이버 증권 내 검색 빈도, 토론실 게시글 조회 수, 카페 및 블로그의 관련 글 생성 수 등 카테고리별 트렌드 랭킹 및 트렌드 차트를 볼 수 있다. 특히 트렌드 차트를 통해 카테고리별 관련 글들을 리스팅하여 트렌디한 주식 종목 정보를 사용자들에게 제공하고자 하였다.

 네이버 빅데이터 통해 증권 트렌드 알려준다, 이코노믹리뷰, 2015.04.15

증권	#상품정보비교제공 #선호도파악 #효과적상품전략
빅데이터 분석으로 투자	**ABL생명**

빅데이터 분석으로 펀드 투자 종목을 선택할 수 있는 시대가 도래하였다. ABL 생명은 코스피에 관한 뉴스 기사 데이터를 분석하여 유망 종목을 선별하는 '빅데이터 주식형펀드'를 출시하였다. 이는 뉴스 기사뿐만 아니라 시장 선호도 및 주가 반영도 등을 고려하여 종목별 최적 투자비용을 산출해 투자하는 펀드이다.

관련정보 ABL생명, 뉴스분석 투자하는 빅데이터주식형펀드 출시, 이투데이, 2018.03.06

증권	#SNS분석 #성향분석
펀드개발	**Derwent Capital Markets**

  해외

SNS데이터를 분석하여 고객의 투자심리를 파악 후 투자 포트폴리오에 반영하는 트위터 펀드를 개발하여 운용하였다. 고객에 대한 감정분석을 통해 개발한 알고리즘을 통해 펀드를 운용하였으며, 운용 첫해, 평균 수익률인 0.76%를 상회하는 1.86%의 수익을 달성하였다.

[관련정보] K-ICT 빅데이터 센터, 금융 산업 빅데이터 도입방안(빅데이터 기획보고서 7호)

카드	#맞춤형상품추천 #개인맞춤형광고 #소비패턴분석
중소기업의 마케팅 조력자가 되다	**삼성카드**

가. 배경 및 목적

빅데이터의 활용성과 중요성이 더욱 커지는 오늘날, 중소기업은 기술 및 비용의 한계로 빅데이터 기술 도입을 망설이고 있다. 이러한 상황에서 삼성카드는 자사 회원의 빅데이터를 기반으로 중소기업에게 마케팅을 지원하는 '링크 비즈파트너'라는 새로운 서비스 개발하였다.

나. 빅데이터 활용

링크 비즈파트너는 '스마트 알고리즘'을 이용해서 고객의 소비 패턴을 분석하고 업종, 자주 가는 지역 등을 이용한 맞춤형 마케팅 서비스를 제공한다. 불특정 다수를 대상으로 한 광고나 프로모션이 아니라 삼성카드 회원의 빅데이터를 기반으로 중소기업 가맹점을 방문할 가능성이 높은 고객만을 선별하여 홍보하므로 훨씬 낮은 비용으로 효율적인 마케팅을 가능하게 한다. 또한 프로모션 이후 고객 인입 효과 등을 조회할 수 있는 성과 분석 시스템도 함께 제공하여 경영에 통찰력을 제공한다. 이로 인해 대형 프랜차이즈 브랜드뿐만 아니라 동네 김밥 집과 같은 골목상권도 전단, 대면 홍보 등의 1차원적 홍보에서 벗어나 빅데이터 기반의 온라인 고객 서비스를 제공할 수 있게 되었다.

다. 적용 사례

서울 중구에 위치한 한 치킨점은 빅데이터 기반의 맞춤 마케팅을 제공한 후 전단지 비용 약 21만 원을 절감할 뿐 아니라 매출액이 약 47% 상승하는 효과를 얻었다.

카드　　　　　　　　　　　　　　　　　　　　#소비패턴분석　#개인맞춤형광고

대중교통 빅데이터로 맞춤형 마케팅 솔루션 제공　　　한국스마트카드

한국 스마트카드는 방대한 대중교통 탑승 정보를 모아 광고나 마케팅 등에 활용할 수 있는 '티머니 데이터 마케팅 솔루션'을 오픈했다. 티머니 교통카드 서비스를 통해 승하차 역, 승하차 수단, 승하차 시간을 분 단위로 수집할 수 있다. 한국 스마트카드는 다양한 고객사와 제휴를 맺어 시간, 장소, 상황 즉 TPO(Time, Place, Occasion)를 고려하여 고객을 분석하고, 고객 맞춤형 서비스를 제공할 수 있다. 즉 단순히 고객 위치 정보 기반의 광고를 넘어서서 대중교통을 이용하는 동안 고객에게 웹툰 무료보기 서비스, 맛집 정보 제공, 제휴사의 쿠폰 발송 등의 맞춤형 서비스를 제공할 수 있다. 한국 스마트카드는 이미 2016년 리우올림픽과 2018년 평창올림픽 때 모바일 티머니를 이용하는 고객에게 출퇴근 시간 때 올림픽 하이라이트 영상 무료 시청 서비스를 제공하여 호평을 얻었다. 이처럼 모바일 티머니는 교통카드를 이용한 마케팅 플랫폼을 통해 신서비스를 개척하였다. 앞으로 '대중교통 빅데이터 제공 서비스'를 활용하여 유통, 금융, 엔터테인먼트 등의 다양한 분야에서 더 많은 O2O(Online to Offline) 서비스와 마케팅들이 제공될 것이다.

 카드　　　　　　　　　　　　　　　　　　　　　　　　　　#맞춤형상품추천

마이크로 마케팅 활성화　　　카드사, 테스코

카드사는 고객의 카드 사용내역을 빅데이터로 분석하여 고객의 인구통계학적 특성에 맞춘 마이크로 마케팅을 시행한다. 고객이 즐겨 방문하는 온라인 커머스 사이트를 열면 검색했던 내용, 물건의 가격 등을 광고 배너로 제공하는 등 검색 흔적을 자동 저장하여 분류해 활용하고 있다. 또한 영국의 테스코에서는 회원카드를 이용하여 고객의 구매 식품 리스트를 분석, 고객 성향을 추적하여 맞춤형 마케팅을 진행한 결과 고객의 만족도가 높아졌고 매출 증가로 이어졌다.

`관련정보` [기고] 빅데이터로 소비자와 만날 수 있는 마케팅 실체를 만들어라, PLATUM, 2018.02.22

 카드　　　　　　　　　　　　　　　　　　　#소비패턴분석　#맞춤형상품추천

카드 혜택 자동으로 받기　　　삼성카드

카드업계는 고객의 빅데이터를 분석하여 사용의 소비패턴을 파악하고 성향을 분석하여 자동으로 혜택사항을 제공해주는 서비스를 출시하고 있다. 예로 삼성카드의 CLO 서비스는 빅데이터 기반으로 고객 개인별 과거 결제내역을 분석하여 빈도수가 높은 지역이나 취향에 맞는 혜택을 파악해 제공하는 것이다.

`관련정보` 카드업계 '빅데이터' 활용한 꼼꼼한 맞춤형 서비스 경쟁, 경향비즈, 2014.08.17

카드　　　　　　　　　　　　　　　　　　　　　　　#상권분석　#시장조사

마케팅 사업화　　　　　　　　　　　　　　신한카드

신한카드사가 빅데이터를 활용하여 외국계 주류사와 홈쇼핑 등 20여 개의 기업 및 기관과 공동으로 컨설팅 방법론을 개발하고 추진했고, 이를 통해 핵심 고객 소비상권분석, 시장조사, 마케팅 대행 서비스 등을 사업화했다. 기존 공공부문 중심으로 진행되었던 컨설팅 부문의 확장을 통해 시장 선점을 꾀하고 있다.

[관련정보]　신한카드, 민간 빅데이터 컨설팅 시장 공략, 아시아경제, 2017.05.12

 카드　　　　　　　　　　　　　　　　　　　　　　　　　　#상권분석

상권분석 보고서 작성　　　　　　　　　　　　비씨카드

비씨카드가 빅데이터와 인공지능(AI) 기술을 활용하여 신규 상권분석 서비스를 출시하였다. 데이터 분석을 통해 도출되는 결과는 전문 연구원의 검증 후 보고서를 완성하게 되며 검증을 통해 변경된 내용이 AI를 통해 지속적으로 업데이트되어 보고서의 신뢰도를 높이고자 머신러닝 기술을 활용하였다. 이를 통해 빅데이터기반 상권분석 보고서의 대중화에 앞장서고자 하였다.

[관련정보]　비씨카드 빅데이터 기반 '신규 상권분석 보고서' 출시, MNB, 2017.05.16

 카드　　　　　　　　　　　　　　　　　　　　　　　　　　#신상품개발

외국인 특화 카드 출시　　　　　　　　　　　KB국민카드

KB국민카드는 국내 거주 외국인들의 트렌드 및 카드 이용 형태를 분석하고 외국인 고객 자문단의 설문 조사 결과 등 빅데이터 분석 기술을 활용하여 외국인 특화의 신용카드를 출시했다. 주로 외국인이 많이 사는 지역인 용산구, 영등포구 안산시 단원구 등에서 혜택을 누릴 수 있도록 구성하였다.

[관련정보]　KB국민카드 빅데이터 분석 기반 외국인 특화 신용카드 출시, 파이낸셜뉴스, 2017.01.24

 카드　　　　　　　　　　　　　　　　　　　　　　　　　　#구매패턴분석

카드 이용건수를 이용한 업종 전망　　　　　　삼성카드

삼성카드가 2013년에서 2016년 사이 이용자의 결제 건수, 금액 외 건별 단가를 포함해 소비 패턴을

분석하여 연령대별 소비 트렌드를 파악하고 업종 전망까지 가늠한다. 카드 데이터를 통해 업종 전망이 가능하여 단순 업종 트렌드 외에 뜨고 질 업종 전망이 가능한 자료를 생성하였다.

 삼성카드 빅데이터로 본 업종 연령별 소비 트렌드 소유보다 체험하고 배우는데 아낌없이 지갑을 연다, 매일경제, 2017.07.14

카드

#맞춤형상품추천 #성향분석

패션에 빅데이터를 적용 — 신한카드/LF

신한카드는 LF몰에 신한카드 고객만을 위한 '코드나인 전용관'을 개설하여 빅데이터를 통한 맞춤형 코디 서비스를 제공한다. 카드데이터를 통한 소비성향 파악으로 고객에게 맞춤 스타일을 제시하고 제품 구매를 유도하여 매출 상승에 기여하고자 하였다.

 신한카드, 빅데이터 제휴로 패션 콜라보 구현, 아주경제, 2014.12.01

카드

#방문객분석 #소배패턴분석 #트렌드분석

자영업자들에게 유용한 정보제공 — 현대카드

최근 3개월간의 카드이용 데이터를 기반으로 마이메뉴 서비스를 제공, 특정 가맹점을 방문하는 고객의 인구 사회학적 정보를 이용해 보유카드 혜택의 정보를 제공한다. 또한 자사의 카드 결제 정보를 활용하여 경기 상황을 분석해 자영업자에게 정보를 제공해 줄 수 있는 시스템을 구축하였다.

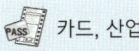 K-ICT 빅데이터 센터, 금융 산업 빅데이터 도입방안(빅데이터 기획보고서 7호)

카드, 산업

#맞춤형프로모션 #컨텐츠개발

카드사와 전자제품업체의 시너지 효과 — 신한카드/LG전자

LG전자는 신한카드와 함께 각각 보유하고 있는 고객의 라이프스타일에 관한 데이터를 공유하고 상품 라인업을 만들어 공동 마케팅을 진행하였다. LG전자의 다양한 제품에 신한카드의 결제 서비스를 적용하고 빅데이터를 이용하여 양사의 고객에게 맞춤형 서비스를 제안하고 마케팅하는 전략을 수립하였다.

관련정보 신한카드-LG전자 빅데이터 맞손, 디지털타임스, 2014.12.02

 핀테크　　　　　　　　　　　　　　　　　　　#타겟마케팅　#개인맞춤형광고

위버플 금융 빅데이터로 핀테크 진입　　　　위버플

위버플은 금융 검색 엔진 개념으로써 빅데이터를 기반으로 투자자 나이, 성별, 보유자산 규모, 거래 내역 등을 토대로 투자목적, 기대수익률, 위험선호 등 파악하여 개인에 알맞은 투자 성향 및 상황에 맞는 투자정보를 제공한다.

관련정보 위버플 금융 빅데이터로 '금융 빅데이터 검색 서비스' 제공, 전지신문, 2015.05.29

 해외

 기타　　　　　　　　　　　　　　　　　　　#신용평가　#사기범죄적발및예방

합리적인 대출 결정을 이끌고 명의 도용을 단속하다　　　　익스페리언

가. 배경 및 목적

익스페리언은 세계에서 손꼽는 신용평가 기업으로서 고객 정보를 분석해 기업에 제공한다. 전 세계의 수억의 고객으로부터 생성되는 데이터를 분석하고 사기 및 명의도용 방지 등의 다양한 서비스를 제공하기 위해서 익스페리언에게 빅데이터란 필수적인 도구로 자리매김하고 있다.

나. 빅데이터 활용

익스페리언은 약 30페타바이트에 달하는 어마어마한 고객 정보를 신용조사기관 데이터베이스에 수집하고 있으며 이 양은 매년 증가하고 있다. 익스페리언은 카드 사용 내역, 거주지, 나이, 소득 등의 다양한 정보를 이용하여 고객을 67개의 유형, 15개 그룹으로 나누어 마케팅 및 신용평가에 활용한다. 익스페리언은 사기 예측 모델과 거래 내역을 이용해서 금융회사에 사기 예방 서비스를 제공한다. 사기 예측 모델은 약 280가지의 변수를 파악해서 실시간으로 사기를 발견하는 시스템이며, 추가로 익스페리언은 자동차 거래 데이터, 정부 규제 데이터, 보험사 데이터 등을 이용해서 자동차의 이상 등에 대한 정보를 중고차 바이어에게 제공하여 원활한 중고차 거래가 가능한 데이터를 제공하고 있다.

 기타　　　　　　　　　　　　　　　　　　　　　　　#신용평가

대출금리모형 개발　　　　　30CUT, NICE평가정보㈜

써티컷은 나이스평가정보와 함께 5백만 명의 3년간 카드 대출 데이터를 분석하여 신용평가모델을 개발하여 대출 금리 모형을 만들어 서비스를 제공한다. 이를 통해 신용카드 대출 서비스를 받는 고객들에게 원활한 대환 대출이 가능해졌다. 추가로 소셜네트워크분석 등 비정형 데이터까지 활용하는 신용평가 모델을 개발할 계획이다.

`관련정보`　30CUT, 빅데이터 분석 신용카드 대환 신용평가 모델 개발, 매일경제, 2015.12.08

 기타　　　　　　　　　　　　　　　　　　　#사기범죄적발및예방

빅데이터 시각화를 통한 범죄 예방　　　업비트, 두나무

'체이널리시스 솔루션'은 암호화폐의 입출금 데이터 정보 등 관련 빅데이터를 시각화하여 자금 흐름을 손쉽게 파악 및 추적할 수 있는 시스템이다. 암호화폐가 이동한 정보는 물론, 환전에 이용한 국내외 암호화폐 거래소까지 파악하여 효과적인 자금세탁 범죄 예방이 가능해졌다.

`관련정보`　업비트, 암호화폐 불법자금 추적 솔루션 도입, 지디넷코리아, 2018.04.03

빅데이터 활용사례
공공 금융 농축수산 문화관광 에너지 유통 의료 제조 IT 기타

03 / **농축수산**

농업, 수산업, 스마트팜, 임산물, 축산업

농축수산

농업, 수산업, 스마트팜, 임산물, 축산물

1. 농축수산 현황

가. 농업

우리나라 현재 농업은 농가 인구의 감소 및 고령화 등으로 인해 어려움을 겪고 있다. 일반적으로 60대 이상의 연령층이 40% 이상을 차지하고 있으며 청장년층의 비율이 낮아 노동력 부족이 심각해지고 있다. 이를 세계 각국에서는 농업에 ICT와 IoT를 결합하여 자동화 농업시스템인 스마트 팜을 구축하고 있다.

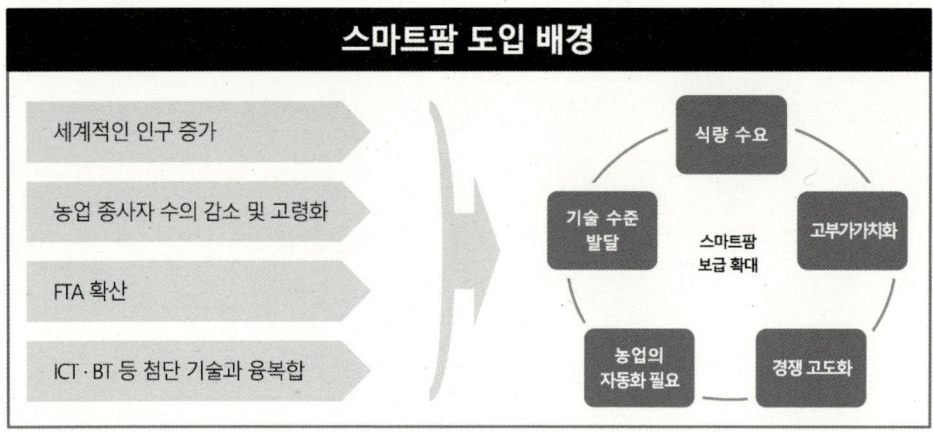

나. 축산업

우리나라 축산업은 1980년대를 기점으로 성장을 거듭해 오다 1991년 환경부에서 가축 분뇨와 관련된 규제가 시작되었고, 2007년부터는 가축 분뇨에 관리 및 이용에 관한 법률이 제정되어 가축 분뇨의 냄새를 줄이기 위한 노력을 기울이고 있다. 축산업을 친환경적이고 지속가능한 산업으로 발전시키고자 악취의 발생을 줄이는 노력을 기울였으며, 가축 분뇨의 자원화 및 ICT를 이용한 축산환경개선을 통해 축산업의 효율적 생산과 관련된 연구가 이루어지고 있다. 또한 축산품 생산·유통과 관련된 빅데이터를 축적하여 분석·활용해 소비자가 실생활에 쉽게 이용할 수 있는 축산물 정보를 생산하여 제공함으로써 국민 신뢰도를 높이고자 노력하고 있다.

다. 수산업

미래 식량산업으로 부상하는 양식업은 데이터 수집·분석을 기반으로 생육관리와 시설 제어 등이 자동화·지능화되면서 생산성이 급증하고 있다. 해외에서는 양식기술을 전문적으로 개발·보급하는 기업이 등장하였으며, 관련 기술 개발에 정책적 지원도 이루어지고 있다.

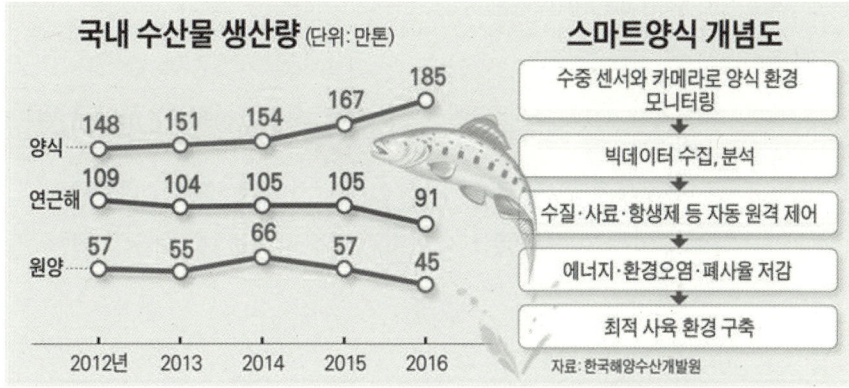

ICT/SW의 발달로 기존 직관에 의존했던 양식장의 지능화를 통해 생산성이 향상되고 해양수산 관련 업무와의 융복합을 통해 새로운 부가가치 및 신시장을 개척하고 있다.

2. 농축수산의 빅데이터 활용 현황 및 사례

농업의 경우 병해충 관리와 더불어 생산량에 영향을 미치는 요인을 분석하는 분야에 빅데이터 분석을 주로 사용하고 있으며, 이를 기상 등의 데이터와 융합하여 비료 수급량과 농산물 예측량을 분석하는 곳에 빅데이터를 활용하고 있었다. 또한, 토양 분석을 통해 적절한 작물을 선정하여 재배하는 것에 이용하고 있다.

축산업의 경우 클라우드 기반 시스템으로 육우의 출하 시점을 판단하고 품질을 관리하는 곳에 빅데이터를 주로 활용하고 있었으며, 축산물 생산과정의 데이터 수집과 분석을 통해 내부 시스템의 효율적 관리를 시행하고 있었다. ICT 기술을 통해 축산물의 품질 향상, 질병예방, 경비 절감을 이끌어 내고자 노력하고 있다.

수산업의 경우 빅데이터를 통해 어류의 분포 상황과 해역을 예측하는 시스템을 개발하고 양식업의 원활한 관리를 주로 빅데이터를 통해 활용하고 있다. 실시간 모니터링을 통해 양식 환경을 점검하고 양식장 전반의 제어를 빅데이터 시스템을 통해 시행하고 있다.

농업	· 병해충 발생 시간 모니터링 체계를 통해 농산물 생산량에 미치는 요인은 분석하고, 기상과 농업 제품 간의 상호 관계 분석을 통해 농산물 생산 예측량의 오차 범위를 줄이고 기상여건을 반영한 농산물 수급조절에 활용한다. (기상청, 농촌진흥청) · 토양분석, 종자 선별, 기후 파악 등 농업에 관련된 정보를 수집하여 빅데이터 분석을 통해 농작물의 품질을 정확히 분석한 후 적절한 판매 가격을 설정하여 시장경쟁력을 높인다. (미국, 640 labs) · 유전체 분석 기술을 통해 재배 농작물의 분석을 실시하여 개량된 품종과 함께 병해충에 뛰어난 식물재배를 시행한다. (에보젠)
축산업	· 클라우드 기반으로 젖소/육우를 관리하는 시스템을 구축하여 소 상태 이상 유무를 200여 가지 항목을 통해 관리한다. 또한 출하시기를 판단하고 우유 생산량의 관리와 함께 효율성을 높인다. (일본, 모토카와 목장) · 한우 유전체 분석을 통해 DNA 빅데이터 체계를 구축, 육량 증가와 더불어 육질 개선 효과를 통해 경제적 가치를 높이고자 한다. (농촌진흥청, 국립축산과학원)
수산업	· 트레디스라는 어류 해역을 예측하는 시스템을 개발하여 인공위성의 이미지를 수집하고 물고기가 생존하거나 혹은 생존 가능성이 있는 해역을 분석하고 예측한다. 어선과의 정보 연동을 통해 어류 해역의 정보를 전달하여 효율적인 어업이 가능하도록 지원한다. (일본, 그린&라이프 이노베이션) · 부표에 센서를 달아 해수 온도 및 염분에 온도를 어업 종사자의 스마트폰에 송신하여 굴이나 김 양식에 있어 기존에 조업자의 감각에 의존하던 작업을 데이터를 근거로 하여 품질 향상 및 수확량 안정화에 도움을 준다. (일본, NTT Docomo) · 연어 양식 기업인 마린 하베스트는 ICT 기술을 기반으로 수온, 수질, 염도를 모니터링하고 사료를 자동 공급하는 해상가두리 양식을 시행하고 있다. (노르웨이, 마린 하베스트)

3. 농축수산의 빅데이터 활용 시사점

현재 우리나라 농업은 스마트팜을 통해 온도, 습도 등 환경정보에 따라 스마트 기기를 이용해 스프링클러, 온도관리 등 제어기기를 작동시키는 단계까지의 발전에 머물러 있다. 앞으로의 농업은 스마트 팜을 통해 축적된 데이터를 기반으로 통합 정보 및 의사결정시스템을 통해 정밀한 작물 관리가 이루어져야 할 것이다. 또한 농업은 순수 농업기술 만이 아닌 최근 다른 기술과 산업이 복합적으로 연계되어 있다. 이에 스마트팜 시스템을 구축 농업 생산을 비롯해 유통, 소비에 이르는 전 단계에 빅데이터를 활용한 첨단 기술의 적용이 이루어지고 있다. 이에 스마트팜 경영체, 빅데이터 구축 기관, 소프트웨어 기업, 식료품 제조사 등의 협업 및 공동사업 추진을 통해 농업에 대한 성장과 더불어 장 단기적 이익을 공유할 수 있는 시스템이 마련되어야 할 것이다.

축산업의 경우 축산관리 시스템과 IoT를 통해 가축의 관리를 시행하고 있다. 기본적으로 센서를 통해 축사 환경정보와 가축의 활동량을 측정하여 데이터를 축적하고 있다. 각 센서를 통해 수집된 정보를 통해 빅데이터 분석을 시행하여 적절한 시간대에 사료를 공급하고, 축사 내 온도를 조절하는 등 모든 사항을 스마트 기기를 통해 활용이 가능해졌다. 하지만 국내에서는 다양한 축산용 IoT 제품을 출시하여 상용화하고 있지만, 소의 발이나 목에 센서를 부착하여 운동량, 충격량 등을 파악 후 발정 징후를 확인하는 정도로의 활용만 시행되고 있다. 기타 병해충 감지 등에 대한 중요성은 높아지고 있지만 이를 빅데이터 분석을 통해 해결하고자 하는 연구는 미비하다. 따라서 병해충 감지, 품질 향상 등에 빅데이터를 활용할 필요가 있다.

수산업에서는 잡는 수산업에서 키우는 수산업으로 형태가 변환되고 있다. 또한 어촌 고령화가 심각해지는 만큼 주로 양식업에 빅데이터가 활용되고 있었다. 빅데이터를 통한 해양 정보

수집과 분석을 통해 최적의 생육 환경을 도출한다. 해외 일본과 노르웨이에서는 양식장에 빅데이터를 도입하여 효과적인 양식을 시행하고 있지만, 우리나라에서는 스마트 양식 기반 시설이 많지 않은 것이 현실이다. 현재 해수부에서 2020년까지 남해안에 스마트 어업 실증 단지를 조성하는 계획을 세우고 있으며 이를 권역별로 확대할 계획을 가지고 있다. 수산업은 일정 수준의 자동화 양식업을 통해 수산업 발전을 도모하여야 할 필요가 있다. BIG

농업　　　　　　　　　　　　　　#기상예측　#병해충감지　#수급조절　#수확량예측

농산물 수급조절의 효율성 제고　　　　　기상청/농촌진흥청

가. 배경 및 목적
병해충 발생 시간 모니터링 체계를 통해 농산물 생산량에 미치는 요인을 분석하여 국가 경제 안정화를 기대한다.

나. 활용 데이터
기상청, 농촌진흥청, 통계청, 교육문화정보원, 농림수산식품부, 기타 웹으로부터 다양한 데이터를 확보하고 기상과 농업 제품 간의 상호 관계, 수입국 날씨와 수입 정보 간의 상호 관계, 비정상적인 기후와 농산물 생산량 간의 상호관계, 질병 및 해충에 대한 비정형 데이터 추세 등을 분석하였다.

다. 적용 결과
기상데이터 분석을 통한 단위 면적당 농산물 예측량의 오차 범위를 8~11% 정도 줄이고, 2014년 양파 수확량을 예측하기로 했다. 그 결과, 실제 수확량과 예측 수율 간의 오차가 최소화될 수 있었다. 향후 기상 여건을 반영한 예측 시나리오 제공으로 농산물 수급조절 의사결정에 활용할 예정이다.

해외

 농업　　　　　　　　　　　　　　　#토지분석　#품질분석　#판매가격설정

농경지 관리　　　　　　　　　　　　　　640Labs

미국의 640Labs는 토양 정보, 종자 정보, 기후 정보 등 농업과 관련한 데이터를 수집하여 분석을 진행했다. 이후 농작물의 품질을 정확히 분석한 뒤, 적정선의 판매 가격을 설정하여 가격 적정성으로 시장에서의 경쟁력을 높이고자 한다. 또한, 토지 성분과 특성 등을 파악하여 농지마다 적합한 종류와 양의 비료를 투입하고, 파자선별 및 작물 방법 등에 대한 정보를 제공한다.

> **관련정보**　640 Labs 빅데이터 농업을 실현하다, the sicence times, 2014.10.21

해외

 농업, 스마트팜, 기술, IOT　　#작물 재배 의사결정　#농업 의사결정 지원　#농기계의 고장 예측　#효율적 농장 관리

빅데이터가 어떻게 농장에 적용되는가　　　존디어

가. 배경 및 목적
세계 인구 수가 증가함에 따라 식량 수요도 급격하게 증가하고 있다. 이러한 상황에서 존디어는 실시간 모니터링을 통해 수천 명으로부터 데이터를 모집하여, 농업에 유용한 빅데이터 서비스를 제

공함으로써 효율적인 작물 생산에 기여하고자 한다. 농민들은 관련 분석을 진행한 결과를 통해 재배할 작물의 종류, 재배장소, 비료 종류 등을 결정하는 데 있어서 통찰력을 얻을 수 있게 되었다.

나. 활용 데이터
- 내부 데이터 : 농기계에 부착된 센서로부터 수집되는 데이터, 토양 데이터
- 외부 데이터 : 기상 정보, 금융 정보

다. 상세 내용
존디어는 2011년부터 데이터를 기반으로 농부들에게 어디에 어떤 작업을 심으면 좋을지 도움을 주는 사이트를 운영하고 있었다. 추가적으로 전 세계 농부들이 정보를 얻고 공유할 수 있는 포털사이트인 'Myjohndeere.com'을 만들었다. 사용자들은 이 사이트의 많은 데이터를 통해 농기계, 작물 재배 장소 등의 다양한 문제를 공유하고 더 나은 결정을 할 수 있다. 예를 들어, 서로 다른 환경에서 키우는 여러 가지 작물에 관한 데이터를 분석하여 생산에 최적화된 환경을 조성하는데 도움을 받을 수 있다. 그뿐만 아니라, 이 시스템의 클라우드소싱 데이터를 활용하면 농기계의 고장 가능성 및 시기를 예측하여 급작스러운 농기계의 고장으로 인한 피해를 최소화할 수 있게 된다.

농업, 식품, 스마트팜   #딸기 생산성 향상 #딸기 품질 경쟁력 향상 #농가 생산성 향상

딸기 생산성 향상 — 전남대 나명환 교수연구팀

가. 배경 및 목적
농업에 종사하고 있는 인구수가 계속 감소하고 있는 상황에서, 생산성을 더욱 향상시키기 위한 방안으로 빅데이터 분석이 활용되어오고 있다. 농가 빅데이터를 분석하여 딸기 수확량에 영향을 미치는 환경인자를 추출 후 딸기 품질에 대한 경쟁력을 향상시키기로 했다. 또한, 스마트농법 적용 확대에 대한 연구를 지속적으로 진행할 예정이다.

나. 활용 방법
전남대 나명환 교수 연구팀은 2016년부터 2017년까지 딸기 스마트팜 농가로부터 실시간 측정된 빅데이터를 활용해 기존보다 생산 수량을 증가시킬 수 있는 환경과 요인을 발굴하고, 이에 걸맞는 새로운 재배기술을 제시했다. 연구팀은 딸기의 생산수량 증대에 딸기 줄기의 밑동의 굵기(관부 직경)와 잎사귀의 너비(엽폭)가 큰 영향을 미친다는 사실과 함께 딸기의 품질이 결정되는 시기는 2월 말까지라는 것을 밝혀냈다. 또한 관부직경은 1.99~2.42㎝, 엽폭은 8.57~9.62㎝로 관리할 때 가장 좋은 품질의 딸기를 많이 생산할 수 있다는 것과 내부 온도, 지중 온도, CO_2 순으로 환경요인이 생육에 영향을 준다는 사실도 함께 밝혀냈다. 이러한 분석 결과를 바탕으로 과학기술을 이용해 혁신적으로 딸기 생산성과 품질력을 향상시킬 수 있을 것이며, 이는 딸기 농가에 희소식이 될 것이다. 또한 연구팀은 스마트 농법 적용을 확대하기 위해 노지채소인 마늘, 배추 등의 작목에 대해 IoT와 빅데이터를 활용한 수급예측모델 개발에 착수했다.

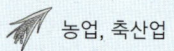 농업, 축산업　　　#전염병대비　#판로개척　#효율성제고

해외

IT공룡 알리바바, 농축산업에 진격하다　　알리바바

가. 배경 및 목적
14억이라는, 세계에서 가장 많은 수의 국민을 보유한 '중국'의 정부는 많은 인구에게 안정적으로 먹거리를 제공해야 한다는 중요한 정책적 임무를 지니고 있다. 이러한 식량 문제에 도움이 될 수 있도록 대기업인 '알리바바'는 중국의 농축산업에 빅데이터와 인공지능을 접목하여 생산성을 획기적으로 높이는 '농축산업 혁명'을 시작하려고 했다.

나. 활용 방법
알리바바는 돼지 사육장에 이미지 식별기술을 도입해 돼지의 발육상태, 사료 섭취, 면역 상태 등에 관한 데이터를 수집했다. 또한 돼지의 체온, 기침 소리 등을 감지하기 위해 음성 인식과 적외선 기술을 이용해 데이터를 수집하고, 수집된 데이터를 토대로 질병여부를 판단한다. 해당 과정을 통해 돼지의 발육 상태를 신속하게 진단하여 전염병, 비상사태 등에 대비하고, 성장에 가장 알맞은 환경을 실시간으로 구축할 수 있다. 추가적으로 알리바바는 농촌 마을에 온라인 거래 판로를 개척했다. 알리바바의 플랫폼인 '농촌 타오바오', '티몰'에서는 농촌의 특산품을 온라인 거래를 통해 도시로 판매한다. 반대로 농촌에서 구하기 힘든 공산품 혹은 생필품 등을 도시에서 농촌 지역으로 직배송할 수 있는 인프라 구축도 실현하고자 한다. 게다가 알리바바는 특정 농촌 마을에 온라인몰 가구 수가 전체 가구 수의 10% 이상, 거래액이 약 1천만 위안 이상인 경우, 그곳에 '타오바오 빌리지'라는 명칭을 부여하고 홍보에 힘쓰고 있다.

다. 적용 사례
중국의 한 농촌마을 바이뉴는 지역 특산품인 견과류를 주로 판매하는 대표적인 타오바오 빌리지다. 해당 마을의 한 공장은 온라인 판매가 활성화됨으로 인해 인근 260개의 업체에서 위탁을 받아 호두, 대추 등을 직배송하는 시스템을 갖추게 되었다. 이 공장을 포함해서 바이뉴촌의 농민 1인당 평균 소득은 10년 전에 비해 170%나 증가했으며, 온라인 매출은 2017년 기준으로 약578억 원을 달성했다.

 수산업　　　#실시간모니터링　#수급조절　#출하시기판단　#원격제어

해외

참치·넙치 스마트양식하는 청색혁명온다　　마린하베스트

노르웨이의 연어양식기업인 '마린 하베스트'는 ICT 기술을 기반으로 한 '스마트 양식'을 내세워 국내의 삼성 반도체 수출 금액에 맞먹는 매출액을 달성했다. 마린 하베스트의 스마트 양식은 수온, 수질, 염도 등을 실시간으로 모니터링하고, 자동으로 사료 등을 공급하는 해상가두리 양식을 시행하는 것이다. 구체적으로는 실시간 모니터링을 통해 수집한 데이터들을 분석하여, 수질이나 사료, 항생제 등의 항목 등을 자동 원격 제어하여 에너지 및 환경오염을 줄이고, 폐사율을 절감하는 과정으로 양식에 최적인 환경 구축이 이루어진다.

관련정보 한국일보, http://m.hankookilbo.com/News/Read/201712120413570604, 2017.12.12

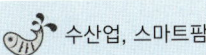 수산업, 스마트팜   #어류해역예측 #해역분석 #해역정보예측 #시스템개발

스마트 어업   그린&라이프이노베이션

홋카이도 대학은 '토레다스'라는 이름의 어류 해역 예측 시스템을 개발하였다. 해당 시스템은 인공 위성의 이미지를 수집·분석하여, 물고기가 생존하거나 또는 생존 가능한 해역을 찾을 수 있도록 도와준다. 또한 어선과 지도 정보를 연동할 수 있는 기능이 탑재된 단말기에 어류 해역의 정보를 전달한다. 이를 통해 어선의 이동을 줄임으로써 연료비를 감소시킬 수 있게 되어, 이산화탄소 배출량이 20~30%로 감소하고 환경 오염을 줄일 수 있게 된다.

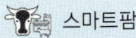 스마트팜   #클라우드서비스 #실시간모니터링 #관리시스템 #생태진단

ICT기술을 활용한 스마트 팜   후지쯔

일본은 정부 차원에서 농업과 ICT 기술을 융합한 연구 개발을 적극적으로 지원하고 있었다. 특히 농림수산성에서는 농업에 ICT 기술을 적용하여 저비용·고효율의 생산 체계를 구축할 수 있도록 '농업계와 경제계의 협력에 의한 첨단 농업 모델 확립 실증 사업'을 추진하고 있던 상태였기 때문에, 대기업들은 농업 분야에 ICT 기술을 접목하는 다양한 서비스를 제공하고 있었다. 그중 후지쯔의 경우에는 축산 분야에 ICT 기술을 접목한 '우보시스템'을 개발했다. 해당 기술은 암소에 센서와 무선 통신이 가능한 만보기를 착용시켜, 소의 행동 특성을 파악할 수 있도록 하는 것이다. 발정 징후 등을 탐지하여 원활한 수태율, 분만 간격, 임신 감정이 가능하도록 한다.

관련정보 융합연구정책센터, 농업과 ICT의 융합-스마트팜

 임산물   #임산물생산지도

임산물 생산지도 편찬   한국임업진흥원

산림청과 한국임원진흥원은 40종의 임산물에 대한 군 단위 생산량과 생산액 현황을 소개하는 '우리나라 임산물 생산 지도'를 발간했다. 이 지도는 누구나 알기 쉽도록 생산 현황을 단계에 따라 각각 다른

색깔로 지도에 표시했으며, 임산물에 대한 설명과 관련 사진을 함께 보여준다. 따라서 국내 임업생산 활동을 파악할 수 있는 기초 자료의 역할을 해줄 것이며, 산림조합 등 각종 임업 종사자들이 임산물 생산 활동에 대한 많은 정보를 얻을 수 있을 것이다.

관련정보 빅데이터 활용한 '우리나라 임산물 생산지도' 발간, 아시아경제, 2015.06.24

해외

🐄 축산업 #고객수요예측 #유동인구파악 #판매량예측 #광고문구개선

영국 변두리 정육점, 성공하다 — 팬들턴앤드선 정육점

가. 배경 및 목적
런던 북서부에 위치한 작은 정육점인 '팬들턴앤드선'은 1996년에 세워진 이후로 좋은 평판을 들으며 운영되고 있었다. 하지만 인근 길가에 슈퍼마켓 체인점이 들어서면서, 팬들턴앤드선은 고객수와 매출에 큰 타격을 입게 되었다. 창립자인 톰 펜들턴은 손님들에게 슈퍼마켓 체인점보다 자신의 가게가 더 좋은 품질·더 저렴한 가격에 식품들을 제공하고 있다는 사실을 홍보하기 위해 빅데이터 분석을 활용하기로 했다.

나. 활용 데이터
- 내부 데이터 : 가게 창밖의 센서로부터 수집되는 데이터, 거래 내역 데이터, 재고 데이터
- 외부 데이터 : 날씨 데이터 등

다. 상세 내용
팬들턴앤드선은 진열장과 가게 내부에 센서를 설치한 후 이로부터 몇 명의 고객들이 진열장과 광고판을 보고 걸음을 멈추는지, 그로 인해 몇 명의 사람들이 가게로 들어오는지 등의 데이터를 수집하여 분석했다. 이와 같은 분석 결과를 이용해 상품의 진열을 조정하고 광고판의 문구를 수정했다. 또한 데이터를 이용해 밤 9시부터 12시까지는 식사 시간대만큼 통행인들이 많다는 사실을 파악한 후 밤에 가게 문을 열고, 고급 핫도그와 햄버거를 팔기 시작했다. 더 나아가, 이 정육점은 고객의 수요 파악을 위해 일기예보 데이터를 사용하고, 어떤 고객이 무엇을 원하는지를 파악할 수 있는 고객관리 애플리케이션인 고객 로열티 앱을 도입할 계획이다.

라. 적용 결과
데이터 분석 결과, 고객들은 제품 구매에 있어서 단순히 저렴한 가격을 선호하는 것이 아니라, 메뉴에 대한 아이디어와 광고 문구의 레시피 소개를 더 좋아하는 경향이 높다는 사실을 알게 되었다. 이러한 분석 결과 덕분에 소비자의 환심을 살만한 광고 문구로 개선하여 홍보를 진행할 수 있었으며, 사람들이 자주 통행하는 늦은 밤까지 가게를 운영하게 되어, 방문 고객 수의 증가 효과와 함께 수익 증대 효과도 얻게 되었다.

축산업 #품질관리

빅데이터로 지키는 한우 　　　농촌진흥청, 국립축산과학원

농촌진흥청과 국립축산과학원은 2014년부터 2017년까지 한우 유전체 분석을 진행했으며, 해당 분석 결과를 바탕으로 DNA 빅데이터 분석 인프라를 구축했다. 또한, 해당 인프라를 바탕으로 빅데이터에서 한우의 육량과 육질을 바꿀 수 있는 유전마커로 구성된 칩을 개발할 수 있었으며, 수입산 쇠고기와 한우가 얼마나 비슷한지 구분할 수 있는 분석기술 역시 개발할 수 있었다.

관련정보　한우 씨수소 빅데이터 구축 경제적 가치 업그레이드, 아시아투데이, 2017.05.08

축산업, 스마트팜 　#클라우드기반시스템 #출하시기판단 #품질관리 #생산량결정

스마트 목축 　　　　　　　　　　　　　모토카와목장

모토카와 목장에서는 클라우드를 기반으로, 소 개체 정보 및 관련 작업을 기록하여 2백여 개의 항목별 데이터를 관리하는 '젖소 및 육우 관리 시스템'을 구축하였다. 이를 통해 소 상태의 이상유무를 확인하여 출하시기를 판단할 수 있었으며, 우유 생산량을 높이고 관리의 효율성을 제고할 수 있게 되었다.

축산업, 스마트팜 　#인공지능 스마트팜 개발 　#양계 농가의 전염병 예방 　#양계환경 무인화

인공지능 스마트팜 기술 개발 　　LG이노텍, 국립축산과학원

가. 배경 및 목적
LG 이노텍과 국립축산과학원은 빅데이터를 활용해 양계 농가의 전염병 피해 감소시키는 등의 효율적인 관리를 위해 공동 연구를 추진했다. 연구를 통해 스마트팜 기술을 개발하고, 무인 사양 관리를 가능하게 함으로써 양계 농가 운영의 효율성을 높이고자 했다.

나. 상세 내용
LG이노텍과 국립축산과학원은 가금류 빅데이터, 딥러닝, 센싱 기술 등을 융합하여 스마트팜을 개발하고 있다. 이 기술이 개발되면 각종 센서들이 닭의 상태, 환경 변화 등을 자동으로 분석할 수 있게 될 것이다. 즉, AI 기술로 닭장 내부의 환경을 자동으로 제어할 수 있게 될 뿐만 아니라, 닭의 상태를 분석해 출하 시점을 예측할 수 있을 것이다. 그뿐만 아니라 LG이노텍은 축산과학원이 제공한 정보를 사용하여 온도 센서, 카메라 등의 센서로 이루어진 계측 시스템과, 질병이 의심되는 증상을 인식하는 딥러닝 알고리즘 개발을 진행할 예정이다.

빅데이터 활용사례
공공 금융 농축수산 문화관광 에너지 유통 의료 제조 IT 기타

04 문화관광

관광, 문화, 미디어, 스포츠,
엔터테인먼트, 학원교육

	고객중심	시스템최적화	위험관리	신규비즈니스모델개발
관광	· 제주, 스마트아일랜드를 꿈꾸다(246p) · 빅데이터와 함께 안전한 여행(258p) · 전주 한옥마을 관광분석을 통한 경제활성화(262p) · 관광 상품 개발도 빅데이터와 함께(266p) · 빅데이터로 비영어권 관광객의 마음도 얻자(270p) · 중국인의 마음을 사로잡을 빅데이터(278p)		· 빅데이터와 함께 안전한 여행(258p)	· 제주, 스마트아일랜드를 꿈꾸다(246p) · 전주 한옥마을 관광분석을 통한 경제활성화(262p) · 관광 상품 개발도 빅데이터와 함께(266p) · 중국인의 마음을 사로잡을 빅데이터(278p)
문화	· 전시 컨벤션의 스마트화(250p)	· 전시 컨벤션의 스마트화(250p)		
미디어	· 고객이 원하는 기사와 정보는?(242p) · 빅데이터 분석을 통한 음악 서비스 사례(274p)			
스포츠		· 빅데이터로 빠르게 진화한 MLB(254p)		
엔터	· 연예인 마케팅에도 필요한 빅데이터(238p)	· 고객들의 소리가 된 빅데이터(234p)		
학원교육	· 빅데이터 기반 효과적인 마케팅 전략 수립(282p) · 안심하고 자녀를 맡길 수 있는 어린이집을 찾아서(286p) · 빅데이터로 개발하는 신규 교육 서비스(290p) · 과학적인 근거를 통한 사업의 맥 짚기(294p)			· 빅데이터로 개발하는 신규 교육 서비스(290p)

문화관광

관광, 문화, 미디어, 스포츠, 엔터테인먼트, 학원교육

1. 문화·관광 빅데이터 현황

문화·관광 분야의 빅데이터는 제조업 중심의 경제 활동이 한계에 부딪히면서 문화예술, 레저, 관광 분야에 빅데이터를 적용하여 서비스의 범위를 확대해 신산업 생태계의 창조산업을 추구하게 되었다. 또한 소득과 교육수준의 상승으로 인해 문화 소비에 대한 니즈가 증가함으로써 관광, 레저와 같은 여가문화 관련 부분의 인기가 급상승하고 있다. 해외 주요 나라에서는 이 서비스를 지속 가능한 성장 원천으로 분류, 제조업 서비스업의 장점을 연계하여 서비스 범위를 확대하고자 노력하고 있다. 최근 사회가 발달하고 생활 수준이 향상되어 여가생활에 대해 지역의 구분이 없어진 만큼 다양한 볼거리와 즐길 거리를 동반한 관광으로 변화하고 있다. 이로 인해 우리나라 국민들의 국내 여행 관련 경험과 참가자 수는 지속적해서 증가하는 추이를 보이고 있다.

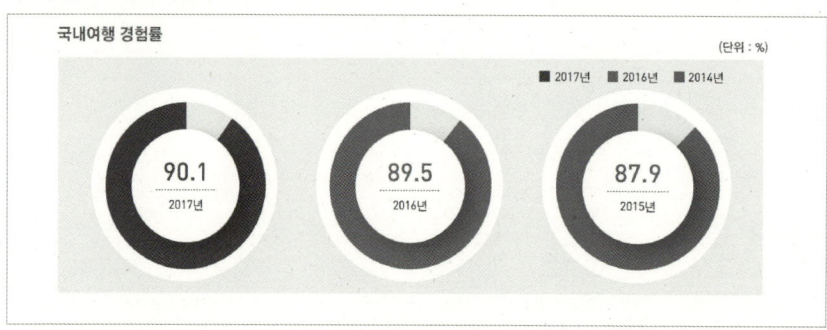

국외여행자 수도 마찬가지로 2011년 이후 꾸준히 증가하는 것을 볼 수 있었다.

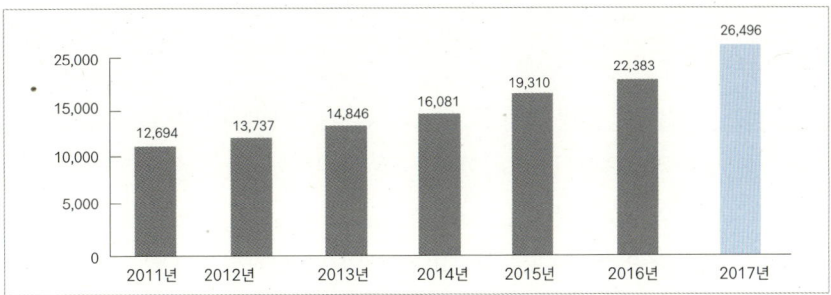

또한 빅데이터가 발달하면서 문화콘텐츠 분야에서 빅데이터 활용이 증가하고 있다. 게임, 영상, 음악 등에 관련된 콘텐츠 분야에서는 개인의 취향과 성향에 맞춘 콘텐츠를 제공하거나 매력적인 콘텐츠 기획에 빅데이터를 활용하고 있다. 이런 개인의 취향에 선택받기 위한 콘텐츠가 매년 수없이 쏟아지는 가운데 수요보다 공급이 더 많은 특징을 보이고 있으며, 개인의 취향에 맞는 콘텐츠를 찾는 것이 중요해지고 있다.

2. 문화 · 관광 빅데이터 활용

우리는 문화 · 관광 관련 빅데이터 활용 동향을 더 자세히 살펴보기 위해 49개의 활용사례를 수집하였다. 그리고 문화 분야와 관광 분야로 분류하여 빅데이터가 어떻게 활용되고 있는지 살펴보았다.

가. 문화

문화 분야에서는 스포츠, 영화, 게임, 음악 등에서 다양한 콘텐츠를 개발하고자 빅데이터를 활용하고 있었다. 스포츠 부분에서는 기존 보유하고 있는 데이터와 웨어러블 디바이스를 통한 선수 개개인의 데이터를 수집한 빅데이터를 통해 스포츠 경기를 예측하고 훈련 자료 및 전략 수립에 활용하고 있다.

영화 부분에서는 감독과 배우의 캐스팅을 비롯한 작품 기획 부분에서 빅데이터의 활용이 나타나고 있었다. 또한 빅데이터 분석을 통해 수요자의 기호를 파악하고 추천하는 서비스를 제공하고 있으며 게임 부분에서는 게이머가 남기는 다차원적 데이터를 통해 게임 홍보 및 게임 내 상품을 타깃 이용자에게 제공하는 맞춤형 광고를 제시하고 있다 이와 같이 사용자의 니즈를 반영한 게임 개발과 운영에 빅데이터가 활용된다.

음악 부분에서는 주로 스트리밍 서비스 기반, 청취자 취향에 맞는 음악 추천 관련 부분에 빅데이터 분석을 활용하고 있었다. 그 외 출판 등 다양한 산업이 있지만, 빅데이터를 활용하는 주요 업종만 제시하였다.

나. 관광

최근 스마트기기의 보급률 증가로 자연스럽게 관광 분야에도 스마트기기 활용이 활발하게 이루어지고 있다. 초기 스마트기기를 이용한 관광은 자신의 위치를 확인하거나 관광정보를 얻는 것에 불과하였지만, 최근에는 SNS등의 소셜데이터를 통해 위치, 소비패턴, 감정분석을 통해 다양한 정보들을 소비자가 파악하고 활용하는 시스템으로 확장되어가고 있다. ICT의 발전을 통해 관광서비스의 서비스 구조의 변동으로 시·공간 제약 없는 관광정보를 쉽게 습득할 수 있는 기반이 조성되고 있다. 또한 앱과 같은 플랫폼을 통해 관광정보의 공유가 가능해졌으며 무수히 많은 데이터 축적을 통해 방문객의 성향을 분석하고 이를 통해 여행 관련 상품개발과 개선, 신규 관광지 개발, 관광정책 수립, 관광서비스 이용대상의 확대와 이용 활성화, 고품질 콘텐츠 개발, 관광서비스 전달 방식 개선에 빅데이터를 활용하고 있는 것으로 파악 할 수 있다.

3. 문화·관광 빅데이터 활용사례

문화·관광 분야의 빅데이터 활용 사례를 살펴보고 현황과 시사점을 제시하고자 한다.

문화	· 음반 판매량, 스트리밍 횟수, 소셜미디어 버즈, 실시간 방송 시간 등 다양한 데이터를 수집, 분석하여 마케팅 전략을 수립하고 소비패턴을 파악하여 판매 증가 전략을 세운다. (미국, 유니버셜뮤직그룹) · 도서관 빅데이터 분석을 통해 공공 도서관에 맞춤형 서비스를 개발한다. 도서관 이용자들의 최근 90일 동안의 자주 읽은 도서를 지역별, 연령별로 분석하여 인기대출 도서로 선정하여 나타내고, 연령별 맞춤 프로그램을 제공한다. (문화체육관광부/한국기술정보연구원) · 미국 인기 스포츠 중 하나인 NFL에서는 일부 구단이 웨어러블 기기를 통해 선수의 움직임을 시작부터 경기가 종료할 때까지 수집, 선수의 기량을 정확하게 분석하여 개별화된 훈련이 가능하도록 하였다. (NFL) · 빅데이터 기반 분석을 통해 이용자 편의성을 고려하여 UI를 변경하고, 음원을 점수화하여 매주 TOP20을 선정, 순위를 설정하여 메인 화면에 제시하고 있다. (멜론) · 영화제작 단계에 있어 감독과 배우의 캐스팅을 빅데이터를 통한 데이터 마이닝 과정을 통해 감독과 배우를 캐스팅하고 이를 통해 큰 성공을 이루면서 주목을 받기 시작하였다. (넷플릭스) · 무료배포게임인 캔디크러시 사가는 폭발적인 인기를 끌면서 게임 이용 데이터가 폭발적으로 증가하였다. 쌓인 고객 데이터를 통해 고객의 게임패턴을 분석하고 잠재고객을 타겟팅하여 막히는 구간에서의 게임을 쉽게 풀어 나갈 수 있는 유료아이템을 제시함으로써 수익창출을 이끌어 냈다. (kings.com) · 동영상 이용 데이터와 SNS, 기타 구독 정보를 이용, 이를 연계하여 맞춤 채널을 추천하는 서비스를 개발하였다. (유튜브)
관광	· 여행과 IT의 융합을 통해 여행시장에서 발생되는 불필요한 중간 유통구조를 제거하고 개별관광객 대상의 온라인 여행 대행 서비스를 개발하여 다국적 지역에서 자유여행 상품을 공급하는 서비스를 개발하였다. ((주)야나) · 자유여행객의 원활한 타지 관광을 위해 글로벌 지하철 노선도를 제공한다. 국내외 19개 도시의 지하철 역명 정보와 역의 위경도 위치, 주변 출입구 위 경도 정보를 제공하여 자유여행객의 대중교통 수단에 도움이 되는 기술을 개발하였다. (다비오) · 빅데이터 분석을 통해 지자체별 축제와 관련된 유동인구, 매출 데이터를 토대로 성별, 연령별, 시간대별, 유입지역별, 업종별, 업종별 매출 데이터를 세분화하여 연구에 활용하였다. (한국관광공사) · 카드정보 데이터와 융합, 연령대별 소비 금액과 트렌드를 분석하고, 특정 지역에서 사용되는 결제 비율을 분석하여 고객 유형을 발굴하였다. (부산시) · 공공빅데이터와 통신 빅데이터의 융합으로 관광지의 현황과 문제점을 파악하고, 적재적소에 ICT 기술을 적용해 관광환경을 개선하여 관광객 규모에 따라 동선을 최적화할 수 있는 시스템 개발을 시행하였다. (KT) · 고객이 최근 검색한 상품을 기준으로 관심 지역을 판단하여 개인 자동화 알고리즘과 빅데이터를 활용하여 개인별 맞춤 여행상품을 추천하는 서비스를 개발하였다. (여행박사) · SNS분석을 통해 채널별 특성을 분석하여 관광에 대한 긍정적 측면과 부정적 측면을 분석하여 결과를 토대로 관광사업 정책 방침을 정할 계획이다. (전라남도, SKT)

4. 문화·관광 빅데이터 활용 시사점

가. 문화 분야

현재 문화분야에서의 빅데이터 활용은 사용자들의 성향분석을 통한 콘텐츠의 발견과 추천으로 볼 수 있다. 빅데이터 분석을 통해 콘텐츠의 성공요소를 파악하고, 흥행도와 수입을 예측함과 동시에 마케팅을 시행하는 목적으로 주로 활용되고 있다. 콘텐츠의 경우 성향이 비슷한 사용자 내에서 경쟁을 해야하는 경우가 대부분이거나 사용자 자신이 선호하는 콘텐츠라는 의미가 너무 방대한 의미의 내용이기 때문에 적합한 콘텐츠를 찾아내는 것이 매우 힘들다. 특히 영화, 음악, 게임 등 방대한 양의 콘텐츠를 보유하고 있는 분야에서는 적절한 추천 기능을 활용할 수 있다면 사용자의 만족도를 제고할 수 있는 핵심 서비스로 볼 수 있을 것이다.

또한 영화나 최근 게임 같은 경우 막대한 마케팅 비용을 소요하고 있다. 이는 흥행 수입 예상에 따라 책정하고 집행해야 하는 경우이므로 흥행 예측 기법과 서비스를 제공하는 기술인력이 필요한 상황이다. 향후 문화 업계에 빅데이터 기법 도입이 증가할수록 빅데이터 분석이 가능한 인력에 대한 수요가 증가할 것으로 보이며, 이에 따른 전문가 육성이 필요할 것이다.

나. 관광분야

관광분야는 ICT를 이용한 관광서비스 이용대상의 확대와 이를 이용한 관광 활성화 촉진이 필요하다. 관광정보에 대한 관심을 가질 수 있는 마케팅 및 홍보전략이 필요하며, 어디서든 정보를 얻을 수 있는 모바일 기반의 다양한 채널을 활용, 관광객이 보고 들을 수 있는 홍보전략의 활성화가 필요하다. 스마트폰을 자유자재로 다루는 20~30대의 세대가 자발적으로 참여 가능한 이용자 중심의 홍보전략이 필요하다. 또한 관광에 어려움이 있는 장애인 및 고령 인구를 위한 융합 기술을 기반으로 관광자원의 음성변환 및 시청각 서비스를 구축하여 누구나 쉽게 이용할 수 있는 서비스 환경을 조성할 수 있다. 프랑스에서는 장애인 이용이 가능한 관광시설 인증제 도입으로 장애인의 관광지 시설 접근성을 향상시키는 서비스를 개발하여 장애인 관광객을 유치할 수 있는 경쟁력을 가지게 되었다. 이와 같은 새로운 서비스를 개발하여 관광서비스의 이용대상을 확대할 필요가 있다.

또한 빅데이터를 이용해 관광서비스의 신설 및 구성, 관광정보 발굴 및 제공에 관련된 퀄리티의 제고 방안이 필요하다. 기존 정부나 관광지에서 제공하는 1차원적인 정보제공 방식이 아닌 ICT를 활용한 소셜 기반의 참여형 서비스 기반이 조성되어야 한다. 소셜 플랫폼의 사용자가 증가함으로 집단지성에 대한 대중의 신뢰도가 좌우지되는 만큼 이를 통해 적절한 관광정보를 전달할 수 있는 방안이 필요할 것이다. 소셜 정보 등 관련 데이터의 분석을 통해 이용자의 정확한 수요 예측을 통해 개인화된 맞춤 관광서비스를 제공할 수 있을 것이다.

162 데이터를 통해 고객의 소리를 듣다

플레이타임

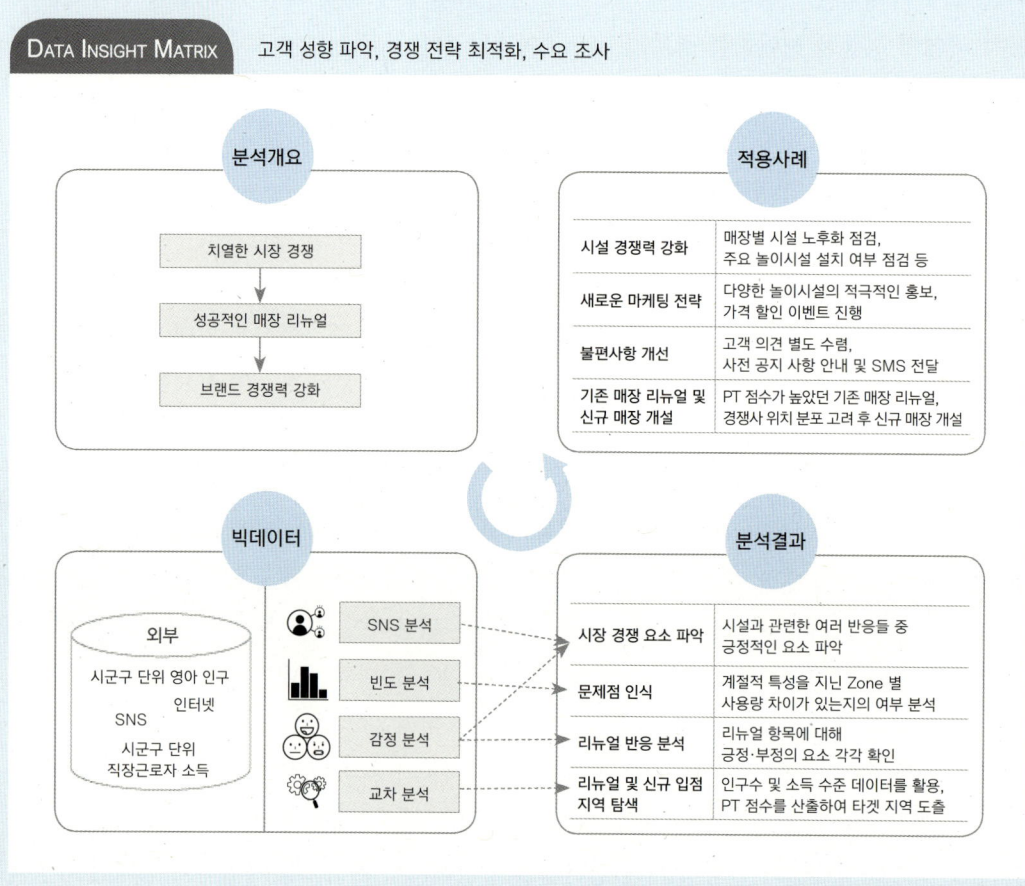

DATA INSIGHT MATRIX 고객 성향 파악, 경쟁 전략 최적화, 수요 조사

1994년에 설립된 이후로 약 20년간 놀이 콘텐츠를 개발해 온 플레이타임은 다양한 테마별 놀이 시설과 프로그램을 국내 어린이들에게 제공해왔으며 해외 진출도 준비 중에 있었다. 하지만 인기있는 애니메이션 캐릭터를 앞세운 코코몽 키즈랜드, 뽀로로파크와 같은 캐릭터 테마파크가 증가하고 시장 경쟁이 치열해지자, 1개의 지점에 과감한 콘텐츠를 도입하여 리뉴얼을 진행하는 등 시장 우위를 지키기 위한 다양한 노력을 기울이게 되었다. 지속적으로 키즈 콘텐츠시장에서의 선두를 차지하려면 성공적인 리뉴얼 정착과 참신한 아이템 개발이 필수적이라고 판단한 플레이타임은 빅데이터 분석을 활용하여 이러한 과제들을 해결하고자 했다.

수집데이터	네이버 블로그, 카페
분석솔루션	골든플래닛 Smart Cruncher
참여기업	플레이타임(수요기업), 골든플래닛(빅데이터 솔루션사), ㈜웨슬리퀘스트(경영컨설팅사)

1. Big Point!

플레이타임은 어린이 체험 그룹이라는 이름으로 관련 시장을 선도하고는 있지만, 갈수록 치열해지고 있는 시장 경쟁에서 지속적으로 우위를 차지하려면 끝없이 브랜드의 경쟁력을 강화시켜야 한다고 생각했다. 그래서 소비자들의 반응 정보를 수집 및 분석하고, 자사만의 강점과 약점을 파악하여 강점은 더 보완하고 약점은 개선하는 방식으로 서비스를 더욱 개선하고자 했다. 구체적으로 키즈카페와 18개월 이하의 영아를 위한 스파브랜드(베이비엔젤스)를 분석의 대상으로 선정하고 약 1년간의 SNS 데이터를 분석하기로 했다. 이를 통해 이용객 수를 증가시키고, 신규 매장을 개설할 최적의 입지 선정을 통해 지점의 수를 성공적으로 늘려 플레이타임의 규모를 확산시키는 장기 과제를 세웠다.

2. 활용 데이터와 분석

키즈 카페와 관련한 사용자들의 다양한 후기 및 의견을 수렴하기 위해 'Smart Cruncher' 솔루션을 통해 블로그, 카페, 트위터, 커뮤니티 등으로부터 SNS 데이터를 수집했다. 해당 데이터를 통해 플레이타임의 놀이시설에 대한 고객의 긍·부정 인식 여부를 분석하여 키즈카페 시설을 개선하는 데에 활용했다. 또한 리뉴얼이 필요한 매장 확인이나 추가 매장 설립 후보 지역 파악을 위해 통계청에서 시·군·구 단위의 18개월 이하 영아 인구 데이터와 직장 근로자 소득을 각각 수집했다. 그 후 영아 인구 수와 근로 소득 간의 교차 분석을 진행하여 지역별로 신규 매장 및 리뉴얼 우선 지역을 선정하기 위한 점수를 부여했다. 이를 토대로 그동안 영업사원들의 경험에 의존하던 방식이 아닌 데이터 분석 결과에 의한 과학적인 접근법으로 매장 개선에 대한 의사결정을 진행할 수 있었다.

• Smart Cruncher
국내외 소셜미디어와 웹사이트 상의 감성 반응, 트렌드, 행동패턴 관련 데이터 분석을 통해 마케팅 전략, 신사업/제품 전략, 제품/서비스의 VOC(고객관리시스템) 관리를 지원하는 솔루션.

유사사례
- 354p, 레이틀리코리아, 빅데이터로 성공적인 브랜드 확보
- 498p, 자이크로, 빅데이터 분석 결과를 통한 마케팅 전략 수립
- 566p, 메타빌드, 생산 라인 개선 방향도 빅데이터로 선정
- 554p, 대우조선해양, 선박제품 신수요 창출과 MRO 서비스 개발
- 350p, 천일식품, 빅데이터를 활용한 종합식품업체의 성장

3. 분석결과

가. 시장 경쟁 요소 파악

SNS 데이터를 이용하여 고객들의 긍·부정 인식 내용을 파악한 결과 키즈카페의 시설에 대한 의미 있는 인사이트를 얻을 수 있었다. 플레이타임의 가장 긍정적인 요소로는 '기차(를 가지고 놀 수)가 있다'라는 것이었다. 하지만 그 외 크게 긍정적인 요소는 나타나지 않았으며, 경쟁사인 상상노리에는 모래 놀이가 있고, 애플에는 기차와 모래 놀이가 모두 있어 경쟁력을 강화하기 위한 대책이 필요함을 알 수 있었다. 또한, 상상노리에는 놀 거리가 많고 애플에는 레고가 있지만, 플레이 타임에는 아이들이 가지고 놀 만한 장난감이 없다는 부정적인 요소도 강하게 나타났다. 분석 결과들을 통해 '모래놀이, 기차' 등과 같은 평소에 집에서 접하기 힘든 놀이시설에 대한 고객의 관심이 많다는 것을 알게 되었고, 이를 토대로 기존 매장들에 대해 큰 놀이시설을 배치하는 방식으로 리뉴얼을 진행하기로 했다.

나. 베이비엔젤스 홍보 방식의 개선점 도출

베이비엔젤스는 수영을 즐길 수 있는 '아쿠아테라피존'을 가지고 있어 여름이 성수기이고, 겨울은 비수기에 해당한다. 사계절 내내 고객을 유치하고자 계절의 영향을 받지 않고 이용할 수 있는 '릴렉스존', '오감발달실/마사지룸' 등의 다양한 Zone을 운영하고 있다. 하지만 놀이 Zone별 고객들의 언급량을 분석한 결과, '아쿠아테라피존'과 비교하여 '릴렉스존'은 19.9%, '오감발달실/마사지룸'은 0.9% 정도에 그쳤다. 따라서 베이비엔젤스는 아쿠아테라피존 말고도 사계절 내내 이용할 수 있는 시설과 프로그램이 많다는 것을 고객들에게 적극적으로 홍보하기로 결정했다.

다. 리뉴얼 및 신규 입점 지역 탄생

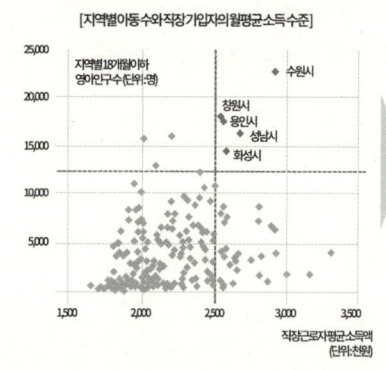

광역	행정구역(시군구)별	소득점수	인구점수	총점수
경기도	수원시	76.4	100.0	88.2
경기도	성남시	61.9	71.3	66.6
경상남도	창원시(통합)	53.7	78.6	66.2
경기도	용인시	55.2	76.9	66.0
경기도	화성시	56.3	63.4	59.9
울산광역시	동구	100.0	17.2	58.6
경상북도	포항시	70.6	37.8	54.2
경상남도	거제시	75.5	29.6	52.6
서울특별시	영등포구	76.8	28.0	52.4

베이비엔젤스는 타겟 고객인 18개월 이하의 영아 인구수와 지역별 근로자 소득수준 통계 데이터를 이용하여 지역별로 신규 매장 설립 및 리뉴얼의 우선순위를 결정하기 위한 점수를 계산해 부여하고, 이를 'Playtime 점수'라고 명명하였다. 근로 소득수준이 높고 타겟층의 인구 수가 많은 지역일수록 점수를 높게 부여했으며, 그 결과로 성남시, 창원시, 용인시 등에 신규 매장을 개설하는 것이 적절하다고 판단할 수 있었다. 리뉴얼 우선 지역은 Playtime 점수가 높으면서 현재 지점이 오픈해있는 광교점, 안산 서부점, 평택점 순으로 실시하는 것이 적당하다고 확인할 수 있었다.

4. 빅데이터 분석 결과의 활용

가. 시설 경쟁력 강화

키즈 카페의 경쟁력은 놀이 시설의 양과 질에 좌우된다고 판단하여, 플레이타임은 매장별로 노후된 시설 및 기차, 모래놀이, 레고 등의 주요 놀이 시설 설치 여부를 점검했다. 그 후 놀이시설이 부족한 곳에 우선적으로 기차를 배치하는 등의 리뉴얼 작업을 추진했다. 또한 추가적으로 놀이 시설별 만족도와 필요성에 대해서 설문조사를 실시하고 이 내용을 반영하여 고객 중심적인 매장 환경을 구성하고자 노력하였다.

나. 불편 사항 개선

리뉴얼 시설의 부정적 요소 중 하나였던 '수유실 조명이 너무 밝다'는 의견을 수렴하여 조명을 조정하기로 했으며, '유아 휴게실이 작다'는 의견은 추후 매장 리뉴얼시 참고하기로 결정했다. 또한, 사전 준비물과 관련한 많은 불편사항을 개선하기 위해서 스파를 이용할 때 필요한 물놀이 장난감, 튜브, 수건, 방수 기저귀, 목욕 용품 등을 따로 준비해오지 않더라도 스파를 이용할 수 있도록 제공하기로 했고, 양말의 경우에만 사전에 미리 준비를 요청하는 안내를 예약 화면에 띄우거나 SMS 메시지로 전송하기로 했다.

다. 기존 매장 리뉴얼 및 신규 매장 개설

영아 인구수가 많고, 소득 수준도 높은 지역 중 기존 매장이 있을 경우에는 리뉴얼을 우선적으로 진행했다. 그리고 Playtime 점수가 높지만 매장이 없는 지역에 대해서는 경쟁사의 위치를 고려하여, 경쟁사가 아직 입점하지 않은 지역인 창원시에 신규 지역에 매장을 개설했고, 창원시를 기점으로 점차 전국적으로 매장의 개수를 늘릴 예정이다.

163 연예인 마케팅에도 필요한 빅데이터

미스틱엔터테인먼트

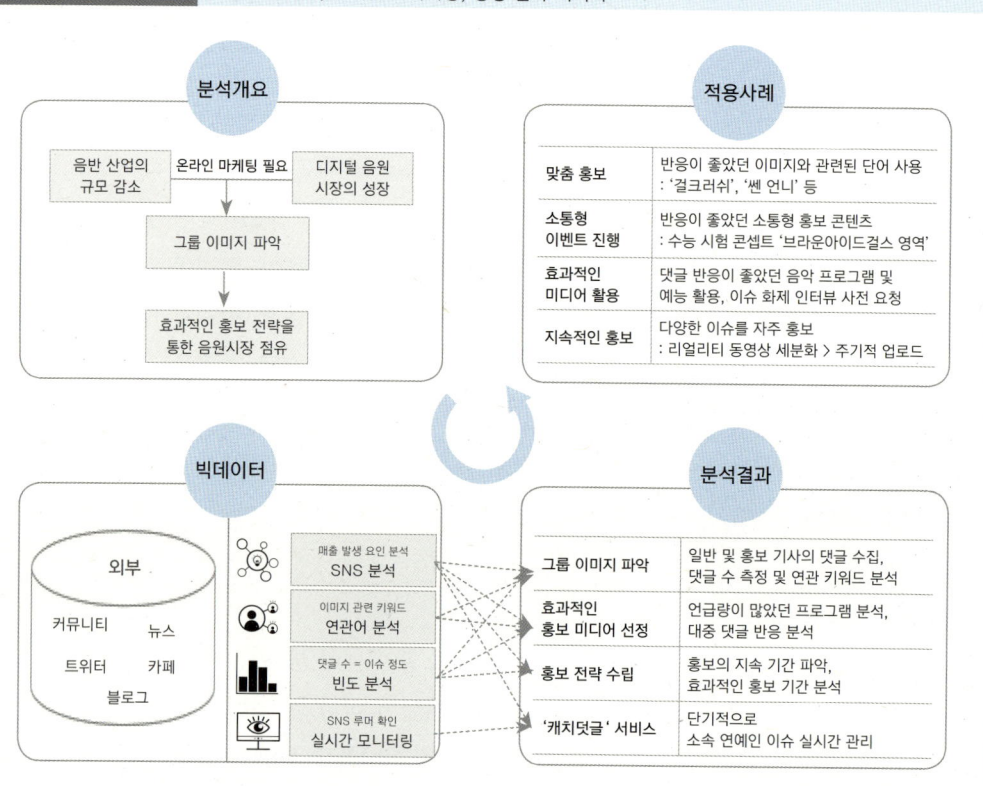

2000년대부터 음반 산업의 규모가 꾸준히 감소하고 디지털 음원 시장이 급성장하여 이제는 엔터테인먼트도 온라인 마케팅이 필수인 시대가 되었다. 미스틱엔터테인먼트는 2013년 설립되어 드라마, 예능, 영화 등 다양한 문화 분야의 아티스트를 발굴 및 관리하고 있었다.

그러던 중 브라운아이드걸스와 전속 계약을 체결하고 2년 4개월 만의 컴백 앨범을 처음 담당하게 되어 자사의 기획력으로 그룹의 성공적인 컴백을 온라인 마케팅을 통해 이끌어 내고자 했다. 하지만 타 소속사에서 활동하던 멤버들의 상세한 활동 데이터가 미스틱엔터테인먼트에 축적되어있지 않아 콘텐츠 기획에 어려움이 있었다. 이 상황을 극복하고자 빅데이터 분석을 통해 온라인 자료들을 수집, 분석하여 온라인 홍보 전략을 수립하기로 했다.

수집데이터	뉴스, 트위터, 커뮤니티, 블로그, 카페 총 131,433건
분석솔루션	㈜리비 미디어 렌즈
참여기업	미스틱엔터테인먼트(수요기업), (주)리비(빅데이터 솔루션사) (주)웨슬리퀘스트(경영컨설팅사)

문화관광
엔터테인먼트
활용분야
상품
마케팅
실시간 예측
비용 절감
품질 관리 및 운영
위험 사전 예방
보안 및 관리
상품·서비스 개선
플랫폼

1. Big Point!

미스틱엔터테인먼트는 2년 4개월 만에 컴백을 앞둔 브아걸(브라운아이드걸스)를 두고 여러 홍보전략을 고심하던 중, 기존의 브아걸에 대한 이미지를 파악하기 위해 관련 브아걸에 대한 키워드와 댓글 언급량 및 반응에 대해 분석을 진행했다. 그 결과, 미스틱엔터테인먼트의 생각과는 조금 달랐던 브아걸만의 긍정적인 이미지를 파악하게 되어 해당 이미지들을 부각시키기로 했다. 또한, 홍보 주기나 과거 브아걸이 출연해 반응이 좋았던 프로그램 분석 등 다양한 전략적인 요소를 파악하여 컴백과 관련된 홍보에 활용했다.

• **연관어 분석**
특정 주제 혹은 단어와 함께 언급되는 연관어를 추출 및 분석하는 기법.

2. 활용 데이터와 분석

미스틱엔터테인먼트는 브아걸과 관련된 일반, 홍보 기사를 수집하여 대중들의 반응이 높게 나타난 콘텐츠를 분석하고 연관 키워드를 분석하여 이미지 구축과 홍보 콘텐츠 제작에 활용했다. 또 평상시 브아걸의 멤버가 출연해 반응이 좋았던 프로그램에서 브아걸의 언급량을 분석해 프로그램 List를 파악했다.
그리고 브아걸의 음반과 음원의 언급량을 분석해 홍보 전략을 세웠으며, 마지막으로 SNS에서 연예인 이미지에 직접적으로 영향을 미치는 루머나 사실을 확인하고 관리하기 위해 브아걸의 이슈를 실시간으로 모니터링했다.

• **빈도분석**
특정 변수에 대한 빈도를 파악하는 분석으로, 예를들어 통계조사에서 각 보기에 응답한 사람의 수, 백분율 등을 파악할 때 사용됨.

3. 분석결과

가. 그룹 이미지 파악

각 기사에서 달린 댓글 수를 기준으로 브아걸에 대한 대중들의 반응이 높았던 기사는 15년 6월 10일 해체설이 2,930건, 14년 12월 10일 여자 아이돌 음색 1,304건, 15년 5월 5일 아이돌 서열 1,221건, 15년 7월 4일 노래 실력 평균 이상 1,129건 등이 있었다. 연관 키워드를 분석하여 대중들에게 '가창력', '실력파'라는 긍정적 이미지를 가지고 있음을 알았고 이미지와 관련해 '섹시', '패션', '성인돌', '여덕', '쎈언니' 키워드가 있음을 확인했다.

나. 효과적인 홍보 미디어 선정

과거에 브아걸 멤버가 출연했던 TV 프로그램에서 언급량을 분석한 결과, 음악 프로그램인 'Mnet 엠뮤트(15년 5월 19일)'가 195건으로 가장 많았으며, 'SBS 인기가요(15년 3월 22일)'가 163건으로 뒤를 이었다. 예능의 경우 'KBS2 출발 드림팀 – MBC 음악중심 확장 라인업(15년 6월 17일)'이 913건으로 가장 많았으며, 'JTBC 학교 다녀오겠습니다(15년 4월 8일)'가 426건, 'SBS 런닝맨(15년 2월 2일)'이 165건으로 뒤를 이었다. 라디오 프로그램의 경우 'SBS 파워 FM 두시 탈출 컬투쇼(15년 3월 12일)'가 228건으로 반응이 높은 것으로 나타났다.

다. 홍보 전략수립

브아걸의 음반과 음원에 관련한 언급량을 분석하여 미스틱엔터테인먼트는 홍보 콘텐츠의 영향력이 길게 지속되지 않음을 파악하였다. 연예계의 뉴스는 실시간으로 쏟아져 나오기 때문에 대중들은 관심을 짧게 두고 여러 곳에 관심을 옮겨가는 것이었다. 이를 통해 간단한 내용이라도 다양한 이슈를 기사로 작성해 자주 홍보하는 것이 더 효과적이라는 것을 홍보 전략을 세웠다.

4. 빅데이터 분석결과의 활용

가. 맞춤 홍보

기존까지는 '섹시하고 멋있다'의 두 가지 매력을 어필해왔으나, 이번 컴백 콘셉트는 '멋있다'의 느낌만을 강조하여 다른 걸그룹들의 섹시나 소녀 감성 등의 이미지와 차별성을 두기로 했다. 또, 홍보 문구에 있어서 '걸크러쉬'와 '쎈언니'를 활용하여 '멋있다'의 콘셉트를 더욱 강조했다.

나. 소통형 이벤트 진행

대중들에게 반응이 좋았던 '활발한 소통'을 기반으로 홍보 콘텐츠 제작해 팬들과 소통이 이루어질 수 있는 이벤트를 시행했다. '음원의 inst만 듣고 해당 곡 맞추기' 이벤트를 통해 팬들에게 신곡 홍보를 묶어 진행했으며, 그룹 자체 및 멤버 개인과 관련된 문제를 만들어 수능 시험지 콘셉트의 '브라운아이드걸스 영역 시험지(가형)'를 제작하여 진행하기도 했다.

• inst
(instrumental)
악기 연주로 멜로디만 나오는 음악, 반주.

다. 효과적인 미디어 활용

홍보 효과가 높은 편이었던 'SBS 파워 FM 두시 탈출 컬투쇼'와 'SBS 런닝맨'의 출연 섭외를 진행했으며, 실력파의 이미지가 컸던 장점을 살려서 음악성을 보이고 가창력을 뽐낼 수 있는 'MBC 복면가왕'도 섭외를 진행했다. 또, 컴백 기사와 관련하여 댓글 반응이 높았던 이슈들을 프로그램 제작 사전 인터뷰를 통해 이슈를 언급해달라고 요청하기도 했다. BIG

문화관광
엔터테인먼트
활용분야
상품
마케팅
실시간 예측
비용 절감
품질 관리 및 운영
위험 사전 예방
보안 및 관리
상품·서비스 개선
플랫폼

유사사례
- 242p, 패션서울, 고객이 원하는 기사와 정보는?
- 554p, 대우조선해양, 선박제품 신수요 창출과 MRO 서비스 개발
- 392p, K쇼핑, 빅데이터를 이용한 가구별 특화 상품 노출 시스템
- 480p, AnC, 빅데이터가 찾아준 효과적인 마케팅
- 506p, 불스원, 기존 고객관리부터 신규고객 유치까지
- 534p, 한독, 건강식품 인지도 제고 방안 빅데이터로 찾자
- 472p, 헬로네이처, 빅데이터로 고객의 믿음과 마음을 잡아라
- 510p, 티젠, 빅데이터를 통한 해외 현지 맞춤화 전략 시행
- 526p, 로코코소파, 매출 반등 기회를 위한 빅데이터의 활용
- 274p, 아펙시, 빅데이터 분석을 통한 음악 서비스 사례

164 고객이 원하는 기사와 정보는?

패션서울

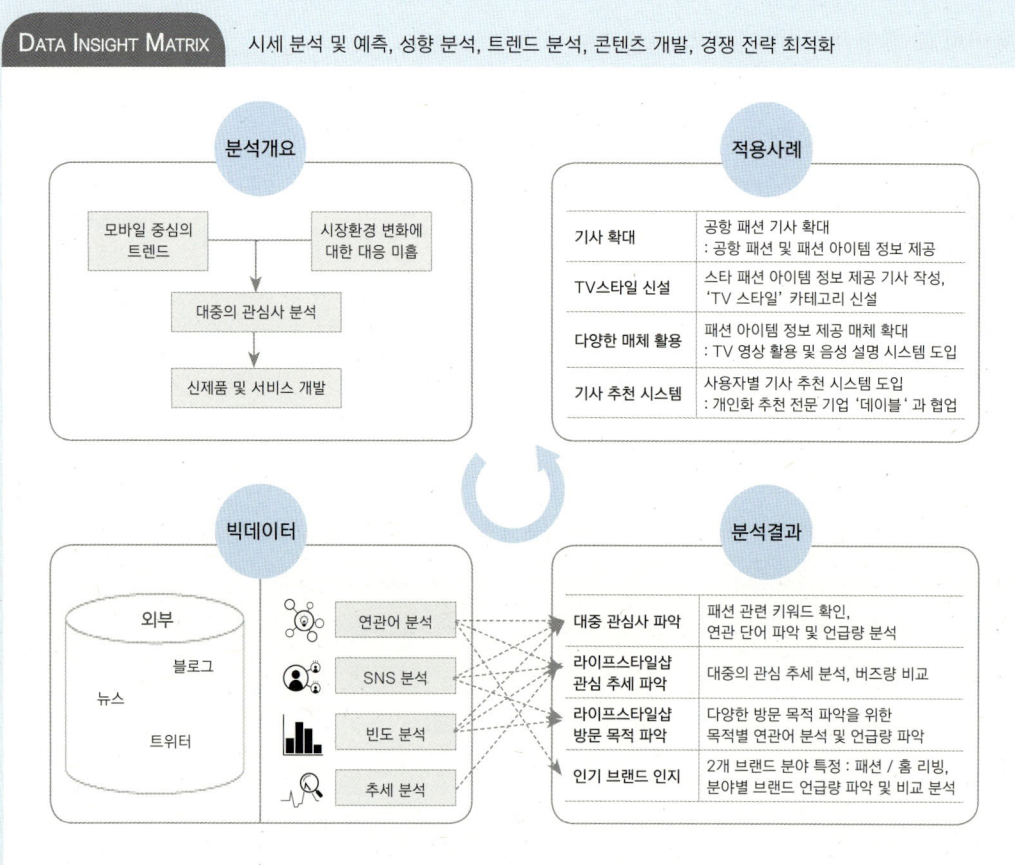

2012년에 창간된 패션서울은 누적 페이지뷰가 2억을 훌쩍 넘어선 인기 있는 온라인 매거진이다. 과거 인쇄 매체 중심이던 시절, 매체력을 바탕으로 독자 수와 광고주의 시장 점유율을 높여갔으나, 시대의 흐름이 모바일 중심으로 변화됨에 따라 소비자와 매체 간의 갭이 커져갔다. 구독자와 광고주들은 잦은 주기로 끝없이 변화하는 트렌드에 맞는 콘텐츠를 원했지만, 매체들은 그 속도를 따라가지 못하고 있었고, 이는 패션서울도 마찬가지였다. 시장에서 소비자들의 만족을 얻기 위해서는 대중들의 관심을 매 순간 반영하는 콘텐츠를 제작하는 것이 제일 중요하다고 판단한 패션서울은 빅데이터를 활용하여 경쟁력있는 기사를 작성하여 독자수를 늘리고, 기업의 광고까지 유치하는 것을 목표로 빅데이터 분석을 시행하였다.

수집데이터	뉴스, 트위터, 블로그
분석솔루션	(주) 마인즈랩 Minds Insight
참여기업	(주) 패션서울닷컴 (수요기업), (주) 마인즈랩 (빅데이터 솔루션사)

1. Big Point!

패션서울은 대중의 관심이 높은 패션기사들을 작성하여 수익을 내는 구조의 온라인 매거진 제작기업이기 때문에 무엇보다도 대중들의 관심사를 빨리 파악하고 이를 반영한 최신 콘텐츠를 타 경쟁사보다 빨리 제작하는 것이 가장 중요한 일이었다. 그러기 위해서 패션과 직접적 연관이 있는 다양한 키워드와 언급량을 파악하고, 인기 있는 브랜드에 관한 정보와 대중의 관심사에 대해 파악하여 선제적 대응을 하고자 하였고 연관어 분석을 활용해 패션 업계의 트렌드를 파악하고자 했다.

• 연관어 분석
특정 주제 혹은 단어와 함께 언급되는 연관어를 추출 및 분석하는 기법.

2. 활용 데이터와 분석

패션서울은 대중들의 관심이 높은 경쟁력 있는 콘텐츠는 무엇인지 제대로 파악하기 위해 대중들의 의견을 쉽게 접할 수 있는 SNS 데이터를 수집하였다. 주요 분석 키워드로 패션, 패션 트렌드, 패션 스타 3가지 키워드를 설정하였으며, 키워드가 대중들에게 어떻게 인식되고 있는지, 연관된 관심사는 무엇인지 알기 위한 연관어 분석 및 언급량의 빈도 분석(버즈량 분석)이 진행되었다. 또한 패션 및 홈 리빙 분야와 관련하여 각각의 인기 브랜드 및 관심사에 대한 정보를 얻기 위해서도 같은 분석을 사용했다. 위와 같은 분석을 통해 패션서울은 최종적으로 대중의 반응을 살피고 니즈에 부합하는 내용들을 매거진에 담고자 하였다.

• 버즈량
온라인에서 언급된 횟수를 의미하며 어떤 이슈의 여론이 형성되어 어디로 흘러가는지 확인할 때 사용.

유사사례
- 238p, 미스틱엔터테인먼트, 연예인 마케팅에도 필요한 빅데이터
- 586p, 캠핑, 어플리케이션 하나로 1석 3조 효과
- 290p, 맨투맨, 빅데이터로 개발하는 신규 교육 서비스
- 498p, 자이크로, 빅데이터 분석 결과를 통한 마케팅 전략 수립
- 494p, 존스킨화장품, 빅데이터를 통한 남성 화장품 인사이트 도출
- 534p, 한독, 건강식품 인지도 제고 방안 빅데이터로 찾자
- 472p, 헬로네이처, 빅데이터로 고객의 믿음과 마음을 잡아라
- 554p, 대우조선해양, 선박제품 신수요 창출과 MRO 서비스 개발
- 392p, K쇼핑, 빅데이터를 이용한 가구별 특화 상품 노출 시스템
- 460p, 블루엠갤러리, 빅데이터를 통한 대중고객 확보

3. 분석결과

가. 대중 관심사 파악

상위 키워드를 '패션', '패션 트렌드', '패션 스타' 3가지로 설정하여 분석을 진행한 결과, '공항', '아이템', '브랜드'라는 하위 키워드가 공통적으로 나타났다. 특히 패션 스타의 연관 키워드 중 1위인 사진의 언급량은 53,564건, 2위인 방송의 언급량은 37,792인 것을 통해 대중들은 스타의 패션을 직접 보고 싶어 한다는 것을 알 수 있었다. 패션서울은 위 결과를 통해 공항패션 기사 확대와 TV 스타일 카테고리를 신설하여 대중의 관심사를 반영하고자 하였다.

나. 라이프스타일샵 관련 관심 추세 및 방문 목적 파악

지속적으로 라이프스타일과 관련한 대중들의 관심이 증가해오고 있다는 추세를 알게 되었다.

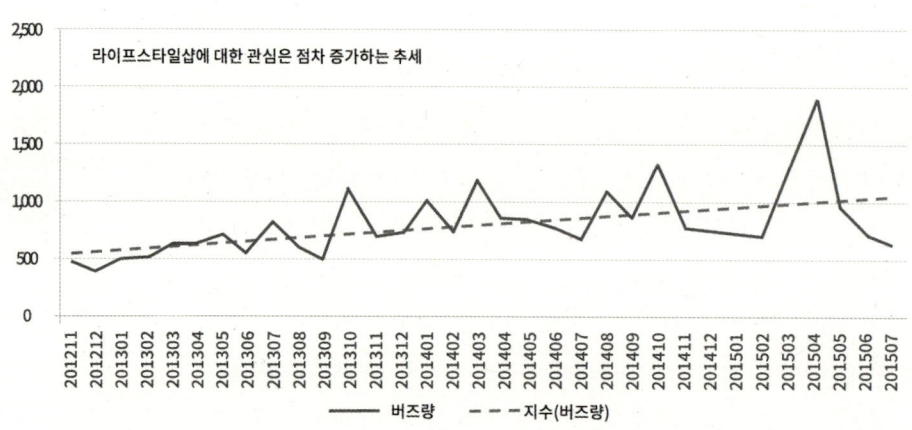

장소 관련 연관어 분석을 진행한 결과 구매 상품 항목이 패션인 경우의 언급량은 1위로 64,374회, 인테리어의 언급량은 53,038 이었다. 또한 세부 장소의 경우에는 매장이 29,123건으로 언급량이 가장 높았으며, 추가 요소의 경우에는 체험이 17,281건으로 가장 높았다. 이를 통해 대중들은 패션 및 인테리어 구매 장소 외에도 카페 대체 장소, 오프라인 매장 대용의 장소, 체험 장소 등 다양한 목적을 갖고 라이프스타일샵을 찾고 있다는 것을 알게 되었다.

다. 인기 브랜드 인지

패션 분야 인기 브랜드로 아카이브가 13,335건의 언급량으로 1위였으며, 그 밑으로 탑기어, 라움, 팬콧, 럭키슈에뜨 순이었다. 홈 리빙 분야의 경우에는 이케아가 4,242건의 언급량으로 1위였으며, 그 밑으로 무인양품, 모던하우스, 까사미아 순으로 나타났다.

4. 빅데이터 분석결과의 활용

가. 기사 확대

기존에 제공하던 공항 패션 기사의 수준이 미흡하여, 지면 활용도도 매우 낮았다. 분석 결과를 통해 공항 패션에 관심이 많다는 것과 직접 패션을 보고 싶어 하는 니즈를 충족하기 위해 공항 패션 사진과 함께 관련 아이템의 정보를 제공해주는 기사를 주 3회 이상 작성하여 제공하기로 하였다.

나. TV 스타일 신설

대중들은 TV 출연 연예인들을 보던 중 마음에 드는 패션 아이템이 있으면 관심을 가지고 적극적으로 정보를 찾고자 한다는 것을 알고, 스타가 착용한 제품과 관련한 정보를 제공하는 기사를 작성, 제공하기로 하였다. 패션서울은 'TV 스타일'이라는 카테고리를 신설하여 업로드를 진행하기로 하였다.

다. 다양한 매체 활용

단순히 정보를 제공하던 과거의 방법에서 벗어나, 관련 TV 영상을 함께 제공하면서 필요한 경우 음성으로 패션 아이템 정보를 알려주는 서비스를 시작하였다. 소비자는 한국어 뿐만 아니라 중국어 및 영어로도 서비스를 받을 수 있으며 기사 전달 방식을 향상시키고자 QR코드 기능을 도입하고 NFC 기능을 넣어 기사에서 바로 제품 쇼핑으로 이어질 수 있는 서비스를 추가적으로 진행하기로 하였다.

• NFC(Near Field Communication)
무선태그(RFID) 기술 중 하나로 10cm 이내의 가까운 거리에서 다양한 무선 데이터를 주고받는 통신 기술.

라. 기사 추천 시스템 도입

소비자가 사이트에 접속하면 자동적으로 관심사를 분석하여 개인 취향과 유사한 콘텐츠를 노출하는 방식을 도입했다. 만약 접속자가 이전 정보가 아닌 신규 방문자일 경우에는 인기 콘텐츠가 노출되도록 하였다.

165 제주, 스마트 아일랜드를 꿈꾸다

제주특별자치도

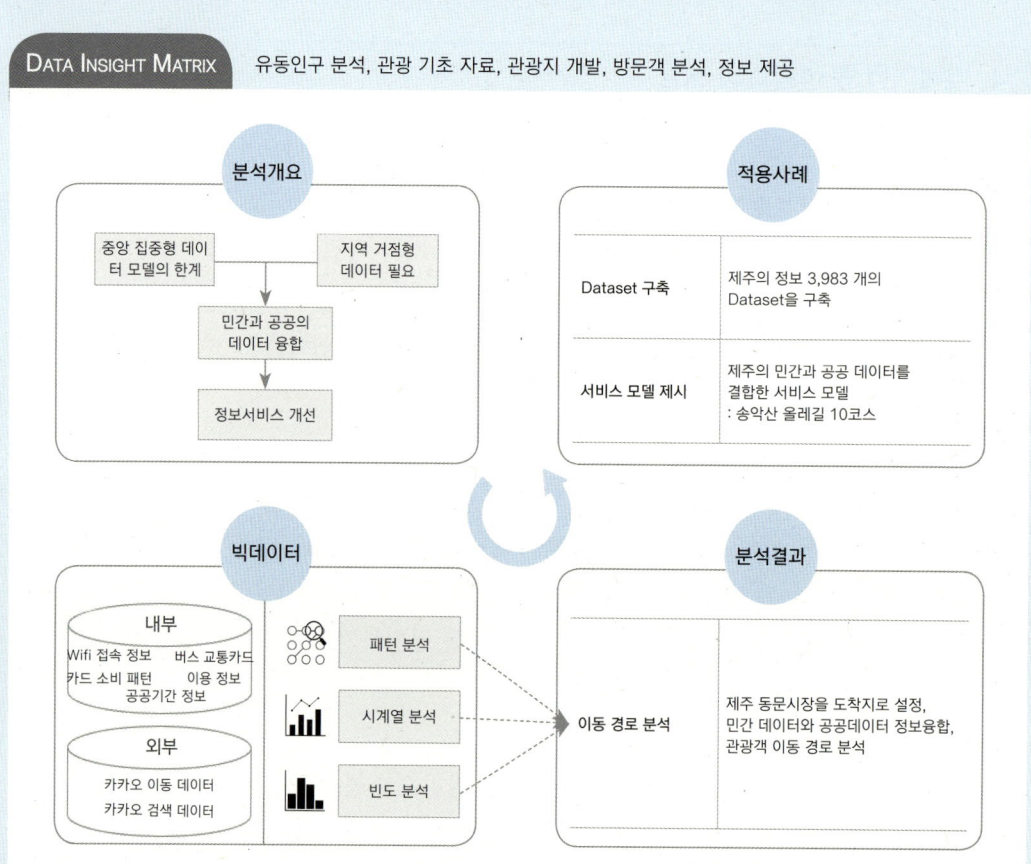

관광지역으로 발전하고 있는 제주도는 대한민국 대표 스마트도시 테스트베드 지역으로 공공데이터 분석을 통해 관광객들이 필요한 정보를 제공하고 있다. 제주도는 특화된 지역 거점형 데이터(지역에 특화된 데이터)가 필요하지만, 기존 공공데이터포털(DATA.GO.KR 등) 등에서 분산 제공되던 제주도 관련 데이터로는 지역적 특색 및 정확한 제주도의 현황을 파악하기에는 한계가 있었다.

따라서, 제주도에서는 민간 기업의 데이터와 공공데이터를 융합해 빅데이터 분석을 진행하여, 관광객들에게 시기, 장소, 목적에 맞는 최적화된 정보를 제공하고자 했다.

수집데이터	Wifi 접속 정보, 버스 교통카드 이용 정보, BC카드 소비 패턴 정보, 카카오 이동 데이터, 카카오 검색 데이터, 제주 상세 날씨 정보
참여기업	카카오, 제주특별자치도

문화관광
관광
활용분야
상품
마케팅
실시간 예측
비용 절감
품질 관리 및 운영
위험 사전 예방
보안 및 관리
상품·서비스 개선
플랫폼

1. Big Point!

제주특별자치도는 중앙 집중형 표준데이터 모델에서 탈피하여 데이터 지방분권(기존 포털, 공공데이터포털 등에서 분산 제공되던 제주 관련 빅데이터의 통합)을 구현하고자 민간 기업과의 데이터 융합을 시도하였다. 이를 기반으로, 지역거점형 민·관 융합 데이터 서비스를 시작하고자 하였다.

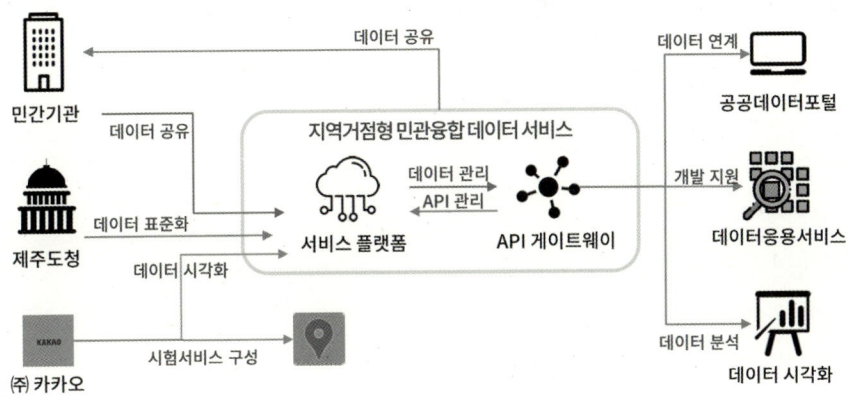

2. 활용 데이터와 분석

제주도청에서는 기상청, 제주관광공사에서 제공하는 버스승강장, 공공 Wifi 접속 정보, 제주 상세 날씨와 관련된 공공데이터와 버스 교통카드 이용 정보, BC카드 소비 패턴 정보와 카카오에서 제공하는 카카오 이동 데이터(버스, 자동차, 택시), 카카오 검색 데이터 등의 민간데이터를 융합하였다.
첫째, 카카오 이동 데이터와 wifi 접속 정보를 활용하여, 패턴 분석 및 시계열분석을 실시하였다. 이를 통해 관광객 이동 경로 분석을 실시하였다. 둘째, 카드 소비 데이터를 활용하여 관광객들의 소비패턴을 분석하였다. 마지막으로, 분석된 내용을 토대로 실시간 제주 날씨 정보를 융합하여 제주도의 상황에 따른 유동인구 풀 라우팅(Full Routing) 정보를 매쉬업하였다. 이를 통해 관광객들에게 유용한 정보 및 관광지 홍보에 활용하고자 하였다.

• **매쉬업**
매쉬업(Mashup)은 여러 웹사이트 업체가 제공하는 정보(콘텐츠, 서비스 등)를 통합하여 새로운 서비스와 정보를 제공하는 것을 의미함. (웹사이트나 어플리케이션).

• **유동인구 풀 라우팅 (Full Routing)**
유동인구의 이동경로 전체를 의미함.

3. 분석결과

가. 이동 경로 분석

제주 동문시장을 도착지 기준으로 설정하여 출발지, 요일별, 연령별, 성별, 출발지 시간별에 대한 데이터를 분석한 결과, 목요일에 제주국제공항에서 출발하는 사람들이 가장 많았다. 또한 20, 30대 여성들에게 제주도는 매력적인 관광지로 나타났다. 방문 시간이 16시 이후에 있는 것으로 보아 저녁 시간을 공략하면 매출에 도움이 될 것으로 보인다.

제주 Wifi 사용 횟수 분석을 통해 기존 주요 공공장소와 Bus/Bus Station에서 관광객들이 Wifi를 많이 사용하는 것을 알 수 있었다. Wifi 사용자 이동 경로 분석을 통해 '성산일출봉 → 천지연폭포 → 주상절리대 → 산방산 → 주상절리대 → 사라봉 → 제주박물관 → 비자림 →성산일출봉'의 경로로 많이 이동하는 것을 알 수 있었다.

나. 민관데이터 융합서비스 + 활용 APP

분석을 통해 도출한 성별, 연령별 관광지 및 관광시설 이용데이터, 관광소비 패턴 등을 활용하여 관광객 유형별로 맞춤형 서비스를 제공하는 '제주관광 앱'을 개발하고자 하였다.

여행자 편의제공 측면에서는 실시간 관광지 상황안내, 고객 취향별 여행일정 수립 등을 지원하고자 하였고, 지역/국내 경제 활성화 및 지방 3.0 실현 측면에서는 취약 관광지 개선, 효과적인 타겟마케팅, 분석데이터 민간 제공, 과학 행정의 대국민 서비스 개선 등을 하고자 하였다.

또한, 제주도 지역 거점형 데이터를 개방하여 제주 공공 와이파이 이동 경로 정보 서비스, 제주 비콘 설치 정보 조회 서비스 등 다양한 데이터를 제공하고자 했다.

4. 빅데이터 분석결과의 활용

가. Dataset 구축

관광객들에게 제주에 대한 정보가 포함된 3,983개의 Dataset 제공을 시작하였다. Dataset에는 제주지 농어촌 체험마을, 제주시 2017년 날씨, 제주시 지역 특화 거리 및 민속문화, 제주도 택시 출발과 도착 등에 대한 정보를 수록하고 있다.

나. 제주의 민간과 공공 데이터를 결합한 서비스 모델 제시

제주의 민간데이터와 공공 데이터를 결합하여 다양한 성향과 장소를 기반으로 개인별 최적의 여행지를 추천해 주는 여행 큐레이션 서비스, 당일 여행부터 4일 이상의 여행까지 개인의 취향과 시간에 맞게 다양한 여행 일정을 계획해주는 일정 추천 서비스 등 다양한 서비스 모델을 제시하고자 했다. BIG

문화관광
관광
활용분야
상품
마케팅
실시간 예측
비용 절감
품질 관리 및 운영
위험 사전 예방
보안 및 관리
상품·서비스 개선
플랫폼

유사사례
- 330p, SGA, 유동인구 분석을 통한 에너지 절감
- 388p, KOTRA, 데이터 기반 수출 올인원 서비스
- 542p, 삼성중공업, 빅데이터를 이용한 공정의 최적화
- 354p, 레이틀리코리아, 빅데이터로 성공적인 브랜드 확보
- 418p, 크레도웨이, 심사조정도 이젠 빅데이터로 미리 예측한다
- 254p, 스타캐스트, 빅데이터로 빠르게 진화한 MLB
- 168p, 신한카드, 빅데이터 기반 대내외 경제기획 수립
- 266p, 부산광역시, 관광 상품 개발도 빅데이터와 함께
- 334p, 두산중공업, 발전소 고장 예방 및 구동 시간 단축
- 476p, 동서, 데이터를 활용한 효율적인 마케팅 전략 수립

166 전시 컨벤션의 스마트화

한화S&C

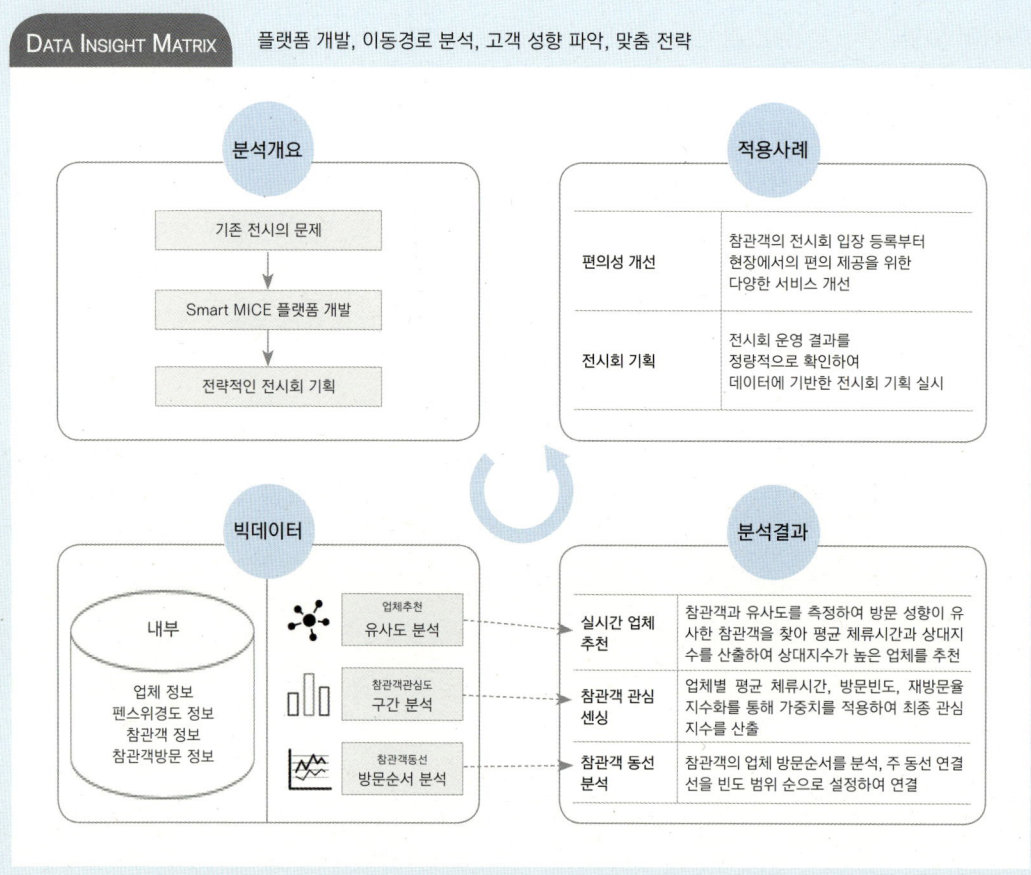

지금까지 전시회의 기획과 운영은 담당자의 역량에 따라 차이가 나고, 업계 관행을 따르는 것이 대부분이었다. 또한 어느 부스에 얼마나 많은 사람들이 방문하는지에 대한 수치화된 결과를 파악하기가 어려웠다. 따라서 한화S&C에서는 Smart MICE 플랫폼 개발로 방문객의 특성과 동선, 관심사를 파악하여 맞춤형 마케팅을 수행하고자 하였다. Smart MICE를 통해 전시업계의 소통을 도울수 있게 되었으며 경쟁력 강화에 기여할 것으로 기대하고 있다.

수집데이터	서울 국제사진영상 프로기자재전 전시데이터 - 업체정보, - 펜스 위경도 정보, - 참관객 정보, - 참관객 방문 정보
참여기업	한화 S&C(주관기관), 코엑스, 투이컨설팅(플랫폼 구축)

1. Big Point!

과거 RFID, NFC 등 스마트 기기를 이용한 MICE 분야의 다양한 적용 시도가 있었으나 오프라인 공간에서 이루어지는 전시회의 경우 기술수준 및 한계로 활성화가 미흡한 단계였다. 또한 전시 현장에서의 참관객, 참가업체들의 다양한 활동을 통해 대량의 데이터가 생기지만 관리하는 시스템 부재로 타 산업에 비해 빅데이터 활용에 있어 뒤쳐지고 있었다. 한화S&C는 이번 Smart MICE 플랫폼 개발을 통해 전시업무에 대한 경쟁력을 향상시키고 전시 전, 중, 후 전천후로 분석 및 활용 가능한 플랫폼 구축으로 MICE 활성화에 기여하고자 하였다.

• **RFID**
Radio Frequency IDentification는 무선주파수를 통해 비접촉식으로 물건이나 사람 등과 같은 대상을 식별할 수 있도록 하며, 반도체 칩이 내장된 카드, 라벨 등의 저장된 데이터 또한 무선으로 데이터를 송신하는 장치.

• **NFC**
NFC(Near Field Communication)는 무선태그(RFID) 기술 중 하나로 10cm 이내의 가까운 거리에서 다양한 무선 데이터를 주고 받는 통신 기술.

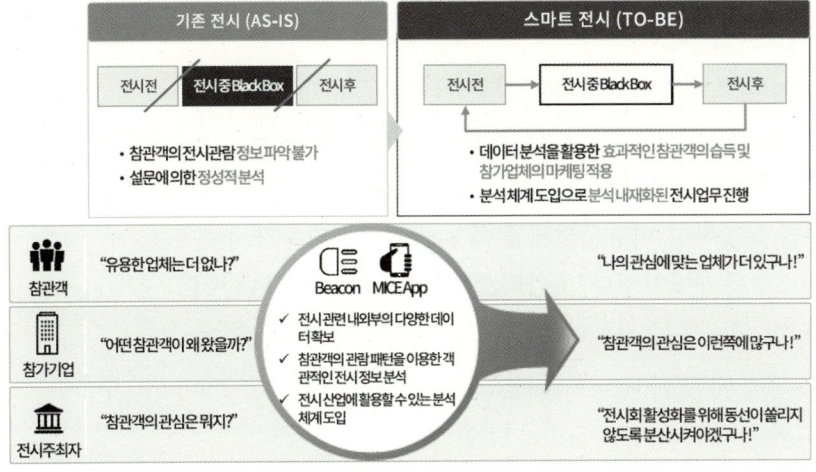

• **MICE**
기업회의(Meeting), 포상관광(Incentives), 컨벤션(Convention), 전시(Exhibition)의 영문 앞 글자를 딴 네 분야를 통틀어 말하는 서비스 산업이다. MICE산업의 타겟은 기업이다. 기존 관광은 B2C라면 MICE산업은 B2B.

2. 활용 데이터와 분석

2015년 11월에 열린 서울 국제사진영상프로 기자재전에 발생한 데이터를 기반으로 업체정보, 펜스 위경도 정보, 참관객 정보, 참관객 방문 정보를 이용하여 참관객 방문 성향과 방문 유사도를 분석하여 실시간 업체를 추천하였다. 또한 바이어와 일반 참관객의 관심도, 주요 동선을 분석하여 이를 전시기획자가 파악, 향후 전시 배치에 활용할 수 있게 되었다.

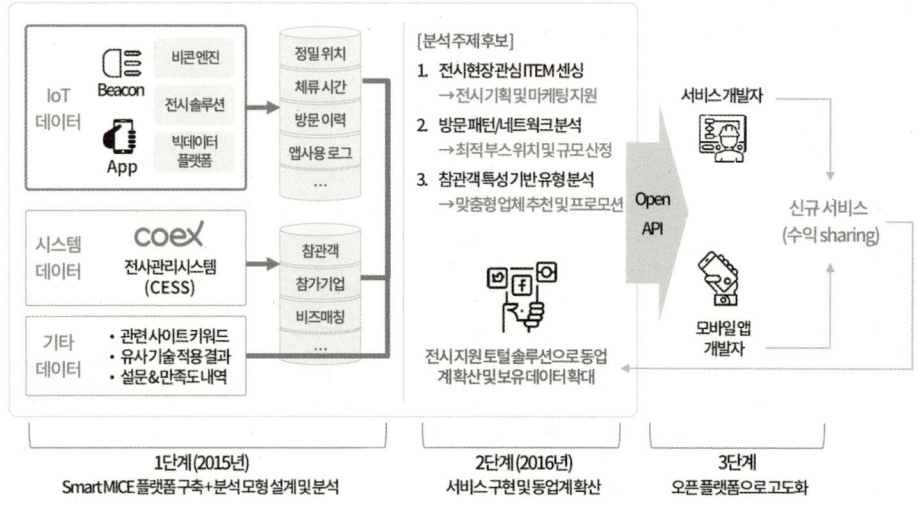

3. 분석결과

가. 실시간 업체 추천

한화 S&C는 전시산업의 특성을 반영하여 참관객들의 방문 유사도를 도출 참관객들의 전시 업체별 선호도를 기반으로 업체를 추천하고자 하였다. 실시간 업체를 추천하는 방법으로는 방문 성향이 유사한 참관객을 찾아 평균 체류시간 상대지수를 산출하여 미방문업체중 체류시간 상대지수가 높은 업체를 추천하는 시스템을 개발하였다. 추가적으로 실시간 방문 순위 상위 10개의 업체를 제외한 업체를 추천하여 쏠림을 방지하고 인지도가 낮은 업체의 효과적 노출을 통해 방문객 분산을 통한 효율적인 전시회 운영에 활용될 수 있게 하였다.

나. 참관객 관심 센싱

사물인터넷 기술인 비콘(Beacon)을 활용하여 참관객의 평균 체류시간, 방문빈도, 재방문율을 지수화하였다. 세 데이터에 대해 지수별 가중치를 적용하여 ('체류시간' 4 : '방문빈도' 3 : '재방문율' 3) 최종 관심지수를 산출한 뒤, 참관객과 바이어들이 관심을 가지는 업체 및 아이템을 파악하였다. 그 결과, 주로 카메라에 관련된 장비(거치대, 슬라이드 캠, 확장형 전동크레인, 방송장비 등)의 아이템을 관심 있게 본 것으로 파악되었다. 분석 결과를 통해 참가업체는 참관객의 관심을 파악하여 마케팅에 활용할 수 있게 되었고, 전시 주최자의

• **Beacon**
비콘 (Beacon)은 근거리에 있는 스마트 기기를 자동으로 인식하여 저전력 블루투스(BLE)를 통해 필요한 데이터를 전송할 수 있는 무선 통신 장치.

경우 참관객 관심을 기반으로 전시 트렌드의 파악, 전시회 구성 제품 및 업체를 발굴하는데 활용할 수 있게 되었다.

다. 참관객 동선 분석

전시회별 참관객의 주요 동선을 분석하여 콘텐츠가 좋은 업체를 파악하고자 하였다. 참관객의 업체별 방문 순서를 포함하고 있는 데이터를 이용하여 고객의 주동선 파악을 실시하였다. 참관객 동선 분석 그래프에서는 업체들을 원으로 표기한 뒤, 원 사이의 연결선을 표시하여 고객의 업체별 방문을 파악했다. 즉, 업체 사이에 연결선이 있을 경우 고객이 방문한 업체임을 의미하고, 화살표의 방향은 고객이 이동한 동선임을 의미하는 것이다. 이때 한 업체에서 다른 업체로 연결된 수가 많은 업체일수록 원의 크기는 더 크게 표시했으며, 연결의 강도가 높은 업체들 간의 연결일수록 연결선을 굵게 나타났다. 이를 통해 주요 동선을 확인하였고, 향후 전시회의 업체 배치에 활용할 수 있도록 하였다.

4. 빅데이터 분석결과의 활용

가. 전시산업 특성과 참관객의 방문 성향 파악

참관객의 방문 성향을 반영한 실시간 추천으로 효과적인 업체 정보를 제공할 수 있었다. 관심도가 쏠리는 업체를 제외하고 다른 곳을 더 많이 추천함으로 유명도가 낮은 기업의 효과적인 노출이 가능해졌다.

나. 바이어와 일반 참관객의 방문에 의한 특징 파악

참가업체는 참관객의 관심도를 파악하고 이에 따른 마케팅에 활용이 가능해졌다. 관심도를 기반으로 추후의 전시회에 참고하여 구성하거나, 트렌드 파악에 활용할 수 있게 되었다.

다. 참관객의 동선과 체류시간 분석을 통한 업체 영향력

전시회 참가시 고객의 동선과 체류시간 분석을 통해 위치 및 전시 규모 선정에 활용할 수 있다. 또 전시 주최자의 경우 부스 배치를 개선하여 방문객 쏠림 현상 개선에 활용이 가능하다.

유사사례
- 270p, 레드테이블, 빅데이터로 비영어권 관광객의 마음도 얻자
- 422p, 아우라, 빅데이터로 예측하는 학생 키의 성장
- 518p, 토란, 빅데이터를 통한 시장 별 마케팅 전략
- 380p, CJ올리브네트웍스, 지속가능한 데이터 생태계
- 376p, Clubo, 빅데이터로 매장 운영효율화의 방향을 잡다

167 빅데이터로 빠르게 진화한 MLB

Statcast

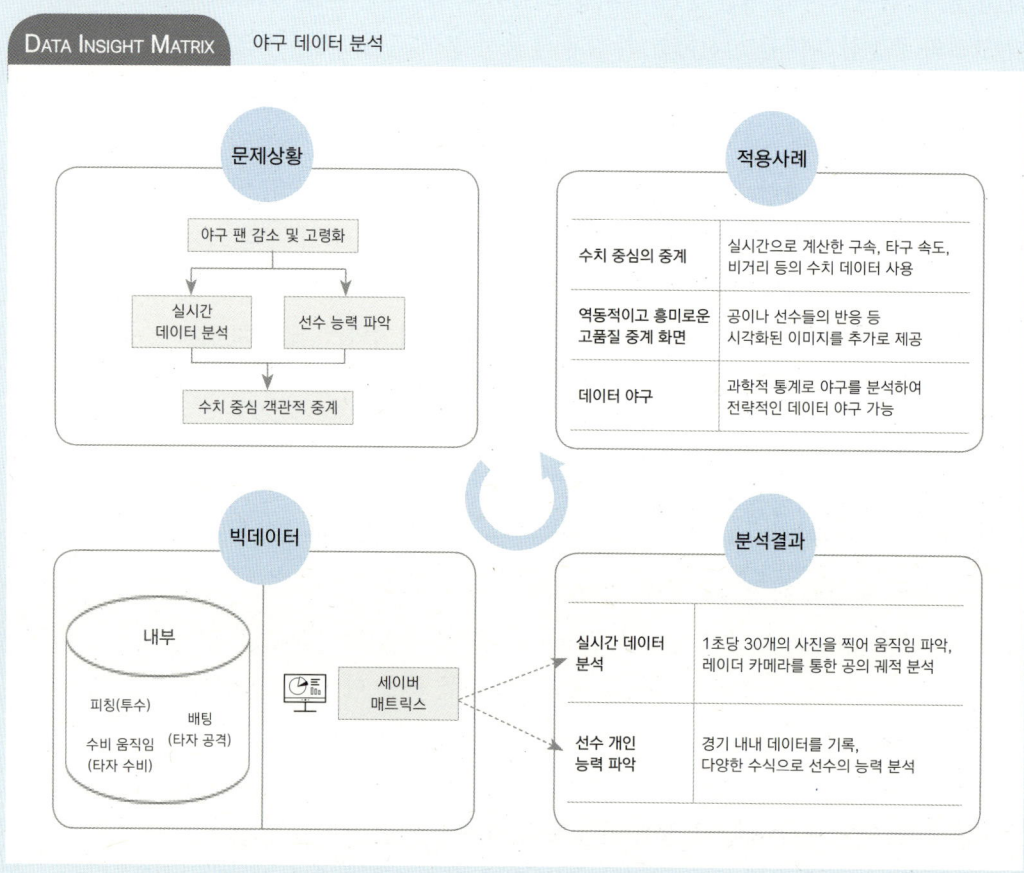

MLB(Major League Baseball)는 1869년에 설립된 이후로 1950년대까지 미국에서 가장 인기있는 스포츠였으나, TV의 등장 이후 MLB의 인기는 역동적인 NFL(National Football League)이 등장하며 밀리게 되었다. 2014년 TV로 MLB를 시청하는 팬의 50%는 55세 이상이고 평균 연령은 53세로 매우 높은 편이었으며, 월드시리즈의 시청률 또한 7,80년대 3,800만 명에서 2014년 1,380만명으로 64%가 급감했다. MLB에서는 고령화된 야구팬의 연령대를 낮추고, 야구에 대한 관심을 증대시켜 팬을 늘리고자 빅데이터 분석을 통해 야구를 보는 새로운 재미를 제공하고자 했다.

수집데이터	실시간 야구 데이터 (투구의 속도/궤적, 공의 회전 방향/회전 수, 투수의 보폭/자세, 타자 배팅 속도 등)
분석솔루션	Statcast
참여기업	MLB, Trackman(레이더 장비 제공 업체), Chyron-Hego(영상 장비 제공 업체)

1. Big Point!

실시간으로 Statcast 시스템과 Trackman과 ChyronHego의 레이더 및 영상 장비를 통해 투수의 피칭, 타자의 배팅, 수비수들의 움직임에 관한 데이터 등 총 3TB~7TB에 이르는 다양한 데이터를 수집해 전통적인 야구 분석 방법론인 세이버 매트릭스로 분석을 진행했다.

또, Statcast 시스템에서 투구의 속도와 궤적, 공의 회전 방향 및 회전 수, 투수의 자세 등을 보고 타자가 예측하는 속도와 어떻게 다른지 체감 비교 분석도 진행할 수 있었다.

• 세이버 매트릭스
빌 제임스가 창시한 SABR이라는 모임에서 만든 야구를 통계학적/수학적으로 분석하는 방법론

2. 활용 데이터와 분석

실시간으로 Statcast 시스템과 레이더 및 영상 장비를 통해 투수의 피칭 관련 데이터와, 타자의 배팅 관련 데이터, 수비수들의 움직임 등 3TB~7TB에 이르는 다양한 정보를 받아, 전통적인 야구 분석 방법론인 세이버 매트릭스로 분석을 진행했다. Statcast에서는 Trackman과 ChyronHego와의 협력을 통해 투구의 속도와 궤적, 공의 회전 방향 및 회전 수, 투수의 자세 등과 같은 상세한 지표에 대한 분석을 진행했으며, 타자의 예측과는 어떻게 다른지 체감 비교 분석도 진행할 수 있었다.

3. 분석결과

가. 실시간 데이터 분석

MLB에서는 투구뿐만 아니라, 타구와 선수들의 움직임을 모두 포착할 수 있는 Statcast 시스템을 전 구장에 설치하고 Trackman, ChyronHego 장비에서 데이터를 추출해 실시간 분석을 진행했다.

예를 들어, 뉴욕 양키스의 투수 네이선 이발디(Nathan Eovaldi)가 등판했던 경기의 투구 분석 내용 중 익스텐션(Extension, 투구 때 발판에서 공을 끌고 나와 던지는 손끝까지의 거리)는 6.1ft, 구속은 96.5mi/h, 체감 구속은 95.7mi/h, 회전 수는 2146rpm으로 기록되었다. 이와 같은 실시간 데이터를 통해 정확하고 객관적인 중계가 가능해졌다.

나. 선수 개개인의 능력 파악

Statcast 시스템과 장비들을 통해 받은 데이터는 분석을 통해 선수들의 객관적 평가 자료로 활용할 수 있었다. 예를 들어 2015년 MLB에서 가장 주력이 뛰어난 선수라고 하면 다들 도루왕 디 고든(Devaris Gordon)을 먼저 떠올렸었다. 하지만 실제 데이터를 받아 분석한 결과, 델리노 드쉴즈(Delino Diaab DeShields)가 121경기 중 110번 출장하여 33.8km/h 이상 속도의 주루플레이를 총 132번 기록한 가장 빠른 선수라고 나타났다. 이를 통해 선수 개개인의 능력 파악이 가능해졌으며, 구단 입장에서는 이를 이용해 상대팀을 분석하여 경기에서 전략적인 작전을 구상할 수 있게 되었다.

유사사례
- 354p, 레이틀리코리아, 빅데이터로 성공적인 브랜드 확보
- 238p, 미스틱엔터테인먼트, 연예인 마케팅에도 필요한 빅데이터
- 392p, K쇼핑, 빅데이터를 이용한 가구별 특화 상품 노출 시스템
- 258p, Travelbasys, 빅데이터와 함께 안전한 여행
- 234p, 플레이타임, 고객들의 소리가 된 빅데이터
- 334p, 두산중공업, 발전소 고장 예방 및 구동 시간 단축
- 476p, 동서, 데이터를 활용한 효율적인 마케팅 전략 수립
- 330p, SGA, 유동인구 분석을 통한 에너지 절감
- 372p, 이미인, 프로세스 체질 개선을 위한 빅데이터의 활용
- 366p, 크레텍, 빅데이터로 고객 관리 전략 개선

4. 빅데이터 분석결과의 활용

가. 객관적 수치 중심의 해설 가능

해설자의 개인적인 표현으로 진행되었던 이전 중계 방식에서는 '투수 공 끝이 밋밋하다', '타자의 배트 스피드가 부족하다' 등의 해설자의 직관에 의한 해설을 하였다. 그러나 Statcast 시스템이 도입되면서 구속, 회전 수 등의 투수 관련 수치와 타구 속도, 비거리 등의 타자 관련 수치를 사용한 정확하고 객관적인 중계가 가능해졌다.

나. 역동적이고 흥미로운 고품질 중계 화면 제공

Starcast 시스템은 모든 선수들을 1초당 30개의 사진을 찍어 움직임을 추적하고 분석할 수 있게 되었다. 예를 들자면 기후에 따라 공이 어떻게 날아가는지, 공이 떨어지는 지점에 따른 수비수들의 반응은 어떤지, 선수들의 움직임은 얼마나 효율적인지 등 야구 전반적인 내용들을 추적할 수 있었다.

또, 경기장 내의 선수와 공의 움직임을 다양한 각도로 보여주거나 스마트폰을 이용한 팬들은 아웃/세이프 판정의 정확성 여부도 곧바로 알 수 있는 실시간 리플레이 등의 기능을 제공하여 보다 역동적이고 고품질, 고차원의 중계가 가능해진다.

다. 데이터 기반의 야구

Statcast 시스템과 장비들을 통해 축적된 데이터는 메이저리그 사무국의 자회사인 MLBAM을 통해 모든 데이터가 무료로 공개되었다. 이를 활용해 소속팀 선수들에 대한 분석과 상대팀 선수들에 대한 데이터를 실시간으로 수집하고 분석하여 전략적인 작전이 가능해지며, 이는 경기력 향상으로 이어질 수 있다. 또한, 방송사나 여러 매체들에서도 팀의 승률 예측 등 다양한 방면으로 활용할 수 있다. BIG

168 빅데이터와 함께 여행도 안전하게 하자

Travelbasys

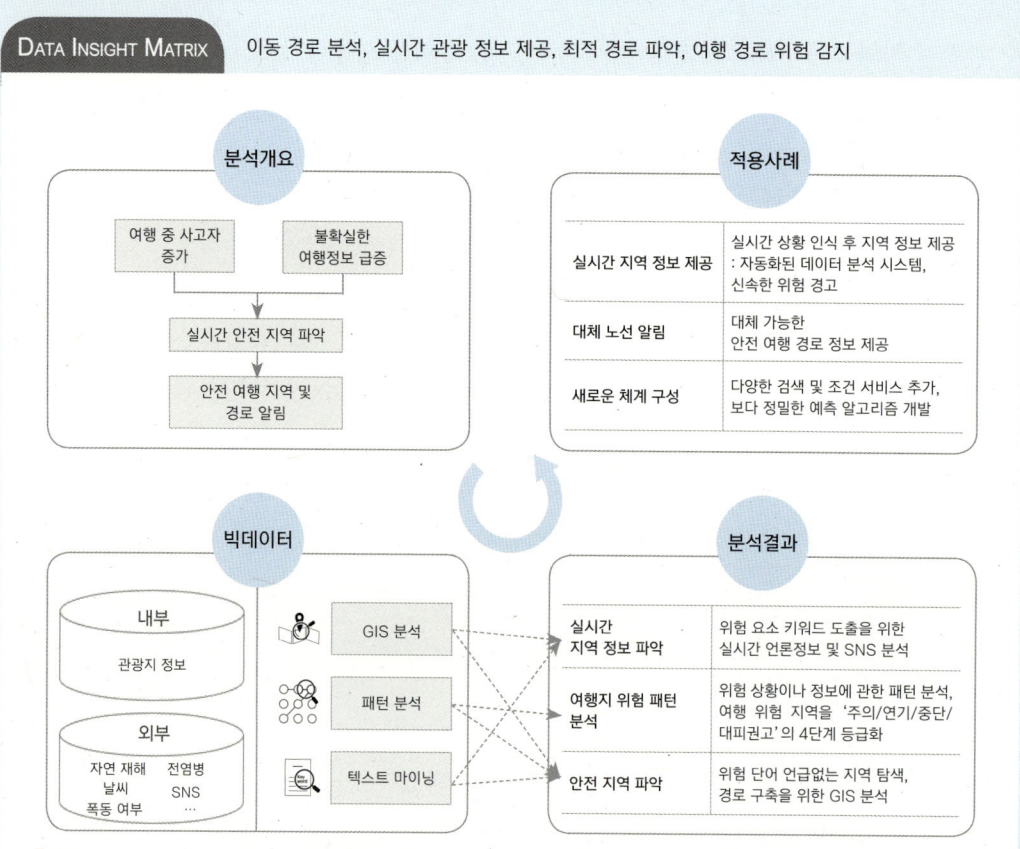

독일의 소프트웨어 회사인 TravelBasys는 여행에 관련된 다양한 IT시스템을 개발하여, 여행관련 산업에 공급하는 일을 하고 있었다. 약 1,200개 이상의 여행회사와 IT회사에 통합 및 자동화서비스 등을 성공적으로 지원하여, 매출성장의 효과뿐만 아니라, 매월 최신으로 업데이트되는 약 1,200만의 관광지 데이터 및 2,200만 이상의 여행자 프로파일 데이터를 얻게 되었다.

TravelBasys는 시장의 범위를 넓혀 전 세계 여행산업에 IT솔루션을 제공하고자, 전 세계적인 여행 추세를 조사해보았다. 그 과정에서 전 세계적으로 해외여행이 증가하고 있지만, 그만큼 여행 중 사고를 당하는 비율도 급증한 것을 알게 되었다. TravelBasys에서는 전 세계 여행자들이 이용할 수 있는 정보로는 안전과 관련된 것이 가장 적합할 것이라 판단한 뒤, 여행 중 사고의 비율을 줄일 수 있는 직접적인 정보는 무엇일지 고민했다. 그 결과, 여행자들이 여행 도중 위험한 지역에 가지 않는 것이 가장 중요하다고 판단하여, 실시간으로 빅데이터를 수집·분석하여 위험 지역 정보를 제공하는 시스템을 개발하기로 했다.

수집데이터	관광지 지역 정보, 폭동 여부, 날씨, 자연 재해, 전염병, 실시간 언론 정보 및 SNS
참여기업	Travelbasys

1. Big Point!

Travelbasys는 실시간으로 위험한 일이 발생하는 지역은 어디인지를 파악하고, 그 위험성을 알리기 위해, '실시간 자동 경보시스템'을 개발하기로 했다. 실시간으로 언론보도나 SNS에서의 폭동, 재해, 전염병 등의 데이터를 수집하여, 위험 요소에는 무엇이 있는지, 각 여행지별로 위험도 추세는 어떤지를 판단한다. 또한, 위험 상황 인식을 위한 자동화된 데이터 분석 시스템을 개발하여, 날짜와 지역에 따라 여행 위험성을 경고하는 서비스를 제공할 수도 있다. 그 외에도 TravelBasys는 여행에 위험을 미칠 수 있는 행동 패턴이나 정보를 구체적으로 제공하는 등 무엇보다 여행객의 안전을 최우선으로 생각했다.

2. 활용 데이터와 분석

Travelbasys에서는 보다 최신의 정보를 제공하기 위해, 우선적으로 텍스트 마이닝을 실시하여 실시간 언론 및 SNS 데이터를 가공했다. 또, 위험 요소로 분류했던 키워드들을 크롤링하고, 해당 내용과 함께 추가적으로 다양한 경로에서 수집되는 자료를 포함하여 분석을 진행했다. 해당 과정들을 거쳐, 최종적으로 여행 위험 지역인지의 여부를 판별했다. 또한, 서비스를 이용하는 고객들의 실시간 위치 정보를 파악하고, 해당 지역에 관한 위험 지역 여부 및 대체 노선 등의 분석 내용을 제공했다.

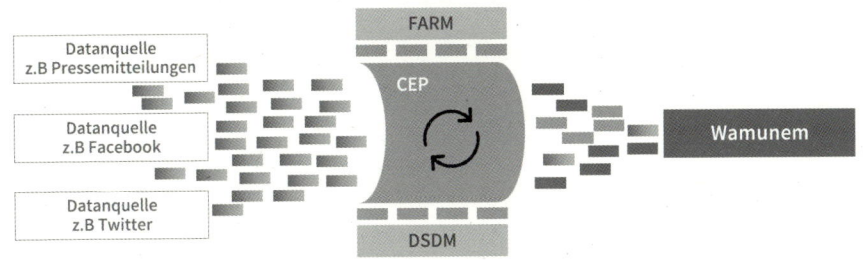

3. 분석결과

가. 실시간 여행 위험 지역 파악
이집트의 경우 여행객을 대상으로 한 사건·사고가 끊이질 않았으며, 특히 이집트 국가 내에서 각종 테러 사건이 빈번하게 발생하여, 이에 대응하는 군사 작전이 지속되는 상태였다.
Travelbasys에서는 이집트의 지역적 정보와 함께 트위터에 지속적으로 올라오는 실시간 위험 데이터를 분석하여 독일 시간 기준, 11월 4일 월요일 여행 경고 알림을 띄웠다.

나. 여행 지역 등급화 및 안전 지역 파악
위험도와 관련한 정보를 분석하여 여행 안전 지역과 위험 지역을 구분한 뒤, 위험 지역은 그 단계에 따라 '주의/연기/중단/대피 권고'의 4단계로 나누었다. 아프리카 대부분의 지역이 위험 지역으로 분류되었으며, 그중 리비아, 소말리아 등은 대피 권고(여행 절대 금지 지역, 혹시나 머물러있다면 즉시 대피해야 하는 지역)로 분류하였다.

4. 빅데이터 분석결과의 활용

가. 실시간 지역 정보 제공
특정 지역의 여행에 위험을 미칠 수 있는 요소가 있는지의 여부를 파악하기 위해서 실시간으로 언론 및 SNS 데이터를 수집하여, 자체 알고리즘에 따라 분류한다. 이후, 여행객의 위치를 파악한 뒤, 실시간 안전 상황을 확보하고 해당 지역의 위험성 유무와 주의점 등을 알려줄 수 있다. 특히 해당 지역이나 예상 이동 경로에 위험 지역이 있는 경우, 비교적 안전한 대체 경로까지 제시해 줄 수 있다. 해당 과정은 즉시 정보를 발송할 수 있는 관련 시스템을 구축하여 더욱 여행자에게 신속하게 전달되도록 할 예정이다.

나. 대체 노선 알림
여행에 위험을 미칠 수 있는 몇 가지의 요소들을 구체화하여, 실시간 메시지들을 수집한 뒤, 웹 크롤링 분석 과정을 통해 위험이 발생한 곳이 있는지의 여부를 확인할 수 있다. 만약, 여행 위험 지역을 방문 중이거나, 방문할 예정이라고 판단되는 경우에는 해당 지역에 가서는 안된다는 경고 메시지

• 크롤링
크롤링(crawling)은 다수의 컴퓨터에 분산 저장되어 있는 문서를 수집하여 검색 대상의 색인으로 포함시키는 기술이다. 요즘은 웹 검색의 중요성이 늘어나면서 웹 크롤링이 발전되고 있음.

를 안내한다. 이후, 그들의 여행이 계속될 수 있도록 인근 지역에서 위험 지역으로 분류되지 않은 곳을 파악하여, 위험하지 않게 여행할 수 있는 경로 정보를 추가적으로 안내한다.

다. 신속한 위험 경고

많은 여행객들이 좀 더 저렴한 비용으로 여행지 관련 정보들을 안내받을 수 있는 새로운 체계를 개발할 수 있다. 수집되는 많은 정보들을 저장하는 DB를 구축할 뿐만 아니라, 지리 및 지역 관련 정보가 많은 기업들과의 협업을 통해 내부에 구축된 정보의 정확도와 함께 예측력도 향상시킬 예정이다. 이렇게 구축된 DB들을 적절하게 분류하여 가공한 뒤, 즉시 안내 메시지를 발송할 수 있는 체계를 구축하고, 다양한 검색 기능과 조건 판별 서비스를 포함시켜 여행객들이 보다 빠른 속도의 서비스를 누릴 수 있도록 할 것이다. BIG

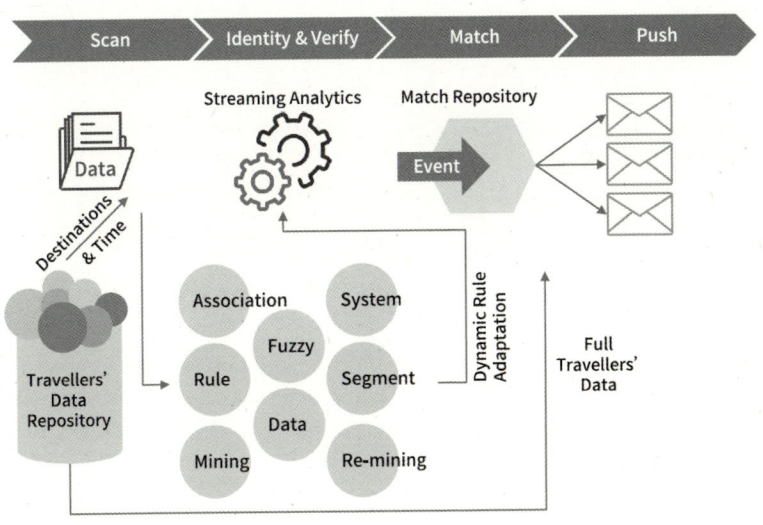

유사사례

- 610p, NC소프트, 게임 내 사기 탐지도 빅데이터의 도움으로
- 334p, 두산중공업, 발전소 고장 예방 및 구동 시간 단축
- 476p, 동서, 데이터를 활용한 효율적인 마케팅 전략 수립
- 194p, 페이팔, 온라인 사기 예방도 빅데이터와 함께
- 418p, 크레도웨이, 심사조정도 이젠 빅데이터로 미리 예측한다
- 254p, 스타캐스트, 빅데이터로 빠르게 진화한 MLB
- 502p, 영풍열처리, 빅데이터 분석 기반 공장운영
- 538p, 태정, 생산 저해 요인도 빅데이터로 개선하자
- 326p, 매일유업, 에너지 최적화를 통한 매출 증가
- 422p, 아우라, 빅데이터로 예측하는 학생 키의 성장

169 전주한옥마을 관광분석을 통한 경제활성화

전주시

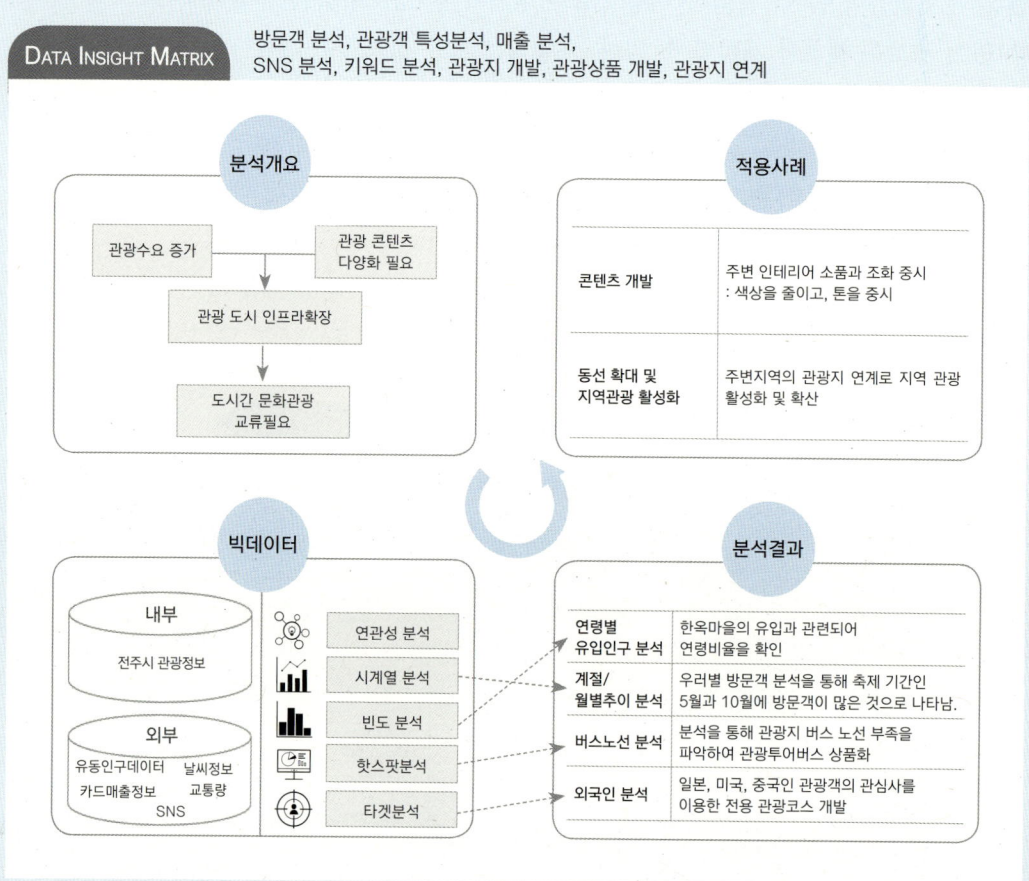

전주시의 한옥마을은 국내/외에서 관광을 즐기러 온 관광객들이 증가하여 주변 상가들이 큰 호재를 누리고 있다. 하지만 관광객 편의시설의 부족과 한옥마을에 집중된 관광으로 인해 인파가 몰리면서 불편함을 겪고 관내에 다양한 관광지들이 있지만 적절하게 활용하고 있지 못하는 문제를 가지고 있었다. 관광객들의 한옥마을 외에 방문할 수 있는 관광지에 대해 안내하고 관광객의 동선을 파악하여 루트를 다양화하고자 하였다. 또한 빅데이터 분석을 통해 도시관광 인프라를 지속적으로 확충하고자 하였다.

수집데이터	유동인구데이터(SKT), 카드매출(현대카드)
	축제정보, 외국인관광객, SNS, 포털, 교통데이터, 경제, 기상정보, 업소정보
참여기업	전주시

문화관광
관광
활용분야
상품
마케팅
실시간 예측
비용 절감
품질 관리 및 운영
위험 사전 예방
보안 및 관리
상품·서비스 개선
플랫폼

1. Big Point!

우리나라 전통문화를 쉽게 느낄 수 있는 전주한옥마을은 전주의 대표 관광지로 급부상함과 동시에 관광객이 급증하면서 주차, 숙박, 쓰레기 등의 문제점이 나타나고 있다. 또한 관광객 동선이 한옥마을로 집중되면서 관광객의 불편사항이 날로 증가하고 있어 환경개선이 필요한 상황이다. 이에 전주시는 관광객 패턴을 분석하여 전주 한옥마을 외에 관광객을 유치할 수 있는 관광지를 발굴하고자 하였으며, 빅데이터 분석을 활용해 관광 인프라를 확장하고 전북도의 도시 간 관광을 교류하고자 하였다.

• 인프라
정보기술이나 인터넷에서 컴퓨터와 사용자를 연결하는데 필요한 하드웨어와 소프트웨어.

2. 활용 데이터와 분석

SKT에서 수집된 전주시와 한옥마을의 시간대별 유동인구 데이터와 현대카드매출데이터, 축제 정보, 외국인 관광객 정보, SNS 데이터, 기상 데이터, 경제관련 데이터, 한옥마을 업소정보 데이터 등을 활용하여 한옥마을에 관한 분석을 진행하였다. 추가적으로 전주시 관광실태를 파악하기 위해 한국관광공사의 국민여행실태조사 데이터와 SNS, 포털 등의 텍스트 데이터를 이용하여 전주의 관광 콘텐츠와 편의시설과 관련된 분석을 실시하였다. 이를 통해 전주시 관광 인프라의 개선점과 유입인구에 대한 이동 패턴을 파악하고, 주 마케팅 대상을 도출하였다. 또한 한옥마을에 많은 관광객이 집중되는 문제를 다른 전주의 관광지 및 전북도의 인근 관광지와 연계하여 관광객 쏠림 현상을 해결하고자 하였다.

3. 분석결과

가. 연령별 인구 유입 분석

한옥마을로 유입되는 인구와 그들이 어디서 왔는지(지역)를 분석한 결과 지역은 '서울시', 연령대는 '30대'의 유입이 가장 높은 것으로 나타났다. 또한 지역이 '경기도'인 경우에는 20~40대 인구 모두 고른 비율로 유입되고 있었다. 인근 전북지역에서 온 관광객의 경우에는 10대 비율이 가장 높은 것으로 나타났으며, 이는 교내 현장 실습과 같은 이유 때문인 것으로 판단되었다. 분석 결과를 통해 좀 더 다양한 연령대의 유입을 위해서는 상대적으로 방문 비율이 낮은 50~60대의 유입이 필요하다는 결과가 나타났으며, 그들의 마음을 사로잡을 콘텐츠가 추가적으로 필요한 것으로 분석되었다.

나. 계절/월별 유입분석

축제가 집중되어 있는 5월과 10월에 방문객 수가 가장 많았으며, 계절 중에는 '가을'에 방문객 수가 가장 많았다. 좀 더 자세히 살펴봤을 때, 30, 40대와 10대 미만으로 구성된 가족 관광객의 경우 봄, 가을에 방문하는 경우가 가장 많았으며, 20대 관광객의 경우 '여름'과 '겨울' 방학의 영향으로 해당 시기에 방문하는 경우가 가장 많았다.

다. 버스 노선 분석

전주 시내버스 노선들은 주로 한옥로에 집중되어 있었으며, 또 다른 전주시의 관광지인 전주 박물관을 경유하는 버스 노선의 수는 작다는 것을 파악하였다. 추가적으로 관광객이 많은 시기에는 한옥마을 방문을 위해 시내버스를 이용하는 사람이 급증하는 것 또한 알게 되었다. 앞전 두 문제를 동시에 해결할 수 있는 방안으로 전주시내의 관광지만을 연결한 관광투어버스를 제작하여 상품화하는 방안을 계획하고 있다.

라. 외국인분석

'중국', '미국', '일본' 3개국에서 온 관광객들만을 타겟팅하여 분석을 진행하였다. 각국의 관광객들이 남긴 SNS리뷰를 분석한 결과, 일본인 관광객의 경우에는 문화유산 관광을 목적으로 하는 방문객이 많았으며, 중국인 관광객의 경우에는 드라마 촬영지를 방문하거나 쇼핑 목적인 경우가 많았다. 그리고 미국인 관광객은 장소보다는 우리나라의 삶 자체에 대해 관심을 가져 방문하게 된 경우가 많았다. 이 결과를 바탕으로 일본인을 대상으로는 백제역 사유적지구를 포함한 문화·관광 상품코스를, 중국인을 대상으로는 드라마 촬영지를 포함한 고급여행 상품코스를, 미국인을 대상으로는 지역주민의 실상을 알 수 있는 실생활 체험 관련 상품코스를 개발하여 각 국가별로 특화된 관광 상품으로 마케팅을 진행하고자 하였다.

4. 빅데이터 분석결과의 활용

가. 콘텐츠 개발

전주 한옥마을 맞춤 관광 콘텐츠 개발을 진행하는 동시에 코레일과 연계한 열차 여행 상품개발을 시행하기로 하였다. 또한, 여행사를 통한 전주관광 패키지를 개발하는 등의 등 빅데이터를 활용한 다양한 여행 콘텐츠와 코스를 개발할 계획이다.

나. 동선 확대 및 지역 관광 활성화

전주 및 전라북도의 다른 주요 관광지와의 연계, 홍보를 통해 전라북도와 연계 관광 개발 추진을 장기적으로 시행할 계획이다. 또한 전북관광 자유이용권 등 다양한 상품을 개발할 계획이다. BIG

유사사례
- 444p, 라이클, 데이터를 활용한 효율적인 마케팅 전략 수립
- 182p, 신한카드, 고객의 발자취와 목소리
- 464p, MANSOLE, 제품기획과 마케팅 두 마리 토끼를 잡다
- 186p, 비씨카드, 데이터의 융합을 통한 시의적절한 마케팅
- 586p, 캠펑, 어플리케이션 하나로 1석 3조 효과
- 270p, 레드테이블, 빅데이터로 비영어권 관광객의 마음도 얻자
- 422p, 아우라, 빅데이터로 예측하는 학생 키의 성장
- 490p, 헤세드조명, 새로운 B2C시장의 효과적인 진입의 열쇠
- 456p, 제이에스티나, 빅데이터로 되찾는 고급스로운 브랜드 이미지
- 522p, 지피트리, 빅데이터를 통한 온라인 마케팅의 해법

170 관광 상품 개발도 빅데이터와 함께

부산광역시

DATA INSIGHT MATRIX 유동 인구 분석, 이동 경로 분석,
관광 상품 개발, 관광지 개발, 고객 성향 파악, 방문객 분석

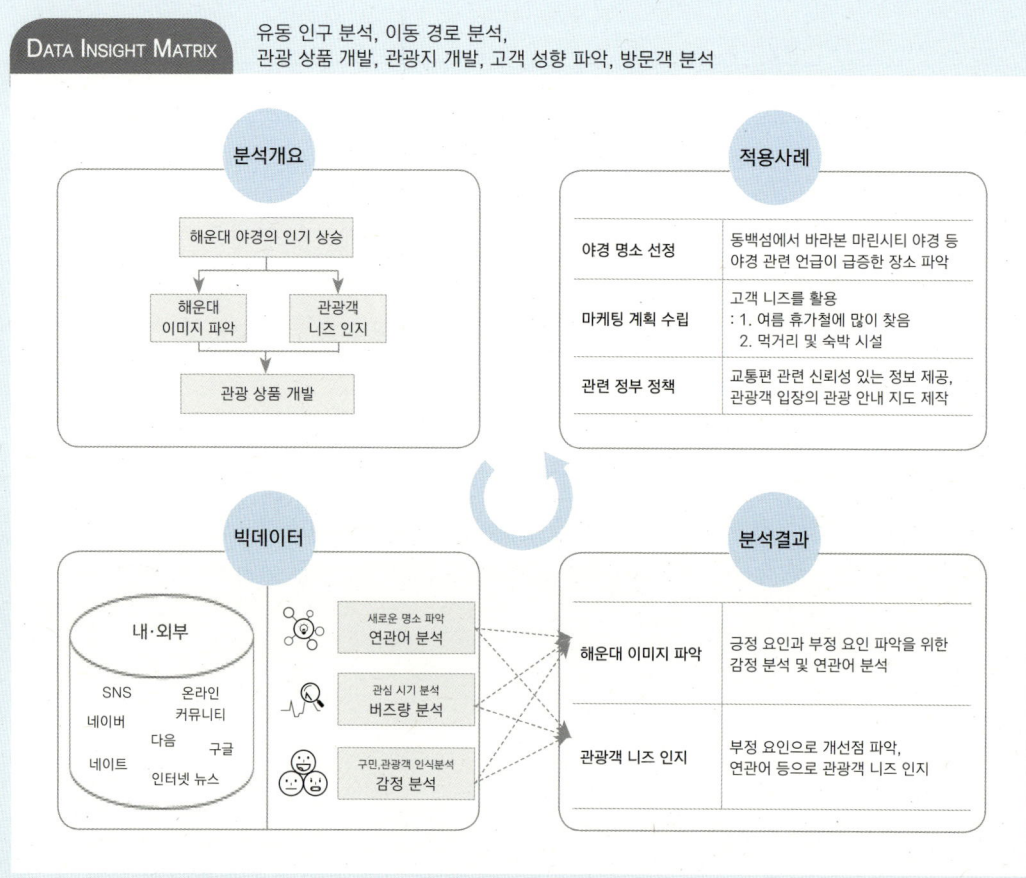

해운대구에서는 해운대와 관련한 관광객들의 평가가 어떤지 알아보고 트렌드를 파악해보고자 국내·외의 SNS 데이터를 분석해보았다. 그 결과, 해운대 야경에 대한 관심이 급증하고 있다는 사실을 파악했다. 이러한 트렌드에 발맞춰 부산광역시 해운대구에서는 온라인 문서에 대한 빅데이터 분석을 실시하고, 그 결과를 토대로 '해운대 야경 7선'을 새로 선정했다. 또한 최근 인기를 얻고 있는 야경들을 파악하여 '야경 투어'를 개발하는 등 새로운 관광 상품에 대한 계획을 수립했다.

수집데이터	SNS (트위터, 페이스북, 유튜브), 네이버, 다음, 블로그, 구글, 워드 프레스, 인터넷 커뮤니티, 온라인 뉴스
분석솔루션	radian6
참여기업	부산광역시

문화관광
관광
활용분야
상품
마케팅
실시간 예측
비용 절감
품질 관리 및 운영
위험 사전 예방
보안 및 관리
상품·서비스 개선
플랫폼

1. Big Point!

해운대는 최근 10년 동안 문화/관광 자원 및 도시 인프라가 크게 확충되었고, 방문객도 늘어나고 있는 상황이다. 늘어나는 관광객들의 니즈를 충족시키고, 신규 관광 상품 개발을 효율적으로 진행하고자 빅데이터 기술을 활용했다. 구체적으로 SNS와 기타 인터넷상의 데이터 속에서 해운대에 대한 시민들의 긍·부정적인 인식을 파악하고, 텍스트 분석을 진행하여 어떤 내용이 많이 언급되는지를 파악하였다.

2. 활용 데이터와 분석

국내뿐만 아니라, 해외의 반응도 함께 살피기 위해, 'HAEUNDAE'도 함께 키워드로 잡았으며, 변형 및 오타까지 고려하여 데이터 수집을 진행했다. 이후, 스팸 사이트 등의 광고 및 상업 목적의 글이나 영화, 브랜드명 등의 비관련 데이터들을 1차로 제외하고, 단순 기사 공유나 RT 등 무의미한 데이터들을 2차로 제외했다. 그 결과 총 10,079건의 텍스트를 분석 대상 데이터로 최종 선정했다.
해운대와 관련된 언급량이 많은 시기는 관광객이 많은 시기라는 가정하에 언급량 자체를 분석하였으며, 긍정/부정적 인식에 대한 감성 분석, 연관 상품 개발을 위한 연관어 분석이 함께 진행되었다.

• 감성분석
텍스트 마이닝의 한 기법으로서 문서 혹은 텍스트 정보 등에서 감성과 관련된 문자 정보를 추출하여 작성자가 어떠한 감정을 가지고 있는지를 판단하는 분석기법이다. 예를 들어 고객의 구매후기에서 상품에 대한 좋고 나쁨의 감정을 분석하는 것이 이에 해당함.

3. 분석결과

가. 해운대 이미지 파악

국내의 해운대 관련 감정분석 결과 긍정적 인식의 비율은 82.0%로 나타났다. 아름다운 풍경, 맛있는 음식, 모래축제, 서핑 등이 긍정 요소로 나타났으며, 기름유출, 이안류, 폐목재, 태풍은 부정 요소로 나타났다. 국외의 경우에는 전체적인 긍정의 비율이 88.2%로 국내보다 더 높은 편이었으며, 긍정 요인은 국내와 같았지만, 부정 요인으로는 많은 인파, 지저분함 등이 도출되었다.

나. 관광객 니즈 인지

온라인상의 데이터에서 드러난 해운대 관광객의 니즈를 상세히 파악하기 위해 소셜에서 언급되는 내용들을 관광명소, 숙박, 음식점, 교통 편, 날씨 등 10개의 대항목으로 분류하고, 각각에 대한 세부 항목 또한 마련하였다. 각 항목에 대한 사람들의 인식을 자세히 파악해본 결과, 관광객들이 방문하는 음식점에 대한 만족도는 높은 편이었지만, 해운대 자체의 먹거리는 없다는 인식이 높았다. 숙박과 관련해서는 청소년들을 위한 숙박 시설과 캠핑에 대한 요구가 존재했다. 교통편의 경우에는 터미널, 해운대역, 부산역 등에 대한 교통편 문의가 잦은 편이었다. 또한 해외 관광객은 해운대뿐만 아니라 해동용궁사를 함께 찾는 경우가 많다는 점도 파악할 수 있었다.

유사사례
- 246p, 제주특별자치도, 제주, 스마트아일랜드를 꿈꾸다
- 330p, SGA, 유동인구 분석을 통한 에너지 절감
- 234p, 플레이타임, 고객들의 소리가 된 빅데이터
- 490p, 헤세드조명, 새로운 B2C시장의 효과적인 진입의 열쇠
- 456p, 제이에스티나, 빅데이터로 되찾는 고급스러운 브랜드 이미지
- 388p, KOTRA, 데이터 기반 수출 올인원 서비스
- 514p, 큐비엠, 데이터를 활용한 마케팅 컨셉 수립
- 522p, 지피트리, 빅데이터를 통한 온라인 마케팅의 해법
- 598p, 와이즈넛, 직원들 스트레스는 줄이고 자원은 아끼고
- 468p, 브릴리언트앤컴퍼니, 최적의 마케팅을 찾아준 빅데이터

4. 빅데이터 분석결과의 활용

가. 야경 명소 선정

동백섬에서 바라본 마린시티 야경 등의 새로운 명소가 등장하고, SNS상에서 해운대 야경과 관련된 언급량이 급증함에 따라 해운대가 홍콩과 비교될 만한 야경 명소로 자리 잡을 수 있도록 하기 위해 새로운 야경 명소 7군데를 선정하였다. 또한 해운대에서 동백섬, 영화의 거리, 달맞이 언덕으로 이어지는 산책로인 '해운대 밤 마실' 사업을 추진하거나 문탠로드를 활성화하는 등 새로운 관광 상품 개발을 위한 다양한 시사점을 얻었다.

나. 마케팅 계획 수립

빅데이터 분석 결과, 여름 성수기에 비해 언급량이 적은 편인 5월과 9월을 중점으로 한 마케팅 전략을 세울 필요가 있다는 인사이트를 도출했다. 또한 모래 축제와 관련한 긍정적인 평가가 많으므로 축제에 볼거리나 먹거리 등을 포함하여 관광객이 더 많이 유입될 수 있도록 하는 방안을 계획했다.
'아름다운 풍경'이 국내외의 분석에서 모두 긍정 요인으로 도출된 것을 고려하여 해운대만의 특화된 사진이나 동영상을 남길 수 있다는 점을 강조하여 마케팅 계획을 세울 수 있다.

다. 관련 정부 정책

많은 인파와 지저분함이 부정요인 중 큰 비중을 차지하고 있으므로, 지역민 혹은 관광객을 대상으로 한 인식 개선 활동이 요구된다. 또한 외국인 관광객의 경우 해운대뿐만 아니라 다른 관광지도 함께 찾는 경우가 많다는 점을 바탕으로 인근 구청과의 협업을 통해 관광 안내도를 제작하고 배포하여 관광 서비스를 더욱 강화할 수 있을 것이다. 태풍 등의 날씨와 관련한 부정적인 인식이 존재했으므로 태풍이 발생했을 때 체계적으로 대처할 수 있는 방안 수립 및 홍보가 필요하다. BIG

171 빅데이터로 비영어권 관광객의 마음도 얻자

레드테이블

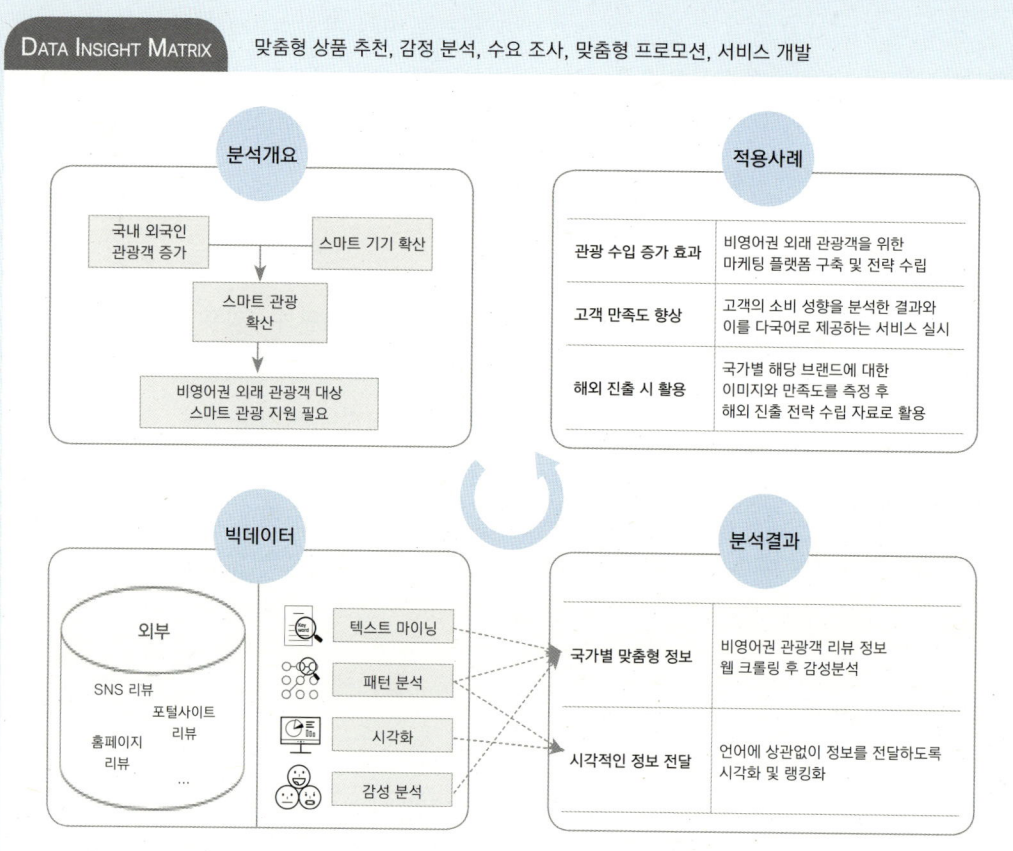

여행을 목적으로 국내에 방문하는 외국인 관광객의 수는 매년 증가하고 있는 추세이다. 거기에 맞춰 여행 도중 다양한 문화관광 정보를 인터넷이나 모바일로 편하게 찾아보며 여행한다는 의미의 '스마트 관광'이 새롭게 떠오르고 있다. 갈수록 쇼핑, 외식 정보, 프로모션 앱 등에 대한 관광객들의 니즈는 증가하고 있으며, 국내에서도 외국인 관광객들에게 유익한 정보를 제공하고자 영어로 대부분의 웹 서비스들을 제공하고 있는 편이다. 하지만 영어가 아닌 다른 언어로는 서비스가 이루어지고 있지 않아서, 영어를 잘 하지 못하는 외국인 관광객들은 기본적인 숙박, 음식, 교통 등에 대한 정보들조차 제공받는 것이 어려웠다. 이러한 관광객들의 고충을 해결해주고, 국내 방문 외국인들에게 한국의 이미지를 긍정적으로 인식시키고자 레드테이블은 비영어권 관광객을 위한 마케팅 플랫폼을 구축하여 그들의 니즈에 적합한 맞춤형 서비스를 개발하기로 했다.

수집데이터	온라인 리뷰 데이터(텍스트 데이터)
참여기업	레드테이블

1. Big Point!

비영어권 관광객의 리뷰를 수집하기 위해 먼저 중국, 일본, 동남아시아 등의 국가별 분류를 진행했다. 이후 해당 국가의 외식/호텔/관광 분야의 콘텐츠 정보를 다양한 인터넷 사이트를 통해 수집을 진행했다.

2. 활용 데이터와 분석

온라인상에 있는 최대한 많은 관련 문제와 리뷰를 활용하여 텍스트 분석을 진행한 뒤, 분석된 데이터를 기반으로 감성 분석 등을 진행했다. 이때, 온라인 리뷰는 정보 전달+의견 표현+기타 문장 등으로 이루어져 있어, 명사를 속성 사전과 비교하며 속성별로 추출하여 보다 정교한 크롤링 과정을 진행해 데이터를 수집했다. 이후, 문서의 가중치 산출과 기계 학습을 통해 분석을 실시했고, 지도 학습을 통해 긍정/부정의 여부를 판단하도록 진행했다. 통합적인 긍정/부정 판별 이외에도 특징별 점수를 산정하도록 하여 주요 단어를 알아냈다. 또, 분야별 문서의 패턴을 발견하여 분류의 정확성을 높이기도 했다.

• **가중치**
비중이 다른 여러 품목에 대해 하나의 평균치를 산출할 경우 비중에 따라 알맞은 중요도를 결정하는 방식.

• **기계학습**
기계학습과 머신러닝은 같은말로, 인간의 학습 능력과 같은 기능을 컴퓨터에서 실현하고자 하는 기술로 인공지능 연구분야에 해당.

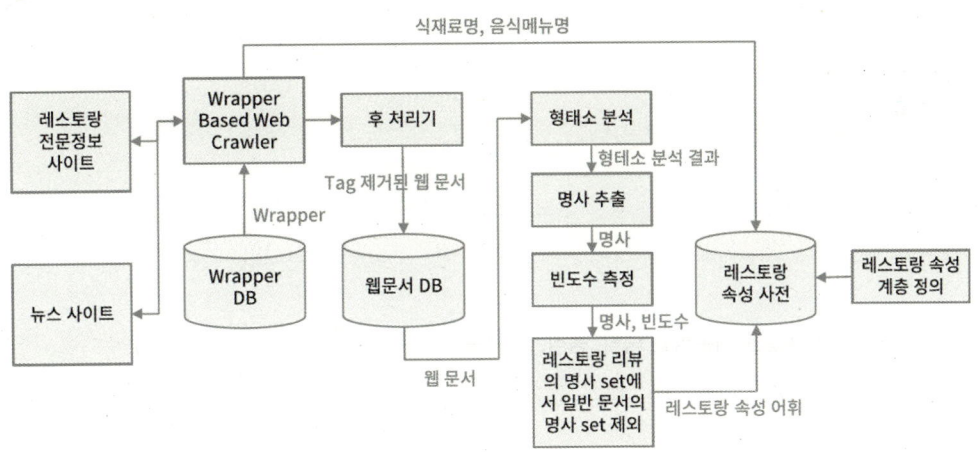

문화관광
관광
활용분야
상품
마케팅
실시간 예측
비용 절감
품질 관리 및 운영
위험 사전 예방
보안 및 관리
상품·서비스 개선
플랫폼

3. 분석결과

가. 국가별 맞춤형 정보

외국인 관광객들이 가장 많이 이용하는 항목 중 한식 메뉴에 대해 조사를 진행한 결과는 다음과 같다. 베이징과 상하이는 같은 국가임에도 불구하고 전혀 다른 결과가 나타났다. 삼겹살의 경우 베이징 17,130회, 상하이 34,208회로 두 도시 모두 1위로 나타났지만, 소고기 구이의 경우 베이징 8,410회로 2위, 상하이 1,043회로 10위였다. 1위인 삼겹살을 제외하고는 두 도시의 음식 순위가 모두 다르다는 것을 확인했다.

나. 시각적인 정보 전달

외국인 방문객들이 좀 더 편하게 서비스를 이용할 수 있도록 분석으로 얻은 순위 결과나 관련 통계 및 상세 정보들을 파이차트, 히스토그램 등으로 시각화하고, 음성을 지원하는 멀티미디어 프레젠테이션 등으로 표현했다.

4. 빅데이터 분석결과의 활용

가. 관광 수입 효과 증가

비영어권 관광객들이 영어 이외의 언어로 지원받지 못해, 알 수 없었던 많은 정보들을 쉽게 얻을 수 있게 되었다. 다양한 외국인 관광객들의 소비 성향이나 후기 등을 분석하여 다국어로 제공하거나, 차트 또는 이미지를 활용해 시각적으로 알리는 등의 마케팅 플랫폼을 활용하면 관광 수입 증대 효과를 기대할 수 있을 것이다.

나. 고객 만족도 향상

관광객들의 각 국가별 맞춤형 정보를 제공받음으로써 자신과 같은 국적의 사람들의 정보를 참고하여 보다 합리적인 소비에 도움을 받을 수 있다. 또한 해당 정보를 다국어 및 시각화 서비스로 받게 되므로 소비자 본인이 다양한 비교를 통해 더 만족스러운 소비를 할 수 있다.

다. 해외 진출 시 활용

해외로 진출할 계획이 있는 국내·외 브랜드의 입장에서는 국가별 관광객의 만족도와 국내의 브랜드별 이미지 등을 조사한 자료를 현지 마케팅 전략 수립 자료로 활용할 수 있다. BIG

유사사례

- 518p, 토란, 빅데이터를 통한 시장 별 마케팅 전략
- 250p, 한화S&C, 전시 컨벤션의 스마트화
- 380p, CJ올리브네트웍스, 지속가능한 데이터 생태계
- 422p, 아우라, 빅데이터로 예측하는 학생 키의 성장
- 262p, 전주시, 전주 한옥마을 관광분석을 통한 경제활성화
- 514p, 큐비엠, 데이터를 활용한 마케팅 컨셉 수립
- 522p, 지피트리, 빅데이터를 통한 온라인 마케팅의 해법
- 456p, 제이에스티나, 빅데이터로 되찾는 고급스러운 브랜드 이미지
- 480p, AnC, 빅데이터가 찾아준 효과적인 마케팅
- 366p, 크레텍, 빅데이터로 고객 관리 전략 개선

172 빅데이터 분석을 통한 음악 서비스 사례

아펙시

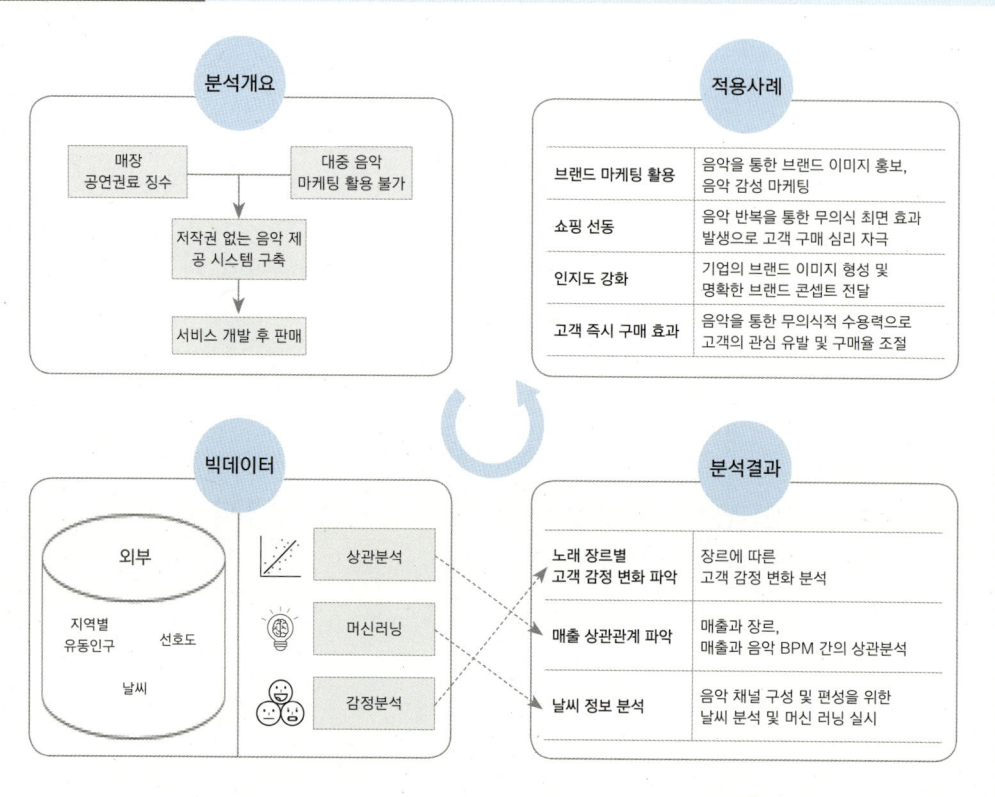

2016년 8월, 롯데 하이마트와 저작권 협회 간의 법적 다툼이 있었다. 하이마트 매장 측에서는 합법적인 음원 사용료를 내고 음악을 틀었지만, 저작권 협회에서는 공연권을 징수하겠다는 내용이었다. 대법원에서는 저작권 협회의 손을 들어줬고, 이후 비슷한 상황에 놓인 200개 이상의 중대형 매장들은 모두 공연권 징수의 대상이 되어버렸다. 이때 아펙시에서 해당 문제를 해결하고자 법적 문제의 대상이 되지 않는 독점 라이센스 음악을 통해 공연권 관련 금액을 50% 이상 절감할 수 있는 매장 음악 서비스 '유자 뮤직'을 내놓았고, 음악을 감성 상품화시켜 마케팅에도 이용할 수 있는 방안을 제시했다.

수집데이터	날씨 및 기상정보, 연령별 선호도, 성별 선호도, 호텔/리조트 인지도, 지역별 유동인구 등
참여기업	아펙시(수요기업)

1. Big Point!

아펙시는 매장에서 음악을 틀 때 발생하는 공연사용 보상료와 법적인 문제를 해결하기 위해 유자가 보유한 독점 라이선스 음악 8만여 곡을 제공하는 '유자 뮤직' 서비스를 내놓았다. 이를 통해 중대형 매장, 호텔, 리조트 등에서는 음악서비스 비용을 절감하고, 저작권 이슈 없이 각종 음악을 이용할 수 있었다. 또한 유자뮤직은 음악 선호와 관련한 다양한 빅데이터를 이용해 각 매장별로 적합한 음악 채널을 제공하여 마케팅에 도움을 주었다.

• 공연권
저작재산권의 기본적인 권리의 하나로 저작자가 그 저작물을 공연할 수 있는 권리.

문화관광
미디어
활용분야
상품
마케팅
실시간 예측
비용 절감
품질 관리 및 운영
위험 사전 예방
보안 및 관리
상품·서비스 개선
플랫폼

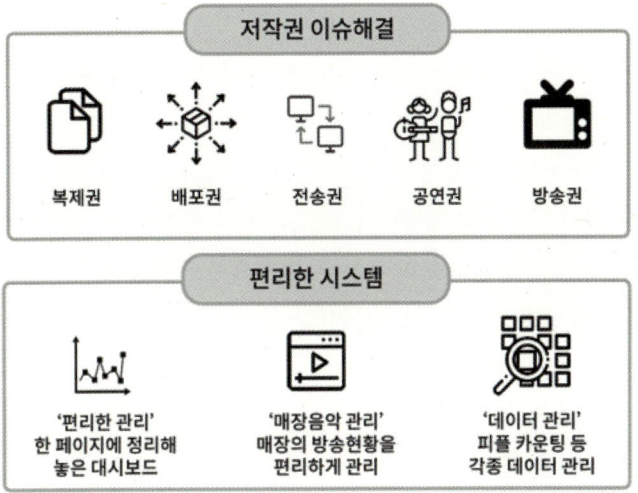

2. 활용 데이터와 분석

아펙시는 유자뮤직 서비스를 이용하는 매장과 가장 잘 어울리는 음악을 제공하기 위하여 날씨 정보뿐만 아니라 성별 및 연령에 따른 선호도, 지역별 유동 인구, 매장 인지도 등을 수집하고, 머신러닝 기법을 활용해 채널을 구성하고 스케줄을 편성했다. 그뿐만 아니라 음악 BPM이나 장르에 따른 매출 분석 결과, 음악 장르에 따른 고객의 감정 분석 결과 등을 활용하여 '뮤직 브랜딩(음악을 이용하여 브랜드를 홍보하고, 인지도를 높이는 감성마케팅)'을 진행함으로써 효과적인 마케팅을 가능하게 하고 매출 증대 효과도 함께 제공하였다.

3. 분석결과

가. 노래 장르별 고객의 감정 변화 파악

노래 장르에 따른 고객의 감정 변화를 알아보기 위한 감정분석 결과, 장르에 따라 적게는 1.5배에서 많게는 4배까지의 감정 변화를 보인다는 인사이트를 얻었다. 음악이 나오지 않는 경우의 감정 상태를 100%라 가정했을 때, 감정이 Peaceful(평화로운) 상태인데 Pop 음악을 들었을 경우 감정 상태가 50%까지 감소되었으며, 감정이 Sensual(관능적인) 상태인데 Classical 한 음악을 들었을 경우에는 395%까지 증가되었다. 총 18개의 감정 상태별로 Easy Listening, Classical, Pop의 3가지 장르에 따른 감정 변화를 분석했으며, 이 결과를 매장음악의 장르 설정시 활용하고자 하였다.

나. BPM과 매출 간의 상관관계를 활용한 '뮤직 브랜딩'

미국 잡지 '소비자 연구'에 수록된 내용에 따르면 음악의 BPM이 느린 경우, 고객의 체류시간이 증가하고 매출 증대가 일어나는 효과를 얻을 수 있다. 유자뮤직은 이러한 매출과 음악 BPM 간의 상관관계를 이용하여 시간대별로 BPM을 고려한 음악을 편성함으로써 매장에서의 고객 체류시간을 조절할 수 있도록 도움을 준다. 구체적인 서비스의 흐름은 유자뮤직이 매장의 특성, 음악의 장르 및 BPM 등을 고려하여 보유한 음원 중 선곡을 진행한 후 온/오프라인으로 뮤직 브랜딩을 제공하는 방식이다.

다. 빅데이터를 활용한 음악 채널 편성

유자뮤직은 빅데이터 분석 및 머신러닝을 이용하여 매장 음악을 스케줄링 해주는 '유자 스마트 시스템'을 개발했다. 시스템의 운영 방식을 살펴보면, 먼저 매장의 고객수, 호텔/리조트 인지도, 연령별/성별 선호도 등의 빅데이터와 기상청의 실시간 날씨 데이터를 수집한다. 그 후 머신러닝 기법을 통해 해당 데이터들을 분석하여 상권별, 시간대별, 날씨별, 호텔/리조트별로 어울리는 음악들을 선정한 후 채널을 구성하고, 스케줄을 편성한다. 최종적으로 완성된 음악 채널 및 스케줄은 음악 전문가에 의해 검수가 이루어진 후 매장음악 서비스로써 제공된다.

• 머신러닝
기계학습과 머신러닝은 같은말로, 인간의 학습 능력과 같은 기능을 컴퓨터에서 실현하고자 하는 기술로 인공지능 연구분야에 해당.

4. 빅데이터 분석결과의 활용

가. 감성마케팅을 통한 브랜드 이미지 전달

유자뮤직이 제공하는 데이터 기반의 매장음악 편성을 통해 효율적인 감성마케팅을 펼칠 수 있다. 유명 세탁기나 안경점의 로고송 등을 떠올려보면 음악을 이용한 감성마케팅의 효과를 쉽게 이해할 수 있다. 매장과 어울리는 음악을 활용해 브랜드 콘셉트를 고객에게 명확히 전달할 수 있으며, 음악과 브랜드의 매칭효과를 통해 고객이 브랜드를 기억하는 것을 용이하게 할 수 있다.

나. 고객의 쇼핑 선동 및 매장 운영 효율성 증대

음악의 반복은 최면 효과를 발생시켜 고객의 구매 심리를 자극해 쇼핑을 유도할 수 있다. 또한 BGM의 무의식적 수용을 통한 고객의 관심과 흥미 유발로 구매율을 증가시킬 수도 있다. 그 외에도 음악은 엔돌핀을 증가시키고, 뇌파의 베타파를 알파파로 전환시켜주는 효과가 있기 때문에 고객의 입장에서는 긍정적인 기분으로 쇼핑이나 브랜드 인지가 가능하며, 내부 직원의 입장에서는 적극적이고 긍정적인 고객 응대가 가능해질 수 있다. 이처럼 빅데이터를 활용하여 날씨, 가게 상황 등에 맞는 음악을 활용함으로 인해 매장 운영에 활기와 효율성을 증대시킬 수 있다. BIG

문화관광
미디어
활용분야
상품
마케팅
실시간 예측
비용 절감
품질 관리 및 운영
위험 사전 예방
보안 및 관리
상품·서비스 개선
플랫폼

유사사례
- 448p, MRD, 빅데이터로 국내시장 장악
- 494p, 존스킨화장품, 빅데이터를 통한 남성 화장품 인사이트 도출
- 186p, 비씨카드, 데이터의 융합을 통한 시의적절한 마케팅
- 484p, 죠샌드위치, 나를 알고 고객을 알면 백전백승
- 362p, 에이치와이스타일, 고객의 요구 사항을 빅데이터로 빠르게 대처
- 510p, 티젠, 빅데이터를 통한 해외 현지 맞춤화 전략 시행
- 480p, AnC, 빅데이터가 찾아준 효과적인 마케팅
- 506p, 불스원, 기존 고객관리부터 신규고객 유치까지
- 522p, 지피트리, 빅데이터를 통한 온라인 마케팅의 해법
- 558p, 노스페이스, 이제는 아웃도어도 스마트하게 사자

173 전략적인 관광 마케팅 계획 수립

플렉싱크

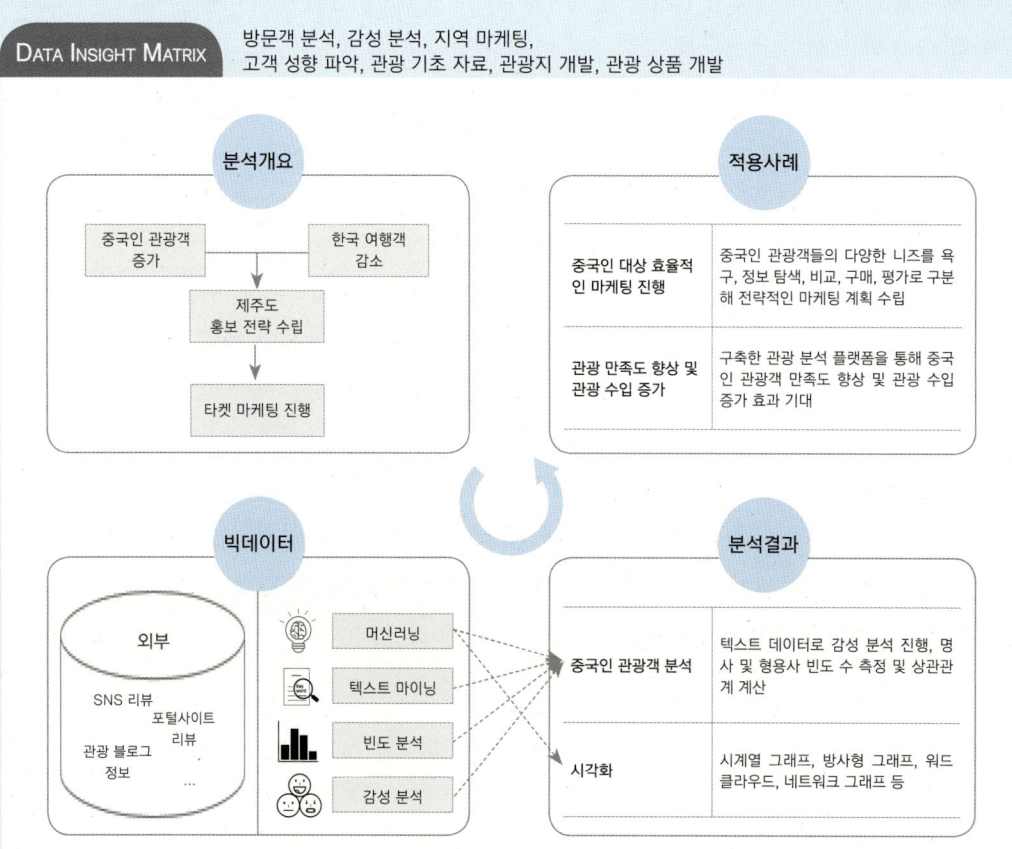

지속적으로 확대되고 있는 세계 관광시장 규모에 맞춰, 세계 각국의 나라마다 관광산업 육성에 노력을 쏟고 있다. 이 시기에 맞물려 중국 경제성장 및 소득증가가 함께 이뤄져서, 중국인의 해외관광이 늘고 있는 추세로 이어졌다. 중국인들은 방문 횟수도 많을 뿐만 아니라, 여행당 소비규모가 커서 우리나라를 비롯한 전 세계 각국 관광 업계의 핵심 고객으로 떠오르고 있었다. 그러나 이러한 상황에서 중국인의 한국 여행은 감소하는 추세를 보이고 있어, 플렉싱크에서는 대표적 관광지인 제주도를 앞세워 중국인 관광객의 수를 늘리고, 관광 시장에서의 우위를 점하고자 빅데이터를 활용한 전략적인 마케팅 계획을 세우기로 했다.

수집데이터	관광 리뷰 데이터, 관광 정보 블로그 데이터
분석솔루션	파이썬
참여기업	플렉싱크

1. Big Point!

플렉싱크는 관광산업의 트렌드 변화에 빠르게 반응하기 위해, 가장 큰 타겟인 중국인 관광객들을 겨냥하기로 했다. 그들이 국내에서 가장 많이 찾는 곳인 제주도를 중심으로 전략을 세우기로 했다. 우선 SNS에서 다양한 데이터들을 수집하여 중국인 관광객들의 니즈를 파악하고자 했으며, 다양한 현황 분석들을 통해 그들의 관광행태나 습관 등을 함께 알고자 했다. 그러한 분석을 진행한 결과들을 바탕으로, 그들의 마음을 사로잡을 수 있을만한 관광정책 및 관광상품을 개발할 방안을 찾기로 했다.

2. 활용 데이터와 분석

플랙싱크는 분석 목적에 맞는 중국 내의 정보를 수집하기 위하여 중국 사이트 Ctrip, Mafengwo, TripAdvisor, Tuniu 총 네 곳에서만 리뷰 및 관광 관련 정보를 수집했다. 파이썬의 urllib이라는 패키지를 사용하여 웹사이트의 소스코드를 불러온 뒤, BeautifulSoup이라는 패키지를 사용하여 html 내부의 원하는 태그 데이터를 추출하는 방법으로 텍스트 데이터에서 정보를 얻었다. 속성 분석을 진행할 때, 중국어 전용 형태소 분석기인 THULAC를 사용하였고 감성 분석 진행 시에는 분석기 없이 불필요한 단어를 제거하는 형태로 분석을 진행했다. 속성 분석의 경우, 1차로 각 속성에 해당하는 명사를 찾아 목록을 작성한 후 그 속에서 동의어/상관

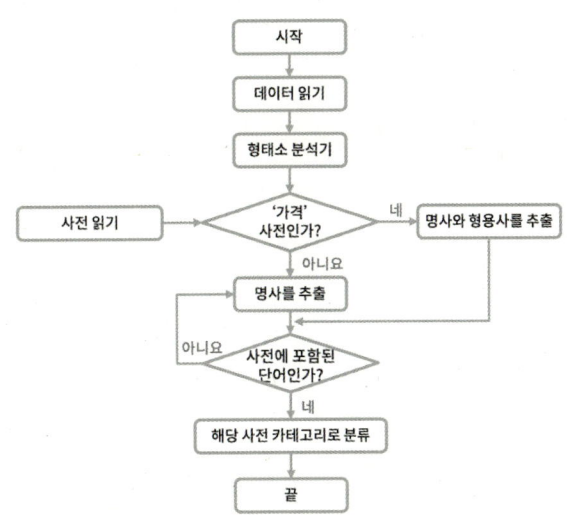

단어를 수집한다. 그리고 2차 속성 사전을 완성해 불필요한 단어를 인위적으로 제거한 뒤, 리뷰 글에 대한 속성 검색을 진행했다. 감성 분석의 경우, 문서 단어행렬을 사용하여 82%로 성능을 향상한 뒤, 각 문구들의 벡터 값을 도출해 Random Forest 머신러닝 알고리즘으로 분석을 진행했다.

> • Random Forest
> 앙상블 학습 방법의 일종으로 다수의 의사결정나무를 생성한 후 이들을 선형 결합하여 최종 모델을 만드는 방법.

3. 분석결과

가. 중국인 관광객 분석

중국인 관광객의 제주도 방문은 여름 휴가철인 5월~9월, 겨울 휴가철인 12월~1월에 높게 나타났다.

중국인 관광객들은 가격, 접근성, 지역 특색, 풍경 및 볼거리, 분위기, 예의 및 친절, 체험성 모두 고르게 중요시 생각하는 편이지만, 오락의 비중은 상대적으로 낮은 편으로 나타났다.

나. 시각화

웹 크롤링 작업으로 추출된 단어들의 긍정/부정 여부와 연관성 여부를 쉽게 표현하기 위해 네트워크 그래프로 연결하였다. 동시에 일반 명사인 경우에는 회색, 명사와 연결되는 형용사가 긍정인 경우에는 파란색, 부정인 경우에는 빨간 색등으로 표시하는 네트워크 그래프를 사용하여 쉽게 표현했다.

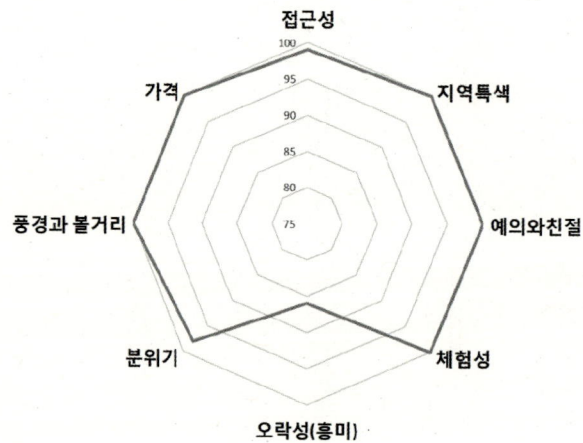

4. 빅데이터 분석결과의 활용

가. 중국인 대상 전략적 마케팅 진행

중국인 관광객들의 다양한 니즈를 마케팅 플랫폼 구축에 활용할 수 있도록 욕구, 정보 탐색, 비교, 구매, 평가로 구분하여 분석을 진행했다. 이 과정을 통해 도출된 결과를 사용하여 전략적으로 중국인 관광객 마케팅 설립 계획을 진행했다. BIG

문화관광
관광
활용분야
상품
마케팅
실시간 예측
비용 절감
품질 관리 및 운영
위험 사전 예방
보안 및 관리
상품·서비스 개선
플랫폼

유사사례
- 518p, 토란, 빅데이터를 통한 시장 별 마케팅 전략
- 266p, 부산광역시, 관광 상품 개발도 빅데이터와 함께
- 246p, 제주특별자치도, 제주, 스마트아일랜드를 꿈꾸다
- 514p, 큐비엠, 데이터를 활용한 마케팅 컨셉 수립
- 522p, 지피트리, 빅데이터를 통한 온라인 마케팅의 해법

174 빅데이터 기반 효과적인 마케팅 전략 수립

시대에듀

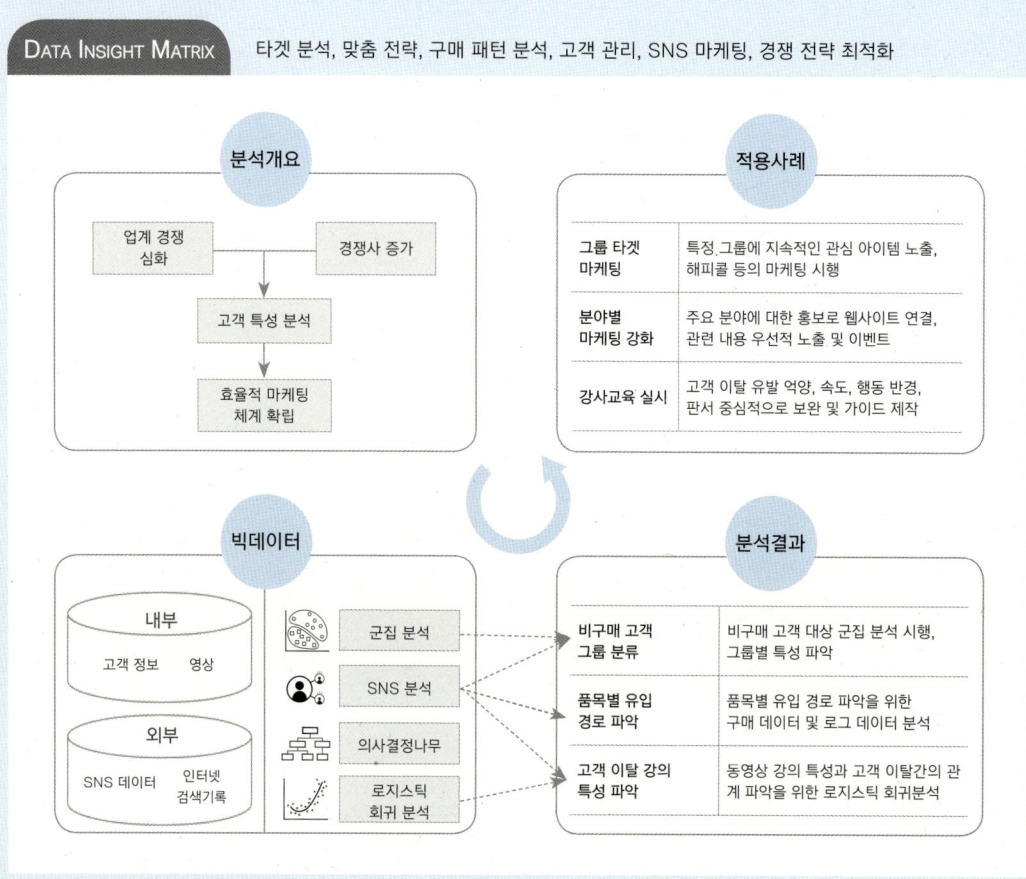

DATA INSIGHT MATRIX — 타겟 분석, 맞춤 전략, 구매 패턴 분석, 고객 관리, SNS 마케팅, 경쟁 전략 최적화

㈜시대고시기획시대교육은 1997년 전문 자격증 수험서 출판을 시작으로 국가 기술 자격이나 공무원·기업 등과 관련된 다양한 수험서를 출판하고 있다. 또한, 온라인 교육 사이트 '시대에듀'를 통해 자격증 및 취업을 중심으로 뛰어난 강사진과 함께 체계적이고 효율적인 고품질의 동영상 강의를 제작·서비스하여 수험생들에게 신뢰를 얻고 있었다. 하지만 갈수록 청년들의 취업난이 지속되면서, 청년들을 대상으로 한 전문자격증 및 취업관련 교육시장은 점차 치열해졌다. 시대에듀는 심화된 경쟁과 소비자의 선택폭이 넓어진 현 상황에서 살아남으려면 적극적인 마케팅이 필요하다고 판단했으며, 더불어 고객이 이탈하지 않도록 붙잡아 두는 것에도 중점을 둬야 한다고 생각했다. 이러한 두 가지 목표를 모두 이룰 수 있도록 빅데이터 분석을 통해 보다 효과적인 전략을 세우기로 했다.

수집데이터	뉴스, 트위터, 커뮤니티, 블로그, 카페, 시대에듀 내부 고객/구매/영상데이터
분석솔루션	㈜리비 미디어렌즈, 통계패키지 R, Python
참여기업	시대에듀(수요기업), ㈜리비(빅데이터 솔루션사), KAIST 빅데이터센터(빅데이터 솔루션), ㈜웨슬리퀘스트(빅덴터 솔루션 & 경영컨설팅사)

1. Big Point!

시대에듀는 회원 정보, 구매, 로그 데이터 등을 분석하여 고객의 특성을 파악하고 강의 구매 품목별로 고객이 어떤 링크와 키워드로 접속했는지에 대해 분석하여 마케팅 방안을 도출하고자 하였다.

또한, 온라인 강의 영상과 고객들의 수강 데이터를 분석하여 품질 향상을 위한 방안을 마련하고자 했다.

2. 활용 데이터와 분석

시대에듀는 고객의 특성과 관련한 정보들과 이탈 고객의 특징을 파악하기 위해 내부의 회원 구매 관련 데이터 및 로그 데이터를 수집했다. 우선적으로 내부 데이터를 활용하여 '고객 세분화'를 진행하고자, 회원 가입 정보, 구매 정보(구매 품목, 금액 등), 로그 정보(체류 시간, 유입 정보, 방문 주기 등)을 활용하여 군집 분석을 진행했다. 또, 구매 데이터와 로그 데이터를 활용해 구매 품목별로 어떤 링크와 키워드로 유입이 되었는지를 확인하여 분석했다.

마지막으로 '강의 품질 주요 요인 분석'을 파악하고자 오디오/비디오/이미지 분석 프로그램을 활용해 각각의 강의로부터 강사의 정면 응시 정도, 제스처, BPM, 피치 등의 다양한 변수 값을 추출한 뒤 로지스틱 회귀분석을 진행했다.

• 로지스틱 회귀분석
독립변수들 간의 선형 결합을 통해 종속변수를 설명하는 통계 기법으로 종속변수는 범주형 데이터를 대상으로 함.

3. 분석 결과

가. 비구매 고객 그룹 분류

비구매 고객들을 대상으로 군집분석을 시행한 결과, 총 6개의 그룹으로 분류되었다. 비구매 고객 그룹들은 각각 자사와 멀어진 '무관심 군'이 34%, 자격증이나 취업 목적으로 접속한 '자격/취업 관심 군'이 32%, 시대에듀 관련 단어로 검색하고 접속한 '시대에듀 검색유입 군 A'가 19%, 마케팅 페이지 등을 통해 접속한 '마케팅 주유입 군'이 6%, 시대에듀 관련단어로 검색하고 접속해 오랜 시간 머무는 시대에듀 검색유입 군 B(시대에듀 적극 정보 활용자)가 5%, 학원이나 강의 검색을 통해 접속한 '학원/강의 관심 고객'이 4%로 나타났다. 이러한 결과를 바탕으로 그룹별로 다양한 프로모션 등의 마케팅을 진행할 수 있었다.

> • 군집분석
> 각 개체들의 유사성을 근거로 유사성이 높은 개체들을 집단으로 분류하는 분석방법.

나. 품목별 유입 경로 파악

자격/취업 관련 검색어(검색 키워드 유입)는 국제의료관광코디네이터, 사회조사분석사, 원산지/농산물 품목의 경우에 타 품목들에 비해 검색량이 높다고 나타났다. 또한 강의/학원의 경우에는 영양/위생, 일반 행정직, 조경의 경우에 타 품목들에 비해 검색량이 높다고 나타났다. 직접 접속(웹사이트 유입)의 경우에는 소방, 위험물이 5% 미만인 타 품목들에 비해 사이트 직접 접속률이 높다고 나타났다. 이에 따라 마케팅 콘텐츠 제작과 품목별 담당자가 유입 정보를 활용해 마케팅 콘텐츠 관리 계획을 수립했다.

다. 고객 이탈 강의 특성 파악

오디오/비디오/이미지 분석 프로그램을 활용해 분석한 결과, 강의자의 목소리 톤의 일관성, 적당한 제스처, 막힘없는 내용의 강의를 선호하고 칠판을 활용하지 않고 책에만 의존하는 강의는 고객의 이탈 확률이 높아진다는 것을 파악했다. 이를 강조해 가이드북을 개선하고 강의 품질 개선에 활용하였다.

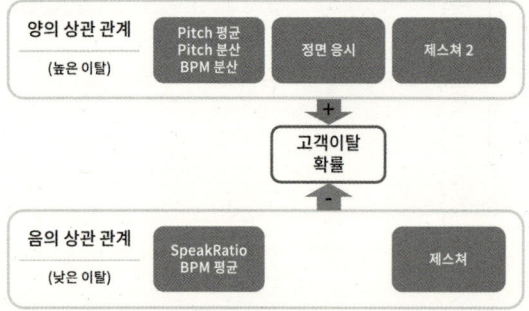

4. 빅데이터 분석 결과의 활용

가. 그룹 타겟 마케팅

군집분석을 통해 세분화된 '시대에듀 검색유입군 B'은 포털에서 검색을 통해 유입되고 오랜 시간 동안 사이트에 머무르기 때문에 어느 정도 업계 정보를 알고 있다고 판단할 수 있어 구매 가능성이 가장 높은 고객으로 판단했다. 이러한 고객들에게는 지속적으로 관심 아이템을 노출하고 해피콜 등의 마케팅을 실시했다.

나. 분야별 마케팅 강화

품목별 유입률 분석을 통해 상대적으로 유입률이 높은 소방 분야의 경우에는 블로그에 소방 관련 자격증을 우선적으로 노출하고, 카페나 커뮤니티 배너를 통해 시대에듀 페이지로 바로 연결될 수 있도록 했다. 그리고 전기 기사의 경우에는 선착순으로 공학용 계산기를 제공하고 불합격시에는 수강 기간을 연장했으며 추석맞이 할인 등 다양한 이벤트를 진행하여 접근량 자체를 높이기로 했다.

다. 강사 교육 실시

고객 이탈을 유발하는 강사의 행동들이 발생하지 않도록 기존 가이드북의 세부 내용을 보완해 가이드북을 개선하고 이를 활용하여 강사를 교육하는 활동을 진행했고, 촬영 기사의 가이드북도 제작하여 일관성 있는 품질을 제공하기로 했다. BIG

유사사례
- 384p, 더블유쇼핑, 고객별 추천 시스템을 통하여 매출 증가로
- 366p, 크레텍, 빅데이터로 고객 관리 전략 개선
- 290p, 맨투맨, 빅데이터로 개발하는 신규 교육 서비스
- 494p, 존스킨화장품, 빅데이터를 통한 남성 화장품 인사이트 도출
- 558p, 노스페이스, 이제는 아웃도어도 스마트하게 사자
- 472p, 헬로네이처, 빅데이터로 고객의 믿음과 마음을 잡아라
- 294p, 와신교육, 과학적인 근거를 통한 사업의 맥 짚기
- 392p, K쇼핑, 빅데이터를 이용한 가구별 특화 상품 노출 시스템
- 464p, MANSOLE, 제품기획과 마케팅 두 마리 토끼를 잡다
- 468p, 블리언트앤컴퍼니, 최적의 마케팅을 찾아준 빅데이터

175 안심하고 자녀를 맡길 수 있는 어린이집을 찾아서

빅데이터 아카데미

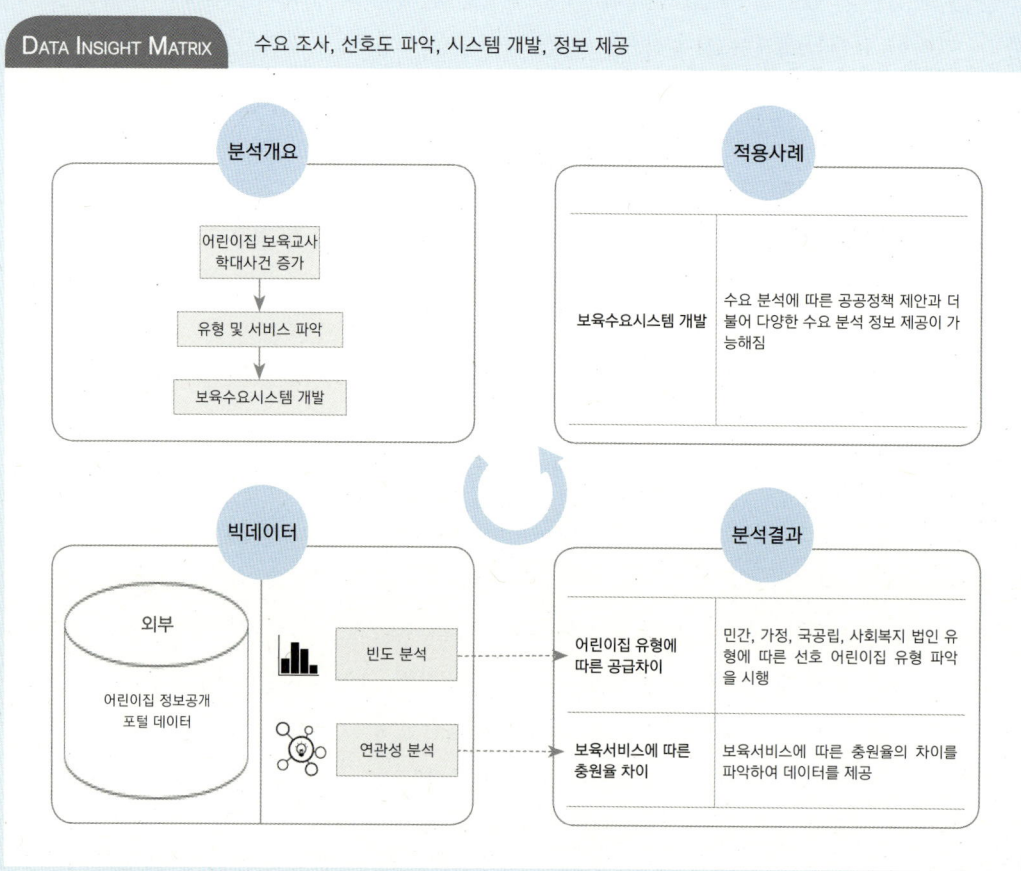

최근 영·유아 보육시설은 양적으로 증가하고 있으나, 보육교사의 어린이집 원생 학대와 관련된 사건들이 빈번히 발생하면서 보육시설에서의 아동학대에 대한 문제가 커지고 있는 현실이다. 이러한 가운데 최근 정부의 정보공개 정책을 통해 공공데이터의 개방으로 각종 사회현상의 문제에 대해 해결할 수 있도록 데이터를 활용하도록 돕는 방향으로 추진되고 있다. 이에 빅데이터를 활용하여 보육 수요 분석 시스템을 개발하여 안심하고 자녀를 맡길 수 있는 보육 시설에 대한 정보를 제공하고자 하였다.

수집데이터	어린이집 상세정보 데이터
분석솔루션	Hadoop, Kafka, Flume, Hive, Spark, Oozie, Zeppelin
참여기업	빅데이터 아카데미 기술전문가 과정 11기

1. Big Point!

전국 어린이집 현황 분석을 통해 지역에 따른 어린이집 유형 및 규모의 차이를 파악하고자 하였으며 지역 인구나 환경적 특성에 따른 차이가 발생하는지 확인하고자 하였다. 데이터 수집을 통해 어느 지역에서 어떤 유형의 어린이집이 확충되어야 하는지 제시하고자 하였으며 향후 보육시설에 관련된 기초 데이터로 활용하고자 빅데이터 분석을 시행하였다.

2. 활용 데이터와 분석

공공데이터인 어린이집 정보 공개포털(info.childcare.go.kr)의 어린이집에 대한 상세정보 데이터를 기반으로 웹 크롤링을 통해 데이터를 수집하였다. 여러 데이터를 요약하고 전국 시/도/군/구로 구분한 후 어린이집 유형(24시간, 방과 후 전담, 시간 연장형, 병아 전담 등)에 대한 변수를 통해 데이터를 통해 현황 분석을 실시하였다. 추가적으로 어린이집 충원율에 영향을 미치는 변수들을 파악하기 위해 연관성 분석을 시행하였다. 연관성 분석을 위해 충원율 90% 이상 여부를 종속변수로 설정하고 위의 전국 시/도/군/구의 이름 및 어린이집 유형을 데이터를 독립변수로 두고 분석을 시행하였다.

• 연관성 분석
거래내역 등의 데이터 내에 존재하는 항목 간의 규칙을 발견하여 IF-THEN의 구조로 분석 결과의 연관성을 파악하는 기법으로, 장바구니 분석이라고도 함.

3. 분석결과

가. 어린이집 유형에 따른 공급의 차이
어린이집의 충원율은 지역에 따라 상이함을 보였으며 90% 이상의 충원율을 기록하고 있는 곳은 서울시가 50.33%로 가장 높게 나타났다. 또한 설립 유형별 가장 선호하는 어린이집을 분석한 결과, 국공립이 64.88%로 가장 선호하는 어린이집으로 나타났으며, 부모협동의 경우 44.16%로 나타났다. 하지만 국공립의 경우 공급량이 약 11%에 불과, 민간형 공급의 53%에 1/5 수준으로 확충이 시급한 것으로 나타났다.

나. 보육서비스에 따른 충원율 차이
보육서비스의 차이를 보면 전국을 기준으로 정원 비율은 일반 55.3%, 시간 연장형 42.12%, 장애아 통합 11.78% 등으로 시간 연장형의 경우가 많았다. 보육서비스에 따른 충원율을 확인해 본 결과 특이 케이스로 장애아통합 보육시설이 91.98%의 가장 높은 충원율을 보였으며 시간연장형이 63.4%였다. 휴일, 방과 후, 영아전담은 대체로 82~83%의 충원율을 기록하였다.

4. 빅데이터 분석결과의 활용

가. 보육 수요 시스템 개발
공공 오픈 데이터를 이용하여 개발한 보육 수요 분석 시스템을 통해 정확한 수요 분석을 실시하여 보육시설 수요자들의 수요를 정확히 파악하였다. 보육시설 관련 확충과 더불어 정부의 대국민 보육 관련 서비스가 효율적으로 운영될 수 있도록 할 계획이며, 효율적인 수집 방법과 분석 알고리즘 개선을 통해 수요 분석의 정확도를 개선해 나갈 계획이다. BIG

> **유사사례**
> - 444p, 라이클, 데이터를 활용한 효율적인 마케팅 전략 수립
> - 530p, 다음푸드앤케어, 빅데이터를 통한 차별화된 신제품 출시
> - 522p, 지피트리, 빅데이터를 통한 온라인 마케팅의 해법
> - 534p, 한독, 건강식품 인지도 제고 방안 빅데이터로 찾자
> - 198p, 바넷정보기술, 빅데이터 기반 자금세탁방지 시스템
> - 490p, 헤세드조명, 새로운 B2C시장의 효과적인 진입의 열쇠
> - 456p, 제이에스티나, 빅데이터로 되찾는 고급스러운 브랜드 이미지
> - 448p, MRD, 빅데이터로 국내시장 장악
> - 498p, 자이크로, 빅데이터 분석 결과를 통한 마케팅 전략 수립
> - 460p, 블루엠갤러리, 빅데이터를 통한 대중고객 확보

| 문화관광 |
| 교육 |
| **활용분야** |
| 상품 |
| 마케팅 |
| 실시간 예측 |
| 비용 절감 |
| 품질 관리 및 운영 |
| 위험 사전 예방 |
| 보안 및 관리 |
| **상품·서비스 개선** |
| 플랫폼 |

MEMO

176 빅데이터로 개발하는 신규 교육 서비스

맨투맨

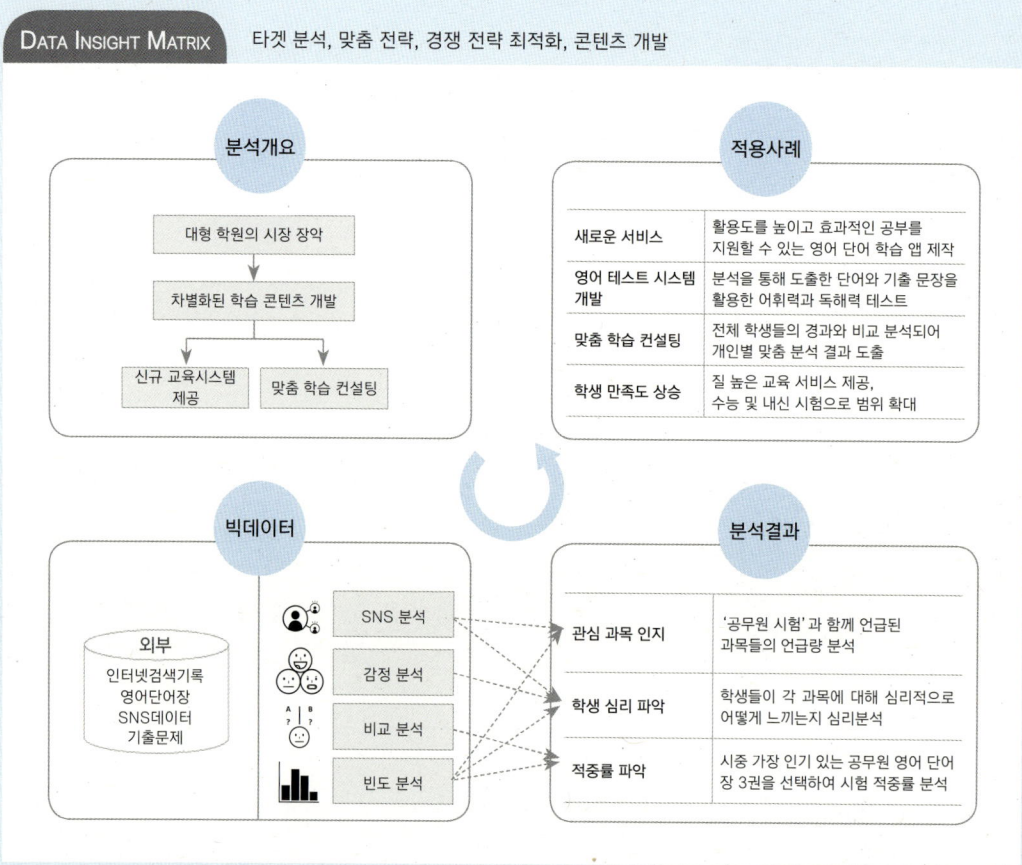

맨투맨 학원은 공무원 시험 준비를 하는 학생들이 늘어나는 사회의 추세에 맞춰 2015년부터 공무원 준비 학생들을 대상으로 교육 서비스를 새롭게 제공하고 있었다. 하지만 치열한 경쟁 속에서 몇 개의 대형 학원들이 대부분을 장악하고 있는 학원 시장에서 살아남기 위해서는 '차별화된 무언가'가 필요하다고 생각했다. 그렇기 때문에 맨투맨 학원에서는 '높은 경쟁률'과 '월등히 많은 공부량'이라는 공무원 시험만의 특성을 적극 활용하기로 했다. 맨투맨 학원에서는 학생들이 최대한 효과적으로 공부할 수 있도록, 빅데이터 분석을 통해 '차별화된 학습 콘텐츠를 제공'하기로 했다.

수집데이터	뉴스, 트위터, 커뮤니티, 블로그, 카페, Coca Dictionary 영어 원문의 단어, 9급·서울시·경찰직 공무원 등 공무원 기출 시험
분석솔루션	Social Insighter, E-Analyzer
참여기업	맨투맨학원(수요기업), 인사이터(빅데이터 솔루션사), ㈜웨슬리퀘스트(경영컨설팅사)

1. Big Point!

맨투맨 학원에서는 기존의 보수적인 학원 서비스만으로는 학원 시장의 치열한 경쟁 속에서 오래 생존하기 어렵다고 판단하여, '차별화된 학습 콘텐츠 제작에 초점을 두고 분석을 진행했다.

맨투맨 학원에서는 타 학원들과의 경쟁에서 차별성을 갖기 위해 자신들만의 교육 자료 및 체계가 필요하다고 판단했다. 빅데이터 분석을 통해 얻게 된 적중률 높은 영어 단어들로 구성된 단어 학습 앱과 자체 테스트 시스템을 개발하여 학생별 맞춤 컨설팅도 제공할 수 있게 되었다.

- **Social insighter**
㈜인사이터에서 개발한 분석솔루션으로 소셜데이터를 활용하여 버즈량분석, 텍스트마이닝 등의 분석 서비스를 제공.

- **E-Analyzer**
㈜인사이터에서 개발한 자연어처리 솔루션으로 형태소분석을 통해 자연어처리를 지원하는 서비스를 제공.

2. 활용 데이터와 분석

SNS에서 공무원과 관련한 데이터들을 'Social Insighter'를 사용해 수집했다. 이를 바탕으로 언급량을 파악하고, 과목과 부정적인 단어의 연관 횟수를 파악하여 과목과 관련한 온라인상의 반응들을 분석하는 과정을 진행했다. 또한 'E-Analyzer'를 사용하여 각종 공무원 시험 기출문제의 단어 목록을 작성하여, 시중의 인기 있는 영어 단어장 3권과의 비교 분석을 통해 단어장의 적중률을 분석했다. 보다 효과적인 영어단어집을 만들 수 있는지의 여부를 판단하기 위해 앞서 만든 기출 영어단어 목록과 Coca Dictionary 영어 원문에서 추출한 5억 3천만 개의 단어를 비교하여 적중률을 분석했다.

- **COCA Dictionary**
Corpus of Contemporary American English - 'Corpus'란 우리말로 '말뭉치: 많은 양의 텍스트를 모아둔 것'을 말한다. COCA Dictionary는 이러한 Corpus의 한 종류이다. 1990년부터 2017년까지 영어 텍스트를 모아놓으며, 약 5억 6천여 단어가 들어 있다. COCA를 활용하면 객관적인 언어 데이터를 얻을 수 있다. 예를 들어 burn의 과거형으로 burnt와 burned 중 어떤 단어가 자주 사용되는지에 대한 사용빈도를 숫자로 얻을 수 있음.

3. 분석결과

가. 관심 과목 인지

2014년 영어 과목의 언급량은 12,783회, 2015년 18,029회, 2016년 23,012회로 매년 그 숫자가 증가하고 있다. 게다가 2위인 국어의 언급량 (5,676회, 7,153회, 9,892회)과 비교해도 압도적으로 많은 수치를 기록하고 있었다. 이를 통해 공무원 시험을 준비하는 학생들이 영어 과목에 가장 많은 관심을 두고 있다는 것을 알게 되었다.

나. 과목별 학생 심리 파악

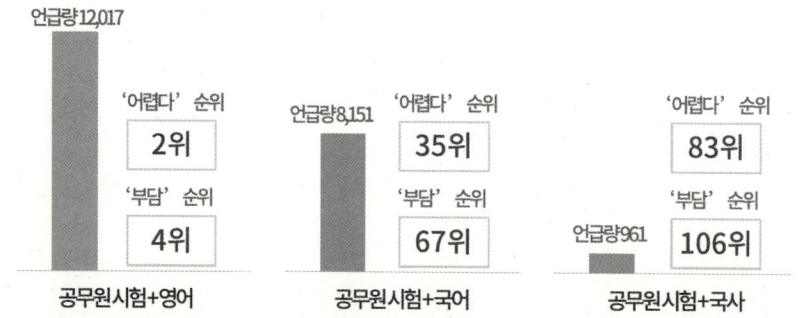

과목과 관련하여 '어렵다'와 '부담이 된다' 두 심리 연관어 분석을 진행한 결과 영어 과목의 순위가 가장 높았으며, 경쟁사인 해커스 공무원 학원의 2015년 결과에서도 과락한 학생들 중 영어 과목에서 과락한 비율이 72%로 높게 나타났다.

다. 시험 적중률 파악

공무원 시험을 준비하는 사람들에게 가장 인기 있는 영어 단어장 3권을 선택하여 시험 적중률을 분석해 본 결과 적중률의 평균은 10.6%로 낮게 나타났다. 이 결과는 영어 공부를 함에 있어 효율적인 학습이 이루어지지 않고 있다는 것으로 판단되었다.

Coca Dictionary 영어 원문에서 5억 3천만 개의 영어 단어를 추출하여 공무원 시험 기출 단어들과 언급 횟수 분석을 진행하였다. 이를 통해 실생활에도 많이 쓰이고, 시험에 자주 출제되는 영어 단어 상위 5,000개의 리스트를 뽑을 수 있었다. 이 리스트와 2015년 9급 국가직 공무원 영어 단어 리스트를 비교한 결과의 적중률은 84%로 매우 높았다.

4. 빅데이터 분석결과의 활용

가. 새로운 서비스
공무원 시험을 준비하는 학생들이 보다 효과적으로 영어 공부를 할 수 있도록, 빅데이터 분석을 진행하여 시험 적중률이 높은 단어들을 찾았다. 이에 더해, '난이도 정보 및 예문도 있었으면 좋겠다.'는 의견을 반영해 영어 단어 학습 앱을 개발했다.

나. 영어 테스트 시스템 개발
빅데이터 분석을 통해 찾아낸 적중률이 높은 단어와 기출 문장들을 활용하여 어휘력 및 독해력 테스트 시스템을 개발했다. 해당 테스트는 Part1의 어휘력과 관련된 60문제, Part2의 문장 독해 정확도와 관련된 10문제, Part3의 문단 독해 속도 및 이해력 측정(장문)과 관련한 2문제(총 72문제)를 푸는 시스템이다. 이를 통해 학생들의 어휘력과 독해력을 테스트하고, 빠른 시간 안에 문제 풀이에 정확하게 접근할 수 있는지를 판단할 수 있다.

다. 맞춤 학습 컨설팅
테스트를 진행하며 오답만을 정정해주던 학습 방식에서 벗어나, 학생들 개개인의 학습 수준을 파악하여, 전체 학생 대비 개인별 취약점을 보완하고 학습 속도 및 정확도를 향상할 수 있는 맞춤 컨설팅을 제공할 수 있게 되었다. BIG

유사사례
- 392p, K쇼핑, 빅데이터를 이용한 가구별 특화 상품 노출 시스템
- 498p, 자이크로, 빅데이터 분석 결과를 통한 마케팅 전략 수립
- 494p, 존스킨화장품, 빅데이터를 통한 남성 화장품 인사이트 도출
- 460p, 블루엠갤러리, 빅데이터를 통한 대중고객 확보
- 242p, 패션서울, 고객이 원하는 기사와 정보는?
- 282p, 시대에듀, 빅데이터 기반 효과적인 마케팅 전략 수립
- 534p, 한독, 건강식품 인지도 제고 방안 빅데이터로 찾자
- 558p, 노스페이스, 이제는 아웃도어도 스마트하게 사자
- 472p, 헬로네이처, 빅데이터로 고객의 믿음과 마음을 잡아라
- 366p, 크레텍, 빅데이터로 고객 관리 전략 개선

문화관광
교육
활용분야
상품
마케팅
실시간 예측
비용 절감
품질 관리 및 운영
위험 사전 예방
보안 및 관리
상품·서비스 개선
플랫폼

177 빅데이터를 통한 사업의 맥 짚기

와신교육

DATA INSIGHT MATRIX 소비 패턴 분석, 성향 분석, 타겟 마케팅, 효과적인 상품 전략, SNS마케팅

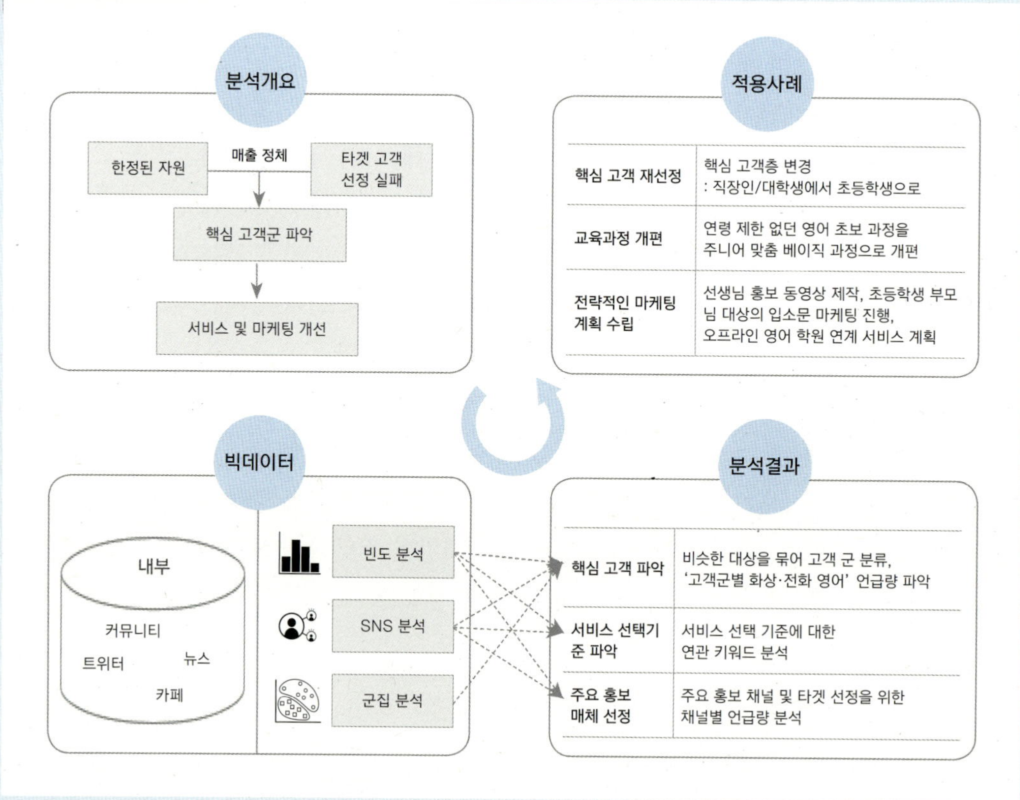

분석개요
한정된 자원 → 매출 정체 ← 타겟 고객 선정 실패
↓
핵심 고객군 파악
↓
서비스 및 마케팅 개선

적용사례
핵심 고객 재선정	핵심 고객층 변경 : 직장인/대학생에서 초등학생으로
교육과정 개편	연령 제한 없던 영어 초보 과정을 주니어 맞춤 베이직 과정으로 개편
전략적인 마케팅 계획 수립	선생님 홍보 동영상 제작, 초등학생 부모님 대상의 입소문 마케팅 진행, 오프라인 영어 학원 연계 서비스 계획

빅데이터
내부: 커뮤니티, 트위터, 뉴스, 카페
- 빈도 분석
- SNS 분석
- 군집 분석

분석결과
핵심 고객 파악	비슷한 대상을 묶어 고객 군 분류, '고객군별 화상·전화 영어' 언급량 파악
서비스 선택기준 파악	서비스 선택 기준에 대한 연관 키워드 분석
주요 홍보 매체 선정	주요 홍보 채널 및 타겟 선정을 위한 채널별 언급량 분석

2009년 12월에 설립된 교육 업체로 우리나라 최초의 독학재수학원인 와신교육은 혼자서 읽고, 외우고, 듣는 교육이 아닌 원어민과 직접 대화하는 형식의 원어민 화상 영어 서비스를 제공하고 있다. 그동안 와신교육은 단지 직원들의 감으로 핵심 고객군을 '영어회화의 필요성이 가장 높고, 수업료를 지불할 여력이 높은 고객'이라 판단하여, 유학을 준비하는 대학생들 및 영어회화가 필요한 직장인을 대상으로 홍보와 프로모션을 실시하였지만 효과는 미비하였다. 이 상황에서 제한된 자원으로 홍보의 효과성을 극대화하기 위해서는 수많은 잠재 고객 중 핵심 고객군을 발견하고 집중하는 것이 필요했다. 그래서 와신교육은 빅데이터 분석을 활용해 홍보 타겟 고객군을 찾고 효율적인 마케팅 및 교육과정 수립을 진행하고자 하였다.

수집데이터	뉴스, 트위터, 커뮤니티, 블로그, 카페 총 61,703건
분석솔루션	리비 미디어 렌즈
참여기업	(주)와신교육 (수요기업), (주)리비 (빅데이터 솔루션사)

1. Big Point!

와신교육은 데이터 분석의 목표를 핵심 타겟 고객 선정, 고객의 서비스 결정 요소 분석, 홍보를 하기 위해 가장 효과적인 채널 파악의 3가지로 선정하고 분석을 진행했다. 대기업처럼 많은 마케팅 비용을 사용하기 어려운 와신교육은 이러한 분석 과정을 통해 가장 홍보효과가 좋은 고객을 발견하여 해당 고객과의 의사소통 및 광고 활동에 집중함으로써 비용 대비 효율을 최대한 높이고자 했다.

2. 활용 데이터와 분석

와신교육은 마케팅과 관련된 해답을 찾기 위해 '화상·전화 영어' 서비스와 관련된 1년간의 SNS 데이터를 수집한 뒤 분석을 진행했다. 구체적으로 '화상·전화 영어'를 언급한 고객들을 직업 및 나이대에 따라 분류하여 어떤 고객이 화상영어에 관심이 높은지를 파악했다. 이후 키워드 분석을 통해 화상·전화 영어와 같이 언급되는 교육 선택기준에 대한 주요 키워드를 파악한 후 홍보문구에 활용했다. 또한 효과적인 홍보 채널을 찾기 위해 뉴스, 커뮤니티, 카페 등에서 채널별 언급량 분석도 진행했다.

• **키워드 분석**
자연 언어 이해기법 중 하나로 문장의 내용을 분석하는 방법.

유사사례
- 480p, AnC, 빅데이터가 찾아준 효과적인 마케팅
- 376p, Clubo, 빅데이터로 매장 운영효율화의 방향을 잡다
- 464p, MANSOLE, 제품기획과 마케팅 두 마리 토끼를 잡다
- 468p, 블리리언트앤컴퍼니, 최적의 마케팅을 찾아준 빅데이터
- 282p, 시대에듀, 빅데이터 기반 효과적인 마케팅 전략 수립
- 514p, 큐비엠, 데이터를 활용한 마케팅 컨셉 수립
- 186p, 비씨카드, 데이터의 융합을 통한 시의적절한 마케팅
- 274p, 아펙시, 빅데이터 분석을 통한 음악 서비스 사례
- 506p, 불스원, 기존 고객관리부터 신규고객 유치까지
- 558p, 노스페이스, 이제는 아웃도어도 스마트하게 사자

3. 분석결과

가. 핵심 고객 파악

와신교육이 기존에 예상했던 핵심 고객층은 '20~30대 대학생들과 직장인'이었다. 하지만 '화상·전화 영어'를 언급한 고객을 직업별로 분석해본 결과 '아이·어린아이'와 '초등학생'이 전체 비중의 53%를 차지하고 있었다. 또한 수강기간에 있어서는 직장인과 대학생 그룹은 평균 약 18분짜리 수업을 4.3개월을 수강하였으나 초등학생 그룹은 평균 약 29분짜리 수업을 11.8개월 수강하는 것으로 나타나 대략 3배에 가까운 차이를 보였다. 즉, 초등학생 고객을 유치할 경우 더 긴 수업시간과 수강기간으로 인해 다른 고객층에 비해 더 높은 수익을 올릴 수 있음을 파악했다.

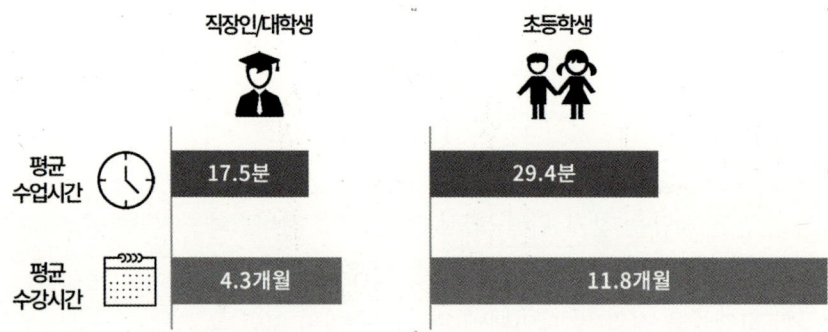

나. 서비스 선택 기준 파악

고객들은 '화상·전화 영어' 서비스와 함께 언급되는 서비스 선택 기준과 관련한 키워드를 파악한 결과, 선생님을 가장 중요하게 여기는 것으로 나타났다. 수치적으로 살펴보면 서비스 선택 기준이 선생님인 경우가 43%로 가장 높았고, 그 뒤로 교재 21%, 수강료 17%, 스카이프 13%, 과정 6% 순서였다. 따라서 광고를 진행할 때 선생님의 실력과 퀄리티 높은 내용의 교재를 강조하는 것이 효과적임을 알게 되었다.

다. 주요 홍보 매체 선정

홍보 채널별 '화상·전화 영어'의 언급량은 블로그, 카페, 커뮤니티, 뉴스 순으로 나타났으나, 블로그는 홍보성 글이 대다수이기 때문에 분석에서 제외하기로 했다. 주로 엄마들이 사용하는 '파우더룸', '강남 엄마 VS 목동 엄마' 등의 카페에서의 언급량이 높은 것으로 나타났으며, 취업 준비 카페 '스펙업', '공수모' 등에서도 언급량이 높은 것을 알 수 있었다. 따라서, 초등학생 자녀를 가진 엄마들이 많이 이용하는 카페에서 활발한 온라인 홍보를 하면 효과가 높음을 알 수 있었다.

4. 빅데이터 분석결과의 활용

가. 핵심 고객 재선정 및 교육 과정 개편

'어린 아이 및 초등학생' 그룹은 '직장인' 및 '대학생' 그룹들에 비해 평균적으로 수업시간도 길고 수강기간도 길게 나타났으므로, 동일하게 한 명씩 유치한다는 가정하에 초등학생 고객으로 인한 수익성이 더 높은 것을 알게 되었다. 따라서 '어린 아이 및 초등학생' 그룹을 집중 타겟으로 선정하여, 기존의 영어 초보자를 대상으로 진행했던 입문용 '베이직 과정'을 '주니어 맞춤 과정'으로 개편했다.

나. 전략적인 마케팅 계획 수립

고객들이 가장 중요시 여기는 서비스 선택 기준인 선생님에 대한 강점을 어필하기 위해 선생님들이 직접 스테디톡을 홍보하며 발음을 들려주고, 매력 어필도 하는 홍보용 동영상을 제작했다. 또한, 핵심 고객인 초등학생들의 부모님을 대상으로 집중적인 홍보를 하기 위해 어린 학생들이 많고 교육열이 높은 아파트 단지를 중심으로 전단지 광고를 시행하고, 다양한 이벤트 및 입소문 마케팅 등을 진행했다. 또한 인근 영어학원과 제휴를 맺어 수업 제공 수수료를 주고, 학생을 소개받는 방식의 연계 서비스 모델을 추진하고자 했다. BIG

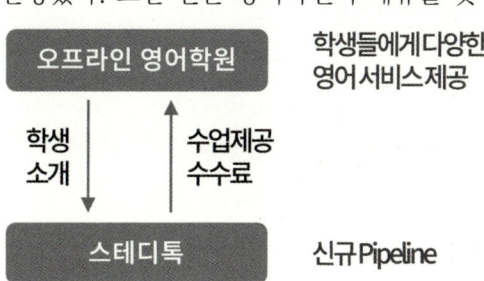

관광

관광산업 활성화

#현황파악 #관광지개발

KT

KT는 지방/중앙 정부간 관광관련 공공데이터를 확보하여 KT가 보유한 데이터와 융합 분석한다. 이를 바탕으로 관광지의 현황과 문제점을 파악하고, 적재적소에 ICT 기술을 적용해 관광환경을 개선, 관광객 규모에 따라 최적화된 동선을 제공한다. 활용 대상 중 전주한옥마을이 대표적인 사례로 볼 수 있다.

관련정보 KT, 빅데이터로 관광산업 활성화 지원 나서, 이코노미토크, 2014.10.17

관광

지역경제 활성화

#유동인구분석 #방문객분석 #민원분석

김해시

김해시는 관광 분야를 대상으로 관광지 유입인구, 이동 경로, 축제 상권 등을 분석하고 지리정보시스템(GIS)을 통해 시각화한다. 그리고 민원분야에서 각종 민원접수 내용 및 소셜데이터 이슈를 수집하고 기계학습법을 통해 분석한다. 김해시는 과학적인 데이터 분석을 통해 행정업무를 추진하는 한편 향후 분석대상 확대와 고품질 데이터 확보, 분석 결과 공유에 적극적으로 노력할 계획이다.

관련정보 김해시 '관광·방범·민원·공동주택 정책'에 빅데이터 활용, 경남신문, 2016.06.29

관광

빅데이터로 날씨와 여행을 잡는다

#서비스품질개선

문체부/기상청

문화체육관광부와 기상청이 함께 기상정보 빅데이터를 활용하여 국내 여행일정을 세우고 국내 관광 활성화 서비스를 개선한다. 이를 통해 향후 관광코스의 기상정보, 기상 악화 시 대체 방문이 가능한 실내관광지 정보를 제공하는 서비스를 개발할 예정이다.

관련정보 문체부·기상청, 국내 관광에 빅데이터 날씨 정보 도입, 연합뉴스, 2017.03.16

해외

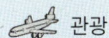 관광　　　　　　　　　　　　#맞춤형상품추천　#상품비교정보제공　#서비스개발

빅데이터, 숙박업에 끼어들다　　　　　　　　에어비앤비

가. 배경 및 목적

에어비앤비는 전 세계의 여행자들과 숙박 가능 시설을 연결하는 웹사이트로 191개국 420만 개 이상의 숙박 장소가 게재되어있고, 하루에도 페타바이트 규모의 데이터가 생성된다. 머신러닝 기술을 기반으로 한 빅데이터 분석을 통해 고객이 원하는 시간, 위치, 시설 등의 다양한 수요를 파악하고 이에 맞는 숙소와 호스트를 연결하여 최적화된 숙박 예약 서비스를 제공하며 매출을 올리고 있다.

나. 활용 데이터

집주인이 제공하는 숙소의 사진, 위치 정보, 숙소의 설명, 고객의 후기, 평점, 거래 데이터 등의 정형 및 비정형 데이터가 이용된다. 또한 특정 지역의 축제 기간과 같은 외부 데이터도 분석에 사용된다.

다. 상세 내용

에어비앤비는 기계학습 알고리즘을 기반으로 한 '에어로솔브'라고 불리는 플랫폼을 제공하여 집주인들의 가격 책정에 도움을 준다. 숙소의 위치, 숙소의 시설, 교통, 계절, 여행 트렌드 등의 다양한 변수를 이용하여 가변적인 가격을 호스트에게 제시함으로써 최적화된 가격 책정 및 예약률 향상을 가능하게 한다. 또한 고객의 후기, 선호도, 과거의 행동에 대한 데이터를 분석하여 고객이 좋아할 만한 가격대의 숙박 시설, 주변의 맛집 등을 추천함으로써 고객 만족도를 향상시킨다.

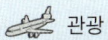 관광　　　　　　　　　　　　#방문객분석　#관광지개발　#지역경제활성화

카드정보 데이터 분석 기반으로 지역 관광지 개발　　　부산시

부산시에서 사용되는 카드결제정보 등 관련 데이터를 수집하여 연령대별 소비금액과 특정지역에서 사용되는 업종별 결제비율 등을 비교/분석한다. 이를 바탕으로 고객유형 분석을 실시하여 그 결과를 기반으로 지역 관광지를 개발하고 지역 경제 활성화 방안을 수립하고자 하였다.

 관광　　　　　　　　　　　　#관광상품개발　#서비스개발　#콘텐츠개발

야나트립 API, 똑똑한 자유여행의 시작　　　　　㈜야나

가. 배경 및 목적

여행시장에서 발생하는 불필요한 중간유통구조를 제거하고 개별관광객 대상의 온라인 여행 대행 서비스로 다국적 지역에서 자유여행 상품을 공급하고 콘텐츠 서비스를 제공하고자 하였다.

나. 활용방법

각종 국제여행 행사에 참석하여 여행사와 직접 접촉하고 이를 통해 세계 곳곳의 직거래 여행사의 상품 데이터 세트를 구축하였다. 이를 통한 데이터 기반 독특한 큐레이션 기법으로 특별한 경험과 체험을 할 수 있는 자유여행 상품을 제공을 통해 자유 여행을 선호하는 고객 대상으로 어드벤처, 로컬투어, 티켓 패스로 구분되는 여행 상품을 서비스로 제공하며, 이는 스마트폰 앱과 웹 모두 활용할 수 있게 서비스를 개발하였다.

다. 적용결과

한국데이터진흥원의 상품개발 지원 업체로 선정, 2,000개 이상의 자유여행 상품 데이터세트 개발을 시행하였다. 그리고 국내 대중 포털사와 일본 메타서치 업체에 API 공급을 하게 되었다.

라. 상품유통방식

API

| 관련정보 | www.yanatrip.com |

관광

강원의 맞춤형 관광정보 서비스 제공

#관광상품개발 #서비스개발

강원도/강원대

강원도와 강원대는 상호협력을 통해 관광, 토지, 버스, CCTV, 동굴, 한우, 숙박, 접경지역 등 다양한 DB 정보를 제공하는 사업을 완료하였다. 해당 공공데이터 포털 서비스를 통해 여행코스, 음식, 숙박정보 등 민간에게 강원도에 특화된 정보를 쉽게 활용할 수 있도록 정보를 제공하고 있다.

| 관련정보 | 강원도 강원대 빅데이터 활성화 업무협약, 아주경제, 2015.02.04 |

관광 〔해외〕

위험지역 알림 등 여행 정보 제공

#여행경로위험감지 #정보제공

독일 travel-BA.Sys GmbH & Co. KG

SNS 데이터와 여행경로 정보를 활용하여 실시간으로 여행정보를 제공하고 위험감지 서비스를 제공한다. 이를 통해 여행자는 여행경로 위험 상황이 반영된 여행 정보를 확인할 수 있다. 또한 위험지역 진입시 자동알림을 통해 실시간 여행객 보호가 가능하도록 하였다.

| 관련정보 | 홈페이지: https://www.travelbasys.de |

관광 #관광기초자료 #효율적예산활용 #방문객분석 #유동인구분석

축제분석으로 지역경제 활성화 한국관광공사

가. 배경 및 목적

지역경제 활성화 및 지역 이미지 개선의 효과적 수단인 지역별 축제에 대하여 각 지자체는 그 성과를 측정하는 합리적인 평가 체계가 필요하게 되었다.

나. 활용데이터

각 지자체별 축제를 구분하여 분석영역을 공간과 시간으로 나누고, 데이터 분석을 실시하였다. 분석의 대상은 유동인구와 매출 등 두 항목으로 분류하여 성/연령별, 시간대별, 유입지역별, 업종일별 매출, 결제 건수 등 데이터를 세분화하여 연구에 활용하였다. 분석 내용은 해당기초 지자체 단체와 축제 지역(반경 1.5km)으로 나누어 유동인구 변동 파악, 업종별 매출 비교, 소셜 데이터 활용을 통해 축제관련 분석을 실시하였다.

다. 적용결과

광역시도별 관광객들의 강세지역과 약세지역의 분류 및 그 원인을 분석하여 날짜/시간/연령별 유동인구의 흐름과 주요행사 간의 연관분석을 통해 방문객들이 선호하는 행사의 내용 및 특징을 파악할 수 있었으며, 다음 연도 축제의 효율적 운영의 기초자료를 확보할 수 있었다.

관광 #트랜드분석 #타겟마케팅 #수요조사 #관광상품개발

관광 분석 한국관광공사/바이두

2014년 한국관광공사는 중국 온라인 포털 검색업체 바이두로부터 중국 내 검색 트랜드와 관광 관련 정보를 수집 분석하여 중국 관광시장의 트랜드를 파악하고 중국 관광마케팅에 적용한다. 또한 바이두는 모바일 검색창에서 관광객이 한국 관광을 검색하면 한국 관광 홍보 중국어 웹페이지로 직접 링크하도록 서비스를 제공하여 중국 관광시장 데이터를 확충하고 과학적인 수요조사가 가능할 것으로 기대하고 있다.

> **관련정보** 참고사이트: http://chinese.visitkorea.or.kr/chs/index.kto
> 참고: 중국 맞춤형 관광마케팅 위해 한국관광공사-바이두 MOU 체결, 문화뉴스, 2014.11.23

관광　　　　　　　　　　　　　　　　　　　　　　#서비스개발　#신상품개발　#정보제공

한복남으로 한복을 입고 여행하다　　　　　　　　　　　한복남

여행에 관련된 지역 및 콘텐츠 정보 제공.

가. 배경 및 목적

제한된 시간 내 외국인 관광객이 한국 문화를 효과적으로 즐길 수 있는 상품을 개발하여 한복 대여와 각종 체험 및 이벤트를 펼치면서 외국인 관광객에게 다양한 여행 서비스를 제공하고자 하였다.

나. 활용방법

다비오의 투어플랜비 지도 서비스를 기반으로 지역 정보를 확보하고 여행코스 제공과 함께 관광객이 일정을 만들어 상호 공유할 수 있는 시스템을 구축하였다.

다. 적용결과

2015년 한국관광공사로부터 한복을 활용해 한국 문화를 널리 알린 공로로 예비관광벤처 최우수상을 수상 2017년 동 공사로부터 관광벤처기업으로 선정되었고 한복남 추천 여행 코스와 관광명소 지도 서비스를 제공함으로써 고객만족도를 높일 수 있었다.

라. 상품유통방식

ASP(Application Service Provider)

 홈페이지: www.hanboknam.com　　데이터소스: www.dabeeo.com

관광　　　　　　　　　　　　　　　　　　　　　　　#여행지도서비스　#정보제공

글로벌 지하철 노선도, 자유 여행객을 위한 지하철 지도　　다비오

자유여행객의 원활한 타지관광을 위하여 글로벌 지하철 노선도를 제공하고, 국내외 19개 도시의 지하철 역명 정보와 역의 위경도 위치 그리고 각 역의 출입구 위경도 정보 및 환승역 정보를 제공하여 자유 여행객의 편의를 도모하고자 하였다.

가. 배경 및 목적

지도 데이터 영역에서 자유여행객의 대중교통 수단에 도움이 되는 기술을 개발하면서 언제 어디서든 사용 가능한 여행지도 서비스를 제공하고자 하였다.

나. 활용 방법

시장규모 약 7조 달러, 전 세계 자유여행객 인구 12억 명에 주목하면서 글로벌 지하철역 지도를 개발, 단순한 노선 정보뿐만 아니라 환승 정보 및 맛집, 관광지를 찾아갈 수 있도록 출구 정보를 제공하고자 하였다. 그리고 위치기반 서비스를 개발하여 관광정보 제공업체들이 쉽고 빠르게 해당 서비스를 구축할 수 있도록 데이터 상품을 개발함으로써 수익모델 다변화를 추구하였다.

다. 적용 결과

2016년부터 우리나라 다국어 지하철 노선도를 한국관광공사, 인천공항공사 등 관공서에 공급하고 있으며, 하나투어 자회사인 투어팁스에 지도 데이터 제공 중에 있다.

라. 상품유통방식

데이터스토어, 다비오 여행지도 플랫폼.

관련정보  www.dabeeo.com

카지노에서 빅데이터는 어떻게 사용되는가 — 시저스

#성향분석 #맞춤형상품추천

가. 배경 및 목적

시저스 엔터테인먼트는 미국의 카지노 호텔 체인으로 세계에서 4번째로 제일가는 커다란 도박 기업이다. 시저스는 약 4천5백만 건의 고객 데이터베이스를 이용하여 고객을 깊이 이해하고, 고객이 만족할 만한 서비스를 제공하여 경쟁력을 확보하고자 한다.

나. 상세 내용

시저스는 고객 데이터를 분석한 뒤 소비 패턴에 따라 음료 제공, 룸 업그레이드, 리무진 서비스 등의 차별적인 혜택을 제공한다. 또한 '고객생애가치'가 높은 고객이 도박판에서 큰돈을 잃었을 때는 공연 티켓, 다과 제공 등과 같은 특별 서비스를 제공해 다음에도 시저스의 카지노를 방문할 수 있도록 위로하는 마케팅 전략을 통해 고객의 소비 습관에 대한 데이터를 분석, 개인의 패턴을 파악한다. 또한 고객의 여행 일정 예약, 카지노, 음식, 공연 등 모든 정보를 모니터링하여 해당 시설을 만들 때 가장 수익성이 높을 만한 장소를 예측한다. 뿐만 아니라 고객의 행동을 분석하여 고객이 근처의 아울렛, 공연 시설 등에서 돈을 쓸 수 있도록 혜택 및 마케팅을 제공한다.

 관광	#서비스개발
QR코드로 주문/결제하고 중국어 지도까지 본다	**유이수**

중국인 관광객의 지속적인 증가로 QR코드결제/주문이 가능하고 중국어를 지원하는 대중교통 및 길 찾기 지도 서비스를 제공한다. 또한 내 위치를 중심으로 외식/관광 정보 시각화를 지원하여 자유여행객의 편의를 제공하고자 하였다.

가. 배경 및 목적

외국인 관광객의 국내 불만 중 상품 주문 및 결제 과정의 복잡함으로 나타났다. QR 결제 서비스는 여행하는 나라의 오프라인 매장에서 즉시 결제할 수 있는 모바일 서비스로 모바일 번역 메뉴판, 지도와 길 찾기 기능까지 추가하여 서비스 제공이 가능하였다.

나. 활용 방법

기존 QR 결제 서비스는 점주가 웹 등록만 하면 QR코드를 통해 결제가 가능하였고, 여기에 중국어 지도 API를 연동/활용하면서 대중교통과 길 찾기 정보를 연동시켜 중국인 관광객의 만족도를 높일 수 있었다.

다. 적용 결과

지도 공간정보 데이터를 제공하는 업체와의 API 호환, 중국인 자유여행객의 여행 만족도 향상으로 매출이 증가하였다.

라. 상품유통방식

API

> [관련정보] 홈페이지: www.youyishou.net, 데이터소스: http://www.snbsoft.co.kr/ (SNB소프트㈜)

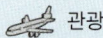 관광	#이동경로분석
빅데이터 전문센터 선정 '스마트 아일랜드' 추진	**제주도**

제주도는 스마트카드 등 교통데이터의 수집·분석, 공공 와이파이(WiFi) 접속 정보를 활용한 관광객 이동 경로 분석 등 다양한 빅데이터를 분석하여 고정밀 위치정보 분석을 위한 위성항법 시스템(GNSS)을 도내 모든 버스에 부착해 이를 이용형 사물인터넷(IoT) 센서로 활용한다.

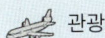 관광 #VR #서비스개발 #콘텐츠개발

VR, 360도 영상으로 여행 콘텐츠 상품 공급 ㈜타블라라사

360도 VR 제주도 여행 영상

가. 배경 및 목적

VR 방식은 기존 사진/동영상 등 단순한 여행지 홍보방법을 전방위적 측면에서 영상을 전달하는 것으로 좀 더 생동감 있는 360도 영상이 제작이 가능해졌다. 타블라라사는 여행분야에서 전문 VR 영상 전문업체로 여행지뿐만 아니라 공장, 축제 장소 등 여러 지역에 관한 이미지 데이터를 구축하고 이를 기반으로 다양한 종류의 영상 서비스를 제공하고자 하였다.

나. 활용방법

직접 카메라를 메고 전국 유명한 여행지를 돌아다니면서 찍거나 외부 요청 등에 의하여 VR 영상을 제작하였다. VR 영상은 전방위적 촬영으로 여러 대의 카메라를 동시에 활용해 360도 촬영으로 영상을 담는 방법이다. 이를통해 촬영한 영상을 편집하고 콘텐츠화하여 데이터를 판매하고자 하였다.

다. 적용결과

과학 잡지사, 장애인 재단, 인천공항 VR 체험관 등 데이터를 제공하고, 한국데이터진흥원이 주관하는 '중소기업데이터 활용지원'사업에 뽑혀 제주도 여행지에 대한 73개의 360도 VR 영상 데이터 및 전국의 200여 개 여행지, 500여 개 360도 영상을 보유하고 있으며, 콘텐츠 임대계약과 강의 및 영상촬영 지도 등 교육활동을 통해 기존 여행 콘텐츠 상품을 공급 외 사업 범위를 확장하고 있다.

라. 상품유통방식

데이터스토어, B2B 거래, 자체 서비스

관련정보 홈페이지: http://tabularasa.creatorlink.net/   유튜브채널: http://youtube.com/360vrtravel

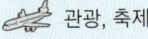 관광, 축제 #서비스품질개선 #감성분석 #성향분석

제주들불축제 방문객에 대한 축제 서비스 개선 제주시

제주시는 들불축제를 제주의 대표축제로 만들어 가기 위해 2018년 3월에 실시된 들불축제 방문객에 대해 빅데이터 분석을 수행했다. 이 분석에는 축제장 와이파이 접속 데이터, 이동통신사 유동인구 데이터, SNS 데이터 등의 빅데이터가 사용되었다. 이 중 와이파이 접속 데이터는 방문객의 간단한 인증 절차를 통해 수집하였으며, 방문객의 연령별, 지역별 현황 파악 및 SNS상의 들불축제 이미지 분석 등을 통해 들불축제에 대한 정책 수립과 서비스 개선에 활용하였다.

관광, 환경

#서비스개발 #기후예측

온다(ONDA), 날씨 서비스와 숙소 예약관리

티포트

동네 날씨예보, 생활지수, 황사관측, 육상예보, 현재기상 등의 서비스를 위한 날씨 데이터 API를 제공한다.

가. 배경 및 목적

티포트 설립 멤버 중 하나인 마케팅팀장은 숙박업계의 경험을 바탕으로 숙박 예약의 어려움을 인지하고 쉬운 예약과 관리를 한번에 할 수 있는 온라인 예약 및 관리 장부 사이트를 개발하여 숙박업자와 이용자의 편의성을 높이고, 날씨 정보를 제공함으로써 사용자의 만족을 높이고자 서비스를 개발하였다.

나. 활용 방법

웹 기반의 기존 예약관리 프로그램 제공과 동시에 모바일 버전의 어플리케이션을 제공하기 위해 웨더아이의 API를 활용하였다. 온라인 유통채널을 통한 통합 예약관리 지원 기능과 문자 분석을 통한 타 사이트 예약 내역 자동 수집 기능을 첨가하여 서비스 영역을 확대하고 있다.

다. 적용 결과

2017년 글로벌 여행업/스타트업 콘퍼런스 중 하나인 WIT Asia의 대표 스타트업으로 선정 세계 1위 공유 숙박업체인 에어비앤비와 방콕의 온라인 여행사인 아고다에 한국의 5,000여 객실 공급협약을 맺게 되었다.

라. 상품유통방식

오픈API

관련정보 홈페이지: www.onda.me, 데이터소스: www.weatheri.co.kr/, https://www.datastore.or.kr/

문화

해외

#업무효율제고

문화예술 빅데이터 활용으로 단체 영향력 향상

영국 예술 위원회

영국 예술 위원회는 문화예술조직 네트워크를 바탕으로 관람객의 경험을 통한 피드백과 극장 상황 등 관련 데이터를 확보하고 ART API, ART DATA 등을 이용한 분석을 위해 문화예술 빅데이터 프로젝트를 수행하였다. 이를 통해 정부지원활동의 효율성을 제고하고 문화예술단체 영향력을 향상시키는데 기여하였다.

 홈페이지: www.artscouncil.org.uk

| 문화 | #구매패턴분석 |

마케팅 효과 극대화   노먼 록웰 박물관

노먼 록웰 박물관 내 상품거래의 가격 및 시간 등 구매정보 데이터를 분석하여 휴일 기간 사람들이 더 많은 상품을 산다는 사실을 파악하고 마케팅에 활용할 수 있는 결과를 도출하여 고객의 성향을 파악한 후 4가지 캠페인을 시행하였다. 그 결과 2회 이상 구매고객 수는 150% 증가, 전년 대비 49%의 수익증가, 캠페인을 통해 최초 증가 목표치보다 16% 이상 더 많은 수익을 올릴 수 있었다.

| 관련정보 | 홈페이지: www.nrm.org

| 문화 | #플랫폼개발

블루캔버스, 디지털 액자로 예술 작품을 감상   씨앤엘프라자

가. 배경 및 목적

단순하게 사진이나 그림을 보여주는 기존의 디지털 액자의 기능을 원작품 감상에서부터 해당 작품의 거래까지 가능하게 하는 기능을 개발, 예술 플랫폼 도약을 추구하고자 하였다.

나. 활용방법

잡지로 시작한 블루캔버스는 2009년 미국에서 창간, 작품전을 열지 못했던 대다수 작가들을 위한 매체로 인식되고 있었다. 블루캔버스는 디지털 액자, 콘텐츠 데이터화로 사업을 전환하면서 일반인들에게 공개되고 대중이 작품을 감상하고 평가하면서 마음에 드는 작품을 구입할 수 있는 시스템 개발이 필요하였다. 디지털 액자의 개발을 통해 수많은 예술작품에 대해 다운로드 또는 스트리밍으로 구입할 수 있게 되었고, 판매/구매/정산 시스템과 연계된 하나의 거래 플랫폼을 생성하게 되었다.

다. 적용결과

일부 유명 작가 외 인정받기 힘들고 작품 전시도 어려운 신진/무명 작가에게 업계의 한계에서 벗어나, 일반인이 예술가가 될 수 있도록 해주는 생활 속 예술 플랫폼으로 평가받고 있다.

라. 상품유통방식

원본 데이터 파일

| 관련정보 | 홈페이지: www.bluecanvas.com, 데이터소스: www.korraimage.com (한국복제전송저작권협회)

문화　　　　　　　　　　　　　　　　　　#상관관계 #감성분석

소셜네트워크와 영화매출간의 상관관계 검증　　강성우 인하대 교수팀

SNS 사용이 일상화되면서 영화에 대한 자신의 의견을 게시글로 나타내고, 다른 사람들과 공유하는 것은 흔한 일이 되었다. 이러한 SNS상의 글을 이용해 영화의 흥행을 예측할 수 있다면 이는 영화 제작 및 홍보에 많은 도움이 될 것이다. 인하대학교 강성우 교수 연구팀은 '대량의 트위터 데이터를 이용한 소셜네트워크와 영화 매출과의 상관관계 파악'이라는 논문을 발표했다. 연구 내용은 SNS에 게재되는 사람들의 의견에 대해 자연어 파악을 통한 감성 분석을 실시하여 감성 수치로 나타내는 것이다. 또한 이 감성 수치가 영화 흥행과 어떤 영향이 있는지 그 관계를 분석한다. 개발된 모델은 미리 정의된 감성 사전을 기반으로 SNS 텍스트를 자동으로 분석할 수 있다. 해당 논문은 7회 ICENS(International Conference on Engineering and Natural Science)에서 올해의 논문으로 선정되며 주목을 받았다.

문화　　　　　　　　　　　　　　　#서비스개발 #저작권보호 #실시간모니터링

저작권 강화, 이미지 모니터링 시스템　　아워텍

한국복제전송저작권협회(이하 KORRA)로부터 사진/그림 등 원 저작물 이미지를 확보하여 이미지 표절 모니터링 서비스를 제공한다.

가. 배경 및 목적

동영상이나 음원에 대한 표절 모니터링 시스템은 많지만, 이미지에 관한 서비스는 거의 없어 이미지 표절 모니터링 시스템을 개발하게 되었다.

나. 활용 방법

KORRA로부터 수집한 데이터와 자체 이미지 크롤링을 통해 이미지 DNA를 추출하고 인덱싱을 진행 하였다. 이에 기존의 이미지 표절 알고리즘을 개선하여 새로운 모니터링 시스템을 개발, 활용하게 되었다.

다. 적용 결과

2018년부터 일반인 대상의 이미지 표절 모니터링 상용 서비스를 계획하고 있으며, KORRA와 이미지 표절 모니터링 서비스 MOU를 체결하였다.

라. 상품유통방식

원본 데이터 파일

 관련정보　홈페이지: www.ourtech.co.kr, 데이터소스: www.korraimage.com (한국복제전송저작권협회, KORRA)

미디어	#맞춤형상품추천 해외
소비자의 취향을 저격하다	**넷플릭스**

가. 배경 및 목적

빅데이터를 활용하여 고객이 좋아할 만한 콘텐츠를 분석하고 예측하여 추천 서비스 제공한다.

나. 활용 데이터

고객의 기본 정보, 고객이 영화를 보는 시간, 영화 선택에 걸리는 시간, 영화의 정지 빈도, 별점, 버퍼링에 의한 영상 지연, 영상 화질에 영향을 주는 비트 레이트, 고객 위치 등에 대한 데이터를 활용하였다.

다. 상세 내용

고객이 영화를 보고 매긴 평점을 기반으로 다음에 선택할 영화를 예측하는 알고리즘을 개발하여 콘텐츠를 추천한다. 영화에 포함된 요소를 태그로 만들어 고객이 본 영화에 붙은 태그와 비슷한 태그를 가진 다른 영화를 추천하는 서비스 제공한다. 데이터 분석을 기반으로 소비자들이 좋아할 만한 요소를 담은 드라마 제작 또한 빅데이터 분석을 통해 이루어졌으며, 이 드라마의 모든 측면은 또한 데이터를 기반으로 이루어졌다. 타이틀 이미지의 색깔조차 시청자들이 선호할 만한 것으로 지정, 사용자의 위치 정보를 바탕으로 최상의 서비스를 제공할 수 있는 콘텐츠 전송방법을 통해 제공한다.

라. 적용 결과

2014년도 1사분기(400만 명)에 비해 2015년도 1사분기(490만 명)의 새로운 이용자 증가폭이 90만 명 상승하였으며, 2015년도 1사분기 동안에 콘텐츠 시청 분량 백억 시간 달성하였다. 추가적으로 기존에 보유하고 있는 오리지널 콘텐츠에 대한 신규 회원 확보와 기존 고객 유지에 활용한다.

미디어	#자연어처리 해외
빅데이터로 이야기를 들려주다	**내러티브 사이언스**

가. 배경 및 목적

인간은 과다한 정보를 받아들이면 많은 양의 복잡한 정보는 잊어버리는 경우가 있다. 또한 동일한 데이터라도 받아들이는 사람에 따라 의미의 해석이 달라진다. 이때, 컴퓨터를 활용하게 되면 이야기를 생성하고 해석하는데 드는 인간의 많은 시간과 노력, 실수를 줄일 수 있다. 내러티브 사이언스는 자연어 생성이라는 기계학습 프로세스를 이용해서 데이터베이스에 입력된 사실로 마치 사람이 쓴 것 같은 이야기를 만들어내고자 하였다.

나. 상세 내용

내러티브 사이언스는 자연어 생성 시스템인 '퀼'을 개발했다. 퀼은 다양한 통계 자료와 차트로부터 정보를 추출하고, 그 정보를 사람이 이해할 수 있는 영어 이야기로 바꾸어준다. 퀼은 마스터카드, 영국 국민건강보험(NHS) 등의 기업에게 고객 관련 정보를 바탕으로 한 리포트를 출력하는 데 사용되었다. 또한 언론에 의한 기사, 산업 관련 보고서 또한 쉽게 이해될 수 있고 자연스러운 언어로 작성하여 분석결과를 제공하였다.

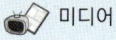

미디어 #맞춤형상품추천 #맞춤전략

자동 음악추천 제공   LG유플러스, Mnet

LG유플러스는 엠넷과 함께 빅데이터를 활용하여 이용자의 감상이력을 기반으로 매일 자동으로 추천 음악을 제공하는 서비스 '엠튠'을 개발하였다. 기존 음악감상 서비스는 화면이 복잡하고 곡을 일일이 선택해야하는 단점이있었으나 '엠튠'은 추천리스트를 선택해 곧바로 음악을 들을 수 있는 서비스르 제공하였다.

| 관련정보 | LG유플러스, 빅데이터 기반 음악 서비스 '엠튠' 출시, 지디넷코리아, 2016.07.19

미디어 #서비스품질개선

음원차트 표출   멜론

멜론은 개개인의 취향과 음악 이용행태를 분석한 빅데이터를 기반으로 한 최적화된 큐레이션 서비스를 제공하고자 하였다. 또 스타 DJ채널을 신설, 아티스트가 직접 DJ가 되어 음악을 추천해 주는 서비스를 개발하여 테마별로 심도있는 전문성을 가지고 다양한 테마 및 장르를 고객에게 제공하고자 하였다.

| 관련정보 | 멜론 빅데이터 활용한 큐레이션 서비스 선보여, 텐아시아, 2015.03.10

미디어 해외 #맞춤형상품추천 #콘텐츠개발

고객의 취향을 저격하다   영국공영방송

가. 배경 및 목적

BBC는 세계에서 가장 큰 방송사 중 하나이다. BBC는 빅데이터를 활용하여 시청자의 취향을 파악하고, 그들을 만족시킬 만한 콘텐츠를 생성하여 민간 방송사 및 미디어 회사와의 경쟁에서 우위를 얻고자 하였다.

나. 빅데이터 활용

BBC는 온라인 동영상 서비스인 BBC iPlayer를 통해 콘텐츠가 소비되는 방법과 시간에 관한 데이터를 모니터링하고, 이를 다양한 인구통계학적 요소와 결합하여 분석한다. 예를 들어 연령대별 주간 시청시간 등을 파악하거나 소셜 미디어 분석을 통해 시청자의 반응을 분석하여 시청자들이 어떤 콘텐츠를 원하는지 파악하는 데 사용하였다. BBC는 시청자들의 반응을 좀 더 생생하게 알아내기 위해 프리뷰 스크린 연구소 프로젝트를 실행하여 시청자의 얼굴 표정을 캡쳐하여 분석하기도 했다.

다. 적용사례

BBC는 호주의 몇몇 가정에서 시청자들의 안면을 모니터링하여 드라마 〈셜록〉의 새로운 시즌에 대한 반응을 측정했다. 그 결과로 '재미'보다는 '놀라운' 혹은 '슬픈'이라는 감정으로 분류된 장면에서 더 큰 반응을 보인다는 점을 알아냈다. 이를 활용하여 제작자들은 드라마에 쾌락보다 어둡고 무서운 요소를 더 추가하여 시청자의 취향에 맞는 미디어를 만들었다.

 스포츠   #웨어러블디바이스 #역량강화

스포츠 선수 역량 강화   NFL 구단

NFL의 구단 중 일부는 경기 데이터를 수집하여 코치와 스카우터, 선수 모두가 자신들의 기량을 분석하고 정확하게 이해하려 한다. 경기 중 공수 성공률을 분석해 선수 배치를 하고 그들의 움직임을 시작부터 끝날 때까지 시간대별로 전부 기록하고 정보를 실시간으로 코치들간 공유한다. 그리고 웨어러블 기기를 통해 트레이너들은 선수의 기량을 정확하게 분석, 개별화된 훈련을 준비하여 제공하고 선수가 충격을 받을 때 즉각적으로 확인해 대처하는 등 선수 보호에도 빅데이터를 활용한다.

`관련정보` 빅데이터로 변화하는 스포츠 비즈니스, CIOKOREA

 스포츠   #실시간정보제공 #타겟마케팅

팬들의 수요를 충족하기 위한 실시간 영상정보 제공   인포가이드코리아

인포가이드코리아는 빅데이터 기술을 바탕으로 스코어, 팀, 선수 정보 등에 관한 데이터를 제공하여 스포츠 경기 관람의 재미를 높이고, 팬들의 수요를 충족하는 서비스를 오픈하였다. 이를 통해 문자 정보가 아닌 실시간 영상 정보를 제공함으로써 실시간 중계 같은 효과를 제공하고자 한다.

`관련정보` 참고사이트: http://www.compass.co.kr/
참고: 스포츠 빅데이터를 활용한, 스포츠 포털 '컴퍼스' 서비스 오픈

| 스포츠 | #역량강화 #의사결정지원 #성능개선 |

운동선수의 능력을 향상시키다 — 미국 올림픽 여자 사이클 팀

가. 배경 및 목적

데이터 기반의 훈련을 운영하여 선수들의 역량을 강화시키고 체계적인 훈련의 가이드라인을 완성하고자 빅데이터 분석을 시행하였다.

나. 활용 데이터

시간에 따른 혈당량의 변화와 맥박 수 등의 센서 데이터, 소음, 일조량, 주변 환경 데이터(온도, 시각, 날씨 등)를 활용하였다.

다. 상세 내용

데이터 수집 및 모니터링 기술을 활용해 사이클팀의 식단, 수면 패턴, 훈련 강도 등을 알아냈다. 이를 통해 선수의 능력 및 관련 패턴을 파악해 훈련 프로그램을 수정했다. 또한 선수 개인에게 맞는 프로그램을 개발하여 능력을 최고로 발휘할 수 있도록 도왔다. 예를 들어 제니 리드라는 선수는 훈련 전날 낮은 온도에서 수면을 취했을 때 더 좋은 성과를 얻는다는 사실을 파악해 수면 온도를 적절하게 조절하였다. 사라 해머는 데이터를 통해 비타민D의 결핍을 발견하였고, 식단과 훈련 방식을 조절한 후 훈련 성과가 향상하였다. 또한 선수들의 훈련, 회복, 재생, 운동 능력 등에 영향을 주는 요인을 발견하여 수치화하였고, 이를 통해 부상이나 질병으로 이어지는 과도한 훈련을 방지할 수 있었다.

| 스포츠 | #데이터시각화 #서비스개발 |

선수훈련 강화 — SAP

SAP는 빅데이터 기반으로 선수의 경기 및 연습을 분석하여 기량 향상에 도움을 주는 서비스를 개발하였다. 2014년 싱가포르에서 열린 테니스 대회에서 관객들은 SAP의 앱을 통해 선수의 강서브 공을 그래프로 나타낸 데이터를 제공 받았으며, 선수는 서브의 방향과 속도 리턴포인트 등 파악하여 훈련기술로 사용하였다. SAP는 대용량 자료를 순식간에 분석할 수 있는 기술을 개발하여 다양한 분야에서 응용소프트웨어를 개발하고 있다.

관련정보 테니스 혁신도 독일 월드컵 우승도 '빅데이터' 덕분, 동아사이언스, 2014.10.28

| 스포츠 | #플랫폼개발 #실시간모니터링 |

사이클링에 적용된 빅데이터   다이멘션데이타

해외

프랑스 기업 다이멘션데이타가 사이클링 분야에서 선수들에 대한 빅데이터 수집과 실시간 정보 전송 플랫폼을 완성하였다. 선수들의 사이클 안장 아래에 설치된 추적기를 이용해 데이터를 수집하여 시합에서의 선수의 위치, 선수 간의 거리 등 시합 정보를 해설자 및 방송국에 배포하여 활용할 수 있게 하였으며 일반인에게는 웹사이트를 통해 정보를 제공하였다.

관련정보   다이멘션데이타 투르 드 프랑스 위한 빅데이터 분석 및 전송 플랫폼 완성, 뉴스와이어, 2015.07.01

| 스포츠, 기술 | #서비스품질개선 |

스크린골프와 IT기술의 만남   골프존

골프존의 G핸디는 골프존이 지난 7년 동안 약 2억개의 라운드 데이터를 분석하여 핸디캡 룰을 개선하였다. 핸디캡(Handicap)은 골프 실력이 서로 다른 플레이어들이 공정한 입장에서 경기 할 수 있도록 실력 수준을 수치로서 표시하여 평가하는 것으로 이러한 핸디캡의 기존 방식은 라운드 스코어를 평균치로 계산해 핸디캡을 산출했지만, G핸디는 과학적으로 데이터 분석을 하여 정교한 정보를 제공하고 있다. 또한 게임 환경과 코스 난이도 등 기능을 추가하여 실질적인 능력을 향상하는 데 도움을 주고 있다.

관련정보   골프존 IT와 빅데이터 접목한 'G핸디' 출시, 대덕넷, 2014.10.21

해외

| 엔터, IoT | #이용패턴분석 #맞춤형상품추천 #경쟁전략최적화 |

새로운 고객경험을 창조하다   월트 디즈니 파크와 리조트

가. 배경 및 목적

놀이공원이 아니더라도 즐길 거리가 풍성한 오늘날, 디즈니는 이러한 환경에 대응하기 위해 적극적으로 최신 기술을 활용하여 고객들에게 더욱 흥미로운 경험을 창출하고자 하는 기업이다. 이를 위해 고객에 대한 구체적인 정보를 획득하여 그것을 놀이공원 개선에 활용한다.

나. 빅데이터 활용

디즈니는 2013년에 IoT 기술을 적용한 매직밴드(Magic Band)를 출시했다. 매직밴드는 RFID칩이 내장된 팔찌로써 놀이기구 입장권, 디즈니 리조트 객실 키, 놀이공원 내에서 촬영한 사진과 동영상 확인, 심지어는 신용카드 연동으로 놀이공원이나 호텔에서의 결제까지도 가능하게 한다. 또한 이 팔찌는 어떤 고객이 무슨 놀이기구를 탔고, 무엇을 사고, 어디에 있는지 등에 대한 엄청난 양의 데이터를 획득할 수 있다. 또한 놀이공원 근처의 교통 상태, 놀이기구의 대기 시간, 식당의 수요 등을 분석하는 데에도 사용할 수 있다. 데이터를 통해 얻은 인사이트는 디즈니의 의사결정을 지원하고 고객 경험의 질을 향상 시킬 수 있다. 구체적인 예를 보면, 디즈니는 매직밴드를 통해 얻은 위치 정보를 이용해서 길 잃은 자녀를 부모에게 연결해 줄 수도 있고 고객 동선 데이터를 수집해서 고객이 많이 몰리는 곳에 새로운 시설물 등을 설치하는 마케팅 전략을 세울 수도 있다. 그뿐만 아니라 특정 장소를 방문했던 고객에게 맞춤 광고를 제공할 수도 있다.

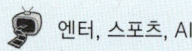

엔터, 스포츠, AI   #결과예측 #승패예측

스포츠의 승부를 예측하다   따고요

가. 배경 및 목적

스포츠 경기를 보며 어떤 팀이 승리할지 예측하는 것은 게임 시청에 재미를 더한다. 이 가운데 과거의 방대한 경기기록을 통해 일어나지도 않은 경기의 결과를 예측해주는 매우 흥미진진한 서비스가 등장했다. 이는 빅데이터를 스포츠에 접목해 고객에게 재미를 제공하는 혁신적인 서비스이다.

나. 빅데이터 활용

빅데이터 인공지능 플랫폼 '따고요'는 과거 10년간의 스포츠 경기 데이터를 수집하고, 이를 분석해서 경기의 결과를 예측한다. 구체적으로 경기결과, 상대 팀의 전적, 최근 전적, 선수 정보, 경기장 내외의 정보, 소셜네트워크 정보 등의 다양한 빅데이터에 대해 분석을 수행하여 경기에 대한 실시간 분석 결과를 제공한다. 또한 데이터를 거의 실시간으로 업데이트하므로 보다 정확한 예측이 가능하며, 모바일 앱과 웹서비스를 통해 제공된다. 예측 정확도는 평균 75%, 최고 86%에 이르며, 이는 데이터마이닝과 기계학습을 기반으로 한 내부 알고리즘에 의해 가능했다.

다. 적용 사례

2018년 러시아 월드컵의 대한민국과 스웨덴의 경기에서 승리확률을 각각 33%, 67%로 예측했고, 안타깝지만 이것이 현실이 되어 한국이 스웨덴을 상대로 0:1로 패배했다. 또한 벨기에와 파나마의 경기, 튀니지와 잉글랜드의 경기 등의 승패예측에 성공했다. 뿐만 아니라 2018년 5월 3일의 일본 프로야구 6경기 중 6경기의 승부 예측을 모두 적중하는 등 많은 경기 결과를 높은 정확도로 분석하고 있다.

게임   #실시간모니터링

게임 패치 대응 빠르게   엔터메이트/트레저데이터

엔터메이트는 트레저데이터와 협약을 통해 트레저데이터의 서비스를 제공한다. 해당 서비스는 플루언티드(Fluentd)를 활용한 데이터 수집이 가능해져 게임 사용자들의 행동 패턴을 모아 프레스토(Presto)를 통해 쿼리(Query)만으로 실시간 분석한다. 이를 통해 게임 개선을 위한 빠른 패치 대응이 가능하다.

[관련정보] 엔터메이트 빅데이터 활용한 게임의 빠른 패치 대응, 전자신문, 2015.11.02

 게임   #데이터체계구축 #실시간모니터링

해외

게임 산업에서 빅데이터의 적용   징가

미국의 소셜 네트워크 게임 개발업체인 징가는 게임에서 발생되는 빅데이터를 활용해 데이터 기반의 의사결정을 기업내에 확립시켰다. 또한 분석 결과를 토대로 게임을 디자인하고 배포하여 하루 중 최대 접속자수가 2백만 명을 돌파하는 게임을 제공하며 인기를 끌었다. 징가는 게임이 플레이되는 형태와 게임 출시 후의 피드백 등을 모니터링하고 이를 이용하여 게임을 설계하였다. 한 예로 플레이어들이 게임의 특정 시점에서 계속 실패한다면, 해당 부분을 조금 쉽게 수정하여 실시간으로 게임 내용을 업데이트하는 것을 들 수 있다. 이처럼 분석 결과는 게임의 난이도 조절 혹은 개선이 필요한 부분을 발견하는데 도움을 준다. 조이스틱의 움직임 또한 분석되어 게이머들이 플레이하는 방식, 선호하는 플레이 등을 파악여 게임을 조정하는 데 사용하였다. 또한 주 수입원 중 하나인 광고에도 고객관련 빅데이터 분석을 통해 적합한 광고를 선정할 수 있도록 하였다.

 엔터   #이미지분석 #SNS마케팅

연예인 빅데이터 마케팅   SK텔레콤/휴맵콘텐츠기획사

SK텔레콤과 휴맵콘텐츠는 국내외 SNS, 블로그, 카페, 게시판 등 소셜미디어 및 온라인 채널을 통해 데이터를 수집하여 분석해 마케팅 프로젝트를 제공한다. 이를 이용해 소셜 데이터의 빅데이터 분석을 통해 스타를 만드는 파일럿 프로젝트를 진행하였다. 예를 들어 가수 인순이의 경우 친근한 대중적 이미지를 위하여 국내 자선 콘서트를 열어 청소년들에게 꿈을 선사하는 등 연예인에 대한 분석 결과를 통해 이미지 메이킹을 진행하였다.

[관련정보] SK텔레콤-휴맵콘텐츠 연예인 빅데이터 마케팅 본격화, 뉴스와이어, 2015.02.10

엔터　　　　　　　　　　　　　　　　　　　#콘텐츠개발　#시스템개발

쇼핑몰 개설　　　　　　　　　　　　　　　　　　멜론

음악사이트 멜론이 빅데이터 기반으로 MD상품, 스타DIY에 관한 상품을 게시하여 쇼핑몰 서비스를 제공한다. 멜론이 축적하고 있는 10년간의 이용자 음악콘텐츠 소비이력을 바탕으로 이용자를 선별해 맞춤 상품을 노출하여 구매를 유도하는 방식을 통해 마케팅을 시행하였다.

관련정보　멜론, 빅데이터 기반 스타 쇼핑몰 멜론쇼핑 출시, 머니투데이, 2015.07.01

해외

 음악　　　　　　　　　　　　　　　　　　　#소비패턴파악　#마케팅전략수립

빅데이터, 직관에서 벗어나다　　　　　　　유니버설뮤직그룹

유니버설뮤직그룹은 음반 판매량, 스트리밍 회수, 소셜미디어 버즈, 실시간 방송시간 등 다양한 데이터를 수집하고 분석하여 이를 통해 마케팅 전략을 수립하고 소비패턴을 파악하여 판매 증가 전략을 세운다. 기존 유니버설그룹에서는 직감에 기반하여 마케팅을 시행하였으나, 데이터를 활용하여 사실에 근거한 마케팅을 시행하고 있다.

관련정보　'직관에서 사실로' 음반업계 빅데이터에 빠지다, 이투데이, 2014.12.16

빅데이터 활용사례

공공 금융 농축수산 문화관광 에너지 유통 의료 제조 IT 기타

05 / 에너지

스마트그리드, 에너지, 자원

	고객중심	시스템최적화	위험관리	신규비즈니스모델개발
스마트그리드		· 에너지 절감을 빅데이터와 함께(322p) · 에너지 최적화를 통한 매출 증가(326p)		
지원	· 유동인구 분석을 통한 에너지 절감(330p)	· 유동인구 분석을 통한 에너지 절감(330p) · 발전소 고장 예방 및 구동시간 단축(334p)	· 발전소 고장 예방 및 구동시간 단축(334p)	

에너지

스마트그리드, 에너지, 자원

1. 에너지 빅데이터 현황

빅데이터는 제조 산업, 공공 등 다양한 분야에서 비즈니스 서비스 창출과 생산성 향상, 경쟁력 제고에 활용되고 있으며 전 세계적으로도 관심이 집중되고 있다. 에너지산업에서도 빅데이터를 활용한 서비스와 플랫폼 개발이 본격화되고 있다. 통신 기술의 발달로 손쉽게 인터넷을 통해 전력설비들을 제어할 수 있게 되면서 에너지산업에서도 빅데이터가 활용되고 있다. 전력산업에서는 스마트미터 보급과 함께 전력망을 쉽게 운영하기 위한 지능형 센서가 활용되고 있다. 또한 신재생에너지에도 빅데이터가 활용되고 있다. 이렇게 얻어진 빅데이터를 통해 새로운 부가가치를 창출하고자 하는 관심들이 높아지고 있다. 우리나라에서도 전력 빅데이터를 활용한 서비스 확대와 전력산업 서비스 개발 등 전력 빅데이터를 활용한 서비스 개발에 박차를 가하고 있다. 최근 에너지 고갈 문제가 대두되기 시작하면서 미래에는 전력 공급에 차질이 생길 것을 대비해 기존 전력망에 IT를 결합하여 전력 생산 및 소비량을 파악, 효율적인 전력 공급이 가능한 스마트그리드 개발이 시작되었다. 스마트그리드는 기존 단방향 전력망에 정보통신 기술을 도입, 전력 공급자와 소비자가 실시간으로 정보를 교환할 수 있는 전력망으로 현재 전기 공급자 중심의 일방적인 공급구조가 아닌 수요자의 상태를 양방향으로 파악하여 에너지 낭비 없이 생산, 소비, 운용을 최적화할 수 있는 지능형 전력망이다.

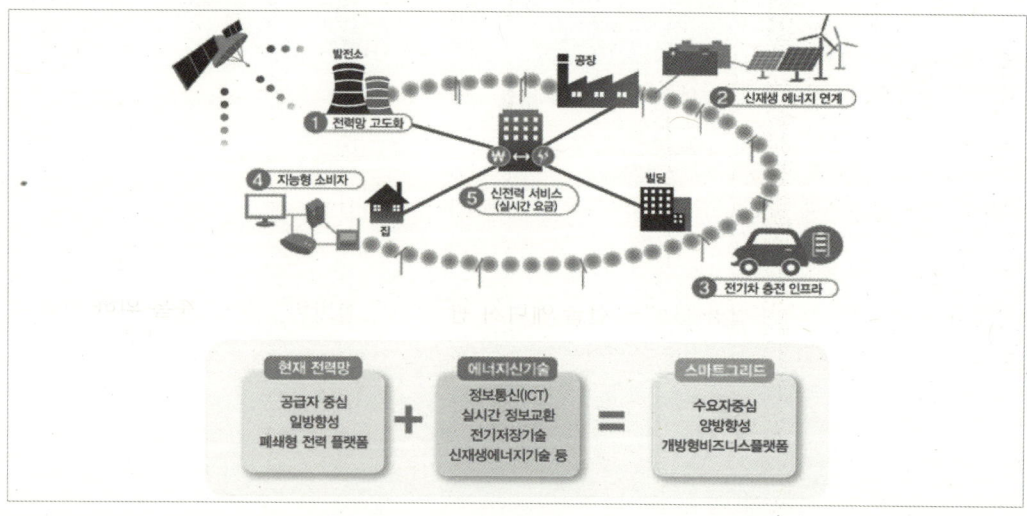

구분	기존 전력망	스마트 그리드
통신	단방향, 비실시간	양방향, 실시간
소비자와 소통	제한된 범위	다양한 범위
미터링	전자 기계적 미터링	디지털 미터링, 실시간 요금제 가능
운전	수동 감시 / 정기적 유지 보수	자동 감시 / 상태 기반 유지 보수
발전	집중식	집중식 + 분산 전원
전력 제어	제한적	자동, 광범위
신뢰도	신뢰도 낮음 / 사고 파급 / 수동 대비	신뢰도 높음 / 자동 치유 / 자동 대비
복구	수동	자기 복구
시스템 토폴로지	수지상 정해진 방향 전력 흐름	네트워크 / 다양한 전력 흐름

<기존 전력망과 스마트 그리드(Smart Grid)의 차이점 (출처: 스마트 그리드 국가 로드맵(2010), 지식경제부)>

2. 에너지 빅데이터 활용

최근 에너지 관련 기술은 2010년 초 보급된 스마트 미터를 기점으로 대량의 전력 사용 데이터를 수집할 수 있었다. 이를 계기로 빅데이터 활용 기술이 필요하게 되었으며 초기에는 데이터를 효율적으로 수집, 처리 관리하기 위한 플랫폼 기술에 집중되었다. 이후 데이터 수집 관련 플랫폼이 안정화되면서 전력 사용데이터로 새로운 부가가치를 얻고자 하는 기업들이 나타나 서비스 개발이 이루어지고 있다. 추가로 그린에너지 관련 관심이 증가하면서 신재생에너지의 효과적 설치 운영의 목적과 함께 설비에 대한 고장 예방 및 유지 보수 분야에 활용되고 있다.

3. 에너지 빅데이터 활용 사례

에너지 분야의 빅데이터 활용은 주로 건물 에너지 관리, 산업설비의 관리 효율을 위한 전력 수요 예측, 에너지 절감 등에 활용되고 있었다. 위와 관련된 사례를 14개(해외포함) 에너지 관련 기관·기업의 사례를 통해 정리해 보았다.

해외	· 스마트 미터를 통해 수집한 30분 간격의 에너지 소비량을 근거로 피크시간대의 전력수요 동향을 분석하여 효과적인 전기 요금 설계, 전력수요 관리에 활용하고 있다. 이를 통해 데이터를 기반으로 한 전력소비자의 그룹화를 통해 시간별, 날짜별, 월별 전기 및 가스 소비량 확인이 가능한 서비스를 제공하여 에너지 절약에 앞장서고 있다. (영국, Centrica) · 날씨, 전력 소비 패턴을 종합적으로 분석하여 소비자에게 최적의 에너지 사용 정보를 제공한다. 플랫폼을 통해 1.5%~3.5%의 전기요금 절약 효과를 이끌어 냈다. (미국, Opower) · 슈퍼컴퓨터와 빅데이터 모델링 솔루션을 이용하여 풍력발전에 필요한 터빈의 최적 설계 위치를 선정하여 발전효율을 높이고자 하였다. 기상데이터와 기존 터빈 운영데이터를 융합하여 풍력발전단지 부지선정, 출력예측, 유지보수에 빅데이터를 활용하고 있다. (덴마크, Vestas) · 전력 이력데이터를 분석하여 최대부하를 계산하고 배전선로 부하를 예측하여 전기품질 및 부하를 측정, 시간대별 부하를 계산해 불필요한 배전선로 교체비용을 줄이는 데에 빅데이터를 활용하였다. (덴마크, Dong Energy) · 에너지 소비데이터를 활용하여 일, 월 단위로 소비자의 에너지 데이터를 분석하여 전력사용 계산하여 일정 위험 수준에 도달하면 경고하는 플랫폼을 구축 제공하고 있다. 또한 자신의 전기 사용행태를 분 단위로 파악, 전기요금 절감이 가능하도록 하였다. (미국, PG&E)
국내	· 2014년 8월 기상청은 기상에 관한 빅데이터를 바탕으로 전력수요를 예측하여 전력 낭비를 최소화하는 사업을 추진하였다. 평균/최고/최저 기온, 습도, 풍속, 운량, 체감온도 등의 데이터를 도출하여 전력 사용량의 상관성을 비교 분석한 결과 기상 빅데이터를 활용할 경우 전력수요 예측 오차를 25% 정도 개선하여 연간 약 1,200억 원의 경제적 효과를 볼 수 있었다. (기상청, 한국전력 공사) · 산업설비 및 시설에서 발생하는 방대한 데이터를 수집, 저장, 분석하는 기능을 가지는 소프트웨어를 통합하여 최적의 성능을 낼 수 있는 관리 모듈을 개발, 공정 에너지 효율 분야에 적용하여 외부온도와 특정 시간대의 빌딩 에너지 소비패턴을 분석해 전력을 효율적으로 사용할 수 있는 서비스를 개발하였다. (포스코 ICT) · 빅데이터를 활용하여 원전 핵심 설비에 대한 고장을 예측하는 시스템 개발을 통해 안전관리 및 고장예측이 가능해졌다. (한국수력원자력)

4. 에너지 빅데이터 시사점

현재 우리나라는 정부 주도하에 제주도에 스마트그리드 실증단지 구축과 함께 관련 산업에 활성화를 위해 산업촉진 정책을 펼치고 있다. 하지만 내수시장은 제도적인 개편과 전력산업의 변화가 필요한 관계로 급격한 성장기회를 맞이하기는 어려운 실정이다. 현재는 활용 초기 단계로 볼 수 있으며 앞으로 전력 수요 예측, 설비 유지 및 고장예방, 전력망의 효과적인 운용에 있어서 점차 범위가 확대될 것으로 전망된다.

현재는 주로 에너지 빅데이터가 스마트그리드라는 특정 분야에 집중적으로 활용되고 있지만, 우리나라의 특성상 한국전력공사가 전기 관련 부분에 있어 독점하고 있음으로 스마트그리드의 도입에 따른 효과를 체감으로 느낄 수 있을지에 대한 부분의 의문이 존재하기도 한다. 다만 신재생에너지의 비중확대와 직접 구매제도 등의 활성화를 통해 국내 전력산업의 구조가 변화하게 된다면 전력 시장구조가 개방형 판매 구조화될 것으로 보이며 내수 시장도 빠르게 발전할 것으로 기대되고 있다. BIG

MEMO

219 에너지 절감을 빅데이터와 함께

한국에너지공단

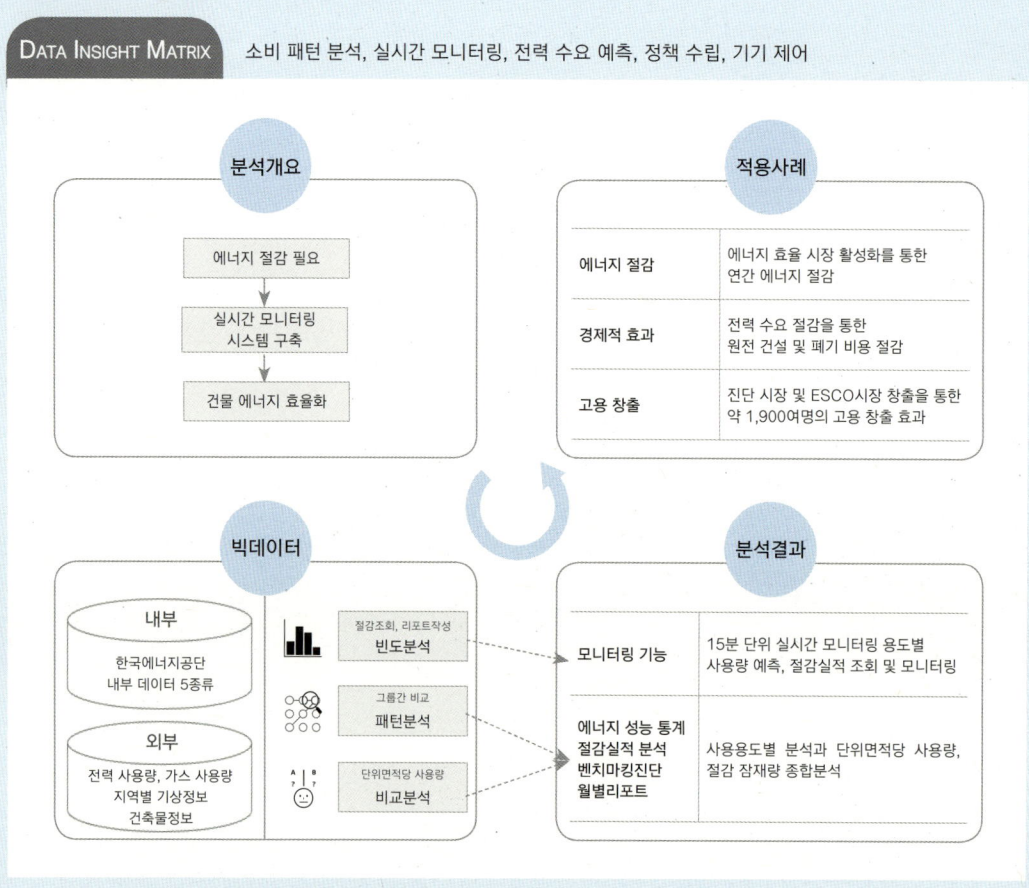

국가 온실가스 감축 기본 로드맵이 16년 12월에 발표 되었다. 2030년까지 배출전망치 851백만톤 대비 25.7% 감축을 목표로 하고있다. 이 중 18.1%의 비율을 차지하는 건물부분 에너지 절감에 대한 노력 제고가 필요하였다. 이에 건물부분의 에너지 효율화의 장애요인을 파악하고 소비용도별, 계절별, 요일별, 시간대별 에너지 사용량 측정시 빅데이터를 이용하여 기존에 들던 시간과 비용관련 부분을 감소하고자 하였다.

수집데이터	15분 단위 실시간 에너지데이터 (한전 스마트미터), 건축물데이터 (국토교통부) 실시간 기상데이터 (기상청), 한국에너지공단 내부데이터
참여기업	한국에너지공단

1. Big Point!

효율적인 건물에너지 측정을 위해 성능진단 정보를 지속적으로 제공받을 수 있는 플랫폼이 필요하였으며 이를 기존에 보유하고 있던 데이터를 이용하여 건물에너지 성능 통합 플랫폼을 구축하였다. 플랫폼 구축을 위해 빈도분석, 패턴분석, 비교분석을 이용한 빅데이터 분석을 통해 적통합진단과 전력사용 관련 실시간 모니터링이 가능한 시스템을 구축하여 에너지의 적절한 공급을 통해 자발적 온실가스 감축이 가능하도록 하고 건물에너지의 효율화의 애로사항을 해결하고자 하였다.

• 플랫폼
특정 장치 및 시스템을 구성하는 기초가 되는 틀 또는 골격을 의미함.

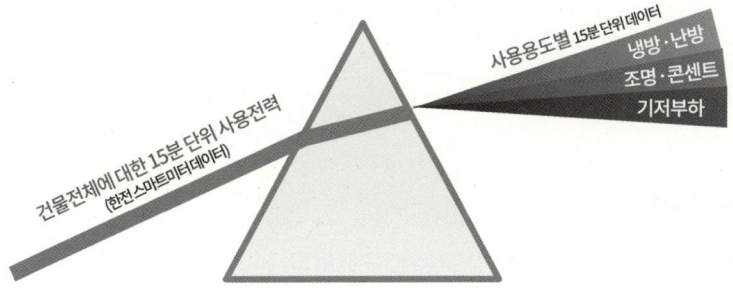

2. 활용 데이터와 분석

기존에 보유한 15분 단위로 수집되는 실시간 에너지 데이터, 사용량 신고자료, 진단 데이터, 배출권 거래 데이터, 신재생에너지 통계 데이터, 건축물 데이터, 실시간 기상 데이터를 융합하여 정부, 지자체, 건물관리자, 에너지 시설 운전관리자에게 분석 자료를 지속적으로 제공하여 데이터기반 의사결정을 통해 자발적 온실가스 감소가 가능하도록 시스템을 구축하고자 하였다.

3. 분석결과

가. 실시간 모니터링
건물의 운전상태를 실시간으로 파악 가능한 시스템을 구축하여 이상운전, 피크 등에 관련된 내용을 15분 단위로 제공하여 가동에너지에 대한 실시간 확인과 비효율적으로 소비되는 에너지에 대한 선제적 조치가 가능하게 되었다.

나. 절감실적 조회
일자/기간별 절감실적 조회를 통해 과거 15분 단위의 에너지 소비 데이터와 절감시행 후를 비교하여 에너지 절감노력 확인과 함께 에너지 효율에 관련된 효과를 검증하고 지속적인 절감이 가능하도록 유도한다.

다. 벤치마킹 진단 및 건물군 관리
에너지성능진단을 통해 성능 상위 그룹과의 소비패턴 비교를 통해 소비패턴상의 문제를 발굴하고 실시간으로 성능 개선방향 확인이 가능하도록 하였다.

라. 월별 리포트
월별 절감실적 및 에너지 소비현황을 월별 리포트를 통해 파악하여 에너지 활용 현황을 분석할 수 있다. 월별 리포트는 에너지현황 및 성능수준, 원별 절감실적, Peak Demand분석, 용도별 소비패턴, 벤치마킹 진단, 온실가스 배출현황을 제공하여 효과적인 에너지 소비가 가능하도록 안내하고자 하였다.

• Peak Demand
최대 수요 분석 에너지를 최대로 필요로 하는 시간,장소 등을 분석.

4. 빅데이터 분석결과의 활용

가. 연간 에너지 절감
에너지 효율 시장 활성화, 이에 따른 연간 에너지 약 647GWh 절감을 통해 온실가스 304천 톤 감축효과를 이뤄낼 수 있다.

나. 경제적 효과
에너지 절감을 통해 전력 수요를 절감할 경우 원전 건설 및 폐기비용으로 3500억원의 경제적 효과를 볼 수 있다. 또한 절감잠재량 상위 5% 건물이 에너지 진단을 활용할 경우, 약 250억원의 경제적 효과를 볼 수 있다. 절감잠재량 상위 1% 건물이 ESCO 사업 진행 시, 1940억원의 경제적 효과를 볼 수 있다.

다. 고용 창출
절감잠재량 상위 5% 이내의 건물들이 전문가 상세 에너지 진단을 사용할 경우엔 약 250억원의 진단 시장이 창출되며, 절감잠재량 상위 1% 이내의 건물들이 ESCO 사업을 진행할 경우엔 약 1,940억원의 ESCO 시장이 창출된다. 그렇게 될 경우, ESCO 및 진단 시장에서의 1900여명 이상의 고용창출을 기대할 수 있다. BIG

• ESCO
Energy Service Company의 약자로, 저비용 고효율 에너지를 사용하고자 하나 기술적 혹은 경제적 부담으로 사업 영위가 어려울 때, ESCO가 에너지 절약시설 설치에 따른 기술/자금 등 포괄적인 서비스(에너지 진단, 시설 개체, 유지/보수 등)를 제공하고 투자한 금액을 투자시설에서 발생하는 에너지 절감액으로 회수하는 기업 혹은 이들이 하는 사업.

에너지
에너지/스마트그리드

활용분야
상품
마케팅
실시간 예측
비용 절감
품질 관리 및 운영
위험 사전 예방
보안 및 관리
상품·서비스 개선
플랫폼

유사사례
- 234p, 플레이타임, 고객들의 소리가 된 빅데이터
- 266p, 부산광역시, 관광 상품 개발도 빅데이터와 함께
- 334p, 두산중공업, 발전소 고장 예방 및 구동 시간 단축
- 476p, 동서, 데이터를 활용한 효율적인 마케팅 전략 수립
- 246p, 제주특별자치도, 제주, 스마트아일랜드를 꿈꾸다
- 330p, SGA, 유동인구 분석을 통한 에너지 절감
- 376p, Clubo, 빅데이터로 매장 운영효율화의 방향을 잡다
- 396p, 롯데백화점, 빅데이터로 세우는 새로운 마케팅 전략
- 350p, 천일식품, 빅데이터를 활용한 종합식품업체의 성장
- 168p, 신한카드, 빅데이터 기반 대내외 경제기획 수립

220 에너지 최적화를 통한 매출 증가

매일유업

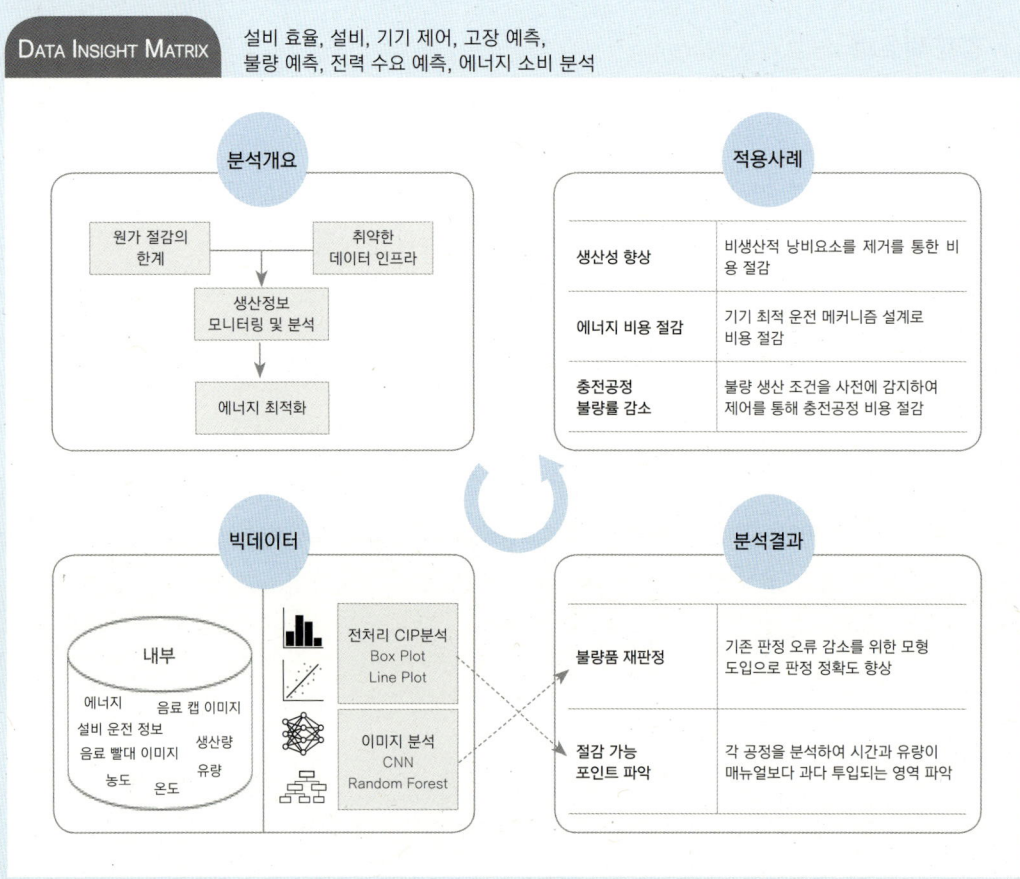

매일유업을 포함한 유가공 업체들은 생산과 관련된 품질관리의 필수 공정, 설비운전과 관련된 에너지, 품질 관리에 활용하는 데이터 인프라가 매우 취약하다. 위와 같은 업종의 경우 제조원가에서 원재료와 포장재료가 차지하는 비용관련 비율이 78% 정도로 이에 따른 원가 절감에는 한계가 존재한다. 이에 반해 공정에서 사용되는 전력 및 에너지 관련 비율은 4% 수준으로 원가 절감에 가장 중요한 요소로 나타나고 있다. 이로 인해 제품의 품질을 보증하는 선에서 공정의 에너지, 생산정보를 실시간 모니터링과 빅데이터 분석을 통해 에너지 최적화를 달성하고자 한다.

수집데이터	음료 캡 이미지, 빨대 이미지, 에너지, 생산량, 온도, 농도, 유량, 설비 운전 정보
참여기업	㈜ 매일유업, ㈜ 베가스, 미래 창조 과학부, 한국 정보화 진흥원

1. Big Point!

매일유업은 기존 자사에서 불량품을 판정하는 과정에서 오판정이 발생하는 경우가 잦아, 많은 비용이 낭비되고 있다는 사실을 알게되었다. 이러한 손실을 줄이기 위해 새로운 분류 모형을 도입하여 불량 판정의 정확도를 향상시키고자 하였다. 각 공정을 분석하여 공정별로 각 단계에서 투입되는 시간과 유량 등이 기존의 매뉴얼보다 과다하게 투입되는 영역을 파악하여 원가를 절감하고자 하였다.

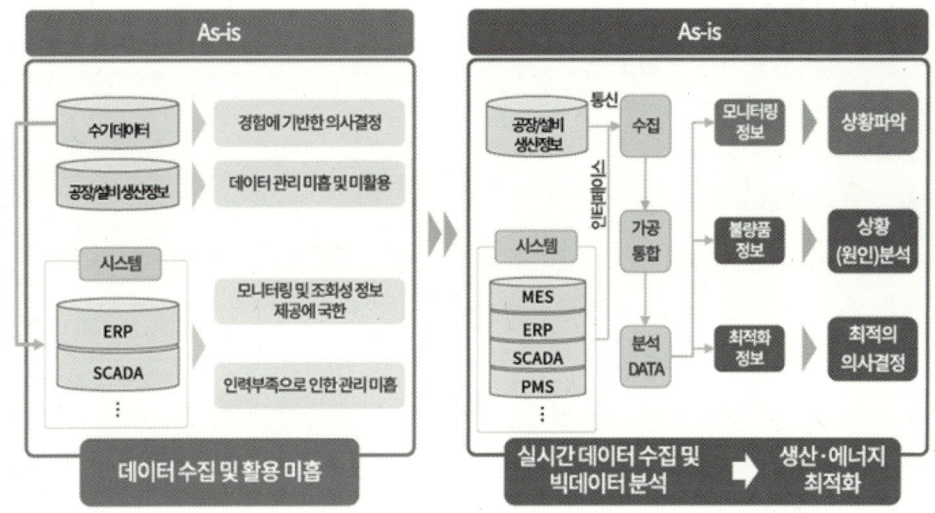

2. 활용 데이터와 분석

매일유업에서는 음료의 캡과 빨대의 이미지 데이터에 대한 비전분석을 통하여 불량 판정을 실시하고 있었다. 하지만 비전분석의 경우 정상제품을 불량품으로 오판정하는 경우가 다수 발생하였고, 이로 인해 불필요한 손해가 발생하고 있었다. 이러한 문제를 개선하기 위해 CNN과 Random Forest 모형을 적용하여 불량 판정의 정확도를 향상시키고자 하였다. 또한 CIP 분석

• 비전분석
정상/비정상 이미지를 통해 분류하는 분석방법.

• CIP
(Clean In Process)
공정중 세척과 관련된 프로세스.

을 실시하였다. 각 공정을 분석하고 각 공정별 단계에서 투입되는 에너지, 생산량, 온도, 농도, 유량 등을 박스 도표와 선 도표를 이용하여 기존의 매뉴얼보다 과다하게 투입되는 영역을 파악하여 그 투입되는 양의 조절을 통해 원가와 시간을 절약하고자 하였다.

3. 분석결과

가. 불량품 재판정

기존 불량 판정에 사용하고 있던 비전분석의 경우에는 불량으로 판정되는 제품이 하루 평균 311개가 나왔는데, 이 중 실제 불량은 6%인 21개로, 불량 판정 정확도가 매우 낮았다. 하지만 CNN 모형과 의사결정나무를 통해 분류한 결과, 캡 이미지의 경우는 정확도가 각각 96%, 98%로 나타났으며, 빨대 이미지의 경우는 정확도가 각각 99%, 98%로 나타났다. 이를 통해 기존의 불량 판정에서 활용되는 방법보다 오분류율을 크게 줄이게 되어 불필요한 비용 낭비를 막을 수 있었다.

나. 절감 가능 포인트 파악

CIP의 분석을 통해 각 공정을 단계별로 분류하고 각 단계별로 투입되는 에너지, 생산량, 온도, 농도 등을 파악하였고, 기존의 매뉴얼보다 과다하게 투입되는 영역이 있는지 분석하였다. 그 결과 알칼리 투입 단계, 알칼리 세척 단계, 산 투입 단계, 산 세척 단계의 네 가지 영역에서 과도한 투입이 발생되고 있음을 파악하였다.

• CNN (Convolutional Neural Network)
이미지, 비디오, 텍스트, 또는 사운드를 분류하고자 할때 사용되는 딥러닝 기법.

• 의사결정나무
분류함수를 의사결정 규칙으로 이루어진 나무 모양의 그림으로 시각화하여 표현하는 분석 기법.

4. 빅데이터 분석결과의 활용

가. 생산성 향상
절감 가능 포인트 파악에서 불필요하게 낭비되고 있는 원료를 파악하여 제거함에 따라 생산성이 10% 상승하여, 연간 약 2억 2천만 원의 비용을 절감하는 것을 목표로 하였다.

나. 에너지 비용 절감
에너지 공급과 사용자에 대한 KPI를 부여하여 생산과 유틸리티 설비의 효율관리를 통한 에너지 비용을 10% 감소하여 연간 292백만 원의 비용을 절감하는 것을 목표로 하였다.

• **KPI**
핵심성과지표, 목표를 성공적으로 달성하기 위한 핵심관리 요소.

다. 충전공정 불량률 감소
기존 비전분석의 문제점에 대하여 비전분석에서 불량으로 확인된 제품을 다시 한번 CNN과 Random Forest 모형을 통하여 재판정했다. 그 결과 불량 판정 정확도가 캡의 경우 96%, 99% 향상, 빨대의 경우 99%, 98% 향상함에 따라 충전공정 불량률이 30% 감소하여 연간 2백만 원의 비용이 절감되는 것을 목표로 하였다. BIG

• **Random Forest**
앙상블 학습 방법의 일종으로 다수의 의사결정나무를 생성한 후 이들을 선형 결합하여 최종 모델을 만드는 방법.

에너지
에너지/스마트그리드
활용분야
상품
마케팅
실시간 예측
비용 절감
품질 관리 및 운영
위험 사전 예방
보안 및 관리
상품·서비스 개선
플랫폼

유사사례
- 334p, 두산중공업, 발전소 고장 예방 및 구동 시간 단축
- 542p, 삼성중공업, 빅데이터를 이용한 공정의 최적화
- 538p, 태정, 생산 저해 요인도 빅데이터로 개선하자
- 476p, 동서, 데이터를 활용한 효율적인 마케팅 전략 수립
- 546p, 유라, 딥러닝 기술기반 대용량 제조 데이터 분석 서비스 플랫폼
- 550p, 현대중공업, 작업시간의 효율적 분배로 생산성 향상
- 502p, 영풍열처리, 빅데이터 분석 기반 공장운영
- 330p, SGA, 유동인구 분석을 통한 에너지 절감
- 322p, 한국에너지공단, 에너지 절감을 빅데이터와 함께
- 566p, 메타빌드, 생산 라인 개선 방향도 빅데이터로 선정

221 유동인구 분석을 통한 에너지 절감

SGA

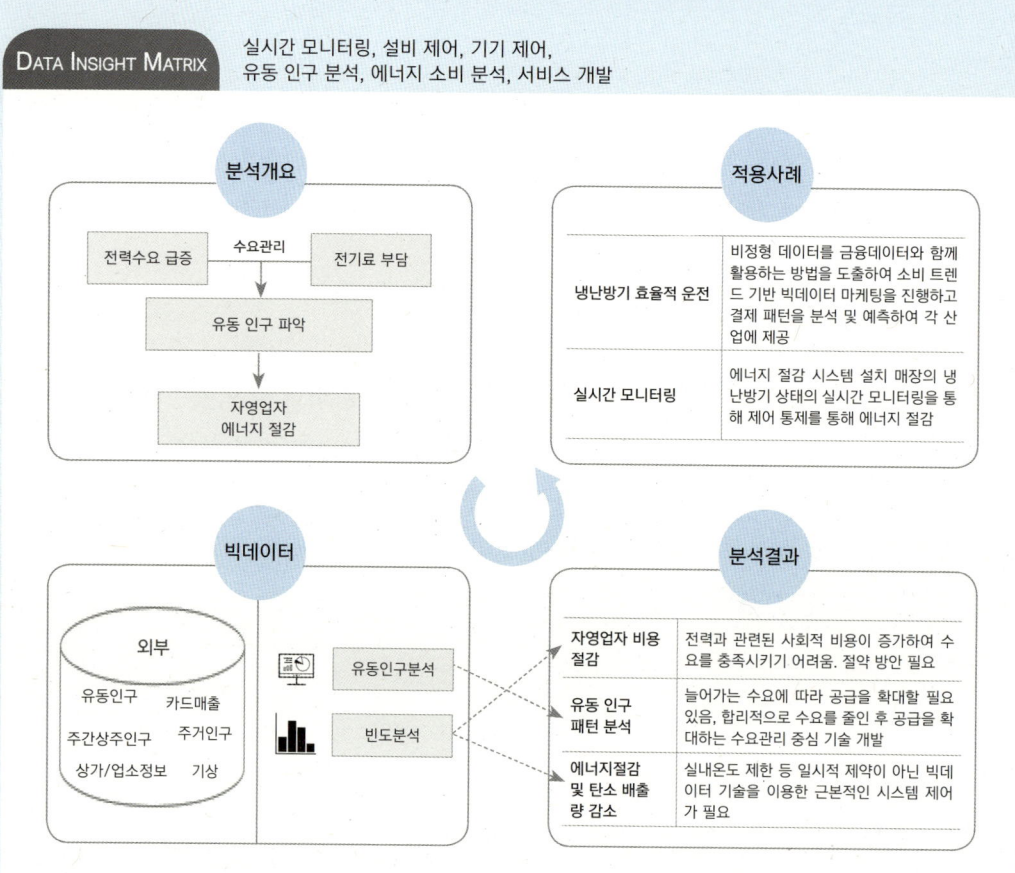

전력공급에 소요되는 사회적 비용의 증가에 따라 중·소규모의 점포를 운영하는 소상공인들에 대한 전기료 부담 문제가 증가하고 있었다. 이에 에너지 절감을 위해 IoT센서와 연계된 시스템은 국내외에서 지속적으로 구축/발달되어지고 있다. 하지만 매장 내에서 내방고객을 예측하여 냉난방을 제어하는 시스템은 아직 개발이 이루어지지 않았다. 따라서 SGA는 가맹점의 유동인구, 이동통신사 데이터 등을 분석하여 냉·난방기를 효율적으로 관리할 수 있는 시스템을 개발하고자 하였다. 이를 통해 내방 고객들의 쾌적함을 유지하면서, 냉난방기 가동을 줄여 에너지 절감을 추구하고자 하였다.

수집데이터	유동인구데이터, 카드매출데이터, 주간상주인구데이터, 주거인구, 상가/업소정보, 기상정보
참여기업	SGA(주관기관), SK텔레콤, 엔코디

1. Big Point!

냉난방기의 사용과 관련한 사회적 비용이 급증하고 있어 전력 수요와 관련된 비용을 절감하는 데에 있어 많은 어려움이 발생하고 있다. 이에 합리적으로 수요를 줄이고 공급을 확대하기 위한 수요관리 중심 기술의 필요성이 대두되었다. 매장고객의 방문 시간, 성별, 연령 분석을 통해 다양한 정책 활용이 가능하며 시간대별 에너지 운영체계를 실시함으로써 효율적인 에너지 사용이 가능해진다. 또한 그동안 정부가 실시했던 에너지 정책은 다양한 센서 및 고비용의 제반사항들이 필요했었다. 위와 같은 문제를 해결하기 위해 빅데이터를 활용하여 실내온도 제한 등 일시적 절약에서 벗어나 중소 규모의 점포에 맞는 에너지 절감 정책 및 시스템을 개발하고자 하였다.

2. 활용 데이터와 분석

유동인구 분석을 위해 SK텔레콤의 약 2800만 고객의 통화, 문자, 인터넷 사용 등 기지국에서 발생하는 트래픽 데이터를 CELL단위(50m×50m)에 대해 성별, 연령, 시간대별, 요일별 유동인구를 산출하고 해당 매장 주소지 내 300m 반경의 유동인구값을 추출하였다.

그 외 직장인 인구, 주거인구 데이터를 활용하여 위의 기준과 같이 300m를 기준으로 성별, 연령대별로 추출하여 상주인구 분석, 주거인구 분석에 활용했다. 또, 현대카드의 매출통계 데이터를 통해 요일, 시간대별로 매출 데이터를 추출하여 매출분석에 활용하였다.

위와 같은 분석을 통해 중·소형 매장에 에너지 절감을 위한 시스템을 구성하여 분석된 데이터를 바탕으로 시간당 예상 방문인원을 예측·추론하여 정보를 제공함으로써 효율적인 냉·난방 운전이 가능하도록 하였으며, 추가적으로 매장의 냉·난방기 실시간 모니터링을 통해 실시간 제어가 가능케 하여 에너지소비를 절감하려 하였다.

• 트래픽
특정 통신장치 등을 통해 일정 시간 내에 수집되는 데이터의 양 또는 전송량.

• CELL
이동 통신에서 주파수를 효율적으로 이용하기 위해 넓은 지역을 세분한 구역.

유사사례
• 334p, 두산중공업, 발전소 고장 예방 및 구동 시간 단축
• 322p, 한국에너지공단, 에너지 절감을 빅데이터와 함께
• 326p, 매일유업, 에너지 최적화를 통한 매출 증가
• 392p, K쇼핑, 빅데이터를 이용한 가구별 특화 상품 노출 시스템
• 168p, 신한카드, 빅데이터 기반 대내외 경제기획 수립

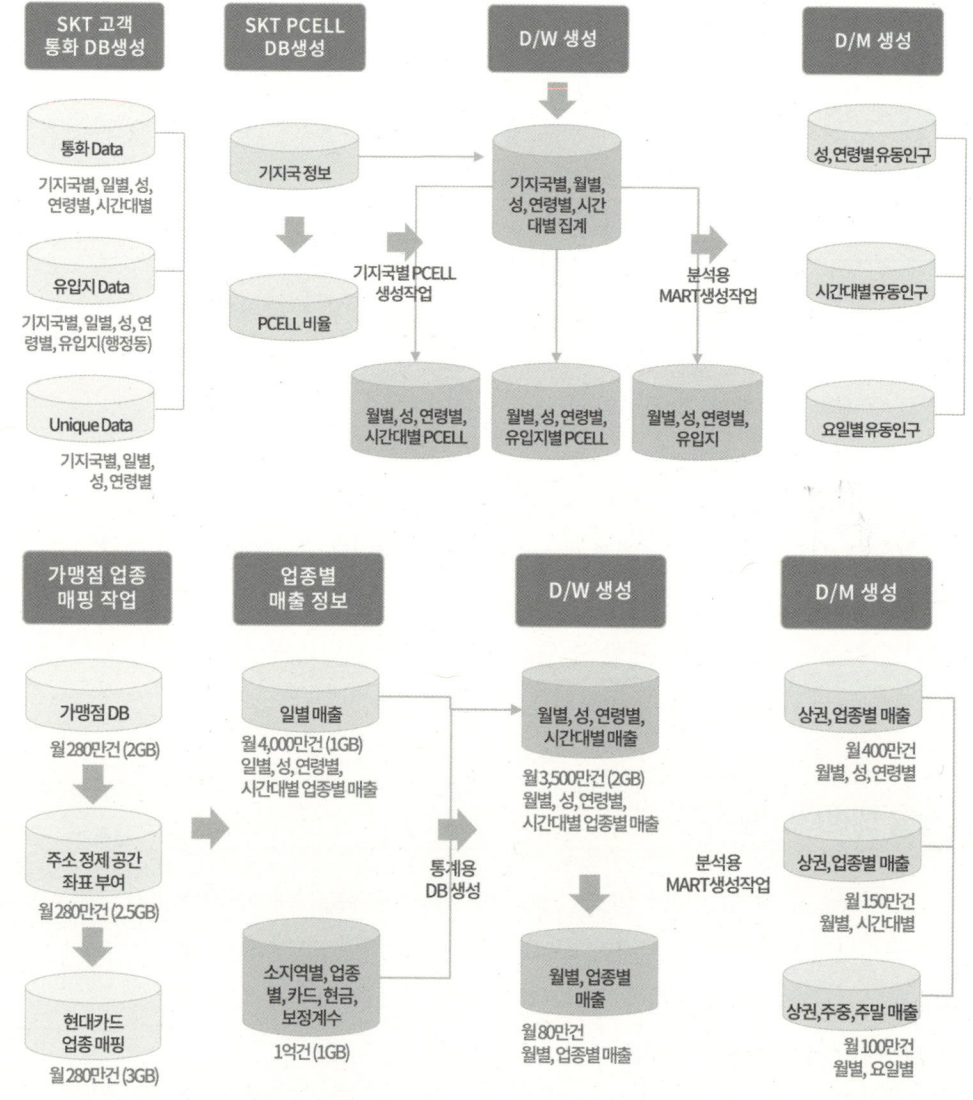

3. 분석결과

가. 유동인구 패턴 분석

SKT 통화고객 데이터로 유동인구를 파악한 결과, 유동인구가 가장 많은 날은 목요일로 나타났으며, 시간대는 점심시간부터 2~3시까지 가장 높은 유동인구 비율을 보였다. 성별과 연령의 경우 40대 남성과 50대 여성이 가장 높은 유동인구 비율을 보였다. 전체적으로 남성이 여성보다 높은 비율을 보이고 있었다. 유동인구 파악으로 방문객 규모를 사전에 판단하여 냉·난방 효율을 높이고자 하였다.

나. 매출분석

요일별 업종과 매출을 분석한 결과 주변 치킨, 바비큐 등 외식관련 업종이 목요일, 금요일에 가장 높은 매출을 보이고 있었다. 주말보다 주중의 매출이 더 높게 나타남을 볼 수 있어 주변 지역의 생활권이 직장인의 분포가 많은 것으로 볼 수 있었다. 시간대별로 오후 9시부터 매출이 큰 폭으로 증가함을 확인할 수 있으며 주로 저녁부터 새벽까지의 매출이 높은 비율을 보이고 있었다. 매출 분석을 통해 고객이 몰리는 시간대에 냉·난방기의 효율적 가동으로 에너지소비를 최적화할 수 있게 되었다.

4. 빅데이터 분석결과의 활용

가. 자영업자의 비용 절감 서비스

자영업자의 매장 및 금융기관의 무인 ATM기 등 소규모 엽업장을 대상으로 에너지 절감 서비스를 제공한다. POS Data와 빅데이터 분석을 결합하여 방문객 규모를 사전 예측하여 실내온도와 습도를 조절하는 에너지 절감 서비스를 개발하고자 한다. 초기 투자비용이 적은 자영업자들을 위해 기존 전력 대비 절감되는 요금을 계산하여 절감분의 50%를 수익으로 공유하는 방법을 추진중이다.

• POS Data
매장의 판매 금액과 입금, 카드 매출, 고객 입금액, 잔액 등의 데이터를 의미.

나. 고객만족도 향상

방문하는 고객의 수와 무관하게 항상 적절한 온도와 습도를 유지할 수 있어 고객들에게 쾌적한 느낌을 줄 수 있는 매장의 환경을 조성하여 매출 수익 극대화를 기대할 수 있다

다. 에너지 절감의 사회적 공감대 확대

신규 개발하는 시스템을 도입할 경우 에너지 세이브 마크(자체 브랜드)를 부착하여 에너지 절감에 앞장선 업체임을 홍보하고 이에 따른 사회적 공감대를 형성하여 매장에 대한 인식을 재고하고 매출 증대에 활용하고자 한다. 추후 정부의 에너지 세이브 마크 지원에 대한 노력을 기울이고자 한다.

222 발전소 고장 예방 및 구동 시간 단축

두산중공업

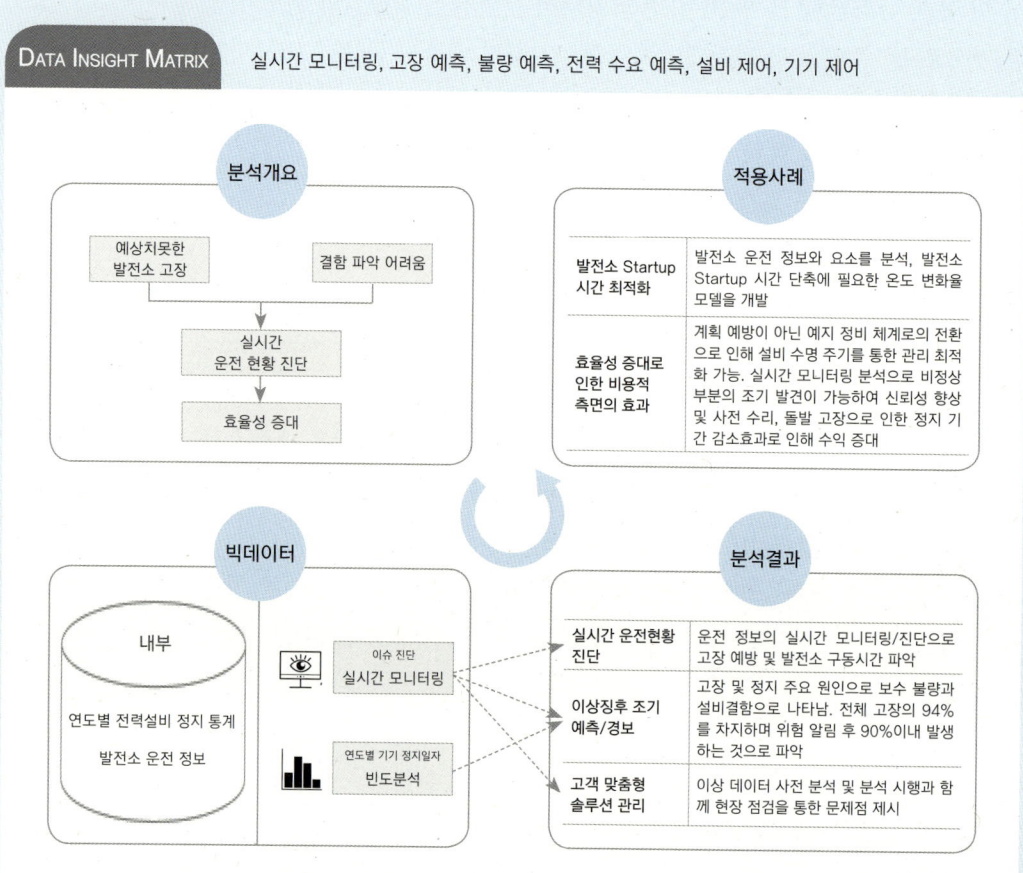

발전소의 고장 정지의 경우 자그마한 부품의 결함에도 정지에 따른 피해 금액은 수억 원으로 나타난다. 주고장 및 정지 원인으로는 보수 불량과 설비 결함으로 나타나고 있으며, 전체 고장의 94%의 비율을 보이고 있다. 이는 위험 알람 후 90% 이내에 발생하는 것을 보이고 있는데 실시간 운전 현황 진단이 가능하다면 고장 시간을 최소화할 수 있을 것으로 판단한 두산중공업은 RMS 센터를 설립하고 발전소 이슈사항을 실시간으로 파악, 분석을 통한 이상징후 조기 감지를 통해 발전소 정지 피해를 최소화하고자 하였다

수집데이터	연도별 전력설비 정지 통계, 발전소 운전 정보
참여기업	두산중공업

1. Big Point!

기존 발전소 기기의 고장 및 정지가 나타났을 경우, 고장 원인을 찾는데 많은 시간이 소요되었다. 또한 대부분의 고장이 보수 불량이나 설비 결함이었기 때문에 수많은 장비와 부품들 중에서 어떤 부분에서 고장·결함이 발생하였는지 파악하는 것은 매우 오랜 시간이 소요되었다. 두산중공업은 이를 해결하고자 RMS 센터를 신설하고 실시간 모니터링 시스템을 탑재하여 발전소의 이슈 사항들을 접수하고 진단, 예측, 경보를 통한 기기 및 부품의 고장·정지를 최소화하고자 했다. 또한 기기가 결함으로 정지되었을 경우 재가동하기까지의 시간을 최소로 줄일 수 있는 최적화된 방안을 모색하여 수익을 증대시키고자 했다.

• RMS (Remote Monitoring Service)
공간의 제약 없이 실시간으로 모니터링/진단하는 서비스.

2. 활용 데이터와 분석

전력거래소의 연도별 전력설비 정지 통계 데이터를 통해 2011년부터 14년까지의 가스, 석탄, 유류, 수력, 원자력 발전소의 기기 정지와 관련된 통계를 파악하였다. 또한, 기기 결함 및 고장의 원인이 되는 주요 요인이 무엇인지를 조사한 결과로 보일러 튜브, 용접 개소, 전선, 전동기, 밸브, 제어카드, 계측기, 입출력 단자 등이 주원인으로 나타났다. 이를 해결하기 위해 ICT(정보통신기술)을 통해 운전 정보를 시간, 공간의 제약 없이 실시간으로 모니터링 진단 시스템 구축을 통해 수집된 데이터를 기반으로 RMS 센터를 건립하고 실시간 모니터링 체계 구축으로 상시 지원 체계 구축하였다.

• ICT (정보통신기술) (Information and Communication Technology)
통신기술와 정보기기 하드웨어의 기술의 융합을 통해 정보를 수집하고 생산, 가공, 보존, 전달, 활용하는 모든 방법을 의미.

3. 분석결과

가. 실시간 기기 운전현황 진단

실시간 모니터링을 통해 발전 플랜트의 운전 정보를 시공간의 제약없이 실시간으로 파악이 가능한 서비스를 구축하였다. 이와 같은 모니터링 서비스를 통해 진단, 예측, 경보를 통한 솔루션 관리가 가능해졌으며 발전소 운전 정보를 확인하여 발전소에서 나오는 방대한 양의 데이터 분석을 통해 문제에 대한 원인 분석 및 방안 도출이 가능해졌다.

나. 이상 징후 조기 예보/경보

모니터링 서비스를 통한 이상징후 조기 경보로 작동 상태의 정상/비정상을 인지하여 원활하게 작동이 되고 있는지 파악하여 비정상적인 운전요인을 미리 인지하고 2차 사고를 예방하여 고장/정지로 인한 기회비용 손실을 최소화시킬 수 있었다.

다. 고객 맞춤형 솔루션 관리

맞춤형 솔루션 개발을 통해 기기의 이상 데이터와 더불어 비정상 상태에 대한 사전 분석 및 분석 시행을 통해 데이터 확보가 수월해졌으며, 고객사의 현장 점검을 통해 위험 확인과 더불어 발생 가능한 문제점을 제시하고 위험요소를 해소할 수 있는 프로세스를 진행할 수 있었다.

4. 빅데이터 분석결과의 활용

가. 발전소 Startup 시간 최적화

발전소의 Turbin CV Chest Warming 시간 단축과 관련하여 운전 정보와 관련된 영향 요소를 분석하고 발전소 Startup의 시간 단축이 가능한 온도변화율 모델을 개발하고자 한다. 이를 통해 발전소 1시간 지연에 따른 기회 손실 비용을 절감하고 수익을 증대시키고자 한다.

• Turbin CV Chest Warming
증기터빈 작동 전 준비운행을 시키는 것을 의미함.

나. 효율성 증대로 인한 비용적 측면의 효과

설비 고장이 일어나기 전 미리 예방을 하기 위해 정비가 필요하다. 설비의 수명주기 관리를 통해 가동 최적화가 가능하도록 하였다. 또한, 실시간 모니터링을 통해 비정상 상태가 의심되는 기기를 조기에 발견하여 사전조치함으로써 가동 신뢰성을 높이고자 했으며, 설비의 돌발 고장이나 정지로 인한 정지기간의 감소로 인한 수익 증대 효과가 발생하였다. BIG

에너지
자원
활용분야
상품
마케팅
실시간 예측
비용 절감
품질 관리 및 운영
위험 사전 예방
보안 및 관리
상품·서비스 개선
플랫폼

유사사례
- 476p, 동서, 데이터를 활용한 효율적인 마케팅 전략 수립
- 326p, 매일유업, 에너지 최적화를 통한 매출 증가
- 502p, 영풍열처리, 빅데이터 분석 기반 공장운영
- 538p, 태정, 생산 저해 요인도 빅데이터로 개선하자
- 258p, Travelbasys, 빅데이터와 함께 안전한 여행
- 354p, 레이틀리코리아, 빅데이터로 성공적인 브랜드 확보
- 542p, 삼성중공업, 빅데이터를 이용한 공정의 최적화
- 418p, 크레도웨이, 심사조정도 이젠 빅데이터로 미리 예측한다
- 254p, 스타캐스트, 빅데이터로 빠르게 진화한 MLB
- 546p, 유라, 딥러닝 기술기반 대용량 제조 데이터 분석 서비스 플랫폼

스마트그리드　　#실시간모니터링　#에너지소비분석　#전력수요예측　#에너지소비량제공플랫폼

열수요 통합 관리시스템 개발
지역난방공사, 전자부품연구원, 현암바씨쓰, 차세대융합기술연구원, 에코센스

지역난방공사는 지역난방 사업자가 열 사용자에게 실시간 열사용 정보 및 부가정보를 제공해 효율적인 운영이 가능한 'IoT 기반 지역난방열수요 통합 관리 시스템 기술 개발' 과제를 진행하고 있다. 해당 과제를 진행하면서 기계실 자동제어 시스템과 열수요 통합 관리시스템을 개발하여, 2017년에 약 3%의 열사용량 절감 효과가 있었음을 확인하였다.

관련정보　전문저널 칸, http://www.kharn.kr/news/article_print.html?no=6314

스마트그리드　　#전력수요예측　#에너지소비분석　#에너지소비량제공플랫폼

해외

에너지 소비량 제공 플랫폼 개발
Centrica

영국 최대의 가스 공급 업체인 Centrica는 스마트미터를 활용하여 30분당 1회 에너지 소비 데이터를 수집하고, 실시간으로 전기 및 가스 소비량을 확인 할 수 있는 시스템을 개발했다. 소비자의 에너지 소비 패턴을 파악하기 위해 스마트미터를 이용하여 데이터를 분석·처리하고 이를 요약해 소비자 그룹화, 에너지 소비동향 예측 등에 활용할 수 있게 된다. 이를 통해 소비자는 월별 전기, 가스 소비량을 파악 할 수 있으며, 해당 서비스를 통해 연간 최대 190파운드의 에너지 비용 절약이 가능하게 되었다.

에너지, 자원　　#재생에너지　#전력수요예측　#발전소부지선정

해외

풍력터빈 제조사의 부지선정
덴마크 베스타스

날씨, 조수 간만의 차, 위성 이미지, 지리 데이터, 날씨 모델링 조사, 산림지도 등이 포함된 정형/비정형 빅데이터를 수집하여 분석을 진행했다. 분석 기술에는 IBM의 분석 솔루션과 슈퍼컴퓨터를 활용했다. 이를 통해 베스타스에서는 풍력발전과 같은 재생 에너지 플랜트를 설치할 때, 투자수익률(ROI)이 얼마나 되는지 예측할 수 있었다. 그와 동시에 얼마나 많은 에너지를 생산하는지에 대한 정보와, 풍력 터빈을 어디에 세워야 하는 지 등에 대한 부지 선정 관련 정보를 알 수 있게 되었다.

관련정보　홈페이지: https://www.vestas.com/

해외

 에너지, IOT   #통합제어 #시스템개발

사물 인터넷을 가정으로   네스트

가. 배경 및 목적

일반적으로 난방 시스템을 사용하는 경우에는 대부분의 기능들이 사용자의 직접적인 조작에 의해서만 가능했기 때문에, 엄청난 양의 에너지가 낭비되고 있었다. 이러한 에너지 낭비와 함께 직접 조작으로 발생하는 사용자의 불편함을 해소하고자, 네스트에서는 사물인터넷을 활용한 지능형 가전기기를 개발하기로 했다.

나. 활용 데이터

네스트(Nest)의 온도 조절장치와 내부의 센서는 온도, 습도뿐만 아니라 위치 정보, 밝기, 어떤 방에서 사용하고 있는지 등과 같은 다양한 정보를 수집했다. 또한 모션 센서로 집에 사람이 있는지를 모니터링하며, 온도 조절장치에 대한 사용자의 접촉을 인지하여 사용자의 습관과 일정 등도 역시 수집했다. 그 외 다양한 센서로부터 연기 및 이산화탄소 레벨, 집 안의 움직임 등의 데이터를 활용했다.

다. 상세 내용

네스트의 온도 조절장치는 사용자의 움직임을 모니터링하여, 사용자의 일상적인 생활 패턴을 파악한다. 동시에 집의 난방 시스템과 통합되어 사용자의 집이 항상 적절한 온도를 유지하도록 능동적으로 온도를 조절하기도 하고, 난방에 소요되는 에너지를 줄이기 위해 최적화된 전략을 시행하기도 한다. 그 외에도 스마트 온도 조절장치는 에너지 회사자체적으로도 원격 조절이 가능하기 때문에, 피크 타임 에너지 사용을 얼마든지 조절할 수도 있다. 대부분 이 서비스를 이용하는 경우에는, 집주인들은 온도 조절장치를 무료로 설치 받고, 에너지 회사는 네스트에게 고객 한 명당 약 50달러를 지불하고 에너지 비축으로 보상을 받는 상호협력관계로 이루어진다.

라. 적용 결과

네스트의 최고경영자 토니 퍼델에 의하면 네스트와 협약한 전력회사는 스마트 온도 조절 장치 덕분에 최대 50%수준의 에너지 낭비를 감소시켰다고 한다. 또한 2015년에 이루어진 연구에 따르면, 네스트의 온도 조절장치를 사용하는 가구에서 난방비는 10~12%, 냉방비는 15% 정도를 절감할 수 있었다고 밝혀졌다.

해외

 에너지, IOT   #에너지매장량예측 #실시간모니터링 #성능개선 #고장예측

거대 정유회사, 시추 확률을 높이다   셸(Shell)

가. 배경 및 목적

'데이터 기반 유전'이라는 개념을 도입하여, 생산비용 감소, 유전 효율 향상, 작업 과정의 안전 개선을 달성하고자 한다.

나. 활용 데이터
지표면 아래의 지진파 모니터링 데이터 외의 다양한 데이터 활용

다. 상세 내용
과거에는 새로운 자원에 대한 탐사가 정확한 데이터 없이 이루어졌기 때문에, 많은 시간과 비용이 필요했다. 하지만 최근에는 IT 기술의 발전함에 맞춰 함께 발전한 모니터링 및 분석 기술을 이용하여, 전 세계의 다른 발굴 지점에서 나온 자료와 시추하고자 하는 지점의 데이터를 비교할 수 있게 되었다. 또한 해당 분석 과정을 통해 자원 발견 가능성을 검증한 후 시추 작업 역시 진행할 수 있게 되었다. 자원 발굴 지점에 있는 장비들의 센서를 활용하여 작동 데이터를 수집함으로써, 장비의 성능 및 고장을 보다 정확하게 예측할 수 있게 되었다. 뿐만 아니라, 빅데이터를 활용해 경제요인 및 기상 데이터 등과 같은 많은 요소들을 통합하고, 주유소에서 지불하게 되는 최종 기름 가격을 정하는 알고리즘을 구현할 수 있게 되었다.

라. 적용 결과
원유 및 천연가스의 매장량을 더욱 정확하게 예측할 수 있게 되었다.

자원   #전기소비분석 #소비패턴파악 #민원분석 #위험요소파악

에너지 컨설팅 및 위험예측   한국전력공사

한국전력공사는 전력과 관련된 SNS, 인터넷 자료, 민원사항을 종합적으로 수집한 뒤, 빅데이터를 활용하여 고객 개개인의 전기 소비 패턴을 분석했다. 분석 결과를 통해 정전 사고, 고객 불만, 환경 변화 등에 따른 위험 요소를 사전에 파악하고, 예측에 활용할 수 있게 되었다.

자원   #최적설계 #소음예측 #투자비용절감

건축물외피 최적설계 프로그램 개발   현대건설

현대건설은 건축물 냉난방 에너지와 관련한 초기 투자 비용을 10% 이상 절감하는 것을 목표로, 빅데이터 분석을 진행하기로 했다. 그러기 위해서 다수의 건축자재와 에너지 특성에 관한 데이터들을 수집했으며, 이를 기반으로 건축물 외장재, 설계안, 운영비용 분석, 외피 구성에 따른 소음 예측 등을 파악할 수 있는 프로그램을 개발했다.

`관련정보` 현대건설, 빅데이터 활용 '건축물 외피 최적설계 프로그램' 개발로 에너지10%절감, 뉴데일리, 2014.12.02

자원 #전력수요예측 #비교분석 #상관분석

기상데이터로 전력사용 최적화   기상청, 한국전력공사

2014년 8월 기상청에서는 기상 관련 빅데이터를 기반으로 전력 수요를 예측하여 전력 낭비를 최소화하기 위한 사업을 추진했다. 2004년부터 2011년까지의 평균/최고/최저 기온, 습도, 풍속, 운량, 체감 온도 등의 데이터를 분석하여 전력 사용량과 상관성을 비교·분석했다. 그 결과, 기상 빅데이터를 활용할 경우 연간 약 1,200억원의 경제적 효과를 창출할 수 있을 뿐 아니라, 전력수요 예측 오차를 25% 정도 개선 할 수 있는 것으로 나타났다.

해외

자원 #에너지소비량제공플랫폼 #에너지소비분석

캘리포니아의 성공적인 에너지 관리 비결   PG&E

미국의 천연가스 및 전기 공급 회사인 PG&E(Pacific Gas and Electric Incorporated)사는 에너지 소비와 관련된 데이터를 활용해, 분,시간, 일, 월 단위로 사람들의 에너지 소비 데이터를 분석했다. 개인별로 에너지 소비 데이터 조회 플랫폼 서비스를 제공하는 웹사이트인 'G&E'를 통해 사용자는 자신의 전력 사용량을 알 수 있다. 특히 전기 사용량이나 사용 속도가 위험 수준에 도달하는 경우에는, 월간 요금이 측정되기 전에 미리 관련 내용을 경고 받을 수도 있다. 또한 자신의 전기 사용 행태를 분 단위로 알 수 있게 되기 때문에, 개인별로 효율적으로 에너지를 관리할 수 있도록 했다.

관련정보 홈페이지: https://www.pge.com/ 참고: 빅데이터 경영을 바꾸다, 삼성경제연구소, 2012.08

자원 #실시간모니터링 #에너지절감 #시스템개발 #정책수립

건물에너지 관리시스템으로 에너지 절감   에스원

에스원은 에너지관리공사의 지원으로 건물에너지관리시스템 벰스(BEMS)를 구축하였다. 해당 시스템은 건물의 조명과 냉/난방 그리고 환기 설비 등과 같은 에너지 사용기기에 각각의 센서와 계측장비를 설치한 뒤, 각 장치로부터 데이터를 수집하여 사용량을 실시간으로 모니터링하는 것이다. 이를 통해 에너지 절감 방안을 제안하고 에너지 정책을 수요 중심으로 추산 할 수 있게 된다.

관련정보 에스원 새는 에너지 빅데이터로 잡는다, 매일경제, 2014.12.18

 자원　　　　　　　　　　　　　　　　　　　　　#에너지효율성제고

변전소자산관리솔루션을 통한 에너지 효율성 제고　　효성

효성중공업에서는 빅데이터를 기반으로한 '변전소자산관리솔루션(AHMS)시스템'을 개발했다. 해당 시스템은 이제까지 쌓아온 각종 데이터들을 디지털화 한 뒤 변전소 내부의 대형 변압기·차단기 운전·상태 데이터 등을 분석하는 과정에서, 미리 고장 징후를 포착하여 유지 보수를 요청할 수 있는 시스템으로, 사용하는 경우에는 초고압 차단기·변압기 설비 고장율을 대폭으로 줄일 수 있게 된다.

[관련정보] 효성 빅데이터기술 활용해 변전소 사고 80% 예방, 전자신문, 2017.01.22

 해외

 자원　　　　　　　　　　　　　　　　　　#고장예측　#전력수요예측

배전선로 교체비용 절감　　Dong Energy

덴마크의 Dong Energy사는 배전선로의 유지보수를 위한 비용을 절감하고, 정전을 최소화하기 위해 빅데이터를 활용하기로 했다. 그러기 위해서 대량의 운영 데이터 및 통계적 부하 패턴 데이터들을 분석하여 정확한 부하를 예측했으며, 이를 기반으로 계통 운영 최적화와 비용 효과 극대화를 위한 유지보수 계획을 수립할 수 있는 시스템을 구축할 수 있었다. 이 시스템 덕분에 선로의 사용 연한에 따른 주기적인 교체 대신 선로의 부하를 정확하게 예측할 수 있게 되어, 불필요한 교체비용을 줄일 수 있게 되었다.

 자원, IOT　　　　　　　　　　　　　　#실시간정보제공　#에너지효율성제고

IoT기술을 활용한 에너지 효율화 제고　　국제성모병원

가톨릭관동대 국제성모병원은 IoT기술을 활용한 BEMS(건물에너지관리시스템) 플랫폼을 구축하여, 장비별로 센서를 부착했다. 센서를 통해 실시간으로 정보를 수집하여 분석한 뒤, 이를 통한 효율적인 에너지 사용이 가능하도록 했다.

[관련정보] 국제성모병원 병원 전용 에너지관리시스템 구축 최적화된 에너지 활용, 전자신문, 2016.12.28

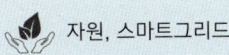 자원, 스마트그리드   #전력수요예측 #에너지효율성제고 #플랫폼개발

ICT기술을 이용한 전기료 절감 플랫폼 구축   서울대

서울대학교에서는 'ICT 플랫폼'을 구축한 뒤, 해당 플랫폼과 IoT, 빅데이터를 융합하여 에너지 효율화를 추진했다. '마이크로 그리드'라 불리는 해당 사업은 '스마트 그리드'와 기본 개념은 비슷하지만, 원전 같은 큰 지역이 아니라 학교나 산업 단지 등 비교적 작은 지역에서의 에너지 고효율화를 추진하는 사업이다. 서울대학교에서는 기존 전력망에 IT기술을 접목한 뒤, IoT 센서로 특정 건물의 전력 사용량과 온·습도 등의 정보를 체크하며 데이터를 수집하고, 에너지저장장치(ESS) 기술을 통해 전력이 남으면 저장하는 방식으로 전력 수급을 원활하게 했다. 해당 시스템을 적극적으로 활용한다면, 서울대의 전기요금은 20%가량 감소할 수 있을 것이다.

[관련정보] 한해 전기료 180억 내는 서울대, 사물인터넷·빅데이터로 에너지 다이어트, 중앙일보, 2015.11.06

해외

 환경   #재해조기감지 #위험사전예측

지진 예측에 활용되는 빅데이터   테라 사이즈믹

가. 배경 및 목적
테라 사이즈믹은 지진, 해일과 같은 자연재해를 조기 발견하는 미국의 회사이다. 지진으로 인한 피해를 줄이기 위해서 다양한 환경 데이터와 위성 데이터를 수집하여 빅데이터 분석을 수행한다.

나. 상세 내용
테라 사이즈믹은 위성사진, 대기 센서의 실시간 데이터, 과거의 지진 데이터등을 이용하여 90%의 정확도로 지진을 예측하는 알고리즘을 개발했다. 이를 이용해 예측한 지진 발생에 관한 정보는 웹사이트를 통해 모든 세계인에게 무료로 공개되며, 정부기관, 구호단체, 보험회사 등에 의해 다양하게 이용될 수 있을 것이다. 그들의 기술은 리히터 규모 6 이상인 대부분의 지진을 발생 30일 전에 예측할 수 있다. 실제로 테라 사이즈믹은 지난 2015년 3월 3일에 발생한 진도 6.4의 지진을 미리 예측하는데 성공했었다.

빅데이터 활용사례
공공 금융 농축수산 문화관광 에너지 유통 의료 제조 IT 기타

06 / 유통

무역, 물류, 유통

	고객중심	시스템최적화	위험관리	신규비즈니스모델개발
물류	· 빅데이터를 활용한 종합식품업체의 성장(350p) · 지속가능한 데이터 생태계(380p)	· 빅데이터를 활용한 종합식품업체의 성장(350p) · 데이터 기반 수출 올인원 서비스(388p)		· 빅데이터를 활용한 종합식품업체의 성장(350p) · 데이터 기반 수출 올인원 서비스(388p)
유통	· 빅데이터를 통한 매장 고객의 분석(358p) · 고객의 요구 사항을 빅데이터로 빠르게 대처(362p) · 크레텍, 고객관리의 필수 공구(366p) · 고객별 추천 시스템을 통하여 매출 증가로(384p) · 빅데이터를 이용한 가구별 특화 상품 노출 시스템(392p) · 빅데이터로 세우는 새로운 마케팅 전략(396p)	· 빅데이터로 성공적인 브랜드 확보(354p) · 빅데이터를 통한 매장 고객의 분석(358p) · 프로세스 체질 개선을 위한 빅데이터의 활용(372p) · 빅데이터로 매장 운영 효율화의 방향을 잡다(376p) · 빅데이터로 세우는 새로운 마케팅 전략(396p)		· 크레텍, 고객관리의 필수 공구(366p) · 빅데이터를 이용한 가구별 특화 상품 노출 시스템(392p)

유통

무역, 물류, 유통

1. 유통산업 빅데이터 현황

최근 유통업은 사회환경의 급격환 변화로 인하여 유통 패러다임이 바뀌고 있다. 이는 개인화된 소비와 라이프스타일 등으로 나타나는 부분의 유통업계가 대응하기 위해 AI, IoT, 빅데이터 등 정보통신 기술을 활용하면서 유통산업의 구조변화가 진행되고 있다.

국내외 유통기업들은 4차 산업혁명을 계기로 구조변화가 이루어 질 것으로 판단하고 있다. 또한 사회적 환경이 변화하여 유통산업은 시대에 맞는 트렌드를 파악하기 위해 빅데이터를 이용하고 있다. 글로벌 유통기업의 경우 2021년까지 빅데이터 솔루션, 자산추적 센터, 인공지능 등 빅데이터를 이용한 기술에 투자할 계획인 것으로 나타나고 있다.

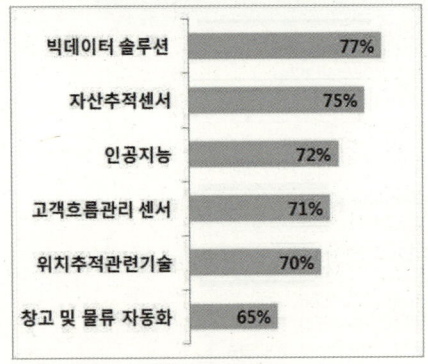

자료 : Zebra Technology(2017).
주 : 2021년까지 부문별 기술에 투자 의향이 있는 사업체 비중.

유통업은 최근 인구 고령화 현상과 1인 가구 증가, 인구 감소 현상과 같은 사회적 환경의 변화에 대해 한국체인스토어협회 주관 최근 열린 '2018 유통 대전망 세미나'에서 유통 전망 키워드로 '대전환(SHIFT)' 키워드를 선정, 트렌드의 변화를 파악하고자 하였다.

SHIFT	Small Format	1인 가구와 더불어 맞벌이 가구의 증가에 대한 대형 물품 유통시장보다 소형 맞춤형 플랫폼이 필요하다.
	Hybrid	유통시장의 포화로 인한 업체 간 경쟁 심화로 고객의 다양한 니즈를 반영할 수 있는 융합포맷이 필요하다.
	Intelligent Commerce	빅데이터 기반 의사결정 및 고객 맞춤형 상품개발과 추천을 통해 지능형 유통으로의 변화가 필요하다
	Fun & Experience	기존 오프라인 상품 판매 뿐만 아니라 새로운 재미와 경험을 제공할 필요가 있다
	Technology	상품진열 중심의 아날로그 매장에서 IoT, VR, AR 등을 활용한 미래형 매장으로 진화할 필요가 있다.

2. 유통업 빅데이터 활용

유통업은 4차 산업혁명을 기반으로 로봇, 인공지능, IoT와 같은 기술로 인해 공급에서부터 판매까지 각 단계를 변화시키고 있다.

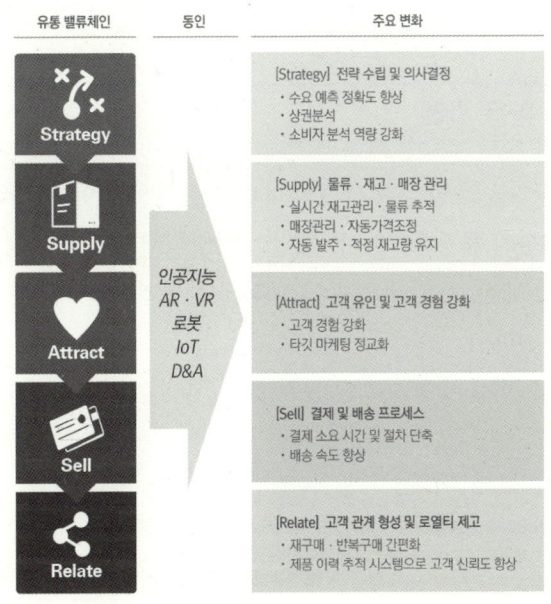

* 출처: 빅데이터의 이해와 금융업에 대한 시사점, KB금융 경영연구소, 2012

4차 산업혁명을 맞아 유통업은 위 그림과 같이 총 5가지로 구분하여 변화를 파악해 볼 수 있다.
- 전략수립 및 의사결정
수요예측의 정확한 예측을 통해 관리비용 절감과 공급물량 부족에 따른 손실을 예방하고 기업의 수익선 개선에 빅데이터를 활용하고 있다. 또한 신규점포 개설시 적절한 위치를 파악하기 위해 인공지능을 이용한 최적의 입지를 선정을 통해 전략적 마케팅이 가능해졌다.
- 물류, 재고, 매장관리
IoT, 로봇, 인공지능 등을 접목한 공급망 관리와 효율적인 관리를 위해 RFID 태그를 통한 실시간 물류시스템이 가능해졌다. 또한 재고의 실시간 관리가 가능해져 관리비용을 절감시킬 수 있다. 매장에서는 IoT 센서를 통해 재고 파악이 가능하게 되어 재고가 떨어질 경우 자동으로 상품을 주문해 주는 시스템을 도입하여 활용하고 있다.

- 고객유인 및 경험강화

AR, VR 등의 신기술을 통해 고객이 직접 물품을 체험해 볼 수 있고 오프라인 매장의 디지털화를 통해 리얼타임 마케팅이 가능해졌다.

- 결제 및 배송 프로세스

결제 간편화, 배송효율화를 통해 구매결정 후 제품을 결제하기까지 걸리는 시간의 최소화와 함께 배송기술의 발달에 로봇기술을 활용하면서 인건비 절감과 배송속도 향상 및 정확도 개선이 가능해졌다.

- 고객관계형성 및 로열티 제고

IoT 기반 스마트 추적시스템, 고객 서비스대응력 강화를 통해 유통기업의 고객만족·신뢰·로열티 확대가 가능해 졌다.

3. 유통업 빅데이터 활용 사례

유통업은 최근 정보통신 기술의 발달로 산업의 다변화를 꾀하고 있다. 이는 온라인, 오프라인, 모바일을 결합한 옴니채널의 등장으로 유통 채널이 확장되어 다양한 기능을 가지게 되었다. 또한 소비자들은 니즈에 대한 부분에 있어 즉각적으로 반영되길 바라는바 빅데이터를 통한 사업확장이 필요하게 되었다.

유통기업은 어떻게 빅데이터를 활용하고 있는지 해외/국내 기업의 빅데이터 활용사례를 살펴보고자 한다.

해외	· 소셜미디어에서 수집한 빅데이터를 활용하여 소비자들의 구매심리와 행동패턴을 파악하여 상품진열 구성 및 결정에 반영하고 자사 빅데이터 분석을 위해 월마트 랩스를 설립하여 검색엔진인 폴라리스를 개발, 온라인 쇼핑몰과 모바일 앱에 적용하여 빅데이터를 수집, 소비자패턴을 분석한 자료를 토대로 재고관리를 최적화하고 매장별 소비자가 원하는 제품을 원활하게 공급할 수 있게 되었다. (월마트) · 전 세계 매장의 판매 및 재고 데이터를 실시간 분석을 통해 재고를 최적으로 분배할 수 있는 시스템을 개발, 각 매장별 최적화를 통해 실시간 고객의 니즈에 대응함으로써 최대 매출을 달성하고 있다. (자라) · 고객의 상품정보를 분석, 구매 예상상품을 추천하고 개인의 구매 성향을 예측해 쿠폰을 제공, 회사 매출을 급 성장 시켰다. 또한 회사매출의 약 35%가 빅데이터 분석을 통한 추천 기반 시스템에서 발생하며 이익의 10%를 빅데이터 추천 시스템 기능향상에 투자하고 있다. (아마존닷컴)
국내	· 롯데는 '엘큐브'라는 이름의 미니 백화점을 선보였다. 이는 기존 백화점과는 다른 차별화를 통해 매장의 크기를 대폭 줄이고, 젊은 세대를 겨냥한 입지 선정과 상품을 판매하고 빅데이터 분석을 통한 고객 세분화를 통해 맞춤형 브랜드 전략을 시도하였다. 최근 엘큐브 홍대점이 게임테마관으로 오픈되어 젊은이들의 호평을 받고 있으며 3개월 만에 집객이 300%가 증가하는 결과를 보였다. (롯데) · ICT 기술을 융합하여 빅데이터 기반 최적의 상품을 제시하고, 물류운영을 통해 최고의 상품을 합리적인 가격으로 제시할 수 있게 되었다. 이를 통해 다양한 품목의 재고 회전율을 높일 수 있었다. (GS 리테일)

국내	· 국내 9만여 개의 수출기업에 대한 빅데이터를 수집하여 수출입현황을 직접 비교하고 수출진단, 품목 및 국가 키워드를 통해 각국의 관세율 및 규제 등을 동시에 확인할 수 있는 서비스를 구현하였으며 각국의 무역통계 정보를 확인할 수 있는 서비스도 탑재하였다. (한국무역협회) · IoT 기술을 이용한 물류 제조 유통 등 공급망관리(SCM)에 빅데이터 시스템을 개발하여 효율적인 공급망 관리가 가능해 졌다. (삼성SDS)

3. 유통업 빅데이터 시사점

유통산업은 정보통신 기술의 발달과 구조적 변화에 대응하여 인프라 정비 및 비즈니스 영역에 접목하여 새로운 기회를 창출할 필요가 있다. 이를 통해 각 업체들은 경쟁우위를 확보하는 전략이 필요하다. 이에 시장환경에 관련된 부분과 고객중심 부분에 있어 시사점을 도출해 보았다.

- 시장환경 및 비즈니스 기회창출

국내 유통기업의 경우 글로벌 유통기업의 국내시장 침투가 활발해 짐에 따라 새로운 시장 경쟁환경과 구도가 형성되고 있다. 이에 국내 유통기업들은 신기술 도입을 통한 신규비즈니스 모델 창출과 시대환경 변화에 적극 대응하고자 하는 모습들이 보이고 있다. 기업간 융합·협업을 통해 표준모델 개발, R&D 활성화를 통해 대응해 나가야 할 것이다. 글로벌 기업의 경우 선도적으로 IoT, 인공지능, AR, VR을 접목해 서비스와 제품을 개발, 출시하고 있다. 국내 유통기업의 경우 아직 그 활용도가 미비하지만. 이러한 신기술의 적절한 접목을 위해 벤치마킹을 시행하고 투자를 다각도로 검토할 필요가 있다. 또한 혁신 기술을 보유하고 있거나 계획하고 있는 스타트업 및 중소기업의 M&A 등을 통해 부가가치 창출방안을 모색해야 할 것이다. 하지만 단순히 트렌드를 쫓고자 한다면 이런 부분에 있어서는 지양할 필요가 있다.

- 고객 중심적

소비자는 과거와 달리 PC, 스마트폰, 태블릿 등 다양한 기기들을 이용해 정보에 대한 쉬운 접근성을 가지게 되었다. 쉽게 정보를 접할 수 있는 요즈음 고객들은 다양한 경로를 통해 물건을 구입하고 있다. 이런 행태로 인해 소비자들은 유통시장을 변화시키고 있다. 기존 고객에게 일방적으로 홍보하고 정보를 제공하던 시대에서 소비자와 실시간으로 연결할 수 있는 환경 구축이 필요하게 되었으며 고객마케팅을 위해 개인의 소비패턴 예측 정교화가 필요한 시점이 되었다. 이에 고객 중심적 환경 구축이 필요하게 되었고 고객 선호를 최우선으로 파악하는 기술을 구축할 경우 비즈니스 시너지 효과를 극대화 할 수 있을 것으로 보인다. BIG

238 빅데이터를 활용한 종합식품업체의 성장

천일식품

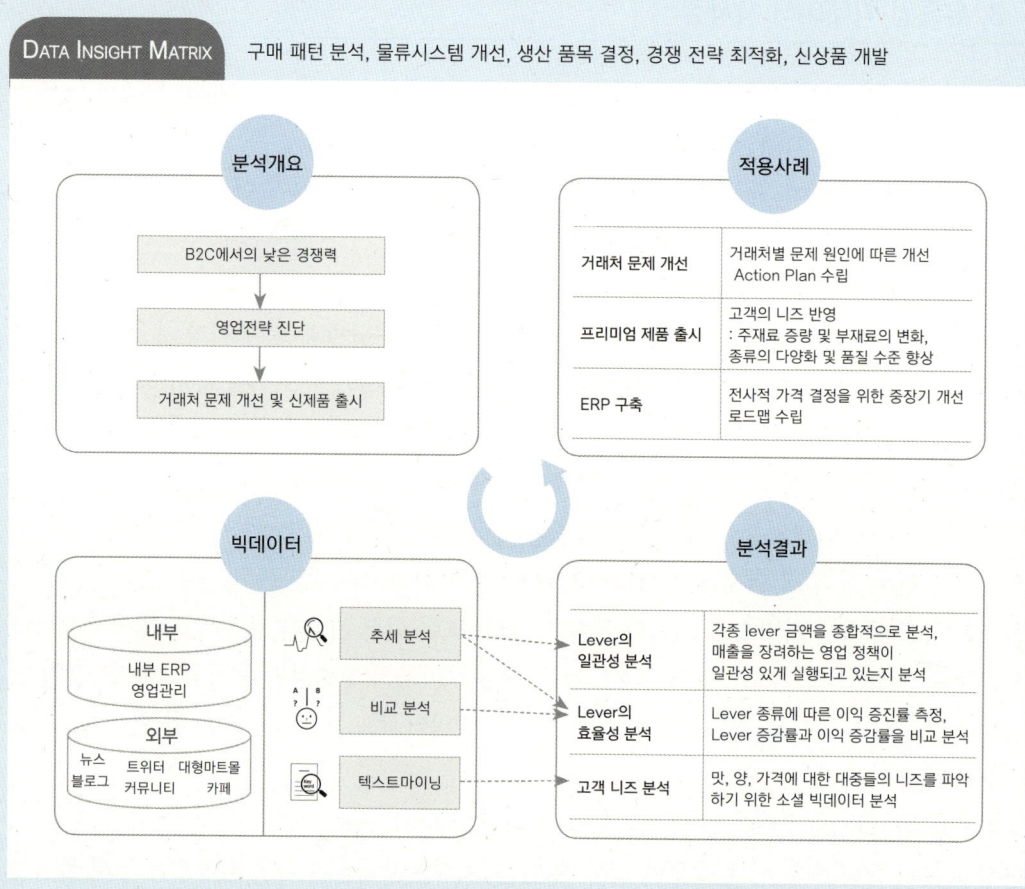

천일식품은 다양한 유통 채널을 통해 제품을 판매하고 있는 국내 냉동식품의 효시기업이다. 천일식품은 기존 B2B 시장에서만 진행하던 거래방식에서 벗어나 B2C 시장으로의 확대 진출을 위해 매출과 이익 향상을 위한 효과적 방법을 모색해왔다. 그 중 하나로, HMR(가정식 대체 식품) 규모가 점차 확대되는 국내 식습관 트렌드를 따라가기로 했다. 천일식품은 HMR과 관련된 PB 상품 및 자체 브랜드 상품을 제조하여 조금씩 매출을 올렸고, 결국 냉동 볶음밥 분야에서는 선두에 위치하게 되었다. 하지만 매출에 비해 매우 낮은 인지도로 B2C 거래에서는 경쟁력이 매우 약한 편이었다. 결국 천일식품에서는 내부 ERP 데이터가 탄탄하다는 장점을 활용하여 빅데이터 분석을 진행하기로 했다. 인지도를 높이기 위해서는 영업이 중요하다는 것을 알고, 영업 부분에서의 개선안을 도출하는 것 뿐만 아니라, 경영 전반적으로도 개선을 진행하고자 했다.

수집데이터	내부 ERP 영업관리 데이터, 뉴스, 블로그, 트위터, 커뮤니티, 카페, 대형마트몰
분석솔루션	Pricing Analytics, 미디어렌즈
참여기업	천일식품(수요기업), 와이프라이싱 파트너스(YPP), ㈜리비(빅데이터 솔루션사), ㈜웨슬리퀘스트(경영컨설팅사)

1. Big Point!

천일식품은 Lever의 경향이 우수한 내부 ERP 데이터를 활용하여, 거래처 단위로 영업 정책이 일관성 있게 진행되고 있는지의 여부를 판별하는 분석을 진행했다. 동시에 구매량이 클수록 제품 단가를 할인해 주자는 경영진의 정책이 합당한 것인지의 여부를 판별하기 위한 분석을 진행하였다.

위와 같은 분석을 진행함과 동시에 고객의 니즈가 무엇인지를 파악하여, 신제품에 개발에 활용하기로 했다. 뿐만 아니라, 분석결과에서 이상값의 결과가 나타나는 거래처와의 영업정책을 수정하는 등의 경영개선을 적극 진행하고자 했다.

• Lever
영업을 장려하기 위한 수단들의 집합 명칭을 의미. 물량할인, 매출장려금, 판관비, 가격할인 등.

2. 활용 데이터와 분석

천일식품은 내부 ERP 데이터를 활용해 영업 정책이 전사적으로 일관성 있게 진행되고 있는지의 여부를 판단하기 위하여 최근 2년의 거래처별 매출액을 X축, 각종 Lever 금액을 Y축으로 하고, 각 거래처를 원으로 표시한 그래프를 작성하여 추세의 경향이 드러나는지의 여부를 분석하였다.

또한 경영진의 의사 결정이 합리적인지의 여부를 판별하기 위해서는 이익 증대에 가장 효과적인 Lever를 찾고자 순이익 증감률을 X축, Lever 금액 증감률을 Y축, 거래처 순이익 규모를 원으로 하는 그래프를 작성하여 제1, 3분면에 원이 많이 분포되는 우상향 추세의 경향이 드러나는지의 여부를 분석하였다.

• ERP(Enterprise Resource planning)
기업 내부의 경영 활동 프로세스들을 통합적으로 연계해 관리해 주며, 기업에서 발생하는 정보들을 공유하고 빠른 의사결정을 도와주는 시스템기업 내부의 경영 활동 프로세스들을 통합적으로 연계해 관리해 주며, 기업에서 발생하는 정보들을 공유하고 빠른 의사결정을 도와주는 시스템.

3. 분석결과

가. 거래처 이슈 분석

영업을 장려하기 위한 수단들의 집합인 'Lever 금액'과 '최근 2년간 거래처 매출액'을 일관성의 기준에서 우선적으로 분석했다. 즉, 영업 정책에 일관성이 있는지의 여부를 분석했다. 그 결과, 매출액과 Lever 금액을 각각 X축, Y축으로 둔 그래프에서 일정한 추세선이 나타나고 있으므로 정책이 일관성이 있다는 것을 알 수 있었다. 하지만 A, B, C번 거래처의 경우에는 이상값으로 분류되었고, 추가적인 지점별 일관성 분석을 통해 총 11개의 이상치 거래처를 추출하였다.

그 후, 효율성의 기준에서 분석을 진행했다. 어떤 Lever가 가장 이익 증대에 효과적인지를 분석하는 효율성 분석의 진행 결과, 물량과 매출 장려금을 결합한 경우 순이익이 증가하여 효율성이 높은 것으로 나타났다. 가격 할인, 반품, 신제품 장려금에 경우에는 순이익 변화가 유의미하지 않은 것으로 나타났다.

• 일관성분석
컴퓨터에 설정된 데이터 처리규칙에 대해 일관성 여부를 확인하는 분석.

나. 프리미엄 제품의 방향 확정

소셜 빅데이터 분석을 통하여 냉동볶음밥에 대한 대중들의 니즈를 분석한 결과, '맛있다, 짜다, 매콤함' 등의 맛에 대한 관심이 가장 크다는 결과를 얻었다. 그 다음 관심 항목으로는 '많다, 적다' 등의 식품의 양이라는 것을 알게 되었다.

4. 빅데이터 분석결과의 활용

가. 거래처 문제 개선

11개의 이상 거래처 중 매출이 큰 폭으로 감소한 A 식품 업체와 매출 성장 전략의 효과를 보지 못한 I 식품 업체를 영업 장려 정책의 일관성이 결여됐다고 판단하여 우선 개선 대상으로 선정했다. 이후, A 식품 업체에 대해서는 매출 장려금 위주로 Lever를 7.1~8.5% 수준으로 상향 조정하거나, I 식품 업체에 대해서는 매출 목표를 낮은 수준으로 유지한다는 가정하에 DC를 감소시키고, 물량/매출 장려금 중심으로 Lever를 15% 수준으로 감소하는 Action Plan을 수립했다

나. 프리미엄 제품 출시

주재료를 증량함과 동시에 부재료에도 신경을 쓴 새로운 프리미엄 볶음밥 4가지를 출시했다. 양이 늘어남과 동시에 가격이 비싸다는 부정적인 의견도 대폭 감소하는 효과를 얻고, 애용하겠다는 소비자의 의견은 증가했다. BIG

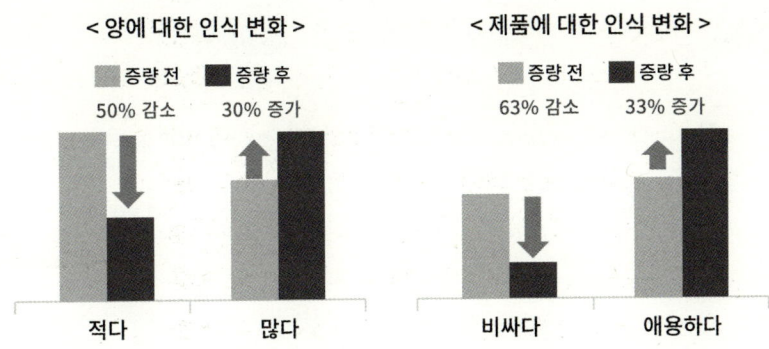

유사사례

- 366p, 크레텍, 빅데이터로 고객 관리 전략 개선
- 490p, 헤세드조명, 새로운 B2C시장의 효과적인 진입의 열쇠
- 494p, 존스킨화장품, 빅데이터를 통한 남성 화장품 인사이트 도출
- 484p, 죠샌드위치, 나를 알고 고객을 알면 백전백승
- 380p, CJ올리브네트웍스, 지속가능한 데이터 생태계
- 362p, 에이치와이스타일, 고객의 요구 사항을 빅데이터로 빠르게 대처
- 558p, 노스페이스, 이제는 아웃도어도 스마트하게 사자
- 472p, 헬로네이처, 빅데이터로 고객의 믿음과 마음을 잡아라
- 510p, 티젠, 빅데이터를 통한 해외 현지 맞춤화 전략 시행
- 274p, 아펙시, 빅데이터 분석을 통한 음악 서비스 사례

239 빅데이터로 성공적인 브랜드 확보

레이틀리코리아

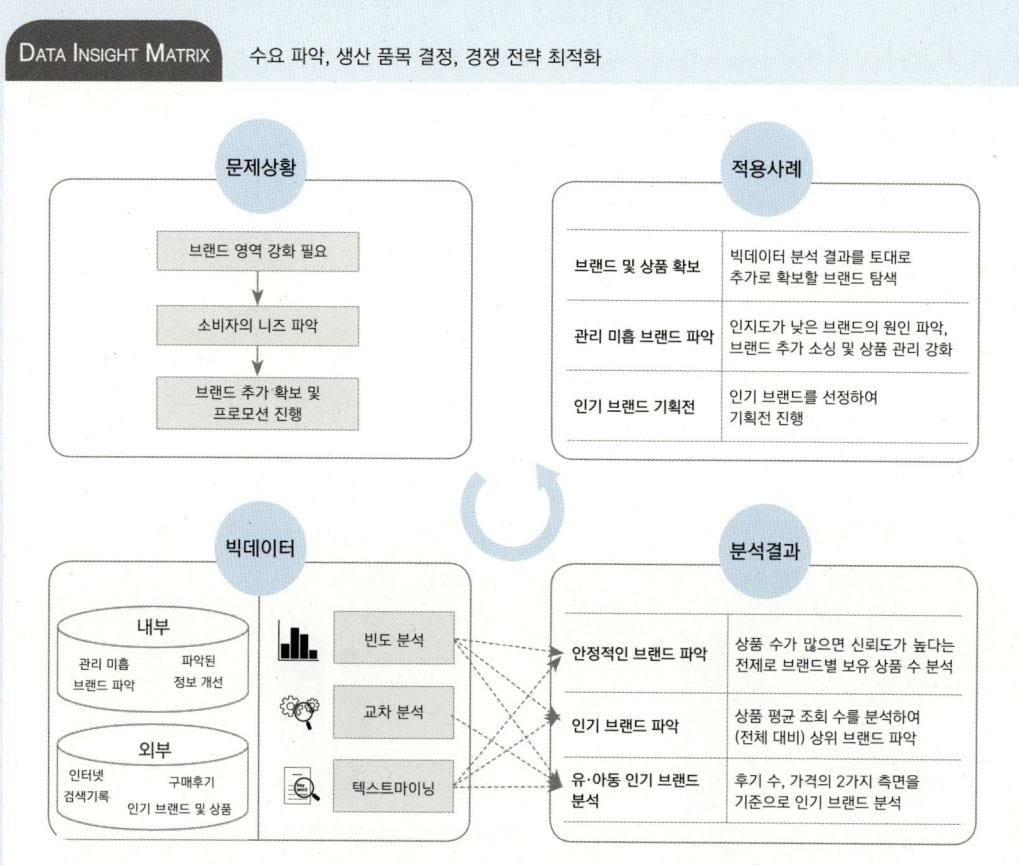

패션상품에 대한 온라인 유통을 전문으로 하던 온라인 쇼핑몰 업체 레이틀리코리아는 기존에는 브랜드 아울렛 상품 위주였던 패션 종합 온라인몰 '프라브(PRAVS)'에 스트릿패션 분야의 상품을 추가하여 브랜드 영역을 확장하고자 했다. 또한 PRAVS에서 매출이 저조했던 유·아동 분야를 강화하여 패션 시장에서의 경쟁력을 높이고자 했다. 패션 시장에서 스트릿패션 분야는 꾸준히 여러 브랜드가 런칭되고 있어 지속적인 강화가 필요하고, 유·아동 분야는 아이들의 빠른 성장 탓에 지속적인 수요가 존재한다는 특성을 지니고 있었다. 레이틀리코리아는 꾸준히 변화하는 소비자의 니즈를 빠르고 정확하게 파악하는 것이 무엇보다 중요하다고 판단했다. 이를 위해 레이틀리코리아는 빅데이터 분석을 활용하여 꾸준히 수요가 발생할 수 있는 패션 브랜드를 확보하고, 성공적인 FW 프로모션을 진행하기로 계획했다.

수집데이터	스트릿패션 및 유아동 쇼핑몰 대상 소비자들에게 공개되어 있는 상품정보와 고객들의 조회 수, 리뷰 수, 별점 총 219,727건
분석솔루션	㈜마인즈랩의 Minds insight
참여기업	㈜레이틀리코리아(수요기업), ㈜마인즈랩(빅데이터 솔루션사), ㈜웨슬리퀘스트(경영컨설팅사)

1. Big Point!

레이틀리코리아는 소비자의 요구를 지속적으로 만족시키고, 계속해서 구매를 발생시킬 수 있는 브랜드를 우선적으로 파악하고자 했다. 이를 위해 각 상품별 조회 수, 별점 등을 분석하여 소비자의 반응, 고객 니즈, 관련 트렌드 등을 파악했다. 어떤 브랜드와 어떤 상품이 인기가 있으며, 그와 관련하여 확보해야 하는 브랜드는 무엇인지에 대한 답을 얻게 된 레이틀리코리아는 그 내용을 FW 시즌의 대형 프로모션을 진행하는데 활용했다.

• FW
Fall, Winter의 의미, 의류업계에서 사용.

2. 활용 데이터와 분석

레이틀리코리아는 스트릿패션 및 유·아동 분야의 쇼핑몰들을 대상으로 하여 인기 브랜드와 상품을 파악해 확보하는 것을 목표로 삼고 프로젝트를 진행했다. 분석을 위해 소비자들에게 공개되고 있는 각 상품의 정보와 상품별 조회 수, 리뷰 수, 별점 등을 수집하여 활용했다. 또한 분석을 진행하기에 앞서 많은 수의 상품을 가진 브랜드가 신뢰도와 구매율이 높다고 가정했으며, 각 상품에 대해서는 조회 수가 높아야 인기 있는 상품이라고 가정했다. 레이틀리코리아가 강화하고자 하는 유·아동 분야 기획전의 경우, 가격대가 고객 선호에 큰 영향을 미칠 것이라 판단하여 가격과 인기도의 2가지 측면을 모두 고려하여 분석을 진행했다.

유사사례
- 234p, 플레이타임, 고객들의 소리가 된 빅데이터
- 254p, 스타캐스트, 빅데이터로 빠르게 진화한 MLB
- 566p, 메타빌드, 생산 라인 개선 방향도 빅데이터로 선정
- 554p, 대우조선해양, 선박제품 신수요 창출과 MRO 서비스 개발
- 350p, 천일식품, 빅데이터를 활용한 종합식품업체의 성장
- 542p, 삼성중공업, 빅데이터를 이용한 공정의 최적화
- 538p, 태정, 생산 저해 요인도 빅데이터로 개선하자
- 326p, 매일유업, 에너지 최적화를 통한 매출 증가
- 550p, 현대중공업, 작업시간의 효율적 분배로 생산성 향상
- 546p, 유라, 딥러닝 기술기반 대용량 제조 데이터 분석 서비스 플랫폼

유통
유통
활용분야
상품
마케팅
실시간 예측
비용 절감
품질 관리 및 운영
위험 사전 예방
보안 및 관리
상품·서비스 개선
플랫폼

3. 분석결과

가. 안정적인 브랜드 파악

레이틀리코리아는 그동안의 경험을 통해 많은 수의 상품을 가지고 있는 브랜드가 고객 신뢰도와 구매율이 높다고 판단하여 상품 보유수가 높은 브랜드를 발견하고자 했다. 분석 결과 브랜드별 상품 수는 30개 미만부터 200개 이상까지 매우 다양했다. 그 중, 상품 수가 30개 미만인 브랜드가 820개로 전체의 51%를 차지했다. 그보다 조금 더 많다고 볼 수 있는 30개 이상 50개 미만인 브랜드가 18%, 50개 이상~100개 미만인 브랜드가 전체의 17%, 100개 이상~200개 미만인 브랜드가 10%였다. 하지만 상품의 수가 200개 이상인 브랜드는 총 7개로 전체의 4%밖에 되지 않았다. 이 사실을 발견한 레이틀리코리아는 200개 이상의 상품을 가지고 있고, PRAVS의 콘셉트에 적절한 새로운 브랜드를 선정한 후 소싱을 진행하기로 결정했다.

나. 인기 브랜드 파악

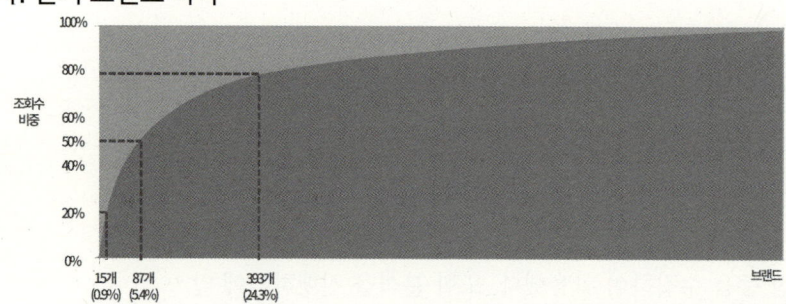

브랜드 내 상품의 평균 조회수를 파악한 결과, 전체 브랜드에서 24% 밖에 되지 않는 393개의 브랜드가 전체 조회 수의 80%에 해당하는 비중을 차지하고 있었다. 반면, 전체 브랜드에서 75.7%를 차지하는 1,425개 브랜드는 전체 조회수의 20%만을 차지하고 있었다. 또한 상품 평균 조회수가 높은 상위 10개 브랜드의 조회수는 전체브랜드의 평균 조회수보다 25배나 높게 나타났다. 레이틀리코리아는 상품 평균 조회 수가 높은 브랜드들을 확인하여 인기 브랜드를 파악할 수 있었으나, 당장 해당 브랜드들을 소싱하기에는 어려움이 존재해 스트릿패션의 분야를 성장시킨 후 인기 브랜드를 확보하고자 하는 계획을 수립할 수 있었다.

다. 유·아동 인기 브랜드 분석

유·아동 분야의 경우 브랜드별 가격과 상품평의 수를 기준으로 인기 브랜드를 파악했다. 그 결과, 가격대에 상관없이 인기가 많은 브랜드와 저렴한 가격대에서 인기가 많은 브랜드의 목록은 전혀 다르게 나타났다. 또한 고가 제품의 브랜드보다는 1~2만 원대의 상품이 중심인 브랜드의 인기가 더 높음을 확인할 수 있었다.

4. 빅데이터 분석결과의 활용

가. 브랜드 및 상품 확인

분석 결과로 파악한 상품수가 200개 이상인 브랜드 중에서 자사와 콘셉트가 유사한 브랜드 20여 개를 확보할 계획을 세웠다. 2015년 11월 말을 기준으로 BOY LONDON, JBANS CLASSIC, Champion 등의 10개 브랜드의 확보를 완료했으며, 그 결과로 3,000개의 상품을 추가로 확보할 수 있었다. 그 외 인기 브랜드로 선정된 다른 브랜드들도 추후에 추가 확보를 진행하고자 하였다.

이렇게 빅데이터 분석 결과를 활용하여 브랜드 소싱을 진행한 결과, 그동안 브랜드 탐색에 들였던 시간과 노력을 대폭 줄여 업무 생산성을 향상시킬 수 있었다. 더불어 브랜드를 추가로 확보한 시점부터 쇼핑몰 방문자 수가 급격히 증가하여, 2015년 11월에는 전월에 비해 방문자 수가 39% 증가하는 성과를 거둘 수 있었다.

나. 관리 미흡 브랜드 파악 및 개선

레이틀리코리아는 분석을 통해 파악한 유아동 분야의 인기 브랜드들이 자사 쇼핑몰 PRAVS에서는 인기 수준이 높지 않다는 점을 발견하고, 그 원인을 파악해 보았다. PRAVS는 오프라인 매장의 상품을 온라인에서 판매할 때의 전 과정을 연결해주는 플랫폼인데, 오프라인 패션몰 제휴업체 중 하나인 뉴코아아울렛 강남점 매니저의 상품 관리 미흡으로 인해 PRAVS에서 인기 브랜드의 판매가 잘 이루어지지 않은 것으로 파악되었다. 레이틀리코리아는 이러한 점을 해결하고 관리 미흡 브랜드를 정상화시키기 위해, 2001년 아울렛 분당점 추가 소싱을 통해 상품 관리를 강화했다.

다. 인기 브랜드 기획전

스트릿 분야 인기 브랜드와 1~2만원대의 유·아동 인기 브랜드들에 대해 노출 및 프로모션의 목적으로 각 브랜드별 기획전을 진행했다. BIG

240 빅데이터를 통한 매장 고객의 분석

서양네트웍스

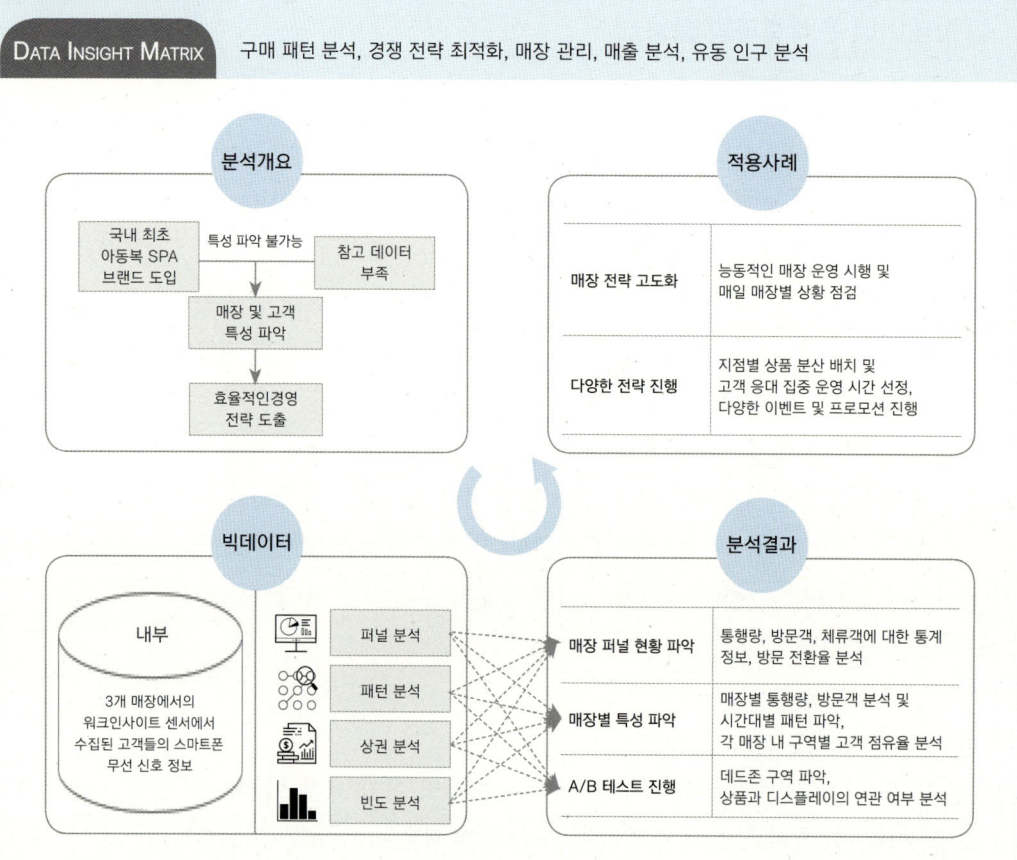

아동복 전문 유통 브랜드인 서양네트웍스는 2015년 국내 55개 백화점 아동복 코너 매출 1위를 달성한 규모 있는 중견기업으로, 국내 최초의 아동복 SPA브랜드 레핑차일드를 런칭하여 오픈 300일만에 전국에 28개의 매장을 설립하는 공격적인 전략을 진행하고 있었다. 하지만 SPA브랜드 특성상 넓은 매장에 제품을 디스플레이 하기 때문에, 매장 내 위치에 따른 제품별 매출을 측정할 지표가 없어 시즌 별로 MD의 재량에 맞추어 전시하거나 매출량에 따라 제품 디스플레이에 대한 의사결정을 해야만 했다. 위와 같은 사례는 국내 최초이기 때문에 참고할 데이터가 적은 상황이었다. 서양네트웍스는 이러한 상황을 극복하고 브랜드 및 매장을 성장시키고자 빅데이터를 활용하여 매장 위치별, 시간대별 고객들의 특성과 매장의 고객 체류율 등을 파악하기로 했고, 그 결과를 활용해 매장별 프로모션의 차이를 두어 가장 효율적인 경영 및 마케팅 전략을 세우기로 했다.

수집데이터	서양네트웍스 레핑차일드 3개 매장에 설치된 워크인사이트 센서에서 수집된 고객들의 스마폰 무선신호 정보
분석솔루션	워크인사이트
참여기업	㈜서양네트웍스(수요기업), ㈜조이코퍼레이션(빅데이터 솔루션사)

1. Big Point!

서양네트웍스는 스퀘어원점, 코엑스몰점, 세종점 3개 매장 고객들의 스마트폰 무선 신호 정보를 수집하여 분석한 뒤, 각 매장들의 시간대별, 날짜별 등 다양한 특성을 파악하여, 매장 방문 고객들의 패턴을 파악할 수 있었다. 이후, 고객들의 다양한 행동 패턴 중에서 어떠한 것들이 매출 증가에 더 긍정적인 영향을 주는지를 파악하기로 했다. 이를 활용하여 다양한 전략을 수립해 전국의 각 매장들을 운영하고자 했다.

2. 활용 데이터와 분석

서양네트웍스는 서로 다른 상권에 들어서있는 각 매장별 특성과 매장 내 고객들의 패턴을 파악하기 위해 매장을 그룹별로 정의한 뒤, 래핑차일드 3개 매장에 설치된 '워크인사이트 센서'로 수집한 고객들의 스마트폰 무선신호 데이터를 수집했다. 수집한 데이터를 활용하여 매출의 발생 요인을 분석하기에 용이한 퍼널 분석으로 매장의 경쟁력을 진단하였다. 또한 시간대별 방문객 패턴을 파악했으며, 구매전환율과 재방문 비율을 분석했다. 이렇게 분석된 데이터를 통해 매장별 전략을 수립하게 되었다.

• 퍼널(Funnel) 분석
고객의 유입에서부터 제품 구매로 이어지는 흐름을 파악하는 분석으로, 특정 고객이 방문객 → 체류객 → 구매객으로 전환되는 변화 흐름을 파악하고, 매장 내에서의 행동 패턴 변화를 분석하는 것

3. 분석결과

가. 매장 퍼널 현황 파악

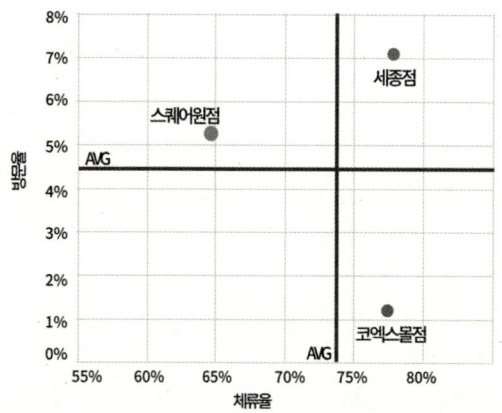

패널지표	LC 세종점	LC 코엑스몰점	LC 스퀘어원점
통행량	4,150	10,827	11,740
방문율	6.7%	1.1%	4.4%
방문객	306	123	621
체류율	79.1%	77.4%	64.4%
체류객	239	96	400

(단위:명)

세종점의 통행량은 높은 수치가 아니었지만, 외부 통행량 대비 6.7%라는 높은 방문전환율을 나타내고 있었으며, 체류전환율도 79.1%였다. 그에 비해 통행량이 2배 이상 많은 코엑스몰점은 하루 1만명 이상의 인구가 이동함에도 불구하고 실제 매장 방문객은 세종점의 반도 되지 않는 수치로 나타났고, 유동인구 대비 가장 효율적이지 못한 지점이라는 결과가 나타났다.

나. 매장별 특성 파악

	세종점	코엑스몰점	스퀘어원점
입주상권	주거지역 상권	오피스 상권	쇼핑 상권
주고객	주거지역 주민	오피스 인력 및 쇼핑고객	쇼핑 목적의 고객
방문율	6.7%	1.1%	4.4%

쇼핑 상권인 코엑스점과 스퀘어원점은 주말이나 연휴 당일에 고객이 많고, 주거지역 상권인 세종점은 연휴 직전에 방문율이 높았지만, 대부분 요일에 관계없이 고른 분포의 방문율을 보이고 있었다.

매장 내 구역별 점유율의 경우, 세종점은 카운터 구역의 점유율이 가장 높았으며, 카운터 앞과 왼쪽 옆이 가장 낮게 나타났다. 코엑스몰점의 경우에는 입구가 가장 점유율이 높았으며, 제일 안 쪽이 가장 낮게 나타났다. 스퀘어원점은 매장 입구 쪽의 점유율 마저도 낮게 나타났다. 위와 같은 결과를 통해 상품 재배치 등 효율적인 매장 운영 방안을 도출할 수 있었다.

4. 빅데이터 분석결과의 활용

가. 매장 전략 고도화

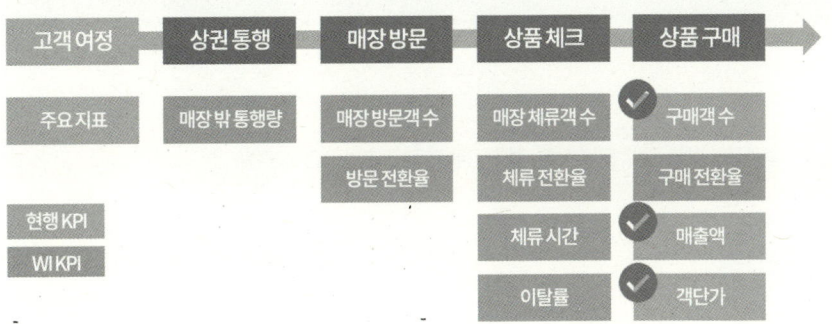

위와 같은 워크인사이트 솔루션을 도입하여 매일 매장별 상황을 점검하며 정량적인 매장 진단이 가능하고, 매장 담당자 및 매니저들이 능동적으로 매장을 운영할 수 있는 동기부여가 되었다. 또한 일괄적이었던 본사의 매장 운영 방침을 각 매장별로 진행할 수 있도록 개선하여, 커스터마이즈된 전략을 적용할 수 있었다.

• 워크인사이트
조이 코퍼레이션에서 제공하는 솔루션으로, 오프라인 매장의 방문객 통계정보와 기반으로 매출 원인 분석 및 영업관리 개선을 지원함. 주요 서비스로는 퍼널분석,존분석,상권분석,직원 운영 최적화 등이 있음.

나. 다양한 전략 진행

각 지점별 전략적인 상품 분산 배치를 통해 모든 Zone의 방문객을 늘리고, 방문객들의 체류 시간을 증가시키고자 했다. 또한 효율적인 매장 운영을 위해 각 매장별로 통행량이 많은 시간이나 방문율이 높은 시간에 고객 응대 인원을 늘리는 등 집중 운영 시간을 설정하여, 매장 운영 스케줄을 조정했다. 그 외에도 오픈 300일 기념 특가 이벤트, 블랙 프라이데이 프로모션, 소셜 커머스와의 협력 등 다양한 이벤트 및 프로모션을 진행하고 있다. BIG

유사사례
- 376p, Clubo, 빅데이터로 매장 운영효율화의 방향을 잡다
- 480p, AnC, 빅데이터가 찾아준 효과적인 마케팅
- 384p, 더블유쇼핑, 고객별 추천 시스템을 통하여 매출 증가로
- 396p, 롯데백화점, 빅데이터로 세우는 새로운 마케팅 전략
- 274p, 아펙시, 빅데이터 분석을 통한 음악 서비스 사례
- 380p, CJ올리브네트웍스, 지속가능한 데이터 생태계
- 362p, 에이치와이스타일, 고객의 요구 사항을 빅데이터로 빠르게 대처

241 고객의 요구 사항을 빅데이터로 빠르게 대처

HY스타일

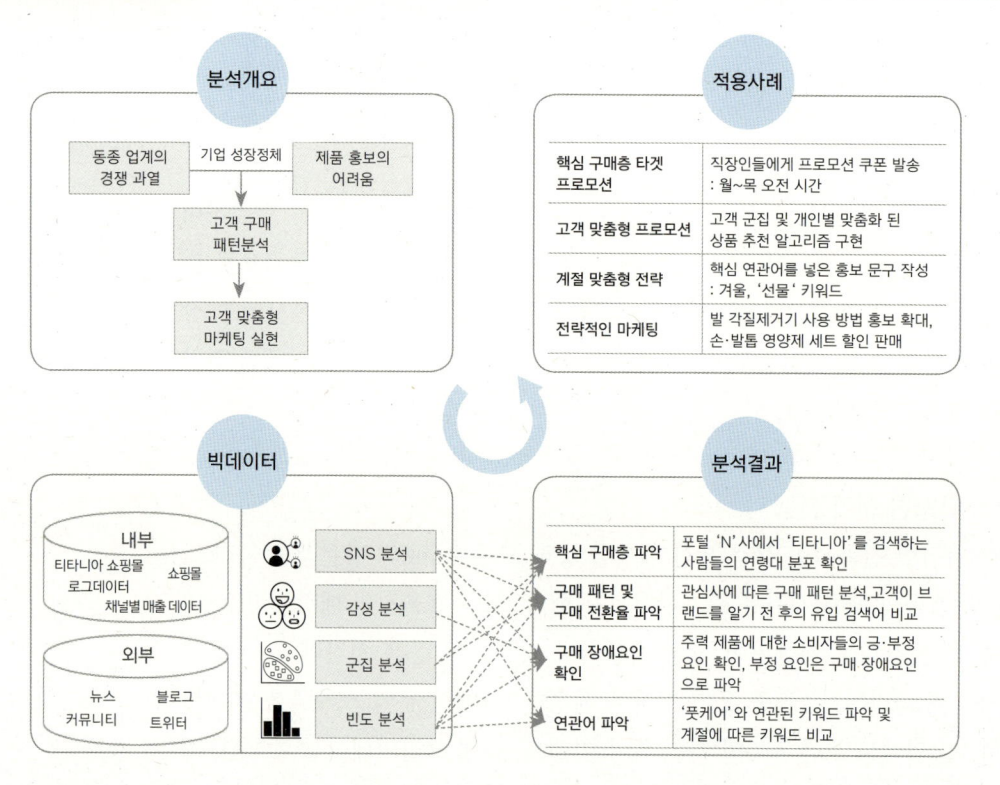

수입브랜드 유통사업을 하고 있는 HY스타일은 독일의 풋케어 전문브랜드인 '티타니아'와 가위 판매업체 '파울가위' 등의 해외브랜드를 수입하여 판매하는 일을 주로 하고 있다. 또한 웹 에이전시를 인수 합병하여 홈페이지 및 쇼핑몰, 홍보물 콘텐츠 제작사업도 겸임하고 있다. 수입브랜드 쇼핑몰 운영에도 홍보 콘텐츠 제작기술을 발휘하여 두 사업에서의 긍정적인 시너지를 얻고 있었다. 하지만 2000년대 초 풋케어 제품인 발 샴푸와 발 스프레이 등이 20~30대 여성층에게 폭발적인 관심을 얻은 후, 경쟁 브랜드들이 대거 등장하게 되면서 풋케어 제품의 시장 경쟁이 과열되었다. 또한 이·미용품 제품의 법적 특성상 '무좀 제거'와 같은 의료 효과성 홍보가 불가능하기 때문에 대중들에게 접근하는 것이 쉽지 않았다. 이로인해 기업 성장 측면에서 힘든 상황에 놓이게 된 HY스타일은 빅데이터 분석을 통해 새로운 성장 동력을 확보하기로 했다.

수집데이터	티타니아 쇼핑몰 로그데이터, 채널별 매출 데이터, 뉴스, 트위터, 커뮤니티, 블로그, 쇼핑몰
분석솔루션	통계패키지 R, (주)리비 미디어렌즈
참여기업	(주)에이치와이스타일(수요기업), (주)리비(빅데이터 솔루션사)

1. Big Point!

HY스타일은 주력 상품인 독일의 풋케어 브랜드 '티타니아' 제품의 경쟁 업체가 등장하고, 효과적인 마케팅에 어려움을 겪고 있는 상황에서 풋케어 시장과 고객을 제대로 파악하여 매출을 상승시키고자 했다. 그러기 위해서 고객군 및 구매 패턴을 분석하고, 고객들의 인식을 파악해 시장에 대해 객관적으로 인식하고자 했다. 이를 기반으로 새로운 마케팅 포인트를 도출하여 브랜드 운영에 활용했다. 또한 분석 결과를 바탕으로 고객군 및 개인별 맞춤 상품 추천 알고리즘을 개발하여 고객 경험을 고도화했다. 고객들의 불만 및 요구 사항 또한 빠르게 피드백하고 해결점을 제시하여 고객 서비스를 개선했다.

2. 활용 데이터와 분석

HY스타일은 고객들의 특성을 파악하여 고객을 세분화하고, 전략적인 타겟 마케팅을 실시하고자 했다. 그러기 위해서 가장 먼저 고객들의 특성 및 요구 사항 파악에 활용할 다양한 SNS 데이터와 자사 쇼핑몰 로그 데이터, 경로별 매출 데이터를 함께 수집했다. 또한 로그 데이터만을 통해서는 고객들의 연령 정보를 알 수 없기 때문에 'N'사에서 티타니아를 검색하는 사람들의 연령 분포를 수집했다. 또한 고객군을 세분화하기 위해서 군집분석을 진행하였으며, 자사의 주력 제품에 대한 불만 사항을 파악하고자 제품에 대한 고객들의 감성 분석을 진행했다.

• 로그 데이터
IT 인프라 내에서 발생하는 모든 상황에 대한 데이터. 주로 어떤 루트를 통해 접속하고 어떤 행위를 언제 하였는지에 대한 부분을 기록한 데이터.

3. 분석결과

가. 핵심 구매층 파악

자사 쇼핑몰의 요일별 상품 주문량을 파악한 결과, 주중인 월~목요일의 주문량이 주말인 금~일요일의 주문량에 비해 현저히 높게 나타났다. 디바이스별로 분석한 결과로는 모바일 55%, PC 45%로 큰 차이가 없는 것으로 나타났다. 국내 포털사이트 'N'사에서 '티타니아'를 검색한 고객의 연령대를 파악한 결과로는 25세~39세의 인원이 전체의 70%를 차지하는 것을 알게 되었다. 위 결과들을 바탕으로 직장인들이 근무시간에 PC 컴퓨터를 통해 티타니아몰에 접속 후 제품을 구매하는 경향이 높을 것이라 판단하게 되었다. 이를 통해 25~39세 직장인을 온라인 채널의 타겟고객으로 선정하고, 해당 연령대의 고객에 맞는 마케팅 전략을 수립하기로 했다.

나. 고객 구매 패턴 파악

유입 검색어를 기반으로 고객에 대한 군집분석을 수행해 고객을 5개의 그룹으로 분류했다. 그 후 고객의 제품 거래 데이터를 군집정보와 결합하여 각 군집별 주요 구매제품 및 구매패턴을 파악했으며, 구체적인 내용은 아래의 표와 같다.

• **군집분석**
각 개체들의 유사성을 근거로 유사성이 높은 개체들을 집단으로 분류하는 분석방법

	사은품을 좋아하는 발각질관심 고객	오직 발각질 관심고객	장바구니 품목이다양한 손발톱 고객	발냄새 제품만 좋아하는 고객	기타 이것저것 구매고객
유입 검색어	1. 발각질	1. 발각질 2. 굳은살	1. 발톱 2. 손톱 3. 무좀	1. 발냄새 2. 땀 3. 발샴푸 4. 발스프레이	1. 풋크림 2. 갈라짐 3. 깔창 4. 발패드
주요 구매제품	• 발각질 제품 • 풋크림 제품 • 기타 제품 • 발냄새 제품	• 발각질 제품	• 손 관련 제품 • 기타 상품	• 발냄새 상품	• 풋크림 상품 • 보호용 쿠션
구매패턴	• 사은품과 함께 제품 구매하는 경우가 많음 • 구매량이 많고 구매 제품 종류도 다양함	• 콘커터류 상품을 많이 구매함	• 손발톱 외에 다른 제품 구매 비율도 높음	• 발냄새 제품만 구매하는 경향 존재 • 세트 상품으로 구매하는 경향이 높음	• 구매 제품 종류가 다양함

다. 구매 장애요소 확인

쇼핑몰 로그데이터를 이용해 방문자들이 어떤 검색어를 통해 쇼핑몰에 들어왔는지를 파악해보았다. 그 결과 '각질'에 대한 검색량은 압도적으로 많으나, 관련 상품인 '각질제거기', '일렉트로닉리무버' 등은 검색이 잘 이루어지지 않고 있었다. 그 이유를 파악하기 위해 HY스타일은 각질제거기와 자사의 주력 제품에 대한 고객의 후기를 수집하여 긍정/부정 요소를 분석했다. 고객들은 각질제거기가 거칠고, 커터 칼의 수명이 짧다는 등의 '낮은 품질'에 대한 불만을 가지고 있었다. HY스타일은 고객들이 각질 제거기에 대한 사용법을 제대로 알지 못해 이러한 결과가 나왔다고 판단하고, 사용방법을 고객에게 효과적으로 알리기 위한 방법을 모색했다.

라. 계절별 제품 관련 키워드 파악

자사 쇼핑몰의 로그 데이터 분석을 통해 계절별 제품 관련 키워드를 파악한 결과, 여름에 많이 검색되는 키워드는 발, 샌달, 냄새, 땀 등이 있었으며, 겨울에 많이 검색되는 키워드에는 크림, 선물용 등의 키워드가 있었다.

4. 빅데이터 분석결과의 활용

가. 핵심 구매층 타겟 프로모션 진행

25세~39세의 직장인들이 근무 시간에 PC를 사용하여 구매를 많이 한다는 점을 이용하여 월~목요일 오전 시간에 맞춰 프로모션 쿠폰을 발송하고, 점심시간쯤에는 홍보 이메일을 발송하는 방식으로 마케팅을 진행했다.

나. 고객 맞춤형 프로모션 진행

고객 그룹별 구매 패턴이 다르다는 것을 파악하고, 고객군 및 개인별로 맞춤화된 상품을 추천해주는 알고리즘을 개발했다. 이 알고리즘은 거래 내역 데이터에 존재하는 상품과 유사 정도가 높은 상품을 추천해주는 방식으로 만들어졌으며, 에이치와이스타일은 이 알고리즘을 이용해 상품 추천 프로모션을 진행했다.

다. 계절 맞춤형 전략

'풋케어'와 관련하여 겨울철에 자주 등장한 '선물' 키워드를 활용하는 전략을 세우기로 했다. '선물하기' 기능이 활성화되어 있는 'K'사의 앱 페이지에 크리스마스, 연말, 새해 등의 특별한 날에 티타니아 제품을 선물하라는 문구를 작성하여 홍보를 진행했다.

라. 전략적인 마케팅

발 각질제거기에 대한 사용법이 미숙하여 불편함을 느끼는 사람들의 불만을 해소하기 위해 사용 과정을 녹화한 영상 콘텐츠를 제작하여 Youtube 및 홈페이지 등 다양한 채널에 업로드했다. 또한 손발톱 영양제의 용량이 작다는 불만을 해소하기 위해 기존 판매가보다 30% 할인된 가격으로 손발톱 영양제 5개를 세트로 구성해 판매하는 행사를 진행했다.

> **유사사례**
> - 484p, 죠샌드위치, 나를 알고 고객을 알면 백전백승
> - 444p, 라이클, 데이터를 활용한 효율적인 마케팅 전략 수립
> - 448p, MRD, 빅데이터로 국내시장 장악

242 빅데이터로 고객 관리 전략 개선

크레텍

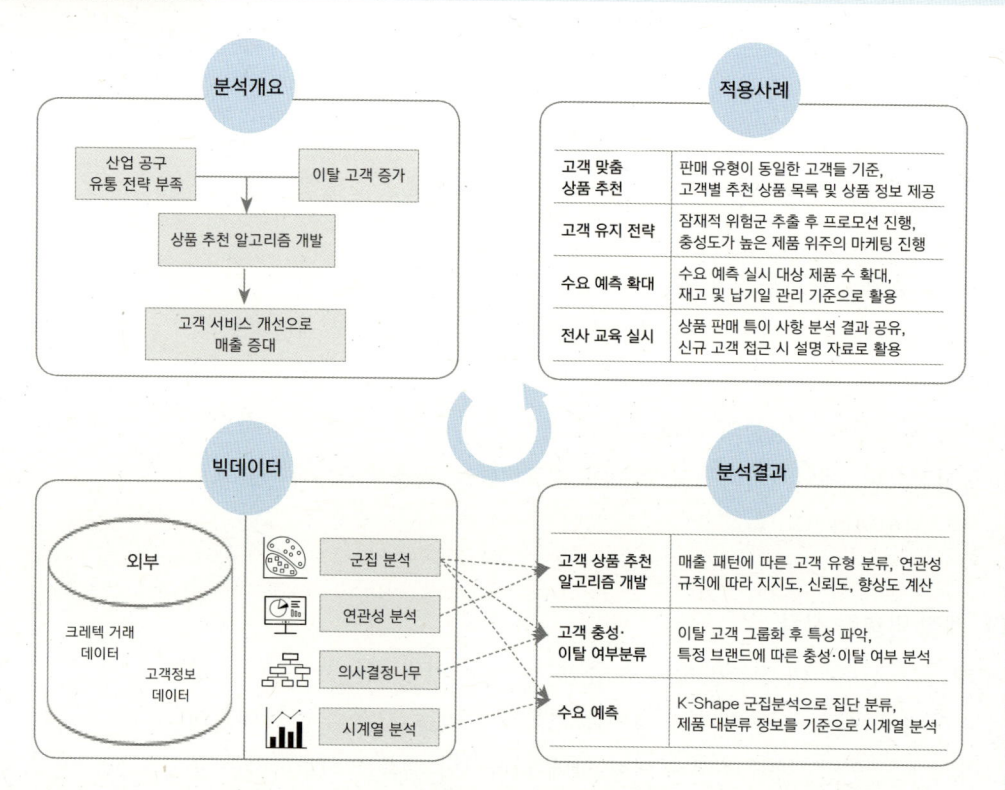

산업공구 유통기업인 크레텍은 47년의 업력을 내세워 유통시장에서 가장 높은 점유율을 차지하고 있다. 수많은 산업 공구 용품들을 각각 분류하여 집대성하고 바코드 및 전자주문 결제시스템을 도입하는 등 공구 업계 최초로 과학적 유통망을 세우기도 했다. 또한, 1989년 13만여 공구 정보를 담은 한국 산업공구 보감을 자체적으로 제작하여 산업공구의 표준을 제시할 정도로 공구업계의 혁신을 이루었다. 크레텍은 제품 가격에 민감한 산업공구 유통시장 고객들의 신뢰를 얻고, 편의성을 제공하기 위해 CTX(온라인주문시스템, CreTec eXpress)에 시장표준가격 제시의 의도로 자사 판매가격 정보를 공개했다. 하지만 크레텍의 가격 정보를 쉽게 얻게 되어, 경쟁사에서 더 낮은 가격으로 고객을 유인하는 현상이 발생 하여 이탈 고객이 갈수록 증가하는 문제를 겪게 되었다. 따라서 크레텍은 고객사가 언제, 어떤 공구를 필요로 할지 선제적으로 제안할 수 있는 서비스를 제공하는 것이 필요하다고 판단하여, 빅데이터 분석을 통해 답을 찾고자 했다.

수집데이터	크레텍 거래데이터, 고객정보 데이터
분석솔루션	통계패키지 R, Python
참여기업	크레텍(수요기업), (주)웨슬리퀘스트(빅데이터 솔루션 & 경영컨설팅사)

1. Big Point!

크레텍은 산업공구 유통시장에서의 점유율을 다시 올리기 위해 내부에 축적된 데이터를 활용하여 고객별 맞춤 상품 추천 시스템을 개발하여 이탈 고객을 관리하기로 했다. 빅데이터 분석을 통해 재현율(추천한 제품 목록 중 실제 고객이 구매한 제품 비율) 80%의 상품 추천 알고리즘을 개발한 크레텍은 해당 정보를 영업 부서에 제공하거나, 재구매율이 높은 상품 위주로 마케팅을 진행하는 등 전략적인 활동을 진행했다. 또한 예측 오차율이 2.5%인 수요 예측 모형을 개발하여 이용하였으며 최근 지수평활법을 기반으로 예측 오차율을 1%대로 향상시키기도 했다.

• **지수평활법**
시간에 따라 관측되는 데이터에서 미래의 값을 예측할 때 최근 데이터에서 멀어질수록 작은 가중치를 부여하는 기법. 이 때 가중치는 시간의 지수 함수에 따라 주어지게 됨.

2. 활용 데이터와 분석

ERP를 통해 10년 가까이 축적한 정형화된 거래 데이터와 고객 정보 데이터를 활용하여 고객 관리에 대한 답을 찾고, 고객 이탈 이슈에 대응하기로 했다. 크레텍은 고객별 맞춤 상품 추천 알고리즘 개발을 위해 연관성 규칙과 협업 필터링 방식을 사용하여 재현율을 파악했다. 또한 군집 분석을 함께 사용한 Popular 방식의 알고리즘을 도출했다. 각각의 성능을 테스트한 결과 popular 방식의 재현율이 80%이상으로 가장 우수하게 나타났으며 이를 통해 영업활동에 적극 활용할 수 있었다. 추가적으로 우수고객과 이탈고객을 그룹화하여 각자에 영향을 주는 요소를 파악하기 위해 최근 3년의 평균 매출액을 기준으로 군집분석을 진행하여 고객의 충성도에 영향을 주는 요소가 무엇인지 파악해 보고자 하였다.

• **ERP (Enterprise Resource planning)**
기업 내부의 경영 활동 프로세스들을 통합적으로 연계해 관리해 주며, 기업에서 발생하는 정보들을 공유하고 빠른 의사결정을 도와주는 시스템.

• **협업필터링**
고객의 소비 기록, 이용 형태 등을 분석하여 고객이 선호할만한 제품이나 서비스를 예측하는 기법. 예를 들어 같은 콘텐츠를 선호하는 고객들은 취향이 비슷할 것이라는 가정 하에 '갑'이 a, b 콘텐츠를 좋아하고 '을'이 b,c 콘텐츠를 좋아한다면 갑에게는 c를, 을에게는 a를 추천하는 방식을 의미함.

3. 분석결과

가. 고객 상품 추천 알고리즘 개발

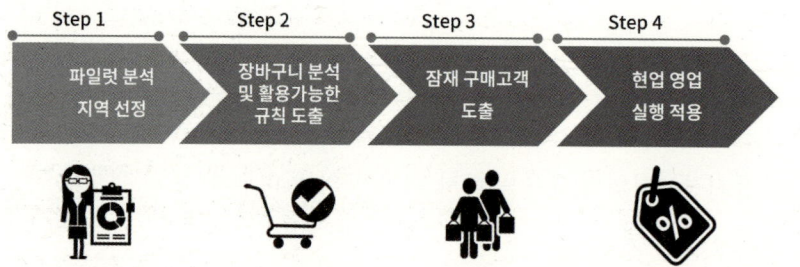

상품 추천 알고리즘을 개발하기 위해 장바구니 분석을 수행했다. 분석 과정으로는 1. 분석을 진행할 때 내부적으로 지정한 최소 신뢰도보다 큰 신뢰도 값을 가지는 규칙들을 파악한 후, 그 중에서도 향상도가 높은 규칙들을 선별했다. 2. 선별한 규칙들을 기반으로 고객이 특정 상품을 구매할 때 함께 구매할 가능성이 높은 다른 제품들에 대한 리스트를 생성하였다. 3. 리스트와 고객의 구매정보를 함께 고려하여 특정 상품에 대한 잠재 고객을 도출하고자 하였다. 예를 들어, 연관규칙에서 '5188' 제품과 관련성이 높은 제품들은 '4189', '4992' 등이라는 결과가 나왔을 때, '4189' 제품은 구매했으나 '5188' 제품을 구매하지 않은 고객들을 '5188'을 구매할 잠재 고객으로 규명하고, 그 명단을 파악하였다. 그 명단 중에서도 '5188'의 연관상품들을 많이 구매한 고객일수록 '5188'제품을 구매할 가능성이 더욱 높은 고객이라고 판단했다. 하지만 해당 분석을 진행한 결과는 재현율이 33%~68%수준으로 나타나 크레텍 내부의 자체적인 기준에 의해 재현율이 높지 않다고 판단하였다. 그 원인은 고객별 판매 형태에 따라 결과 차이가 발생한다고 판단하여, 판매 비중 정보를 바탕으로 군집분석을 실시하여 판매 유형별로 고객군을 세분화했다. 고객 판매유형을 납품/도매/소매 유형으로 분류하고 위 상품 추천 과정을 다시 실시한 결과, 재현율이 81%로 우수하게 나타났다.

나. 고객 충성·이탈 여부 분류

최근까지 제품을 구매한 고객들은 '충성 고객'으로 분류하고, 현재 매출이 발생하지 않는 고객을 '이탈 고객'으로 분류하여 분석을 진행하였다. 그 결과, 충성 고객들은 대부분 'G'와 'W' 브랜드의 제품을 구매했지만, 이탈 고객들의 경우 대부분 'B' 브랜드의 제품을 구매한 것으로 나타났다. 추가적으로 'G'와 'W' 브랜드의 제품을 구매하지 않은 경우 이탈률은 80% 이상인

• **신뢰도**
분석 혹은 검사 결과의 일관성을 알아보는 지수.

• **향상도**
가령 A→B의 연관 규칙에서 임의로 B가 구매되는 경우, A의 관계가 고려되어 구매되는 경우의 비율.

• **재현율**
정보 검색에서 어느 질문에 의해 검색될 전체 기사에 대해서 실제로 올바르게 검색된 비율을 뜻함. 해당 분석에서는 '특정 물건을 구매할 것이라 예측한 고객이 실제로 그 물건을 구매한 비율'을 의미하는 단어로 사용됨.

• **군집분석**
각 개체들의 유사성을 근거로 유사성이 높은 개체들을 집단으로 분류하는 분석방법

것으로 나타났다. 위의 결과를 통해 고객충성도에 영향을 주는 요소를 파악하였으며, 강화 전략 및 프로모션을 시행할 수 있었다.

다. 수요 예측

크레텍은 불필요한 비용 낭비를 줄이기 위한 방법으로 제품별 재고 관리를 실시하기로 했다. 이를 위해서는 보다 적절한 수요 예측이 필요하다고 판단이 되어, 기존 예측 방식인 영업 부서의 목표 매출액 설정에 따른 수요 예측을 방식이 아닌, 지난 6년간의 제품별 매출 데이터를 토대로 시계열 분석을 통해 수요를 예측하는 방식으로 진행하기로 했다. 각 상품별 매출액의 시계열 형태를 유사성을 기준으로 군집분석을 진행하였다. 그 결과 총 4가지 형태의 매출 특성이 나타났다. 전체 제품들 중에서 22%에 해당하는 상품 매출이 안정적으로 증가하는 형태로 나타났으며, 해당 제품들은 일정한 상승세를 보이고 있어 매출 예측시 정확도가 높을것이라 판단하였다. 따라서 추가적으로 해당 그룹의 제품들로 지난 6년간의 자료들 중 오래된 5년간의 데이터를 사용해, 가장 최근의 1년의 판매량을 예측하는 분석을 진행하여 예측 오차율(MAPE : 절대평균백분율오차, Mean Absolute Percentage Error)이 높은지의 여부를 알아보았다. 그 결과, 예측 오차율은 2.5%로 나타났고, 자체적인 기준에 의해 정확도가 매우 높다고 판단하여, 추가적으로 더 많은 제품에 대한 수요 예측을 실시할 수 있었다.

• MAPE
실제수요에 대한 상대오차의 비율을 모두 더한 다음 기간수로 나눈 값.

4. 빅데이터 분석결과의 활용

가. 고객 맞춤 상품 추천

시군구별 구매 유형이 동일한 고객들에겐 Popular(그룹내에서 판매량이 제일 높은 상품 목록을 제시하는 방식)를 기반으로 한 상품 추천이 효과적이라는 것을 발견했다. 이에 따라 각 고객별 추천 상품 목록과 함께 상품 정보, 추천 브랜드 정보를 영업 부서에게 모두 제공하여 영업 전략에 활용 할 수 있었다.

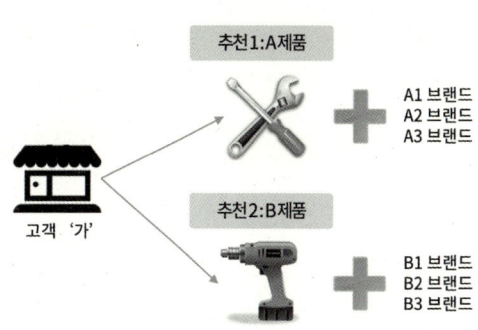

나. 고객 유지 전략

고객의 충성도를 높이는 제품인 'G'와 'W' 브랜드 제품 중 고객들의 구매욕을 자극할 수 있는 제품을 중심으로 적극적인 프로모션을 진행했다. 온라인 신규 고객의 비중이 높은 주문 시스템 CTX에 'G'와 'W' 브랜드 제품이 강조될 수 있는 마케팅을 진행했다.

다. 사내 데이터 활용

예측 오차율이 1%대로 정확도가 대폭 상승하여 더 많은 제품에 대해 수요 예측을 실시하고, 동시에 영업 부서의 목표 매출로 활용하도록 하였다. 또한 재고 및 납기일 관리 기준에도 사용할 예정이다. 사전 교육을 통해 전반적인 데이터를 공유하여 신규 고객 접근 시 설명 자료로 활용하는 등의 다양한 용도로 활용할 예정이다. BIG

유사사례
- 350p, 천일식품, 빅데이터를 활용한 종합식품업체의 성장
- 384p, 더블유쇼핑, 고객별 추천 시스템을 통하여 매출 증가로
- 282p, 시대에듀, 빅데이터 기반 효과적인 마케팅 전략 수립
- 380p, CJ올리브네트웍스, 지속가능한 데이터 생태계
- 372p, 이미인, 프로세스 체질 개선을 위한 빅데이터의 활용
- 290p, 맨투맨, 빅데이터로 개발하는 신규 교육 서비스
- 494p, 존스킨화장품, 빅데이터를 통한 남성 화장품 인사이트 도출
- 376p, Clubo, 빅데이터로 매장 운영효율화의 방향을 잡다
- 358p, 서양네트웍스, 빅데이터를 통한 매장 고객의 분석
- 392p, K쇼핑, 빅데이터를 이용한 가구별 특화 상품 노출 시스템

유통
유통
활용분야
상품
마케팅
실시간 예측
비용 절감
품질 관리 및 운영
위험 사전 예방
보안 및 관리
상품·서비스 개선
플랫폼

MEMO

243 프로세스 체질 개선을 위한 빅데이터의 활용

이미인

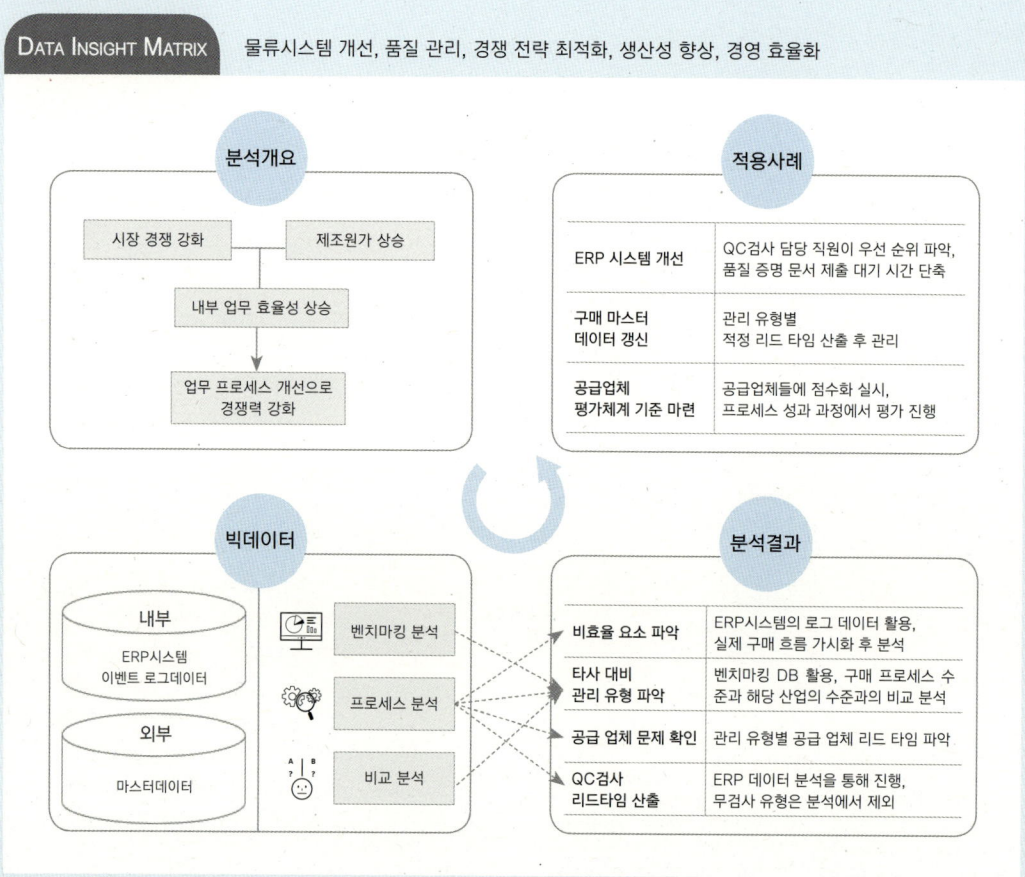

DATA INSIGHT MATRIX 물류시스템 개선, 품질 관리, 경쟁 전략 최적화, 생산성 향상, 경영 효율화

마스크 시트 및 패치 전문기업인 이미인은 판매기업의 주문시 제품을 생산하고 있었으며, 마스크팩 시장의 급성장과 함께 꾸준히 매출 성장을 기록하고 있었다. 하지만 마스크팩 시장이 커지면서 경쟁사가 많아졌고, 그에 따라 시장 경쟁이 갈수록 심화되었으며 이는 '제조 원가 상승'이라는 결과로 이어지게 되었다. 이미인은 판매 가격을 상승시켜 제조원가 문제를 해결하는 것보다는 내부 업무 효율성을 증가시켜 경쟁력 강화와 관련한 방안을 찾는 것이 나을 것이라고 판단했다. 이를 위해 빅데이터 분석을 활용하여 프로세스 벤치마킹 등을 진행하여 자사의 현재 상황을 파악하고 개선점을 찾고자 했다.

수집데이터	ERP 데이터
분석솔루션	㈜피엠아이지 딥프로(DeepPro)
참여기업	㈜이미인(수요기업), ㈜피엠아이지(빅데이터 솔루션사), ㈜웨슬리퀘스트(경영컨설팅사)

1. Big Point!

이미인은 '프로세스 체질 개선'을 통해 제조 원가를 관리하고 시장 내 경쟁력을 강화를 목표로 두고 분석을 진행했다. 프로세스 분석을 진행하는 과정에서 현재 자사의 ERP 시스템의 구매 마스터데이터가 제대로 관리되지 않고 있다는 것을 파악했고, 정확도의 개선이 필요하다는 것을 알아냈다. 이미인은 프로세스 마이닝 기반 분석을 통해 수주부터 납품까지의 프로세스 중에서 비효율 요소와 리드타임을 줄여 제조원가 부분을 줄이고자 하였다. 이를 통해 프로세스상 문제를 해결함과 동시에 화장품 산업평균 대비 이미인의 프로세스 수준을 진단하고 개선점을 파악하고자 하였다.

• EDA (Exploratory Data Analysis)
탐색적 자료 분석은 다양한 차원과 값을 조합해가며 특이한 점이나 의미 있는 사실을 도출하고 분석의 최종 목적을 달성해가는 과정. 데이터의 특징과 내재하는 구조적 관계를 알아내기 위한 기법들의 통칭.

2. 활용 데이터와 분석

이미인은 '신속한 고객 납품 달성', '생산성 향상'의 2가지를 큰 목표로 잡았으며 내부 ERP 데이터를 활용하여 분석을 진행하기로 했다. 이미 EDA 분석 과정을 통해 '관리 유형 분석'과 '공급 업체 평가'가 가장 중요한 평가 요소라는 것을 알고 있었기 때문에 프로세스 과정에서의 비효율성을 발견하고 자사 프로세스의 수준을 진단하기 위해 프로세스 분석을 우선적으로 진행했다. 그 과정에서 관리 유형별 리드 타임과 관련한 정보와 공급 업체의 공급 역량 평가도 동시에 진행하고자 하였으며, 자사의 수준을 알기 위해서는 추가적으로 벤치마킹 분석도 함께 활용되었다.

• 리드타임
유통 용어로, 상품(제품)을 발주하고나서 실제로 배달될 때까지 걸리는 시간.

유사사례
- 598p, 와이즈넛, 직원들 스트레스는 줄이고 자원은 아끼고
- 502p, 영풍열처리, 빅데이터 분석 기반 공장운영
- 366p, 크레텍, 빅데이터로 고객 관리 전략 개선
- 566p, 메타빌드, 생산 라인 개선 방향도 빅데이터로 선정
- 376p, Clubo, 빅데이터로 매장 운영효율화의 방향을 잡다
- 358p, 서양네트웍스, 빅데이터를 통한 매장 고객의 분석
- 350p, 천일식품, 빅데이터를 활용한 종합식품업체의 성장
- 380p, CJ올리브네트웍스, 지속가능한 데이터 생태계
- 480p, AnC, 빅데이터가 찾아준 효과적인 마케팅
- 506p, 불스원, 기존 고객관리부터 신규고객 유치까지

3. 분석결과

가. 비효율 요소 파악

부자재와 원자재의 구매 프로세스가 다르고, 특히 부자재 프로세스에서는 발주 정보가 변경되거나, 중간에 입고되는 일이 잦게 발생하고 있음을 파악했다. 더불어 발주 완료 이후 공급 업체에게 요구하는 날짜에 맞춰 구매가 이뤄지는 비율은 30%도 채 되지 않는 것으로 나타났으며, 16%라는 높은 수치의 '지연 입고'가 발생하고 있었다. 프로세스 맵과 주요 수행패턴 분석을 통해 ERP 시스템의 문제가 있음을 파악한 이미인은 약 80여개의 관리 유형에 대한 리드타임을 도출하여 부하가 가장 많이 걸리는 부분을 파악, 이를 해결하고자 하였다.

나. 타사 대비 관리 유형 파악

총 49개의 관리 유형 중에서 39개의 유형이 '리드타임' 지표에서 산업 평균보다 낮은 수치를 기록했으며, '적기 입고' 등의 지표에서도 전반적으로 우수한 결과를 나타낸 것으로 나타났다. 하지만 '입고 취소'의 비율이 평균보다 1.5%p 높은 5.8%로 나타났으며, 특히 부자재에서 입고 취소가 잦게 나타난 것으로 확인되었다. '입고 취소' 유형을 세부적으로 정의하고 공급업체 관리를 통해 '입고 취소' 유형을 줄이는 노력을 하고자 하였다.

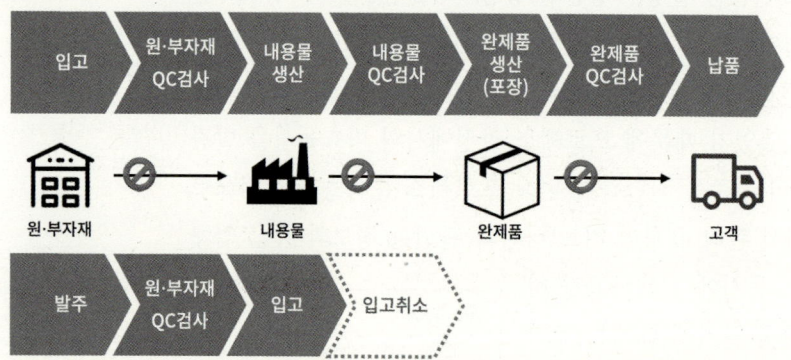

다. QC검사 리드타임 산출

1. 입고된 원·부자재에 대해, 2. 생산된 내용물에 대해, 3. 포장을 마친 완제품에 대해 각각 QC검사를 시행한 결과, 원자재와 완제품은 비교적 긴 시간 동안 창고에서 대기하고 있었다. 입고부터 QC검사까지의 리드타임이 긴 것을 파악한 이미인은 QC검사를 모니터링하고 지연되고 있는 품목들을 알려주는 시스템을 ERP 시스템에 탑재하고자 하였다.

• QC 검사
품질관리 검사를 뜻하며 품질을 보장하고 고객의 품질 요구사항을 맞추기 위한 검사.

4. 빅데이터 분석결과의 활용

가. ERP 시스템 개선
QC검사는 3번에 걸쳐 수행이 되는데, 이로 인한 대기 시간이 길어서 관련 자재들이 투입돼야하는 시기부터 그 이후까지의 다양한 생산 과정에서 지속적인 지연 현상을 초래하고 있었다. 따라서, QC검사의 대기 시간을 효율적으로 관리하기 위해 ERP 시스템을 우선적으로 개선했다. QC검사 대기 품목 중 일정 시간이 초과된 대기 품목은 ERP 시스템 내부에서 붉은 색으로 표시되도록 하여 우선적으로 처리가 진행이 되어 지연 항목들을 쉽게 관리할 수 있도록 했다. 그리고 처음 입고되는 자재 품목에 대해 작성하는 품질 증명 문서의 대기 시간도 단축시키도록 했다.

> • ERP (Enterprise Resource planning)
> 기업 내부의 경영 활동 프로세스들을 통합적으로 연계해 관리해 주며, 기업에서 발생하는 정보들을 공유하고 빠른 의사결정을 도와주는 시스템.

나. 구매 마스터데이터 갱신
ERP 시스템이 자동으로 지정했던 리드 타임과 실제 리드타임이 차이가 나는 것을 줄이기 위해 약 80여개의 관리 유형별 리드 타임을 산출한 값을 통해 마스터데이터를 갱신했다. 더 나아가 관리 유형별 목표 리드 타임을 설정하여 실제 입고일까지의 리드타임을 비교·분석 후 리드타임을 지속적으로 단축시키게 되었다.

다. 프로세스 개선

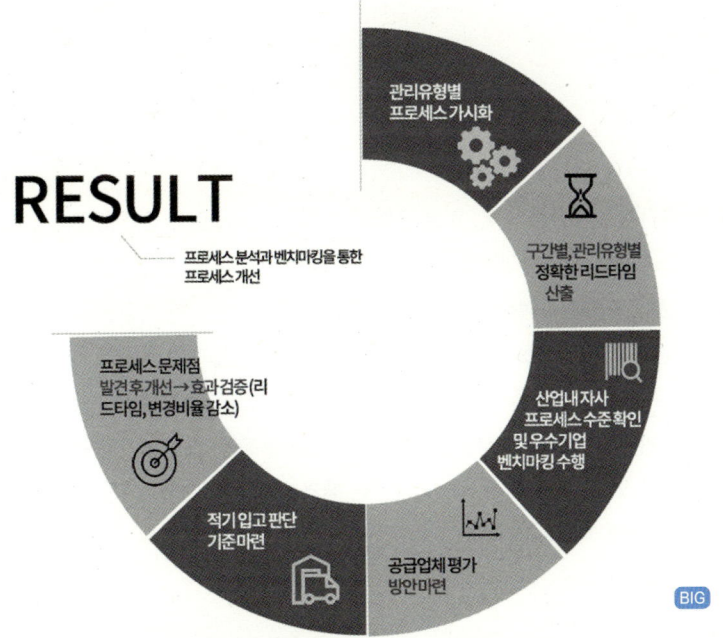

244 빅데이터로 매장 운영효율화의 방향을 잡다

Clubo

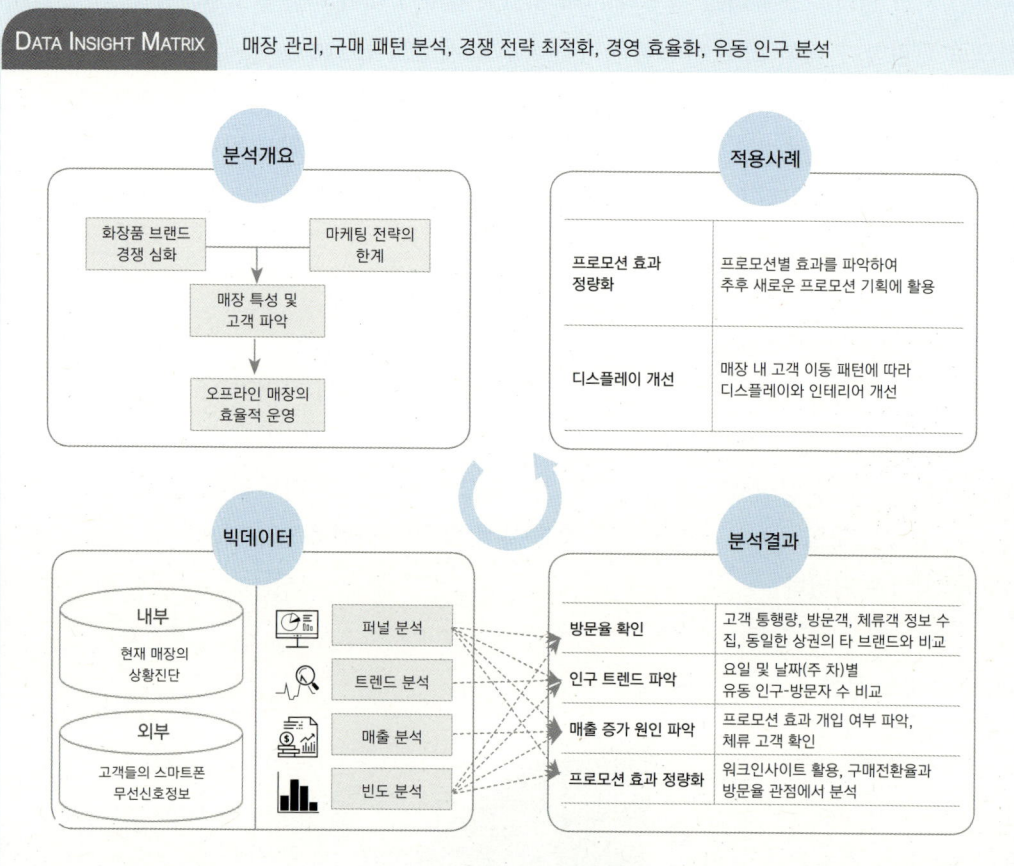

DATA INSIGHT MATRIX 매장 관리, 구매 패턴 분석, 경쟁 전략 최적화, 경영 효율화, 유동 인구 분석

1997년 5월에 설립된 후 짧은 기간에 성장하여 중국, 일본 진출에 성공한 Clubo는 다양한 화장품 및 화장 도구들을 판매·유통하고 있다. Clubo는 연령대별로 여성 고객을 세분화한 뒤 각 고객 분류에 적합한 개별 브랜드 4개를 보유하여 다양한 연령층의 여성에게 골고루 사랑받고자 했다. 색조 화장품을 가장 잘 만드는 브랜드로서의 이미지를 굳히기 위해 코스맥스, 케미 코스, 코스 메카 코리아 등 다양한 회사를 통해 제품을 생산하고 있으며, 해외로도 사업 영역을 확장하고 있었다. 하지만 이미 국내 화장품 시장의 경쟁은 너무나 치열하고 몇 개의 대기업이 시장의 대부분을 차지하고 있는 구조라서, 중견 화장품 회사가 확실한 포지션을 가지기에는 한계가 있었다. Clubo는 자사 제품이 색조 화장품 중에서는 경쟁력을 갖고 있다고 생각하여, 해당 제품 라인에서의 확고한 위치와 브랜드 입지를 더욱 강화하기 위해서 빅데이터 분석을 활용하고자 했다.

수집데이터	Clubo 2개 매장에 설치된 워크인사이트, 센서에 수집된 고객들의 스마트폰, 무선신호정보
분석솔루션	워크인사이트
참여기업	Clubo(수요기업), 조이코퍼레이션(빅데이터 솔루션사), ㈜웨슬리퀘스트(경영컨설팅사)

1. Big Point!

Clubo는 프로모션 효과 측정, 고객의 이동 패턴 및 매장 동선 파악 등의 분석 과정을 통해 마케팅 전략에 대한 시사점을 얻고자 했다. 동일한 상권의 경쟁 브랜드와 자사의 현황을 비교 분석하여 브랜드를 알리고 매출을 높이기 위해서 가장 좋은 전략은 무엇인지 찾게 되었다. 그리하여 기존 고객과 신규 고객 사이에서 어디에 중점을 두는 것이 더 효율적인지도 알게 되었다. 그 외에도 고객의 방문율이 가장 높은 때를 파악해 마케팅에 적극 활용하기로 했으며, 방문율이 낮은 때는 그 이유를 파악해 방문율을 높이는 전략을 세우기로 했다. 분석 결과로 얻은 다양한 시사점들을 통해 신규 고객 유치를 위한 프로모션을 진행하고 디스플레이를 개선했으며, 다양한 마케팅 전략을 세울 수 있었다.

2. 활용 데이터와 분석

Clubo는 매장의 Zone 별 특징을 파악하거나 고객의 동선을 측정하는 등으로 매장 현황을 진단했다. 또, 진행 중인 다양한 프로모션에 대한 고객 반응을 파악하기 위해 2개 매장에서 15개의 센서를 설치해 소비자 휴대폰 무선 신호 데이터를 수집했다. 해당 데이터를 활용하여 기간별로 고객들에 대한 퍼널분석(고객의 유입에서부터 제품 구매로 이어지는 흐름을 파악하는 분석)을 수행하여 특정 고객이 방문객 → 체류객 → 구매객으로 전환되는 변화 흐름을 파악하고, 매장 내에서의 행동 패턴 변화를 분석하기로 했다. 또한 요일/주 단위 별로 유동인구 및 방문자를 파악하여 유동인구가 많은 기간에 프로모션을 진행하고자 했다. 그뿐만 아니라 프로모션 진행 전과 후로 구분하여 각 프로모션 별 효과를 알아보는 분석을 진행했다.

• 퍼널(Funnel) 분석
고객의 유입에서부터 제품 구매로 이어지는 흐름을 파악하는 분석으로, 특정 고객이 방문객 → 체류객 → 구매객으로 전환되는 변화 흐름을 파악하고, 매장 내에서의 행동 패턴 변화를 분석하는 것.

유사사례
- 358p, 서양네트웍스, 빅데이터를 통한 매장 고객의 분석
- 480p, AnC, 빅데이터가 찾아준 효과적인 마케팅
- 294p, 와신교육, 과학적인 근거를 통한 사업의 맥 짚기
- 396p, 롯데백화점, 빅데이터로 세우는 새로운 마케팅 전략
- 274p, 아펙시, 빅데이터 분석을 통한 음악 서비스 사례

3. 분석결과

가. 방문율 확인

매장별 퍼널 지표 / 동일상권 매장 평균 퍼널지표 분석

	관광상권			대학상권	
	화장품A사	3개매장평균		화장품A사	3개매장평균
유동인구	52.4K	53.0K		14.2K	17.3K
방문율	1.7%	3.6%	방문율이 2~3배낮음	1.1%	3.1%
방문객	875	2.16K		148	500
체류율	70.8%	76.2%		73.2%	71.5%
체류객	620	1.72K		109	363
구매율	36.9%			50.7%	
구매객	229			55	
매출(객단가)					
체류시간	4.7분	6.8분		5.0분	5.1분
	평균체류시간이낮음				

구매율=구매객/체류객X100

Clubo는 조이코퍼레이션의 워크인사이트 솔루션을 통해 오프라인 매장의 체류객, 방문객, 고객 통행량 데이터를 수집했다. 그 후 해당 솔루션에서 제공하는 퍼널분석 서비스를 통해 고객의 방문, 체류, 구매 등에 대한 다양한 퍼널지표를 산출하여 타 브랜드의 퍼널지수와 비교·분석해 보았다. 그 결과, Clubo는 경쟁사 대비 매장 방문율이 2~3배 낮음을 확인할 수 있었다. 하지만 체류율의 경우는 경쟁사와 큰 차이가 없어 매출을 올리려면 기존 고객 관리보다는 신규 고객을 유치하는 전략을 펼치는 것이 더 효율적이라는 시사점을 얻을 수 있었다.

• **워크인사이트**
조이 코퍼레이션에서 제공하는 솔루션으로, 오프라인 매장의 방문객 통계정보와 기반으로 매출 원인 분석 및 영업관리 개선을 지원함. 주요 서비스로는 퍼널분석, 존분석, 상권분석, 직원 운영 최적화 등이 있음.

나. 인구 트렌드 파악

Clubo의 방문객과 유동인구에 대한 분석을 진행한 결과 둘은 크게 비례하지 않는 형태를 보였다. 특히, 관광상권의 경우 10월 1주 차는 9월 4주 차에 비해 유동 인구는 더 많았음에도 불구하고 방문자 수는 9월 4주 차가 1,157명, 10월 1주 차가 801명으로 더 낮게 나타났다. 이것은 충동적으로 매장을 방문하는 고객보다 특정 목적을 가지고 매장을 방문하는 고객이 더 많다는 것을 의미한다. 또한 Clubo가 프로모션을 진행한 기간이 유동인구가 높았던 기간과 일치하지 않는 것을 파악하였으므로 추후에 프로모션 기간을 정의할 때 유동인구를 고려해야 할 필요성을 느꼈다. 요일별 유동 인구를 확인해 보았을 때, 관광상권은 요일별 구매율에 크게 변화가 없었다. 하지만 대학상권은 주중 대비 주말에 방문객은 많지만 구매율은 오히려 하락하는 형태를 보였다. 따라서 주말에 대학상권에서 프로모션을 진행하여 구매율을 높일 필요가 있었다.

다. 프로모션 효과 정량화

Clubo는 그동안 진행했던 프로모션을 구매전환율과 방문율의 관점에서 비교해보았다. '9월 브랜드 데이 2' 이벤트의 경우에는 방문율에는 큰 변화가 없으나 구매율이 높게 나타났다. 즉 해당 이벤트는 신규 고객 유치보다는 매장에 방문한 고객에게 구매를 유도하는 것에는 매우 효과적인 이벤트임을 알 수 있었다. '브랜드 데이' 이벤트는 구매율보다는 방문율에 더 큰 영향을 미쳤다. 이처럼 각 프로모션마다 매장에 미치는 효과가 다름을 파악했으며, Clubo는 신규 고객을 끌어들일 수 있는 방향으로 프로모션을 기획하기로 결정했다.

4. 빅데이터 분석결과의 활용

가. 디스플레이 개선

Clubo는 프로모션별 효과 파악, 브랜드 퍼널 현황 진단 등을 통해 얻은 인사이트를 브랜드 운영 전략에 적용하기 위한 다양한 계획들을 도출했다. 더 나아가 Clubo는 매장 내에서의 고객 동선을 고려하여 인테리어 및 디스플레이를 개선하고자 했다. 구체적으로 아래의 표와 같은 분석 결과를 얻을 수 있었으며, 이를 기반으로 상품을 배치하고자 했다. BIG

처음 방문한 매대별 이동패턴 분석

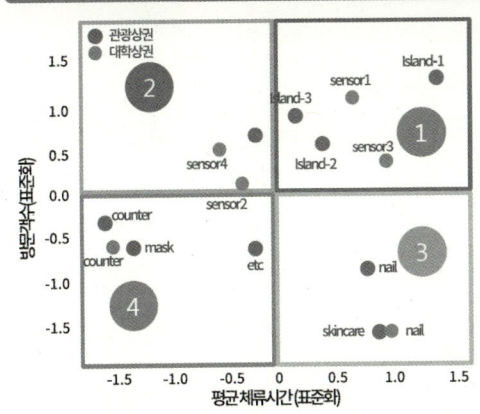

그룹	영역	공간해설 및 개선방향
① 고방문객 고체류시간	관광-island1,2,3 대학-sensor1,3	· 고객이 많이 방문하여 오래 머무는 영역 · island-1과 sensor1, 3 zone이 속함 · 입구와 가장 가까운 공간으로, 제품군에 대한 고객의 관심과 제품가 높은 매대공간으로 예상
② 고방문객 저체류시간	관광-island4 대학-sensor2,4	· 고객이 많이 방문하나 작게 머무는 영역 · 체류시간이 크게 낮은 영역은 제품매력도가 낮을 가능성이 높음 · 메이크업바가 있는 island4, sensor2, 4가 속함 · 체험 특화된 영역인 경우, 제품체험의 편의성 및 효용을 점검해야 한다
③ 저방문객 고체류시간	관광-nail,skincare 대학-nail	· 고객이 적게 방문하나 오래 머무는 영역 · Hot한 상품군은 아니지만 타겟 고객의 관심을 많이 받는 제품
④ 저방문객 저체류시간	관광-counter, mask,etc 대학-counter	· 고객이 적게 방문하며 작게 머무는 영역 · 타겟 고객의 관심을 높여 3번 영역으로 이동시키는 방향이나 공간 활용 방안을 재모색하는 방안이 필요할 것으로 보임

245 지속 가능한 데이터 생태계

CJ올리브네트웍스

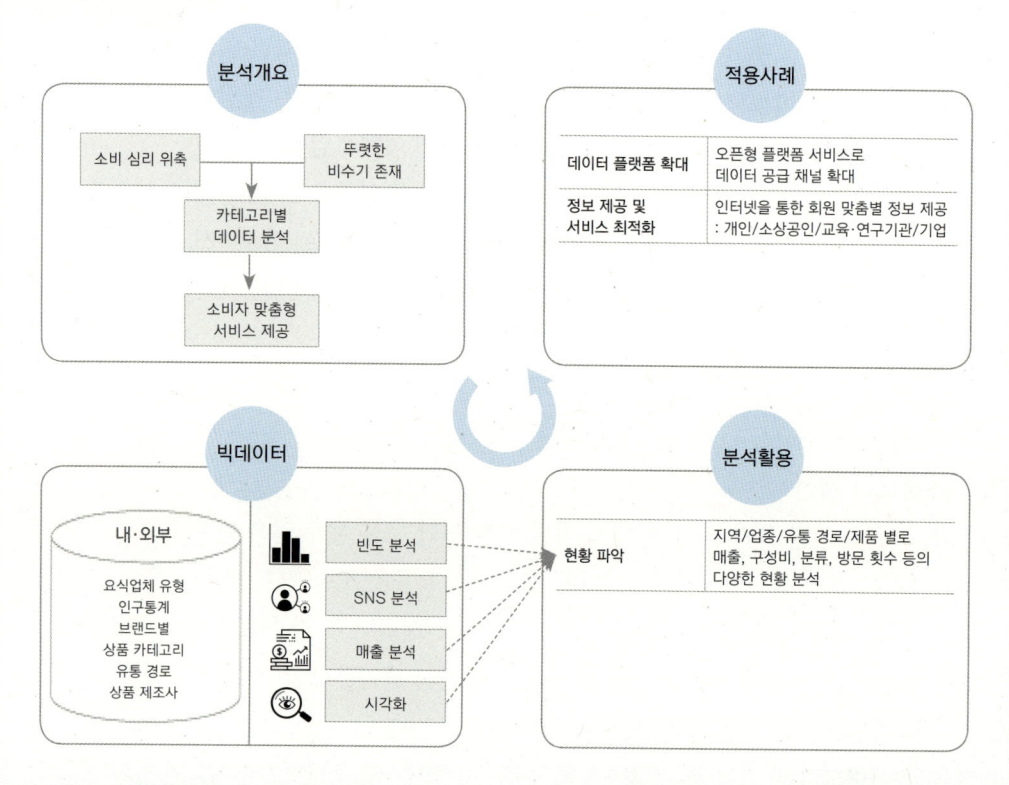

CJ 그룹의 식품 계열사 중 하나인 CJ 프레시웨이는 1차 농수축산물 산지 상품과 제조사와 협력 업체의 가공 상품, 해외 제조사 수입 상품 등을 유통·외식·원료·급식 등 다양한 경로로 유통을 하고 있는 업체이다. CJ의 많은 계열사들이 매출에서의 긍정적인 결과를 보이고 있는 가운데, CJ 프레시웨이는 매출 상승에 악영향을 미칠 수 있는 두 가지의 문제에 부딪히게 되었다. 첫째는, 최근 몇 년간 소비 심리 위축으로 소비자가 외식업에 지출하는 비용이 감소하고 있다는 사회적 문제가 나타났다는 것이다. 둘째로, 뚜렷한 비수기가 존재한다는 것이었다. 이러한 상황을 극복하기 위해 빅데이터를 활용하기로 했고, 분석 후 새로운 전략으로 영업 이익을 증가시키고자 했다.

수집데이터	CJ 프레시웨이 유통 데이, CJ멤버십 데이터, 웹&소셜 데이터 융합
적용방식	ETL, APP 수집, AP(제휴)
데이터보유사	CJ 프레시웨이(식자재공급), CJ 올리브네트웍스(식자재소비)

1. Big Point!

CJ프레시웨이는 내부에 보유하고 있던 유통 데이터뿐만 아니라, CJ 계열사의 멤버십(인구 통계)데이터와 SNS 데이터를 활용하여 식자재 데이터를 보다 자유롭게 거래·중개할 수 있는 플랫폼을 구축하고자 했다. 해당 플랫폼은 오픈 형태로 서비스를 제공하는 방식으로 제작하여, 식자재 소비자와 공급자 모두가 참여할 수 있고, 언제든지 지속적으로 이용이 가능하도록 구축할 예정이다. 이후 플랫폼이 구축되면, 해당 플랫폼을 국내에 유일한 '식자재 B2B 유통 경로의 소비·공급 데이터 체계'가 될 수 있도록 끝없이 개선할 예정이다.

• 플랫폼
특정 장치 및 시스템을 구성하는 기초가 되는 틀 또는 골격을 의미.

• B2B (Business to Business)
기업과 기업간 이루어지는 전자상거래.

유통
유통/물류
활용분야
상품
마케팅
실시간 예측
비용 절감
품질 관리 및 운영
위험 사전 예방
보안 및 관리
상품·서비스 개선
플랫폼

2. 활용 데이터와 분석

CJ 프레시웨이는 카테고리별 DB수집을 통해 다양한 데이터를 확보한 후 분석에 사용했다. 우선, 식자재 소비 데이터셋 내 음식점과 블로그의 DB를 활용하여 음식점의 메뉴·맛 등 음식 자체와 관련된 데이터를 수집했다. 또한 국민 모두를 잠재적 소비자로 가정하여, 인구 통계 데이터를 수집했으며, 브랜드 데이터로는 CJ 멤버십 가입자 데이터를 각각 따로 확보했다. 이 후, 식자재 공급과 관련하여 수집된 데이터 셋에서 유통 경로·상품 카테고리·상품 제조사를 추출했다. 이를 점유율, 경로별 매출 등의 카테고리별로 시각화하는 분석을 진행했다.

3. 분석결과

가. 지역별-업종별 현황파악

다양한 업종들 중 한식당이 323,520회로 방문 횟수가 가장 높았으며, 그 밑으로 양식당, 일식당, 치킨집, 중식당, 피자, 일본식 술집 순서로 나타났다. 그 중 인기가 가장 많은 한식당의 경우, 서울특별시-경기도-부산광역시-대전광역시-인천광역시-대구광역시 순으로 많이 분포되는 것으로 나타났다. 하나 살펴볼 점은, 모든 업종들이 전부 서울특별시에 가장 많이 분포하고 있는 것으로 나타났다는 것이다.

나. 업종별(피자)-요일별 현황 파악

방문 횟수가 25,212인 피자 업종의 경우, 서울의 구성비가 71.5%로 압도적으로 가장 높았고, 그 다음 경기도는 12.2%로 나타났으며, 그 뒤로 부산광역시-대전광역시-인천광역시-경상남도 순으로 많았다. 전국적인 요일별 방문 횟수는 월요일 3,236회, 화요일 3,207회, 수요일 3,240회, 목요일 3,419회, 금요일 4,013회, 토요일 4,169회, 일요일 3,928회로 나타났으며, 주중보다는 주말 방문율이 높다는 것을 확인할 수 있었다.

다. 유통 경로별 제품별(당류)분석-학교 현황 파악

유통경로별 당류 제품의 매출을 살펴봤을 때, 8,291M(Million)으로 가장 높다고 나타났기 때문에, 당류 제품-학교에 관한 분석을 진행하기로 했다. 구성비는 흰 설탕이 83.2%, 물엿이 14.2%로 나타났으며, 흰 설탕의 비중이 압도적으로 높았고, 매출은 210M으로 나타났다. 특히, 흰설탕의 경우에는 최고 400M 이상, 평균 280M 정도로 나타났지만 설탕 다음으로 비중이 높은 물엿의 경우에는 가장 높은 달이 겨우 80M 미만이었다.

라. 그 외 현황 파악

그 외에도 피자의 지역별 상세 현황에서 지역구별, 연령대별, 요일별 시간대별 분석을 진행하거나, 학교 의외의 유통 경로에 대한 제품별 분석을 진행했다. 또한 유통경로-지역-제품별 분석을 진행했으며, 유통 경로별 제품 소분류나 브랜드 현황에 대한 분석도 진행했다.

4. 빅데이터 분석결과의 활용

가. 데이터플랫폼 확대

공급자와 소비자가 직접 참여할 수 있는 지속 가능한 형태의 데이터 생태계가 될 수 있도록 플랫폼을 확대하고자 한다. 예를 들어, 맛집에 관련된 정보를 소비자에게 제공하여 식사를 하러 갈 때 참고하거나, 타 맛집에 관련된 정보를 요식 업체가 참고하여 자사 개발에 사용하거나, 상품 제조 업체가 상품 개발에 사용하는 등 해당 내용을 대시보드를 통해 제공하고자 하며, 개인별 맞춤 데이터 제공을 목표로 한다.

• 대시보드
다양한 데이터를 동시에 비교하고 모니터링할 수 있도록 한 장소에 정보를 모아 파악할 수 있게 제시해 주는 것.

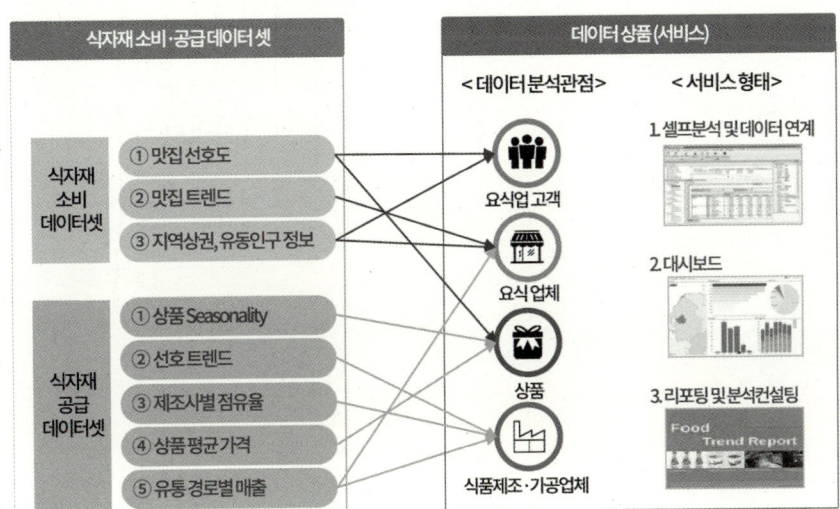

나. 정보 제공 및 서비스 최적화

데이터 사용자들은 인터넷 포털을 이용하여 지역별-업종별, 업종별-요일별, 지역별-상세현황, 유통 경로별 제품별 분석, 지역별 제품별 현황, 유통 경로별 제품 소분류&브랜드 현황 등을 표와 그래프를 통해 쉽게 파악할 수 있을 뿐만 아니라, 회원가입을 하면 회원 타입별로 최적화된 안내와 서비스를 제공받을 수 있다. BIG

> **유사사례**
> • 366p, 크레텍, 빅데이터로 고객 관리 전략 개선
> • 586p, 캠펑, 어플리케이션 하나로 1석 3조 효과
> • 358p, 서양네트웍스, 빅데이터를 통한 매장 고객의 분석
> • 350p, 천일식품, 빅데이터를 활용한 종합식품업체의 성장
> • 384p, 더블유쇼핑, 고객별 추천 시스템을 통하여 매출 증가로
> • 480p, AnC, 빅데이터가 찾아준 효과적인 마케팅
> • 362p, 에이치와이스타일, 고객의 요구 사항을 빅데이터로 빠르게 대처
> • 396p, 롯데백화점, 빅데이터로 세우는 새로운 마케팅 전략
> • 274p, 아펙시, 빅데이터 분석을 통한 음악 서비스 사례

246 고객별 추천 시스템을 통하여 매출 증가로

더블유쇼핑

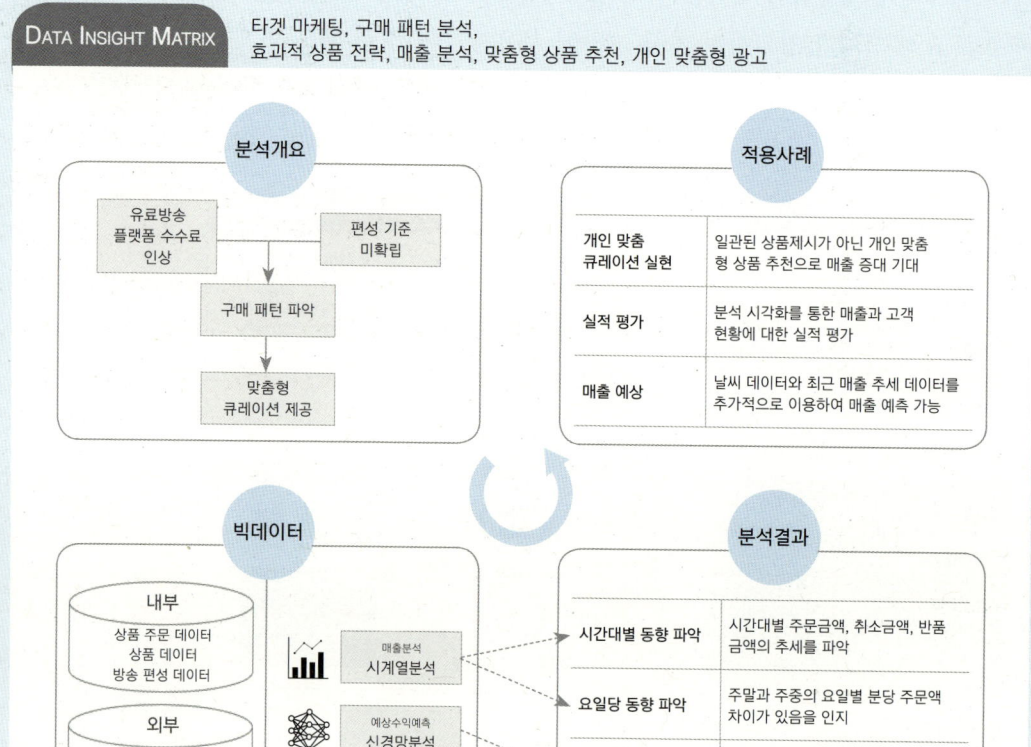

더블유쇼핑은 디지털 TV를 이용해 전자상거래를 하는 T-커머스 업체로 양방향 데이터 방송기술을 이용하여 디지털 TV기반 상거래 서비스를 제공한다. T-커머스 시장 규모는 2016년 기준 7000억 원으로 규모가 매우 크고 더블유쇼핑의 시청 가구수는 2015년 1,037만 가구에서 2017년 2,063만 가구로 2배 가까이 증가하였다. 그럼에도 불구하고 더블유쇼핑은 방송 편성에 따른 매출 변동이 크게 나타났는데, 이는 방송 편성에 대한 기준이 없고 담당자의 경험과 주관적인 판단에 의존한 의사결정이 원인이었다. 이를 해결하기 위해 빅데이터 분석을 통해 방송 편성의 최적화와 체계화에 따른 매출 증가 효과를 파악하고자 하였다.

수집데이터	상품 주문 데이터, 방송 편성 데이터, 상품 데이터, 날씨 데이터
분석솔루션	SPARK, 통계 패키지 R
참여기업	미래창조과학부, 한국정보화진흥원, 더블유쇼핑, 한동대학교

1. Big Point!

더블유쇼핑은 빅데이터를 통해 시간대별 주문, 취소, 반품이 가장 활발히 진행되는 시점과 요일별 분당 주문금액을 파악하였다. 구매가 가장 많이 일어나는 시간대와 요일을 파악하여 최대 수익이 발생할 수 있는 방송을 편성할 수 있게 되어 중요한 역할을 했다. 주별 매출의 평균, 표준편차와 날씨 데이터를 이용하여 상품별/시간별 매출을 파악하여 실제 판매 결과와 예측 결과와의 차이를 보정하여 효율적인 상품 판매 계획을 세우고자 하였다. 또, 구매정보와 회원정보 등의 데이터를 활용하여 개인 맞춤 큐레이션 서비스를 제공하고자 하였다.

• 큐레이션 서비스
개인의 취향을 분석해 적절한 콘텐츠를 추천해주는 것.

2. 활용 데이터와 분석

상품 주문 데이터, 방송 편성 데이터, 상품 데이터에 대한 시계열 분석을 통해 상품의 주문과 취소, 반품이 가장 활발히 일어나는 시간대와 요일별 주문액을 파악하였다. 또, 시간별/요일별 주문금액 데이터를 이용하여 딥러닝으로 상품별/시간별 매출을 예측하였다. 실제 판매 데이터와 예측 매출을 비교한 후 그 차이를 보정하기 위해 주별 매출 평균과 표준편차와 날씨 데이터에 대한 예측을 실시하여 실제 데이터와 좀 더 근접해진 결과를 얻을 수 있었다. 그리고 구매정보와 회원정보, 물품 정보 데이터를 활용하여 연관규칙분석 기반인 추천시스템을 개발하였다.

• 딥러닝
다층구조 형태의 신경망을 기반으로 하는 머신 러닝의 한 분야.

3. 분석결과

가. 시간대별 동향 분석
시간대별 주문금액과 취소 금액, 반품 금액에 대한 동향을 살펴본 결과, 주문은 오전 8시~ 12시, 오후 8시~ 10시 사이에서, 취소는 오전 12시 ~ 새벽 2시 사이에서 가장 활발히 일어나는 것을 알 수 있었고 반품은 오전 8시~ 오후 8시 사이에 골고루 분포돼 있음을 알 수 있었다.

나. 요일별 동향 분석
요일별로 1분당 주문금액을 분석한 결과, 오전 8시~ 12시, 오후 8시~ 10시 사이의 주문량이 주중에 비해 주말에 더 높아 주중과 주말에 유의한 차이가 있음을 보였다.

다. 매출 예상
시간별/요일별 주문금액 데이터에 대한 딥러닝을 실시하여 상품별/시간별 매출 예측과 실제 판매 데이터를 비교한 결과 차이가 존재하였다. 실제 데이터와 차이를 줄이기 위해서 주별 매출 평균과 표준편차 데이터, 날씨 데이터에 대한 예측을 실시하여, 실제 데이터와 좀 더 근접해진 결과를 얻을 수 있었다.

• **표준편차**
자료의 산포도를 나타내는 수치.

유사사례
- 282p, 시대에듀, 빅데이터 기반 효과적인 마케팅 전략 수립
- 366p, 크레텍, 빅데이터로 고객 관리 전략 개선
- 362p, 에이치와이스타일, 고객의 요구 사항을 빅데이터로 빠르게 대처
- 358p, 서양네트웍스, 빅데이터를 통한 매장 고객의 분석
- 186p, 비씨카드, 데이터의 융합을 통한 시의적절한 마케팅
- 484p, 죠샌드위치, 나를 알고 고객을 알면 백전백승
- 274p, 아펙시, 빅데이터 분석을 통한 음악 서비스 사례
- 380p, CJ올리브네트웍스, 지속가능한 데이터 생태계
- 480p, AnC, 빅데이터가 찾아준 효과적인 마케팅
- 558p, 노스페이스, 이제는 아웃도어도 스마트하게 사자

4. 빅데이터 분석결과의 활용

가. 개인 맞춤 큐레이션 실현

고객들의 시청 이력, 구매 이력 등 관련된 데이터를 이용하여 모든 시청자들에게 일관된 상품이 아닌 개인별 맞춤 상품을 제시하는 개인 맞춤 큐레이션 서비스를 개발하였다.

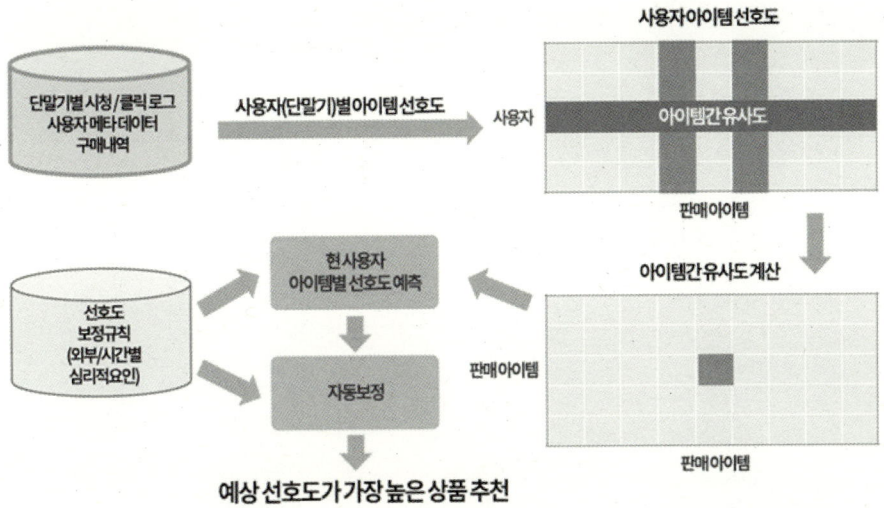

나. 실적 평가

매일 축적되는 매출, 고객 데이터를 분석 및 시각화하여 당일 판매 실적, 요일별 매출 실적, 주문 매체 별 실적 등 매출 분석과 성별, 연령별 구매 실적, 지역별 구매 실적 등 고객 현황 분석을 통하여 실적을 평가하는 도구를 개발할 예정이다.

다. 매출 예상

기존에 예측했던 결과에 날씨 데이터와 최근 매출 추세 데이터를 추가하여 매출 예측을 보정한 결과, 실제 판매 데이터와 근접해짐을 확인함에 따라 차후 매출 예측에 적용할 예정이다. BIG

데이터 기반 수출 올인원 서비스

대한무역투자진흥공사(KOTRA)

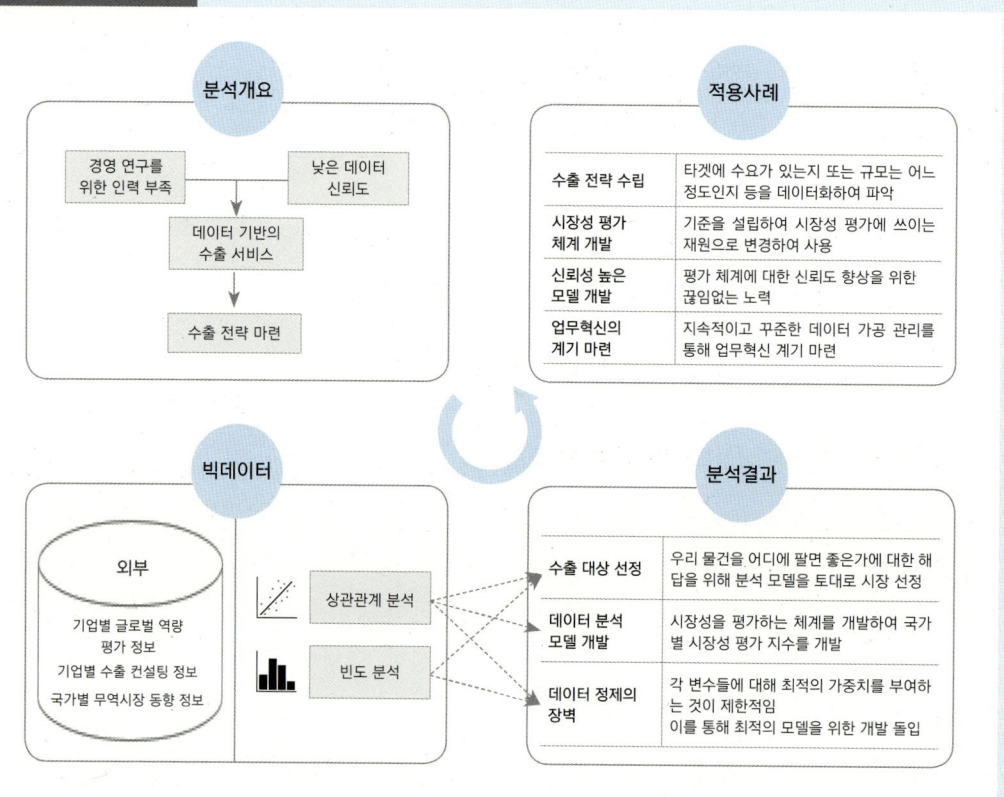

DATA INSIGHT MATRIX 수출입현황, 정보 제공, 서비스 개발, 수요 공급 분석

구체적인 경영연구와 이를 위한 투입 인원이 부족하다는 문제점을 안고 있는 대다수의 중소, 중견 기업들은 이 문제를 해소하기 위한 시간적, 비용적, 인적 자원들 또한 한없이 부족한 실정이다. 대기업과 비교하였을 때 이들의 정보력은 한없이 부족하고 경영연구를 위한 정보들 또한 상투적인 방법들을 통해 얻게 되는 데이터이기에 그 데이터에 대한 신뢰도 또한 낮을 수 밖에 없었다.

경영연구를 위한 인력부족 데이터의 신뢰도 확보문제를 해결하기 위해, 대한무역투자진흥공사에서는 데이터 기반 수출 올 인원 서비스를 개발하고자 하였다. 이를 활용하여 중소·중견 기업들의 시장력 확보에 기여하고자 하였다.

수집데이터	기업별 글로벌 역량 평가정보, 기업별 수출 컨설팅 정보, 국내기업 수출규모 정보, 국가별 무역시장 동향정보
참여기업	대한무역투자진흥공사, 엔코아, 포스윈, 투비소프트

1. Big Point!

무역 의존도가 높아짐에 따라 수출 부진 타개와 무역 성과액 달성을 위해 정부에선 중소기업과 중견기업의 사업 확장을 위한 여러 가지 개척을 지원하였다. 하지만 이들의 열악한 해외시장 확보 접근성은 커다란 장애 요소로 작용을 하게 되는데 이를 타개하기 위한 전략이 바로 '데이터 기반 수출 올인원 서비스'이다. KOTRA의 자체 데이터와 국제무역기구, 관세청 등으로부터 수집한 방대한 양의 데이터를 가공하고 상관관계 분석을 통해 수출을 위한 시장 선정 기준 모델을 만들고 활용함으로써 해외시장 확보 전략에 결정적인 도움을 주고자 하였다.

• 상관관계
두 변수 간에 어떤 관계가 있고, 그 상관성의 정도는 어느 정도인지를 수치적으로 분석하는 것.

2. 활용 데이터와 분석

수출을 희망하는 여러 중소, 중견 기업들은 자사 제품의 판매를 통해 이익을 산출할 수 있는 나라를 선정하는 것에 대한 해답을 얻고자 했다. 수출 대상을 선정하기위해 수요, 시장규모, 성장가능성, 관세, 환율 등의 데이터를 이용하여 상관관계 분석을 통해 수출대상을 선정하는 모델을 개발하였고 기업들의 시장 확보 전략에 이바지 할 수 있는 시스템을 마련하게 되었다. 추가적으로 시장성 평가체계를 구축하여 국가별 시장성 평가 지수를 개발하여 약소 기업들에 있어 해외 진출의 중요한 지표로 작용을 하게 되었고, 지속적인 무역 동향 조사를 통해 최적 조건의 해외 진출이 가능한 시장을 선정해줌으로써 경쟁력 확보에 도움을 주고자 하였다.

3. 분석결과

가. 수출 대상 선정
해외 시장 확보를 희망하는 중소, 중견기업들의 주된 관심사는 맞춤형 시장 정보와 비즈니스 정보가 주를 이루게 되는데 이를 충족 시켜주기 위해 각국의 시장 정보를 객관적인 지표로 확인 할 수 있는 KOTRA의 정보를 제시했다.

나. 데이터 분석 모델 개발
국내 수출기업들의 방대한 정보를 토대로 KOTRA는 보유한 데이터를 통해 기업의 수출 비즈니스 역량에 대한 진단, 평가를 선행하게 되었다. 4가지로 구성된 수출품목에 대한 국가별 시장성 평가지수를 개발하여 도입함으로써 객관적으로 형성된 지표를 제공함과 동시에 맞춤형 정보를 제공하 시스템을 마련하였다.

다. 데이터 정제의 장벽
데이터를 정제하는 과정에서 무수히 많은 데이터를 가공하는 데에는 한계가 있다는 것을 파악한 KOTRA는 이를 해소하기 위하여 결국 학계 전문가들과의 협력과 구축한 모델의 오류들을 지속적인 모니터링을 통해 개선, 검토하는 과정을 거치면서 관리를 하고 있다.

> **유사사례**
> - 354p, 레이틀리코리아, 빅데이터로 성공적인 브랜드 확보
> - 542p, 삼성중공업, 빅데이터를 이용한 공정의 최적화
> - 246p, 제주특별자치도, 제주, 스마트아일랜드를 꿈꾸다
> - 330p, SGA, 유동인구 분석을 통한 에너지 절감
> - 190p, 더존비즈온, 빅데이터 기반 회계 관리 시스템
> - 502p, 영풍열처리, 빅데이터 분석 기반 공장운영
> - 538p, 태정, 생산 저해 요인도 빅데이터로 개선하자
> - 326p, 매일유업, 에너지 최적화를 통한 매출 증가
> - 234p, 플레이타임, 고객들의 소리가 된 빅데이터
> - 490p, 헤세드조명, 새로운 B2C시장의 효과적인 진입의 열쇠

4. 빅데이터 분석결과의 활용

가. 수출 전략 수립
대기업들에만 구축 되어있던 경영연구소, 경제연구소와 같은 전략 수립을 위한 연구소들은 중소 규모의 기업들에게는 여러가지 제약 조건들로 인해 형성 되기 힘든 실정이었다. 이를 해결하기 위해 더 나은 정보를 중소기업에게 제공할 해결방안이 바로 데이터 기반 수출 올인원 서비스 였다. 이를 통해 어느 나라에 어떠한 규제를 해소해서 시장을 확보해야 하는지에 대한 전략을 수립할 수 있었다.

나. 시장성 평가 체계 개발
KOTRA는 약소기업들의 수출에 도움을 주기 위하여 각 기업의 운영상태 및 여러 환경, 수출비중, 품목 등을 토대로 비즈니스 역량에 대한 진단과 평가를 실시했다. 또한 결과를 토대로 시장성을 평가할 4가지 요소의 체계를 개발하여 기업 특성에 맞는 시장 입지를 수립 하는데에 기여를 하였다.

다. 신뢰성 높은 모델 개발
광범위한 데이터의 상관 관계들을 분석하기 위해 신뢰성이 높은 모델의 개발은 필수적 이였다. 그러하여 4개의 평가지수(시장접근성, 매력도, 성장성, 시장경쟁력)등을 토대로 학계의 전문가들과 자문을 통해 끊임없이 데이터 정제에 많은 시간을 투자하였다.

라. 업무혁신의 계기 마련
프로젝트를 통한 광범위한 데이터 인프라 구축과 서비스 개발은 KOTRA의 인프라 수준 향상에 기여를 하였고, 더 많은 분야와 빅데이터 활용 등의 여러 가지 연계를 통한 지속적인 발전을 도모 하고있다.

248. 빅데이터를 이용한 가구별 특화 상품 노출 시스템

K쇼핑

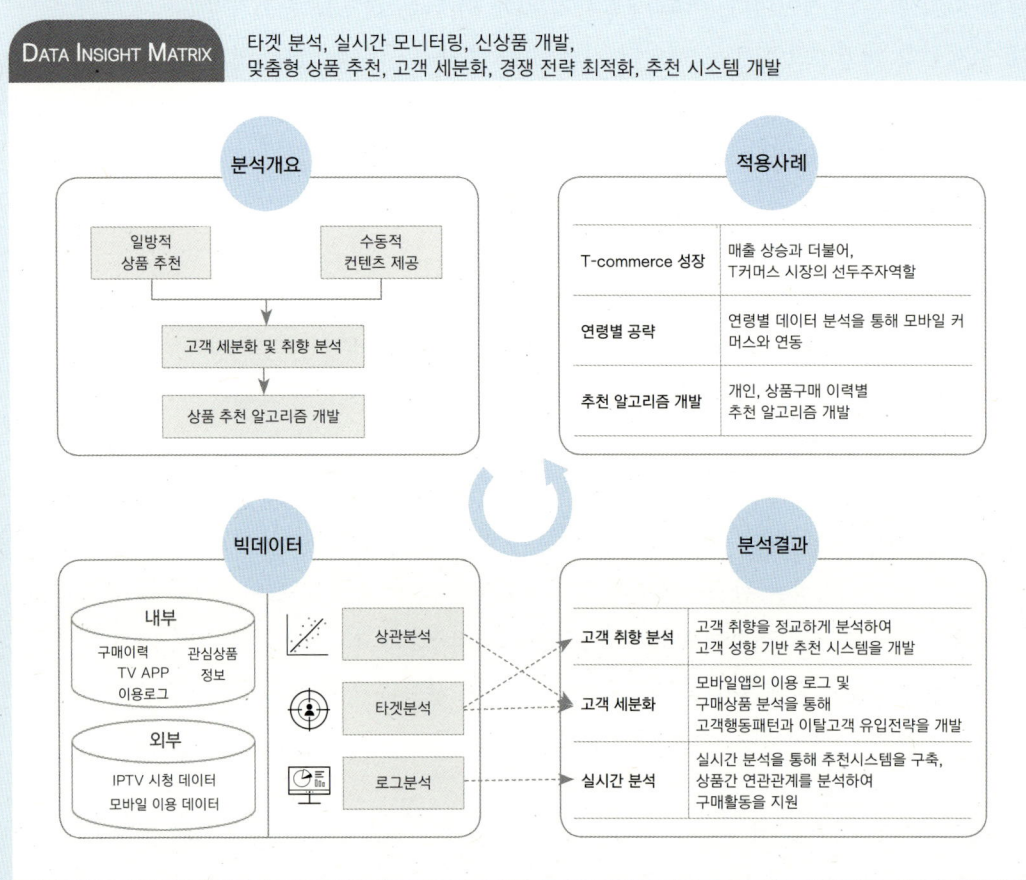

DATA INSIGHT MATRIX — 타겟 분석, 실시간 모니터링, 신상품 개발, 맞춤형 상품 추천, 고객 세분화, 경쟁 전략 최적화, 추천 시스템 개발

K쇼핑은 고객들에게 상품의 정보제공을 시행 할 때, 기존 tv를 통해 일방적으로 제품을 홍보하던 방식과는 달리 스마트TV, IPTV, PC, 모바일 등 다양한 ICT기기와 융합이 필요함을 인지하였다. 위를 통해 새로운 성장동력이 필요했던 K쇼핑은 차세대 시스템 구축 프로젝트를 진행하여 T-commerce로 빠르게 변화하는 시장과 경영환경, 고객들의 다양한 요구에 유연하게 대응할 수 있도록 빅데이터 분석을 통해 고객별 최적화된 콘텐츠를 제공하는 서비스를 개발하고자 하였다.

수집데이터	IPVT시청 데이터, 구매이력, 로그데이터, 모바일데이터, 관심상품 정보
참여기업	K홈쇼핑

1. Big Point!

기존 홈쇼핑의 단방향 상품 추천 시스템과 홍보 콘텐츠의 수동적 제공 방식을 개선하고자 하였다. 따라서 고객의 취향을 분석하고, 필요한 화면 및 상품을 선택할 수 있는 시스템을 개발하고자 고객의 취향 및 행동 파악을 위해 타겟 분석과 상관 분석을 진행하였다. 최종적으로 ICT 기술과의 접목을 통해 편리하고 혁신적인 서비스를 개발하고자 하였다.

• ICT (Information and Communication Technology)
통신기술와 정보기기 하드웨어의 기술의 융합을 통해 정보를 수집하고 생산, 가공, 보존, 전달, 활용하는 모든 방법을 의미.

2. 활용 데이터와 분석

고객의 관심과 취향을 정교하게 분석하고자 IPTV데이터, 구매이력 데이터, 모바일 이용데이터를 통해 관심분야, 지역 등을 파악하고 이를 통해 상품연관관계를 파악했다. 그 후 고객성향과 구매행태 분석을 통해 개인 맞춤별 프로모션 제공을 실시하고자 하였다. 각 자료를 통해 고객을 세분화하고, 충성고객 유지를 위한 프로모션, 상위고객 패턴연구, 이탈고객 재유입 전략에 활용하여 효과적인 주문과 구매를 유도하고자 하였다.

• IPTV
인터넷 프로토콜을 사용한 디지털 텔레비전 서비스.

3. 분석결과

가. 고객 취향 분석

TV시청 데이터와 기존 고객의 구매상품이력, 관심상품, 장바구니 정보 등을 결합하여 관심분야와 상품을 분석하고 이를 통해 개인 고객별 성향과 구매행태를 파악하는 시스템을 개발하였다.

나. 고객 세분화

빅데이터 분석을 통해 고객을 구매금액과 빈도가 낮고 최근 구매가 발생하지 않는 이탈고객, 구매금액 빈도는 높으나 최근 구매가 없는 수면고객, 금액, 빈도, 최근구매가 활발한 고객을 VVIP로 세분하여 각 고객군별 맞춤 프로모션을 진행하였다.

다. 실시간 분석

실시간 분석 기술을 기반으로 데이터 수집 즉시 실시간 처리와 패턴 분석을 수행하는 일괄처리방식을 활용하여 선 분석 후 저장이라는 기존 프로세스를 개선했다. 이를 통해 다양한 분석결과를 개별 고객 상품 추천 시스템에 이용할 수 있게 되었으며 분석 체계 및 고객 지표를 생성할 수 있었다.

4. 빅데이터 분석결과의 활용

가. T-commerce로의 성장
T-commerce화 이후 기존 2014년 보다 200% 가량 매출 성장이 가능했으며 경쟁업체의 등장에도 불구하고 선도기업으로서의 급속성장을 이루어 내고 있다.

나. 연령별 공략
홈쇼핑 구매 연령대를 분석한 결과 50대 이상이 주 고객으로 나타났으며, 그 외 30~40대 연령층을 공략하기 위해 모바일을 통해 쉽게 접근할 수 있는 방안을 마련할 계획이다.

다. 추천알고리즘 개발
빅데이터 분석을 토대로 개별 고객을 위한 추천 시스템을 구축하고 상품간 연관관계 분석을 통해 대체 상품을 추천함으로써 고객이 관심있어 하는 상품군에 대한 구매율을 높이고, 지역별/가구별 맞춤 상품 추천으로 추천 상품 구매율을 높일 수 있었다. BIG

• T-commerce
TV와 상거래의 결합 단어로 디지털방송 환경에서 리모컨을 활용한 상품 검색, 구매, 결제가 가능한 상거래 시스템.

유사사례
- 290p, 맨투맨, 빅데이터로 개발하는 신규 교육 서비스
- 498p, 자이크로, 빅데이터 분석 결과를 통한 마케팅 전략 수립
- 494p, 존스킨화장품, 빅데이터를 통한 남성 화장품 인사이트 도출
- 238p, 미스틱엔터테인먼트, 연예인 마케팅에도 필요한 빅데이터
- 460p, 블루엠갤러리, 빅데이터를 통한 대중고객 확보
- 242p, 패션서울, 고객이 원하는 기사와 정보는?
- 282p, 시대에듀, 빅데이터 기반 효과적인 마케팅 전략 수립
- 168p, 신한카드, 빅데이터 기반 대내외 경제기획 수립
- 534p, 한독, 건강식품 인지도 제고 방안 빅데이터로 찾자
- 558p, 노스페이스, 이제는 아웃도어도 스마트하게 사자

249 빅데이터로 세우는 새로운 마케팅 전략

롯데백화점

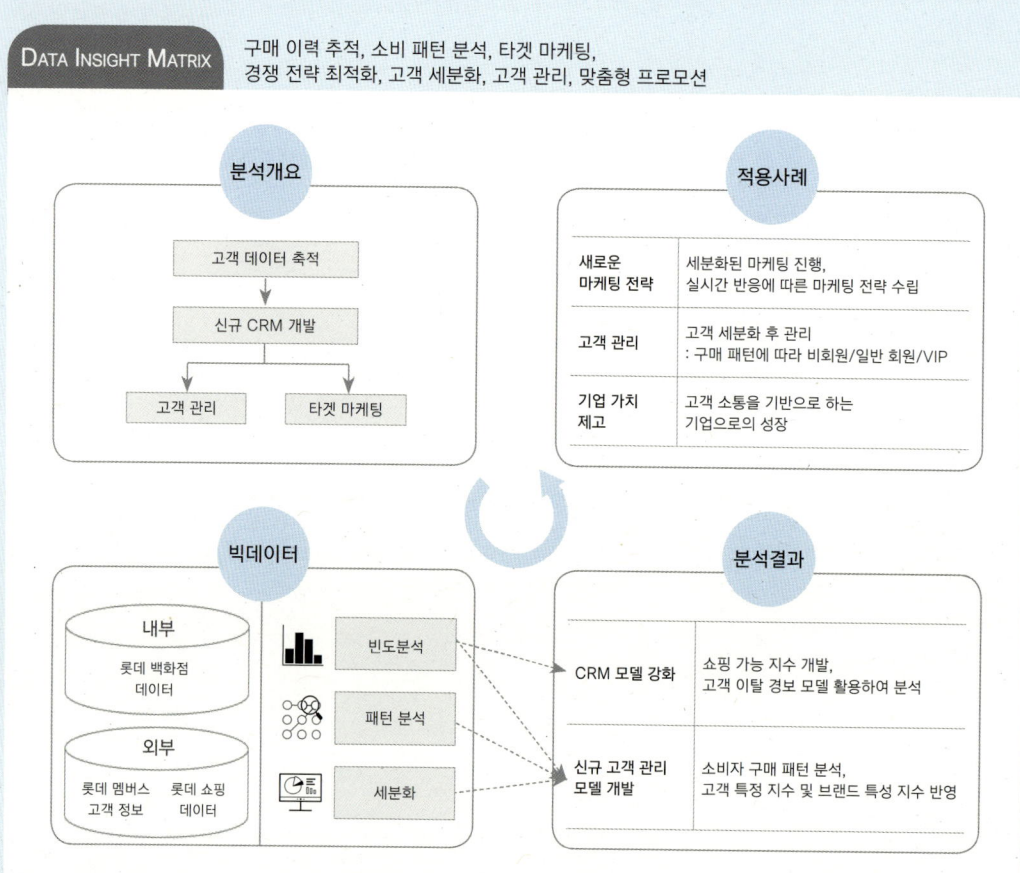

2천7백만 명의 회원을 보유하고 있는 롯데 멤버스 카드는 회원 수가 전체 경제인구수의 60% 수준임을 파악했다. 롯데 멤버스 회원들의 핫플레이스 이용 정보, 엘롯데 고객 정보, 외부 가맹점 구매 정보, 롯데 계열사 정보 등이 축적되어 계열사인 롯데백화점은 마케팅과 수익 성장을 위해 데이터를 활용하기로 했다. 이를 위해 빅데이터 분석을 통해 CRM 개발 및 구축, 타겟 고객 마케팅을 진행하기로 했다.

수집데이터	롯데백화점 내부 데이터, 롯데멤버스 고객 정보, 롯데 쇼핑데이터
참여기업	롯데백화점, 롯데 계열사(롯데멤버스)

1. Big Point!

롯데백화점은 같은 계열사의 멤버십인 롯데멤버스카드의 고객, 카드 사용 데이터 등을 수집하여 분석을 진행하고, 결과를 타겟 고객 선정과 맞춤형 마케팅에 활용하기로 했다. 또, 기존 CRM을 업그레이드하여 'Win-Back'와 'L-Trend Catch 프로그램'라는 마케팅 시행하여 이탈 가능성이 있는 고객들을 관리하고 소비자 이슈 트렌드를 반영한 맞춤 정보를 제공했다. 그리고 신규 CRM 모델들을 개발해 고객 관리와 마케팅 등에 활용했다.

• CRM
고객 관계 관리를 의미하며, 소비자들을 자신의 고객으로 만들고 장기간 유지하기 위한 경영방식을 말함. 기업들이 고객과의 관계를 관리, 고객 확보 등 내부정보를 분석하고 저장하는데 활용하는 광대한 분야를 일컬음.

2. 활용 데이터와 분석

롯데백화점은 롯데멤버스 정보와 롯데쇼핑의 데이터를 활용하여 고객 데이터과 카드사용 데이터를 구성했다. 그리고 고객의 카드사용 데이터를 활용하여 기존 CRM 모델을 업그레이드하고자 롯데카드 사용 고객들의 연간 소비액 중에서 외부 구매율이 얼마인지를 분석했다. 또, 고객별 평균 구매 주기와 최대 구매 주기를 분석하였고 그 과정에서 구매 패턴을 분석하여 소비자 이슈 트렌드를 파악했다.

그리고 연령, 성별 등의 고객 특성 지수와 브랜드 M/S, 연관 구매 상품군 등의 브랜드 특정 지수를 반영한 모델과 고객이 제품을 구매하며 겪는 어려움을 고객별로 유형화하고 세분화 과정을 거쳐 대응, 극복 전략을 수립하는 모델을 새로 개발했다.

유통
유통
활용분야
상품
마케팅
실시간 예측
비용 절감
품질 관리 및 운영
위험 사전 예방
보안 및 관리
상품·서비스 개선
플랫폼

유사사례
- 554p, 대우조선해양, 선박제품 신수요 창출과 MRO 서비스 개발
- 422p, 아우라, 빅데이터로 예측하는 학생 키의 성장
- 358p, 서양네트웍스, 빅데이터를 통한 매장 고객의 분석
- 506p, 불스원, 기존 고객관리부터 신규고객 유치까지
- 238p, 미스틱엔터테인먼트, 연예인 마케팅에도 필요한 빅데이터
- 168p, 신한카드, 빅데이터 기반 대내외 경제기획 수립
- 566p, 메타빌드, 생산 라인 개선 방향도 빅데이터로 선정
- 550p, 현대중공업, 작업시간의 효율적 분배로 생산성 향상
- 546p, 유라, 딥러닝 기술기반 대용량 제조 데이터 분석 서비스 플랫폼
- 172p, 케이앤컴퍼니, 빅데이터 활용 공동주택 시세 산정 시스템

3. 분석결과

가. CRM 모델 강화

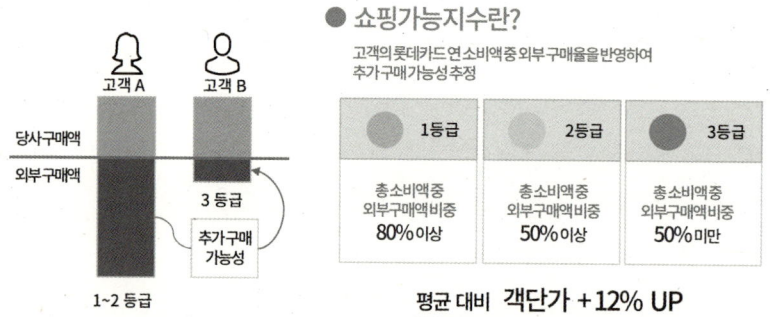

고객들의 롯데카드 연간 소비액 중에 외부 구매율을 파악하여 상품을 추가로 구매할 가능성이 있는지의 여부를 추정할 수 있는 쇼핑 가능 지수를 개발해 마케팅에 활용했다. 그리고 구매 패턴을 기반으로 고객을 분석해 소비자 이슈 트렌드를 반영하여 이슈 고객에게 'L-Trend Catch 프로그램'를 실시해 맞춤 정보를 제공했다.

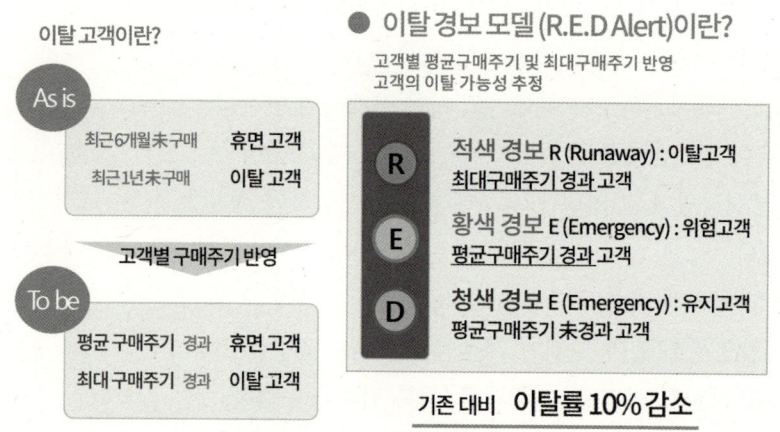

또, 고객별 평균 구매주기와 최대 구매주기를 확인하고 이를 기반으로 고객 이탈 가능성의 여부를 추정할 수 있는 이탈 경보 모델을 활용해 'Win-Back' 을 개발했다.

나. 신규 고객 관리 모델 개발

고객특성지수와 브랜드특성지수를 반영한 모델인 'Shopping Sprit'과 고객들이 구매과정에서 겪는 어려움들에 대응하는 서비스 전략 수립하기 위해 쇼핑 장애요소 극복 모델인 'Shopping Hurdle'(그림 우측)을 개발했다.

인지 단계 Hurdle	가격비교 단계 Hurdle	내점 단계 Hurdle	구매 단계 Hurdle
상품정보 필요	할인/행사정보 필요	내점유도 필요	구매 유도 필요
테마별 상품정보제공	할인(Sale)정보제공	이벤트 정보제공	사은행사 정보제공
• 크리스마스, 어린이날, 명절 등 기념일 상품 추천 • 신규 입점 B/D 홍보	• 연간 세일 일정 캘린더 배포 • 대형 상품할인 행사 및 기획전 정보제공	• 갤러리 전시 일정 및 연예인 초청, 정보 고지 • 문화센터 할인혜택 증정	• 상품권, 경품사은 고지 • 시즌별 신상품 정보제공

4. 빅데이터 분석결과의 활용

가. 새로운 마케팅 전략

분석 결과를 바탕으로 마케팅 진행을 위해 타겟팅 시스템을 구현했다. 해당 시스템은 원스톱 검색기능과 함께 추천 고객군을 설계할 수 있는 원 클릭 기능을 제공했다. 또, Real Time 캠페인 설계 및 캠페인 반응을 실시간으로 분석이 가능했고 시스템을 통해 다양한 고객군 설정 및 고객별로 선호하는 오퍼 추천이 가능했다. 이를 통해 이전보다 훨씬 더 빨라진 타겟팅이 가능하게 되었으며, 시각화를 포함한 보고서로 구현하는 시스템도 도입했다.

나. 고객 관리

고객들의 구매 패턴을 파악하여 백화점 방문객들을 방문이 매우 뜸하고 구매 금액이 적은 회원부터 구매금액과 방문이 상위 1%에 달하는 VIP 회원까지 그룹별로 구분하여 차별화된 마케팅을 진행했다. 특히, VIP 고객의 경우에는 취미와 관심정보 등을 등록하여 1:1 감성 마케팅을 진행하고 고객 이슈사항을 메모하는 등의 직접적인 커뮤니케이션에도 신경을 썼다.

다. 기업 가치 제고

고객 소통을 최우선으로 고객 관리와 타겟 마케팅을 진행하여 고객들이 다양한 정보를 적절하게 얻게 되어 좋은 기업으로 평가를 받을 수 있었다. 또한, 기업은 수익 성장을 통해 한걸음 더 성장해 기업 가치를 제고할 수 있었다. BIG

 무역　　　　　　　　　　　　　　　　　#서비스개발 #수출입현황 #관세확인 #규제확인

종합포털서비스를 통한 수출입 현황 비교　　　　한국무역협회

한국무역협회는 국내 9만여 개의 수출기업에 대한 빅데이터를 수집하고 분석하여 수출입 현황을 직접 비교했다. 그를 통해 수출을 진단하고, 품목 및 국가 키워드로 각국의 관세율 및 규제 등을 동시에 확인하는 서비스를 제공한다. 추가로 한국 무역뿐만 아니라 남북 교역과 관련된 통계정보도 제공하고 있으며, 각 국가의 무역통계 데이터를 다중비교나 시각화 등의 방법으로 제공하고 있다.

| 관련정보 | 참고사이트: http://stat.kita.net/
무역통계종합포털서비스 12년만에 개편...52개국 정보 한눈에, 파이낸셜뉴스, 2014.11.17 |

 무역　　　　　　　　　　　　　　　　　#실시간모니터링 #실시간정보제공

무역통계 정보 도출　　　　　　　　한국무역통계진흥원/가이온

한국무역통계진흥원은 관세청과 함께 수출기업을 대상으로 대민 무역통계서비스를 제공하면서 수출입 통관 자료 등을 기반으로 국내 기업이 수출입과 관련된 분석정보 및 해외시장 개척에 필요한 정보를 보다 종합적으로 파악할 수 있는 스마트 트레이드 서비스를 구축하여 활용하고자 하였다. 빅데이터 기술을 접목한 스마트 트레이드 서비스는 국내기업들의 수출 경쟁력 향상에 도움이 될 것이다.

| 관련정보 | 한국무역통계진흥원-가이온, 빅데이터 접목 무역통계정보 분석서비스 개발, 데이터넷, 2016.06.18 |

 물류　　　　　　　　　　　　　　　　　#최적경로파악

경로최적화 알고리즘을 접목한 ORION　　　　UPS

UPS의 ORION(On-Road Integrated Optimization and Navigation) 시스템은 교통 및 날씨 예측, 물동량, 고객 분포 등 관련 빅데이터를 수집하고 배송경로를 실시간으로 분석하는 시스템이다. 빅데이터를 기반으로 한 경로 최적화 알고리즘을 활용하여 데이터를 분석하였고 2013년부터 현장에 적용되었고 2016년 미국 경영과학회로부터 Franz Edelman Award를 수상하였다.

물류 　　　#최적경로파악 #공급망관리

빅데이터와 SCM의 만남　　　삼성SDS

삼성SDS는 4차 산업혁명 시대를 맞아 머신러닝기반 수요센싱을 통한 첼로 IoT 서비스를 선보였다. 첼로 IoT 서비스는 물류 현장에서 사람이 관리하는 정보를 센서를 통해 수집하여 정보를 관리하는 스마트 물류 서비스로 이 서비스를 통해 화물의 모니터링 및 관리에서 위험탐지, 예방, 물품 실시간 추적을 통해 물류, 제조, 유통 등 공급망관리(SCM)에 효율성을 높인다.

[관련정보] 삼성SDS, 물류에 IoT·빅데이터 접목한 첼로 IoT 서비스 공개, 아시아경제, 2017.03.23

 물류 　　　#재고관리 #생산품목결정

ICT기술 융합을 통한 유통산업 고도화　　　GS리테일

GS리테일이 빅데이터를 기반으로 ICT기술과 융합하여 유통·물류 사업 운영에 활용할 수 있는 시스템을 개발하고 최고의 상품을 합리적인 가격으로 제시하고자 한다. 예를 들면 마켓컬리의 신선한 제품을 직매입하여 판매하는 것처럼 빅데이터기반 알고리즘을 통해 다양한 품목들을 대상으로 재고회전율을 높이는 것을 의미한다.

[관련정보] ICT 기술과 만나 똑똑해진 유통가, 리테일테크 주목, 한국영농신문, 2018.03.11

 물류 　　　#서비스개발 #물류대행서비스

빅데이터와 물류의 만남　　　위킵

위킵은 인천의 물류스타트업으로 전자상거래 물류 대행 서비스를 제공하고, 상품보관, 주문수집, 포장배송, 송장전송, CS 처리 등 물류센터의 종합센터인 풀필먼트센터를 운영한다. 또한 아마존, 라자다 등 해외 판매몰 상품게재와 판매몰 집하센터까지 물류 대행을 진행하고 있으며 고객사 데이터 축적을 통해 기업에게 특화된 물류 솔루션과 시스템을 개발해 지속적 성장을 이루고자 한다.

[관련정보] 잘나가는 위킵, 인천 동구에 제2풀필먼트센터 오픈, 인천일보, 2017.12.19

 물류 #맞춤형상품추천 #서비스품질개선 해외

중국의 IT 공룡 알리바바, 비즈니스 혁신   알리바바

가. 배경 및 목적
중국에서 가장 잘 나가는 IT기업 3곳(바이두, 알리바바, 텐센트) 중 하나인 알리바바는 가장 먼저 빅데이터를 도입해 경쟁우위를 선점했다. 알리바바는 '신유통'이라는 명칭의 유통 전략을 바탕으로 소비자, 제품, 채널에 대해 각각의 비즈니스 우선순위를 설정하여 빅데이터 분석을 비즈니스 전반에 활용하고자 하였다. 이를 통해 소비자에게 적합한 맞춤형 제품을 온오프라인 융합 채널을 이용하여 고객에게 제공하고자 했다.

나. 활용 방법
알리바바는 전자상거래를 통해 엄청난 규모의 거래 및 고객 정보데이터를 보유하고 있는 '데이터제국'이다. 알리바바 산하의 타오바오에서는 전자상거래 데이터를 분석해, 소비자 구매 성향, 트렌드, 구매 의도를 바탕으로 상품을 추천하는 서비스를 제공하였다. 또한 알리바바는 방대한 자사의 데이터, 안면인식 기술, 차량 유통 스타트업 다써우처의 운영 노하우 등을 동원하여 '자동차 자판기'매장을 신설 하였다. 일정 수준의 신용 점수를 보유하고, 알리바바의 슈퍼회원이면 자동차 자판기의 이용이 가능하며 직원을 통하지 않고 자판기 혹은 스마트폰에서 차량 선택 후 얼굴 인식 등의 인증절차를 거치면 차량을 시운전할 수 있다. 추가로 자사 플랫폼의 고객 정보를 이용한 자체 신용평가 시스템을 차량 구매에 적용시켜, 고객의 신용등급을 매기고 보증금을 면제하는 등의 전무한 고객 서비스를 개발하였다. 또한 알리바바는 온·오프라인 매장을 통해 실시간으로 거래데이터를 집계하여 구매가 저조한 매장이 어디인지까지 알아낼 수 있으며, 이외 물류 분야에서는 자체 택배시스템의 데이터를 통해서는 지역별 배송 현황과 해외 직구, 배송 시간 등을 분석하여 서비스 개선에 활용한다. 오프라인 매장인 허마셴성에서는 모바일 앱으로만 결제가 가능하게 하여 거래 빅데이터를 수집한 뒤 이를 분석한 내용을 토대로 수요에 맞는 재고 관리와 상품 구성을 진행한다. 또한 지역별 데이터를 기반으로 푸드코트의 메뉴, 향신료 등을 차별화 하는 등 온·오프라인 데이터를 기반으로 유기적으로 결합하여 비즈니스에 경쟁력을 강화했다.

 물류 #플랫폼개발 #서비스개발

오더플러스, 식자재 주문 플랫폼   엑스바엑스

식자재 유통업체인 엑스바엑스는 국내 유통되는 식자재의 제품별 사진/바코드/영양 성분/알레르기 성분/첨가물/원재료명/회사 인증정보 등 식품에 대한 다양한 정보와 주문서비스를 제공한다.

가. 배경 및 목적
다양한 식자재 도매업체를 모아 업체별 단가 및 배송조건을 비교하고 가장 합리적인 업체를 선택할 수 있도록 참여자의 정보공개와 매칭을 주선하고, 합리적인 가격을 제시하는 등 식자재 공급과 구매 활동이 손쉽게 이루어지도록 식자재 주문 앱 서비스를 제공하고자 하였다.

나. 활용 방법
초록마을의 가공식품 데이터인 식품정보서비스 API를 활용하여 외식업소 업주들에게 식자재 공급 업체들을 연계하는 B2B 플랫폼을 제공하여 거래량이 증가하는 결과가 나타났다.

다. 적용 결과
외식업소와 식자재 공급업체 간 중개료 및 가공식품 관리에 관련된 서버·데이터의 비용을 절약하였으며, 식품정보 API를 통해 사용의 편의성을 높이고, 데이터 입력, 카테고리 정리 등에 투입된 시간, 인력 절감과 함께 사용 고객들에게 신뢰를 확보할 수 있었다.

라. 상품유통방식
API

[관련정보] 홈페이지: www.orderplus.co.kr 데이터소스: https://www.datastore.or.kr/

물류 #경영효율화 #매장관리 #재고절감 **해외**

유명 레스토랑 체인의 실적 향상 방안 — 디키스 바비큐 피트

가. 배경 및 목적
유명 레스토랑 체인인 디키스 바비큐 피트는 매출을 상승시키기 위한 유용한 사업 아이디어를 얻기 위해 빅데이터 분석을 활용하기로 했다. 레스토랑 사업은 경쟁업체가 많기 때문에 매장의 현황을 발 빠르게 파악하여 고객에게 대응하는 것이 핵심이라는 사실을 인지한 디키스 바비큐 피트는 실시간 분석을 통해 레스토랑 사업에서 선두를 유지하고자 하였다.

나. 활용 데이터
스모크 스택의 POS 데이터, 재고 데이터, 고객 데이터 등의 정형 데이터와 고객 설문, 마케팅 내용과 같은 비정형 데이터

다. 상세 내용
디키스 바비큐 피트는 데이터를 통해 현장에서 일어나는 다양한 일에 대해서 이해하고, 효율적으로 식당을 운영 하기 위해 '스모크 스택'이라는 빅데이터 시스템을 개발했다. 스모크 스택은 POS 데이터, 고객 데이터, 재고 데이터, 고객 설문 등의 데이터를 실시간에 가깝게 분석하여 매장의 판매 성과와 관련된 피드백을 생성한다. 모든 데이터는 20분마다 조사되며 이로 인한 피드백을 토대로 재고, 노동력 등을 재배치하여 실시간으로 매출을 바로잡는다. 예를 들어 특정 지점의 저녁시간의 수익이 기대 이하라면 즉시 재고를 조정하며, 고객들에게 갈비 할인 프로모션과 같은 광고 메시지를 보낸다. 디키스바비큐피트는 스모크스택을 통한 레스토랑 경영으로 원가 절감과 수익 향상을 얻었다.

[관련정보] 버나드 마, 학고재, 빅데이터 4차 산업혁명의 언어, p.192-198

 물류

#물류시스템개선 #맞춤형상품추천 #서비스개발

해외

슈퍼마켓 매상을 올리다

월마트

가. 배경 및 목적

슈퍼마켓은 경쟁이 치열한 업종으로 고객의 니즈를 이해하고, 고객이 구입하고 싶은 제품을 효과적으로 제공, 배치하는 것에 대해 데이터를 활용하여 경쟁력을 높이고자 한다. 또한 슈퍼마켓의 많은 하위 시스템을 빅데이터 분석을 적용하여 매장을 효율적으로 운영·관리하고 고객의 슈퍼마켓 방문 경험에 대한 선입견을 개선하고자 하였다.

나. 활용 데이터

지속적으로 갱신되는 거래내역 데이터, 기상 데이터, 경제 지표, 통신 데이터, 소셜 미디어 데이터, 휘발유 가격 데이터, 매장 주변에서 일어나는 사건의 데이터베이스 등을 포함한 2백여 종류의 데이터

다. 상세 내용

월마트는 40페타바이트에 달하는 전주에 판매된 물품에 대한 데이터베이스를 포함, 약 2백 개의 내부 및 외부 데이터 흐름을 실시간으로 모니터링한다. 실시간 자료들을 시간대별로 분석하여 사업 파트너들에게 정보를 전달한다. 또한 회사의 성과 지표를 모니터링하고 특정 레벨에 도달하면, 경보를 울려 그 문제의 담당 팀과 해결책을 논의할 수 있도록 하는 시스템도 운영한다. 판매량 감소 등의 문제가 일어난 상품에 대해서 데이터 분석을 통해 그 원인을 알아내고 즉시 수정한다. 또 개방된 소셜 미디어상의 대화 내용을 바탕으로 사람들이 어떤 제품을 구매할지 예측하는 '소셜 게놈 프로젝트'를 진행한다. 그뿐만 아니라 사람들이 가까운 지인의 영향을 받아 제품을 구매하는 경우가 많다는 것에 착안하여 이를 이용해 구매를 예측하는 '쇼피캣' 서비스를 보유하고 있다. 그리고 웹사이트에서의 소비자들의 검색 경향을 분석할 수 있는 검색 엔진인 '폴라리스'를 개발했다.

라. 기술적 세부 사항

- 대용량 데이터 저장 : 하둡
- 프로그래밍 언어 : R, SAS
- 그 외 기술 : 스파크, 카산드라

마. 적용 결과

물품 판매량 감소 등 문제 해결에 걸리는 평균 시간이 2~3주에서 약 20분으로 급격히 감소 했다. (신속한 문제 해결이 가능하게 되었다.)

바. 한계 및 해결방안

빅데이터를 분석할 수 있는 인재 채용에 어려움을 겪은 월마트는 인력부족문제를 해결하기 위해 클라우드 소싱 데이터 과학 경연 사이트인 캐글(Kaggle)을 활용했다. 캐글은 계절 이벤트, 휴일 등이 제품 판매에 얼마나 영향을 미치는지를 예측하는 것과 같은 도전 과제 및 공모전을 웹사이트 유저들에게 알려준다. 월마트는 자신들이 보유하고 있는 실제 데이터 분석 모델 가장 비슷한 모델을 만든

사람을 당사의 데이터과학팀에 지원할 수 있도록 하여 인력 부족 문제를 충족하려 하였다.

`관련정보` 버나드 마, 학고재, 빅데이터 4차 산업혁명의 언어, p.15-22

 물류 #최적경로파악 #유동인구분석 #물류시스템개선

글로벌 물류기업, 빅데이터 적극활용 — DHL

DHL은 배송 도착지, 무게, 크기, 내용물 등에 대한 수백만 건의 정보를 통해 물류 서비스 이용흐름과 패턴을 파악하는데 빅데이터를 활용하였다. DHL은 스마트 트럭을 도입하여 실시간으로 교통상황, 수신자 상황, 지리/환경적 요소를 고려하여 단시간에 배송할 수 있는 최적의 배송경로를 실시간으로 제공받는 배송차량이다. 이는 빅데이터를 이용해 가장 효율적인 경로를 찾아 배송을 진행하고 있으며 배송실패율이 제로에 가깝다. 또한 불필요한 이동이 없기 때문에 연비 절감과 동시에 스마트 업무에 해당하는 일을 줄일 수 있었다.

`관련정보` 디지털타임스, http://www.dt.co.kr/contents.html?article_no=2014031002011132748001

 물류 #타겟마케팅 #수요조사 #경영효율화

디지털 기술을 통한 물류최적화 — 올세인츠

영국의 패션 브랜드인 올세인츠는 매물이 감소하는 문제에 직면해 해당 문제를 해결하고자 빅데이터 분석을 활성화 하기로 했다. 매출액의 감소로 인해 돌파구를 마련하던 결과 빅데이터와 SNS를 이용한 다양한 방식의 커뮤니케이션 클라우드를 통해 고객 수요에 맞는 물류를 개발하였으며, 자체 개발 물류시스템으로 실시간 재고 수량 파악을 통해 재고 최소화를 이끌어 낼 수 있었다.

`관련정보` 삼정 kpmg issue monitor 제 64호(2016. 12)

 물류 #경쟁전략최적화 #최적경로파악 #물류시스템개선

택배서비스의 다양화 — 야마토운수

일본 정부가 독점해온 택배 사업에 있어 빅데이터와 융합, 고객의 요구를 충족시키기 위해 택배 서비스와 더불어 고령자 지원서비스를 통해 고령 인구의 도움을 주는 상품을 개발하였다. 자동차를 보유하지 않고 판매점까지의 거리가 먼 고령층들이 야마토 콜센터를 통해 택배기사와 연계하여 문제를 해결해 주는 서비스를 개발, 고령화 사회에 빠르게 대응하고 있다.

`관련정보` 삼정 kpmg issue monitor 제 64호(2016. 12)

유통　　　　　　　　　　　　　　　　#서비스품질개선 #의사결정지원

학습하며 진화하는 AI 쇼핑　　　　　　　　롯데그룹

가. 배경 및 목적
국내 유통기업들은 시장에서의 경쟁력을 높이기 위해 적극적으로 IT기술을 활용하고 있다. 특히 한때 유행 정도로만 생각되던 인공지능에 대한 기술이 지속적으로 발달함에 따라 이를 이용한 다양한 고객서비스가 지속적으로 등장하고 있었다. 롯데그룹은 한국 IBM과 업무 협약을 맺고 AI 추진팀을 구성하여 인공지능을 이용한 서비스 개발에 박차를 가하였다.

나. 활용 방법
롯데그룹은 IBM의 클라우드 인지 컴퓨팅 기술인 '왓슨 솔루션'을 활용하여 진행한 혁신 주제는 크게 2가지로, '지능형 쇼핑 어드바이저'와 '지능형 의사결정 지원 플랫폼'이다. '지능형 쇼핑 어드바이저'는 고객이 일일이 상품을 검색하는 것이 아니라, 챗봇과 대화하며 상품 추천, 픽업 서비스 안내, 매장 설명 등의 서비스를 제공받는 형태이다. 챗봇은 롯데 직원을 대신하는 역할을 하는데, 구체적으로 패션에 관심이 많은 13살 딸의 생일 선물로 어떤 것을 사줘야 할까? 라는 질문에 고객정보, SNS, 뉴스를 통한 트렌드 분석을 거쳐 가장 적합한 선물을 추천해준다. 두 번째 테마인 '지능형 의사결정 지원 플랫폼'은 대체적으로 푸드 계열사의 신제품 개발 전략 수립에 활용된다. 왓슨 솔루션이 외부시장 데이터와 내부 매출 데이터, 제품 정보를 분석한 내용을 토대로 신제품 출시 등에 관한 의사결정에 도움을 받는다.

 유통　　　　#타겟마케팅 #고객세분화 #유동인구분석 #구매패턴분석 #상권분석

미니백화점 엘큐브 불황속 20대 시선 사로잡다　　　롯데

롯데에서 설립한 엘큐브라는 백화점은 기존의 대형 백화점과는 다른 컨셉을 시도하였다. 백화점의 크기를 줄였으며 빅데이터를 통해 젊은 세대의 관심사를 파악하여 이를 겨냥한 적절한 입지 선정과 고객을 세분화하여 그들에게 맞는 맞춤형 전략을 시도하였다. 이러한 전략을 통해 엘큐브는 20대 고객을 주요 고객층으로 흡수하고 있으며, 특히 홍대에 설립된 엘큐브 1호점은 게임 관련 테마관으로 개장되어 게임 매니아층에게 큰 호평을 받았다.

| 유통 | #수요예측 #트렌드분석 #가격설정 #생산품목결정 #경쟁전략최적화 |

소비자와 소통하는 네슬레 — 네슬레

빅데이터 분석을 통한 제품혁신을 통해 네슬레는 컨슈머 인사이트팀을 신설, 신제품 개발에서부터 레시피 개발 및 수정을 고객과의 커뮤니케이션을 통해 진행하며, 소비자의 니즈 분석을 통해 적절한 욕구를 충족시키고자 하였다.

관련정보 삼정 kpmg issue monitor 제 64호(2016. 12)

| 항공 | #맞춤형상품개발 #서비스품질개선 |

항공사 서비스 개선 — 금호아시아나

금호아시아나 그룹은 판매에서 최종 서비스 단계까지 운항, 항공기 정비, 고객 정보 등 빅데이터를 수집하여 분석하고 고객 맞춤형 상품을 개발 및 공항 수속 절차 고도화를 진행한다. 이를 위해 개발한 빅데이터 통합시스템 인사이트아이는 금호아시아나그룹의 경영전략 수립을 돕는다.

관련정보 [R&D가 희망이다] 운항-고객 정보 등 빅데이터화로 고객 만족 높인다, 동아일보, 2017.02.24

빅데이터 활용사례

공공 금융 농축수산 문화관광 에너지 유통 의료 제조 IT 기타

07 / 의료

바이오, 병원, 보건, 복지, 생명,
의료기기, 제약, 질병

	고객중심	시스템최적화	위험관리	신규비즈니스모델개발
병원	· 빅데이터가 처방한 고객 관리 방안(414p)	· 빅데이터가 처방한 고객 관리 방안(414p)		
보건	· 심사조정도 이젠 빅데이터로 미리 예측한다(418p)	· 심사조정도 이젠 빅데이터로 미리 예측한다(418p)		
생명	· 빅데이터로 예측하는 학생 키의 성장(422p)			· 빅데이터로 예측하는 학생 키의 성장(422p)

의료

바이오, 병원, 보건, 복지, 생명, 의료기기, 제약, 질병

1. 의료 빅데이터 현황

최근 우리나라뿐만 아닌 전 세계적으로 인구 고령화 및 만성질환 유병률의 증가 등 질병구조 변화로 인해 의료비 지출이 빠른 속도로 증가하고 있다. 의료비 지출에 대한 부분을 감소하기 위해 의료 산업이 기존 치료 중심의 사업에서 예방, 관리 부분으로 관점이 바뀌어가는 추세로 이에 따라 많은 국가에서 IT와 의료기술을 조합한 헬스케어 서비스가 나타나고 있다. 기존 건강검진, 질병, EMR 유전체 분석 데이터 등 다양한 데이터와 함께 다양한 스마트 센서들을 이용하여, 인간의 생체정보를 수집하고 의료 정보 및 건강정보를 여러 형태로 처리, 분석하여 질병 발생 가능성을 예측하고, 개인 맞춤형 의료가 가능한 서비스가 나타나고 있다.

이러한 보건의료 빅데이터는 2013년 153 exabytes에서 2020년 2,314 exabytes로 약 15배 정도 증가할 것으로 추정하고 있으며, 2013년 52억 달러 규모에서 2023년 629억 달러의 규모에 이를 것으로 예측하고 있다. 이에 따라 과거와 비교할 수 없을 만큼 폭발적으로 증가하는 의료데이터를 어떻게 분석하고 인사이트를 얻을 것인지에 대한 문제가 대두되고 있다.

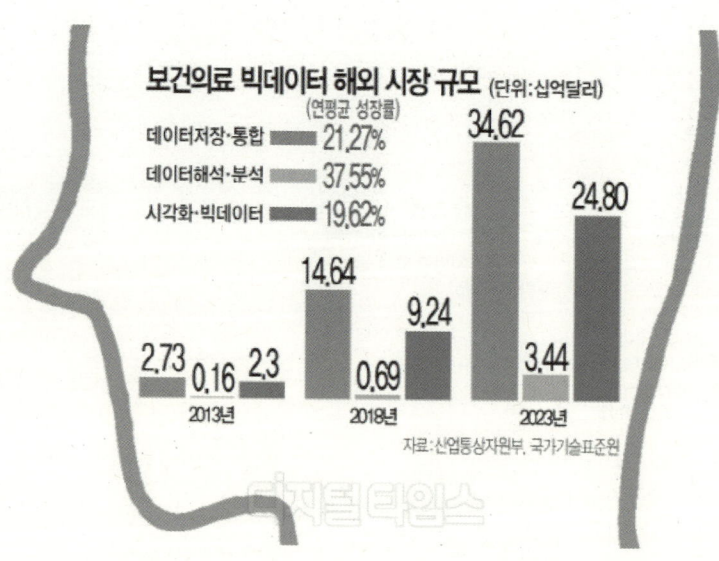

2. 의료 빅데이터 활용

의료 빅데이터의 활용 사례와 동향을 자세히 살펴보기 위해 32개의 의료관련 분야 기업의 빅데이터 활용 사례를 수집하였다. 의료 빅데이터는 주로 의료기관의 의료정보를 활용한 맞춤형 의료 서비스 등에 대한 분야와 바이오&생명 분야를 통한 신약개발, 질병 및 유전체 정보 기반 건강관리 서비스에 활용하는 것으로 나타났다.

이를 의료기관에서의 빅데이터 활용 사례와 질병, 제약 등의 분야에서 의료빅데이터가 어떻게 활용되고 있는지 파악해 보도록 하자.

- **의료기관** : 환자 임상자료, 건강검진자료 등의 다양한 데이터를 통해 의료 플랫폼 개발, 의료 서비스 질적향상 등에 활용하고 있다.
- **질병** : 건강검진 자료, 지역사회 건강조사 등의 자료와 SNS자료의 분석을 통해 질병예방, 관리 등 예방중심의 보건의료 분야와 만성질환, 질병예측 등에 대한 분야로 활용되고 있다.
- **제약** : 생명, 바이오 분야의 데이터와 환자 임상진료데이터, 생체정보 측정 데이터 등을 통해 맞춤형 의료와 신약개발에 활용되고 있다.
- **생명 & 바이오** : 유전체 정보를 통해 신규 바이러스를 진단하거나, 의료데이터와의 연계를 통해 유형별 맞춤 치료 서비스 개발에 활용되고 있다.

3. 분야별 활용 사례

의료 빅데이터 시장은 의료기관의 정보데이터를 기반으로 한 맞춤형 의료서비스, 질병 및 제약 관련 분야에서 주로 사용되고 있었다.

의료기관	· 미국 내 방대한 의료 데이터베이스를 기반으로 환자들에게 의료 정보를 정확하게 제공하고 치료의 일관성 및 진료비용의 감소를 통해 환자와 병원 모두에게 이익이 되는 환경을 조성한다. (미국, Cal INDEX) · 병원의 빅데이터를 활용하여 약물투여의 오류 원인을 분석하여 객관적인 결과를 도출하는 연구를 내놓았다. (분당서울대병원, 아주대학병원) · 외래환자 데이터의 체계적 통합 관리를 위해 시스템을 개발하였다. 임상정보, 사고정보 등 다양한 형태의 자료가 수집되며 환자의 내원, 검사, 진단, 추적 관찰 등의 치료 프로세스에 따라 연구자가 원하는 데이터 추출이 가능하며, 외래환자에 대한 다양한 연구 및 골든타임 확보에 기여할 것으로 보인다. (울산대학교 병원)
질병	· 만성질환 관련 추적을 위해 코호트 데이터베이스와 국민건강정보 데이터베이스, 기후변화 데이터베이스를 융합하여 GIS 기반 전국 질병 지도를 만든다. 이를 통해 천식/알레르기/고혈압/뇌졸중 등 각종 질환 발생에 대해 위험 대책을 마련하고 지역주민을 대상으로 경보/알림 서비스를 제공한다. (환경부/건강보험공단) · 건강보험데이터, 식약청, 기상청 등과 SNS, 뉴스, 블로그 등의 데이터 융합을 통해 감기, 눈병, 식중독, 천식, 피부염 등 5개의 질병에 대한 실시간 전국 국민건강 알림서비스와 함께 기상정보, 환경정보 등에 대한 상세정보 제공을 통해 국민건강 증진과 사회적 편익을 극대화한다. (건강보험공단)

질병	· 국내 11개 대학병원의 2,699명의 뇌 영상을 이용하여 뇌혈관 위험요소를 파악한다. 뇌 경색환자의 장애율과 사망률이 높기 때문에 이를 통한 뇌경색 예측지도 개발로 환자와 의사에게 사전에 뇌경색을 예방할 수 있는 가이드라인을 제공한다. (한국표준과학연구원) · 급성심근경색 환자 15만 명의 데이터를 통해 치료 방향을 제시한다. 이를 통해 급성심근경색 환자의 초기 적절한 치료가 가능하게 되었다. (서울아산병원)
제약	· 신약개발을 위해 빅데이터를 활용하여 약물과 질병 사이의 네트워크 경로 분석을 통해 신약을 적용해 보는 시스템을 개발하였다. (한국과학기술원) · 약 26억 건의 SNS 데이터를 이용하여 10년째 매출이 오르지 않는 진통 소염제를 '멍이 빨리 없어지는 연고'로 광고하여 매출이 급상승하였다. (유유제약) · 처방전 및 약물의 부작용 사례를 통해 약 개발 시 비용과 리스크를 줄일 수 있었다. 예를 들면 관절염 약과 소화제를 같이 처방하는 경우가 많은데 이럴 경우 복합제를 개발하여 활용하는 것이 좋다는 결과를 얻을 수 있었다. (동아ST, 아주대학교병원)
생명&바이오	· 유전자 데이터와 맵리듀스 기반 복잡 알고리즘을 통해 진단 프라이머 기술을 개발하였다. 이를 통해 유전자 기반 신종 바이러스 진단, 암 진단, 유전자 변형 농산물 탐지 등 다양한 범위에 사용이 가능해졌다. (대구경북과학기술원) · 분자 네트워크 및 시뮬레이션 기술개발을 통해 암세포 유전체 유형별 맞춤치료기술을 개발하였다. (KAIST) · 의료기관의 유전정보, 환자정보를 수집하여 개인의 전자 카테터 정보와 게놈정보를 파악하여 이를 통해 치매 예후를 조기 발견하고 이를 통한 새로운 치료법 개발에 활용한다. (일본, 후지츠)

4. 의료 빅데이터 시사점

의료 분야에서 미국, 일본, 영국 등의 경우 체계적인 데이터 수집 및 저장 시스템을 구축하여 의료 데이터 공개를 통해 임상·의료연구·질병예방·신약개발 등에 활용하여 사회수요가 높은 분야를 중심으로 서비스를 개발하고 있다. 또한 의학적 파급효과가 큰 인체자원정보, DNA 정보 등의 분야를 중심으로 의료데이터를 수집 DB로 구축하고 있다. 하지만 현재 공공데이터포탈(www.data.go.kr)에서 공개하고 있는 의료 관련 데이터의 경우 그 양이 미비함을 볼 수 있다. (국내에서는 현재 2018년 7월 기준 1,677건의 의료 관련 빅데이터가 수록되어 있다.) 또한 의료데이터 같은 경우에는 개인정보를 포함하고 있어 이를 보호할 수 있는 적절한 정책이 필요하다. 우리나라의 개인정보보호법은 타 국가보다 그 범위가 제한적으로 활용에 제재를 받고 있다. 최근 비식별 조치 방안 가이드라인 제정을 통해 이전보단 활발해진 데이터 활용을 보이고 있으나 그럼에도 불구하고 그 효과가 미비한 실정이다.

또한 의료 빅데이터의 적극적 활용을 위해선 산업 생태계 조성뿐만 아니라 전문인력양성이 필요하다. 데이터는 존재하나 의미 있는 정보를 찾아낼 수 있는 전문인력 양성을 통해 새로운 데이터 분석방법론, 정보공유, 컴퓨팅 기술 등 소프트웨어 개발을 통해 의료 분야의 경쟁력 확보를 통해 의료 빅데이터 활용모델 보급 등 국가 차원의 장기적인 전략이 필요하다. BIG

의료

MEMO

267 빅데이터가 처방한 고객 관리방안

휴병원

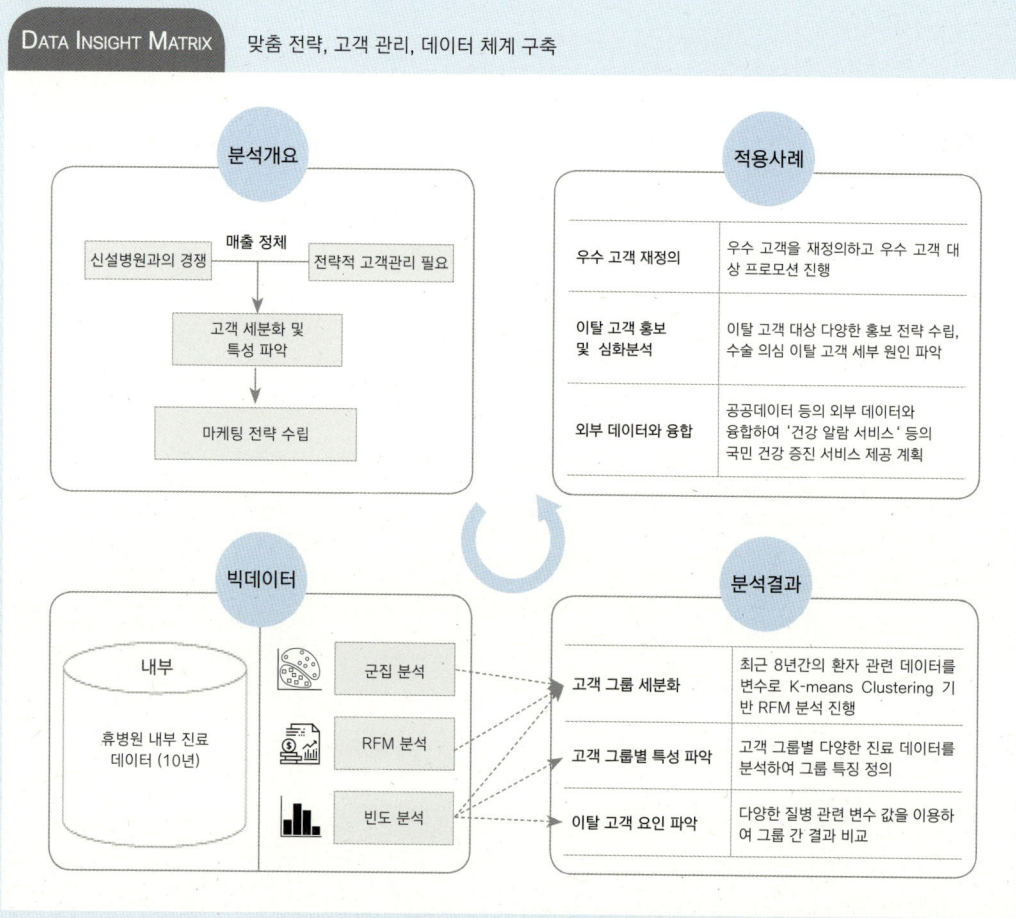

DATA INSIGHT MATRIX 맞춤 전략, 고객 관리, 데이터 체계 구축

부산의 관절 전문 병원인 휴병원은 최근에 많은 병원이 새로 개설되어 의료 서비스의 치열한 경쟁 압박을 받고 있었다. 관절 의료 서비스는 대부분 환자의 연령대가 높고 수술 치료의 비율도 높아, 지속적인 고객 관리만 이루어진다면 충성도 높은 고객을 많이 둘 수 있었다. 개업 10년 차인 휴병원은 과거부터 지금까지 고객에게 제공했던 의료 서비스로는 시장에서의 우위를 선점할 수 없음을 깨닫고, 지속적인 경쟁력을 갖추기 위해 다양한 전략을 수립하여 의료 서비스를 제공하는 것이 필요하다고 판단했다. 이를 위해 빅데이터 분석을 통해 고객을 좀 더 정확하게 이해하고 분류해, 시장에서의 경쟁력을 강화하고자 한다.

수집데이터	휴병원 고객 데이터 (성별, 연령 등), 진료 데이터 (방문 횟수, 지출 비용 등)
분석솔루션	통계패키지 R
참여기업	휴병원(수요기업), (주)웨슬리퀘스트(빅데이터 솔루션 & 경영컨설팅사)

1. Big Point!

휴병원은 병원 내에 축적된 데이터인 고객, 진료 데이터를 연계하여 고객 그룹을 분류하고, 그에 맞는 각각의 전략을 수립하고자 그룹별 특성을 파악했다. 분석을 통해 얻은 다양한 정보들을 바탕으로 우수 고객을 계속 잡아 둘 수 있는 전략을 세우거나, 이탈 고객을 다시금 사로잡고 새로운 고객을 맞이할 수 있도록 젊은 스포츠 그룹과 연계한 마케팅을 진행하는 등의 다양한 전략을 세우는데 활용했다.

2. 활용 데이터와 분석

휴병원에서는 고객 그룹별 맞춤 관리를 위해 K-means Clustering 기반 RFM(Recency, Frequency, Monetary) 분석을 진행하여 고객들을 각 그룹으로 분류하고, 각 그룹별 빈도 분석을 통해 각각의 특성을 파악하였다. 그 결과로 크게 우수 고객, 이탈 고객, 미확정 고객으로 분류하고 더 세분화하여 7개의 그룹을 정해 우수 고객 군을 재정의하여 우수 고객 군에 대한 마케팅을 강화하기로 하였다.

또한, 이탈 고객에 대해 빈도 분석을 통해 젊은 층 이탈, 비 수술 이탈로 나누어 효과적으로 마케팅을 진행하기 위한 방안을 찾았다.

• **K-means Clustering**
주어진 데이터를 K개의 클러스터로 묶는 군집화 기법으로 각 클러스터와 거리 차이의 분산을 최소화하는 방식으로 동작.

• **RFM**
구매 가능성이 높은 고객을 선정하기 위한 데이터 분석방법으로, 가치있는 고객을 추출하고 추출된 데이터로 고객을 분류하는 방법.

Recency (거래 최근성)
고객이 얼마나 최근에 구입했는가?

Frequency (거래빈도)
고객이 얼마나 빈번하게 우리 상품을 구입했나?

Monetary (거래규모)
고객이 구입했던 총 금액은 어느 정도인가?

의료
병원
활용분야
상품
마케팅
실시간 예측
비용 절감
품질 관리 및 운영
위험 사전 예방
보안 및 관리
상품·서비스 개선
플랫폼

유사사례
- 178p, ING생명, 빅데이터가 가져올 금융 산업계 파급 효과
- 606p, 마인즈랩, 말만 듣고 내 건강을 확인해 주는 작은 의사
- 384p, 더블유쇼핑, 고객별 추천 시스템을 통하여 매출 증가로
- 282p, 시대에듀, 빅데이터 기반 효과적인 마케팅 전략 수립
- 278p, 플렉싱크, 중국인의 마음을 사로잡을 빅데이터

주요 사례분석

3. 분석결과

가. 고객 그룹 세분화

방문 횟수도 많고 지출 비용도 높은 우수 고객군(1%)은 VIP 그룹, 다빈도소액군, 저빈도 고액군의 3가지 그룹으로 고객군을 정의했다. 진료 횟수가 적고 비용 지출이 적은 이탈 고객군(34%)은 마지막 방문이 평균 7년 전인 과거 이탈군, 4년 전인 최근 이탈군의 2가지로 정의했으며, 위와 같이 정의할 수 없는 미확정 고객군(65%)는 최근에 첫 진료를 받은 신규군과 일정 경향성이 없는 보류군 2가지로 정의했다.

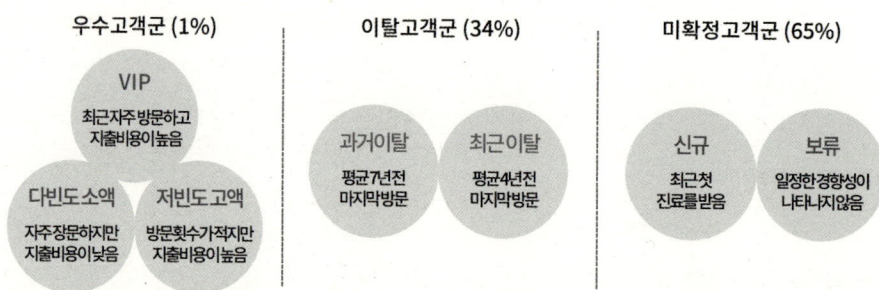

나. 고객 그룹별 특성 파악

빈도 분석을 통해 고객 그룹별 특성을 파악한 결과, 우수 고객군은 첫 진료 시 '무릎관절증' 혹은 '척추협착' 진단을 받은 비율이 50%가 넘었다. 반면 이탈 고객군은 '무릎관절증'과 '척추협착' 진단을 받은 비율이 총 25%로 우수 고객군에 비해 절반의 수준이었다.

또한, 총 진단받은 질병 개수가 우수 고객 군은 평균 5.6개인 반면, 이탈 고객군은 평균 1.5개로 확연한 차이를 보였고, 수술 여부 역시 우수 고객군은 평균 55%가 수술을 받았고 이탈 고객군은 1%로 큰 차이를 보였다. 특히, 우수 고객 군 중 저빈도 고액군은 87%가 수술을 받아 고액 지출의 원인이 수술임을 파악했다.

다. 이탈 고객 요인 파악

이탈 고객군의 특징을 파악하기 위해 분석한 결과, 40대 이하 젊은 연령층의 비율이 우수 고객군에서는 0% 이지만, 이탈 고객군에서는 36%라는 것을 파악했다. 그리고 이탈 고객군은 '인대, 엉덩이 뼘'과 같은 염좌로 인한 첫 방문인 비율이 29%를 차지했고, 이탈 고객군 중 염좌 진단을 받은 40대 이하 환자가 약 64%로 다수를 차지했다.

또, 주요 병명을 중심으로 환자의 수술 비율을 분석한 결과, 전체 평균보다 높은 수술 비율을 보인 '근육 파열' 등의 병을 진단받은 환자가 수술을 받지 않는 고객이 추후에 이탈 고객이 될 수도 있다고 판단했다.

4. 빅데이터 분석결과의 활용

가. 우수 고객 재정의

우수 고객을 '무릎 관절증 및 척추 협착을 진단받은 환자 중 5개 이상의 복합 질병 진단을 받은 환자'으로 재정의하고 다양한 연말 프로모션을 진행하는 마케팅 전략을 세웠다. 예로, 척추 협착증이나 무릎 관절 등 주요 발생 질병에 관련된 정보를 적어둔 달력을 2016년 말에 배포하였다.

나. 이탈고객 홍보 및 심화분석

	우수 고객군		이탈 고객군	
	기존우수고객 (유지 및 관계강화)	잠재우수고객 (고객 활성화)	젊은층 이탈 (홍보 접점 확대)	비수술 이탈 (원인 분석 및 대안수립)
단기	• Loyalty 프로그램 및 유지 활동강화 - 선물증정 - 해피콜 및 기념일 서비스활동	• 고객전환 프로그램 강화 - 프로모션 및 이벤트 진행	• 고객접점 확대 - 고객활동 채널분석 • 온·오프라인 홍보강화	• 이탈원인에 대한 분석 - 내부빅데이터분석 - 샘플설문조사
중장기	• 프리미엄 진료서비스 제공 - 진료정보 기반 발병위험예측 정보제공	• 고객이해강화 - FGI 통한 니즈확인 - 만족도조사구축	• 이탈사유에 대한 추가분석 • 성과관리 및 개선안 도출 - 채널비용 대비 효용분석	• 이탈원인 기반의 개선과제 발굴 및 실행 - 이탈고객군 세분화 - 불만족 요소 정의 - KPI 및 목표성과 설정 - 성과평가 및 피드백

휴병원은 이탈 고객 군 중 40대 이하의 젊은 층에 대한 마케팅을 위해 젊은 층으로 구성된 스포츠 단체를 타겟으로 삼아 대회 개최, 대회 중 부상자 의료 지원, 참석자 전원 대상 고주파 및 도수 치료 등의 홍보 전략을 수립했다. 또, '수술이 의심되나 이탈했던 고객'이 왜 이탈했는지, 타 병원에서 수술받았는지의 여부를 분석하기 위해 병원에서 생성되는 정형 및 비정형 데이터 추출 및 분석 기법을 도입하여 분석을 계획했다.

다. 외부 데이터와의 융합

국민건강보험공단의 내·외부 데이터를 통합하여 제공하는 '국민 건강 알람 서비스'와 유사한 국민 건강 증진 서비스를 부·경 지역 시민들에게 제공하여, 이를 지역 사회 발전에 기여하는 의료 기관이라는 이미지 수립과 연계할 수 있는 전략을 고려했다. BIG

268 빅데이터로 심사조정을 미리 예측한다

크레도웨이

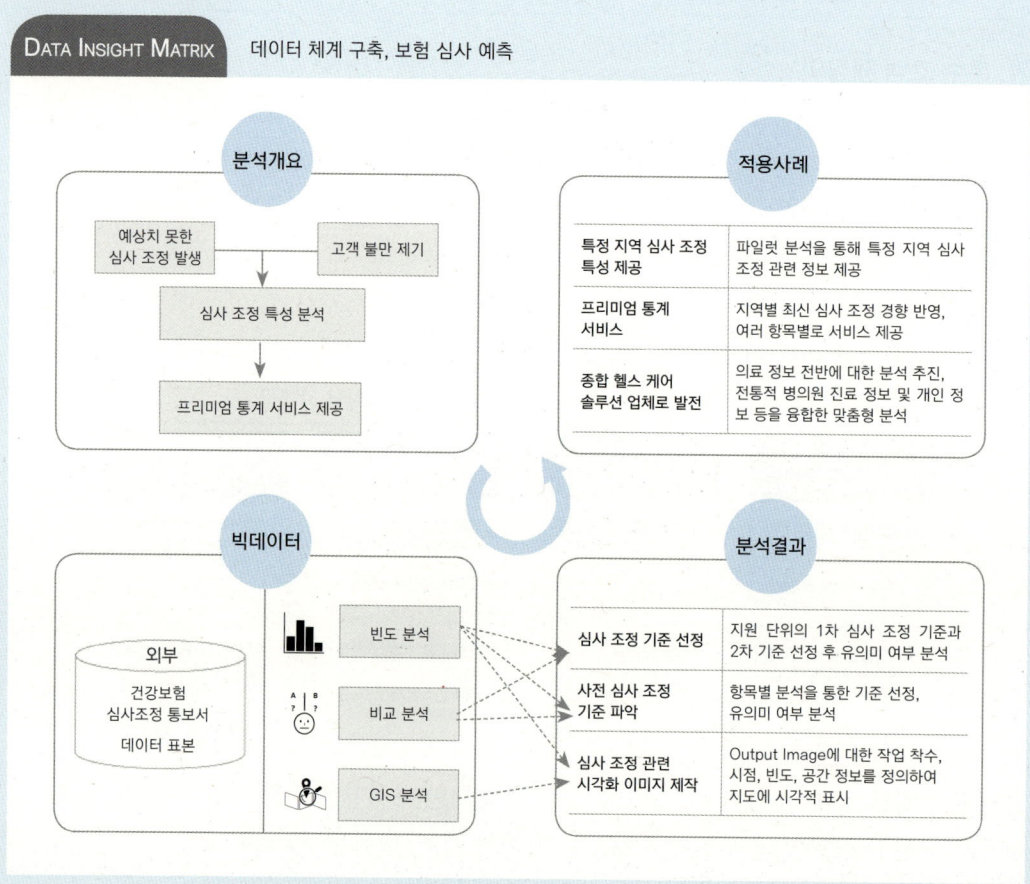

DATA INSIGHT MATRIX 데이터 체계 구축, 보험 심사 예측

보험 청구 사전심사 관련한 소프트웨어를 제공하는 크레도웨이는 최근 의원급 요양기관을 대상으로 의료보험 청구 사전심사 과정에서 예상치 못한 심사 조정의 경향을 파악하지 못해 대응하기 어렵다는 고객들의 불만을 인지하였다. 따라서 심사 청구와 관련한 질 높은 서비스를 제공하기 위해서 빅데이터를 활용한 분석을 통해 신규로 필요한 서비스를 개발하고자 했다. 또한, 개발한 서비스를 우선적으로 파일럿분석을 실시하여 실효성을 객관적으로 확인해 보고자 하였다.

수집데이터	건강보험 심사 조정 통보서 데이터 표본
분석솔루션	통계패키지 R
참여기업	㈜크레도웨이 (수요기업), ㈜웨슬리퀘스트 (빅데이터 솔루션 & 경영컨설팅사)

1. Big Point!

크레도웨이는 심사 조정 관련 프리미엄 서비스 개발과 관련된 분석이 유의미하게 나타나지 않는다면, 서비스를 추진할 필요가 없을 것이라 생각했다. 따라서 개발 서비스의 실효성 검증과 고객에게 제공할 정보의 명확한 기준 설정을 목표로 빅데이터 분석을 진행하였다.

먼저 심사조정 경향 분석을 위한 기준 파악을 위해서 빈도분석과 비교·분석을 실시하였다. 이후, 분석을 통해 나온 기준인 지역 범위와 진료과목에 대한 분석을 실시하였다. 또한, 약제 처방전 심사 조정 여부를 사전에 확인할 수 있도록 하기 위해서, 1.약제 2.약효능 2가지를 검색기준으로 설정하여, 빈도분석 및 비교분석을 실시하였다. 마지막으로, 분석한 결과들을 토대로 파일럿분석을 실시하여 개발한 서비스의 실효성 검증을 하고자 했다.

• 파일럿 분석
최적 개선안을 실제 프로세스에 소규모로 적용하여 목표가 달성되는지 실제 적용에서 발생할 수 있는 문제를 파악 대응하고자 실시하는 분석.

2. 활용 데이터와 분석

먼저 심사 조정 경향 분석의 1차적 기준은 의원이 속해있는 '지역'이라고 판단을 통해 분석을 진행하였다. 심평원은 전국을 9개 지원으로 분류하였고, 지원별로 보험 청구 적정성 여부를 검증하고 있었다. 따라서 크레도웨이에서는 다양한 지역 단위(예: 지원, 시군구와 같은 기초 자치단체, 광역자치단체 등) 중 어떤 분류가 가장 적합한지 분석을 진행했다. 그리고 2차 기준은 '진료과목'으로 판단하였고, 이에 따라 진료과목별 최근 2년간 평균 심사 조정 건수를 분석했다.

또한, 약제 처방전 심사 조정 여부를 알고 싶어 하는 고객들의 니즈를 충족시켜주고자 약제와 약 효능 2가지의 검색 기준으로 빈도분석 및 비교·분석을 진행하여 각 기준별로 심사 조정 시 영향성 여부를 파악하고자 했다.

• GIS
지도상의 지형정보와 지하시설물 등 지도상 표현되지 않은 관련 정보를 인공위성으로 수집하고 컴퓨터로 작성하여 검색, 분석할 수 있도록 한 지리정보시스템.

3. 분석결과

가. 심사 조정 기준 선정

지역 단위로 분류하여 분석을 진행한 결과 '지원' 단위 별로는 특정 경향성이 나타나지 않았으며, '기초자치단체'의 경우에 요양기관이 광역시 위주로 집중되어 있기 때문에, 두 단위 모두 유의미한 결과를 발견할 수 없었다. 하지만 '광역자치단체'를 기준으로 분석을 진행한 경우에는 전국 9개 특·광역시 의원 당 최근 2년간 평균 346회 정도 조정되고 있었지만, 8개 도는 592.5회로 도 지역이 71% 더 높다고 판단할 수 있는 특성이 나타났다. 이런 결과를 바탕으로 심사 조정 1차적 기준을 광역자치단체로 결정하였다. 또한, 2차 기준을 '진료과목'일 것이라 예상하고 분석을 진행한 결과, 외과에서 심사 조정이 가장 많이 발생했으며, 정형외과의 경우에는 타 과목 대비 2배 이상의 높은 수준으로 나타났다.

나. 사전 심사 조정 기준 파악

우선 약제를 기준으로 경향성을 분석한 결과 모든 약제의 점유율은 비슷했으며, 최다 빈도 A 약제의 경우에도 전체의 2.6% 수준 밖에 되지 않았다. 비중이 높은 10개의 약제를 모두 합쳐도 전체의 14%로 나타나, 약제를 심사 조정의 기준으로 두는 것은 어렵다고 판단되었다. 반면, 진료과목일 경우 외과에서 해열 진통제 계열 심사 조정 비율이 30% 이상으로 가장 높았으며, 내과는 진해거담제가 20% 이상으로 가장 높았지만 소화기관과 관련된 수치는 거의 나타나지 않았다.

4. 빅데이터 분석결과의 활용

가. 특정 지역 심사 조정 특성 정보 제공

실제 '프리미엄 서비스'를 구축하였을 때 실효성이 있는지에 대해 객관적 판단을 하고자 파일럿 분석을 우선적으로 진행하였다. 이에 따라 대구지역 정형외과를 파일럿 분석대상으로 하여 진행해 보았다. 특정 지역의 심사 조정 특성을 고객에게 제공할 수 있었다.

보험청구 조정 시계열 분포, 보험 청구 조정유형을 전국 정형외과와 대구 정형외과를 대상으로 비교분석 한 결과, 대구정형외과는 전국과 달리 심사 조정 건 수가 줄어들고 있는 추세이고, 약제 및 원내 급여의 심사조정 비율이 높았다. 이처럼 특정 지역 진료과목의 심사 조정 특성을 고객에 제공한다면, 고객들에게 맞춤화된 대응전략을 수립하는데 도움을 줄 수 있을 것이라고 판단하였다. 또, 대구 지역 정형외과에서 어떤 처방전이 어떤 이유로 심사 조정되고 있는지를 분석하고자 하였다. 이를 행위(예: 물리치료,처방내역 미확인 조제 등)와 약제로 분류하여 가장 많이 심사조정 되는 항목 및 약제를 추출하고 그 원인을 분석해 보았다. 분석을 통해 고객입장에서 같은 지역내 동일 과목의 의원들이 주로 어떤 항목에서 어떤 원인으로 심사 조정 되었는지 확인할 수 있다는 것을 알게 되었고, 심사 조정을 예방하는데 크게 도움이 될 것이라고 판단하였다.

나. 프리미엄 통계 서비스 기틀 마련

전국 병·의원에서 적정 진료를 위해 신속하게 대응하는 방안을 마련할 수 있는 '전국 심사 조정 현황 안내 서비스'와 같은 프로그램을 개발하여 지역별 최신 심사 조정 경향을 여러 가지 항목별로 실시간 반영하여 제공하는 프리미엄 통계 서비스를 개시할 수 있다. BIG

의료
보건
활용분야
상품
마케팅
실시간 예측
비용 절감
품질 관리 및 운영
위험 사전 예방
보안 및 관리
상품·서비스 개선
플랫폼

유사사례
- 422p, 아우라, 빅데이터로 예측하는 학생 키의 성장
- 414p, 휴병원, 빅데이터가 처방한 고객 관리방안
- 602p, LG생활건강, 당신의 화장법에 대한 점수는?
- 246p, 제주특별자치도, 제주, 스마트아일랜드를 꿈꾸다
- 172p, 케이앤컴퍼니, 빅데이터 활용 공동주택 시세 산정 시스템
- 606p, 마인즈랩, 말만 듣고 내 건강을 확인해 주는 작은 의사
- 238p, 미스틱엔터테인먼트, 연예인 마케팅에도 필요한 빅데이터
- 242p, 패션서울, 고객이 원하는 기사와 정보는?
- 468p, 블리언트앤컴퍼니, 최적의 마케팅을 찾아준 빅데이터
- 278p, 플렉싱크, 중국인의 마음을 사로잡을 빅데이터

269 빅데이터로 예측하는 학생 키의 성장

아우라

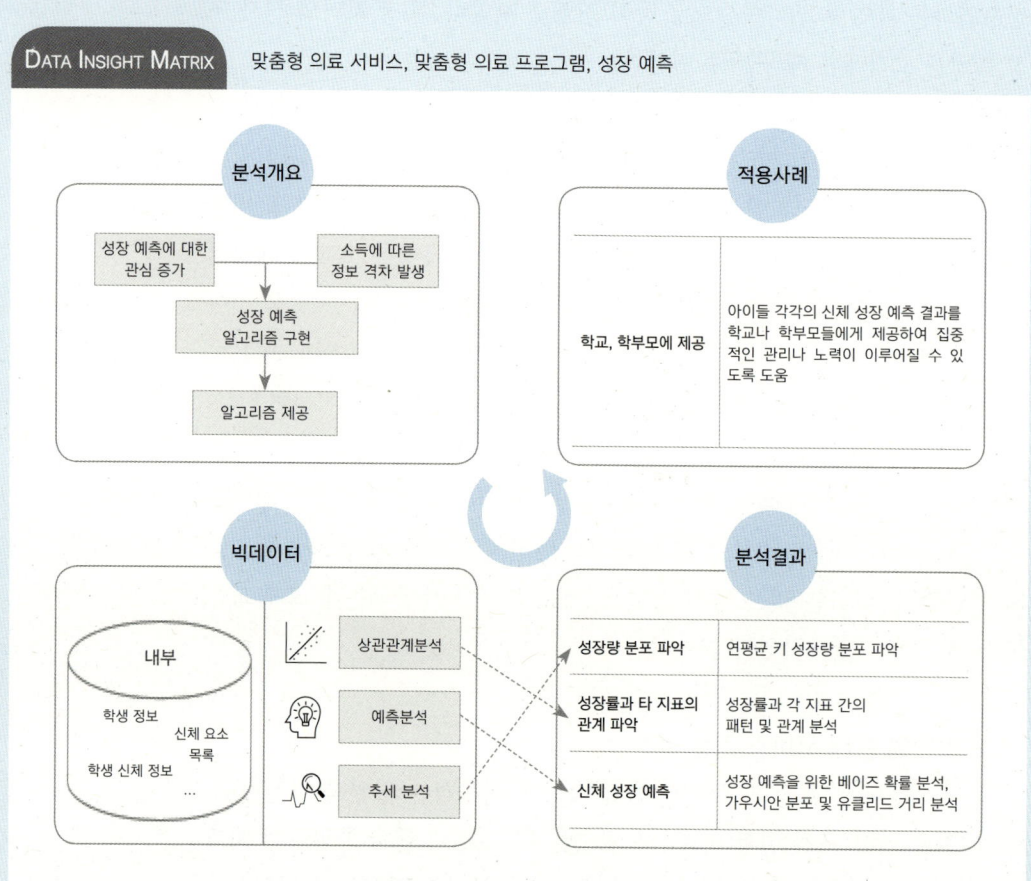

성장기 아이들의 신체 성장 예측은 학생들 스스로 뿐만 아니라 학부모들도 관심을 많이 갖고 있는 분야로 관련 시장의 규모는 계속 증가하고 있었다. 하지만 성장 예측 검진은 제한된 몇 가지의 집단(성장 클리닉 센터, 한의원, 호르몬 시장 등)에서 독점할 수 있는 분야라는 이유로 과다한 비용이 청구되고 있는 실정이었다. 이처럼 성장 관리를 위해 많은 비용을 투자해야 하는 상황은 결국 소득 수준에 따른 정보 격차로 이어지고 있었다. 이에 아우라에서는 학생들이나 학부모가 많은 비용을 지불하지 않고도 간편하게 신체 성장 관리 서비스를 받을 수 있도록 하기 위해 신체 성장 예측 알고리즘을 개발하고자 했다.

수집데이터	신체 요소 목록, 학생 정보(나이, 성별 등), 학생 신체 정보(키, BMI, 몸무게, 골격근량, 체지방률, 미네랄, 팔 둘레, 근육량 등)
분석솔루션	스마트건강지킴이 솔루션
참여기업	㈜아우라(수요 기업)

1. Big Point!

아우라에서는 인바디 측정을 통해 청소년의 신체 데이터를 수집한 뒤 성장 상황을 모니터링해주는 '스마트 건강지킴이'라는 서비스를 제공하고 있었다. 하지만 이 서비스를 통해서 특정 학생의 신체 성장을 예측하고, 자세하게 분석하기에는 한계가 있었다. 아우라는 이러한 한계를 극복하고, 개인 맞춤형 성장 예측 알고리즘을 구현하기 위해 신체 성장 빅데이터를 수집하고 고도화된 예측 모형을 만들었다.

2. 활용 데이터와 분석

아우라의 기존 서비스에 적용된 예측 기술은 성장 데이터에서 추세를 발견하여 여러 그룹으로 분류를 진행한 뒤, 새로운 성장 데이터를 입력받으면 이전에 분류돼있던 그룹 중 유사한 그룹의 특징을 결과로 내놓는 방식이었다. 이러한 방식의 서비스는 개인별로 맞춤화된 성장 예측을 알 수 없다는 점이었다. 따라서 아우라는 베이지안 추론 모델과 Distribution based model을 이용하여 개별 맞춤 예측 알고리즘을 개발했다. 이를 위해 7~18세 학생 21,445명에 대해 키, 체지방량, 근육량, 단백질, 골격근량 등 22개의 신체 요소와 성별, 나이 등의 개인 정보를 수집하여 분석에 활용했다. 또한 아우라는 학생들의 성장 분포를 파악한 후 이를 시각화하는 시스템도 개발했다.

• 베이지안추론모델
선행확률과 실험결과를 이용하여 사후 확률을 구하는 추론방법으로, 사건이 발생할 확률이 얼마나 되는지 계산하여 대체 가설 책택여부를 판단하는 방법.

• Distribution based model
시간이 흐르더라도 학생들의 키 분포는 유사하다는 가정 하에 유클리디안 거리를 이용한 예측 방법.

3. 분석결과

가. 성장량 분포 파악

연평균 키 성장량 분포를 분석한 결과 여학생의 경우 초등학교 1~5학년에 집중적으로 성장 관리를 해야 한다는 점을 파악했다. 또 여학생의 약 70% 이상은 6학년부터 성장 정체기에 접어들게 되고, 이후 중학교 입학부터는 전체의 90%가 성장 정체기를 맞게 됐다. 남학생의 경우엔 중학교 2학년 시기부터 60%가 성장 정체기에 접어들게 되고, 이후 3학년에는 그 비율이 86%로 확대되는 모습을 확인할 수 있었다.

나. 성장률과 타 지표 간의 관계 파악

키 성장률은 비만과 관련된 지수인 BMI, 체지방량, 허리둘레와는 선형의 관계가 없었다. 반면 그 이외의 지표들(미네랄, 단백질, 골격근량 등)에 대해서는 양의 선형성이 뚜렷하게 나타났다. 아우라는 이러한 분석 결과를 그래프를 통해 시각화하였다.

• BMI
체질량 지수로 인간의 비만도를 나타내는 지수, 체중과 키의 관계를 통해 계산.

다. 개인 맞춤형 신체 성장 예측 알고리즘 개발

학생 키의 분포는 시간이 흘러도 유사할 것이라는 가정하에 분석을 진행한 결과, 시간의 흐름에 따라 성장이 가능한 키의 범위를 구할 수 있는 '성장 예측 알고리즘' 모델이 개발되었다. 또한 시계열 다변량 데이터를 활용해야 하는 만큼 시간적 불확실성 요소를 계산하여 예측 결과의 불확실성을 최소화하였다.

4. 빅데이터 분석결과의 활용

가. 신체성장 분석 결과를 시각화하여 제공

아우라는 학생들의 신체 정보를 분석한 결과를 바탕으로 '신체성장 시각적 분석 시스템'을 개발할 수 있었다. 이 시스템을 이용하면 웹 기반으로 만들어졌으며 성장 예측, 성장 패턴 비교, 성장 추세 분석 등의 결과를 그래프를 통해 확인할 수 있다.

나. 초·중학교 및 학부모에게 제공

아이들의 신체 정보를 측정하는 학교나 보호자인 학부모에게 신체 성장 예측 결과를 제공하여 관리가 필요한 시기를 알고, 집중적으로 관리할 수 있도록 도움을 줄 수 있다. 또한 학생의 성장상태를 또래 아이들과 비교 분석하여 그 내용을 시각적으로도 쉽게 알려줄 수 있다. 실제로 아우라의 해당 솔루션은 광명시 초, 중, 고교에 제공된 후 학무보와 공공기관으로부터 긍정적인 평가를 받았다. 이러한 서비스를 퍼스널 트레이닝과 연계한다면 새로운 서비스를 창출할 수도 있다. BIG

의료
생명
활용분야
상품
마케팅
실시간 예측
비용 절감
품질 관리및운영
위험 사전 예방
보안 및 관리
상품·서비스 개선
플랫폼

유사사례
- 250p, 한화S&C, 전시 컨벤션의 스마트화
- 610p, NC소프트, 게임 내 사기 탐지도 빅데이터의 도움으로
- 270p, 레드테이블, 빅데이터로 비영어권 관광객의 마음도 얻자
- 262p, 전주시, 전주 한옥마을 관광분석을 통한 경제활성화
- 468p, 블리리언트앤컴퍼니, 최적의 마케팅을 찾아준 빅데이터
- 238p, 미스틱엔터테인먼트, 연예인 마케팅에도 필요한 빅데이터
- 358p, 서양네트웍스, 빅데이터를 통한 매장 고객의 분석
- 506p, 불스원, 기존 고객관리부터 신규고객 유치까지
- 396p, 롯데백화점, 빅데이터로 세우는 새로운 마케팅 전략
- 172p, 케이앤컴퍼니, 빅데이터 활용 공동주택 시세 산정 시스템

바이오 #맞춤형의료프로그램

암세포 치료, 유형별 맞춤치료 가능하다   KAIST

KAIST는 빅데이터 분석으로 암세포 유전체를 유형별 맞춤치료가 가능하도록 분자네트워크 및 시뮬레이션 기술을 개발한다. KAIST 연구팀은 암환자를 치료하기 전 유전체를 검사·분석하여 슈퍼컴퓨터를 이용해 빅데이터 분석을 시행하여 암세포 분자가 어떻게 연결되고 작동하는지 살펴 암세포 표적 약물을 발굴하는 기술을 고안하였다.

[관련정보] 암세포 유전체 빅데이터 분석 유형별 맞춤치료 기술개발, 중앙일보, 2017.12.07

바이오 #유전체분석 #신약개발 #약효예측

인공지능 기반 약효예측 모델 개발   신테카바이오

신테카바이오는 슈퍼컴퓨터를 활용해 유전체 빅데이터를 수집 및 분석하는 기술을 보유한 국내 기업이다. 최근 유전체 정보로 항암제에 대한 약효를 예측하는 인공지능 모델인 씨디알스캔(CDRscan)을 개발했다. 씨디알스캔은 후보 물질의 화학구조 데이터를 이용해 특정 희귀 암 몇 개를 제외한 대부분 암에 대한 항암효과의 여부와 가상 약효 예측을 실시한다. 1990년대에 다량의 화합물을 신속하게 탐색하는 고속대량스크리닝으로 약효예측을 시행하였다. 하지만 완전 자동화된 고속대량스크리닝 시스템을 이용하더라도 1억 개에 달하는 화합물 구조, 다양한 암세포를 대상으로 약효 테스트를 하는 것은 매우 어려운 일이었다. 이를 해결하기 위해 축적된 빅데이터와 인공지능 기술을 융합하여 약이 될 수 있는 물질을 먼저 스크리닝 한 뒤, 실험적 검증으로 항암 후보물질을 발굴할 수 있었다. 이로 인해 신약후보 물질 개발 시 비용과 시간을 획기적으로 줄일 수 있는 모델을 개발할 수 있었다.

바이오 #생체데이터제공 #업무효율제고

맞춤형 항암 치료 플랫폼 개발   테라젠이텍스

테라젠이텍스 바이오연구소는 국내 바이오 기업 중 최초로 맞춤형 항암 치료 분야의 빅데이터 활용 플랫폼 기술에 관한 특허를 취득했다. 이 특허 기술을 활용하면 생체 세포로부터 획득한 DNA, RNA 등의 다양한 익명성 정보를 데이터베이스화를 통해 안전하게 관리하고 전송할 수 있다. 또 생체 조직을 액체 질소 등에 냉동 보관하거나 매번 새로운 조직에서 파생물을 추출하는 비용과 시간을 절약할 수 있다.

[관련정보] 테라젠이텍스, 암 치료 분야 빅데이터 활용 기술 특허 취득, 중앙일보, 2018.06.19

보건 #질병예보 #질병위험도예측

예측 모델 모형으로 국민건강을 증진   건강보험공단

기존에 보유하고 있던 질환별 예측 모델의 정확도를 개선하고 알림 서비스의 정확도를 제고하여, 국민 건강 증진 및 사회적 편익 극대화를 모색한다. 국민건강보험공단, 식약처, 기상청, 국립환경과학원, 트위터, 뉴스, 블로그, 검색 트렌드 등으로부터 정형 및 비정형 데이터를 확보하여 음이항 회기모형을 통해 예측 모형을 구축하였다. 예측된 모형을 통해 감기, 눈병, 식중독, 천식, 피부염 등 5개 질병에 대한 실시간 전국 국민건강 알림서비스를 실시하였고 기상정보, 환경정보, 소셜정보, 진료동향 등 상세정보를 제공하여 질병 예보를 실현하고자 한다.

보건 #모델개발

'한국형 비만진료 기준' 마련   대한비만학회

가. 배경 및 목적
복부비만을 진단하기 위한 허리둘레 기준점은 성별, 인종 등 환경에 따라 다르게 적용돼야 할 것이다. 따라서 대한비만학회는 건강보험 빅데이터를 기반으로 한 '한국형 진료지침'을 개발했다. 이는 한국인 대상의 임상 연구가 부족한 실정에서 한국인에게 최적화된 진료 기준 마련을 위한 근거를 마련하고자 하는 목적으로 시행되었다.

나. 활용 방법
대한비만학회는 우리나라 성인 2000만 명의 국민건강보험의 빅데이터를 분석하여 당뇨병, 고혈압, 이상지질혈증 중 한 가지 이상의 병을 가지는 경우에 대한 분별점을 산출했다. 또한 BMI(체질량지수)가 정상 혹인 비만 전 수준이더라도, 남성의 경우 허리둘레가 90cm, 여성은 85cm 이상일 경우 동반 질환 위험이 1단계 비만 환자와 비슷한 수준이라는 결과도 알아냈다. 또한 허리둘레 증가에 따른 건강 위험을 파악하기 위해 데이터를 6개 집단으로 분류해 뇌혈관질환과 사망 위험을 분석한 결과 두 인자 간의 유의미한 상관관계를 밝혀냈다. 50만 명의 표본을 대상으로 한 코호트 분석에서는 복부비만으로 인해 의료비용이 추가된다는 것을 밝히고, '비만으로 인한 치료비용 연구'도 수행했다.

다. 적용 결과
한국인의 복부비만으로 인한 사망 및 질병 위험은 통상적인 생각보다 낮은 허리둘레 구간에서부터 증가하는 것을 밝혀냈으며, 향후 비만 진단 및 합병증 진료에 있어서 BMI뿐만 아니라 허리둘레를 고려해야 한다는 결과를 제공했다. 또한 연구를 통해 기존 2단계로 분류되는 비만 진단 기준을 3단계로 수정하고, 비만 경계에 해당했던 BMI를 1단계 비만으로 설정하는 등의 한국인에게 최적화된 새로운 진료 기준을 마련하였다.

보건 #위험인자분석

위암 위험인자 분석을 통한 발생 요인 파악 강남세브란스병원

연세대 강남세브란스병원에서 빅데이터를 활용하여 나이, 성별, 암세포, 형태별 위암 위험인자를 분석함. 2008년부터 2013년까지 건강검진을 통해 위내시경을 받은 6만여 명이 데이터를 통해 발생 요인을 파악했으며 일반적 위험인자인 장상피화생, 위축성 위염, 맵고 짠 음식, 헬리코박터균 감염, 비만, 흡연이 위험인자로 나타났지만, 나이별로 위암을 발병하는 위험인자가 다른 것으로 나타났다.

`관련정보` 빅데이터 분석했더니 나이 성별 따라 위암 위험요인 달라, 청년의사, 2017.03.09

해외

 보건 #질병위험도예측

구글 플루 트렌드를 통한 감기 예측 구글

보통 감기에 걸리는 사람들이 병원이나 약국을 가기 전에 감기와 관련된 기침, 발열, 몸살, 감기약 등에 대한 검색을 시행하는 것에 착안하여 구글은 플루 트렌드(Flu Trend)를 개발하여 질병통제예방센터보다 사전에 감기바이러스의 확산 상황을 지도에 표기해 주는 서비스를 개발하여 감기 및 독감 확산 조기 경보체계를 마련하였다.

`관련정보` 빅데이터로 소비자와 만날 수 있는 마케팅 실체를 만들어라, platum, 2018.02.22

 보건 #단백질구조예측 #플랫폼개발

바이오 네트워크 고도화 KISTI

한국과학기술정보원은 바이오 네트워크라는 단백질 간 연결성과 관계성에 대한 상호 과정과 변이 과정을 규명하여 질병원인과 함께 치료법을 도출하고자 하였다. 이를 통해 바이오 네트워크 시스템을 개발하여 알츠하이머 치료에 적용하고 네트워크 분석과 가시화를 위한 플랫폼을 구축한다. 추가로 데이터를 공개해 기초연구, 신약 등의 개발을 목표로 하는 기업에 오픈하여 바이오 관련 저변을 확대하고자 하였다.

`관련정보` 바이오시대열쇠 빅데이터 웹기반 분석 플랫폼 국산화 전자신문 2017.03.08

보건　　　　　　　　　　　　　　　　　　　　　　　　#약물투여오류

약물투여의 오류 원인 탐색　　　분당서울대병원, 아주대 의대

분당서울대학교병원 의료정보센터와 아주대학교 의과대학 연구팀은 병원의 빅데이터를 활용하여 투약시간, 처방 종류, 투여경로, 단위 시간당 투약 건수가 투약 오류를 유발할 수 있는 위험요인이 될 수 있다는 점과 더불어 투약 오류는 간호사의 업무량과는 무관한 것으로 나타났다. 분석 결과를 통해 약물 투여의 오류 원인을 과학적으로 분석하여 객관적인 결과를 도출하는 연구를 내놓았다.

[관련정보] 병원 빅데이터 이용한 약물투여 오류 발견, 메디파나뉴스, 2016.10.17

 보건　　　　　　　　　　　　　　#질환조기예방　#위험요소파악　#질병예측지도

뇌경색 예측지도 제작　　　　　　　　　　한국표준과학연구원

2014년 한국표준과학연구원과 국내 11개 대학병원이 공동연구를 통해 '한국인 뇌 지도'를 완성하였다. 2,699명의 뇌 영상을 대상으로 뇌혈관 위험요소를 파악하고 그 과정에서 1등에서 100등까지 표준화 등수 기준을 세워 시각화하였다. 뇌경색 환자의 사망률과 장애율이 높기 질환으로 뇌경색 예측지도가 환자와 의사에게 뇌경색 발병을 예방할 수 있는 가이드라인을 제시해줄 것으로 기대하고 있다.

[관련정보] 참고사이트 : http://www.brainmr.com/#
뇌 건강나이 몇살? 뇌경색 위험 예측지도 완성, 연합뉴스, 2014.12.29

 보건　　　　　　　　　　　　#데이터체계구축　#치료프로세스개선　#생존률향상

'외상센터 레지스트리 시스템' 구축　　　울산대학교 병원

울산대 병원 권역외상센터 경규혁, 이상철 교수팀은 국내 최초로 병원 내 외상환자 데이터를 체계적으로 통합 관리할 수 있는 데이터 통합 시스템을 개발했다. 그동안 외상센터에는 임상 정보, 사고 정보 등의 다양한 형태의 자료를 보유하고 있지만, 이를 표준화하는 통합 플랫폼이 존재하지 않았다. 하지만 외상센터 레지스트리 시스템 구축으로 인해 환자의 내원, 검사, 진단, 추적 관찰 등의 진료 프로세스에 따라 연구자가 원하는 데이터 추출이 가능하게 되어 연구의 효율성을 더욱 높이게 되었다. 또한 외상환자 치료 기록, 영상 데이터 등의 빅데이터 활용을 통해 외상환자에 관련된 다양한 연구 및 골든타임 확보로 인한 생존율 향상에도 기여할 것으로 기대된다.

보건   #실시간정보제공

바이오 빅데이터 플랫폼 구축   산업통상자원부, 보건복지부

산업통상자원부와 보건복지부는 보건의료 데이터를 헬스케어 산업에 활용하고 거래할 수 있는 '바이오 빅데이터 플랫폼'을 구축할 예정이다. 플랫폼 구축을 통해 관련 기업들이 바이오 빅데이터 통계를 활용할 수 있게 되어, 다양한 정보를 통해 신약 개발은 물론 질병 예방 및 관리와 관련된 헬스케어 서비스, 의료기기 개발 등 다양한 분야에 활용할 수 있어 새로운 비즈니스 기회가 창출될 것으로 기대하고 있다.

 보건, 복지   #의료보험사기방지

빅데이터를 활용한 조사   보건복지부

보건복지부가 국민건강보험공단과 건강보험심사평가원이 보유하고 있는 빅데이터를 활용하여 기존 현지 조사 방식을 의료기관으로 확대하는 방안을 시행하고자 한다. 이를 통해 현지 조사 과정에서 불거지는 불필요한 오해와 마찰을 줄이고 부당청구 조사의 효율성 제고를 위해 향후 조사 방식과 범위를 확대할 계획이다.

`관련정보` 복지부, 빅데이터 활용한 현지조사 의료기관으로 확대, 의협신문, 2017.05.12

 보건, 복지   #플랫폼개발 #질환예측 #질환분석 #시공간분석

전국질병지도를 통한 질병 알림서비스   환경부/국민건강보험공단

환경부는 국민건강보험공단과 함께 만성질환 추적 관련 코호트 데이터베이스와 국민건강정보 데이터베이스, 기후변화 데이터베이스를 융합하고 지리정보시스템(GIS) 기반으로 한 전국 질병 지도를 만든다. 또한, 이상기후와 대기오염 등 환경 DB를 반영하여 환경성 질환을 시/공간적으로 분석하여 통해 천식/알레르기/고혈압/뇌졸중 등 각종 질환 발생에 대한 위험 대책을 마련하고 지역주민 대상으로 경고 알림 서비스를 제공한다.

`관련정보` 국내 최초로 빅데이터 분석 기반 기후변화에 따른 만성질환 질병지도 만든다, 전자신문, 2014.11.17

맞춤형 펫헬스케어 서비스 — Fujitsu

보건, IOT, 반려동물 #헬스케어서비스 해외

가. 배경 및 목적
바쁜 현대인의 삶 속에서 반려동물을 좀 더 안전하게 돌보기 위해 고도화된 펫케어 서비스에 대한 소비자들의 니즈가 강화되고 있다. 이를 위해 사람을 대신해서 반려동물의 각종 상태를 케어해줄 수 있는 IoT 서비스가 출시되고 있다. 이러한 상황에 걸맞게 일본 Fujitsu는 반려동물의 건강 상태를 상시 진단하는 헬스케어 서비스인 '완단트(Wandant)'를 출시해 반려동물의 건강을 과학적으로 관리하고, 고객의 의료비 부담을 해결하고자 하였다.

나. 상세 내용
완단트는 가속도 센서에서 추출되는 보행 데이터를 후지쯔만의 알고리즘으로 분석해 애견의 산보 수 산출 및 건강 상태 확인 등을 가능하게 하며, 이를 검진 자료로 활용하고 있다. 활동량 분석을 통한 반려동물의 행복 정보를 주인에게 알려주어 주인이 반려동물과 함께 있지 않을 때도 다양한 정보를 파악할 수 있다. 또한 반려동물의 건강 관리 서비스, 의료상담 서비스 등을 완단트에 연계하여 질병을 미리 방지하고 건강을 유지할 수 있는 헬스케어 서비스를 실현했다. 주인이 기록한 건강 정보를 수의사가 분석하는 동안 전화로 의료 상담을 받을 수 있어서 더욱 정확하고 신속한 조언을 제공받을 수 있을 뿐만 아니라 IoT를 활용하여 다양한 센서로부터 축적된 반려동물 빅데이터를 기반으로 맞춤형 진단 및 정확한 치료방법 제시가 가능해졌다.

패션업계의 빅데이터 활용 — 랄프로렌

 보건, IOT, 의류 #웨어러블디바이스 해외

오늘날 디지털은 모든 분야에 영향을 미치고 있다. 고급 패션 브랜드인 랄프로렌은 이러한 경향을 반영하여 웨어러블 기능이 있는 폴로테크 셔츠를 출시했다. 폴로는 사물인터넷 기술을 통해 고객의 체력 및 삶의 질 향상을 목표로 하고 셔츠가 센서의 역할을 함으로써 사용자의 동작, 이동 방향, 심박수 등의 생체 데이터를 실시간으로 측정하여 개인의 건강 데이터를 애플리케이션으로 전달, 사용자의 운동량과 측정과 더불어 적절한 운동을 추천해준다.

보건, 질병, 기술   #질환예측 #맞춤형의료프로그램 #데이터통합시스템

어떻게 건강관리를 바꾸는가   아픽시오

가. 배경 및 목적

환자의 임상정보 대부분은 의사가 환자에게 알려주는 주의사항을 기록한 비정형 데이터이다. 주의사항을 통한 환자의 건강관리를 위해서 비정형 데이터를 읽어낼 수 있는 통찰력이 필요하다. 따라서 아픽시오는 빅데이터를 이용해 임상정보를 이해할 방법을 개발하였다.

나. 활용 데이터

의료 차트, 의사가 작성한 의료 기록, 방사선 기록, 병리 검사 결과 등의 비정형 데이터와 병원의 청구 기록. 질병 및 절차에 대한 정보

다. 상세 내용

아픽시오는 데이터를 분석하기 전에 의사의 진료 노트, 의료 기록 등에서 데이터를 추출한 후 컴퓨터가 인식할 수 있도록 광학식 문자판독기 등을 이용하여 변환했다. 그 후 텍스트 마이닝 및 자연어 처리를 통해 환자 개인 프로필을 생성한 후 비슷한 프로필을 가진 사람들을 그룹화해서 개별 환자에게 맞는 의학 정보를 획득했다. 또한 HCC Profiler라는 제품을 선보였는데, 이는 디지털화된 자료 뿐만 아니라 비정형 의료 데이터를 분석할 수 있게 해준다.

이를 이용하면 사람이 직접 차트를 읽는 것보다 정확도를 20%까지 높일 수 있다는 결과가 나타났다. 또한 수많은 환자 데이터를 분석하여 질병과 다양한 건강요인들 간의 관계 및 패턴을 파악하여 9개월 동안 2만 5,000명의 환자군에서 5,000가지가 넘는 질병을 발견했다.

라. 적용 결과

-차트 검토 속도 및 정확성 향상
-환자의 기록을 분석하여 만성 질병 파악 가능
-질병 발생 가능성 파악

 복지   #맞춤형의료서비스

군장병 의료서비스 개선   미래창조과학부, 국방부

미래창조과학부와 국방부가 협력하여 군 장병의료정보 빅데이터를 활용하여 군 장병 개인 맞춤형 의료지원과 신속한 진단 등 군 장병에게 효율적인 의료서비스를 제공한다. 매년 60만 장병을 대상으로 군 병원 및 1,200개의 의무대에서 수집되는 약 9,000만 건의 의료정보 데이터를 통해 지역·시

기별 유행 질병예측, 인공지능 진단체계 도입, 약제장비 소요예측 등을 시행할 예정이다.

`관련정보` 미래부-국방부 60만 장병 의료정보 빅데이터 공동연구 추진, 아시아경제, 2016.12.06

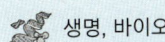 생명, 바이오   #유전자분석 #질환조기예방 #치료율향상

첨단 의료기관과 빅데이터 연구   후지츠

일본 후지츠는 의료기관의 유전정보, 환자정보 등을 수집하여 슈퍼컴퓨터와 빅데이터 분석 기술을 융합하여 개인의 전자카테터 정보와 게놈정보를 파악한다. 이를 통해 치매 예후를 조기 발견하고 새로운 치료법 개발을 기대한다.

* 카테터: 제강 또는 관상, 낭상 기관 등 내용액의 배출을 측정하기 위해 사용되는 고무 또는 금속제의 가는 관

`관련정보` 후지츠 첨단 의료기관과 빅데이터 연구, 의학신문, 2014.12.29

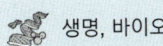 생명, 바이오   #방법론개발

유전체 분석의 새로운 방법론 개발   서울대학교 박성태 교수

서울대학교는 인간유전체, 생물학정보, 기존연구방법 등 다양한 분야의 데이터를 분석하여 대규모 유전체 자료를 빠른 속도로 분석하는 파라오(PHARAOH) 방법론을 개발하였다. 파라오 방법론은 빠른 속도의 분석을 통해 유의미한 유전자를 발굴할 수 있게 해주는 방법이다.

`관련정보` 국제적 수준 유전체 빅데이터 분석 방법론 개발, 산업일보, 2017.01.26

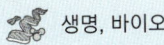 생명, 바이오   #단백질구조예측 #줄기세포분화

특정조건에서의 세포변화 탐지   아주대 의대

아주대 의과대학 이기영 교수는 특정 조건 하에 단백질의 변화를 예측하는 기법을 개발하였다. 이 교수는 해당 기술은 단백질이 어떻게 기능을 보이는지 밝혀내는 연구 외 단백질의 위치정보를 예측하는 시도이며 향후 줄기세포 분화 등 여러 연구에 활용될 수 있을 것으로 보인다.

`관련정보` 아주대의대, 빅데이터 통해 단백질 변화 예측한다, 머니투데이, 2014.08.18

생명, 바이오
암 유전자 소셜네트워크 구축

#유전자검사 #시스템개발

연세대 이인석 교수

연세대 이인석 교수팀은 암을 유발하는 유전자를 찾는 웹 기반 예측 시스템인 머핀을 개발하였다. 머핀은 이미 암을 유발하는 것으로 알려진 유전자와 기능적으로 관련 있는 유전자를 새로운 암 유전자로 지목하는 시스템으로, 유전자의 돌연변이 빈도가 높은 것으로 암 유전자를 예측하는 방법이다.

`관련정보` 연세대 이인석 교수팀 빅데이터 활용 암유전자 탐색 시스템 '머핀' 개발, 브릿지경제, 2016.06.26

의료기기
개인 피트니스에 빅데이터 적용

해외

#생활습관파악 #건강통계제공 #실시간건강정보제공

핏비트

가. 배경 및 목적
미국의 웨어러블 디바이스 제조회사인 핏비트는 2015년에 약 2,136대의 웨어러블 기기를 판매하며 인기를 얻고 있다. 핏비트는 피트니스 디바이스의 데이터를 이용해 스마트한 개인의 건강관리를 도우며, 다양한 생활습관 정보에 실시간으로 접근할 수 있는 서비스를 제공하고자 하였다.

나. 활용 데이터
핏비트 기기로부터 측정되는 사용자의 걸음 수, 걷거나 뛴 거리, 흡수 칼로리, 소비 칼로리, 수면 패턴, 몸무게, BMI 등의 정형 데이터

다. 상세 내용
핏비트는 웨어러블 디바이스를 통해 사용자의 활동, 수면, 운동 등의 다양한 생활 습관 데이터에 실시간으로 접근한다. 이 데이터의 통계치는 사용자의 스마트폰이나 컴퓨터로 동기화되어 사용자는 즉각 자신의 건강상태를 점검할 수 있다. 또한 자신의 목표를 설정하고 그 진행 상태를 확인할 수 있다. 건강상태에 관한 데이터를 의료 전문가들과 공유할 수 있게 함으로써, 개인이 자신의 신체 상태와 건강통계를 자세히 파악할 수 있다. 그뿐만 아니라 사용자의 운동 수준에 따른 맞춤 운동 동영상을 제공하며, 수면 패턴에 따른 적정한 취침시간을 예측해준다.

의약품, 의료기기
빅데이터 시각화를 통한 업계상황 파악

#데이터시각화

식품의약품안전처

식품의약품안전처는 화장품, 의약품, 의료기기 등 분야별 통계정보를 제공하여 빅데이터 기반 시각화 작업을 통해 일반인이 업계 상황을 쉽게 PC 또는 스마트기기에서 파악할 수 있도록 사이트를 오

픈하였다. 이 사이트는 분야별 생산 실적 정보를 시도 및 시군구 단위의 통계 지도 및 차트 형태로 제공하고 최근 5년간의 변화를 비교·분석 할 수 있는 체계를 구축하였다.

 식품의약품안전처, '빅데이터' 활용한 통계정보 시각화 사이트 오픈, 매일경제, 2014.09.29

제약
#유전자분석 #웨어러블디바이스 #신약개발 #치료제개발

파킨슨병 치료제 개발
카이노스메드, 신테카바이오, 한국전자통신연구원

카이노스메드와 신테카바이오는 바이오벤처업체와 데이터 분석 기업으로 바이오 정보와 유전체 분석기술을 적용하여 파킨슨병 치료제 개발하는 업무협약을 체결하였다. 이외 다양한 질병에 대하여 웨어러블 기술을 접목시켜 데이터를 수집하고 패턴을 파악하여 치료 약을 개발하는 등 유전체 빅데이터 알고리즘을 체제를 구축하여 신약 개발에 활용할 예정이다.

 신약기업과 빅데이터 기업 손잡고 파킨슨병 치료제 개발한다, 이데일리, 2016.09.09

제약
#임상실험

임상시험 솔루션을 통한 위험요소 감소
메디데이터

임상 빅데이터 분석 및 임상시험 솔루션을 제공, 연구하면서 쌓이는 방대한 데이터를 활용해 신약 개발 과정의 위험 요소를 줄이고 새로운 임상 시험을 가능하게 하는 방식을 통해 임상실험의 간편화와 신약 개발비의 절감을 통해 더 효율적이고 효과적인 임상연구를 수행할 수 있게 되었다.

제약
#플랫폼개발 #설비효율

약물 설계 플랫폼 개발
SK C&C

SK C&C와 SK 바이오팜은 빅데이터와 AI를 활용하여 약물 설계 플랫폼을 개발하여 신약 개발 시간과 비용을 단축할 계획이다. 또한 플랫폼 개발을 통해 기존 신약후보 물질이 보유한 성질과 독성 등에 관련된 데이터를 이용하여 AI 모델을 개발, 신규 화합물이 가질 특성예측과 동시에 목적에 맞는 신규화합물을 설계하고자 하였다.

 SK C&C - SK 바이오팜 계약체결 AI활용해 신약 개발 효율 높인다, 동아일보, 2018.04.26

제약

PBD, 제약 분석 빅데이터

#플랫폼개발 #신약개발

코아제타

질환별 의약품 처방 패턴 등에 대한 다양한 분석 결과를 제약기업에 제공한다.

가. 배경 및 목적

건강보험심사평가원의 데이터 제공 및 분석 한계의 문제를 해결하고자 보건 데이터 활용 사업을 실시하여 필요한 기능 중심으로 DB를 개발, 의약품 분석에 관련된 콘텐츠 서비스를 제공하는 것을 목적으로 하였다.

나. 활용 방법

건강보험심사평가원(이하 HIRA)으로부터 환자 진료 데이터 세트를 받아 분석하여 제약회사에 신약 개발과 마케팅에 활용할 수 있는 데이터를 제공하여 고객에게 다양한 측면에서 분석한 결과를 확인할 수 있도록 웹 인터페이스를 제공한다.

다. 적용 결과

층화추출된(stratified sampling) 표본 데이터를 분석하여 결과의 신뢰도를 높이고, 서비스 출시 1년 만에 회사 전체 매출액의 2/3를 차지할 정도로 PBD 서비스가 급성장하였다.

라. 상품유통방식

파일

  관련정보   회사홈피: www.corezetta.com 서비스: www.pharmabigdata.co.kr
데이터소스: www.hira.or.kr (건강보험심사평가원, HIRA)

제약 AI

신약개발 선도 프로젝트 착수

#빅데이터플랫폼구축 #약효예측

과학기술정보통신부

과학기술정보통신부는 GIST(광주과학기술원), 경상대학교, 이화여자대학교, 한국화학연구원 등과 함께 AI 학습을 위한 화합물 빅데이터 플랫폼 구축과 약물-표적 간 관계, 약물 작용 등을 예측하는 플랫폼 개발을 실시하였다. 개발된 플랫폼은 연구자·기업이 자유롭게 사용할 수 있도록 2019년 중 공개될 예정이다. 과학기술정보통신부는 국가연구개발사업을 통해 한국화합물은행에 축적된 연구 데이터와 국내외 데이터베이스 등을 활용해 AI 학습을 위한 화합물 빅데이터 플랫폼이 구축된다. 또한 구축된 플랫폼에 문헌 분석(텍스트마이닝), 심화 학습(딥러닝) 기술 등을 접목해 약물-표적 상호 작용, 약물 동태·독성 등을 예측하는 AI 플랫폼을 개발할 예정이다.

의료기관 경영 효율성 제고 — 서울아산병원

#적정성평가 #업무효율제고 #문제점개선

서울아산병원은 행정, 업무분석, 평가항목 등 다방면으로 빅데이터를 활용하여 병원의 경영 효율성을 높이고자 한다. 우선, 교수별 삭감 경향 보고서 작성, 평균 재원일 수, 처방 현황, 비급여 등 업무와 관련된 항목을 관리하여 업무분석에 활용하였고, 이를 토대로 진료과목별 삭감 리포트를 작성, 적정성 평가 항목을 만들어 이들 지표를 관리, 분석하고 결과를 예측한다. 또한 처방보고서, 급여 보고서 등 다양한 데이터를 통해 병원 내 다양한 측면에서 문제점을 찾고 개선에 활용하고자 한다.

관련정보 서울아산병원은 왜 '빅데이터'에 집중할까?, 메디컬옵저버, 2014.11.06

의료정보교환 시스템 구축 — 미국 Cal INDEX

해외

#정보제공 #치료비용감소

미국 Cal INDEX는 캘리포니아 의료보험 조합 블루 실드(Blue Shield)와 의료보험사 안템 블루 크로스가 공동으로 출범하여 설립된 비영리 단체로 해당 단체는 캘리포니아 시민의 1/4에 해당하는 약 900만 환자의 진료 기록을 안전하게 보관하여 미국 내 방대한 의료 데이터베이스를 저장하고 있다. 이를 바탕으로 환자들에게 정확한 정보를 제공하고 치료의 일관성 및 비용의 감소로 환자와 병원 모두에게 이익이 되는 환경을 조성하고 있다.

관련정보 미국, 헬스케어 산업개발에 박차 900만 환자 기록 데이터화 예정, ITWORLD, 2014.08.06

빅데이터 활용사례
공공 금융 농축수산 문화관광 에너지 유통 의료 **제조** IT 기타

08 / 제조
산업, 소매, 스마트팩토리

	고객중심	시스템최적화	위험관리	신규비즈니스모델개발
산업	· 데이터를 활용한 효율적인 마케팅 전략 수립(444p) · 빅데이터로 국내시장 장악(448p) · 남성 수제구두 고객별 선호를 재다(452p) · 빅데이터로 되찾는 고급스러운 브랜드 이미지(456p) · 빅데이터를 통한 대중고객확보(460p) · 제품기획과 마케팅 두 마리 토끼를 잡다(464p) · 최적의 마케팅을 찾아준 빅데이터(468p) · 빅데이터로 고객의 믿음과 마음을 잡아라(472p) · 새로운 B2C시장의 효과적인 진입의 열쇠(490p) · 빅데이터를 통한 남성 화장품 인사이트 도출(494p) · 빅데이터 분석 결과를 통한 마케팅 전략 수립(498p) · 기존 고객관리부터 신규고객 유치까지(506p) · 빅데이터를 통한 해외 현지 맞춤화 전략 시행(510p) · 데이터를 활용한 마케팅 컨셉 수립(514p) 표아래에 계속..	· 빅데이터로 국내시장 장악(448p) · 빅데이터로 되찾는 고급스러운 브랜드 이미지(456p) · 빅데이터로 고객의 믿음과 마음을 잡아라(472p) · 새로운 B2C시장의 효과적인 진입의 열쇠(490p) · 빅데이터를 통한 남성 화장품 인사이트 도출(494p) · 빅데이터 분석 결과를 통한 마케팅 전략 수립(498p) · 기존 고객관리부터 신규고객 유치까지(506p) · 매출 반등 기회를 위한 빅데이터의 활용(526p) · 빅데이터를 통한 차별화된 신제품 출시(530p) · 건강식품 인지도 제고 방안 빅데이터로 찾자(534p) · 선박제품 신수요 창출과 MRO 서비스 개발(554p) · 생산 라인 개선 방향도 빅데이터로 선정(566p)	· 생산 저해 요인도 빅데이터로 개선하자(538p)	· 빅데이터로 국내시장 장악(448p) · 빅데이터로 되찾는 고급스러운 브랜드 이미지(456p) · 제품기획과 마케팅 두 마리 토끼를 잡다(464p) · 최적의 마케팅을 찾아준 빅데이터(468p) · 빅데이터를 통한 남성 화장품 인사이트 도출(494p) · 빅데이터 분석 결과를 통한 마케팅 전략 수립(498p) · 빅데이터를 통한 해외 현지 맞춤화 전략 시행(510p) · 데이터를 활용한 마케팅 컨셉 수립(514p) · 매출 반등 기회를 위한 빅데이터의 활용(526p) · 빅데이터를 통한 차별화된 신제품 출시(530p) · 건강식품 인지도 제고 방안 빅데이터로 찾자(534p) · 선박제품 신수요 창출과 MRO 서비스 개발(554p) · 이젠 아웃도어도 스마트하게 사자(558p) · 생산 라인 개선 방향도 빅데이터로 선정(566p)
소매	· SNS를 하며 편하게 쇼핑도 할 수 있는 서비스(562p)	· SNS를 하며 편하게 쇼핑도 할 수 있는 서비스(562p)		· SNS를 하며 편하게 쇼핑도 할 수 있는 서비스(562p)
스마트팩토리		· 데이터를 활용한 생산 체계 혁신(476p) · 빅데이터 분석 기반 공장운영(502p) · 생산 저해 요인도 빅데이터로 개선하자(538p) · 빅데이터를 이용한 공정의 최적화(542p) · 딥러닝 기술기반 대용량 제조 데이터 분석 서비스 플랫폼(546p) · 작업시간의 효율적 분배로 생산성 향상(550p)	· 빅데이터 분석 기반 공장운영(502p) · 생산 저해 요인도 빅데이터로 개선하자(538p) · 빅데이터를 이용한 공정의 최적화(542p) · 딥러닝 기술기반 대용량 제조 데이터 분석 서비스 플랫폼(546p) · 작업시간의 효율적 분배로 생산성 향상(550p)	· 딥러닝 기술기반 대용량 제조 데이터 분석 서비스 플랫폼(546p) · 작업시간의 효율적 분배로 생산성 향상(550p)
제조	· 빅데이터가 찾아준 효과적인 마케팅(480p) · 나를 알고 고객을 알면 백전백승(484p)	· 빅데이터가 찾아준 효과적인 마케팅(480p)		

산업/ 고객중심 (이어서)
· 빅데이터를 통한 시장 별 마케팅 전략(518p), 빅데이터를 통한 온라인 마케팅의 해법(522p), 매출 반등 기회를 위한 빅데이터의 활용(526p), 빅데이터를 통한 차별화된 신제품 출시(530p), 건강식품 인지도 제고 방안 빅데이터로 찾자(534p), 선박제품 신수요 창출과 MRO 서비스 개발(554p), 이젠 아웃도어도 스마트하게 사자(558p), 생산 라인 개선 방향도 빅데이터로 선정(566p)

제조

산업, 소매, 스마트팩토리

> ### 1. 제조 빅데이터 현황

최근 인터넷 및 스마트폰의 확산과 이를 통한 사물인터넷의 발달로 인해 기기에 쉽게 접속할 수 있는 초연결사회가 진행되고 있다. 이런 정보통신 기술의 발달과 함께 센서 기술을 제조 공정에 적용하면서 기존 생산과정에서 생기는 데이터의 양보다 많은 양의 공정상의 데이터가 생겨나기 시작했으며 저장기술의 발달로 인해 기존 버려지던 데이터의 수집이 용이하게 되었다. 우리나라는 세계 주요국과는 달리 제조업의 비중이 높은 것을 살펴볼 수 있다.

이에 빅데이터를 통한 4차 산업혁명이 일어나고 있으며 해외에서는 다양한 정책을 통해 대응하고 있다.

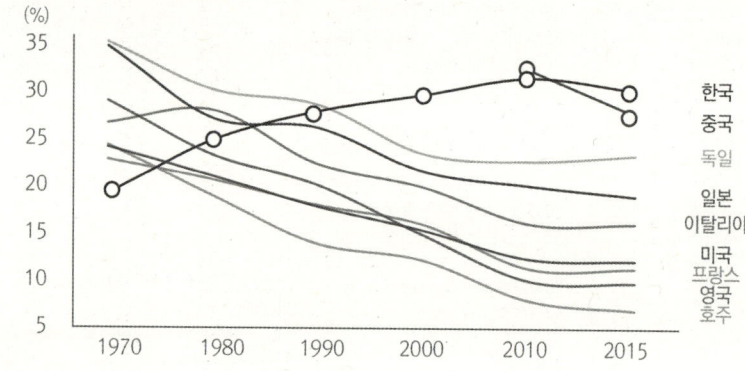

▶ 제조업이 총부가가치에서 차지하는 비중

Source: 삼정KPMG 경제연구원이 UN Statistics 활용 추계

> ### 2. 국내외 제조 빅데이터 관련 정책

가. 독일

Industry 4.0이라는 정책을 통해 제조 강국으로서의 경쟁력을 높이기 위하여 노력하고 있으며, 이를 통해 공장의 스마트화, 최적화, 안정화 등 공장 운영에 대한 전반적인 사항에 있어 다양한 연구와 기술 개발을 시행하고 있다. 특히 9개의 기반 기술을 중심으로 집중적인 노력을 기하고 있다.

나. 미국

AMP 2.0(첨단제조파트너십)으로 제조 혁신을 위해 산학연 협력연구, 설비, 인프라 공유체계를 구축하여 고급 감지기술, 기기제어 및 플랫폼 기술, 시각화 기술 디지털 제조기술의 방면에 있어 정책적으로 지원하고 있다.

다. 중국

Made in China 2025 정책을 통해 제조 산업의 강국으로 도약하기 위한 로드맵을 구성하여 제조업 혁신을 위한 노력을 기울이고 있다. 또한 Internet plus라는 전략을 통해 신성장동력을 창출하고자 하였다. 2020년에는 공업화 기본실현 부분과 제조업에 대한 정보화를 완료할 계획이며, 2025년에는 제조업의 혁신 능력 강화에 따른 생산성 제고, 공업화와 정보화를 융합하는 것을 목표로 두고 있다.

라. 일본

2016년 4차 산업혁명 선도 전략이라는 국가 혁신 프로젝트를 통해 전반적인 제조업 중심의 산업 경쟁력 강화를 위해 산업 경쟁력 강화법을 제정하여 제조업을 강화하고자 하였고, 자동 운전 시스템 등 인프라 관련 분야에 100억 엔을 투자하여 제조업 강화를 및 유망산업 발전을 지원하고 있다.

마. 한국

스마트 제조혁신 비전 2025를 발표, 2025년까지 제조업 강화를 위해 스마트공장 3만 개 구축 계획을 세웠다. 이를 통해 솔루션, 센서, 컨트롤러, 로봇 분야의 대기업과 중소기업이 공동연구개발, 국제표준 공동대응 등을 추진, 제조업의 생산성을 향상시키겠다는 계획을 가지고 스마트 공장 구축을 지원하고 있다.

3. 제조 빅데이터의 활용

제조업은 빅데이터 환경의 구성 전 생성된 데이터를 저장하고 처리하는 능력에 한계가 있어 기기 관리자의 경우 제한된 데이터만을 받아볼 수 있었다. 하지만 최근 저장기술의 발달과 함께 기기에 센서와 RFID를 장착, 생산과정에서 발생하는 기기 작동시간, 압력, 온도, 생산율, 고장 등과 같은 기기 환경 정보에 대한 필수 데이터들을 시각화하여 관리자가 데이터를 받아볼 수 있게 되었다.

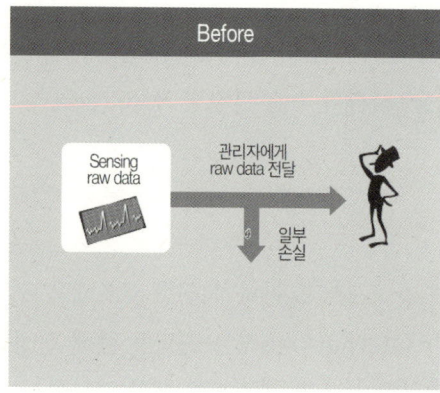
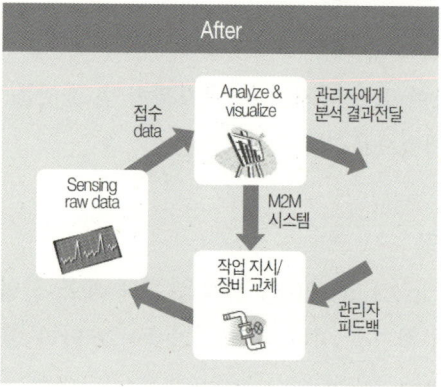

이를 통해 관리자는 주로 프로세스 개선이나 기기 최적화, 정지시간 감축, 고장 시기 예측 등과 같은 시스템 최적화 부분에 데이터를 이용하고 있다. 또한 제조업체 간의 경쟁과 함께 고객의 니즈가 다양해지면서 이를 기기 데이터 뿐만 아닌 SNS 데이터와 VOC 데이터, 로그 데이터를 통해 고객에게 맞춤형 부가서비스나 플랫폼 등을 제공하는 서비스업으로의 확장도 이루어 지고 있다. 본 도서에서는 제조업의 빅데이터 활용과 동향을 자세히 살펴보기 위해 총 74개(해외 포함)의 활용 사례를 수집하여 크게 시스템 최적화 부분(비용 절감, 품질관리 및 운영)과 마케팅 부분으로 구분하여 정리를 해보고자 하였다.

가) 시스템 최적화 부분

제조업체에서는 빅데이터를 이용해 제품을 제작할 시 주원료의 최적의 투입량을 찾거나 생산장비의 고장이나 결함이 일어나기 전 제품 수명을 측정하여 사전에 보수하는 부분, 불량품 절감 등에 빅데이터를 활용하고 있었다.

해외	· 회전초밥 체인점인 일본의 스시로에서는 초밥 접시에 RFID를 부착, 이를 데이터로 기록하여 초밥별 선호도 분석을 통해 재료를 효율적으로 공급하는 시스템을 구축하여 재료 폐기와 관련된 손실을 감소시켰다. (일본, 스시로) · 장비에 GPS, 센서 등을 탑재해 장비의 과열 상태 및 부속 장치에 이상신호가 발생할 경우 작업자에게 통보하여 실시간 대처를 통해 고장을 막아 일이 중단되는 사태를 미리 방지하는 장비 상태 모니터링 시스템을 개발하였다. (미국, Caterpillar) · 산업용 제어기기 및 헬스케어 용품을 주력으로 개발하는 오므론은 제조 현장의 기존 숙련공의 직감으로 진행하였던 공정 비효율 성을 개선하기 위해 각 기기에 센서를 설치, 각 장치가 발생시키는 로그 데이터를 단계별로 변환하여 생산 상황을 실시간 분석이 가능하게 하여 기존 6명의 숙련자가 필요하던 문제 원인 분석이 빅데이터 시스템 도입으로 1명의 숙련자로 대응이 가능하게 되었다. (일본, 오므렌)
국내	· 자전거 제조사인 에이모션은 SNS와 온라인 쇼핑몰, 블로그 등의 인터넷 소셜 데이터를 수집하여 자전거 관련 키워드를 빅데이터를 통해 분석하여 자전거 수요를 예측, 불필요한 제품 생산을 방지하였다. (에이모션) · 산업설비 및 시설에서 발생하는 데이터를 수집, 저장, 분석하는 소프트웨어 모듈을 개발, 최적화된 기기 제어를 통해 공정 효율을 상승시킨다. (포스코) · 현대중공업은 BLT 제작 공정에서 효율적인 생산 및 설비관리를 하기 위해 실시간으로 데이터를 전송할 수 있는 IoT 플랫폼을 구축하여 최적화 작업환경 시스템을 구축하였다. (현대중공업) · 투그램시스템즈는 e-CBM이라는 선박엔진 고장예측시스템을 개발하여 선박엔진에 실시간 정보를 받을 수 있는 장치를 설치하여 실시간 상태 진단을 통해 고장을 예측한다. (투그램시스템즈)

나) 마케팅 부분

각 제조업체의 경쟁 격화에 따른 수익성 악화와 동시에 고객 니즈가 다양하게 나타나고 있어 제조업에서의 서비스화가 진행되고 있으며 이를 통한 고객 관리 및 마케팅 분야에 활발하게 이용되고 있다.

해외	· IoT를 통한 사람의 행동 패턴 데이터와 소셜 데이터를 분석해 기계와 설비, 그리고 사람 간 사물인터넷을 통한 연계를 시행하여 적절한 생산을 통해 효율성을 제고하였다. (일본, 히타치 글로벌센터) · 필립스 전자는 이유식 제조기 판매에 있어 매출 감소에 따른 원인을 파악하기 위해 육아 관련 사이트 조사를 통해 문제점을 인지, 광고 메시지를 변경하여 매출의 상승을 이끌어 냈다. (네덜란드, 필립스) · 신속한 고객 맞춤형 제품을 생산하기 위해 모든 공정을 인터넷으로 연결하여 고객 트렌드와 수요를 실시간으로 반영할 수 있는 시스템을 구현하여 소비자가 원하는 것을 선택하면 5시간 이내에 제품을 생산하는 시스템을 구축하였다. (독일, 아디다스) · 노빌리아의 스마트 팩토리는 85가지 색상, 215가지 크기 중 고객이 원하는 제품을 선택하여 맞춤형 가구를 구성할 수 있는 자동 생산 방식을 도입하여 경쟁력을 상승시켰다. (독일, 노빌리아)
국내	· 빅데이터를 통해 암웨이는 공기청정기 관련 판매 마케팅과 함께 공정 수요예측을 실시한다. (암웨이) · 영유아 양육과 관련된 소비, 고객 요구 등에 대한 데이터를 수집하여 영유아 제품의 소비 트렌드를 분석하여 상품개발과 마케팅에 활용한다. (보령메디앙스) · LG생활건강은 빅데이터 분석을 통해 구매처의 수요와 주기적 오퍼, SNS 등의 다양한 정보를 수집하여 LG CNS의 개인화 추천 솔루션을 통해 마케팅에 적용하고 있다. (LG생활건강)

4. 제조 빅데이터의 활용 시사점

빅데이터 분석을 이용함에 있어 가장 중요한 점은 어떤 목적과 방법을 통해 빅데이터를 활용할 것인가의 문제일 것이다. 제조업의 빅데이터를 활용함에 있어 제조기술측면과 빅데이터 이해 측면을 두루 알지 못한다면 빅데이터를 이용해 솔루션을 개발하고자 할지라도 제대로 된 솔루션을 제공할 수 없을 것이다. 이에 제조뿐만 아닌 각 분야에 대한 인재 육성이 필요하며, 서로 다른 산업 분야의 교류를 통해 서로의 정보를 주고받을 수 있는 계기가 필요할 것이다. 중소기업에서는 빅데이터 활용을 하기에 비용 문제가 발생하게 된다. 현재 빅데이터를 도입하여 가장 활발하게 이용하고 있는 제조기업은 국내 대기업이 거의 대부분 일 것이다. 중소기업이 빅데이터를 활용하여 수익성과 효율성을 높일 수는 있겠지만 초기비용이 과다할 수 있기 때문에 시도하기가 쉽지 않은 것이 현실이다. 이런 문제가 오래 지속된다면 대기업 위주의 도입에 따른 데이터를 활용함에 있어 빅데이터 자체에 대한 지식이 필요한 것과 마찬가지고 각 분야에 적용할 수 있으려면 분야에 대한 이해가 필요하다. 또한, 정보격차도 심해질 것이다. 한국과학기술평가원(KISTEP)의 조사에 따르면 중소기업에서는 제조 빅데이터를 통한 스마트 제조 도입에 필요성에는 공감하고 있으나 자금 부족, 시스템 운영에 대한 부담을 이유로 도입을 하지 못하는 상황으로 나타났다. 정부는 이러한 여건을 반영하여 중소기업이 향후 경쟁력을 확보할 수 있는 다양한 정책을 마련하여 추진해야 할 필요가 있다. BIG

301 데이터를 활용한 효율적인 마케팅 전략 수립

LYCL.Inc

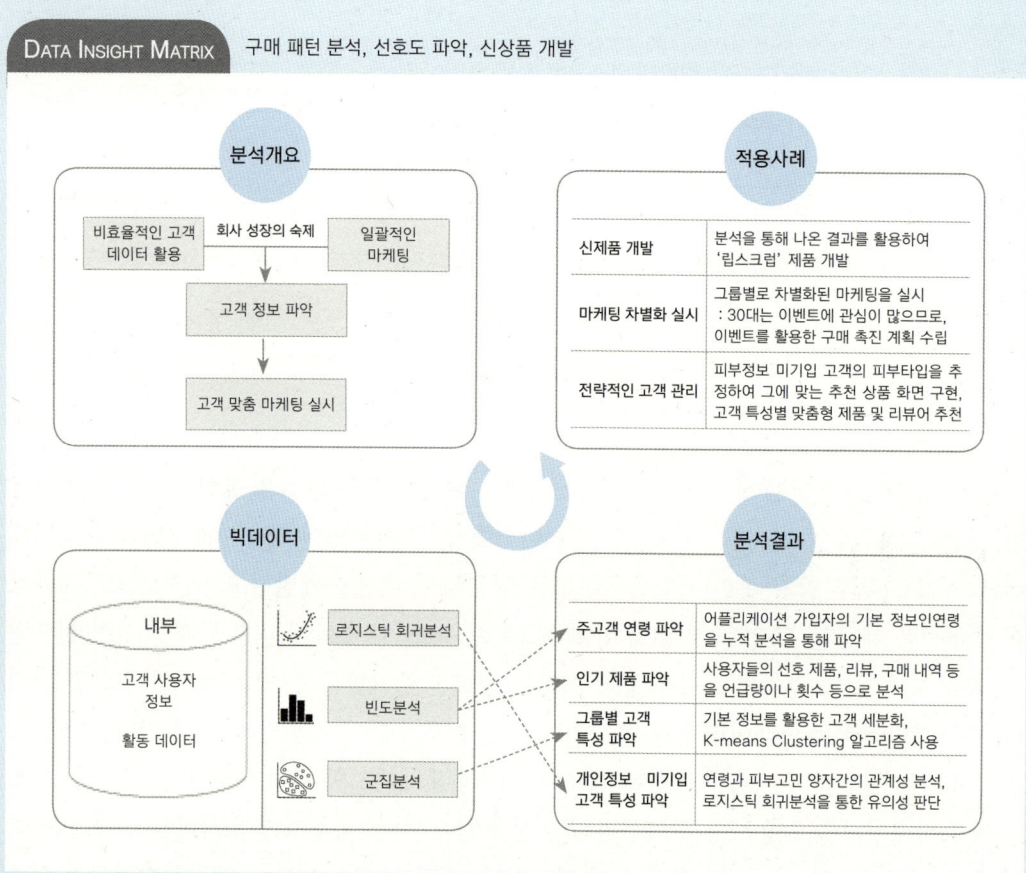

국내에서 가장 많은 고객 정보 및 화장품 리뷰 데이터를 보유하고 있는 뷰티 어플리케이션 '언니의 파우치' 앱을 개발한 LYCL.Inc(라이클)에서는 다양한 고객 정보를 입력받아, 개인별로 최적화된 뷰티 정보를 제공하고 있다. 게다가 인기 제품들을 최저가로 판매하고, 사전 정보검색부터 구매까지 이어질 수 있는 뷰티 플랫폼을 국내 최초로 구축하기도 했다.

하지만 많은 고객 데이터 축척에도 불구하고, 데이터의 비효율적인 사용으로 모든 고객들에게 동일한 내용의 홍보를 진행하고 있었고, 이는 회사 성장의 걸림돌이 되고 있었다. 라이클은 지속적인 성장을 위해서 맞춤형 고객 관리 및 고객 특성별 차별화된 마케팅 수행과 고객 수요를 반영한 신제품 개발 등을 통한 수익 구조의 다변화가 필요하다고 판단하였다. 따라서 빅데이터 분석을 실시하여 그동안 수집한 고객 데이터를 핵심경쟁자원으로 활용하기로 했다.

수집데이터	'언니의 파우치' 사용자 정보 및 활동 데이터
활용언어	통계패키지 R
참여기업	LYCL.Inc(수요기업), ㈜웨슬리퀘스트(빅데이터 솔루션 & 경영컨설팅사)

1. Big Point!

라이클에서는 '언니의 파우치' 어플리케이션을 통해 고객들에 대한 많은 정보를 얻고 있음에도 불구하고, 고객의 개별 특성은 전혀 고려하지 않고 모든 고객에게 동일한 서비스를 제공하고 있었다.

따라서 라이클은 ㈜웨슬리퀘스트와의 데이터 분석 프로젝트를 통해 고객을 세분화하여 맞춤형 고객 관리를 진행하고, 개인의 피부 타입에 맞는 상품을 추천해주는 알고리즘을 개발하는 등의 전략적인 마케팅 계획을 수립하고자 했다. 그리고 정보 검색뿐만 아니라 구매까지 가능한 기존의 원스톱 플랫폼에서 PB 상품도 제조·판매함으로써 수익 구조를 더 다양하게 넓히기로 했다.

• **PB 상품**
백화점·편의점 등 대형소매상에서 자체적으로 개발한 브랜드 상품.

2. 활용 데이터와 분석

라이클은 맞춤형 고객 관리가 이루어지기 위해서는 고객 개개인의 특성을 파악하는 것이 가장 중요하다고 판단하여 '언니의 파우치' 어플리케이션에서 얻을 수 있는 사용자의 기본 정보 및 활동 데이터를 사용했다. 사용자의 연령대에 대한 분석을 진행하여 신제품의 핵심 타겟층을 설정하고, 사용자들이 어떤 화장품에 높은 관심을 가지고 있는지를 파악하여 신제품 개발에 활용하고자 했다. 또한 고객의 생년월일, 리뷰작성 수, 팔로워 수 등 11개의 특성들을 선정한 후 K-means Cluster 알고리즘을 통한 군집 분석을 실시하여 고객을 5개의 그룹으로 분류했다. 추가로 연령과 피부고민 및 피부타입간의 로지스틱회귀분석을 수행하여 연령대별 주요 피부고민을 파악했다. 이러한 다양한 분석 결과에 더하여 사용자 기반의 협업필터링을 활용해 화장품 리뷰 혹은 상품을 추천해주는 알고리즘을 개발했다.

• **K-means Cluster**
주어진 데이터를 K개의 클러스터로 묶는 군집화 기법으로 각 클러스터와 거리 차이의 분산을 최소화하는 방식으로 동작.

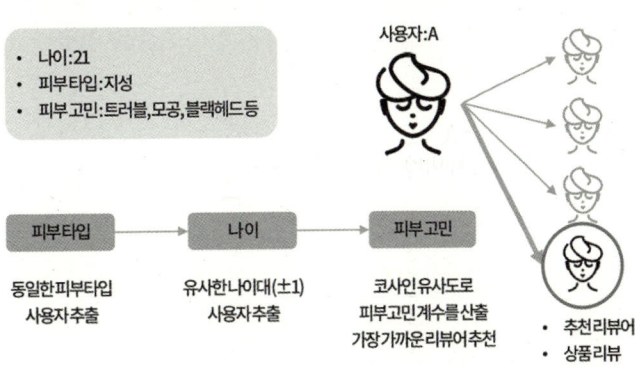

3. 분석결과

가. 주고객 연령 파악

'언니의 파우치' 가입자의 연령 분포에 대한 분석을 진행한 결과, 전체 가입자 중 90%가 10~20대인 것으로 나타났으며, 그중에서도 10대 후반~20대 초반의 사용자가 절반 이상을 차지하고 있었다. 따라서 신제품의 핵심 고객층을 10대 후반~20대 초반으로 결정했다.

나. 인기 제품 파악

사용자들의 활동 내역을 분석하여 언급량이 높은 상위 20개의 제품을 추출한 결과, 틴트 27.5%(1위), 립스틱 4.6%(6위), 토니틴트 2.7%(13위), 립밤 1.7%(19위)로 립 제품에 대한 언급량이 총 33.8%의 비중을 차지했다. 이후, 추가적으로 립 제품 관련 주요 고민에 대한 설문 조사를 실시한 결과, 각질 부각에 대한 고민이 23%로 가장 많다는 것을 알게 되었고, 이 점을 활용하여 신제품 개발에 착수하기로 했다.

다. 연령별 고객 특성 파악

생년월일, 팔로워 수, 리뷰 작성 수 등 11개의 변수를 활용하여 고객을 분류한 결과, 갓 화장을 시작한 중·고등학생, 어플의 주 활동 멤버인 10대 후반~20대 초반, 정보를 얻어 가는 10대 후반~20대 초반, 활동이 가장 활발한 20대, 이벤트에만 관심 있는 30대 이상의 총 5개 그룹으로 고객을 세분화할 수 있었다. 추가적으로 의사결정나무 모델을 적용하여 그룹별 구매 요인을 파악했다. 그 결과로 중·고등학생 그룹의 경우 다른 그룹에 비해 앱 내 활동이 구매에 미치는 영향이 크다는 것을 확인하여 팔로우, 커뮤니티 등의 인적 네트워크를 활성화하는 마케팅 포인트를 얻을 수 있었다. 또한 30대 이상 고객의 어플 이용 주목적은 이벤트 참여라는 것을 파악하여 해당 그룹을 위해 이벤트를 차별적으로 적용하기 위한 방안이 필요하다는 인사이트를 얻었다.

• **의사결정나무**
분류함수를 의사결정 규칙으로 이루어진 나무 모양의 그림으로 시각화하여 표현하는 분석 기법.

라. 고객 맞춤정보 제공으로 구매 활성화

'언니의 파우치'는 협업필터링을 활용하여 고객별로 차별화된 맞춤 정보를 제공하는 알고리즘을 구현했다. 특정 고객과 피부 타입 및 피부 고민이 가장 유사한 리뷰어를 발견하여 앱 로그인 시 그 리뷰어가 작성한 리뷰 혹은 구매한 제품 정보를 제공하고자 했다. 추천 알고리즘의 단계는 대상 고객

• **협업필터링**
컴퓨터를 이용하는 사람들의 사용, 소비 기록 정보를 분석하여 불필요한 정보를 필터링해주는 기술.

과 동일한 피부타입의 사용자를 추출한 후 그 중에서도 유사한 연령대이면서 피부고민이 가장 비슷한 리뷰어를 선정하여 추천하는 방식으로 이루어진다. 하지만 회원가입 시 피부 타입을 입력하지 않은 사용자들이 존재하기 때문에 고객이 기입한 다른 정보를 이용하여 피부 타입을 예측하는 신경망 모델도 추가로 개발했다. 이 모델을 통해 연령, 피부 고민 정보를 결합해 피부 타입을 미선택한 사용자의 피부 타입을 판단할 수 있었고, 모델을 테스트한 결과 그 정확도가 85%인 것을 확인했다.

4. 빅데이터 분석결과의 활용

가. 신제품 개발

'언니의 파우치'는 사용자들이 립 관련 제품에 많은 관심을 가지고 있다는 점을 고려하여 신제품을 구체화했다. 또한 신제품의 타겟 고객층으로 선정된 10대 후반에서 20대 초반 고객들은 이제 막 화장을 배워가는 단계이기 때문에 올바른 화장법을 알려줄 필요가 있다고 생각했다. 특히 해당 고객들은 입술에 각질 부각이 일어났을 경우 이를 해결하기 위한 노력보다는 뜯어버리는 일이 많을 것이라 판단하여 입술 각질을 효과적으로 관리할 수 있다는 점을 강조한 '립 스크럽'을 개발하게 되었다. 또한 주 고객층의 연령이 어린 만큼 경제력이 낮을 것이라 판단하여 가격은 저렴하게 책정하였다. 제품 제작 과정에서 샘플 테스트에 제시된 의견을 성분이나 포장 이미지 등에도 반영하였다.

나. 고객별 차별화된 마케팅 전략 수립

각 그룹별 고객 특성이 다르다는 점을 감안하여, 그룹별로 차별적인 마케팅 전략을 세우기로 했다. 특히 30대 이상 그룹의 경우에는 대부분이 이벤트를 통해 화장품을 구매하는 횟수가 많았으며, 연령이 높아질수록 피부 탄력 및 주름에 관심이 많다는 점을 고려하여 그들을 타겟으로 한 이벤트를 많이 기획하기로 했다. 또한 상품 추천 알고리즘을 기반으로 사용자가 앱을 로그인했을 때 해당 사용자에게 적합한 리뷰어 및 상품 정보를 제공해주는 맞춤형 화면을 구현했다. 피부 타입별로 다른 내용의 푸시 메세지를 발송하여 홍보를 진행하기도 했다. 이러한 마케팅 전략들을 활용한 결과 매출이 전월 대비 100% 이상 증가하는 효과를 얻을 수 있었다. BIG

> **유사사례**
> - 490p, 헤세드조명, 새로운 B2C시장의 효과적인 진입의 열쇠
> - 484p, 죠샌드위치, 나를 알고 고객을 알면 백전백승
> - 362p, 에이치와이스타일, 고객의 요구 사항을 빅데이터로 빠르게 대처
> - 286p, 빅데이터아카데미, 안심하고 자녀를 맡길 수 있는 어린이집을 찾아서
> - 456p, 제이에스티나, 빅데이터로 되찾는 고급스러운 브랜드 이미지
> - 448p, MRD, 빅데이터로 국내시장 장악

302 빅데이터로 국내시장 장악

MRD

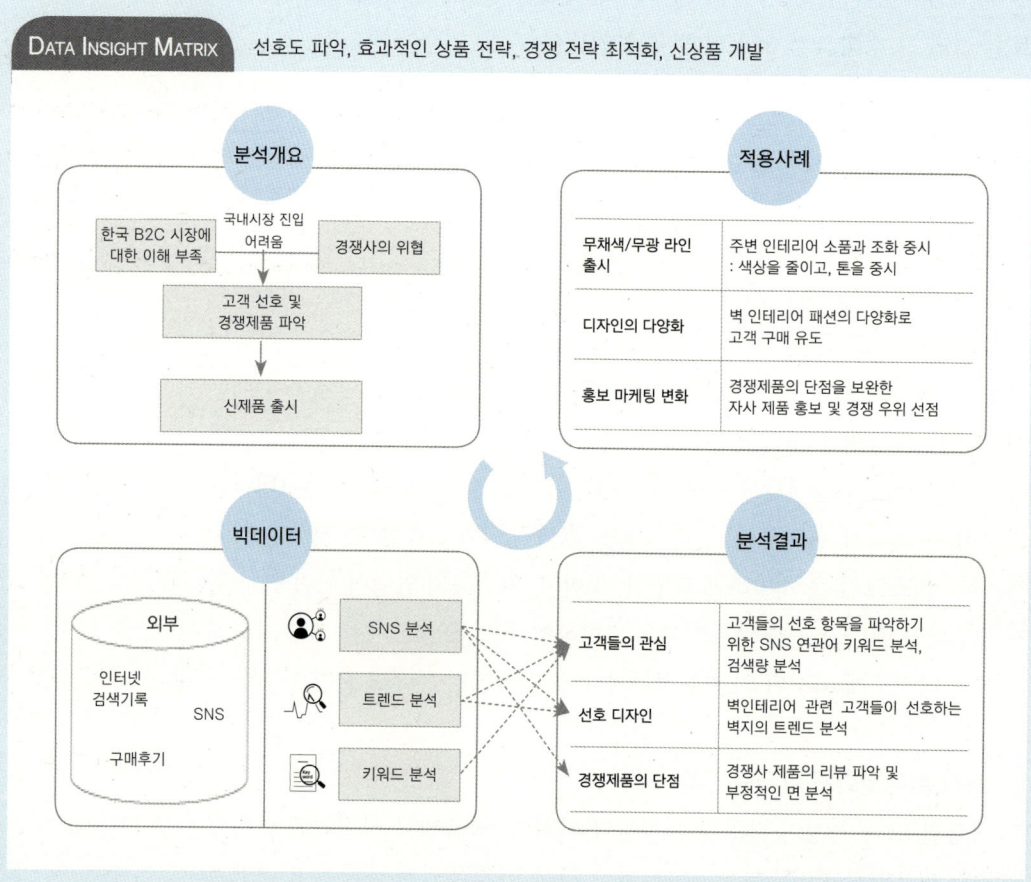

DATA INSIGHT MATRIX 선호도 파악, 효과적인 상품 전략, 경쟁 전략 최적화, 신상품 개발

2013년 11월부터 인테리어 제품을 제조·판매해 온 MRD는 인테리어 쿠션 타일을 출시한 뒤 베트남 인테리어 전문회사와 독점계약을 체결하고 줄곧 해외시장에만 집중해왔으나, 국내 생산공장의 사정으로 수출이 중단되면서 큰 타격을 입게 되었다. 이후 많은 시행착오 끝에 국내시장에 진출하였으나 이미 유사한 제품을 저렴한 가격에 판매하는 경쟁사가 있었을 뿐만 아니라, 해외시장의 B2B 방식에 익숙했던 MRD는 국내시장의 B2C 방식이 낯설기만 하였다. 성공적인 국내 시장진입을 위해서는 빅데이터 분석을 통한 국내 B2C 셀프 인테리어 시장에 대한 이해가 가장 우선이라 판단했으며, 적합한 제품을 기획하는 것까지 검토하고자 했다.

수집데이터	뉴스, 트위터, 커뮤니티, 블로그, 카페
분석솔루션	㈜리비 미디어렌즈
참여기업	MRD(수요기업), (주)리비(빅데이터 솔루션사), (주)웨슬리퀘스트(경영컨설팅사)

1. Big Point!

MRD에서는 SNS에서 '셀프 인테리어'와 연관된 단어들을 분석하여, 대중들이 관심도를 먼저 확인해보았다. 분석 결과 최근 높은 관심도를 보이는것을 확인할 수 있었고, 이에 따라 B2C 시장으로의 진입이 충분히 가능성 있을 것이라 생각하였다. 제품을 제작하기에 앞서, 고객의 니즈를 파악하기 위해 SNS에서 '셀프 인테리어'와 관련된 트렌드를 분석하여 최근 가장 인기 있는 색상, 분위기, 소재를 선정했다. 또한 기능성 부분에서 경쟁력을 확보하기 위해 경쟁사의 단점들을 분석하였고, 부정적으로 언급된 부분(키워드, 어휘)들을 보완한 제품을 만들기로 했다.

• B2C
Business to Customer
기업과 소비자간 이루어지는 전자상거래.

• B2B
Business to Business
기업과 기업간 이루어지는 전자상거래.

2. 활용 데이터와 분석

국내 셀프 인테리어 시장을 이해하기 위해서 '미디어렌즈'라는 분석 솔루션으로 1년간의 SNS 데이터에 대한 분석을 진행했다.

고객들이 '셀프인테리어'와 관련해 어떤 것을 중점적으로 디자인하고자 하는지, 주로 사용하는 색상이나 무늬, 디자인은 무엇인지 등을 알아내기 위해 SNS에서 '셀프인테리어'와 관련된 키워드들의 트렌드를 파악했다. 또한, 셀프 인테리어 시장 경쟁에서의 우위를 선점할 수 있도록, 경쟁사에 대항할 만한 장점을 만들기 위해 경쟁사 제품의 단점 및 평가에 관한 정보를 수집하여 분석했다.

3. 분석결과

가. 고객들의 관심

셀프 인테리어와 관련하여 연관 키워드 분석을 진행한 결과 페인트가 2,304건, 벽지가 1,520건, 분위기가 1,031건 등이 상위에 나타났다. 이를 종합하여 일반적으로 대중들은 '벽'의 인테리어를 통해 집안 분위기를 바꾸려 한다고 결론 내릴 수 있었다.

나. 국내시장의 선호 디자인

MRD의 주요 제품은 벽에 부착하는 쿠션 타일이며, 셀프 인테리어와 관련해서는 벽과 관련한 언급이 가장 많았다. 벽 인테리어 색상 및 디자인과 관련한 연관어 분석을 진행한 결과, 화려한 것을 선호하는 동남아시아의 시장과는 달리 국내에서는 '낭만적인', '모던한', '북유럽풍' 등의 자연스러운 분위기와 '화이트', '그레이', '크림', '블랙' 등의 무채색 계열을 선호하는 것을 알게 되었다. 또한, 네이버 검색량 분석을 통해 그림, 명화, 실사, 일러스트 등을 포인트로 한 벽지가 상위 항목을 차지하는 것 역시 알게 되었다.

다. 경쟁제품의 단점

경쟁제품인 폼브릭 구매 고객들이 작성한 후기를 분석한 결과 대체적으로 저렴한 가격을 바탕으로 만족도가 높고 재구매율도 높았다. 하지만 '사용이 어렵다', '끝 마무리 커팅이 제대로 되어있지 않다', '접착력이 약하다', '냄새가 난다' 등의 다양한 항목의 부정적인 후기도 존재하는 것을 파악했다.

4. 빅데이터 분석결과의 활용

가. 무채색/무광 제품 출시

국내 고객들이 자연스럽고 은은한 분위기의 색감을 선호한다는 결과를 반영하여 주변 인테리어 소품과 조화를 이룰 수 있으며, 화려한 색상이 아니며, 깔끔한 톤을 강조할 수 있는 무채색/무광 라인 제품의 출시를 확정했다.

나. 디자인의 다양화

세련미가 떨어진다는 반응이 많았던 기존 캐릭터만을 활용한 디자인에서 벗어나 한국 전통문양, 명화 등의 패턴을 반영한 제품을 개발 중이다.

다. 홍보 마케팅 변화

경쟁제품의 단점을 자사 제품의 장점으로 바꾸어 제품을 제작하고, 이에 맞춘 마케팅 전략을 수립했다. 온라인 쇼핑몰에서는 '초보자도 손쉽게', '다양한 분위기 연출'이라는 홍보 메시지를 내세워 홍보를 진행하고 있으며, 오프라인 매장에서는 '내 맘대로 바꾸는 나만의 인테리어 쿠션타일'이라는 주제로 체험공간을 마련하여 경쟁제품과의 비교체험을 진행하고 있다. BIG

유사사례
- 530p, 다음푸드앤케어, 빅데이터를 통한 차별화된 신제품 출시
- 484p, 죠샌드위치, 나를 알고 고객을 알면 백전백승
- 362p, 에이치와이스타일, 고객의 요구 사항을 빅데이터로 빠르게 대처
- 444p, 라이클, 데이터를 활용한 효율적인 마케팅 전략 수립
- 460p, 블루엠갤러리, 빅데이터를 통한 대중고객 확보
- 510p, 티젠, 빅데이터를 통한 해외 현지 맞춤화 전략 시행
- 526p, 로코코소파, 매출 반등 기회를 위한 빅데이터의 활용
- 274p, 아펙시, 빅데이터 분석을 통한 음악 서비스 사례
- 506p, 불스원, 기존 고객관리부터 신규고객 유치까지
- 522p, 지피트리, 빅데이터를 통한 온라인 마케팅의 해법

남성 수제 구두의 고객별 선호를 재다

칼렌시스

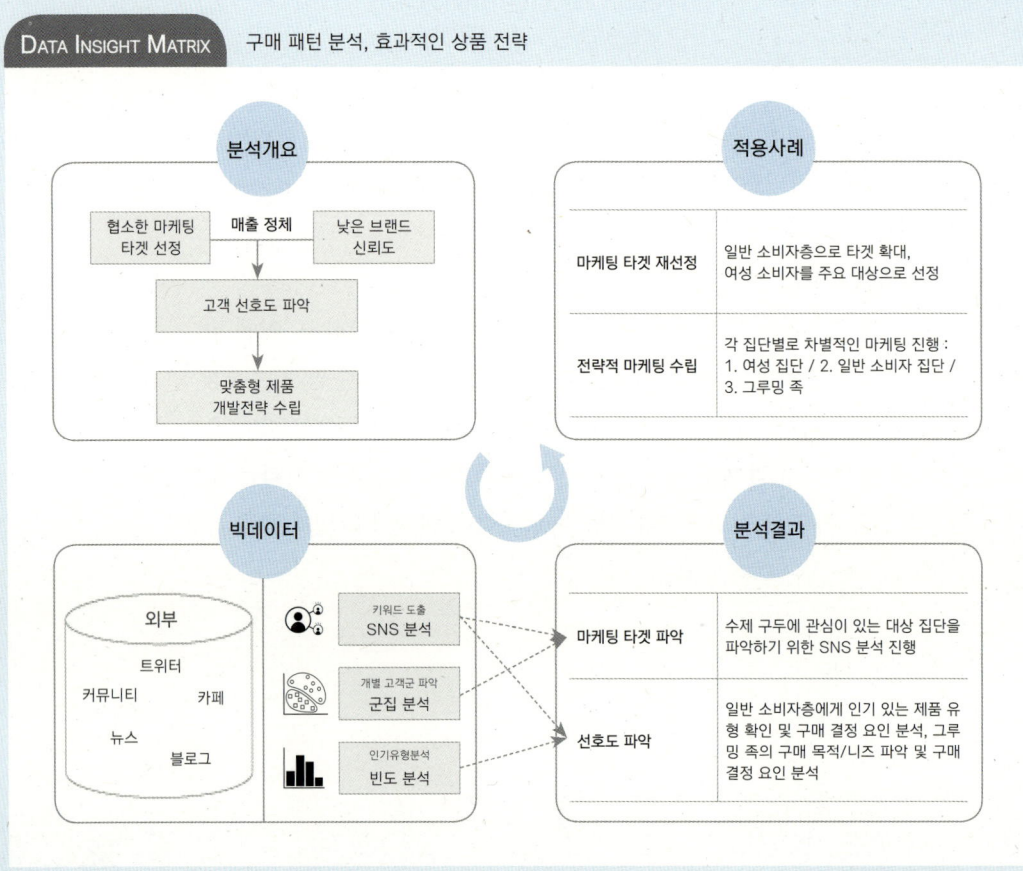

'칼렌'이라는 브랜드의 수제화를 판매하는 남성 수제구두 전문업체인 칼렌시스는, 해외 유명업체의 고급 가죽을 사용한다는 것과 함께 다양하고 차별화된 특장점들을 내세워 국내 맞춤 구두 시장에 들어섰다. 다양한 품목에서 DIY 형태의 제품이 증가하는 트렌드에 맞춰 단순한 사이즈만 맞춰 제작하는 사이즈 맞춤형 구두를 넘어서 '디자인 맞춤' 구두를 강점으로 내세우고 대중적인 아이템이 될 수 있도록 마케팅을 진행해왔다. 하지만 브랜드에 대한 인지도가 낮아, 대중들에게 신뢰감을 주는 것은 매우 어려운 과제였다. 그 때문에 매출 등의 직접적인 소비자 반응은 매우 미미한 수준으로 나타났다. 칼렌시스는 제품 홍보에만 집중하는 것보다는 브랜드의 신뢰를 높이는 것이 더 중요하다고 판단하여 단기적으로 그루밍족을 대상으로 하는 마케팅만 진행하는 것이 아니라 일반 소비자로 대상을 확대하여 그들 각각의 특성에 맞게 맞춤형 전략을 세워 마케팅을 진행하기로 했다.

수집데이터	뉴스, 트위터, 커뮤니티, 블로그, 카페
분석솔루션	㈜리비 미디어 렌즈
참여기업	칼렌시스(수요기업), (주)리비(빅데이터 솔루션사), (주)웨슬리퀘스트(경영컨설팅사)

1. Big Point!

칼렌시스는 브랜드의 신뢰를 높이기 위해서는 그루밍족만을 대상으로 마케팅을 진행하는 것이 아니라, 범위를 더 넓게 확대하는 것이 맞다고 판단하여 일반 대중들까지 마케팅 대상으로 잡았다. 동시에 주타겟층을 파악하려고 SNS 언급량을 분석한 결과 의외로 여성고객들이 선물용으로 남성 수제구두를 많이 찾는 것을 알게 되었다. 따라서, 군집 분석을 통해 고객군을 좀 더 깊이있게 파악하고자 했다. 이러한 과정을 통해 고객군들을 여성 집단 / 일반 대중 집단 / 그루밍족 집단으로 나누게 되었으며, 각 그룹별로 차별적인 마케팅 및 제품 개발 전략을 세우기로 했다. 또한, SNS분석과 빈도분석을 활용해 핵심 키워드가 무엇인지 찾고, 인기 제품의 유형에 대해서도 파악하기로 했다. 이후, 각 집단별로 구매 요인과 핵심 키워드가 무엇인지를 알게되었으며, 해당 부분을 강조하는 마케팅 전략을 세울 수 있게 되었다.

• 그루밍족
패션과 미용에 아낌없이 투자하는 남자들을 말하는 신조어.

2. 활용 데이터와 분석

고객들의 특성을 파악하기 위해 SNS에서 남성 수제구두와 관련한 다양한 정보를 수집했다. 전략적인 마케팅을 위해서는 제일 먼저 타겟의 선정이 중요하다고 판단하여, 빈도분석을 통해 어느 집단에서 해당 키워드를 많이 찾는지를 파악하고자 했다. 잠재적 소비자를 몇 가지의 집단으로 둔 뒤, 추가 단어들을 파악하여 각 집단별로 구매결정요소가 무엇인지를 파악하고 새로운 제품개발과 차별적인 마케팅 진행에 활용하고자 했다.

• 빈도분석
특정 변수에 대한 빈도를 파악하는 분석으로, 예를 들어 통계조사에서 각 보기에 응답한 사람의 수, 백분율 등을 파악할 때 사용.

3. 분석결과

가. 마케팅 타겟 파악
'남성 수제구두'를 키워드로 SNS를 통해 데이터를 수집하여 분석을 진행한 결과, 의외로 '예쁘다', '신랑', '남편', '남자친구' 등의 여성적 표현이 높게 나타났다. 이를 통해 남성만 수제구두를 구매하는 것이 아니라, 여성들도 선물용으로 많이 찾고 있다는 것을 알게 되었다.

나. 선호도 파악 - 일반 소비자 층
전반적인 구매 결정 요소로는 디자인을 비롯하여 가격, 착용감, 실용성 등이 높게 나타났다. 또한 대중들이 선호하는 제품 유형을 분석한 결과로는 로퍼 39%, 옥스퍼드 35%, 부츠 26% 였다. 좀 더 세부적으로 살펴보면 로퍼가 역시 1269회로 가장 높았고, 그 중에서도 '테슬' 로퍼를 가장 많이 찾았다.

다. 선호도 파악 - 그루밍 족
일반 소비자들과는 달리 그루밍족은 가죽의 퀄리티를 가장 중요하게 생각했으며, 자켓/수트/셔츠와 어울리는 클래식한 라인의 구두를 선호하는 것으로 나타났다. 또한 그들은 왁스, 광, 클리너, 솔질 등 Shoe Care 부분에도 많은 관심을 보이는 것으로 나타났다.

유사사례
- 456p, 제이에스티나, 빅데이터로 되찾는 고급스로운 브랜드 이미지
- 294p, 와신교육, 과학적인 근거를 통한 사업의 맥 짚기
- 384p, 더블유쇼핑, 고객별 추천 시스템을 통하여 매출 증가로
- 464p, MANSOLE, 제품기획과 마케팅 두 마리 토끼를 잡다
- 468p, 블리리언트앤컴퍼니, 최적의 마케팅을 찾아준 빅데이터
- 282p, 시대에듀, 빅데이터 기반 효과적인 마케팅 전략 수립
- 514p, 큐비엠, 데이터를 활용한 마케팅 컨셉 수립
- 186p, 비씨카드, 데이터의 융합을 통한 시의적절한 마케팅
- 484p, 죠샌드위치, 나를 알고 고객을 알면 백전백승
- 362p, 에이치와이스타일, 고객의 요구 사항을 빅데이터로 빠르게 대처

4. 빅데이터 분석결과의 활용

가. 맞춤형 제품 제작

일반 소비자층이 많이 선호했던 로퍼 제품에서의 경쟁력을 강화하기 위해 테슬로퍼, 제니로퍼를 추가적으로 출시하였으며, 스웨이드, 블랙가죽 등으로 라인을 다양화하여 출시를 진행했다. 또한 맞춤형 디자인을 선호하는 고객을 위한 시스템 역시 개발 중에 있다. 수트, 셔츠에 어울리는 클래식한 고급 가죽 구두를 선호하는 그루밍족의 니즈도 놓치지 않기 위해, 전 세계적으로 명성이 있는 Horween사에서 수입한 가죽으로 프레스티지 라인 옥스포드화를 출시하였다.

나. 전략적 마케팅 수립

여성을 대상으로 하는 마케팅 전략을 추가하여 '신랑, 남편, 남자친구를 위한 선물'을 핵심 키워드로 내세워 SNS와 여성 중심 커뮤니티에 홍보를 진행했다. 또한 파급력이 높은 그루밍족을 겨냥해 Horween사에서 수입한 가죽이라는 것을 적극적으로 홍보했으며, 구두 관리 방법에 관한 다양한 포스팅을 추가하고 Shoe Care 제품을 대폭 확대했다. BIG

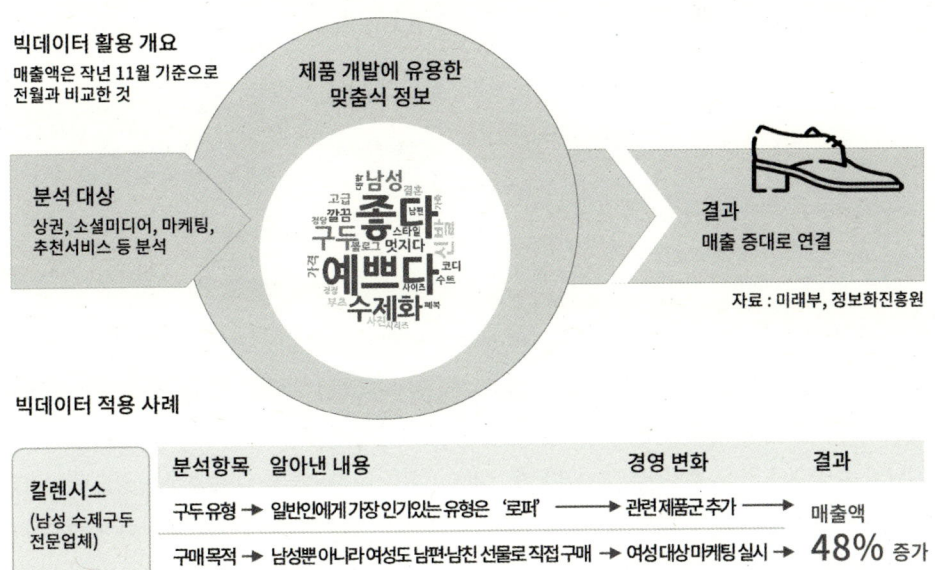

자료 : 미래부, 정보화진흥원

304 빅데이터로 확립하는 고급스러운 브랜드 이미지

제이에스티나

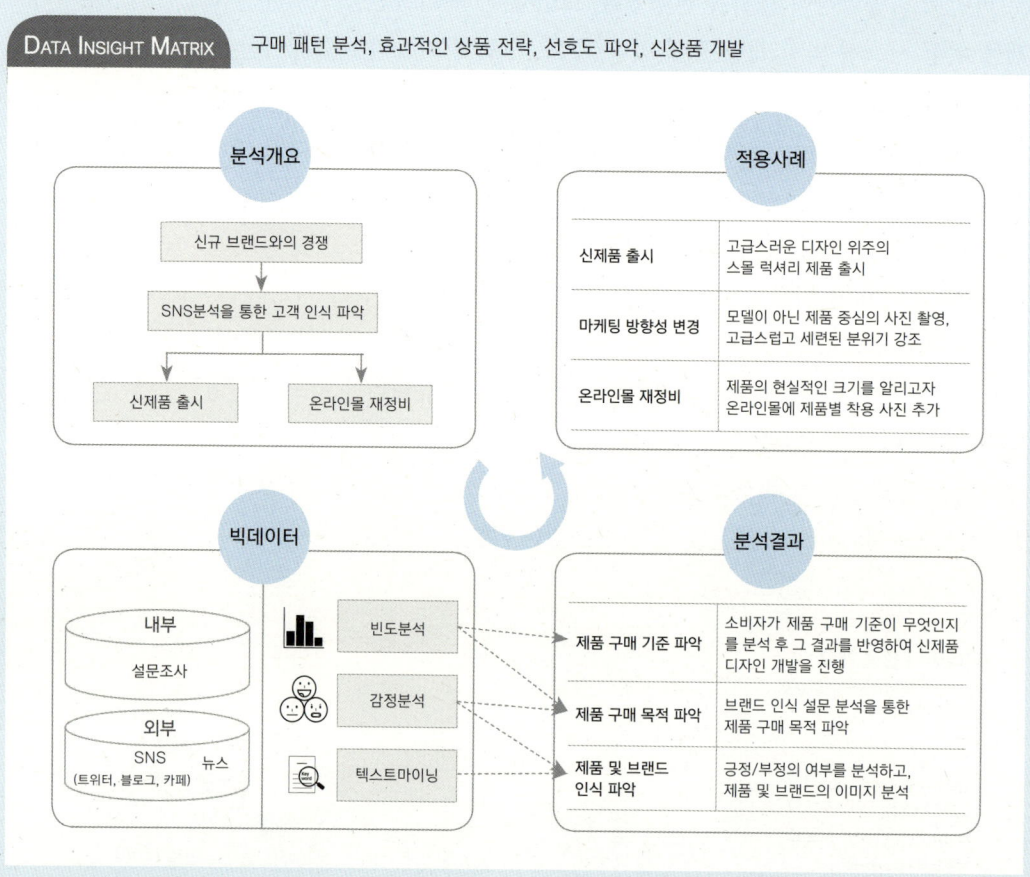

DATA INSIGHT MATRIX 구매 패턴 분석, 효과적인 상품 전략, 선호도 파악, 신상품 개발

2003년에 왕관 모양의 티아라를 심벌로 내세우며 론칭된 제이에스티나는 합리적인 가격과 트렌디한 디자인을 모두 고려한 주얼리 제품을 판매하고 있다. 하지만 비약적인 성장을 보이는 타 업체들에 비해 제이에스티나의 성장률은 갈수록 둔화되었으며, 주얼리 시장 고객의 63%가 20, 30대인 것에 비해 제이에스티나의 주 고객은 30대 후반~40대 초반으로, 젊은 고객은 타 브랜드를 더 선호하는 것으로 나타났다. 이 상황에서 제이에스티나는 젊은 고객들을 유치하고, 시장 흐름에 발맞춰 온라인몰을 통해 사업을 확장하는 것이 시급하다고 판단했다. 따라서 SNS 상에서 존재하는 고객의 소리를 분석하고, 이를 바탕으로 마케팅 및 제품 기획 전략의 방향성을 설정하여 정체된 브랜드 성장세를 높이고자 했다.

수집데이터	뉴스, 트위터, 커뮤니티, 블로그, 카페
분석솔루션	㈜리비 미디어렌즈
참여기업	제이에스티나 (수요기업), ㈜리비 (빅데이터 솔루션사), ㈜웨슬리퀘스트 (경영컨설팅사)

1. Big Point!

제이에스티나는 최신 트렌드에 맞춰 제품을 기획하고 마케팅을 진행하기 위해 대중들의 반응을 알아보고자 구매 결정 요소, 제품 및 브랜드의 이미지에 대한 분석을 실시하였다. 이를 통해 얻은 인사이트를 바탕으로 제품력 향상과 마케팅 방안 개선을 위한 장단기 과제를 도출하여 글로벌 패션 그룹으로 성장하고자 했다.

2. 활용 데이터와 분석

그동안 제이에스티나는 매출, 고객 데이터 등의 정량 데이터를 중심으로 분석을 진행해왔으나, 그러한 분석을 통해서는 문제에 대한 인식만 얻을 수 있을 뿐 구체적인 해결 방안을 찾을 수가 없었다. 문제 해결을 위해서는 고객들의 의견을 파악하고 브랜드가 가져야 할 제품 및 마케팅의 방향성을 찾는 것이 가장 중요하다고 판단하여 뉴스, 커뮤니티, 블로그, 카페 등에서 전반적인 텍스트 데이터를 수집한 후 그 속에서 언급되는 텍스트의 빈도, 긍·부정의 여부, 브랜드 이미지 등에 대한 분석을 진행했다.

• 텍스트 마이닝
자연 언어 처리 기술을 활용하여 데이터를 정형화하고, 추출한 특징으로부터 의미 있는 정보를 발견하는 기법.

3. 분석결과

가. 제품 구매 결정 기준 파악
제이에스티나는 고객이 제품을 구매할 때 어떤 점을 가장 중요하게 고려하는 지를 분석하여 주얼리 기획시 반영하고자 했다. 분석 결과, 고객들은 구매결정 기준으로 디자인(73%)을 가장 많이 고려하고 가격(6%) 보다는 마감(14%)과 품질(7%)을 더 중요하게 생각한다는 것을 알게 되다. 이를 통해 기존에 가격을 중점으로 하여 제품 개발을 진행하던 방식에서 벗어나서 디자인을 가장 우선적으로 고려하여 더욱 고급스러운 디자인의 제품라인을 출시하기로 결정했다.

나. 주얼리 구매 목적 파악
제이에스티나는 내부적으로 진행한 브랜드 인식 설문조사를 통해 20대, 30대 모두에게 자사 제품이 '선물 받고 싶은 브랜드'라는 인식을 가지고 있다는 점을 파악하였다. 또한 소셜 데이터를 분석한 결과 일반적인 주얼리는 '선물'이 구매 목적의 10%였으나, 제이에스티나의 경우는 '선물'이 구매 목적의 29%를 차지해 일반 주얼리에 비해 선물 목적의 구매가 약 3배나 높은 것을 확인할 수 있었다. 이에 따라 선물로 제이에스티나를 처음 접한 고객들을 충성고객으로 전환시키기는 방향의 신전략을 설정하여 CRM 제도를 개선하기로 했다.

• 소셜 데이터
뉴스, 블로그, 트위터 등의 소셜 미디어에서 매일 생성되는 방대한 데이터.

다. 제품 및 브랜드 인식 파악

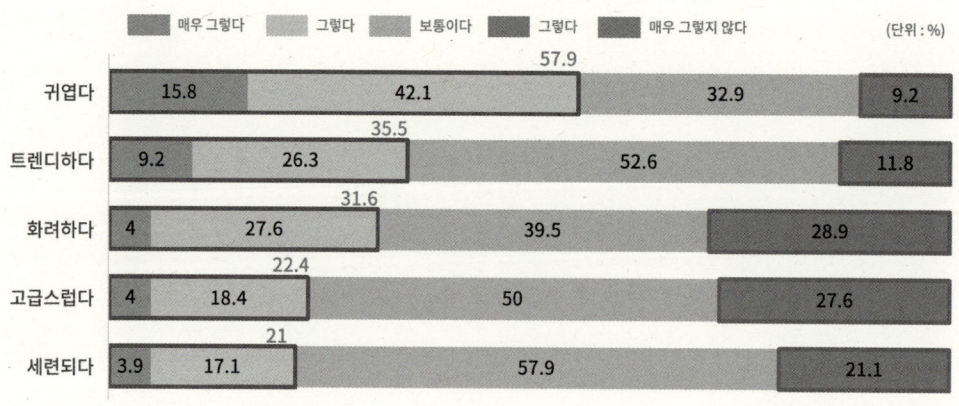

SNS 데이터는 글쓴이의 연령대를 알 수 없다는 한계가 있어 추가적인 설문을 통해 브랜드 인식을 파악했다. 그 결과, 제이에스티나 제품은 경쟁사 제

품에 비해 귀엽거나 (57.9%), 트렌디하다는 (35.5%) 평가는 얻고 있지만, 고급스럽거나 (22.4%), 세련된 (21%) 이미지는 많이 약한 것으로 나타났다. 또한 구매후기 분석을 통해 후기 내용의 61%는 제품에 대한 긍정적 내용이었으나, 11%는 부정적 내용이었고, 나머지 28%의 중립적 의견 중 51%는 생각했던 것보다 제품의 크기가 작다는 의견을 보인다는 것을 파악했다.

4. 빅데이터 분석결과의 활용

가. 신제품 출시

고객들이 가격보다는 디자인이나 마감, 품질 등을 중요시한다는 것을 알게 된 후, 가격에 맞춰 디자인을 하던 기존의 제품 제조 방식에서 벗어나 더욱 고급스러운 디자인 위주의 제품 라인을 개발하기로 했다. 최근의 스몰럭셔리 트렌드에 맞춰 소재와 디자인의 차별화를 둔 제품을 지속적으로 출시하여 어리고 귀여운 이미지를 벗어나고자 했다.

나. 마케팅 방향성 변경

기존의 마케팅 방식이 제품보다는 모델에 집중되어 있기 때문에, 모델의 특성이 제품의 특성을 좌우한다고 판단하여 모델 중심이 아닌 제품 중심으로 촬영 방식을 변경하여 제품 자체의 고급스러운 분위기를 강조하고, 패션 모델들을 서브로 활용하여 세련된 이미지를 강조하기로 했다.

다. 온라인몰 재정비

온라인상에서 봤던 제품과 실제 제품의 크기 차이가 있다고 느낀 소비자가 많은 이유는 모델 착용 사진 없이 제품 단독 사진만 있기 때문이라고 판단하여, 온라인몰에 제품별 착용 사진을 추가하는 개편 활동을 실시하였다. 향후 다양한 의류나 가방 등의 소품을 활용하여 동시 구매를 유도하는 방안도 생각할 계획이다. BIG

유사사례
- 452p, 칼렌시스, 남성 수제구두의 고객별 선호를 재다
- 514p, 큐비엠, 데이터를 활용한 마케팅 컨셉 수립
- 518p, 토란, 빅데이터를 통한 시장 별 마케팅 전략
- 444p, 라이클, 데이터를 활용한 효율적인 마케팅 전략 수립
- 464p, MANSOLE, 제품기획과 마케팅 두 마리 토끼를 잡다
- 530p, 다움푸드앤케어, 빅데이터를 통한 차별화된 신제품 출시
- 468p, 블리리언트앤컴퍼니, 최적의 마케팅을 찾아준 빅데이터
- 186p, 비씨카드, 데이터의 융합을 통한 시의적절한 마케팅
- 484p, 죠샌드위치, 나를 알고 고객을 알면 백전백승
- 522p, 지피트리, 빅데이터를 통한 온라인 마케팅의 해법

305 빅데이터를 통한 대중고객 확보

블루엠갤러리

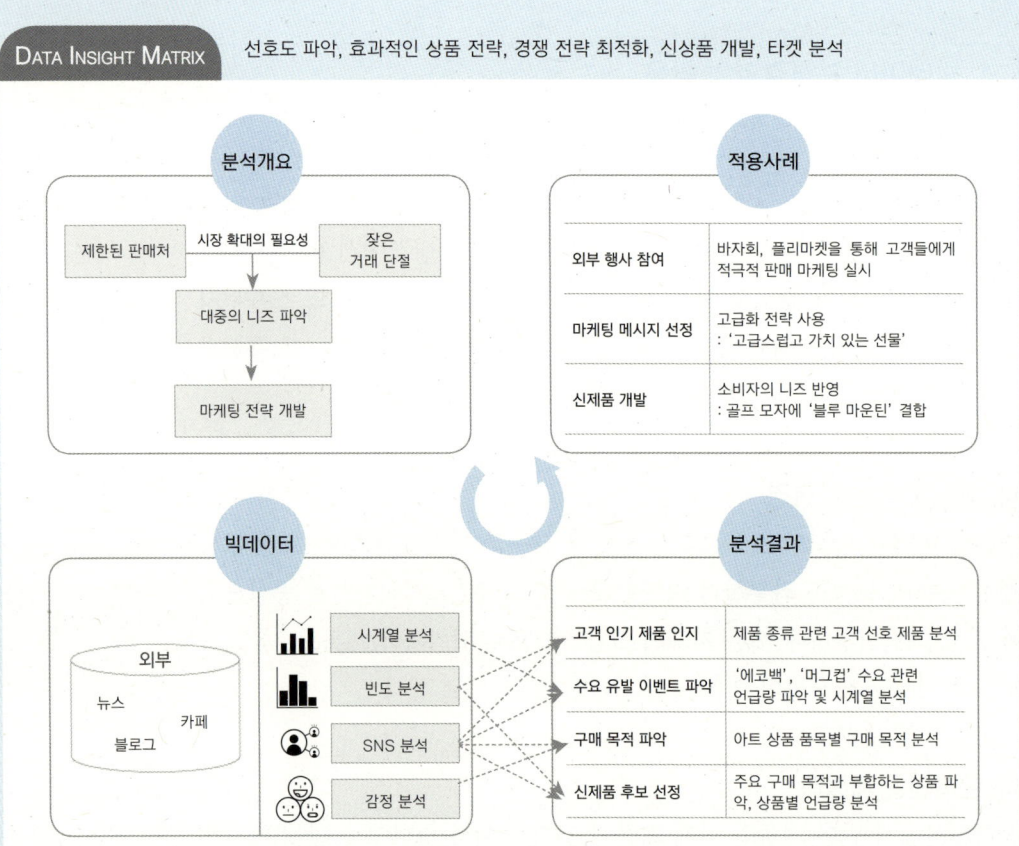

블루엠갤러리는 김인숙 작가의 자연을 모티브로 한 작품 '블루 마운틴'을 테마로 하는 아트상품을 제작 판매하는 브랜드이다. 블루엠갤러리의 제품은 선물하기에 좋다는 특성 때문에 미술관 및 갤러리 등의 특정 판매처 외에도 다양한 기업에서 선물용으로 많이 구매하고 있었다. 하지만 기업과의 직접 거래는 건당 거래액이 크다는 장점이 있지만, 기업 내 잦은 담당자 변경 등의 이유로 거래 단절이 자주 발생한다는 단점이 있었다. 이러한 불안정한 현금 흐름은 사업 운영에 어려움을 주고 있었다. 블루엠갤러리는 안정적인 수익 구조 확보를 위해 일반 대중들을 대상으로한 판매 활동이 필요하다고 판단되어, 제작 및 판매를 시작하기에 앞서 빅데이터 분석을 통해 일반 대중과 관련된 다양한 정보를 얻고자 했다.

수집데이터	뉴스, 블로그, 카페
분석솔루션	골든플래닛 Smart Cruncher
참여기업	블루엠갤러리(수요기업) ㈜골든플래닛(빅데이터 솔루션사)

1. Big Point!

아트 상품의 안정적인 성장을 위해 블루엠갤러리는 대중이 어떤 상품을 원하는지, 어디서 접하는지, 어떤 목적으로 찾게 되는지에 대한 답을 얻고자 했다. 여러가지 분석(시계열, 빈도분석, SNS분석, 감성분석)을 통해 답을 찾은 뒤, 이를 활용하여 적극적인 마케팅을 진행하기로 했다. 다양한 행사에 참여하여 대중들과 소통하고, 그들의 니즈가 반영된 상품을 제작 및 판매하여 예술 분야가 좀 더 대중들과 가까워지는 것을 기대했다.

- **시계열분석**
시계열 자료를 통해 미래를 예측하거나 시계열 데이터의 특성을 파악하는 것을 의미함.

- **빈도분석**
특정 변수에 대한 빈도를 파악하는 분석으로, 예를 들어 통계조사에서 각 보기에 응답한 사람의 수, 백분율 등을 파악할 때 사용.

2. 활용 데이터와 분석

블루엠갤러리는 자사 제품인 아트 상품을 대중들에게 어필하기 위해, 대중들의 니즈를 파악하고자 SNS 데이터를 수집하여 분석을 진행하기로 했다. 인기있는 제품을 파악하기 위해 언급량을 분석하고, 연관 키워드를 파악하여 제품 구매목적을 파악했다. 또한 인기 있는 상품들의 언급량이 높은 시기를 파악하여, 마케팅에 이를 활용하기 위한 시계열 분석을 진행했다.

- **감성분석**
텍스트 마이닝의 한 기법으로서 문서 혹은 텍스트 정보 등에서 감성과 관련된 문자 정보를 추출하여 작성자가 어떠한 감정을 가지고 있는지를 판단하는 분석기법. 예를 들어 고객의 구매후기에서 상품에 대한 좋고 나쁨의 감정을 분석하는 것이 이에 해당함.

3. 분석결과

가. 고객 인기제품 인지

블루엠갤러리의 다양한 아트 상품들 중 일반 대중들에게 인기 있는 품목을 조사해 본 결과, '에코백'이 44%로 가장 높게 나타났다. 다음으로 '머그컵' 18%, '지갑' 15%, '스카프' 12%, '우산' 9%, '넥타이' 4%의 순으로 나타났다.

나. 수요 유발 이벤트 파악

가장 인기 있는 상품인 '에코백'과 '머그컵'과 관련하여 언급량이 가장 높은 시기는 4월(봄철)과 10월(가을철)이었다. 각 월별로 언급량이 높았던 이유는 4월의 '서울 일러스트레이션 페어', '서울 아프리카 페스티벌', '아트로드 브릿지', '부평 로터리 마켓'등의 행사가 있었으며, 9월말~10월에는 '밤도깨비 야시장', '대인 예술시장'등의 행사가 있었다. 대중들은 이와 같은 다양한 행사에서 직접 제품 제작 및 디자인에 참여하는 등 높은 관심을 보인다는 것을 알게 되었다.

다. 구매 목적 파악

품목별 구매 목적을 분석한 결과, 지갑의 구매목적은 1위 '첫 출근 기념', 2위 '오빠 생일', 3위 '필요', 4위 '명절', 5위 '결혼 기념일'이었다. 상위 5개의 목적 중 단순히 지갑이 필요해서라는 3위 항목을 제외하면 나머지가 모두 선물 목적이라고 나타난 것이다. 그 외에도 스카프 역시 졸업 및 입학 선물로 나타나는 등 선물이 목적인 경우가 상위 순위로 나타났으며, '우산'과 '넥타이'도 대부분이 선물 목적으로 나타났다.

라. 신상품 후보 선정

주요 구매 목적인 선물과 함께 언급되는 상품들을 조사한 결과들 중 아트 상품과 관련한 항목만을 확인한 결과, '가방'의 언급량이 791로 11%의 비중을 차지했으며, 그 다음인 '모자'는 언급량 360으로 5%를 차지했다. 그 밑으로 '핸드폰 케이스', '한복', '접시' 등이 있었다.

4. 빅데이터 분석결과의 활용

가. 외부 행사 참여

기존의 박물관 및 미술관에서만 판매하던 방식에서 벗어나 플리마켓이나 바자회 등의 외부 행사에 참여하여 아트 상품을 적극 홍보하기 시작했다. 잠실 롯데백화점의 나눔 바자회를 시작으로 사회적 기업들이 개최하는 다양한 바자회에 참여했으며, 그 외에도 청년창업 우수상품 초대전이나 문화제 문화 체험 행사 등 다양한 행사에 적극적으로 참여하여 마케팅을 진행했다. 또한 에코백의 경우에는 소비자가 직접 제작에 참여할 수 있는 기회를 제공하여, 긍정적인 반응을 유도함과 동시에 마케팅을 진행했다.

나. 마케팅 메시지 선정

아트 상품 구입 목적의 대부분이 선물용이기 때문에 '고급스럽고 가치 있는 선물'이라는 고급화를 핵심 마케팅 전략으로 세우고 SNS 등의 다양한 채널을 통한 홍보를 실시하였다.

다. 신제품 개발

선물 목적 아트 제품 인기 항목 2위 였던 '모자'를 우선 제작하기로 한 블루엠갤러리는 모자 제작 전문 업체와 다양한 논의를 진행하여 골프 모자에 '블루마운틴'을 결합한 디자인의 모자를 제작하기로 했다. 또한 대중성이 높게 나타난 에코백을 보다 다양한 용도로 활용할 수 있도록 많은 디자인을 추가하고, 다양한 원단으로 제작하여 판매에 들어갈 예정이다. BIG

유사사례

- 290p, 맨투맨, 빅데이터로 개발하는 신규 교육 서비스
- 448p, MRD, 빅데이터로 국내시장 장악
- 498p, 자이크로, 빅데이터 분석 결과를 통한 마케팅 전략 수립
- 494p, 존스킨화장품, 빅데이터를 통한 남성 화장품 인사이트 도출
- 534p, 한독, 건강식품 인지도 제고 방안 빅데이터로 찾자
- 392p, K쇼핑, 빅데이터를 이용한 가구별 특화 상품 노출 시스템
- 530p, 다음푸드앤케어, 빅데이터를 통한 차별화된 신제품 출시
- 242p, 패션서울, 고객이 원하는 기사와 정보는?
- 484p, 죠샌드위치, 나를 알고 고객을 알면 백전백승
- 510p, 티젠, 빅데이터를 통한 해외 현지 맞춤화 전략 시행

306 제품기획과 마케팅 두 마리 토끼를 잡다

MANSOLE

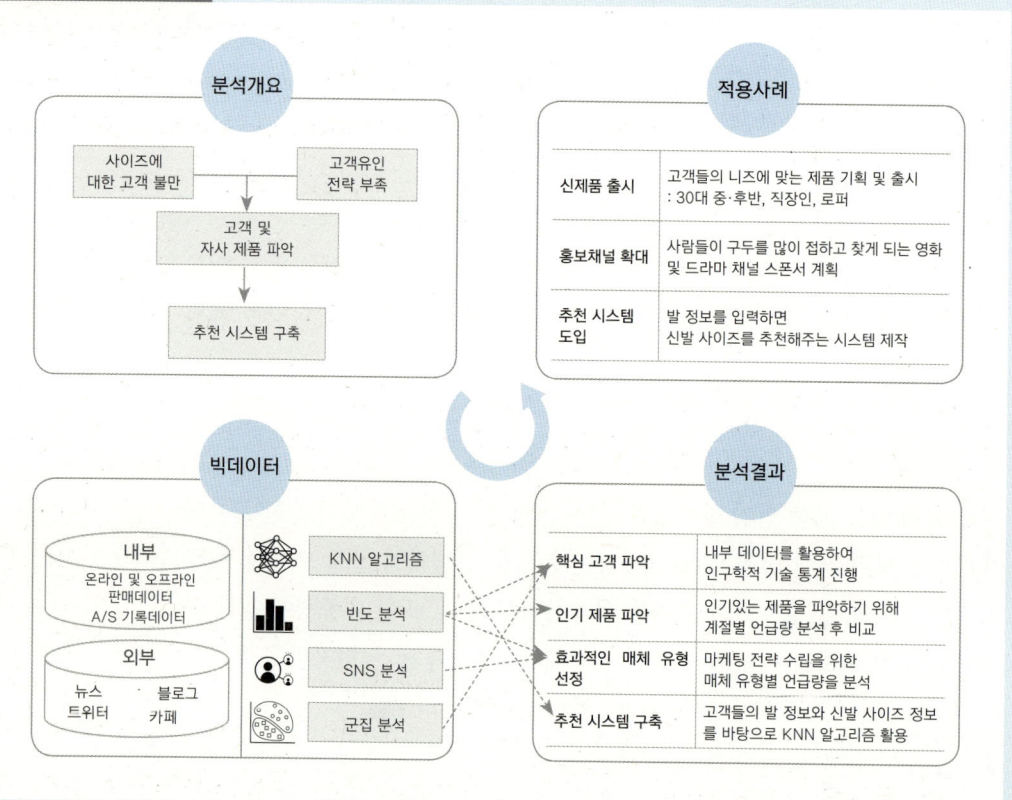

DATA INSIGHT MATRIX — 타겟 분석, 구매 패턴 분석, 효과적인 상품 전략, 생산 품목 결정, 신상품 개발

남성 수제 구두 전문점 MANSOLE은 코디네이터(솔맨)가 고객을 직접 방문하여 발 수치를 측정하고, 측정된 데이터를 구두 장인에게 전달하여 수제화를 제작·배송하는 형태의 B2C 서비스를 제공하는 업체로 공장과 소비자 모두를 만족시키는 체제 구축을 최종 목표로 삼고 있었다. 위와 같은 제작 구조를 통해 기존 유통 구조의 거품을 제거하고, 맞춤형 제품을 통한 고객 사이즈에 대한 불만을 해소하고자 했으나, 고객을 유인할 수 있는 디자인의 구두 제작과 사이즈에 대한 부분이 미흡하다는 신생 기업의 한계에 부딪혔다. 치열해지고 있는 수제 구두 시장에서 살아남기 위해 의사 결정을 내릴 수 있는 시스템이 필요하다고 판단한 MANSOLE은 고객이 만족할 수 있는 디자인과 사이즈에 대한 오류를 개선하기 위해 빅데이터 분석을 활용하여 이용 고객층의 특성을 파악하고자 하였다.

수집데이터	내부 온/오프라인 판매 데이터, 뉴스, 블로그, 트위터, 카페
분석솔루션	통계패키지 R, 미디어렌즈
참여기업	MANSOLE(수요기업), ㈜리비(빅데이터 솔루션사)

1. Big Point!

남성 수제구두 전문점 MANSOLE은 높은 성장세를 보이고 있는 수제구두 시장에서 살아남기 위해 고민이었던 '고객을 유인할 수 있는 구두는 무엇인지', '고객 사이즈 불만족에 대한 해결은 무엇인지'에 대한 해답을 빅데이터 분석을 통해 찾기로 하였다. 다양한 분석(빈도분석, SNS분석, 군집분석)을 통해 '핵심 고객, 고객의 수요, 신발 사이즈 추천'에 관한 통찰력을 얻고, 이를 활용하여 수제 구두와 관련한 대중들의 니즈에 맞는 신제품을 출시했다. 뿐만 아니라 마케팅 채널을 확대했으며, KNN알고리즘을 통해 구두 사이즈 추천 시스템을 도입하게 되었다.

• **KNN-알고리즘**
K Nearest Neighbor 알고리즘의 약자로 개체 간의 유사도에 따라 예측하고자 하는 데이터에서 가장 가까운 K개의 이웃을 찾은 뒤 이들 이웃으로부터 예측하고자 하는 데이터의 분류를 결정하는 기법.

제조
산업
활용분야
상품
마케팅
실시간 예측
비용 절감
품질 관리 및 운영
위험 사전 예방
보안 및 관리
상품·서비스 개선
플랫폼

2. 활용 데이터와 분석

MANSOLE에서는 고객의 발과 관련한 정보를 얻고, 발에 맞는 구두를 제작하는 수제 구두의 특성에 맞게 내부적으로 축적된 데이터가 많았다. 내부의 고객 및 구두 관련 데이터를 이용, 인구통계학적 기술통계를 통해 주고객층을 파악하였다. 또한 구두 종류에 따른 고객들의 니즈와 최신 트렌드를 파악하기 위해 SNS의 수제 구두 관련 정보를 미디어렌즈를 통해 수집하고 분석을 진행하였으며, 구두 사이즈 추천 시스템에 활용할 수 있도록 KNN알고리즘을 사용하여 분석을 진행하였다.

• **미디어렌즈**
㈜리비에서 제공하는 솔루션으로, 온라인 빅데이터 기반의 기업 상품 및 브랜드에 대한 고객 반응 분석을 지원함. 주요 분석 서비스로는 자연어 처리, 데이터 마이닝, 지표 기반 보고서 생성 등이 있음.

유사사례
- 558p, 노스페이스, 이제는 아웃도어도 스마트하게 사자
- 468p, 블리리언트앤컴퍼니, 최적의 마케팅을 찾아준 빅데이터
- 514p, 큐비엠, 데이터를 활용한 마케팅 컨셉 수립
- 186p, 비씨카드, 데이터의 융합을 통한 시의적절한 마케팅
- 182p, 신한카드, 고객의 발자취와 목소리
- 456p, 제이에스티나, 빅데이터로 되찾는 고급스러운 브랜드 이미지
- 494p, 존스킨화장품, 빅데이터를 통한 남성 화장품 인사이트 도출
- 472p, 헬로네이처, 빅데이터로 고객의 믿음과 마음을 잡아라
- 294p, 와신교육, 과학적인 근거를 통한 사업의 맥 짚기
- 282p, 시대에듀, 빅데이터 기반 효과적인 마케팅 전략 수립

3. 분석결과

가. 핵심고객 파악

고객의 평균 연령은 38.4세로 20대 후반~40대 초반의 고객이 전체의 64% 였고, 그 중에서도 30대 중 후반~40대 초반의 고객층이 많은 비중을 차지 하였으며, 지역의 경우 서울 및 경기 지역에서 전체 구매의 90%가 발생했 다. 기존 20대 후반에서 30대 초반의 고객을 주요 타겟층으로 판단하고 있 던 맨솔은 나이대별 타겟으로 한 마케팅이 필요함을 인식 하였다.

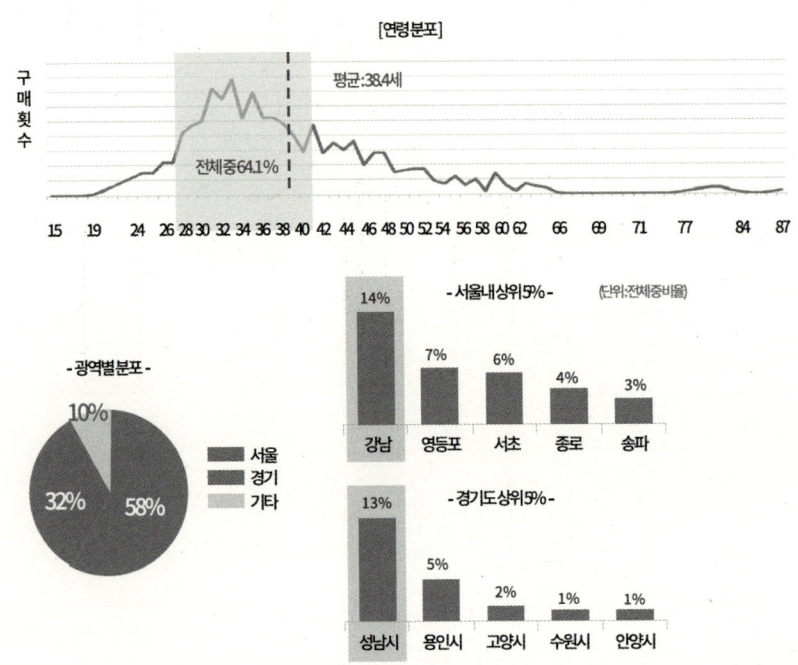

나. 효과적인 매체 유형 선정

SNS에서 '남성 구두'와 관련한 언급량을 분석한 결과, 영화 및 드라마와 관 련한 글이 압도적으로 높았다. 출연진들의 구두가 마음에 들 경우, 해당 구 두에 관한 정보를 찾는 경향으로 판단되었다. 이에 맨솔은 홍보채널 확대를 위한 방안을 모색하게 되었다.

다. 추천 시스템 구축

발 치수와 신발 사이즈 간의 상관 관계를 파악하여 분석을 진행한 결과, 255~270사이즈 사이에는 상당한 데이터 중복이 발생함을 알게 되었다. 또한, 발볼의 크기 등 다양한 이유로 인해 정상적인 사이즈 범위를 초과한 케이스도 다수 존재하여, 선형 관계만으로는 추천 시스템 구축에 한계가 있음을 깨달았다. 따라서 고객들의 발등, 발볼, 발 길이 치수와 실제 구매 사이즈 정보간의 KNN 알고리즘을 통해 분석을 진행, 데이터 기반 신발 사이즈 추천 모델을 구축했다.

4. 빅데이터 분석결과의 활용

가. 신제품 출시

계절을 가리지 않고 가장 인기가 좋았던 로퍼 제품을 새로 출시하기 위해 신제품 컨셉을 잡았다. MANSOLE는 핵심 고객인 30대 중·후반이라는 것을 알고 직장인이 데일리 슈즈로 신기에 부담스럽거나 혹은 가벼워 보이지 않도록 색상과 세부 디자인에 신경 쓴 로퍼 제품을 '카카오 메이커스'를 통해 새로 출시했다.

나. 홍보채널 확대

일반 대중들이 드라마와 영화를 보며 마음에 드는 구두가 있을 경우, 해당 제품을 구매하고자 한다는 심리를 이용하여 30대 이상 연령대가 선호하는 오페라를 대상으로 첫 협찬을 시도했다. 영화·드라마의 홍보 효과가 뛰어난 것은 알고 있었지만, 조심스럽게 단계를 넓혀가고자 '라 트라비아타' 공연 출연 성악가들의 구두 협찬을 처음으로 시도하였고, 성공적인 효과를 얻었다. 그것을 시작으로 지금은 드라마 및 영화 출연 배우들에게 협찬하는 것으로 범위를 넓혔다.

다. 추천 시스템 도입

기존 고객들의 구매 데이터를 사용하여 신규 고객의 발등, 발볼, 발 길이 정보를 입력하면 가장 유사한 사이즈를 추천해주는 시스템을 도입하였다. 하지만 아직 신발 사이즈 데이터가 충분하지 않고 255~265mm 사이즈에 데이터가 집중되어 있어 255~265mm 사이즈 외의 사이즈는 데이터를 지속적으로 축적하여 추천시스템의 범위를 넓혀갈 계획에 있다. BIG

307 최적의 마케팅을 찾아준 빅데이터

브릴리언트앤컴퍼니

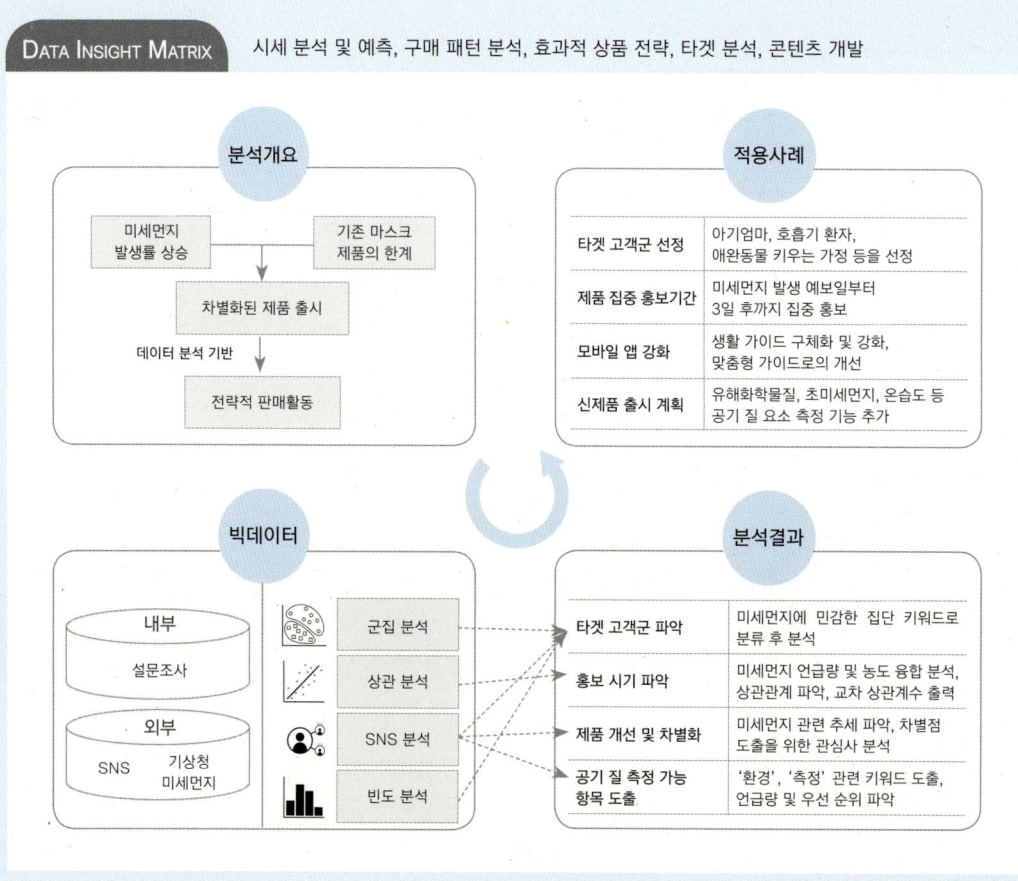

브릴리언트앤컴퍼니의 윤정연 대표는 중국에서 유학하던 시절, 심각한 북경의 미세먼지로 인해 본인의 비염이 더 심해진 데다가, 건강한 사람들도 정화통이 달린 마스크를 쓰고 다니는 것을 보고 각 사람들이 위치하는 장소의 미세먼지 정보를 알고, 그 대응 방안을 아는 것이 꼭 필요하다고 생각하게 되었다. 그러한 생각을 하고 있던 중, 최근에 국내 미세먼지 발생률이 급증하여 국민들의 관심이 폭증하는 지금이야말로 미세먼지와 관련된 제품을 출시하기엔 최적의 시기라고 판단하였다. 그래서 대중들이 손쉽게 사용할 수 있는 저렴하고 휴대 가능한 '미세먼지 측정기' 개발을 진행했다. 하지만 제품의 정식 출시를 앞두고, 홍보와 제품 차별화에 대한 전략적인 아이디어가 미흡하다는 것을 느끼게 되었다. 결국 브릴리언트앤컴퍼니는 빅데이터 분석을 통해 차별화된 마케팅 전략을 수립하고, 수익 상승 방안을 마련하고자 했다.

수집데이터	트위터, 블로그, 카페, 커뮤니티, 기상청
분석솔루션	인사이터 Social Insighter
참여기업	브릴리언트앤컴퍼니 주식회사(수요기업), 인사이터(빅데이터 솔루션사) ㈜웨슬리퀘스트(경영컨설팅사)

1. Big Point!

신생 기업인 브릴리언트앤컴퍼니에서는 미세먼지 측정기 '반디아키'의 정식 출시를 앞두고, 첫 제품의 성공이 가장 중요하다고 판단하여 '핵심 고객 파악', '홍보 시기 특정' 두 가지 주제의 해답을 찾고자 했다. 핵심 고객을 파악하기 위해서 군집분석을 통해 대중들을 몇 개의 군집으로 분류한 뒤, SNS 분석과 빈도분석을 활용해 SNS에서 '미세먼지' 언급량이 가장 높은 군집을 핵심 고객 군으로 두기로 했다. 해당 분석을 통해 새로운 고객 집단을 발견할 수 있었을 뿐만 아니라, 그들이 '미세먼지'와 함께 언급한 연관어들로 대중의 니즈도 파악하고, 마케팅 전략 수립에 관한 통찰력도 얻을 수 있었다. 이를 활용하여 고객들의 니즈를 접목시켜, 차별성을 강조한 제품을 출시하고 효율적인 마케팅 전략을 수립하고자 했다.

2. 활용 데이터와 분석

브릴리언트앤컴퍼니에서는 미세먼지 관련 제품 출시를 앞두고 '홍보'와 '제품 차별화' 문제를 해결하기 위해 기상청에서 미세먼지 관련 정보를 얻고, SNS에서 미세먼지에 관한 정보를 수집했다. 이후, 대중들을 유사한 특징을 지닌 몇 개의 군집으로 나누고, 키워드를 분석하여 주 홍보 타겟 그룹을 선정했다. 미세먼지 농도와 언급량의 교차 상관계수를 파악하는 분석을 진행했고, 미세먼지 관련 세부 사항에 대한 분석도 함께 진행했다.

유사사례
- 472p, 헬로네이처, 빅데이터로 고객의 믿음과 마음을 잡아라
- 464p, MANSOLE, 제품기획과 마케팅 두 마리 토끼를 잡다
- 514p, 큐비엠, 데이터를 활용한 마케팅 컨셉 수립
- 186p, 비씨카드, 데이터의 융합을 통한 시의적절한 마케팅
- 182p, 신한카드, 고객의 발자취와 목소리
- 456p, 제이에스티나, 빅데이터로 되찾는 고급스러운 브랜드 이미지
- 494p, 존스킨화장품, 빅데이터를 통한 남성 화장품 인사이트 도출
- 510p, 티젠, 빅데이터를 통한 해외 현지 맞춤화 전략 시행
- 558p, 노스페이스, 이제는 아웃도어도 스마트하게 사자
- 294p, 와신교육, 과학적인 근거를 통한 사업의 맥 짚기

3. 분석결과

가. 타겟 고객군 파악

미세먼지에 민감한 집단을 20~30대 아기 엄마로 예상하고 분석을 진행했다. 그 결과, 예상 집단인 '20~30대 아기 엄마 집단'이외에도 호흡기 관련 질환/질병이 있는 그룹, 피부에 예민한 그룹 등이 있다는 것을 확인했다.
또한 공기질 측정기 구매의향에 대해 설문을 진행한 결과, 응답자의 89%가 30~40대였으며, 20대나 60대는 구매 의향이 없다고 했다.

나. 홍보 시기 파악

미세먼지 농도와 미세먼지 언급량 사이의 상관 계수 값은 0.56으로 높은 관련성을 가지고 있다고 판단되어, 교차 상관 계수 값을 계산했다. 계산된 교차 상관 계수 값은 미세먼지 발생 1일 전 0.337, 당일 0.560, 1일 뒤 0.560, 2일 뒤 0.413, 3일 뒤 0.315로 계산되었고, 미세먼지 발생 하루 전부터 3일 후까지 사람들의 관심이 높다는 것을 알 수 있었다.

• **상관분석**
두 변수 간에 어떤 관계가 있고, 그 상관성의 정도는 어느 정도인지를 수치적으로 분석하는 것. 이론상으로는 0.8이상이면 상관성이 높다고 판단하지만, 실무에서는 (0.8이상이 나올 확률이 극히 드물기 때문에) 0.5이상이면 높은 수치라 판단하는 경우가 많음.

다. 제품 개선 및 차별화

2013년 이전에는 거의 없었던 미세먼지 언급량이 해가 갈수록 일정한 패턴을 보이며 증가하고 있는 추세를 보인다는 것을 알 수 있었다. 미세먼지 관련 세부 관심사에 대한 분석 진행 결과, '해결 방안'과 관련한 정보를 얻고 싶다고 했다.

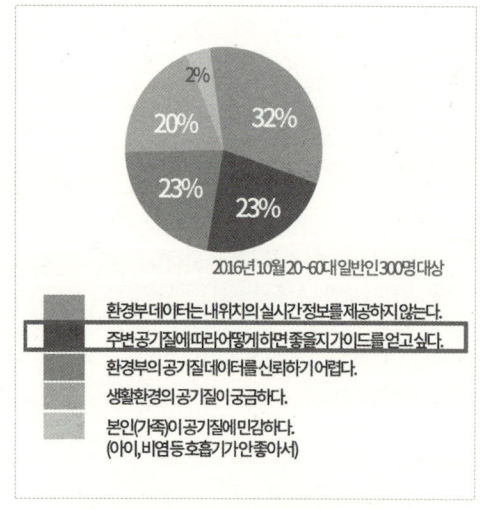

[공기질측정기구매이유(구매의향이있는경우)]   [공기질측정기구매하지않는이유]

라. 공기 질 측정 가능 항목 도출

신제품 개발 시 대중의 관심이 높은 환경요인을 반영하기 위해 '환경'과 '측정' 이 함께 언급된 키워드를 도출한 결과, 온도 5,262회, 가스 4,380회, 이산화탄소 2,940회, 초미세먼지 2,346회 등 다양한 측정 항목 후보군을 도출할 수 있었다. 이 후 측정 가능 요소를 7개로 줄였으며, 이에 대한 선호도를 조사한 결과, 휘발성 유기화합물, 습도, 온도, 미세먼지 순으로 관심이 높다고 나타났다.

4. 빅데이터 분석결과의 활용

가. 전략적인 마케팅 진행

유모차나 아기를 안고 있는 부모의 사진으로만 만들었던 기존 홍보물의 제작 방식에서 벗어나, 호흡기 질환자, 임산부, 애완동물 키우는 사람 등 다양한 사람들에게 모두 좋다는 것을 강조하는 내용의 홍보물을 제작했다. 또한 육아 팟캐스트에 집중되었던 제품 홍보를 미세먼지에 관심이 많은 사람들이 모인 온라인 커뮤니티로 바꾸었고 SNS를 활용한 소셜 마케팅도 진행했다. 특히, 페이스북에서는 정확한 연령대를 타겟으로 삼고 마케팅을 진행했으며, 전반적인 마케팅은 미세먼지 발생 후 3일까지 집중적으로 이뤄졌다.

나. 모바일 앱 강화

미세먼지 농도에 따라 행동 요령에 관한 생활 가이드 내용을 제공해주며, 마스크 추천 모델을 제안하는 등 내용이 구체화되었다. 또한, 가이드 내용의 개수도 200개에서 500개로 대폭 증가했으며, 라이프 스타일이나 질환 여부 등의 정보를 수집하여 맞춤 형식으로 제공되도록 바뀌었다

다. 신제품 출시 계획

선호도가 높았던 유해화학물질이나 초미세먼지, 온도, 습도 등 공기 질 요소를 측정할 수 있는 기능을 추가한 신제품을 출시할 계획을 세우고 있었다. 게다가 기존 제품의 LED 센서가 습도에 약하다는 점을 참고하여 가격은 좀 비싸더라도 안정성이 높은 레이저 센서로 교체하는 방안도 함께 검토하고 있었다. BIG

308 빅데이터로 고객의 믿음과 마음을 잡아라

헬로네이처

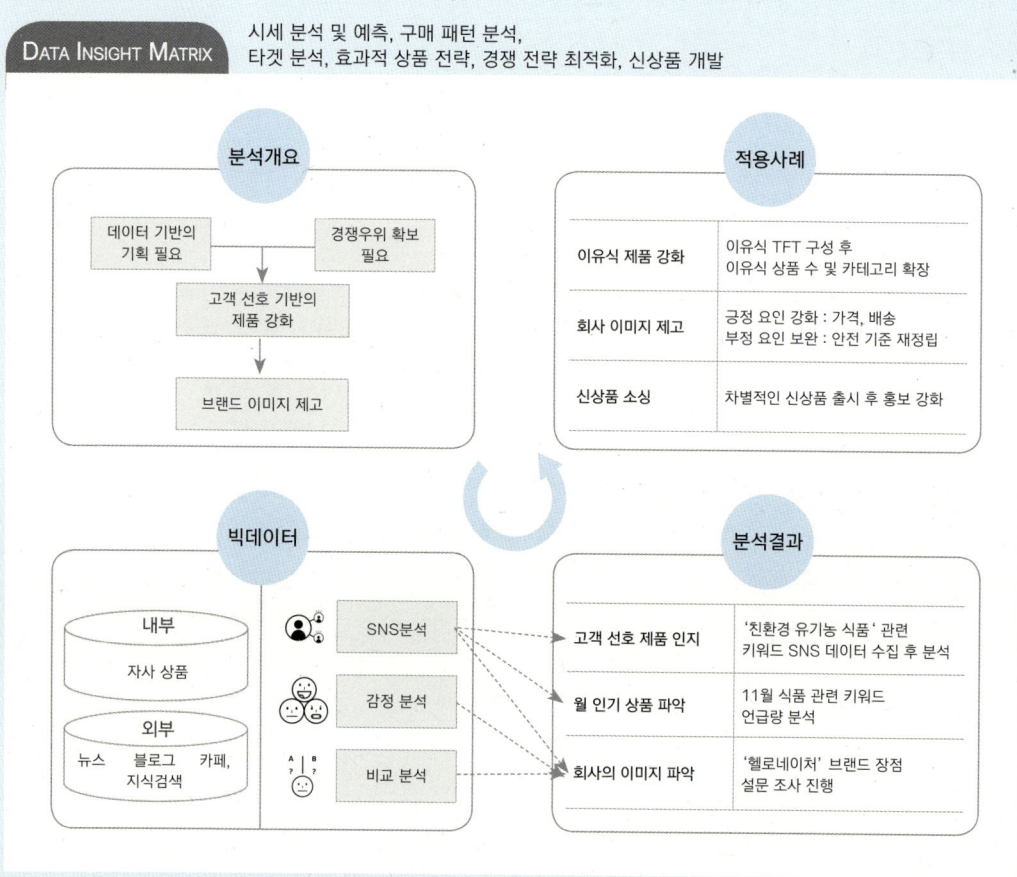

농수산물, 수산물, 축산물 등 신선 식품 및 가공 식품을 판매하는 신선식품 유통회사인 헬로네이처는 신선 식품의 계절성 특성으로 인해 수요가 높은 상품을 판매하지 않을 경우 기회 비용이 생기거나, 수요가 낮은 제품을 판매하게 될 경우 폐기하게 될 가능성이 높은 신선 식품의 한계를 극복하고자 고객 니즈 파악을 위해 끝없이 분석을 시도해왔다. 온라인 유통이 증가하고 있는 현 신선식품시장에서의 경쟁력을 강화하고, '안전하고 믿고 먹을 수 있는 제품'이라는 이미지를 굳히기 위해 빅데이터 분석을 활용하여 고객 수요를 예측하고 의사결정체계를 강화하여 시장 선도기업으로 나아가고자 하였다.

수집데이터	뉴스, 블로그, 카페, 지식검색
분석솔루션	㈜와이즈넛 버즈인사이트
참여기업	헬로네이처(수요기업), ㈜와이즈넛(빅데이터 솔루션사), ㈜웨슬리퀘스트(경영컨설팅사)

1. Big Point!

헬로네이처는 내·외부적으로 모두 개선이 필요했다. 내부적으로는 새로운 상품을 출시하기 위한 데이터 기반의 기획이 필요했으며, 외부적으로는 시장에서의 경쟁력 강화를 위한 차별성을 강조할 필요가 있었다. 따라서, 자체적으로 진행했던 분석 결과에 빅데이터 분석 결과를 더해 신상품을 소싱하고, 식품별 안전 기준을 재정립해 헬로네이처가 가지고 있는 '안전하고 믿을 만한' 유기농 제품의 이미지를 강화하여 시장 경쟁력을 높이고자 하였다.

2. 활용 데이터와 분석

헬로네이처는 신제품 개발을 위해 월별 인기 친환경 유기농 식품 소비에 관련된 정보가 필요했으며, 브랜드 이미지를 지속적으로 강화해하고자 하는 당면 과제 때문에 자사에 대한 이미지 분석 및 자사·경쟁사의 긍·부정 여부 인식 비교 분석이 필요했다. 해당 분석들은 모두 소비자의 반응이므로, SNS를 통해 다양한 대중들의 의견을 수집하였고 '버즈인사이트' 솔루션을 사용해 SNS분석 및 감정분석 등의 분석을 진행했다.

• 버즈 인사이트
와이즈넛에서 제공하는 온라인 소셜데이터 기반의 다각적 분석을 지원하는 솔루션으로, 제품 및 서비스에 대한 소비자 평가, 근실시간 이슈 모니터링, 온라인 트렌드 분석, 소비자 구매행동 분석, 마케팅 효과측정, 공공기관의 정책 평가 등을 제공.

제조
산업
활용분야
상품
마케팅
실시간 예측
비용 절감
품질 관리 및 운영
위험 사전 예방
보안 및 관리
상품·서비스 개선
플랫폼

3. 분석결과

가. 고객 선호 제품 인지

키워드 분석을 통해 친환경 유기농 식품을 분석한 결과, '이유식'이 매월 1위로 나타났으며, 이유식과 직접적인 연관이 있는 쌀가루도 대부분 상위 10위 안으로 나타났고, 2016년 6월부터 9월까지는 이유식 바로 다음인 2위로 나타났다. 헬로네이처는 이유식 부분에 대해 고객의 지속적인 관심을 확인하였고, 분석 결과를 토대로 이유식 제품 확대·개편하였다.

나. 월 인기 상품 파악

키워드 분석을 실시한 결과, 11월은 고구마, 사과, 김장과 관련된 식품들이 인기가 있는 것으로 나타났다. 그 중 계절성이 낮은 이유식과 양파의 언급량이 각각 5.76%, 3.52%로 가장 높게 나타났으며, 계절성이 높은 '고구마'는 3.08%로 그 다음이었다. 또한, 제철 과일들 중에서는 '사과'가 2.48%로 가장 인기 있다고 나타났다.
분석결과를 토대로 계절성을 띠는 상품에 대한 홍보를 강화할 필요를 느끼게 되었다.

다. 회사 이미지 파악

'안정성'을 강조했던 헬로네이처의 예상과는 달리, 고객들은 가격과 배송에 대한 인식이 더 높은 것으로 나타났으며, 안정성은 낮은 수준으로 나타났다. 그 이유는 부정적인 내용이 주를 이루는 '가공식품의 성분' 때문일 것이라 판단했다.
추가적으로, 헬로네이처의 이미지 조사 결과는 가격(30%) 〉 배송(25%) 〉 맛(16%) 〉 안전성(13%) 〉 신선도(9%) 〉 구색(6%) 순으로 나타났다.

4. 빅데이터 분석결과의 활용

가. 이유식 제품 강화
이유식 카테고리를 확장하기 위해 이유식 TFT를 구성하여 '이유식 목적 상품'을 대폭 소싱했으며, 기존 상품 중에서도 '이유식 사용 가능 상품'을 파악하여 추가했다. 또한 이유식 카테고리를 신설하여 고객들의 니즈를 충족시키고자 하였으며, 기존 상품 수의 약 2배 확대된 수준으로 고객들에게 상품을 소개하였다.

나. 신상품 출시
인기 식품 유형 결과를 바탕으로 차별적인 상품인 '백령도의 백 고구마', '군고구마 말랭이', '노란 사과 시나노 골드'를 출시했다. 동시에 프리미엄 상품을 소개하는 '전국 최고' 코너에 제품을 소개하는 등의 다양한 판촉 활동을 진행하여 수익을 극대화하고자 하였다.

다. 회사 이미지 제고
'안전하고 믿고 먹을 수 있는 식품'이라는 이미지를 위해 고객들이 가공 식품의 성분에 갖는 오해를 근본적으로 풀어줄 수 있도록 식품 안전 기준을 보다 세분화하여 관리했다. 상품 자체 및 상품이 가진 성분에 대한 식품별 자체 안전 기준을 재정립하여, 성분에 문제가 없음을 적극적으로 알리기로 하였다. `BIG`

유사사례
- 468p, 블리리언트앤컴퍼니, 최적의 마케팅을 찾아준 빅데이터
- 494p, 존스킨화장품, 빅데이터를 통한 남성 화장품 인사이트 도출
- 510p, 티젠, 빅데이터를 통한 해외 현지 맞춤화 전략 시행
- 558p, 노스페이스, 이제는 아웃도어도 스마트하게 사자
- 464p, MANSOLE, 제품기획과 마케팅 두 마리 토끼를 잡다
- 242p, 패션서울, 고객이 원하는 기사와 정보는?
- 282p, 시대에듀, 빅데이터 기반 효과적인 마케팅 전략 수립
- 514p, 큐비엠, 데이터를 활용한 마케팅 컨셉 수립
- 186p, 비씨카드, 데이터의 융합을 통한 시의적절한 마케팅
- 484p, 죠샌드위치, 나를 알고 고객을 알면 백전백승

309 데이터를 활용한 생산 체계 혁신

동서

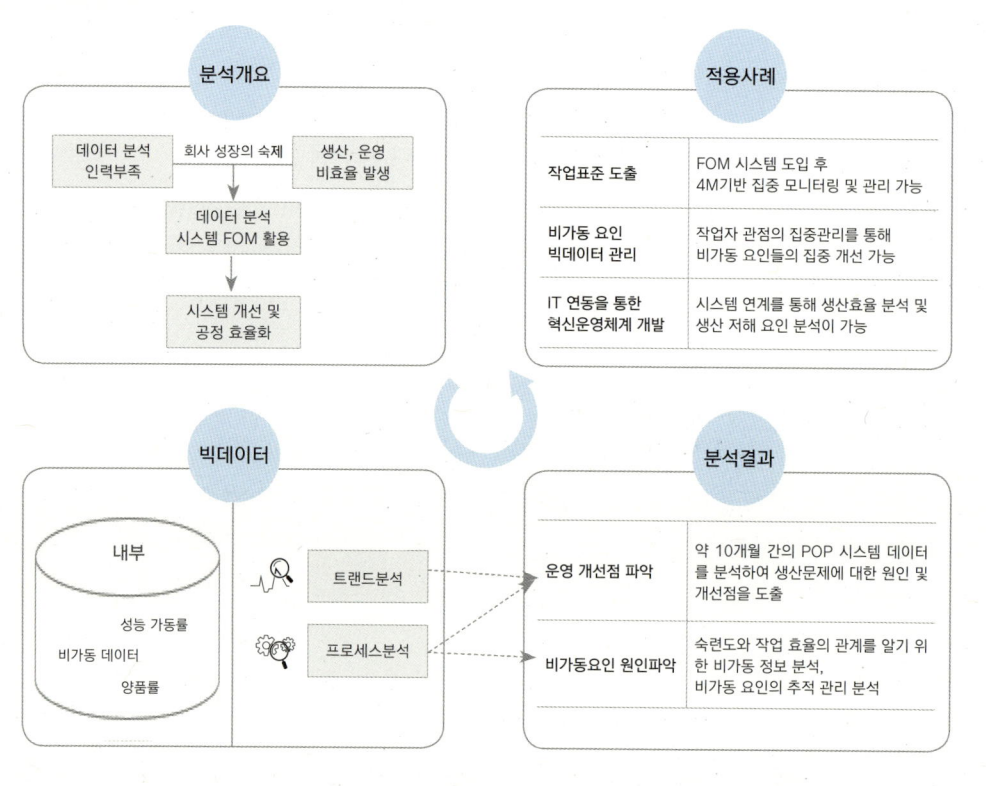

자동차 부품 생산기업인 동서는 부품의 생산, 품질 관리, 영업 등의 효율적인 운영을 지원하기 위해 IT 부서를 신설하고, 다양한 IT 시스템을 도입하였다. 하지만 데이터 분석과 관련한 인력 부족으로 인해 수집한 데이터를 제대로 활용하지 못하고 있었다. 이에 동서는 정부의 빅데이터 활용지원 사업을 통해 자사의 생산 관련 데이터를 분석하여 생산 저해를 유발하는 요인을 발견하고, 개선을 도모하고자 했다. 또한 자사가 보유한 IT 시스템에 대한 분석도 수행하여 보완사항을 도출했다. 이를 통해 동서는 4차 산업혁명 시대에 맞는 스마트 공장으로 전환하기 위해 개선해야 할 점을 발견하고, 세부 실행 계획을 세울 수 있었다.

수집데이터	성능가동률, 양품률, 비가동 정보
분석솔루션	FOM시스템(디지털팩토리)
참여기업	동서, ㈜디지털팩토리, ㈜웨슬리퀘스트

1. Big Point!

동서는 다양한 IT 관련 시스템을 2000년대 초부터 구축하고 있었다. IT 시스템을 통해 생산량, 작업시간, 비가동요인, 불량 등 다양한 데이터를 수집하고 있었으며, 매년 개선을 위한 시스템 고도화도 진행하고 있었다. 하지만 데이터 관리 역량이 부족해 데이터에서 가치 있는 정보를 얻는 것은 힘든 일이었다. 이에 동서는 디지털 팩토리의 솔루션을 이용해 그동안 내부에 쌓인 데이터를 분석하였다. 이를 통해 생산성 저해 요인을 찾고 개선하거나, 생산성을 정량적으로 평가하는 등의 과정이 가능해졌고, 비로소 데이터를 통해 부가가치를 창출할 수 있게 되었다.

2. 활용 데이터와 분석

동서에서는 '디지털팩토리'의 생산 현장에 특화된 빅데이터 분석 솔루션인 'FOM(Factory Operation Management, 공장 운영 관리)'을 활용하여 10개월간의 공정 및 제품별 생산 데이터와 비가동 정보를 분석했다. 이를 통해 시스템 운영 개선점과 비가동 원인의 요인 추출을 통해 공정 효율화를 이끌어 내고자 하였다.

• FOM 시스템
㈜디지털팩토리에서 개발한 기업의 생산성 및 품질향상을 위한 시스템으로 빅데이터 관리 및 분석을 통해 생산현장의 각종 정보를 분석하여 핵심지표 또는 저해요인을 도출하고 핵심요인 제거를 위한 개선혁신 활동을 지원함.

3. 분석결과

가. 운영개선점 파악

동서의 POP(Point Of Production: 생산 시점 관리) 시스템 가동률 데이터 10개월치를 분석한 결과, 일자간 성능 가동률 편차는 4월의 경우가 15.2%p로 가장 크게 나타났다. 이와 같이 성능 가동률 편차가 가장 높은 달을 파악하여, 그 달에 제조 현장에서 어떤 문제나 결함이 있었을 것이라 추정할 수 있었다. 또한 추가적으로 4월의 제품별 성능 가동률을 파악한 결과, 최대 620.9%에서 최소 92.4%로 확인되었다.

성능 가동률이 지나치게 높은 제품에 대해서 그 원인을 파악하기 위해 POP 시스템의 DB 구조 및 운영 프로세스 분석, 시스템 운영의 문제점 분석, 작업자별 가동률 분석 등을 실시했다. 그 결과, POP 시스템의 인터페이스가 사용하기에 불편하게 구성되어 있어, 작업자의 정보 입력 시 많은 실수를 유발하고 이로 인해 가동률의 높은 편차가 발생한다고 판단할 수 있었다. 따라서 동서는 작업자의 작업시간, 비가동, 불량 요인 등의 정보 입력이 더욱 용이할 수 있도록 시스템을 개선하기로 결정했다.

나. 비가동 요인 원인 파악

생산현장 개선을 위해서 비가동 요인 파악에 가장 큰 초점을 두고 분석을 진행했다. 분석 결과, 비가동율이 가장 긴 설비는 금형코팅 부분으로 나타났다. 금형코팅 부분의 비가동 원인 파악을 위해 작업자별 가동시간을 분석한 결과, 특정 작업자의 금형코팅 시간이 다른 작업자에 비해 20시간 이상이나 긴 것을 확인할 수 있었다.

그 이유를 파악하고자, 해당 작업자의 담당 제품에 대해 분석을 추가로 진행했다. 해당 작업자의 담당 제품은 F-Type 제품이었고, 이 제품은 대형 금형을 사용하기 때문에 생산 시 여러 번의 교정작업이 필요하므로 코팅작업에 대한 작업자의 능숙도가 매우 중요한 제품이었다. 이러한 상황에서 동서는 코팅 작업에 대한 프로세스를 더욱 고도화시킬 필요성을 느꼈다. 따라서 그동안은 미관리 영역이던 코팅 작업을 분석하여 표준 매뉴얼을 만들었다. 또한 숙련 작업자와 비숙련 작업자의 작업 효율을 비교하여 최적화된 작업 체계를 구성했다.

- **POP시스템**
POP 시스템이란 공장의 생산과정에서 시시각각 발생하는 생산정보를 기계, 설비, 작업자, 작업 (work, 가공 대상물) 등의 네 가지 발생원에서 직접 얻어 실시간으로 정보를 처리하여 현장관리자에게 제공하는 것과 그것을 이용해서 판단한 결과를 현장에서 지시하는 것을 말함. 주요서비스로는, 빅데이터 분석을 통한 생산관리 분석, 품질관리 분석, 생산성 저해 요인 추적관리 등이 있음.

4. 빅데이터 분석결과의 활용

가. 작업표준 도출

본 분석 과정 이전에는 자동화 설비라인의 중요 관리 요소인 4M(Man, Machine, Material, Method) 중 사람에 대한 관리가 없었다. 하지만 분석을 통해 인력 관리의 중요성을 확인한 동서는 FOM 시스템을 도입했고, 이로 인해 작업자에 대한 집중 모니터링과 불량 실적에 대해 파악할 수 있었다. 그리하여 작업자에 대한 정량적 성과 평과와 그 근거 제시가 가능해졌으며, 이로 인해 생산현장과 인사관리 모두에 효율성을 얻을 것으로 기대했다.

나. 비가동요인 빅데이터 관리

동서는 FOM 시스템을 도입하여 작업자들에 대한 집중 관리를 수행할 수 있게 되었다. 특히 설비 자동화로 인해 기존에는 잘 관리되지 않던 요소들을 집중 개선할 수 있었다. 예를 들어, 주조 공정에 있어 표준작업에 대한 시간 기준을 설정하여 기준 대비 과다하게 오래 수행되는 코팅 작업에 대해 작업자 교육을 실시했다. 이러한 과정을 통해 동서는 실질적으로 작업자별 코팅 시간이 감소하는 효과를 얻었다.

다. IT 연동을 통한 혁신운영체계 개발

기존에 부서별로 보관하고 있던 자료를 통합하여 FOM 시스템에 연계하였다. 이로 인해 생산효율 분석 및 생산 저해요인에 대한 근본적 원인을 분석할 수 있게 되었다. 또한 통합된 데이터베이스를 기반으로 실적 분석, 의사소통 수행 등을 할 수 있게 되어 분석 결과의 신뢰성이 향상되고, 부서 간 원활한 협조가 가능해졌다. 또, 지표관리에 소요되는 시간 및 비용을 감소시킬 수 있었다. BIG

유사사례
- 538p, 태정, 생산 저해 요인도 빅데이터로 개선하자
- 546p, 유라, 딥러닝 기술기반 대용량 제조 데이터 분석 서비스 플랫폼
- 550p, 현대중공업, 작업시간의 효율적 분배로 생산성 향상
- 502p, 영풍열처리, 빅데이터 분석 기반 공장운영
- 542p, 삼성중공업, 빅데이터를 이용한 공정의 최적화
- 566p, 메타빌드, 생산 라인 개선 방향도 빅데이터로 선정
- 334p, 두산중공업, 발전소 고장 예방 및 구동 시간 단축
- 326p, 매일유업, 에너지 최적화를 통한 매출 증가

310 빅데이터가 찾아준 효과적인 마케팅

AnC

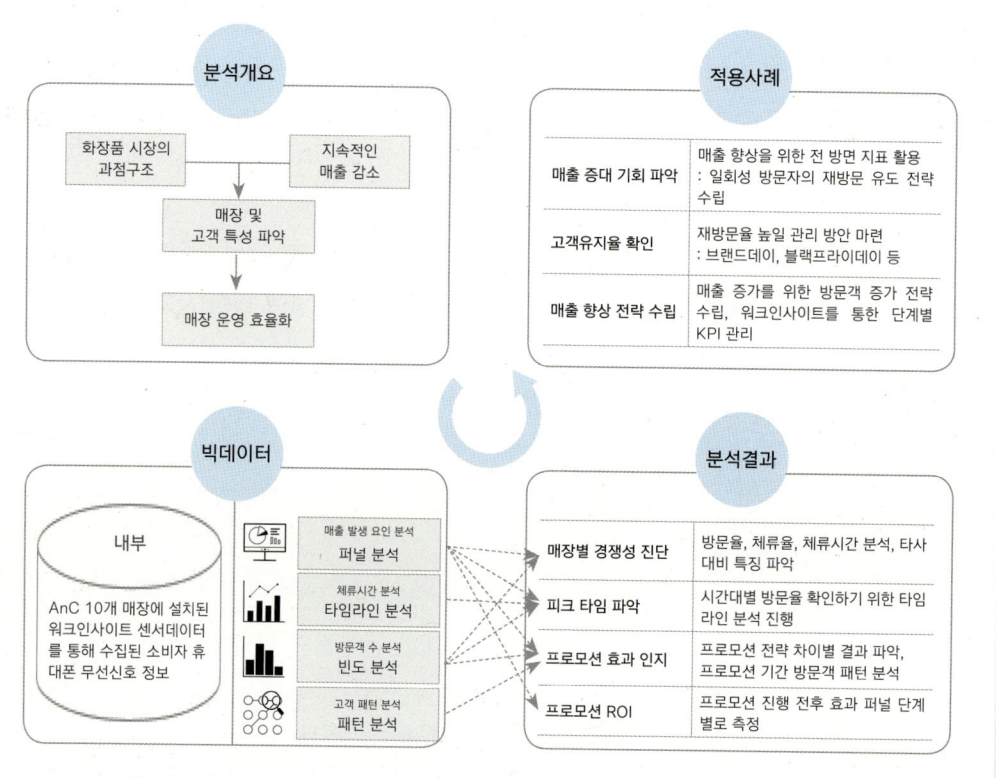

화장품과 생활 용품을 제조하고 유통하는 AnC는 기존 화장품 시장의 생산·유통 구조를 개선하여 브랜드샵이라는 시장 카테고리를 탄생시켰다. 하지만 국내 화장품 시장은 아모레퍼시픽, LG생활건강 2개사가 절반 이상을 점유하고 있는 과점 구조를 이루고 있어 중저가 브랜드 간의 생존 경쟁이 심화되고 있는 상황으로 AnC의 매출은 지속적으로 감소하고 있는 어려움에 직면해 있었다. 이를 극복하기 위해 저가 정책을 버리고 이미지를 고급화하거나 외형 확장에 많은 노력을 했지만, 매출만을 기반으로 한 매장 운영 방식은 비효율적이고 한계가 있음을 깨달았다. 이를 극복하고자 빅데이터 분석을 진행하여 효율적인 매장 운영관리에 대한 답을 찾고, 매출 증대의 전략도 세우고자 하였다.

수집데이터	(AnC 10개 매장에 설치된 워크인사이트 센서에서 수집된 고객들의) 스마트 폰 무선신호 정보
분석솔루션	워크인사이트
참여기업	AnC (수요기업), 조이코퍼레이션 (빅데이터 솔루션사)

1. Big Point!

빅데이터 분석을 통해 각 매장 별 고객 방문율, 체류율, 체류시간을 확인한 AnC는 자사의 지점들이 타사 대비 고객체류율과 체류시간이 저조하다는 점을 알게 되었다. 해당 문제의 해결을 위해 매장 시간대별 체류시간 및 체류율과 관련된 패턴 분석을 통해 매장별 피크타임을 파악했으며, 동시에 프로모션을 진행하기 위해 관련된 각종 세부지표(체류지표, 고객유지율)를 파악하게 되었다. AnC는 이 결과들을 활용하여 방문객 증가 및 매출 증대의 효과를 동시에 얻고자, 전략적인 계획을 수립하고 적용하기로 했다.

2. 활용 데이터와 분석

고객들의 특성을 파악하기 위해 AnC 10개 매장에 설치된 워크인사이트 센서에서 수집된 고객들의 스마트 폰 무선신호 정보를 활용해 매장별 퍼널분석(통행량-방문객-체류객-구매객)을 진행함과 동시에 프로모션 진행 효과를 파악하고자 하였다. 각 매장별, 시간대별 방문율, 체류율, 체류시간에 대한 시사점을 얻기 위해 매출 발생 요인 관련 퍼널 분석을 진행하였고, 체류지표에 따른 개선방향을 도출하기 위해 타임라인 분석을 실시하였다. 분석을 통해 매장내 체류시간 증가가 매출증가에 비례한다는 점을 파악한 AnC는 전략적인 프로모션 진행 방향에 관한 인사이트를 얻기 위해서 프로모션과 관련한 다양한 지표의 분석을 진행했다.

• 퍼널분석
퍼널(Funnel)분석은 고객의 유입에서부터 제품 구매로 이어지는 흐름을 파악하는 분석으로, 특정 고객이 방문객 → 체류객 → 구매객으로 전환되는 변화 흐름을 파악하고, 매장 내에서의 행동 패턴 변화를 분석하는 방법.

유사사례
- 376p, Clubo, 빅데이터로 매장 운영효율화의 방향을 잡다
- 358p, 서양네트웍스, 빅데이터를 통한 매장 고객의 분석
- 294p, 와신교육, 과학적인 근거를 통한 사업의 맥 짚기
- 494p, 존스킨화장품, 빅데이터를 통한 남성 화장품 인사이트 도출
- 274p, 아펙시, 빅데이터 분석을 통한 음악 서비스 사례
- 238p, 미스틱엔터테인먼트, 연예인 마케팅에도 필요한 빅데이터
- 554p, 대우조선해양, 선박제품 신수요 창출과 MRO 서비스 개발
- 384p, 더블유쇼핑, 고객별 추천 시스템을 통하여 매출 증가로
- 460p, 블루엠갤러리, 빅데이터를 통한 대중고객 확보
- 242p, 패션서울, 고객이 원하는 기사와 정보는?

3. 분석결과

가. 매장별 경쟁성 진단

전 매장 중 서울 주요상권인 명동, 대학로에서는, 업계평균 대비 1.3%로 타 매장보다 높은 방문율을 보였다. 그러나 체류율의 경우에는 홍제점과 종로점, 체류시간의 경우에는 홍제점을 제외하고는 모두 마이너스 수치를 기록했다. 특히 부산 서면점의 경우에는 업계 평균 대비 체류율이 -28.3%, 체류 시간 -3분을 기록하는 등 심각한 문제에 놓인 상황이라는 것을 알 수 있었다. 분석결과를 통해 AnC는 타사 로드샵과의 경쟁력을 갖추기 위한 전략 수립을 진행하였다.

나. 피크타임 파악

대부분의 지점에 평일 17 ~ 19시, 주말 15 ~ 17시에 가장 많은 사람이 방문하는 것으로 나타났다. 또한 주말의 경우에는, 피크 타임 체류율은 10% 개선하게 되면 3시간 기준으로 매장 체류 고객이 20명 가까이 증가한다는 것을 파악했다. 방문객이 많은 시간을 파악하여 피크타임 시간대에 매장 인력을 집중하여 매장운영 효율을 향상 시킬 수 있을 것으로 판단하였다.

다. 프로모션 전략 차이 인지

동일한 제품군을 대상으로 '50%할인'과 '1+1' 프로모션 두가지를 진행한 결과 '50%할인'이 유동 인구가 저조한 시기였음에도 불구하고, 36% 수준의 많은 구매를 보였다. 또한 방문객과 프로모션 간의 분석 결과로는 프로모션 기간 방문객이 전체 방문객 중 32.8%였으며, 그 중 79.7%는 프로모션

[프로모션 방문객 패턴]

- 분석기간: 2016.8~11
- 브랜드데이/블프방문객: 브랜드데이/블프 기간중 1회 이상 방문객
- 평소기간방문객: 브랜드데이/블프 프로모션 기간에 방문하지 않은 방문객

프로모션 방문객 9.3만명 32.8%
방문객 (누계) 28.5만명
평소기간 방문객 19.2만명 67.2%

브랜드데이&블프 방문객 프로필

평소기간 교차방문객	브랜드데이&블프 기간만 방문 (Cherry Picker)
18,958명 (20.3%)	74,302명 (79.7%)

[방문 패턴에 따른 프로필 분포]

비할인기간: 1회성 88.3%, 재방문 11.7%
체리피커: 1회성 95.0%, 재방문 5.0%

에만 방문이 이뤄진다는 것을 알게 되었다. 분석 결과를 통해 AnC는 다양한 프로모션이 필요하다는 것을 인지하고 효과 증대 방안에 대한 아이디어 도출을 시행하였다.

4. 빅데이터 분석결과의 활용

가. 매출 향상 전략 수립

데이터를 기반으로 다양한 상황의 정량적 진단을 통해 매출 향상이 이뤄질 수 있는 개선점을 도출하였다.

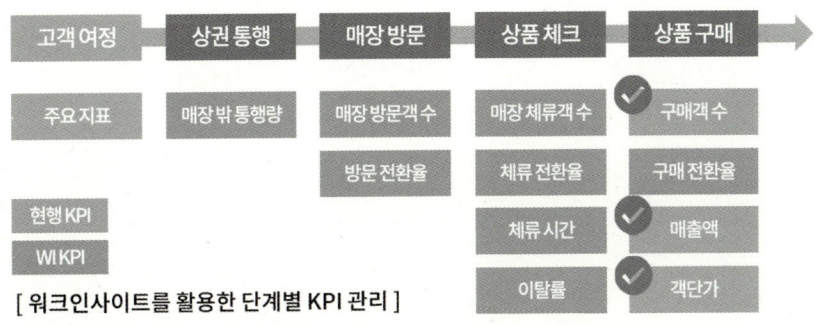

[워크인사이트를 활용한 단계별 KPI 관리]

나. 선순환 구조 유지 전략

방문객 수 증가 전략으로 효과가 높았던 다양한 할인행사, 브랜드 데이, 블랙프라이 데이 등 각종 프로모션을 진행하였고, 매장별 피크 타임에 집중적으로 인력을 배치하였다. 그 결과 매출 향상의 결과를 얻었고, ROI(투자자본수익률, Return On Investment)도 크게 향상되었다. AnC에서는 이와 같은 선순환 구조를 유지할 수 있는 추가적인 전략을 세우기로 하였다. BIG

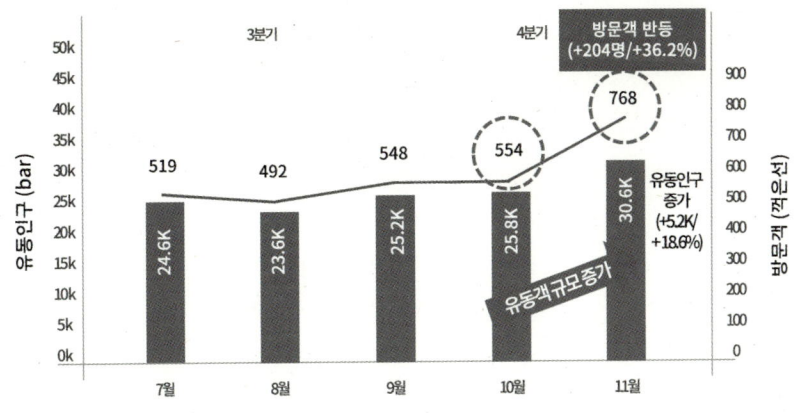

311 나를 알고 고객을 알면 백전백승

죠샌드위치

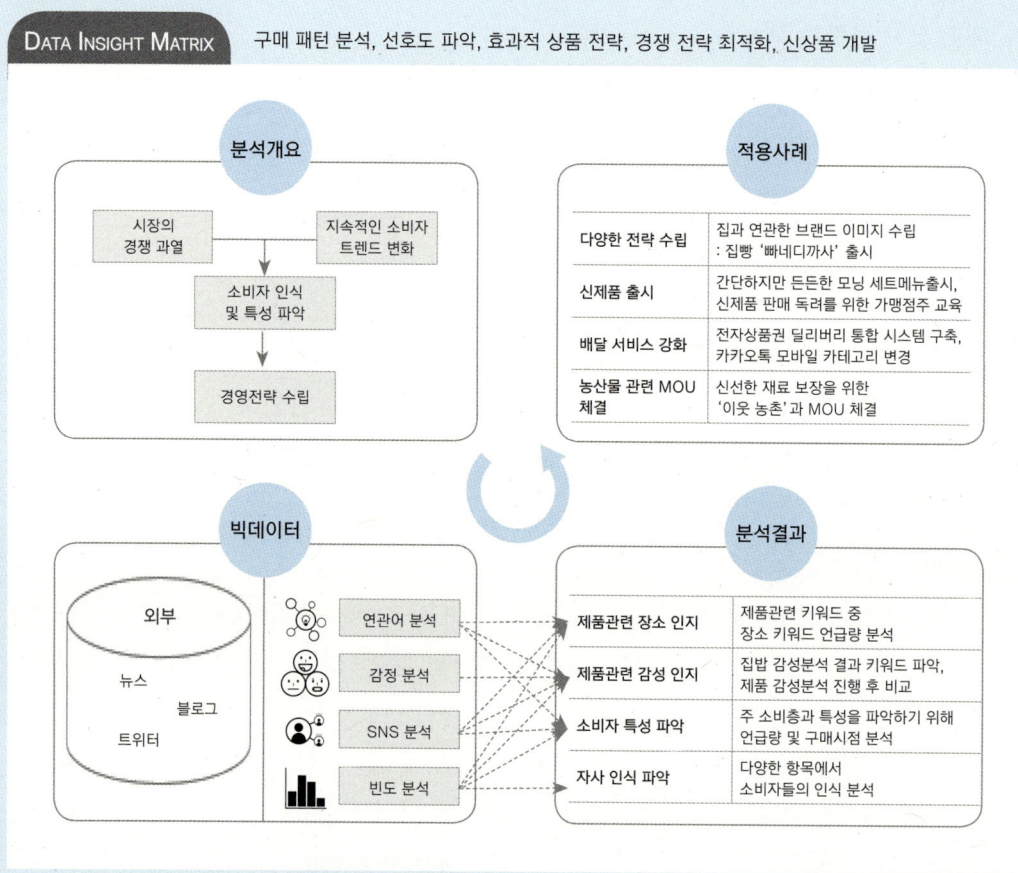

2000년에 개업한 웰빙 샌드위치 전문점 죠샌드위치는 15년간 전국 약 200여개의 매장을 운영하고 있는 국내 샌드위치 브랜드 1위 기업이다. 하지만, 해외 브랜드가 거대한 자본을 바탕으로 마케팅을 진행하며 샌드위치 시장에서의 입지를 큰 폭으로 넓히고 있다. 기존의 커피 및 베이커리 브랜드들도 샌드위치 판매에 합세하여 매년 평균 15% 수준의 성장을 기록하고 있으며, 이에 따라 구매 고객 유치의 경쟁이 과열되는 상황이 되었다. 죠샌드위치는 소비자들의 입맛과 취향 변화에 신속하게 대처하기 위해서는 지속적인 트렌드 파악이 중요하다고 생각했다. 따라서 죠샌드위치는 빅데이터 분석을 통해 소비자 트렌드를 파악하여 이를 반영한 신메뉴를 개발하고 O2O 마케팅을 강화함과 동시에, 브랜드 장점을 어필할 수 있는 전략을 수립하기로 했다.

수집데이터	뉴스, 트위터, 블로그
분석솔루션	다음소프트 Social Media Analysis with NLP and Text Mining
참여기업	(주)죠샌드위치 (수요기업), (주)다음소프트 (빅데이터 솔루션사)

1. Big Point!

죠샌드위치는 SNS 데이터를 분석하여 샌드위치와 연관성이 높은 장소가 어딘지를 우선적으로 선정하여, 샌드위치 마케팅 컨셉으로 활용하고자 해당 장소와 가장 연관성이 높은 제품의 이미지를 파악했다. 또한 그 이미지와 자사제품 및 경쟁제품의 이미지를 각각 비교 분석하여, 신메뉴 개발에 중요한 힌트를 얻었다.

또한 주 구매층, 구매시점, 구매결정요소 등을 분석하여 고객들의 특성과 인식을 파악하고, 이를 마케팅 전략 수립에 적극 활용했다. 더 나아가, 메뉴 구성, 맛, 포장 및 배달, 가격 등의 다양한 영역에서 부족한 부분을 파악하고 보강할 수 있었다.

2. 활용 데이터와 분석

빅데이터를 처음 경영에 활용하게 된 죠샌드위치는 샌드위치 관련 트렌드와 주 고객층 및 구매 관련 특성 파악, 브랜드 관련 소비자 인식 파악을 목표로 각종 SNS 데이터를 수집했다.

우선 '샌드위치'의 연관 키워드를 분석하던 중 장소에 관한 특징이 있다는 점을 발견하고, 장소 관련 키워드 분석을 진행하고, 장소와 음식을 연관지어 트렌드를 파악했다.

그 외에도 주 고객층을 파악하기 위해 고객집단을 몇 가지 특성에 따라 나누어 어떤 그룹이 샌드위치에 가장 높은 관심을 가지는지를 분석했다. 뿐만 아니라, 구매 관련 특성 파악을 위해 구매시간이나 구매결정요소 등 다양한 항목을 기준으로 언급량 또는 연관 키워드를 파악하는 방식으로 분석을 진행했다.

3. 분석결과

가. 제품 관련 장소 인지

샌드위치와 관련성이 높은 장소를 찾기 위해 연관어를 파악해본 결과 2011년부터 5년 연속으로 '집' 키워드의 언급량이 가장 높았다. 또한 2013년부터는 집과 유사한 '숙소' 키워드도 등장했다. 샌드위치는 먹기에 간편한 음식이므로 야외의 장소와 관련성이 높을 것이라고 예상했으나, 그와 달리 실내의 장소가 연관어의 대부분을 차지했다. 죠샌드위치는 이러한 트렌드를 파악한 후 '집 밥'과 죠샌드위치를 연결시켜 마케팅을 진행할 수 있겠다고 판단하여 추가적으로 '집 밥'과 자사 및 경쟁사의 제품에 대한 연관어분석과 감성분석을 진행했다.

나. '집밥'에 대한 고객의 감성 파악

'집 밥'과 연관성이 높은 감성어는 '따뜻하다'가 19,501회로 1위, '건강하다'가 8,356회로 2위, 그 밑으로는 '간단하다', '깔끔하다', '신뢰 가다', '소박하다', '부드럽다' 순이었다. 죠샌드위치의 연관어 감성 순위는 '간단하다'가 41,167로 1위였으며, 집 밥 연관키워드인 '부드럽다', '따뜻하다', '건강하다'도 순위권으로 나타났다. 유사한 제품군이라고 판단했던 햄버거의 경우에는 '간단하다'와 '부드럽다'가, 도너츠의 경우에는 '부드럽다', '따뜻하다', '간단하다'가 순위권으로 나타났다. '집 밥'과 가장 관련이 높은 7개의 감성어와 샌드위치의 연관 감성어 간의 공통 키워드는 총 4개로 햄버거, 도너츠에 비해 공통 키워드의 개수가 가장 높게 나타났다. 따라서 햄버거, 도너츠에 비해 샌드위치에 대한 감성이 '집 밥'의 감성과 더 비슷하다고 판단할 수 있었고, 죠 샌드위치는 '집 밥'의 이미지를 신제품 제작 및 마케팅에 적극 활용하기로 하였다.

다. 소비자 특성 파악

죠 샌드위치는 자사 제품의 주 소비자와 소비자 특성을 알아내기 위한 분석을 진행했다. 그 결과 '직장인'이 꾸준히 주 소비자인 것으로 나타났고, 최근 들어 주부의 관심이 줄어들고 대학생과 자취생의 관심이 늘어나고 있다는 점도 파악할 수 있었다. 특히 소비자별로 언급량을 파악해본 결과, 주 구매 시점은 아침, 점심, 저녁, 새벽의 순위로 파악되었으며 특히, 아침이 41%, 점심이 32%의 비율로 아침 시간에 샌드위치의 수요가 가장 많았다. 또한

• MOU
(Memorandum of understanding)
당사 간의 합의된 내용을 명시하여 확인하기 위해 정식 계약 맺기 전에 우선 작성하는 문서.

'아침' 샌드위치의 관련어는 '간단하다', '맛있다', '바쁘다', '든든하다'의 순으로 도출됐다. 또한 주목할만한 점은 저가 샌드위치와 고가 샌드위치의 구매 기준을 비교해봤더니 가격은 구매결정요소에 포함되지 않고, '재료'가 구매결정요소 중 가장 중요한 요인으로 파악되었다는 것이다.

라. 자사 인식 파악

O2O 마케팅을 강화하는데 인사이트를 얻고자 죠샌드위치에 대한 소비자들의 인식을 분석했다. 그 결과 메뉴 및 구성에 대한 언급량이 46%로 가장 크게 나타났고, 맛에 대한 언급량은 다음인 23%로 나타났으나 포장 및 배달에 관해서는 13%로 언급량이 적었다. 또한 구체적인 소비자의 의견을 살펴본 결과, 죠샌드위치가 배달 서비스를 운영하고 있다는 사실을 몰랐다는 목소리가 높았다. 따라서 죠샌드위치는 배달 서비스를 강화하여 O2O 마케팅에 있어서 차별화를 두고자 했다.

• O2O
O2O(Online To Offline)는 온라인의 기술을 이용해서 오프라인의 수요와 공급을 혁신시키는 것으로, 이용자가 스마트폰 등의 온라인으로 상품이나 서비스를 주문하면 오프라인으로 이를 제공하는 서비스.

제조
제조
활용분야
상품
마케팅
실시간 예측
비용 절감
품질 관리 및 운영
위험 사전 예방
보안 및 관리
상품·서비스 개선
플랫폼

4. 빅데이터 분석결과의 활용

가. 고객 트렌드를 반영한 신제품 출시

샌드위치와 관련성이 높다고 나타났던 '집'에 대한 감성적인 이미지를 고객에게 전달하기 위해 '집 빵'이라는 뜻의 '빠네디까사'라는 이름을 붙인 제품을 출시했다. 또한 샌드위치의 주요 구매결정요인이 '재료'라는 점을 활용하여 빠네디까사가 '천연 발효 빵'이라는 점을 앞세워 고객에게 홍보했다. 추가로 샌드위치의 주요 고객인 대학생, 직장인, 자취생이 많은 장소 위주로 시식회를 펼치는 등의 마케팅을 진행했다. 그뿐만 아니라 수요가 가장 높은 아침에 샌드위치를 구매하는 사람들은 대개 간단하지만 든든한 샌드위치를 원한다는 점을 겨냥하여, 천연 발효 빵으로 만든 샌드위치를 모닝 세트 메뉴로 출시했다. 또한 가맹점주에게 신제품 판매를 독려하고자 신제품 기획 의도와 관련된 교육을 진행했다.

나. 배달 서비스 강화

죠샌드위치는 O2O 서비스를 개선하기 위해 '전자상품권 딜리버리 통합 시스템'을 구축했다. 이것은 전자상품권을 구매하여 홈페이지나 콜센터로 주문을 진행하고, 쿠폰 번호를 입력하면 가장 가까운 매장의 판매시스템에 자동으로 주문이 접수되는 서비스이다. 또한 주 소비자층인 직장인과 대학생이 많이 사용하는 카카오톡의 모바일 교환권 카테고리를 카페(총 64개 브랜드 등록)에서 베이커리(총 18개 브랜드 등록)으로 변경하여 죠샌드위치가 고객에게 더 잘 노출될 수 있도록 했다.

다. 농산물 관련 MOU 체결

고객들이 구매를 결정할 때 '재료'를 가장 중시하는 것을 고려하여 신선한 재료의 공급을 위해 농수산물 직거래 사이트 '이웃 농촌'과 MOU를 체결하여 안전하고 신선한 식재료를 사용했음을 강조했다. BIG

유사사례
- 448p, MRD, 빅데이터로 국내시장 장악
- 444p, 라이클, 데이터를 활용한 효율적인 마케팅 전략 수립
- 362p, 에이치와이스타일, 고객의 요구 사항을 빅데이터로 빠르게 대처
- 530p, 다움푸드앤케어, 빅데이터를 통한 차별화된 신제품 출시
- 490p, 헤세드조명, 새로운 B2C시장의 효과적인 진입의 열쇠
- 456p, 제이에스티나, 빅데이터로 되찾는 고급스로운 브랜드 이미지
- 494p, 존스킨화장품, 빅데이터를 통한 남성 화장품 인사이트 도출
- 510p, 티젠, 빅데이터를 통한 해외 현지 맞춤화 전략 시행
- 558p, 노스페이스, 이제는 아웃도어도 스마트하게 사자
- 472p, 헬로네이처, 빅데이터로 고객의 믿음과 마음을 잡아라

MEMO

312 새로운 B2C 시장의 효과적인 진입의 열쇠

헤세드조명

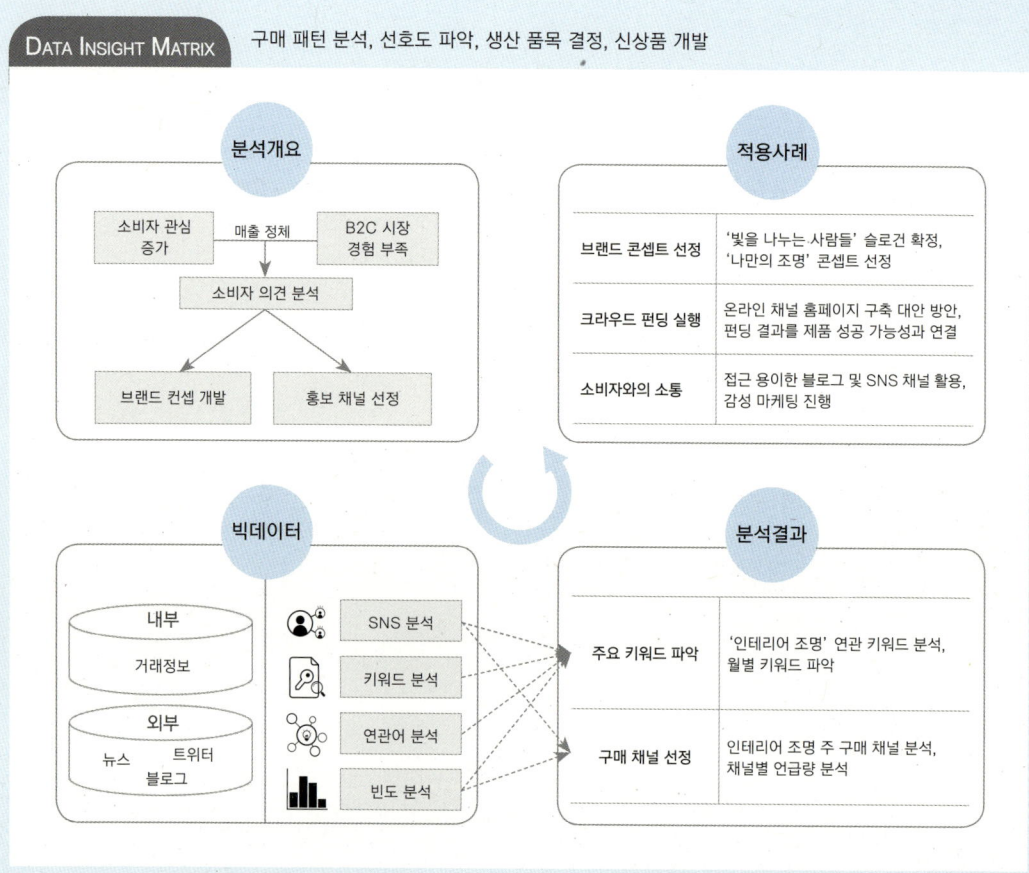

인테리어 조명을 제작하고 판매하는 헤세드조명은 2003년부터 패브릭 조명과 주문 제작 조명을 내세워 조명 시장 업계의 강자 자리를 지키고 있었다. 다양한 마감재와 공간의 특성을 다양하게 활용할 수 있는 아이디어 조명 제품들 덕분에 조명 B2B 시장에서 탄탄한 입지를 굳힐 수 있었다. 이런 상황에서 최근 셀프 인테리어가 트렌드로 떠오르며 일반 소비자가 조명에 대해 많은 관심을 갖게 되자, 헤세드 조명은 기존의 B2B 시장 외에도 B2C 시장으로 진입하기로 했다. 하지만 관련 경험이 없어 시작도 전에 난관에 부딪히게 되었고, 이를 돌파하기 위해서는 빅데이터 분석을 활용해 고객들의 니즈와 다양한 정보를 잘 아는 것이 가장 중요하다고 판단했다. 헤세드 조명은 빅데이터 분석의 결과를 바탕으로 새로운 상품을 출시하고, 본격적인 B2C 시장 진입 계획을 진행하기로 했다.

수집데이터	뉴스, 트위터, 블로그, 페이스북 총 약 14억건
분석솔루션	코난테크놀로지 Pulse-K
참여기업	(주)헤세드조명 (수요기업), (주)코난테크놀로지 (빅데이터 솔루션사) (주)웨슬리퀘스트 (경영컨설팅사)

1. Big Point!

헤세드조명은 B2C 시장에 진입하기 위해 빅데이터 분석 결과를 활용, 고객들의 니즈를 파악하여 신제품 제작의 아이디어로 활용하고, 다양하고 유연함을 가진 효율적인 마케팅 전략을 수립하기로 했다. 또, 헤세드조명은 어떤 채널과 미디어가 더 효과가 있는지 파악하여 시장 진입 전략을 본격적으로 강화하기 위해 홍보 매체도 다양하게 늘리기로 했다.

- B2C
Business to Customer
기업과 소비자간 이루어지는 전자상거래.

- B2B
Business to Business
기업과 기업간 이루어지는 전자상거래.

2. 활용 데이터와 분석

헤세드 조명은 B2B 시장 거래만 진행해왔기 때문에 소비자와의 직접적인 거래가 이루어지는 B2C에 관한 정보는 알지 못했다. 이를 해결하기 위해 소비자가 직접적으로 의견을 표출하는 SNS 데이터를 수집하여 분석을 진행했다. 고객들이 조명을 구매하는 이유 및 조명과 관련한 소비자들의 관심사를 동시에 파악하고자 '인테리어 조명'과 관련된 연관어 키워드를 파악했고 패턴이 있는지를 파악하고자 분석한 결과를 월별로 분류해 특이점을 찾아냈다. 또한, 효과적인 홍보 채널을 파악하기 위해 온라인과 오프라인 중 어떤 채널에서 거래가 더 많이 일어나는지와 온라인의 경우에는 어떤 미디어로 마케팅이 이루어지고 있는지에 관한 분석도 진행했다.

3. 분석결과

가. 구매 선호 키워드 파악

'인테리어 조명'과 관련한 연관 키워드를 월별로 정리한 결과, 11월과 12월은 '크리스마스' 키워드가, 4, 5, 6월에는 '결혼식' 키워드가 나타났다. 상세 내용 파악 과정을 거쳐 인테리어 조명의 주요 목적 키워드는 '이벤트' 및 '선물용'이라는 것을 알게 되었다.

나. 구매 채널 선정

온라인에서 조명을 구매하는 사람 중 67%는 오프라인에서도 구매가 이뤄지고 있으며, 오프라인으로 조명을 선정하여 온라인으로 구매하는 경우가 있기 때문에 온라인 판매 사이트 구축도 중요하다는 것을 알게 되었다. 이와 관련된 내용을 추가적으로 조사하여 온라인 미디어별 언급량을 분석한 결과, 블로그가 7,056건으로 가장 많았으며 트위터가 429건, 뉴스는 47건, 페이스북은 35건으로 나타났다. 특히, 블로그의 경우에는 대부분이 제품 사용 후기와 관련된 글인 것을 파악했다.

유사사례
- 444p, 라이클, 데이터를 활용한 효율적인 마케팅 전략 수립
- 350p, 천일식품, 빅데이터를 활용한 종합식품업체의 성장
- 484p, 죠샌드위치, 나를 알고 고객을 알면 백전백승
- 362p, 에이치와이스타일, 고객의 요구 사항을 빅데이터로 빠르게 대처
- 286p, 빅데이터아카데미, 안심하고 자녀를 맡길 수 있는 어린이집을 찾아서
- 456p, 제이에스티나, 빅데이터로 되찾는 고급스로운 브랜드 이미지
- 448p, MRD, 빅데이터로 국내시장 장악
- 494p, 존스킨화장품, 빅데이터를 통한 남성 화장품 인사이트 도출
- 510p, 티젠, 빅데이터를 통한 해외 현지 맞춤화 전략 시행
- 460p, 블루엠갤러리, 빅데이터를 통한 대중고객 확보

4. 빅데이터 분석결과의 활용

가. 브랜드 콘셉트 선정

'이벤트' 및 '선물용' 키워드를 활용한 창의적 슬로건을 구체화하여 '빛을 나누는 사람들'이라는 슬로건을 정하고, 해당 슬로건에 브랜드의 이미지를 담아내기로 했다.

또한, 선물 받는 사람이 특별함을 느낄 수 있도록 조명에 메시지를 담아서 선물할 수 있는 '나만의 조명' 콘셉트를 진행하기로 했다.

나. 크라우드 펀딩 실행

온라인 채널을 통한 판매를 위해 홈페이지 구축이 필요하다는 것을 알고 있었지만, 당장의 홈페이지 구축이 어려웠던 관계로 대체 방안인 크라우드 펀딩을 진행하기로 했다.

• 크라우드 펀딩
크라우드펀딩(Crowd funding)은 개인이나 기업,단체가 다수 대중으로부터 자금(후원,기부,대출,투자 등)을 웹이나 모바일 네트워크를 통해 모으는 방식을 말함.

크라우드 펀딩은 목표액과 기간을 정해두고 잠재적 소비자들에게 제품에 관한 설명을 제공하면서 동시에 마케팅을 진행하여 투자를 받는 형식이므로 총 투자 금액의 규모가 신제품 성공 가능성과 연계된다고 생각할 수 있다고 판단했다.

다. 소비자와의 소통

접근이 용이한 온라인 미디어의 블로그와 SNS를 통해 제품의 개발 과정이나 회사 스토리를 소개하는 콘텐츠를 제공하면서 신뢰감과 친근감을 노리는 감성 마케팅을 진행하기로 했다. BIG

313 빅데이터를 통한 남성 화장품 인사이트 도출

존스킨화장품

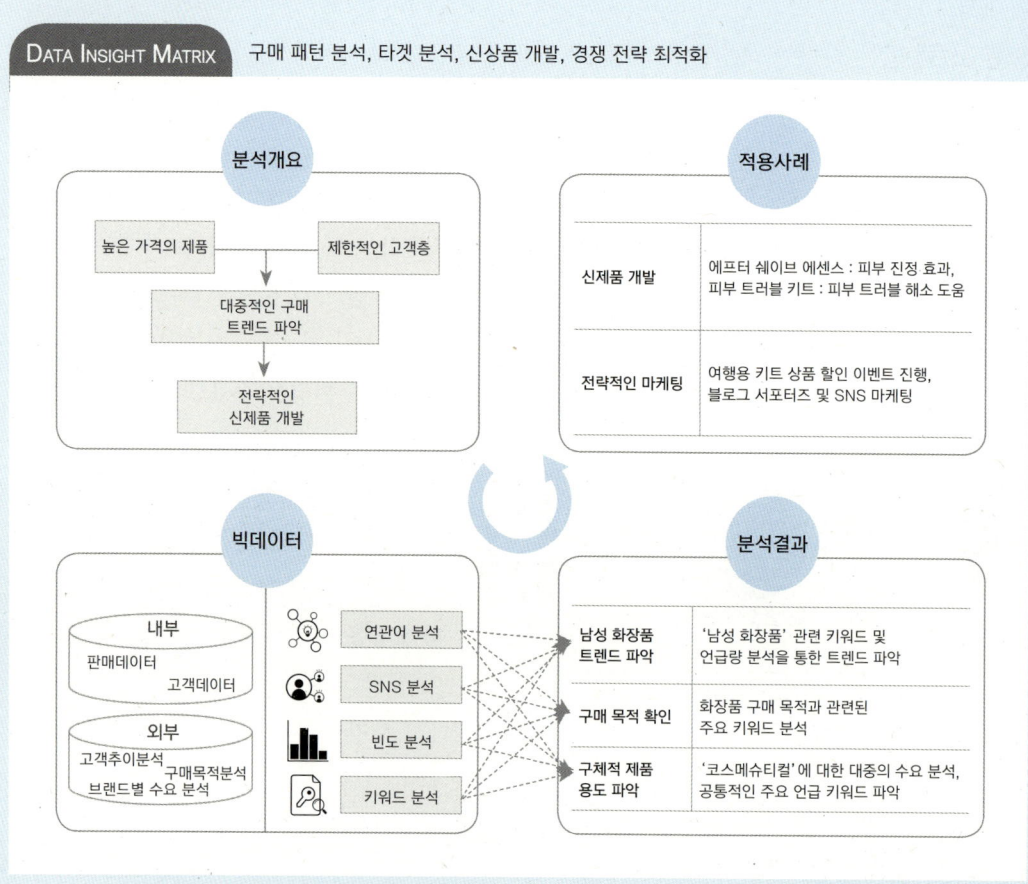

존스킨 한의원 네트워크가 2008년에 런칭한 존스킨 화장품은 내부의 한의원 연구 자료를 바탕으로 한방 화장품을 제조하고 판매하는 전문 한방 코스메슈티컬(화장품 cosmetics + 의약품 pharmaceutical) 브랜드이다. 다양한 고객을 확보하기 위해 2009년부터는 주요 인터넷 쇼핑몰 및 면세점을 활용하여 온라인 유통 채널을 확대하였다. 하지만 이런 노력에도, 존스킨화장품 수익의 대부분은 한의원을 방문한 고객들이 고가의 제품을 구매하여 생긴 오프라인을 통한 매출이었다. 이러한 현상을 해결하고 대중적인 브랜드로 성장하기 위해서는 소비자들이 쉽게 접할 수 있고, 한방 화장품의 특성을 지니고 있는 신제품 개발이 필요하다고 판단하여 빅데이터 분석을 통해 해결 방안을 모색하고자 했다.

수집데이터	뉴스, 트위터, 블로그
분석솔루션	㈜마인즈랩 Minds Insight
참여기업	㈜존스킨화장품 (수요기업), ㈜마인즈랩 (빅데이터 솔루션사), ㈜웨슬리퀘스트 (경영컨설팅사)

1. Big Point!

존스킨 화장품은 브랜드의 인지도를 높이고, 자사 제품의 지속적인 성장을 위해서는 기존의 사업 방향과는 다른 무언가가 필요할 것이라 생각했다. 작은 규모의 한방 화장품 시장을 확대시키고, 자사 브랜드도 성장하기 위해서는 고객들의 니즈를 보다 완벽하게 반영하는 신제품이 출시되어야 한다고 판단하였다. 따라서, 고객들이 주로 상품을 구매하는 목적이 무엇인지 파악하기 위해 SNS 데이터를 크롤링하여 빈도분석을 통해 언급량을 분석했다. 이후, 연관어 분석을 통해 남성 화장품이라도 남성들보다는 여성들이 선물목적으로 더 많이 구매한다는 것을 파악했으며, 그들을 주타겟으로 삼기로 했다. 또한 어떠한 목적으로 많이 구매하는지를 파악하기 위해 연관어분석과 키워드분석을 하여, 새로 출시할 화장품의 기능을 선정하였다.

• 크롤링
크롤링(crawling)은 다수의 컴퓨터에 분산 저장되어 있는 문서를 수집하여 검색 대상의 색인으로 포함시키는 기술임. 요즘은 웹 검색의 중요성이 늘어나면서 웹 크롤링이 발전되고 있음.

2. 활용 데이터와 분석

존스킨 화장품은 한방 화장품의 특성은 살리되, 소비자들이 쉽게 접근할 수 있는 신제품을 개발하는 것을 큰 목표로 두었다. 따라서 분석을 통해 화장품과 관련한 대중들의 트렌드 및 구매목적 관련정보 등을 파악하는 것을 첫 번째 목표로 삼았고, 코스메슈티컬 제품에 대한 대중들의 수요 파악을 두번째 목표로 했다. 대중들의 반응과 직접적인 연관이 있는 분석 결과를 얻고자 SNS에서 관련된 정보들을 수집했으며, 고객들의 정확한 니즈를 파악하고자 연관어 분석을 진행하여 핵심 키워드를 추출했으며, 추출된 핵심 키워드들의 언급량을 분석했다.

3. 분석결과

가. 남성 화장품 트렌드 파악

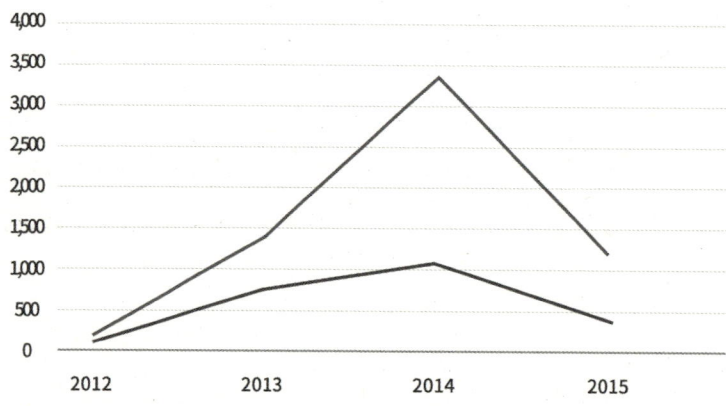

위와 같이 남성 고객에 대한 언급량이 지속적으로 증가하는 추세가 나타나고 있는 것은 남성들도 외모를 가꾸어야 한다는 사회적 인식이 등장한 영향이라고 판단했다.

나. 구매 목적 확인

일반 고객들이 주로 화장품을 살 때, '어머니' 키워드의 언급량이 986,265건으로 가장 많았다. '선물' 키워드의 언급량이 808,973건으로 2위로 나타났다. '가족', '아버지', '남편', '남친', '부모님', '남자친구' 등의 키워드도 주요 키워드로 분석된 것을 통해, 남성에게 선물하기 위해 화장품을 구매하는 경우가 많다는 것을 알게 되었다.

다. 구체적인 제품 용도 파악

코스메슈티컬 브랜드 3곳 모두 '피부', '여드름', '피부 관리', '트러블 키트'와 같은 키워드가 주요하게 언급되고 있는 것을 파악했으며, 이 모두는 '피부 트러블'과 연관이 있는 키워드라는 것을 알게 되었다.

한방 화장품의 경우에도, '치료' 키워드가 34,349건의 언급량으로 가장 높았으며, '피부'의 언급량도 11,867건으로 높게 나타났다. 또한 '여드름' 키워드를 포함하여, '피부과' 및 '아토피' 키워드도 나타났다.

4. 빅데이터 분석결과의 활용

가. 신제품 개발
남성들의 피부가 상하는 이유 중 하나로 '면도'를 떠올린 존스킨 화장품은 면도 후 붉어지고 상처 나기도 하는 피부를 진정시켜 줄 '에프터 쉐이브 에센스' 제품을 개발하였다. 목표로 했었던 '한방 화장품의 특성'을 살리면서, 동시에 제품 가격대를 낮춰서 고객 접근성도 높이고자했다. 또한 피부 트러블을 체계적으로 관리할 수 있는 피부 트러블 키트 '존스위티 스텝 1,2,3'을 개발했다.

나. 전략적인 마케팅 진행
신제품 출시 기념이라는 명목 아래 에프터 쉐이브 에센스, 센서티브 로션, 센서티브 스킨으로 구성된 여행용 키트 상품을 제작하여 할인 판매 이벤트를 열었다. 또한 온라인과 페이스북을 통한 홍보와 함께, 제품을 지원해주고 사용 후기를 등록하는 블로그 서포터즈를 활용한 홍보를 함께 진행했다. BIG

제조
- 산업
- **활용분야**
- 상품
- 마케팅
- 실시간 예측
- 비용 절감
- **품질 관리 및 운영**
- 위험 사전 예방
- 보안 및 관리
- 상품·서비스 개선
- 플랫폼

유사사례
- 290p, 맨투맨, 빅데이터로 개발하는 신규 교육 서비스
- 498p, 자이크로, 빅데이터 분석 결과를 통한 마케팅 전략 수립
- 558p, 노스페이스, 이제는 아웃도어도 스마트하게 사자
- 472p, 헬로네이처, 빅데이터로 고객의 믿음과 마음을 잡아라
- 444p, 라이클, 데이터를 활용한 효율적인 마케팅 전략 수립
- 350p, 천일식품, 빅데이터를 활용한 종합식품업체의 성장
- 392p, K쇼핑, 빅데이터를 이용한 가구별 특화 상품 노출 시스템
- 460p, 블루엠갤러리, 빅데이터를 통한 대중고객 확보
- 464p, MANSOLE, 제품기획과 마케팅 두 마리 토끼를 잡다
- 242p, 패션서울, 고객이 원하는 기사와 정보는?

314 빅데이터 분석 결과를 통한 마케팅 전략 수립

자이크로

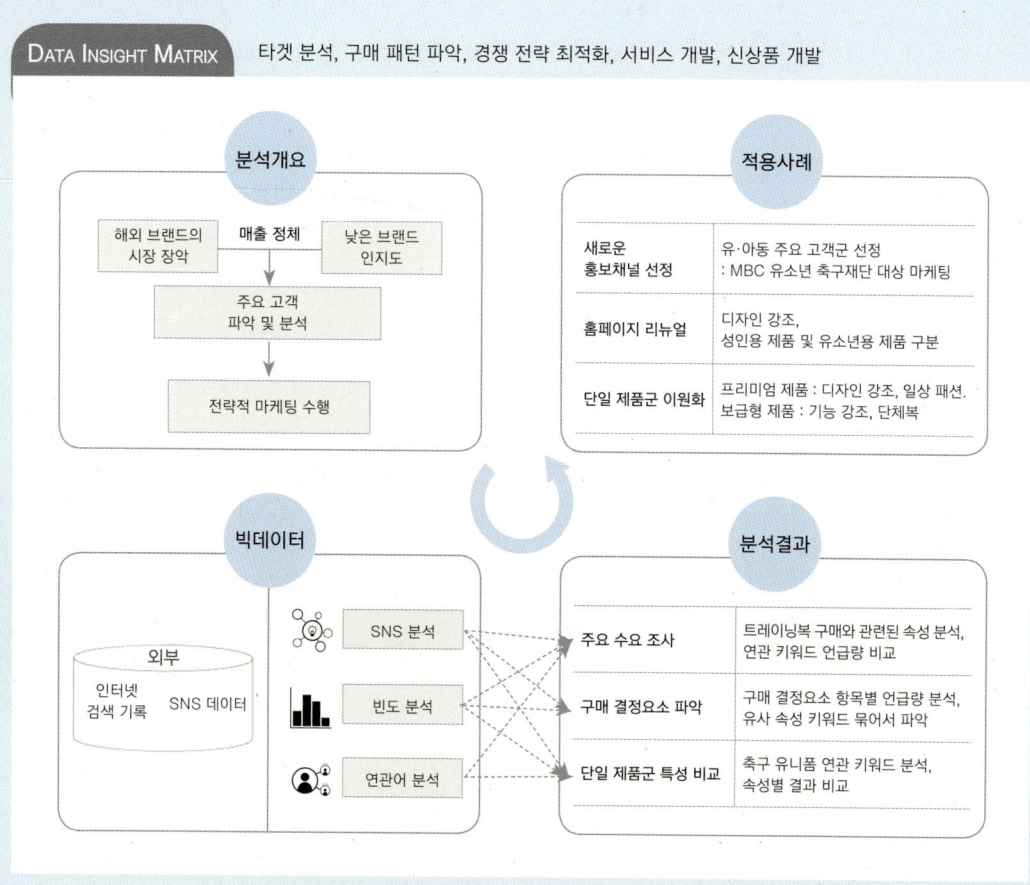

자이크로는 2012년에 설립된 이후, 축구 유니폼을 비롯한 다양한 트레이닝복과 공을 디자인하고 유통 판매하는 스포츠 브랜드이다. 2015 내셔널리그를 비롯한 여러 축구구단에 공식 후원을 하는 등의 활발한 활동을 하며 점차 성장하고 있었다. 하지만 국내 시장에서 높은 점유율을 보이는 나이키, 아디다스, 뉴발란스 등의 몇몇 해외 브랜드들 사이에서 실질적인 성장이 어려울 것이라고 판단하고 단체복이나 학교 축구팀들을 타겟으로 브랜드 인지도를 올리는 것이 중요하다고 판단했다. 자사 제품의 가격 및 품질 경쟁력에 자신 있었던 자이크로는 빅데이터 분석을 통해 브랜드 인지도를 높이는 것을 최우선으로 하고자 했다.

수집데이터	뉴스, 트위터, 블로그, 페이스북 총 약 14억건
분석솔루션	코난테크놀로지 Pulse-K
참여기업	㈜자이크로(수요기업), ㈜코난테크놀로지(빅데이터 솔루션사), ㈜웨슬리퀘스트(경영컨설팅사)

1. Big Point!

글로벌 브랜드와의 경쟁에서 살아남아야 하는 자이크로는 브랜드 이미지 제고를 위해 마케팅을 실시할 핵심 고객군을 파악하고, 그들이 중요하게 생각하는 요소는 무엇인지 등을 파악하여 신제품 제조에 활용하고자 했다. 분석 결과를 통해 타겟 마케팅을 진행하며, 고객의 니즈를 반영한 제품을 만들고 고객 편의를 위한 방향으로 홈페이지를 리뉴얼했다.

2. 활용 데이터와 분석

자이크로는 브랜드 인지도를 제고하는 것을 가장 큰 목표로 했기 때문에, 대중들의 반응이 가장 잘 드러나는 SNS 데이터를 수집하였다. 마케팅의 대상이 될 고객군을 분석하고 고객들의 구매결정요소를 파악하여 제품별 연관 키워드들을 파악하기로 했다.

우선 주력 판매 물품인 트레이닝복에 대해 타켓 고객군을 파악하고 마케팅을 위해 직접 연관이 있는 속성 키워드 및 언급량을 분석했다. 또, 구매 결정 요소 및 제품별 연관 키워드를 파악하기 위한 연관어 및 언급량 분석도 함께 진행했다.

유사사례
- 290p, 맨투맨, 빅데이터로 개발하는 신규 교육 서비스
- 494p, 존스킨화장품, 빅데이터를 통한 남성 화장품 인사이트 도출
- 534p, 한독, 건강식품 인지도 제고 방안 빅데이터로 찾자
- 234p, 플레이타임, 고객들의 소리가 된 빅데이터
- 518p, 토란, 빅데이터를 통한 시장 별 마케팅 전략
- 392p, K쇼핑, 빅데이터를 이용한 가구별 특화 상품 노출 시스템
- 460p, 블루엠갤러리, 빅데이터를 통한 대중고객 확보
- 530p, 다움푸드앤케어, 빅데이터를 통한 차별화된 신제품 출시
- 242p, 패션서울, 고객이 원하는 기사와 정보는?
- 514p, 큐비엠, 데이터를 활용한 마케팅 컨셉 수립

3. 분석결과

가. 주요 수요 조사

트레이닝복 구매와 관련된 속성을 분석한 결과, '유아동복' 키워드의 언급량이 550건으로 전체의 48% 비율인 것으로 나타났다. 성인과 관련된 키워드라고 할 수 있는 '커플', '운동복', '데일리룩'은 그보다 아래였으며, 세 키워드의 언급량을 모두 합쳐도 '유아동복' 키워드의 언급량과 비슷한 정도로 나타났다.

나. 구매 결정 요소 파악

고객들이 트레이닝복을 결정하는 요소 중 가장 많이 언급되는 키워드는 '예쁘다'로 1,854건이었으며, 그다음 '편하다'는 1,257건이었다. 그다음으로 '귀엽다' 916건, '깔끔하다' 708건, '멋있다' 631건, '편하다' 571건 등의 순으로 언급량이 나타났다. 편하다는 착용감도 중시하고는 있지만, 그것을 제외한 모든 상위 키워드가 '디자인'과 연관이 있고 그 비중은 전체의 56%가 된다는 것을 파악했다.

다. 단일 제품군 특성 비교

No.	이슈어	언급수	비율(%)
1	느낌	384	33.7
2	티셔츠	331	29.0
3	가격	306	26.8
4	스타일	118	10.3

No.	이슈어	언급수	비율(%)
1	행사	62	54.8
2	체육대회	51	45.1

No.	이슈어	언급수	비율(%)
1	바지	157	19
2	티셔츠	139	17
3	다리	103	12
4	반바지	88	11
5	가방	85	10
6	모자	73	9
7	단체복	65	8
8	마크	59	7
9	블랙	57	7

'축구 유니폼'을 키워드로 연관 키워드 분석을 진행한 결과, 축구 유니폼이 단일 제품임에도 불구하고 소비자의 착용 목적에 따라 구매기준이 달라지는 것을 파악해 제품군을 구분하였다. '느낌/디자인/스타일'을 중시하는 사람들이 구매하는 제품군을 '프리미엄', '행사/체육대회/단체복'을 생각하는 사람들이 구매하는 제품군을 '보급형'으로 구분했다. 이를 통해 단일 제품

• 연관어 분석
특정 주제 혹은 단어와 함께 언급되는 연관어를 추출 및 분석하는 기법.

군에서 프리미엄/보급형으로 분류한 신규 판매군을 설정할 수 있었다.

4. 빅데이터 분석결과의 활용

가. 새로운 홍보 채널 선정

주요 수요층 분석결과에 따라 유·아동을 주타겟 고객군으로 두고 최적의 홍보 채널을 고심한 끝에 'MBC 꿈나무 축구 재단'을 선정하여 온라인 마케팅을 진행하기로 했다.

'MBC 꿈나무 축구 재단'을 선택하게 된 이유는 1,200여 개의 클럽과 5만여 명의 유소년 축구 선수를 육성하고 있는 단체이며 유소년 축구 리그를 개최하여, 대회 관련 정보를 얻고자 하는 유소년 축구팀 관계자 및 학부모가 사이트를 자주 방문하기 때문이었다.

나. 홈페이지 리뉴얼

고객들의 주요 구매 요소는 디자인이라는 것을 인지하고 제품의 기능에 대한 설명 위주였던 기존 홈페이지에서 제품 촬영 사진을 업로드하고 시각적인 콘텐츠를 더 많이 제공하는 방향으로 홈페이지를 리뉴얼하기로 했다.

또한, 주타겟층을 새로 선정했기 때문에 고객을 그룹별로 원활하게 관리하기 위해 유소년용과 성인용 제품을 구분하여 ADULT 카테고리와 KIDS 카테고리를 추가했다.

다. 단일 제품군 이원화

디자인적인 측면을 중시하여 제작된 제품들은 프리미엄 제품군으로 분류하여 일상 패션으로도 활용이 용이하다는 점을 강조했다. 이전과 같이 기능적 측면을 중시하여 제작된 제품들은 보급형 제품군으로 분류하여 행사나 체육대회 같은 이벤트에 단체복으로 활용할 수 있으며, 가격적인 측면에서도 만족을 얻을 수 있다는 점을 강조하여 각각 마케팅을 진행했다. BIG

315 빅데이터 분석 기반 공장 운영

㈜영풍열처리

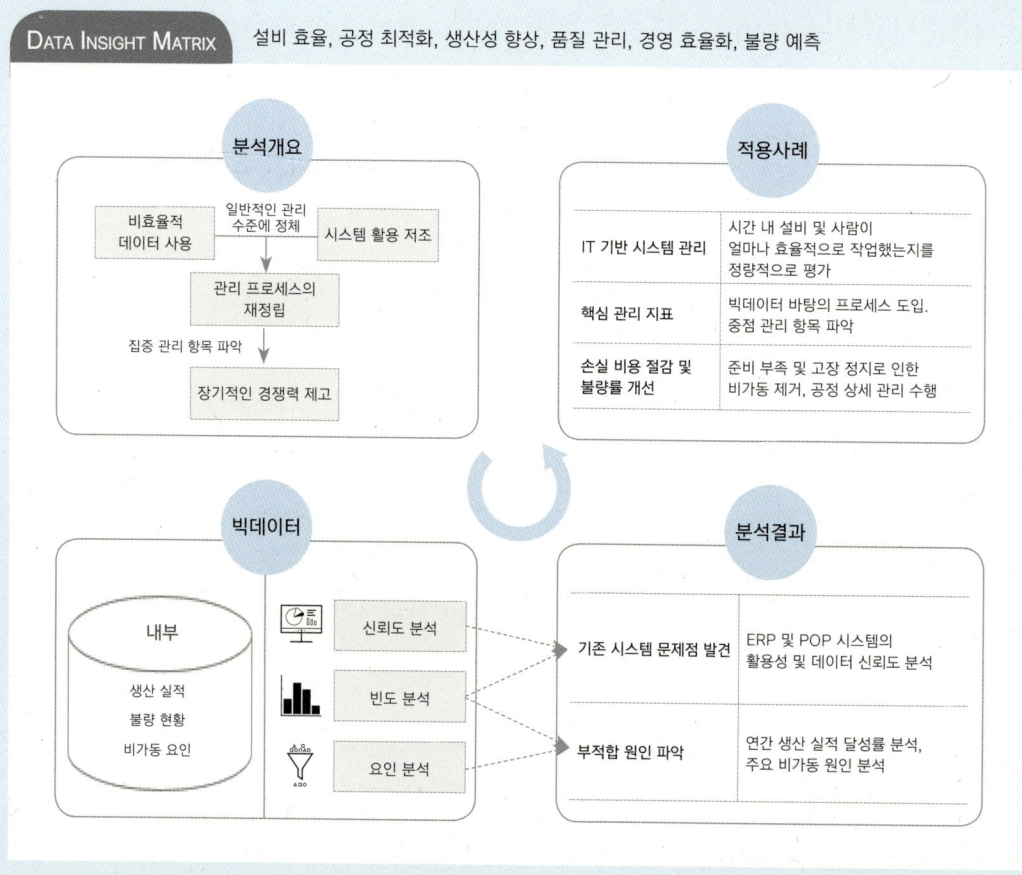

자동차 주요 부품의 내구성과 강도를 향상시키기 위해 열처리 공정을 수행하는 기업인 영풍열처리는 원가 절감과 경쟁력 향상을 위해 ERP(전사적 자원 관리) 시스템과 POP(생산 시점 관리) 시스템을 도입했다. 하지만 이러한 IT 시스템으로부터 수집된 데이터를 가치있게 활용하지 못하고 있었고, 시스템의 활용성이나 정보 신뢰성 또한 매우 저조한 실정이었다. 영풍열처리는 이러한 상황을 극복하고자 빅데이터 분석을 통해 내부에 쌓인 데이터를 가치있게 활용하기로 했다. 또한 데이터 신뢰성 향상을 도모해 전반적인 관리 프로세스를 재정립하여 효율적으로 공장을 관리하기로 했다.

수집데이터	IT 시스템 수집정보 (생산실적, 비가동, 불량 현황)
분석솔루션	디지털팩토리 'FOM 시스템'
참여기업	영풍 (수요기업), (주)디지털팩토리 (빅데이터 솔루션사), (주)웨슬리퀘스트 (경영컨설팅사)

1. Big Point!

영풍열처리는 내부에서 수집한 데이터를 가치있게 활용하지 못함과 더불어 전반적인 관리업무가 비효율적으로 이루어지고 있다는 문제점을 가지고 있었다. 이를 해결하기 위해 효율적인 공장관리의 필수적 요소인 데이터 신뢰도를 향상시키고자 했다. 영풍열처리는 빅데이터 분석을 통해 데이터 신뢰도를 저해시키는 요인과 효율적인 공장 운영을 위한 핵심 지표(KPI) 및 관리 프로세스상의 비효율적인 측면을 파악했다. 그 결과를 활용해 제조 현장시스템의 효율 향상을 시도하고, 핵심관리지표를 도출할 수 있었다. 또한 단발적으로만 개선이 일어나는 것을 막기 위해 분석결과를 토대로 기업 맞춤형 프로세스를 구축해 지속적으로 효율적인 공장관리가 전개되도록 했다.

• KPI
Key Performance Indicator의 약자로 목표를 성공적으로 달성하기 위해 주요하게 관리해야하는 요소에 대한 성과지표를 의미하며 핵심성과지표라고도 함.

2. 활용 데이터와 분석

영풍열처리는 기존 시스템의 활용성을 높이고자 시스템 분석활동을 수행하여 중점적으로 관리해야할 항목을 파악하고자 했다. 이를 위해 생산 실적, 비가동, 불량 현황과 같은 기존 IT 시스템의 수집정보를 면밀하게 분석하여 시스템의 활용성 및 데이터 신뢰도 저해 요인을 파악했다. 분석은 빅데이터 기반의 '공장 운영 관리(FOM, Factory Operation Management) 솔루션'을 통해 수행되었으며, 영풍열처리에게 가장 적합한 프로세스를 재정립하기 위해 1년 2개월 동안의 데이터를 분석했다.

• ERP
ERP(Enterprise Resource planning)는 기업 내부의 경영 활동 프로세스들을 통합적으로 연계해 관리해 주며, 기업에서 발생하는 정보들을 공유하고 빠른 의사결정을 도와주는 시스템.

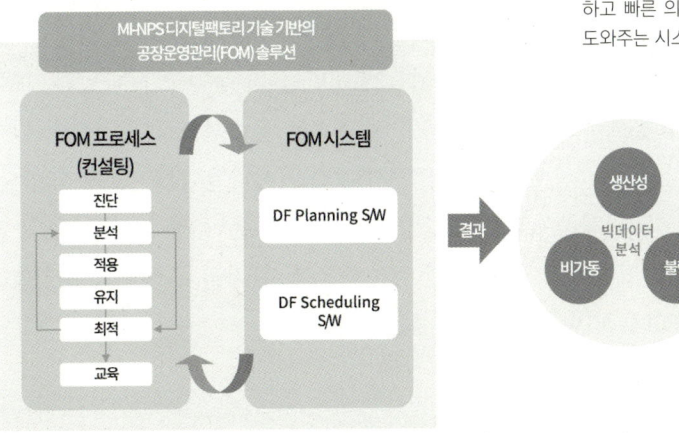

3. 분석결과

가. 기존 시스템 문제점 발견

영풍열처리의 기존 IT 시스템 데이터를 분석한 결과, 데이터 신뢰도를 떨어뜨릴 수 있는 심각한 문제점들을 발견했다. 분석 대상 제품들은 각각 고유 작업 시간을 지니고 있는데, 공정의 특성상 하나의 팔레트에 수십 개부터 수천 개의 부품이 적재되어 열처리 작업을 거친다. 이러한 작업에서는 여러 제품들이 혼입되는 경우가 빈번하였는데, 이 때문에 영풍열처리는 제품별로 작업시간을 관리하지 않고 있었다. 이로 인해 제품별 생산달성률 관리가 제대로 이뤄지지 않고 있었다. 그뿐만 아니라 생산자가 시스템에 입력하는 정보가 실시간으로 관리되지 않고 있었다. 이러한 상황으로 인해 시스템 데이터상의 제품별 계획대비 생산달성률은 159.2%에서 2,865.7%에 이르기까지 매우 큰 편차를 보이고 있었다. 또한 설비의 생산 시간 편차도 평균 23% 수준으로 매우 높게 나타났다. 이러한 결과를 토대로 영풍열처리는 기존에 관리가 미흡했던 제품별 작업시간의 관리 방법과 생산자의 데이터 입력 방식을 개선하기로 했다.

나. 부적합 원인 파악

2015년도 연간 생산 실적 달성률을 분석한 결과 1월은 96.7%였으며, 3월 이후에도 모두 90% 이상으로 평균 95.7% 수준이었지만, 2월의 경우에만 87.0%로 현저히 떨어진 수치를 기록했다.

달성률이 저조한 2월의 데이터로 주요 비가동 요인을 분석했더니 '준비 부족'이 0~10.0까지의 레벨 중 8.0 수준과 가까운 높은 수치로 나타났고, '설비 보전'과 '고장 정지'요인은 1.0 수준도 되지 않는 수치로 나타났기 때문에 주 비가동 요인은 '준비 부족'이라는 것을 알 수 있었다.

근무 일자에 따른 부적합(공정에서 발생하는 불량)을 분석한 결과, 주말의 경우에는 평일보다 부적합률이 0.02%p 만큼 더 높다고 나타났다. 또한 열처리 공정 중에서도 '자동 샌딩기' 공정에서 집중적으로 부적합이 발생했고, 주요 부적합 발생 제품은 '457-3B000'번이라는 것도 알게 되었다. 이를 토대로 다른 제품보다 부적합이 많이 발생하는 공정 및 제품을 중점 관리 항목으로 설정하고, 이에 대한 검사와 작업 관리를 우선적으로 수행하는 방식으로 효율적인 공장 관리를 하고자 했다.

4. 빅데이터 분석결과의 활용

가. IT 시스템을 이용한 정량적인 공장관리 수행

영풍열처리는 기존에 없던 제품별 표준 시간을 설정해 작업 시간에 따른 제품별 계획량을 산출할 수 있게 되었다. 또한 실질적인 작업량과 계획량을 비교하는 정량적인 실적 평가를 실행하게 되었다. 기존에는 그저 생산 수량과 작업자의 수 등만 관리해왔으나, 이러한 프로세스의 개선을 통해 설비와 작업자가 생산 현장에서 얼마나 효율적으로 작업을 수행했는지에 대해 정량적인 지표로 분석할 수 있게 되었다.

나. 데이터 기반의 집중관리항목 파악

영풍열처리는 단순히 회의 및 보고를 위해 데이터를 수집하던 기존 공장 운영 방식은 데이터 관리의 활용성이 매우 떨어진다는 것을 깨달았다. 따라서 본 분석법을 활용한 프로세스를 도입하여 공장 운영에 있어서 집중적으로 관리해야 할 항목이 무엇인지 등의 유용한 정보를 신속하게 도출하고자 하였다.

다. 손실 비용 절감 및 불량률 개선

영풍열처리는 분석 결과를 토대로 준비 부족, 고장 정지, 비가동을 제거하는 과정을 수행했다. 이를 통해 손실 비용을 4억 원에서 2.4억 원으로 전월 대비 약 1.6억 원을 절감했다. 또한 상세한 공정 관리 및 작업자 교육 등을 실시하여 제품 불량률은 30.1%나 감소시킬 수 있었다. 구체적으로 불량률은 본 프로젝트를 수행하기 전의 부적합 수량 783개(금액 162,070원)에서 프로젝트를 수행한 후 547개(110,357원)으로 총 236개(51,713원)가 감소되었다. BIG

유사사례
- 538p, 태정, 생산 저해 요인도 빅데이터로 개선하자
- 476p, 동서, 데이터를 활용한 효율적인 마케팅 전략 수립
- 546p, 유라, 딥러닝 기술기반 대용량 제조 데이터 분석 서비스 플랫폼
- 550p, 현대중공업, 작업시간의 효율적 분배로 생산성 향상
- 542p, 삼성중공업, 빅데이터를 이용한 공정의 최적화
- 566p, 메타빌드, 생산 라인 개선 방향도 빅데이터로 선정
- 326p, 매일유업, 에너지 최적화를 통한 매출 증가
- 372p, 이미인, 프로세스 체질 개선을 위한 빅데이터의 활용

316 기존 고객 관리부터 신규 고객 유치까지

불스원

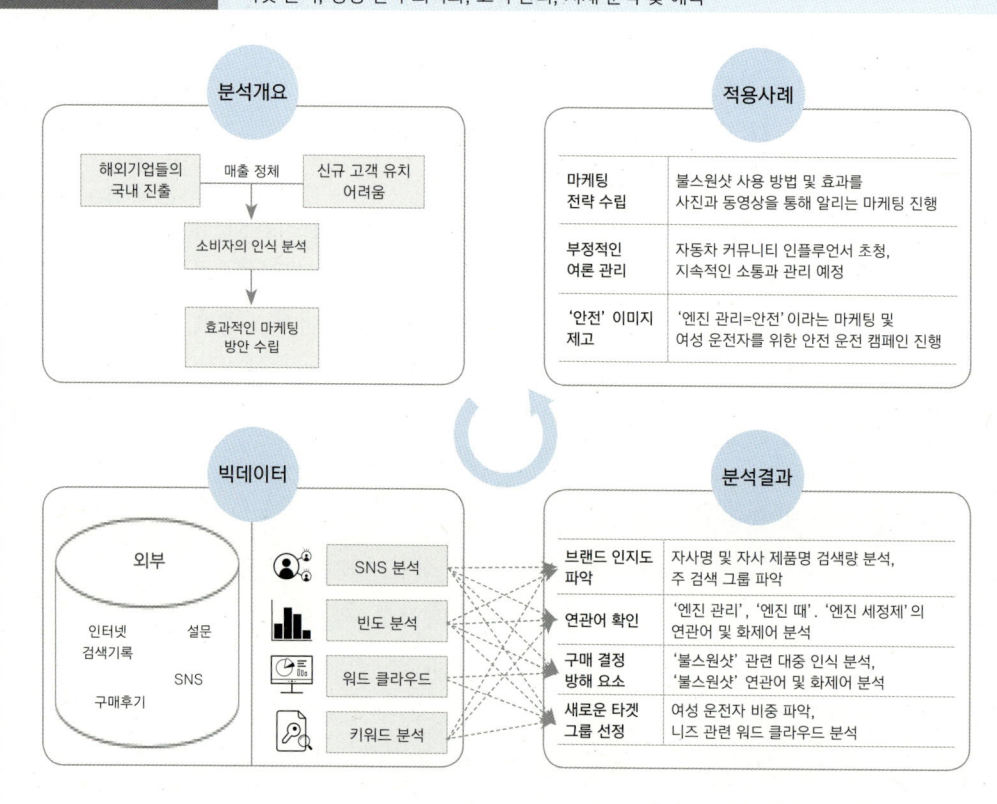

불스원은 2001년에 설립된 후로 국내 엔진 세정제의 대표상품이라고 볼 수 있는 '불스원샷'과 함께 '불스파워', '불스원필터' 등 100여 종의 자동차용품을 생산·판매하면서 국내 자동차용품 시장에서 독보적인 입지를 보유해왔다. 또한 지속적인 성장을 기록하며 시장의 90% 이상의 소비자 인지도(불스원 설문조사 결과 기준)를 기록하기에 이르렀다. 하지만 최근 들어 신규고객이 늘지 않고, 매출 상승세도 뚜렷하지 않았다. 게다가 해외기업의 제품들이 지속적으로 국내에 출시되고 있어 기존 고객에 대한 관리뿐만 아니라 신규고객 유치를 위한 노력도 기울여야 할 상황이었다. 이에 불스원은 빅데이터 분석을 통해 마케팅 전략수립과 브랜드 이미지 관리를 위한 인사이트를 얻고, 그것을 활용해 안정적인 수익구조를 세우고자 했다.

수집데이터	뉴스, 커뮤니티, 블로그, 카페
분석솔루션	㈜와이즈넛 버즈인사이트
참여기업	불스원(수요기업), (주)와이즈넛(빅데이터 솔루션사), (주)웨슬리퀘스트(경영컨설팅사)

1. Big Point!

불스원은 국내시장의 대부분을 점유하고 있지만, 신규고객의 증가 비율은 낮고 기존고객들의 재구매도 확신할 수 없는 상황에 맞닥뜨리고 있었다. 높은 브랜드 인지도만큼의 구매가 이루어지지 않고 있다는 문제의 원인을 찾기 위해 자사 제품에 관한 후기 정보를 수집하여 대중들의 인식을 분석했다. 불스원은 다양한 경로로 수집한 온라인 데이터의 여론 분석을 통해 그동안의 마케팅 효과는 어땠는지를 점검했다. 또한 전략적인 마케팅을 위해 부정적인 여론을 파악하여 빠르게 대응하고, 타겟별 홍보 전략을 다르게 세워서 마케팅을 진행했다.

• 워드 클라우드
문서에 등장하는 핵심 키워드 혹은 개념 등을 직관적으로 파악할 수 있도록 시각적으로 표시하는 기법임.
예를 들어 특정 문서에서 많이 언급될수록 단어의 크기를 크게 표현하는 방법 등이 있음.

2. 활용 데이터와 분석

제품을 좀 더 전략적으로 홍보하기 위해 불스원은 주 고객 군에 대한 정보들과 함께 고객 후기들을 파악했다. 신규고객을 늘리기 위해서는 대중의 인식을 파악하는 과정이 필요하기 때문에 SNS 데이터를 수집하여 분석하기로 했다. 엔진세정제인 불스원샷의 주요 효과인 엔진관리 키워드와 함께 엔진때 제거 키워드의 연관어와 화제어를 분석하여, 브랜드와 제품의 인지도를 알고자 했다. 또한 차량 커뮤니티 회원들을 자사제품의 소비자일 것이라고 가정한 뒤 그들의 반응을 제품 후기라고 판단하고 분석을 진행했다. 그 외에도 새로운 타겟 그룹을 여성 운전자로 정한 이후, 여성 운전자들의 성향과 특징에 대해 분석하고, 그들의 니즈를 파악하기 위한 워드 클라우드 분석도 진행했다.

> **유사사례**
> • 448p, MRD, 빅데이터로 국내시장 장악
> • 510p, 티젠, 빅데이터를 통한 해외 현지 맞춤화 전략 시행
> • 534p, 한독, 건강식품 인지도 제고 방안 빅데이터로 찾자
> • 472p, 헬로네이처, 빅데이터로 고객의 믿음과 마음을 잡아라
> • 274p, 아펙시, 빅데이터 분석을 통한 음악 서비스 사례
> • 238p, 미스틱엔터테인먼트, 연예인 마케팅에도 필요한 빅데이터
> • 294p, 와신교육, 과학적인 근거를 통한 사업의 맥 짚기
> • 460p, 블루엠갤러리, 빅데이터를 통한 대중고객 확보
> • 530p, 다옴푸드앤케어, 빅데이터를 통한 차별화된 신제품 출시
> • 242p, 패션서울, 고객이 원하는 기사와 정보는?

3. 분석결과

가. 브랜드 인지도 파악

'엔진때'와 '엔진관리' 키워드와 관련된 데이터를 수집하여 화제어를 조사한 결과, '불스원'과 '불스원샷'이 10위권 안에서 언급되었다. 또한 연관검색어도 파악했는데 브랜드명으로는 불스원이 유일하게 언급되었다. '엔진세정제' 키워드와 관련된 데이터도 수집하여 분석을 진행했는데 역시 '불스원샷'과 '불스원'이 각각 화제어 2위, 4위로 상위권에 속했다. 연관검색어는 상위 15위권 내에서 '불스원' 및 '불스원샷'과 관련된 키워드가 9개 이상이나 존재했다. 이를 통해 기존의 마케팅 키워드인 엔진때, 엔진관리, 엔진세정제를 중심으로 진행한 홍보로 인해 해당 부분에서의 인지도가 좋은 것을 확인했고, 계속해서 이 부분을 강조한 마케팅을 실시하기로 했다.

나. 구매 결정 방해 요소 파악

'불스원샷'의 연관 검색어 중에서 상위 20개에 대한 분석을 실시했다. 연관 검색어 중에서 '넣는 법', '효과', '사용법', '주기' 등이 나타난 것을 보고, 제품의 정확한 사용법과 효과 등에 관한 정보를 소비자들이 잘 인지하지 못하고 있다는 것을 알게 되었다.

	불스원샷 연관검색어 Top 20				
1	불스원샷 넣는법	980	11	LPG연료첨가제	438
2	불스원샷 경유	908	12	연료첨가제	432
3	불스원샷 70000	905	13	불스원샷 휘발유	420
4	불스원샷 효과	824	14	불스원샷 프로	409
5	불스원샷 디젤	717	15	엔진세정제	308
6	불스원샷 프리미엄	707	16	불스원샷 주기	284
7	불스원샷 뉴카	663	17	불스파워	200
8	불스원샷 사용법	536	18	불스원	174
9	디젤연료 첨가제	514	19	불스원샷 신제품	158
10	검아웃	447	20	카텍몰	75

다. 사용 후기 및 여론 파악

불스원은 차량관리에 높은 관심을 가지는 소비자들의 의견을 파악하기 위해 14개의 차량 커뮤니티에서 나타나는 불스원에 대한 의견을 분석했다. 그 결과 '효과를 별로 느끼지 못한다', '그 대신에 그냥 고급유를 넣어라' 등의 부정적인 후기 여론이 많은 것으로 나타났다. 이를 보고 불스원은 차량 관리에 높은 관심을 가지는 소비자를 대상으로 인식을 변화시키기 위한 활동을 추진하고자 했다.

라. 잠재적 고객군 설정

불스원은 신규고객군을 탐색하던 중 최근 면허등록수와 실제 운전자의 비중이 모두 높아지고 있는 여성 운전자에게 주목했다. 이들의 의견을 알아보기 위해 여성 커뮤니티에서 '불스원', '불스원샷'을 키워드로 하여 수집한 데이터로 워드 클라우드를 만들어 분석을 진행했다. 그 결과, 여성 운전자들은 불스원샷보다 불스원 미러에 더 관심이 많았다. 즉, 이들은 엔진관리보다는 안전에 더 많은 관심을 가지는 것을 알 수 있었으며, 이를 바탕으로 불스원은 여성 운전자들을 대상으로 엔진관리가 안전에 중요하다는 점을 부각하여 마케팅을 하기로 결정했다.

4. 빅데이터 분석결과의 활용

가. 마케팅 전략 수립

고객들이 제품의 용도는 알고 있음에도 불구하고, 그 사용법과 효과는 제대로 인지하고 있지 못하다는 점을 바탕으로 제품의 사용법을 사진과 함께 전달하도록 각종 SNS와 인터넷의 다양한 채널을 활용하여 마케팅을 진행했다. 또한 엔진 세정에 관한 원리를 동영상으로 설명하거나 효과에 대해 공식 검증된 내용을 온/오프라인에서 다양한 방법으로 알리는 등의 활동을 통해 부정적인 후기들에 대응하고자 했다.

나. 부정적인 여론 관리

부정적인 후기가 많던 자동차 커뮤니티의 여론을 잡고 홍보 효과도 동시에 얻기 위해 관련 커뮤니티 인플루언서들을 초청하여 '불스워너'로 위촉했다. 그들에게 제품 효과에 대해 직접적으로 설명하고, 궁금증을 해결하고 이해를 돕는 시간을 가졌다.

다. '안전' 이미지 제고

새로운 타겟군인 여성 고객들에게 '엔진관리 = 안전'이라는 인식을 심어주기 위해 휴가철, 고속도로 휴게소에서 여성 운전자들을 대상으로 '휴가철 안전운전 캠페인'을 시행했다. 이것을 통해 안전운전 10대 수칙을 알림과 동시에 차량과 엔진관리의 중요함을 설명했다. 또한, 흥미를 유발할 수 있는 불스원샷 주입구 찾기 게임 등을 실시하여 불스원샷을 나눠주는 이벤트를 진행하는 등 새로운 타겟 그룹이 쉽고 흥미롭게 불스원의 제품에 접근할 수 있도록 했다. BIG

317 빅데이터를 통한 해외 현지 맞춤화 전략

티젠

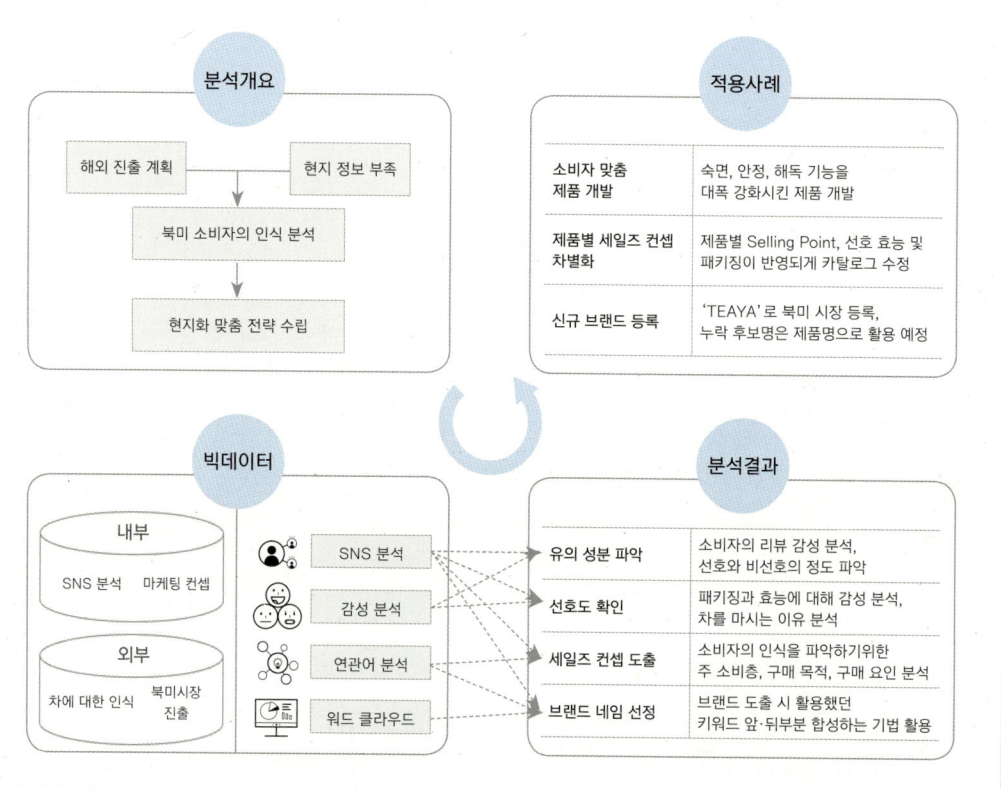

국내 대표 차(茶) 전문 제조업체인 티젠은 현대인들의 고민인 숙면, 변비, 스트레스, 다이어트 등의 해결에 도움을 줄 수 있는 다양한 기능성을 강조하여 녹차, 홍차, 메밀차, 연잎차, 허브 티, 밀크 티 등 약 200여종의 다양한 차 제품을 개발하여 웰빙 차 문화를 선도해가고 있었다. 티젠은 롯데백화점, 코스트코, 이마트, Home Plus Express, 미니스톱, 올리브 영, 11번가, G Market 등 온/오프라인 구분 없이 다양한 유통 채널을 보유하고 있는 국내 최고의 브랜드인 현재의 상황에 만족하지 않고, 해외 사업팀을 신설하여 글로벌 시장으로의 진출을 계획하였다. 국내와는 다른 전략이 필요하다는 것은 인식하고 있지만, 해외 차 시장의 관련 정보가 없어 전략을 세울 수 없던 티젠은 빅데이터 분석을 통해 현지의 차 시장과 관련한 다양한 정보를 얻고, 그를 통해 현지화 맞춤 전략을 세우기로 하였다.

수집데이터	뉴스, 온라인 쇼핑몰, 커뮤니티, 블로그, 카페
분석솔루션	㈜이씨이십일 e-knowing
참여기업	㈜티젠(수요기업), ㈜이씨이십일(빅데이터 솔루션사), ㈜웨슬리퀘스트(경영컨설팅사)

1. Big Point!

티젠은 해외시장 진출을 위해 시장조사를 한 결과, 북미시장에서 차 소비 인식이 확산되고 있는 것을 파악하여 북미를 타겟으로 선정하였다. 북미 시장 소비자의 차 인식에 대한 부분을 선결과제로 판단하고 빅데이터를 이용해 선호요인과 비선호요인을 판단하고자 하였다. 또한 티젠의 주력제품인 연잎차, 우엉차, 옥수수염차, 민들레차의 경우 소셜 빅데이터 분석을 통해 소비층이 있는지 우선 파악하고 마케팅 컨셉을 수립하고자 하였다. 추가적으로 티젠이라는 브랜드명이 북미시장에서 사용되고 있어 신규 브랜드 출원이 불가피 하였다. 이 또한 빅데이터 분석을 통해 시행하고자 하였으며, Wellness tea, Health Tea, High-end Tea를 입력하여 도출된 연관어들을 이용하여 신규 브랜드 런칭을 진행하고자 하였다.

2. 활용 데이터와 분석

티젠은 북미시장 진출 전략을 세우기 위해 우선 현지인들이 선호하는 맛과 효능, 패키지의 형태를 파악하고, 각각의 차에 대한 소비자들의 인식을 분석하고자 했다. 이를 위해 'e-knowing' 솔루션을 활용해 북미 SNS 데이터를 수집했다. 우선, 제품 제작 과정에서 고객들이 비선호하는 맛은 블렌딩에서 제외하는 것이 가장 중요하다고 판단한 티젠은 아마존과 월마트, 북미 의차와 관련된 커뮤니티의 리뷰 데이터를 바탕으로 감성분석을 진행했다. 감성지수가 마이너스로 나타난 성분 중 그 절대값이 높은 성분들을 파악했으며, 선호하는 패키징과 효능을 알기 위해서 관련 내용이 담겨 있는 데이터에서 감성분석을 통해 지수가 높은 요인들을 판단했다. 또한 주 소비층과 구매 목적, 구매요인도 함께 파악하고, 브랜드 네임 선정에도 SNS분석을 적극 활용하기로 했다.

• e-knowing 솔루션
EC21에서 제공하는 솔루션으로, 해외 진출을 희망하는 중소기업을 대상으로 현지 소비자 트렌드를 제공하여 마케팅 전략 수립에 활용함. 주요 서비스로는 자연어처리, 토픽분석, SNS소비자 분석등이 있음.

유사사례
• 468p, 블리리언트앤컴퍼니, 최적의 마케팅을 찾아준 빅데이터
• 484p, 죠샌드위치, 나를 알고 고객을 알면 백전백승
• 448p, MRD, 빅데이터로 국내시장 장악
• 494p, 존스킨화장품, 빅데이터를 통한 남성 화장품 인사이트 도출
• 472p, 헬로네이처, 빅데이터로 고객의 믿음과 마음을 잡아라

3. 분석결과

가. 유의 성분 파악

차 성분과 관련한 북미시장 소비자들의 선호도를 분석한 결과, 레몬이 감성지수 -56.12로 비선호도가 가장 높았으며, 같은 과일 종류인 살구는 -3.55로 비선호도 8위로 나타났다. 또한 허브류 성분인 발레리안이 -7.72로 2위로 나타났으며, 마찬가지로 같은 허브류 성분인 베르가못은 -4.10으로 6위, 살리팔렐라는 -2.59로 10위로 나타났다. 대체적으로 신맛이 나는 과일류와 쓴맛이 나는 허브류에 대한 선호도가 좋지 않다는 것을 알 수 있었다.

특히 티젠의 주력 제품인 연잎에 대해서도 -3.61로 7위의 비선호도를 갖고 있었다. 또한 연잎차의 경우 케이크, 잼 과같이 달콤한 맛과 향을 기대하는 소비자들이 있어 이를 반영한 신규 공법을 개발하는데에 분석결과가 적용 되었다.

나. 선호도 확인

패키징에 대한 감성 지수를 분석한 결과, 냉차는 'Iced'가 55.17, 'Cold Brew'가 50.88로 나타났으며, 잎차는 39.57로 나타나, 냉차와 잎차의 형태가 선호도가 높다는 것을 알게 되었다. 한편, 한국에서 많이 나오는 형태인 티백의 경우에는 불량 상태에 대한 컴플레인이 많다는 것도 파악하게 되었다.

효능의 경우, 숙면은 'Sleep'이 40.92, 'Calm'이 28.27, 'Bed'가 23.12로 나타났으며, 안정은 'Soothe'가 18.58, 'Relax'가 17.54로 나타났고, 해독은 'Detox'가 15.85, 'Liver'가 15.04로 나타나, 숙면과 안정, 해독의 효능에 관심이 많다는 것을 알게 되었다. 분석을 통해 티젠은 주력 차에 대해 티백패키징을 변경여부를 검토하게 되었으며, 차의 효능인 숙면, 진정 등에 대한 부분을 강조한 홍보 및 마케팅을 진행하여 북미 바이어에게 어필하고자 하였다.

다. 세일즈 컨셉 도출

민들레 차는 여성용 디톡스 제품 및 커피 대용품이라는 인식이 주를 이뤘으며, 우엉차는 허벌리스트들이 추천하는 전통차의 인식이 높았다. 또한, 옥수수 수염차의 경우 생리통 약 대신에 먹는 건강차라는 인식이 높았고, 연잎차는 진한 맛과 향이 필요하다는 인식이 대부분이라는 것을 알게 되었다.

라. 브랜드 네임 선정

Wellness Tea의 경우에는 다이어트, 해독, 선물 세트와 관련된 키워드의 비중이 높았으며, Health Tea는 가족 또는 지인들과 관련된 키워드 및 녹차 키워드가 많이 나타났고, High-end Tea는 가족 또는 지인과 관련된 키워드와 함께 선물과 관련된 키워드 및 기념일 관련 키워드도 나타났다. 이를 통해 너의 건강에 주는 선물이라는 의미의 'TEAYA', 특별한 사람들을 위한 선물이라는 의미의 'TEAYA PEOPLE', 디톡스와 차의 만남이라는 의미의 'TEATOX' 라는 세개의 후보군을 도출했다.

<티젠 브랜드 히스토리>

TEA + ZEN = TEAZEN
PASSION FOR GOOD TEA
茶 + 禪 = "차를 통한 몸과 마음의 편안함을 제공하겠다."

<티젠 북미시장 브랜드 기획>

TEA + ??? = "Wellness Tea"
"Health Tea"
"High-end Tea"

4. 빅데이터 분석결과의 활용

가. 소비자 맞춤 제품 개발

시장 소비자들이 선호하는 효능인 숙면과 안정, 해독 기능을 모두 갖추고 있는 자사의 잎 차 제품 중 하나인 Teal Leaf Essentials를 북미 시장에서의 마케팅에 적극 활용하기로 했으며, 숙면, 안정, 해독 기능을 대폭 강화하고, 과실 성분은 최소화한 Wellness Infusion 제품을 개발하여 UPC 코드 등록까지 완료했다.

나. 제품별 세일즈 컨셉 차별화

전통 차 제품과 관련된 회사 소개만이 전부였던 기존의 자료에서 제품별 Selling Point, 선호 효능, 선호 패키징을 모두 반영한 거래 제의서를 제작하고, 제품 카탈로그를 수정하는 등 마케팅 인프라를 재정비했다. 또한 미국 시카고의 PLMA 전시회에 참가하여 Selling Point를 강조하는 등 더욱 강한 효과의 마케팅을 진행했다.

다. 신규 브랜드 등록

너의 건강에 주는 선물(Special Gift For Your Health)이라는 뜻을 가진 'TEAYA'라는 의미로, 최종 브랜드 등록을 진행했다. 누락되었던 후보인 'TEAYA PEOPLE'과 'TEATOX'라는 명칭은 신규 제품이 출시되었을 때, 제품명으로 활용하기로했다. BIG

• UPC 코드
범용 상품 부호 또는 세계 상품 코드(Universal Product Code)로 불리며 북아메리카와 영국, 오스트레일리아, 뉴질랜드에서 상품 식별을 위해 널리 쓰이는 바코드 기호.

318 데이터를 활용한 마케팅 컨셉 수립

큐비엠

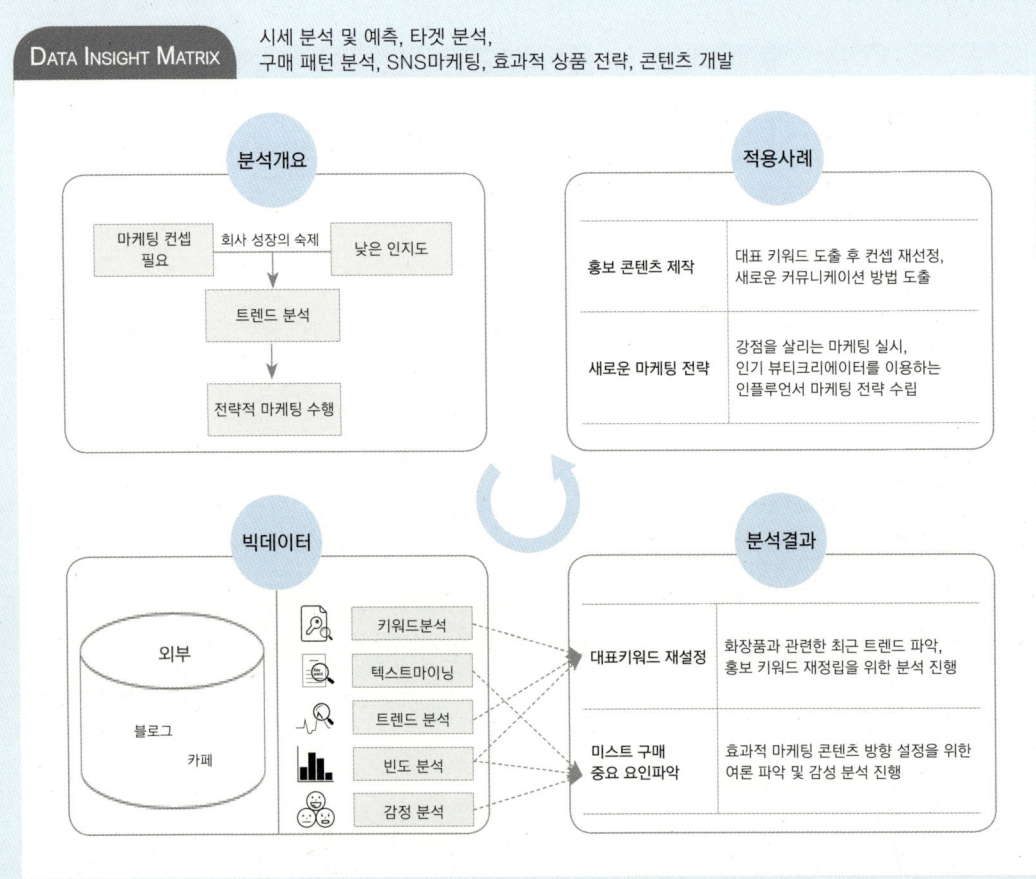

DATA INSIGHT MATRIX — 시세 분석 및 예측, 타겟 분석, 구매 패턴 분석, SNS마케팅, 효과적 상품 전략, 콘텐츠 개발

큐비엠은 수심 1,500m의 해양 심층수를 통해 추출한 미네랄 원료를 기업에 공급하거나 Health, Beauty 제품을 직접 개발, 제조하는 기업으로 최근에 미스트를 신상품으로 출시하였다. 하지만 이미 수많은 화장품 브랜드가 미스트 사업에 뛰어들어 소비자들에게는 사업 후발주자로 인지도가 낮다는 문제가 있었다. 이러한 문제를 해결하기 위해 큐비엠 화장품 브랜드인 '잇비'에서 새롭게 출시되는 미스트의 마케팅 콘셉트와 홍보콘텐츠를 마련하기 위해 빅데이터 분석을 통해 소비자의 니즈와 화장품 트렌드를 파악하고자 했다.

수집데이터	블로그, 카페
분석솔루션	Smart Cruncher
참여기업	㈜큐비엠, ㈜골든플래닛, ㈜웨슬리퀘스트

1. Big Point!

큐비엠은 신제품 미스트의 효과적인 마케팅 전략을 수립하기 위해 '잇비' 브랜드의 특성에 맞는 마케팅 키워드를 찾아내고자 했다. 또, 키워드를 통해 소비자 트렌드와 니즈를 파악해 홍보 콘텐츠를 제작해 브랜드 인지도까지 함께 상승시키고자 했다.

이러한 목표를 두고 분석을 진행하는 과정에서 고객들이 '해양심층수 화장품'보다는 '미네랄 화장품'이라는 용어에 더 관심을 보인다는 것을 알게 되어, 핵심 브랜드 키워드를 해양심층수에서 미네랄로 변경하기로 했다. 또한, 소비자들이 미스트 제품을 구매할 때 중점적으로 보는 '보습력'과 '성분', '분사력'이 모두 새롭게 출시한 미스트의 강점과 동일하게 파악하여, 객관적인 기술 검증 결과를 바탕으로 강점을 부각시킬 수 있는 마케팅 전략을 세우기로 했다. 자사의 제품만으로도 충분한 수분 공급과 보습 효과를 얻을 수 있다는 내용을 중심으로 뷰티크리에이터를 통한 마케팅을 진행하여, 단기간에 브랜드 인지도와 매출 모두 증가하는 성과를 얻었다.

2. 활용 데이터와 분석

큐비엠은 초기 해양심층수로 마케팅 방향을 잡고 있었으나, 분석을 통해 어떤 키워드가 고객들에게 인지도와 소비자 구매도가 더 높을지 파악해 마케팅 방향을 수정하고자 했다. 블로그와 카페 등을 이용하여 소셜상에서 나타나는 대중의 의견을 수집해 '해양심층수'와 '미네랄' 키워드에 대한 언급량을 분석하여 소비자 인식 비교를 시행하였다. 그리고 구매결정요인에 대해 '미스트'가 포함된 데이터를 수집해 트렌드 분석을 통해 커뮤니티에서 강조해야 할 포인트가 어떤 것인지에 대해 파악하고, 시중에 인기 있는 미스트 제품에 대해 소비자들의 긍·부정 인식 분석을 진행했다.

• 트렌드 분석
현재와 과거의 역사적 자료 또는 추세에 근거해 다가올 미래사회 변화의 모습을 예측하는 방법. 일련의 데이터에 연장선을 긋는 방법으로 추세를 예측할 수 있으며 경제 성장, 인구 증감, 에너지 소비량, 주가 등 가격변수를 예측하는 데 사용됨.

3. 분석결과

가. 대표키워드 재설정

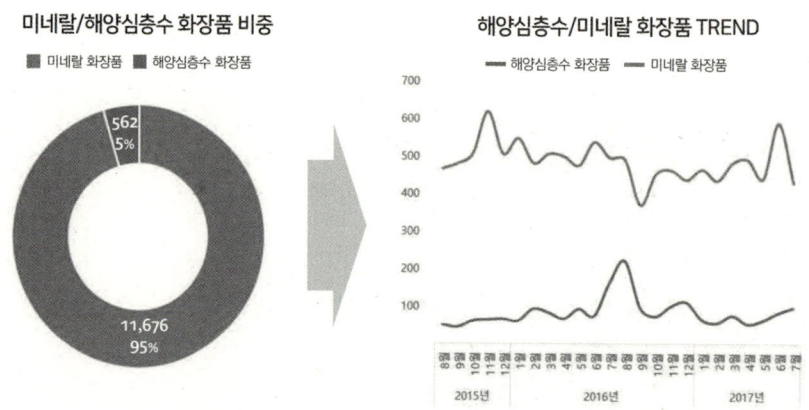

'해양심층수'와 '미네랄'의 언급량을 비교한 결과, 약 12,000건 중 95%가 미네랄 화장품이 더 많이 언급된 것으로 나타났다.

또, 3년 동안의 추세를 분석했을 때, '미네랄'의 언급량이 '해양심층수'의 언급량보다 꾸준히 높게 나타났음을 확인했다. 이를 통해 소비자는 해양심층수보다 미네랄 화장품에 관심이 많은 것을 알 수 있었다.

나. 미스트구매의 중요 요인 파악

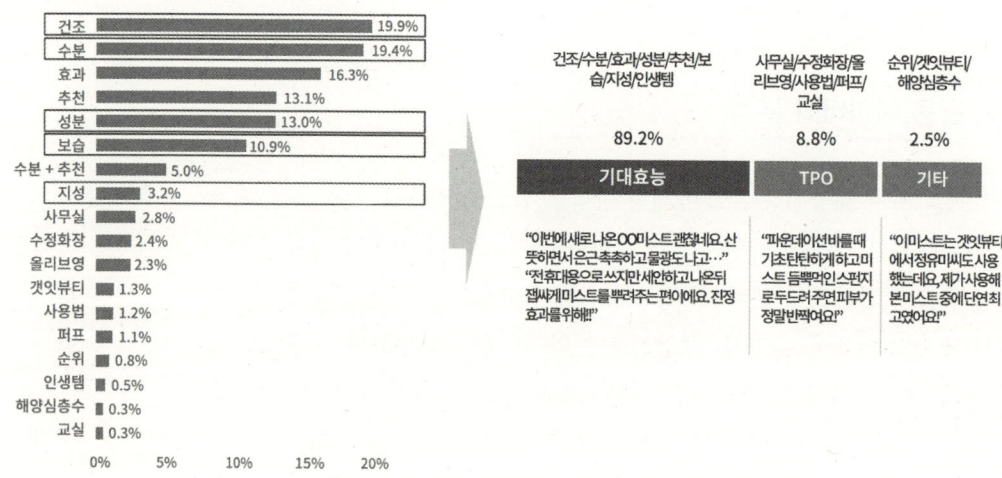

미스트 제품의 효과적 마케팅 방향을 설정하기 위해 소비자들의 구매 요인을 파악하고자 '미스트'가 포함된 데이터를 기반으로 트렌드 분석과 인기 미스트 제품에 대한 긍·부정 인식 분석을 시행하였다. 두 분석 결과 동일하

게 소비자들은 미스트에 있어 지속적인 '보습력'과 '성분', '분사력'을 요구하였으며 이를 이용해 콘텐츠를 작성하여 홍보에 활용하기로 하였다.

4. 빅데이터 분석결과의 활용

가. 홍보콘텐츠 제작

'해양심층수'보다 '미네랄'을 활용한 홍보가 더 효과적일 것이라는 결과를 반영하여 마케팅 방향을 '천연 미네랄'로 설정하고 '저자극', '순수', '효과', '성분' 등이 드러날 수 있도록 홍보콘텐츠의 수정을 실시하였다. 또한, 좋은 미네랄임을 강조하기 위해 미네랄 대표 브랜드인 에비앙과 비교하여 홍보하는 방안도 고려하였다.

나. 마케팅 활용

미스트 제품에 있어 보습, 성분, 분사력이 구매 요인에 중요한 요소인 것을 빅데이터 분석을 통해 파악하였다. 이를 통해 천연 미네랄 성분이 뛰어난 보습력과 지속력을 보장하게 하고, 안개 형식의 분사 방법이 분사력에 강점을 가지는 것으로 마케팅 콘텐츠를 제작하였다.

또한, 최근 10~20대가 새로운 화장품 구매 수요자로 나타남에 따라 인기 있는 뷰티 크리에이터를 통해 집중적 마케팅을 시행하였다. BIG

유사사례
- 456p, 제이에스티나, 빅데이터로 되찾는 고급스로운 브랜드 이미지
- 518p, 토란, 빅데이터를 통한 시장 별 마케팅 전략
- 464p, MANSOLE, 제품기획과 마케팅 두 마리 토끼를 잡다
- 468p, 블리리언트앤컴퍼니, 최적의 마케팅을 찾아준 빅데이터
- 186p, 비씨카드, 데이터의 융합을 통한 시의적절한 마케팅
- 182p, 신한카드, 고객의 발자취와 목소리
- 498p, 자이크로, 빅데이터 분석 결과를 통한 마케팅 전략 수립
- 494p, 존스킨화장품, 빅데이터를 통한 남성 화장품 인사이트 도출
- 522p, 지피트리, 빅데이터를 통한 온라인 마케팅의 해법
- 558p, 노스페이스, 이제는 아웃도어도 스마트하게 사자

319 빅데이터를 통한 시장별 마케팅 전략

토란

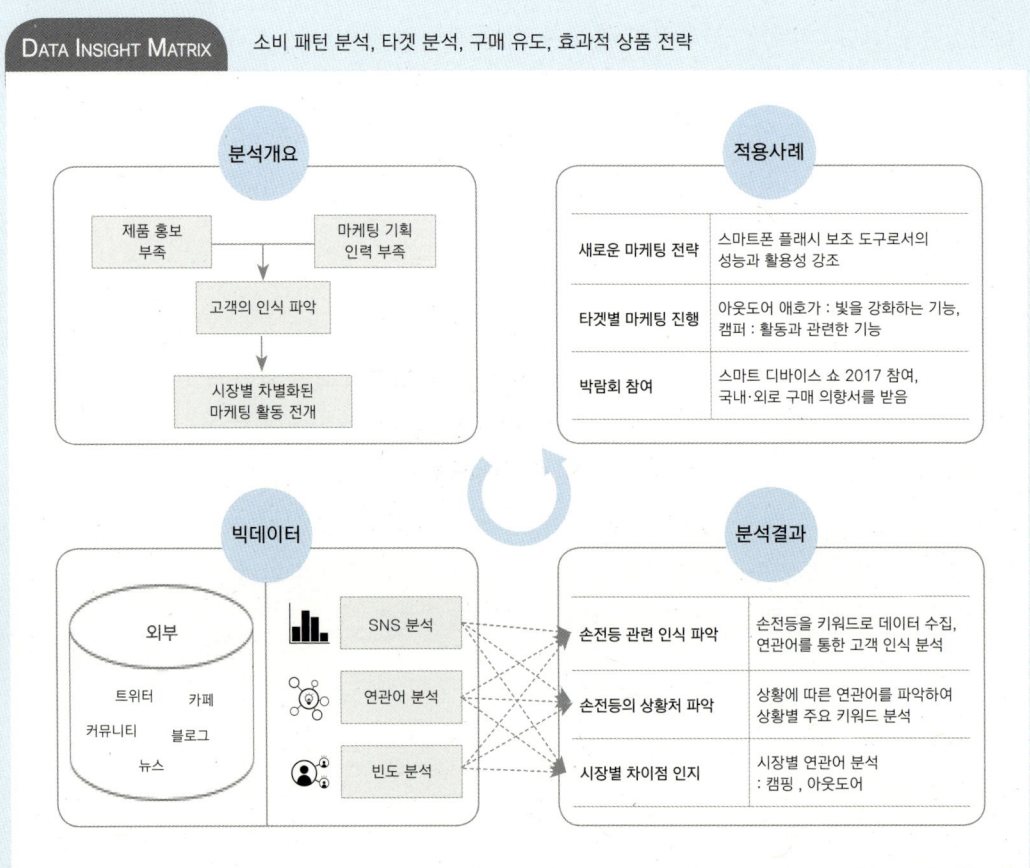

생활에 유용하면서도 혁신적인 아이디어 상품을 개발·제조하는 토란의 대표는 많은 여행을 하면서 스마트폰 플래시의 한계를 자주 느끼곤 하였다. 이에 착안하여 전방 200M까지 빛을 비출 수 있는 스마트폰 플래시의 보조 제품을 개발하게 되었고, 추가적으로 많은 기능도 덧붙여 혁신적인 아이템으로 시제품까지 완성했다. 하지만 토란은 마케팅과 관련된 기획 인력이 없어, 자사 제품의 기능과 강점을 소비자들에게 효과적으로 전달하지 못하고 있었다. 이러한 문제를 해결하고자 빅데이터 분석을 통해 마케팅을 시행하였고, 국내 시장에서의 홍보와 함께 해외 시장 진출까지 모두 노려보기로 했다.

수집데이터	뉴스, 트위터, 커뮤니티, 블로그, 카페
분석솔루션	㈜인사이터 소셜 인사이터
참여기업	토란(수요기업), ㈜인사이터(빅데이터 솔루션사), ㈜웨슬리퀘스터(경영컨설팅사)

1. Big Point!

토란은 핸드폰 플래시 빛의 조도와 넓은 거리를 비추지 못하는 단점을 보완하고자 이를 강화할 수 있는 트랜스 빔이라는 제품을 개발하였다. 트랜스 빔은 간단하게 스마트폰 플래시 위에 장착하여 사용할 수 있는 제품이었으나 연구인력 중심의 인력으로 인해 마케팅 기업 인력이 없어 시제품을 완성하고도 소비자나 투자자에게 제품의 장점을 부각시킬 방법에 대한 아이디어가 없는 실정이었다. 위와 같은 문제를 해결하기 위해 (주)인사이터의 소셜 인사이터 솔루션을 통해 빅데이터 분석을 진행하였으며, 트위터, 카페 등 커뮤니티의 데이터를 수집하여 손전등이라는 키워드로 분석을 실시하였다.

• Social insighter
(주)인사이터에서 개발한 분석솔루션으로 소셜데이터를 활용하여 버즈량분석, 텍스트마이닝등의 분석 서비스를 제공함.

2. 활용 데이터와 분석

토란은 효과적인 마케팅을 위해 손전등과 관련한 대중들의 반응을 파악하는 것이 가장 중요한 과제라고 생각하였다. 또한 제품의 핵심 타겟으로 설정한 아웃도어/캠핑 애호가들의 니즈를 파악하는 것도 중요하다고 판단하여 대중들의 다양한 반응을 쉽게 접할 수 있는 SNS 데이터를 이용해 분석에 활용하였다. 손전등에 대한 고객 인식을 파악하기 위해 '손전등' 키워드와 연관어 분석을 진행했으며, 관련 상황을 알기 위해서 언급량 분석을 동시에 진행했다. 또한 아웃도어/캠핑 애호가들의 니즈를 파악하기 위해서 '아웃도어' 및 '캠핑' 키워드 각각의 연관어 분석도 추가로 진행하였다.

3. 분석결과

가. 손전등 관련 인식 파악

손전등을 키워드로 광고 글을 제외한 언급량 분석을 진행한 결과, '안드로이드'가 15,185회로 1위, '안드로이드 폰'이 15,148로 2위, '앱'이 6,649로 3위로 나타났으며, '핸드폰'은 1,723회로 19위, '아이폰'은 1,700회로 20위로 나타났다. 스마트 폰과 관련한 단어가 상위권에 있을 뿐 아니라, 상위 20개의 단어들 중 5개가 스마트폰과 관련이 있는 것으로 나타났으며, 그 범위를 30개로 확대하면, 총 9개의 단어가 스마트폰과 관련이 있는 단어라고 나타났다. 위의 결과로 사람들이 스마트폰으로 손전등의 플래시를 이용하고 있는 것으로 확인 할 수 있었으며, 토란은 자사 제품을 통해 스마트폰 플래시 기능의 단점을 보완할 수 있는 상품임을 고객들에게 인지 시키고자 하였다.

• 연관어 분석
특정 주제 혹은 단어와 함께 언급되는 연관어를 추출 및 분석하는 기법.

나. 손전등 관련 상황처 파악

연관어 분석을 통해 손전등과 관련한 상황 분석을 진행한 결과, 구호품이 5,065건으로 1위로 나타났으며, 2위가 여행(5,013건), 3위가 정전(5,008건), 4위는 지진(2,708건)으로 나타났다. 여행을 제외하고는 모두 위급한 상황일 때 손전등을 필요로 한다는 것을 알게 되었다. 위의 결과를 통해 위급한 상황에 처한 사람들의 경우 트랜스 빔의 빛 확장 기능을 활용할 수 있다는 점을 강조하여 마케팅을 할 필요가 있음을 파악하였다.

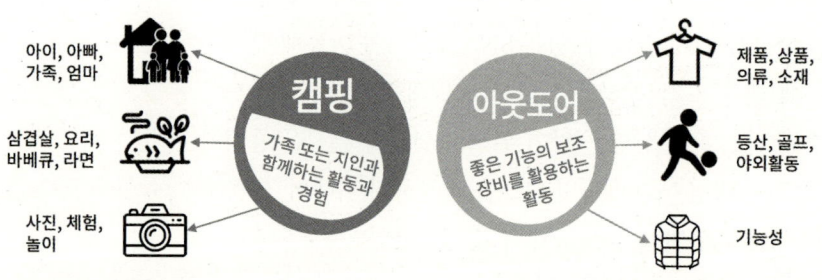

다. 시장별 차이점 인지

캠핑과 관련한 연관어로는 여행, 가족, 고기, 사진, 아이, 요리, 바베큐, 라면 등으로 나타났으며, 아웃도어의 경우에는 제품, 활동, 상품, 의류, 조끼, 등상, 기능성 등이 나타났다. 캠핑과 아웃도어의 경우 두 타겟 시장별 강조해야 할 부분이 다름을 파악한 토란은 각자 분석결과를 통해 각각 다른 마케팅 포인트를 설정하였다.

4. 빅데이터 분석결과의 활용

가. 새로운 마케팅 전략

기존 토란의 마케팅은 조도가 어느 정도 높아지는지, 가시거리가 얼마나 되는지 또는 프로젝트 필름이나 컬러 필터가 무엇인지에 대한 기능적 설명만 이루어졌고 전문 용어를 이용한 마케팅 방법이었다. 이를 벗어나 실제 사용자들에게 쉽게 와닿을 수 있는 방향으로 전략을 세웠으며, 트랜스 빔을 통해 빛이 얼마나 극대화되는지, 스마트폰 플래시만 사용했을 때와의 차이는 얼마나 크게 나타나는 지 등을 시각적으로 확인할 수 있는 영상을 제작하여 온라인에 업로드하고 마케팅에 활용했다.

나. 타겟별 마케팅 진행

아웃도어 애호가들은 위급 상황에 대한 대비가 항상 필요하기 때문에 '조력자'라는 대표 키워드를 선정해, 얼마나 빛을 강화하여 어두운 길을 밝혀 줄 수 있는지 등을 알려주고, 붉은 색이나 초록색의 컬러 필터를 활용해 위급 상황을 알릴 수도 있음을 강조했다.
한편 캠퍼들의 경우에는 즐거운 활동의 보조 기구라는 느낌을 심어주기 위해 '무드메이커'라는 대표 키워드를 선정하여, 여럿이서 함께 체험하고 즐길 수 있는 기능인 무드 등의 활용이나 프로젝트 필름 등을 강조했다.

다. 박람회 참여

국내 IT 악세사리 및 주변기기 박람회인 스마트 디바이스 쇼 2017(KITAS, Korea Smart Device Trade Show)에 참여하여, 새로 제작한 홍보물과 홍보 영상으로 마케팅 활동 및 제품 설명을 진행했다. 이는 150여명의 고객으로부터 구매 의향서를 받고, 국내·외 27명의 바이어들에게 연락처를 받는 결과로 이어졌다. 이 후, 미국과의 계약을 완료하고 인도와의 계약 논의를 진행 중에 있다. BIG

> **유사사례**
> - 514p, 큐비엠, 데이터를 활용한 마케팅 컨셉 수립
> - 278p, 플렉싱크, 중국인의 마음을 사로잡을 빅데이터
> - 522p, 지피트리, 빅데이터를 통한 온라인 마케팅의 해법
> - 182p, 신한카드, 고객의 발자취와 목소리
> - 456p, 제이에스티나, 빅데이터로 되찾는 고급스러운 브랜드 이미지
> - 498p, 자이크로, 빅데이터 분석 결과를 통한 마케팅 전략 수립
> - 294p, 와신교육, 과학적인 근거를 통한 사업의 맥 짚기
> - 464p, MANSOLE, 제품기획과 마케팅 두 마리 토끼를 잡다
> - 530p, 다움푸드앤케어, 빅데이터를 통한 차별화된 신제품 출시
> - 282p, 시대에듀, 빅데이터 기반 효과적인 마케팅 전략 수립

320 빅데이터를 통한 온라인 마케팅의 해법

지피트리

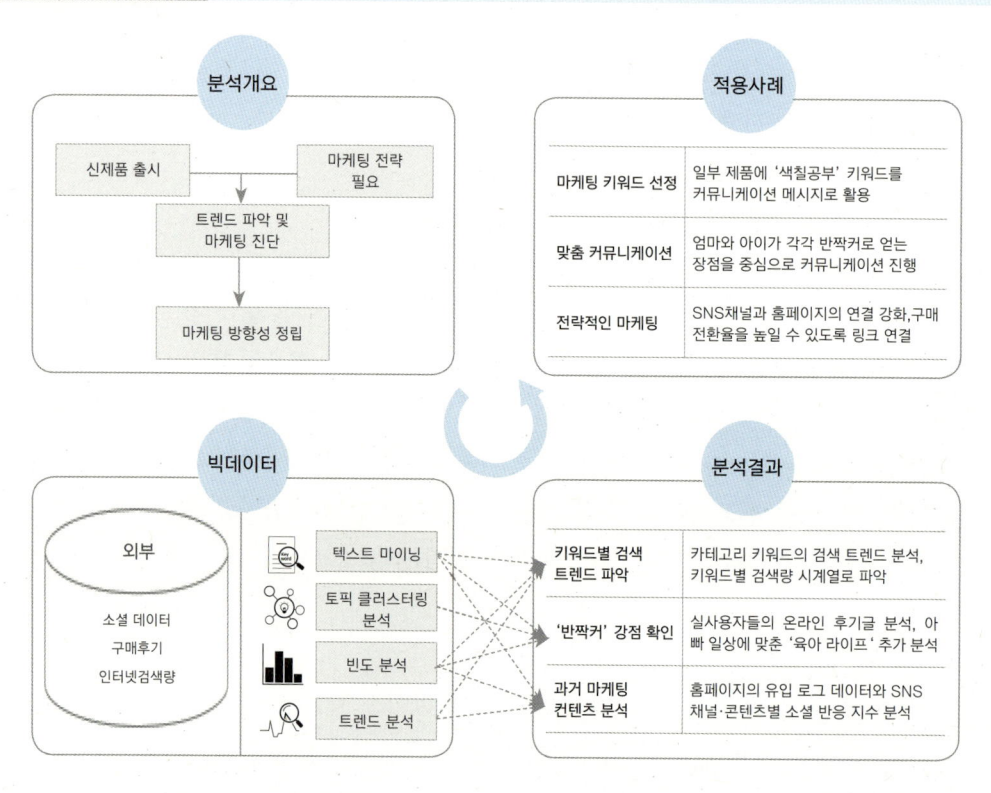

어린이 놀이교구/완구 업체인 지피트리는 '반짝커'라는 대표 제품을 필두로, 창의 및 인성 교육과 놀이 문화를 형성해 나가고 있으며, 어린이들의 집중력 향상과 성취감 등에도 도움을 줄 수 있는 다양한 제품을 개발·판매하고 있다. 또한 제품 자체에 아이들이 더욱 흥미를 느낄 수 있도록 터닝메카드, 프리파라 등의 캐릭터 라이선스 OEM을 통해 경쟁력을 강화했다. 뿐만 아니라 경기관광공사, 교원 등과 B2B 사업을 진행하면서 점점 그 입지를 넓히고 있었고, 일본, 중국, 미국 등 주요 국가로 수출하고 있었다.

지속적으로 성장을 이어가고 있는 지피트리는 반짝커에서 업그레이드된 신제품인 '글라스커'를 제작하고 이에 대한 마케팅 전략을 세우는 과정에서 빅데이터를 활용하기로 했다. 분석결과를 통해 반짝커의 아성을 이어가는데서 그치지 않고, 반짝커와의 차별화 포인트를 강조해 기존 고객의 재구매를 유도하고, 신규 고객 또한 확보하기로 했다.

수집데이터	블로그, 카페
분석솔루션	(주)데이터마케팅코리아 트렌드트래커
참여기업	지피트리(수요기업), (주)데이터마케팅코리아(빅데이터 솔루션사), (주)웨슬리퀘스트(경영컨설팅사)

1. Big Point!

지피트리는 SNS 데이터를 수집하고 분석하는 과정을 통해 온라인 마케팅에서 어떤 채널에 집중해야 할지, 홈페이지 운영 방안은 어떻게 해야 할지 등에 대한 인사이트를 얻고자 했다. 연관된 검색어들의 트렌드를 파악하면서, '색칠공부' 키워드가 계절성 없이 꾸준히 증가 추세인 것을 파악하여, 해당 단어를 마케팅 키워드로 적극 활용하기로 했다. 또한 주요 고객군인 엄마들과 아빠들에게 제품의 장점으로 많이 언급된 것들을 강조하는 메시지를 각각 전달하기로 했다. 추가적으로, 이제까지 진행했던 마케팅 과정에서 문제가 있었는지의 여부를 파악하고 문제로 나타난 부분 역시 수정하고자 했다.

2. 활용 데이터와 분석

지피트리는 이제까지 진행해왔던 마케팅이 얼마나 효율적이었는지의 여부를 진단함과 동시에 마케팅을 진행하면서 보완할 수 있는 점이 있는지를 파악하기 위해 검색량 데이터와 블로그 및 카페의 글을 수집했다.

지피트리에서 진행하는 온라인 마케팅의 전체적인 흐름을 파악하기 위해, 온라인에서 소비자들이 제품을 탐색하는 과정부터 구매에 이르게 되는 과정까지의 전반적인 이동 경로(이탈하는 경우에는 이탈하기까지의 과정)를 파악했다. 그 후, 그 과정에서의 소비자 행동 기록들을 수집하여 유의미한 패턴을 도출하는 Digital CDJ 단계별 방법론에 따라 분석을 진행했다. 해당 방법론은 소비자의 패턴은 Search(제품명을 검색하여 다양한 정보를 얻고, 브랜드 및 제품을 결정 내린다) → Homepage(결정한 브랜드의 홈페이지에 들어가 제품의 스펙들을 확인하고 최종 결정을 내린다) → Buzz(최종 결정한 모델의 평판을 파악한다) → SNS(다양한 채널들을 탐색하며 할인이나 연관 이벤트가 있는지 탐색한다)의 과정으로 이뤄진다고 전제하고 분석을 진행하는 방법이다.

• Digital CDJ
Digital Consumer Decision Journey, 디지털 소비자 의사결정 과정을 말함.

3. 분석결과

가. 키워드별 검색 트렌드 파악

카테고리 도출 프로세스	네이버 통합 검색량 합계 (2015.01~2017.07)

- 카테고리 키워드별 검색량 도출

  □ 키난빌 제시 키워드   ■ 카테고리 도출 키워드

1	키난빌 제시 키워드 / 제품 카테고리 / 마컴메시지
2	연관 검색어 수집 / 네이버 연관검색어 / 네이버 쇼핑 연관검색어
3	카테고리 Pool 도출
4	카테고리 도출

키워드	네이버 검색량	제품수	네이버쇼핑 실제 검색결과 요약
스티커	8,727,156	200,111…	일반적인 스티커 제품 조회
색칠공부	3,949,976	49,501	색칠공부, 색칠놀이 제품 조회
컬러링북	2,968,330	22,912	어른용 컬러링북 제품 조회
장난감	2,250,150	836,981	RC카, 로봇 등 제품 조회
교구	938,959	2,117,909	일반적인 교구 조회(예:수학교구)
홈스쿨	633,581	2,979	학습지, 도서 제품 조회
만들기	596,179	723,089	공예, 만들기 등 제품 조회
엄마표	486,123	10,369	교육, 놀이와 관련된 제품 조회
완구	452,906	8,514,586	로봇 등 제품 조회
미술놀이	375,979	1,397,943	놀이, 미술도구, 만들기 등 제품 조회
색칠놀이	261,149	78,171	색칠놀이, 색칠공부, 반짝커 제품 조회

네이버 통합 검색에서 검색량은 스티커, 색칠공부, 컬러링북, 장난감, 교구 등의 순서로 높게 나타났으며, '스티커'는 매년 2,3월에 가장 높았고, '컬러링북'은 제품 자체의 인기 하락 때문에 지속적으로 감소하는 추세를 보였다. 또한 '스티커'의 경우에는 성인 및 아동이 모두 사용할 수 있는 포괄적인 제품들이 조회되었고, '장난감'의 경우에는 'RC카', '로봇' 등의 제품이 조회되었으며, '색칠공부'의 경우에는 반짝커와 유사한 제품들이 조회되는 것으로 나타났다.

나. '반짝커' 강점 확인

주 고객으로 나타났던 엄마들 중 53%가 아이들에게 반짝커를 쥐어주면 편하게 청소 등의 집안일을 하거나, 독서 및 TV 시청 등의 자유 시간을 가질 수 있어서 좋다고 했다. 37%는 어른들도 흥미를 느낄 수 있는 제품이라서, 가족들이 다 같이 즐길 수 있어 좋다고 했다. 또한 아빠들의 경우에도, 대부분 아이와 어떻게 놀아줄지 몰랐던 상황에서 벗어나 반짝커를 통해 아이와 함께 즐길 수 있는 사실이 좋다고 답변했다.

> **유사사례**
> - 518p, 토란, 빅데이터를 통한 시장 별 마케팅 전략
> - 530p, 다움푸드앤케어, 빅데이터를 통한 차별화된 신제품 출시
> - 514p, 큐비엠, 데이터를 활용한 마케팅 컨셉 수립
> - 186p, 비씨카드, 데이터의 융합을 통한 시의적절한 마케팅
> - 286p, 빅데이터아카데미, 안심하고 자녀를 맡길 수 있는 어린이집을 찾아서
> - 182p, 신한카드, 고객의 발자취와 목소리

4. 빅데이터 분석결과의 활용

가. 마케팅 키워드 선정
'색칠공부' 키워드의 매력적인 가치를 확인한 이후에는 기존의 다양한 제품 마케팅 메시지에서 벗어나, '색칠공부' 키워드를 공통적으로 삽입하여 마케팅 메시지로 활용했다.

나. 상황별 맞춤 커뮤니케이션 마케팅
제품의 강점이 극대화될 수 있는 여러가지 상황을 제시하면서 제품을 홍보하는 '메시지를 던지는 형식'의 마케팅을 진행하기로 했다. 예를 들어, '카페나 식당에서 아이들에게 어쩔 수 없이 휴대폰을 주는 것이 아니라 이젠 반짝커를 쥐어주세요', '지루한 기차 이동 시간, 이젠 반짝커로 해결하세요', '쉬고 싶은데, 아이가 놀아달라고 떼쓴다면? 반짝커만 있으면 혼자서도 문제없어요' 등의 상세한 상황이 담긴 문구를 통한 커뮤니케이션 마케팅을 진행하는 것이다.

다. 전략적인 SNS 채널 마케팅 진행
우측 그림과 같은 이전 형식의 채널 Map은 마케팅 콘텐츠를 통해 최종적인 구매전환으로 연결되는 경우가 매우 낮았다. 이러한 방식을 보완하기 위해 SNS가 최종 종착지의 역할을 하고, 홈페이지에서 구매로 연결되는 방식으로 전환하기로 했으며, 아래와 같은 순환 구조의 Map을 만들게 되었다. 해당 구조의 경우에는 실제로 SNS 채널에 랜딩 페이지 url을 삽입하여 매출 순환 과정이 보다 쉽게 이뤄질 수 있도록 했다. BIG

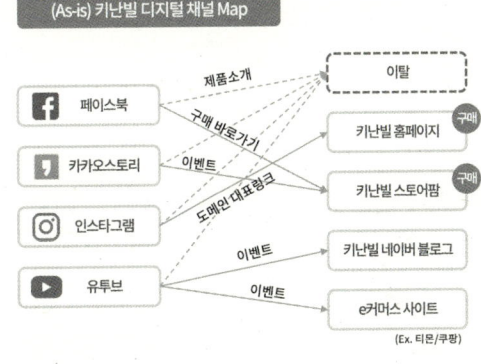

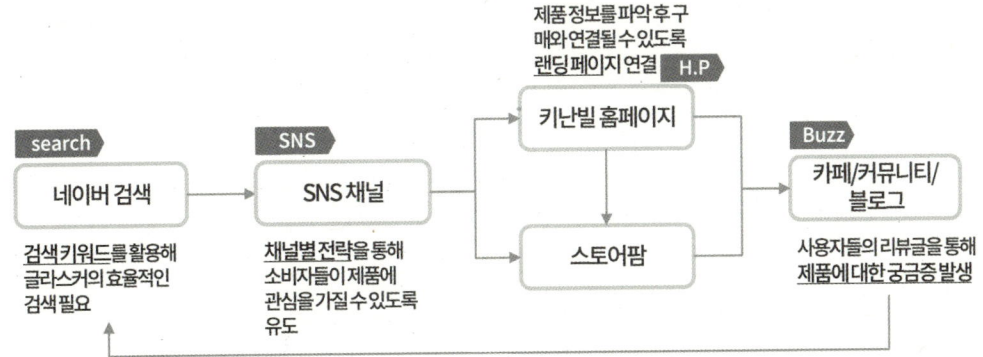

321 매출 향상을 위한 빅데이터의 활용

로코코소파

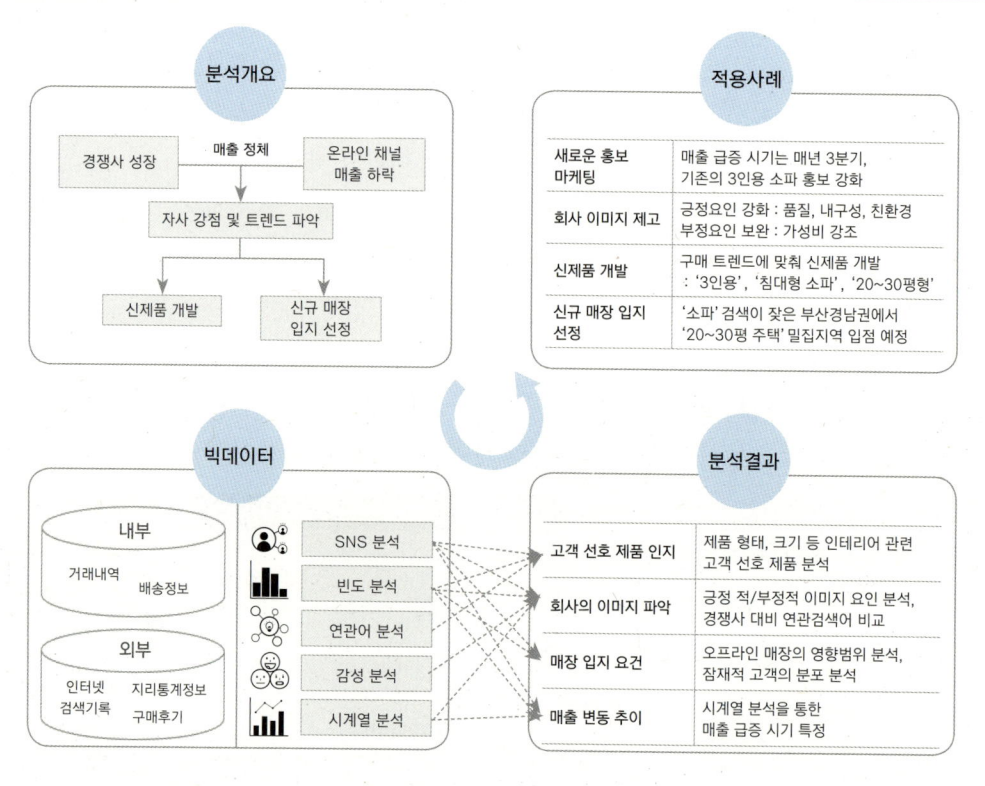

2002년에 소파 제작 및 유통을 시작한 로코코소파는 2009년부터 친환경 원목 및 고급 가죽 소파를 주된 브랜드 이미지로 내세운 뒤 급격한 매출성장을 이루었다. 소파 이외에도 원목가구를 중심으로 제품을 확장 했으며, 본점 시흥점을 비롯하여 고양, 대전 등 총 8개의 도시로 오프라인 전시장을 확대했다. 하지만 최근 로코코소파는 경쟁업체의 온라인 시장에서의 활약으로 자사의 온라인 매출이 정체되는 고전을 면치 못하는 상황이었다. 로코코소파는 이러한 현실적 한계를 뛰어넘기 위해 빅데이터를 활용하여 온라인 매장의 매출 하락에 대한 대비책을 세우고, 더 나아가 신규 오프라인 전시장의 위치를 선정하기로 했다.

수집데이터	로코코소파 배송 및 거래데이터, K-ICT 빅데이터센터 데이터 큐브, 뉴스, 트위터, 커뮤니티, 블로그
분석솔루션	㈜리비 미디어렌즈
참여기업	로코코소파(수요기업), ㈜리비(빅데이터 솔루션사)

1. Big Point!

로코코소파는 빅데이터 분석을 통해 고객들의 구매 트렌드를 파악하고 시장에서 자사와 경쟁사의 인지도 및 차이점을 비교했다. 또한 사회적 구조와 주거형태 등의 변화에 따라 소파의 수요도 변할 것이라는 막연한 생각을 분석 결과를 토대로 구체화하여 향후 신제품 개발과 마케팅 중점 상품을 정하는데 활용하였다. 현재 온라인 시장에서의 로코코소파의 입지를 확인하고, 경쟁사의 온라인 쇼핑몰 데이터와 비교 분석했다.

이를 통해 고객들이 느끼는 로코코소파의 장단점을 확인하고, 이를 적극 활용 및 보완하는 방향으로 마케팅 전략을 수립할 수 있었다. 그뿐만 아니라 신규 오프라인 매장의 위치를 선정하기 위해 내부 데이터와 공공데이터를 함께 활용해 최적의 입지조건을 갖는 장소를 찾을 수 있었다.

2. 활용 데이터와 분석

고객들의 구매 트렌드를 알아보기 위해 'K-ICT 빅데이터센터'에서 제공하는 '포탈 검색이력 데이터'와 포털사이트 N사의 검색 트렌드를 분석하여 대중이 선호하는 제품이 어떤 것인지 확인하고, 신제품 개발에 큰 힌트를 얻었다. 또한 온라인 쇼핑몰의 후기와 검색 사이트에서 제공하는 로코코소파의 연관검색어를 분석하여 시장에서 자사가 가지는 이미지를 확인하고, 부족한 부분을 보완하는 마케팅 전략을 수립했다. 그뿐만 아니라 기존에 보유하고 있던 로코코소파의 배송 및 거래 데이터와 고객들이 쇼파와 함께 검색한 지역 언급량 데이터를 활용하여

• 지역 언급량 데이터
지역별로 키워드에 대해 언급(검색이력)한 양에 대한 데이터.

새로운 오프라인 매장 입점 시 발생할 수 있는 매출 유발효과와 매출에 영향을 주는 지역 범위 등을 파악했다.

3. 분석결과

가. 구매트렌드 분석

고객들이 몇 인용 소파를 선호하고, 어떤 형태의 소파에 관심이 높은지를 파악하기 위해 국내포탈 'N사'에서 제공받은 검색이력 데이터에서 '소파'에 대한 연관 검색어의 빈도 및 그 패턴을 분석하였다. '소파'와 함께 검색된 'O인용'의 빈도를 파악한 결과, '3인용'이 다른 단어에 비해 현저히 높은 빈도를 보였으며, 이를 통해 3인용 소파를 선호하는 고객 트렌드를 알 수 있었다. 또 평형대별 인테리어 관련 검색량을 파악한 결과 사람들은 20~30평대에 가장 관심이 많은 것을 알 수 있었다. 소파 형태의 측면에서는 '소파베드', '침대소파', '소파침대', '소파매트리스' 등에 대한 검색어 발생빈도가 높게 나타나 침대형 소파에 대한 시장 수요가 높다는 것을 알 수 있었다.

나. 로코코소파의 인지도

로코코소파와 경쟁사의 연관검색어를 비교한 결과 경쟁사의 경우 'O인용', '추천', '가죽' 등 소파와 관련된 포괄적인 단어들이 많았다. 반면 로코코소파의 연관어로는 '라탄의자', '윙체어', '스툴' 등의 구체적인 소파의 형태 혹은 재질을 뜻하는 단어들이 많았다. 이는 소파에 대한 정확한 지식이 없는 고객들이 '소파'를 검색했을 때 경쟁사의 제품을 먼저 접하는 상황이 많음을 의미한다. 따라서 로코코소파는 전문적 단어가 아닌 소파와 관련된 일반적인 연관어를 활용하여 고객을 유인할 수 있는 마케팅 전략을 수립하기로 했다. 또한 온라인 쇼핑몰의 후기를 분석한 결과, 경쟁사와 비교했을 때 로코코소파에 대한 긍정적인 반응에서는 '디자인이 좋다', '냄새가 안 난다', 부정적인 측면에서는 '가격이 비싸다' 등의 의견을 확인할 수 있었다.

다. 내부데이터 활용

정제된 매출 데이터에 대해 시계열 분석을 수행한 결과, 매년 3분기마다 매출액이 최고점을 찍는 것을 알 수 있었다. 또한 매출액의 추이는 포털사이트에서의 로코코소파에 대한 검색량 추이와 유사한 양상을 보였다. 이를 이용해 로코코소파는 3분기에 집중적인 온라인 마케팅을 펼쳐 고객을 유도하기로 하였다. 배송데이터에서 배송지를 분석한 결과로는 80% 이상의 배송지가 오프라인 매장을 기준으로 20km 이내에 분포함을 확인할 수 있었다. 따라서 매장의 반경 20km 이내에서 최대한 많은 잠재고객을 포함할 수 있는 지역을 신규 매장 오픈장소로 선정하고자 추가적인 전략을 수립했다.

라. 신규 오프라인 매장의 입지요건 정의
인터넷에서 소파를 검색한 사람이 1년 이내에 언급한 지역을 모아봤더니 부산경남권의 비중이 높았다. 또한 'GDS컨설팅의 부경권 지역 집계구 데이터'와 '국토교통부의 법정구역 좌표 데이터'를 활용하여 추가적인 분석을 진행한 후 부경권 중에서도 20~30평형대 주택이 많은 지역을 파악하고, 이를 신규 매장 오픈 잠재지역으로 선정했다.

4. 빅데이터 분석결과의 활용

가. 새로운 마케팅 전략
로코코소파의 장점은 부각하고, 약점을 보완하기 위해 가죽에서 냄새가 나지 않는다는 것을 적극적으로 홍보하면서 품질, 내구성, 친환경적인 요소에 비해서 가성비 좋은 제품임을 강조하는 홍보 문구를 만들고 이를 활용했다.

나. 신제품 개발 및 집중홍보 제품 선택
소파에 대한 구매 트렌드로 '3인용', '침대형 소파', '20~30평형대'가 부각되는 것을 확인했으므로 기존에 있던 3인용 소파에 대한 홍보를 강화했다. 또한 고객의 니즈를 반영하여 '20~30평형 주택에 잘 어울리는 3인용 소파'를 신제품을 콘셉트로 선정한 후 제작하고자 했다.

다. 신규 오프라인 매장의 입지선정
'소파'에 대한 검색이 부산 경남권에서 많이 발생하기에 해당 지역에서 소파 수요가 많을 것으로 판단하고, 부산 및 주변 지역을 잠재적인 신규 매장 오픈 지역으로 선정했다. 추가로 20km의 범위 내에 20~30평형대 주택이 최대한 많은 곳에 신규 매장을 오픈한다면 최적의 조건이라고 생각하여 이에 부합하는 장소로 부산 서쪽을 규정했다. BIG

유사사례
- 448p, MRD, 빅데이터로 국내시장 장악
- 362p, 에이치와이스타일, 고객의 요구 사항을 빅데이터로 빠르게 대처
- 460p, 블루엠갤러리, 빅데이터를 통한 대중고객 확보
- 530p, 다움푸드앤케어, 빅데이터를 통한 차별된 신제품 출시
- 242p, 패션서울, 고객이 원하는 기사와 정보는?
- 484p, 죠샌드위치, 나를 알고 고객을 알면 백전백승
- 510p, 티젠, 빅데이터를 통한 해외 현지 맞춤화 전략 시행

322 빅데이터를 통한 차별화된 신제품 출시

다움푸드앤케어

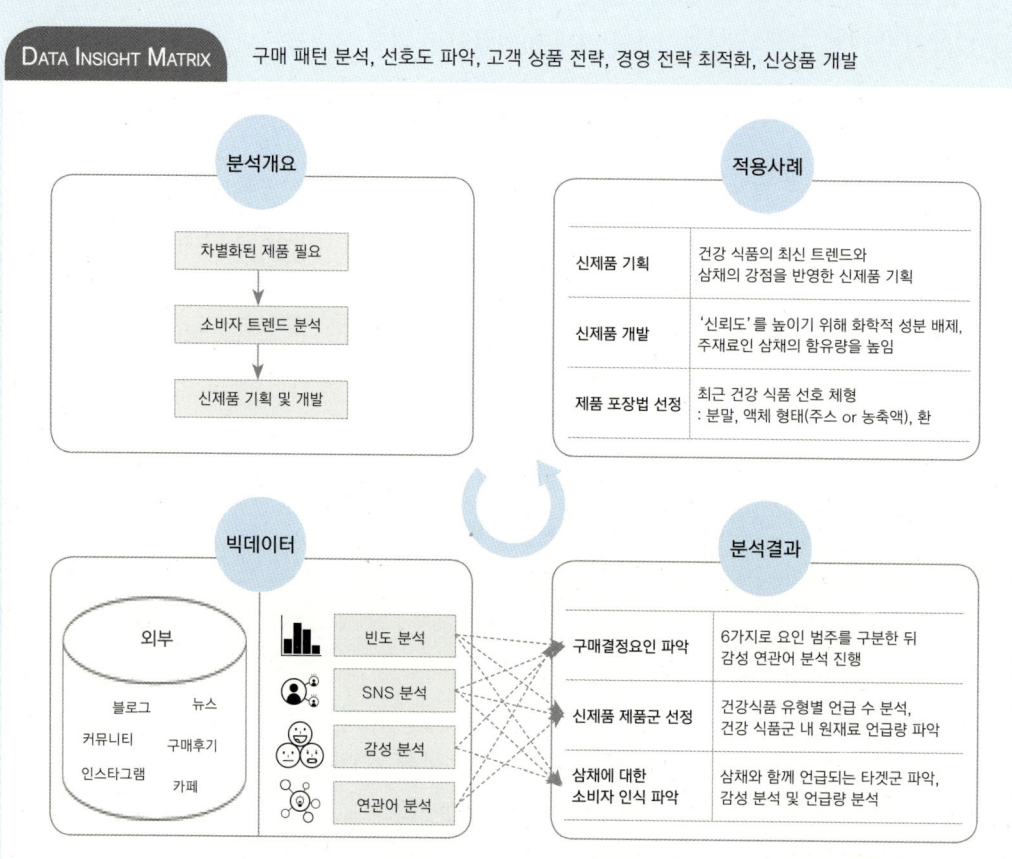

다움푸드앤케어에서는 천연원료를 사용하여 만든 식품이 질병 치유와 건강 유지에 도움을 줄 것이라 생각하여, 화학 첨가물을 넣지 않고 천연원료만을 사용한 건강기능식품을 제작·판매해오고 있다.

다움푸드앤케어는 최근 건강기능식품 시장이 성장함에 따라 시장에 출시된 제품의 종류가 다양해져, 소비자들이 제품을 선택할 때 많은 어려움을 겪는다는 것을 알게 되었다. 따라서 시장 경쟁에서 살아남기 위해서는 기존에 출시되어있는 다른 제품들과는 차별화된 신제품을 출시해야 경쟁력이 있을 것이라 판단하였다. 따라서, 다움푸드앤케어에서는 빅데이터 분석을 적극적으로 활용하여, 소비자가 구매 결정을 내릴 때의 주요한 요소가 무엇인지, 그들이 선호하는 제품의 특징에는 무엇이 있는지 등을 파악한 뒤, 신제품 개발을 진행하기로 했다.

수집데이터	뉴스, 커뮤니티, 블로그, 카페
분석솔루션	㈜와이즈넛 버즈인사이트
참여기업	다움푸드앤케어(수요기업), ㈜와이즈넛(빅데이터 솔루션사)

1. Big Point!

다움푸드앤케어는 구매결정요인 분석을 통해 소비자들이 제품을 구매할 때 가장 중요하게 생각하는 것은 '브랜드 및 제품에 대한 신뢰'라는 것을 알게 되었다. 따라서 '신뢰'를 얻기 위해서는 어떤 것을 고려해야 하는지에 대해 알아보고자 했다. 이를 위해 SNS에서의 언급량을 파악하여 감성 분석을 진행하였다.

분석 결과 소비자들은 원재료와 재료의 함유량을 보고 신뢰감을 느낀다는 것을 알게 되었다. 따라서 소비자가 최근에 관심을 보이고, 건강 기능이 인증된 원재료를 사용할 뿐 아니라, 그 함유량을 높이기로 했다. 또한, 같은 원재료를 사용한 제품이 출시될 경우에도 시장 경쟁력을 갖기 위해서 소비자들이 선호하는 제형으로 제품을 개발하기로 했다.

2. 활용 데이터와 분석

다움앤푸드케어는 신제품 기획을 위한 '차별화된 원료 파악 및 소비자들의 제품구매 결정요소 파악'을 위해 SNS 데이터를 수집했다.

먼저 소비자들이 건강 기능 식품을 구매할 때의 '결정적인 제품 구매 요소'와 '선호하는 제형'을 파악하기 위해 연관어 분석, 감성분석 등을 활용한 선호도 분석을 진행했다. 또 어떤 원재료가 좋고, 다른 원재료와의 차별성을 가질 수 있는지 알아내기 위해 검색량 등을 분석하여, 건강식품 및 원재료와 관련된 트렌드를 파악했다. 마지막으로 선정한 재료에 대한 소비자의 인식을 알아보기 위해 감성분석 위주의 분석을 진행했다.

• 연관어 분석
특정 주제 혹은 단어와 함께 언급되는 연관어를 추출 및 분석하는 기법.

• 감성분석
텍스트 마이닝의 한 기법으로서 문서 혹은 텍스트 정보 등에서 감성과 관련된 문자 정보를 추출하여 작성자가 어떠한 감정을 가지고 있는지를 판단하는 분석기법. 예를 들어 고객의 구매후기에서 상품에 대한 좋고 나쁨의 감정을 분석하는 것이 이에 해당함.

3. 분석결과

가. 소비자 구매 결정 요인 파악

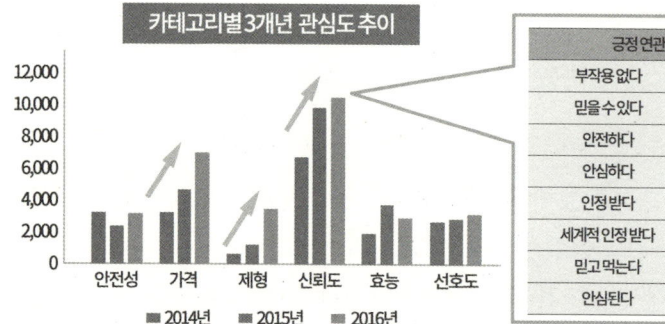

위와 같이 안전성, 가격, 제형, 신뢰도, 효능, 선호도의 6가지의 범주로 분류하여 가장 언급량이 높은 단어인 '신뢰도'가 소비자 구매 결정요인인 것으로 파악됐다. '2016년 한국 농수산식품유통공사의 건강 기능 식품 구입 시 주요 고려요인' 설문조사 결과와 SNS 분석결과를 조합하여, 35.7%의 비율로 원재료가 가장 중요하다는 것을 알게 되었으며 그 다음은 21.5%의 비율로 1회 분량당 영양소 함유량이라는 것을 알게 되었다.

또한 제형에 관한 것도 구매결정요인이 될 수 있는지에 관해 분석을 진행한 결과, 분말 형태를 42%, 액상 형태(농축액, 주스)를 41%로 선호하는 것으로 나타났다.

나. 신제품 제품군 선정

건강기능식품 유형별 언급수는 '비타민/영양제'가 53%, '다이어트'가 26%, '건강식품'이 21%로 나타났지만, 비타민과 다이어트 제품 시장은 이미 포화상태라고 판단되어, '건강식품'군을 선정하기로 결정됐다. 이후 건강식품군 내 언급된 재료의 비중을 분석한 결과, '홍삼'이 전체의 76%를 차지하고 있었지만, 홍삼 역시 이미 경쟁이 치열한 상태이기 때문에 나머지 24%에서 주요 제품을 찾고자 했다. 이 중 언급량은 높지 않지만, 최근 언급 상승률이 176%로 나타나고 있는 '삼채'를 찾게 되었다.

다. 삼채에 대한 소비자 인식 파악

삼채는 '아이', '남편', '가족', '부모'의 순으로 가족 관련 키워드와 함께 언급되고 있었으며 감성 분석 결과로 '깔끔', '행복', '사랑' 등의 긍정적인 표현들이 대부분 나타났다.

또한 삼채의 특성 분석 결과 중 맛과 관련한 내용으로는 대부분 '쓴맛'이 주를 이루는 건강식품과는 달리, '단맛'과 '감칠맛'이 총 70%의 비율로 언급되었다. 효능 관련한 내용으로는 '다이어트', '질병 예방', '당뇨', '항산화' 등 주요 헬스케어와 관련한 내용들이었다.

4. 빅데이터 분석결과의 활용

가. 신제품 기획 및 개발

'삼채'를 원료로 하는 신제품을 기획하는 과정에서 고객 구매결정요소를 모두 고려하여 제품을 개발하기로 했다. 우선은 '신뢰도'를 직접적으로 높일 수 있도록 원재료 함유량을 가능한 최대로 높이기로 하고, 화학적 성분을 완전히 배제한 천연 추출물만 사용한 제품을 개발하기로 기획했다.

특히, 삼채가 쓴맛만 나는 다른 건강식품과는 다르게 단맛과 감칠맛을 가지고 있다는 강점을 살리고자 단맛을 높이기로 했으며, 그를 위해 다양한 삼채의 종류 중 매운맛은 낮으며 단맛은 높은 '흑삼채'를 주 재료로 선택하기로 했다. 그리고 전 연령 모두가 맛있고 부담 없이 먹을 수 있도록 단맛을 강화하는 한편, 영양의 균형을 위해 사포닌 함유량 역시 높이고자 했다. 이후, 새로운 증숙 및 건조법을 개발에 성공하여 '단맛'과 '사포닌 함유량' 모두 높일 수가 있었다.

마지막으로, 구매 요소 중 하나였던 액상 형태의 제형으로 포장하기 위해 쉽고 간편하게 섭취할 수 있는 추출액 형태로 제품을 개발했다. BIG

유사사례
- 448p, MRD, 빅데이터로 국내시장 장악
- 484p, 죠샌드위치, 나를 알고 고객을 알면 백전백승
- 286p, 빅데이터아카데미, 안심하고 자녀를 맡길 수 있는 어린이집을 찾아서
- 456p, 제이에스티나, 빅데이터로 되찾는 고급스러운 브랜드 이미지
- 498p, 자이크로, 빅데이터 분석 결과를 통한 마케팅 전략 수립
- 522p, 지피트리, 빅데이터를 통한 온라인 마케팅의 해법
- 534p, 한독, 건강식품 인지도 제고 방안 빅데이터로 찾자
- 362p, 에이치와이스타일, 고객의 요구 사항을 빅데이터로 빠르게 대처
- 460p, 블루엠갤러리, 빅데이터를 통한 대중고객 확보
- 514p, 큐비엠, 데이터를 활용한 마케팅 컨셉 수립

323 빅데이터로 찾는 건강식품 인지도 제고 방안

한독

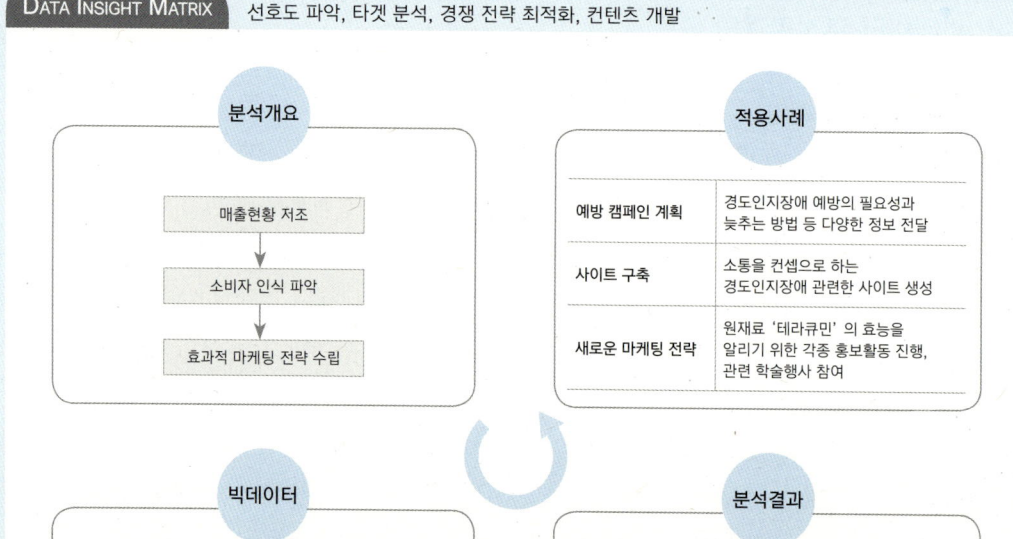

글로벌 토털 헬스케어 기업으로 성장한 한독은 약 60여 년 동안 국민 건강 증진과 삶의 질 향상을 위해 소화제나 관절 치료제부터 당뇨 및 고혈압, 백신 치료까지 이르는 다양한 전문/일반의약품, 건강기능식품을 개발하여 공급했다. 또, 다양한 글로벌 제약 회사들과 제휴를 맺음으로써 제품의 경쟁력을 강화했다. 그런데 경도인지장애 치료 효과가 좋고 타임지에서 선정한 슈퍼 푸드인 울금을 원재료로 한 '울금 테라큐민'의 매출이 너무 저조하다는 고민에 부딪혔다. 이를 해결하기 위해 한독은 빅데이터를 통해 문제점을 파악하고 새로운 마케팅 전략을 세우는 것이 좋을 것이라 판단했다.

수집데이터	뉴스, 블로그, 카페, 쇼핑몰
분석솔루션	㈜골든플래닛 스마트크런처
참여기업	㈜한독 (수요기업), ㈜골든플래닛 (빅데이터 솔루션사), ㈜웨슬리퀘스트 (경영컨설팅사)

1. Big Point!

한독은 빅데이터 분석 결과를 통해 '울금 테라큐민'의 주 효능인 '경도인지장애 개선'에 대한 소비자들의 관심사를 파악하고 이를 마케팅에 활용할 전략을 세우고자 했다. 또, 경도인지장애와 '울금 테라큐민' 원재료 간에 소비자의 인식을 분석하여 소비자의 관점에서 원재료 효능을 어떻게 인지하고 있는지 파악하고 이를 마케팅 개선점에 활용하기로 했다.

2. 활용 데이터와 분석

한독은 제품의 인지도와 매출을 동시에 올리기 위해서는 제품의 효능을 효과적으로 전달하는 것이 중요하다고 판단했다. 이를 위해 경도인지장애에 관한 소비자들의 인식을 파악하고 '울금 테라큐민'의 원재료인 테라큐민과 경도인지장애를 연관하여 소비자들이 얼마나 인지하고 있는지를 함께 파악하기 위해 SNS 데이터를 수집했다.

경도인지장애에 대한 소비자들의 인식 수준이 어느 정도인지를 파악하기 위해 경도인지장애, MCI, 치매, 알츠하이머라는 4가지 키워드로 데이터를 수집하고 언급량 및 연관어분석과 워드 클라우드 분석을 진행했다. 이후, 경도인지장애에 관한 소비자들의 관심 여부를 파악하기 위해 '경도인지장애' 키워드 자체의 검색량을 분석했으며, '울금 테라큐민'과 경도인지장애와의 연관성 인식 수준을 파악하기 위해 경도인지장애와 '울금 테라큐민'의 주재료들과의 연관어가 함께 나타나는 정도를 분석했다.

• 연관어 분석
특정 주제 혹은 단어와 함께 언급되는 연관어를 추출 및 분석하는 기법.

• 워드클라우드
워드클라우드(Word cloud)는 빅데이터를 분석 시 데이터의 특징을 직관적으로 파악할 수 있도록 언급된 핵심 단어를 시각적으로 나타내는 기법.

3. 분석결과

가. 소비자의 관심 파악

경도인지장애 인식에 대해 언급량을 분석한 결과 뇌, 건망증, 기억력, 예방, 치료, 증상, 진행의 순서로 언급이 많이 이루어지고 있었다. 이를 통해 소비자들은 기억력 저하나 건망증에서부터 경도인지장애를 떠올린다는 것을 알게 되었고, 그들은 진행 수준이나 치료법 및 예방에 이르기까지 모든 부분에서 관심이 있는 것으로 나타났다.

나. 경도인지장애 관심도 파악

'경도인지장애' 자체에 대한 관심은 꾸준하게 나타나지 않고, 관심도 수치도 점점 줄어드는 추세로 나타났다.

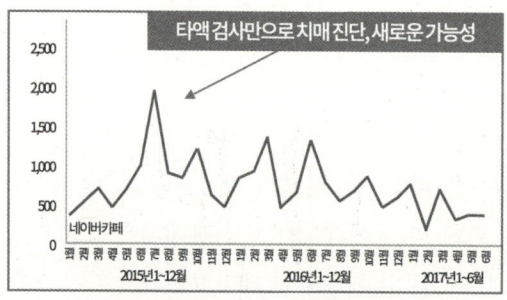

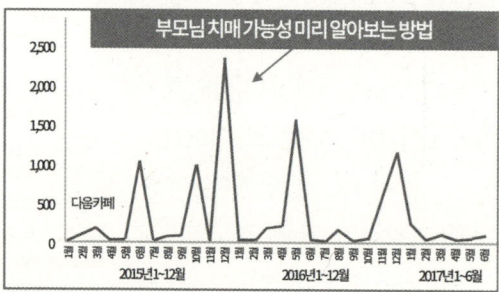

다. 원재료 인지도, 연관어 파악

경도인지장애와 '울금 테라큐민'의 각 원재료인 '울금, 커큐민, 테라큐민, 강황'과 연관어를 분석한 결과, '치매', '좋다', '치료' 등 대부분 비슷하게 나타났으며, 테라큐민의 경우에만 '좋다', '위하다' 등으로 조금 다르게 나타났다. 또한, 경도인지장애과 각 원재료들 간에 연관어들이 함께 나타나는 정도인 연관도를 분석한 결과, '강황' 31%, '커큐민' 27%, '울금' 25%, '테라큐민' 17%로 나타났다.

4. 빅데이터 분석결과의 활용

가. 예방 캠페인 계획

빅데이터 분석을 통해 사람들이 기억력 저하, 건망증 등의 증상이 나타나면 경도인지장애를 떠올리고 관련 증상 등에 관심을 가지지만, 경도인지장애에 대한 전반적인 관심도는 점차 줄어들고 있다는것을 파악했다. 소비자의 관심도 하락이 매출 하락과 직결된 것을 파악하여 기억력 저하 등이 발생한 뒤, 증상을 늦추는 사후 처리 방식보다는 발생 이전에 예방하는 것이 중요하다는 전략으로 마케팅을 진행하기로 했다. '노란 종이꽃 캠페인'이라는 명칭을 지정하여, 사람들이 관심 있어 하는 경도인지장애의 증상을 늦출 수 있는 정보와 사전 예방과 관련된 정보도 함께 지속적으로 전달하는 캠페인을 진행하기로 했다. 또한, 치매 예방에 좋다는 종이접기를 위한 노란 종이꽃 접기 키트를 전달하는 등의 공식적인 예방 캠페인 활동을 벌였다.

나. 사이트 구축

경도인지장애와 관련한 인식을 높이기 위해 관련 정보를 제공하는 사이트를 구축하기로 했다. 관련 정보뿐만 아니라, 증상을 보면서 자가 진단을 할 수 있는 서비스와 함께 맞춤형 예방법을 알려주고, 사이트를 통해 예방 키트를 신청하는 등의 다양한 서비스를 제공할 예정이다.

다. '테라큐민' 홍보 활동 시작

원재료인 테라큐민의 효능에 대해 사람들이 잘 인지하지 못하고 있으므로 그 효능을 제대로 알 수 있도록 입증된 연구 결과를 보여주기로 했다. 2017년 국제 알츠하이머 학회에서 美UCLA 노화연구소의 개리 W. 스몰(Gary W. Small) 박사 팀에 의해 테라큐민이 '비치매 장·노년층의 기억력 및 주의력 향상에 효과가 있다'고 발표된 내용을 적극적으로 전달했다. 또한, 위에서 언급한 미국의 뇌과학자 개리스몰 박사를 한독 자문위원으로 영입한 뒤 테라큐민의 임상 연구 및 다양한 효능적 연구에 대한 자문을 끝없이 구하고, 입증되는 기술력과 우수성을 꾸준히 알리기로 했다. BIG

유사사례
- 498p, 자이크로, 빅데이터 분석 결과를 통한 마케팅 전략 수립
- 460p, 블루엠갤러리, 빅데이터를 통한 대중고객 확보
- 530p, 다움푸드앤케어, 빅데이터를 통한 차별화된 신제품 출시
- 242p, 패션서울, 고객이 원하는 기사와 정보는?
- 286p, 빅데이터아카데미, 안심하고 자녀를 맡길 수 있는 어린이집을 찾아서
- 290p, 맨투맨, 빅데이터로 개발하는 신규 교육 서비스
- 448p, MRD, 빅데이터로 국내시장 장악
- 494p, 존스킨화장품, 빅데이터를 통한 남성 화장품 인사이트 도출
- 510p, 티젠, 빅데이터를 통한 해외 현지 맞춤화 전략 시행
- 506p, 불스원, 기존 고객관리부터 신규고객 유치까지

324 생산 저해 요인도 빅데이터로 개선하자

태정

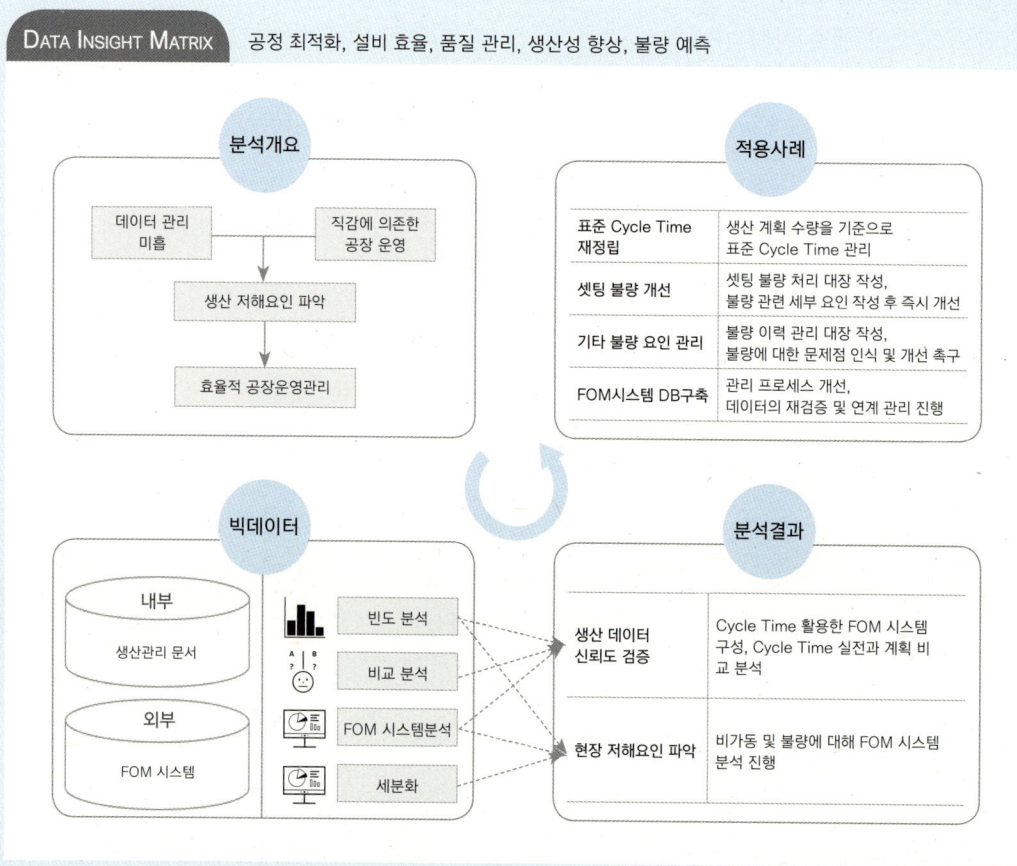

태정은 1991년에 설립되어 자동차 부품, 선박, 건설용 잭 및 볼트·너트를 꾸준히 생산해 오고 있다. 주로 고객의 요청에 따라 제품을 생산하며, 현대, 기아, 쌍용 등 국내 유수의 자동차 기업들과 주거래를 하는 업체이다. 태정은 업무 처리에 효율성을 증대함과 동시에 생산 계획 수립의 신뢰도를 높이는 방향으로 생산 현장을 개선하기 위해 데이터를 수집해오고 있었다. 하지만 데이터의 관리가 제대로 이루어지지 않아 오랜 작업자의 노하우와 직감으로 현장이 운영되고 있는 실정이었다. 태정에서는 이러한 한계를 극복하기 위해 빅데이터 분석이 필요하다고 판단했으며, 우선적으로 효율적인 공장 운영 관리가 이루어질 수 있도록 비가동 및 불량 등의 생산저해요인에 대한 개선 포인트를 찾아내기로 했다.

수집데이터	A공장 Lay Out 현황 2016년 01월~06월·2017년 1월~8월 작업일보 종합 2016년 01월~06월·2017년 1월~8월 생산성 보고
분석솔루션	㈜디지털팩토리 'FOM 시스템'
참여기업	태정(수요기업), ㈜디지털팩토리(빅데이터 솔루션사), ㈜웨슬리퀘스트(경영컨설팅사)

1. Big Point!

태정은 그동안 IT솔루션 및 엑셀을 통해 수집한 데이터에 대한 관리 및 분석 활동을 제대로 수행하지 못하고 있었다. 따라서 해당 프로젝트를 통해 보유하고 있던 데이터에 대한 신뢰도 검증을 수행하고, 그동한 미흡했던 데이터 관리의 문제점이 무엇인지를 빅데이터 분석을 활용하여 정량적으로 도출하고자 하였다. 그뿐만 아니라 비가동 및 불량과 같은 생산저해요인과 생산현장에서 발생하는 다양한 문제점들을 파악하고, 그에 따른 개선 포인트를 마련해 스마트한 공장 운영관리에 조금 더 가까워 지고자 하였다

2. 활용 데이터와 분석

태정은 2017년 1월부터 6월까지의 4M 관련 실적 및 비가동·불량 데이터와 설비별로 관리 중인 표준 생산시간(Cycle Time)을 활용해 FOM(Factory Operation Management) 시스템 데이터 베이스를 구성했다. 그 후 해당 데이터를 세 개의 기준인 생산실적, 비가동, 불량으로 분류하여 세 기준 값의 총 합이 100%가 아닐 경우에는 미확인 데이터로 분류했다. 또한 실적 데이터를 이용해 '실적 생산시간'을 도출한 후 이를 태정에서 계획했던 '계획 생산시간'과 비교분석하고, 그 결과를 바탕으로 관리 중인 표준 생산시간을 재정립하였다.

• FOM 시스템
㈜디지털팩토리에서 개발한 기업의 생산성 및 품질향상을 위한 시스템으로 빅데이터 관리 및 분석을 통해 생산현장의 각종 정보를 분석하여 핵심지표 또는 저해요인을 도출하고 핵심요인 제거를 위한 개선혁신 활동을 지원함.

> **유사사례**
> • 550p, 현대중공업, 작업시간의 효율적 분배로 생산성 향상
> • 546p, 유라, 딥러닝 기술기반 대용량 제조 데이터 분석 서비스 플랫폼
> • 476p, 동서, 데이터를 활용한 효율적인 마케팅 전략 수립
> • 502p, 영풍열처리, 빅데이터 분석 기반 공장운영
> • 542p, 삼성중공업, 빅데이터를 이용한 공정의 최적화
> • 566p, 메타빌드, 생산 라인 개선 방향도 빅데이터로 선정
> • 326p, 매일유업, 에너지 최적화를 통한 매출 증가

3. 분석결과

가. 생산 데이터 신뢰도 검증

구분	생산실적	C/T	작업시간	필요시간	차이	계획C/T	실적C/T	차이
1월	3,537,000	0.07	4,303	69	-4,234	0.07	41.97	41.87
2월	3,120,000	0.07	4,721	61	-4,660	0.07	25.51	25.44
3월	3,786,000	0.07	5,367	74	-5,293	0.07	23.35	23.28
4월	4,385,000	0.07	5,199	85	-5,114	0.07	28.15	28.08
5월	3,203,000	0.07	4,934	62	-4,872	0.07	41.65	41.58
6월	3,962,000	0.07	5,142	77	-5,065	0.07	28.94	28.87

*산출근거 : 필요시간 [((CycleTime*생산실적)/3600] - 작업시간

생산 데이터의 신뢰도를 검증한 결과, 계획 Cycle Time의 평균은 0.07s로 나타났지만, 실적 Cycle Time의 평균은 31.59s로 나타나 차이의 평균이 무려 31.52s임을 알 수 있었다. 이와 같은 차이를 줄이기 위해 표준 Cycle time 관리 프로세스를 재정립하기로 했다.

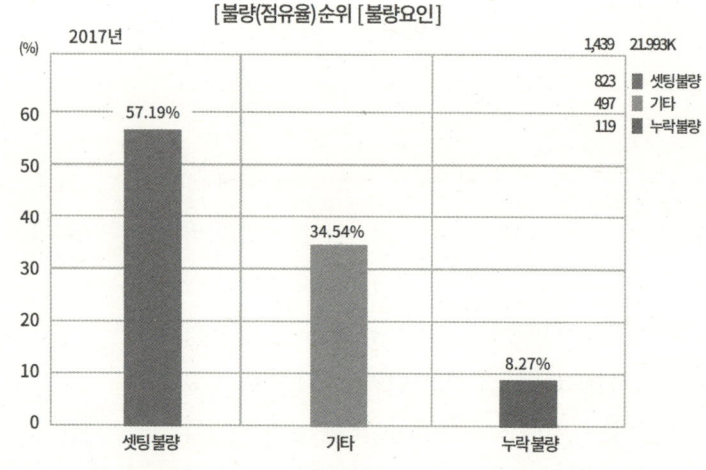

나. 현장 저해요인 파악

본 프로젝트에서 구축한 FOM 데이터베이스를 활용하여 제품의 불량요인을 파악한 결과, 셋팅불량이 가장 많이 발생하는 것을 확인할 수 있었다. 이에 따라 태정은 셋팅불량을 감소시키기 위한 개선활동을 진행하기로 결정했다.

4. 빅데이터 분석결과의 활용

가. 표준 Cycle Time 재정립
생산관리 프로세스에 대한 분석 결과, 하나의 설비에서 여러 제품이 생산되는 상황에서, 생산되는 제품별 Cycle Time이 다름에도 불구하고 Cycle Time은 설비별로 관리되고 있음을 확인할 수 있었다. 이로 인해 제품 생산 도중의 잦은 계획 변경 품종교체, 설비 및 작업자의 비효율적인 운영 등의 문제점이 존재해왔다. 따라서 태정은 설비 기준이 아닌 생산계획 수량을 기준으로 기존의 생산시간 관리 프로세스를 변경했다.

나. 셋팅 불량 개선
셋팅 불량은 외부 요인이 아닌 셋팅 현황에 따라 발생하는데, 셋팅이 잘못된 근본적인 원인을 찾기 위해서는 셋팅 불량 기준을 명확히 해야 한다고 판단하였다. 이를 위해 태정은 현재 관리하고 있는 데이터를 좀 더 세분화하여 셋팅품 처리대장을 작성하기로 하였다. 기존에는 제품별 셋팅 불량의 수량만 관리했으나 새롭게 개선한 처리대장 작성 방식을 통해 불량 발생의 세부 원인, 사진, 손실 비용 등과 관련된 상세한 내용을 관리할 수 있었다.

다. 기타 불량 요인 관리
자주 발생하는 '기타 불량' 요인의 효율적인 관리를 위해 불량 이력 관리 대장을 작성하여 불량이 발생하는 원인, 조치·개선 가능 사항, 귀책사유에 관한 내용까지 기록하도록 했다. 특히 귀책사유에서 내부 문제로 나타났을 경우에는 팀별 개선 활동을 수행하도록 하고, 외부 문제로 나타났을 경우에는 외주사에 책임을 물어 같은 상황이 재발하는 일이 없도록 했다.

라. FOM 시스템의 DB 구축
데이터의 재검증 및 연계 관리를 진행하고자 4M 정보, 생산 실적 등 다양한 정보가 연계될 수 있도록 관리 프로세스를 개선했다. 그 과정을 통해 수집된 데이터를 활용하여 FOM 시스템 데이터베이스를 구축했다. BIG

325 빅데이터를 이용한 공정의 최적화

삼성중공업

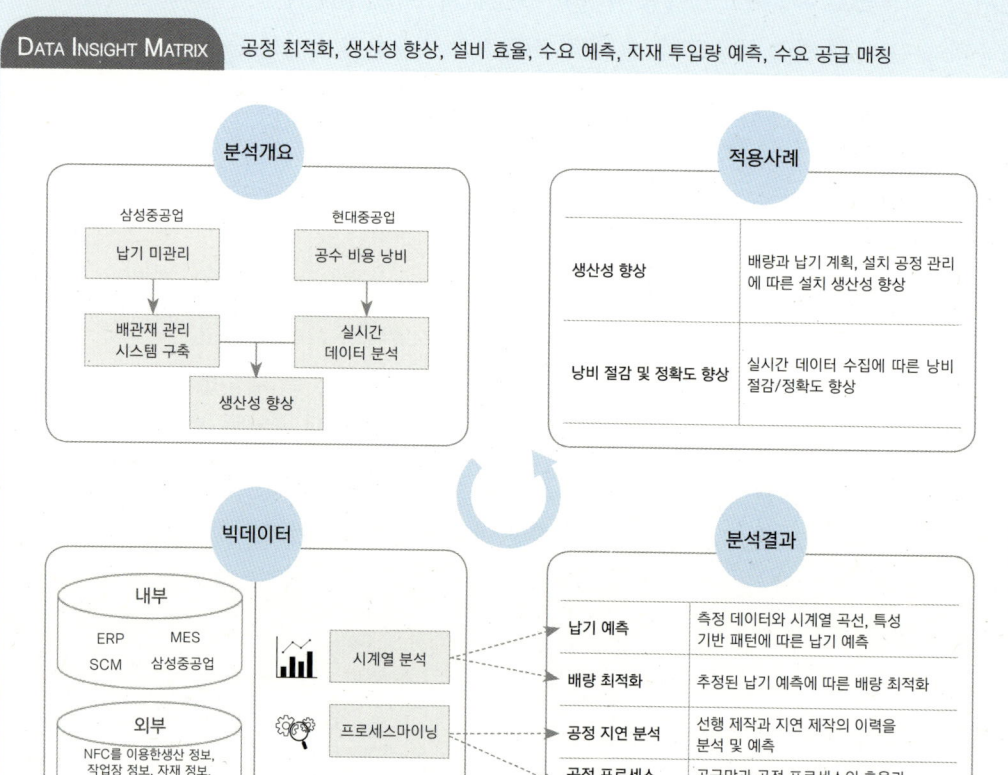

삼성중공업은 배관재 납기일 관리와 더불어 납기 지연 및 미입고가 다수 발생하는 문제를 가지고 있었다. 또한, 배관재 설치 시 준비과정을 수작업으로 일일이 확인하여 생산성이 저하되고 있었다. 이를 해결하고자 배관재 제작 물량의 최적화와 배관을 제작하는 납기일을 예측할 수 있는 배관재 납기관리시스템을 구축하고자 하였다. 시스템을 통해 배관재 납기 예측과 설치짝률을 점검해 배관재 설치 준비에 문제가 없는 환경을 구축하고자 하였다.

또한 컨소시움 기업인 현대중공업은 설계에서 납품까지의 과정에서 지연이 발생하는 이유를 찾아 공정의 최적화, 조달, 생산 등의 문제에서 모기업과 협력사간의 협업체계에 대한 협력사 평가 관리를 실시하고자 하였다.

수집데이터	ERP, MES, SCM, PLM, BOM, Legacy system, NFC Tag를 이용한 HHI, 공급망, 협력사 데이터
분석솔루션	통계 패키지 R, CPLEX, zeppelin
참여기업	삼성중공업, 현대중공업, POSTECH

1. Big Point!

삼성중공업은 기존 수작업 공정 관리체계의 문제점을 해결하고 배관제 제작 및 공급 공정에 대해 빅데이터를 활용한 분석을 실시하여 공정 데이터 분석기술을 개발하고 배관재 납기를 예측, 공정계획 수립에 활용하고자 하였다. 조선해양 빅데이터 분석을 기반으로 제조 경쟁력 강화를 위한 핵심 기술인 배관재 공급망관리 고도화서비스 개발을 통해 제조 경쟁력 강화를 꾀하고 시스템 기반 납기관리체계 구축을 통해 제작 협력사간 공정정보 공유 체계를 구축, 서로 상생할 수 있는 방안을 모색하고자 하였다.

2. 활용 데이터와 분석

삼성중공업은 ERP, MES, SCM에서의 측정 데이터와 공정 특성 기반 추출된 패턴을 시계열 곡선과 비교하여 납기 예측과 배량 최적화를 실시하였다. 추가적으로 컨소시움 기업인 현대중공업은 NFC Tag를 이용한 HHI, 공급망, 협력사 데이터를 실시간으로 수집하여 데이터 마이닝을 통해 공정이 지연된 이력을 분석하고 예측하였다. 그리고 현재 공정 프로세스의 효율과 병목을 프로세스 마이닝을 이용한 분석을 통하여 공정을 최적화하고자 하였다. 위와 같은 분석을 통해 공정 지연이 어느 시점에서 나타나는지 분석하고 생산 운영 관리 효율화 및 공정 최적화를 이루고자 하였다.

• ERP
전사적 자원관리(Enterprise Resource Planning)는 기업 내 인사,재무,생산,회계 등 전 부문에 걸쳐 독립적으로 운영되던 경영 활동 프로세스들을 하나의 통합 시스템으로 재구축하여, 생산성을 극대화하여 경영을 효율적으로 하고자 하는 경영혁신 기법.

• MES
제조실행시스템(Manufacturing Execution System Shop Floor)는 생산환경,주변환경 등을 실시간으로 모니터링,제어,불량관리 등을 통해 공장관리를 지원하는시스템.

• SCM
공급망관리(Supply Chain Management)는 원재료의 생산,유통 등의 과정(공급망 단계)을 최적화하여 수요자에게 적기에 제공하는 것을 말하며. 제품의 생산,유통 과정을 통합망을 구축하여 관리하는 경영혁신 기법.

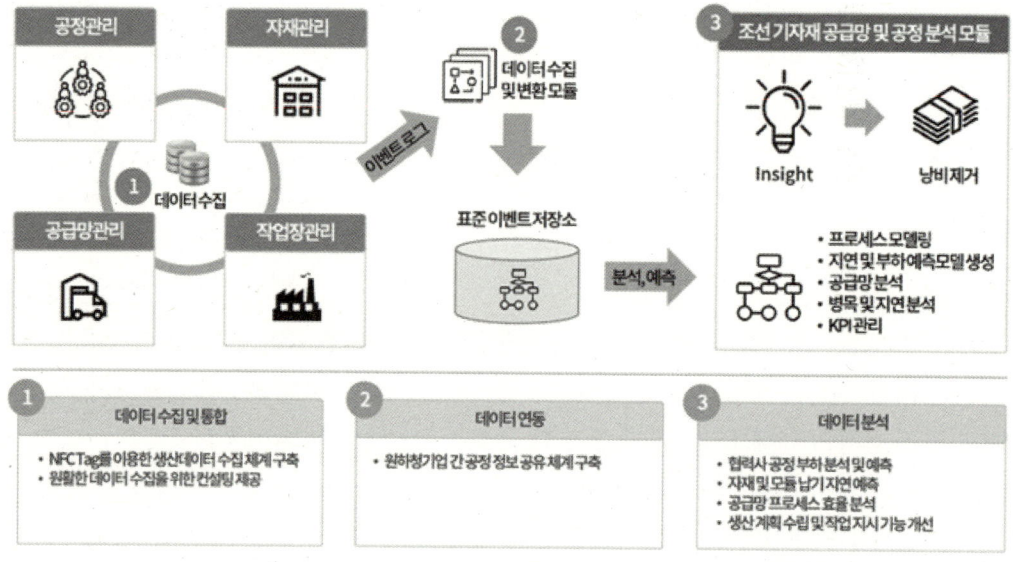

3. 분석결과

가. 납기 예측과 배량 최적화

납기 예측과 배량의 최적화를 위해 실제 측정 데이터와 공정 특성으로부터 추출된 패턴을 관측된 납기에 대한 시계열 곡선과 비교한 결과 유사하게 나타났다. 나온 결과를 이용하여 자재 조달 관리 시스템을 구축하였다.

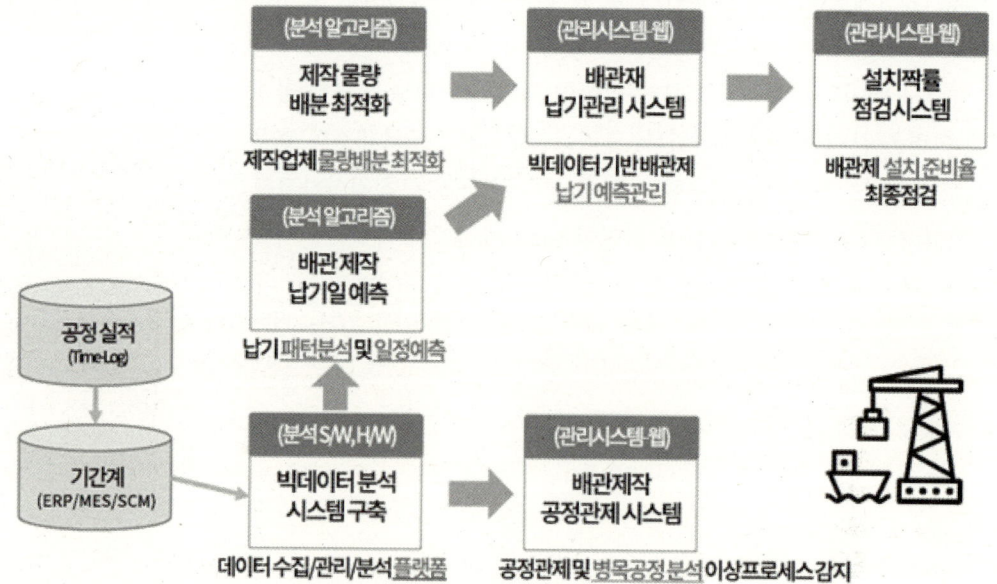

나. 공정 지연과 프로세스 효율 분석

NFC Tag를 이용하여 실시간으로 수집된 데이터를 이용하여 공장의 공정과 협력사 공급망에 대한 공정 지연과 선행의 이력을 분석하고 공정 프로세스의 효율과 병목을 분석하여 공정 운영 관리를 최적화하고자 하였다.

> • NFC
> NFC(Near Field Communication)는 무선태그(RFID) 기술 중 하나로 10cm 이내의 가까운 거리에서 다양한 무선 데이터를 주고 받는 통신 기술.

4. 빅데이터 분석결과의 활용

가. 생산성 향상

납기 예측과 자재조달 관리시스템을 통하여 배관재의 납기를 예측 관리하고 관리시스템을 통한 설치의 공정을 관리하기로 했다. 그 결과로 기존의 납기 지연과 미입고 문제, 설치 준비율을 수작업으로 확인해야 하는 문제가 해결되었으며, 동시에 설치 생산성이 향상되었다.

나. 낭비 절감과 정확도 향상

납기 및 수요의 불확실성에 대한 문제가 해결되었기 때문에 낭비가 절감되고 수요에 대한 정확도가 향상되었다. BIG

유사사례
- 538p, 태정, 생산 저해 요인도 빅데이터로 개선하자
- 326p, 매일유업, 에너지 최적화를 통한 매출 증가
- 550p, 현대중공업, 작업시간의 효율적 분배로 생산성 향상
- 546p, 유라, 딥러닝 기술기반 대용량 제조 데이터 분석 서비스 플랫폼
- 476p, 동서, 데이터를 활용한 효율적인 마케팅 전략 수립
- 502p, 영풍열처리, 빅데이터 분석 기반 공장운영
- 566p, 메타빌드, 생산 라인 개선 방향도 빅데이터로 선정

326 딥러닝 기술기반 대용량 제조 데이터 분석 서비스 플랫폼

유라

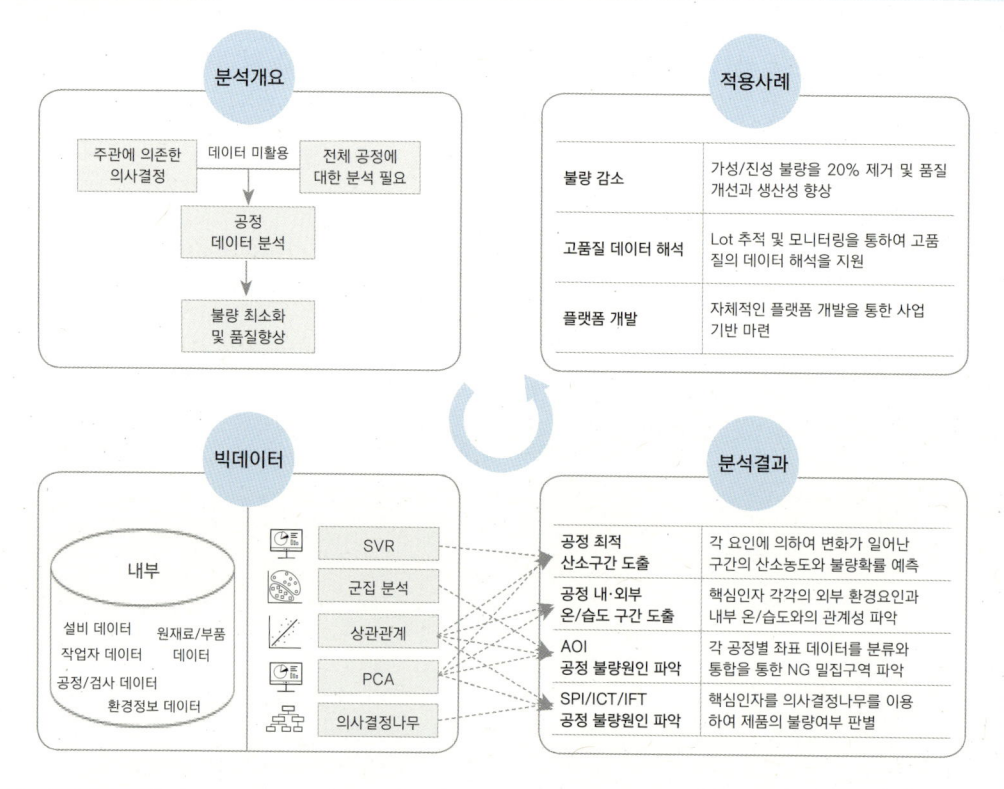

DATA INSIGHT MATRIX 품질 관리, 생산성 향상, 불량 예측, 자재 투입량 예측, 공정 최적화, 플랫폼 개발

국내 대기업들은 제조업에서 제품 생산, 마케팅 등에 빅데이터를 활용해 효율성을 높이고 있지만 중소기업들은 자금, 인적 역량 부족으로 빅데이터 활용을 하지 못해 대기업과 양극화 현상이 나타났다. 또, 대부분 중소기업에서 제품 생산과정에서 발생하는 데이터만 저장되고 환경정보 등은 활용이 되지 못하거나 버려지고 있다. 특히, PCB 제품은 외부환경이 품질에 영향을 많이 준다는 점을 파악했다.
이러한 문제를 해결하기 위해 유라는 전체 공정의 체계적인 원인을 분석하고 빅데이터 분석 기술을 활용해 중소, 중견기업의 제품 품질 및 생산성 향상을 위한 PCB 제조 분야의 분석 서비스 플랫폼을 구축하고자 했다.

수집데이터	설비데이터, 레거시데이터, 환경정보, 일상점검자료
분석솔루션	Hadoop, 통계 패키지 R, Java, JSP
참여기업	(주) 유라, 충북대학교, (주) 엔솔루션스

1. Big Point!

유라는 빅데이터를 통하여 Reflow 공정에서 품질에 가장 영향을 많이 미치는 요인인 산소 농도에 대하여 최적 구간을 알아내고자 하였다. 산소농도에 대한 골든 레시피를 도출하여 품질을 향상시키고자 하였으며, PCB 공정에서 불량 확률에 영향을 많이 미치는 요인인 내/외부 온/습도에 대하여 최적의 온/습도 구간을 알아내고자 하였다. 그리고 기계학습으로 최적의 Reflow 산소농도 구간을 도출해 현장에 적용하고자 했다.

또, ICT/IFT/AOI 공정에서의 각 컴포넌트 좌표 데이터를 분류와 통합하여 주된 NG 발생 부위를 파악하였다. SPI/ICT/IFT 공정을 분석하여 제품의 불량 판별을 통하여 불량의 최소화와 품질 향상을 하고자 하였다.

• PCB
인쇄회로기판(Printed Circuit Board).

• Reflow 공정
PCB에 부품을 실장하여 PCB와 부품의 전기적 접속을 위하여 고온의 열원을 가해 Solder cream을 용융하여 PCB에 부품을 안정되게 접합하는 기술 공정.

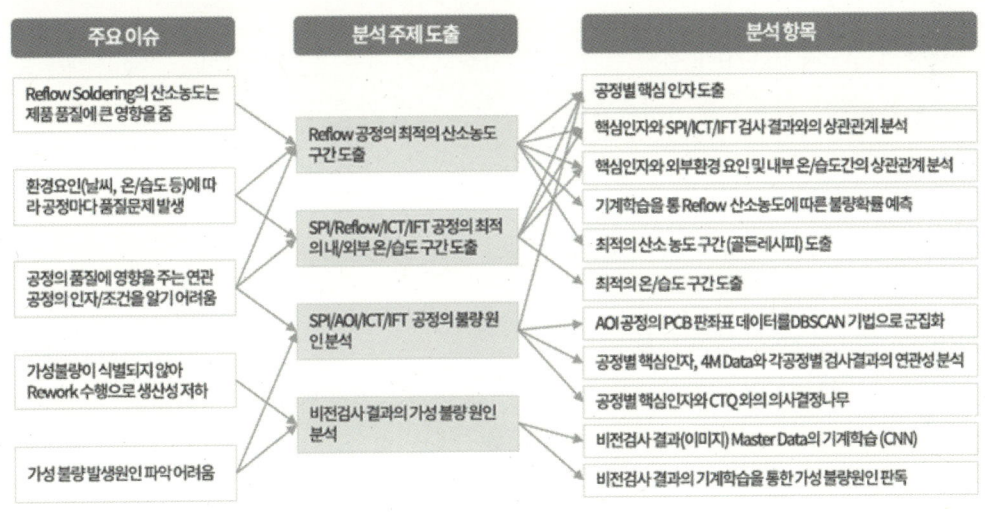

2. 활용 데이터와 분석

자동차 SJB(스마트 정션박스)는 약 50여 개의 제조 공정에서 생산되고 이번 분석에는 SJB 3개 Line을 대상으로 데이터를 수집하고 분석했다. 공정 별로 영향을 미치는 중요 인자를 파악하기 위해 설비, 작업자, 공정/검사, 원재료/부품, 환경정보 데이터를 이용하여 주성분 분석을 실시하였다. Reflow의 산소 농도와 ICT/IFT 검사 결과와의 상관관계 분석과 산소 농도와 외부 환경요인, 내부 온/습도 간의 상관관계 분석을 진행했다. 그 후, 산소 농도와 내/외부 환경 요인과의 SVR을 활용한 기계학습, 산소 농도와 ICT/IFT검사 결과와의 SVR을 활용한 기계학습을 통해 불량 확률을 예측하여 그 결과를 기반으로 산소 농도 구간을 도출했다. 또, 품질 향상을 위해 PCB 제조 공정별 최적의 환경요인을 분석하고 적용하기 위해 상관관계 분석을 통해 최적의 온/습도 구간을 도출했다.

마지막으로 ICT/IFT/AOI 공정에서는 각 컴포넌트 좌표 데이터를 분류, 통합시켜 군집분석을 실시하여 NG 밀집 지역을 도출하고 SPI/ICT/IFT 공정에서는 연관성 분석으로 공정별 핵심 인자를 추출하고 의사결정나무를 이용한 불량 판별을 통하여 불량 최소화를 실시하였다.

• AOI
자동 광학 검사로, 일반적으로 리플로우 공정 이후에 배치되어 불량감지의 역할을 수행.

• SVR
SVR(Support Vector Regression) 기계학습의 분야 중 하나로 패턴인식, 자료 분석을 위한 지도 학습 모델.

3. 분석결과

가. 공정 최적 산소구간 도출

Reflow 산소 농도와 ICT/IFT 검사 결과, 외부 환경요인, 내부 온/습도와의 상관 분석을 통하여 관계성을 파악하였다. 관계성에 따라 가중치를 부여하여 SVR 기법을 이용해 공정 내/외부 환경요인을 통하여 산소 농도 수치 변화를 예측하였고, ICT/IFT 검사 결과를 통하여 불량 확률을 예측하여 최종적으로 산소 농도의 골든 레시피를 도출해 내었다.

나. 공정 내·외부 온/습도 구간 도출

각 공정별 인자에 대한 주성분 분석을 통하여 중요 인자를 추출해 내고, 추출한 인자와 ICT/IFT 검사 결과, 외부 환경요인, 내부 온/습도와의 상관 분석을 통하여 관계성을 파악하였다. 높은 연관성을 보이는 구간을 추출해 SVR 기법을 이용하여 각 온/습도 구간의 불량을 예측하여 불량 확률이 가장 낮은 구간을 도출해 내었다.

다. AOI 공정 불량 원인 파악

ICT/IFT/AOI 공정의 컴포넌트 좌표 데이터를 분류와 통합을 통하여 데이터를 가공하였다. 가공된 데이터를 이용 밀도 기반 클러스터링(DBSCAN)을 실시하여 NG 밀집구역을 도출해냄에 따라 불량을 줄일 수 있었다.

• SJB(스마트정션박스)
기존 정션블럭의 기능에서 램프 제어용 반도체 릴레이(IPS) 및 CAN통신 입출력 제어가 가능하게 한 정션 블록으로써, 논리회로를 통한 신호처리, 모니터링, 회로보호, 고장진단 등이 가능.

라. SPI/ICT/IFT 공정 불량 원인 파악

SPI/ICT/IFT 공정에서 주성분 분석으로 도출한 중요 인자와 설비, 작업자, 공정/검사, 원재료/부품 데이터를 ICT/IFT 검사 결과와 Apriori 알고리즘을 통하여 연관성 분석을 실시했다. 또, 중요 인자에 대해 의사결정나무를 통해 제품 정상/불량 여부를 실시간으로 판별해 불량을 최소화시키고자 하였다.

4. 빅데이터 분석결과의 활용

가. 제품 품질 및 생산성 향상

앞선 분석을 통해 ICT 공정의 가성 불량을 약 20%를 제거했으며, 추가적으로 IFT 및 AOI 공정의 가성 불량을 약 20% 정도 개선하고자 했다. 또한, Lot 추적과 모니터링 시스템의 고도화를 진행하는 과정에서 이를 활용한 고품질의 데이터 해석을 지원하고자 했다.

나. 제조 빅데이터 분석 플랫폼 개발

유라는 자체적인 빅데이터 분석 플랫폼을 개발 및 구축하여, 그에 따른 제조 빅데이터 플랫폼 사업의 기반을 마련하고자 하였다. 이러한 분석 플랫폼은 중소·중견기업의 제품 품질을 높이고, 공장에서의 생산성을 향상시키는 데 도움을 줄 것이다. BIG

• **SPI**
솔더 페이스트 검사 (Solder Paste Inspection:SPI)는 리플로우 공정 이후에 페이스트와 관련해 발생하는 불량이 발생하기 이전에 감지할수 있게 하는것을 의미함.

• **ICT**
ICT (In-Circuit Test)는 회로 내부 검사를 의미하는 말로, 전자기기를 검사하는 방법 중 하나를 말함.

• **IFT**
IFT는 회로 내부의 공정 검사법 중 하나.

• **Lot추적**
생산의 관리를 위해 동일한 원료, 동일한 라인 및 공정에서 생산되는 그룹을 나타내는 번호. 같은 종류 혹은 상표의 1군(하나의 군)의 상품을 가리키는 것으로 Lot 추적은 이 상품 그룹이 생산된 공정 및 원료를 추적한다는 의미임.

유사사례
- 550p, 현대중공업, 작업시간의 효율적 분배로 생산성 향상
- 538p, 태정, 생산 저해 요인도 빅데이터로 개선하자
- 566p, 메타빌드, 생산 라인 개선 방향도 빅데이터로 선정
- 476p, 동서, 데이터를 활용한 효율적인 마케팅 전략 수립
- 502p, 영풍열처리, 빅데이터 분석 기반 공장운영
- 542p, 삼성중공업, 빅데이터를 이용한 공정의 최적화
- 326p, 매일유업, 에너지 최적화를 통한 매출 증가
- 554p, 대우조선해양, 선박제품 신수요 창출과 MRO 서비스 개발

327 작업시간의 효율적 분배로 생산성 향상

현대중공업

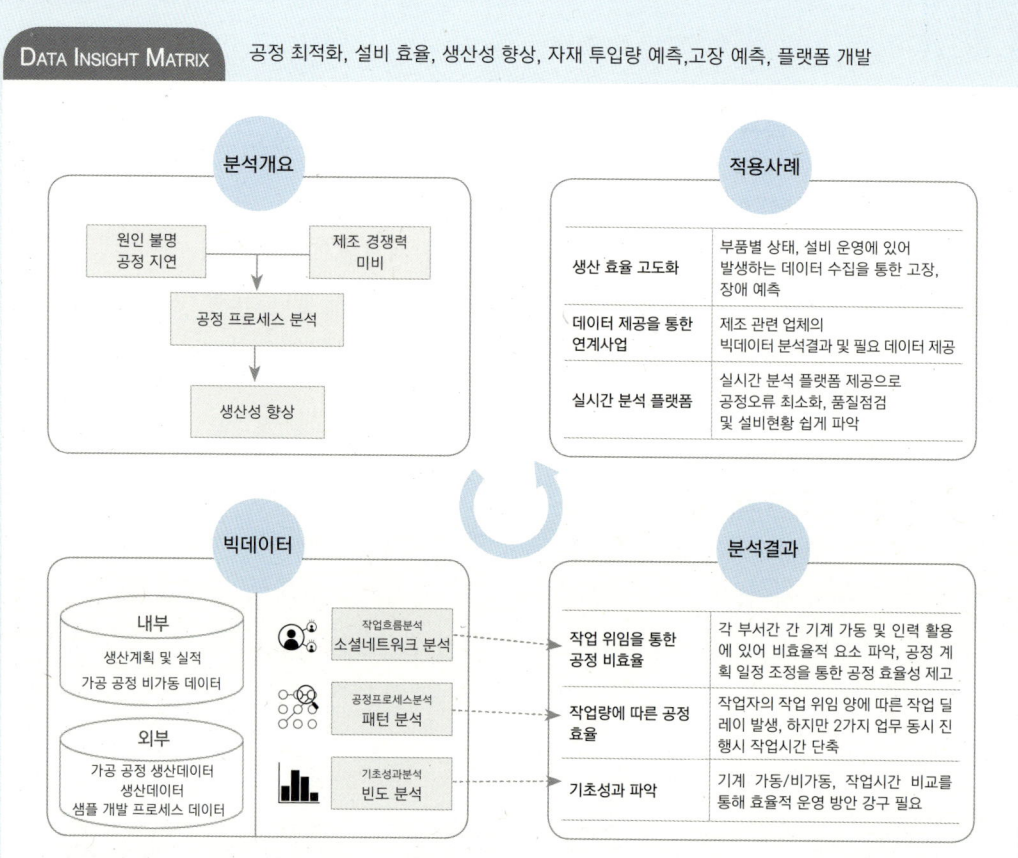

DATA INSIGHT MATRIX 공정 최적화, 설비 효율, 생산성 향상, 자재 투입량 예측, 고장 예측, 플랫폼 개발

국내 빅데이터 시장 중 산업별 빅데이터 활용 사례는 꾸준히 증가하는 추세이다. 하지만 제조 분야에서의 사례 중 조선/해양플랜트 관련 분야는 빅데이터 적용 사례가 많지 않다. 이에 현대중공업은 2015년 빅데이터 활용 스마트 서비스 시범사업을 통해 제조 경쟁력 확보를 위해 빅데이터 분석을 실시하였다. 현대중공업은 제조 경쟁력 확보를 통해 대기업과 중소기업의 동반성장을 목적으로 프로젝트를 진행하였다.

수집데이터	현대중공업 생산계획 및 실적데이터, C사 가공 공정 비가동 데이터, C사 가공 공정 생산 데이터, H사 생산 데이터, S사 샘플 개발 프로세스 데이터
참여기업	현대중공업(주관기관), 울산과학기술원(분석시스템 설계) 한국ICT융합네트워크(홈페이지 구축, DB구축), 사이버다임(분석시스템 개발)

1. Big Point!

현대중공업과 타 중공업 업체들은 대규모 선박 수주 프로젝트가 동시다발적 진행으로 인해 공정이 지연되었다. 이에 공정 지연 원인을 파악하려 하였으나 파악에 어려움을 겪게 되었고, 따라서 비용 부분에서도 손해를 보게 되었다. 이에 빅데이터 분석을 통하여 공정 분석과 함께 공수 절감 및 공정 관리 업무 효율을 향상시키고자 하였다. 또한 본 프로젝트를 통해 중소기업의 제품 납품 및 가동/비가동 작업시간의 효율적 운영을 통한 생산성 향상에 기여할 수 있었다.

2. 활용 데이터와 분석

각 업체의 생산계획, 가공 공정 생산 데이터를 이용하여 프로세스 마이닝을 진행해 공정 분석을 실시하였다. 이를 통해 프로세스 모델 도출, 적합도 분석, 병목점 도출 등을 진행 했으며, 각 케이스 별로 공정 패턴을 파악하였다. 또, 총 제조 소요시간 등의 통계치를 측정하여 작업 프로세스 체계를 분석함으로써, 작업시간을 단축 시킬 수 있는 방법을 파악하고자 하였다. 그 외에 각 작업별, 수행시간, 대기시간, 소요시간을 포함한 기초 성과 분석과 작업의 흐름과 참여 작업자, 장비

• 프로세스마이닝
기록되어 있는 로그데이터를 분석하여 의미있는 정보를 찾아내는 기술.

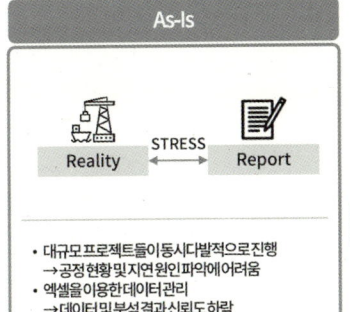
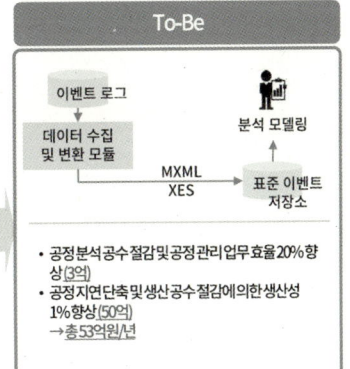

간의 흐름을 파악하기 위해 소셜 네트워크 분석을 실시하였다.

3. 분석결과

가. 공정 프로세스 모델 도출을 통한 병목점 도출
공정 계획 및 실적의 공정 프로세스 모델 도출을 위한 항목별(케이스/부서/공정) 공정의 비교 분석을 수행하였다. 각 부서간 프로세스를 분석한 결과, 19.1일의 재작업 프로세스가 발생한다는 것을 파악하였다. 이를 통해 작업지연 시간 파악, 불필요한 프로세스를 제거하였다.

나. 공정 부하 분석
계획 및 실적 데이터 비교분석을 통한 부서별 공정부하를 예측한 결과, 일부 부서가 계획했던 물량보다 2배 이상의 물량을 처리하는 것으로 나타났다. 이를 통해 비효율적 물량처리를 방지하고 사전에 적절한 물량을 배분함으로써 공정 효율을 높일 수 있었다.

다. 제작 공정 프로세스 분석
도출된 프로세스 모델을 통해 작업 이동에 소요되는 시간이 긴 것을 파악, 추가로 작업별 평균 수행시간 분석을 수행하여 소요시간이 긴 작업을 파악하고, 해당 작업의 프로세스를 수정하기로 하였다.

> • 소셜네트워크분석 (Social Network Analysis:SNA) 사회망분석이라고도 불리며, 개인과 집단들 간의 관계를 노드와 링크로서 모델링해 그것의 위상구조와 확산 및 진화 과정을 계량적으로 분석하는 방법.

유사사례
- 546p, 유라, 딥러닝 기술기반 대용량 제조 데이터 분석 서비스 플랫폼
- 538p, 태정, 생산 저해 요인도 빅데이터로 개선하자
- 566p, 메타빌드, 생산 라인 개선 방향도 빅데이터로 선정
- 476p, 동서, 데이터를 활용한 효율적인 마케팅 전략 수립
- 502p, 영풍열처리, 빅데이터 분석 기반 공장운영
- 542p, 삼성중공업, 빅데이터를 이용한 공정의 최적화
- 326p, 매일유업, 에너지 최적화를 통한 매출 증가
- 554p, 대우조선해양, 선박제품 신수요 창출과 MRO 서비스 개발

4. 빅데이터 분석결과의 활용

가. 제조공정의 실시간 예측 및 생산효율 고도화
제조 장비와 공정에 소요되는 부품 정보, 첨단 제품 및 중장비 시설의 운영에서 발생하는 데이터를 수집하여 분석을 통해 고장 및 시설, 설비 장애 예측이 가능한 플랫폼을 구축하여 불량률의 감소, 생산 관리의 최적화를 통해 운영 비용의 절감을 이루고자 한다.

나. 데이터 제공을 통한 연계 사업 지원
공정 빅데이터 분석 결과 및 빅데이터 분석용 요소 데이터를 사용하는 외부 기업 및 기관에 데이터를 제공하여, 추가적인 사업 활성화를 통해 빅데이터 서비스 사업에 기여하고자 하였다. BIG

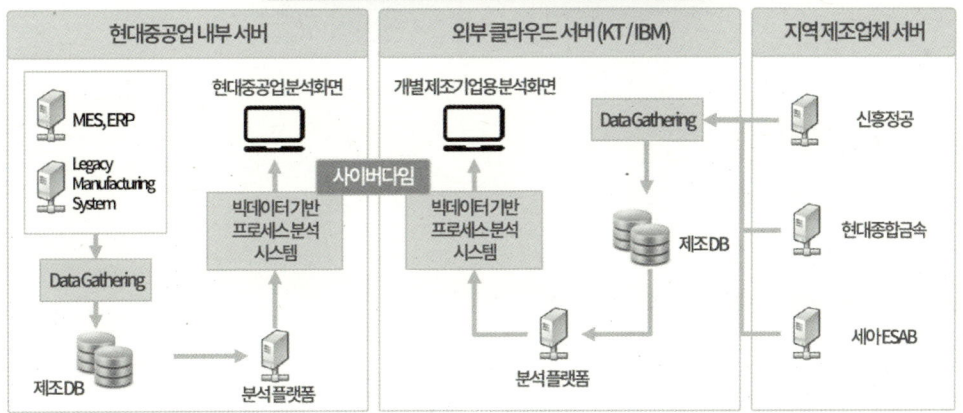

328 선박제품 신수요 창출과 MRO 서비스 개발

대우조선해양

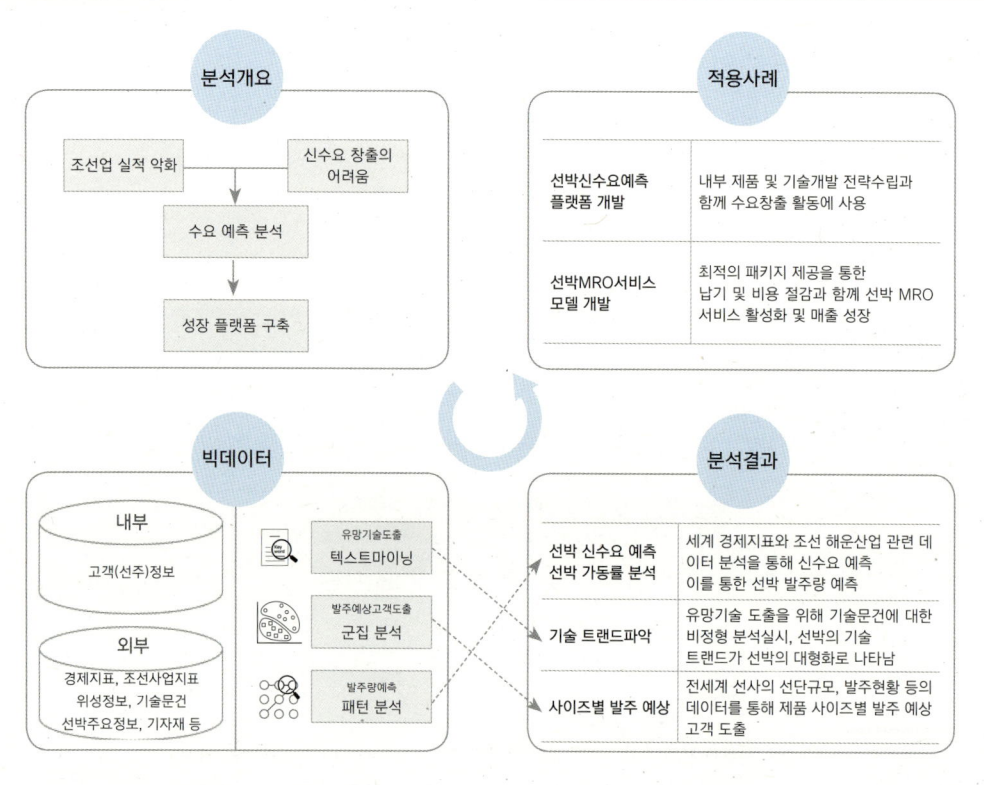

DATA INSIGHT MATRIX : 수요예측, 자체투입량예측, 공정 최적화, 트렌드 분석, 생산 품목 결정, 타겟 분석, 경영 전략 최적화, 플랫폼 개발

중국의 조선업 기술발달과 더불어 엔저현상을 기반으로 한 일본 조선업의 회생으로, 국내 조선업체의 가격 경쟁력이 상실되었고 이는 실적악화로 이어졌다. 따라서 대우조선해양은 선박 제품의 기존 전통적 수주로는 평균 2~3년의 설계·생산 시간이 소요되어 신규제품 수요 창출에 소극적 자세로 임할 수 밖에 없어 국내 조선업계는 위기를 맞고 있다. 이에 선박신수요 예측 플랫폼 개발을 통해 신제품 및 신기술 개발에 활용 할 수 있는 수요예측 모델을 개발하고자 하였으며 MRO 서비스 사업모델 제시를 통해 선제적이고 효율적인 선박 기자재/부품 공급 및 유지보수에 관련하여 지속가능한 성장 모델을 구축하고자 하였다.

수집데이터	세계주요경제지표, 조선산업지표, 해양관련지표, AIS데이터, 기술문건, 선박주요정보, 선박기자재 내부고객관련데이터
분석솔루션	LOGPRESSO, R
참여기업	대우조선해양, 더존비즈온, 융합산업연합회

1. Big Point!

대우조선해양은 국내 조선업계의 위기를 극복하고자 빅데이터를 기반으로 한 신수요 창출 서비스 사업모델을 개발하여 조선관련 산업 전체의 성장 모델을 구축하고자 하였다. 위의 모델을 통해 개발한 조선 산업 예측 모델 및 MRO서비스는 신제품 및 신기술 개발에 활용할 수 있을 것이라 판단하여 이를 통한 중소형 공급업체의 지속 성장을 추구하고자 하였다.

• MRO
기업의 제품 생산과 직접 연관있는 원자재를 제외한 소모성 자재를 이르는 용어.

2. 활용 데이터와 분석

'선박 신수요 예측 플랫폼' 개발을 위해 시계열분석(AR모델)을 이용하여 예측분석을 진행하였다. 우선, 선박 크기별로 발주 패턴을 분석하여 Segment 별 특징을 파악 하였고. 그 외 사내/외 전문가의 인터뷰를 통한 미래 발주 패턴을 파악하여 발주 수량을 예측하였다. 'MRO서비스 모델'의 경우는 기자재 등록 데이터를 바탕으로 하여 견적요청 수를 수집한뒤, 이를 통해 최적의 견적을 도출 하였다. 이 외에 AIS데이터와 선급 데이터를 활용하여 선주들을 대상으로 영업활동을 진행하기 위해 부산항을 경유하는 선박 리스트를 추출하여 선박 도착 예정일에 맞춰 잠재고객을 유추하고자 하였다. 또한 선박 실시간 운행 데이터와 과거 운행 데이터를 활용하여 인공지능 알고리즘을 개발하고 학습시켜 선박 이상상태가 발생할 경우 미리 알려 자재를 구입할 수 있도록 유도하였다.

• 시계열 분석
시간의 흐름에 따라 기록된 데이터(시계열 데이터)에 대해 여러 변수들간의 인과관계 등을 분석하는 기법.

• AIS
국토교통부 항공정보 서비스.

3. 분석결과

가. 선박 신수요 예측
세계 경제지표데이터와 조선/해운산업 데이터 분석을 통해 신수요 예측을 해본 결과 소형선박 10%(3,000~7,999 TEU), 중형선박20%(8,000~11,999 TEU), 대형선박 70%(12,000TEU)의 수요가 나타날 것으로 예측되었으며, 주로 컨테이너선과 같은 대형선박이 수요가 높은 것으로 나타났다.

• TEU
20피트 길이의 컨테이너 크기를 부르는 단위.

나. 선박 가동률 분석
주요 해운사의 항로별 선박 가동률 지표를 개발하고, 그 지표를 토대로 분석하여 운항 수익 및 잠재 수요를 예측할 수 있었다. 북아프리카와 서유럽에서 가장 많은 선박 가동률을 보이고 있었다.

다. 유망기술 도출
분야별 Keyword에 대해 연관관계 분석을 실시하여 어떤 이슈들이 나타나는지 파악하고 이를 통해 기술 트렌드를 분석하였다. 분석결과 신 엔진, 선박 디자인 등과 관련된 내용이 많이 나타났으며 이를 통해 선박과 관련된 기술 트렌드를 파악하여 제품/기술 로드맵 개발에 활용할 수 있었다.

4. 빅데이터 분석결과의 활용

가. 선박 신수요예측 플랫폼 개발

선박의 미래 수요 예측 및 고객 분석, 유망기술 도출 등을 통해 제품 개발 및 영업전략 수립을 지원하는 플랫폼을 개발하고, 이를 통해 제품 및 기술 로드맵을 구축하는데 활용하였다. 로드맵을 통해 대우조선해양 내부 제품 및 기술 개발 전략 수립에 활용하여 적극적인 수요 창출에 활용할 계획이다.

나. MRO서비스모델 개발

한국조선해양기자재공업협동조합을 통한 빅데이터 기반 선박의 MRO플랫폼을 운영하여 실제 비즈니스에 적용할 예정이며, 동시에 기자재 상태 진단 기술인 CBM(Condition Based Maintenence) 기술 적용을 위해 실운항 데이터와 시뮬레이터 데이터를 분석, 효과적인 기자재 A/S를 가능케하여 MRO사업 활성화를 도모하고자 하였다. BIG

유사사례
- 566p, 메타빌드, 생산 라인 개선 방향도 빅데이터로 선정
- 238p, 미스틱엔터테인먼트, 연예인 마케팅에도 필요한 빅데이터
- 242p, 패션서울, 고객이 원하는 기사와 정보는?
- 480p, AnC, 빅데이터가 찾아준 효과적인 마케팅
- 274p, 아펙시, 빅데이터 분석을 통한 음악 서비스 사례

329 이제는 아웃도어도 스마트하게 사자

노스페이스

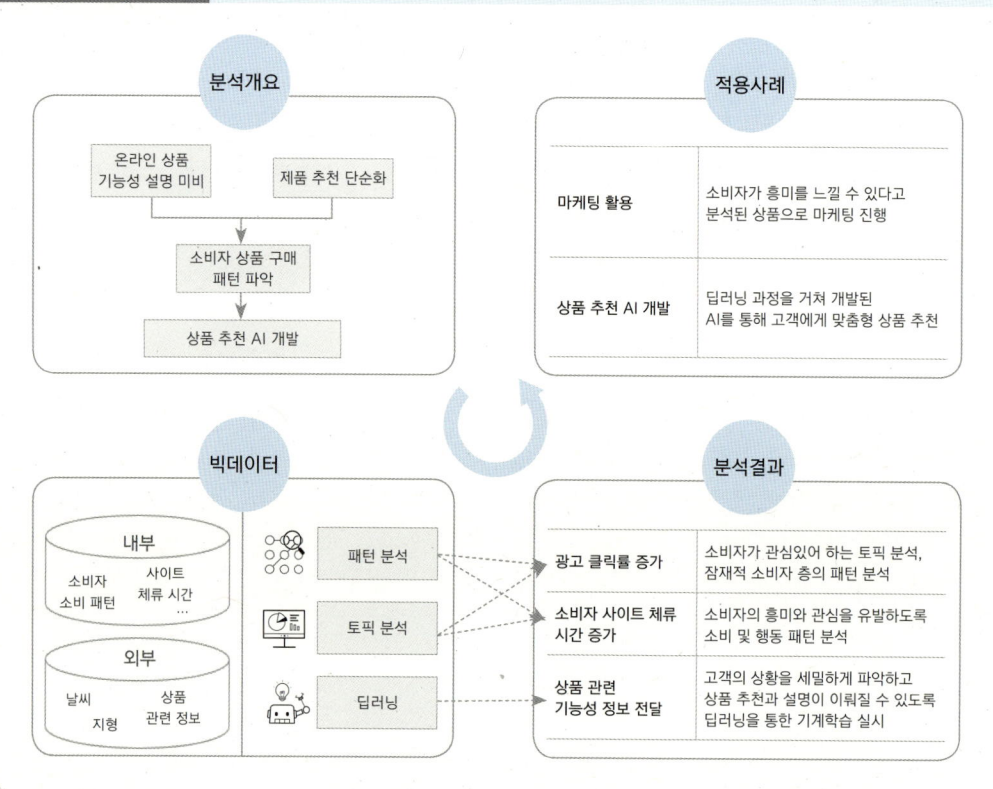

온라인 쇼핑몰에서는 이미 아마존 등과 같이 데이터를 활용해 제품을 추천하는 서비스가 활발하게 이뤄지고 있었지만, 해당 서비스들의 효과는 매우 낮은 편이었다.

아웃도어 상품의 경우에도 고객들이 직접 입어보고 결정하는 것이 대부분이고, 온라인으로는 오프라인에 비해 아웃도어 상품에 대한 확실한 정보를 받을 수 없었다. 이러한 문제를 해결하고 온라인 판매율을 높이기 위해 노스페이스는 데이터를 수집한 뒤, AI 대화 상자를 통해 고객의 구매욕을 자극하고 상품에 관한 자세한 정보를 제공하여 직접적인 구매로 이어질 수 있는 시스템을 개발하였다.

수집데이터	고객의 소비 패턴, 체류 시간, 클릭 수, 상품과 관련된 지식 정보, 날씨 및 지형 등
참여기업	노스페이스, IBM (AI '왓슨' 서비스 제공)

1. Big Point!

노스페이스는 아웃도어 상품의 온라인 구매율이 낮은 이유를 온라인상에서는 해당 제품과 관련된 전문적인 지식 획득이나 제대로 된 비교를 할 수 없다는 것에 있다고 생각했다.

따라서 소비자가 상품을 입고 활동하는 용도에 맞도록 제품을 추천하고 해당 제품에 관한 정보와 강점을 알려주는 것을 주요 목표로 삼았다.

2. 활용 데이터와 분석

소비자가 제품을 선택하는 것에 있어 도움을 줄 수 있도록 소비자가 찾는 상품에 관한 사용자 리뷰나 쇼핑몰 고객의 판매내역데이터를 수집했다. 또, 오프라인 매장 판매자의 상품 판매와 관련된 소비 패턴을 데이터화하여 분석을 통해 상품추천 페이지를 개설했고, 상품과 관련한 전문지식을 아웃도어 간행물 등을 통해 습득하여 상품을 분석했다.

3. 분석결과

가. 광고 클릭률 및 체류시간 증가
2014년 카카오에서 분석한 결과에 따르면 평균 업종별 광고 클릭률은 7.4%이며, 최적화 광고 클릭률은 8.5% 정도를 기록했다. 이런 가운데 노스페이스는 소비자의 구매결정을 돕고자 개설한 맞춤 상품추천 페이지 'Expert Personal Shopper'의 경우에는 추천 상품에 대한 클릭률이 60%까지 높게 기록되었고 사이트 체류 시간이 증가했다.

나. 상품 관련 기능성 정보 전달
상품 자체에 관한 정보뿐만 아니라, 착용하기 좋은 날씨나 계절, 활동 등의 자세한 정보를 제공하여 소비자가 실제로 착용하지 않아도 구매할 수 있도록 정보를 제공했다.

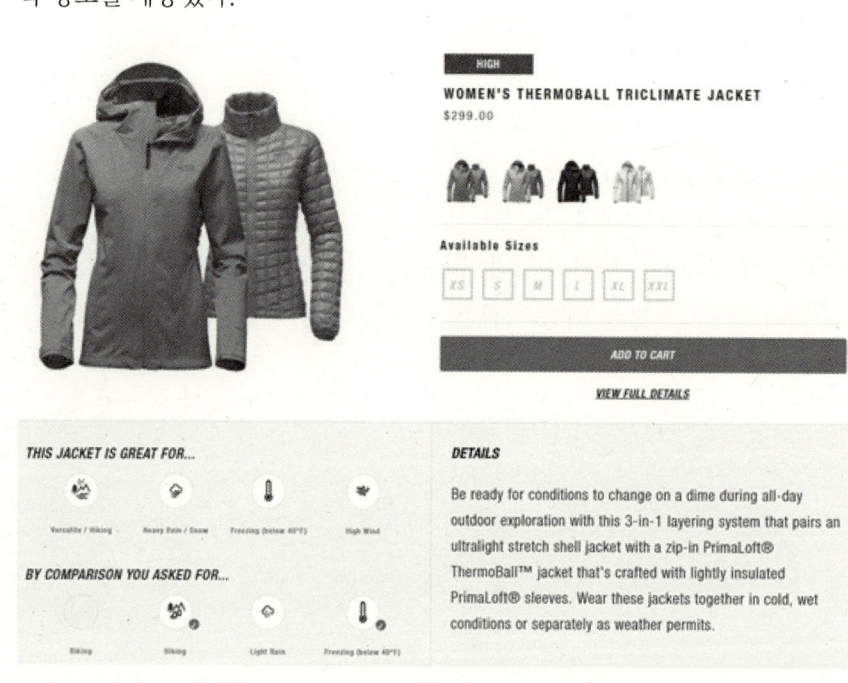

4. 빅데이터 분석결과의 활용

가. 상품 추천 AI 개발

소비자가 원하는 상품에 관한 세부내용을 입력하면 거기에 맞는 특정 상품을 추천하는 AI 대화상자 서비스를 제공할 수 있었다. 소비자가 옷을 입고 활동하려는 지역에 관한 날씨 및 지형 분석부터 전문가의 종합 사용 평가까지 고려하여 높은 만족도의 상품을 고객에게 제공할 수 있었다. BIG

• AI
인공지능(Artificial Intelligence:AI)은, 컴퓨터가 인간의 지능으로만 할 수 있는 사고·학습·모방 등 논리적인 방식을 사용하는 고급 컴퓨터 프로그램.

제조
산업/IT
활용분야
상품
마케팅
실시간 예측
비용 절감
품질 관리 및 운영
위험 사전 예방
보안 및 관리
상품·서비스 개선
플랫폼

유사사례
- 464p, MANSOLE, 제품기획과 마케팅 두 마리 토끼를 잡다
- 494p, 존스킨화장품, 빅데이터를 통한 남성 화장품 인사이트 도출
- 472p, 헬로네이처, 빅데이터로 고객의 믿음과 마음을 잡아라
- 468p, 블리리언트앤컴퍼니, 최적의 마케팅을 찾아준 빅데이터
- 282p, 시대에듀, 빅데이터 기반 효과적인 마케팅 전략 수립
- 514p, 큐비엠, 데이터를 활용한 마케팅 컨셉 수립
- 186p, 비씨카드, 데이터의 융합을 통한 시의적절한 마케팅
- 484p, 죠샌드위치, 나를 알고 고객을 알면 백전백승
- 182p, 신한카드, 고객의 발자취와 목소리
- 456p, 제이에스티나, 빅데이터로 되찾은 고급스러운 브랜드 이미지

330 빅데이터를 이용하여 고객의 쇼핑 경험을 개선

스타일켓

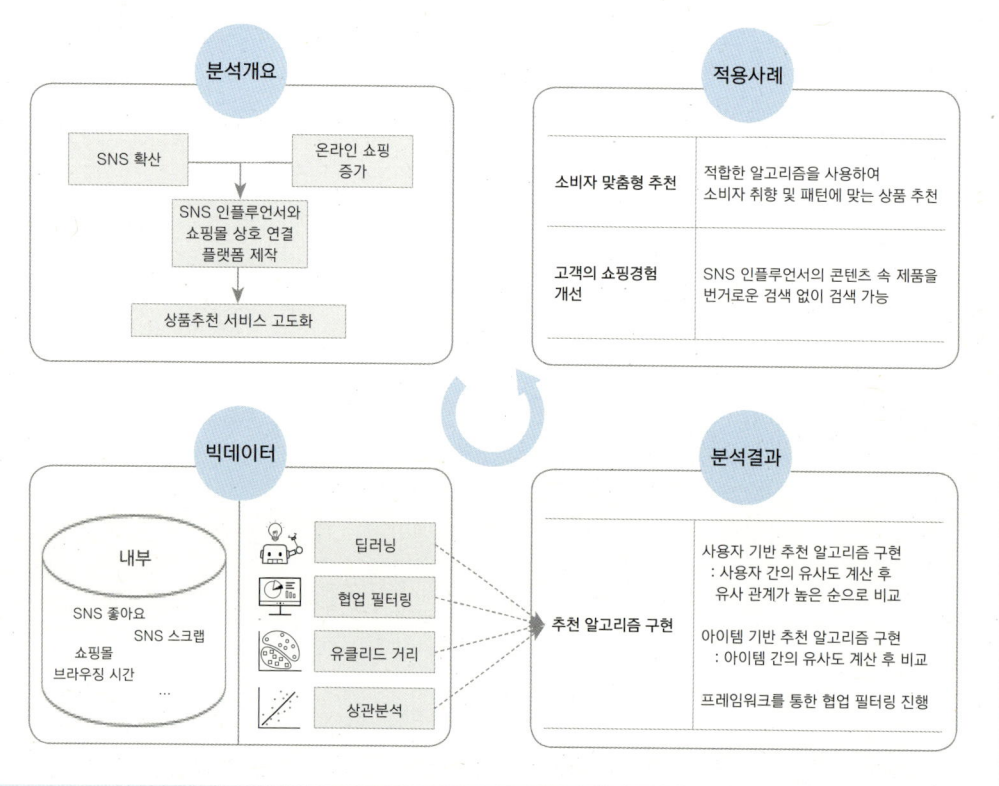

DATA INSIGHT MATRIX
수요 공급 매칭, 타겟 분석, 구매 패턴 파악,
선호도 파악, 효과적 상품 전략, 경쟁 전략 최적화, 추천 시스템 개발

SNS가 나날이 확산됨에 따라 인플루언서(영향력 있는 개인)들이 업로드한 콘텐츠 속 제품에 대한 대중들의 관심도 갈수록 증가하고 있다. 하지만 소비자들은 일일이 SNS 콘텐츠 속 제품을 검색하는 일에 번거로움을 느낄 수 있다. 이에 스타일켓은 SNS 사진 속에서 본 패션상품들을 바로 구매할 수 있도록 매칭해주는 쇼핑 플랫폼 '리브레마켓'을 개발했다. 이를 통해 스타일켓은 SNS를 즐기면서 콘텐츠 속의 제품을 보다 편하게 구매하고 싶은 소비자, 콘텐츠 업로드를 통해 수익을 창출하고자 하는 인플루언서, 인플루언서를 활용하여 마케팅을 하고자 하는 브랜드들의 니즈를 모두 만족시키고자 했다. 그뿐만 아니라 스타일켓은 '리브레마켓'에서 수집된 빅데이터를 활용해 더욱 고도화된 추천 서비스를 제공하기 위해 사용자 맞춤형 추천 시스템을 구현하고자 했다.

수집데이터	사용자 로그 데이터 (SNS 관련 데이터, 링크 공유, 웹페이지 그림 확대, 브라우징 시간)
참여기업	㈜스타일켓(수요 기업), 세종대

1. Big Point!

스타일켓에서는 '리브레마켓'에서 고객이 만족할 만한 추천 서비스를 제공하기 위해 각각의 소비자에게 적합한 제품을 선별하여 매칭할 수 있는 추천 시스템을 개발하고자 했다. 초기에는 '리브레마켓'을 통해 수집된 사용자 로그 데이터를 활용하여 사용자기반 추천, 아이템기반 추천, 내용기반 추천의 세 가지 알고리즘을 구상했으나, 최종적으로는 협업 필터링을 이용한 추천 과정을 통해 사용자기반 추천, 아이템기반 추천의 두 가지 알고리즘을 구현하기로 했다. 이러한 알고리즘을 이용해 소비자의 성향과 관련도가 높은 상품을 고객이 직접 검색하는 수고없이 편리하게 파악할 수 있도록 제공할 수 있었다.

• **협업필터링**
컴퓨터를 이용하는 사람들의 사용, 소비 기록 정보를 분석하여 불필요한 정보를 필터링해주는 기술.

2. 활용 데이터와 분석

SNS 인플루언서 콘텐츠 기반의 추천 서비스를 만들기 위해 SNS 상에서 사용자들의 좋아요, 스크랩, 링크 공유, 웹페이지 그림 확대, 브라우징 시간 등의 로그 데이터를 수집했다. 그 후 파이썬에서 제공하는 사용자 기반의 추천 시스템 구현 프레임워크인 'Crab'을 사용하여 프로젝트를 진행했다.

'사용자 기반의 추천 알고리즘'을 구현하기 위해 사용자ID, 아이템ID, 사용자의 아이템 선호 수준을 표현하는 숫자 데이터를 산출한 뒤 '유클리디안 거리'를 구해 사용자들 간의 유사도를 계산했다. 그 후 추천 대상 고객과 유사도가 높은 고객들을 선별한 후 다른 고객들은 선호했지만, 추천 대상 고객이 구매하지 않은 제품을 선택하여 해당 고객에게 추천해 주었다.

그뿐만 아니라 '아이템 기반의 추천 알고리즘'도 구현했는데, 이는 사용자가 아닌 아이템들 간의 유사도를 코사인 거리, 피어슨 상관계수 등을 이용하여 계산한 후 추천 대상 고객이 선호하는 제품과 유사한 아이템을 추천해 주는 방식으로 가동되었다.

• **유클리디안 거리**
유클리드 거리(Euclidean distance)는 두 점 사이의 거리를 계산할 때 자주 쓰는 방법 중 하나.

• **코사인 거리**
코사인 거리(Cosine Distance)는 1 - 코사인 유사도(Cosine Similarity)로 계산, 여기서 코사인 유사도는 내적공간의 두 벡터간 각도의 코사인값을 이용하여 측정된 벡터간의 유사한 정도를 의미함.

• **피어슨 상관계수**
등간척도 이상으로 측정된 두 변수들의 상관관계 측정 방식.

제조
산업/소매
활용분야
상품
마케팅
실시간 예측
비용 절감
품질 관리 및 운영
위험 사전 예방
보안 및 관리
상품·서비스 개선
플랫폼

3. 분석결과

가. 사용자기반 추천 알고리즘 구현

사용자기반 추천방식은 오른쪽의 그림과 같이 이루어졌다. 사용자 1과 2는 유사한 항목을 선호하고 있지만, 사용자1이 구매했던 마스카라를 사용자2가 구매하지 않았으므로 마스카라 제품을 사용자 2에게 추천했다. 이와 같이 유사도가 높은 사용자들의 구매 목록에서 서로 겹치는 아이템을 제외하고 남은 아이템을 각 상대방에게 추천하는 서비스를 구현했다.

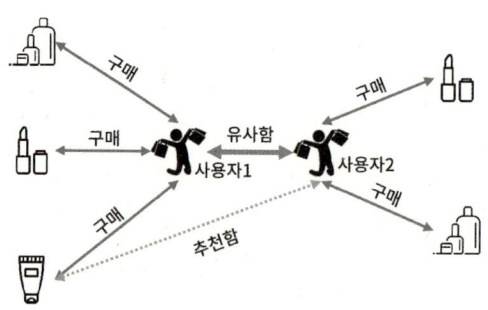

나. 아이템기반 추천 알고리즘 구현

아이템기반 추천 방식을 살펴보면, 그림과 같이 서로 다른 고객의 구매목록에 있는 아이템들 간의 유사도를 계산한 후 유사도가 높은 순으로 일정한 수의 아이템을 추천해주었다. 예를 들어, 사용자2가 구매한 제품과 유사도가 높은 사용자1의 마스카라를 사용자2에게 추천해주는 방식이다. 하지만 이 방식은 특정 사용자가 선호하는 아이템과 유사한 다른 아이템을 추천하는 방식이므로 해당 사용자의 거래 내역에 이미 포함돼있는 아이템도 추천하는 경우가 존재했다.

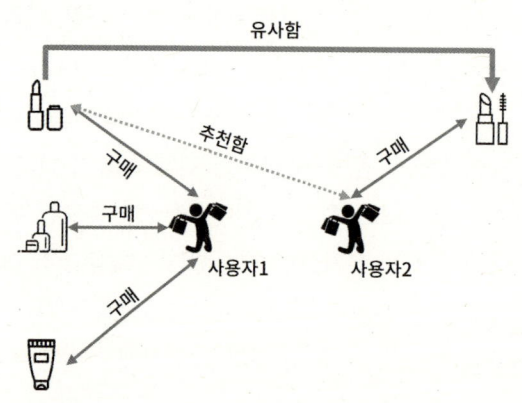

유사사례
- 558p, 노스페이스, 이제는 아웃도어도 스마트하게 사자
- 464p, MANSOLE, 제품기획과 마케팅 두 마리 토끼를 잡다
- 282p, 시대에듀, 빅데이터 기반 효과적인 마케팅 전략 수립
- 484p, 죠샌드위치, 나를 알고 고객을 알면 백전백승
- 510p, 티젠, 빅데이터를 통한 해외 현지 맞춤화 전략 시행
- 506p, 불스원, 기존 고객관리부터 신규고객 유치까지
- 362p, 에이치와이스타일, 고객의 요구 사항을 빅데이터로 빠르게 대처

다. SNS 인플루언서의 콘텐츠와 추천 서비스를 연계 활용

스타일켓은 딥러닝 기술을 이용하여 사진상의 패션상품이 어떤 제품인지를 인식하고, 그 제품을 판매하는 쇼핑몰을 매칭해주는 서비스를 리브레마켓 통해 제공했다. 그뿐만 아니라, 앞서 언급한 사용자 맞춤형 추천 시스템을 통해 소비자들이 더욱 편리하게 자신에게 맞는 상품정보를 제공받을 수 있도록 했다.

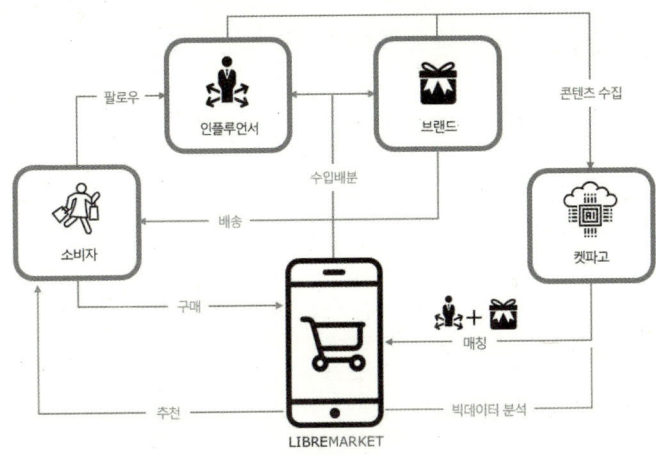

4. 빅데이터 분석결과의 활용

가. 소비자 맞춤형 추천

본 프로젝트에서 개발한 서비스를 쇼핑몰에서 활용한다면 적합한 알고리즘을 바탕으로 소비자 개인 취향에 맞는 상품을 추천할 수 있다. 소비자들이 추천 콘텐츠에 만족감을 얻게 된다면 쇼핑몰은 소비자 충성도 및 신뢰도를 얻을 수 있다. 또한 소비자는 번거로운 검색 과정 없이 구매하고자 하는 항목을 확인하고, 추천 목록에 있는 제품들을 편리하게 비교하여 스마트한 소비를 할 수 있다. 실제로 이러한 우수성을 인정받은 해당 시스템은 2016년 12월에 7억 5천만 원 규모의 투자를 유치 받는 성과를 얻었다.

나. SNS 쇼핑몰 확산

스타일켓의 서비스를 통해 고객은 SNS상에서 본 제품을 일일이 검색하지 않고도 바로 구매할 수 있는 새로운 쇼핑환경을 경험할 수 있었다. 또한 인플루언서의 입장에서는 복잡한 쇼핑몰의 관리 없이 간편하게 제품을 홍보하는 효과를 얻을 수 있을 것으로 기대했다. BIG

331 생산 라인 개선 방향도 빅데이터로 선정

메타빌드

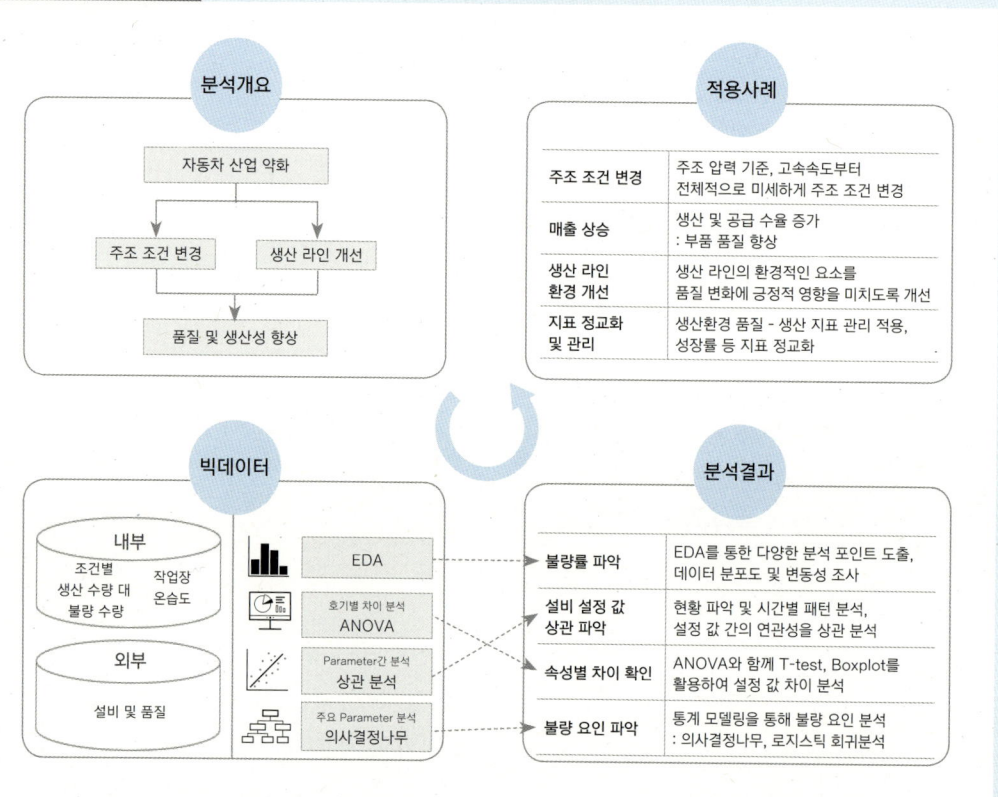

한국의 자동차 산업은 2013년을 기준으로 전체 452만 대를 생산했고 세계 자동차 생산량의 5.2%를 점유하여, 이는 9년 연속 세계 5위로 국내 산업의 10% 이상 점유하는 가장 큰 제조 분야이다. 이 산업은 해외시장에서는 수출 금액 718억 달러로 사상 최대를 기록했지만, 국내시장은 불확실한 경기 속에서 생산이 3년 만에 감소했고 내수 판매는 4년 만에 감소했다. 자동차 산업이 국내 제조업 생산의 11.4%, 고용의 10.7%, 부가가치의 10.6%를 차지할 정도로 국민 경제적인 비중이 매우 높고 국제 무역 수지는 616.5억 불로 국가 경제에 큰 축을 담당하므로, 이 산업을 위해 메타빌드는 자동차 산업의 경쟁력 강화를 목표로, 빅데이터 분석을 통해 품질 및 생산성을 향상시키고 경쟁력을 높이고자 했다.

수집데이터	설비 및 품질 데이터, 실측 데이터, 조건별 생산 수량 대 불량 수량 데이터, 작업장 온습도 정보, 다이캐스팅 주조공정 장비 데이터
분석솔루션	통계패키지 R, ㈜리비 미디어렌즈
참여기업	메타빌드㈜, 자동차부품연구원, 솔바테크놀로지

1. Big Point!

메타빌드는 자동차 생산에 있어 부품의 품질 및 서비스 향상에 초점을 두었다. 또, 알 수 없었던 불량의 요인을 파악하고 개선하여 자동차 산업에서의 경쟁력을 얻고자 했으며 수율 향상 및 설비 재투자의 재원 확보의 목표까지 함께 갖고 있었다. 빅데이터 분석 과정을 통해 적극적으로 IT 산업과 융합하여 품질 수준을 향상시키고 생산 환경 개선을 통해 적극적으로 기술을 발전시켜 시장에서의 경쟁력 또한 확보하고자 했다.

• ESB
서비스들간의 상호연계를 위한 논리적인 Layer로 다양한 인터페이스를 제공하며 이를 통해 서비스 조합, 연계, 상호운용(이벤트, 메세징)을 제공하는 인프라.

• Adaptor
HTTP, JMS, Web Service, REST, FILE, FTP, TCP, Custom 어댑터등을 말함.

2. 활용 데이터와 분석

메타빌드는 공정 계측 장비를 통해 설비 및 품질 데이터를 수집하고 불량 요인을 찾기 위한 작업장 환경 및 불량품 관련 데이터를 수집하였다. 설비 및 품질 데이터는 메타빌드의 ESB Adaptor를 통해 Hadoop 시스템에 접근하여 HDFS의 Datanode에 csv 파일을 저장하고 hive를 사용해 데이터를 적재하였다. EDA, ANOVA, 상관분석, 의사결정나무, 로지스틱 회귀분석이라는 통계분석, 기계학습 기법을 활용하여 품질 개선과 불량 요인 파악을 진행했다. 해당 빅데이터 분석에 대한 상세 프로세스는 다음과 같다.

• Hadoop
하둡(Hadoop)은 대표적인 빅데이터 기술로 대용량 데이터를 분산 저장하고 분석 처리를 하기위한 오픈소스 프레임워크로 대용량 데이터 분산/저장/관리하는 하둡 분산 파일 시스템(HDFS)과 대용량 데이터 분석을 수행하는 맵리듀스로 구성됨.

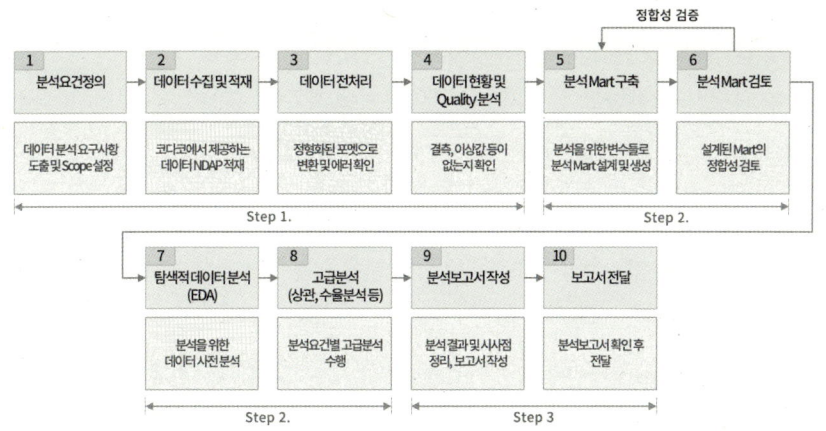

• HDFS
HDFS(Hadoop Distributed File System)는 대용량 데이터를 분산시키고 저장 및 관리하는 하둡의 구성요소.

3. 분석결과

가. 불량률 파악

설비 효율 및 품질 개선을 위해 불량률에 관한 EDA와 ANOVA 분석을 진행한 결과, 'Cav'가 1일 경우의 평균 불량률은 11.60%, 2일 경우는 12.40%, 3일 경우는 7.90%로, 2일 경우 가장 높게 나타났으며, 'Lot'의 경우에는 A일 경우 평균 불량률은 11.00%, B일 경우는 12.20%로, B일 때 더 높게 나타났다. 주/야의 경우에는 '주간'인 경우가 11.10%, '야간'인 경우가 12.10%로 나타났기 때문에, '야간'이 조금 높았으며, 호기의 경우에는 '22호기'인 경우 34.60%, '23호기'인 경우 12.50%, '24호기'인 경우 12.20%, '25호기'인 경우 7.70%로, '22호기'가 가장 높게 나타났다. 마지막으로 작업자의 경우에는 '코아'인 경우 22.70%, '김걸'인 경우 22.40%, '국형진'인 경우 8.40%, '김면수'인 경우 4.20%로, '코아'와 '김걸'이 매우 높게 나타났다.

나. 설비 설정 값 상관 파악

작업자별 불량률에 대한 상관관계를 분석한 결과, 평균 불량률이 작업자별로 다르게 나타나며 설비 설정값 간의 상관계수 값도 작업자별로 매우 상이하게 나타났다. 이는 작업자별 변수 설정값이 다르고 불량률의 차이도 심하게 나타나, 장비 운영 매뉴얼이 없어 숙련자의 직감에 의존한 설비 설정이 이루어져 불량률에 큰 차이가 있다는 것을 파악했다.

다. 불량 요인 파악

불량의 요인을 파악하기 위해 의사결정나무와 로지스틱 회귀분석을 진행한 결과, 'prt'-'hs'-'swt'-'cp' 순서로 불량품에 영향을 주는 요인으로 파악했다. 또, 설비의 설정값과 실측값의 변동성 분석을 통해 변동 계수를 구하여 작업자별로 설비 설정값을 적절히 조절하고 있는지 파악했다. 변동 계수 순위는 변동 계수가 작은 순서대로 'cp'-'Is'-'hsi'-'hs'-'prt'-'swt'로 나타났다.

- **ANOVA**
분산분석(analysis of variance. ANOVA)은 두 개 이상 집단들의 평균을 비교하는 통계분석 기법이다. 두 개 이상 집단들의 평균의 차이에 대한 통계적인 유의성을 검증하는 기법.

- **상관분석**
두 변수 간에 어떤 관계가 있고, 그 상관성의 정도는 어느 정도인지를 수치적으로 분석하는 것.

- **의사결정나무**
분류함수를 의사결정 규칙으로 이루어진 나무 모양의 그림으로 시각화하여 표현하는 분석 기법.

- **로지스틱 회귀분석**
독립변수들 간의 선형결합을 통해 종속변수를 설명하는 통계 기법으로 종속변수는 범주형 데이터를 대상으로 함.

유사사례
- 550p, 현대중공업, 작업시간의 효율적 분배로 생산성 향상
- 546p, 유라, 딥러닝 기술기반 대용량 제조 데이터 분석 서비스 플랫폼
- 538p, 태정, 생산 저해 요인도 빅데이터로 개선하자
- 476p, 동서, 데이터를 활용한 효율적인 마케팅 전략 수립
- 502p, 영풍열처리, 빅데이터 분석 기반 공장운영
- 554p, 대우조선해양, 선박제품 신수요 창출과 MRO 서비스 개발

4. 빅데이터 분석결과의 활용

가. 주조 조건 변경과 매출 상승

구분	생산장비	전체평균							
		생산수량	불량합계	불량률	저속속도	고속속도	고속구간	승압시간	주조입력
1~6월	23,24,25	334.2	34.5	10.3%	0.59	1.64	244.9	63.4	77.9
9~10월	24	405.8	26.7	6.6%	0.61	1.58	232.1	58.3	69.2
차이	*	+71.6	-7.8	-3.7%	+0.02	-0.06	-12.8	-5.1	-8.7

불량의 원인을 파악하여, 주조 압력을 기준으로 고속 속도부터 다른 조건들을 미세하게 변경한 결과, 약 3.7%의 불량률이 감소했음을 알 수 있었다.

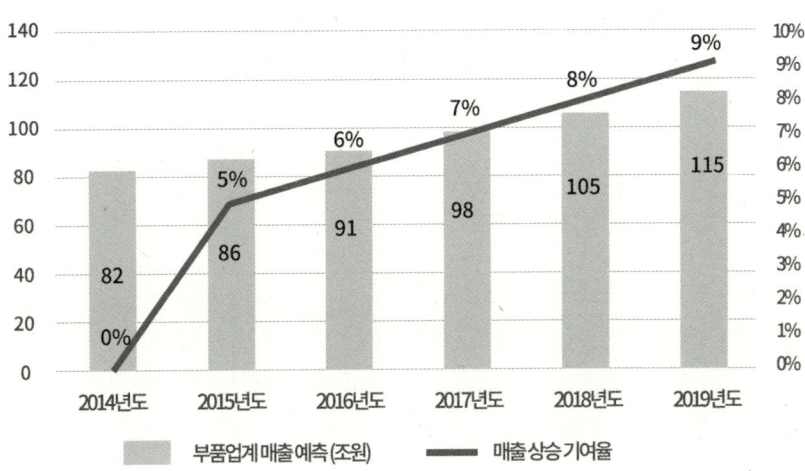

또, 부품의 품질 향상으로 생산/공급의 수율을 증가시켜 매출에 직접적인 플러스 효과를 미치게 됐다. 실제로 정식 서비스를 시행한 결과 매년 1% 정도 매출 상승이 이뤄지고 있다.

나. 생산 라인 환경 개선

생산 라인의 기온 및 습도 등과 관련한 환경 데이터부터 당시의 기후, 대기 먼지 농도 등의 자료를 모두 종합하여 환경 요소를 분석했다. 이를 통해 가장 품질이 높을 수 있는 조건으로 생산 라인의 환경을 직접적으로 개선했다.

라. 지표 정교화 및 관리

생산 환경과 품질에 관련한 데이터는 제조에 있어 품질 개선과 관련한 최적화된 데이터라고 할 수 있으므로 분석 모델을 유사 산업에 적용할 수 있는 생산지표 관리로 설정하기로 했다. 해당 지표를 수율 예측 모델로 발전시켜, 성장률 등의 정교한 결과 값을 얻을 수 있는 지표로 발전시키고자 한다.

소매　　　　　　　　　　#매출분석　#선호도파악　#자재투입량예측　#공급망관리

RFID 데이터분석 기반 매출증대 전략　　스시로

스시로는 2013년 약 300여 개의 점포를 운영 중인 회전초밥 체인점으로 매장관리 및 매출 분석을 위하여 초밥 접시에 RFID를 부착, RFID의 흐름을 데이터로 기록하고 이를 분석하여 초밥의 동향을 파악했다. 이를 바탕으로 초밥별 재료를 선별적으로 제공하고, 고객의 선호도를 파악하여 스시 재료를 효율적으로 공급하고, 폐기 손실을 감소시켜 매출 증대와 동시에 고객 만족도 향상에 기여할 수 있었다.

 산업　　　　　　　　　　　　　　　　　#설비효율　#공정최적화

산업 인터넷을 가속화하다　　제너럴일렉트릭

가. 배경 및 목적
제너럴일렉트릭(GE)은 전력, 항공, 헬스케어 등 다양한 분야에서 사업을 운행하는 세계적인 인프라 기업이다. 대규모의 설비와 엔진 등을 제조하는 GE에게는 작업환경의 작은 변화가 시스템의 가동에 매우 큰 영향을 주기 때문에 산업 환경을 제어하는 것은 매우 중요하다. 이러한 상황과 맞물려 GE는 데이터 과학이 산업 분야를 혁신할 수 있는 재료라고 판단하여 '산업 인터넷'이라는 이름의 계획을 세우고 실행하고 있다.

나. 활용 방법
GE가 개발하고 있는 산업인터넷은 기계, 인간, 데이터를 서로 연결하여 설비 운영의 효율화 및 최적화로 제조 혁신을 가능하게 하는 기술이다. GE는 모든 작업 환경에서 센서를 설치하고 데이터를 수집해서 기계가 잘 작동하는지를 분석하여 온도 변화와 같은 사소한 변화로 인해 기계에 미치는 영향을 세밀하게 모니터링하고, 이것이 다른 작업에 영향을 주는지 파악한다. 항공기의 경우에는 센서 데이터를 통해 고장 시기를 예측하고 자동으로 정비 스케줄을 잡기도 한다. GE는 재생 에너지 기업을 운영하고 있는데 약 2만 2천 개에 이르는 풍력 터빈을 모니터링하여 작동 정보를 클라우드로 전송한다. 이것을 분석하여 에너지 생산 효율을 높이기 위해 터빈 날개의 각도 및 방향 등을 매우 미세하게 조정한다.

다. 적용 결과
GE는 기계 모니터링을 통해 가동 중단시간을 줄일 수 있게 되어 매년 평균 8백만 달러를 절약할 수 있으리라 예측하였다. 2016년에는 장비가 내보내는 신호를 파악하는 머신러닝 앱과 튜브 절단 과정에서 배출되는 부산 물질을 줄여주는 앱의 개발을 통해 약 7억 3000만 달러의 비용을 절감하고자 하였다.

산업　　　　　　　　　　　　　　　　　#맞춤형서비스　#신상품개발

공기질 빅데이터로 만든 맞춤형 공기청정기　　　코웨이

공기청정기와 정수기를 대표 제품으로 하여 잘 알려진 코웨이는 빅데이터 분석을 도입하여 제조의 혁신을 꾀하였다. 코웨이는 2014년부터 공기청정기를 통해 축적한 약 1,200억 건의 공기 관련 빅데이터를 분석하여 공기질 유형을 24가지로 분류하는 체계를 만들고, 유형별로 차별화된 필터 서비스를 고객에게 제공한다. 예를 들어 미세먼지가 많은 가정을 위한 필터, 냄새가 나는 가정을 위한 필터 등의 각기 다른 필터를 제공할 수 있다. 또한 공기청정기와 정수기로부터 추출할 수 있는 데이터를 클라우드로 연결해 실시간으로 공기의 질과 고객의 사용패턴을 분석했다. 이를 토대로 실외보다 집안의 공기가 더 나쁜 경우 '환기 알람'을 발송하는 새로운 기능을 선보였다.

산업　　　　　　　　　　　　　　　　　#맞춤형상품추천

맞춤형 컨설팅　　　암웨이코리아

한국암웨이는 빅데이터를 통한 체계화된 분석을 통해 데이터를 기반으로 한 사업자 및 개인 맞춤형 컨설팅을 통해 수익을 창출하고자 하였다. 또한 영업조직의 빅데이터 활용으로 맞춤형 영업을 통해 고객 접점 강화를 이룩하고자 하였다.

`관련정보` 한국암웨이, 조직개편 및 임원인사 새 영업책임자에 마이크 김, 뉴스원, 2018.02.01

산업　　　　　　　　　　　　　　　　　#맞춤형상품추천

맞춤형 마케팅 실시　　　기아자동차

기아자동차는 고령화, 모빌리티 서비스 확산 등 시대적 흐름을 반영한 빅데이터를 활용하여 고객 유형별로 맞춤형 정보를 제공하고 마케팅한다. 고객의 가치관, 여가생활, 경제력, 소비행태 등을 통해 은퇴자의 니즈유형을 분석하였고, 고객이 적합한 조건으로 차량을 구매할 수 있는 추천 최적화 시스템을 도입하여 실질적인 판매 증대효과를 기대하고자 하였다.

`관련정보` 빅데이터 활용 맞춤 서비스 자동차 마케팅 혁신, 조선, 2014.04.13

산업　　　#구매패턴분석　#만족도제고　#맞춤형상품개발　#맞춤형상품추천

개인화 추천 등 다양한 서비스 제공　　LG CNS, LG생활건강

LG생활건강은 LG CNS의 분석 솔루션을 통해 수요를 파악하고 맞춤형 안내메일을 발송하여 소비자 만족도를 높이고자 했다. LG CNS는 상품검색기록, 구매주기, SNS 등 고객의 다양한 정보를 수집하여 CF 알고리즘, 개인별 구매패턴을 분석하는 구매주기분석, 연관상품 분석 등을 CNS의 솔루션을 통해 분석하여 LG생활건강에 제공하고 이를 마케팅에 적용하였다.

[관련정보]　빅데이터가 똑똑한 마케팅을 현실로 LG CNS 제조업 빅데이터 성공사례 백서 발간, 전자신문, 2014.11.24

 산업　　　#수요예측　#효과적상품전략

제품의 전략적인 마케팅을 통한 매출확대　　에이모션

에이모션은 자전거 제조사로 빅데이터 분석을 통해 제품 판매 전략을 수립한다. 국내 포털사이트 및 온라인 쇼핑몰 그리고 SNS 및 블로그 등 인터넷 정보를 수집하여 자전거 관련 키워드를 빅데이터로 구축하고 분석하여 자전거 개발 및 출시 기간 등을 도출하여 매출을 확대했다.

[관련정보]　에이모션, 빅데이터 분석으로 매출 3배 늘어, 흑자 전환 성공, 베타뉴스, 2014.08.28

 산업　　　#맞춤형상품추천

맞춤형 화장품 선별　　플러스메이

플러스메이는 뷰티관련 빅데이터 서비스를 제공하는 업체로 퀸팁 앱을 운영하고, 사용 후기를 토대로 피부 정보를 입력하면 화장품을 추천한다. 플러스메이는 세종대 빅데이터 센터와의 협력을 통해 빅데이터 추천 기술의 검증과 고도화를 통해 서비스 개선 및 해외시장 진출에 활용하고자 하였다.

[관련정보]　세종대 빅데이터센터-㈜플러스메이 산학협력 체결, 머니투데이, 2016.04.08

산업　　　　　　　　　　　　#맞춤형서비스　#고장예측　#공정최적화　#최적시기예측

데이터를 이용한 항공기 엔진 관리　　　　　　　　　　GE

한 대 당 14GB의 정보를 생산하는 1만 5천대 항공기에 대한 분석을 진행. 즉, 분석을 통해 먼지가 많거나 강추위 등에 노출된 항공기에 탑재된 제트 엔진은 평소보다 더 자주 세척해줘야 한다는 사실을 알기위해 데이터를 단순 분석하는 경우 한 달 여 소요되지만, GE의 빅데이터 분석은 20분만에 해결책이 생성된다. 그리고 항공엔진 정보를 바탕으로 조종사의 운항습관과 기상상태 데이터를 수집해 맞춤형 서비스를 제공할 수 있게 되었다. 비용 대비 효율성 문제로 도입하지 못했던 부분이나 문제를 빅데이터를 통해 해결하고 개선할 수 있는 서비스 구축을 시행하고자 하였다.

관련정보　빅데이터 동향과 이슈 제3호, 한국정보화진흥원, 2014.10.13

 산업　　　　　　　　　　　　#실시간모니터링　#설비기기제어　#설비효율

실시간 장비 상태 모니터링을 통한 사고예방　　미국 캐터필라

미국 캐터필라는 건설장비 제조업체로 실시간으로 장비의 상태를 모니터링하여 데이터로 기록한다. 건설 장비마다 라디오 송수신기, 센서, GPS 등 부착하여 데이터 관리 소프트웨어와 연계하고 이상 유무를 파악하여 사전에 작업자에게 알린다. 그리고 관리자는 실시간으로 모니터를 통해 장비의 위치와 작동상태, 위험신호 등을 한눈에 파악한다.

관련정보　사고예방부터 노후감지까지 건설분야 빅데이터 사례 4선, 조선일보, 2014.08.18

 산업　　　　　　　　　　　　　　　　　　　　　　#고장예측

선박엔진 변동상황 예측　　　　　　　　　　투그램시스템즈

투그램시스템즈가 e-CBM(선박엔진고장예측시스템)을 개발하여 선박 엔진에서 데이터를 수집하여 분석하고 상태를 진단하여 변동 상황을 예측한다. 온도·소리 등 엔진에서 발생하는 단순 정보와는 달리 엔진에 센서를 부착, 수백 가지의 엔진 내 세부정보를 실시간 분석하여 엔진을 진단하고 고장을 예측한다.

관련정보　투그램시스템즈 개발 빅데이터 기반 선박엔진 고장 예측시스템 대형 상선에 적용, 전자신문, 2017.09.12

산업　　　　　　　　　　　　　　　　#경영효율화　#경쟁전략최적화

데이터를 이용한 재고관리와 판매전략 수립　　　파리바게트

파리바게트는 날씨와 지역 그리고 매장과 상품 등 내외부적인 빅데이터를 수집하여 상관분석을 통해 재고관리와 판매전략을 수립한다. 파리바게트는 5년간 169개 지역의 일별 매출과 기상자료를 통계기법으로 지수화하여 마케팅에 활용하였다. 이를 통해 경영 효율성을 제고하고 매출 증대 효과를 이끌어내고 있다.

관련정보　국내 빅데이터 활용 사례 - 파리바게뜨의 날씨 경영, 뉴스주얼리

 산업　　　　　　　　　　　　　　　　#업무효율제고　#완성도제고

제철연구 시뮬레이션으로 고도화 실현　　　현대제철

현대제철연구소는 빅데이터를 활용하여 차세대 자동차 강판인 AMP (다상복합조직강)의 완성도를 높인다. 연구원이 재질을 입력하면 컴퓨터가 자체 시뮬레이션을 통해 결과물을 나타낸다.

관련정보　제철소에부는 4차산업 현대제철 빅데이터로 승부, 연합인포맥스, 2017.03.08

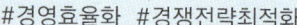 해외

 산업　　　　　　#경쟁전략최적화　#구매패턴분석　#소비패턴분석

적절한 마케팅 전략을 세우다　　　필립스 전자

필립스 전자의 이유식 제조기는 재료를 기계에 넣으면 먹기 좋은 이유식이 나온다. 2009년 당시 해당 제품은 없어서 못 팔 만큼 인기가 좋았지만, 2011년부터 경쟁업체의 등장으로 시장경쟁이 발생하면서 매출은 감소하게 되었고 그 이유를 분석하게 되었다. 초기에는 가격경쟁력에 따른 가격 인하 전략으로 매출 상승을 이루고자 하였지만 임원진은 객관적인 데이터 분석을 요구하였고, 이에 약 1억 건에 달하는 육아 관련 사이트를 조사/분석하였다. 그 결과 가격 경쟁이 아닌 집으로 배달되는 이유식이 매출을 줄이는 원인이 되었던 것으로 파악되었고 최종 데이터 분석 후 필립스는 광고 메시지를 직접 만든 이유식이라는 점을 강조하여 방송을 시행, 매출이 다시 상승하는 효과를 볼 수 있었으며 경쟁업체를 제치고 정상을 차지하게 되었다. 필립스의 사례는 빅데이터 수집 능력뿐 아니라 데이터를 정리하여 해석하고 활용하는 좋은 사례로 뽑히고 있다.

관련정보　필립스 이유식이 주는 '빅데이터의 교훈', 전자신문, 2014.09.29

해외

#설비효율

 산업
IoT를 통한 비용절감
엘리스 루브리케이션 스페셜리스트

사물 인터넷(IoT)과 인공 지능(AI)에 의존하는 센서를 사용해 기계에 언제 윤활유가 필요한지, 그리고 기계가 언제 보수 작업 및 청소 등을 받아야 하는지를 예측하고, 윤활유가 필요할 때를 예측하고 적절한 시간에 교환 및 사용하기 때문에 더 적은 양의 윤활유로도 효과를 볼 수 있었다.

#맞춤형상품추천

 산업
개인구매이력을 통한 맞춤형 상품추천
스타벅스

스타벅스코리아에서는 빅데이터를 활용한 개인별 맞춤형 추천 서비스를 추가한 사이렌오더를 새롭게 업그레이드해 출시했다. 이를 통해 개인의 최근 구매 이력을 비롯해 매장 정보·주문 시간대·기온과 같은 빅데이터를 수집하고, 관련 분석을 통해 맞춤형 상품을 추천하고 있다.

해외

#시뮬레이션 #성능개선

 산업
모터스포츠팀, 빅데이터로 성공을 가져오다
로터스 F1 팀

가. 배경 및 목적
2014년 F1 대회부터 규정이 변경되어 엔진에 대한 효율성 및 연료 소모량 감소에 새로운 전략이 필요해졌다. 또한 속도가 매우 중요한 모터스포츠에서 시행착오가 아닌 실제 데이터를 통해 팀의 시간과 돈을 절약하며, 랩타임(코스를 한바퀴 도는데 소요되는 시간)을 단축시키고자 하였다.

나. 활용 데이터
주행 중인 자동차 내부에 부착된 200개 이상의 센서로부터 전송되는 데이터를 이용한다. 여기에는 운전자의 주행 습관에 따른 속도 증감과 연료 변화 추이에 따른 기어 변속 등이 포함된다. 또한 연료 소모량, 타이어의 공기압 등의 데이터도 포함하며 한 경기당 50GB 정도의 데이터가 생성된다.

다. 상세 내용
수집한 빅데이터는 수학적인 모델을 통해 분석되며 자동차의 많은 측면을 실시간으로 파악 및 조정하고 운전자의 능력을 최적화시키는 방향으로 조율된다. 또한 빅데이터 분석은 주행 시뮬레이션에도 사용된다. 주행 시뮬레이션은 연초의 3주간의 테스트 기간과 시즌 중 경주가 없는 단 4일간의 기간 동안만 팀에게 테스트가 허용되므로 데이터를 활용하여 경주팀이 자동차를 어떻게 주행할 것인지에 대한 뚜렷한 목적을 가지고 레이스를 할 수 있도록 도와준다. 트랙 테스트 과정에서 만들어지는 데이터와 자동차가 바람에 어떻게 반응하는지를 파악하는 실험인 '풍동실험'데이터도 활용한다. 다양한 데이터 분석의 결과를 경주용 자동차의 설계 및 제조에 반영하고, 전용 광섬유망이 경주 전에 배치되기 때문에 엔지니어와 분석가들은 경기장에 가지 않고도 팀의 본부에서 거의 동시에 데이터를 전송받을 수 있다.

라. 적용 결과

분석한 결과를 토대로 시뮬레이션을 실행해 자동차를 조정함으로 드라이버의 실력과 차의 성능 개선에 기여하였다. 센서를 통해 다양한 데이터가 실시간으로 전송되므로 F1 직원 모두가 레이스 서킷에 서 있을 필요가 없어졌으며, 경기장에 오지 않는 직원들은 자동차의 디자인 및 성능 결정에 참여하는 등 효율적인 인적 자원 활용이 가능해졌다. 또한 위기의 상황에서 모델링 데이터를 활용해 자동차를 조율하여 선수를 구조하는데에도 빅데이터 분석이 사용된다.

산업, IoT

#업무효율제고

산업융합 및 뷰티사업 고도화 — SKT, 아모레퍼시픽

SK텔레콤과 아모레퍼시픽은 뷰티 사업의 편의를 높이고 새로운 스마트뷰티 서비스를 개발하기 위하여 빅데이터 활용 및 IoT 기술을 접목하여 상호 기술을 융합한다. SK텔레콤은 IoT 전용망을 활용한 데이터 수집, 아모레퍼시픽은 수집된 데이터의 연구를 진행하여 서비스를 개발하고자 하였다.

관련정보 IoT-빅데이터 기반 화장품 나온다, zdnetkorea, 2017.01.23

산업, 소매

#소셜분석 #플랫폼개발

소셜정보 분석을 통한 마케팅 시행 — 아모레퍼시픽

아모레퍼시픽은 알에스엔의 실시간 소셜빅데이터 수집 및 분석 솔루션을 통해 핵심 데이터(Core Data)를 수집하여 유의미한 데이터를 도출하여 제품군, 브랜드, 채널별 분석, 마케팅 성과 분석 등 심화 분석에 도입하여 매출증가에 기여하고자 한다.

관련정보 아모레퍼시픽 알에스엔 빅데이터 솔루션 도입 소셜 기반 시장 분석 가능, 전자신문, 2015.05.31

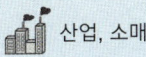 산업, 소매 　　　　　　　　　　　　　　　　　#추천시스템 #소비패턴분석

사용자 소비패턴에 기반한 상품추천서비스 제공　　가비아 C&S

가비아 C&S는 자사 쇼핑몰(퍼스트몰)에 빅데이터 분석 툴을 적용하여 방문자가 가장 원할만한 상품을 추천하는 서비스를 제공한다. 즉, 소비패턴을 기록한 빅데이터를 바탕으로 구매 가능성이 높은 상품을 추천하여 매출을 높이고 상품을 관리한다.

[관련정보] 퍼스트몰 '빅데이터 상품 추천서비스' 제공, 아이티월드, 2015.01.27

 산업, 소매 　　　　　　　　　　#소비패턴분석 #트렌드분석 #맞춤형상품개발

소비 트렌드 및 요구 파악　　　　　　　　보령메디앙스

보령메디앙스는 영유아 양육, 소비문화, 고객요구 등 소비에 관련된 데이터를 수집하여 소비행위 패턴 및 영유아 제품의 소비 트렌드를 분석한다. 이를 통해 영유아 양육과 관련된 소비문화와 고객의 요구를 파악, 상품 개발과 마케팅에 적극적으로 활용하여 소비자의 요구에 대응한다.

[관련정보] 보령메디앙스 영유아제품 소비트렌드 빅데이터 기반 제품 개발, 파이낸셜뉴스, 2014.12.19

 산업, 스마트팩토리 　　　　　　　　#공정최적화 #자재투입량예측 #불량예측

빅데이터를 통한 반도체 공정의 최적화　　SK 하이닉스

SK하이닉스와 그 계열사 SK C&C는 빅데이터 기술을 기반으로 반도체 공정 과정의 최적화를 시행했다. 생산원료를 투입하여 완제품을 만드는 반도체 전반의 제조과정에는 수백 개의 센서를 활용하고 있다. 각 각의 센서들로부터 비정형 데이터를 수집, 반도체 수율에 영향을 주는 요소를 파악할 수 있게 되어 웨이퍼 한 장에 설계된 최대 칩의 개수 대비 실제 생산된 정상 칩의 개수 비율을 높여 불량률을 줄일 수 있었다.

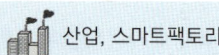

| 산업, 스마트팩토리 | #신상품개발 #생산품목결정 #공정최적화 |

작업기록과 품질 코드화를 통한 신규 엔진 설계

미쓰다(주)

미쓰다는 빅데이터를 이용하여 고효율 차세대 엔진을 개발하였다. 부품과 단품에 각각 작업기록과 품질을 코드화하여 등록하고 제조과정에서 작업에 사용된 재료들을 기록해 두었다가 해당 데이터를 분석하여 차세대 엔진을 설계할 때 반영한다. 이를 통해 차세대 엔진의 압축률을 높이고 품질 향상에 기여하였다.

| 소매 | #개인맞춤형광고 #서비스제공 |

리모컨으로 TV속 상품 구매

KT

KT는 빅데이터 분석을 통해 올레TV 시청 중 시청자의 관심 상품 정보를 제공하는 TV-모바일 연계형 쇼핑 서비스인 쇼핑나우 서비스를 제공한다. VOD 시청 중 리모컨의 쇼핑 버튼을 누르면 상품들을 화면상에서 추천받고 스마트폰을 이용해 바로 구매할 수 있는 서비스이다.

관련정보 KT TV속 상품 추천 쇼핑나우 오픈, ZDNET, 2016.07.10

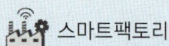

| 스마트팩토리 | #생산성향상 |

스마트 팩토리 구축으로 의류제조산업 혁신

한세실업

글로벌 패션 전문 기업인 한세실업은 전 세계에서 밀려드는 수많은 주문을 더욱 효율적으로 처리하기 위해 빅데이터와 같은 기술을 의류제조에 접목하는 '스마트한세' 프로젝트를 시작했다. 이를 위해 스마트 팩토리 추진부를 설립하고, 해외의 주요 생산공장을 스마트팩토리로 탈바꿈시켜 의류제조 분야를 첨단산업으로 변모시키고 있다. 한세실업은 공장 곳곳에 디지털 계수기를 설치하여 제품의 생산량을 실수 없이 정확하게 집계한다. 또한 계수기로부터 측정되는 데이터를 생산관리시스템과 실시간으로 연동하여 생산 장비, 인력 등의 생산 환경을 모니터링한다. 이를 통해 생산과 관련된 데이터를 제어할 수 있게 되어 제품 불량률은 감소하고 작업 효율은 상승하였다.

스마트팩토리 #실시간모니터링 #설비효율 #공정최적화 #최적설계

제조 산업을 성공으로 이끄는 빅데이터 롤스로이스

가. 배경 및 목적
롤스로이스의 사업에는 한 번의 실패나 실수로 인해 막대한 비용 손실이 생기며, 사람의 목숨까지도 위협할 수 있는 위험이 존재한다. 그렇기 때문에 일어날 수 있는 문제들을 미연에 방지하기 위해 회사가 제품의 상태를 모니터링하는 것은 필수적이다. 따라서 롤스로이스가 수집한 데이터들을 분석하여 제품의 품질을 향상시키고, 고객들에게 더 나은 서비스를 제공하고자 한다.

나. 활용 데이터
회사의 제품에 장착된 센서 데이터 및 성능에 대한 보고서를 이용한다. 이 보고서에는 엔진이 최대 출력을 내는 이륙 단계, 비행 단계에서 발휘된 엔진 성능에 대한 내용이 포함된다. 또한 비행 도중 발생한 사건의 직전 및 직후에 대한 고주파 녹음, 전체 비행 프로필 등의 정보도 이용한다.

다. 상세 내용
롤스로이스는 핵심 업무 3가지 분야인 설계, 생산, 애프터서비스 지원에 빅데이터를 활용한다.

1. 설계
제트 엔진 하나에 대해 실험을 할 때마다 10테라바이트의 정해가 생성되며, 이를 분석한 후 시각화하여 설계한 제품을 모니터링한다. 또한 당사의 제품이 작동할 수 있는 동작의 결과까지 시각화하는 것을 목표로 하고 있다.

2. 생산
롤스로이스의 제조 시스템은 사물 인터넷 환경으로 모두 연결되어 있다. 센서 데이터를 이용해 공장에서 제조하는 부속품의 품질 관리를 모니터링한다.

3. 애프터서비스
롤스로이스의 항공기 엔진 예방 유지 보수 서비스인 'Total Care'는 엔진과 추진 장치에 부착된 수백 개의 센서에서 나오는 데이터를 이용해 사물 인터넷 기반의 애프터서비스를 제공한다. 엔진에 부착된 센서는 항공기 작업에 대한 다양한 세부사항을 받아들인 뒤 실시간으로 엔지니어에게 전송한다. 전문 엔지니어가 근무하고 있는 영국 더비 중앙제어센터에서 수집된 데이터로 분석 작업을 거친 뒤, 공항 서비스팀과 논의를 통해 부품 교체 및 정비 서비스를 수행한다.

라. 적용 결과
- 롤스로이스 엔진의 고장 간 평균 가동시간에 대해 기존 규정 시간인 100시간의 20배 달성
- 'Total Care' 서비스에 가입한 항공사는 하루 약 4,500만 달러에 달하는 비용 손실 최소화
- 제품 성능 개선 및 제조 시간 단축
- 제품 설계 과정 향상 및 개발 시간 단축
- 수리 및 고장 재발 방지

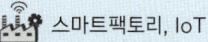 스마트팩토리, IoT

#공정최적화 #설비효율

스마트공장으로 전진

현대중공업

현대중공업은 BLT 제작 공정에서 효율적으로 생산 및 설비 관리를 하기 위하여 빅데이터를 활용한다. 예를 들면, 장비와 시설에 실시간으로 데이터를 전송할 수 있는 장치를 설치하거나 프로세스를 적용하는 등 IoT플랫폼을 구축하여 데이터를 수집하고 분석하여 효율성을 체크하여 최적화 작업환경 방안을 제시한다.

관련정보 [CASE STUDY] 현대중공업 공장 지능화를 위한 데이터 컨텍티비티, 2018.01.02

빅데이터 활용사례

공공 금융 농축수산 문화관광 에너지 유통 의료 제조 IT 기타

09 / IT

AI, ICT, IoT, SW, 기술, 통신

	고객중심	시스템최적화	위험관리	신규비즈니스모델개발
AI	· 말만 듣고 내 건강을 확인해 주는 작은 의사(606p)	· 말만 듣고 내 건강을 확인해 주는 작은 의사(606p)		· 직원들 스트레스는 줄이고 자원은 아끼고(598p) · 당신의 화장법에 대한 점수는?(602p) · 말만 듣고 내 건강을 확인해 주는 작은 의사(606p)
ICT				· 농업을 위한 빅데이터 유통 거래 플랫폼(590p) · 데이터 정보 거래 플랫폼(594p)
IoT				· 말만 듣고 내 건강을 확인해 주는 작은 의사(606p)
SW	· 어플리케이션 하나로 1석 3조 효과(586p) · 당신의 화장법에 대한 점수는?(602p)	· 당신의 화장법에 대한 점수는?(602p)	· 게임 내 사기 탐지도 빅데이터의 도움으로(610p)	· 농업을 위한 빅데이터 유통 거래 플랫폼(590p) · 데이터 정보 거래 플랫폼(594p) · 게임 내 사기 탐지도 빅데이터의 도움으로(610p)
기술	· 게임 내 사기 탐지도 빅데이터의 도움으로(610p)			· 어플리케이션 하나로 1석 3조 효과(586p)
통신	· 직원들 스트레스는 줄이고 자원은 아끼고(598p)	· 직원들 스트레스는 줄이고 자원은 아끼고(598p)		

IT

AI, ICT, IoT, SW, 기술, 통신

1. IT분야의 빅데이터 관련 현황

ICT의 발달로 인해 생겨난 제4차 산업혁명은 2016년 다보스 포럼에서 최초로 언급된 개념이다. 통신 기능의 발달을 통해 인공지능, 사물인터넷, 빅데이터, 모바일 등 첨단 정보통신 기술이 경제·사회 전반에 융합되어 혁신적인 변화가 나타나는 산업혁명을 칭한다. 인공지능(AI), 사물인터넷(IoT), 클라우드 컴퓨팅, 빅데이터, 모바일 등 지능정보기술이 기존 산업과 서비스와 더불어 3D 프린팅, 로봇공학, 생명공학, 나노기술 등 여러 분야의 신기술과 결합되어 실세계 모든 제품 서비스를 네트워크로 연결하고 사물을 지능화하는 것을 말한다.

이 밖에 다양한 4차 산업혁명에 대한 논의가 있지만 공통적으로 제시하는 부분은 네트워크로 연결된 컴퓨터를 통해 할 수 있는 일이 증가하는 것을 의미하며 이는 센서, RFID 등 통신칩을 통해 각 기기 간 생성되는 데이터를 통해 비즈니스 가치를 발굴하는 것이 4차 산업혁명의 핵심으로 이야기되고 있다. 또한 삶의 질 개선과 복지에 대한 요구가 증가하여 만족도를 높일 수 있는 생활과 밀착된 ICT 서비스 제공의 필요성이 증가되고 있다.

미국, 일본, 유럽에서는 관련 분야에 대한 R&D 투자를 진행하고 있으며 이를 통해 IT 분야를 통한 융합 서비스 분야가 크게 확대될 것으로 보고 있다. 우리나라 역시 건강, 복지, 안전 등 기타 산업에 대해 삶의 질 개선에 대한 요구를 지원하는 생활밀착형 서비스의 필요성 증대가 요구되고 있는 실정이다.

국가	추진전략
한국	안전, 질병, 기후변화등 사회문제 해결을 위한 생활밀착형 R&D정책 추진
미국	국민복지를 위해 소외계층에 대한 생활밀착형 ICT 프로그램 추진
일본	사회 문제 및 신산업 창출 추구를 위한 ICT 융합기술 추진

2. IT분야의 빅데이터 활용과 사례

IT 분야의 빅데이터 활용 동향을 살펴보기 위해 58개의 업체를 통해 살펴보았다. 최근 IT 분야는 정보처리 기술의 발달로 지능정보 기술이 발달하면서 IoT, 클라우드, 인공지능 등의 ICT 혁신이 나타나고 있다. 모든 사물들이 네트워크에 연결되기 쉽고, 언제 어디서나 모바일 기기를 통해 접근할 수 있는 유비쿼터스 시대가 되고 있다. 이를 통해 실시간 예측과 모니터링이 가능한 시대가 도래했으며, IT 기술의 발달로 공공, 의료, 금융, 제조, 에너지 등 모든 산업군에서 IT를 활용한 시스템 개발, 마케팅, 보안 관리, 품질관리 등과 같이 생활밀착형 서비스 및 사회전반적 생활개선에 IT가 활용되고 있다. IT 분야의 빅데이터 활용 부분을 크게 실시간 예측, 품질관리 및 운영, 위험관리 등의 분야로 나누어 살펴보았다.

- **실시간 예측** : 교통, 산업 설비, 보안 등 CCTV와 기타 센서 등의 실시간 수집되는 자료를 통해 현상을 분석 예측하고 그 대응책을 마련하는데 활용한다.

실시간 예측	· 기관차에 IoT 센서를 부착하여 실시간 데이터를 확보하고 기관차 유지/보수에 필요한 인프라를 구축하여 실시간으로 사고 방지, 사고예방 및 대비를 시행한다. (독일 DB시스템) · IoT기술을 기반으로 차량기기로부터 관련된 데이터를 수집하여 분석한다. 이를 통해 T맵 교통정보, 차량 상태 모니터링, 에코지수 등의 다양한 기능을 구현할 수 있게 되었다. (SKT) · IoT기술을 활용한 BEMS 플랫폼 구축을 통해 장비별 센서를 부착하여 실시간으로 정보를 수집하여 분석한다. 이를 통해 효율적인 에너지 사용이 가능해졌다. (국제성모병원)

- **품질관리 및 운영** : 다양한 분야의 운영 효율을 높이는 부분에 IT를 활용한 빅데이터 분석을 통해 개선하는데 활용한다.

품질관리 및 운영	· 빅데이터 기반 고객 인지 품질 혁신 프로그램을 도입하여 고객이 사용하는 데이터의 종류에 따라 콘텐츠의 시간, 장소, 이용패턴 등을 분석하여 데이터 속도와 품질을 개선하고 맞춤형 단말기와 요금제를 제안하는 서비스를 제공하고 있다. (SK텔레콤) · 소셜네트워크를 통한 빅데이터 분석 시 GPU의 코어에 따른 처리 데이터양을 균등하게 배분할 수 있는 시스템을 개발하여 기존 분석 속도보다 빠른 속도로 분석할 수 있는 기술을 개발하였다. (한양대학교) · 빅데이터를 활용한 기계학습을 통해 자체적으로 최적의 생산 모델을 도출하고 이를 통해 공정 상황에 맞는 분석 결과를 내놓는다. 이를 통해 불량 발생 원인을 분석하고 예방한다(MDS 테크놀로지)

- **위험관리** : 실시간 모니터링을 통해 사고를 예방하고, 빅데이터 분석을 통해 개인 정보보호에 활용하거나 설비의 고장을 예방하는데 활용한다.

위험관리	· 접속 가능한 모든 IP 주소에 평점을 생성하여 잠재적으로 위험한 트래픽을 차단 및 예보하여 위험을 방지한다. (아카마이) · 빅데이터 기반의 분석과 모니터링 통해 지능형 보안 위험과 관련된 공격에 대한 선제 대응과 더불어 위험 예측을 실시한다.(안랩) · 위치 기반 정보를 기반으로 한 데이터베이스를 통해 수백만 개의 레코드를 이용하여 탐색하고, 이름, 나이, 주소 및 전화번호와 같은 세부정보를 기반으로 사람을 찾는 기술을 개발하였다. (구글 피플파인더) · 빅데이터를 통해 암호 모듈 솔루션을 개발, 홈페이지 트래픽에서 이상 동향을 감지하고 미리 해킹의 위협으로부터 예방한다. (보메트릭) · 레미콘 차량에 디지털 운행기록계를 부착하고 데이터를 수집한 후 운전자의 운전습관에 해당되는 상황을 실시간으로 분석한다. 이를 통해 차량의 유지관리를 통해 사고를 미연에 방지한다. (삼표)

3. IT분야의 빅데이터 활용 시사점

IT의 발전들 통해 다른 산업과의 융합을 통해 제조 및 기타 산업군에 성과가 창출되고 있다. 주로 IT 융합을 통해 신사업 진출을 시행하였으나 이는 사업 진출에 상당한 시간이 요구되기도 한다.

신사업을 진출하고자 하는 것도 중요하지만 각자 다른 기술을 가지고 있는 사업체들이 파트너쉽을 통한 제휴를 통해 새로운 사업을 발굴한다면 리스크를 줄이고 새로운 사업 분야를 효과적으로 시행할 수 있을 것이다. 또한 현재의 IT를 이용한 빅데이터 업체는 그 기술력이 상향 평준화되어 있으며 그로 인해 현재 AI, 블록체인 등과 같은 최신 기술의 도입과 더불어 꾸준한 관심과 투자를 통해 IT 관련 기술역량을 상승시킬 필요가 있다.

최근 IT 융합은 일반인의 생활을 지원하는 쪽으로 확산되고 있다. 국가정책과 더불어 국민의 니즈를 기반으로 안전, 건강, 교육, 복지, 환경 등에 관련된 분야로 확대되어가고 있으며, 각국에서는 이를 선점하고자 기술 개발을 진행하고 있다. IT 융합을 통해 서비스, 산업, 기술 간의 경계 구분이 사라지고 다양한 분야와의 융합을 통해 인간생활을 더 풍족하고 편안하게 생활이 가능하게 하는 융합기술 및 서비스 발굴이 요구되는 시점이다. 이를 위해 개인 정보 유출 방지와 더불어 정보보안의 중요성이 강조되고 있다.

MEMO

359 어플리케이션 하나로 1석 3조 효과

캠펑

DATA INSIGHT MATRIX 맞춤형 프로모션, 트렌드 분석, 경쟁 전략 최적화, 콘텐츠 개발

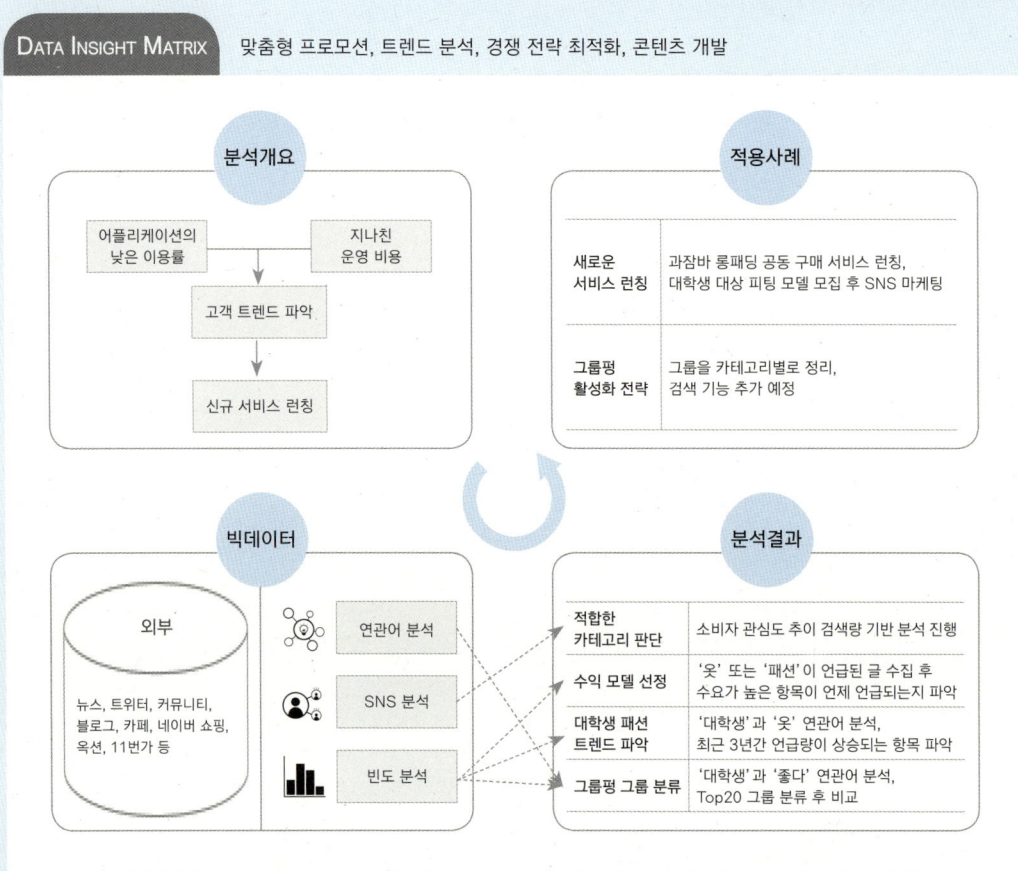

캠펑은 '아이캠펑'이라는 대학생 특화 애플리케이션을 개발하여, 대학생을 대상으로 취업, 커뮤니티 정보를 제공하고 옷 등의 상품을 판매하는 서비스를 제공한다. 2017년 기준으로 누적 가입자 수 721,000명에 육박하고, 월평균 281,000명이 사용하는 '아이캠펑'에서는 '스펙펑', '그룹펑', '특가펑' 등의 다양한 섹션에서 취업정보, 관심사 기반 커뮤니티 활동, 제품 판매 서비스를 제공하고 있다. 하지만 그룹펑의 이용률이 지나치게 낮고 특가펑에서 판매하는 제품이 너무 많아 운영 비용이 많이 들어 일반 소셜 커머스와 대비하여 뚜렷한 특장점이 없다는 문제에 부딪히게 되었다. 캠펑은 이러한 문제를 해결하고자 빅데이터 분석을 진행하고 분석 결과를 활용해, 특가펑만의 특색이 있는 신규 수익 모델을 발굴하고 그룹펑도 활성화시키기로 했다.

수집데이터	뉴스, 트위터, 커뮤니티, 블로그, 카페
분석솔루션	(주)인사이터 소셜 인사이터
참여기업	(주)캠펑(수요기업), (주)인사이터(빅데이터 솔루션사)

1. Big Point!

캠펑은 더 나은 서비스 제공을 위해 신규 수익모델 선정과 커뮤니티 활성화라는 두 가지 목표를 세웠다. 첫째, 주요 수익모델인 패션과 뷰티 카테고리 중에서 어느 것이 수익모델에 적합한지 알기 위한 뷰티의 화장품 관심도 추세분석을 진행했다. 이를 통해 화장품은 할인에 대한 민감도가 매우 크기 때문에 수익 모델에 적합하지 못하다고 판단했다. 안정적인 수익모델을 만들기 위해 계절성을 띠지 않고 최근 대학생들이 많이 찾는 트렌드의 품목 위주로 서비스를 진행하기로 했으며, 관련된 마케팅에 대한 다양한 시사점도 얻게 되었다.

둘째, 커뮤니티 활성화를 위해 대학생에 관한 데이터를 수집하고 연관 단어 분석을 진행해 그룹펑의 카테고리 부분을 전면 수정하고 검색 기능을 추가하는 등의 품질 강화를 시행하기로 했다.

2. 활용 데이터와 분석

캠펑은 새로운 수익모델을 찾아 관심이 높은 품목을 파악하고 효과적인 마케팅 전략을 세우기 위해서 SNS 데이터를 수집하여 주 고객 대상인 대학생 고객들의 니즈를 파악하는 것이 가장 중요하다고 판단했다.

첫째, 수익 모델을 선정하기 위해서 특가펑의 80% 이상을 차지하고 있는 패션과 뷰티 중 한 개의 카테고리를 선정하기로 했다. 이를 위해 화장품 브랜드의 관심도 추이를 파악하여 화장품 로드샵 5곳의 검색량을 월별로 분석한 결과를 통해 모델 적합성 여부를 파악했다. 적합성 분석을 통해 패션 분야를 선정했고, 패션 트렌드를 파악하고자 품목별 언급 시기 및 검색량 등 다양한 분석을 진행했다.

둘째, 그룹펑의 서비스에서 카테고리 수정을 위해 '대학'과 '좋다'가 함께 들어간 데이터를 수집하여 연관어분석을 진행했다.

• 연관어분석
특정 주제 혹은 단어와 함께 언급되는 연관어를 추출 및 분석하는 기법.

3. 분석결과

가. 적합한 카테고리 판단

대학생들의 선호도가 높다고 판단되는 대표 로드샵 화장품 가게 5곳에 대한 소비자 관심도 추이를 검색량을 통해 분석한 결과, 월별로 검색량의 등락이 심하게 차이나는 것을 알게 되었다. 이는 정기·비정기적인 할인 행사 및 각종 프로모션 때문이라고 유추하게 되었다.

나. 수익 모델 선정

'옷' 또는 '패션'이 언급된 글을 수집하여 월별 수요가 높은 항목을 분석하였다. 신발, 가방, 원피스, 셔츠, 모자 등이 패션과 관련하여 많이 찾는 항목으로 나타났다. 특히, 신발과 가방의 경우에는 월에 상관없이 꾸준히 언급되고 있는 것으로 나타났고, 원피스와 셔츠의 경우에도 특정 월을 제외하고는 모두 언급되는 것으로 나타났다. 이를 통해 위 4가지 항목이 계절을 타지 않는 안정적인 수익 모델이 될 수 있다는 것을 알게 되었다.

다. 대학생 패션 트렌드 파악

'대학생'과 '옷'이 포함된 데이터에 대해 연관어 분석을 시행한 결과, '과잠' 키워드의 빈도 순위가 2015년에는 1,253건으로 16위였으나, 2016년에는 7,620건으로 8위, 2017년에는 12,277건으로 4위인 것으로 나타났다. 특히 2017년의 경우 '과잠'은 '옷', '친구', '패션'에 이어 4위로 패션 항목 중에서는 최상위로 나타났다. '과잠'에 대해 연관어 분석을 시행한 결과, 2015년에 29건으로 38위였던 '롱패딩'이, 2016년에는 278건으로 10위, 2017년에는 1,745건으로 6위로 나타나, 큰 폭으로 상승하고 있는 것을 알게 되었다.

라. 그룹핑 그룹 분류

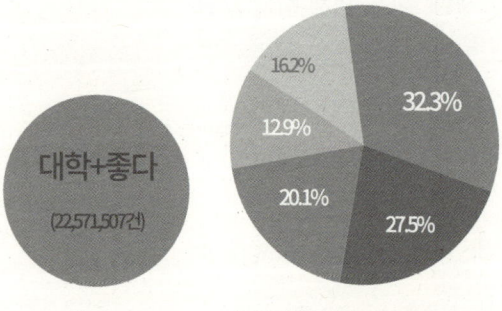

'대학'과 '좋다'가 포함된 데이터에 대해 연관어 분석을 시행한 결과, 음식, 여행, 성적, 덕질의 5가지의 단어의 빈도가 가장 많이 나타났다.

4. 빅데이터 분석결과의 활용

가. 새로운 서비스 런칭

공동구매방식의 서비스가 제작업체와 학생들 양측 모두 판매·구매에 있어 가격적인 이점과 편리함을 가져다준다는 것을 확인하고 '캠펑 클로즈'라는 과잠전문 판매서비스를 런칭하였다. 런칭 후 적극적인 마케팅 전략으로 '캠펑 모델 콘테스트'를 개최하여 대학생 남·여를 각각 1명씩 선발했으며, 그들을 피팅 모델로 선정한 뒤 그들이 실제 롱패딩을 착용한 사진을 마케팅자료로 적극 활용했다. 게다가 소비자가 금전적 부담이 있는 대학생이라는 점을 감안해 과잠 및 롱패딩 최저가 이벤트를 시행하여 SNS 채널 등을 통해 적극적으로 마케팅했다. 그 후, '특가펑'에 과잠 판매 항목을 개설하여 실제 정식 공동구매가 진행되도록 했다.

나. 그룹펑 활성화 전략

대학생들의 관심사를 분석한 결과, 음식, 여행, 성적, 덕질 등의 5가지 기준으로 분류하여 카테고리를 만들고 서비스를 운영하기로 했다. 또, 그룹 검색 기능을 추가해 중복적인 성격의 그룹의 재발을 막고 관심사별로 하나의 그룹에 더 많은 사람이 모여 교류가 이뤄질 수 있도록 했다. 그리고 꾸준히 고객 설문을 시행하여 사용자와의 적극적인 커뮤니케이션을 추구하고 있다. BIG

유사사례
- 602p, LG생활건강, 당신의 화장법에 대한 점수는?
- 242p, 패션서울, 고객이 원하는 기사와 정보는?
- 380p, CJ올리브네트웍스, 지속가능한 데이터 생태계
- 362p, 에이치와이스타일, 고객의 요구 사항을 빅데이터로 빠르게 대처
- 290p, 맨투맨, 빅데이터로 개발하는 신규 교육 서비스
- 448p, MRD, 빅데이터로 국내시장 장악
- 498p, 자이크로, 빅데이터 분석 결과를 통한 마케팅 전략 수립
- 494p, 존스킨화장품, 빅데이터를 통한 남성 화장품 인사이트 도출
- 358p, 서양네트웍스, 빅데이터를 통한 매장 고객의 분석
- 238p, 미스틱엔터테인먼트, 연예인 마케팅에도 필요한 빅데이터

360 농업을 위한 빅데이터 유통거래 플랫폼

씨이랩

DATA INSIGHT MATRIX 맞춤형 거래 플랫폼, 정보 제공, 상품 비교 정보 제공, 플랫폼 개발

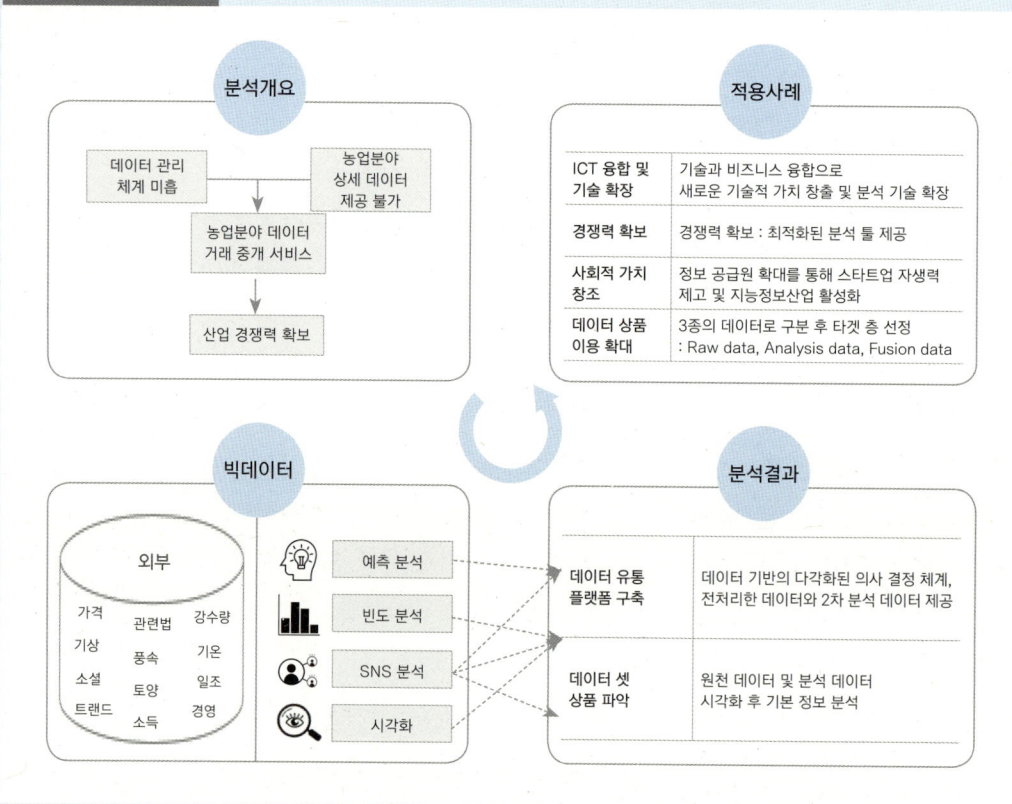

최근 해외에서 식량과 관련된 시장의 규모가 성장하고, 국내에서도 농업 분야에 대한 투자가 늘어나고 있다. 하지만 농촌인구 감소, 기후변화 심화, 인구 고령화 등의 농업환경의 변화는 지속적인 농업 산업의 발전을 위해 해결해야 할 과제가 되었다. 또한 농업 분야에서는 데이터 관리가 체계적으로 이루어지지 않고 있었고, 데이터가 제공된다고 해도 가공되지 않은 데이터만 제공되고 분석된 데이터는 제공되지 않는 상황이었다. 이에 농업 분야를 더욱 활성화시키고 새로운 가치를 창출하기 위해서는 ICT 기술을 농업 분야에 접목하여 다양한 문제상황을 해결하고, 농업 분야에 대한 적절한 정보를 제공하는 것이 필요했다. 따라서 씨이랩, KT, 경희대학교, NICE data는 ICT 기술과 농업을 융합하여 농업 분야 관련 데이터를 원활하게 유통할 수 있는 서비스를 개발하고자 했다.

수집데이터	공공데이터 (가격, 강수량, 기상, 온도, 풍속, 일조,토양, 소득, 트랜드, 농약, 농업, 경영, 관련법, 해충, 비료, 기계), 민간데이터 (소셜, 가격, 강수량, 기상, 기온, 풍속, 일조)
분석솔루션	IoT Data 게이트웨어, Data Mash-up
참여기업	KT(데이터 상품기획 지원 및 API활용기술 지원), 나이스데이터 (서비스 홍보 및 사업화 지원), 씨이랩(사업관리, 서비스 및 상품 기획/디자인/개발, 용역관리), 경희대학교 산학협력단(서비스 정책 및 유통사업 기반 연구)

1. Big Point!

4개의 참여기관(씨이랩, KT, 경희대학교, NICE)은 컨소시엄을 구성해 농업분야 데이터 거래를 원활하게 중계할 수 있는 플랫폼을 구축하고자 했다. 이를 통해 기존에 데이터의 통합 및 분석이 부재했던 농업환경에서 다양한 농업 관련 데이터를 교류할 수 있게 하여 데이터 거래 생태계를 활성화하고자 했다. 데이터 공급자는 해당 플랫폼을 통해 데이터 수요자의 사업 및 생산 주기(Cycle)에 맞는 의사결정을 지원할 수 있도록 민간 및 공공 데이터를 융합한 후 제공할 수 있었다. 특히 가공되지 않은 데이터뿐만 아니라 분석 리포트, 융합 데이터를 제공하는 등 데이터의 제공 범위를 넓혀 농업 종사자 및 관련기업에게 유용한 정보를 주고자 힘썼다.

2. 활용 데이터와 분석

농업 데이터 유통 플랫폼을 제작하기 위해 품목별 가격 및 거래량, 기후 및 기온 정보, 토양 특성, 소득 정보, 농경 정보 등의 공공 데이터와 소셜 정보, 가격 정보 등의 민간 데이터를 수집했다. 이 후 제공하고자 하는 데이터의 형태를 Raw 데이터(1차군), 분석된 데이터(2차군), 데이터 분석 리포트(3차군)의 3가지로 확정했다. 또한 각 상품의 핵심 타겟층을 대기업 및 공기업(1차군), 기업 및 연구소(2차군), 공공기관 및 일반인(3차)으로 정의하였다. 특히 분석용 데이터를 제공하기 위해서 다양한 데이터 분석을 활용하여 가격 경쟁력이 높은 작물 파악, 지형별 품종의 가격 예측, 토양 성분 예측 등의 과정을 수행했다.

유사사례
- 594p, 지디에스컨설팅그룹, 데이터 정보 거래 플랫폼
- 610p, NC소프트, 게임 내 사기 탐지도 빅데이터의 도움으로
- 270p, 레드테이블, 빅데이터로 비영어권 관광객의 마음도 얻자
- 422p, 아우라, 빅데이터로 예측하는 학생 키의 성장
- 262p, 전주시, 전주 한옥마을 관광분석을 통한 경제활성화
- 546p, 유라, 딥러닝 기술기반 대용량 제조 데이터 분석 서비스 플랫폼
- 550p, 현대중공업, 작업시간의 효율적 분배로 생산성 향상
- 566p, 메타빌드, 생산 라인 개선 방향도 빅데이터로 선정
- 172p, 케이앤컴퍼니, 빅데이터 활용 공동주택 시세 산정 시스템
- 250p, 한화S&C, 전시 컨벤션의 스마트화

3. 분석결과

가. 데이터 유통 플랫폼 구축

데이터 유통 플랫폼은 다양한 데이터 상품을 구매할 수 있을 뿐만 아니라 데이터 소유자가 판매 요청도 할 수 있도록 구축되었다. 또한 데이터의 구매 순위, 최근 데이터 패키지, 카테고리별 데이터 구매 비율, 공지사항 및 이용안내 등을 보기 쉽게 제공하여 정보 수요자에게 원활한 데이터 상품 구매를 지원했다.

분석 데이터 상품의 경우, 데이터 상품을 여러 가지 측면에서 확인할 수 있도록 현황 분석, 비교 분석, 진단 분석, 최적화 분석, 예측 분석의 5가지 유형으로 분류했다. Raw 데이터 상품의 경우 상품 데이터, 환경 데이터, 지원 데이터, 비용 데이터, 무역 데이터, 위험 데이터의 6가지 유형으로 분류하여 제공했다. 또한 그래프로 시각화한 형태의 데이터들도 제공되었다.

나. 데이터 셋 상품 예시 - 원본 데이터

1.

ym	평균가격(kg)	최저가격(kg)	최고가격(kg)
2009.11	659.401	609.555	715.766
2009.12	1027.350	960.982	1096.574
...	...	...	...
2016.09	6008.577	3790.887	13791.489
2016.10	4202.141	2331.679	15532.977

2.

ym	수입중량(kg)
2009.11	659.401
2009.12	1027.350
...	...
2016.09	6008.577
2016.10	4202.141

3.

ym	거래량(kg)
2009.11	659.401
2009.12	1027.350
...	...
2016.09	6008.577
2016.10	4202.141

위 표의 데이터는 제품의 가격, 수입 현황, 거래량 등에 해당한다. 해당 플랫폼에서는 이처럼 별도로 분석되지 않은 데이터들을 'Raw 데이터' 상품으로 제공했다.

다. 데이터 셋 상품 예시 - 분석 데이터

구분	ym	Kg당 평균가격	Kg당 최저가격	Kg당 최고가격	거래량	수입중량(kg)
원천데이터	2009.11	659.401	609.555	715.766	3998.844	0.000
	2009.12	1027.350	960.982	1096.574	4146.689	0.000
	...	...	...	...	...	...
예측 데이터	2017.09	1547.935	3517.407	2994.525	18373.550	113225.970
	2017.10	660.834	3050.340	4358.001	26330.220	138672.930

'분석 데이터' 상품의 경우에는 원천 데이터뿐만 아니라 예측분석을 통해 얻은 정보도 함께 제공했다.

4. 빅데이터 분석결과의 활용

가. 데이터 상품의 이용 확대
본 프로젝트를 주관한 컨소시엄은 아래의 그림과 같이 다양한 타겟별 데이터 상품 제공을 계획했다.

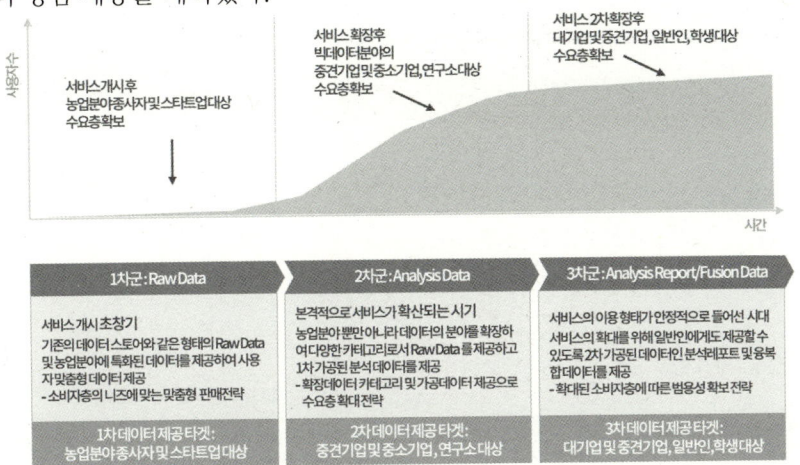

나. ICT 융합 및 기술 확장
농업과 ICT를 융합하는 본 분석 프로젝트를 통해 다양한 기술적 가치를 새롭게 창출할 수 있었다. 특히, 데이터 분석에 취약한 농업 관련 스타트업 혹은 농업 종사자 등이 해당 플랫폼을 통해 농업 데이터에 쉽게 접근하여 활용할 수 있는 기반을 제공받았다. 또한 이로 인해 다양한 분석 사례가 확보된다면 농업 산업에서의 글로벌 경쟁력도 높일 수 있으리라 기대하였다.

• ICT (Information and Communication Technology)
통신기술과 정보기기 하드웨어의 기술의 융합을 통해 정보를 수집하고 생산, 가공, 보존, 전달, 활용하는 모든 방법을 의미.

다. 경쟁력 확보
기존에 흩어져 있던 농업 데이터들을 데이터 공유 마켓을 통해 통합 사용할 수 있게 됨으로 인해 데이터 관리의 효율성을 얻을 수 있었다. 또한 단지 데이터만을 제공하는 것이 아니라 분석 도구 및 시각화 툴을 활용해 농업 의사결정에 도움이 되는 정보를 제공하여 국내 관련 산업에 경쟁력을 확대시킬 수 있다.

라. 사회적 가치 창조
기술 및 정보 측면에서 많은 한계와 제약이 있던 중소기업 및 스타트업이 다양한 정보를 활용할 수 있게 되어 자생력을 갖게 되고, 그를 통해 다양한 상품이나 서비스를 개발할 수 있다는 사회 전반적 파급효과를 기대할 수 있었다.

361 데이터 정보 거래 플랫폼

GDS컨설팅

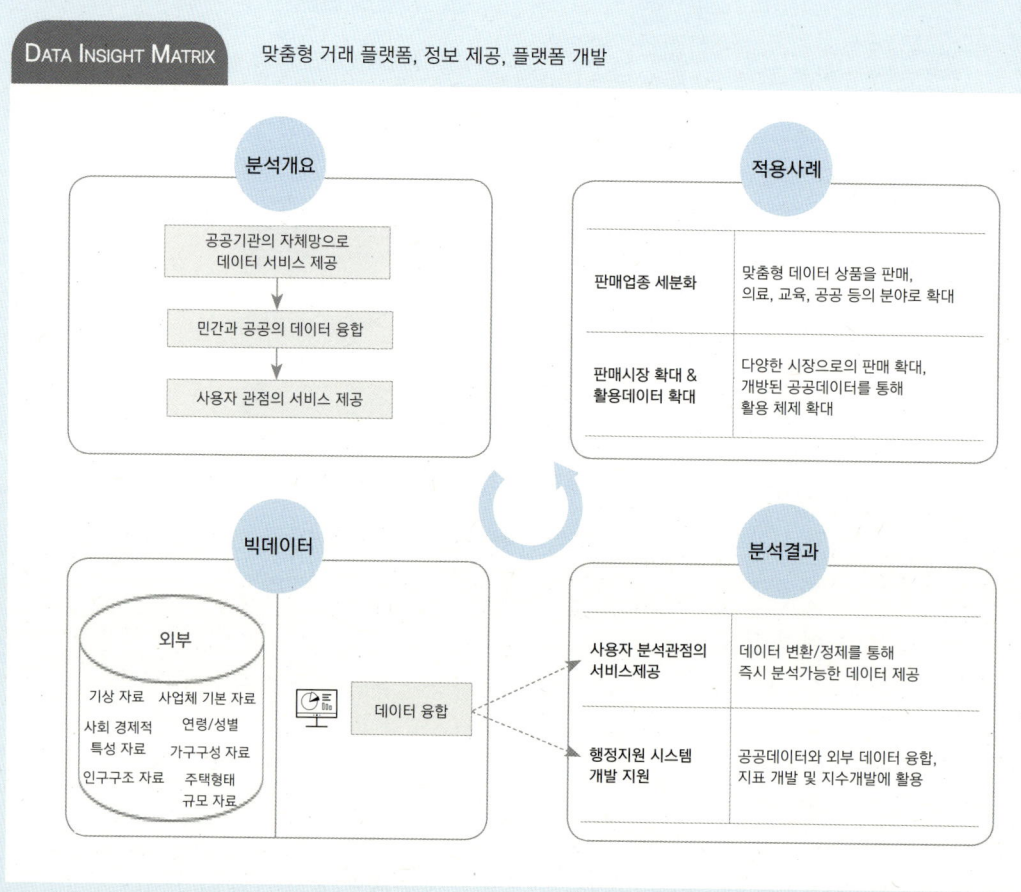

DATA INSIGHT MATRIX — 맞춤형 거래 플랫폼, 정보 제공, 플랫폼 개발

GDS컨설팅은 민간기업의 분야에 공공기관 자료를 재가공하여 서비스한 경험을 바탕으로 공공데이터와 통신, 카드사 데이터와 융합하여 새로운 데이터 서비스 산업을 창출하고자 하였다. 이전까지는 공공기관의 자체망을 기준으로 데이터를 가공하여 판매했던 방식과는 다르게 공공/민간의 모든 개방 및 판매자료를 데이터 중개방식으로 거래하고자 서비스를 개발하였다. 확대된 공공기관의 데이터를 가공하여 민간기업 데이터와 융합/분석을 통해 다채로운 산업에 활용할 수 있는 데이터 상품을 개발하여 데이터 유통을 활성화 하고자 거래 중개 플랫폼을 구축하였다.

수집데이터	닐슨코리아 유통채널 이용조사 정보 및 1인 상품 구매내역, KB국민카드 카드 구매내역 정보 가계데이터, 사업체 조사 데이터, 경제활동인구조사, 교통데이터, 유동인구 집계데이터, IPTV시청 데이터 등
참여기업	GDS컨설팅, ㈜케이티, 지디에스케이

1. Big Point!

GDS와 KT는 데이터 원천 자료의 수집과 생산을 통해 마케팅에 적합한 데이터에 대해 중개 거래를 할 수 있는 융복합 도구를 개발하고자 하였다. 또한 대용량 처리와 자동화된 플랫폼 개발로 데이터 생산지속 및 자동화 체계를 구축하고자 하였다.

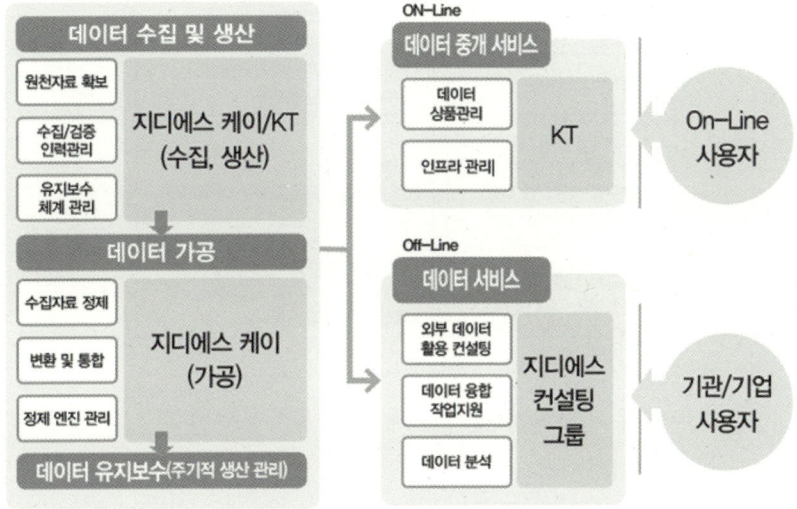

2. 활용 데이터와 분석

통계청에서 제공하는 인구주택 총 조사 데이터와 가계동향조사, 가계 금융조사, 전국사업체 조사, 경제활동 인구조사 등의 데이터와 GDS와 KT, 닐슨코리아와 KB국민카드가 가지고 있는 데이터를 융합하였다. 이를 주소 및 사업체 정보 등으로 정제하고 데이터 변환을 통해 데이터 통합 자동화 시스템을 개발하였다.

3. 분석결과

가. 사용자 분석 관점의 서비스 제공

분석활동을 위해 변환을 실시해야 했던 기존 방식과는 달리 사전에 변환/정제가 완료된 데이터를 제공하여 즉시 분석이 가능하도록 돕는 서비스를 제공하였다. 데이터 변환/정제의 가공 과정을 거쳐 검수된 데이터를 제공할 수 있게 되었으며 쉬운 데이터 제공을 위해 데이터 정보 기능을 제공하고 전체 데이터 이해를 위한 시각화 기능을 제공 할 수 있게 되었다.

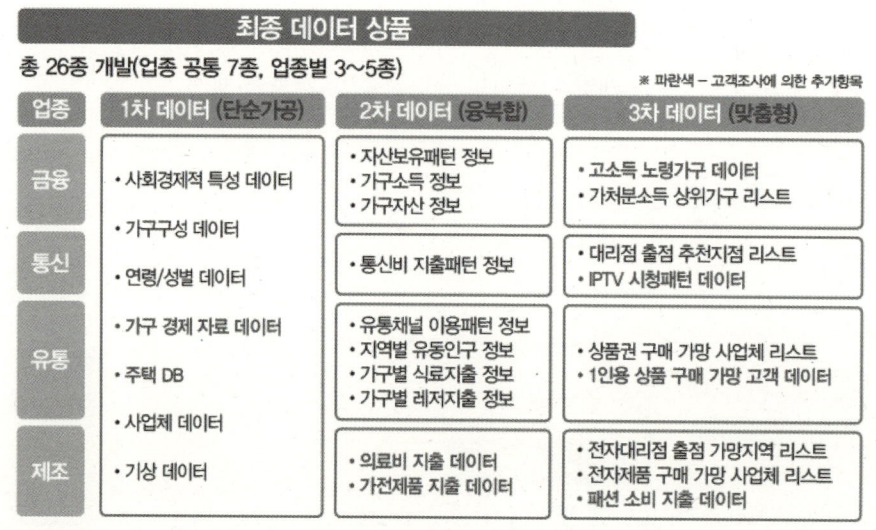

또한, 데이터 활용시 법적인 문제에 접촉되지 않기 위해 거래 중개포털에 대한 법률사항을 검토·반영할 계획이다.

나. 행정지원 시스템 개발 분야에 적용

국가 행정자료에 통신, 카드 등의 외부데이터를 융합하여 공공기관에 필요한 지표나 기타 사항들을 제공함으로써 데이터 마이닝, 통계기법 등을 활용하여 지수를 산출하고 시스템화하여 지속적인 결과 도출이 가능한 체계를 구축할 계획이다.

• 데이터 마이닝
대규모로 저장된 데이터 안에서 체계적이고 자동적인 통계적 규칙 및 패턴을 찾아내는 방법.

4. 빅데이터 분석결과의 활용

가. 판매업종 세분화
3개 업종(의료, 교육, 공공)의 분야로 데이터 상품군을 확대하여 이를 통해 은행, 보험, 카드, 증권 등의 업종에서 활용 가능한 데이터를 세분화를 통해 맞춤형 데이터 상품으로 개발하여 판매할 계획이다.

나. 판매시장확대 & 활용데이터 확대
B2B에서 B2C 등의 시장으로 판매 확대를 위해 필요 인력 및 인프라 확충을 실시 하고자 하였다. 또한 시스템 개발에 활용한 11종, 민간 23종의 데이터 외에 공개된 공공데이터에 대해 활용체제를 확대할 계획이다. BIG

• B2B (Business to Business)
기업과 기업간 이루어지는 전자상거래.

• B2C (Business to Customer)
기업과 소비자간 이루어지는 전자상거래.

IT
SW/ICT
활용분야
상품
마케팅
실시간 예측
비용 절감
품질 관리 및 운영
위험 사전 예방
보안 및 관리
상품·서비스 개선
플랫폼

유사사례
- 590p, 씨이랩, 농업을 위한 빅데이터 유통거래 플랫폼
- 610p, NC소프트, 게임 내 사기 탐지도 빅데이터의 도움으로
- 270p, 레드테이블, 빅데이터로 비영어권 관광객의 마음도 얻자
- 422p, 아우라, 빅데이터로 예측하는 학생 키의 성장
- 262p, 전주시, 전주 한옥마을 관광분석을 통한 경제활성화
- 546p, 유라, 딥러닝 기술기반 대용량 제조 데이터 분석 서비스 플랫폼
- 550p, 현대중공업, 작업시간의 효율적 분배로 생산성 향상
- 566p, 메타빌드, 생산 라인 개선 방향도 빅데이터로 선정
- 172p, 케이앤컴퍼니, 빅데이터 활용 공동주택 시세 산정 시스템
- 250p, 한화S&C, 전시 컨벤션의 스마트화

362 직원들 스트레스는 줄이고 자원은 아끼고

와이즈넛

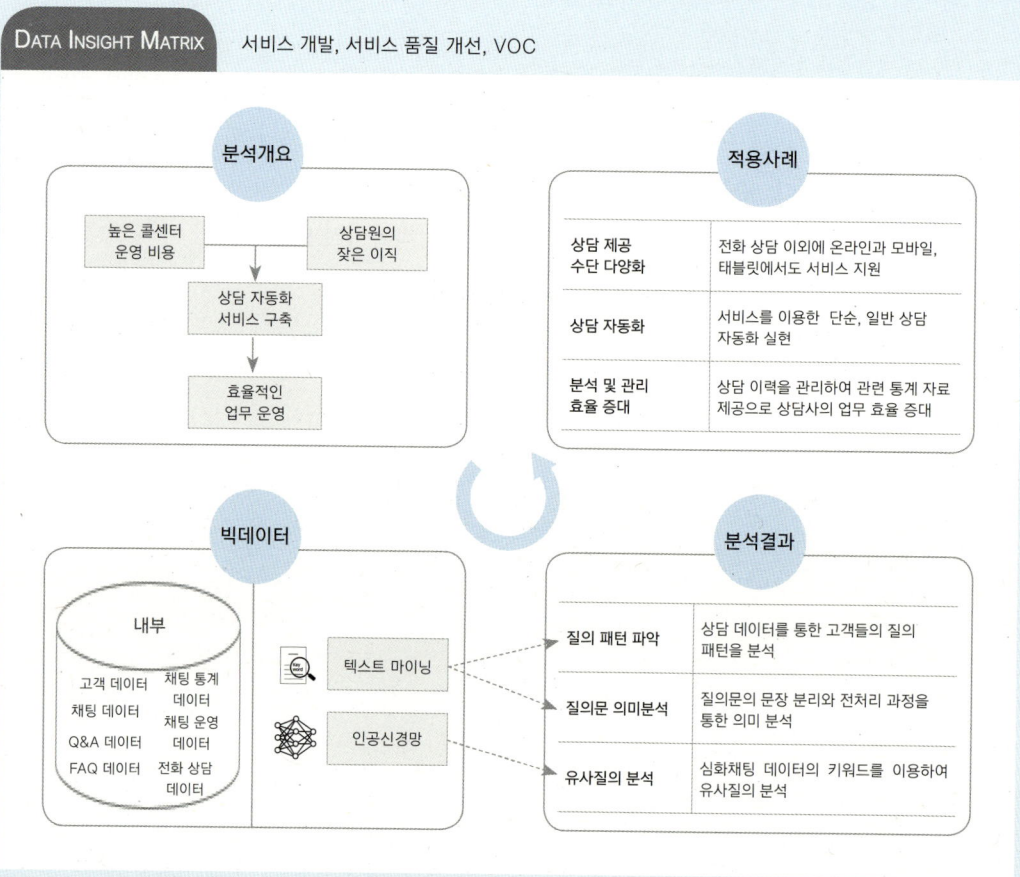

기업에서는 고객들의 민원을 처리하기 위해 콜센터 등 고객관리센터를 구축하게 된다. 하지만 콜센터 구축 및 운영에는 크게 세 가지의 문제가 발생한다. 첫째, 콜센터를 구축하기 위해선 최소 5,000만원 ~ 20억원의 높은 비용이 소요되어 중소기업 입장에서는 자체 콜센터를 구축하고 운영하는 비용에 대해 부담을 가질수 밖에 없다. 둘째, 센터를 구축했다 하더라도 높은 비용 대비 주요 업무는 단순 고객문의 응대이다. 업무 특성상 언어폭력과 감정노동으로 인한 상담사의 업무 스트레스로 높은 이직률을 보이고 이로 인해 빈번한 채용비용과 교육비용이 발생하게 되어 비효율적인 운영이 발생한다. 셋째, 심야시간의 민원에는 대처할 수 없다는 것이다. 이러한 상황을 개선하기 위해 와이즈넛은 오제이월드, 한글과컴퓨터와 협력하여 지능 정보기술을 기반으로한 상담 자동화 시스템을 구축하고자 했다.

수집데이터	전화상담이력, FAQ, Q&A, 채팅데이터
참여기업	㈜ 와이즈넛, ㈜ 오제이월드, ㈜ 한글과컴퓨터

1. Big Point!

와이즈넛은 채팅 상담 자동화 서비스 구축을 위해 텍스트 마이닝, 인공신경망 분석을 활용하여 세 가지의 분석 결과를 도출하였다. 첫째, 고객들의 상담 데이터를 분석하여 질의/문의 패턴을 파악하였다. 둘째, 파악한 패턴을 통해 응답 관련 내용 구축과 고객 질의의 의미를 분석하여 답변을 매칭하였다. 셋째, 심화 내용은 채팅데이터를 통해 키워드를 추출하여 유사질의를 분석하였고, 그 결과를 딥러닝 기술을 적용하여 질의-응답 도구를 구축하였다.

2. 활용 데이터와 분석

전화상담, FAQ, Q&A, 채팅데이터를 이용하여 고객 상담 패턴을 파악하고, 질의문의 의미분석을 위해 텍스트 마이닝을 실시하였다. 이를 통해 고객 질의에 맞는 응답 매칭에 활용하였다.
고객들의 상담 내용 중 심화 내용의 경우 데이터를 키워드 및 개체명으로 분류하여 인공신경망을 통해 유사질의를 분석하였다. 이를 통해 딥러닝 기반 질의 응답내용이 자동으로 업데이트 될 수 있도록 시스템을 구축하였다.

- **텍스트 마이닝**
자연어 처리 기술을 활용하여 데이터를 정형화하고, 추출한 특징으로부터 의미 있는 정보를 발견하는 기법.

- **신경망분석**
인간이 뇌를 통해 문제를 처리하는 방법과 비슷한 방법으로 문제를 해결하기 위해 컴퓨터에 구성한 구조, 인공지능 분야의 문제 해결에 사용되고 있으며, 문자 인식, 화상처리, 자연 언어 처리, 음성 인식 등에서 활용.

IT
AI/통신
활용분야
상품
마케팅
실시간 예측
비용 절감
품질 관리 및 운영
위험 사전 예방
보안 및 관리
상품·서비스 개선
플랫폼

유사사례
- 372p, 이미인, 프로세스 체질 개선을 위한 빅데이터의 활용
- 460p, 블루엠갤러리, 빅데이터를 통한 대중고객 확보
- 498p, 자이크로, 빅데이터 분석 결과를 통한 마케팅 전략 수립
- 530p, 다움푸드앤케어, 빅데이터를 통한 차별화된 신제품 출시
- 234p, 플레이타임, 고객들의 소리가 된 빅데이터
- 514p, 큐비엠, 데이터를 활용한 마케팅 컨셉 수립
- 522p, 지피트리, 빅데이터를 통한 온라인 마케팅의 해법
- 388p, KOTRA, 데이터 기반 수출 올인원 서비스
- 456p, 제이에스티나, 빅데이터로 되찾는 고급스로운 브랜드 이미지
- 366p, 크레텍, 빅데이터로 고객 관리 전략 개선

3. 분석결과

가. 질의 패턴과 의미 파악

고객상담의 효율성을 추구하기위해 고객 질의 유형을 파악하여 분류체계를 구성하였다. 또한 각각의 질의에 대해 그 의미를 분석하고자 LSP(어휘 의미 패턴)기반 분석을 실시하여 질의-응답과 관련된 내용의 데이터 set을 구축하였다.

이와 더불어 고객과의 상담이력을 수집하여 질의 유형을 텍스트마이닝을 통해 키워드를 추출하고 문장 분리와 전처리 과정을 통해 문장이 뜻하는 의미를 분석하고자 하였고, 인공신경망 기법을 통해 고객에게 알맞은 응답이 매칭될 수 있도록 하였다.

나. 유사 질의 분석

기존 질의 패턴을 인공신경망, 딥러닝을 이용하여 Word2vec, Doc2vec 결과를 워드임베딩 모델을 통해 유사 질의를 분석하였다.

기존 유사 질의문을 분석한 내용을 토대로 딥러닝을 진행한 결과, AI의 응답 지식을 확대시킬 수 있었고, 그 내용을 자동으로 상담데이터에 추가될 수 있도록 하였다. 또한 유사 질의문을 키워드 기반으로 서비스를 구축하여 고객에게 알맞은 응답이 매칭 될 수 있도록 하였다.

• LSP기반 문장분리 (Lexico-Semantic (Syntactic) Pattern)
어휘의 의미에 따른 패턴으로, 어휘와 의미요소, 문법요소들을 이용하여 문장을 분리하는 기법.

• Word2vec
2013년 구글에서 제안한 방식으로 기존 NNLM(Neural Net Language Model) 기반으로 대량의 문서 코퍼스의 학습속도와 성능을 개선한 자연어 처리기술.

• Doc2vec
뉴스기사와 기타 큰 텍스트 블록을 Vector로 변환시키는 방법.

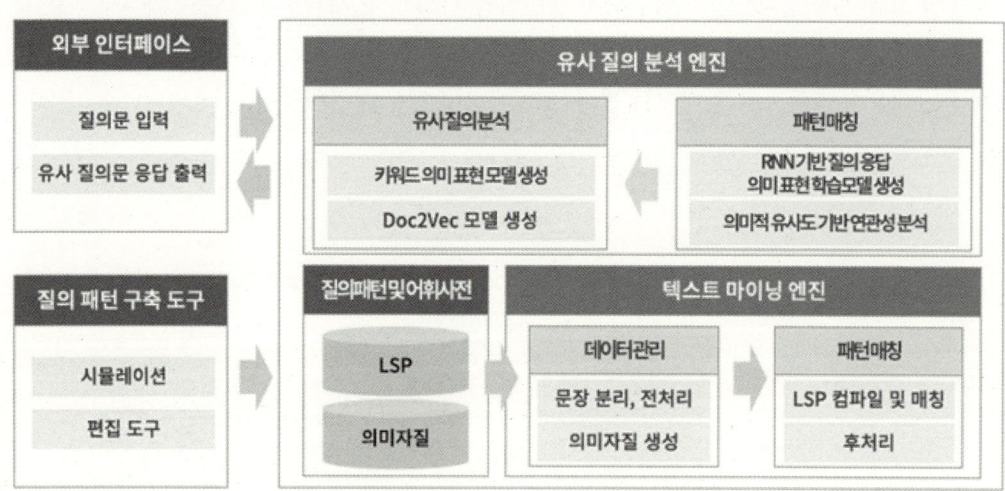

• 의미자질
단어의 의미를 구성하는 최소 성분, 의미 자질이 모여서 단어나 형태소가 생성.

4. 빅데이터 분석결과의 활용

가. 상담 제공 수단 다양화
기존에 제공되던 전화 상담 서비스 뿐만 아니라, 온라인과 모바일, 태블릿 환경에서도 쉽게 상담 서비스를 받을 수 있는 서비스를 제공하여 고객들의 접근성과 편의성을 향상시켰다.

나. 상담 자동화
구축된 자동 채팅 상담 서비스를 통하여 일차적으로 복잡한 민원 내용을 제외한 단순하고 일반적인 상담에 자동채팅 상담이 가능하도록 서비스를 개발하였다.

• RNN (순환인공신경망)
인공신경망의 한 종류, 내부에서의 연결이 순환적인 구조로 되어있다. 내부에 상태를 저장할 수 있기 때문에, 필기체 인식이나 음성 인식과 같은 데이터를 처리하는 데 주로 사용.

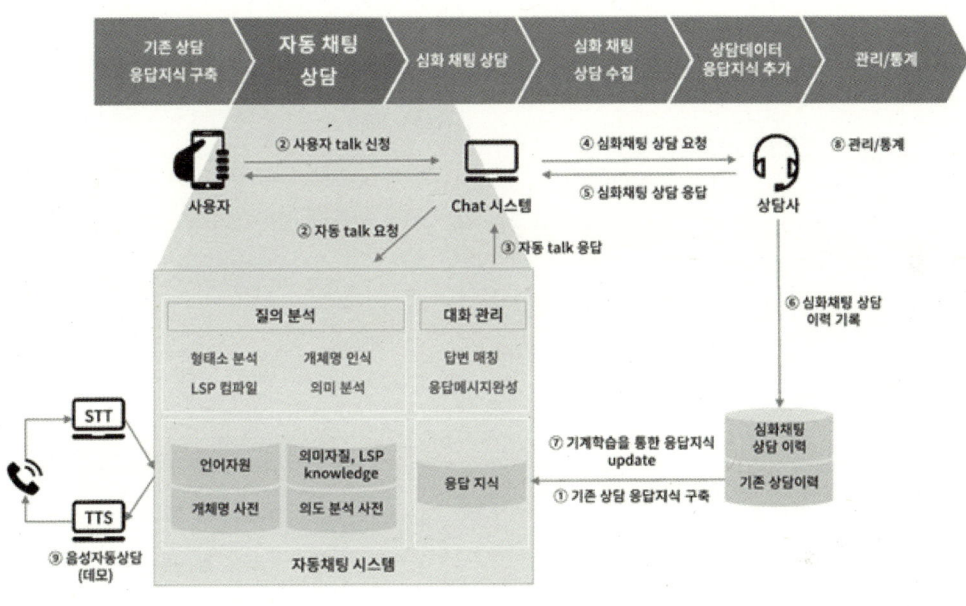

다. 분석 및 관리 효율 증대
자동 채팅 상담을 통한 상담사의 업무 스트레스 감소와 자원낭비, 운영비, 구축비 등 운영에 활용되는 비용을 절약할 수 있으며, 또한 상담 이력과 관련된 통계자료를 제공함으로써 상담 유형과 고객 예측이 가능해져 업무의 효율이 증가하게 되었다. BIG

363 당신의 화장법에 대한 점수는?

LG생활건강

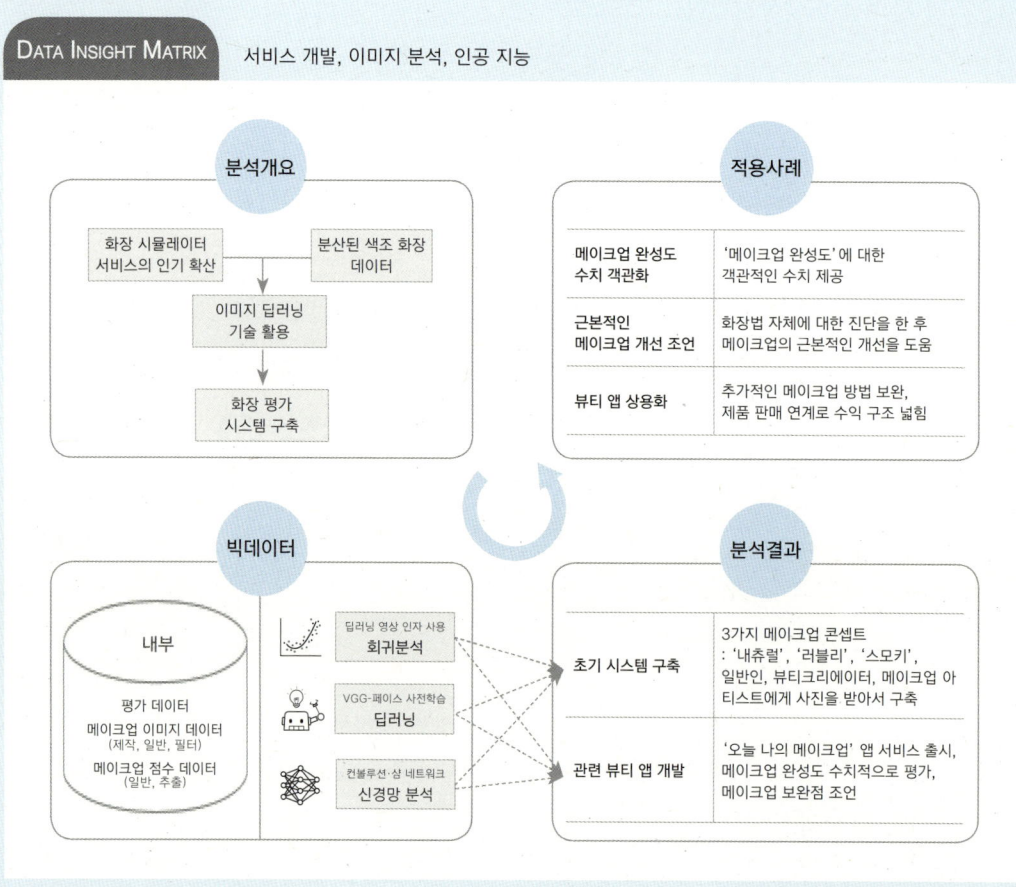

DATA INSIGHT MATRIX 서비스 개발, 이미지 분석, 인공 지능

최근 해외에서는 'K뷰티'라는 단어가 새롭게 등장할 정도로 한국 화장품에 대한 관심이 크게 상승했다. 한국 화장품이 해외 시장에서 큰 인기를 끌면서, 해외시장에 진출해있던 기존 업체들을 제외한 후발 업체들도 해외 화장품 유통사업에 뛰어들었기 때문에 해외 화장품시장 경쟁은 더욱 치열해졌다. 각 화장품 관련 회사들은 덩달아 치열해진 국내 화장품 시장과 현재 과열되고 있는 해외 화장품시장에서 모두 우위를 점하기 위해서는 새로운 서비스 제공이 필수 불가결한 상황에 놓이게 되었다. LG생활건강은 이러한 상황에서의 시장 경쟁우위를 점하기 위해 다양한 소비자 유입 방안 중 'IT와 스마트 기술을 접목한 뷰티 서비스'를 출시하기로 했다. 현재 시장에서는 타 업체들이 이와 유사한 가상 메이크업 서비스를 제공하고는 있지만, 화장법이 어울리는지의 여부는 개인 스스로 판단해야하는 한계점이 있다는 것에 중점을 두고, 빅데이터를 기반으로 한 전문적인 화장 평가 프로그램을 개발하고자 하였다.

수집데이터	평가데이터, 이미지 데이터, 매칭 점수 데이터
참여기업	LG생활건강, 서울대학교, 씨앤피코스메틱스

1. Big Point!

LG생활건강은 화장품 산업군과 AI 및 빅데이터 산업의 연계를 통해 시장에서의 우위를 점하고자 했다. 그러기 위해서는 완성도 높은 시스템의 구축이 필요하다고 판단하여, 전문적인 메이크업 관련 종사자들의 도움을 받아 색조 메이크업 데이터 제작 프로세스를 마련하는 것부터 시작했다. 또한 개개인의 메이크업에 대한 점수를 부여할 때의 전문성을 높이기 위해 메이크업 아티스트에 의해 데이터가 제작, 평가, 관리되도록 했다.
LG생활건강은 위와 같은 개인 메이크업 완성도 추출 시스템을 개발하여 브랜드의 인지도 및 가치와 함께 고객 만족도 모두를 높이고자 했다.

• **회귀분석**
하나나 그 이상의 독립변수들이 종속변수에 미치는 영향을 추정할 수 있는 통계기법으로 변수들 사이의 모형을 적합하여 관심 있는 변수를 예측하거나 추론하기 위해 사용되는 분석방법.

2. 활용 데이터와 분석

LG생활건강은 메이크업 평가시스템을 구축하기 위해 일반인, 뷰티크리에이터, 메이크업 아티스트에게 자신들의 민낯 사진과 함께 지정한 3가지 컨셉(러블리, 스모키, 네츄럴) 총 4가지의 콘셉트별 평가를 위한 평가용 이미지 데이터 56,215장과 이미지에 대한 평가를 위한 데이터 총 34,329건을 수집하여 분석에 활용했다. 정확한 평가를 위해 얼굴 외에 주변 물체들을 삭제하는 전처리를 시행했고, 회귀분석, CNN 등의 딥러닝 방법들을 적용하여 평가 모델을 개발 했다. 이를 통해 전반적인 얼굴의 메이크업 평가와 특정 영역(눈, 코, 입)의 세부평가가 가능해졌으며 평가 모델을 이용, 앱 엔진개발을 통해 다양한 사람들이 쉽게 접근하여 활용할 수 있도록 했다.

• **CNN**
이미지, 비디오, 텍스트, 또는 사운드를 분류하고자 할 때 사용되는 머신러닝 기법.

• **딥러닝**
다층구조 형태의 신경망을 기반으로 하는 머신 러닝의 한 분야.

유사사례
- 586p, 캠펑, 어플리케이션 하나로 1석 3조 효과
- 606p, 마인즈랩, 말만 듣고 내 건강을 확인해 주는 작은 의사
- 242p, 패션서울, 고객이 원하는 기사와 정보는?
- 186p, 비씨카드, 데이터의 융합을 통한 시의적절한 마케팅
- 522p, 지피트리, 빅데이터를 통한 온라인 마케팅의 해법
- 362p, 에이치와이스타일, 고객의 요구 사항을 빅데이터로 빠르게 대처
- 526p, 로코코소파, 매출 반등 기회를 위한 빅데이터의 활용
- 274p, 아펙시, 빅데이터 분석을 통한 음악 서비스 사례

3. 분석결과

가. 초기 시스템 구축

'내츄럴', '러블리', '스모키'라는 세 가지 메이크업 콘셉트을 기준으로 3가지 그룹으로 세분화했다. 그룹1은 하위 점수 영역으로 분류하기 위해 일반인 800명의 사진을 받았다. 메이크업 완성도가 0인 경우로 활용하기 위해 민낯 사진을 모두 사용했으며, 점수가 하/중하/중 영역인 경우로 활용하기 위해 3가지 메이크업 콘셉트에 맞게 일반인 스스로 화장을 한 사진을 사용했다. 그룹2는 점수가 중상 영역인 경우로 활용하기 위해 메이크업 뷰티크리에이터 150명이 3가지 메이크업 콘셉트에 맞도록 화장한 사진을 사용했으며, 추가적으로 메이크업이 잘되었지만 콘셉트가 달라 점수가 낮게 나올 경우로 활용하기 위한 다른 콘셉트의 화장 사진을 1인당 5장씩, 총 750장을 사용했다. 마지막 그룹 3은 점수가 상 영역인 경우로 활용하기 위해 전문가인 메이크업 아티스트가 직접 콘셉트에 맞게 화장한 사진을 사용했다.

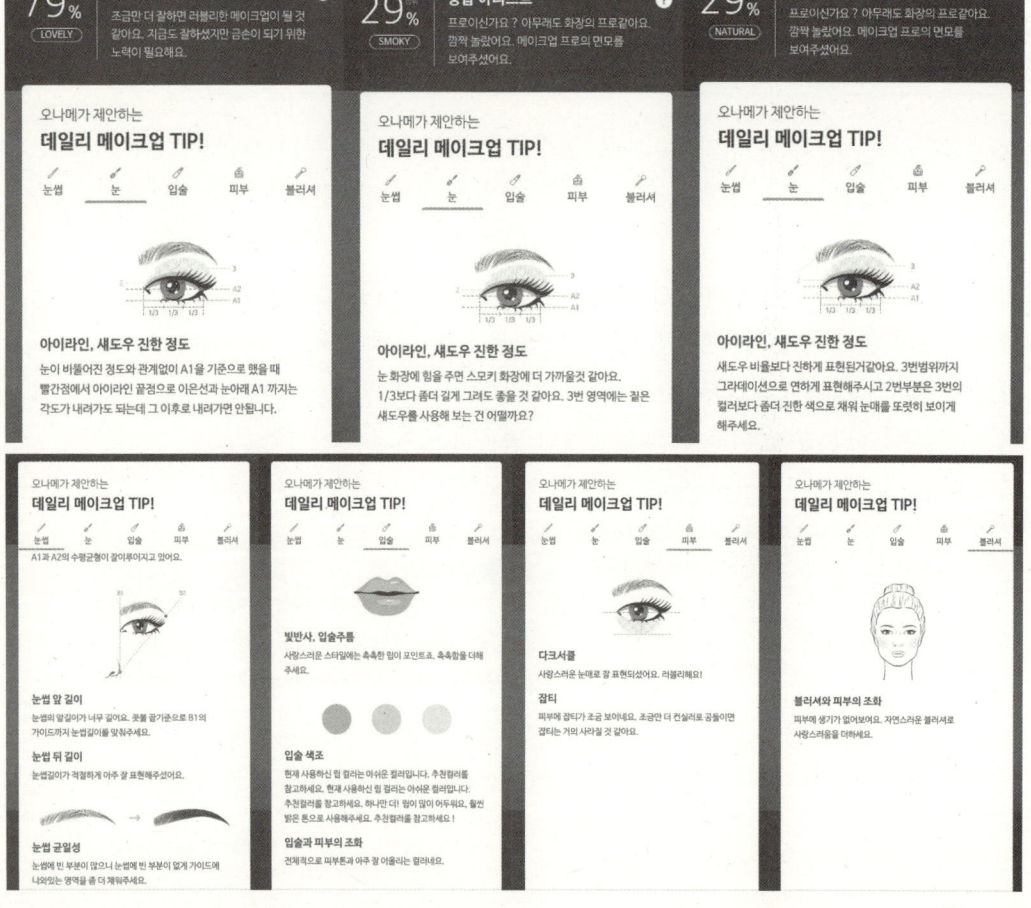

나. 관련 뷰티 앱 개발

딥러닝 기계학습 분석 결과를 통해 '오늘 나의 메이크업(좌측 하단 이미지 참고)'라는 앱 서비스를 출시하여, 다양한 사용자들이 직접 사용할 수 있도록 상용화했다. 앱을 사용할 때마다 얼굴을 촬영하여 즉석에서 메이크업의 전체적인 느낌이 어떤지, 세부 항목별로 어떻게 수정하는 것이 더 좋을지 등과 같은 조언을 얻을 수도 있다. 또한, 즉석에서 사진을 촬영하는 것이 아니라, 이전에 찍어뒀었던 사진으로도 메이크업 평가를 받을 수 있어, 굳이 당일이 아니더라도 평상시에 메이크업을 어떻게 개선하면 좋을지에 대한 정보를 얻을 수 있다.

4. 빅데이터 분석결과의 활용

가. 메이크업 완성도 수치 객관화

외모에 대한 평가는 개인의 성향에 따라 매우 다를 수 있는 주관적인 요소이기 때문에, 외모 자체에 대한 평가가 아니라 오직 '메이크업 완성도'에만 초점을 맞춘 객관적인 수치를 제공한다. 전문적인 세부 요소들을 파악하여, 어느 정도 레벨로 메이크업을 완성했는지의 정도를 알려준다.

나. 근본적인 메이크업 개선 조언

얼굴에 화장을 덧입히는 기존의 형식이 아닌 화장법에 대한 진단을 하여 수치적으로 표현해줌으로써 전문적인 메이크업 정보에 쉽게 접근할 수 있도록 하고, 메이크업을 근본적으로 개선할 수 있도록 할 계획이다.

다. 뷰티 앱 상용화

'오늘 나의 메이크업' 앱을 통해 메이크업의 평가 부분을 제공하고 있는데, 추후 지속적인 관리와 개발을 통해 추가적인 메이크업 방법 제안과 더불어 제품 판매 연계를 통해 수익 구조를 넓힐 수 있다.

라. 추후 개선 및 발전

뷰티 트렌드와 연계하여, 매번 새로운 메이크업 룩과 제품을 추천해주는 객관적이고 실용적인 앱으로 발전할 계획이며, 이미지를 빅데이터화하여 AI와 연계하는 방안을 추가적으로 발전시킬 예정이다. BIG

364 말만 듣고 내 건강을 확인해주는 작은 의사

마인즈랩

DATA INSIGHT MATRIX 정보 제공, 인공 지능, 음성 인식, 웨어러블디바이스, 맞춤형 의료 서비스, 서비스 개발

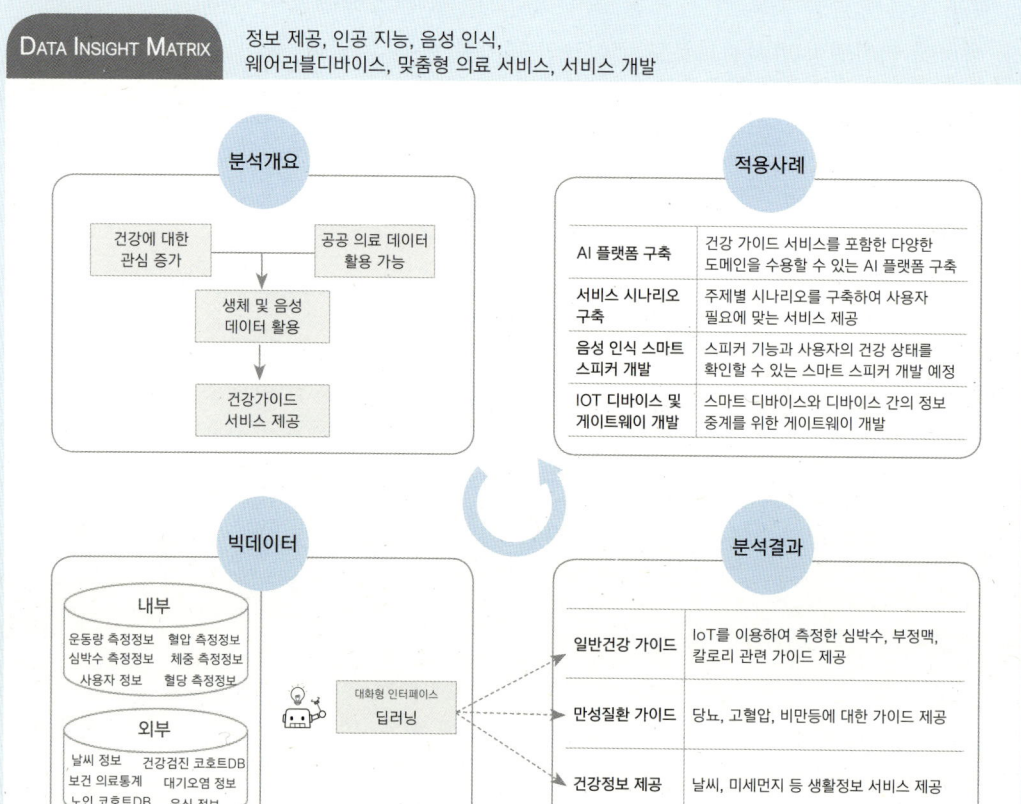

대중들의 건강에 대한 관심은 날로 증가하고 있어 개인 스스로가 건강을 관리할 수 있도록 건강관련 정보와 맞춤형 건강가이드를 제공받기를 원하고 있다. 마인즈랩은 최근 기술의 발전으로 IoT 디바이스를 이용한 실시간 의료정보 수집과 함께 활용가능한 공공 의료 데이터의 분석을 실시하고, 이를 음성 인식기술과 융합하여 대화형 건강 가이드 제공 서비스를 개발하고자 한다.

수집데이터	사용자 정보, 혈압 측정정보, 혈당 측정정보, 심박수 측정정보, 운동량 측정정보, 체중 측정정보, 건강검진 코호트 DB, 표본코호트 DB, 노인코호트 DB, 보건의료통계, 날씨 정보, 대기오염 정보, 음식 정보, 생활환경지수 정보, 상담 녹취 데이터, FAQ데이터, 스크립트 데이터
분석솔루션	'마음에이아이' AI플랫폼
참여기업	마인즈랩

1. Big Point!

마인즈랩은 최근 대중들의 건강에 대한 관심이 증가함에 따라 새로운 건강 관련 서비스를 개발하고자 하였다. 이에 여러 의료 데이터를 수집하여 개인 스스로 건강을 관리할 수 있는 맞춤형 건강가이드를 생성하고 음성 인터페이스를 통해 대화형 가이드로 제공하고자 하였다.

• 코호트DB
국민 건강정보 DB를 기반으로 개인보호를 보호하는 범위 내에서 연구용으로 공개하기 위해 구축한 자료.

2. 활용 데이터와 분석

혈압 측정정보, 혈당 측정정보, 심박수 측정정보, 운동량 측정정보, 체중 측정정보 등과 같은 사용자의 생체 데이터와 건강검진 코호트 DB, 표본코호트 DB, 노인코호트 DB, 보건의료통계, 날씨 정보, 대기오염 정보 등과 같은 데이터를 수집하여 정형화한 뒤, 자연어처리 방법을 통해 데이터를 분류하고 AI플랫폼을 구축하기 위해 딥러닝을 진행했다. 이후, 사용자의 음성 대화를 일련의 과정을 통해 분석하여 사용자 분석 결과에 맞는 건강과 만성질환에 관련된 맞춤형 서비스를 제공하였다.

• 자연어 처리
사람 언어의 이해, 생성 및 분석을 다루는 기술로 컴퓨터를 통해 문자를 분석할 수 있게 변환시키는 작업.

• 딥러닝
다층구조 형태의 신경망을 기반으로 하는 머신 러닝의 한 분야.

3. 분석결과

가. 일반건강 가이드
IoT디바이스를 통해 수집된 심박수, 부정맥여부, 호흡수, 칼로리 등 데이터를 딥러닝을 통해 정상/비정상 여부를 판단하고 IoT디바이스의 음성으로 측정값을 제공한다. 이상징후 발견시 행동방법 가이드를 제공하고 병원 진료를 권유하는 서비스를 개발하여 손쉽게 나의 건강을 판단할 수 있도록 하였다.

• IoT
(Internet of Things)
인터넷을 기반으로 여러 사물이 정보통신기술(ex: 센서 등)을 기반으로 연결되어 상호 소통하는 기술이나 환경.

나. 만성질환 가이드
IoT디바이스를 통해 당뇨, 고혈압, 비만과 관련된 빅데이터를 수집, 딥러닝을 통해 분석하여 적절한 운동방법과 식단을 추천해 주는 서비스를 개발하였다. 추가로 시계열분석을 통해 위험시기를 판단하여 알람을 울리는 서비스를 개발할 계획이다.

다. 건강정보 제공
날씨, 미세먼지등 다양한 생활정보에 대해 측정값을 IoT를 통해 전달하고, 건강정보와 관련된 부분 역시 디바이스를 통해 전달한다. 추가로 음성을 통한 정보전달과 외래진료 예약서비스를 구축하고자 하였다.

유사사례
- 602p, LG생활건강, 당신의 화장법에 대한 점수는?
- 274p, 아펙시, 빅데이터 분석을 통한 음악 서비스 사례
- 290p, 맨투맨, 빅데이터로 개발하는 신규 교육 서비스
- 362p, 에이치와이스타일, 고객의 요구 사항을 빅데이터로 빠르게 대처
- 448p, MRD, 빅데이터로 국내시장 장악
- 484p, 죠샌드위치, 나를 알고 고객을 알면 백전백승
- 494p, 존스킨화장품, 빅데이터를 통한 남성 화장품 인사이트 도출
- 562p, 스타일켓, SNS를 하며 편하게 쇼핑도 할 수 있는 서비스
- 558p, 노스페이스, 이제는 아웃도어도 스마트하게 사자
- 444p, 라이클, 데이터를 활용한 효율적인 마케팅 전략 수립

4. 빅데이터 분석결과의 활용

가. 서비스 시나리오 구축
사용자들의 생체 데이터를 분석하여 당뇨 등 만성질환에 대해 적절한 식단과 운동을 가이드 해주는 시스템을 개발하고, 일반 건강 가이드를 구축하였다. 그 외 날씨, 미세먼지 등 생활정보 서비스와 진료 관련 예약서비스도 함께 실시할 수 있는 서비스를 제공하게 되었다.

나. 음성 인식 스마트 스피커 개발
사용자에게 재미를 줄 수 있는 서비스를 제공하기 위해 일반적인 스피커의 역할을 하면서 어디에서나 건강 관리와 가이드를 제공할 수 있는 음성 인식 스마트 스피커를 개발할 예정이다.

다. IOT 디바이스 및 게이트웨이 개발
체지방, 혈압, 심박 및 호흡을 측정하고 측정된 결과를 블루투스를 이용해 AI 플랫폼으로 전송할 수 있는 IOT 디바이스를 개발하였다. 또한 IOT 디바이스 간 정보를 중계할 수 있도록 하는 게이트웨이를 개발하였다. BIG

• 게이트웨이
복수의 기기끼리 통신망을 통해 접속할 때 사용하는 장치.

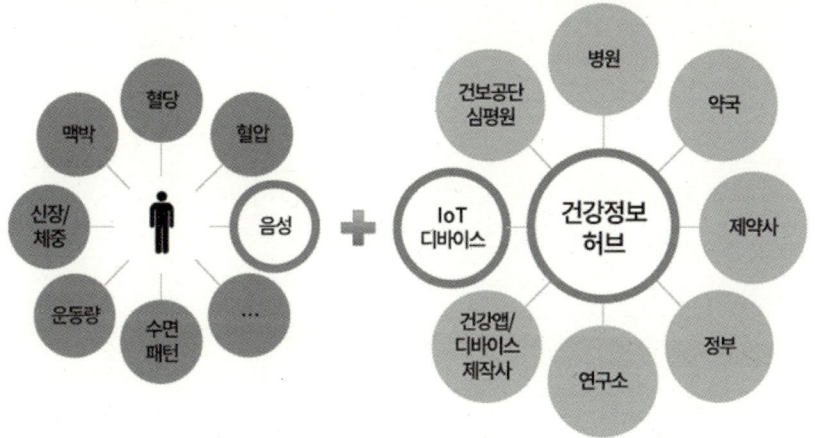

365 게임 내 사기 탐지도 빅데이터의 도움으로

NC소프트

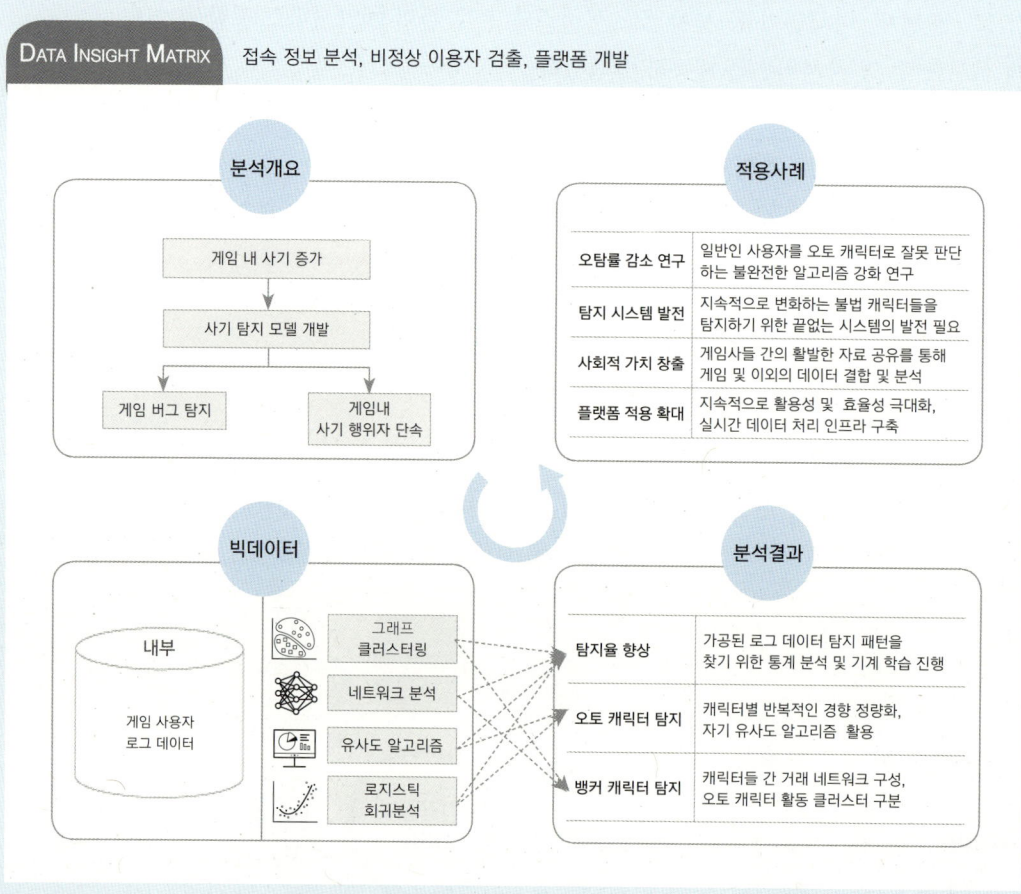

DATA INSIGHT MATRIX 접속 정보 분석, 비정상 이용자 검출, 플랫폼 개발

NC소프트는 리니지, 아이온, 블레이드 소울 등의 게임들을 개발하는 기업으로 온라인 게임업계의 강자의 자리를 지키고 있다. NC소프트의 게임이 인기가 많아지면서, 게임 내에서 다양한 사기 행각들이 많이 발생하고 있음을 알게 되었다. 특히, NC소프트의 대표적인 게임 유형인 MMORPG 게임은 실제 사회와 유사한 생산 및 소비행위들이 이루어지며, 게임 내에서 생산한 가상재화들을 실제 현금으로 트레이드하는 블랙마켓이 크게 활성화되었다. 이 과정에서 '오토'라고 불리는 게임 자동 사냥 프로그램을 통해 불법적으로 경험치나 재화를 취득하고, 블랙마켓에서 현금화하는 불법 프로그램 사용자들이 등장하게 되었다. NC소프트에서는 게임 내 사건들을 해결하고, 선량한 게임 이용자들의 피해 사항을 해소하기 위한 단속을 진행하고자 빅데이터 분석을 진행하기로 했다.

수집데이터	MMORPG 게임 이용자 로그 데이터
참여기업	NC소프트

1. Big Point!

NC소프트는 온라인 부정 거래가 자사의 게임에까지 영향을 미쳤음을 알고 불법 프로그램 사용자들을 단속을 시작했다. 게임 자동 사냥 프로그램 등을 이용하여 부정으로 경험치나 재화를 얻고 있는 캐릭터의 경우에는 불법 프로그램에서 지정한 일정 패턴으로 움직이므로 해당 캐릭터들의 패턴을 파악하여, 유사 패턴을 보이는 캐릭터를 걸러내는 과정을 통해 오토 캐릭터를 탐지하고자 했다. 또한, 오토 캐릭터에서 수집한 재화를 통합·관리하는 뱅커 캐릭터까지 탐지하고자 했다. 해당 불법 캐릭터를 찾아 자산을 압류하는 등의 실질적인 경제적 타격을 입힘으로써, 불법 사용자를 줄이고 정상적인 게임 운영이 이뤄질 수 있도록 노력했다.

2. 활용 데이터와 분석

게임 사용자들의 플레이 과정에서 발생되는 로그 데이터를 수집하여 가공한 뒤, 일정한 패턴을 탐지하기 위해 통계 분석 및 기계 학습을 진행하기로 했다. 오토 캐릭터는 미리 설정된 행동을 반복하기 때문에 각 캐릭터별로 같은 행동을 반복하는 경향을 수치로 정량화하였다. 이를 자기 유사도 알고리즘(Self similarity Algorithm)으로 정의하고 로지스틱 회귀모형으로 오토 캐릭터 탐지를 진행했다. 또한, 뱅커 캐릭터를 탐지하기 위해 방대한 양의 행동 로그 데이터 분석을 통해 캐릭터들 간 거래를 기준으로 네트워크를 시각화하여 뱅커 캐릭터를 찾아냈다.

• 로그 데이터
IT 인프라 내에서 발생하는 모든 상황에 대한 데이터. 주로 어떤 루트를 통해 접속하고 어떤 행위를 언제 하였는지에 대한 부분을 기록.

3. 분석결과

가. 오토 캐릭터 탐지

먼저 앞의 자기 유사도 알고리즘을 활용하기 위해 캐릭터 별로 발생하는 로그를 벡터로 변환한 뒤, 각 벡터들의 코사인 유사도 값을 계산한다. 그 결과 일반 사용자들의 캐릭터는 시간의 구간 별로 엄청난 값의 변화를 보이는 그래프로 나타나지만, 오토 캐릭터는 시간 단위마다 한 번씩 값이 변하여 패턴이 있는 그래프로 나타났다. 캐릭터 별로 코사인 유사도 값의 표준편차를 계산하여 자기 유사도 값으로 변환한 뒤, 해당 값을 정답 집합을 이용해 BOT 확률로 전환하고 로지스틱 회귀모형과 결합해 캐릭터별 오토일 확률을 구하는 결과는 아래의 그림과 같다.

• **코사인 유사도**
클러스터들간의 밀집한 정도를 측정하는 방법 내적공간에서 서로 다른 두 벡터간의 각도의 코사인 값을 계산한 뒤, 해당 코사인 값으로 측정하는 벡터 간 방향의 유사한 정도.

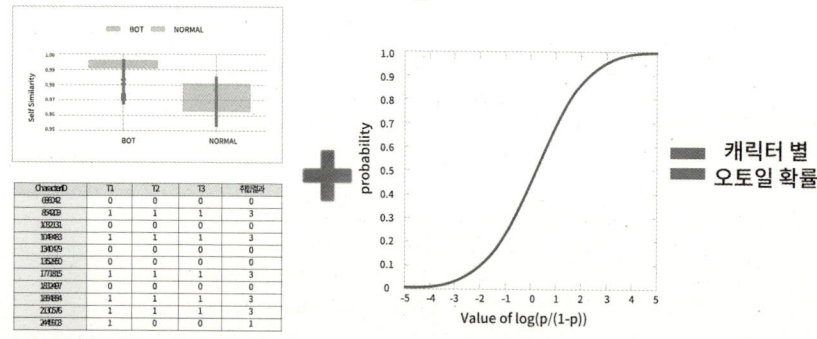

나. 뱅커 캐릭터 탐지

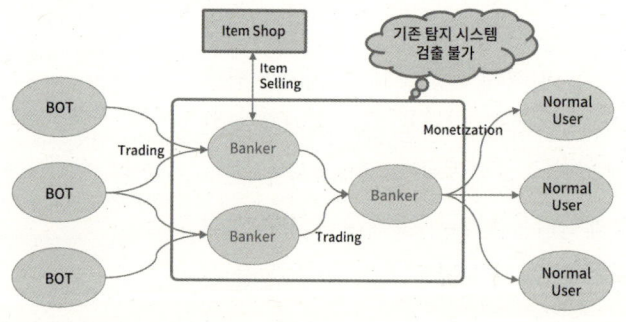

• **클러스터링**
데이터를 특성에 따라 몇 개의 그룹(데이터 집단)으로 묶어 분류하는 데이터 마이닝의 한 방법. 동일 클러스터 내부의 데이터들은 유사한 속성을 지니고 있어야 하며, 다른 클러스터의 집단과는 특성적 차이가 있어야 함.

로그 데이터 분석을 통해 캐릭터 간의 관계 네트워크를 시각화하고 그래프 클러스터링을 통해 오토 캐릭터가 많이 활동하는 클러스터(작업장)을 파악하여 뱅커 캐릭터를 탐지할 수 있었다.

4. 빅데이터 분석결과의 활용

가. 오탐률 감소 연구
일반인이 사용하는 정상 캐릭터를 오토로 판명하는 등 알고리즘이 불완전한 결과를 내놓는 사례가 있어, 이를 최소한으로 줄이고 판별 정확도를 높이기 위한 연구가 끊임없이 진행되고 있다.

나. 탐지 시스템 발전
오토 및 불법 프로그램 판매자들은 탐지 패턴을 피하기 위해 끝없이 패턴을 다양하게 변화시키고 있으며, NC소프트에서도 갈수록 다양화되는 패턴들을 모두 탐지하기 위해 탐지시스템을 끝없이 업데이트하고 발전시키고 있다.

다. 사회적 가치 창출
게임사들 간의 게임 데이터 및 이외 다양한 데이터들의 공유하여 각 회사들은 분석 알고리즘을 개발하거나, 관련 데이터를 분석하는데 인사이트를 얻을 수 있다. 또, 다양한 데이터들의 결합과 분석과정을 통해 더 큰 사회적 가치를 창출할 수 있다.

라. 플랫폼 적용 확대
데이터에서 실질적인 가치를 창출하기 위해서 꾸준히 활용성과 효율성을 극대화해야 한다. 이를 위해 대규모 데이터를 처리하고자 하둡과 같은 데이터 플랫폼의 구축이 확대되어야 하며, 개발 툴 간에 연동이 쉬운 프로그램의 활용이 중요해질 것이라 판단했다. 특히 빠른 탐지와 즉각적인 대응을 위해 실시간 데이터 처리와 관련된 인프라를 구축하고 적용하는 방안을 검토가 가능하다. BIG

> **유사사례**
> - 258p, Travelbasys, 빅데이터와 함께 안전한 여행
> - 422p, 아우라, 빅데이터로 예측하는 학생 키의 성장
> - 546p, 유라, 딥러닝 기술기반 대용량 제조 데이터 분석 서비스 플랫폼
> - 550p, 현대중공업, 작업시간의 효율적 분배로 생산성 향상
> - 566p, 메타빌드, 생산 라인 개선 방향도 빅데이터로 선정
> - 172p, 케이앤컴퍼니, 빅데이터 활용 공동주택 시세 산정 시스템
> - 476p, 동서, 데이터를 활용한 효율적인 마케팅 전략 수립
> - 334p, 두산중공업, 발전소 고장 예방 및 구동 시간 단축
> - 250p, 한화S&C, 전시 컨벤션의 스마트화
> - 396p, 롯데백화점, 빅데이터로 세우는 새로운 마케팅 전략

AI　　　　　　　　　　　　　　　#인공지능　#서비스품질개선　#품질관리

고객 상담서비스 제공　　　　　　　　　　KT, NS홈쇼핑

KT와 NS홈쇼핑이 손을 잡고 '디지털 컨택센터 구축'을 통해 홈쇼핑 고객의 만족도 향상과 상담사의 업무 환경 개선을 이끌어 내었다. 디지털 컨택센터 구축을 통해 인공지능 및 빅데이터 분석 기술과 서비스 운영 노하우를 결합하여 상담사들은 자동 배송지 입력, 자동 상담유형 분류, AI 챗봇 적용 등으로 단순 업무량을 줄이고, 고객 감성분석 등을 통해 고객 불만에 효과적으로 대응할 수 있게 되었다. 또한 NS홈쇼핑 이용고객은 제품 문의, 주문, 반품 등의 과정에서 컨택센터 대기 시간을 최소화할 수 있으며, 고객상담의 향상과 만족을 이끌어내었다.

 AI　　　　　　　　　　　　　　　　　　#맞춤형상품추천

인공지능이 추천해주는 맞춤 자동차　　　　SK렌터카

가. 배경 및 목적

4차 산업혁명과 기술 발전으로 트렌드가 변화함에 따라 렌터카 시장에서도 AI를 활용한 고객 서비스가 등장했다. 이에 SK렌터카는 고객편의 강화를 위해 빅데이터를 접목한 추천 서비스를 제공하였다.

나. 빅데이터 활용

SK렌터카는 업계 최초로 빅데이터 분석을 이용해서 온라인 차량 렌털 계약 프로그램과 차량 구매 정보를 제공하는 서비스를 출시했다. SK C&C의 AI시스템인 '에이브릴'을 기반으로 만들어진 이 서비스를 이용하면 차량 검색시 판매 순위, 성별/연령별 선호도, 평균 출고 소요기간 등의 유용한 데이터를 확인할 수 있다. 또한 '월 렌트비용 40만 원 대 차', '커플을 위한 나들이용 차'와 같은 구체적인 키워드 검색으로 AI 추천 시스템에게서 쉽고 빠르게 자신에게 맞는 차량을 추천받을 수 있게 되었다. 빅데이터 분석 결과 SUV는 남성에게 인기가 많을 것 같지만 빅데이터가 말하는 선호도는 남자 53%, 여자 47%로 둘 간에 큰 차이가 없었다. 이처럼 사람의 일반적인 생각이 아니라 쌓인 빅데이터를 기반으로 고객에게 더욱 정확한 정보를 제공할 수 있게 되었다. 또한 SK렌터카는 가상현실(VR) 기술을 접목한 시승 서비스를 개발해 국내 33개의 차종 내부를 360도로 가상현실을 통해 볼 수 있어 실제로 매장에 방문하지 않고도 차량을 고를 수 있는 편의 서비스를 제공하였다.

AI

인공지능 기상캐스터 활용

해외
#정보제공

상하이 둥팡 위성방송

중국 상해 둥팡 위성 방송의 아침 생방송 뉴스쇼인 '칸둥팡'에서는 인공지능SW인 '샤오빙'을 기상 리포터로 출연시켜 날씨 정보를 제공하고 있다. '샤오빙'은 스마트 클라우드와 빅데이터 기술을 이용해 MS사가 개발한 인공지능 소프트웨어로 17세 나이의 귀여운 여자 목소리로 정보를 전달하고 있다. 또한 빅데이터 분석을 통해 스스로 학습이 가능하여 현재 기상 상황과 예측을 시행하여 날씨 정보를 제공하고 있다.

[관련정보] 중국 방송에 인공지능 기상캐스터 등장, SBSNEWS, 2015.12.25

 AI

해외
#신상품개발

이해하고 배울 수 있도록 컴퓨터를 가르치다

IBM 왓슨

가. 배경 및 목적

환자의 엑스레이 사진을 보고 인공지능 컴퓨터가 진찰을 해주는 영화 속에서나 일어날 법한 일이 현실이 되고 있다. IBM의 인공지능 '왓슨'은 인간 수준의 이해력과 분석력을 갖추는 것을 목표로 만들어졌다. 의료용 컴퓨터로 알려진 왓슨은 빅데이터와 AI 기술이 나날이 발전해 감에 따라 그 활용 스펙트럼은 더욱 넓어지고 있다.

나. 빅데이터 활용

왓슨을 구성하는 핵심 기술 두 가지는 자연어처리와 기계학습이다. 인간의 언어를 받아들일 수 있게 학습된 컴퓨터로 방대한 양의 데이터를 스스로 분석하고 학습한 후 답을 내놓을 수 있다. 2012년 3월에는 미국 메모리얼 슬론 케터링 암센터에서 암 치료에 도입되어 엄청난 양의 임상 데이터를 학습했다. 왓슨은 암 환자 진단, 전자의무기록(EMR) 분석, 건강보험 적용 여부 심사 등에 활용될 수 있다. 또한 왓슨은 의료뿐만 아니라 유통, 금융, 범죄 예방 등의 다양한 산업에서 이용되도록 연구개발이 이루어지고 있다.

다. 적용 사례

왓슨은 2017년에 국내 가천대길병원에 투입되어 대장암, 폐암, 유방암, 위암, 부인암을 포함하여 총 215명에 대해서 암 진단을 했다. 2016년에는 아웃도어브랜드 노스페이스에서 왓슨을 탑재한 모바일 앱을 개발하여 고객의 구매 결정을 돕기 위한 질의응답에 활용하고 고객 경험을 강화하였다. 또한 2017년 일본의 후코쿠 생명은 왓슨을 보험금 지급 심사 업무에 투입했다. 의사의 진단서를 기반으로 보험금을 산정하는 업무는 기존에 34명의 직원이 해왔던 것인데 왓슨이 이것을 처리하도록 하여 생산성을 높이고, 인건비를 절감하였다.

AI #플랫폼개발

AI기반 쇼핑 서비스 개발 롯데그룹, IBM

롯데그룹은 IBM의 인공지능 솔루션 왓슨을 도입하여 그룹 전반의 사업을 AI기반 플랫폼으로 구축하기로 하였다. 또한 계열사인 롯데닷컴은 KT와 협력하여 일상생활에서 TV를 보면서 음성으로 상품을 검색하고 주문 및 결제할 수 있는 빅데이터 기반의 쇼핑 서비스를 제공하고 있다.

관련정보 롯데 IBM '왓슨' 솔루션 도입, 조선, 2017.11.29

 AI #신상품개발 #인공지능

영상과 언어로 구성된 빅데이터를 스스로 분석하고 학습 서울대

서울대 공대 컴퓨터공학부가 영상과 언어가 연합된 개념을 스스로 습득하며 지능을 향상시키는 기계를 개발하였다. 연상 메모리 구조를 통해 장면과 대사간 의미적 관계와 시간적 줄거리를 학습하여 추론해 언어 대사를 생성하고 대사가 주어지면 그림을 추론한다. 이를 통해 빅데이터 기반의 인공지능 개발에 발판이 될 것으로 보고 있다.

관련정보 서울대 장병탁 교수팀, 만화영화 빅데이터 기반 인공지능 기술 개발, 2015.02.03

 AI, IoT #인공지능 #음성인식 #서비스개발

커넥티드 카 개발 전략적 협업 현대기아차, 중국바이두

양사는 커넥티드 카 서비스 개발을 통해 음성인식, AI개발 등에 협업하여 지도와 빅데이터, AI, 인터넷 포털 서비스 등을 활용한 다양한 콘텐츠를 차 안에서 쉽게 이용할 수 있는 커넥티드 카 서비스를 공동 개발할 계획이다. 향후 차량의 지능화와 더불어 연결 추세에 대한 대응 체계를 공동 구축할 예정이다.

관련정보 K-ICT 빅데이터 센터, Bigdata Monthly 43호

IoT #실시간모니터링 #고장예측

빅데이터와 IoT로 자동차 자동 진단 SKT

SK텔레콤은 빅데이터와 IoT 기술을 기반으로 관련된 차량 기기로부터 데이터를 수집/분석한다. 이를 바

탕으로 T맵교통정보, 차량상태 모니터링, 에코지수, 소프트웨어형 블랙박스 등 다양한 기능을 구현한다. 총 157가지의 차량 고장코드 탑재를 통해 정비소를 가지 않더라도 차량상태를 한눈에 볼 수 있는 환경을 제공할 계획이다.

| 관련정보 | SKT, 스마트폰으로 157가지 차량 고장 진단, ZDNET KOREA, 2015.04.12 |

IoT — 빅데이터는 어떻게 애플 사업의 핵심이 되었는가 #서비스품질개선 애플 (해외)

가. 배경 및 목적

애플은 특유의 디자인과 편리한 사용자 인터페이스 등으로 같은 분야에서의 경쟁우위를 차지하기 위해 고객 데이터를 파악하고자 하였다. 따라서 고객이 만들어내는 빅데이터를 활용하여 다양한 서비스와 애플리케이션을 개발함으로써 스마트폰 기기 업계에서 자신의 위치를 지켜가고자 하였다.

나. 빅데이터 활용

애플은 2015년에 애플워치를 출시했다. 애플워치의 센서를 통해 수집되는 개인의 심장박동 데이터는 실시간으로 건강 데이터베이스로 전달되어 건강정보를 제공하기 위해 분석된다. 또한 전송받은 문자의 내용을 분석하여 고객이 신속하게 답장해야 하는 것을 알려주기도 한다. 추가로 애플은 IBM과 협력하여 IBM의 왓슨 헬스 클라우드 기반의 의료 분석 서비스를 애플워치 사용자들에게 제공한다. 이는 애플 기기를 사용하는 수많은 사용자로부터 생체 데이터를 추출하여 빅데이터 고속 처리 엔진을 통해 실시간으로 접속, 의료 분야를 더욱 활성화시킬 것이다. 또한 애플의 많은 제품이 언제, 어디서, 어떻게 사용되는지에 대한 데이터도 수집할 수 있다. 이 데이터를 분석하여 애플은 사용하기에 편리하고, 고객의 흥미를 끌 수 있는 서비스 및 제품 개선에 활용한다. 대표적으로 이러한 자료수집을 통해 음성 인식 서비스인 시리(Siri)를 개발하였다. 사용자가 음성으로 정보제공을 원할 때 사용하는 음성을 수집하여 클라우드 분석 플랫폼에 저장, 시리가 음성을 더욱 명쾌하게 인식할 수 있도록 하고 기계학습을 통해 정확한 정보 전달을 가능하게 하고자 하였다.

IoT — IoT데이터를 통한 다양한 서비스 제공 #실시간정보수집 #데이터체계구축 LG CNS

인피오티 INFioT는 'Infinite(무한한)'와 'IoT(사물인터넷)'의 합성어로, 무한한 가능성과 기술로 산업의 미래가치를 고도화하는 IoT 플랫폼을 뜻한다. 인피오티는 수많은 IoT기기로 측정되는 방대한 데이터를 실시간 수집하고, 유형별 데이터를 한 번에 표준화해서 저장해 다양한 IoT 서비스를 제공할 수 있도록 지원하고 있다.

IoT — 스마트자판기 도입 | 코카콜라
#실시간정보제공 #성향분석 #구매패턴분석 (해외)

코카콜라는 프리스타일 음료자판기를 도입, 약 147가지 맛의 음료를 소비자 취향대로 혼합하여 마실 수 있는 스마트 자판기를 개발하였다. 앱을 이용하여 미리 원하는 맛을 선택한 후 QR코드를 발급, 자판기에서 인식을 통해 음료를 제조하여 제공한다. 자판기마다 무선 인터넷 칩을 탑재하여 음료 소비량, 시간대별 판매량 통계, 인기 음료의 정보를 실시간으로 전송하여 특정 지역의 인기 음료나 첨가물 종류를 파악할 수 있어 지역적 취향을 고려한 음료 개발 및 마케팅 전략 수립에 반영한다.

관련정보   KISA, IT 업계의 사물인터넷 데이터 활용 동향

IoT — 공사현장 환경모니터링 지원 솔루션 | 미국 디컨스트럭션
#실시간모니터링 #설비기기제어 #원가절감 (해외)

공사현장의 온도, 습도, 소음 등을 실시간으로 수집할 수 있는 센서를 통해 데이터를 수집하여 실시간으로 분석할 수 있는 모니터링 시스템을 개발, 주변지역의 체감 소음 등 진동정보를 예측해 일정수준에 다다르면 경보를 울리는 서비스를 제공하고 있다.

관련정보   KISA, IT 업계의 사물인터넷 데이터 활용 동향

IoT, 통신 — 실시간 모니터링을 통해 철도 시스템 관리 | 독일 DB 시스텔
#원격제어 #실시간모니터링 #빅데이터플랫폼구축 #잠재위험파악 (해외)

독일 DB Systel은 독일 철도청 도이치 반(Deutsche Bahn/DB Systel GmbH)의 정보통신서비스 제공 업체로 IT 및 통신 인프라 개발 프로젝트를 통해 기관차에 IoT 센서를 부착, 데이터를 확보하고 기관차 유지/보수에 필요한 온라인 진단 데이터 시스템 및 그와 관련된 인프라를 구축하였다. 해당 데이터 분석을 통해 기관차 원격 진단 체계 수립, 사고 재발 방지, 잠재적 사고 예방 및 대비를 통해 위험을 사전 예방하는데에 기여하였다.

관련정보   홈페이지: https://www.dbsystel.de/dbsystel

SW	#맞춤형상품추천
O2O서비스 제공	**홈스토리생활**

홈스토리생활은 빅데이터 기반으로 O2O 서비스를 제공하고 로그 데이터 처리 및 분석을 통해 추천 시스템을 구축하였다. 대표적인 앱으로 대리주부 등 가사도우미 연계형 플랫폼을 운영한다. 대리주부는 앱을 통해 고객이 서비스를 요청하면 구직자의 견적가격을 제시하여 선택할 수 있는 경쟁 입찰 서비스를 적용하였다.

관련정보	㈜홈스토리생활 생활밀착형 O2O플랫폼 대리주부 VC로부터 투자유치, 매일경제, 2015.09.14 참고사이트: http://abrc.or.kr/?attachment_id=1455

해외

SW	#신상품개발 #실시간모니터링
소프트웨어 산업을 변화시키는 빅데이터	**오토데스크**

가. 배경 및 목적

오토데스크는 캐드 소프트웨어에 초점을 맞춘 미국의 소프트웨어 배급사다. 오토데스크는 캐드뿐만 아니라 서비스형 소프트웨어(SaaS)를 제공하기 시작했고, 이 거대 소프트웨어를 발전시키기 위해서는 고객이 제품을 어떻게 사용하는지를 모니터링할 수 있는 빅데이터에 대한 접근이 필요하게 되었다.

나. 상세 내용

오토데스크는 SaaS 제품이 클라우드에 호스팅 됨에 따라 사용자들이 자사의 제품과 어떻게 상호작용 하는지 파악할 수 있게 되었다. 서비스 접속에 소요되는 시간, 자주 사용되는 기능, 무시되는 기능 등에 대한 정확한 내용을 분석하여 그들의 제품이 언제, 어떻게, 왜 사용되는지에 대한 인사이트를 얻게 되었다. 분석 결과를 토대로 고객들에게 유용하지 못한 기능은 축소하거나 삭제하고, 자주 사용하는 기능은 향상하는 방향으로 시스템을 업데이트했다. 이는 사용자 지향적인 소프트웨어 개발을 가능하게 하였다.

해외

SW	#플랫폼개발
우버 운송사업을 가능하게 하는 빅데이터	**우버**

우버는 이동수단이 필요한 고객과 그들을 태워줄 수 있는 택시를 연결해주는 택시 예약 서비스다. 우버의 비즈니스 모델은 차를 가지고 있는 누군가와 차를 필요로 하는 누군가를 연결해주는 공유 플랫폼으로, 클라우드 소싱의 원리에 바탕을 두고 있다. 우버는 사용자의 탑승 및 운전자의 운행 데이

터를 모니터링하여 둘 간의 연결을 돕고, 가격을 책정한다. 또한 교통상황과 운행시간을 실시간으로 업데이트하는 알고리즘으로 교통상황과 고객의 수요에 따라 요금을 조정할 수 있다. 이것은 '서지 프라이싱'이라는 빅데이터 기반의 가격책정시스템으로 고객의 실시간 수요를 측정하기 위해 예측 모델을 사용한다. 우버의 데이터를 이용해 동일한 시간에 동일한 곳에 가는 사람이 있다면 함께 탑승할 수 있도록 도와주는 '우버풀(Uber Pool)' 서비스도 추진하고 있다.

해외

SW　　　　　　　　　　　　　　　　　　　　#플랫폼개발　#서비스품질개선

기업에 빅데이터 분석 도구를 쥐어주다　　　마이크로소프트

가. 개발 배경 및 목적

마이크로소프트는 각종 기업에서 나날이 쌓이고 있는 빅데이터를 적절하게 활용할 수 있도록 돕기 위해 서비스형 데이터(DaaS, Data as a servicee) 인프라를 공급했다. 이를 위해 2010년 클라우드 컴퓨팅 플랫폼인 MS 애저(Azure)를 출시한 후 지속적으로 서비스를 고도화해 가고 있다.

나. 빅데이터 활용

마이크로소프트의 애저는 사물인터넷, 데이터 관리, 기계학습, 스토리지 서비스, SQL, Web API 등을 가능하게 하는 클라우드 컴퓨팅 플랫폼이다. 애저 서비스 중 하나인 Azure HDInsight를 통해서 사용자는 하둡, 스파크, 아파치 카프카 등의 오픈 소스 프레임워크와 데이터 웨어하우징, 머신 러닝 등을 구현하여 사업에 적용할 수 있다. 구체적인 예로 SSG닷컴은 2018년에 애저에서 제공하는 다양한 플랫폼 기술을 이용하여 인공지능 챗봇 서비스를 구축하여 24시간 고객 응대 서비스를 실현했다. 또한 마이크로소프트는 2017년 3월에 한국 데이터 센터를 건립하였고, 이후 애저의 매출이 전년 대비 320%나 성장하였다.

SW　　　　　　　　　　　　　　　　　　　　　　　　　#맞춤형 추천시스템

맞춤형 마케팅를 위한 IT인프라 구축　　　코오롱베니트, 교보생명

오픈소스 기반으로 플랫폼을 구축해 도입비용을 크게 절감시킨 동시에, 기존 업무시스템과 연계한 아키텍처 구성을 통해 모든 데이터를 실시간으로 수집, 처리, 저장, 관리할 수 있도록 한다. '빅데이터 IT 인프라' 구축으로 고객 통합분석의 기반을 마련했다. 방대한 빅데이터 분석을 통해 고객 맞춤형 마케팅을 강화하고, 다양한 고객의 니즈에 대응할 수 있게 되었다.

관련정보　코오롱베니트, 교보생명 빅데이터 인프라 구축, 지디넷코리아, 2018.05.13

SW #판매량예측 #물류비절감

최신 IT기술을 접목한 첼로스퀘어3.0　　　　삼성 SDS

삼성SDS에서 개발한 첼로 스퀘어3.0은 블록체인, AI, 빅데이터 등 최신 IT기술을 접목한 서비스이다. e-커머스 공략을 위하여 출시된 이번 서비스의 강점은 블록체인의 불변성을 이용해 원산지 증명에 힘을 실어줄 수 있다는 점과, AI 머신러닝을 이용해 특정 수요 정보 및 물류비 발생 패턴을 분석해 판매량 예측과 물류비 절감을 가능하게 한다는 점이다.

`관련정보` 삼성SDS, 글로벌 e커머스 공략 위한 첼로스퀘어 3.0 서비스 시작, 조선비즈, 2018.06.20

 SW #정보제공, #맞춤형상품추천

웹소설 작가들의 작품 등록 및 판매 플랫폼　　　　KT

'블라이스'는 웹소설 작가들이 사이트에 자신의 작품을 올리고 등록해 판매하는 플랫폼으로 KT는 적합한 콘텐츠 추천을 위해 빅데이터 기반 추천 시스템을 적용하였다. 장르, 태그 같은 작품의 기본 정보와 작품에 사용된 텍스트로 취향을 분석해 독자에게 추천해주는 방식을 적용하였다. 블록체인 기술이 도입돼 작품 데이터베이스나 구매내역 같은 주요 정보가 보호된다.

`관련정보` KT, 블록체인 가미된 웹소설 플랫폼 출시, 지디넷코리아, 2018.07.03

해외

 SW #플랫폼개발

소셜 미디어 성공의 중심에 빅데이터를 두다　　　　링크드인

가. 개발 배경 및 목적

링크드인은 인스타그램 등의 소셜 미디어와는 다르게 특정 업계 종사자들이 구인 및 구직정보, 동종 업계 사람의 정보 등을 파악할 수 있게 그들을 연결하는 세계 최대의 비즈니스 전문 네트워크이다. 링크드인은 사이트 운영 및 의사결정의 중심에 빅데이터를 두고 소셜 네트워크 사이의 경쟁에서 살아남고, 고객에게 최상의 서비스를 제공하고 있다.

나. 빅데이터 활용

링크드인은 사용자의 동의하에 얻은 개인 정보, 이메일 주소와 '좋아요'를 표시한 데이터, 클릭한 게시물, 주고받은 메시지 등에 이르는 다양한 빅데이터를 활용한다. 링크드인도 다른 소셜 네트워크와 마찬가지로 '당신이 알 수도 있는 사람'의 목록을 제안하기 위해 사용자의 주소록, 이메일 목록, 인맥 공유, 근무했던 회사 목록 등의 데이터를 이용한다. 여기에 기계 학습을 적용하여 사용자에게 제공되는 제안을 지속해서 업데이트한다. 예를 들어 특정 고객에게 A 회사 사람과 B 회사 사람에 대한 친구 추천 제안을 하였는데, 해당 고객이 A 회사 사람에 대한 제안만 수락한다면 링크드인은 앞으로 A 회사 사람을 더 높은 우선순위에 두고 제안을 할 것이다. 링크드인의 사용자들은 자신의 프로필을 확인한 사람들이 누구인지를 확인 가능하여 구체적으로 몇 명이, 얼마나 최근에 당신의 프로필을 클릭했는지 알 수 있고, 그 사람이 종사하고 있는 산업분야, 어떤 키워드로 당신을 검색했는지 등의 정보까지도 파악할 수 있다. 또한 링크드인은 사람들이 광고를 클릭한 이유와 클릭하지 않은 이유를 분석하여 제작자들에게 피드백하고, 고객의 취향을 저격하는 광고를 만들 수 있도록 돕는다.

 SW

#맞춤형상품추천 #실시간정보제공

실시간, 맞춤형 서비스 SK플래닛

SK플래닛은 빅데이터기반으로 사용자에게 맞춤형 서비스를 제공하는 추천 플랫폼인 '레코픽'을 개발하여 운영중이다. 실시간으로 사용자의 최근 로그 시간을 분석해 이용자의 관심분야를 제공하고 지속적인 데이터 축적으로 추천 정확도를 높이고 있다.

관련정보 참고사이트: www.recopick.com
참고기사: SK플래닛, 빅데이터 기반 실시간 개인화 추천 서비스 선보여, 파이낸셜뉴스, 2014.08.19

 기술

#자연어처리

자연어처리의 새로운 방향 제시 연세대

연세대 정보대학원은 자연어의 분석을 위해 비정형 빅데이터를 수집하고 분석하여 한글 처리 연구를 진행한다. 즉, 자연어처리로 컴퓨터가 언어의 형태를 분석하고 의미를 파악하는 과정을 통해 단어의 성격을 판별하게하는 시스템을 개발하였다. 예를 들면 어둡다는 단어를 대중의 평가 등 집단지성에 의해 단어의 성격을 구분하고 향후 자연어 처리의 새로운 방향을 제시하고자 하는 것을 목표로 하고 진행하고 있다.

관련정보 참고사이트: www.openhangul.com
참고: 한글 감성사전 오픈으로 빅데이터 연구에 기여, 이데일리, 2014.10.08

 기술

#이상동향감지 #개인정보보호 #해킹보호

빅데이터 보안시대 보메트릭

보메트릭은 빅데이터 보안 솔루션인 암호 모듈인증(KCMVP)를 획득하였다. KCMVP는 해외업체가 국내 정부 혹은 공공기관에 제품을 공급하기 위해 필수로 획득해야 하는 절차로 이를 통해 홈페이지 트래픽과 관련된 빅데이터를 수집하여 이상 동향을 감지하고 미리 해킹의 위협으로부터 예방할 수 있는 시스템을 개발하였다.

 해킹 막는 빅데이터 보안 뜬다, 매일경제, 2014.08.14

기술   #교육지원
온라인 상거래 소기업의 분석 체계 마련   네이버

'D-커머스 프로그램'은 온라인 상거래 소기업이 업종과 거래액과 소비자 정보(지역·성별·연령대) 등 다양한 빅데이터를 분석해 체계화할 수 있도록 돕기 위해 마련되었다. 네이버는 월 거래액 200만원 미만의 사업자를 대상으로 안팅성을 확보할 수 있도록 로드맵을 제공하는 교육 프로그램(캠퍼스)을 통해 프로그램 및 컨설팅을 지원할 계획이다.

기술   #서비스개발 #암호화
민감데이터의 암호화 서비스   이웨이파트너스

이웨이파트너즈는 미국 데이타가이즈와 총판 계약을 체결하여 데이터 보안 솔루션인 DgSecure의 공급을 개시하였다. 이를 통해 기업 혹은 클라우드 사용자들을 대상으로 빅데이터(Hadoop), RDBMS, DW, 일반 파일 등의 여러 형태의 데이터 저장소(Data Repository)에서 민감 데이터(Sensitive Data)를 자동으로 찾아내 암호화하는 서비스를 제공할 계획이다.

 참고사이트: www.ewaypartenrs.com / www.dataguise.co.kr
참고: 이웨이파트너스 빅데이터 보안 솔루션DgSecure 공급, 디지털데일리, 2018.04.23

해외

기술   #서비스개발 #데이터통합시스템
위치정보데이터를 통해 재난 시 사람 찾기   구글

People Finder는 수많은 사람들이 전국 곳곳에서 재결합하고 재연결되도록 돕는다. 위치기반 정보를 기반으로 한 데이터베이스를 통해 수백만 개의 레코드를 이용하여 탐색하고 또한 이름, 나이, 주소 및 전화 번호와 같은 여러 가지 세부 정보를 기반으로 사람들을 쉽게 찾을 수 있게 구성되어 있다. People Finder의 데이터베이스는 사용자가 선택한 모든 사람에 대한 정보를 제공하며, 이는 네팔과 칠레 대지진에서 실효성을 입증하였다.

 홈페이지 : https://www.peoplefinder.com/

기술, IOT #텍스트분석 #성능개선

한글분석 및 IoT 적용

NIA

기존 오픈소스기반 자연어분석패키지인 KoNLP(세종사전)의 단어 수 및 신조어에 대한 업데이트가 부족한 현실을 보완하기 위해 한국정보화진흥원(NIA)은 형태소 사전을 제작하여 무료로 개방한다. 한글 분석의 핵심요소인 형태소 사전을 활성화해 텍스트 분석 및 활용의 촉진에 기여하여 사물인터넷서비스 개발시 한글인식 성능 개선에 기여 할 것을 기대하고 있다.

관련정보 NIA, 빅데이터 서비스 개발 위한 형태소 사전 제작 개방, 전자신문, 2017.02.21

기술, ICT, 통신 #맞춤형거래플랫폼 #가상화폐 #블록체인

코인원, 국내 최초로 가상화폐 '데이터' 상장

코인원

가상화폐 거래소 코인원은 블록체인 기반 데이터 플랫폼인 스트리머(Streamer)에서 사용하는 토큰인 데이터(DATA)를 국내 최초로 상장했다. 데이터는 스트리머 플랫폼에서 발생하는 데이터를 사고파는데 사용되는 토큰이다. 스트리머 플랫폼은 이더리움 블록체인상에서 스마트 컨트랙트 개발자가 손쉽게 데이터를 활용할 수 있는 기능을 제공하는 것이 특징이다. 스트리머 플랫폼은 크게 4가지의 개별 기능으로 구성돼 있다. 탈중앙화 앱 개발 능력과 관계없이 누구나 데이터를 활용한 컨트랙트를 제작하고 배포할 수 있는 '스트리머 에디터', 정제되지 않은 데이터를 사용 가능한 형태의 정보로 가공하는 '스트리머 엔진', 다양한 카테고리에서 생성된 데이터를 사고팔 수 있는 '스트리머 데이터 마켓', 데이터 스트림을 형성하고 해당 스트림을 구독하는 사용자들에게 전송하는 '스트리머 네트워크'다. 데이터는 이 스트리머 플랫폼에서 발생하는 데이터를 사고파는데 사용될 예정이다.

관련정보 코인원, 국내 최초로 가상화폐 데이터 상장, 한국경제, 2018.06.22

기술, SW #성향분석 #맞춤형상품추천

개인별 성향을 이십만 종족으로 분류하는 알고리즘 개발

골드링크

개인의 의사결정에는 성별, 국가, 문화, 학력, 나이 등 다양한 요소가 영향을 준다. 따라서 우리는 저마다 다른 성향을 가지고 있는데 개인의 성향을 올바르게 분석한다면 비즈니스의 위험은 줄이고 효율은 높일 수 있을 것이다. 이를 위해 온라인 플랫폼 골드링크(goldlink)는 의사결정 체계에 따라 개인의 성향을 분석 및 예측할 수 있는 빅데이터 시스템 'DECA(Decision Energy Classification Algorithm)'를 개발했다. 골드링크는 DECA를 이용해서 개인별 성향을 총 216,000개로 세분화했다. 이 시스템은 일

론 머스크, 빌 게이츠, 손정의 회장 등 세계의 유명 기업인 및 정치인들의 뇌 구조 분석을 통해 개발되었다. DECA는 개인 자신과 타인에 대한 성향과 관계망에 대한 통찰력과 예측력을 높일 것이다.

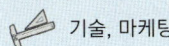 기술, 마케팅   #고객관리 #맞춤형상품추천

소상공인, 빅데이터로 고객의 취향을 찾다 — 엣시 (해외)

가. 배경 및 목적

엣시(Etsy)는 전 세계에 있는 소비자와 핸드메이드 혹은 빈티지 제품의 판매자를 잇는 온라인 마켓플레이스다. 일반 공산품이 아닌 독특한 상품을 주로 취급하기 때문에 빅데이터 분석을 활용하여 고객의 취향을 깊이 파악하고, 맞춤형 추천을 제공하고자 한다.

나. 상세 내용

고객들이 사이트에서 클릭하고 검색된 모든 내용을 모니터링하여 어떤 행동이 구매로 연결되며, 어떤 이유로 고객이 원하는 상품이 발견되지 못하는지 등을 분석한다. 또한 사용자들의 행동패턴을 실시간으로 파악하여 맞춤형 추천 및 실시간 검색 결과를 제공한다. 엣시는 소수의 사람들만이 즐겨찾기 버튼을 사용하며, 이 사람들은 사이트에 가입할 가능성이 높다는 인사이트를 데이터 분석을 통해 발견하여 즐겨찾기 버튼을 눈에 띄게 수정한 결과 회원 가입 숫자가 증가하였다. 또한 사기 방지를 위해 사이트에서 매일 발생하는 수천건의 거래내역을 스캔하고 부정한 활동을 발견하기 위해 빅데이터 분석을 활용하였다.

 통신   #소비패턴분석 #맞춤형상품추천

맞춤형 요금제 제시 — SKT, KT, LGU+

이동통신업체들이 이용자의 데이터로밍 유형과 관련된 통신 빅데이터를 분석하여 결과를 반영해 요금제를 설계해 주고 차별화된 로밍 요금제 서비스를 제시한다. 이를 통해 SKT, KT, LGU+는 최종적으로 국내 요금제와 비슷한 수준의 가격 및 혜택을 제공하고자 하였다.

`관련정보` 이통사 해외 로밍 요금제 경쟁 빅데이터로 차별화, 파이낸셜뉴스, 2018.02.02

| 통신 | #통화품질개선 #이용패턴분석 #신상품개발 |

통신 품질개선 및 사업확대   SK텔레콤

SK텔레콤은 빅데이터 기반으로 고객 품질인지 혁신 프로그램을 도입하여 고객이 사용하는 데이터의 종류에 따라 콘텐츠의 시간, 장소, 이용 패턴을 분석하여 데이터의 속도 및 품질을 개선하였다. 그리고 고객 이용 패턴에 맞춰 단말기와 요금제를 쉽게 선택할 수 있는 서비스를 제공하고자 한다.

[관련정보] SK텔레콤, 빅데이터 활용 '품질인지 채널' 만든다 보조금 지양, 이데일리, 2014.09.22

| 통신 | #고객세분화 #타겟마케팅 #플랫폼개발 |

모바일 네트워크 데이터로 대중을 프로파일링하다   스프린트

가. 배경 및 목적

6,000만 명 이상의 고객을 보유하고 있는 미국의 4대 메이저 통신사 중 하나인 스프린트는 방대한 고객 정보를 분석하고 고객을 세분화하기 위해 빅데이터 분석을 활용했다.

나. 활용 데이터

고객의 위치 정보, 행동 데이터, 인구통계학적인 데이터

다. 상세 내용

스프린트는 핀사이트 미디어라는 자회사를 설립한 뒤 데이터 관리 플랫폼(DMP)이라 불리는 툴을 개발했다. 이 툴을 이용해 고객 정보를 분석하여 소비자 행동에 대한 프로필을 만들었고, 이는 더 정확한 타깃 고객을 광고주에게 제공할 수 있게 해주었다. 이로인해 고객이 관심있어 할 만한 광고를 노출할 기회를 늘릴 수 있었다. 또한 날씨 앱, 스포츠 앱, 소셜 미디어 공유를 위한 서비스인 어플리케이션 '레딧'을 개발했다. 이는 스프린트의 사용자 데이터로 인증되어 사용자의 광고 타깃 정보와 연결되므로 더욱 많은 데이터를 수집하게 해준다.

| 통신 | #시스템개발 #니즈분석 #경영효율화 |

GPS와 센서 데이터 분석으로 최적의 버스운영   이글버스㈜

주식회사 이글버스는 위성 신호와 센서 정보를 기반으로 버스운영관리 시스템을 구축하였다. 차량에 부착된 GPS와 센서기로부터 버스 위치, 승차 인원 정보, 버스정류장 별 평균 승차 인원, 버스 지연 시

간 등의 데이터를 수집하고 분석하여 버스 운행의 효율을 높이고 고객의 요구사항을 파악하여 수익성 제고 방안을 마련할 수 있게 되었다.

통신, 기술 #정보제공 #고객관리 #의사결정지원

세계 최대의 정보수집회사, 액시엄   액시엄

해외

가. 배경 및 목적

액시엄은 우리가 상상할 수 없을 정도로 많은 고객 데이터를 수집하는 정보 아웃소싱 업체이다. 이 회사는 1969년에 미국 지역 민주당의 유권자 공략 전략 수립을 위해 정보를 수집하던 것에서 시작했다. 현재는 자신들이 수집한 정보를 다른 기업에 제공하고, 다른 기업의 데이터를 자사의 데이터뱅크에서 관리 및 비즈니스 컨설팅 등을 주 사업으로 하고 있다.

나. 빅데이터 활용

액시엄은 전 세계 약 7억 명에 이르는 소비자에 관한 정보를 그것도 약 1,500개의 항목별로 보유하고 있다. 신용기관 등에서 수집한 데이터를 나이, 취향, 정치적 성향, 구매 행태, 교육 수준 등의 수많은 정보로 세분화해서 기업에 제공한다. 이를 통해 기업광고가 소비자의 취향과 요구를 잘 겨냥했는지에 대해 자문해준다. 기업의 입장에서는 액시엄의 데이터로 매우 가치가 있다. 이렇게 방대한 데이터를 활용해 액시엄은 911테러가 발생한 당시 미국 당국과 협조해 19명의 테러범 용의자 중 11명의 신원 정보를 제공한 적이 있으며, 오바마 전 미국 대통령은 액시엄의 데이터를 활용해 유권자 공략에 성공을 거두었다.

통신, 기술 #타겟마케팅 #맞춤형상품추천

고객의 성향을 파악하다   페이스북

해외

가. 배경 및 목적

페이스북 내에서 네트워크를 맺고 정보를 공유하는 수많은 사람 속에서 데이터 분석을 통해 고객의 성향을 파악하고, 광고주들의 타겟 고객층을 찾고자 하였다.

나. 활용 데이터

페이스북 사용자들이 업로드하는 250만 개의 콘텐츠, 페이스북 자체 데이터베이스

다. 상세 내용

페이스북 이용 고객에 관한 인구 통계학적 데이터를 이용해 유사한 성향을 보이는 고객군을 발견하여

광고주들의 타겟 고객층으로 활용한다. 예를 들어, 특정 출판사는 그들의 책과 유사한 책을 읽은 다른 고객에게 자신의 책을 광고할 수 있다. 또한 페이스북은 소프트웨어를 교환하는 플랫폼으로 사용되어 지금까지 페이스북을 위해서 50만 개 이상의 앱이 만들어졌다. 이렇게 사용자에 대한 빅데이터를 활용한 전략으로 페이스북은 2014년에 미국의 온라인 광고 시장의 24%를 차지했고, 53억 달러의 광고수익을 얻었다. 2018년 1분기에는 약 107억 달러의 광고수익을 달성했으며 전년 대비 50% 증가하였다.

 플랫폼, 안전　　　　　　　　　　　　　　　　　#데이터체계구축　#환경오염예측

유동인구 밀집지역의 공기질 파악을 통한 공기질 개선 생태계 구축　　KT

서울 및 6대 광역시 1,500개소에 공기 질 관측망 구축하여 빅데이터 분석을 실시하였다. 유동인구 밀집 지역을 비롯해 어린이나 노인이 많은 취약지역, 유해시설 근처 등에 측정소를 설치한 후 '에어맵 플랫폼'을 활용해 실시간으로 공기질 데이터를 수집, 분석한다. 이 플랫폼은 측정 장비를 통해 1분 단위로 미세먼지를 비롯해 초미세먼지, 온도, 습도, 소음 데이터를 업데이트하여 플랫폼을 오픈 API로 공개해 공기질 개선 생태계를 구축할 방침이다.

 해외

 기타　　　　　　　　　　　　　　　　　　　　　　　#구매패턴분석

온라인 고객의 패턴파악으로 광고 성공률 제고　　마이크로애드

마이크로애드는 온라인 광고의 효율성 제고를 위한 플랫폼을 운영하고 있다. 광고주 입장에서 각 채널별로 비용대비효과를 판단할 수 있는 DSP(Demand-Side Platform) 인터넷 광고 서비스를 제공하였다. 이를 통해 온라인 방문자 ID 및 행동이력을 수집/분석하여 광고사가 광고 채널을 선별적으로 분류하여 이용할 수 있게 되었다.

빅데이터 활용사례

공공 금융 농축수산 문화관광 에너지 유통 의료 제조 IT 기타

10 / 기타

건설　　　　　　　　　　　　　　　#트렌드분석　#신상품개발

'스마트 건설'로 짓는 '스마트 홈'　　　　　　　대우건설

대우건설은 건설현장에서의 안전을 위한 '스마트건설'을 선도하고 있으며, 건설을 통해 입주민의 편리를 위한 '스마트홈'을 짓는다. 대우건설의 '대우 스마트건설(DSC) 기술'은 IoT 센서를 기반으로, ICT 기술을 활용해 건설 현장 내 모든 장비와 근로자, 시공 과정을 유기적으로 통합 관리하는 기술이다. 이는 건설 현장의 구조물 뿐만 아니라 근로자들까지 유기적으로 관리할 수 있기 때문에, 사고 발생 시 즉각적인 대응이 가능하게 되며, 사고 재해 또한 줄일 수 있게 된다. 이런 건설로 짓는 '스마트홈'은 AI 음성인식과 IoT기술을 접목하여, 음성이나 스마트폰(스피커와 연동된 앱을 통해)에서도 음성으로 홈 IoT 기능을 이용할 수 있을 것이다.

`관련정보` 대우건설, 스마트홈부터 건설현장 스마트건설까지... 2018년 7월 빅데이터 분석결과 3위 차지, 한국평판신문, 2018.07.25

 건설　　　　　　　　　　　　해외　#위험사전예측　#실시간모니터링

건설현장 모니터링　　　　　　　　　　　　　호주 시냅터

호주의 위험 분석업체인 시냅터는 건설현장에서 기존의 사고기록, 작업 관련 텍스트 데이터, CCTV 영상 데이터, 위험 요소 위치 GIS 데이터 등을 수집하여, 안전 예방을 목적으로 분석을 진행하는 곳이다. 건설 현장에서의 다양한 데이터들을 실시간으로 수집·분석하여, 깊은 구덩이나 안전장비 미착용 작업원 등의 다양한 위험 요소를 분석·파악될 때마다 경고하는 시스템을 갖추고 있다.

`관련정보` 사고예방부터 노후감지까지 건설분야 빅데이터 사례 4선, 조선일보, 2014.08.18

 건설　　　　　　　　　　　　해외　#원격제어　#설비기기제어

건설기기 원격관리　　　　　　　　　　　　　일본 고마쓰

일본의 건설기계업체인 '고마쓰'에서는 '컴트랙스'라는 원격관리시스템을 사용하고 있다. 해당 시스템은 건설기계를 원격 관리할 수 있는 시스템으로, 기계별 위치와 가동상태, 도난 여부를 추적할 수 있다. 이 시스템이 장착된 30만여대의 장비가 약 70개의 국가에서 사용되고 있기 때문에, 특정 지역에서의 가동률을 분석하여, 해당 지역의 건설경기를 대해 파악하는 지표로 활용할 수도 있게 되었다.

`관련정보` 사고예방부터 노후감지까지 건설분야 빅데이터 사례 4선, 조선일보, 2014.08.18

건설	#위험사전예측
레미콘차량 유지관리	**삼표**

삼표 IT부문에서 레미콘차량에 디지털운행기록계를 장착하고 데이터를 수집한다. 디지털운행기록계란 운전자의 운전습관에 해당하는 공회전, 급제동 같은 상황을 실시간으로 분석하여 데이터를 저장하는 장치다. 이를 통해 급발진, 급정거 등을 방지하여 공사현장을 보다 안전하게 만들고자 했다. 추가적으로 해당 디지털운행기록계 분석 프로그램은 차량의 유지관리와 운행 평가에 객관적 자료로 사용될 수도 있다.

`관련정보` 삼표 IT부문, 레미콘 차량 디지털운행기록계 도입 빅데이터활용, 이코노믹리뷰, 2015.04.15

과학	해외 #입자연구 #물리학연구
우주의 비밀을 풀다	**유럽입자물리학연구소**

가. 배경 및 목적

유럽입자물리학 연구소(CERN)는 거대강입자가속기(LHC)를 가동하는 국제과학연구기관이다. 이 CERN의 연구 분야 중 하나인 '미립자 방출'은 거대강입자가속기 안에서 관찰되는 충돌의 결과로 발생하는 아원자 파편들 속에서, 조건이 매우 정확하게 충족될 때에만 발생하는 현상이다. 그렇기 때문에 CERN 연구진들은 원하는 미립자 방출의 결과를 발견하기 위해, 매초 일어나는 수억 번의 충돌을 빠짐없이 관찰하고 기록해야만 한다. 결국 CERN에서는 이러한 모든 과정에서 생성되는 방대한 양의 데이터를 놓치지않고, 정확하게 측정하고, 분석하기 위해서 빅데이터 분석을 활용하기로 했다.

나. 상세 내용

데이터는 입자 가속기 내부의 센서에 의해 수집되는데, 이 때의 센서는 빛을 감지하므로 본질적으로 매우 빠른 속도에서 100메가 픽셀의 해상도로 영상 데이터를 포착할 수 있다. 이 데이터는 CERN이 발견하고자 하는 특수한 미립자들의 유무에 따라 발생되는 에너지 패턴의 노출을 잡아낼 수 있도록 고안된 특수한 알고리즘에 의해 즉시 분석된다. 그리고 이 알고리즘은 생성된 이미지와 대상 입자들이 반응할 것이라 예상되는 데이터를 비교한다. 만약 비교 분석을 진행한 두 데이터가 일치한다면, 센서가 대상 입자를 발견했다고 할 수 있는 것이다.

다. 적용 결과

2013년에 CERN은 힉스 입자의 존재를 관찰하고 기록했다고 발표했다. 힉스 입자의 존재는 수십 년 전부터 이론화되어 왔지만 기술의 한계로 입증할 수 없었다. 빅데이터 분석으로 인해 힉스 입자의 존재를 입증하게 되었다는 것은, 그 자체만으로 우주의 기본 구조에 대한 상당한 통찰력을 가져다주었다.

라. 한계 및 해결방안

강압가속기는 매우 방대한 양의 데이터를 짧은 시간만에 수집하지만, 아직 이러한 빅데이터를 즉시 분석할만한 연산 지원 및 컴퓨팅 능력을 찾기란 사실상 불가능이었다. 이러한 한계를 해결하기 위해 CERN은 분산 컴퓨팅 환경을 이용했다. 즉, 35개국 170개의 컴퓨터 센터를 포함하고 있는 거대강입자가속기 분산 컴퓨터 전산망을 만들어 컴퓨터 처리능력을 병렬적을 분산시켜 많은 양의 데이터 처리에 활용했다.

`관련정보` 버나드 마, 학고재, 빅데이터 4차 산업혁명의 언어, p.23-28

 교육　　　　　　　　　　　　　　　　　　　　　　　　　　#서비스개발

빅데이터 활용하여 교육에 적용　　　　　프린지존

프린지존의 '팀플(timple)' 서비스는 플립러닝을 위한 대표적인 온라인 플랫폼이었다. 그런데 최근 팀프로젝트 기반의 참여형 수업이 교육계 이슈로 대두된 만큼, 한층 더 업그레이드 된 학생 참여형 수업관리 서비스인 '팀플러스(timplus)'를 출시하게 되었다. 해당 서비스는 디지털(e-learning) 콘텐츠를 활용한 팀 기반 프로젝트 수업관리 및 학습 데이터의 시각화로, 온라인 과제 관리는 물론 이를 통한 오프라인 수업의 'work flow'까지 제공한다.

`관련정보` 팀프로젝트 학생 참여형 수업이 쉬워진다 프린지존 팀플러스 출시, 국민일보, 2017.03.15
　　　　　 4차 산업혁명 시대 학생 참여형 학습 플랫폼 팀플러스로 미래를 준비하다, 위클리피플, 2018.07.27

 부동산, SW　　　　　　　　　　　　　　　　#신상품개발 #시세분석및예측

로빅, 비정형 부동산 데이터의 가치 평가 시스템　　케이앤컴퍼니

가. 배경 및 목적

케이앤컴퍼니에서는 다세대 주택 부동산 시장에서 구매자와 판매자간의 정보 부족과 비대칭으로 인하여 주택 담보대출 또는 매매 등 실거래의 불편함이 빈번히 발생함을 인식하고, 부동산 거래에서 보다 정확한 기준 시세 데이터를 적용하면 부동산의 환금성과 유동성이 활성화 될 것으로 판단하였다. 즉, 부동산과 관련한 분명한 데이터가 없는 불리한 구조였음을 발견하고, 연립·다세대 주택의 기준 시세정보를 제공하기 위해 웹·앱 기반의 로빅의 부동산 정보 서비스를 개발하기로 했다.

나. 활용 방법

하나의 주소지에 다양한 부동산 정보가 담겨있기 때문에, 기준 시세 정보를 정확하게 산정하기 위해서 40여 곳의 민간/공공기관들로부터 데이터를 확보하고 필요한 정보를 추출해 로빅 서비스에 적용하였다. 해당 지역의 주변 시설 등과 관련한 데이터를 모두 수집하여, 공공분야 뿐만 아니라 특정 지역의 부동산 시세 정보까지 확보하였다. 예를 들면, 학교, 유치원, 학원 등 주변 정보를 수집하는데, 그 이유는 국내 주택 시세는 교육기관 및 시설 정보가 매우 중요한 요소로 작용하고 있는 것이라 할 수 있다.

다. 적용 결과

과거 부동산 공공데이터를 일일이 조회하고 한 건의 부동산 평가에 소요되는 시간이 3시간이었다면, 이제는 0.15초 만에 분석할 수 있게 되었다. 이를 통해 신한금융지주 등으로부터 투자유치, 부산은행 등에 기준시세데이터를 공급하고, 연립/다세대 주택의 부동산 정보 서비스 제공 및 데이터 스토어를 통해 부동산 데이터를 제공하고 있다.

다. 상품 유통 방식

데이터스토어, B2B거래, 자체 사이트(로빅, LOBIG)

 www.lobig.co.kr

---

인사 　　　　　　　　　　　　　　　　　　　　#인사채용　#시스템개발

빅데이터로 신입채용　　　　　　　　　　　　　　롯데그룹

롯데그룹은 백화점 등 6개 계열사에서 AI 평가 시스템을 직원 채용에 도입한다. AI를 통해 지원자들이 조직과 직무에 적합한 우수 인재인지 빠르고 정확하게 판별할 수 있을 뿐만 아니라, 자기소개서 표절 여부까지 가려낼 수 있다. 해당 AI 평가 시스템은 1차 서류 전형에서 지원자가 제출한 자기소개서와 각 계열사에서 업무 성취도가 탁월한 인재에서 공통적으로 나타나는 자질을 비교 분석한 뒤, 그룹의 인재상에 대한 부합도와 직무 적합도를 판단한다. 이는 열정과 책임감, 창의성, 사회성, 고객 중심 사고 등 우수 인재의 요소와 비율을 지원자의 성장 과정과 지원 동기, 사회 활동, 직무 경험, 입사 후 포부 등과 일일이 매칭시키면서 점수화하는 과정으로 진행되는 것이다. 또한, 온라인에 떠도는 모범 자소서, 웹 페이지, 공공·학술 자료 등에서 추출한 50억건의 빅데이터와 연계하여, 자기소개서를 베껴서 제출했는지의 여부도 검증할 수 있다.

관련정보　롯데 신입채용, AI가 자소서 본다, 조선일보, 2018.02.13

 인사   #인사채용 #의사결정지원

빅데이터 기반의 인사채용   삼성

삼성그룹에서는 빅데이터와 텍스트 마이닝(text mining) 기술을 활용하여 신입사원을 뽑고 있다. 해당 프로그램은 지난 20년간 신입사원들이 제출한 이력서와 자기소개서를 텍스트마이닝 기법으로 분석하여 데이터베이스로 만든 뒤, 신입사원들이 입사한 후 달성한 성과와 경력을 추적해 빅데이터화한 것이다. 이 프로그램은 공채를 진행하는 과정에서, GSAT 시험을 진행한 이후에 최종으로 채용되기 이전에 빅데이터 프로그램 분석 결과를 활용하는 데에 활용된다.

`관련정보` 관리의 삼성 올 신입사원 빅데이터로 뽑았다, 매일경제, 2015.12.30

 인사   해외 #퇴사예측프로그램 #인재유출방지

빅데이터 기반으로 퇴사 징조 알린다   VM웨어

워크데이(인사관리 소프트웨어 개발업체)가 개발한 직원 퇴사 예측 기술을 VM웨어가 시험하였다. 해당 기술은 매니저들에게 퇴사 조짐이 있는 직원들에 대한 알림을 보냄으로써 급작스러운 직원의 퇴사에 대응할 수 있도록 한다. 해당 시스템은 고용정보, 승진, 발령, 보너스지급, 직원 만족도 조사 등 각종 데이터를 수집·분석하여 예측하는 것이다.

 인사   #맞춤형상품추천

채용정보 추천   코난테크놀로지, 사람인

AI 기반 비정형 데이터마이닝 전문 기업인 코난테크놀로지는 취업 포털인 사람인과 함께 인재추천서비스 고도화사업을 진행했다. 구인·구직 산업 도메인에 최적화된 지능형 추천 서비스를 구축하기 위해 구직, 채용 정보, 이용자 사이트 로그정보 등의 빅데이터를 분석한 뒤, 메모리를 기반으로 추천 알고리즘을 적용했다. 대용량 처리기술과 분산 처리기술 등 빅데이터 분석기술을 활용한 이 시스템은 데이터간 가중치와 상관관계를 고려하는 매칭기술을 적용함으로써, 구직자와 기업의 특성 및 성향을 반영한 세분화된 검색결과를 도출할 수 있게 되는 것이다.

`관련정보` 코난테크놀로지, 빅데이터 기반 '사람인' 추천서비스 고도화, 전자신문, 2016.11.22

자동차

빅데이터 시스템 구축을 통한 고객 수요 증가

#맞춤형상품추천

SK렌터카

SK렌터카는 국내에서는 유일하게 빅데이터를 접목한 온라인 차량 렌털 계약 프로그램을 운영하고 있다. 자동차 외관 및 내관, 주행성능 등 내용이 일목요연하게 정리되어 있기 때문에, 차에 대해 잘 모르는 고객들도 쉽게 이해할 수 있도록 정보를 제공한다. 특히, 일반적 상식이 아닌 축적된 사실을 기반으로 한 데이터를 제공하기 때문에 고객들이 보다 최적의 판단을 내리는데 큰 도움을 줄 수 있게 된다.

중고차

미스터딜러, 중고차 거래시장의 매물 분석

#시스템개발

미스터즈가라지

미스터즈가라지에서는 중고차 사이트별로 가격을 비교하면서 최적의 가격을 찾고, 동시에 허위 매물이나 중복 노출 게시글을 찾아내, 중고차 사기를 사전에 예방할 수 있도록 돕는다.

가. 배경 및 목적

중고차 시장은 대기업 계열 중심으로 진입 장벽이 높고 부족한 구매자금과 차량 가격 10%의 수수료 등은 소비자에게 부담 요소로 작용하고 있었다. 이와 같은 불편사항을 개선하고 중고차 매물 비교/분석과 유통 추이를 예측하는 시스템을 개발하여 중고차 거래 비교 서비스를 제공하고자 하였다.

나. 활용방법

SK엔카, KB차차차, 보배드림의 중고차 매물데이터 기반으로 실시간 다양한 데이터를 수집하고 자체 알고리즘 개발을 통해 데이터를 분석·수집하여 중고차 시세정보와 가치평가, 유통량 등 여러 종류의 데이터를 도출하고자 하였다. 사이트 한 곳에서 차대번호와 차량번호 등을 기준으로 비교·분석한 뒤, 가격 분석을 쉽게 할 수 있도록 하여, 이용자에게 편의성을 제공하고자 하였다. 또한, 허위 매물과 사이트별 가격차이 매물, 중복노출 매물 등을 파악하여 중고차 사기를 미리 예방하고자 했다.

다. 유통방식

데이터스토어, B2B 거래, 자체 사이트

라. 적용결과

미스터딜러 사이트 서비스 질이 높아지고 기능이 향상되어 2017년 8월 기준으로 월 방문자 6,000명과 월 성장률 15%, 재방문율 67%를 기록하였다.

관련정보 mr-dealer.com

기타　　　　　　　　　　　　　　　#신상품개발　#비대면인증　#증명서발급

비대면 인증 및 서류제출 자동화　　　　　한국기업데이터

한국기업데이터가 빅데이터를 활용하여, 국내 최초로 비대면 인증을 위해 서류 제출을 자동화하고 각종 세무증명서류를 스마트폰으로 발급받아 전송하는 퀵파인드 서비스를 제공한다. 이를 통해 기업들은 따로 관청에 찾아갈 필요 없이, 스마트폰으로 쉽게 각종 증명서들을 발급·제출할 수 있게 된다.

`관련정보` 한국기업데이터, 국내 첫 세무증명서류 모바일 발급·전송, 세계일보, 2016.05.02

 기타　　　　　　　　　　　　　　　　　　　　　　　#서비스제공

민간 빅데이터 오픈 첫 사례　　　　　　　　SKT

SK텔레콤에서는 빅데이터허브 사이트를 통해 공익적 활용을 확대하고 중소자영업자 지원 및 공공기관 행정 효율화를 위하여 빅데이터를 오픈한다. 예를 들어 치킨집 창업 희망자의 경우, 빅데이터허브에서 무료로 제공하는 '치킨집 이용 분석' 데이터를 활용하여, 창업의 성공 가능성을 보다 효율적으로 가늠할 수 있게 되는 것이다. 이처럼 사이트 내에서 자체적으로 제공하는 시각화 서비스를 통해 빅데이터가 익숙하지 않은 사람들도 쉽게 정보를 활용할 수가 있다.

`관련정보` 참고사이트: https://www.bigdatahub.co.kr/index.do
참고: SKT, 빅데이터 공공 활용 앞장 데이터 공개 867건, 중앙일보, 2017.07.02

2부 활용정보

Point1. 솔루션

　　기업 경영 개선을 위한 기업 입장에서의 빅데이터 솔루션 안내
　　(총 40건)

Point2. 오픈DB

　　사용 가능한 빅데이터 자료를 제공하는 민간 기업 및 공공 기관 사이트 안내
　　(총 76건)

Point3. 정부 지원 과제

　　빅데이터 관련 사업 및 창업 지원 과제 안내
　　(총 25건)

Point4. 공모전

　　빅데이터 관련 아이디어/데이터 분석 공모전 안내
　　(총 22건)

> Point 1
>
> # 빅데이터 솔루션
>
> 빅데이터 분석 솔루션 (638p) / 빅데이터 통합 솔루션 (653p)

모바일 앱, 센서, 인터넷 등은 기업에게 매일매일 방대한 양의 데이터를 선사한다. 다양한 서비스와 제품이 쏟아져 나오는 시장환경에서 기업이 경쟁우위를 차지하기 위해서는 이러한 빅데이터를 전략적으로 활용할 수 있어야만 할 것이다. 하지만 모든 기업이 데이터 과학자 혹은 데이터 분석 및 처리 시스템을 보유하고 있는 것이 아니기 때문에 실제로 데이터 활용은 쉽지 않은 과제이다. 이러한 기업의 과제를 지원하기 위해 빅데이터 관련 솔루션을 구축 및 제공하는 업체들이 등장하고 있으며 현재 활발히 서비스하고 있다. 지금부터 빅데이터 솔루션을 제공하는 다양한 업체와 제공 서비스, 적용 사례 등을 소개하고자 한다.

아래의 내용은 솔루션 업체의 웹사이트를 기반으로 작성된 것이며, 자세한 내용은 해당 업체의 웹사이트를 참고하기 바란다.

1. 빅데이터 분석 솔루션

1-1. 마케팅 및 비즈니스 의사결정 지원(CRM)

골든플래닛 www.goldenplanet.co.kr

1. 솔루션 목적
- 국내외 소셜미디어의 감성분석, 예측분석, 자연어 처리, 웹 행동 분석 등을 통해 소비자 행동 중심의 마케팅 수행을 돕고, 효율적인 의사결정, 신사업 전략 수립, 제품 및 서비스의 VOC 관리를 지원

2. 활용 데이터
- SNS, 뉴스, 블로그, 카페, 커뮤니티, 쇼핑 등 온라인 상의 빅데이터

3. 분석서비스
- 예측분석 : 예측분석을 통해 특정 상품을 구매할 확률을 파악해 매출 기여도를 향상시키며, 금융

산업에서는 범죄 혹은 사기예측을 수행
- 투플러스 텍스트 분석 : 구글 텐서플로 플랫폼의 딥러닝 알고리즘의 자체적으로 구축하여 감성 평가, 형태소 분석, 자동 문장 분류 등을 수행
- 버즈량 분석 : SNS에서 특정 키워드가 몇 번 언급 되었는지를 활용하여 이슈 트랙킹, 리스크 관리 등을 지원
- 소셜미디어 분석 : 국내외 소셜미디어 상의 고객감성반응과 홈페이지, 모바일 상의 방문자의 행동패턴 등을 분석하여 효과적인 디지털 마케팅 방안 수립에 도움을 줌

4. 활용사례
- ㈜큐비엠 : 스마트크런처 솔루션 활용
  - 해양심층수관련품 제조업체 큐비엠은 골든플래닛의 솔루션을 활용해 신규 화장품 브랜드 '잇비'와 주력제품 미스트에 대한 마케팅 수립에 도움을 얻고자 함
  - 키워드 분석, 구매결정요인 분석, 구매 트렌드 분석 등을 통해 도출한 키워드인 '천연 미네랄'을 중심으로 마케팅을 하고, 성분 및 미니멀리즘 등을 강조한 판매활동을 수행한 결과 매출액은 전월 대비 30%, 인지도는 70%, 유입 고객수는 150%가 증가함
- ㈜한독 : 스마트크런처 솔루션 활용
  - 솔루션을 통해 경도인지장애에 대한 소비자의 인식을 분석하고 이를 반영하여 캠페인을 계획하고, 웹사이트 구축, 홍보활동을 진행
  - 마케팅 활동 이후 한독 '테라큐민' 제품의 인지도는 10%, 호감도는 50%씩 각각 증가
- 플레이타임 : 스마트크런처 솔루션 활용
  - 소셜데이터를 분석하여 키즈카페의 경쟁력은 놀이시설에 있다는 시사점을 파악하여 중장기적인 놀이시설 점검 및 리뉴얼 작업을 추진
  - 빅데이터 분석 결과 부정적으로 언급된 '수유실', '많은 준비물로 인한 불편' 등의 사항을 우선적으로 개선하여 비수기임에도 불구하고 과제 추진 이후 이용객이 전월 대비 43% 증가

5. 주요 고객사(활용 기업)
- CGV, GS SHOP, LOEN, 세계일보, 한화투자증권, EPIS, 롯데면세점 등

다음소프트   www.daumsoft.com

1. 솔루션 목적
- 기업 내부 및 외부에서 발생하는 방대한 문서에 대해 자연어처리기술과 텍스트마이닝기술을 이용하여 인사이트를 발견하고, 중요 과제를 모니터링하여 기업의 비즈니스에 통찰력을 제고
- SNS 데이터를 분석하여 주요 아이템 혹은 마케팅 등에 대한 트렌드 및 사람들의 관심 변화에 대한 정보 제공

2. 활용 데이터
- 뉴스, 트위터, 블로그 등에서 추출한 빅데이터 및 기업 내부에서 발생하는 데이터

3. 분석 서비스
- 키워드 버즈 추이 : 명사, 일상생활 관련 행위, 문서에 대한 메타정보 등의 다양한 주제에 대한 빈도 추이를 제공
- 키워드 감성 분석 : 특정 사항에 대한 긍정도 및 부정도를 분석하고, 제품이나 정책, 인물 등에 대한 감성을 분석
- 모니터링 : 발생빈도, 조회수, 댓글수 등이 급증한 키워드에 대한 실시간 모니터링
- 자연어처리를 통한 인사이트 발견 : 개체 및 키워드, 중요 요소 등 간의 연관관계 관찰, 새로운 트렌드나 이슈 탐지를 통한 상황 해석과 예측, 브랜드에 대한 시장의 선호도 혹은 브랜드간 연관관계 분석 등

4. 활용 사례
- 죠샌드위치 : Social Media Analysis with NLP and Text Mining 활용
  - 죠샌드위치는 다음소프트의 분석 솔루션을 활용하여 지난 5년간의 SNS데이터를 분석한 후 트렌드를 반영한 '모닝세트, 집빵' 등의 신제품을 출시하고 O2O마케팅 강화, 배달 서비스 확대 등을 실시
  - 그 결과, 딜리버리팩의 판매량이 전월대비 46%증가하고, 네이버 검색량이 약 30% 가량 증가함
- SBS
  - 방송콘텐츠에 관한 소셜미디어 정보를 분석하여 '화제성지수'로 지수화하고, 시청자들의 반응을 분석하여 TV 프로그램 제작에 활용
- 재난안전연구원
  - 실시간으로 온라인 빅데이터를 분석하여 국가의 재난 상황을 모니터링하기 위한 국민행동, 감성패턴 등을 파악하고 재난분야 비정형 빅데이터의 분류체계를 정의
- SK M&M
  - 제품의 후기 데이터를 분석하여 제품특징, 구매자 의견과 니즈 등을 파악하고 이를 반영하여 제품 검색 및 추천이 가능한 서비스 구축

5. 주요 고객사 (활용 기업)
- KB 국민카드, SBS, 재난안전연구원, 발명진흥회, 국민건강보험공단 등

리비

www.leevi.co.kr

1. 솔루션 목적
- 실시간으로 변화하는 온라인 상의 여론 파악과 브랜드에 대한 고객반응 분석

2. 활용 데이터
- SNS, 커뮤니티, 블로그 등 다양한 채널

3. 분석 서비스
- 자연어 처리 : 자연어 형태소 사전을 구축하여 기계학습을 통한 감성 분석과 자연어 처리 기술
- 데이터 마이닝 : 유사 패턴 매칭을 통해 주요 정보를 군집화, 주제어 추출, 연간 키워드, 서술어 추출
- 지표 기반 보고서 생성 : 브랜드 상태를 요약할 수 있는 각종 지표 기반의 보고서를 생성하여 인사이트를 제공하고 기업이 원하는 형태로 시각화된 결과를 제공

4. 활용 사례
- 국내 최대 가구(A사)
    - 세계 최대 가구사인 IKEA가 국낸 가구 업계에 진출하면서 관심도가 폭발적으로 증가함에 따라 향후 A사의 온라인 마케팅에 대한 방향 제시

- 시대에듀
    - 솔루션을 통해 고객 유입률이 높은 소방, 전기분야로 마케팅을 강화하고 로그데이터 기반의 타겟마케팅을 실시
    - 마케팅 개선 이후 소방품목의 매출은 10% 증가, 타겟마케팅 구매전환율 30% 증가, 전기자격증 매출 50% 증가의 성과를 얻음

- 로코코쇼파
    - 온라인 검색어 분석을 통해 3인용 쇼파에 대한 수요를 확인하고, 이를 반영하여 신제품 컨셉을 수립하였고, 매출이 온라인 검색량과 연관이 있다는 인사이트를 토대로 자사의 강점을 내세운 홍보를 진행
    - 데이터 분석 기반의 마케팅을 실행한 다음달에 인스타그램 팔로워 수는 12% 증가하고, 오프라인 매장의 전월 대비 상승률도 -26%에서 17%로 크게 상승

- 제이에스티나
    - 소셜 정보를 분석하여 고객의 구매결정요인은 '디자인'이며, 제이에스티나 브랜드는 '선물' 이미지가 강하고, 온라인 구매 고객들이 '사진과 실제 제품간의 상이한 크기'에 대해 불만을 가지고 있는 등의 고객 의견을 파악
    - 분석 결과를 바탕으로 온라인 몰에 제품 착용 사진을 추가하고, 고급스럽고 세련된 디자인의

신제품을 출시하는 등의 마케팅 전략 수립

5. 주요 고객사 (활용 기업)
- MRD, 제이에스티나, 천일식품, 와신교육, 미스틱엔터테인먼트 등

와이즈넛
www.wisenut.com

1. 솔루션 목적
- 경쟁사, 산업기술동향, 고객의 불만, 이슈 등의 정보 수집 및 모니터링
- 마케팅 효과 측정, 고객 평판관리, 고객 세분화를 통한 맞춤형 마케팅 실행
- 특정 키워드를 포함하는 빅데이터 분석을 통한 화제어, 신규 키워드를 추출하여 고객의 인식 파악

2. 활용 데이터
- 뉴스, 커뮤니티, 블로그, 카페, 온라인 문서, 일반 문서, SNS 등에서 추출한 데이터

3. 분석 서비스
- WISE BICrawler : 언어분석, 소셜 데이터 분석에 최적화된 빅데이터 수집 솔루션
- WISE BIC Analyzer : 의미분석, 감성분석, 텍스트 마이닝 및 분류기술을 적용하여 다양한 비정형 빅데이터의 의미를 분석하는 솔루션
- BuzzInsight : 관심 대상 문서를 수집하여 형태소 분석, 화제어 추출, 키워드 분석을 수행하는 이슈 모니터링 및 분석 서비스

4. 활용 사례
- 불스원 : BuzzInsight 솔루션 활용
    - 차량용 엔진세정제를 판매하는 불스원은 기존고객 유지와 신규고객 유치를 위한 효과적인 마케팅 방안을 마련하고자 함
    - SNS 상의 여론분석 및 마케팅 키워드 연관어 분석을 통해 기존의 마케팅 효과 점검
    - 인식분석을 수행하여 고객 유형별로 차별화된 마케팅 전략 수립
    - 제품에 대한 고객 인식분석을 수행한 결과, 고객의 인식이 약하다고 추정되는 '불스원샷의 사용법'에 대한 캠페인 및 마케팅 전개
    - 솔루션을 통해 마케팅을 새롭게 수행한 결과 전년 대비 매출액은 12%, 신규고객은 3% 증대

5. 주요 고객사 (활용 기업)
- 삼성SDS, LG CNS, SKT, 신세계, KBS, MBC, 기획재정부, 외교부, 서울특별시, 서울대학교 등

위즐리퀘스트

www.wesleyquest.com

1. 솔루션 목적
- 빅데이터 관련 통계, 기계학습 및 인공지능, 최적화 기법을 활용, 고객사의 비즈니스 이슈 해결에 적합한 실행 방안을 제공

2. 활용 데이터
- 기업내 축적된 데이터(고객 데이터, 구매 데이터, 후기 데이터, 공정 데이터 등) 및 공공데이터 등의 외부 데이터

3. 분석 서비스
- 신제품·서비스 개발 : 고객 니즈분석, 트렌드분석, 수요예측, 테스트 제품 시행그룹 선정 및 수익예측
- 홍보 및 마케팅 : 고객군 세분화, VIP·이탈고객 분석 맞춤형 상품 추천 시스템, 잠재 고객 특성 예측, 프로모션 실행 및 성과분석
- 생산 및 물류 최적화 : 불량 발생원인 및 가능성 예측모델, 장비점검 주기 예측, 제품 수요 예측
- HR Analytics : 우수직원 특성 분석 및 채용 방안 이탈 직원 유발 요인 및 도출 관리

4. 활용 언어
- R, Shiny, Python, Spark

5. 활용 사례
- 뷰티관련 앱社의 신제품 개발, 고객 Segment별 마케팅 전략수립 및 추천 서비스 개발
    - 4년간 축적된 100만 회원의 데이터를 제품개발 및 마케팅에 활용하고자 함
    - PB 화장품 개발을 위해 구매내역/후기 분석을 통해 어떤 상품에 가장 관심이 많은지 파악하여 신제품을 개발하여 출시
    - 인구학적 정보와 구매정보를 분석하여 고객 Segment별로 특성을 파악, 차별화된 마케팅 전략을 수립
    - 피부타입과 나이정보를 활용하여 피부고민을 예측, 가장 유사한 고민을 가진 리뷰어를 추천하고 관련 상품을 추천하는 고객맞춤 서비스 알고리즘 개발
- 에이치와이스타일
    - 솔루션을 통해 고객군집 및 개인별 상품 추천 알고리즘을 개발
    - 온라인 키워드 분석 결과를 마케팅에 반영한 후 발각질 관리제품의 매출액이 전년동기 대비 19%, 신규 회원수는 전월대비 12% 상승하는 성과를 달성
- 크레텍
    - 빅데이터 분석을 통해 제시된 추천 알고리즘과 고객 특성 정보를 마케팅에 활용한 이후, 최근

4년 매출성장률 중 가장 높은 13.6%를 달성

6. 주요 고객사 (활용 기업)
- 삼성SDS, LG디스플레이, SK에너지, SKT, 효성 등

이씨이십일(EC21) www.ec21.com

1. 솔루션 목적
- 국내 산업의 해외 진출을 돕기 위해 현지의 산업 환경에 대한 빅데이터 분석을 통해 맞춤형 정보 및 소비자 트렌드를 제공하여 마케팅 전략 수립을 도움

2. 활용 데이터
- 뉴스, 트위터, 커뮤니티, 블로그, 카페, Google Analytics 등에서 추출한 데이터

3. 분석 서비스
- 자연어 처리 : 자사에서 보유하고 있는 국가별 형태소 분석기를 통해 해외시장 데이터에 대한 자연어 분석 수행 가능(영어, 중국어, 일본어, 아랍어, 프랑스어 등 가능)
- 토픽분석 : 온라인 상의 정보를 분석해 통계적으로 의미가 있는 이슈 추출이 가능하며, 시간의 변화에 따른 각 이슈별 트렌드 추이 분석이 가능
- SNS 분석 : 현지 SNS 상의 데이터를 실시간으로 분석하여 소비자들의 감성 분석, 유사 제품의 트렌드 분석 등을 수행

4. 활용 사례
- ㈜티젠 : e-knowing 솔루션 활용
  - ㈜티젠은 이씨이십일의 솔루션을 활용하여 북미SNS 상에서의 차(茶)에 대한 소비자 의견과 인식을 분석함
  - 빅데이터 분석 결과를 북미시장 현지화 전략 수립에 활용하여 Tea Leaf essentials제품을 약 4만불 가량 수출하는 성과를 달성
  - 연관어 분석을 실시하여 데이터를 기반으로 티젠이 지향하는 컨셉과 북미시장의 취향을 모두 아우르는 새로운 브랜드 네임을 도출함

5. 주요 고객사 (활용 기업)
- 전북생물산업진흥원, 한국농촌경제연구원, 정보통신산업진흥원, 메디컬코리아, 건국대학교, 한국무역협회, LG전자, 한국농수산식품유통공사 등

조이 코퍼레이션   zoyi.co/ko

1. 솔루션 목적
- 오프라인 매장의 방문객 정보와 매출 원인 분석 및 영업관리 개선과 함께 효율적인 프로모션, 매장 Layout 변경 등 전반적 매장관리를 통한 매출 증대
- 온라인 고객의 쇼핑몰 입장시 고객에게 자동으로 메시지 및 이미지를 전달하여 구매 유도

2. 활용 데이터
- 매장 내 센서를 부착, 스마트폰의 Wi-Fi / 블루투스 신호 데이터
- 온라인 쇼핑몰 가입 정보

3. 분석 서비스
- 퍼널분석 : 매장 통행객 수, 매장 출입 고객 수, 매장 내에 머무는 고객 수 분석
- 존 분석 : 매장 안에서의 고객 동선 분석
- 상권 분석 : 요일/시간대 별 통행량, 통행량 중 매장방문 비율, 외국인 통행량 비율
- 스태프 운영 : 매장 직원의 출퇴근 근태관리를 통한 행동 패턴 분석

4. 활용 사례
- 리얼코코
  - 프로모션 기간 중 조이코퍼레이션의 솔루션인 채널을 통해 페르소나 마케팅을 진행한 결과 30% 이상의 구매 전환율 상승
- 홈마스터
  - 솔루션을 통해 온라인 접속 고객의 메시지 전달 및 대화로 인해 이전보다 6배 더 구매확률이 상승
- 스타일베리
  - 솔루션을 통해 대화하는 고객과 그렇지 않은 고객을 분석한 결과 10배 이상 차이를 보임
- Clubo
  - 오프라인 매장에 센서를 설치하여 매장에서의 고객행동패턴 및 프로모션별 효과를 파악하였고, 이를 통해 매장 디스플레이에 관한 인사이트 획득
- 서양네트웍스
  - 매장에 설치된 센서 데이터를 분석하여 매장 유형별 고객 패턴을 파악하고, 이를 매장별 디스플레이 교체 주기 커스터마이징 및 시즌 상품 배치 전략 수립 등에 활용

5. 주요 고객사 (활용 기업)
- 이니스프리, 설화수, 아리따움, 미샤, 뚜레쥬르 등
- 야나두, 세탁특공대 등 온라인 관련 서비스

I'mCloud (아임클라우드)　　www.imcloud.co.kr

아임클라우드는 빅데이터의 수집, 분석, 컨설팅에 관한 솔루션을 제공하는 업체이다. 이러한 서비스를 통해 고객 기업이 데이터 자원을 효과적으로 활용할 수 있도록 빅데이터 거버넌스 및 개발 방법론을 설계한다. 또한 다양한 데이터 분석 서비스를 제공하는데 성공사례로는 보안 로그 빅데이터 분석, LOT 전력 로그 분석, 핵융합 연구소 진단장치 빅데이터 시스템 구축 등이 있다.

kt　　bigsight.kt.com

kt는 빅데이터 분석기술을 이용해 고객니즈에 부합하는 분야별 응용솔루션 BigSight를 제공한다. 비즈니스 분야에 따라 상권분석 솔루션, 관광분석 솔루션, 모바일콘텐츠분석 솔루션, 데이터스토어로 나누어 다양한 빅데이터 분석 서비스 및 데이터를 제공한다.

RANKWAVE (랭크 웨이브)　　corp.rankwave.com

랭크웨이브(RANKWAVE)는 소셜미디어 데이터분석 서비스를 통해 기업에게 다양한 마케팅 인사이트를 제공하는 업체이다. 팬페이지 모니터링을 기반으로 고객이 콘텐츠에 대해 어떻게 활동하는지를 파악 가능한 SUPERBEE 솔루션, 기업의 서비스에 소셜계정으로 가입한 고객의 정보를 통합적으로 관리 가능한 RANK.CLOUD 솔루션, 소셜미디어에 업로드된 콘텐츠의 현황을 분석하는 STARWAVE 솔루션을 서비스하고 있다.

RSN　　www.realsn.com/ko

RSN은 실시간 혹은 과거의 소셜 빅데이터를 수집하여 고객사별로 최적화된 실시간 분석 솔루션을 제공한다. 여론분석을 통해 주요 주제에 대한 사람들의 의견을 파악하고, 평판분석을 수행해 기업의 이미지 제고를 위한 전략 수립에 도움을 준다. 또한 브랜드 분석, 마케팅 분석, 소비자들의 구매결정요소 분석, 위기 이슈 관리 등을 지원하여 비즈니스에 통찰력을 제공하고 효과적인 디지털 마케팅을 가능하게 한다.

더아이엠씨　　www.theimc.co.kr

더아이엠씨는 한국어 빅데이터 분석에 적합한 솔루션인 텍스톰(Textom)을 개발했다. 텍스톰은 비정형 데이터의 수집, 정제, 생성, 보관에 이르는 과정을 일괄적으로 처리할 수 있다. 뿐만 아니라 웹과 SNS 상의 데이터를 이용해 텍스트마이닝, 매트릭스 데이터의 생성 등을 일괄 처리한다. 또한 더아이엠씨는 SNS 기반의 리서치 및 소셜네트워크분석(SNA)이 가능한 솔루션인 Social HR(Hybrid Research)를 보유하고 있다. 이 밖에도 감성 분석, 에고네트워크 분석 등을 이용하여 기업 및 제품에 대한 유저들의 관심사, 성향 등을 파악하여 효과적인 전략 수립을 지원하는 빅데이터 컨설팅을 제공하고 있다.

몬데이터 www.mondata.net

몬데이터는 기업의 모든 내부 데이터를 분석하여 경영 성과를 높이기 위한 성과 지표를 도출하고, 데이터 관리 개선방안에 대한 컨설팅을 제공하는 디비 애털리틱스를 메인 솔루션으로 가지고 있다. 또한 SNS, 커뮤니티 등의 온라인 데이터를 크롤링하고 논문 등의 텍스트 데이터를 분석하여 주요 키워드 추출 및 키워드 맵 시각화를 제공하는 키워드 맵스라는 솔루션을 제공한다.

빅스터 (BIGSTER) www.bigster.co.kr

빅스터(BIGSTER)는 데이터 저장 및 분석, 자연어 처리 서버, 데이터 분석을 위한 R, 시각화 등으로 이루어진 빅데이터 통합 플랫폼 'B2P'를 제공하고 있다. 또한 하둡 클러스터 및 Hbase 상태를 실시간으로 모니터링 및 분석하는 솔루션 'PANDA'를 서비스하고 있다. 이 외에 오픈소스 R을 기반으로 한 상업용 분석 소프트웨어를 제공하여 빅데이터 분석을 통한 기업의 비즈니스 의사결정을 돕고 있다. 빅데이터 서비스의 주요 사례로는 한국전자통신원의 농작물 관련 예측모형 개발, SK 텔레콤의 모바일 빅데이터 분석이 있다.

1. 빅데이터 분석 솔루션
1-2. 금융 데이터 분석

YH데이터베이스 www.yhdatabase.com

1. 솔루션 목적
   - 금융 사고 데이터를 수집 및 분석하여 새로운 패턴 및 유의미한 정보를 자동학습하거나 분석하여 이상 거래를 탐지

- 공공, 교육, 민간 등의 분야에 사고 탐지 및 긴급대응, 사고 모니터링, 보안 정책 수립 등을 지원

2. 활용 데이터
 - 인터넷뱅킹, 모바일뱅킹, 텔레뱅킹, ATM, 이용자 등에 대한 데이터
 - 사고정보 및 금융데이터 등

3. 분석 서비스
 - y-FDS : 빅데이터 기술을 활용한 전자금융 이상 거래 탐지 및 예방 솔루션으로 고객의 거래 로그 및 패턴에 관한 데이터를 실시간으로 분석, 이상징후 내역 조회, 블랙리스트 상관관계 분석 등을 통해 이상거래여부를 탐지하는 서비스 제공
 - y-SmartDeep : 딥러닝 기계학습 기법을 기반으로 금융 및 증권시장에서 이상 거래를 탐지하는 솔루션. 이상 거래 탐지를 위한 명확한 룰(Rule)없이 기계학습만으로 탐지하거나, 충분한 데이터가 확보되지 않은 상태에서도 적용할 수 있는 룰(Rule) 기반의 딥러닝 모델을 병합한 하이브리드(Hybrid) 방식을 제공함

4. 주요 고객사 (활용 기업)
 - 현대증권, 대우증권, 동부증권, 유진투자증권, 국민연금공단 등

위버플
www.uberple.com

1. 솔루션 목적
 - 금융 빅데이터를 확보하고 적절하게 처리할 수 있는 기술을 제공하여 기업으로 하여금 금융 데이터 취득 및 관리에 소요되는 비용과 시간을 최소화할 수 있도록 함
 - 수집된 금융 빅데이터로 사용자의 관심 기업에 대한 분석을 돕고, 고객이 입력하는 키워드와 관련된 다양한 정보를 제공

2. 활용 데이터
 - 시장 데이터, 기업 데이터, 금융 관련 문서 자료, 경제 데이터, 글로벌 지표 데이터, 시장 전문가 분석 리포트 등

3. 분석 서비스
- UDI(Uberple Data Intelligence) : 금융 빅데이터 검색 및 분석 솔루션
 - 이슈분석 : 매 10분마다 최근 12시간의 뉴스를 분석하여 시장 상황 분석 정보, 이슈별 관련 뉴스, 주요 키워드, 증권사 애널리스트 의견 등을 제공
 - 뉘앙스 분석 : 증권사 리포트의 본문을 분석하여 애널리스트의 투자의견에 담겨있는 뉘앙스

를 파악해서 점수화함
- SNEK : 금융 빅데이터를 분석해 투자리서치를 제공하는 플랫폼

4. 활용 사례
- 신한금융투자
  - MTS(모바일트레이딩시스템) 서비스에서 실시간으로 벌어지고 있는 시장의 이슈를 분석하여 제공

5. 주요 고객사 (활용 기업)
   - 신한금융투자, 한화생명, 대신증권 등

1. 빅데이터 분석 솔루션
1-3. 경영 & 생산 & 보안

디지털팩토리
www.df.re.kr

1. 솔루션 목적
   - 생산현장기술과 빅데이터 관리 및 분석을 융합하여 생산현장 4M관리, 핵심성과지표 관리 활동을 지원
   - 생산성 및 품질 향상을 위해 FOM솔루션을 도입하여 효율적인 공장관리와 낭비절감으로 인한 기업의 경쟁력 향상을 도모

2. 활용 데이터
   - 4M 기준의 생산 정보, ERP 데이터, 작업실적, 생산실적, 비가동 정보, 불량현황 등

3. 분석 서비스
   - 생산현장 최적시스템 구축 : 기업 내부 데이터를 통한 현황분석으로 낭비원인 도출 및 생산현장의 디지털 표준화 창출
   - 설비 가동률 및 작업자 효율 분석을 통한 공정 프로세스 및 작업 현황 파악
   - NPS(신생산시스템)구축 : 생산라인별 LCA(Low Cost Automation)분석을 통해 최적의 물류흐름 대안을 도출

- FOM(Factory Operation Management) 구축 : 제품별, 라인별 4M 현황 DB를 구축하고, 가상 공장을 컴퓨터 내에 구축해 생산계획 및 실적 시뮬레이션 예측과 최적의 생산능력관리를 수행할 수 있도록 함

4. 활용 사례
- 태정 : FOM 시스템 활용
  - 태정은 FOM 시스템을 이용하여 IT솔루션을 도입했음에도 불구하고 발생되던 미확인 데이터의 발생원인을 파악하고, 이를 제거하고자 함
  - 표준 관리 데이터를 검증하고 개선하여 KPI를 정량적으로 관리
  - 비가동 및 불량 등의 현장에서 생기는 저해요인과 생산실적을 연계하여 관리하는 프로세스를 도입하여, 효율적인 생산계획수립이 가능하게 되었고, 셋팅 불량은 개선 전에 비해 62.1% 감소하였고 기타불량은 34.1%가 감소됨

- 동서
  - 자동차 부품 기업 동서는 디지털팩토리의 솔루션을 통해 IT 시스템의 생산정보 데이터를 기준으로 성능가동율, 양품율, 비가동, 불량 정보 등에 대한 분석을 수행
  - FOM 시스템을 활용하여 기존에 없던 생산자 관리에 대한 집중 모니터링 및 불량 실적에 대해서 집중적으로 관리가 가능하게 됨
  - POP 데이터를 FOM에 연계하여 생산효율, 생산저해요인 등에 대해 분석이 가능해지고, 코팅 작업에서 지속적으로 생산성이 좋지 않은 작업자에 대해 모니터링 및 표준 교육을 수행한 결과 전체 작업자 기준 20.5분의 코팅시간을 12분으로 절감
  - 사무생산성은 기존 대비 50%감소, 기존 분석에 활용되는 시간은 일 평균 1시간에서 30분으로 절감되는 등 비용 관점에서 큰 효과를 거둠

5. 주요 고객사 (활용 기업)
- ㈜국제종합기계, ㈜IC&TEC, ㈜거창정밀, 한국중견기업연합회 등

피엠아이지   www.pmig.co.kr

1. 솔루션 목적
- 여러 기업의 프로세스 수행 관련 데이터와 프로세스 마이닝 분석 데이터를 수집 및 제공하여 기업의 프로세스 개선을 위한 진단과 벤치마킹 수행

2. 활용 데이터
- 기업의 ERP, MES 등에서 추출한 프로세스 수행 데이터
- 다수 기업의 프로세스 마이닝 분석을 통해 추출한 정보

3. 분석 서비스
    - 프로세스 기반 산업 분석 : 특정 기업 혹은 산업의 업무 프로세스와 특성 분석
    - 벤치마킹 분석 : 동종업계의 분석 결과와 고객 기업의 프로세스 분석 결과를 비교하여 개선점 및 방향성 도출
    - 프로세스 수준 진단 : 변동률, 중도포기율, 리드타임 등의 KPI를 통한 개별 기업 혹은 산업의 프로세스 수준을 진단
    - 프로세스 개선 효과 검증 : 프로세스 개선 효과를 데이터 기반으로 검증

4. 활용 사례
- ㈜이미인 : Disco, Deep Pro 솔루션 활용
    - 국내 화장품 기업 이미안은 제조원가 상승이라는 환경에 대응하기 위해 피엠아이지의 솔루션을 통해 ERP 프로세스 로그 데이터를 분석하여 프로세스를 개선하고자 함
    - 관리유형별 리드타임 분석, 공급업체의 공급역량 평가, 화장품 산업 프로세스 빅데이터 분석을 통해 프로세스의 비효율 요소를 발견
    - 프로세스 개선을 통해 QC검사 완료까지의 리드타임을 부자재의 경우는 55%, 내용물의 경우는 44%까지 단축
    - ERP 데이터를 통해 약 80개의 관리유형별 리드타임을 산출하고, 이를 기반으로 마스터 데이터를 갱신하여 '적기입고' 비율이 증가하고, 지연입고 비율은 약 31% 감소하는 효과를 얻음

5. 주요 고객사 (활용 기업)
    - 한국수력원자력, 보건복지부, SK Hynix, kakaoM, DSME, Dongwha 등

ACS
www.acs.co.kr

ACS는 스마트공장의 데이터를 실시간으로 수집 및 분석하여 공장 운영의 최적화를 달성하는 솔루션을 제공하고 있다. 'DABOM Series'는 생산자원 정보의 실시간 수집과 관리, 언제 어디서든 가능한 센서 및 엑츄에이터 관리, 생산현장 통합 관리 등을 지원하여 제조업의 품질향상, 납기단축, 비용절감을 통해 기업에 경쟁력을 제고한다.

이웨이 파트너즈
www.ewaypartners.com

1. 솔루션 목적
    - Dataguise : 실시간으로 기업 혹은 클라우드 내의 데이터가 어디로 어떻게 이동되는지 추적, 민감한 데이터에 누가 접속하는지 파악, 암호화에 의해 중요 데이터를 보호하는 등 활동을 수행하는 데이터 중심의 보안 솔루션이다.

- 메뚜기눈 솔루션 : 인공지능과 비주얼 인식 기술을 활용하여 패션 의류 및 잡화 등에 대한 이미지를 분석하여 그와 유사한 제품을 추천하는 서비스이다.

효성 ITX
www.hyosungitx.com

효성 ITX는 클라우드 플랫폼, 미디어 전송, 데이터 센터, IT Management 등과 관련된 다양한 서비스 및 솔루션을 제공하고 있다. 특히 xtrmTHINGS는 클라우드 기반의 사물인터넷 플랫폼으로서 다양한 장치로부터 데이터를 수집 및 관리하고 실시간으로 분석을 수행한다. 스마트 팩토리에 이 솔루션을 활용한다면 생산설비로부터 주기적으로 수집되는 빅데이터를 이용하여 제조업의 자동 생산체계를 구축하고, 최적화된 생산현장 지원 및 생산라인의 스마트화를 가능하게 할 수 있다. 또한 부품 하나가 추가될 때마다 센서를 이용해 자동으로 이상 유무를 감지하고, 모니터링 시스템으로 공장의 생산현장을 쉽게 파악할 수 있다.

1. 빅데이터 분석 솔루션
1-4. 시각화 제공 솔루션

뉴스젤리
newsjel.ly

뉴스젤리는 웹 기반의 데이터 시각화 솔루션인 DAISY, 모듈화 기술 기반의 BI 솔루션인 Vizfolio, 광고분석 솔루션인 Magic table을 제공하고 있다. DAISY는 웹 사이트를 기반으로 데이터를 자동 정제 및 추출하여 데이터 구조에 맞는 시각화를 자동으로 수행한다. Vizfolio는 다양한 데이터 유형에 따른 시각화 대시보드를 제공한다. 이 솔루션은 스마트시티, 스마트팩토리, 스마트금융 등의 다양한 비즈니스에 활용할 수 있다. 한국전력공사는 해당 서비스를 이용해 소비자의 전기 사용량을 파악하고, 전력 소비행태 분석이 가능한 에너지컨설팅 서비스를 구축했고, SK Telecom은 매장 내 인구에 대한 시각화 및 고객 특성 분석을 수행했다.

비아이 매트릭스
www.bimatrix.co.kr

비아이매트릭스는 기업 내/외부에서 수집되는 대용량 데이터를 저장, 관리, 분석, 시각화할 수 있는 분석 엔진 i-BIG 솔루션을 제공하고 있다. 또한 데이터 추출, 이기종 데이터 소스의 통합 분석, 데이터마이닝, 예측 분석 등을 수행하는 i-STREAM, 키워드 검색만으로 필요한 데이터를 자동으로 추출하고 분석 보고서를 생성하는 G-MATRIX 등의 다양한 빅데이터 관련 솔루션을 보유하고 있다. 솔루션을 공급받은 고객사로는 예금보험공사, 오산시청, 롯데건설, SK이노베이션, 한국동서발전, 국민건강보험공단 등이 있다.

빅스소프트   www.bixsoft.net

사물인터넷, 빅데이터, 국제표준 HTML5 등의 기술을 적용하여 비즈니스에서 발생되는 디지털 데이터를 실시간으로 분석하고 사용자 맞춤형 대시보드를 통해 시각적으로 확인할 수 있는 'BIX5' 솔루션을 제공한다. BIX5는 실시간으로 데이터 분석을 수행하고 설정된 값에 따라 고객의 PC, 스마트폰 등으로 알람을 보내는 서비스를 제공하며 100종 이상의 다양한 차트를 제공하여 가시적인 데이터 분석 기능을 제공한다.

2. 빅데이터 통합 솔루션

LG CNS   www.lgcns.co.kr

1. 솔루션 목적
   - 전자, 제조, 금융, 공공, 서비스 등의 다양한 산업 분야별 비즈니스 도메인 전문성과 딥러닝, 머신러닝 등의 고급 분석 역량을 기반으로 빅데이터 토탈 서비스를 제공하여 기업에게 경쟁력을 제고

2. 활용 데이터
   - 비정형 영상 데이터, 소셜 데이터, 금융 데이터, 제조 관련 데이터, VOD 데이터 등

3. 분석 서비스
   - AI/빅데이터 : 실시간 고객 서비스, 소셜 데이터 분석 기반의 R&D, VOD 분석 및 품질 개선, 정보보안 모니터링, 빅데이터 플랫폼 제공 등의 다양한 서비스를 제공

- SBP(Smart Bigdata Platform) : 하둡 기반의 빅데이터 플랫폼으로 빅데이터의 수집, 저장, 분석 등의 전 단계를 지원하는 솔루션
- SRA(Smart R Analytics) : 오픈소스 통계 언어인 R기반의 빅데이터 분석 도구로 고성능 처리를 지원

4. 활용 사례
- LG전자, LG화학, LG디스플레이
    - 공정/설비 품질 개선과 관련된 시스템 고도화, 비정형 데이터 수집 및 분석, 스마트 디바이스의 로그 데이터 분석 등을 통해 전자/제조 분야에 운영 효율 제공
- KB국민카드, 현대카드, LH한국토지주택공사 등
    - 통합 보안 로그 모니터링 시스템 제공, 공공 데이터 분석, 빅데이터 기반의 추천 시스템 고도화 등을 통해 금융/공공 분야에 마케팅 효율성 제공
- LG U+, 카카오, 쿠팡 등
    - 디지털 콘텐츠 기반의 맞춤형 추천 서비스 제공, 영업점의 이상거래 조기발견 시스템 지원, 인프라 장애 조기감지 및 분석 시스템 구축 등으로 통신/서비스 분야의 경영 효율성 제고

5. 주요 고객사 (활용 기업)
- KB손해보험, 롯데홈쇼핑, LG전자, 경기도 등

다이퀘스트   www.diquest.com

1. 솔루션 목적
    - 빅데이터 통합 분석 플랫폼을 제공하여 다양한 인사이트를 도출하고 미래를 예측하여 기업의 경쟁력 확보를 도움
    - 사용자의 구매에 직접적인 영향을 주는 최적화된 검색 환경을 제공하여 기업 이미지 향상 및 매출 증대의 효과를 제공

2. 활용 데이터
    - 기업 내의 정형 및 비정형 데이터, 콜센터 VOD 데이터, SNS 및 미디어에서 추출한 외부 데이터

3. 분석 서비스
    - 디 플랫폼 : 자연어처리기술, Apache Zeppelin을 통한 데이터 분석 및 시각화, 다양한 통계 분석, 인메모리 기반의 고속 분산 처리 시스템 등을 제공

- 다이버 : 감성 분석, 사용자의 후기 분석, 고객 클릭 랭킹 데이터 분석을 통한 상품 추천, 검색 시뮬레이션을 통한 사전 테스트 등을 지원하는 사용자 기반의 지능형 상품 검색 솔루션

4. 활용 사례
- 국회도서관
  - 국회도서관의 학술데이터, 관련 통제어휘, 관련 기관 데이터 등을 공동 활용하기 위한 클라우드 기반의 메타데이터 센터 구축을 위한 응용 서비스 및 LOD 발행 페이지를 개발
  - 솔루션을 통해 학술 데이터 DB화, 학술정보 통합검색 시스템 개발, 국가학술정보 융합데이터 발전 방안 수립 등이 가능하게 됨

- 롯데마트 : 다이버 솔루션 활용
  - 롯데마트 온라인 쇼핑몰 포털 및 통합 웹사이트 내 검색 엔진 구축

- 교보생명
  - 교보생명 홈페이지 검색 시스템을 구축하여 정보 접근성 향상, 검색시스템 관리비용 절감, 고객 만족도 향상 등의 성과를 달성

5. 주요 고객사 (활용 기업)
- 신한생명, 서울교통공사, KB투자증권, Hmall, 위비마켓 등

데이터마케팅코리아
www.datamarketing.co.kr

1. 솔루션 목적
- 소비자가 남긴 제품 검색에서부터 온라인 구매활동에 관한 단계별 데이터를 분석하여 구매 촉진에 영향을 주는 요인을 파악하여 비즈니스 및 마케팅 활동을 지원

2. 활용 데이터
- 블로그, 카페 등에서 수집한 빅데이터
- 네이버 검색량 데이터

3. 분석 서비스
- 트렌드 트래커 : 마케팅 활동 결과를 실시간으로 분석하고 투자 대비 효과를 산출
- 서치 트래커 : 기업이 관심 있어 하는 네이버 검색량에 대한 실시간 모니터링 및 트렌드 파악
- SNS 트래커 : 페이스북, 인스타그램, 블로그 등에 게재된 콘텐츠에 대한 실시간 반응 및 좋아요, 댓글, 조회수 등의 성과항목 분석 서비스 제공
- 디지털 마케팅 지원 : 빅데이터 분석을 바탕으로 한 마케팅 전략 도출 및 SNS 마케팅 이행

4. 활용 사례

- 지피트리 : 트렌드 트래커 솔루션 활용
    - 어린이 놀이교구 업체인 지피트리는 트렌드 크래커 솔루션을 통해 대표 제품의 마케팅 현황을 진단하고, 출시 예정 제품의 마케팅 방향성을 도출
    - SNS현황 분석, 소비자 진성 버즈 분석을 통해 소비자에게 익숙한 마케팅 키워드를 도출하고, 고객군인 엄마, 아빠에 대한 메시지를 메시지를 마케팅 포인트로 도출
    - 빅데이터 분석 결과로 마케팅 방향성을 수정한 결과 홈페이지 방문자 수가 이전 대비 69% 증가하고, 매출 증가율은 50%를 달성

5. 주요 고객사 (활용 기업)

- 동아일보, GS칼텍스, 프라젠트라, SK텔레콤 등

데이터솔루션
www.datasolution.kr

1. 솔루션 목적

- 기업 내부의 정형 데이터와 외부의 비정형 데이터를 분석하여 고객 중심의 업무를 가능하게 하여 비즈니스에 효율성 제고
- 공공데이터 분석을 통해 국가 미래전략 수립, 재해 및 사회 위험 요인 조기 진단, 공공서비스 혁신 등을 지원

2. 활용 데이터

- 고객, 거래, 상품, 재무 등에 관한 기업 내부 정형 데이터
- 콜센터 VOD, 고객 로그, IoT 데이터 등의 비정형 데이터
- 시장데이터, 공공데이터, SNS 데이터 등의 외부 데이터

3. 분석 서비스

- BIGstation : 웹, 소셜미디어, DB, 파일 등의 데이터를 하둡 에코 시스템을 기반으로 수집 및 저장하고, 텍스트마이닝 모듈, 자연어처리, 트렌드 분석, 키워드 분석 기술 등을 이용하여 분석하고 시각화할 뿐만 아니라 IoT, 위치기반 서비스 등의 기능 확장, 사용자 맞춤형 서비스 등이 가능한 빅데이터 통합 플랫폼
- Tableau : 스프레드시트, SQL데이터베이스, 클라우드 등의 데이터에 대해 통계 요약 분석 및 시각화를 지원하고, 이를 웹에서 공유가능하게 해서 비즈니스에 통찰력을 주고 공동작업을 지원
- 예측분석 컨설팅 : 기업 내외부의 정형 및 비정형 데이터를 수집하고, 기계학습, 딥러닝, 소셜마이닝, 감성분석 등의 다양한 예측분석 알고리즘을 적용하여 금융기관, CRM활동, 일반 기

업 등에 합리적 의사결정을 지원

4. 활용 사례
- 삼성메디슨
  - 삼성메디슨의 효율적 재고 관리를 목적으로 성공적인 자재 수요 예측 모델을 개발

- 한국신용정보원
  - 신용 빅데이터를 통합 관리하는 기관으로서 다양한 데이터를 효율적으로 연계 분석할 수 있는 신용정보 빅데이터 시스템 및 환경을 구축

- 현대자동차
  - 공장의 비정형 데이터를 분석하여 비가동 분석 및 내구 시험 비정상 엔진정지 예측모델 개발 및 주조공정에서의 품질 예측 모델 개발

- KT CS
  - 스팸 연락으로 인한 고객 불편을 해소하기 위해 데이터 수집 및 검색 솔루션 기반의 플랫폼을 구축하여 고객 만족도를 향상시키는데 기여함

5. 주요 고객사 (활용 기업)
  - 행정자치부, 코레일, KT, 보험개발원, IBK 기업은행, 근로복지공단 등

데이터스트림즈   www.datastreams.co.kr

1. 솔루션 목적
  - 기업 내부의 정형 데이터와 외부의 비정형 데이터를 분석하여 고객 중심의 업무를 가능하게 하는 등 비즈니스에 효율성 제고
  - 공공데이터 분석을 통해 국가 미래전략 수립, 재해 및 사회 위험요인 조기 진단, 공공서비스 혁신 등을 지원

2. 활용 데이터
  - IoT 센서 데이터, 기업 내부 데이터, SNS 데이터, 로그 데이터 등

3. 분석 서비스
  - TeraONE : 데이터의 실시간 스트리밍 및 처리, 데이터 암호화, 데이터 마이닝, 사용자 친화적인 GUI를 적용한 분석 일정 관리 등을 적용하여 정형 및 비정형 데이터 거버넌스를 구성 가능한 통합 플랫폼

- TeraStream BASS : IoT를 겨냥한 데이터를 고속 수집하여 실시간으로 분석 및 감시 솔루션을 제공하는 메모리 기반 플랫폼으로, 다양한 서버 로그, 인터넷 장비 등의 데이터에 대해 하둡 시스템을 이용한 분산 저장 및 처리가 가능한 서비스
- SNS Analysis : 주요 키워드를 기준으로 SNS 상의 데이터를 수집, 분류, 분석하여 데이터 속에 숨겨진 패턴 및 통찰력을 발견

4. 활용 언어
    - R, 파이썬, 텐서플로 등

5. 활용 사례
- 광주소방본부
    - 데이터스트림즈의 솔루션을 통해 119 종합상황실의 신고 접수 및 처리 프로세스와 구조, 화재, 구급 등과 관련된 기록, 기상 데이터 등을 통합적으로 확인할 수 있는 빅데이터 플랫폼을 구축
    - 이를 통해 소방요원이 구급차와 소방차의 위치를 실시간으로 확인하고, 빅데이터 분석을 통해 골든타임 내 사고현장에 도착할 가능성과 시간을 파악하고 차량배치와 인력 등의 조정이 가능하게 됨
- 서울교통공사 : TeraONE 솔루션 활용
    - 서울교통공사는 테라원 솔루션을 도입하여 부서별로 흩어져서 관리되던 방대한 데이터를 통합, 관리하게 됨
    - 승강안전문 표준화 로그 분석, 전차선 및 궤도시설 검측 결과 분석, 내외부 민원에 대한 감성분석을 수행하여 각종 안전사고를 예방하고 효과적인 민원 대응이 가능하게 됨
- 삼성전자
    - 삼성전자는 데이터스트림즈의 'DeltaStream'이란 솔루션을 도입하여 실시간 데이터 처리가 가능하게 됨

6. 주요 고객사 (활용 기업)
    - 한화손해보험, 교보생명, 기술보증기금, 한국거래소, 롯데캐피탈 등

마인즈랩　　　　　　　　　　　www.mindslab.ai

1. 솔루션 목적
    - 음성, 텍스트, 센서데이터 등의 비정형 데이터를 자연어처리, 음성인식, 텍스트마이닝 등의 기술을 통해 분석하고, 이를 소셜 빅데이터 분석 정보와 연계하여 비즈니스 활동에 필요한 통찰력과 정보 제공

- 딥러닝 알고리즘과 머신러닝 데이터를 통해 지식이 축척된 AI엔진을 통해 금융, 통신, 제조, 공공 등의 다양한 산업에 적용할 수 있는 플랫폼을 제공

2. 활용 데이터
- 뉴스, 트위터, 블로그 등에서 추출한 빅데이터
- 상담 게시판, 고객 민원, 콜센터 녹취 데이터 등의 내부 데이터

3. 분석 서비스
- maum VOC : 실시간 음성 인식 및 텍스트 분석 기술을 이용하여 고객 센터에서 축척된 다양한 데이터를 면밀히 분석하고, 위험 요소를 감지
- maum IDR : 문서 및 이미지 내부의 텍스트를 인식하고 분석함으로 비정형 문서를 정형 구조로 변환하여 데이터베이스화할 수 있는 AI 기반의 고성능 문서처리 기술을 제공
- 마인즈랩 기계독해(MRC) API 서비스 : 어떠한 내용과 분량의 문서도 즉시 독해한 뒤 사용자의 질문에 신속하고 정확하게 대응할 수 있는 인공지능 독해 기술로 비정형 데이터에서도 적용 가능한 알고리즘
- 텍스트마이닝 : 고품질 개체명 인식, 내용을 기반으로 자동분류, 이슈에 대한 군집분석 등의 분석 가능

4. 활용 사례
- ㈜레이틀리코리아
    - 스트릿패션 및 유아동 쇼핑몰에 대한 데이터를 분석하여 고객의 관심이 집중된 인기 브랜드 위주로 스트릿패션 브랜드 소싱을 진행하고, 구매빈도가 높은 유아동 상품에 대해서는 고가가 아닌 중저가 상품 위주로 기획전을 마련하고 프로모션을 진행
    - 빅데이터 분석결과를 반영하여 브랜드를 확보한 시점부터 전월 대비 방문자수가 11%, 22%, 39% 순으로 급격히 증가하고, 업무 생산성 또한 향상되어 2주 동안 3,000개의 상품을 확보하는 성과를 거둠

- 대구광역시
    - 마인즈랩의 솔루션을 활용하여 인공지능 및 빅데이터 기반의 지능형 상담 챗봇 '뚜봇'을 출시
    - 최신 질의응답 기술에 해당하는 기계독해 기술을 이용하여 행정 지침, 법률 등의 서술형 자료에서도 정답을 찾을 수 있음
    - 해당 서비스로 인해 민원 상담 서비스가 더욱 효율적이고, 간편해지며 상담사와 관련된 사회적 비용을 절감 가능

5. 주요 고객사 (활용 기업)
- 삼성카드, KEB 하나은행, 메리츠화재, 국민권익위원회 등

코난테크놀로지   www.konantech.co.k

1. 솔루션 목적
- 온라인 미디어 상의 소비자들의 의견을 실시간으로 수집 및 분석하여 고객분석 및 소비자의 니즈 파악에 대한 인사이트를 제공
- 정형 및 비정형 데이터 분석 뿐만 아니라 분석결과 시각화 및 빅데이터 플랫폼까지 제공하여 리스크 조기 발견, 비즈니스 트렌드 파악 및 예측 서비스 등을 통한 새로운 사업 기회를 창출

2. 활용 데이터
- 뉴스, 트위터, 페이스북, 블로그 등에서 추출한 온라인 상의 빅데이터
- 기업 내외부에서 발생하는 다양한 비정형 및 정형 데이터

3. 분석 서비스
- Konan Analytics4 : 비정형 데이터를 텍스트마이닝, 이슈분석, 감성분석, 문서분류, 연결망 분석 등의 기술로 분석해 산업에 맞는 전략과 비즈니스 기회 창출을 돕는 솔루션
- Konan Analytics4 spark : 하둡 에코시스템, 스파크 기반 고속 분석엔진, 고도의 비정형 데이터 분석, 실시간 동적 분석, 인공지능 기술 등을 이용하여 데이터의 수집에서부터 분석 및 관리에 이르는 분석의 전 생명주기를 체계적으로 관리 가능
- Konan Log Analytics : 정형검색량 추이 분석, 사용자별 검색어 통계 분석, 검색순위 및 검색추이 분석 등을 통해 검색로그 결과들을 사이트 관리자가 쉽게 파악하여 사이트 운영 전략 및 고객 분석 전략 수립등에 활용할 수 있도록 함
- pulseK : 과거의 행적을 수치화하는 기존의 소셜 분석에 미래예측 등의 전문 분석 기법을 더해 실시간으로 소셜 데이터를 분석하고 모니터링하여 고객의 반응을 평가하고, 미래 트렌드 예측이 가능

4. 활용 사례
- IBK 기업은행 : Konan Analytics4 솔루션 활용
  - 코난테크놀로지의 솔루션을 활용하여 입출금 기록, CRM 데이터 등의 정형 및 비정형 데이터를 결합 분석하여 고객에게 맞춤형 상품과 서비스를 제안하고, 고객 불만 및 상담내용 등을 통합적으로 관리할 수 있는 빅데이터 시스템 구축

- 헤세드조명 : pulseK 솔루션 활용
  - 헤세드조명은 pulseK 솔루션을 통해 '인테리어 조명'을 키워드로 하여 13개월간의 SNS데이터를 분석
  - 그 결과 B2C 고객들을 위한 '선물용/ 이벤트용 조명'이라는 신상품 아이디어와 온라인 판매 채널 강화가 시급하다는 인사이트를 얻고, B2C 시장을 겨냥한 홈페이지 구축과 신제품 컨셉

구체화에 활용
- 자이크로 : pulseK 솔루션 활용
  - 스포츠브랜드 자이크로는 소셜미디어 데이터 분석 결과를 반영하여 기존의 단일화된 제품군을 프리미엄과 보급형 제품으로 이원화함. 또한 디자인을 강조하고 유소년층 상품을 따로 구분하는 방식으로 홈페이지를 리뉴얼하고, 유소년을 대상으로 적극적인 홍보활동을 수행
  - 그 결과, 홍보를 시작한 달에는 제품 문의 수가 전월 대비 12% 증가하고, 매출액도 15%가 증가함

5. 주요 고객사 (활용 기업)
  - 여성가족부, 문화체육관광부, 굿네이버스, KRX, YBWA, 서강대학교 등

b2en
www.b2en.com

b2en은 빅데이터 시스템 구축을 위한 계획수립, 분석, 설계, 구축의 과정을 지원하며 하둡 및 대용량 데이터 분산 처리 기술을 제공하고 있다. 또한 머신러닝 및 딥러닝 알고리즘을 적용한 데이터 학습 모델과 다양한 시각화 도구를 이용한 분석 결과 제공을 통해 고객이 원하는 비즈니스 통찰력을 제공한다. 빅데이터 관련 주요 고객사로는 삼성화재, SK텔레콤, 한국과학기술정보원, 한국고용정보원 등이 있다.

Clunix
www.clunix.com

클루닉스(Clunix)는 클라우드, 하둡 등을 기반으로 기관에서 운영중인 기존 데이터베이스를 빅데이터 시스템으로 복제, 연계 분석하기 위한 아렌티어 G-PAS 솔루션을 제공하고 있다. 아렌티어 GPAS는 빅데이터 기술 도입을 위한 모든 장비 및 소프트웨어를 일체형으로 탑재하였기 때문에 도입 기업에서 서버, 소프트웨어, 클라우드를 따로 도입하는 수고를 덜 수 있다. 구축 사례로는 한국정보화진흥원, 대한상공회의소, 교통안전공단 등이 있다. 뿐만 아니라 클루닉스는 IT 산업 현장에서 빅데이터 전문인력 양성을 위한 교육 환경 구성 솔루션인 아렌티어 E-PAS도 제공하고 있다. 아렌티어 EPAS는 가상화 기술을 접목하여 빅데이터 교육시 필요한 서버 및 소프트웨어 환경을 저비용으로 일괄 구성할 수 있다.

exem
www.ex-em.com

엑셈(exem)은 하둡 에코시스템을 기반으로 빅데이터 플랫폼을 구축한 고객에게 시스템 운영 시 발생하는 다양한 문제 해결과 빅데이터 시스템의 성능을 관리하는 솔루션을 제공하고 있다.

Flamingo 솔루션은 하둡의 주요 서비스를 실시간으로 모니터링하고, 문제를 감지 및 분석해준다. 그뿐만 아니라 데이터베이스의 운영을 실시간으로 모니터링, 분석하는 MaxGauge on AWS 솔루션, 인공지능을 기반으로 시스템 상의 데이터 장애 탐지, 이상 원인 추적, 사전 예측 등의 기능을 탑재한 AI Edition 솔루션 등 다양한 데이터베이스 성능관리 및 빅데이터 플랫폼에 대한 솔루션을 서비스하고 있다.

모비젠 (mobigen)   www.mobigen.com

모비젠은 기존 DBMS에서 수용할 수 없는 빅데이터의 실시간 처리를 가능하게 하는 빅데이터 솔루션 'IRIS Big Data Platform'을 제공한다. 이 플랫폼은 실시간 빅데이터 수집, GUI 기반의 전처리, 고급분석엔진을 통한 이상 징후 탐지 및 시계열 예측 등의 다양한 분석환경을 제공한다. 또한 시스템 이상탐지, 보안 모니터링, 고객 패턴분석, 고급 시각화, 오픈소스 하둡 플랫폼 통합제공 등을 지원하고 있다. 이러한 서비스를 기반으로 모비젠은 전력 빅데이터 기반 분석 플랫폼 제공, 무선망 품질 분석 시스템 구축, 이상금융거래정보 공유시스템 구축 등의 다양한 성공사례를 보유하고 있다.

어니컴   www.onycom.com

어니컴은 빅데이터 처리를 위한 웹 GUI 기반의 데이터 마이닝 및 머신러닝 분석 솔루션 'ankus'를 제공하고 있다. 구체적인 서비스 내용으로는 하둡 기반의 예측 알고리즘 도출, 대용량 분산 병렬처리 지원, 하둡 기반의 머신러닝과 데이터마이닝, 웹 브라우저 기반의 데이터 예측분석 도구 제공 등이 있다. 또한 다년간의 경험 및 노하우를 바탕으로 기업이 필요로 하는 정보시스템의 기획, 구축, 운영, 유지보수 등의 과정을 지원하고 있다.

위세아이텍   www.wise.co.kr

위세아이텍은 머신러닝을 활용한 예측, 데이터 분석, 관리, 개방에 특화된 솔루션을 보유하고 있다. 머신러닝 프로세스 자동화 도구를 기반으로 예측정비, 부당청구 탐지, 개인화 추천 솔루션을 제공하며 한국철도공사, 농협, 스마트미디어랩, 마사회 등에 서비스를 제공한 경험을 보유하고 있다. 또한 BI솔루션으로 데이터의 탐색적 분석에서부터 예측 및 분류를 지원하는 WISE Intelligence 솔루션, 자동으로 데이터의 이상치를 탐지하여 데이터 품질을 관리하는 WISE DQ솔루션 등의 다양한 빅데이터 관련 솔루션을 서비스하고 있다.

이노그리드

www.innogrid.com

이노그리드는 4차 산업혁명시대의 주요기술인 빅데이터와 클라우드 서비스를 결합하여 스타트업부터 중소기업에 이르기까지 기존 설비 환경을 클라우드로 쉽게 전환하고, 빅데이터 구축이 가능하도록 하는 솔루션에 대한 특허를 등록했다. 이는 이노그리드의 클라우드 솔루션 '클라우드잇'과 오픈스택 기반 '오픈스택잇'에 빅데이터 분석용 플랫폼 'BACS'(Bigdata Analysis Cloud Service) 솔루션을 각각 적용한 것이다. 다양한 오픈소스기반 환경에서 보다 편리하게 빅데이터분석 클라우드 서비스를 제공 받을 수 있는 솔루션이다.

이디엄

ko.logpresso.com

이디엄은 기업 데이터를 실시간으로 분석하는 플랫폼인 로그프레소를 공급한다. 또한 빅데이터의 수집, 분석, 시각화 및 검색에 이르는 전체 과정의 통합 구축을 지원하고 있다. 관세청은 로그프레소 솔루션을 이용해 이기종 데이터를 수집, 분석할 수 있는 개인정보 관제체계를 구축했으며, 농림부는 다양한 농축산시설에서 얻은 데이터를 분석하여 생산량 예측 및 최적 생장환경 모델을 개발하였다.

코오롱 베니트

www.kolonbenit.com

코오롱베니트(KOLON BENIT)는 글로벌 분석기업 SAS, 하둡 업체 Hortonworks와 파트너십을 맺고 고객사의 사업 환경에 적합한 데이터 분석 솔루션을 제공하고 있다. 기계학습 기반의 공정 최적화 및 개인화 추천 모델을 제공하며 트렌드 분석을 통한 비즈니스 인사이트 도출을 가능하게 한다. 분석환경에서의 통합 관리 플랫폼, 시각화, 정형/비정형 데이터 통계분석, 딥러닝, AI 등을 고객의 환경에 맞게 지원하여 최적의 분석 솔루션을 구축한다. 유통, 제조, 금융 등의 다양한 산업에서 해당 분석 솔루션을 활용할 수 있으며 주요 고객으로는 LG화학, 롯데마트, 건강보험심사평가원, 교보생명, MBC 등이 있다.

Point 2

오픈 DB Guide

빅데이터 프로젝트에 활용할 수 있는 데이터셋

4차 산업혁명의 '원유'라고도 불리는 빅데이터는 하루가 다르게 그 규모가 커지고, 방대한 데이터는 가치창출의 원천이 되고 있다. 이러한 상황에서 정부는 2013년에 '공공데이터의 제공 및 이용 활성화에 관한 법률(공공데이터 법)'을 제정하고, 공공기관이 보유하는 데이터를 국민에게 공개함으로써 그 활용도를 더욱 높이고자 했다. 이를 통해 누구나 다양한 목적으로 공공데이터를 활용하고, 모바일 앱 혹은 새로운 서비스를 개발함으로써 대국민 서비스 발전에 기여할 수 있게 되었다. 대표적인 사이트로는 다양한 공공 및 행정기관의 데이터를 수집, 제공하는 '공공데이터포털'이 있다. 이 외의 다양한 공공 기관, 지자체, 기업, 국내외 정부 등에서 데이터를 개방 및 공유하고 있다. 지금부터 개방된 데이터, 사이트 주소, 카테고리, 이용방법 등을 공공 DB, 분야별 DB, 지자체 DB, 해외 DB로 나누어 소개하고자 한다.

참고	오픈 데이터베이스에서 제공하는 주요 데이터 형태 및 관련 설명은 아래와 같다.
CSV	'Comma Separated Values'의 약어로 각 항목을 쉼표(,)로 구분하여 저장한 데이터를 의미
DOCX	마이크로소프트 워드 파일의 확장자
HWP	'Hangul (Hancom) Word Processor'의 약자로 한글과 컴퓨터에서 개발된 워드 프로세서에서 작성된 파일의 확장자
JSON	'JavaScript Object Notation'의 약어로 인터넷에서 자료를 주고받을 때 해당 자료를 표현하는 방법
LOD	- 'Linked Open Data'의 약어로 링크드데이터 구축 원칙에 따라 만들어진 개방형 데이터 - 웹을 거대한 데이버베이스(DB)와 같이 활용하여 누구나 접근할 수 있게 만든 서비스로 DB에 관한 지식이 어느 정도 있어야 사용이 가능
OPEN API	'Open Application Interface'의 약어로 인터넷 이용자가 직접 응용 프로그램과 서비스를 개발할 수 있도록 외부에 개방된 프로그램
PDF	'Portable Document Format'의 약어로 미국 어도비시스템즈에서 만든 문서 파일의 유형
RDF	'Resource Description Framework'의 약어로 웹에 있는 메타데이터의 속성을 정의하여 서로 다른 응용 프로그램끼리의 효율적인 데이터 교환을 가능하게 하는 언어
TXT	텍스트 파일의 확장자
XLS	마이크로소프트 엑셀 파일의 확장자로 Excel 97-2003 버전에서 사용됨
XLSX	마이크로소프트 엑셀 파일의 확장자로 Excel 97-현재 버전에서 사용됨
XML	- 'Extensible Markup Language'의 약어로 인터넷 웹페이지를 만드는데 사용되는 프로그래밍 언어인 HTML을 개선하여 만든 언어 - 컴퓨터에게 문서의 구조와 의미를 이해시키기 위해 사용하는 문법 혹은 구문 구조인 마크업언어의 한 종류임

1. 공공 DB

서비스명	분류명	내용
공공데이터포털	주관기관	· 행정안전부
	URL	· www.data.go.kr
	데이터 개요	· 국가기관, 지방자치단체, 공공기관 등이 생성 및 관리하는 데이터 한 곳에서 통합하여 제공
	카테고리	· 교육, 국토관리, 공공행정, 문화관광, 보건의료, 재난안전, 환경기상, 과학기술, 법률 등 총 16개
	개방 목적	· 공공데이터법에 따라 누구나 공공데이터에 접근하여 영리 등의 다양한 목적으로 이용하는 것을 보장하기 위함
	제공 형태	· ① 파일데이터 : CSV, XLS, XLSX, HWP, RDF 등 ② OPEN API : XML 등
	데이터 보유량	· 약 25,012개
	이용방법	· ① 공공데이터포털에서 제공 중인 데이터는 별도의 신청없이 이용 가능하며, 제공하고 있지 않는 공공데이터의 경우 제공신청절차를 거친 후 이용 가능 ② 데이터셋은 공공데이터포털 웹사이트에서 다운로드 가능
	유/무료	· 무료
지방자치단체에서 인허가 하는 업종별 데이터 개방	주관기관	· 행정안전부
	URL	· www.localdata.kr
	데이터 개요	· 전국의 업종별 업소, 사업장 등의 상태 정보 및 OPEN API
	카테고리	· 문화체육, 관광, 식품, 농축수산, 환경 등 총 11개
	제공 형태	· XLSX, CSV, XML, JSON, OPEN API 등
	이용방법	· 웹사이트에서 다운로드 가능
	유/무료	· 무료
한국산업단지공단	URL	· www.kicox.or.kr
	데이터 개요	· 한국산업단지공단의 주요사업, 경영성과 등의 관련 데이터 및 공공데이터
	개방 목적	· 국민의 알 권리 충족 및 대국민서비스의 질 향상
	제공 형태	· HWP, XLS, OPEN API 등
	이용방법	· 정보공개 청구 및 정보공개 여부 결정의 과정을 거친 후 정보 확인 가능
	유/무료	· 무료/유료
국가지표체계	주관기관	· 통계청
	URL	· www.index.go.kr
	데이터 개요	· 전체지표, 국가주요지표, 국민삶의질 지표, 녹색성장지표에 관련된 데이터
	카테고리	· 인구, 가족, 건강, 교육, 문화와 여가, 주거와 교통, 범죄와 치안 등 총 45개
	개방 목적	· 통계청에서 국가발전과 국민의 생활을 쉽게 모니터링할 수 있도록 다양한 지표 관련 데이터를 제공
	제공 형태	· 엑셀 파일
	데이터 보유량	· 약 391개
	이용방법	· 웹사이트에서 다운로드 가능
	유/무료	· 무료

국가통계포털	주관기관	· 통계청
	URL	· kosis.kr
	데이터 개요	· 국내, 국제, 북한의 주요 통계 데이터
	카테고리	· ① 국내통계 : 인구/가구, 사회, 농림어업 등 총 16개 ② 국제통계 : 무역/국제수지, 국민계정, OECD 국가의 주요통계지표 등 총 18개 ③ 북한통계 : 남북한교류, 남북협력기금, 대외거래 등 총 14개
	제공 형태	· XLSX, XLS, CSV, TXT 등
	이용방법	· 웹사이트에서 다운로드 가능
	유/무료	· 무료
MDIS (마이크로데이터 통합 서비스)	주관기관	· 통계청
	URL	· mdis.kostat.go.kr
	데이터 개요	· 다양한 통계자료를 이용할 수 있도록 국민들에게 제공되는 마이크로데이터로 통계청, 정부 각 부처, 지자체, 연구기관 등 다양한 통계 작성기관으로부터 추출된 데이터
	카테고리	· 사업체 부문 조사, 인구총조사, 가구조사, 농림어업부문
	개방목적	· 심층적인 경제, 사회현상 분석을 필요로 하는 다양한 계층의 이용자에게 통계조사 데이터를 제공하기 위함
	제공 형태	· XLSX 등
	이용방법	· ① 다운로드 : 데이터를 개인 PC에 직접 다운로드 받아 이용 가능 ② 원격접근서비스(RAS) : 이용자가 인터넷으로 원격분석서버에 접속하여 승인용 마이크로데이터를 분석 가능 ③ 이용센터서비스(RDC) : 오프라인상으로 마이크로데이터 이용센터 (RDC : Research Data Center)에 방문하여 분석PC에서 자료를 분석하고, 통계청 승인을 거친 후 분석 반출 가능 ④ 주문형서비스 : MDIS에서 제공하는 마이크로데이터를 활용하여 이용자가 원하는 분석결과표를 작성해주는 서비스 ⑤ 마이크로데이터 CD : 마이크로데이터를 CD로 제작하여 제공하는 서비스로 통계쇼핑몰(http://www.kostat.go.kr/shopmall/index.jsp)에서 이용 가능
	유/무료	· 무료/유료
열린재정 (재정정보공개 시스템)	주관기관	· 기획재정부
	URL	· www.openfiscaldata.go.kr
	데이터 개요	· 재정통계, 국고보조금 정보와 같은 우리나라의 재정관련 공개 데이터
	카테고리	· 예산, 집행, 결산, 성과평가, 국세통계, 채무, 수지 등
	이용방법	· ① 데이터 : 웹사이트에서 다운로드 가능 ② OPEN API : 웹사이트 로그인 후 인증키를 발급받아 이용 가능
지방재정365 (지방재정통합 공개 시스템)	주관기관	· 행정안전부
	URL	· lofin.mois.go.kr
	데이터 개요	· 지방재정통합공개시스템에서 제공하는 재정상태표, 조기집행실적, 세입현황, 기금결산 등의 데이터와 OPEN API
	제공 형태	· XLS, CSV, HWP, TXT, OPEN API 등
	유/무료	· 무료

2. 분야별 DB

2-1. 건축 및 교통

서비스명	분류명	내용
건축데이터 민간 개방 시스템	주관기관 URL 데이터 개요 카테고리	· 국토교통부 · open.eais.go.kr · 국민의 주거 및 경제활동과 밀접한 관계가 있는 건축행정정보 · 건축인허가, 주택인허가, 건축물대장, 건물에너지 등 총 7개
고속도로 공공데이터포털	주관기관 URL 데이터 개요 카테고리	· 한국도로공사 · data.ex.co.kr · 한국도로공사에서 보유한 고속도로 공공데이터 · 교통, 건설, 유지관리, 일반행정, 통행료, 휴게소, 융합
교통사고분석시스템 (TAAS)	주관기관 URL 데이터 개요 카테고리 개방 목적 제공 형태 이용방법 유/무료	· 도로교통공단 · taas.koroad.or.kr · 경찰, 보험사, 공제조합 등에서 수집, 통합 및 분석한 교통사고 정보 · 교통여건, 교통사고추세, 교통사고일반, 차량관련, 교통안전지표, 통계보고서, 교통사고 잠정통계 등 총 12개 · ① 교통사고정보를 통합관리하여 교통안전 대책 추진을 효율적으로 지원 ② 국가 교통사고 총량 파악 지원 · DOCX, XLS 등 · 웹사이트에서 다운로드 가능 · 무료
교통정보공개서비스	주관기관 URL 데이터 개요 이용방법	· 국토교통부 · openapi.its.go.kr · ① 데이터 : 교통소통정보, 공사/사고정보, VMS 표출정보, 표준노드링크 갱신정보를 사용자가 설정한 일자, 집계주기에 따라 제공 ② OPEN API : 국토교통부의 교통정보 관련 컨텐츠와 데이터를 활용하기 위한 API · ① 데이터 : 웹사이트에서 다운로드 가능 ② OPEN API : 웹사이트 로그인 후 인증키를 발급받아 이용 가능
국가교통데이터베이스 (KTDB)	주관기관 URL 데이터 개요 제공 형태 이용방법 유/무료	· 한국교통연구원 · www.ktdb.go.kr · ① 교통 정책과 계획 수립 등에 필요한 교통에 관한 기초 통계 데이터를 제공 ② 도로, 철도, 항만, 물류시설 등의 교통시설과 교통수단의 운영상태, 통행특성, 교통 네트워크 등에 관한 데이터 제공 · XLSX, TXT, CSV 등 · 웹사이트에서 다운로드 가능 · 무료

서비스명	분류명	내용
부동산통계정보시스템	주관기관	· 한국감정원
	URL	· www.r-one.co.kr
	데이터 개요	· 각 통계작성기관에서 분산되어 있던 국가 통계 자료를 통합하여 제공
	카테고리	· 전국지가변동률조사, 전국주택가격동향조사, 월세가격동향조사, 부동산거래현황, 부동산 관련지수 등 총 10개
	개방목적	· 부동산 관련 통계자료를 신속하고 편리하게 제공하여 부동산 시장질서 확립과 이용자의 원활한 정보 열람에 효율성 제고
	제공 형태	· XLSX, CHART 등
	이용방법	· 웹사이트 상에서 검색 후 이용 가능
	유/무료	· 무료
서울교통공사	URL	· www.seoulmetro.co.kr
	데이터 개요	· 서울교통공사에서 개방하고 있는 역별 승강기 현황, 열차 내 안전장치 현황, 월별 승차인원 비율 등의 내용에 해당하는 공공데이터
	카테고리	· 종합통계 및 지표, 교통시설규모, 교통수단보유, 수송실적, 에너지 및 환경, 해외통계 등
	제공 형태	· XLSX 등
	데이터 보유량	· 약 100개

2-2. 교육 및 문화

서비스명	분류명	내용
TourAPI 3.0	주관기관	· 한국관광공사
	URL	· api.visitkorea.or.kr
	데이터 개요	· ① 한국관광공사가 보유하고 있는 다양한 (실시간)관광정보 및 사진정보 ② 영문, 일문, 중문간체, 중문번체, 독일어, 프랑스어, 스페인어, 러시아어 등의 다국어 관광정보
	개방목적	· 관광정보를 간행물, 연구자료, 웹사이트, 모바일 앱 등 다양한 분야에서 유용하게 활용하도록 하기 위함
	제공 형태	· OPEN API, LOD, 웹사이트상의 데이터 등
	이용방법	· ① OPEN API : 공공데이터포털 회원가입 후 활용신청을 통해 인증키를 획득한 후 이용 가능 ② 맞춤형 데이터 : 웹사이트에서 다운로드하여 이용 가능 ③ LOD(Linked Open Data)를 통해 이용 가능
	유/무료	· 무료
경기문화재단	URL	· www.ggcf.kr
	데이터 개요	· 경기문화재단이 보유한 공공데이터 및 콘텐츠
	제공 형태	· TXT, CSV, OPEN API, LOD 등
대학알리미	주관기관	· 교육부
	URL	· www.academyinfo.go.kr
	데이터 개요	· 대학의 공시정보 및 대학 관련 정보
	카테고리	· 학교 규칙, 학교 선발 방법, 교원확보 현황, 대학회계 등 14개 분야의 101개의 세부항목
	개방 목적	· 국민들로 하여금 쉽고 편리하게 원하는 대학 정보를 이용하도록 하기 위함
	제공 형태	· XLSX, 웹사이트 상의 표 및 그래프 등

도서관 정보나루	주관기관	· 국립중앙도서관, 한국과학기술정보연구원
	URL	· www.data4library.kr
	데이터 개요	· 공공도서관에서 수집된 도서관정보, 대출정보, 도서별 이용분석 등에 관한 데이터
	카테고리	· 도서관 개요, 장서/대출 데이터, 인기대출도서, 도서별 이용분석
	개방목적	· 사서, 연구자, 기획자, 민간 사업자 등에게 다양한 분석, 융합 콘텐츠 생산 등을 지원하기 위함
	제공 형태	· CSV, XLS, TXT, OPEN API 등
	데이터 보유량	· 도서관 802개관, 장서 약 7,900만 건, 회원 약 2,100만 명, 대출 약 10억 건
	이용방법	· ① 파일데이터 : 웹사이트에서 파일을 다운로드 후 이용 가능 ② OPEN API : 웹사이트 상에서 인증키를 발급받아 이용 가능
	유/무료	· 무료
지방교육재정알리미	주관기관	· 교육부
	URL	· www.eduinfo.go.kr
	데이터 개요	· 지방교육재정과 관련된 데이터와 OPEN API
	카테고리	· ① 데이터 : 결산통합공시, 예산통합공시, 교육청 예/결산서, 교육청 공시보고서, 학교정보 ② OPEN API : 결산통합공시, 예산통합공시
	제공 형태	· XLS, CSV, HWP, TXT, OPEN API 등
학교알리미	주관기관	· 교육부
	URL	· www.schoolinfo.go.kr
	데이터 개요	· 초, 중등학교 정보공시제를 기반으로 한 학생, 교원현황, 시설, 학교폭력발생현황 등과 같은 학교의 주요정보
	카테고리	· 학생 재학현황, 학생 체력증진, 직위별 교원현황, 학교운영위원회, 학교회계 예/결산서 등 총 25개
	개방목적	· 학교의 교육 실태 및 관련 주요 정보를 투명하게 공개하여 국민의 알 권리 보장 및 국민의 교육참여 활성화를 촉진
	제공 형태	· CSV 등
	이용방법	· 웹사이트 상에서 다운로드 후 이용 가능
	유/무료	· 무료
한국사LOD	주관기관	· 국사편찬위원회
	URL	· lod.koreanhistory.or.kr
	데이터 개요	· 한국사에 관련하여 유관기관에서 보유하고 있는 데이터
	개방 목적	· ① 국민 누구나 역사를 쉽게 접근하고 배우기 위한 다양한 어플리케이션이나 서비스의 개발을 촉진하기 위함 ② 한국사와 관련된 타 분야에서 한국사 관련 정보를 연계하여 사용하는데 용이성 제공
	제공 형태	· LOD(Linked Open Data)
	데이터 보유량	· 약 7,071건

2-3. 기술 및 특허

서비스명	분류명	내용
기술표준정보은행	주관기관	· 한국표준협회
	URL	· www.ibtk.kr
	데이터 개요	· 기술표준 정보은행이 보유하고 있는 서비스, 컨텐츠, 데이터를 네트워크를 통해 다른 정보시스템에서 활용할 수 있도록 하는 OPEN API
	제공 형태	· OPEN API
	데이터 보유량	· 약 129개
	이용방법	· 웹사이트에서 OPEN API 구매 후 인증키를 발급받아 이용 가능
	유/무료	· 무료/유료
특허정보 활용서비스 (KIPRIS Plus)	주관기관	· 특허청
	URL	· plus.kipris.or.kr
	데이터 개요	· 특허청에서 개방하고 있는 등록정보, 산업재산권, 상표속보 등의 특허관련 데이터
	카테고리	· 특허, 디자인, 상표, 분류정보, 특허관리업무, 거래, 심판, 번역 등 총 31개
	제공 형태	· CSV, TXT, XML, OPEN API, 사이트 링크 등
	데이터 보유량	· 약 253개
	이용방법	· ① 데이터 : CD, USB 등의 전자 매체나 FTP등을 통해 일괄 다운로드 ② OPEN API : 특허청 DB와의 연계를 기반으로 사용자가 필요한 정보를 요청하고, 응답 받아 웹서비스의 형태로 이용
	유/무료	· 무료/유료

2-4. 법률 및 국방

서비스명	분류명	내용
국가법령정보 공동활용	주관기관	· 법제처
	URL	· open.law.go.kr
	데이터 개요	· 국가법령정보센터에서 제공하는 다양한 법령정보
	제공 형태	· OPEN API, HWP 등
	이용방법	· 사이트 회원가입 및 공동활용 신청을 완료한 후 승인되면 이용 가능
대한민국 국방부	주관기관	· 국방부
	URL	· data.mnd.go.kr
	데이터 개요	· 국방부내에서 발굴한 공공 데이터
	카테고리	· 국방, 역사, 과학, 통계, 공공정책, 국토관리 등 33개
	제공 형태	· XLS, CSV, HWP 등의 파일형태, OPEN API, Link 등의 제공방식
	데이터 보유량	· ① 데이터 : 약 89개 ② OPEN API : 약 74개
	이용방법	· 웹사이트에서 다운로드 가능
	유/무료	· 무료

	주관기관	· 병무청
병무청 공개개방포털	URL	· open.mma.go.kr
	데이터 개요	· 병무청 공공데이터와 OPEN API
	데이터 보유량	· ① 데이터 : 40개 ② OPEN API : 18개
	이용방법	· open.mma.go.kr 사이트 접속 → 공공데이터/활용 → 공공데이터제공 신청 메뉴 선택

2-5. 보건의료

서비스명	분류명	내용
경기도 장애인복지 종합지원센터	URL	· www.ggnurim.or.kr
	데이터 개요	· 경기도 장애인복지 종합지원센터에서 제공하는 장애인복지와 관련된 데이터
	카테고리	· 장애 인구, 보건의료, 보육교육, 고용, 사회보장 등 총 10개
	제공 형태	· XLS, CSV, XML, TXT 등
	이용방법	· 웹사이트에서 다운로드 후 이용가능
	유/무료	· 무료
보건복지데이터포털	주관기관	· 한국보건사회연구원
	URL	· data.kihasa.re.kr
	데이터 개요	· 한국보건사회연구원에서 실시한 보건복지와 관련된 통계조사 원자료에서 입력오류, 조사오류, 논리오류 등을 제거하여 작성한 데이터
	카테고리	· 인구/가구, 보건의료, 사회복지, 지역사회, 보건 분야, 복지 분야
	개방목적	· 보건복지 통계자료의 민간 활용 활성화를 지원하기 위함
	이용방법	· 회원가입 → 자료신청서 작성 → 자료신청서 접수 → 자료이용료 입금 등의 과정을 거쳐서 다운로드 가능
	유/무료	· 무료/유료
보건의료빅데이터 개방시스템	주관기관	· 건강보험심사평가원
	URL	· opendata.hira.or.kr
	데이터 개요	· 건강보험심사평가원이 보유하고 있는 전국민의 진료정보 및 의료기관, 제약회사 등에서 수집하여 정제한 데이터 및 의료통계정보
	카테고리	· 진료정보, 의약품 정보, 의료자원 정보, 비급여 정보 등 총 7개
	개방목적	· 국민과 보건분야에서 유익한 의료정보 및 서비스를 이용하도록 하기 위함
	제공 형태	· CSV, XLSX, DOCX 등
	유/무료	· 무료/유료

오픈DB

2-6. 빅데이터 일반

서비스명	분류명	내용
K-ICT빅데이터센터	URL	· kbig.kr
	데이터 개요	· ① 국내/외 빅데이터 사업, 데이터 보유 기관 등과의 협력을 통해 빅데이터 관련 연구, 서비스 개발에 활용할 수 있도록 수집한 데이터 ② 분석 활용 데이터, 교육 실습용 데이터, 딥러닝 테스트 데이터, 소셜 데이터, 경기도 제공 데이터로 구분됨
	카테고리	· 교육, 국토관리, 식품건강, 재난안전, 과학기술 등 총 16개
	개방목적	· 다양한 분야의 데이터를 제공하여 빅데이터 관련 연구, 데이터분석 및 교육실습 등에 기여하기 위함
	제공 형태	· TXT, PDF, XLSX 등
	이용방법	· ① K-ICT 빅데이터센터 웹사이트의 [데이터큐브 → 데이터셋 → 데이터셋]메뉴를 통해 데이터 이용 가능 ② K-ICT 빅데이터센터 인프라(분석, 교육, 딥러닝 등) 접속 후 [Data폴더]에서 데이터 이용 가능
	유/무료	· 무료
kt 데이터 스토어	주관기관	· kt
	URL	· bigsight.kt.com
	데이터 개요	· LTE 시그널 데이터를 기반으로 한 인구분포추정을 위한 자료, 유동인구 데이터, 교통기반시설 관련 기초자료, 부동산 관련 정보 등의 다양한 데이터와 OPEN API를 제공
	이용방법	· 웹사이트에서 데이터셋 활용승인을 받은 후 다운로드 가능
네이버 데이터랩	주관기관	· 네이버
	URL	· datalab.naver.com
	데이터 개요	· 네이버의 빅데이터 포털인 네이버 데이터랩은 쇼핑 분야별 클릭 추이, 쇼핑에서 클릭이 발생한 검색어 통계, 네이버 검색 추이 정보, 지역별 관심도, 공공 데이터 등을 제공하고 있음
	카테고리	· 급상승트래킹, 검색어트렌드, 쇼핑인사이트, 지역통계, 공공데이터
	이용방법	· 웹사이트에서 조회 후 이용 가능
데이터스토어	주관기관	· 한국데이터진흥원
	URL	· www.datastore.or.kr
	데이터 개요	· ① 온라인으로 판매 및 구매가 가능한 다양한 데이터 ② 데이터스토어 : 누구나 온라인상에서 데이터를 판매하고, 구매할 수 있는 데이터 오픈마켓
	카테고리	· 사회/경제, 통계, IT/과학기술, 환경/에너지, 공공행정 등 총 13개
	개방목적	· 서비스 개발, 데이터 분석 등 사업에 필요한 다양한 데이터를 온라인 상에서 쉽게 사고 팔도록 하기 위함
	제공 형태	· CSV, XLSX, PDF, OPEN API 등
	이용방법	· ① 파일 데이터 : 웹사이트 상에서 데이터 신청 후 다운로드 가능 ② OPEN API : 데이터스토어에서 결제 후 인증키를 발급받아 이용 가능
	유/무료	· 무료/유료/협의

2-7. 안전 및 공간

서비스명	분류명	내용
국가공간정보포털	URL	· www.nsdi.go.kr
	데이터 개요	· 국가, 공공기관, 민간에서 생산한 지도정보, 위치정보 등의 공간과 관련된 데이터
	개방목적	· 국토교통부에서 국민들로 하여금 국가, 공공, 민간에서 생산한 공간정보를 한 곳에서 쉽게 활용하도록 하기 위함
	데이터 보유량	· 약 1,461개
	이용방법	· ① 데이터셋 : 웹사이트에서 다운로드 가능 ② OPEN API : OPEN API 사용 신청 후 인증키를 발급받아 이용 가능
	유/무료	· 무료
재난안전데이터포털	주관기관	· 행정안전부
	URL	· data.mpss.go.kr
	데이터 개요	· 국가의 재난, 자연재해, 국민행동요령 등의 재난안전과 관련된 데이터
	카테고리	· 안전정책, 생활안전, 비상대비, 재난예방, 재난대응 등 총 10개
	제공 형태	· XLS, CSV, HWP, OPEN API, Link 등
	이용방법	· 웹사이트에서 다운로드 가능
중앙응급의료센터	URL	· dw.nemc.or.kr
	데이터 개요	· 의료기관 자원정보, 응급의료 자원정보, 출동 및 처치 기록지, 응급의료 기관평가 정보, 국가응급 진료정보망 등의 응급의료와 연관된 공공데이터
	개방목적	· ① 응급의료와 연관된 공공데이터를 분석한 결과를 바탕으로 한정된 응급의료 자원을 적재적소에 배치하여 응급상황에서 효율적으로 대처하기 위함 ② 중증응급환자의 이동경로를 추적하고, 병원간 실태를 파악하여 응급의료 모니터링 체계를 강화
	이용방법	· 웹사이트에서 신청서 작성 후 심의를 통과하면 다운로드 가능
	유/무료	· 무료

2-8. 환경 및 식품

서비스명	분류명	내용
K-water 공공데이터 개방포털	주관기관	· K-water
	URL	· opendata.kwater.or.kr
	데이터 개요	· K-water가 보유하고 있는 물 관련 정보
	카테고리	· 수자원, 수도, 지하수, 기술 기타
	제공 형태	· XLS, CSV, XML, OPEN API, LOD 등
	데이터 보유량	· 총 52건
	이용방법	· ① 데이터셋 : 웹사이트에서 다운로드 가능 ② OPEN API : 개발계정/운영계정 신청 및 심의를 거친 후 서비스키를 발급받아 이용가능
	유/무료	· 무료

LOD생물정보 통합시스템	주관기관	· 미래창조과학부, 한국정보진흥원
	URL	· lod.nature.go.kr
	데이터 개요	· 국립수목원이 보유한 생물정보
	카테고리	· ① 종별, 주제별, 지역별로 데이터 제공 ② 멀티미디어의 형태로 생물정보 제공
	개방목적	· ① 생물자원 정보 공급의 확대 및 생물자원 정보의 활용성 강화 ② 차세대 멀티미디어 교육환경의 조성 및 생물 관련 학습에 활용
	제공 형태	· LOD
	이용방법	· LOD(Linked Open Data) 기반으로 이용 가능
	유/무료	· 무료
기상자료개방포털	주관기관	· 기상청
	URL	· data.kma.go.kr
	데이터 개요	· ① 지상, 해양, 항공관측, 위성 등 총 30종류의 날씨 데이터 ② 기온분석, 강수량분석, 장마 등 18종류의 기후통계분석정보
	카테고리	· 기상관측, 기후변화감시, 위성, 레이더 등 총 8개
	개방목적	· 날씨 및 기후 관련 데이터를 이용한 다양한 연구와 서비스를 지원하기 위함
	이용방법	· 웹사이트에서 다운로드 가능
농림축산식품 공공데이터포털	주관기관	· 농림축산식품부
	URL	· data.mafra.go.kr
	데이터 개요	· 농림축산식품부에서 개방하는 농산물이력추적, 축산물검수정보, 채소류생산실적 등의 데이터
	카테고리	· 농산, 축산, 산림, 유통, 식품안전, 농촌복지 등 총 16개
산림청	URL	· www.forest.go.kr
	데이터 개요	· 산림청 대표포털, 국가생물종 지식정보시스템 등의 30개 정보시스템에서 보유하고 있는 데이터
	카테고리	· 산림자원, 휴양문화, 산림재해, 산림통계, 연구정보
한강홍수통제소	URL	· www.hrfco.go.kr
	데이터 개요	· 한강홍수통제소에서 수집한 강수량, 하천수위 등의 기초조사정보 및 하천정보
	개방목적	· 실수요자에게 필요한 수문 및 하천 정보를 생산, 제공하여 대국민 서비스 제고
	제공 형태	· XLS, OPEN API 등
	이용방법	· 청구서 제출 후 정보공개여부 결정에 따라 이용 가능
	유/무료	· 무료/유료
환경정보공개시스템	URL	· www.env-info.kr
	데이터 개요	· 기업별 환경경영 추진체계, 자원/에너지 절약 및 환경오염물질 배출저감 목표 등에 해당하는 기업의 환경경영에 관한 정보
	개방목적	· 기업의 환경경영에 대한 추진의지 제고 및 국민과의 소통 강화
	이용방법	· 웹사이트에 접속하여 이용 가능

3. 지자체 DB

국내 지자체에서는 다양한 카테고리의 데이터를 개방하여 시민들이 자유롭게 이용하게끔 공유하고 있다. 데이터는 XLS, CSV, HWP, OPEN API, LOD 등의 다양한 형식으로 제공되며, 대부분의 경우 무료이다. 데이터셋의 경우는 웹사이트에서 조회 후 다운로드가 가능하고, OPEN API의 경우는 인증키를 발급받은 후 사용할 수 있다. 지자체에서 운영하는 데이터 포털마다 이용방법이 조금씩 상이할 수 있으며 구체적인 내용은 제시된 사이트 URL에 접속하면 확인이 가능하다.

서비스명	분류명	내용
강원 공공데이터	주관기관	· 강원도
	URL	· data.gwd.go.kr
	데이터 개요	· 강원도 산하기관 및 18개 시, 군이 보유한 강수량 통계, 음식점, 인구 통계 등에 관한 데이터
	개방목적	· 사회적으로 활용 가치가 높은 공공데이터를 개방하여 다양한 비즈니스 창출 기회를 제공
	데이터 보유량	· 약 2,163건
거제시 공공데이터 커뮤니티 센터	주관기관	· 거제시
	URL	· data.geoje.go.kr
	데이터 개요	· 거제시에서 개방하고 있는 문화재 목록, 거제시 숙박 목록, 추천관광목록 등의 다양한 공공데이터
	카테고리	· 공공행정, 관광문화, 환경기상, 식품건강 등 총 10개
	개방목적	· 거제시청이 보유한 공공데이터를 개방함으로써 시민의 편의를 위한 모바일 앱 개발 등의 다양한 공공데이터의 활용을 촉진
경상남도 공공데이터 포털	주관기관	· 경상남도
	URL	· open.gyeongnam.go.kr
	데이터 개요	· 경남도청이 보유한 데이터를 엑셀, OPEN API 등의 형태로 제공
	카테고리	· 교육, 국토관리, 공공행정, 재정금융, 환경기상, 문화관광 등 총 15개
	개방목적	· 경남도청이 공개하고 있는 공공데이터를 누구든지 편리하게 이용할 수 있도록 하기 위함
	데이터 보유량	· 총 32건
경상북도 공공데이터 포털시스템	주관기관	· 경상북도
	URL	· data.gb.go.kr
	데이터 개요	· 경상북도에서 개방하는 공공데이터
	카테고리	· 공공질서 및 안전, 과학기술, 교육, 국방, 통신, 환경보호 등 총 15개
	개방목적	· 누구나 경상북도의 공공데이터를 이용하여 모바일 서비스 제작 혹은 타 서비스와 연계하여 활용할 수 있도록 하기 위함
	데이터 보유량	· 총 477건
고양시 공공데이터 포털	주관기관	· 고양시
	URL	· data.smartcitygoyang.kr
	데이터 개요	· 스마트 가로등, 환경센서, 주/정차센서, 스마트시티 공동플랫폼, 타 공공기관 등으로부터 수집하여 고양시에서 활용하고 있는 데이터를 OPEN API의 형태로 제공
	개방목적	· 공공 데이터를 적극 개방, 공유하여 많은 부처간의 벽을 허물고 원활하게 소통 및 협력하기 위함
	데이터 보유량	· 총 30건

광주광역시 공공데이터 포털	주관기관 URL 데이터 개요 카테고리 개방목적 데이터 보유량	· 광주광역시 · data.gwangju.go.kr · 광주광역시 각 부서에서 보유하고 있는 공공데이터 · 공공행정, 과학기술, 교육, 보건의료, 식품건강, 재난안전 등 총 14개 · 광주광역시의 공공데이터를 새로운 비즈니스 등에 활용하도록 하기 위함 · 총 317건
대구광역시 공공데이터 포털	주관기관 URL 데이터 개요 카테고리 개방목적 데이터 보유량	· 대구광역시 · data.daegu.go.kr · 대구광역시에서 보유한 데이터 · 산업 중소기업, 일반 공공행정, 교육, 공공질서 및 안전, 수송 및 교통, 지역개발 등 총 11개 · 대구광역시의 공공데이터를 체계화, 통합, 개방하여 민간의 활용 촉진 · 총 1,693건
대전광역시 공공데이터개방	주관기관 URL 데이터 개요 카테고리 데이터 보유량 이용방법	· 대전광역시 · data.daejeon.go.kr/pubc · 대전시에서 발생되는 공공데이터 · 도시철도공사, 시설관리공단, 도시공사, 마케팅공사, 동구청, 중구청, 서구청, 대덕구청, 유성구청 · ① 데이터 : 43개 　② OPEN API : 19개 · ① 데이터셋 : 공공데이터 포털을 통해 이용 가능 　② OPEN API : 개발계정/운영계정의 신청 및 심의를 거친 후 서비스키를 발급받아 이용가능
부산 공공데이터포털	주관기관 URL 데이터 개요 카테고리 데이터 보유량 이용방법	· 부산시 · opendata.busan.go.kr · 부산시에서 보유한 공공데이터 · 교육, 산업고용, 문화관광, 보건의료, 재난안전, 교통물류, 법률 등 총 16개 · ① 데이터 : 1,890개 　② OPEN API : 132개 · ① 데이터셋 : 웹사이트에서 다운로드 가능 　② OPEN API : 개발계정/운영계정의 신청 심의를 거친 후 서비스키를 발급받아 이용가능
부천 공공데이터 광장	주관기관 URL 데이터 개요 카테고리 데이터 보유량	· 부천시 · data.bucheon.go.kr · 부천시에서 보유한 공공데이터 · 문화관광, 교육, 일반행정, 보건, 복지, 산업경제, 교통, 도시관리, 재난안전, 환경 · ① 데이터 : 864개 　② OPEN API : 62개
서귀포시 데이터넷	주관기관 URL 데이터 개요 카테고리 개방목적 데이터 보유량 이용방법	· 서귀포시 · data.seogwipo.go.kr · 서귀포시가 운영하는 개별시스템 및 각 부서로부터 수집하여 서귀포시에서 보유하고 있는 공공데이터 · 통일외교안보, 농축수산, 과학기술, 보건의료, 문화관광, 사회복지, 국토관리 등 총 14개 · 서귀포시의 공공데이터를 누구든지 활용할 수 있도록 하기 위함 · 총 245개 · ① 데이터셋 : 웹사이트에서 다운로드 가능 　② OPEN API : 개발계정/운영계정의 신청 심의를 거친 후 서비스키를 발급받아 이용가능

서울열린데이터광장	주관기관	· 서울특별시
	URL	· data.seoul.go.kr
	데이터 개요	· 문화, 공간정보, 유동인구 등 서울시에서 개방하고 있는 각종 공공데이터
	카테고리	· 보건, 일반행정, 교육, 안전, 환경 등 총 12개
	개방목적	· 공공 데이터를 민간에 개방하여 공익성, 업무효율성, 투명성을 높이고 데이터 활용에 대한 시민의 참여를 유도하여 다양한 서비스와 새로운 비즈니스의 기회를 창출하기 위함
	데이터 보유량	· 약 4,987개
성남 공공데이터넷	주관기관	· 성남시
	URL	· data.seongnam.go.kr
	데이터 개요	· 성남시 및 산하, 관계기관에서 보유하고 있는 복지, 산업, 경제, 교통 등에 관련된 데이터
	카테고리	· 사회/복지, 환경/안전, 문화/관광, 생활정보, 교통정보, 산업정보, 기타
	개방목적	· 누구나 성남 공공데이터를 이용하여 앱, 웹사이트, 서비스 등을 개발하고 데이터를 활용할 수 있도록 하기 위함
	데이터 보유량	· 총 382건
	이용방법	· ① 데이터셋 : 웹사이트에서 다운로드 가능 ② OPEN API : 개발계정/운영계정의 신청 및 심의를 거친 후 서비스키를 발급받아 이용가능
세종시 데이터실록	주관기관	· 세종시
	URL	· data.sejong.go.kr
	데이터 개요	· 세종시가 통합 관리하고 있는 데이터와 시민이 참여하여 만든 데이터
	카테고리	· ① 공공데이터 : 공공행정, 과학기술, 교육, 교통물류, 국토관리, 재난안전 등 총 13개 ② 시민데이터 : 유아교육, 학원, 상점, 동호회
수원시 공공데이터	주관기관	· 수원시
	URL	· data.suwon.go.kr
	데이터 개요	· 수원시 산하기관 및 시군이 보유한 데이터
	카테고리	· 공공행정, 과학기술, 교육, 교통물류, 재난안전 등
	개방목적	· 공공데이터를 개방하여 다양한 비즈니스 창출 기회를 제공하고 IT콘텐츠 산업 육성에 기여하고자 함
	데이터 보유량	· 총 1,424건
안산 공공데이터	주관기관	· 안산시청
	URL	· data.ansan.go.kr
	데이터 개요	· 안산시에서 발굴한 공공데이터
	카테고리	· 공공질서 및 안전, 교육, 농림해양수산, 보건, 지역개발, 환경보호 등 총 12개
	데이터 보유량	· 총 367건
안양시 공공데이터 포털	주관기관	· 안양시
	URL	· www.anyang.go.kr/opendata/main.do
	데이터 개요	· 안양시와 관련된 공공데이터를 그 특성에 맞도록 엑셀파일, 오픈API, 차트, 지도 등의 형식으로 제공
	카테고리	· 사회/복지, 환경/안전, 문화/관광, 생활정보, 교통정보, 산업정보, 기타

영천시 공공데이터 개방	주관기관	· 영천시
	URL	· data.yc.go.kr
	데이터 개요	· 영천시에서 제공하고 있는 대시민 정보 및 내부 행정정보
	카테고리	· 공공질서 및 안전, 교육, 농림해양수산, 보건, 지역개발, 환경보호 등 총 12개
	개방목적	· 공공데이터를 민간에 개방함으로써 공공서비스 시장을 활성화하고 신규사업 기회를 제공하고자 함
	데이터 보유량	· 총 105건
오산시 공공데이터 개방	주관기관	· 오산시
	URL	· data.osan.go.kr
	데이터 개요	· 오산시에서 수요자 맞춤형으로 제공하고 있는 공공데이터
	카테고리	· 공공질서 및 안전, 교육, 농림해양수산, 보건, 지역개발, 환경보호 등 총 12개
	개방목적	· 공공정보를 민간에 개방함으로써 투명성, 공익성, 신뢰성 향상
	데이터 보유량	· 총 66건
울산광역시 공공데이터포털	주관기관	· 울산광역시
	URL	· data.ulsan.go.kr
	데이터 개요	· 울산시청이 운영하는 개별 시스템의 자료를 연동하거나 각 부서에서 관리하고 있는 자료를 수집한 통합 데이터
	카테고리	· 교육, 국토관리, 재정금융, 사회복지, 환경기상, 문화관광, 법률 등 총 15개
	개방목적	· 울산시의 공공데이터를 개방하여 모바일 앱 개발 등 공공데이터의 다양한 활용을 촉진
	데이터 보유량	· 총 528건
인천광역시 데이터공유센터	주관기관	· 인천광역시
	URL	· open.incheon.go.kr
	데이터 개요	· 인천광역시에서 보유한 공공데이터
	카테고리	· 교통, 농림해양수산, 문화체육관광, 지역개발, 복지, 안전 등 총 13개
전라남도 공공데이터 커뮤니티센터	주관기관	· 전라남도
	URL	· data.jeonnam.go.kr
	데이터 개요	· 전남도청이 보유한 공공데이터
	개방목적	· 전남도청의 공공데이터를 개방하여 모바일 앱 개발 등 공공데이터의 다양한 활용을 촉진
전라북도 공공데이터포털	주관기관	· 전라북도
	URL	· opendata.go.kr
	데이터 개요	· 전라북도가 운영하는 개별 시스템의 자료를 실시간으로 연동하거나 각 부서에서 관리하고 있는 자료를 수집, 통합하여 제공하는 데이터
	카테고리	· 공공행정, 문화관광, 산업고용, 재난안전, 재정금융 등 총 15개
전주시 공공데이터 커뮤니티 센터	주관기관	· 전주시
	URL	· openapi.jeonju.go.kr
	데이터 개요	· 전주시가 운영하는 개별 시스템의 자료를 실시간으로 연동하거나 각 부서에서 관리하고 있는 자료를 수집, 통합하여 제공하는 데이터

제주특별자치도 공공데이터 포털	주관기관	· 제주특별자치도
	URL	· data.jeju.go.kr
	데이터 개요	· 제주특별자치도가 운영하는 개별 시스템의 자료를 실시간으로 연동하거나 각 부서에서 관리하고 있는 자료를 수집, 통합하여 제공하는 데이터
	카테고리	· ① 분야별 정보 : 보건/복지/여성, 경제/투자, 교통, 환경, 교육 등 총 10개 ② 관광정보 : 관광지, 음식점, 숙박, 쇼핑, 제주여행추천, 제주人놀다
	개방목적	· 제주특별자치도의 공공데이터를 개방하여 모바일 앱 개발 등 공공데이터의 다양한 활용을 촉진
충청북도 데이터광장	주관기관	· 충청북도
	URL	· www.chungbuk.go.kr/pubdata/index.do
	데이터 개요	· 충청북도에서 직무상 전자적 방식으로 취득 및 관리하고 있는 데이터
	카테고리	· 공공행정, 문화체육관광, 보건위생, 산업경제, 지역개발, 바이오환경 등 총 10개
화성시 공공데이터 포털	주관기관	· 화성시
	URL	· www.hscity.go.kr/index.jsp
	데이터 개요	· 화성시에서 보유하고 있는 공공데이터 및 분야별 정보
	카테고리	· 건강/복지, 교육/취업, 교통/환경, 여성/가족, 재난/재해 등 총 10개

4. 해외 DB

서비스명	분류명	내용
DATA.GO.JP	URL	· www.data.go.jp
	데이터 개요	· 일본의 공공데이터 개방 사이트
DATA.GOV	URL	· www.data.gov
	데이터 개요	· 미국의 공공데이터 개방 사이트
Data.Gov.Au	URL	· data.gov.au
	데이터 개요	· 호주의 공공데이터 개방 사이트
DATA.GOV.UK	URL	· data.gov.uk
	데이터 개요	· 영국의 공공데이터 개방 사이트
NASA's Open Data Portal	URL	· data.nasa.gov
	데이터 개요	· NASA의 공개 데이터 포털
NYC OpenData	URL	· nycopendata.socrata.com
	데이터 개요	· 뉴욕의 오픈 데이터 포털

Point 3
빅데이터 지원사업

정보통신기술 및 스마트 기기가 발달함에 따라 이를 이용한 사업 및 서비스가 무궁무진하게 쏟아져 나오고 있다. 하지만 이와 관련된 아이디어와 계획은 있으나 인프라, 자금 등이 부족하여 사업을 시작하지 못하는 경우가 많은 상황이다. 현재 정부 및 다양한 기관들은 참신한 아이디어를 활용한 서비스 개시를 적극적으로 돕기 위해 자금, 인프라 등을 지원하는 많은 사업을 진행 중에 있다. 또한 중소기업이나 1인 창업기업의 부족한 인력과 자원을 보완하기 위해서 컨설팅을 제공하거나 시설 및 공간을 대여하기도 한다. 아이디어, 열정, 전문성만 있다면 이러한 다양한 지원사업을 활용하여 얼마든지 빅데이터 혹은 ICT를 활용한 사업을 운영하며 비전을 실현시킬 수 있을 것이다. 지금부터 빅데이터 및 ICT 관련 지원사업에 대해서 창업지원, 개발환경 및 인프라 지원, 빅데이터, 융합의 4가지 분야로 나누어 소개하고자 한다.
각 지원사업의 내용은 매년, 혹은 진행시기마다 상이할 수 있으며 자세한 내용은 웹사이트 및 문의처에 문의하기 바랍니다.

1. 창업 지원

지원사업 (주관기관 및 문의처)	내용
K-Global ICT 재도전 패키지 지원 (과학기술정보통신부, 정보통신산업진흥원)	1. 사업개요 : ICT 분야의 재창업자 및 재도전 기업에게 전문교육 및 사업화 등을 지원 2. 지원대상 : 사업계획을 보유하고 있는 (예비)재창업자 혹은 7년 이내 재도전 기업 3. 지원내용 　① 전략수립 : 상용화를 위한 시장조사, 전략수립 　② 제품/서비스 제작 : 시제품 및 국내외 상용화 제품 제작 　③ 마케팅 : 국내외 마켓 및 판매 채널 구축 　④ 기타 : 사무공간 지원 등 4. 문의처 : 과학기술정보통신부 정보통신방송기반과, 정보통신산업진흥원 글로벌창업팀
K-Global ICT유망 기술개발지원사업 (미래창조과학부, 정보 통신산업진흥원)	1. 사업개요 : ICT 분야의 재창업자 및 재도전 기업에게 전문교육 및 사업화 등을 지원 2. 지원대상 　- (창업) 예비 창업자 및 창업 1년 미만의 창업기업 　- (재도전) 재창업 기업 3. 지원내용 　① 기술개발 지원 　② 자유공모 방식으로 창업 및 재창업 기업에 과제 당 지원금 지급

K-Global 스마트 미디어 (한국방송통신전파진흥원)	1. 사업개요 : 중소/벤처기업의 새로운 스마트미디어 서비스 아이디어 개발 및 상용화 지원 2. 지원대상 : 새로운 스마트미디어 서비스 아이디어를 기획중인 중소/벤처개발사, 1인기업 등 3. 지원내용 　① 중소/벤처기업과 플랫폼사간의 네트워크 구축을 위한 스마트미디어 캠프를 개최하여 플랫폼사와의 매칭 기회 제공 　② 우수 중소/벤처기업을 선정하여 서비스 개발 및 상용화 지원금 지급 4. 문의처 : 한국방송통신전파진흥원 미디어산업진흥부
기술혁신형 창업기업 지원사업 (기술보증기금)	1. 사업개요 : 청년(예비)창업자의 초기 사업화를 위한 자금 지원 2. 지원대상 : 만 39세미만의 청년(예비창업자), 공고일 기준 사업자등록을 6개월 이내에 한 초기 청년창업자 3. 지원내용 : 바우처 형태로 사업화 비용을 1억원까지 지원 4. 지원처 및 분야 : 중기부(기술 창업 분야), 과기부(빅데이터·차세대통신 및 AI·VR분야), 산업부(지능형 로봇, 신재생에너지, 디스플레이, 웨어러블), 국토부(자율협력 주행, 스마트모빌리티서비스, 스마트교통시스템), 금융위(핀테크)등 5. 신청방법 : K-statup를 통한 온라인 접수
스마트세계로누림터 (창업진흥원)	1. 사업개요 : 앱 창업기업의 사업 안정화 및 글로벌 시장 진출을 돕기 위해 사업화 자금연계, 마케팅 지원 등의 서비스를 제공 2. 지원대상 : 지식서비스 분야의 예비창업자 혹은 공고일 기준으로 창업시작 3년 이내의 기업 3. 지원내용 　① 입주기업 모집 선발 　　- 독립 사무공간 170.9평을 35개 기업에게 지원 　　- 인적 네트워크, 멘토링, 지재권, 회계, 법률, 마케팅 등에 대한 컨설팅 지원 　② 앱개발 인프라 지원 　　- 앱 개발실, 동영상 스튜디오, 앱테스트베드 구축 지원 4. 문의처 : 창업진흥원(스마트창업부)
스마트창작터 (창업진흥원)	1. 사업개요 : 앱, ICT 기반의 지식서비스 분야 창업자를 위한 창업교육, 사업화 등 지원 2. 지원대상 : ICT 지식서비스 기반 사업의 예비창업자 및 3년 이내 창업기업 3. 지원내용 　① 교육 : 온라인 플랫폼과 오프라인 교육을 모두 포함한 실습형 창업교육 　② 시장검증 : 고객반응조사 및 제품 제작 비용 지원(최대 5백만원, 연 2회) 　③ 창업사업화 : 개발비, 마케팅 비용 등 지원(최대 2천만원) 4. 문의처 : 중소벤처기업부 지식서비스창업과, 창업진흥원 스마트창업부
판교 창업 Zone (중소벤처기업부, 창업진흥원)	1. 사업개요 : 신산업 분야의 (예비)창업기업을 발굴하여 입주공간 제공 및 기술 고도화를 지원 2. 지원 대상 : 창업 7년 이내의 기업 3. 지원내용 　① 창업보육센터 : 창업 멘토링, 시제품 제작, 사업화 지원 등 　② 글로벌스마트창작터 : 지식서비스 분야의 글로벌 유망기업에 대한 해외시장 개척 지원 　③ R&D서비스파크 : 기술전문기업 입주를 통해 창업기업의 R&D 지원 4. 문의처 : 중소벤처기업부 창업생태계조성과, 창업진흥원 신사업 TF

2. 개발환경 및 인프라 지원

지원사업 (주관기관 및 문의처)	내용
K-ICT 빅데이터센터 인프라 제공 서비스 (K-ICT 빅데이터센터)	1. 사업개요 : 하둡 및 에코시스템으로 구성된 통합 데이터 분석환경을 통해 분석 및 실습 인프라, 개발자 포털, 딥러닝 도구 등을 제공 2. 지원대상 : 빅데이터 관련 인프라를 보유하기 힘든 1인기업, 중소기업, 연구소 등 3. 지원내용 ① 분석 : 대용량 데이터 분석 및 기술개발에 활용 가능한 테스트베드 제공, 빅데이터 솔루션 검증 및 개발을 위한 데이터 활용 가능 ② 교육실습 : 교육실습 인프라 접속을 기반으로 실무중심의 빅데이터 전문인력 양성을 위한 실습 환경 제공 ③ 개발자포털 및 딥러닝 : 개발자를 위한 인프라 및 딥러닝 라이브러리 및 분석도구 제공 ④ 사업화 : 창업자가 제공하고자 하는 서비스에 필요한 환경(웹서버, DB 등) 제공 4. 사이트 : kbig.kr
K-Global 클라우드 기반 SW개발환경지원 (정보통신산업진흥원)	1. 사업개요 : 예비창업자, 스타트업 등에게 클라우드 기반 소프트웨어 개발환경(PaaS/IaaS)과 시장진출을 위한 마켓플레이스 발굴, 민간 지원프로그램 연계 등을 추진 2. 지원대상 : SW개발 후 사업화를 하려는 예비창업자 및 스타트업(3년 미만) 3. 지원내용 ① 개발환경 : 개방형 기술을 활용한 소프트웨어 개발환경(Paas) 및 인프라(IaaS) 제공 ② 테스트베드 : SW 테스트 환경인 가상서버 및 스토리지(IaaS)제공 ③ 교육 : Paas 활용교육 지원 ④ 사업화 : 국내외 마켓플레이스 등록 및 타 스타트업 지원 프로그램 연계 ⑤ 개인 개발자 지원 : 개인 개발자를 위한 경량의 SW개발환경 지원 4. 문의처 : 과학기술정보통신부 소프트웨어진흥과, 정보통신산업진흥원 K-ICT 클라우드 혁신센터
맞춤형 서버 활용 지원 (인공지능-빅데이터 연구센터 : ABRC)	1. 사업개요 : 빅데이터 인프라 구축에 어려움을 겪는 기업에 빅데이터 장비 및 인프라를 제공 2. 지원내용 - 서버 임대 및 기업 서버 위탁 관리 - 기업 맞춤형 빅데이터 플랫폼 제공 - 빅데이터 인프라 지원 3. 사이트 : abrc.or.kr
분석 환경 서비스 (서울특별시 빅데이터 캠퍼스)	1. 사업개요 : 서울특별시 빅데이터 캠퍼스에서 대용량 데이터 분석을 위한 하드웨어 및 오픈소스 기반의 분석 솔루션 제공 2. 사이트 : bigdata.seoul.go.kr

3. 빅데이터

지원사업 (주관기관 및 문의처)	내용
K-Global 데이터 글로벌 (한국데이터진흥원)	1. 사업개요 : 중소/중견 데이터 기업에게 국산 데이터 기술(솔루션, 컨설팅 등)의 해외 진출을 원스톱으로 지원 2. 지원대상 : 데이터 관련 솔루션, 컨설팅 등을 수행하는 중소/중견 기업 3. 지원내용 - 데이터 솔루션의 수출 상품화를 위한 설계, 개발, 현지화, 현지검증 등 지원 - 현지 네트워크 구축, 비즈니스 파트너 및 고객 발굴 등을 위한 마케팅 지원 4. 문의처 : 한국데이터진흥원 기술품질실

구분	내용
K-Global 빅데이터 스타트업 지원 (한국정보화진흥원)	1. 사업개요 : K-ICT 빅데이터 센터의 분석 인프라 및 기술 노하우를 기반으로 빅데이터 기반의 창업과 사업화에 대한 기술 지원 2. 지원대상 : 빅데이터 기반 예비창업자 및 신규 비즈니스를 개발하는 스타트업 3. 지원예산 및 규모 : 8.6억 원, 300개사 내외 4. 지원내용 ① 공간 : 스타트업이 일정기간동안 활용할 수 있는 빅데이터 오픈랩 공간 지원 ② 기술 자문 : 빅데이터 사업화에 대한 전문가의 자문제공 ③ 운영서버 지원 : 상용 클라우드 기반 서버(웹서버, DB, WAS서버 등) 제공 ④ 인프라 지원 : 대용량 데이터 분석 및 서비스(API, APP, WEB 등) 인프라 제공 ⑤ 교육 : 스타트업을 위한 빅데이터 실무중심 교육(데이터 분석, 빅데이터 인프라 구축, 빅데이터 운영기술 등) 5. 문의처 : 과학기술정보통신부 융합신산업과, 한국정보화진흥원 K-ICT 빅데이터센터
기술 개발 및 컨설팅 (인공지능-빅데이터 연구센터 : ABRC)	1. 사업개요 : 데이터 활용 기업에게 전문인력을 통한 체계적인 컨설팅을 제공하여 창의적 아이디어의 사업화를 지원 2. 지원내용 - 빅데이터 서비스 개발 및 시제품 제작 - 빅데이터 장비 및 소프트웨어 제품의 비즈니스화 지원 - 수요 기업 맞춤형 컨설팅 제공 3. 사이트 : abrc.or.kr
빅데이터분석 서비스 (한국지역진흥재단)	1. 사업개요 : 지역의 소비 및 SNS 관련 빅데이터를 이용하여 경제활성화 효과 분석을 지원 2. 지원내용 : 지역축제, 전통시장, 관광 이벤트 등에 대한 효과와 영양도를 분석 3. 문의처 : 한국지역진흥재단 정책개발팀
빅파이센터 (경기도 빅파이센터)	1. 소개 : 빅파이센터는 공공 및 민간데이터, 빅데이터 분석 프로그램 등을 무료로 사용할 수 있고, 전문가의 지원 등을 통해 누구나 아이디어와 기술을 구체화시키는 데 도움을 받을 수 있는 오프라인 공간임 2. 지원대상 : 창업 예정자, 데이터 관련 사업에 도움을 받고 싶은 사람, 빅데이터 교육 혹은 세미나를 위한 공간이 필요한 사람 등 3. 지원내용 : 통신데이터 및 신용거래데이터 등의 다양한 데이터, 빅데이터 분석환경 및 도구, 빅데이터 분석 방법에 대한 컨설팅, 네트워킹을 위한 공간 등을 제공 4. 사이트 : www.gg.go.kr/big-fi-center
산학협력체계 구축 (인공지능-빅데이터 연구센터 : ABRC)	1. 사업개요 : 다양한 MOU를 지원함으로써 체계적인 빅데이터 관련 연구를 지원 2. 지원내용 - 국내 기업과의 MOU를 통한 연구지원 체계 제공 - 전문 기술을 바탕으로 빅데이터 기술 지도 3. 사이트 : abrc.or.kr
중소기업 빅데이터 활용지원 사업 (한국정보화진흥원)	1. 사업개요 : 빅데이터의 활용이 기업의 경쟁우위를 결정하는 시대에서 상대적으로 빅데이터에 관련된 역량 및 자본이 부족한 중소기업(수요)과 시장수요를 필요로 하는 빅데이터 및 데이터 솔루션 전문기업(공급)을 연결하여 빅데이터 활성화 및 중소기업 지원 2. 지원대상 : 지역의 시, 도 예산을 확보하여 NIA의 국비 사업과 매칭 가능한 기관 3. 지원내용 : 공모를 통해 중소기업과 데이터 전문기업을 매칭하여 서비스 기획, 데이터 처리 및 분석, 사업에 적용 등의 전 단계에 걸친 지원을 제공하여 중소기업의 공정개선, 고객분석, 신제품 개발 등 분야에서 빅데이터를 활용하고, 성과를 낼 수 있도록 관리
지식재산 데이터 기프트 제도 (특허청)	1. 사업개요 : IP정보 서비스 분야에 필요한 IP데이터를 창업형, 성장형으로 구분하여 최대 3년까지 무상으로 제공하는 서비스 2. 문의처 : 특허청 정보관리과 3. 사이트 : plus.kipris.or.kr

4. 융합

지원사업 (주관기관 및 문의처)	내용
KISA x IBM 핀테크 그라운드업 프로그램 (한국인터넷진흥원)	1. 사업개요 : 한국인터넷진흥원과 한국IBM이 스타트업, 개발자, 기획자를 위해 핀테크 서비스 기획, 클라우드, AI, 블록체인 등의 ICT 기술을 활용해 핀테크 서비스 개발을 지원 2. 지원 대상 : 핀테크 관련 기업, 스타트업, 예비창업자, 학생 등 3. 교육내용 : 팀별 서비스 개발 집중 심화 4. 담당기관(부서) : 한국인터넷진흥원(융합서비스지원팀)
K-Global 해외진출사업 (한국정보통신진흥협회)	1. 사업개요 : ICT융합분야 스타트업 혹은 벤처기업의 글로벌 시장 진출을 지원하기 위한 경영 컨설팅 지원, 사무공간 지원, 투자유치 등 해외 진출을 지원 2. 지원대상 : ICT 융합 분야 예비창업 및 7년 이내 벤처기업 3. 지원내용 ① 해외 진출 컨설팅 : 법률, 특허, 회계 등의 기관과 파트너십을 통해 컨설팅 지원 ② 투자유치 지원 : 유망 ICT 스타트업 발굴 후 피칭교육, 국내외 투자유치 지원 ③ 특화교육 및 세미나 : 해외 법률, 마케팅 등의 전문가를 초청하여 세미나, 컨퍼런스 등의 네트워킹 행사 개최 ④ 입주공간지원 : K-Global 스타트업 허브 외 사무공간을 제공 4. 문의처 : K-ICT 본투글로벌센터
농식품 ICT 융복합 모델개발지원 (전라남도 고흥군 농업기술센터)	1. 사업개요 : 빅데이터와 IoT를 이용하여 과학적이고 안정적인 농가기술경영을 지원 2. 지원대상 : 관내농업인 3. 신청방법 : 현장지원(온라인신청 불가능)
생산현장 디지털화 (스마트공장 추진단)	1. 사업개요 : 이전에 구축한 스마트공장의 고도화를 지원 2. 지원대상 : 스마트공장 기 구축기업과 스마트공장 보급기술 및 역량을 보유한 기업이 컨소시엄을 이루어 사업신청 3. 지원내용 - 기존 시스템의 개선 및 스마트공장 설비와의 연계시스템 추구 구축 및 연동 - IoT 적용, 실시간 모니터링 등을 위한 설비 추가 및 시스템 연동 - SCM, WMS, 제조ERP, PLM, MES 등의 시스템 추가 구축 및 연동 4. 지원금액 : 최대 1억원, 총사업비에 따라 차등 지원 5. 문의처 : 중소기업벤처기업부, 중소기업기술정보진흥원
스마트공장 보급·확산사업 (스마트공장 추진단)	1. 사업개요 : 중소/중견기업을 대상으로 다양한 형태의 스마트공장 도입을 지원 2. 지원대상 : 국내 중소/중견기업 3. 지원내용 - IoT 등의 첨단기술이 적용된 스마트공장 솔루션 구축 - 솔루션 연동 자동화장비, 제어기, 센서 등 구입 지원 4. 지원금액 : 기업 당 총 사업비의 50%, 최대 5천만원 지원 5. 문의처 : 중소기업벤처기업부, 스마트공장추진단

MEMO

Point 4

빅데이터 공모전

공공데이터 개방 등으로 누구나 빅데이터에 쉽게 접할 수 있게 된 요즘, 다양한 아이디어 및 서비스 개발을 촉진하기 위해 빅데이터와 연관된 공모전이 늘어나고 있는 추세이다. 빅데이터와 관련한 아이디어를 보유하고 있거나 발전시키고 싶다면 공모전에 응모하여 해당 아이디어를 구체화시키는 것이 큰 도움이 될 것이다. 또한 예비 데이터 과학자에게는 데이터 분석 공모전이 분석 역량을 키우는데 매우 큰 밑거름이 될 것이다. 빅데이터 관련 공모전을 주최사에 따라 공공과 민간기업의 두 분야로 나누어 소개하고자 한다.

정기적으로 개최되는 공모전의 경우 데이터 내용, 분석 주제, 공모 분야 등은 아래의 내용과 상이할 수 있습니다.

1. 공공

공모전	내용
BIG CONTEST	1. 목적 : 기업에서 보유하고 있는 데이터를 자유롭게 활용하여 혁신적인 아이디어 및 비즈니스 모델을 제시하고, 빅데이터 분야의 인재를 발굴 및 양성 2. 공모분야 : Analysis분야(퓨처스리그, 챔피언리그), Innovation분야 3. 개최시기 : 7~11월경 4. 주최 : 한국정보화진흥원, KBD 빅데이터포럼 5. 사이트 : www.bigcontest.or.kr
IP 데이터 활용 아이디어 경진대회	1. 목적 : 특허청에서 개방한 IP데이터를 활용한 아이디어 발굴 및 서비스 상품화 기획 2. 공모분야 : IP데이터를 활용한 제품개발 창업 부문, 아이디어 부문 등 3. 참가자격 : IP정보 활용에 관심 있는 국민 누구나 4. 문의처 : 특허청 정보관리과
공간정보 융복합 창업 페스티벌	1. 공모분야 : 공간정보 관련 융복합 사업기획 2. 참가대상 : 공간정보를 활용한 예비 또는 초기창업자 (공간정보 분야 : 위치기반, 지도데이터, 자율주행/드론, VR/AR, IoT, 국가공간정보 등) 3. 개최시기 : 4~5월경 4. 문의처 : 공간정보산업진흥원

공공 빅데이터 분석 공모전	1. 목적 : 국민이 직접 빅데이터 분석 및 시각화를 수행하여 공공분야의 문제를 해결하거나 업무 효율화에 참여할 수 있는 기회 마련 2. 공모분야 : 공공데이터를 활용한 데이터 분석 부문, 데이터 시각화 부문 3. 참가자격 : 공공 빅데이터에 관심 있는 개인 또는 팀 (빅데이터 컨설팅, 솔루션 업계 종사자 제외) 4. 개최시기 : 매년 6~8월경 5. 문의처 : 한국정보화진흥원 공공데이터활용팀 6. 주최/주관/후원 : 행정자치부, 한국정보화진흥원, 한국빅데이터학회
공공데이터 활용 BI 공모전	1. 목적 : 공공데이터 개방에 따른 신규 사업기회 발굴 및 일자리 창출 2. 공모분야 : 공공데이터를 이용한 아이디어 기획, 제품 및 서비스 개발, 웹툰 제작 등 3. 참가자격 : 국민 누구나(개인 또는 팀) 4. 개최시기 : 5~8월경 5. 주최 : 산업통상자원부 6. 문의처 : 산업부 공공데이터 활용 비즈니스 아이디어 공모전 사무국
공공데이터 활용 창업 경진대회	1. 목적 : 국민생활 속 데이터 활용 확산과 공공데이터를 이용한 아이디어 및 창업 기업 육성 2. 공모분야 : 공공데이터를 이용한 아이디어 기획, 제품 및 서비스 개발 등 3. 참가자격 : 각 기관이 주최하는 예선별 참가자격 별도 확인 4. 개최시기 : 매년 상이함 5. 문의처 : 한국정보화진흥원
교통데이터 활용 공모전	1. 목적 : 교통데이터를 활용한 민간의 아이디어 및 서비스 발굴 유도와 창업 촉진 2. 공모분야 : 정보디자인, 앱개발, 창업제안, 교통개선 아이디어 등 3. 활용자료 : 교통안전공단 교통데이터, 서울시 공공데이터 등 4. 참가자격 : 대한민국 국민 누구나 5. 개최시기 : 매년 상이함 6. 주최 : 국토교통부
국방공공데이터 활용 경진대회	1. 공모분야 : 국방 공공데이터를 활용한 아이디어 기획, 서비스 개발 2. 참가자격 : 개인, 기업, 학생 등 누구나 3. 문의처 : 국방부 소프트웨어융합정책과
금융정보보호 및 금융 빅데이터 공모전	1. 개요 : 금융정보보호 및 금융 빅데이터 관련 주제의 논문, 금융정보보호 우수사례, 빅데이터 아이디어를 모집 후 선발 2. 개최시기 : 5~7월경 3. 주최 : 금융보안원 4. 사이트 : www.fsec.or.kr
날씨 빅데이터 콘테스트	1. 개요 : 기상청의 공공데이터를 활용하고, 기상 및 기후 빅데이터를 다양한 분야와 융합하기 위함 2. 공모내용 : 기상 데이터를 분석한 결과 혹은 아이디어 및 비즈니스 모델 제시 등 3. 참가자격 : 대한민국 국민 누구나(개인 또는 팀) 4. 개최시기 : 5~8월경 5. 주최 : 기상청

농식품 공공데이터 경진대회	1. 목적 : 민간에 의한 농림축산식품 분야의 데이터 활용 및 서비스 모델 발굴
	2. 공모분야
	  - 농림축산식품 공공데이터를 활용한 서비스 개발
	  - 농식품 공공데이터를 활용한 대국민 서비스 아이디어 기획 및 융복합 서비스 기획
	  - 타 공공 및 민간 데이터와 융합
	3. 참가대상 : 농림축산식품 공공데이터를 활용한 서비스 개발 및 아이디어 기획에 관심 있는 누구나 (개인 또는 팀) (공간정보 분야 : 위치기반, 지도데이터, 자율주행/드론, VR/AR, IoT, 국가공간정보 등)
	4. 문의처 : 농림축산식품부, 농촌진흥청

공모전

문화관광 빅데이터 분석대회	1. 목적 : 문화관광 분야의 빅데이터를 분석하여 문화관광산업 진흥을 위한 정책의 기초자료 제작 등에 활용 2. 공모내용 : 지정주제와 자유주제 중 선택(매년 상이함) 3. 제공 데이터 : 국민여가활동조사, 문화향수실태조사, 국민여행실태조사, 국민생활체육참여실태조사, 기상데이터, 신한카드 데이터, SKT 통신데이터 등 4. 참가자격 : 국내 거주자로서 대학생 및 대학원생, 일반인(고등학생 이하, 빅데이터 솔루션 및 컨설팅 기업 종사자는 참가 불가) 5. 개최시기 : 6~8월경
문화데이터 활용 경진대회	1. 목적 : 문화데이터 개방을 지향하고, 이를 민간이 자유롭게 활용하여 새로운 비즈니스 모델 혹은 사회적 가치 창출을 지원 2. 공모분야 : 문화데이터를 활용한 제품개발 창업 부문, 아이디어 부문 등 3. 공모내용 : 매년 상이하며, 제시된 문화데이터 외 타 공공데이터와의 융합 가능 4. 참가자격 : 문화데이터를 활용한 아이디어를 보유하고 있는 누구나 5. 주최 : 문화체육관광부
보건의료빅데이터를 활용한 창업아이디어 공모전	1. 보건의료빅데이터를 기반으로 4차 산업을 이끌어 나갈 참신한 아이디어 발굴 2. 공모분야 : 창업 아이디어 제시 3. 참가자격 : 보건의료빅데이터를 활용한 창업 및 신규 비즈니스 아이디어를 보유한 대한민국 국민(개인 또는 팀) 4. 주최 : 건강보험심사평가원, 국민건강보험공단
빅데이터 신산업 Start-Up 콘테스트	1. 목적 : 빅데이터(날씨, 에너지 등 공공데이터와 개인이 수집한 데이터)를 활용한 아이디어 기획 및 서비스 개발을 통해 데이터 기반의 창업 촉진 2. 공모분야 : 창업 아이디어 기획 및 서비스 개발 3. 참가자격 : 빅데이터를 활용한 아이디어를 보유하고 있거나 제품 및 서비스를 개발한 스타트업 및 예비창업자(팀) 4. 주관 : 강원 빅데이터 신산업 포럼
상권분석 빅데이터 경진대회	1. 목적 : 상권분석용 데이터를 이용해 상권분석 모형 산출 2. 공모내용 : 상권분석서비스 개발 및 고도화 3. 참가자격 : 3인 이내로 구성된 팀 4. 개최시기 : 6~8월경 5. 문의처 : 서울신용보증재단 상권분석팀
해양수산 공공데이터 및 빅데이터 활용 경진대회	1. 목적 : 해양수산 공공데이터를 활용해 민간 창업 촉진 및 신규과제 발굴 2. 공모분야 - 공공데이터 부문 : 아이디어 기획, 제품 및 서비스 개발(해양수산 공공데이터 활용) - 빅데이터 부문 : 빅데이터 아이디어 기획 및 서비스(타 분야 빅데이터와 융합 활용이 가능하며, 분석에 의한 의미있는 결과도출 및 활용계획을 제시해야 함) 3. 참가자격 : 창의적 아이디어를 보유한 누구나(이전 경진대회에 입상한 아이디어는 신청 불가) 4. 문의처 : 해양수산부
환경 ICT 아이디어 공모전(Ecothon)	1. 목적 : 환경 데이터를 활용한 환경기술, IT사업, 공공서비스 관련 아이디어 및 서비스 발굴 2. 공모분야 : ICT기술을 활용한 공공서비스 모델 개발, 환경정보 DB를 활용한 창업 아이디어, 환경 빅데이터를 이용한 제품 및 서비스 개발 등 매년 상이함 3. 참가자격 : 예비창업자, 학생, 일반인 4. 주최/주관 : 환경부, 한국환경산업기술원

2. 민간기업

L.POINT Big Data Competition	1. 개요 : LPOINT에서 매년 개최하는 데이터 분석 공모전으로, 참가자들이 L.POINT Big Data Competition에서 제공되는 데이터를 분석하여 주어진 주제에 대한 도출한 분석 결과를 심사하여 시상 2. 분석주제 : 개인화 상품 추천, 맞춤형 콘텐츠 제안 등 매년 상이함 3. 참가자격 : 고졸 이상 개인 또는 모든 구성원이 자격을 갖춘 공동 연구팀(L.POINT 회원에 한함) 4. 개최시기 : 11월~차년도 2월경 5. 사이트 : competition.lpoint.com
SAS 분석 챔피언십	1. 목적 : 공공데이터 혹은 기업의 데이터를 활용해 다양한 비즈니스 이슈의 해결 방안 도출 및 데이터 사이언티스트의 역량 제고 2. 공모내용 : 매년 상이함 3. 참가자격 : 국내거주자로서 전국 대학생 및 대학원생(개인 또는 팀) 4. 개최시기 : 5~10월경 5. 문의처 : www.sas-analytics.co.kr
UNIST 빅데이터 분석 경진대회	1. 목적 : 개요 : UNIST 융합경영대학원에서 대학생들에게 빅데이터 활용 사례와 분석 기술 및 트렌드를 접할 기회를 제공하고, 데이터 분석 프로젝트를 통해 빅데이터 분석 전문가를 양성하고자 개최하는 대회 2. 대회내용 : 프로젝트 수행 관련 특강, 팀별 프로젝트 수행 및 발표 등 3. 참가자격 : 빅데이터 분석에 관심 있는 대학교 3~4학년 학생 4. 개최시기 : 8월경 5. 사이트 : unist-kor.unist.ac.kr

미래에셋대우 빅데이터 페스티벌	1. 공모주제
	  - 금융데이터 분석
	  - 금융서비스 개발
	2. 참가자격 : 대학생 또는 대학원생으로 이루어진 개인 및 팀
	3. 개최시기 : 6~9월경
	4. 문의처 : 미래에셋대우 빅데이터팀

인용

01 / NIA, 2015~2017년 중소기업 빅데이터 활용지원사업 우수 사례집
02 / NIA, NEAR&Future INSIGHT Vol.1~11
03 / NIA, WISEnut, '소셜 빅데이터 기반 불스원샷의 전략적 마케팅'
04 / WESLEYQUEST, 크레텍 웰딩 빅데이터 공구 마케팅의 네비게이션
05 / PMIG, 프로세스 빅데이터 분석과 벤치마킹을 통한 화장품 제조업체 경쟁력 강화 사례
06 / Insighter, 빅데이터를 활용한 적중률 높은 학습 콘텐츠의 제작
07 / GOLDEN PLANET, 빅데이터를 활용한 한독의 의약품 마케팅
08 / WALK INSIGHT, Big Data 진흥주간 2017 - 오프라인 고객경험의 측정과 관리
09 / Digital Factory, 빅데이터 분석을 통한 자동차부품업체 경쟁력 강화
10 / NIA, NPS, 국민연금 데이터 기반 일자리 실용정보 제공 및 잠재적 고용취약자 발굴모델 개발
11 / NIA, KRIHS, 도시 양극화 분석 및 시뮬레이션
12 / NIA, 금융·공간 빅데이터를 활용한 도시양극화 분석 및 시뮬레이션
13 / NIA, 빅데이터 기반 지능형전기화재 예방·예측 플랫폼 구축
14 / KESCO, 빅데이터 기반 지능형전기화재 예방·예측 플랫폼 구축
15 / NIA, ESCOpro, 빅데이터 분석 기술을 활용한 건물에너지성능 통합진단 플랫폼 구축 시범사업
16 / 신한카드, 데이터 기반 대내외 경제기회·충격 선제 대응체계 지원
17 / NIA, 미세먼지 대응 및 공기질 산업 표준 빅데이터 모델 개발
18 / NIA, 빅데이터 기반 지능형 도시가스 배관 위험 예측 기술 개발
19 / NIA, 빅데이터를 활용한 동물 및 인간 감염병 확산 대응 지원 체계 구축
20 / 신한은행, 빅데이터 활용 소형 공동주택(연립/다세대) 시세 산정 시스템
21 / NIA, 지역 거점형 민관 데이터 융합 표준 플랫폼
22 / CJ올리브네트웍스, 식자재 B2B 데이터 거래·중개 플랫폼 서비스
23 / NIA, ING, 보험 빅데이터 참조모델 개발 및 확산
24 / NIA, 빅데이터 시범사업·거래중개사업 선도사업 사례집
25 / 신한카드, 신한카드 성공 사례
26 / NIA, 씨이랩 컨소시엄, 빅데이터 유통거래 플랫폼 구축 시범 사업
27 / NIA, GDS Consulting 컨소시엄, 데이터 거래중개 선도 시범사업
28 / 와이즈넛, VOC 빅데이터를 활용한 지능정보기술 기반 채팅상담(컨택센터) 자동화 시범서비스 개발
29 / 메이크업 평가 인공지능 - 사진 분석을 통해 메이크업 완성도를 점수로 나타내는 엔진 및 응용 프로그램 개발
30 / MINDs Lab, 음성 인터페이스를 통한 AI 기반 대화형 건강가이드 제공 스마트 서비스
31 / W shopping, 빅데이터 딥러닝 기술활용 스마트 T-커머스 서비스 개발
32 / NIA, 삼성중공업 컨소시엄, 조선업 빅데이터 전략 모델 개발 및 실증
33 / 유라, 딥러닝 기술 기반의 대용량 4M 데이터 분석 및 활용 서비스 플랫폼 개발
34 / NIA, 매일유업 컨소시엄, 베가스, 식품업종 생산·에너지 최적화를 위한 빅데이터 플랫폼 개발
35 / NIA, 빅데이터를 활용한 미래예측 및 정책지원 우수사례
36 / 신한카드, 카드부문 빅데이터 활용사례 및 제도 개선 과제
37 / NIA, 2016년 글로벌 빅데이터 융합 사례집
38 / Kdata, 2016년 우리가 빅데이터를 이끌다
39 / 전북소방119, 골든타임 확보를 위한 구급차 배치운영 최적화 표준 분석 모델
40 / 행정자치부, 지역관광 활성화
41 / 행정자치부, 공동주택관리비 투명성 제고
42 / 남양주시, NPS, 빅데이터 기반 취약계층 발굴 및 취업활동 지원 모델
43 / 행정자치부, 잠재적 사회취약계층 일자리 창출 및 자립 지원
44 / NHIS, 건강보험 의료이용지도 구축
45 / 산림청, 빅데이터 기반 산불 위험 예보
46 / 행정자치부, 실시간 국민관심질병 예측 서비스
47 / HIRA, 빅데이터 분석을 통한 질병 예측·감시 서비스
48 / KOROAD, 교통사고 빅데이터를 활용한 위험도로예보 시스템
49 / 수원시, 지방세 체납자 분석을 통한 환수율 증대 방안
50 / 해운대, 빅데이터로 들여다본 관광객의 속마음 해운대야경 관광상품화
51 / NHIS, 개인 맞춤형 인공지능 질환 예측서비스
52 / 청주시, 도로 환경 빅데이터 분석을 통한 도로(포트홀, 재포장, 안전시설물) 관리모델(3종)
53 / NIA, 도로(포트홀, 재포장, 안전시설물) 관리모델(3종)
54 / 병무청, 공공 빅데이터 분석을 통한 병역면탈의심자 포착
55 / 행정자치부, 근로감독 사업장 선정 과학화
56 / 행정자치부, 지자체 갈등 이슈 파악
57 / 행정자치부, 국민 참여형 어린이 안전 및 교통사고 원인 분석
58 / 행정자치부, 실업급여 부정수급방지
59 / NIA, 행정안전부, 상수도 누수위험도 예측 모델
60 / NIA, 행정안전부, 광역버스 DTG를 활용한 경부고속도로 운전 위험구간 예측
61 / ABRC, 인공지능 빅데이터 연구센터 산학협력사례집
62 / K-ICT, NIA, 빅데이터 오픈랩 파트너(BOLP) 선정·세미나
63 / NIA, 교통사고 감소를 위한 데이터 분석 기반 사고예보 서비스 개발
64 / NIA, 2015년 빅데이터 글로벌 사례집
65 / NIA, 2018년 빅데이터 플래그십 선도사업 사례집
66 / 최재경, 빅데이터 분석의 국내외 활용 현황과 시사점, 2016.
67 / 김주미, 빅데이터 정책의 국내외 비교 및 시사점, 2018.
68 / 김승길, '울산, '스마트 행정' 실현을 위한 빅데이터 활용방안, 울산발전연구원, 2014.

69 / 박현철, 금융권의 빅데이터 활용. DGB경제연구소

70 / 금융위원회, 금융분야 데이터 활용 및 정보보호 종합방안, 2018.

71 / 이석호, 이윤석, 금융산업의 빅데이터 활용 및 이슈, 한국금융연구원, 2014.

72 / 김영도, 금융권의 빅데이터 활용과 대응방향, 한국금융연구원, 2015.

73 / 김승윤, Big Data 최근 글로벌 동향과 이슈, KT 경제경영연구소

74 / 신경식, 박현적, 김성현, 금융 산업 빅데이터 도입 방안, NIA, 2016.

75 / 마창모 외, 첨단양식기술의 산업화 연구, 한국해양수산개발원, 2015.

76 / 김보림, 농업과 ICT 융합-스마트팜(Smart Farm), 융합연구정책센터, 2016.

77 / 박로운, 김현, 송미장, 농생명산업의 빅데이터 실용사례에 대한 분석과 활용 방안, 한약정보연구회지 2015 (3):29-42

78 / 최석우 외, 빅데이터로 본 2017 해양수산 : 해양수산에 대한 국민적 호감도 개선, 한국해양수산개발원, 2018.

79 / 김수경, 차윤지, 김광석, 이슈모니터 : 스마트팜이 이끌 미래 농업, 삼정 KPMG, 2016.

80 / 여현, 스마트 팜 현황 및 전망, 순천대학교, 2018.

81 / 이수진 외, 소셜미디어 분석을 통한 경기도 관광 트렌드 연구, 경기연구원, 2015.

82 / 다음소프트, 국내관광 전략 수립을 위한 빅데이터 기반 트렌드 분석, 다음소프트, 2016.

83 / 권태일, 이충희, 관광분야 빅데이터 활용체계 및 실증분석 연구, 한국문화관광연구원, 2017.

84 / 문화체육관광부, 2017 국민여행 실태조사,

85 / 최은희, 국내 스마트관광 사례분석과 시사점. 2017.

86 / 정병옥, ICT 신기술을 활용한 스마트관광의 추진사례 분석 및 활성화 방안 연구 한국콘텐츠학회, 2015.

87 / 이효정, 김수경, 차윤지, 관광 트랜스포메이션 : 관광 신 소비 트렌드와 융합 관광 시대 도래, 삼정 KPMG, 2018.

88 / 구철모, 이경민, 안지훈, 강원도 스마트관광 발전방안, 한국은행, 2017.

89 / 문정욱, 관광서비스 발전을 위한 ICT 활용 현황과 시사점: 국내외 사례분석을 중심으로, 정보통신정책연구원, 2013.

90 / 류시영, 이채령, 빅데이터 분석을 활용한 강원지역 관광산업 발전방안 연구, 한국은행, 2016.

91 / 이영균 외, 경기도 관광마케팅 활성화 방안 : 스마트마케팅을 중심으로, 한국정책학회, 2016.

92 / 신동일, 빅데이터 활요에 따른 제주관광의 효과 및 과제, 제주발전연구원, 2014.

93 / 이승은, 정은호, 박민혁, 빅데이터를 활용한 에너지신산업 트렌드 분석, 한국혁신학회지 제11권 1호, 2016.

94 / 임재규, 김종익, 에너지부문 빅데이터 활용사례 조사 연구, 에너지경제연구원, 2014.

95 / 전재완, 4차 산업혁명 시대의 에너지정책, 산업연구원, 2017.

96 / 송태인, 국내 에너지산업 전망 및 시사점, 딜로이트, 2014.

97 / 강동호, 전력산업과 스마트그리드, 딜로이트, 2014.

98 / 김남훈, 스마트그리드 동향 및 업체 분석, 하나금융경영연구소, 2010.

99 / 오도은, 전력산업에서의 빅데이터 활용 현황 및 전망, 2014.

100 / 김숙경, 인공지능과 유통산업의 미래, KIET, 2017.

101 / 전해영, 4차 산업혁명과 국내 산업의 미래 : 4차 산업혁명에 따른 유통업의 변화, 현대경제연구원, 2017.

102 / 오행섭, 국내 유통산업 패러다임의 변화, 딜로이트, 2018.

103 / 이재훈, 리테일 산업에서의 빅데이터 활용, 딜로이트, 2014.

104 / 김광석, 김수경, 차윤지, 유통 4.0시대 리테일 패러다임의 전환, KPMG, 2017.

105 / 김수경, 차윤지, 유통·소비재 기업의 리질리언스, KPMG, 2016.

106 / 이연희, 보건복지분야 공공 빅데이터의 활용과 과제, 한국보건사회연구원, 2015.

107 / 강희정, 보건의료 빅데이터의 정책 현황과 과제, 한국보건사회연구원, 2016.

108 / 이인재, 국내외 보건의료 빅데이터 현황 및 과제, 정보통신기술진흥센터

109 / 박순영, 국내외 보건의료 빅데이터 정책현황, 융합연구정책센터, 2018.

110 / 한국정보화진흥원(NIA), ICT 기반 헬스케어 서빗의 사회적 영향과 대응 방향, 2015.

111 / 백승민, 빅데이터를 활용한 보건산업 신산업 전망 및 정책방향, 한국보건산업진흥원, 2013.

112 / 송태민 외, 2016년 소셜 빅데이터 기반 보건복지 이슈 동향 분석, 한국보건사회연구원, 2016.

113 / 송태민, 우리나라 보건복지 빅데이터 동향 및 활용 방안, 정책초점 제23권 제3호, 2012.

114 / 장성재, 보건의료 빅데이터 관리시스템 최신 동향, 한국원자력의학원, 2017.

115 / 장은진 외, 보건의료빅데이터 활용 고도화 방안 연구, 건강보험심사평가원, 2016.

116 / 김광석 외, 4차 산업혁명과 제조 혁신 : 스마트 팩토리 도입과 제조업 패러다임 변화. 2017.

117 / 조성준, 신훈식, 김성현, 제조 산업 빅데이터 도입 방안, 2016.

118 / 곽기호, 이하목, 제조업 활용 동향 분석과 시사점, 한국기계연구원, 2016.

119 / 이훈혜, 제조업 경쟁력 강화를 위한 빅데이터 활용 방안, 산업연구원, 2013.

120 / 한성호, 김회, 한국 제조업 빅데이터 도입 사례 연구, 인천테크노파크, 2016.

121 / 박종민, 사물인터넷을 활용한 제조업의 스마트화, 딜로이트, 2015.

122 / 정보통신기술진흥센터, 4차 산업혁명과 ICT기술, 2018.

123 / 하원규, 4차 산업혁명이라는 거대로켓, 엔진은 AI 연료는 빅데이터, 나라경제, 2017.

124 / 최계영, 4차 산업혁명과 ICT, 정보통신정책연구원, 2017.

125 / 김지소, 문형돈, 양현, 혁신성장의 새로운 기회, 4차 산업혁명과 ICT, 정보통신기술진흥센터, 2018.

126 / 버나드 마, 빅데이터 4차 산업혁명의 언어 - 글로벌 45개 기업의 빅데이터 활용법, 학고재, 2017.

색인 (목적별)

*세부 사례는 Full Report만 별도의 페이지를 기재합니다. 각 사례는 다수의 목적을 포함하고 있는 경우 중복될 수 있습니다.

*아래 기관별 색인은 기업이 소속된 국가 기준이 아닌, 사례 분석이 진행된 국가 기준으로 분류되었습니다.
(ex. 국내 기업과 국외 기업이 협업하여 국내에서 분석을 진행한 경우 : 국내, 국내 기업이 외국에서 분석을 진행한 경우 : 해외)

공공분야

1. 시민편의개선

공공서비스분석
- 골든 타임 확보로 응급환자 생존률 향상 … 58
- 의료이용지도연구를 통한 의료 정책 질 향상 … 70
- 빅데이터로 전기차 충전 인프라 설치 입지 선정 … 124
- (요약 사례) : 133, 136, 142, 156, 160

공공서비스개선
- 빅데이터를 통한 고용취약자 파악 … 20
- 동물 및 인간 감염병 확산 대응 지원 체계 구축 … 40
- 골든 타임 확보로 응급환자 생존률 향상 … 58
- 공동주택 부조리 분석시스템 개발 … 62
- 사회취약계층 선제적 발견을 통해 지원 … 66
- 체납액 회수도 과학적인 방법으로 … 86
- 빅데이터를 활용한 보다 안전한 도로관리 … 94
- 근로감독 사업장 선정 과학화 … 102
- 빅데이터로 갈등 발생 전 예방까지 … 108
- 실업급여 부정 수급 악용 빅데이터로 뿌리 뽑기 … 116
- 상수도 누수지역 탐지모델 … 120
- 빅데이터로 전기차 충전 인프라 설치 입지 선정 … 124
- (요약 사례) : 144, 151, 153

공공서비스개발
- 빅데이터를 통한 고용취약자 파악 … 20
- 미세먼지 대응 표준 빅데이터 모델 개발 … 32
- 경기 모니터링 시스템 … 50
- 공동주택 부조리 분석시스템 개발 … 62
- 체납액 회수도 과학적인 방법으로 … 86
- 개인 맞춤형 인공지능 질환예측 서비스 … 90
- 빅데이터를 활용한 보다 안전한 도로관리 … 94
- 국민참여형 어린이 안전 및 교통사고 원인분석 … 112

2. 시민편의실시간파악

시민불편예방예측
- 미세먼지 대응 표준 빅데이터 모델 개발 … 32
- 미세먼지 이슈와 빅데이터 활용방안 … 54
- 개인 맞춤형 인공지능 질환예측 서비스 … 90
- (요약 사례) : 156, 160

실시간파악분석
- 미세먼지 대응 표준 빅데이터 모델 개발 … 32
- 동물 및 인간 감염병 확산 대응 지원 체계 구축 … 40
- 경기 모니터링 시스템 … 50
- 의료이용지도연구를 통한 의료 정책 질 향상 … 70
- 개인 맞춤형 인공지능 질환예측 서비스 … 90
- 빅데이터로 갈등 발생 전 예방까지 … 108
- 빅데이터로 전기차 충전 인프라 설치 입지 선정 … 124
- (요약 사례) : 132, 135, 136, 137, 139, 145, 146, 153, 154, 153, 158, 159

3. 운영비용절감

운영비용관련분석
- 공간 빅데이터를 활용한 도시 양극화 분석 … 24
- 골든 타임 확보로 응급환자 생존률 향상 … 58
- 상수도 누수지역 탐지모델 … 120
- (요약 사례) : 133, 135, 140, 146

4. 관리운영효율화

교통관리
- 교통사고 감소를 위한 빅데이터 예보 서비스 … 46
- 골든 타임 확보로 응급환자 생존률 향상 … 58
- 빅데이터로 위험한 도로를 피하자 … 82
- 빅데이터를 활용한 보다 안전한 도로관리 … 94
- 국민참여형 어린이 안전 및 교통사고 원인분석 … 112
- 사고 행동을 분석하여 적극적인 예방을 계획 … 128
- (요약 사례) : 134, 135, 136, 137, 136, 137, 138, 137, 138, 144, 147

행정운영
- 빅데이터를 통한 고용취약자 파악 … 20
- 공간 빅데이터를 활용한 도시 양극화 분석 … 24
- 미세먼지 대응 표준 빅데이터 모델 개발 … 32
- 경기 모니터링 시스템 … 50
- 사회취약계층 선제적 발견을 통해 지원 … 66
- (요약 사례) : 139, 140, 146, 150, 152, 154, 155, 156, 157, 160

공공인프라
　미세먼지 대응 표준 빅데이터 모델 개발　32
　빅데이터 기반 지능형 도시가스 배관 위험 예측　36
　빅데이터를 활용한 보다 안전한 도로관리　94
　상수도 누수지역 탐지모델　120
　빅데이터로 전기차 충전 인프라 설치 입지 선정　124
　(요약 사례) : 139, 145, 156, 157, 156

5. 시민안전
교통
　교통사고 감소를 위한 빅데이터 예보 서비스　46
　빅데이터로 위험한 도로를 피하자　82
　국민참여형 어린이 안전 및 교통사고 원인분석　112
　사고 행동을 분석하여 적극적인 예방을 계획　128
　(요약 사례) : 135, 136, 138, 144, 145, 146

재난재해
　빅데이터 기반 지능형 전기화재 예방 플랫폼 구축　28
　빅데이터 기반 지능형 도시가스 배관 위험 예측　36
　동물 및 인간 감염병 확산 대응 지원 체계 구축　40
　미세먼지 이슈와 빅데이터 활용방안　54
　골든 타임 확보로 응급환자 생존률 향상　58
　의료이용지도연구를 통한 의료 정책 질 향상　70
　빅데이터로 산불 피해 최소화　74
　질병도 이젠 빅데이터로 예측하고 예방　78
　빅데이터를 활용한 보다 안전한 도로관리　94
　(요약 사례) : 140, 141, 144, 145, 146, 147, 146, 147, 158, 160

안전
　빅데이터 기반 지능형 전기화재 예방 플랫폼 구축　28
　의료이용지도연구를 통한 의료 정책 질 향상　70
　질병도 이젠 빅데이터로 예측하고 예방　78
　개인 맞춤형 인공지능 질환예측 서비스　90
　(요약 사례) : 132, 144

범죄
　빅데이터로 위험한 도로를 피하자　82
　빅데이터를 통한 병역면탈범죄 의심자 포착　98
　(요약 사례) : 142, 143, 145, 146, 147, 146, 148, 149

전염병
　빅데이터 기반 지능형 전기화재 예방 플랫폼 구축　28
　동물 및 인간 감염병 확산 대응 지원 체계 구축　40
　빅데이터로 산불 피해 최소화　74
　질병도 이젠 빅데이터로 예측하고 예방　78
　(요약 사례) : 140, 145, 144, 147, 148, 158

6. 시정운영
불법부정비리
　공동주택 부조리 분석시스템 개발　62
　체납액 회수도 과학적인 방법으로　86
　빅데이터를 통한 병역면탈범죄 의심자 포착　98
　근로감독 사업장 선정 과학화　102
　실업급여 부정 수급 악용 빅데이터로 뿌리 뽑기　116
　(요약 사례) : 134, 147, 148, 152, 153

시정운영활성화
　빅데이터를 통한 병역면탈범죄 의심자 포착　98
　(요약 사례) : 141

7. 신규정책발굴
신규정책
　공간 빅데이터를 활용한 도시 양극화 분석　24
　미세먼지 대응 표준 빅데이터 모델 개발　32
　빅데이터 기반 지능형 도시가스 배관 위험 예측　36
　골든 타임 확보로 응급환자 생존률 향상　58
　질병도 이젠 빅데이터로 예측하고 예방　78
　체납액 회수도 과학적인 방법으로　86
　빅데이터를 활용한 보다 안전한 도로관리　94
　근로감독 사업장 선정 과학화　102
　국민참여형 어린이 안전 및 교통사고 원인분석　112
　상수도 누수지역 탐지모델　120
　빅데이터로 전기차 충전 인프라 설치 입지 선정　124
　사고 행동을 분석하여 적극적인 예방을 계획　128
　빅데이터 기반 자금 세탁 방지 시스템　198
　에너지 절감을 빅데이터와 함께　322
　(요약 사례) : 137, 138, 150, 155, 158

8. 정책지원
정책지원
　빅데이터를 통한 고용취약자 파악　20
　교통사고 감소를 위한 빅데이터 예보 서비스　46
　미세먼지 이슈와 빅데이터 활용방안　54
　사회취약계층 선제적 발견을 통해 지원　66
　의료이용지도연구를 통한 의료 정책 질 향상　70
　질병도 이젠 빅데이터로 예측하고 예방　78
　빅데이터로 위험한 도로를 피하자　82
　빅데이터 활용 공동주택 시세 산정 시스템　172
　빅데이터 기반 자금 세탁 방지 시스템　198
　(요약 사례) : 133, 137, 149, 150, 155

민간분야

1. 실시간예측

날씨예측

(요약 사례) : 222, 306, 628

실시간예측

빅데이터 활용 공동주택 시세 산정 시스템	172
연예인 마케팅에도 필요한 빅데이터	238
고객이 원하는 기사와 정보는?	242
심사조정도 이젠 빅데이터로 미리 예측한다	418
빅데이터로 예측하는 학생 키의 성장	422
최적의 마케팅을 찾아준 빅데이터	468
빅데이터로 고객의 믿음과 마음을 잡아라	472
기존 고객관리부터 신규고객 유치까지	506
빅데이터를 통한 해외 현지 맞춤화 전략 시행	510
매출 반등 기회를 위한 빅데이터의 활용	526
건강식품 인지도 제고 방안 빅데이터로 찾자	534

(요약 사례) : 222, 298, 299, 300, 426, 428, 433, 436, 621, 632

실시간정보제공

빅데이터 기반 대내외 경제기획 수립	168
빅데이터 활용 공동주택 시세 산정 시스템	172
연예인 마케팅에도 필요한 빅데이터	238
빅데이터로 빠르게 진화한 MLB	254
빅데이터와 함께 안전한 여행	258
에너지 절감을 빅데이터와 함께	322
유동인구 분석을 통한 에너지 절감	330
발전소 고장 예방 및 구동 시간 단축	334
빅데이터를 이용한 가구별 특화 상품 노출 시스템	392
데이터를 활용한 생산체계 혁신	476

(요약 사례) : 224, 225, 308, 311, 313, 315, 338, 299, 301, 302, 400, 433, 434, 573, 579, 616, 617, 618, 619, 630

실시간분석

제주, 스마트아일랜드를 꿈꾸다	246
전시 컨벤션의 스마트화	250
빅데이터와 함께 안전한 여행	258
관광 상품 개발도 빅데이터와 함께	266
중국인의 마음을 사로잡을 빅데이터	278
빅데이터를 통한 매장 고객의 분석	358
빅데이터로 매장 운영효율화의 방향을 잡다	376
빅데이터로 세우는 새로운 마케팅 전략	396
게임 내 사기 탐지도 빅데이터의 도움으로	610

(요약 사례) : 226, 298, 301, 304, 300, 405, 406, 434

2. 상품서비스개선

상품개선

빅데이터를 활용한 종합식품업체의 성장	350
빅데이터로 고객 관리 전략 개선	366
프로세스 체질 개선을 위한 빅데이터의 활용	372
지속가능한 데이터 생태계	380
직원들 스트레스는 줄이고 자원은 아끼고	598

(요약 사례) : 208, 298, 305, 310, 313, 402, 405, 406, 407, 429, 437, 578, 614, 617, 620, 636

상품서비스분석

고객들의 소리가 된 빅데이터	234
전시 컨벤션의 스마트화	250
관광 상품 개발도 빅데이터와 함께	266
중국인의 마음을 사로잡을 빅데이터	278
안심하고 자녀를 맡길 수 있는 어린이집을 찾아서	286
에너지 절감을 빅데이터와 함께	322
빅데이터로 되찾는 고급스로운 브랜드 이미지	456
빅데이터 분석 결과를 통한 마케팅 전략 수립	498
데이터를 활용한 마케팅 컨셉 수립	514
빅데이터를 통한 시장 별 마케팅 전략	518
빅데이터를 통한 온라인 마케팅의 해법	522
빅데이터를 통한 차별화된 신제품 출시	530
건강식품 인지도 제고 방안 빅데이터로 찾자	534

(요약 사례) : 206, 305, 405, 577

상품서비스관리

빅데이터로 비영어권 관광객의 마음도 얻자	270
과학적인 근거를 통한 사업의 맥 짚기	294
빅데이터로 매장 운영효율화의 방향을 잡다	376
빅데이터를 통한 대중고객 확보	460
빅데이터가 찾아준 효과적인 마케팅	480
매출 반등 기회를 위한 빅데이터의 활용	526

(요약 사례) : 207, 311, 298, 403, 437, 571

3. 마케팅

맞춤형마케팅

빅데이터가 가져올 금융 산업계 파급 효과	178
전시 컨벤션의 스마트화	250
빅데이터로 비영어권 관광객의 마음도 얻자	270
빅데이터 기반 효과적인 마케팅 전략 수립	282
빅데이터로 개발하는 신규 교육 서비스	290
빅데이터로 고객 관리 전략 개선	366
고객별 추천 시스템을 통하여 매출 증가로	384
빅데이터를 이용한 가구별 특화 상품 노출 시스템	392

빅데이터가 처방한 고객 관리방안 414
빅데이터로 예측하는 학생 키의 성장 422
말만 듣고 내 건강을 확인해 주는 작은 의사 606
(요약 사례) : 204, 206, 210, 211, 214, 213, 299, 303, 309, 310, 313, 402, 404, 432, 571, 575, 577, 578, 614, 621, 622, 624, 625, 627, 634, 635

고객파악

전주 한옥마을 관광분석을 통한 경제활성화 262
빅데이터 분석을 통한 음악 서비스 사례 274
안심하고 자녀를 맡길 수 있는 어린이집을 찾아서 286
고객의 요구 사항을 빅데이터로 빠르게 대처 362
데이터를 활용한 효율적인 마케팅 전략 수립 444
빅데이터로 국내시장 장악 448
빅데이터를 통한 대중고객 확보 460
나를 알고 고객을 알면 백전백승 484
새로운 B2C시장의 효과적인 진입의 열쇠 490
기존 고객관리부터 신규고객 유치까지 506
빅데이터를 통한 해외 현지 맞춤화 전략 시행 510
빅데이터를 통한 온라인 마케팅의 해법 522
매출 반등 기회를 위한 빅데이터의 활용 526
빅데이터를 통한 차별화된 신제품 출시 530
건강식품 인지도 제고 방안 빅데이터로 찾자 534
SNS를 하며 편하게 쇼핑도 할 수 있는 서비스 562
(요약 사례) : 209, 407, 570, 626

패턴분석

빅데이터 기반 대내외 경제기획 수립 168
데이터의 융합을 통한 시의적절한 마케팅 186
빅데이터 분석을 통한 음악 서비스 사례 274
빅데이터 기반 효과적인 마케팅 전략 수립 282
과학적인 근거를 통한 사업의 맥 짚기 294
빅데이터를 활용한 종합식품업체의 성장 350
빅데이터를 통한 매장 고객의 분석 358
고객의 요구 사항을 빅데이터로 빠르게 대처 362
빅데이터로 고객 관리 전략 개선 366
빅데이터로 매장 운영효율화의 방향을 잡다 376
지속가능한 데이터 생태계 380
고객별 추천 시스템을 통하여 매출 증가로 384
빅데이터로 세우는 새로운 마케팅 전략 396
데이터를 활용한 효율적인 마케팅 전략 수립 444
남성 수제구두의 고객별 선호를 재다 452
빅데이터로 되찾는 고급스러운 브랜드 이미지 456
제품기획과 마케팅 두 마리 토끼를 잡다 464
최적의 마케팅을 찾아준 빅데이터 468
빅데이터로 고객의 믿음과 마음을 잡아라 472
빅데이터가 찾아준 효과적인 마케팅 480

나를 알고 고객을 알면 백전백승 484
새로운 B2C시장의 효과적인 진입의 열쇠 490
빅데이터를 통한 남성 화장품 인사이트 도출 494
빅데이터를 통한 해외 현지 맞춤화 전략 시행 510
데이터를 활용한 마케팅 컨셉 수립 514
이제는 아웃도어도 스마트하게 사자 558
SNS를 하며 편하게 쇼핑도 할 수 있는 서비스 562
(요약 사례) : 210, 211, 212, 213, 307, 313, 316, 406, 572, 574, 577, 618, 625, 626, 628

고객분석

빅데이터 기반 대내외 경제기획 수립 168
고객의 발자취와 목소리 182
데이터의 융합을 통한 시의적절한 마케팅 186
빅데이터 기반 회계 관리 시스템 190
빅데이터 기반 자금 세탁 방지 시스템 198
연예인 마케팅에도 필요한 빅데이터 238
고객이 원하는 기사와 정보는? 242
전주 한옥마을 관광분석을 통한 경제활성화 262
빅데이터로 비영어권 관광객의 마음을 얻자 270
빅데이터 분석을 통한 음악 서비스 사례 274
중국인의 마음을 사로잡을 빅데이터 278
빅데이터 기반 효과적인 마케팅 전략 수립 282
빅데이터로 개발하는 신규 교육 서비스 290
과학적인 근거를 통한 사업의 맥 짚기 294
빅데이터를 이용한 가구별 특화 상품 노출 시스템 392
빅데이터를 통한 대중고객 확보 460
제품기획과 마케팅 두 마리 토끼를 잡다 464
최적의 마케팅을 찾아준 빅데이터 468
빅데이터로 고객의 믿음과 마음을 잡아라 472
빅데이터가 찾아준 효과적인 마케팅 480
빅데이터를 통한 남성 화장품 인사이트 도출 494
빅데이터 분석 결과를 통한 마케팅 전략 수립 498
기존 고객관리부터 신규고객 유치까지 506
빅데이터를 통한 해외 현지 맞춤화 전략 시행 510
데이터를 활용한 마케팅 컨셉 수립 514
빅데이터를 통한 시장 별 마케팅 전략 518
빅데이터를 통한 온라인 마케팅의 해법 522
건강식품 인지도 제고 방안 빅데이터로 찾자 534
선박제품 신수요 창출과 MRO 서비스 개발 554
이제는 아웃도어도 스마트하게 사자 558
SNS를 하며 편하게 쇼핑도 할 수 있는 서비스 562
(요약 사례) : 208, 210, 213, 303, 305, 308, 618, 624, 626

마케팅전략

빅데이터가 가져올 금융 산업계 파급 효과 178

고객의 발자취와 목소리 182
데이터의 융합을 통한 시의적절한 마케팅 186
빅데이터 분석을 통한 음악 서비스 사례 274
중국인의 마음을 사로잡을 빅데이터 278
빅데이터 기반 효과적인 마케팅 전략 수립 282
과학적인 근거를 통한 사업의 맥 짚기 294
고객의 요구 사항을 빅데이터로 빠르게 대처 362
고객별 추천 시스템을 통하여 매출 증가로 384
빅데이터로 세우는 새로운 마케팅 전략 396
빅데이터가 처방한 고객 관리방안 414
빅데이터로 국내시장 장악 448
남성 수제구두의 고객별 선호를 재다 452
빅데이터로 되찾는 고급스러운 브랜드 이미지 456
제품기획과 마케팅 두 마리 토끼를 잡다 464
최적의 마케팅을 찾아준 빅데이터 468
빅데이터로 고객의 믿음과 마음을 잡아라 472
나를 알고 고객을 알면 백전백승 484
기존 고객관리부터 신규고객 유치까지 506
빅데이터를 통한 해외 현지 맞춤화 전략 시행 510
데이터를 활용한 마케팅 컨셉 수립 514
빅데이터를 통한 시장 별 마케팅 전략 518
빅데이터를 통한 온라인 마케팅의 해법 522
매출 반등 기회를 위한 빅데이터의 활용 526
빅데이터를 통한 차별화된 신제품 출시 530
이제는 아웃도어도 스마트하게 사자 558
SNS를 하며 편하게 쇼핑도 할 수 있는 서비스 562
(요약 사례) : 209, 214, 226, 301, 311, 315, 316, 405, 406, 572, 625, 626, 627

마케팅분석
데이터의 융합을 통한 시의적절한 마케팅 186
연예인 마케팅에도 필요한 빅데이터 238
고객이 원하는 기사와 정보는? 242
전주 한옥마을 관광분석을 통한 경제활성화 262
빅데이터 분석을 통한 음악 서비스 사례 274
빅데이터를 통한 매장 고객의 분석 358
고객의 요구 사항을 빅데이터로 빠르게 대처 362
지속가능한 데이터 생태계 380
고객별 추천 시스템을 통하여 매출 증가로 384
빅데이터가 찾아준 효과적인 마케팅 480
빅데이터를 통한 온라인 마케팅의 해법 522
매출 반등 기회를 위한 빅데이터의 활용 526
선박제품 신수요 창출과 MRO 서비스 개발 554
어플리케이션 하나로 1석 3조 효과 586
당신의 화장법에 대한 점수는? 602
(요약 사례) : 207, 208, 209, 213, 301, 315, 570, 576, 577, 624, 630

마케팅기타
빅데이터가 가져올 금융 산업계 파급 효과 178
고객의 발자취와 목소리 182
빅데이터로 비영어권 관광객의 마음도 얻자 270
매출 반등 기회를 위한 빅데이터의 활용 526
SNS를 하며 편하게 쇼핑도 할 수 있는 서비스 562
(요약 사례) : 226, 301, 404, 572, 630

4. 비용절감
공정비용절감
고객들의 소리가 된 빅데이터 234
에너지 최적화를 통한 매출 증가 326
빅데이터를 활용한 종합식품업체의 성장 350
빅데이터로 성공적인 브랜드 확보 354
데이터를 활용한 생산체계 혁신 476
새로운 B2C시장의 효과적인 진입의 열쇠 490
빅데이터 분석 기반 공장운영 502
생산 저해 요인도 빅데이터로 개선하자 538
빅데이터를 이용한 공정의 최적화 542
딥러닝 기술기반 대용량 제조 데이터 분석 서비스 플랫폼 546
작업시간의 효율적 분배로 생산성 향상 550
선박제품 신수요 창출과 MRO 서비스 개발 554
생산 라인 개선 방향도 빅데이터로 선정 566
(요약 사례) : 225, 301, 302, 401, 403, 407, 435, 570, 572, 573, 575, 577, 578, 579, 580, 618

비용절약
빅데이터 기반 대내외 경제기획 수립 168
빅데이터 기반 회계 관리 시스템 190
제주, 스마트아일랜드를 꿈꾸다 246
관광 상품 개발도 빅데이터와 함께 266
데이터 기반 수출 올인원 서비스 388
빅데이터로 세우는 새로운 마케팅 전략 396
(요약 사례) : 204, 206, 222, 224, 225, 227, 299, 298, 300, 406, 407, 426, 574, 575, 576, 579

절약방안검토
에너지 절감을 빅데이터와 함께 322
에너지 최적화를 통한 매출 증가 326
유동인구 분석을 통한 에너지 절감 330
발전소 고장 예방 및 구동 시간 단축 334
(요약 사례) : 151, 212, 301, 338, 298, 338, 298, 300, 301, 302, 303, 302, 400, 401, 405, 406, 407

비용절감기타
(요약 사례) : 225, 301, 426, 433, 435

5. 품질관리및운영

공정제어
에너지 절감을 빅데이터와 함께	322
에너지 최적화를 통한 매출 증가	326
유동인구 분석을 통한 에너지 절감	330
발전소 고장 예방 및 구동 시간 단축	334
빅데이터를 이용한 공정의 최적화	542

(요약 사례) : 227, 299, 570, 573, 579, 618, 630

물품품질
프로세스 체질 개선을 위한 빅데이터의 활용	372
데이터를 활용한 생산체계 혁신	476
빅데이터 분석 기반 공장운영	502
생산 저해 요인도 빅데이터로 개선하자	538
빅데이터를 이용한 공정의 최적화	542
딥러닝 기술기반 대용량 제조 데이터 분석 서비스 플랫폼	546
작업시간의 효율적 분배로 생산성 향상	550
생산 라인 개선 방향도 빅데이터로 선정	566

(요약 사례) : 222, 223, 227, 312, 299, 573, 574, 575, 578, 614

물류최적화
빅데이터 기반 대내외 경제기획 수립	168
지속가능한 데이터 생태계	380
데이터 기반 수출 올인원 서비스	388

(요약 사례) : 224, 226, 227, 400, 401, 570, 621

경영전략
고객들의 소리가 된 빅데이터	234
연예인 마케팅에도 필요한 빅데이터	238
고객이 원하는 기사와 정보는?	242
빅데이터로 빠르게 진화한 MLB	254
빅데이터 분석을 통한 음악 서비스 사례	274
빅데이터 기반 효과적인 마케팅 전략 수립	282
빅데이터로 개발하는 신규 교육 서비스	290
빅데이터를 활용한 종합식품업체의 성장	350
빅데이터로 성공적인 브랜드 확보	354
빅데이터를 통한 매장 고객의 분석	358
고객의 요구 사항을 빅데이터로 빠르게 대처	362
빅데이터로 고객 관리 전략 개선	366
프로세스 체질 개선을 위한 빅데이터의 활용	372
빅데이터로 매장 운영효율화의 방향을 잡다	376
지속가능한 데이터 생태계	380
고객별 추천 시스템을 통하여 매출 증가로	384
빅데이터를 이용한 가구별 특화 상품 노출 시스템	392
빅데이터로 세우는 새로운 마케팅 전략	396

빅데이터로 국내시장 장악	448
빅데이터를 통한 대중고객 확보	460
빅데이터로 고객의 믿음과 마음을 잡아라	472
빅데이터가 찾아준 효과적인 마케팅	480
나를 알고 고객을 알면 백전백승	484
빅데이터를 통한 남성 화장품 인사이트 도출	494
빅데이터 분석 결과를 통한 마케팅 전략 수립	498
기존 고객관리부터 신규고객 유치까지	506
빅데이터를 통한 해외 현지 맞춤화 전략 시행	510
매출 반등 기회를 위한 빅데이터의 활용	526
빅데이터를 통한 차별화된 신제품 출시	530
건강식품 인지도 제고 방안 빅데이터로 찾자	534
선박제품 신수요 창출과 MRO 서비스 개발	554
이제는 아웃도어도 스마트하게 사자	558
SNS를 하며 편하게 쇼핑도 할 수 있는 서비스	562
생산 라인 개선 방향도 빅데이터로 선정	566
어플리케이션 하나로 1석 3조 효과	586

(요약 사례) : 223, 301, 306, 312, 313, 405, 407, 437, 574

경영최적화
빅데이터 기반 회계 관리 시스템	190
빅데이터 분석을 통한 음악 서비스 사례	274
과학적인 근거를 통한 사업의 맥 짚기	294
빅데이터를 통한 매장 고객의 분석	358
프로세스 체질 개선을 위한 빅데이터의 활용	372
빅데이터로 매장 운영효율화의 방향을 잡다	376
빅데이터로 세우는 새로운 마케팅 전략	396
빅데이터가 찾아준 효과적인 마케팅	480
빅데이터 분석 기반 공장운영	502
기존 고객관리부터 신규고객 유치까지	506
직원들 스트레스는 줄이고 자원은 아끼고	598
말만 듣고 내 건강을 확인해 주는 작은 의사	606

(요약 사례) : 205, 222, 224, 227, 312, 400, 403, 405, 406, 574, 626, 627, 634

금융거래
빅데이터 활용 공동주택 시세 산정 시스템	172
빅데이터 기반 회계 관리 시스템	190

(요약 사례) : 202, 203, 204, 214, 215, 427, 437

운영개선
제주, 스마트아일랜드를 꿈꾸다	246
중국인의 마음을 사로잡을 빅데이터	278
빅데이터가 처방한 고객 관리방안	414
심사조정도 이젠 빅데이터로 미리 예측한다	418
당신의 화장법에 대한 점수는?	602

말만 듣고 내 건강을 확인해 주는 작은 의사 606
(요약 사례) : 202, 301, 315, 302, 303, 616, 617,
626, 628, 633, 634

기타운영
(요약 사례) : 222, 298, 429, 430

6. 위험사전예방
의료위험
(요약 사례) : 224, 227, 427, 429, 430, 432, 433

위험감지
빅데이터와 함께 안전한 여행 258
(요약 사례) : 222, 300, 303, 428, 630, 631

공정위험
에너지 최적화를 통한 매출 증가 326
발전소 고장 예방 및 구동 시간 단축 334
데이터를 활용한 생산체계 혁신 476
빅데이터 분석 기반 공장운영 502
생산 저해 요인도 빅데이터로 개선하자 538
딥러닝 기술기반 대용량제조 데이터 분석 서비스 플랫폼 546
작업시간의 효율적 분배로 생산성 향상 550
생산 라인 개선 방향도 빅데이터로 선정 566
(요약 사례) : 147, 149, 222, 299, 429, 573, 577,
616, 618

불법사전감지
온라인 사기 예방도 빅데이터와 함께 194
게임 내 사기 탐지도 빅데이터의 도움으로 610
(요약 사례) : 202, 206, 214, 215

7. 보안관리
정보보안
온라인 사기 예방도 빅데이터와 함께 194
(요약 사례) : 308, 622

고객관리
(요약 사례) : 202, 204, 207, 622

보안기타
(요약 사례) : 430, 636

8. 상품
의료상품개발
(요약 사례) : 426, 431, 435, 436

관광상품
제주, 스마트아일랜드를 꿈꾸다 246
전주 한옥마을 관광분석을 통한 경제활성화 262
관광 상품 개발도 빅데이터와 함께 266
중국인의 마음을 사로잡을 빅데이터 278
(요약 사례) : 298, 299, 300, 301, 302

일반상품개발
말만 듣고 내 건강을 확인해 주는 작은 의사 606
(요약 사례) : 203, 207, 211, 213, 305, 310, 311, 407,
431, 433, 435, 572

신규개발
빅데이터 기반 대대외 경제기획 수립 168
고객의 발자취와 목소리 182
데이터의 융합을 통한 시의적절한 마케팅 186
빅데이터 기반 자금 세탁 방지 시스템 198
고객이 원하는 기사와 정보는? 242
빅데이터 분석을 통한 음악 서비스 사례 274
안심하고 자녀를 맡길 수 있는 어린이집을 찾아서 286
빅데이터로 개발하는 신규 교육 서비스 290
유동인구 분석을 통한 에너지 절감 330
빅데이터를 활용한 종합식품업체의 성장 350
고객의 요구 사항을 빅데이터로 빠르게 대처 362
데이터 기반 수출 올인원 서비스 388
빅데이터를 이용한 가구별 특화 상품 노출 시스템 392
데이터를 활용한 효율적인 마케팅 전략 수립 444
빅데이터로 국내시장 장악 448
빅데이터로 되찾는 고급스러운 브랜드 이미지 456
빅데이터를 통한 대중고객 확보 460
제품기획과 마케팅 두 마리 토끼를 잡다 464
최적의 마케팅을 찾아준 빅데이터 468
빅데이터로 고객의 믿음과 마음을 잡아라 472
나를 알고 고객을 알면 백전백승 484
새로운 B2C시장의 효과적인 진입의 열쇠 490
빅데이터를 통한 남성 화장품 인사이트 도출 494
빅데이터 분석 결과를 통한 마케팅 전략 수립 498
빅데이터를 통한 해외 현지 맞춤화 전략 시행 510
데이터를 활용한 마케팅 컨셉 수립 514
빅데이터를 통한 온라인 마케팅의 해법 522
매출 반등 기회를 위한 빅데이터의 활용 526
빅데이터를 통한 차별화된 신제품 출시 530

건강식품 인지도 제고 방안 빅데이터로 찾자	534
이제는 아웃도어도 스마트하게 사자	558
어플리케이션 하나로 1석 3조 효과	586
직원들 스트레스는 줄이고 자원은 아끼고	598
당신의 화장법에 대한 점수는?	602
말만 듣고 내 건강을 확인해 주는 작은 의사	606

(요약 사례) : 203, 205, 208, 209, 212, 213, 225, 299, 300, 302, 304, 305, 306, 308, 310, 312, 316, 299, 400, 401, 402, 404, 434, 571, 578, 615, 616, 619, 623, 626, 632, 633, 635, 636

상품서비스

빅데이터 기반 회계 관리 시스템	190
제주, 스마트아일랜드를 꿈꾸다	246
제품기획과 마케팅 두 마리 토끼를 잡다	464
이제는 아웃도어도 스마트하게 사자	558
SNS를 하며 편하게 쇼핑도 할 수 있는 서비스	562

(요약 사례) : 225, 227, 300, 302, 401, 433, 573, 577, 620

9. 플랫폼

맞춤형플랫폼

지속가능한 데이터 생태계	380
빅데이터로 세우는 새로운 마케팅 전략	396
빅데이터로 예측하는 학생 키의 성장	422
어플리케이션 하나로 1석 3조 효과	586
농업을 위한 빅데이터 유통거래 플랫폼	590
데이터 정보 거래 플랫폼	594

(요약 사례) : 432, 619, 624

데이터제공플랫폼

농업을 위한 빅데이터 유통거래 플랫폼	590

(요약 사례) : 208, 209, 299, 338, 298, 301, 426, 429, 432, 436, 618, 623

플랫폼일반

빅데이터 활용 공동주택 시세 산정 시스템	172
전시 컨벤션의 스마트화	250
빅데이터로 비영어권 관광객의 마음도 얻자	270
딥러닝 기술기반 대용량 제조 데이터 분석 서비스 플랫폼	546
작업시간의 효율적 분배로 생산성 향상	550
선박제품 신수요 창출과 MRO 서비스 개발	554
생산 라인 개선 방향도 빅데이터로 선정	566
농업을 위한 빅데이터 유통거래 플랫폼	590
데이터 정보 거래 플랫폼	594
게임 내 사기 탐지도 빅데이터의 도움으로	610

(요약 사례) : 142, 208, 224, 225, 307, 313, 303, 402, 428, 429, 430, 434, 435, 436, 576, 614, 616, 619, 620, 621, 626, 630, 634

플랫폼체계구축

전주 한옥마을 관광분석을 통한 경제활성화	262
농업을 위한 빅데이터 유통거래 플랫폼	590
데이터 정보 거래 플랫폼	594

(요약 사례) : 302, 312, 301, 430, 434, 615, 621, 622, 623, 627

10. 기타

기타

(요약 사례) : 138, 142, 151, 152, 157, 159, 299, 308, 309, 314, 301, 622, 624, 631

색인 (기관별)

국내 기업/기관

기호, A - Z

30CUT	215
ABL생명	205, 209
AnC	480
AXA 다이렉트	203
CJ올리브네트웍스	380
Clubo	376
DB손해보험	205
GS리테일	401
IBM	616
ING생명	178, 204
JTP	246
KAIST	426
Kakao	246
KB국민카드	212
KB손해보험	203
KB캐피탈	202
KCB	24
KIST	54
KISTI	428
KOTRA	168
KT	32, 140, 146, 147, 154, 298, 578, 590, 614, 621, 625, 628
K쇼핑	392
LF	213
LG CNS	186, 572, 617
LG생활건강	572, 602
LG유플러스	310
LG이노텍	227
LG전자	213
LX공사	146
MANSOLE	464
Mnet	310
MRD	448
NC소프트	610
NH농협은행	208
NIA	624
NICE데이터	590
NICE평가정보	202, 215
NS홈쇼핑	614
SGA	330
SK C&C	435
SK렌터카	614, 635
SK텔레콤	133, 144, 146, 315, 330, 576, 616, 625, 626, 636
SK플래닛	622
SK하이닉스	577
UNIST	156, 550

ㄱ - ㄷ

가비아 C&S	577
가스안전연구원	36
가이온	50, 400
강남세브란스병원	428
강원대	300
강원도	300
강원창조경제혁신센터	590
건강보험공단	155, 427
건강보험심사평가원	78
경기도	62, 112, 141, 142, 150, 151, 153
경기콘텐츠진흥원	112
경찰청	138, 143, 146
경희대	590
계명대	160
고용노동부	116
골드링크(goldlink)	624
골프존	313
과기정통부	145
과학기술정보통신부	141, 436
관세청	155
광주시	120, 136
교보생명	204, 620
교통안전공단	128
구글	428
국가정보자원관리원	143, 144
국립생물자원관	158
국립축산과학원	227
국민건강보험공단	70, 90, 430
국민연금공단	20. 66, 149
국방부	139, 142, 432
국제성모병원	302
국토교통과학기술진흥원	149
국토교통부	62
국토연구원	24
금감원	202
금호아시아나	407
기상청	222, 298, 301
기아자동차	571
기획재정부	152
김해시	298
남양주시	66, 134, 135, 149
네이버	209, 623
농림축산검역본부	140
농촌진흥청	222, 227
농협	207
다비오	302
다움푸드앤케어	530
다음카카오	136
대구시	124, 156
대우건설	630
대우조선해양	554
대전시	144, 153
대한무역투자진흥공사	388
대한비만학회	427
대한지적공사	144
더블유쇼핑	384
더존비즈온	190, 554
도로교통공단	46, 82
동서	476
두나무	215
두산중공업	334
따고요	314

ㄹ - ㅂ

라이클	444
레드테이블	270
레이틀리코리아	354
로코코소파	526
롯데	406
롯데그룹	406, 616, 633
롯데백화점	396
마인즈랩	606
매일유업	326
맨투맨	290
메타라이츠	36
메타빌드	566
멜론	310, 316
모바일팩토리	144
문체부	298
미국 국세청	147
미래창조과학부	204, 432
미스터즈가라지(미스터딜러)	635

미스틱엔터테인먼트	238	신테카바이오	426, 435	전남대	223
바이두	301	신한은행	172, 198, 203, 207	전라남도	145
바이두(中)	616	신한카드	50, 133, 168, 182, 212, 213	전라북도	58
베가스	326			전자부품연구원	338
병무청	98	씨앤엘프라자	307	전주시	262
보건복지부	155, 430	씨이랩	590	젊은상인	208
보령메디앙스	577	아모레퍼시픽	576	제이에스티나	456
보메트릭	622	아우라	422	제주도	246, 304
부산시	24, 146, 152, 266, 299	아워텍	308	제주시	305
부에노스아이레스시	151	아주대 의과대학	429	존스킨화장품	494
분당서울대병원	429	아주대의대	433	죠샌드위치	484
불스원	506	아펙시	274	줌닷컴	209
블루엠갤러리	460	암웨이코리아	571	중부도시가스	36
블리리언트 앤컴퍼니	468	야나	299	지디에스컨설팅그룹	594
비씨카드	186, 212	업비트	215	지역난방공사	338
빅데이터 아카데미 기술전문가 과정 11기	286	에스원	301	지피트리	522
		에이모션	572		
		에이치와이스타일	362	**ㅊ - ㅌ**	
ㅅ - ㅈ		에코센스	338		
		엑스바엑스	402	차세대융합기술연구원	338
사람인	634	엔솔루션즈	546	천일식품	350
사이버다임	550	엔코디	330	청주시	94
산림청	74, 158	엔코아	388	충북대	546
산업통상자원부	430	엔터메이트	315	충주시	137
삼성	634	연세대	434, 622	카드사	211
삼성SDS	401, 621	연세대 정보대학원	156	카이노스메드	435
삼성중공업	542	영풍열처리	502	칼렌시스	452
삼성카드	210, 212	온케이웨더	32	캠핑	586
삼표	631	와신교육	294	케이앤컴퍼니	172
생명보험협회	178	와이즈넛	598	케이앤컴퍼니(LOBIG)	632
서양네트웍스	358	우리은행	207	케이티	40
서울대	133, 303, 433, 616	울산대 병원	429	코난테크놀로지	634
서울시	132, 133, 139, 151, 154	웰컴저축은행	202	코아제타	436
서울시 교통정보센터	138	위버플	214	코엑스	250
서울아산병원	437	위킵	401	코오롱베니트	620
서울연구원	132	유라	546	코웨이	571
선도소프트	28	유이수	304	코인원	624
성동구	144	융합산업연합회	554	큐비엠	514
성북구	142	이미인	372	크레도웨이	418
소상공인시장진흥공단	186	이웨이파트너스	623	크레텍	366
수원시	86, 157	이천시	112	타블라라사	305
스타벅스	575	인천시	135	태정	538
스타일켓	562	인포가이드코리아	311	테라젠이텍스	426
시대에듀	282	인하대	308	테스코	211
시스메틱	208	자이크로	498	토란	518
식품의약안전처	140	전기안전공사	145	통계청	50
식품의약품안전처	434				

투그램시스템즈	573
투비소프트	388
트레저데이터	315
티젠	510
티포트주식회사	306

ㅍ - ㅎ

파리바게트	574
패션서울	242
포스윈	388
포항시	154
프린지존	632
플러스메이	572
플레이타임	234
플렉싱크	278
한국IBM	153
한국ICT융합네트워크	550
한국가스안전공사	36
한국건설기술연구원	144
한국고용정보원	116
한국관광공사	301
한국기업데이터	636
한국무역통계진흥원	400
한국무역협회	400
한국수력원자력	147
한국스마트카드	211
한국에너지공단	139, 322
한국은행	168
한국임업진흥원	225
한국전기안전공사	28
한국전력	301
한국전력공사	300
한국전자통신연구원	435
한국정보화진흥원	146, 204
한국표준과학연구원	429
한국환경경제학회	50
한국환경정책 평가연구원	158
한독	534
한동대	384
한복남	302
한세실업	578
한화S&C	250
행정안전부	138, 141
행정자치부	102, 108
헤세드조명	490
헬로네이처	472
현대건설	300
현대기아차	616
현대엠엔소프트	135
현대제철	574
현대중공업	542, 550, 580
현대카드	213
현대해상	206
현암바씨쓰	338
홈스토리생활	619
환경복지공단	54
환경부	430
효성	302
휴맵컨텐츠기획사	315
휴병원	414
힘펠	32

해외 기업/기관

기호, A - Z

640Labs (美)	222
Cal INDEX(美)	437
Centrica	298
Cultural Data (美)	155
DB 시스템(獨)	618
Derwent Capital Markets	210
DHL	405
Dong Energy	302
Experian (美)	214
GE	573
HP 버티카	157
IBM 왓슨(IBM Watson)	615
Inrix (美)	134
John Deere	222
NFL 구단	311
PG&E	301
SAP	312
Shell	299
travel-BA.Sys GmbH(獨)	300
Travelbasys	258
UPS	400
VM웨어	634

ㄱ - ㄷ

고마쓰(日)	630
구글	623
국제보호협회	157
국제적십자사 TERA	140
그린&라이프이노베이션(日)	225
내러티브 사이언스	309
네스트(Nest)	299
네슬레	407
넷플릭스(Netflix)	309
노무라종합연구소	134
노스페이스	558
녹먼 록웰 박물관(美)	307
뉴욕 경찰청	143
뉴욕대 도시과학진보센터	146
다이멘션데이타(佛)	313
덴마크 베스타스(VESTAS)	298
디컨스트럭션(美)	618
디키스 바비큐 피트	403

ㄹ - ㅂ

랄프로렌(Ralph Lauren)	431
런던교통국	137
런던동물학회(ZSL)	159
로터스 F1 팀(Lotus F1 Team)	575
롤스로이스(Rolls-Royce)	579
링크드인(Linkedin)	621
마린하베스트	224
마이크로소프트	143, 620
마이크로애드(日)	628
메디데이터	435
모토카와목장(日)	227
미국 상무부	152
미국 연방정부	132
미국 올림픽 여자 사이클 팀	312
미국 지질조사국(USGS)	145
미쓰다(日)	578
미연방 출입국관리소와 세관	148
밀턴 케인스(Milton Keynes)	138

ㅅ - ㅈ

상하이 둥팡 위성방송	615
스시로(日)	570
스코틀랜드왕립은행	206
스타캐스트	254
스프린트(Sprint)	626
시냅터(호주)	630
시저스(Caesars)	303
신용평가사	202
아픽시오(Apixio)	432
알리바바	224, 402
애플(Apple)	617
액시엄(Acxiom)	627
야마토운수	405
야후재팬	151
에어비앤비(Airbnb)	299
엘리스 루브리케이션 스페셜리스트	575
엣시(Etsy)	625
영국공영방송(BBC)	310
영국예술위원회	306
오렌지텔레콤	140
오토데스크(Autodesk)	619
올세인츠	405
우버(Uber)	619
월마트(Walmart)	404

월트 디즈니 파크와 리조트	313
유니버설뮤직그룹	316
유럽입자물리학연구소(CERN)	631
이글버스(日)	626
일본 지자체	160
제너럴일렉트릭(GE)	570
징가(Zynga)	315

ㅊ - ㅎ

캐터필라(Caterpillar) (美)	573
코카콜라	618
테라 사이즈믹(Terra Seismic)	303
팔란티어(Palantir)	148
팬들턴앤드선 정육점	226
페이스북(Facebook)	627
페이팔	194
플로우마인더	140
필립스 전자	574
핏비트(Fitbit)	434
헬스맵	140
후지츠(日)	225, 431, 433